suhrkamp taschenbuch 94

W0011477

Martin Walser, 1927 in Wasserburg (Bodensee) geboren, lebt heute in Nußdorf (Bodensee). 1957 erhielt er den Hermann-Hesse-Preis, 1962 den Gerhart-Hauptmann-Preis und 1965 den Schiller-Gedächtnis-Förderpreis. 1981 wurde Martin Walser mit der Heine-Plakette der Düsseldorfer Heine-Gesellschaft und dem Georg-Büchner-Preis ausgezeichnet. Prosa: *Ein Flugzeug über dem Haus und andere Geschichten; Ehen in Philippsburg; Halbzeit; Lügengeschichten; Das Einhorn; Fiction; Aus dem Wortschatz unserer Kämpfe; Die Gallistl'sche Krankheit; Der Sturz; Jenseits der Liebe; Ein fliehendes Pferd; Seelenarbeit; Das Schwanenhaus.* Stücke: *Eiche und Angora; Überlebensgroß Herr Krott; Der Schwarze Schwan; Der Abstecher; Die Zimmerschlacht; Ein Kinderspiel; Das Sauspiel. Szenen aus dem 16. Jahrhundert.* Essays: *Erfahrungen und Leseerfahrungen; Wer ist ein Schriftsteller?* Aufsätze und Reden; *Selbstbewußtsein und Ironie.* Frankfurter Vorlesungen.

Bei seinem Erscheinen 1960 erregte der Roman *Halbzeit* die Gemüter. Ungewohnt war die Vielfalt des dargestellten Geschehens (das Familienleben, der berufliche Aufstieg, die erotischen Abenteuer Anselm Kristleins); ungewohnt war die Genauigkeit, mit der Walser gesellschaftliche Haltungen und Praktiken entlarvte (den Zwang der Reklame und des Konsumstrebens, die politischen und sozialen Verfestigungen); und ungewohnt war die ganz aus dem leidenden Bewußtsein des Vertreters Kristlein entstandene erzählerische Form. Heute, mehr als zwanzig Jahre später, wird immer deutlicher, wie sehr Reinhard Baumgarts Urteil zutrifft: »ein Buch, das reicher wäre an Ansichten von unserer Wohlstandsgesellschaft, ist in Deutschland noch nicht geschrieben worden.« In seinem Roman *Halbzeit* entwirft Martin Walser ein Panorama der Bundesrepublik, das mit Recht »den epischen Fundamentaluntersuchungen unserer Literatur« (Wilfried Berghahn) zugerechnet werden darf.

Martin Walser
Halbzeit

Roman

Suhrkamp

suhrkamp taschenbuch 94
Erste Auflage 1973
© Suhrkamp Verlag Frankfurt am Main 1960
Suhrkamp Taschenbuch Verlag
Alle Rechte vorbehalten, insbesondere das des
öffentlichen Vortrags, der Übertragung
durch Rundfunk und Fernsehen sowie der
Übersetzung, auch einzelner Teile.
Druck: Ebner Ulm
Printed in Germany
Umschlag nach Entwürfen von
Willy Fleckhaus und Rolf Staudt

7 8 9 10 – 90 89 88 87

Peter Suhrkamp zugedacht

Erster Teil

1. Kapitel

Mimikry

Der englische Forscher Henry Walter Bates (1825–1892), der elf Jahre in den Urwäldern des Amazonasgebietes gelebt hat, war der erste, der die Tatsache der Mimikry in ihrer Eigenart hervorgehoben hat. Ihm fiel auf, daß unter Faltern, die man damals alle Heliconiden nannte, auch Arten einer ganz verschiedenen Schmetterlingsgruppe flogen, die unseren Weißlingen nahestehen. Diese Fremdlinge, z. B. Arten der Gattung Reptalis, glichen den Heliconiden auffällig, ihren nächsten Verwandten, den Weißlingen, waren sie aber ganz unähnlich.
Adolf Portmann

1

So schwer mir das Aufwachen fiel, so schwer fiel mir das Einschlafen. Ich war noch nicht fertig mit dem Tag, wenn die Nacht übergriff. Ich war noch nicht fertig mit der Nacht, wenn der Tag aufkam. Eigentlich hetzte mich die Sonne.

Wenn der Schlaf in der Sonne schmolz, störte die Sonne, bevor sie mich weckte, immer die Frage auf Wo? kritzelte, stickte sie immer die Frage Wo? auf die dünnen Lider: wo würde ich heute wieder aufwachen?

Wenn ich meine Schlafzwiebel überirdischen Ausmaßes Schale um Schale zerteilte, wenn Gesicht und Ohren sich

schon wieder zu fataler Paßbildähnlichkeit deformierten –
noch fehlte aber die Unterschrift, noch schnaufte mir auf
Schulter und Rücken die große Nachtplantage –, spürte ich,
daß mich ein Umschwung beim Wickel hatte, spürte, wie
meine Schlafzwiebel, Haut um Haut, bibberte, bebte und
riß, ahnte schon, da spielt eine Mieze am Sternsteuerrad,
gegen die kannst Du nicht an, wußte, daß es Zeit war, klein
beizugeben und sich um Personalien und einen vernünf-
tigen Landeplatz zu bemühen.

Aber es ist alles schon entschieden, durch die Schwere
entschieden, mit der auch die feinsten Sterne kreisen, entschieden dadurch, daß Du, zugeteilt von sorgfältigem Pla-
netenschwung, Gewicht spürst, und Gewicht ist immer Übergewicht. Dahin oder dorthin. Das ist schon ausgemacht.

Bloß noch ein gelber Daumen ist die Welt, der zeigt abwärts: schon der Sonne im Visier, schmilzt die Pedantin
Dir die Flügelchen vom Leib, rupft Dich, gießt Dich aus
mit Blei und läßt Dich sausen, abwärts, Newton zuliebe,
abwärts, nicht einmal Bremsen lehrt Not, wo würde ich,
im Visier des Dienstmädchens, des himmlischen, das
schmilzt und rupft, heute erwachen? Ein kleines Raubtier
rief sie zu Hilfe, setzte sich, ganz Sonne, scheinheilig in
einen Kahn und ruderte den Strom hinab, hielt sich auf beiden Büschen, beleuchtete pedantisch ein Fläschchen Tablet-
ten und einen Fünfzigjährigen im Gebüsch. Scheinheilige
Voyeuse. Ich sah weg. Ich könnte zu sowas nicht die Funzel
halten. Mir schickte sie das Raubtiergebrüll nach, mich
trieb das Gebrüll durch das letzte Stück Tunnel auf das
grelle Ende Tag zu, und dabei sind die Frauen im Traum
so leicht, ich würde mich nicht vertreiben lassen, Not lehrt
doch Bremsen, nach den Wänden griff ich, legte mir eine
zierliche Asiatin noch rasch als Shawl um den Hals, Alissa
ließ ich waagrecht schweben, ließ Fremde sich über mich

stülpen, trieb auf Kastanienstämmen, rissigen Rinden, die Wasser schlürften, auf Kastanienstämmen, aus denen zartbucklig Mädchenknie wuchsen, rauchende Ströme hinab, war gefaßt darauf, daß gleich die Oberschwester die Tür aufreißen würde, die adelige Oberschwester Tilly von, Sonnenepauletten auf den Schultern, den toten Onanisten überm Arm, ich war gefaßt, und doch noch nicht gefaßt genug, also die Ohren vorbereiten, tief atmen wie vor der Spritze, entspannen, sonst fährt Dir die Quieksstimme gleich wieder ins Gedärm, Du jappst nach Luft, schon klappt sie den Mund auf, die adelige Tilly, brüllt ins Zweibettzimmer, als wecke sie einen Saal voller Jagdflieger, Alarmstufe drei, grinst und gibt Dir, den Mund aufgeklappt, überströmend von Sonnengold, feindlich das Thermometer, das kleine Raubtier brüllt den Gang entlang, die Sonne erhängt sich an der Gardinenstange, ich greife nach Wänden, aber das Gebrüll schält mich, die Not lehrt nicht einmal Bremsen, schält mich aus den hundert Zimmern heraus, mich von Tür zu Tür dem grellen Tunnelende zu, zerrt mich hinaus in den Tag, der überfüllt ist mit eckigen Gegenständen: lauernd empfangen sie den wieder eingefangenen Deserteur.

Meine Lider kippten. Ich ergab mich. Ein Gefangener der Sonne für einen weiteren Tag.

Aber noch eine kleine Ewigkeit bevor mir die Augen aufgingen, hatte ich die Mädchenstimme erkannt. Drea saß über mich gebeugt und sang die einzige Zeile des einzigen Schlagers, den sie kannte, grell auf mich herunter und fuhr mit ihrem Kinderfinger in meinem Gesicht herum, als sei er der Zeigefinger des Schöpfers selbst, der gerade letzte Hand anlegte bei der Modellierung meiner Nasenflügel, und ich sei ihm nur um eine Sekunde zu früh zum Leben erwacht. Guido stampfte hinter den Gittern seines Kinderbettes auf und ab und stieß mit kreisrundem Mund Raubtierschreie aus. Lissa schwenkte den Petticoat meiner Frau durch die Luft, als nehme sie an einem Preisfahnenschwingen teil, dabei hielt sie eine Rede an eine imaginäre Zuhörerschaft, betonte jedes Wort affektiert, jedes *s* wurde stimmhaft wie bei einem Schwaben, der ohne Glück hochdeutsch zu sprechen versucht. Drea meldete mein Erwachen, wie man vielleicht bei Barbarenstämmen die Geburt eines Häuptlingssohns gemeldet hat. Was nun einsetzte, war zweifellos Jubel. Ich schloß die Augen, drehte den Kopf in die Kissen. In Träumen — wenn man sich festhalten könnte! Die Straßen blieben leer. Die Menschheit im Bett. Verheiratete natürlich würden einander trotzdem hindern, weiterzuträumen. Sie hält das ja nicht aus, wenn sein Gesicht von Träumen aufgeackert wird. Und er rüttelt, gegebenen Falls, solange und unter Berufung auf die beschworene Treue an ihrer Schulter, bis auch sie erwacht. Bedürfte es dieser intimen Schinderei? Die Träume sind uns so untreu, wie wir in ihnen. Der, der weckt, macht sich bloß unbeliebt. Alissa, Beispiel einer klugen Frau, überließ es den Kindern, mich aus dem Traumfilz rauszukämmen. Den Kindern kann man ja nicht böse sein, da man an ihrem Dasein schuldiger ist als an dem Dasein dessen, der den gleichen Ring trägt.

Alissa kam aus der Küche, eine wüste Masse Blond rund ums Gesicht, noch im Nachthemd. Das hatte auch anders ausgesehen, als wir's in der Bahnhofstraße in Zürich im Schaufenster entdeckten und gleich ins Geschäft rannten, um das Himbeerrote zu verlangen, ich beschämt, weil ich spürte, daß die Verkäuferin in meiner Begeisterung alle Situationen voraussah, in denen dieses Himbeerrote eine Rolle spielen würde. Rannte raus, bevor Alissa bezahlt hatte. Wollte dieser verständnisvoll lächelnden Mitwisserin entgehen. Es paßte immer noch gut zu Alissas Fahlblond. Weizenblume überm Mohnfeld. Warum stehen Frauen nicht heimlich eine Stunde früher auf, um sich herzurichten? Setzt also immer noch zuerst das Wasser auf, bevor sie sich richtet. Man sieht nicht einmal, wo der Mund beginnt. Ist gewöhnt, ihn viel deutlicher zu sehen. Helle Vorhänge, die keine richtige Farbe haben, machen jedes Licht schmutzig. Eine blonde Frau sollte dunkle Vorhänge ins Schlafzimmer hängen. Warum hat sie bloß diese faden Lappen reingehängt?

Jetzt bist du wieder da, sagte sie und legte ihren Kopf auf meine Brust, daß mir das blonde Durcheinander ins Gesicht kitzelte. Guido brüllte so laut, daß sie ihn sofort holen mußte, und weil nun Guido und Andrea an mir herummachten, kam auch Lissa, die inzwischen vier oder fünf der italienischen Shawls herausgezogen und als Schärpen, Stolen und Kopftücher kreuz und quer gebunden hatte.

Bist Du froh, daß Du wieder da bist?

Nicht, Lissa, meine Narbe, rief ich, weil Lissa, da nichts anderes mehr frei war, sich jetzt auf meinen Bauch legen wollte. Lissa schreckte hoch und machte ein weinerliches, weit über den Anlaß hinausgehendes, geängstigtes Gesicht, eine Grimasse des Schreckens und der Angst, die sie immer produzierte, wenn sie Strafe befürchtete. Sie hatte herausgefunden, daß weder Alissa noch ich fähig waren, in ein so verzweifeltes Gesicht auch noch hineinzuschlagen. Da dies Gesicht einem den Schmerz der Strafe schon entgegenschrie, bevor man noch die Hand erhob, wurde die Bestrafung überflüssig. Ich bedauerte. Sie hatte meine Narbe ja noch gar nicht berührt, als ich sie wegschreckte.

Die durcheinandergeschlungenen Familienglieder waren durch meinen Schrei auf jeden Fall entwirrt worden. Jeder hatte wieder seine eigenen Arme und Beine, und man konnte wieder sicher sein, daß der Kopf, den man auf dem Hals hatte, der eigene war. Alissa, traurig darüber, daß die familiäre Fleischplastik so jäh auseinandergerissen war, ging in die Küche zurück.

Ich rief nach Schuhen. Alissa überklapperte mich mit Geschirr. Die Kinder wühlten im Zimmer herum, als hätten sie einen Durchsuchungsbefehl und müßten durch Geschrei beweisen, daß sie ihre Sache auch ernst nahmen. Ich verfing mich mit einem Fuß in der Jacke meines Schlafanzugs, löste mich daraus mit Hilfe des anderen Fußes, überlegte, ob ich die Jacke aufheben sollte, sah daneben den Deckel von Alissas Nageltinktur liegen, der im Deckel befestigte Pinsel stand steil nach oben, Guido und Drea rauften um Alissas Beha, Lissa hatte sich den Petticoat als eine Art Abendkleid angezogen, jetzt klemmte sie sich Ohrringe an die Läppchen, meine Schuhe sah ich nicht. Sollte ich den Kindern befehlen, zu suchen? Selbst wenn sie sich von ihren Beschäftigungen abbringen ließen, was gar nicht zu hoffen war, so würden sie aus meinem Suchauftrag doch nur die Aufforderung heraushören, die Wohnung vollends zu demolieren. Lissa, die sich jetzt offenbar für unwiderstehlich hielt, tanzte auf mich zu, grinste, noch ein bißchen schüchtern, wahrscheinlich wegen der Narbe. Ihre zwei ersten Schneidezähne hatte sie in den letzten vierzehn Tagen allmählich herausgepult, meistens bei Tisch, hatte Alissa erzählt. Jetzt ondulierte sie mit den Händen durch die Luft, die Nägel leuchteten lackiert, der Mund war wüst überschminkt, sie wiegte sich in den Hüften und sah aus, überladen mit Shawls, Petticoat und Ohrringen, wie eine vierundfünfzigjährige Zwerghure; wenn es sowas gibt. Alissa, hast Du meine Schuhe zum Putzen hinausgenommen, rief ich, ohne Hoffnung, durch das Gegröhle der Kinder und das Geschirrgeklapper bis zu Alissa durchzudringen.

Ein Familienschlafzimmer kurz nach dem Aufstehen kann einen Mann gegen die Ehe einnehmen. Wenn ich meine Schuhe gehabt hätte, die Socken hatte ich jetzt, dann hätte ich fliehen können, hinüber ins Wohnzimmer zu leiser Radiomusik und Zeitung, die Amerikaner werden inzwischen ja hoffentlich nachgegeben haben. Alissa, rief ich, Alissa, bitte meine Schuhe, und in einem plötzlichen Entschluß bückte ich mich, als könnte ich dadurch einer glücklicheren Zukunft den Weg bereiten, packte meine Schlafanzugjacke und schleuderte sie ins Bett, aber einen so gewaltigen Vogel wie meine Schlafanzugjacke ließ Guido nicht passieren, ohne ihm nachzusetzen, ihn aus dem Bett zurückzuholen, um ihn mir wieder zu bringen; stolz lächelnd reichte er die Jacke herauf, und ich wußte, er würde sie, wenn ich sie fünfzig Mal oder einhundertfünfzig Mal hinüberwürfe, ebensooft holen und sie mir immer mit dem gleichen stolzen und glücklichen Komplicenlächeln heraufreichen, deshalb floh ich ohne meine Schuhe ins Wohnzimmer hinüber. Hier wollte ich warten, bis Alissa das Bad räumen würde. Noch gurgelte sie. Es klang wirklich, als sei jemand dabei, sie zu erwürgen und schaffe es nicht ganz, weil sich ihre Halsmuskeln als zu kräftig erwiesen. Die Tür ging auf, Lissa, in Nachtlokalaufmachung, schwebte herein. Hatte noch eine Korallenkette über das Kopftuch gelegt wie eine Dornenkrone. Wie ein von allen Instinkten verlassenes Stripteasemädchen tanzte Lissa, durch meine wortlose Duldung ermutigt, vor mir herum. Ich floh ins Bad, vertrieb Alissa, wusch in meinem käsegelben Gesicht herum und schleppte einen zweiten Lappen ziemlich kraftlos über Knochen und dazwischen ausgespannte Haut. Vorsichtiges Betasten der toten blöden Narbengegend.

Fein, bewundernswert fein ist das ausgetüftelt: die Haut wird mit kaltem Wasser erschreckt, allerletzte Zwerge fliehen den Rücken hinab, über dem Becken der Spiegel reißt Dir die Augen auf, Du mußt jetzt zugeben: das bist Du. Übriggeblieben von gestern und vorgestern. Dann haben sie auch noch einen Namen für Dich. Eine Nacht ist viel zu kurz, um ihn ganz zu vergessen. Es grenzte an Luxus, Märchen und Verrücktheit, wenn Du immer noch nicht zugeben wolltest, daß Du es bist. Und hast Du nicht selbst die Familie dressiert, daß außer Dir niemand, so verwandt er auch sei, die grüne Zahnbürste berühre? Jetzt greift aber einer nach der grünen Zahnbürste. Das ist ein Geständnis. Du spülst Dir die Nacht aus den Zähnen und krähst Deine Identität nach für einen weiteren Tag.

Alissa, um die Stöckelschuhe gewachsen, kam herein. Schwach, und dadurch besonders wirkungsvoll, ordnete ich an, daß Lissa nicht an den Tisch dürfe, bevor sie nicht anständig angezogen sei.

Helga wenn das Frühstück auf den schwenkbaren Tisch setzte! mir aufhalf im Kissen mit rotrauhen Händen, darin eingelassen gezwirnte schmutzige Schnüre, als Handlinien, im rechten Mundwinkel, elf Wochen lang auf- und abblühend, die grellrote, grellgelbe Pustel, ManbekommtjakeinPersonalmehr, sang Tilly von, die Oberschwester, streckte die Finger sperrig nach allen Seiten, Marionette, von einem Anfänger gespielt, genau der Sprechgesang, mit dem Hänsel und Gretel ins Häuschen gelockt wurden, auch noch die Würde ausgestorbener Geheimräte imitierte sie, daß man sich nach Helga sehnte, nach Pusteln und Schrunden, wärmespendenden Stigmaten der Armut, nach ihren mildtoten Nebelaugen, Helga, ekelhafte Dulderin, man geniert sich für Gott, daß er sowas zuläßt, hoffentlich hat er Dich stumpfsinnig gemacht, das sollte man wissen, sonst wäre das ein schlimmer Streich, sechstes, siebtes Kleinbauernkind, fortgeschickt zum Putzen, der Personalmangel in der Stadt ist endlich so groß, daß ein Krankenhaus sie in die Küche nimmt, der Bürgermeister atmet auf, er hat ein bißchen gelogen am Telephon, fürchtete schon, man würde sie ihm zurückschicken, aber man nahm das Aschenbrödel, dem kein Dramaturg mehr eine Peripetie ins Leben schreibt, Krankenhauspersonal für immer, es sei denn, eine Wirtschaftskrise bräche herein, Arbeitslose belagerten wieder die Ämter, aus wär's mit Helga, solange sie Kranke anschaute, konnte sie es immerhin Sterbenden leichter machen, eine Erde zu verlassen, die man mit einem solchen Geschöpf zu teilen hatte, wollte sie immer mal fragen: heulst Du eigentlich in Deinem Sechsquadratmeterzimmer? hoffentlich heulst Du nicht, hoffentlich täuscht uns Dein Benehmen! Könnte doch sein, daß sie alle Patienten für vornehme Leute hielt, daß sie schwitzte vor Ehrfurcht, weil sie an die Hütte daheim dachte, an die dunkle Lehmfarbe der Zimmer, Kleider und Hände, an den Geruch, der vom Stall herauf durch den hölzernen Treppenschacht in die Küche drang, Stallgeruch, der sich in der Küche mit dem Geruch von Salzfleisch, Schweiß, Schweinefett und mit dem Geruch der für die Schweine eingeweichten Kartoffeln mischte, der sich in der Stube mischte mit dem Sonntagsgeruch von Kerzen, Leder, trockenem Holz und Blumenstöcken, der sich im oberen Stock mit dem Geruch von Äpfeln, alten Matratzen und Vogelmist mischte, dieser Geruch steckt ihr in der Nase, seit sie an Allerseelen zum ersten Mal wieder daheim war, die Kranken, fürchtet sie, riechen das alles, wenn sie ins Zimmer tritt, sind doch die Kranken so schön geworden durch ihr mattes Daliegen,

Gesichter wie in den Abteilen erster Klasse der Züge, die aus dem Ausland kommen, Hände mindestens aus Elfenbein, lichtblau schimmernde Adern, kostbare Einlegearbeit, Augen wie Heilige, denen sollte sie aufhelfen im Bett, sie leibhaftig berühren, in der Nase den Geruch, berühren die Schlafanzüge, überhaupt, extra für's Bett eine Kleidung, Menschen berühren, mit denen die Doktoren lachten, als wären alle Kranken Doktoren, sogar der Professor gab denen doch täglich ohne Zögern die Hand, wusch sich zwar gründlich danach, aber immerhin, sie war bis jetzt weder von einem Arzt noch vom Professor bemerkt worden, so blank sie auch den Gang polierte, durch den die feierliche Visitenprozession jeden Tag zog, fragt sich bloß, ob Du bemerkst, daß Dich niemand bemerkt, fragt sich, ob es sinnvoll ist, über Dich nachzudenken, da Du doch offensichtlich keinen Sinn hast, also müßte man Dir einen erfinden, als Patient hat man Zeit, da kann man sich sowas leisten.

Lissa, im grünroten Strickkleid, gewaschen und schön gekämmt, setzte sich mißmutig an den Tisch, ließ sich sofort auf die Stuhllehne zurückfallen, holte mit ausgestreckten Armen und vor Widerwillen gespreizten Fingern ein Stückchen Butterbrot vom Teller, hielt das Brot wie ein häßliches Insekt vor sich in die Luft, und erst als sie sich von meinem Blick bedroht sah, führte sie es mit zwei Fingerspitzen zum Mund. Ihre Lippen schälten sich vor Unwillen von den Zähnen, bogen sich so weit als möglich weg, um ja nicht mit dem Butterbrot in Berührung zu kommen. Die Zahnlücke beherrschte wieder das ganze Gesicht. Die linke Hälfte der Zähne, die sich nicht auch wegbiegen konnte, wurde ein wenig aufgeklappt und begann mit sehr bewußten, ruckartigen, ganz und gar unnatürlichen Kaubewegungen auf das Stückchen Brot einzuhacken,

18

so, als wäre das nicht Brot, sondern Leder oder bitteres Holz. Alissa sah, daß ich Lissa finster beobachtete, deshalb schaute sie auch streng zu ihr hin. Dann lächelte sie zu mir herüber, so, daß es Lissa nicht sehen sollte. Die sah es aber sofort und legte, dadurch ermutigt, das wüst zermampfte, aber noch nicht kleiner gewordene Stückchen Brot zurück auf den Teller und grinste uns triumphierend an. Ich zuckte mit den Schultern, brachte durch mein Gesicht zum Ausdruck, daß ich die Verantwortung für die Zukunft dieser Tochter in dieser Sekunde endgültig von mir geworfen hatte, und schob, um meinen ohnmächtigen Zorn gegen Lissas Benehmen und die falschen Erziehungsmethoden Alissas auszudrücken, ein zu großes Stück Brot hastig und viel zu weit in den Mund. Um ein Haar wären mir ein paar Brosamen in die Luftröhre geraten. Schon fürchtete ich, daß ich nun in einen Hustenkrampf verfallen würde, blaurot anlaufen würde im Gesicht vor Anstrengung, diese Krümel wieder herauszupressen, meine Narbe würde schmerzen und Lissa in lautes meckerndes Gelächter ausbrechen, in jene Art von Mädchengelächter, das keinen wirklichen Anlaß hat, das mehr erzeugt als notwendig ist, und das darum nur einen Teil der Stimmbänder in Schwingung versetzt. Lissa beobachtete mich schon, lauerte, sie hatte bemerkt, daß ich in Schwierigkeiten geraten war, ich schrie sie an, das lenkte ihre Augen auf ihren Teller zurück, sie setzte sich sogar aufrecht, aber nur für ein paar Sekunden, dann fiel sie an die Lehne zurück und begann aufs neue, sich ihr Frühstück in kleinsten Portionen vom Tisch zu angeln. Um mich zu schonen, schaute ich einfach nicht mehr hin. Alissa schaute ich an, wartete darauf, daß mir ein Text einfiel, der uns wärmen konnte. Guten Willens blies ich das traute Gefühlsfeuerchen an, das jetzt am Platz war. Schließlich hast Du Dich sozusagen gesehnt nach einem Frühstück zuhause. Ihr Gesicht war nicht mehr das undeutliche Terrain von vorhin. Sie hatte alles wieder eingeteilt in einen scharf umrissenen Mund, zwei Augenbrauen, Augenhöhlen, die übrigen Flächen geglättet und doch pudersamtig rauh gelassen. Eine Flugaufnahme der Sahara, ein Pfirsich, der noch nicht ganz reif ist. Aber warum läßt sie die Augen nicht eben neben einander liegen? Immer muß sie den inneren Winkeln kleine Schwänzchen nach unten anhängen. Die äußeren Winkel biegt sie mit Häkchen nach oben, rasiert die Brauen, daß von der Nasenwurzel zwei angerissene Hyperbelbogen hochfahren. Aber es nützt nichts. Die ganze farbgraphische Zutat hängt komisch an der gewachsenen Waagrechten und kann sie nicht ändern. Es gibt so Maler, die sehen ganz normal, malen eine Gasse in natürlicher Perspektive, nachher tupfen und patzen sie im Bild herum, aber so arg sie auch die Natur zu verzeichnen suchen, uns in die gewollte Linie hineinzwingen wollen, es ist zu spät, die Erstgeburt grinst nur umso krasser durch die hilflosen Mäntelchen.

Unbemerkt verstimmt sich ein Klavier. Was willst Du machen? Und wenn es soweit ist, hörst Du nur noch die falschen Töne. Ich redete mir gut zu.

Jeden Morgen, wenn Helga breit und plump wie eine Bauerntasse hereingekommen war, das Tablett verkrampft und reglos tragend, übervorsichtig, wenn sie den breiten lippenlosen Mund zum Guten Morgen öffnete, wünschte ich mir, ihr Näherkommen verhindern zu können, weil ich sie nicht verletzen wollte durch ein angewidertes Gesicht und weil es aber doch unmöglich war, sein Gesicht früh am Morgen schon so sehr in Gewalt zu haben, um es diesem Mädchen gegenüber freundlich stimmen zu können. Alissa beim Frühstück, hatte ich immer gedacht, wenn Helga sich über mich beugte, um mir aufzuhelfen. Vielleicht sind

Helgas Geschwister schönere Menschen, zumindest härter, rücksichtsloser, gesünder. Es könnte sein, daß sie das Grab ihrer Eltern nicht genug pflegen, daß Helga jedes Jahr zwei Tage vor Allerseelen ihren Urlaub nimmt und in jenes Dorf fährt, um das Grab zu richten, dann als erste am Allerseelentag auf dem Friedhof ist und ihren Geschwistern, wenn die überhaupt noch alle kommen, entgegenlächelt, sie einlädt, rasch näher zu kommen, sie empfängt, als empfinge sie sie in ihrem eigenen Heim, umgeben von ihren eigenen Möbeln, bitte, sie sollten sich doch wohlfühlen, diese Blumen habe sie selbst gepflanzt, hoffentlich gefalle es den Geschwistern bei ihr. Die Geschwister duldeten es wahrscheinlich ganz gern, daß Helga sich das Elterngrab unter den Nagel riß, sie waren nicht eifersüchtig auf Helgas Umgang mit den Toten, im Gegenteil, sie würden sie loben, wie man ein Pferd loben würde, das aus seiner Boxe zum Kummetnagel gegangen ist, um selbst ins Lederzeug zu schlüpfen, und Helga wäre bestimmt fröhlich und würde die Astern und Chrysanthemen von Jahr zu Jahr mit noch größerer Sorgfalt in das schmale Rechteck vor dem Grabstein pflanzen, um schließlich über den Kreis ihrer Familie hinaus auch noch die Aufmerksamkeit des ganzen Dorfes auf ihr grabgärtnerisches Talent zu lenken.

Wenn ich die gebastelte Biographie mit Helga selbst verglich, wurde ein Filmschicksal daraus, eine melancholisch-verlogene Lebensgirlande für's Lesebuch: Häßlichkeit hat eine treue Seele, die Armen im Geiste brauchen keinen, leicht meidet den Fasching, wer für Allerseelen lebt, Englisch Horn für das Grab-Finale-Idyll, bitte.

Vielleicht balgte sie sich inzwischen lustig mit Szymaniak, dem Pfleger, der nicht richtig sprechen konnte, der immer zuerst hastig zwei, drei Happen Luft einschluckte und zerkaute, um dann aber doch nur ein scharfes Geflüster herauszubringen anstelle von Worten; dabei hatte er den Mund immer so weit offen, als habe er Angst, während seiner Sprechversuche keine Luft zu bekommen; andauernd mußte man seine Zunge sehen, die wie ein dicker roter Wurm, den man auf eine Dreiangel aufspießen will, verzweifelt um sich schlug und in der Mundhöhle herumpeitschte, ohne je die Stellen zu treffen, an denen man die Worte artikuliert.

Alissa machte mich auf das schöne Wetter aufmerksam, auf das Grüngold, das die Morgensonne auf den Blättern der Zimmerpflanzen erzeugte, die allmählich die Fenster mit ihren Zweigen und Blättern vergitterten. Sie tat, als müsse ich ihr persönlich für Morgensonne und Grüngold dankbar sein. Überhaupt müsse ich doch glücklich sein, froh, weil ich wieder zuhause, ja, ja, ich sei ja, sagte ich und drückte ihre Hand, die sie zur Besiegelung unserer innigen Gleichgestimmtheit rasch herübergestreckt hatte. Unter ihrem erhobenen Arm leuchteten goldgelb die Haare in der weißen Achselhöhle. Sie trug eine ärmellose Bluse, mit fetten Lilabalken senkrecht gestreift. Bei Lissa hat sie immer Angst, zieht ihr ein Strickkleid an. Wenn ich sie so mit zum Friseur nehme, schwitzt sie nach zehn Minuten, bekommt kreisrunde rote Flecken unter die Augen und wird unausstehlich. Als ich von der Gefangenschaft zurückgekommen war und zum ersten Mal mit Alissa ausging, es gab damals wohl noch keinen guten Puder, hatte sie nach dem ersten Tanz, nein, es war beim Semesterschlußball, auch diese roten Flecken bekommen und am Haaransatz gleißte ein Kranz winziger Tröpfchen glashell. Die Blonden zeigen eben alles viel deutlicher als die Schwarzen, Sonnenbrand und Gefühle, sind vasomotorisch labiler, oder von wo geht das aus?, die Gefäßwände dünner, durchlässiger, die Haut großporiger, brauchen mehr Puder als die Schwarzen, oder hängt das mit den Nerven, vielleicht das vegetative Nervensystem, nein, doch, keine Ahnung, Arzt müßte man sein, könnte sich wenigstens einbilden, eine Ahnung zu haben, oder Psychosomatiker, das klingt nach Sicherheit, nach einer Blonden eine Schwarze heiraten, müßte auch gewisse Aufschlüsse geben, aber wozu auch? und doch war es ein anderes Gefühl, als Eratosthenes seine Rechnung fertig hatte, Wissen gibt ein anderes Gefühl, man kann sich doch einfach nicht mehr so leicht umbringen, wenn man weiß, daß biotropische Wetterlagen die Kurven in die Höhe treiben und ein Blick aufs Barometer einem sagt, daß es das Wetter ist, das einem das Tablettenfläschchen in die Hand drückt, übermorgen, wenn's wieder kühler ist, wird man nicht mehr in Versuchung sein, könnte man geradezu ausnützen und wie ein Amputierter sagen: ich spür's, ich möchte mich umbringen, es muß ein Wetterumschlag kommen, Eratosthenes allerdings hat sich dann doch noch umgebracht, Alissa rief mich zurück, doch doch, ich fühle mich wohl, aber Liebes, ich würde es Dir doch sagen.

Ob ich wirklich gleich zum Friseur wolle, und heute noch ins Büro, es könne sehr heiß werden heute (so benutzen die Frauen alles, wie sie's brauchen, Lissa mußte ein Strickkleid anziehen, weil Junitage manchmal ganz plötzlich kühl werden könnten), drei Wochen Nachkur, habe Dr. Sänger verordnet (in solchen Situationen sagen sie immer das, was man schon weiß, oder gar das, was man selbst ihnen erst mitgeteilt hat) und ich wolle schon nach zwei Wochen wieder, wenigstens zuhausebleiben undsoweiter.

Eine kleine Kraftprobe war fällig. Ich wollte rauchen.

Alissa, noch saß sie wie im Rosenhag, witterte sofort herüber, ihre Augen verbarrikadierten die Stelle des Tischrands, an der meine Hand mit der Schachtel auftauchen mußte, ich wechselte die Schachtel in die andere Hand, überrumpelte Alissa, hatte die Zigarette schon im Mund, grinste noch, um mich unangreifbar zu machen, sah Alissa zucken, hochzucken, als sei ich das Kind an der Kanalmauer, sah und übersah es und sah sie zusammenfallen. Die gerundeten Nüstern wurden angeatmet, witterten nichts mehr, steil, spitz, gotisch herb stach die Nase jetzt aus dem Gesicht, der Mund schrumpfte, endete links und rechts in einen dunklen Strich, und die Augen krochen aschenregentrüb so tief in ihre Höhlen als möglich. Aber sie sagte nichts. Ich setzte nach. Achtundsechzig Mark hatten wir noch. Und ich soll mich erholen, weil doch Dr. Sänger gesagt hat, nicht wahr! Das war nicht ungeschickt von mir. Aus der einfachen Gegenüberstellung von Tatsachen maulten unversehens ganze Batterien von Vorwürfen auf Alissa ein. Daß die Bank uns nur noch Kredit geben wollte, wenn Alissas Vater bürgte, wurde geradezu eine Anklage gegen Alissa und ihre ganze Familie. Dabei hatte ich nichts einzuwenden gegen den Professor, dem die Haut vom Gesicht waberte, der immer noch die rechte Jackenhälfte zurückschlug und Daumen und Zeigefinger ins Westentäschchen steckte, wenn er zu uns sprach. Wahrscheinlich hatte ein Vorfahr von ihm darin noch eine Uhr gehabt und er hatte nur die Geste geerbt. Ich achtete ihn, weil er ein Professor war, auf dem Katheder stand und mit hohlem Kreuz Strafrecht lehrte, gelehrt hatte. Ich verstand sogar, daß er mit mir unzufrieden war, ich war's ja auch. Nicht, weil ich noch keinen Beruf hatte, vor dem die Unwissenden die Hüte ziehen, sondern weil ich zu wenig verdiente mit meinem Beratungsbüro.

Sie sagte: wir könnten das Auto verkaufen. Und weil sie damit recht hatte, aber auch nicht recht hatte, das Auto

brauchte ich nicht mehr unbedingt, seit ich das Büro aufgemacht hatte, aber wer als selbständiger Unternehmer auftritt und kein Auto hat, der ist ein Engel, der keine Flügel
hat und uns doch weismachen will, er sei ein Engel, und
das Auto brauchte ich auch, weil ich ein Auto brauchte,
was man einem Menschen, der kein Auto braucht, nicht begreiflich machen kann, weil ich also etwas sagen mußte,
wo eigentlich nichts zu sagen war, wurde wieder eine Rede
daraus.

Ich wußte, daß Alissa, wenn ich ihr jetzt übers Haar
striche, Fingerkuppen auf der Kopfhaut reibend, wenn ich
sie gar küßte, daß es ihr dann ganz gleichgültig sein würde,
was ich beweisen oder nicht beweisen konnte. Also ging ich
hinüber, holte sie hoch, zärtelte an ihr rum und spürte sofort, daß es ihr nur darauf ankam. Ich machte ein Film-
ende-Gesicht, legte ihr meine Hände um den Hals, weil das
zu dieser Art Gesicht gehört wie das Amen in der Kirche,
spielte den gut aufgelegten Dreizimmer-Jupiter, schüttelte
sie, daß ihr Kopf vor- und zurückfiel wie der Kopf einer
außer Rand und Band geratenen Kasperlpuppe, oder wie
der Kopf einer Frau, die auf der Leinwand von einer Ver-
gewaltigungsszene heimwärtswankt (woher die Filmleute
bloß wissen, daß das so anstrengt?), dann hielt ich sie ganz
still und nah vor mich hin und sagte: ich bin schon so ziemlich wieder auf dem Damm.

3

Die Sonne schien bloß noch auf mich, mich hatte sie ausgesucht, auf meinen Schädel bündelte sie die Junivormit-
tagshitze, eigentlich bestimmt für die ganze Stadt, aber

jetzt von Schritt zu Schritt sich nur noch auf meinem Schädel sammelnd, um mir eine glühende Mitra aufzusetzen. Warum mir? Ich hatte keine Schlange getötet, keinem Sonnenpriester ein Auge ausgestoßen, ich kannte gar keinen. Mein Bauch war feucht, das Korsett, das die Narbe schützen sollte, scheuerte an der Narbe, die Narbe wackelte trotz des Korsetts und das Korsett scheuerte, obwohl der Orthopäde mich ab- und ausgemessen hatte, wie ein Polizist einen Unfallsort vermißt, und ich hatte doch am Morgen die Korsettgürtel enger geschnallt als je zuvor. Unter Flintrops weißem Umhang würde ich den Hosenbund öffnen und die Gürtel um ein paar Löcher weiter machen. Sozusagen tapfer, aber auch vorsichtig, schaufelte ich mich durch das Trottoir-Dickicht hindurch, Flintrops Nickelvollmond entgegen. Ich erzeugte Heroengefühle in mir, sang meine Ballade. Jeder Schritt ein kleiner Schlag in die Lende. Und der Gluthelm auf dem Kopf. Ganz so schlimm war es nicht, aber ein bißchen unangenehm war es schon, und um diese Unannehmlichkeit leichter zu ertragen, wurde ich der Läufer nach der Schlacht von Marathon und wurde Mucius Scaevola und wurde Totila am Vesuv und wurde Amundsen und ein verwundeter Kamerad im Kaukasus, steigerte mich hinein in ein Lesebuchschicksal und fühlte jetzt weit mehr Kraft als ich für das bißchen Hitze und das Gewackel meiner Narbe brauchte. Jede dicke Frau sah ich verständnisvoll, aber auch aufmunternd an, so wie man dem einzigen Weißen zulächelt, dem man plötzlich im Bazar von Daressalam begegnet. Ob mir diese braunen Striemen bleiben würden, die in der Haut beleibter Frauen für alle Zeit als geschmacklose Intarsien zurückbleiben, oder wie Spuren, die ein sadistischer Tachist hinterlassen hat? Ein interessantes *pattern*. Ob Edmund immer noch so gern *pattern* gebrauchte? *Pattern* war um Weihnachten herum aufgetaucht. Edmund brachte immer Wörter, um die man ihn beneidete, weil diese Wörter einem sofort als unersetzlich erschienen. Man glaubte, es habe immer schon ein Bedürfnis gerade nach diesen Wörtern bestanden. Wenn Edmund auf einen Teppich zeigte und fragte: wie gefällt Dir dieses *pattern?* dann wagte man kaum mehr an *Muster* zu denken, man assoziierte sofort, daß das Eingewobene, das ins Grundmaterial Hineingepreßte des Musters in dem Wort *pattern* viel besser zum Ausdruck komme, das Flache und Geometrische eines Musters scheint einem ab sofort nur noch in *pattern* ausdrückbar zu sein. Wenn dann aber Edmund eines Tages sagte: gestern hab' ich aber ein tolles Muster entdeckt, dann fällt einem das kaum auf, man ist nicht im geringsten überrascht, ihn von einem *Muster* sprechen zu hören, die Zeit des anderen Wortes ist vorbei. So gerne man es gehört und schließlich, wenn auch zuerst zögernd, aber dann doch mit Selbstverständlichkeit, selbst gebraucht hatte, es war abgenützt worden, zuviele bedienten sich seiner, es fing an, grell aus jedem Satz, in dem es vorkam, herauszutönen. Man trachtete danach, es zu vermeiden, ohne daß man deswegen schon gewagt hätte, wieder *Muster* zu sagen. Nur Edmund hatte jenen sicheren Instinkt, nur er wußte genau, von welchem Augenblick an man wieder *Muster* sagen konnte, ohne daß einer der Zuhörer zusammenzuckte. Ja, wenn Edmund wieder *Muster* sagte, dann war das keine krasse Sensation, keiner rief deswegen den anderen an. Es war eine beruhigende Lösung eines winzigen Spannungszustandes, der vielleicht fühlbar gewesen war wie ein Zahnschmerz, der noch zu schwach ist, um unsere Aufmerksamkeit zu erregen, der aber doch genügt, ein kleines schwarzes Loch in einen sonst ganz und gar blauen Himmel zu bohren. Ja, wenn Edmund wieder *Muster* sagte, dann teilte man das Gefühl des Spaziergängers, der im Frühling an einem Bach steht und in das strömende Wasser starrt und sich nicht lösen kann. Er starrt und weiß nicht, auf was er starrt. Erst wenn das Stückchen Holz, das sich an einem vorstehenden Stein festgefahren hatte, das von der Strömung dann quer gedreht wurde und von dem sanften, aber unablässigen Druck des Wassers, das sich an diesem Stein brach, mehr und mehr zur Seite, an den Rand des Steins gepreßt wurde und bald auch den Rand des Steines erreichte und nun Zentimeter für Zentimeter wieder in die am Stein vorbeischießende Strömung hineingetrieben wurde, erst wenn dieses Stückchen Holz dann plötzlich wieder ganz vom Stein sich löst und weiterschwimmt, erst dann schaut auch der Spaziergänger wieder auf und geht befriedigt weiter, ohne daß er weiß warum. Ja, wenn Edmund wieder *Muster* sagte ... Wahrscheinlich sagte er jetzt schon wieder *Muster*. Wir, die Freunde Edmunds, teilten die Vergangenheit ein in Epochen, die durch seine Lieblingsworte gekennzeichnet waren. Wir sagten nicht: nach der Währungsreform, oder: vor der Währungsreform, wir sagten: zu der Zeit der *Granulationen*, oder: zur Zeit der *Stellenwerte*, oder: zur Zeit der *outline*. Wir wußten genau, wann wir unter Edmunds Einfluß einer Frau einen hohen *Stellenwert* und wann wir einem Gesicht oder einem ganzen Abend eine ordinäre *Granulation* und einem Badeausflug eine schicke *outline* nachgesagt hatten. Nur *frustration* hatte sich über allem Wechsel behauptet. Edmund ließ sich die Haare nur bei Gerhard schneiden. Gerhard durfte von allen seinen Kundinnen und Kunden nur Gerhard genannt werden. Sein Geschäft durfte nur Budike genannt werden. Wer zahlen wollte, mußte fragen, was er blechen dürfe. Gerhard verabscheute die Friseurgeschäfte mit Ladentür. Er hatte seine Budike im ersten Stockwerk des Curio-Hotels eingerichtet, ihm konnte ich keine Ölheizung verkaufen, ich mußte zu Flintrop, der hantierte nicht in einem Saal wie Gerhard, bei ihm ging es durch die immer noch klingelnde Ladentür mit einem Schritt nach links in den schmalen Schlauch, in dem die Männer saßen, und mit einem Schritt nach rechts auf einen lindgrünen Vorhang zu, hinter dem die Frauen oft viel zu laut redeten, weil sie, unter der Haube sitzend, das Gefühl haben, sie müßten schreien, um sich verständlich zu machen. Melitta ist auch ein Grund, zu Flintrop zu gehen, und sein Gerede ist besser als das Gerede eines Friseurs, den man nicht kennt. Ach der Herr Ingenieur, würde er rufen, obwohl er wußte, daß ich kein Ingenieur war, auferstanden von den Toten und nach dreizehn Wochen wieder zurückgekehrt, um sich bei Meister Flintrop die Haare schneiden zu lassen, von wannen er kommen wird schöner als je zuvor, und die Köpfe der Kunden, Marionettenköpfe an einem einzigen Draht, schrauben sich herauf aus den Illustrierten, die Augen nach oben gedreht, weil die Hälse sich zu langsam aus der starren Lesehaltung lösen, mein Gott, der Anselm, was haben sie denn mit Ihnen gemacht, Sie sind ein Bild des Jammers und der den Barbieren entwundenen Heilkunst, aber es sprießt das Haar und Flintrop hat Sie wieder, und der blasse Bert würde wie ein Ministrant seinen Spruch dranhängen: ausgerechnet Bananen. Vielleicht schlüpfte dann Melitta durch den Vorhang. Und: auf das Geschwätz eines Friseurs zu antworten, den man nicht kennt, ist noch viel schwerer. Und: man ist wenigstens jemand bei einem Friseur, der einen kennt. Er ruft: Herr Ingenieur, oder: Herr Professor, das ist angenehmer Unsinn, man gehört dann gleich dazu, während man in einem fremden Friseurladen herumsitzt, als sei man uneingeladen in eine Gesellschaft hineingeplatzt, in der gerade schlecht von einem geredet worden war. Und: Flintrop war inzwischen vielleicht reif geworden, ich mußte am

Mann bleiben, eine komplette Anlage mit Kessel und Tank, einen Dreitausender mindestens, einen Fünftausender, wenn er klug war, mindestens einen Pfennig pro Liter konnte er sparen.

Vielleicht schämte sich Flintrop sogar selbst manchmal seiner Schwätzsucht, dieser Berufskrankheit alternder Friseure. Manchmal hörte er mitten in einem seiner verquollenen Sätze auf, man sah im Spiegel, daß die Lippen weiterreden wollten, sie klappten zusammen, öffneten sich, formulierten neue Worte, aber Herr Flintrop lieh ihnen seine Stimme nicht mehr, er drehte sich um und wischte sich mit einem Papiertaschentuch über den Mund. Seine Gymnasialbildung und seine durch ein langes Leben hindurch mit Hilfe eines Theaterabonnements wachgehaltene Liebe zu den Klassikern widmete er ganz und gar dem Dienst am Kunden. Melitta hörte es natürlich nebenan in der Damenabteilung trotz aller dort summenden und surrenden Apparate, wenn ihres Vaters Stimme sich jenem Punkt näherte, über den hinaus es keine Steigerung mehr gab, dann glitt sie durch den lindgrünen Vorhang, hielt Bert ein Rasiermesser hin, sagte, auf dem könne sie ohne Gefahr nach Paris reiten, Bert grinste, begann das Rasiermesser abzuziehen, sah sie dabei, zuerst nur in parodistischer Absicht, übertrieben gefühlvoll an, sie schaute einen Augenblick verlegen auf das Messer, das er in kräftigen Strichen auf dem Leder hin- und herzog und es immer wieder blitzschnell wendete, dann mußte sie wieder ihn anschauen, er grinste, jedem war deutlich, was er meinte, sie lachte, zwischen all den zuschauenden Männern lachte sie einfach, während Bert den Rhythmus seiner hin- und herfahrenden Hand steigerte, ganz gemein zu keuchen begann und ihr sein Gesicht so ergeben hinhielt, als ziehe er nicht ein Rasiermesser ab, sondern als geschehe ihm selbst weiß Gott was.

von ihr. Melittas Gegenwart veränderte die Welt. Zog man eine Zigarette heraus, so wurde das plötzlich eine Anspielung, deren man sich eigentlich hätte schämen müssen. Sah sie einem auf die Hände, solange man die Handschuhe überstreifte, so grinste man frech oder, wenn das nicht gelang, hörte auf und beschloß, die Handschuhe erst draußen anzuziehen.

Manchmal kam Melitta ohne Rasiermesser, suchte in den Schubladen des Herrensalons herum und richtete es so ein, daß sie ihren gestikulierenden Vater etwas fragen mußte.

Sie läßt mich nicht zu Wort kommen, sagte Flintrop dann und gab ihr einen Klaps auf ihren Hintern. Melitta ging, um dem auszuweichen, in die Knie, bog sich von der Hüfte abwärts weit nach vorne, dabei ließ sie gleichzeitig den Oberkörper etwas zurückfallen, daß ihr Vater sie auffangen mußte. Die herumsitzenden Männer sahen zu, als könnten sie, wenn sie die Aufmerksamkeit aller ihrer Sinne nur weit genug zu steigern vermöchten, dadurch an dieser Zärtlichkeit teilnehmen. Wenn Herr Flintrop sich wieder dem Kopf zuwandte, den er gerade in Arbeit hatte, entschlüpfte Melitta durch den Vorhang, die wartenden Herrn und die auf den Friseurstühlen sackten ein bißchen zusammen und Bert sagte mit seiner Schnarrstimme in das schläfrige Geräusch aus kleinem Scherengezirp und elektrischem Gesumme: ausgerechnet Bananen. Manchmal, wenn man eintrat, stand Melitta direkt im Vorhang, hielt sich mit einer Hand in den Falten. Die kastanienfarbenen Haare auf dem Lindgrün. Das breite Gesicht. Eine Haut, wie sie nur eine begabte Friseurstochter hat. Plötzlich schlägt der Vorhang über ihr zusammen. Man schaut noch auf die Stelle, wo sie verschwunden ist, sieht die schwankenden Falten. Überhaupt Friseusen. Neuerdings trugen sie pastellfarbene Arbeitsmäntel, darunter dünne Pullover in bösen Farben, hohe, den Hals einschalende Kragen. Im Sommer scheinen sie rein gar nichts anzuhaben unter diesen Kleiderschürzen. In den Salons ist alles grün und gelb und rosa. Es ist immer ein bißchen zu warm. Es riecht süß und widerlich nach Kosmetika und angesengten Haaren. Oft war ich, wenn ich Alissa in Gerhards Salon abgeholt hatte, ganz wild und mutlos geworden. Sogar die Friseure sind eine schönere Rasse als die anderen Männer. Bert wäre ein weißlich fetter Straßenbahnschaffner oder Kassier geworden, dem man das Geld mit ausgestreckten Daumen und Zeigefingern reichen würde. Die weißen gepolsterten Händchen würden dicker und dicker werden, wenn sie nichts zu tun hätten als Geld vom Schaltertisch in die Schublade zu streichen. Die fetten Hügelchen würden die Fingerglieder überschwemmen. Hinter dem Kassenschalter wäre Bert ein fettes Baby geblieben, ein unangenehmer Fleischkloß, so aber sah er aus wie ein altrömischer Thermenbesitzer, ein zu milder Fettsucht neigender Priester, ein feineres Wesen auf jeden Fall, ein Engerling von überraschender Beweglichkeit. Er war nicht gerade intelligent, aber was er sagte, sagte er mit einer angeekelt schnarrenden Stimme, so wie Jago spricht, wenn er von einem Päderasten gespielt wird. Herrn Flintrop selbst hatten die Jahrzehnte seiner Friseurpraxis ein vollkommen geläutertes Aussehen beschert. Seine Haut schimmerte in jenem matten Teint aus Beige und Rosa, der auch vergeistigten Kardinälen erst im hohen Alter zuteil wird.

Lissa sah immer wieder zu mir herauf. Ich tat, als bemerke ich es nicht. Früher wäre sie durch keine Drohung so lange an meiner Seite zu halten gewesen. Auf jedes Schaufenster mußte sie losrennen, nach Puppen suchen, und, wenn sie eine entdeckt hatte, diese gleich so ungestüm verlangen, daß man glaubte, ihrem Gemüt einen immerwährenden Schaden zuzufügen, wenn man nicht sofort in das Geschäft rannte und die verlangte Puppe kaufte. Ich war ihr durch die lange Abwesenheit fremd geworden. Vielleicht hatte Alissa zuhause in ihrer Gegenwart Aussprüche des Professors zitiert. Man hatte von ihrem Vater wochenlang nur noch halblaut gesprochen. Die Zuhörer hatten ernst wie Pferde vor dem Leichenwagen vor sich hingenickt. Kinder benehmen sich da wie Tiere vor einem Gewitter. Sie spüren plötzlich keine Lust mehr, herumzurennen, jeden Schrank aufzureißen, Stühle zu Eisenbahnzügen zusammenzubauen oder Kirschsteine zum Fenster hinaus auf Passanten zu spucken. Wenn man in ihre Nähe kommt, legen sie den Kopf an einen und lassen ihn so angeschmiegt liegen, bis sich ihre Kraft im Empfinden von Katastrophen erschöpft hat. Aber selbst dann muß noch etwas geschehen, was den Bann bricht, ein Freund muß unten grell pfeifen, zwei Freundinnen müssen hereintrampeln und verlangen, die neue Puppe anzuschauen, dann bewegen sie sich weg von uns, zuerst noch ein bißchen bleiern und lahm, aber wenn sie eine Tür passiert und die Puppe aus dem Wagen genommen haben, dann ist vorerst einmal alles vergessen. Sie spielen und denken erst in dreißig Jahren wieder an diese Minute.

Ich genoß Lissas Scheu. Ich besaß eine Art Autorität, die ich nie zuvor besessen hatte, die sich sehr rasch abnutzen würde, um dann wieder überzugehen in den andauernden natürlichen Kampf zwischen ihr und mir, den ich zu ihren Gunsten zu führen hatte. Plötzlich riß sie sich los, ich rief ihr nach, sie aber stand schon vor einem Schäferhund, prüfte, ob er beißen würde, spürte, daß von ihm nichts zu befürchten war und streichelte ihn, als wolle sie in ihrem Leben nie mehr etwas anderes tun. Sie einfach grob wegzubefehlen, oder gar mit Gewalt von ihm zu trennen, wagte ich, eingeschüchtert durch die von Radio und Zeitungen verkündigte moderne Pädagogik, natürlich nicht. Ich hatte keine rechte Vorstellung, zu welcher Art Mensch ich eine Tochter erziehen sollte und war deshalb äußerst sparsam mit deutlichen Maßnahmen. Es gab ja, wie man jetzt immer wieder hörte, nichts so Verletzliches wie ein Kind, die Narbe, die eine Ohrfeige in der Kinderseele zurückläßt, macht sie später zur Prostituierten oder zur Mörderin, und daran wollte ich nicht schuld sein. Vielleicht gelang es mir, sie zu übertölpeln. Das war meistens meine einzige Rettung; überzeugen, nannten es die Pädagogen. Man mußte ihr ein gutes Motiv aufschwätzen, um dessentwillen sie dann tat, was man wollte. Zeit brauchte man natürlich schon für diese moderne Pädagogik, im Handumdrehen war da nichts zu machen. Ein Kind war zu behandeln wie ein krankes Pferd, das außerdem taub war. Am besten man trug es dahin, wo man es haben wollte, dadurch würde man seine Seele am wenigsten verwunden.

Sieht aus wie Stani, sagte ich listig. Wer ist Stani, fragte sie, und war schon halb in der Falle. Der Hund vom Kurheim, sagte ich, als wolle ich damit die Unterhaltung über dieses Thema beschließen. Aber sie sprang an mir hoch, drang in mich, ich wich zurück, reizte ihre Neugierde noch mehr und begann dann, als ich sie schon wieder auf das Trottoir zurückgelockt hatte, gewissermaßen widerstrebend von Stani zu erzählen, der immer auf der obersten Stufe der Treppe gelegen hatte, die von der Straße steil am Berg hoch zum Kurhaus Dalm hinaufführte. Er hätte einen, wenn man sich von unten näherte, bequem ins Gesicht beißen können. Vierzehn Tage lang hat er mich zwar ungehindert passieren lassen, aber ich wußte nie, ob ich das seinem Wohlwollen oder seiner Unaufmerksamkeit zu verdanken hatte. Ich dachte immer an meine Narbe, wenn ich seine

Tatzen sah, die über die oberste Stufe hinausstanden, Tatzen, aus denen die Krallen wie schwarze Schirmstäbe herauswuchsen. Und über Stani vergaß ich Lissa, und Stani vergaß ich über dem gelben Postauto, vormittags, auf der weißen Tal-Straße heraufkriechend, unter einer Staubwolke, aus der nur die Autoschnauze ragte, herauf durch das grüne Tal, das nichts als grün war, maigrün, löwenzahngrün, grüngrün, unheimlich grün nach vielen Zimmerwochen, und das Kurheim, eine Festung aus noch unverputzten Ziegelsteinen, eine Kampfansage an das Grün, eine Sonnenterrasse voller Gäste, die taten, als bemerkten sie das näherkommende Postauto nicht, bis Fräulein Grüb aus Hannover sich nicht mehr halten konnte und mit ihrer von dreißig Bürojahren zerkratzten Stimme sagte: für mich ist heute nichts dabei, sicher nichts. Alle schauten dann aus ihren Liegestühlen zu ihr hin, taten, als wüßten sie nicht, wovon das Fräulein redete, aber schließlich waren sie doch dankbar, daß das Fräulein den Bann gebrochen hatte und jetzt behauptete jeder, daß für ihn heute nichts dabei sei, ganz sicher nichts. Nur Fräulein Baarlup aus Wesel, die Jüngste, sprang auf, reckte sich, daß man schon das Reißen ihrer engen gelben Chiffonbluse zu hören glaubte und rief: aber für mich. Dann stöhnte sie glücklich, reckte und dehnte sich immer noch und immer noch, schon glaubte man Risse im blauen Gewölbe des Tags zu entdecken, Himmelsrichtungen sagten ihren Dienst auf, um leichtsinnig herbeistürzen zu können, da gab sie plötzlich dem alten Amtsgerichtsrat Mannzen aus Kiel einen Kuß auf die Stirn, so schnell, daß dieser die Bewegung, mit der er vorgeben wollte, daß er sich dagegen wehre, erst nachträglich machen konnte, was er auch pedantisch genau tat, während sie schon, von Stani in wilden Sprüngen begleitet, die steile Treppe hinabsprang und vom Postauto mit jenen schrillen

Hupenstößen begrüßt wurde, denen sonst auf der Welt nur
noch Bremsgekreisch, Blechgetöse, Glassplittern und Wim-
mern von Verletzten folgen, hier aber endete alles in Hallo
und Gelächter und damit, daß Fräulein Baarlup mit Stani
wieder treppauf raste und die Post laut lachend unter den
jetzt atemlos aufrecht sitzenden Gästen, wie Fortuna selbst,
nach ihrem Gutdünken verteilte.

Die glühende Mitra, jeder Schritt ein Schlag, nur zur
Entfachung von Heldengefühlen, um kleine Übel zu ertragen, bedarf es großer Gesinnungen, Flintrops Nickelvollmond war noch nicht in Sicht, *Kulmus Öfen und Herde*,
Konkurrenz, sterbende Konkurrenz, nichts riecht so gut wie
die Leiche eines Vordermanns, hatte der achtunddreißig-
jährige Assistent meines Philosophieprofessors gesagt, die
Kadaver stinken bloß so lange sie noch auf dem Katheder
stehn, *Öfen und Herde* roch gut, *Stenzenberg-Wolle*, dann
konnte Flintrops Nickelvollmond nicht mehr weit sein, Lissa
komm, die Schnellgaststätte war vor drei Monaten noch
nicht da gewesen, *Martha Ehmke Papier- und Schreib-
waren* fehlte, mhm, eine Straße ist ein Gebiß, und manchmal wird über einen gilbenden Zahn, der zurückgeblieben
ist und auch so aussieht, eine große glänzende Hülle ge-
stülpt, vielleicht goß Fräulein Ehmke jetzt im Altersheim
die Zimmerblumen und sang im Chor, Zahltagsgesichter in
der Schnellgaststätte, ein Ellbogen auf dem Stehtisch, Fabrik-
staub als Pigment, das übertriebene Suwa-Weiß der Augen,
endlich: *Christian Flintrop*, ich war bereit, eine komplette
Anlage, 25 000 kcal/h etwa, mehr brauchte ein Friseur
nicht. Besser nicht gleich so hohe Zahlen nennen. Erst wenn
alles eingebaut war. Dann konnte er sich brüsten vor seinen
Kunden. Herr über 25 000 Wärmeeinheiten pro Stunde,
von einem Fotozellensklaven bewacht! Flintrop mußte man
zuerst ein klassisches Hypokaustum schildern und ihn nicht

behelligen mit Abgastemperaturen, CO_2-Gehalt, Heiz-
flächenbelastung, Korrosionsvermeidung und Wirkungs-
graden, das würde ihn bloß mißtrauisch machen, schließlich
hielte er sich gar noch für unfähig, eine Ölheizung überhaupt zu bedienen. Professor Missenard, Paris, den würde
ich zitieren, die *thermische Neutralität*, die kulturfördernd
wirkt, und Lavennes, des Löwener Professors *Homöother-
mie*, die Ölfeuerungsanlage als Verwirklichung eines Gym-
nasium-Ideals. Die Schilderung römischer Thermen mit
Reinigungs-, Dampf- und Heißluftbädern eignet sich
immer für ehemalige Gymnasiasten. Die gebildeten Herrn
mußten erröten vor Scham, wenn sie an ihre drei fauchen-
den Öfchen dachten und an die Ofenröhren, die jedes Zimmer zu einer Hephaistos-Werkstatt machten. Überhaupt
Kohlen im eigenen Zimmer verbrennen! Ein thermotech-
nischer Rückfall ins köhlerhaft Barbarisch-Germanische.
Und den Pfarrern war zu schildern, wie ehedem die 53 000-
Kubikmeter-Basilika in Trier beheizt worden war. Und
wenn Gaby bei Melitta wäre? Sie hatte natürlich auch noch
zum gleichen Friseur rennen müssen. Ich hätte mich am
liebsten hingesetzt bei der Vorstellung, daß sie jetzt gerade
hinter dem grünen Vorhang saß. Melitta würde ihr sofort
meine Ankunft mitteilen, dann mußte ich hinüber in die
heiße Luft der Damenkabine, sie unter der Haube, die
schwarzen Haare zu Wellen gequetscht, auf denen blei-
graue Käfer Wache hielten, das Gesicht vor Wiedersehens-
freude und elektrischer Hitze knallrot. Aber ich mußte
trotzdem zu Flintrop. Ich konnte ja Schwäche vorschützen,
erhöhtes Sauerstoffbedürfnis aus Blutarmut und Fettman-
gel, und irgendwann einmal mußte ich Gaby sowieso wieder
begegnen. Eine Geliebte, mit der man nicht richtig Schluß
gemacht hat, ist wie ein Granatsplitter, den man nicht entfernt hat, aus Nachlässigkeit, oder weil es damals zu gefähr-

lich war, es wird sich abkapseln und verwachsen, hat man gehofft, aber plötzlich hat man wieder Scherereien. Komm jetzt Lissa geh voraus und grüß schön, mit Knicks, hörst Du!

Unter dem unerlöst hängenbleibenden Glissando des Quartsextakkords der Ladenklingel traten wir ein. Im Magendreieck kritzelte die Aufregung. Man muß Herrn Flintrop anschauen, daß er nicht mehr an links und rechts denkt, seinen Kopf in die Hände nehmen und ihm in die Augen schauen, er muß, er muß, und kein Gedanke, daß er Nein sagen könnte. Verkaufen, das heißt, eine Orgel spielen, daß der Gemeinde Hören und Sehen vergeht. Aber mir war schlecht vorgearbeitet worden. Herr Flintrop lächelte zwar gerade, als wir eintraten, aber dann sah er uns, und seine Lippen verebbten, froren ein, er kam auf mich zu und gab mir die Hand, als habe er mir zum Tod meiner Frau zu kondolieren. Es mußte etwas geschehen sein, mit dem er sich zwar selbst schon abgefunden hatte, dessen Wirkung auf ihn er aber doch jedem Besucher, der noch nichts davon wußte, aufs neue vorzuspielen hatte. Erst nach der Demonstration des Unglücks, das ihn betroffen hatte, erst wenn er sicher sein konnte, daß der Neue begriffen hatte, wie schwer er, Flintrop, an diesem Unglück trug, erst dann durfte er allmählich seine Fassung zurückgewinnen und zeigen, daß er es mit männlicher Kraft zu ertragen verstand. So beginnen ja auch in einem Trauerhaus die Angehörigen jedesmal aufs neue zu weinen, wenn ein weiterer Kondolent eintritt; dann beruhigen sie sich und brechen erst wieder in Schluchzen aus, wenn sie hören, daß die Haustüre sich gerade geöffnet hat und neue Schritte sich der Zimmertür nähern. Wenn nach vier- oder achtstündigen Krämpfen endlich das Narkotikum gewirkt hat – manchmal vermutet man, daß die Ärzte die wirklich lindernde Spritze erst geben, wenn die Besuchsstunde bevorsteht, um den Angehörigen einen milden, in bester Entwicklung befindlichen Kranken zu präsentieren –, wenn jetzt ein Besuch kommt, dann fühlt man sich von den Ärzten um alle Wirkungen betrogen. Da hat man von Mitternacht bis Mittag mit einem aller Waffen mächtigen Heer von Schmerzen gekämpft und hat sich nicht unterkriegen lassen, und jetzt liegt man unter dem molligen Schleier des Betäubungsmittels und grinst wie eine Landbraut den Besuchern entgegen und die finden, daß man es eigentlich hier ganz nett hat im Krankenhaus, weil man jetzt nach der endgültigen Befreiung vom Schmerz geradezu singen möchte vor Erleichterung, man schwimmt in der Halbbetäubung wie im wonnigsten Wasser Floridas. Aber dann überlegt man sich, ob man die Besucher so billig davon kommen lassen soll. Und man läßt die Gesichtszüge eine andere Formation annehmen, sie kennen den Ausdruck des Schmerzes auswendig wie ein Pianist die Tasten für einen bitteren Mollakkord. Schließlich wäre es ein Betrug, zeigte man den Besuchern jetzt bloß die fröhlich-halbblöde Benommenheit. Um sie wirklich an unserem Zustand teilnehmen zu lassen – und dazu sind sie doch angeblich hergekommen –, muß man ihnen eine kleine Vorstellung geben, eine Reprise, da sie ja an der Premiere nicht haben teilnehmen können. Natürlich outriert man nicht, man gehört nicht zu den Provinzschauspielern. Man weiß, daß eine übertriebene Darstellung abstoßend wirken würde. Als man allein war, bei der Uraufführung des Schmerzes, da hat man sich jede Outrage erlaubt, man ist aufgestanden, auf und ab gegangen, Napoleon in der Nacht vor Austerlitz, hat das Haupt, nicht den Kopf, das Haupt hat man auf die Tischplatte gelegt, Cäsar in der letzten Nacht, von Ahnungen gepeinigt, hat die Stirn an die kühle Scheibe gelehnt und hinausgeschaut wie Nietzsche in Sils Maria, kein Bild beschäftigte einen und tröstete einen länger als zwei Sekunden, dann war schon wieder eine neue Pose nötig, um das Sensenrad, das im Bauch rotierte, ein bißchen zu vernebeln. Schließlich saß man auf dem Bettrand und ließ wiederum das Haupt kraftlos nach links auf die Schulter sinken, voller Zärtlichkeit mit sich selbst, ein toter Schwan, etwas Schönes, eine Sekunde lang, und dann wieder eine neue wilde Gebärde, eine Pose, die einen an etwas denken läßt, man muß ja an etwas denken, solange man Schmerzen hat und da ist alles erlaubt. Den Besuchern am Nachmittag aber, die den Ausflug ins Krankenzimmer unternehmen wie man in einen Film geht, von dem man weiß, daß er zwar sehr wertvoll, aber ein bißchen langweilig ist, ihnen darf man die Posen des Schmerzes nur in schwächster Dosierung zumuten, man lächelt jetzt ja auch selbst, wenn man an die Gebärden der vergangenen Nacht denkt.

Melitta, was sagen Sie dazu, Anselm, Melitta ... Er wischte mit der Hand durch die Luft, als wolle er sagen: futsch. Sein Gesicht sah aus, als sei Melitta eines schrecklichen Todes gestorben. Ich beeilte mich, mit meinem Gesicht nicht hinter dem seinen zurückzubleiben. Aber es stellte sich heraus, daß Melitta keineswegs von uns gegangen war, wie Herr Flintrop zweifellos gesagt hätte, wenn sie gestorben wäre. Und weil diese feierliche Formulierung gewissermaßen immer gebrauchsfertig bereitliegt, hätte Herr Flintrop seinen Satz auch gar nicht unterbrechen müssen, wenn er Melittas Tod hätte mitteilen müssen. Sie ist von uns gegangen, oder: sie ist verschieden, das gelingt auch noch dem zutiefst erschütterten Mund; nun war Melitta zwar von Herrn Flintrop gegangen, aber mit einem Mann, sie war – und das sagt sich schon schwerer – ganz einfach durchgebrannt, weil ihr Vater darauf bestanden hatte, daß sich der Mann zuerst scheiden lasse. Das hatte sich wohl zu lange hingezogen, oder war überhaupt nicht mehr zu erwarten gewesen, Melitta und der andere waren ungeduldig geworden, sie hatten sich eine Wohnung gemietet, hier in der Stadt, er verdient gut, aber was hilft das, sagte Herr Flintrop.

Wahrhaftig mir war schlecht vorgearbeitet worden vom Schicksal, vom Zufall, oder wie man die graue Mieze, die mit unserem Erdball spielt, sonst noch nennen will. Sie hatte mir mit ihren Pfoten wieder einmal ins Geschäft gepfuscht. Weiche, Satan-Mieze Du! gib Herrn Flintrop seine Tochter wieder, oder zeig' mir wenigstens, wie man einem verzweifelten Vater eine Ölheizung verkauft.

Die Artikel, die ich vertrat, seit ich, um mit den immer noch herrschenden Studien- und Examensvorschriften zu sprechen, seit ich vorzeitig die Universität verlassen hatte, diese oft von phantastischen Branchen ersonnenen Artikel würden, legte man sie in einem Saal aus – und das wäre etwa zum fünfzigsten Geburtstag eines Vertreters eine empfehlenswerte Jubiläumsausstellung –, diese die Geschichte unserer wirtschaftlichen Entwicklung wie ein Kolossalgemälde und besser als jede Statistik repräsentierenden Artikel würden, was mich persönlich betrifft, beweisen, daß ich weder ein Pessimist noch ein Optimist gewesen bin. Denn um das anzubieten, was ich schon anzubieten gezwungen war, durfte ich kein Pessimist sein, sonst wäre ich jeden Morgen im Bett liegen geblieben; und zu erwarten, daß man mit solchen Artikeln ein Geschäft machen könne, so optimistisch zu sein, verbot sich einfach angesichts der Ware, die ich zeitweise zu vertreten hatte. Ich lernte, daß Optimismus und Pessimismus gleich lächerlich sind angesichts der ungeheuren Unordnung, die die Welt lebendig erhält, und der aus diesem Zustand folgenden ebenso ungeheuren Möglichkeiten, mit denen man nicht rechnen kann, obwohl man mit nichts anderem als mit ihnen zu rechnen hat.

Einmal hatte ich Küchenwecker im Montafon zu verkaufen, obwohl den Bauern dort die Schläge der Kirchturmuhren so in Fleisch und Blut übergegangen sind, daß sie, ohne den Begriff der Pünktlichkeit überhaupt zu kennen, auf die Sekunde und Minute jeden Tag tun werden, was zu dieser Sekunde und Minute zu tun ist, auch wenn die Kirchturmuhren — was zumindest dort unvorstellbar ist — einmal zu schlagen aufhörten.

Einmal habe ich Gummischürzen an die Kornbauern zwischen Biberach und Ingolstadt verkauft, habe Serien von Wundern vollbracht, um die mich wahrscheinlich mancher Heilige vom Himmel herab beneidet hat, denn was die Kornbauern bei ihrem trockenen staubigen Tagwerk ausgerechnet mit schweren Gummischürzen anfangen sollten, hätte nicht einmal ich ihnen sagen können. Ich hatte zweizwanzig an der Schürze, also kamen jene Wunder eigentlich niemandem zugute, also waren es vielleicht die einzigen reinen Wunder, die je auf dieser Erde geschahen, bewirkt wurden, muß ich sagen, denn ganz von selber und mit Handauflegen ging es nicht.

Einmal habe ich zwischen Köln und Osnabrück und von Bamberg bis Oberammergau in vier Monaten nicht mehr als acht Schallplatten mit geistlicher Musik verkauft, und ich hatte bei den studierten Mönchen und gelehrten Pfarrherrn wahrhaftig einiges Interesse erhoffen dürfen für den Gesang der Mönche vom Berg Athos, für eine komplette Aufnahme der Fronleichnamsliturgie der Benediktiner von Monserrat, Langspielplatte, Demark siebenundzwanzig, die Plaza del Monasterio auf der Hülle, o Santa Imagen! Ja, angehört hatten sie sich meine Perlen aus Byzantinik und Gregorianik, angehört schon! Meine Musterplatten waren erledigt nach dieser Tour. Ich wollte sie eigentlich dem Pfarrer in Höglwörth schenken, besann mich dann aber eines Besseren, reiste noch einmal nach Ettal und zerschmetterte sie auf den Steinen des Krottenkopfs, nicht ohne ein Gelübde abzulegen, daß ich nämlich – wie auch immer das Leben mir mitspielen möge – nie mehr, nie nie mehr meine Kraft für die Verbreitung religiöser Musik verschwenden würde.

Einmal bin ich im Dezember und Januar im Fränkischen Jura gereist, aber das zu erwähnen hat wenig Sinn. Wer weiß schon, was das heißt? Die Einheimischen merken es nicht mehr und außer mir hat noch nie ein Fremder – dessen bin ich ganz sicher – zu dieser Jahreszeit diese Tour gemacht: immer wenn ich, wie in Flintrops Laden, plötzlich sehen muß, daß meine geschäftlichen Pläne sozusagen durch höhere Gewalt bedroht werden, dann marschiert der Dezember-Januar-Chor jener Ortschaften herauf. Begleitet von schlimmen Gongschlägen der Erinnerung rücken gegen mich an Steinhart und Schweinepoint und Trugenhofen und Natterholz und Blossenau und Nassenfels und Sausenhofen und Unterstall und Sappenfeld und Schambach und Kaltenbuch und Frohnhofen und Kurzenaltheim und Schmähingen und Magerbein ... Und man kann den Leuten dort keinen Vorwurf machen, sie haben ihre Ortschaften sogar redlicher benannt als man es verlangen kann; den Vorwurf hat sich der Reisende selbst zu machen, weil er diese Namen für bloße Petrefakte und in Namen geronnene frühere, längst überwundene lokale Lebenserfahrung hielt. Ein süddeutscher Schuhwichsefabrikant, der mit seinen Fabrikaten die Städte vielleicht schon alle erobert hatte oder von der städtischen Bevölkerung rundweg abgelehnt worden war, ich weiß es nicht, er schickte mich auf jeden Fall auf diese Tour, mit dem Auftrag, auch die Anschriften jener Landschuster und Kramläden mitzubringen, die sich nicht gleich zu einer Bestellung entschließen könnten. Als ich nach sechs Wochen mit einem Auftragsbestand von neunhundertdreißig Mark und einer Liste, in der kein Landschuster und kein Kramladen jener unwirtlichen Gegend fehlte, zurückkam, da wußte ich, obwohl der Fabrikant mich beschimpfte und von nun an nichts mehr mit mir zu tun haben wollte, da wußte ich, daß ich mich zeit meines Lebens als Vertreter würde ernähren können, wenn ich auch zu diesem Beruf fast wie zu einer Sünde verführt worden war. Mein erster Auftraggeber war nämlich eine kunstgewerbelnde Schmuckherstellerin mit dem Ehrgeiz, Fabrikantin zu werden. Das ist sie, dank meiner und anderer junger Männer Verkaufstalente, inzwischen auch geworden. Nachdem der künstliche Grünspan ihrer Armbänder und der aschefarbene Glasglanz ihrer Halsketten — die Glasröhrchen waren an Fäden aufgereiht wie unregelmäßig zerhackte Spaghettis — und die anscheinend aus Kreuzzugsschrott gemachten Ohrringe eingeschlagen hatten, verpflichtete sie sich, nur noch mit Ladengeschäften Verträge zu machen und keine Vertreter mehr zu beschäftigen.

Das ist nicht nur mir passiert, und mir nicht nur damals, als ich noch ein Anfänger war. Damals war ja auch das Urteil des Oberlandesgerichts Nürnberg vom 19. 9. 1957 noch nicht gefällt worden. Es gab zwar den Paragraphen 89b des HGB, aber dieses Urteil 3 U 94/57, das hat uns gefehlt bei den Streitereien um den Ausgleichsanspruch des Handelsvertreters.

Wir mußten uns mit anderen Mitteln helfen, und die waren nicht immer fein, Gott sei's geklagt.

Einmal wollte ich die schwer arbeitende Bauernbevölkerung in einem auch von der Natur nicht sonderlich geliebten Teil unseres Vaterlandes mit hölzernen Fußstützen ausrüsten, da gerade die arme Landbevölkerung mit ihren Füßen oft recht sorglos umgeht. Das ist, so mag sich der

Hersteller dieser Fußstützen wohl gedacht haben, ein Vergehen gegen die Volksgesundheit. Aber da er ein Geschäftsmann war, schrie er nicht nach Strafe, sondern sann auf Abhilfe und ließ ein paar Modell-Fußstützen bauen, annoncierte in ein paar Zeitungen, ich wenigstens meldete mich und wurde in die karge Gegend entsandt. Vieles ist einfacher als die dem Sanitären verständnislos, ja fast feindlich gegenüberstehende arme Bauernbevölkerung davon zu überzeugen, daß sie mit der hölzernen Fußstütze *Geh-gut* (*Gehwohl* war leider als Markenname schon vergeben) ein längeres und besseres Leben zu erwarten hätte. Aberglaube und finstere Amateurchemie haben eine große Macht über Bauern in öden Gegenden. Ich erinnerte an die Redewendung vom guten Fuß, auf dem man lebe, Spruchweisheit, Bauernregel, nicht von einer Firma erfunden, die Wichtigkeit des Fußes für ein ausgeglichenes Menschenleben dokumentierend. Vergebens. Es hätte schon eine spezielle Bauernregel geben müssen: Ist am dritten Juli Hitze, kauf deinem Fuß rasch eine Geh-gut-Stütze, dann hätte man wahrscheinlich in der ersten Juliwoche ein gutes Geschäft gemacht, vorausgesetzt, daß es am dritten dann auch tatsächlich sehr heiß gewesen wäre. Mir blieb nichts anderes übrig als etwas offizieller aufzutreten als es sonst meine Gewohnheit ist. Ich verschaffte mir einen Stempel und einen amtlichen Bogen. Wer mich übrigens wegen der nun folgenden Geständnisse noch gerichtlich belangen möchte, dem darf ich gleich mitteilen, daß diese milde Art des Betrugs, deren ich mich, wenn man es schroff und unfreundlich formulieren will, damals schuldig machte, inzwischen schon der Verjährung verfallen ist. Tempus edax rerum, tja! Ich verfaßte einen amtlichen Text, der mir eine Erhebung über den Zustand der Fußgesundheit in jenem Landstrich auftrug. So gerüstet, suchte ich die Landschulen auf, vermaß mit kritischer Kennermiene und innerlichem Wohlgefallen auch viele zierliche Mädchenfüße, notierte mindestens bei jedem zweiten einen erworbenen oder angeborenen Fußschaden, gliederte die Schäden orthopädisch in mehrere Gruppen, teilte den Lehrern das Ergebnis in Prozenten bis auf zwei Stellen hinterm Komma mit, suchte dann die Eltern der Kinder auf, denen ich Fußstützen zugedacht hatte. Natürlich war ich von den Lehrern jeweils genau über die Vermögensverhältnisse der einzelnen Höfe informiert. Die Lehrer erwiesen sich überhaupt als unendlich hilfreich. Vielleicht weil ich aus der Stadt kam, von einer Behörde, vom Gesundheitsministerium. Daß ein solches Ministerium gar nicht existierte, wußte offensichtlich keiner der Lehrer. Aber selbst wenn sich einer gewundert haben sollte, weil er noch niemals von einem solchen Ministerium gehört hatte, mein offizielles Auftreten schüchterte jeden so ein, daß es keiner wagte, sich durch die Frage, ob es denn überhaupt ein Gesundheitsministerium gäbe, etwa eine Blöße zu geben. Und das Hirn eines Lehrers, der auf dem Lande lebt, ist berechtigt, wenn es mangels Information, einfach logisch schließt: wie könnte ein Beamter vom Gesundheitsministerium auftauchen, wenn es kein Gesundheitsministerium gäbe? So verkaufte ich in vier Wochen zweihundertundsechsundzwanzig Paar Fußstützen, das Paar zu acht, zu zehn, vierzehn, ja manchmal sogar zu achtzehn Mark, je nach dem Grad der Armut und des Geizes, den ich antraf. Ich selbst bezahlte für das Paar drei Mark. Der Hersteller, inzwischen reich und angesehen und ein richtiger Fabrikant, produziert jetzt andere, wenn auch nicht ganz und gar andere Artikel. Ich hätte damals vielleicht noch mehr verkaufen können, wenn ich die Eltern, die ihren Kindern trotz meines offiziellen Auftretens keine Fußstützen gönnten (obwohl diese doch ganz sicher unschädlich waren), wenn ich diese Eltern gewissermaßen von Amts wegen, im Interesse der Volksgesundheit undsoweiter, gezwungen hätte. Ich führte zwar immer an, daß das Gesundheitsministerium nur im Interesse der unter harten Bedingungen lebenden Bevölkerung dieses Landstrichs ein Drittel der Kosten übernehme, weil sonst diese aus feinstem Lindenholz gefertigten Fußstützen an die dreißig Mark kosteten, aber wo nicht einmal die Verlockung, etwas durch Staatshilfe billiger zu bekommen, fruchtete, würde auch kein Zwang zum Ziele führen. Das waren entweder Idioten oder charakterfeste Leute, und mit beiden Sorten ist schwer ein Geschäft zu machen. Und wenn eine Frau immer wieder nur den einen Satz hervorbrachte, daß ich nämlich auf ihren Mann warten sollte, dann verließ ich das Gehöft rasch, aber mit einem hochmütigen und verstimmten Gesicht.

Um mir zu diesem Unternehmen Mut zu machen, hatte ich wochenlang die Wirtschaftsteile der großen Zeitungen studiert, die Berichte über Bankrotte, über neue Steuergesetze, über Aktionärsversammlungen und Kreditgewährungen, hatte mir eine Vorstellung gemacht von den in die Millionen gehenden Steuerhinterziehungen großer Firmen, von den Steuernachlässen, die einem solchen Koloß gewährt werden, wenn er zu wanken beginnt, hatte die Manöver zu durchschauen versucht, mit denen die Bankrotteure ihr Schäfchen ins Trockene bringen, bevor sie die leeren Kassen vorweisen. White collar-crimes nenne man das in Amerika, hatte mein Schwiegervater gesagt. Bei uns war man sanfter, ein Verbrechen in den oberen Rängen war immer nur ein Skandal; wenn ein Direktor im Ausland eine Firma gründete, unter einem fremden Namen natürlich, gewissermaßen pseudonym, wenn er dorthin die Produkte der Firma, der er im Inland vorstand, zu lächerlichen Preisen ver-

kaufte, sich so auf Kosten seiner Aktionäre und aller Steuerzahler rasch ein Riesenvermögen ergaunerte, dann war das
bloß ein Skandal. Mich, wenn man erwischt hätte, nach
Zweihunderttausend Kaution wär ich kaum gefragt worden,
wäre auch durchaus abkömmlich gewesen für längeres Einsitzen und Teesieb- und Schaumschlägerflechten, und man
hätte mich wahrscheinlich nicht nach einem Jährchen gleich
wieder in den nächsten Aufsichtsrat geschubst, mich wenn
man erwischt hätte, oh je! Daß auch die oberen Ränge von
unaufgedeckten Skandalen leben, ist doch bloß noch ein
Beichtgeheimnis. Ein Syndikus ist eben kein Komplice,
sondern ein Fachmann. Ja, wenn mein Zeigefinger nicht
so staubig wäre um und um, würde ich ihn gerne auf manchen white collar legen, aber ich halt ihn besser tief im
Hosensack und gebe endlich zu, daß es der Ärger über den
Paragraphen 263 ist, der aus mir spricht. Betrugsparagraph!
Ein Wort, das so häßlich klingt wie Rabenschrei und
Marschtritt. Für uns gemacht. Verbrechen nennt man's
bei uns, während man . . .

Von dem Reingewinn aus der Fußstützentour habe ich
zehn Prozent an den Josefsverein, Krüppelfürsorge, Köln,
überwiesen. So blöd war ich.

Einmal

reiste ich, betrog ich, wurde ich betrogen, von einem Vertreter, betrog ich, wütend, wen immer ich traf, Verkaufen
ist manchmal Betrügen, kommt auf den Artikel an, soff ich
undsoweiter, lustig ist das Vertreterleben, fariafariahoo,
hatte ich die Idee, ein Schild anfertigen zu lassen, weil mir
einer, Moser hieß er, seine Kundschaft verkauft hatte, ein-
hundertsechsundsechzig hessische Ärzte, alphabetisch geordnet, mit Karten und Kästchen, medizinisch-technische
Geräte, kostete dreihundert in bar, rund einsachtzig für
einen hessischen Arzt, war aber trotzdem eine Pleite, der

Kerl war ein Schurke wie er noch nicht im Buche steht, er hatte den hessischen Ärzten alles schon angedreht, was ein Arzt brauchte und braucht von damals bis ins Jahr zweitausendundvier, hatte ich also die Idee, ein Schild anfertigen zu lassen: Vertreter werden hier nicht empfangen! das wollte ich verkaufen rund um die Erde und dann Schluß machen für immer, ausrotten diesen Beruf,

lernte ich Justus kennen, der mich ins Versicherungsgeschäft nahm, von seinem Onkel hatte er eine dicke Kartei geerbt, festen Bestand von über tausend Kunden, die er ruhig weitermolk, dann und wann ein Zugang,

traf ich Moser, den Schurken, wieder, wurde zuerst sein Kompagnon und dann sein Verkäufer, verkaufte für festes Gehalt plus fünf Prozent Provision Öl-Brenner, Race-System, von drüben, wäre ums Haar ein feiner Mann geworden, da ordnete das Schicksal Suezkrise an, und lieferte dem Schurken einen Vorwand, Prozessieren gegen den routinierten Terminverschlepper war sinnlos, fünfköpfig die Familie, also Vertragskündigung, *einvernehmentlich*, sprang aber doch noch ein Büro heraus, Anselm Kristlein, *Thermotechnik*, Kuppler und Zutreiber für Mosers Verkaufs-G.m.b.H., hatte mich umzusehen, den Neutralen zu spielen, als Fachmann mit Technikergesicht am Rechenschieber zu fummeln, Tabellen zu streicheln, mit dem rechten Zeigefinger senkrecht, mit dem linken Zeigefinger waagrecht, wenn sich die Linien schnitten, sprang aus meinem Automatenmund das Ergebnis: System Race-Brenner, Beratungshonorar verdächtig gering, Moser zahlte fünfzehn Prozent und finanzierte, falls nötig, die kleine, die mittlere, die große Bestechung.

4

Herr Flintrop saß wieder auf seinem Stühlchen, klapperte mit der Schere leer am Haarsaum eines Mädchens entlang, hielt inne, die Hände mit Kamm und Schere starr in der Luft, stierte dem Mädchen auf den Hinterkopf wie ein ausgedienter Jagdhund auf eine längst verlassene Fuchshöhle stiert, wahrscheinlich träumend von der Schnauze des Fuchses, von früher. Plötzlich stieß die Schere wieder zu, das Geklapper wurde dumpfer, die linke Hand kämmte nach, Herr Flintrop schüttelte den Kopf und sagte auf den Mädchennacken hin, Melitta wohne im Hochhaus am Steinweg, er wisse genau Bescheid. Im Hochhaus am Steinweg. Da würde ich ja Melitta treffen. Heute noch.

Ich beehre mich, Ihnen mitzuteilen, daß ich mich am achtzehnten des Monats zum elften Male, diesmal für immer, verloben werde, mit Fräulein . . . (den Namen hatte ich vergessen) *Josef-Heinrich Stohr.* Das war die letzte Post, die ich aus Fräulein Baarlups Händen empfing. Ich griff danach, sie schwenkte den Brief noch einmal weg. Biest. Erst als ich Männchen machte und mit den Pfoten bettelte, gab sie ihn mir. Von oben herab. Aus der ärmellosen Bluse. Sonnendurchschienen. Die schwarzen Träger rutschten. Rotblond quetschte aus der Achselhöhle. Zum elften Male, und das läßt er drucken. Sichert sich ab, sagt: so war ich, aber jetzt ist Schluß: *diesmal für immer.* Und es wird mehr Freude sein als über neunundneunzig, die gleich das erste Mal heiraten. Melitta im Bienenstock. Ob der Alte wußte, daß das Hochhaus so hieß, weil, wer es sich leisten konnte, dort seine Biene einquartierte? Vielleicht fuhr sie gerade hinauf, wenn ich hinauffahren würde. Zehn, zwölf Stockwerke lang würden wir einander ansehen.

Flintrops Schere klapperte nach Beute suchend wieder im

Bogen um den Mädchenkopf herum. Ich hielt in meinem Gesicht, für den Fall, daß er herschaute, die Gramfurchen des Mitleids parat. Gedanken an das Steinweg-Hochhaus waren jetzt mit soldatischem Ernst zu bekämpfen. Ich überlegte, ob ich nach Bert fragen sollte, um Herrn Flintrop abzulenken. Aber vielleicht beleidigte ich dadurch den Friseur, der heute an Berts Stelle fungierte, unter dessen Schere ich wahrscheinlich gleich sitzen würde. Er wies in dem Spiegel, den er seinem Kunden gerade am Hinterkopf entlang führte, mit dem Zeigefinger auf einzelne Stellen hin; mit der Überheblichkeit, in die Friseure gern verfallen. Das hat schlimm ausgesehen, sagen sie dann wie ein Chirurg, der einem gerade einen Gesichtsabszeß geöffnet hat. Jetzt können Sie sich wenigstens wieder sehen lassen! Und wir erschauern, wenn wir daran denken, wie wir wochenlang herumgelaufen sind. Der neue Gehilfe schien mir die branchenübliche Selbstgefälligkeit zu übertreiben. Er wollte offensichtlich auf jedes Haar einzeln hinweisen. Einer jener mürrischen älteren Friseure, die es zu keinem eigenen Geschäft gebracht haben, oder die das Geschäft, auf das sie ihr Leben lang hingearbeitet haben, nach kurzer Zeit wieder hatten schließen müssen. Das nehmen sie dann jedem Kunden übel, den sie, wieder als Angestellte, in einem anderen Salon bedienen müssen. Nach Vollendung ihres Werkes, das sie wortlos und widerwillig verrichteten, knittern zwar die strengen Kurven der Verbitterung in ihrem Gesicht, aber sogar wenn es zu einem Lächeln reicht, hört man den Grimmigen förmlich sagen: na was sagen Sie zu einer Welt, in der ein Friseur, der aus einem Kopf wie dem Ihren eine solche Form zaubert, kein eigenes Geschäft hat? Weil man sich aber nicht als Stellvertreter Gottes auf diesen Stuhl gesetzt hat und im Augenblick weder bereit noch fähig ist, die Schöpfung zu verteidigen, stemmt man sich schon ein bißchen auf den Armlehnen hoch, bringt ein gleichzeitig hochachtungsvolles und bedauerndes und abschließendes Lächeln zustande. Er aber gibt dem Spiegel hinter uns eine neue Stellung, weist uns auf einen weiteren günstigen Aspekt der Frisur hin, die er uns hat angedeihen lassen. Er ist unersättlich wie ein Schauspieler, der auch dann noch auf die Bühne rennt, wenn schon lang niemand mehr klatscht, der sich schließlich vor den Logenschließern verbeugt, die gerade mit einem nachsichtigen Grinsen die Türen endgültig schließen.

Lissa fragte mich nach den Bildunterschriften der Illustrierten. Ich lehnte ab. Ich mußte am Mann bleiben, eine Gelegenheit abpassen, Flintrop von seiner Klage um Melitta abzulenken. Komisch, wenn die eigene Tochter gierig Erol Flynn bestarrt, Bärtchen, rosa Badehose, und die Monroe, Kaninchenknick im Nacken, das Abend ... Abendkleid, wahrscheinlich von unten an die Brust geklebt, es gleitet? ... nicht! *O zeugt ich nie ein Kind und wählt ein fremdes*, sagte Flintrop. So alt habe er werden müssen und so, o Brabantino! Den Capulet habe er immer verstanden. *Und mit dem Kinde starben meine Freuden.* Das sei ihm aus der Seele. Mit einem Verheirateten. Lissa gab nicht nach, bis ich ihr sagte, daß das ein Schweizer sei. Was für einer? Ein vorbestrafter Schweizer. Selten, ja. Die Frau auch mit einem Verheirateten, damals. Wahrscheinlich war das nicht einmal so schlimm wie jetzt Melittas böses Adieu. Herr Flintrop klagte über die Frau, über alle Frauen, alle Frauen seien, na also, das deutet auf einen gewissen Abschluß hin, eine Folgerung ins Allgemeine, *Univira* sei auf dem Grabstein der Römerin der schönste Titel gewesen, sie hatte nur einen Mann, tja, sollte ich ihn daran erinnern, daß es damals noch leichter war, sich scheiden zu lassen als heute, *tuas res tibi habeto*, das genügte, lieber Flintrop, besorg

Deine Geschäfte hinfort allein, adieu, Kultur bringt aller- hand mit sich, und thermische Neutralität ermöglicht Kultur, und das Hypokaustum wäre ein schöner Anfang für unser Gespräch.

Ich war dran. Messerschnitt? fragte der Grimmige, der klein war, unter dessen überlangem Mantel die Fußspitzen immer weit auseinanderstanden, der den Kopf gewisser- maßen eingesunken zwischen zwei hochstarrenden Schulter- knochen trug. Messerschnitt, hatte er geknurrt und ich hatte genickt, obwohl ich nicht wußte, was das heißen sollte.

Herr Flintrop hatte seine kleine Kundin abgefertigt und weil niemand mehr wartete, wandte er sich ganz mir zu. Die Erhöhung seiner Klage ins Allgemeine erwies sich leider nicht als ein Finale, sondern als der Anfang einer neuen Rede.

Pastoren, Parlamentarier und Professoren dürfen unge- straft so hartnäckig einem Gedanken nachhangeln. Aber doch nicht ein Geschäftsmann! Bläschen von den Lippen wischend, redend, über das Altern redend, ging er hinter mir auf und ab. Ja, das Altern. Eigentlich interessant. Wie man es aushielt, sechzig Jahre alt zu sein, war mir immer noch unvorstellbar. Also laß ihn reden. Zitiere in Gedan- ken den *Industrie- und Handelsvertreter*. Mahnung an uns: *Zuhören! Zustimmen! Kundendienst!* Von den schlechten Vertretern steht geschrieben: *Sie ertränken ihre Kunden in einer Flut von Worten und dann legen sie sich ohne Gewis- sensbisse schlafen.* Vom Kunden steht geschrieben: *Ein Kunde ist ein Faß, das man erst leeren muß, bevor man es wieder füllen kann.* Flintrop leerte sich selbst. Schon bessere Tage gesehen zu haben, ist unser einziges Vorrecht, sagte Herr Flintrop, weisheitssicher. Nur an diesem Vorrecht habe er teil. Alles, wovon sonst noch bei seiner Konfirmation,

bei der Maturumsfeier und von all den anderen Podesten
herab die Rede gewesen sei, habe er eben nur durch diese
lorbeerumstandenen Reden kennengelernt. Das habe den
Vorzug, daß ihm diese dem Menschen verheißenen Freuden
in ihrer edelsten Erscheinungsform, nämlich in der von
feinen Festreden, begegnet seien, sonst aber nie. Gott sei
Dank sei er älter geworden, Gott sei Dank seien die Zeiten
immer noch ein bißchen übler geworden, sonst wäre er
nicht einmal in den Genuß jenes einzigen menschlichen
Vorrechts gekommen, nämlich: schon bessere Tage gesehen
zu haben. Solange jene besseren Tage währten, seien sie
allerdings nicht als solche zu erkennen, dazu müßten sie
immer zuerst durch noch schlechtere abgelöst werden, dann
beginne man zurückzuschauen und sich nach den Übeln
der Vergangenheit zu sehnen, als wären es bloße Wohltaten
gewesen. Aber bis zu seinem Tod wolle er dies Spiel nicht
treiben, obwohl die Erfahrung, daß die Vergangenheit das
Beste sei, sich in jeder Hinsicht beweisen lasse. Die Gegenwart sei dem Tod ja genau um soviel näher als die Vergangenheit vergangen sei; erst als Vergangenheit werde eine
Zeit zu einem umhegten, vom Tod nicht angreifbaren
Schutzgebiet, denn jetzt, zehn oder zwanzig Jahre später
wüßten wir ja, daß wir damals noch zehn oder zwanzig
Jahre vom Ende entfernt gewesen waren, was wir von der
Gegenwart, dieser sich immer weiter ins Dunkle hinaus-
bohrenden Spitze unseres Daseins, leider nie wissen, mors
certa, hora incerta, ja leider leider, oder vielleicht doch Gott
sei Dank. Ihr Haar fettet leicht, sagte mein Altmeister, als
Herr Flintrop jetzt eine vielleicht auch dem Nachdenken
gewidmete Atempause einschaltete. Wer kennt ihn nicht,
diesen Erpressersatz der Friseure, mit dem sie eine Haarwäsche erzwingen wollen, den Satz vom fetten Haar, ver-
gleichbar nur dem Satz der Ober in den feinsten Restau-

rants, die, wenn ein Gast es wirklich wagen sollte, sich über den Geschmack des Caviars zu äußern, ihn mit hochmütigem Gesicht zurechtweisen: das ist eben Sevruga-Malossol! Als hätte der Gast, wenn er einmal Sevruga-Malossol bestellt hat, sich aller Rechte begeben, er hat hinzunehmen, was immer ihm serviert wird, denn nur der Ober, durch den Kanon seiner Gebärden und Bewegungen wie ein Priester geschützt, nur er weiß, wie Sevruga-Malossol zu schmecken hat, und der Gast schämt sich, weil die an den anderen Tischen, obwohl sie im nächsten Augenblick selbst die Opfer sein können, den Ober durch schadenfrohes Lächeln unterstützen. Mein grimmig-giftiger Altmeister hatte natürlich zur Unterstützung seines Satzes vom fetten Haar ein schmales Büschel meiner Haare zwischen Daumen und Zeigefinger steil nach oben gehalten und ein Gesicht gezogen, als habe er auf meinem Kopf ein Nest von Küchenschaben entdeckt, und dem Brauch seiner Branche folgend, hatte er gesagt: Ihr Haar! instinktiv jenen verabsolutierenden, repräsentativen Singular der Wissenschaftler benützend, wenn sie, ihr ganzes riesiges Untersuchungsmaterial zusammenfassend, sagen: das Stinktier nährt sich vor allem von Kleintierkadavern. Aber weil mir eine Haarwäsche durchaus in meinen Kram paßte, ich konnte so Herrn Flintrops Rede ein natürliches Ende finden lassen, entwaffnete ich meinen Gegner durch sofortiges Nachgeben und ordnete, als hätte ich das schon seit eh und je im Sinn gehabt, eine Haarwäsche an.

Er aber, unersättlich, fragte: mit Ei? Der Friseursalon ist im Lauf der Zeit wieder eine halbmedizinische Schaubude geworden, man muß alle vier Wochen gefaßt sein, neue hygienisch-kosmetische Befehle zu erhalten, die man kaum zu mißachten wagt, weil sonst unser Friseur die Verantwortung für unsere Haare ablehnt. Ich sagte, die achtundsechzig Mark im Kopf: ohne, bitte. Ich vermied es listig, zu sagen: ohne Ei, bitte. Durch die bloße Wiederholung dieser magischen Urgröße, die jetzt also auch die Friseure behext hatte, hätte ich ihm Anlaß gegeben, über das Ei und seine Bedeutung für die Haarpflege einen vernichtenden Vortrag zu halten. Aber er gab sich noch nicht geschlagen. Ich hatte ihm das Ei durch meine geschickte Entgegnung gewissermaßen aus der Hand geschlagen, er aber ging einfach zum Gegenangriff und fragte: haben Sie keine Schuppen? Und diese Frage bewies mir, daß ich hier an einen überhaupt nicht zu überschätzenden Gegner geraten war. Ein braver Friseur, ein umgänglicher Mensch hätte besorgt gefragt: Sie haben doch keine Schuppen? Er hätte nur gefragt, um nichts versäumt zu haben, um sich dagegen zu sichern, daß wir ihm später vorwerfen könnten: warum haben Sie mich denn damals nicht darauf hingewiesen. Ein achtenswerter, nur auf Korrektheit bedachter Friseur hätte gefragt: haben Sie Schuppen?

Er hätte diese Frage mit einer ganz und gar nüchternen, weder von Bedauern noch von Triumph gefärbten Stimme gestellt, wie der Arzt fragt: treten diese Krämpfe auch bei Nacht auf. Und man hätte gespürt, daß ihm ein Kunde mit Schuppen weder angenehmer noch unangenehmer ist als ein Kunde mit Schorf, so wie der richtige Arzt dem Kranken keinen Vorwurf daraus macht, daß er Leberschwellung hat anstatt Tbc. Nichts von dieser sachdienlichen Nüchternheit besaß mein Gegner. Haben Sie keine Schuppen? das klang, als hätte er gesagt: nun geben Sie doch zu, Sie Lügner Sie, daß Sie Schuppen haben? Ich dachte an die achtundsechzig Mark und, obwohl ich schon recht eingeschüchtert war, denn offensichtlich wären *mit Ei* meine Haare noch einmal zu retten gewesen, sagte ich: nein. Wieder vermied ich es, das entscheidende Wort, diesmal das zur Herabsetzung meiner Existenz als hygienisches und damit als soziales Wesen verwendete Drohwort *Schuppen*, zu wiederholen. Er fuhr mir sofort wieder in die Haare, kratzte dabei zwei-, dreimal wie eine Maus auf meiner Kopfhaut herum und sagte, während er böse lächelnd untersuchte, was unter seinen Fingernägeln zurückgeblieben war: das sind aber Schuppen. Ich war verloren. Ich war zwar überzeugt davon, daß, wer so in den Haaren herumkratzte, auch auf dem Kopf der Königin von Saba und in Kleopatras Haaren Schuppen gefunden hätte, aber ich wollte ihm keine weiteren Gelegenheiten geben, mich zu demütigen, deshalb sagte ich: dann vielleicht doch mit Ei. Das *vielleicht* war ein letzter sinnloser Versuch, sein Gewissen anzurufen. Na also, sagte er und zog seinen Mund befriedigt in die Breite, als hätte er gerade den letzten Knochen eines Hähnchens abgenagt.

Die warmen Ströme aus der Dusche wühlten mit seinen Fingern in meinen Haaren herum. Jenseits des Rauschens und Trommelns und Scharrens hörte ich Herrn Flintrops Lobgesang auf die Vergangenheit, die rostig-goldene Scheune, in der die Ernte, die man gerade auf dem Feld noch verfluchte, sich mausert, trocken und schläfrig und in angenehmer Temperatur, unterm summenden Flügelgeräusch tiefbrauner Hummeln, befangen in einem ewigen Nachmittag, um- und umgeschaufelt und in der Schwebe gehalten von den spielenden Kräften der Erinnerung. Was die Zeit davon verzehren kann, ist nicht mehr als ein kaum spürbares Mäusegenage am stets sich vergrößernden, durch die Scheunentore einschwebenden Vorrat. Aber weil man allem Anschein nach lernen soll, sogar dem Tod einmal freundlich guten Tag zu sagen, überlegt man sich später, und soweit war Herr Flintrop offensichtlich schon gekommen, ob man die Gegenwart nicht doch, trotz aller Vergangenheit, aber Herr Flintrop wies es gleich wieder weit von sich, gerade jetzt könne man von ihm am wenigsten Einsicht verlangen; wenn dem Leben daran liege, uns etwas zu lehren, dann dürfe es einem keine solchen Streiche spielen. Er wolle nicht in den Verdacht kommen, ein übellauniger Greis zu sein, so einer, der nach hinten liebäugelt und nach vorne ängstlich beißt, Melitta könne das bezeugen, wie er der Jugend, aber da sehen Sie es, wo ist Melitta, wo ist die Jugend, fort, fort, fort. Es war Zeit, Herrn Flintrop zu stoppen, seine Stimme näherte sich wieder den höchsten Lagen, sie mußte sich jetzt auch gegen den Föhn durchsetzen, mit dessen Hilfe mein Altmeister mir jedes Haar einzeln nach hinten krümmte.

Wenn Melitta noch da wäre, käme sie jetzt, um ihrem Vater das Fuchteln und fistlige Schreien sanft zu verbieten. Im Schwarzwald, damals auf der Aussteuer-Tour, hatte ich auch schreien müssen, weil das Sudelwetter leider auch die Männer in den Höfen hielt. Unter dem Stadelvordach sägten sie Holz mit der Kreissäge. Je tiefer das Blatt sich hineinfraß, desto dumpfer wurde das Kreischen. Das waren die Sekunden, in denen ich die Argumente landen mußte, denn sobald das Sägblatt durch die dickste Stelle des Stamms hindurch war, kreischte es schriller und schriller, heulte hoch wie ein Düsenjäger, bis es dann ganz durch war. Man atmete auf, jetzt konnte ich in den klingenden Leerlauf wieder ein paar Worte schieben, daß die Frauen, wenn der Lärm dann gleich wieder anfing, wenigstens etwas hatten, worüber sie, die Damaste in den Händen, nachdenken konnten. Aber Flintrop wäre wahrscheinlich auch ohne den Föhn allmählich ins Schreien geraten. Ich mußte Melitta vertreten. Vielleicht traf ich sie, dann konnte ich es ihr sagen.

Das Leben könnte sich das alles gar nicht erlauben, sagte ich mit der Leichtfertigkeit jüngerer Leute, die sowas einfach sagen, weil sie Stimmbänder, Atem, Zunge und Lippen haben: nicht erlauben, wenn wir nicht alles so lammfromm ertrügen und kaum, daß es vergangen sei, auch das Schlimmste noch brav zu vergolden begännen. Leichtsinnig sei es, sich des Schlimmen, sobald es in der Vitrine sei, bloß noch zu erfreuen, ohne daran zu denken, daß alles, was einmal passierte, jederzeit wieder passieren könne. Es passiert zwar nichts zweimal, da hat Euer Heraklit schon recht, aber es passiert auch nichts nur einmal, das möchte ich doch auch zu Protokoll geben. Gut, daß mich die graue Mieze in den Jura geschickt hatte, nach Steinhart und Schweinepoint und Trugenhofen und bis nach Schmähingen und Magerbein, und einmal

in den nördlichen Schwarzwald, mit Aussteuerwäsche, zu Töchtern, die nie einen Mann bekommen würden; das sah man ihnen an, aber es war nicht meine Schuld, ich nährte ihre Hoffnungen und verkaufte, meine Stimme zitterte nicht, ich war nicht die graue Mieze, ich verkaufte ihnen Bettuchbiber rohweiß, gebleicht und bunt, Nessel, Linon, Bettkattun, Flanelle, Haustuchlaken und bestickte Kissenbezüge, im April, bei Sudelwetter. Die tiefgehenden Wolkenschiffe hatten sich festgefahren auf den Kuppen rundum und luden überstürzt ihre wasserschwere Schneefracht ab, Eintagsschnee, senkrecht herunterwirbelnd als zerfranste Hostien, Mund auf und Zunge vor bis an die Unterlippe, und auch Heiden konnten einen Begriff bekommen wie das Kommunizieren ist. Allerdings schmilzt es Dir in der Kirche nicht so rasch weg von der Zunge, sondern klebt und klebt Dir in der Mundhöhle und am Gaumen, bis Du es schließlich mit der Zunge aufrollst wie einen Fladen und hinabschickst, annehmend, es habe sich das Wesentliche vorher schon mitgeteilt, ja der Hostienschnee im nördlichen Schwarzwald, der die Bauern im Hause hielt, vielleicht war er bestimmt, als Frühlingsregen im Neckartal oder auf die Kaiserstuhlreben niederzugehen und dann hat die Mieze ihn mir hübsch pünktlich in mein Gebiet verlegt, um den Bauersfrauen und ihren Töchtern Zeit zu geben, mir nur recht lang zuhören zu können und immer wieder die weichen Tuche durch die rissigen Finger gleiten zu lassen. Aber um mich nicht gar zu übermütig werden zu lassen, hatte sie die Männer zu Störmanövern an die Kreissägen gestellt. Im Krieg hat die Mieze auch manchem Dorf, dem man die Kohlen nicht mehr gönnte, plötzlich einen Waggon Ruhrsteinkohle beschert, indem sie eine Achse heiß laufen ließ und den nachts durchratternden Kohlenzug zwang, den Waggon auf dem halb zugewachsenen Geleise dieses oder jenes Dorfes abzustellen. Und doch waren die Kohlen zuerst so wenig für dieses oder jenes Dorf bestimmt wie das Sudelwetter für mein Schwarzwaldrevier. Man kann immer alles erwarten, Herr Flintrop.

Wir waren weit genug von Melitta entfernt, das Feld war bereitet, das Turnier begann. Und Herr Flintrop, der sah, daß ich nicht nur Messerschnitt, Waschen und Föhnen, sondern auch noch Kopfmassage mit Birkenwasser und dann flüssiges Haarnetz anordnete, oder mir doch verordnen ließ, der sich überzeugen konnte, daß ich offensichtlich gut verdiente, also einen soliden Artikel vertrat, sagte zu und sagte ja und bat um einen Kostenvoranschlag. Lieferung und Montage Anfang September. In meinem Tagebuch würde ich Flintrops Kauf mit einem P notieren. Prestige-Kauf. Siebzig Prozent meiner Erfolge waren P-Käufe. Aber trotz meiner wie Chirurgenwerkzeuge funktionierenden Reden, jammerte er mit zur Decke aufgebogenem Mondsichelgesicht immer wieder über die verlorene Tochter, und rief, jetzt sei es aus mit ihm und seinem Geschäft, warum also noch eine Ölfeuerung, er sei ein dürrer Stamm, des Reises beraubt, wer erkennte nicht an dem allem, daß des Herrn Hand solches gemacht hat. Kam er mit Hiob, schlug ich, weil man im Geschäftsleben auf seinen Gegner eingehen muß, mit David zurück, der einen endgültigen Verlust erlitten habe, aber was habe David nach seines Kindes Tod gesagt: Nun es aber tot ist, was soll ich fasten? bitte Herr Flintrop, David ließ sich neue Kleider kommen, ließ Essen auftragen.

Mein Altmeister hatte die sorgfältig zurechtgebogenen Haare mit einem flüssigen Haarnetz überspritzt und legte nun seine Hände hauchleicht auf meinen Kopf, hielt sie eine Zeit lang so, zog seinen Mund zufrieden in die Breite. Ein alter Jagdhund, dem es gelungen ist, ein Küken zu erlegen, das er im Augenblick noch für ein Rebhuhn hält. Ich spürte, es ging auf das Trinkgeld zu. Diese Finale-Mimik gehörte auch zu den Berufsgewohnheiten. Er würde sie auch seinem Todfeind ohne jede Überwindung angedeihen lassen. Sah er nicht aus, als wolle er sich so mit seinem Opfer und Werk photographieren, malen, nein: in Stein hauen lassen? Aber vielleicht sollten die eine Minute lang leicht auf der Frisur aufliegenden warmen Hände auch bloß das Fixativ wirkungsvoller mit den Haaren verschmelzen. Als ich aufstand, gab ich ihm ein Trinkgeld, das meine Verhältnisse und seine Verdienste um mich bei weitem überstieg, gab es ihm, ohne daß ich hoffen konnte, ihn dadurch zu beschämen. Herrn Flintrop sagte ich noch, er habe Melitta gerade jetzt zu beweisen, daß er noch, und schließlich sei er ja auch noch, und dann käme sie früher oder später, und ein Mann sei, und ein Geschäft sei schließlich auch ...

Komm Lissa, sag auf Wiedersehen zum Onkel, den detaillierten Kostenvoranschlag bringe ich Ende der Woche. Flintrop legte seine dürre Hand auf Lissas Kopf, seine

Sehnen schnitten scharf durch die Haut und warfen fast schon Schatten. Ja, sagte er, so sei das mit den Töchtern, am Anfang sehe man's ihnen gar nicht an. Und weil ich das für keinen guten Schluß hielt, fragte ich noch, um dann mit irgend einer Floskel davonzukommen, wo denn Bert heute sei. Ach das ist auch sowas, sagte Flintrop, heutzutage will doch keiner mehr arbeiten, jeder will bloß Geld verdienen. Vertreter ist er geworden, Reisender in Friseurbedarf. Na ja, sagte ich kleinlaut, hastig und humorlos, und schloß die Türe, unter der wir schon standen, rascher als ich wollte.

Ich wurde Flintrop nicht gleich los. Die leeren Stühle, und hinter dem Vorhang nur noch die ältliche Friseuse und eine Kundin, die kaum jünger war, und der feine Bert ersetzt durch den giftig-grimmen Alten. Mir war nicht mehr heiß. Aber das kam vielleicht vom Haarwaschen. Ich hatte verkauft, und Verkaufen war mein Beruf. Ein schöner Beruf, ein trauriger Beruf. Man konnte reden, Eis schmelzen, Blumen blühen lassen, Leitern in den Himmel zeichnen und die Straßen mit Gold bepflastern, Steine in Brot und Brot in Steine verwandeln, ach Herr Flintrop, es ist Juni und Sie blasen mir den Herbst ins Gesicht, es ist Herbst, es ist Herbst, nein es ist nicht Herbst, doch es ist Herbst, bitte, dann ist es eben Herbst, Lissa, gib mir die Hand, warum sollen wir uns gegen den Eigensinn des Alten wehren, wir haben verkauft, gehen wir ein bißchen in seiner Jahreszeit spazieren. Ein trauriger Beruf, im Herbst anderer Leute spazieren gehen zu müssen, gießt einem Blei in die Gelenke. Es ist Herbst, die Elstern besetzen die Bäume. Der Herbst besetzt mich, Ankunft zerreißt Vergleiche, er kommt an, ohne Gruß, weil ohne Mund, nimmt in meinen Adern Platz, da ist Platz für den Herbst, ich bin erstaunt, wieviel, wenn er wieder geht, werde ich den Platz, den er besetzte, Herbstplatz nennen, aber er sagt: gehen wir doch zusammen, ich sage: bleiben wir lieber zusammen, geht das nicht? alles geht, sagt er, natürlich.

5

Lissas Hand in der meinen wurde feucht. Rutschte. Bei den eigenen Kindern erträgt man sogar das. Ob es ihr unangenehm war? Vielleicht gab sie mir die Schuld. Man weiß nie, welche Hand anfängt. Beim Tanzen, zum Beispiel. Der, der weniger liebt, gibt dem anderen die Schuld und spricht sich frei. Lissa sei vegetativ dystonisch, hatte Dr. Sänger gesagt, damals, als Alissa noch Ärzte ins Haus gelassen hatte. Ich lockerte den Griff. Wenn sie wollte, konnte sie jetzt ihre Hand aus der meinen nehmen. Vorwände gab es genug. Die Schaufenster, der Schuhriemen, ein Knopf am Kleid, oder die Haare.

Warum ich gerade in diesem Augenblick an Onkel Gallus dachte, wird man begreifen, wenn ich so zart wie möglich andeute, daß er sich nicht genierte, meine Mutter und mich zu Zeugen seiner Atmosphäre zu machen. Vielleicht muß man ihm das nachsehen, weil er Biologie und Turnen lehrte, eine Fächerzusammenstellung, die dazu verführen kann, dem Natürlichen allzuviel zuzugestehen. Wenn er uns jetzt besuchte, nahm er sich allerdings zusammen, wahrscheinlich wegen Alissa, weil sie die Tochter eines Professors war. Wäre sie die Tochter eines Studienrates gewesen wie er selbst einer war, hätte er sich kaum zu jener Zurückhaltung gezwungen, die ihm unnatürlich erschien. Kam ich allein zu Besuch, entließ er immer noch, was entlassen sein wollte. Meine Mutter zuckte bei seinen Geräuschen zusammen, er aber lachte und sagte, sie führe sich jetzt nur so auf, weil ich da sei. Ich hätte dann eigentlich lachen sollen, um meiner Mutter zu beweisen, daß sie sich meinetwegen nicht für ihren Schwager genieren müsse, ich sei ja jetzt auch so ein Mann. Aber Ohren- und Nasenzeuge von Onkel Gallus' knalliger Natürlichkeit zu sein, hat mir nie rechten Spaß bereitet. Ich bin für hygienische Illusionen, unwahrhafte Stilisierungen, der Mensch soll ein höheres Wesen sein. Ungern sehe ich, wenn ich mit Alissa spazieren gehe, den Hund mit abgeknickten Hinterbeinen, ungern sehe ich sein vor Anstrengung lächerliches Jammergesicht, und dann noch die Frau, die mit ihm durch eine Leine innig verbunden ist, die ihm teilnehmend zusieht, glücklich über seine Verdauung, als wäre sie seine Mutter. Wahrscheinlich denken Frauen auch an uns wie an ihre Kinder, wenn sie sich uns vorstellen. Aber wie sollen wir an Frauen denken? Gar nicht. Man hat uns ein Frauenbildnis eingepflanzt, das leicht beschädigt wird, wenn wir uns zu Zeugen ihrer Verdauung machen. Vögel sind immer trocken, sagt Frau Pauly. Einem Vogel ist nichts so schrecklich wie Angefaßtwerden, sagt Frau Pauly, die mit ihrem Kanari und dem lädierten Grünfinken schrille Gespräche führt. Und nicht Langeweile, nicht Willkür haben Paulys zu den Vögeln oder die Vögel zu den Paulys gebracht, sondern eine tiefe Verwandtschaft im Trockenen. Gegen Katzen war Herr Pauly schon allergisch, als die Vögel noch gar nicht im Haus waren. Heute bekommt er, sieht er nur eine Katze von fern, einen Heuschnupfen, der ihn tagelang weinen macht. Ach Lissa, kleine Sterbliche an meiner Hand, so ist bei Paulys alles in Ordnung, Du aber hast Dich gewehrt von Anfang an, als hättest Du gewußt, daß Du gar nicht so erwünscht warst. Sobald Du Zähne hattest, hast Du nachts mit Deinen Zähnen geknirscht, daß Alissa aufwachte, daß wir beide eine Zeit lang zuhörten, bis wir bemerkten, daß wir beide wach waren und dann taten, als schliefen wir wieder, um Dein Zähneknirschen nicht gar so beunruhigend erscheinen zu lassen. Immer hast Du Dich am Rand der Katastrophe gehalten, als wolltest Du uns nachträglich strafen. Drei Tage alt warst Du, da hast Du Dir den Fuß beim Strampeln blutig gerissen, mit fünf Wochen bist Du blau geworden vor Schreien, das Wegbleiben nannten es die Ärzte, Weggehen, dachte ich, nach sechs Wochen hast Du es mit einem Leistenbruch versucht, aber Frau Dr. Taler hat ihn einfach wieder reingedrückt, nach sieben Monaten verfielst Du auf Keuchhusten und legtest Dir sogar noch eine Rippfellentzündung dazu, nach elf Monaten hast Du's mit Magen- und Darmkrämpfen probiert, zuerst hielt man es für Gehirnhautentzündung, weil Du tagelang ganz weiß warst im Gesicht, Fieber hattest, immer über vierzig, die Hände nächtelang zuckend, flackernd, als dirigiertest Du die Musik eines Irren, nach siebzehn Monaten, ja wir zählten Dein Leben jahrelang nur nach Monaten, nach siebzehn Monaten hast Du einen seriösen Versuch mit einer Lungenentzündung gemacht, und zwischendurch immer wieder das Wegbleiben, das wir Dir mit Schlägen und Kaltwasserduschen austreiben wollten. Und dann tauchten in Deinem Gesicht plötzlich wieder die grellen roten Flecken auf, unversehens, wie die Wasserflecken auf den Wänden unserer ersten Wohnung, sie tauchten auf, ohne daß man einen Grund dafür hätte angeben können, und verschwanden ebenso plötzlich, als hätten sie nun wieder deutlich genug gewarnt. Die gleichen Flecken, Lissa, die jetzt gerade wieder unter Deinen Augen wachsen. Aber diesmal liegt es am Strickkleid. Ich war ja gleich dagegen. Und zwischen all den Leuten bekommst Du nicht einmal den Kopf an die frische Luft. Traurig, traurig, so unter den Achselhöhlen

fremder Leute atmen zu müssen. Gehen wir also die Parlerstraße hinauf, Lissa, das ist kein Umweg, fast kein Umweg, dort gibts Lindenbäume, schön kugelige Schatten,
Lissa, für Dich, denn ich gehe nicht die Parlerstraße hinauf, weil Gaby jetzt vielleicht gerade Schulschluß hat und
die Parlerstraße herunterkommt. Gaby zu treffen, Lissa,
glaub' mir, mir liegt nichts daran, ein Vater, der sich
scheiden läßt, muß noch viel mehr unterwegs gewesen
sein als ich, Gaby, mein Gott, mit Gaby ist es doch aus,
schließlich. Welch eine Erleichterung übrigens, wenn
eine jener Frauen, die der von Männern verwaltete Sprach-
geist Geliebte taufte — ein Euphemismus, der ihnen
was vormachen soll — wenn so eine schließlich doch heiratet
und einem dadurch alle Initiative, das ganze schmerzhaft-
feierliche, nicht immer wahrhafte Trennungszeremoniell
erspart. Ich brauchte sonst immer eine neue, um eine alte
loszuwerden. Und meistens stellte es sich vier Wochen später
heraus, daß ich die alte doch nicht losgeworden war. Das
führte, wie man leicht nachrechnen kann, zu einer Häufung.
Das hat früh, viel zu früh begonnen, ich glaube sogar, es
hat mit Melitta begonnen, an einem Sonntag in Ramsegg.
Ich behaupte, das war Melitta, Melitta am Kastanienbaum
vor der Ramsegger Restauration. Heute noch sehe ich aus
dem Kastanienstamm die zartbuckligen Mädchenknie wachsen. Vater Flintrop auf der Terrasse. Vespernd. Den Sechsuhrzug erwartend, und ich, mit Strümpfen bis dicht unter
die Knie, mit Hosen bis dicht über die Knie, Sieger im Barlauf und Kappenball, mich lösend von den anderen, um an
der Städtlerin vorbeizugehen, so dicht als möglich, um mir
von ihr bestätigen zu lassen, daß ich auch da sei, was sie
verweigerte, weil sie geradeaus schauen mußte, auf das
backsteinrote Stationsgebäude oder in die Zukunft, in die
sie dann mit dem Sechsuhrzug fuhr, rücksichtslos, während

ich über der Schienenschlucht lag und nachschaute, zorn-
knirschend, ein Siouxhäuptling ohne jeden Anhang, unfähig, einen Zug zu stoppen, der die Städtlerin entführte,
was blieb mir da übrig, als Ersatz zu suchen im Dorf. Wer
die Polonaise anführte, weiß ich nicht, ich tanzte nach, wechselte die Schritte und die Frauen und die Uniformen und die
Wohnungen und die Ansichten und die Zigarettensorten,
heiratete plötzlich in die kalte Nachkriegszeit hinein und
später verbot ich Gaby und Sophie und Anna, mich im Krankenhaus zu besuchen. Nur Sophie hatte es doch probieren
müssen. Plötzlich stand sie unter der Tür. Natürlich saß
Alissa an meinem Bett, und Lissa, Drea und Guido schaukelten ihre Beine von den hohen Krankenhausstühlen. Zum
Glück hatte Sophie wenigstens Justus mitgebracht, den man
für ihren Freund ausgeben konnte. Sophie würde sich zu
einem auch noch auf den Operationstisch legen. Mich rührt
sowas. Nichts wäre einfacher gewesen, als aus ihr ein höri-
ges Ding zu machen, so ein immergrünes Bettspielzeug,
wartend auf den nächsten Anruf. Das ist aber unfair. Deshalb sagt man sich, nachdem man es eine Zeit lang so getrieben hat: sollen andere es so mit ihr treiben, Du tust das
nicht, Du unterscheidest Dich.

Sophie bestand nur aus Erfahrung, mit der sie nichts
anfangen konnte. Kommst Du heute abend oder kommst
Du nicht? bleibst Du zwei Stunden oder die ganze Nacht?
ich muß es wissen, wegen meiner Mutter. Das ist Sophie.
Als mir ihre Anhänglichkeit auf die Nerven ging, redete
ich in jenem Seelsorgerton mit ihr, der den Frauen sonst
immer anzeigt, daß der vorletzte Abend angebrochen ist,
Sophie aber stierte mich milde an, ihre Lippen lagen aufeinander wie zwei schlafende Schlangen. Sophie ist eine
weiße Negerin. Wenn ich eine Atempause machte, fiel sie
mir um den Hals, beschmutzte meine Krawatte mit ihrem

Rouge, das auf meiner Krawatte viel besser hielt als auf ihren Lippen, an Folgen dachte sie nicht, sie leckte mich ab wie ein Kalb das Euter ableckt, von dem es gleich trinken will, mir blieb nichts anderes übrig, als über sie hinweg in ruhiger Verzweiflung auf das Kalenderblatt zu starren.

Es wäre nur vernünftig gewesen, Sophie endlich zurückzulassen. Das war überhaupt der Grund zur Bekanntschaft mit Gaby gewesen. So waren es also wieder einmal zwei geworden, und wenn Greta nicht rechtzeitig geheiratet hätte (und wer weiß, ob sie nicht doch noch einmal auftauchte!), wären es drei gewesen, aber es waren ja dann doch drei geworden, als Anna dazukam. Auch da hatte ich wieder gehofft, jetzt bleiben Sophie und Gaby zurück, jetzt liegt mir einfach nichts mehr an denen. In den ersten zweieinhalb Wochen beginnt da immer ein neues Jahrhundert, da müßte man sich seiner Vergangenheit entledigen. Aber man kommt nicht dazu, man ist zu aufgeregt.

Ich war natürlich darauf gefaßt, dann und wann einer von ihnen zu begegnen. Leichtsinnig war ich nie. Mein Gesicht war durchaus darauf vorbereitet, im entscheidenden Augenblick die Brauen ein bißchen schmerzlich nach oben, die Mundwinkel mannhaft resignierend in die Breite zu ziehen. Wenn eine nämlich spürte, daß ich froh war, sie los zu sein, würde sie ein so elendes Gesicht machen, daß ich mir vor Mitleid nicht anders zu helfen wüßte als sie ins nächste Café einzuladen, dort ihr Knie und schließlich noch mehr zu berühren. Ich wußte, wie ausgewogen mein Auftritt sein mußte, wie versöhnt Schmerz und Verzicht sich in meinen Gebärden zu zeigen hatten, deswegen hatte ich eine Begegnung nicht zu fürchten. Und war es nicht besser, eine solche Begegnung selbst herbeizuführen, dabei natürlich den Anschein eines Zufalls zu wahren, als daß mir eine von den dreien plötzlich vor die Nase schneite und ich mein Gesicht dann vielleicht unter ihren Augen zusammenstellen müßte, wozu sie mir vielleicht nicht einmal Zeit ließe, weil sie mich einfach umarmte und küßte und so tat, als wäre ich gar nicht im Krankenhaus gewesen, als wäre alles wie eh und je. Aber dann würde ich mit einem Bericht aufwarten: ausgewählte Leidens-Stenogramme, oder: wovon man im Krankenhaus geheilt wird.

Ich bog in die Parlerstraße ein. Daß ich Lissa dabei hatte, würde mich schützen und wirkte doch nicht als Härte, weil die Begegnung nicht beabsichtigt war. Aber das Josef-Philipp-Gymnasium döste still und leblos auf seinem riesigen Kiesplatz wie eine Arzneimittelfabrik am Sonntag. Sollte ich warten? Aber wo? Wenn ich weiterging, konnte ich ihr nicht mehr begegnen, da sie vom Gymnasium die Parlerstraße stadteinwärts ging, das Stück, das wir gerade, ohne ihr zu begegnen, gegangen waren. Nocheinmal zurückgehen und wieder umdrehen und wieder die Parlerstraße herauf bis zur Schule gehen, das ging wegen Lissa nicht, sie würde fragen, und wenn wir nachher Gaby trafen, würde sie alles durchschauen. Man muß bei Kindern, da man ihren Spürsinn nie richtig einzuschätzen vermag, manchmal merken sie überhaupt nichts und dann durchschauen sie wieder etwas, was man einfach für undurchschaubar hielt, man muß bei ihnen immer das Schlimmste annehmen.

6

Verärgert, als wäre mir ein Geschäft danebengegangen, stapfte ich die Parlerstraße hinauf. Lissa ging an den kugeligen Schatten der Lindenbäume entlang. Immer auf der Grenze. Mit einer Schulter in der Sonne, mit der anderen im Schatten. Schwitzte natürlich, weil sie fast rennen mußte, um alle die Kurven auszugehen. Wenn der Schatten auf ein Auto fiel, ging sie ganz auf die Straße hinaus, um das Auto herum, als habe sie ein Gelübde abgelegt, nie in ihrem Leben den Schatten einer Linde im Juni zu durchqueren. Ihr Gesicht war auf die Schattengrenze am Boden konzentriert wie die Schnauze des Bluthundes auf die Spur. Wenn die Sinnlosigkeit mit den Jahren nur andere Formen annähme? Wichtig war es ihr auch mit ihrem Gerenne. Wenn ich sie zwänge, neben mir quer durch den Schatten zu gehen, würde sie heulen, das Gesicht verzerren und mir wieder einmal den Kernsatz ihrer bisherigen Lebenserfahrung ins Gesicht schleudern: nie darf man, was man will. Das konnte ich zurückgeben: geh' mit einer Tochter durch die Straßen, und auf allen Schildern steht: für Väter verboten. In Lissas Alter hatte ich schon keinen Vater mehr, dem ich was verbieten, der mir was verbieten konnte, das besorgte der Onkel und Erzieher von Beruf, Studienrat Dr. Gallus Kristlein, der aus mir etwas machen wollte, worauf man stolz sein konnte. Eigenartig, einen Vater zu haben, der nicht älter wird, weil er schon tot ist. Den eigenen Vater allmählich einholen. Älter werden als er. Der Vater, jünger als Du, bleibt zurück, unfertig, ein bißchen lächerlich wie alle jüngeren Männer. Sein Leben nur noch eine Erzählung, die seine Frau unzählige Male wiederholt und dabei immer mehr abschleift, abnutzt, eine Abnutzung, die wie beim Kieselstein am Strand zu einer Stilisierung führte, die ich annehmen mußte, obwohl ich spürte, daß dieses Leben mehr enthalten haben muß als die traurig-schöne Fabel, die im Munde meiner Mutter immer mehr zu einer von keinem Orchester mehr begleiteten Melodie wurde, ohne Harmonien, spannungslos melancholisch wie ein Englisch Horn-Solo. Der Großvater wurde ein Bilderbuchgroßvater, der zweispännig zum Bahnhof fuhr mit seinem schnellen Landauer, obwohl doch für den leichten Wagen auch ein Pferd genügt hätte. Mit langsamen Schritten, wie ein Priester dem Hochaltar entgegengeht, war er immer auf die Waggons zugegangen. Die Dorfbewohner hinter ihm, eine träge Bauernmasse, die ehrfürchtig dem Mann zuschaute, der einer der ihren gewesen war und jetzt doch Waggons aus dem Ausland bezog. Mit ernstem Gesicht tappte der Großvater dann um die Waggons herum. Die Zuschauer mußten das für eine für das Gelingen dieses Geschäfts unabdingbare Verrichtung gehalten haben. Als sie die Hoffnung schon aufgegeben haben mochten, daß die Waggons an diesem Tag noch geöffnet werden könnten, da endlich trat der Großvater auf eine der plombierten Türen zu, hob eine Hand hinauf, machte alle Erwartungen noch einmal zunichte, indem er sich ganz ruhig umwandte, die rechte Hand über die Augen hob, als suche er in der Menge der von der Morgensonne bestrahlten Bauerngesichter das Gesicht eines Freundes, als könne er es nicht über sich bringen, die Türen schon zu öffnen, wenn er jetzt entdecke, daß dieser Freund noch fehle, ließ die Hand wieder fallen, bemerkte mit wohlwollendem, aber auch ein bißchen verächtlichem Lächeln noch den Zollbeamten, der sich mit dicken Bündeln Papiers stets eng hinter ihn drängte, um allen zu beweisen, daß er ganz zu meinem Großvater, nicht aber zum Dorf gehöre, schließlich langte er wieder hinauf und zerbrach ruhig, aber mit viel Kraft, die Plombe mit bloßen Händen und warf sie wie absichtslos hinter sich, obwohl er wahrscheinlich wußte, wie sehnlich die Schulbuben auf das Stückchen Blei warteten. Und so von Waggon zu Waggon. Dann erst die Öffnung der Türen. Aber zuvor drehte sich der Großvater noch einmal um. Genoß die glühenden gierigen Blicke der Bauern. Und als sei es immerhin möglich, daß das arme

Volk jetzt die Waggons mit Gewalt zu plündern beabsichtige, fuhr er plötzlich scharf mit der Rechten durch die Luft, sofort stießen seine Knechte mit ihren Karren rücksichtslos durch die Menge hindurch und begannen auszuladen und alles heim in die Speicher zu fahren. Der Alte stand dabei und sah allem zu. Erst am Abend setzte er sich wieder auf seinen Rennwagen und ließ heimgaloppieren. Mein Vater war mit einem hellgrünen Fordlastwagen zum Bahnhof gefahren und dieser Lastwagen, ein sehr frühes Modell, mußte oft angeschoben werden. Mitunter schlug er meinem Vater, der ihn ankurbeln wollte, mit der zurückspringenden Kurbel so heftig auf die Hand, daß mein Vater aufschrie und sich zuerst die Hand verbinden lassen mußte, bevor weitergearbeitet werden konnte. Die Zoll- und Bahnbeamten wurden ihm gegenüber frech, zogen ihn an der Schulter herum und wiesen auf mangelhafte Angaben, auf tarifliche Unstimmigkeiten und Strafgebühren hin, obwohl doch mein Vater, im Gegensatz zum Großvater, die Sprachen der Länder, mit denen er Handel trieb, ausgezeichnet beherrschte, da er in jenen Ländern die Kaufmannslehre hinter sich gebracht hatte, in Genua, in London, in Marseille und in Brüssel. Und welch ein Schüler soll mein Vater gewesen sein! Die Lehrer waren an den Tagen nach Klassenarbeiten oft geradewegs von der Tür auf ihn zugekommen, die von ihm beschriebenen Bogen steil in den Händen. Mit ernsten und feierlich-feuchten Augen hatten sie ihm diese überreicht und gesagt, daß sie verzichtet hätten, ihm eine Note zu geben, da er alle anderen so weit übertreffe, daß innerhalb des gebräuchlichen Notensystems einfach kein Platz sei für solche Leistungen. Sogar ich bekam noch Wareneingangsbücher und Bilanzen zu sehen, leuchtend von seiner großen runden Schrift, mit den überschwänglichen, aber immer ganz klaren Variationen des gebräuch-

lichen Alphabets. Und trotzdem kamen Datteln aus Mar-
seille, wenn er Sardinen bestellt hatte, und die Zigarren aus
Lausanne waren feucht und blieben liegen. Wenn meine
Mutter den rasanten Niedergang des Geschäftes unter den
Händen meines Vaters schilderte, dann führte sie immer
seine glänzenden Schulzeugnisse und seine herrliche Handschrift an, um mir zu beweisen, wie unverständlich, wie
rätselhaft die dann folgende Pleite gewesen sei. Ja, seine
Handschrift ist sein wahres Denkmal geworden. Wenn in
Ramsegg in der Restauration, in der Krone oder auf dem
Kirchplatz jemand etwas Gutes über meinen Vater sagen
wollte, wenn bei Kristleinschen Familienversammlungen
einer alles aufzählte, was die Kristleins auf dieser Welt geleistet haben, dann war immer die Handschrift meines
Vaters dabei. Jede Zeile war ein in strenger Kiellinie segeln-
des Geschwader, dicht am Wind fahrend, in schönster Lage,
die jedes Boot der Übermacht des Windes abtrotzte; die
großen Buchstaben und die mit Oberlängen waren die bis
zum Zerreißen geschwellten Segel dieser Flotten, gerade
noch gehalten von den scharfen Kielen der Unterlängen.
Geschrieben wurden die Briefe meines Vaters für Empfänger, die nur mit der linken Hand nach einem Brief greifen.
Einen Brief, der von ihm kam, so mag mein Vater befürchtet haben, werden die Empfänger noch unachtsamer aufreißen als sie es sonst schon tun. Dabei zerstören sie das
Schriftbild zum ersten Mal. Dann werfen sie auf einem
Weg, der ihnen viel wichtiger ist als der Absender dieses
Briefes, einen einzigen Blick auf die Zeilen, die sie stirn-
runzelnd und rasch am Gesicht vorbeischwenken. Gerade
dagegen glaubte sich mein Vater mit seiner Schrift gewappnet. Wenn nicht jeder Buchstabe das Auge des Lesenden in
den nächsten Buchstaben hineinreißt, so scheint er gefürchtet zu haben, muß der Empfänger diesen Brief und den

nächsten und alle folgenden von sich werfen und das Ge-
schreibsel mit kleinen, aber schnell zustoßenden Absätzen
auf dem Boden zertrampeln. Aber so deutlich und mitrei-
ßend auch seine Zeilen vorwärtsdrängten, so hoch diese
Schrift auch heute noch im Ansehen der Ramsegger steht,
zu seinen Lebzeiten hat sie ihm, wie manche andere Kunst
ihrem Künstler, recht wenig eingetragen, da auch schon die
frühen Jahrzehnte dieses Jahrhunderts, zumindest außerhalb von Ramsegg, das Schönschreiben keineswegs mehr so
hoch bewerteten wie das einmal früher, aber eben vielleicht
doch sehr viel früher, der Fall gewesen sein mag. So mußte
mein Vater bald, wenn er nicht in den Dienst einer Kon-
kurrenzfirma treten wollte, als Angestellter seines Bruders
Arthur arbeiten. Dieser Arthur hatte, obwohl er seine
Schulbildung nicht mit der meines Vaters vergleichen
durfte, vom Großvater alle Vollmachten bekommen. Er war
ein gelernter Zimmermann und fühlte sich im Umgang
mit feinen Importwaren nicht wohl, deshalb liquidierte er
im günstigsten Augenblick den Handel mit Datteln, Zigarren, Sardinen und stellte, weil er das aus dem Efeff verstand,
auf Holzhandel und Holzverarbeitung um. Das aber habe
mein Vater nicht ertragen, er sei ausgetreten, um Reisender
zu werden.

Am Samstagabend kam er heim und berechnete die Provisionen, die die Woche eingebracht hatte. Und wenn die
Mutter fragte, ob man bald wieder ein eigenes Geschäft
eröffne, sagte er: warum denn? nichts Schöneres als Uhren
zu verkaufen, die einem nicht gehören. Kein Risiko, sagte
er. Verkauft man, so ist gut verdient, verkauft man nicht,
so ist nichts verloren. So sei es auch bei den Speisefetten und
Schmiermitteln. Zum Teil verderbliche Ware, und trotzdem kein Risiko. Die Mutter sagte, sie habe keinen Reisenden zum Mann haben wollen. Er sei Kommissionär, sagte

mein Vater und schaute der Mutter mit hochgerecktem Kinn in die Augen.

Dann erzählte er von den Geschäften der vergangenen Woche. Er stützte dabei seine Ellbogen auf den Tisch und lehnte die schmalen weißen Hände mit den Fingerspitzen zu einem steilen Dach zusammen. Trotz allem sei es nicht ganz einfach, das nötige Geld zu verdienen, trotz der angesehenen Firma, trotz der ausgezeichneten Artikel, die er vertrete, trotz der Beredsamkeit, die man ihm ganz gewiß nicht abstreiten könne, trotz des guten Auftretens, an dem es bei ihm am wenigsten fehle, verglichen mit der Flegelhaftigkeit anderer Vertreter, trotz all dieser Vorzüge, die er für sich buchen könne – er sagte immer *buchen*, als sei das bare Geld, was er eben aufgezählt hatte –, trotzdem müsse er oft stundenlang herumrennen, bis er einen Auftrag notieren könne. An vielen Häusern klopfe er erst gar nicht an, weil er das gleich sehe, wo gar keine Aussichten seien, ein Geschäft zu machen. Das sei wohl einer seiner größten Vorzüge, daß er einen Blick für Häuser habe, in denen kein Geschäft zu machen sei. Dadurch bewahre er sich vor mancher Enttäuschung. Leider seien das viele Häuser, die auf den ersten Blick verrieten, daß es gar keinen Sinn habe, in sie einzudringen. Ein Dorf von gut hundertzwanzig Häusern schrumpfte unter seinem erfahrenen Blick schon gleich auf zwanzig bis fünfundzwanzig Häuser zusammen. Von diesen aber sei etwa die Hälfte ein glattes Geschäft, ja wohl ein glattes Geschäft. In diesen zehn, zwölf Häusern wohnten Leute, die sich erst gar nicht mit ihm unterhielten, die ließen ihn eintreten, nickten mit dem Kopf und er notierte den Auftrag. Man wisse nicht, ob diese Leute eine Gegenwehr von Anfang an für hoffnungslos hielten, oder ob sie aus anderen Gründen nicht mit einem Vertreter sprechen wollten. Es seien zwar immer nur kleine

Aufträge, die man in solchen Häusern notiere. Übrigens seien das Häuser, die meistens eine ausgetretene Sandsteintreppe hätten. Ohne Geländer. Und Flurwände, von denen die Farbe abgehe. Violett. Wahrscheinlich das beim Baumspritzen übriggebliebene Kupfervitriol. In den großen Häusern mit schmiedeeisernen Treppengeländern und mißtrauischen Hofhunden, die einen von der Straße bis zum Tisch schnuppernd eskortierten und dann wie Wachtposten neben einem stehen blieben, in diesen Häusern höre man ihn oft lange an, beruhige ihm zuliebe immer wieder den Hund, der einfach nicht zuhören könne, warte, ohne die Nase zu rümpfen, bis er von selbst aufgehört habe zu sprechen, sei auch dann noch ein paar Sekunden still. Er selbst senke dann seinen Kopf in den Musterkoffer, als überzeuge er sich selbst noch einmal davon, daß er nicht zuviel gesagt habe, als er seine Ware gelobt hatte. Auch dazu lasse man ihm unendlich lange Zeit, und wenn er dann wieder aufschaue, weil in dem kleinen Koffer einfach nichts mehr zu überprüfen sei, bescheide man ihm sehr höflich, man sei von allem was er gesagt habe vollkommen überzeugt, er möge doch ein anderes Mal wiederkommen.

Ein solches Haus sieht mich nie wieder, sagte mein Vater dann, glättete sein Gesicht mit seinen beiden langen Händen, indem er zwei-, dreimal von den Augen an abwärts darüber hinstrich. Dann nehme man den Musterkoffer und mache sich auf ins nächste Dorf. Und das sei eigentlich das Schönste bei diesem Beruf. Denn, um es ehrlich zu sagen, man hasse das ganze Dorf, das man gerade von Tür zu Tür durchschnüffelt habe. Sei endlich die letzte Tür hinter einem zugefallen, oder die vorletzte, oder noch nicht einmal die, denn meistens halte man das gar nicht durch, daß man alle Türen, die man aufs Korn genommen habe, auch wirklich öffne, dafür gebe es nun einmal auf der Welt keine Kraft, ja dann breche man also plötzlich aus dem Dorf aus wie ein Gefangener aus dem Zuchthaus, renne die Dorfstraße noch vollends hinab, lasse die Kinder und die Köter hinter sich herjohlen und die dummen Weiber dazu, denn dieses Dorf, das schwöre man sich während dieses Laufes hoch und heilig und atemlos, dieses Dorf sieht einen nie wieder, und wenn die Bewohner nach Uhren und Speisefett die Hände ringen sollten, in dieses Dorf nie wieder. So renne und renne man bis zum letzten Haus und noch zehn Meter weiter, und dann sei es kein Wunder, daß man in die Wiese falle vor Erschöpfung. Ob da nun gerade Heu, Schnee, Mist oder Äpfel lägen, sei in diesem Augenblick völlig gleichgültig. Am besten allerdings sei es schon, wenn Schnee die Wiese decke oder Mist, dann erlaube nämlich jeder Bauer, daß man liegen bleibe, bis man sich erholt habe, bis man den Musterkoffer wieder in die schmerzenden Finger nehme und gewissermaßen fröhlich den Angriff auf das nächste Dorf beginne. Wunderbar der Weg. Man überlegt, was man aus den eben gemachten Erfahrungen lernen müsse, sagt sich aber gleich, daß da gar nichts zu lernen sei, weil ein solches Dorf doch sicher kein zweites Mal auf dieser Erde anzutreffen sei. Also ein ganz neuer Anfang. Schon das Rot der Dächer scheint diesmal viel freundlicher herüber. Dieses Dorf bringt Glück, ruft man, streicht sich die Haare aus der Stirn, schwenkt den Musterkoffer durch die Luft wie Kinder am letzten Schultag die Ranzen, verfällt in einen Trab, und rennt schließlich so schnell, daß man atemlos durch die erste Haustür tritt. Aber dann kann es passieren, daß man nicht mehr zu Ende spricht, so nervös sei man jetzt diesen regungslosen Zuhörern gegenüber geworden. Man erinnert sich an die höflichen Zuhörer früherer Dörfer, unterbricht plötzlich mitten in einem groß angelegten Satz, weil man – vielleicht diesmal zu unrecht – ein böses Ende voraussieht, packt den Musterkoffer und die Wettermütze, schreit den verdutzten Leuten einen Gruß ins Gesicht und wirft die Türe hinter sich zu. Eine Stunde später bereut man alles und kehrt mit lächerlichen Entschuldigungen zurück. Notiert zwar keinen Auftrag, läßt sich aber demütigen.

Undsoweiter – undsoweiter.

So beschränkt die Legende von meines Vaters Erdendasein ist, so endlos wird sie von meiner Mutter wiedergegeben. Es muß schon eine schlimme Zeit für Vertreter gewesen sein, damals, Ende der Zwanzigerjahre. Der Unterschied zu den Hausierern war wohl nicht immer sehr groß; fahrendes Volk, Hafnersleute, Bettler und Zigeuner klopften täglich an die gleichen Türen, verwünschten den Bauern das Vieh, fesselten Hirtenbuben an die Bäume und molken die Kühe leer, und wenn die Bauern noch voller Wut gegen die Vagierenden waren, kam auch noch ein Reisender daher. Allerdings muß mein Vater ein besonders unfähiger und schwärmerischer Handelsmann gewesen sein. Zu Fuß von Dorf zu Dorf, Jubel auf dem Weg, falsche schöne Ideen im Kopf, eine Art Wandervogel mit dem Musterkoffer. Er war ein guter Schüler gewesen, und wie alle guten Schüler einer deutschen Schule, glaubte er wahrscheinlich, es müsse immer so weiter gehen. Und wenn es dann nicht so weitergeht, sind die guten Schüler erstaunt. Auf einmal bleiben die herrlichen Zensuren aus, auf einmal genügt es nicht mehr, sein Sprüchlein herzusagen, da muß doch Betrug im Spiele sein. Natürlich ist es nicht die Schule, die betrog, sondern die Welt. Ungerechtigkeit, Schwindel, schreien die guten Schüler, und schließlich beißen sie verbittert an der Brotrinde herum, die ihnen ein ehemals so schlechter Mitschüler reicht. Zuhause im Familienkreis und unter ihresgleichen erzählen sie für den

Rest ihres Lebens, daß ihr jetziger Brotgeber den Akkusativ mit Infinitiv nie begriffen habe, daß er, nach der Winkelsumme des Dreiecks befragt, gesagt habe, dreihundertsechzig Grad, ha ha ha, und *Vergnügen* habe er in einem Aufsatz mit *f* geschrieben, ha ha ha ha, und sowas beschäftige heute siebenunddreißig Menschen. Auch mein Vater war so ein verbitterter Gymnasiast geworden, der außer seiner Schule nie mehr etwas zu einem guten Ende gebracht hat, nicht einmal sein Leben, das er mit achtunddreißig sozusagen freiwillig beendete. Einmal hat er sein Handelsglück auch in der Stadt versucht, wohl in der Annahme, daß hier seine guten Manieren auf mehr Verständnis treffen würden. Er hat darüber sogar Aufzeichnungen gemacht, in ein Schulheft, in seiner so berühmten Handschrift, aber auch das ist leider nur ein kurzes Fragment geblieben, wie alles bei ihm, sogar sein Leben.

7

Ich will nichts übertreiben, aber wer so einen Weg nicht schon selbst gegangen ist, dem wird man es nicht so leicht begreiflich machen können. Dabei ist es noch ein Glück, wenn alle Fenster geschlossen und die Vorhänge zugezogen sind. Wenn einer keine Ahnung hat von unserem Beruf, dann wird er natürlich glauben, es sei geradezu himmlisch einfach, wenn ein Haus, dem man sich nähert, mit offenen Fenstern vor einem liege und gar noch Frauen sich aus den Fenstern beugten, da sei es doch wahrhaftig keine Kunst, am Gartenzaun den Schritt zu verlangsamen, den Kopf einen Augenblick lang zu senken, etwa noch einen Zeige-

*finger zwischen die Lippen zu stecken, bis er auf den rechten
Schneidezahn stößt, so also den Nachdenklichen zu spielen,
so also zu tun, als habe man dieses Haus bis vor einer Minute noch gar nicht im Sinn gehabt (dabei hat man es gestern abend im Hotelzimmer in sorgfältiger Arbeit aus
dem Adreßbuch mit vierundsiebzig anderen herausgesucht
und vorgemerkt), aber jetzt da man die gnädige Frau im
Fenster sehe, da sei es einem gerade eingefallen, daß man
ihr die Ehre eines Besuches erweisen könne, sie mit dem
neuesten Produkt unserer Firma bekannt zu machen. Ja, so
stellt sich das der Laie vor. Nun will ich nicht behaupten,
alle meine Kollegen empfänden genau so wie ich, aber ich
empfinde es nun einmal als einen Spießrutenlauf, wenn ich
auf ein Haus zugehe und sehe, daß ich schon von weitem
bemerkt, beobachtet und gemustert werde. Ich weiß natürlich auch, daß man es mir, wenn ich noch hundert Meter
von einem Haus entfernt bin, noch gar nicht ansehen kann,
ob ich dieses Haus betreten oder ob ich daran vorbeigehen
will; aber weil ich nun einmal während dieser letzten hundert Meter an nichts anderes denken kann als an dieses
Haus, an den Besuch, den ich zu machen habe, deshalb kann
ich mich, gegen besseres Wissen, auch nicht von der Vorstellung frei machen, aus sämtlichen Fenstern dieses Hauses
beobachte man mein Näherkommen gewissermaßen mit
Vergrößerungsgläsern: so muß sich ein Bazillus fühlen, der
nicht entdeckt und benannt zu werden wünscht, der sich
aber eines schlimmen Tages unter dem Mikroskop eines
Forschers vorfindet und verzweifelt versucht, aus seinem
Tropfen Flüssigkeit hinauszukommen, bis er feststellt, daß
es nur noch diesen einen Tropfen gibt und daß dieser Tropfen genau unter dem Okular jenes Forschers liegt, dem
man in der Welt der kleinsten Lebewesen nachsagt, was ihm
unter die Augen komme, habe auch schon seinen Namen*

weg, sei also ein für alle Male entdeckt, und das heißt:
bekämpft.

Man wende nicht ein, ich sei eben ein schlechter Reisen-
der, da gerade das Fehlen solcher Skrupel eine unabding-
bare Voraussetzung für diesen Beruf sei. Gott sei Dank kann
ich diesen Einwand gewissermaßen lächelnd und mit strah-
lender Stirn von mir weisen, weil ich, wenn ich einmal in
ein Haus eingedrungen bin, oft mehr Erfolg habe als mir
lieb ist. Es ist wirklich nur der Anmarsch, der mich so
peinigt. Und das nicht ohne Grund. Die Frau, die eben
ihren Flambeau ausschüttelt und mich bemerkt, weiß doch
noch nichts von mir, sie ist vielleicht allein zuhaus, viel-
leicht hat sie sich beim Abstauben ihrer Möbel in Erinne-
rungen verloren, in denen sie nicht gestört sein will, sicher
hat sie schlechte Erfahrungen mit Reisenden gemacht und
hält jeden Passanten, der auch nur einen Blick von der
Straße hereinwirft für einen neuen Angreifer, gegen den
sie nun wieder stundenlang ihr Haushaltsgeld wird vertei-
digen müssen. Wenn sie wüßte, daß ich weder ihre Sicher-
heit noch ihre Erinnerungen und schon gar nicht ihr Haus-
haltsgeld bedrohen werde, dann fielen mir die Schritte, die
ich unter ihren Augen zurückzulegen habe, auch leichter.
Aber da sie das nicht weiß, da ich in ihren Augen ein Mör-
der oder ein lästiger Schwätzer sein kann, oder ein ebenso
listiger wie brutaler Reisender, der sein Geschäft macht,
ohne Rücksicht darauf, in welcher Verfassung er seine Kun-
den zurückläßt, deshalb – das wird man jetzt doch einsehen
– ist es für mich so schlimm, mich einem Haus zu nähern,
aus dessen Fenstern man mich beobachtet. Die Vorstellung
übrigens, vom Gartenzaun aus hinaufzugrüßen und aus
dieser Position ein Gespräch zu beginnen, kann nur einem
Laien kommen! Hat man schon einmal einen Besucher, der
in einem Haus etwas wirklich Wichtiges zu erledigen hat,

am Gartenzaun halt machen und eine Plauderei beginnen sehen? Niemals. Der Beamte der Städtischen Werke, der Geldbriefträger, der Ehemann und der Geliebte, sie biegen von der Straße durchs Gartentor und gehen mit raschen, ihres Ziels sicheren Schritten zur Haustür. Und wie leicht würde man es einer Frau machen, von der Höhe des Fensterbretts einfach abzuwinken und jede weitere Annäherung unmöglich zu machen. Nein, wer sich unsere Arbeit so vorstellt, der tut unserem Beruf unrecht. Ein im Viertel konkurrenzlos wirtschaftender Milchmann und der einzige Gemüsehändler weit und breit, die können sich das leisten, die haben das seltene Glück, das zu besitzen, was wir ein Grüß-Gott-Geschäft nennen, die grüßen einmal und haben wieder eine Tagesration verkauft, Monopolisten sind das, aber keine in schlimmem Wettbewerb frohnenden Handelsleute wie unsereiner.

Nun gibt es aber zu meinem Glück auch Häuser, bei denen nicht jedes zweite Fenster zum Rahmen für das Bildnis einer neugierigen und sich mehr und mehr verfinsternden Hausfrau wird, wenn ich näherkomme. Es gibt noch Häuser, die sich gewissermaßen feindlich geben: kein Fenster offen, Vorhänge am hellen Tag zugezogen, ja, da und dort hat man sogar die Markisen heruntergelassen. Ich stelle sofort fest, ob es sich dabei um Tarnung und Abwehr handelt, oder ob die Leute wirklich nicht zuhause sind. Man hat Erfahrung und inspiziert schon ganz mechanisch Briefkasten, Teppichstange, Wäscheleine, Gartenweg, Oberlichter und Kellerfenster, das genügt, danach weiß man, wie man dran ist, holt jetzt noch einmal Atem und . . .

So habe ich auch angefangen. Diese Einbildungen und schlimmen Überlegungen hat man als Anfänger. Später verbietet man sich solchen Defätismus. Mein Vater aber war offensichtlich auch am Ende seines Lebens noch nicht über die Masern unseres Berufes hinweggekommen. Welch ein Soldat, der sich beim Angriff noch daran ergötzt, wie hübsch er die Waffen seines Feindes zu schildern imstande ist! Ein böses Erbe, das ich da zu verwalten hatte. Ein toter Vater ist tückischer als ein lebendiger. Den hat man vor Augen, man unterscheidet sich leichter. Der Tote aber zeigt sich immer erst dann, wenn man schon die gleichen Dummheiten begangen hat. Ein toter Vater wird leicht zu schön, eine legendäre Verführung, der einzige Mann, nach dem man sich sehnt, man verehrt sogar blindlings Männer, die ihm zu gleichen scheinen, und fällt herein, schleicht desungeachtet wieder heim und zieht die kalte Luft durch seine Pfeifen, die seit seinem Tod weder geraucht noch gereinigt wurden, und der bittere Geruch aus Asche und Tabaksaft wird ein gefährliches Parfüm, dem man sofort das eigene Leben opfern möchte.

Lies an jedem Sonntagvormittag in dem Schulheft, und in Onkel Pauls Briefen, denn der kann Dir auch gefährlich werden, der hat ja auch die Ingenieursschule *vorzeitig verlassen*, und ist sogar nach Amerika ausgerissen, obwohl man ihm sagte, daß man ihn dann enterbe. Und er hat das Urteil angenommen, ist nach Amerika *hineingefahren*, wie man das in der Familie formulierte, und hat zwanzig Jahre lang Briefe geschrieben, in denen zu lesen war, daß er sein Leben dazu verwendete, sich zu bestrafen. Wieviel Schwäche ist doch im Trotz dieser Familie! Und er hat nicht aufgehört, sich zu bestrafen, bis er im State's Oregon Hospital landete und schließlich, um einen unseligen Tod zu sterben, in der Anstalt Hellmannsau. Die Schwärmerei Deines Vaters im Schulheft, die er wahrscheinlich für ganz exakte Analysen hielt, die Briefe, handelnd von Eigensinn, Demut und

Wahnsinn des armen Onkel Paul, das ist die Pflichtlektüre, um der anziehenden Schwere ihrer Schicksale widerstehen zu lernen, um Onkel Arthurs Geprahle und Onkel Gallus' Besserwisserei nicht ganz so schlimm zu finden wie Du eigentlich möchtest.

8

Lissa fehlte, ich drehte mich um, die Autos am Straßenrand, ein erstarrtes Fließband, in der Mittagshitze dösend, die Linden lack, als schwitzten die Blätter, Lissa, rief ich, nicht zu laut, um das dünne Geschirrklappern aus den offenen Küchenfenstern nicht zu stören, (auf den Gardinen: die Schicksalsmuster der Familien). Besser, ich ging zurück. Sowieso nicht bestens gelaunt, wurde ich jetzt von Schritt zu Schritt wütender, glaubte auch die Narbe wieder zu spüren, das wird noch ein halbes Jahr dauern, bis alle durchschnittenen Muskeln und Nerven wieder funktionieren, hatte Tilly von gesagt, halb tröstend, halb schadenfroh, wahrscheinlich rutschte sie immer hin und her zwischen Güte und Grausamkeit, geht ja anderen auch so, bloß merkt man's bei 'ner Oberschwester besser, daß ich Gaby nicht getroffen hatte, wurde auch Lissas Schuld, die Parlerstraße war doch ein Umweg, ein riesiger Umweg, und jetzt wieder zurück, kein Geld für eine Taxe, keine Straßenbahn in der Nähe, also nachher mit Lissa jeden Schritt, den ich jetzt tat, noch einmal tun, wenn ich sie überhaupt fand, wenn sie nicht, bei ihr war alles möglich, abgebogen war, irgend einem Farbfleck nachgerannt, in eine Seitenstraße, Lissa, rief ich, lauter, Lissa, Lissa, jeder Schritt ein Kraftakt, als watete ich in zähflüssigem Blei, von mir wurde zuviel verlangt, befreite mich das nicht? setzte sich nicht die Welt ins Unrecht? die Familie übertrieb alles, ich gehörte nicht mehr dazu, die Sonne, die steil durch das Blätterdach brannte, das Blätterdach, das die Sonnenhitze in schwülen Dunst verwandelte, der Dunst, durch den ich wie durch feuchte Tücher ging, die Schritte auf dem Kies des Trottoirs, die mir in die Ohren knirschten, das Knirschen, das meine Nerven mit einer Drahtbürste traktierte, traktierte bei jedem Schritt, den ich nachher zu wiederholen hatte, die Parlerstraße hinunter, die Parlerstraße hinauf, du siehst die Strecke, die Du vermessen sollst und es nützt nichts, Dir vorzustellen, daß es eine Zeit geben wird, da Du angekommen sein wirst, es ist unvorstellbar, weil Du den Fuß für jeden Schritt herausziehen mußt aus dem Bleischlamm und ihn, obwohl Du Dich schon vor dem Geräusch ängstlich zusammenkrümmst wie vor einem Schlag, und ihn wieder hinfallen lassen mußt auf den Glasscherbenhaufen, daß es knirscht, scherbt, kratzt, Marschtritt und Rabenschreie, Du hast den Jura überstanden, und sogar den Kaukasus, bitte, aber da war Schnee, der die tagelange Marschiererei dämpfte, auch schlimm, weil man nichts mehr hörte, man wußte nicht mehr, ob man noch ging, man war vom Koppel abwärts eine Wunde, Übel sind unvergleichbar, sie schließen einander aus, nein, die vergangenen sind tröstlich, nein, der nächste Schritt erinnert nicht einmal an den gerade getanen, der nächste Schritt wird gar nicht gelingen, er ist ohne Maß, er ist einzig, es gibt so wenig Erfahrung für ihn wie für den Selbstmord, steh.

Lissa malte mit dem Zeigefinger Figuren in eine Autoscheibe, ein Hund, ein sandbeiger, fast rosafarbener Afghane saß im Innern des Autos und folgte mit seinen Augen jeder Bewegung ihres Fingers. Wenn sie wieder ein paar Striche und Bögen gemacht hatte, schaute sie ihn an und auch er löste seine Augen dann von den Bilderrätseln und schaute sie an und legte seinen schmalen Schnauzenkopf schräg. Lissa antwortete dadurch, daß auch sie ihren Kopf schräg hielt. Da richtete der drinnen sich wieder auf, klappte sein langes Maul auf und ließ die schmalen Kinnladen so wieder zusammenfallen, daß sein Gesicht nicht mehr jenen edlen melancholischen Ausdruck hatte, um dessentwillen diese Hunde von ihren Herrinnen für Seelenverwandte gehalten werden.

Komm jetzt, sagte ich und ärgerte mich, daß mich dieser Hund um all meine Empörung bringen wollte. Lissa kniff ihre Augen zusammen und hielt sich am Türgriff des Autos fest. Dann geh ich ohne Dich, sagte ich und ging. Als ich ein paar Schritte getan hatte, hörte ich einen Schrei, Lissa stand mit aufgerissenem Mund, der Schrei zog und zog sich hin, ich kannte das, rannte wieder zurück, wenn man nur wüßte, inwieweit sie sich der Erpressung bewußt ist, wenn sie so, ohne je wieder Luft zu holen, aufschreit und schreit und schreit, bis sie blau wird im Gesicht und umfällt, ich zog sie weg, schlug ihr auf den Rücken, um ihren Schrei zu unterbrechen, es gelang mir auch, nur ihre Lippen und die Polster unter den Augen wurden blau, ich zog sie hinter mir her, ein schluchzendes und zitterndes Bündel, hechelnd wie ein Hund nach der Jagd, wimmernd und jaulend, mit stolpernden, ganz und gar unrhythmischen Trippelschritten, die Hand in der meinen klatschnaß, die andere Hand wie die Füße wild, regellos, zerhackt, von Stromstößen geschüttelt, schlenkernd und schlagend, und ich zog sie fühllos und entschlossen die endlose Parlerstraße hinauf, durch die feuchten Tücher des Dunstes watend, hinein in den grellen Hitzeglast der Plätze, und über die Plätze hinweg, Autos vor und hinter uns, wir steil und erstarrt dazwischen, riß uns weiter in Sprüngen, sie keuchte, ich auch, sie grausam, ich grausam, ich wußte es, sie natürlich nicht, das erbitterte mich noch mehr, vor unserem Wohnblock dann zog sie die Hand aus der meinen und rannte, wieder laut schreiend, als sei ein Mörder hinter ihr her, hinauf, oh der Instinkt, wo ich sie, den Kopf in Alissas Schoß, wiedersah. Daß Eltern ihre Kinder quälen ist genau so verständlich wie unverständlich. Drea und Guido schauten mich mißtrauisch an. Alissa schüttelte den Kopf, lächelte und sagte, das Essen sei gleich soweit. Zuvor aber ziehe ich Lissa noch ein leichtes Kleid an, sagte sie vorwurfsvoll, das Kind schwitzt ja.

9

Gekochtes Ochsenfleisch, zartes Bruststück, Karotten und Zwiebel im Fleischsaft gedünstet, Bechamelkartoffeln, Preißelbeeren auf gedämpften Apfelscheiben, das schmeckt, daß man glaubt, es könne doch noch alles gut werden. Aber jemand sollte es aussprechen. Sofort. Immer wieder hebt sich ein Gesicht vom Teller, hört auf zu kauen, wartet mit offenem, vom Halbzerkauten gefüllten Mund, und als immer noch nichts geschieht, weder eine Explosion, noch ein Räuspern die Stille erlöst, knickt das Gesicht wieder nach vorne, hängt wieder unlustig kauend über seinem Teller. Die Kinder sehen mich an, wie Meteorologen zum graugelben Gewitterhimmel aufschauen. Lissas Lippen und Wangen sind auch jetzt noch blau eingefärbt, als hätte ich versucht, sie zu erwürgen. Alissa hißt schließlich ein Lächeln, probeweise, dirigiert energischer die zähe Löffelei der Kleinen, wie soll diese Generation überfütterter Kinder je Asien begreifen? Guido schneidet Grimassen, als könne er damit die Kartoffeln vom Teller vertreiben, Drea schaufelt auf ihrem Teller säuberlich Wege und Kreuzungen frei, zum Mund führt sie nur die Löffelspitze, Alissa versucht es jetzt mit Bewegung, hat zwei Hände überall, ist sogar schön, das sage ich mir ohne Erfolg, für Blumen hätte ich ja auch nichts übrig, war mir vorgeworfen worden, ich komme mir vor wie ein Staubsauger, den man nie mehr abstellen kann, rundum immer friedlicheres Gemampfe, die Katastrophe verkriecht sich im Lampenschirm, der Clown bist Du, die Idylle hat Niveau, ist akzeptabel, das Kribbeln im Gedärm ist Deine Schuld, Du hast nicht genug Bewertungssysteme, hier wird nicht in Volt gemessen, sondern in Litern, mein Lieber, aber die Kinder löffeln mein Leben aus den Tellern, auf mich haben sie Appetit, auf sonst nichts, gedämpftes Radio, barbarisches Stilleben, taram taram, geh auf das Dach, der Wind, der feige Lappen, verkriecht sich im Kamin, angle die Sonne und brate den Standesbeamten, brate die graue Mieze und alle anderen Unschuldigen, taram, taram, die Stadt ißt ihre Suppe, ein Gerücht frägt nach dem Weg, der Clown bist Du, ein Tief im Anzug, das Kind führt seinen Vater durch die Stadt und liest die Schilder vor: für Väter verboten! studier Dein Gesicht, gemartert und zufrieden, Traumschrott Du, unfrankiert und angenommen, Sklave mit Theorien und Alpenblick, Fachmann des Flugwesens vom Hörensagen, unangetastet von Dir selbst, eingestellt auf Dich selbst, Monteur hübscher Schicksale, Redner mit Duftkonzept, Spinnen mußt Du leben lassen, aber nachdenken über den Selbstmord, die Geschichte hat keine Grenzen, ein Fluß hungert lange, auf dem Friedhof klingeln die Toten, an den Kreuzungen warten Delegationen auf grün, bereiten sich vor, vor Dir Kreuzungen, Zungen kreuzen Klingen klingeln Kreuzigungen unterm Lampenschirm in dem die

Katastrophe nistet und sich mästet bis der Mast die Flagge hißt Trompeten durch die Straßen radeln auf der Suche nach Trompetern Jungfrauen sich anbieten eine Girlande sich erhängt das Schweigen in Kunststoffbehältern in die Wohnung transportiert wird das Quiz mit dem Schwurgericht beginnt: und zur Unzeit der Pfarrer aus dem Fenster schaut: sein Bauch und der Bauch der Geheimnisse berühren sich.

Daß es Eigentum gibt, damit fängt es an. Erledigt. Manöver beendet. Ernstfall sowieso nicht vorgesehen. Den Nachtisch bitte. Abgesang. Ich bin ein kleines Heer, verlor meinen Feldherrn aus den Augen, verspielte mein Geschütz, und lieg im Winterlager, Krankheiten nährend, strickend achtzig Bauchbinden am Tag, nachts wird auch Böses getan. Seid froh, daß ich nur ein kleines Heer bin. Erledigt. Mir gehört. Ich gehöre. Basta. Den Nachtisch bitte. Bis daß der Tod euch scheide. Wasser Waffen Coitus und *tut weh*. Ich habe im Büro zu tun.

10

Der Ehemann geht die Treppe hinunter, vorsichtig, ein Deserteur, der sich noch im Bereich der Kaserne befindet. Mit jeder Stufe, die er hinabsteigt in diesem von Ehen wimmelnden Haus, geht er durch ein paar Ehen hindurch, im Kopf die Slogans dieser Lebensfirmen, wir machen es so und wir sind auch sehr glücklich, Dreizimmerehen, Fünfzimmerehen, nur rund um die Klingel überall der gleiche Schmutzkreis, schwarzgekachelte, blaugekachelte Ehen, fragt man eine Ehefrau etwas Allgemeines, wird sie sofort mißtrauisch, reckt den Kopf wie eine Glucke, wenn am anderen Dorfende ein Hund bellt, strafft ihre Gesichtszüge, daß man sich wundert, wohin sie plötzlich all die überflüssige Haut gebracht hat, die gerade noch über die Unterkieferknochen wie zum Trocknen hinunterhing; wahrscheinlich hat sie sich schnell unter die Bluse gegriffen und alles unter die Kleidung gezogen, wo ja Platz war, oder hatte sie tatsächlich den Kopf so hochgereckt? und dann antwortet sie immer im Plural, besonders, wenn sie von einer anderen Frau gefragt wird, gleich wittert sie eine Absicht, oh wir haben uns gut eingelebt, singt sie, oh ja, wir sind zufrieden wie noch nie, und dieses *wir*, diesen heftigen Plural des Glücks setzt sie hartnäckig und gleichzeitig feierlich vor jeden Satz, mit dem sie Auskunft gibt; jedes Wort klingt, als gebe sie ein Radio-Interview, als habe sie eine Stellungnahme zu verlesen; und wie bei einem offiziellen Kommuniqué weiß man genau, was damit verschwiegen werden soll. Gutmütig und fast gar nicht erstaunt nickt der Mann dazu. Untereinander, im Haus, können sie's aber doch nicht lassen, sich wider Willen zu entblößen, wie oft er noch und wie, Prahlerei und Eingeständnis hemmungslos durcheinander, und allmählich wird der ganze Block, ob getrennt veranlagte Ehen, ob Zugewinngemeinschaften, aufgefädelt an einem einzigen, schlüpfrigen Garn, daneben Parteiungen, Zirkel und ein so differenziertes Klassensystem, daß ein Jahrtausend Kommunismus an dieser Häkelarbeit scheitern würde wie an einem südindischen Urwald.

Er hatte sein Mietergesicht parat für den Fall, daß eine Wohnungstür sich öffnete. Vorbei noch an der Batterie hübsch genarbter Briefkästen. Die Namensschilder entweder pompös schlicht oder unersättlich ausführlich. Ihm konnte man's eben nicht recht machen. Und er war an der Haustür.

Als die Hände sich auf das Steuer niederließen wie zwei weiße Vögel, die miteinander etwas transportieren wollen, wurde ihm wohl. Jeden Handgriff genoß er. Die Kraft des Wagens wurde seine Kraft. Die Narbe vibrierte zwar, als befinde er sich in einem von einer Maschine erzeugten, immer gleichmäßigen Lachkrampf, aber sie würde sich daran gewöhnen müssen. Die Kurven visierte er millimeter-genau an, ließ den Wagen seine Schwere voll austragen, dachte, Schwangerschaften unterbricht man ja auch nicht, riß, dies denkend, dann aber doch mit einer absichtlich heftigen Steuerbewegung den Wagen um eine halbe Se-kunde zu früh aus dem Kurvenschwung in die Gerade hinein, genoß die Reifenmusik und die entrüsteten Blicke der Fußgänger, er hatte niemanden gefährdet, aber diese Laien schauen sofort vorwurfsvoll, wenn irgendwo ein Reifen schreit, weil sie nicht wissen, daß man an einem so heißen Tag die Reifen kreischen lassen kann, auch wenn man um eine Kurve schleicht, er trat aufs Gas und fort gings in die nächste Kurve, in die er sich nicht mehr hineintragen ließ, die riß er einfach kurz und hart und mutwillig in einen Winkel auseinander und rettete sich vor dem Schleudern im rechten Augenblick durch Vollgas, das ihn vorwärtsriß.

Gestern, kaum daß er das Kurheim verlassen hatte, waren schon zwei Polizisten hinter ihm her. Zwei Mark. Eine geschlossene Ortschaft sei keine Rennstrecke. Nach soviel Wochen zum ersten Mal wieder auf der Straße, sozusagen gesund, die hatten keine Ahnung! Da wird die Straße zur Weide, die man mit der rauhen Kuhzunge ab-grast, wird ein Brautbett und eine Kegelbahn und eine Piste, hinab und in die Knie und wieder hinauf über die Kuppe, Du schwebst und fällst und fällst hinab, der Wagen scheint sich aufzulösen, so leicht wird er, und schwingt in allen seinen Teilen, der Zeiger boxt gegen sein Limit, und erst am Gegenhang besinnen sich die Teile wieder, nehmen sich zusammen, werden wieder ein Auto, das sich in erregender Anstrengung fortfrißt auf dem blauschwarz schwitzenden Teerband, leicht und schwer zugleich, eine Wunderlandfahrt, die Seele macht Freiübungen, Tannenspaliere neigen sich brausend herein und Vögel werfen sich Dir vor's Gesicht und kreischen erst eine Zehntelsekunde vor ihrem Tod wieder davon, und die Sonne leuchtet Dir jede Mulde aus, sie beugt sich über jeden Kurvensaum, vergüldet ihn, um gutes Büchsenlicht zu geben, sie rast mit am Horizont, durch alle Bäume hindurch und über die Kuppen; um Dir die Lampe zu halten, wirft sie Kirchtürme um, verglüht Brückengeländer und Hausdächer, und die Hunde bellen Dir die Dorfstraßen frei, nur die Leitungsmaste stehen böse im Feld wie Ehemänner, neidisch und verbittert, weil sie in Zementschuhe hineingeheiratet haben, darum leihen sie die Drähte, die sie tragen, gern der Polizei, wenn es gilt, Dich zu überholen. Was soll man einem Polizisten sagen, wenn er wissen will, warum man's denn so eilig habe. Wahrscheinlich erwartet er, daß die Großmutter krank, der Onkel auf dem Flugplatz und eine Sintflut im Steigen ist, wenn man nichts dergleichen anzuführen hat, wird man angesehen wie ein abstrakter Künstler im Osten und bestraft.

Ich bin froh, den Tag nicht mehr erleben zu müssen, an dem die Straßengräben ihre lang unterdrückte Rache nehmen und über die Straßen herfallen werden, den Tag, da das gemeine kleine Gras durch seine bloße stumpfe Zähigkeit die glatten Asphalte, die blauschwarzen Spielbahnen unseres Lebens, und die ehrwürdigen Zementbänder der Autobahnen mit seinen bösen kleinen Wurzelheeren zerfrißt und wieder für die Wildnis erobert. Dann werden alle sich mit leichten Maschinen durch die Luft bewegen, falsche Vögel, ohne Widerstand, einen technischen Trick genießend, sich über ihre schönste Beschaffenheit, die Schwere, hinwegtäuschend. Sie werden über die Dächer weggleiten wie gut gedrillte Luftballone, den Apparat am Hintern und in den Augen den billigsten Stolz. Die Pferde waren zu schwer, es ging auch nie ganz ohne Quälerei, nur im Auto waren Schwere und Leichtigkeit wie in uns selbst vereinigt; man muß allerdings zugeben, die Menschen haben versagt, sie haben es nie richtig gelernt, bis jetzt. Es ist zu hoffen, daß vor der großen Verschrottung noch ein paar Generationen kommen, im Auto empfangen oder zumindest aufwachsend, die mit natürlicher Vollkommenheit fahren werden.

Die Luft im Büro war vergilbt wie das Kalenderblatt, das immer noch den achtundzwanzigsten Februar zeigte. Das Fenster wollte nicht aufgehen, ich riß mit Kraft, ein Blitz zuckte durch meinen Bauch, ich ließ mich wehleidig stöhnend auf meinen Schreibtischstuhl fallen. Dann riß ich vom Kalender Blatt um Blatt ab, das ging noch.

Ich saß und verlor Zeit, sollte einen hübschen Kostenvoranschlag für Flintrop machen, den Schurken Moser anrufen, ob er was hatte für mich, eine Gärtnerei, die auf Öl umstellen wollte, eine Papierfabrik, daß ich auftauchen konnte, harmlos, ein Fachmann, Fortschritt verbreitend, Beratung fast kostenlos anbietend, dann den Einkaufsleiter einladen oder den Betriebsingenieur. Wenn es eine größere Sache war und der Kerl gerade geheiratet hatte, fragte man, ob er schon einen Kühlschrank habe. Die Leute warten heutzutage auf sowas. Blatt vor dem Mund, oder durch die Blume, ist nicht mehr nötig, warum auch? Jeder will verkaufen. Ein paar produzieren noch, aber in all den Büros um mich herum, in den Geschäftslokalen, überall hacken sie aufeinander ein, es wird geschachert und verkauft, und wieder und wieder und noch einmal verkauft, semper aliquid haeret. Wenn ich daran dachte, wurde ich unruhig. Ich saß, nörgelte über Alissa und die Familie, verlor Zeit, schwächte mich, wurde überholt, überrollt, Moser anrufen, oder persönlich aufkreuzen, Faust auf den Tisch, ich bin wieder da. Briefe waren zu schreiben. Ich hatte ein paar Eisen im Feuer gehabt, als ich ins Krankenhaus mußte. Auf Mosers Rat hatte ich die Krankheit meinen Geschäftspartnern verheimlicht. Moser, dieser Klugscheißer und Klassegeschäftsmann, hatte vorgeschlagen, eine Reise nach Amerika vorzuschützen, Studienreise ins Paradies der Heizöltechnik. Also ließ ich eine Karte drucken und teilte es in Fachzeitschriften mit, daß ich meinen Kunden zuliebe nach Amerika führe. Moser freute sich über seinen Einfall. Ein Geschäftsmann, sagte er, dürfe nie ins Krankenhaus, das zerstöre das Vertrauen, man glaube sofort: bei dem ist was faul. Von Moser war was zu lernen. Zweimal hatte er mich hereingelegt und zweimal wieder gekirrt, einfach weil ichs nötig hatte. Zuerst die Kartei mit den hundertsechsundsechzig hessischen Ärzten, ich war um Haaresbreite am Offenbarungseid vorbeigerutscht. Drei Jahre später nahm er mich in seine Verkaufs-G. m. b. H., als Teilhaber und Verkäufer. Fünfzehntausend hatte ich mitgebracht, zehntausend davon hatte Alissas Vater beigesteuert, weil er seinen Schwiegersohn endlich florieren sehen wollte. Moser selbst brachte vierzigtausend in Sachwerten ein, Race-Brenner, und er besorgte Grossinger als dritten Gesellschafter, von dem auch vierzigtausend zu erwarten waren. Moser hatte spioniert. Grossinger hatte Plätze in Krefeld und Hannover. Als das Gründungsprotokoll dem Notar vorgelesen wurde, fehlten die vierzigtausend von Grossinger immer noch, der Notar wollte die Gründung nicht vollziehen, Grossinger lächelte, wies auf seinen Grundbesitz hin, der ohne weiteres für zweihundertfünfzigtausend gut stehe, und versprach, seine Einlage am nächsten Ersten zu stellen, Moser und ich redeten auf den Notar ein, Grossinger sei ein todsicherer Mann. Der Notar ließ sich darauf ein. Wenn wir unserem Gesellschafter vertrauten, bitte. Wir waren also eine G. m. b. H., hatten ein großes Lager, vier Monteure, zwei Mann im Innendienst, zwei Montage-Wagen, und am nächsten Ersten kam von Grossinger kein Geld und am übernächsten Ersten auch nicht. Moser rannte herum wie eine Frau, die ein fremdes Haar gefunden hat. Grossingers Grundstücke, erfuhr er, seien längst bloß noch eine Hypothekenplantage. Jetzt schrieen wir Herrn Grossinger an. Erinnerten ihn an die kaufmännische Moral. Ob er denn kein Ehrgefühl im Leib habe, fragten wir ihn. Grossinger lächelte ein schmerzliches Lächeln. Wie hatten wir uns auch so vergessen können, diesen silbernen Herrn anzuschreien! Dieser Herr war alte Schule, vertriebener Glashüttenfachmann, Direktor, immer in Schwarz, immer mit Weste und Uhrenkette. Es war ergreifend, den feinen, fetten Patschhändchen zuzusehen, die immer in Gefahr waren, von den Manschetten verschluckt zu werden, die sich aber immer wieder – ein Symbol seiner Unermüdlichkeit – aus den weißen Röhren hervorarbeiteten. Sein vom Silberbärtchen beleuchtetes Herrenlächeln also lächelte Herr Grossinger über unser vulgäres Geschrei hinweg. Und er konnte sich dieses Lächeln leisten, wußte er doch, daß wir ihn nicht caduzieren konnten, schließlich hatten wir Bankgeld, hatten Gläubiger, alle würden sofort mißtrauisch werden. Der Gestank einer Firma, in der etwas faul ist, breitet sich so schnell aus zwischen Hamburg und Zürich, daß das Licht vor Neid erblassen könnte über soviel Geschwindigkeit. Aber Herr Grossinger hatte zwar nicht mich, denn ich war bloß wütend, aber er hatte Moser unterschätzt. Moser interessierte sofort einen anderen Geldgeber. Grossinger und ich hatten als Gesellschafter auszuscheiden, das war seine Bedingung, Grossinger, weil er falsch gespielt hatte, und ich, weil meine Kapitaleinlage zu winzig sei. Moser bot mir an, mich weiterhin als Verkäufer zu beschäftigen, mit Fixum und Provision. Ich war froh, so billig aus der drohenden Pleite zu entrinnen und stimmte zu, allerdings war ich auch ein bißchen traurig, weil ich nun kein Gesellschafter mehr war. Und nach der Suezkrise war ich dann auch kein Verkäufer mehr. Wieder war es Moser, der Schurke und Wohltäter, der mir einredete, daß ich mit einem thermotechnischen Beratungsbüro am besten stünde. Er war es selbst, der mir bewies, daß ein Prozeß sinnlos sei. Er könne die Termine beliebig lange hinausschleppen, er brauche nur kurz vor jedem Termin anzugeben, er habe noch neue wichtige Unterlagen zu beschaffen, dann werde mir einfach der Atem ausgehen. Also: *einvernehmentliche Vertragskündigung.*

Vertreter, die noch keine feste Werksvertretung haben, die noch nicht als Reisende mit Fixum und Spesen und allem Drum und Dran in schönen Autos durch die Gegend fahren und ihre Besuche aufziehen wie Onkels, die nur mal reinschauen, um der armen Verwandtschaft ein Geschenk zu machen, Vertreter wie ich es war und wie meine Kollegen, die nur in jenen Kleinstadthotels nach einer Garage fragen, von denen sie ganz sicher wissen, daß sie keine Garage haben und auch in der Zwischenzeit keine gebaut haben, Vertreter, die ihren aus dritter Hand gekauften VW oder M 12, wenn es hoch geht Rekord, in die

Sternen- und Laternengarage stellen und dann in der Ecke der Gaststube zusammensitzen und bis zwölf halbeins die Bedienung mustern und sich untereinander einigen, wer diesmal darf, diese Vertreter erzählen einander Witze, oder sie träumen von ihrem großen Projekt. Ich konnte nicht an Moser denken, ohne von meinem Projekt zu träumen. Mein Projekt, mein Traum, zu dessen Realisierung ich einen Ingenieur brauchte und einen Finanzier, mein Traum vom Gerät, mit dem ich der Welt beweisen wollte, was ein Vertreter kann. Ich würde es nur *Das Gerät* nennen. Ich sah es immer vor mir, eine hexagonale Pyramide mußte es sein, oder eine zwölfseitige, vielleicht sogar ein Achtundvierzigflächner mit ungleichen Flächen, vielfarbig, und überall Gewindebohrungen, Knöpfe und Nocken und Halterungen für die Zusatzteile, die Röhren, Stifte, Kämme, Klammern, Schneiden und Düsen, die dieses Gerät zu einem phantastischen All-Zweck-Gerät machen würden. Weiße Handschuhe würde ich anziehen und Vertreter zu einer Vorführung einladen, das Gerät halten wie einen Kelch, wie einen Ball, eine Torte, einen Stock mit Silberknauf, wie einen Spiegel, ein Buch, einen Rasierapparat, ich würde es drehen, mit ihm spielen und würde sprechen dazu, Verwendungsarten erläutern, aber zugeben, daß es eigentlich zu nichts wirklich notwendig ist, daß es Sache der Vertreter sei, jedem Kunden mit dem durchdringenden Blick, den nur der Vertreter hat, sofort anzusehen, woran es ihm in seinem Leben fehlt, und ihm dann von den hunderten von phantastischen Zusatzteilen die zu verkaufen, mit denen er seine Bedürfnisse befriedigen kann. Die Vertreter hätten mir nur das Gerät zu bezahlen, die Zusatzteile bekämen sie gratis, das sei ihre Provision. Je mehr Zusatzteile sie einem Kunden aufreden könnten, desto größer sei ihr Gewinn. Das alles klinge phantastischer als es sei. Bitte, man denke doch nur an die Frauen, die schwermütig werden, weil in ihren vollkommenen Wohnungen nichts mehr fehlt, nichts mehr zu besorgen ist, die auf den Anruf des Gatten aus dem Büro warten. Wenn es endlich läutet, greifen sie wichtigtuerisch nach dem Hörer und nachdem beide eine Zeitlang geschwiegen haben, wird wieder aufgehängt. Jetzt sind sie für jedes Wunder empfänglich. Also kommt man ihnen entgegen. Sie sollen es ruhig eingestehen, daß es ihr Wunsch gewesen war, Tänzerin zu werden, Publikum zu haben, das einem an den Schenkeln hinaufstarrt, sie dürfen auch zugeben, wieviel Autos draußen vorbeifahren. Vorbei-fahren, so scharf man auch hinhört. Und ist die Auskunft, die die Bücher geben, nicht auch recht unbefriedigend, und der Spiegel, den man zuletzt doch wieder zur Hand genom-men hat, ist nur noch ein in Silber gefaßter Fluch, und das Mädchen, das das Geschirr abträgt, macht ein Gesicht, als wolle es am Ende selbst noch Komplimente hören, in allen Ecken rasseln die Uhren, und melden, daß der Nach-mittag begonnen habe, und sie werden nun den Nachmittag erbarmungslos auszählen, Sekunde um Sekunde werden sie der gnädigen Frau an den Kopf werfen und die ist wehr-los, ihre Haut zerfällt unter diesem Beschuß, die Augen ermatten und die Lippen werden dürr, und davor schützt *Das Gerät*, es ist das Gerät gegen die Nachmittage.

Wie ein großer Modekünstler bringt der Vertreter jetzt ein paar Zusatzteile an und sagt: es kommt auf die Haut an bei einer Dame. Dabei schaut er verschämt und allwis-send an ihrer Haut vorbei. Auf die Sprungfertigkeit kommt es an, die dicht unter der Haut liegt. Es sind ganz kleine Ursachen, die die Haut zerstören, ein paar Muskeln zum Beispiel, für die alle Namen noch zu gut sind. Die schlaffen und sterben, ehe man selbst so weit wäre. Diese Faulpelze im Fleisch gilt es zu treffen. Die Teile dieses Gerätes sind wundersame Konstruktionen gegen die totengräberische Verkommenheit unsolidarischer Fleischpartien. Sähe sich der Vertreter einer Dame gegenüber, die keinen Sinn für schöne Worte hat, so konnte er ihr natürlich auch unverblümt wissenschaftlich kommen, dieses Gerät war nicht auf Lyrik angewiesen, oh nein, schlechte Hautdurchblutung, Faltenbildung, Gesichtsschwellungen, schuld daran: die Lymphstauungen, also Lymphdrainage, sagen wir: ad modum Vodder, Kopenhagen, also Entleerung der Lymphschleusen, also Massage, rhythmische Kreisbewegungen, beginnend in den Schlüsselbeingruben, gnädige Frau, jawohl in den hübschen Schlüsselbeingrübchen, in denen unsereins Eidechse sein möchte, das Gerät hat da ein paar Teile, die jeden Lymphologen in Entzücken versetzen müssen, fangen Sie an gnädige Frau, denken Sie auch an die Elefantiasis der unteren Extremitäten, gerade in Ihrem Alter, säulenartig verdickte Beine, gnädige Frau, Kampf dem sklerosierten Bindegewebe, und mit dem Gerät macht es sogar Spaß.

Jetzt dürfte man der Dame das Gerät schon anvertrauen. Sie wird sich beklopfen, reiben, massieren und streicheln, der Vertreter entfernt sich diskret, hinterläßt auf einem Zettel, daß er bald wiederkomme. Sie, die in seiner Gegenwart aus verständlichem Schamgefühl nicht alle Übungen probieren konnte, wird sich hingebungsvoll mit dem Gerät und seinen Teilen beschäftigen und dankbar sein und nach immer neuen Zusatzteilen verlangen.

Aber auch in dunklen Stuben mit gefirnißten und schwitzenden Wänden wird der Vertreter willkommen sein. Die Kinder werden ihre Eltern zwingen, das Gerät zu kaufen, man wird der Mutter, die gramvoll in dem verbrauchten Geldbeutel kramt, versprechen, nicht zu viele Zusatzteile zurückzulassen, wird ihr die Hand drücken, die Augen

mit Samt überziehen und sich schwer atmend unter dem
immer noch steigenden Geschrei der Kinder hinausschleichen. In der City wird man es den Dekorationsfirmen
verkaufen, daß die Schaufenster, endlich von dürren Ästen
und von Pappsäulen befreit, nicht mehr aussehen werden
wie hergerichtet zu einem Treffen der Brüder Grimm mit
der Gemahlin Napoleons des Dritten, die Zahnärzte werden
es dankbar in ihre Wartezimmer nehmen, weil die Erwartungen eines Patienten, der gerade eine Stunde lang Illustrierte angeschaut hat, einfach nicht mehr zu befriedigen
sind, den Bäckern wird man es für ihre Brezeln anbieten,
den Luftfahrtgesellschaften für Passagiere ohne Lebensversicherung, den Universitäten, daß die psychologischen
Institute endlich ein Test-Verfahren entwickeln können,
das ihrer Neugier angemessen ist, den Altersheimen, daß
die Insassen sich in Zukunft nicht mehr den ganzen Tag
über die Verpflegung unterhalten können, den Fernseh-
stationen für ihre Quizprogramme, den Jugendorgani-
sationen zur Unterstützung ihrer Verdrängungspädagogik,
Clubs wird man gründen, die sich zweimal wöchentlich
treffen, um neue Spielmöglichkeiten mit den Zusatzteilen
zu ersinnen, nichts leichter als sie dann anzuregen, Nachbar-
Clubs und Clubs anderer Städte zu Wettbewerben auf-
zufordern, Buchmacher werden ein Geschäft wittern, und
dann ist es soweit, daß sich Filmschauspielerinnen in ihren
tiefen Zimmern durch die Rundbogenpforte hindurch mit
dem Gerät photographieren lassen, ihre tierhaften Engels-
antlitze über die Zusatzteile gebeugt, die Politiker werden
folgen, und in den Parks wird man Liebespaare sehen, Er
wird einen Zusatzteil anbringen, Sie wird in ihre Tasche
greifen und das Stück, das Sie auf der siebten Fläche des
Gerätes placiert, wird eine zarte Antwort sein, die ihn kühn
macht, Er wird mit weiteren Teilen antworten, und wenn

sie heiraten, werden sie das Gerät so aufbewahren, wie sie's an jenem Nachmittag zusammen bestückten, und sie werden es oft anschauen und ihren Freunden zeigen, so haben wir uns kennengelernt, schau nur, wie schüchtern Er war. Inzwischen wird das Familienministerium das Gerät längst als das neue Zentrum der Familie empfohlen haben, ein Gegengewicht gegen den Fernsehapparat und gegen das Auto, und damit wäre genug, wenn nicht schon zuviel erreicht.

Ich rannte in meinem Büro um den Schreibtisch herum, ärgerte mich über die Photos von Ölfeuerungsanlagen, die die Wände verunzierten, Bäckermeister, grinsend vor den neuen Brennern, mein Projekt opferte ich, um diesen Bäckermeistern das Leben leichter zu machen, mein Projekt, das der Welt beweisen würde, was Verkaufen heißt.

Allerdings würde ich meine Vertreter schulen müssen, und zwar anders als ich beim Heizöl-Grundkurs geschult worden war, anders auch als ich jemals zuvor geschult worden war. Um 17 Uhr im Nebenzimmer der Alten Post oder der Harmonia, das war die übliche Methode, meistens roch es nach Salmiakgeist, mit dem die Holzwände behandelt worden waren, wer ein Auto hatte, schlenkerte den Schlüssel möglichst lange um den Zeigefinger, jeder tat, wenn er zur Tür hereinkam, als sei er nicht durch das Inserat hierher gelockt worden, sondern sei gerade ganz zufällig in der Gaststube nebenan gewesen und wolle nur einmal schauen, was hier vor sich gehe. Jeder schaute den anderen ein bißchen verächtlich an, weil der es nötig hatte, auf ein solches Inserat anzubeißen (Gesucht zur Mitnahme unserer pharm. Präparate Herrn, die sich intensiv einsetzen. Vertreter für Kunststoff u. elektr. Neuheiten gesucht undsoweiter), einige kannte man schon, die wechselten die Artikel rascher als die Hemden. Daß sie im Raum waren, verhieß schon nichts Gutes, da sie von Pleite zu Pleite reisten. Sie standen zusammen wie Freunde, brüllten und lachten, als hätten sie Grund dazu. Und an den Wänden die Einzelherren. Schon älter. Einen zusammengerollten Gummimantel in der Hand. Die hageren Gesichter schlecht rasiert, woraus sie jedem, der sie anschaute, einen Vorwurf zu machen schienen. An den Zigaretten sogen sie so hastig, als habe ihnen jemand verboten, hastig zu rauchen. Sie hielten die Zigarette zwischen Daumen und Mittelfinger, ließen den Zeigefinger wie einen kleinen mechanischen Hammer andauernd und gewissermaßen rechthaberisch auf die Zigarette trommeln. Ihre Augen kniffen sie, wenn sie ihre gierigen Züge machten, so zusammen, daß die Augenhöhlen zwei höhnische Falten unter den großen Querfurchen der Stirn wurden. Manche dieser Herrn hatten die Hosenklammern noch an den Hosenbeinen; wenn sie dann zufällig hinunterschauten, machten sie die Klammern sofort weg und taten dabei, als sei der Schuh aufgegangen. Wenn sie sich eine neue Zigarette anzündeten, schauten sie, das noch brennende Feuerzeug oder Streichholz in der Hand, ob nicht irgendwo noch einer stehe, der gerade rauchen wolle. Manchem gelang es auf diese Weise, sich von der Wand zu lösen und zu einer Gruppe zu treten, bei der er dann so rasch heimisch wurde, daß man ihn schon nach einer Minute laut lachen hören konnte. Wenn einer kam, der vielleicht beobachtet hatte, daß diese Gruppe Zugängen offen war, und diese Herrn nun um eine Auskunft bat — vielleicht fragte er, wenn es denn endlich losgehe, oder, ob jemand den Herrn Grall kenne —, dann zuckte jener zuletzt Hinzugekommene genau so die Schultern und wendete sich ebenso rasch wieder dem zu, der gerade am Reden gewesen war, wie alle anderen, die sich vielleicht schon seit Jahren kannten, und der Frager, der noch eine Sekunde wartete, seine Frage war ja nur ein Vorwand gewesen, um auch Anschluß zu finden, der Frager wurde nicht mehr beachtet, keiner zog ihn herein; aber fünf Minuten später fragte dann wieder einer, erhielt den gleichen Bescheid, reagierte darauf aber mit einem Fluch und fragte gleichzeitig nach Feuer und sagte noch: schöne Scheiße, und blieb stehen im Kreis und war aufgenommen. Auch Frauen waren manchmal dabei in diesen Nebenzimmern. Ihre Schneiderkostüme zeigten Spuren mühsamer Fleckenentfernung und ihre Haare waren so streng onduliert, daß sie wie Perücken aussahen. Ihren Gesichtern sah man an, daß diese Frauen sich entschlossen hatten, an diesem Nachmittag gut auszusehen. Die zum Abbröckeln verschwenderisch geschminkten Lippen und die von der Last der Farbpartikelchen niedergewalzten Augenbrauen wollten sich nicht mehr in die Gesichter einfügen. Dann kam endlich der Herr von der Firma, begleitet von einer Sekretärin oder einem zweiten Herrn, man wurde aufgefordert, Platz zu nehmen, und man nahm Platz, aber so, als geschehe das aus eigenem Entschluß. Man sei hier weder beim Militär noch in der Schule. Und doch wurden die Bemerkungen, die ausdrückten, daß man jetzt sowieso nicht länger stehend gewartet hätte, oder, daß man sich den Unsinn, der jetzt verzapft werden würde, auch hätte stehend anhören können, denn lang wolle man nicht bleiben, diese Bemerkungen wurden nur für die Kollegen gemacht, mit dem von der Firma wollte es keiner verderben. Prospekte wurden verteilt. Hektographierte Zettel. Den Schmus kannte man. Und trotzdem gebrauchte der Herr von der Firma noch einmal die gleichen Tiraden, die man gedruckt vor sich hatte. Was diese Kerle bloß dachten! Uns alten Hasen konnten sie doch das nicht erzählen. Warum sagte er nicht: diese Perlmutt-

knöpfe, Imitatknöpfe, Klarsichtpackungen, Cellophanflach-
und sonstige Beutel, diese Miederwaren, Haarwuchspräpa-
rate und Uhrenarmbänder unterscheiden sich nicht von
allem anderen, was schon auf dem Markt ist, aber wenn
Sie, meine Damen und Herrn, die und die Merkmale ein
bißchen übertreiben, z. B. so und so, und wenn Sie auf das
und das hinweisen, dann können Sie damit alle konkurrierenden Artikel aus dem Felde schlagen, undsoweiter. Aber
nein, sie logen uns an, als wären wir das liebe dumme
Publikum selbst. Jeder grinste natürlich, um zu zeigen,
wie wenig er auf diesen Schwindel hereinfalle, grinste aber
wiederum so, daß es der Herr von der Firma nicht sehen
konnte, und wenn der unglücklicherweise gerade herschaute,
färbte man das Grinsen schnell zu einem bewundernden
Lächeln um. Wenn die Instruktion beendet war, diskutierte
man halblaut. Es war, als sei man zur Gründung einer
neuen Partei eingeladen worden und hätte sich nun das
Programm angehört. Ein paar waren natürlich schon vorne
am Tisch. Die, die es am nötigsten hatten, trugen sich schon
ein. An den Tischen überlegte man noch. Ist da was drin,
was meinst Du? nee Du, ohne mich! find ich gar nich so
schlecht Heinz, gaaar nich soo schlecht, auf jeden Fall
besser als die Kleinlederwaren mit Ansichtenprägungen
gestern in der Krone, das mußt Du zugeben . . .

Ich würde nur junge Vertreter nehmen. Wie konnte man
diesen bitteren älteren Herrn einen Artikel anvertrauen?
Diesen wild entschlossenen Frauen? Die verkaufen nicht,
die betteln. Der Artikel ist nur ein Vorwand. Arme Gespenster, die den Gram über jede Schwelle tragen und den
Käufer wahrhaftig nicht in jene sinnliche Erregung versetzen, ohne die kein Mensch etwas kauft. Ich nahm mir
vor, eine Broschüre zu schreiben, damit würde ich die richtigen Vertreter locken, Tanzlehrertypen, gescheiterte Schau-

spieler, harmlosere Sittlichkeitsverbrecher, Rückkehrer aus der Fremdenlegion, enttäuschte Studenten, Weltverbesserer jeder Provenienz, brotlos gewordene Musiker und Maler, und schließlich das Heer jener unglücklichen Homosexuellen, die nicht intelligent oder einfach nicht genügend ausgebildet sind, um einen Beruf auszuüben, der ihrem schwächeren und feineren Wesen entspricht. Man denke doch bloß an die armen Homosexuellen in den Bergwerken. Gegen die Schwerarbeit der Frauen aber wehren wir uns! Das Schlimme ist, daß es den Homosexuellen natürlich hinabzieht in die männerüberfüllten Schächte, daß er aber andererseits doch nicht für diese Arbeit geschaffen ist. Ach so vieles wäre auf der Welt zu bessern! Ich wollte mich aber zuerst der Vertreter annehmen. Man mußte ihnen ein anderes Selbstbewußtsein geben. Sie sollten endlich wissen, daß Verkaufen nichts anderes ist, als Leute zum Konsum zu zwingen, und daß man dadurch Einfluß hat auf die Leute und ihr Leben verändert, daß also wahrscheinlich die Vertreter in den letzten zehn, zwölf Jahren einen Einfluß hatten, der dem der Pfarrer und Ärzte und Rechtsanwälte und der Universitäten in nichts nachsteht, im Gegenteil.

Ich notierte mir gleich ein paar Stichworte, überlegte, und wurde mißtrauisch. Plötzlich dachte ich wieder an meinen Vater und an meinen Großvater. Wenn mein ganzes Projekt ein Erbteil meines Vaters wäre? Ich hatte mir angewöhnen müssen, alles was ich tat, daraufhin zu kontrollieren, ob mein Vater das auch getan haben würde. Soweit es geschäftlichen Krimskrams anging, hatte ich mich entschlossen, der Sohn meines Großvaters zu sein. Wenn das so leicht gewesen wäre, immer zu unterscheiden zwischen zwei Männern, die man so gut wie gar nicht gekannt hatte, die abwechselnd in einem auf den Knopf drückten, und man sollte nun wissen, welcher das wieder gewesen war. Vielleicht mischte sich auch noch der arme Onkel Paul hinein, oder Onkel Arthur oder gar Onkel Gallus. Und zuweilen hatte sogar mein Vater eine gute Idee gehabt, das machte alles noch komplizierter. Das Reformhaus zum Beispiel, im letzten halben Jahr seines Lebens. Er hätte es nur nicht in der Kleinstadt probieren sollen. Aber wahrscheinlich war es ihm wieder einmal erst in zweiter Linie ums Geschäft gegangen. Kräutertee mit Nacktsilhouetten drauf, die sich verzückt einer grünen Sonne entgegenwanden, Erdnußbutter, Grahambrot und Vitamincreme als Brotaufstrich, gläserne Kämme, Kolben, Stifte, Kugeln und Ringe, die bläulich blitzten und angenehm bitzelten, wenn man sie anschloß, eine Art Elektromassage. Bis zum Krieg hatte meine Mutter alles, was er hinterlassen hatte, in zwei riesigen dunklen Schränken aufbewahrt, die mit einer blaublumigen Tapete ausgeschlagen waren. Bevor man im dämmrigen Durcheinander dieser Schränke etwas sah, roch man den Duft des Aufbewahrten, einen Duft, der auf nichts Einzelnes mehr schließen ließ, es waren die Jahrzehnte selbst, die man roch, und wenn ich 1914 höre, oder 1923, oder 1929 oder 32, dann habe ich sofort diesen Geruch in der Nase, den niemand kennt, der den Kopf nicht in diese zwei Schränke gesteckt hat, diesen Geruch von zu lange gelagerter Medizin, alt gewordenem Weihrauch, von Leder, das sein Pflegemittel ausgeschwitzt hat, von gilbendem Papier, Eisen und Kleidern, ein schwerer staubstumpfer herbsüßer Duft. Allmählich fanden sich dann die Augen im düsteren Durcheinander dieser Hinterlassenschaft zurecht. Kartons voller Seifenpulverschachteln, die mein Vater hat machen lassen, für ein neues Seifenpulver, das er selbst nach halbreligiösen Gesichtspunkten hatte herstellen wollen, es war aber nur noch das Verpackungsmaterial fertig geworden. Weiße Schwäne schwammen auf diesen Schachteln mit ausgebreiteten Flügeln in eine rote Sonne hinein, obwohl doch Schwäne die Flügel beim Schwimmen immer angelegt haben, Metallplättchen und Drahtringe, die den Körper oder die Seele oder beide von Spannungen und Krankheiten hätten befreien sollen. Die Schulterstücke des Vizefeldwebels, der er gewesen war. Sein Säbel, die rotsamtene Mütze des Einjährigen, bayrische Verdienstmedaillen, ein Ekazwo, Bruchbänder, Strohhüte, lederne Reisetaschen, ein grober sechsschüssiger Trommelrevolver und die verhängnisvolle Armeepistole 08 und hohe Stapel von gelben Zeitschriften eines Kriegervereins und noch höhere Stapel von Theosophie-Büchern, vollgestopft mit Zitaten, ein schön brausendes Durcheinander von Zendavesta, Christian Fürchtegott Gellert, Bismarck, Talmud, Thomas von Kempen, Kon Fu Tse, Nietzsche, Angelus Silesius, Upanischaden, Richard Wagner, Lao Tse, Epiktet, Dante, Bhagavad Gita, Fichte, Franz von Assisi, Wildenbruch, Bibel, Goethe und Aryianischen Meditationen. So hat er nach seinem Karma gesucht und nebenbei populäre Astronomie getrieben und die Schriften der Darmstädter Weisheitsschule mit dem heiligen Rabindranath im Abonnement bezogen, so hat er, fern von Berlin, seinen Expressionismus gehabt, in Welterklärung, Einzelhandel, Gewürzen und Brotaufstrich. Die Kleinstadt, in der er verkrachte und danach endgültig Schluß machte, hat heute bestimmt zwei gut gehende Reformläden, in denen Grahambrot ohne Swedenborg, *Hermetische Lehre* und *Tat twam asi* verkauft wird.

Wie mein Vater seinen Bankrott besiegelt hatte, das galt immer noch als Todsünde. Mein Großvater überwand, weil er wußte, daß er selbst sein Zimmer nur noch mit den Füßen voran verlassen würde, er überwand seinen Zorn und verwendete seinen letzten Einfluß, um das unglückliche Ende seines Sohnes in ein besseres, sowohl vaterländisch als auch religiös besseres Licht setzen zu lassen: er bestand darauf, daß man den schlimmen Streich, den mein Vater sich selbst, aber vielleicht mehr noch seiner Familie gespielt hatte, als unverständlich bezeichne, unverständlich, wenn man in der unmittelbaren Umgebung und Gegenwart nach Gründen suche; sehr verständlich und geradezu unausbleiblich aber müsse seine Tat erscheinen, wenn man an die schwere Gehirnerschütterung denke, die sein Sohn im Jahre 1917 am Chemin des Dames erlitten habe, als er bei einem Volltreffer in den Unterstand zwei Tage verschüttet gewesen war.

So wurde meiner Mutter die schlimmste Enttäuschung, ihren Mann unter den Gottlosen und ohne priesterlichen Segen beerdigt zu sehen, erspart; wenn er auch nicht im Familiengrab beigesetzt wurde, soweit wollte auch mein Großvater nicht gehen, so erhielt er doch, und das konnte man durchaus auch als eine Auszeichnung verstehen, einen Platz auf dem Kriegerfriedhof und eine Totenmesse mit Stahlhelm auf der Tumba dazu. Meine Mutter konnte jeden Sonntag stolz nach links und rechts und dankbar zum Altar schauen, wenn da gebetet wurde: pro omnibus fidelibus christianis vivis atque defunctis, Ihrer war mitgemeint. Natürlich ging es nicht an, auch noch dem letzten Willen meines Vaters zu entsprechen und auf seinem Grabstein den Lao-Tse-Spruch anzubringen:

Groß und stark ist: niedrig
Zart und weich ist: hoch.

Mein Großvater, der sich aus Sprüchen nichts machte, übermittelte zwar diesen Wunsch meines Vaters, aber der Kriegerverein antwortete, dieser Spruch passe nicht recht zu den Sprüchen auf den anderen Gräbern. Der Kriegerfriedhof sei nun einmal ein Spezialfriedhof. Das müsse auch in den Sprüchen zum Ausdruck kommen. Dem Großvater und meiner Mutter wurde eine Liste von Sprüchen vorgelegt. Um der Untat meines Vaters auch im Grabspruch den mildernden, ja geradezu glorifizierenden Umstand zu sichern, wählte der Großvater, dem kein ironisches Talent nachgesagt wird, den Spruch:

Der Krieg ist der Vater aller Dinge.

Wenn ich daran dachte, daß mein Großvater bei seiner Gleichgültigkeit Sprüchen gegenüber, auch hätte einen Spruch wählen können wie:

Süß und ehrenvoll undsoweiter, oder: *Das Leben ist der Güter* undsoweiter, oder gar: *Der Tod selbst fürchtete oftmals diesen Mann,*

dann war ich mit meinem Großvater ganz zufrieden.

Wenn man übrigens den Kriegerfriedhof betrat, mußte man einen riesigen Findling passieren, den die mit der Pflege der Kriegsfolgen beschäftigten Ehrenamtlichen als Kriegerdenkmal hierhergesetzt hatten. Auf der Vorderseite hatten sie ein großes Quadrat flach meißeln lassen und im linken oberen Viertel hatten sie aus schwarzem Stahl die Zahlen 1870/71 angebracht, im rechten oberen Viertel 1914–18, im linken unteren Viertel 1939–45, das rechte untere Viertel hatten sie in bewundernswertem Gleichmut geradezu einladend frei gelassen. Solange dieser Krieg nicht stattgefunden hat, ist die Symmetrie auf dem Ramsegger Kriegerdenkmal nicht hergestellt und das Auge jedes Besuchers bleibt unbefriedigt in der Leere des rechten unteren Viertels hängen.

11

Das Telephon schrillte, ich zuckte zusammen, nicht ohne Grund, wie sich herausstellte, es war Gaby. Jetzt saß ich da und konnte meine wohlvorbereitete Mimik, in der sich Schmerz und Verzicht so schön versöhnen sollten, nicht anbringen. Gemein von ihr, mir so die Waffen aus der Hand zu schlagen. Und wie raffiniert sie es anfing. Nicht mit Absicht vielleicht. Umso schlimmer, wenn ein Gegner absichtslos schon so gefährlich war. Und gefährlich war ihre Art, ins Telephon zu schweigen. Ich mußte also sprechen, sie überließ es mir, den Ton zu finden, der über unsere Beziehungen entscheiden würde, und sie konnte sicher sein, sie kannte mich ja, daß ich in ihr geradezu tragisches Schweigen hinein nicht das sagen konnte, was ich gerne gesagt hätte. Oder war sie bloß verlegen? Oder wirklich so schlimm dran? Ich stotterte, überlegte, und als sie sagte, ob wir uns nicht wenigstens noch einmal sehen sollten, da sagte ich rasch ja, weil dieses *wenigstens noch einmal* so angenehm in meinen Ohren geklungen hatte. Ich komme gleich, sagte ich und hängte auf. Hoffentlich hatte sie meine herzliche Zustimmung nicht falsch verstanden. Man weiß doch, wie schnell Frauen umzustimmen sind. Eine Resignation, die so fest gegründet zu sein scheint, daß es aussieht, als könne sie in einem Menschenleben gar nicht verbraucht werden, ist oft schneller verflogen als der Strom vom Schalter in die Birne kommt, und die uns gerade noch als ein bewunderungswürdiges Denkmal bleischwerer Entschlossenheit gegenübersaß, sitzt uns plötzlich auf den Knien und lacht, als säße sie mit uns im Kettenkarussell und flöge schwerelos weithin durch die Luft. Eile war geboten, um sie in der Stimmung anzutreffen, die ihr dies schöne *wenigstens noch einmal* souffliert hatte. Was hieß hier *wenig-*

stens? Nicht jetzt spitzfindig werden. Hin, und Öl ins Feuer der Schwermut, des Abschieds gießen!

Ich kurvte mit eng angelegten Armen den Stormweg hinauf, spielte den problemfreien Herrenfahrer, der seinen Lippen das Pfeifen nicht verbieten kann. Vorsicht, Vorsicht, rief ich mir zu. Was würde geschehen, wenn ich mich bis zu den Hüften hinab in so ausgelassener Fröhlichkeit wiegte? Ich mußte langsamer fahren, mußte langsam aussteigen, einen wehmütigen Blick zum Haus hinaufwerfen und auf die Steintafel mit der goldenen Inschrift: *Eben-Ezer 1. Sam. 7. 12.* Dann mühsam eine Treppe nach der anderen überwinden. Ich war noch schwach. War ich ja auch. Ein Mann, der Zeit gehabt hat, sich viel, wenn nicht sogar alles zu überlegen. Ein Mann, der älter geworden ist und kein Interesse mehr hat an Geliebten. Der nicht mehr zusammenzuckt und gleich das Gegenteil beweisen will, wenn sie ihn Spießbürger schimpft. Der sie nicht um anderer Frauen willen verläßt. Er weiß nicht einmal, ob er die eigene liebt. Aber sogar das kümmert ihn jetzt nicht. Er spricht nicht mehr so laut. Seine Hände liegen ruhig auf den Lehnen. Nein danke. Nicht mehr als einen Kognak. Er will auch gar nicht mehr überzeugen. Wenn sie ihm nicht glaubt, wenn sie ihn jetzt verachtet, bitte. Er kann nur sagen, daß sie ihn nicht an eine andere Frau verliert, sondern ... ja eigentlich an die Zeit. Er sehe ein, daß das alles sehr groß klinge, aber es sei, ganz im Gegenteil, klein, erbärmlich und normal. Und selbst, wenn sie dem zustimmt, wird er es sich, obwohl es ihn ärgert, gefallen lassen. Der gereifte, abgeklärte Mann.

Meine Rolle saß. Sie saß so gut, daß ich nur aufzupassen hatte, daß ich sie nicht, verführt von zu großer Sicherheit, zu nachlässig spielte und dadurch verriet, daß es eine Rolle war; das kann sich ein Star leisten, der zum zweihundertfünfzigsten Mal in der gleichen Rolle am Boulevard auftritt, obwohl sogar er daran denken sollte, daß die Zuschauer im Saal an diesem Abend zum ersten Mal da sind.

Gaby sagte: nimm Platz. Ihre Stimme verriet mir, daß ich auf dem rechten Weg war. Sie behandelte mich, als käme ich direkt aus dem Lager Friedland. Es gelang mir gerade noch, ein leichtsinniges Lächeln in eine Grimasse umzubiegen, die man für den Ausdruck eines mannhaft beherrschten Schmerzes halten konnte. Gaby saß mir gegenüber. Schenkte Tee ein. Stellte das Radio ab. Die Stille war kraß. Wir saßen plötzlich in einem viel größeren Raum. Wer jetzt etwas sagte, mußte damit rechnen, daß es nachher auf den Wänden zu lesen sein würde. Ich rührte mit dem Löffel in der Tasse, um die Stille nicht gar zu brutal werden zu lassen, Gaby zog ihre Augenbrauen hoch, schob ihre fest geschlossenen Lippen weit nach vorne und ließ diesen fast viereckigen flachen Lippenkrater langsam kreisen, bemerkte plötzlich, daß das zu unschönen Grimassen führte. Prüfte mit der Hand die neue Frisur. Wahrscheinlich nicht mehr von Melitta. Ein schwarzer Rundturm aus Haaren, kurz vor dem Hinterkopf. Vorne, zum Ausgleich, alles ein bißchen unregelmäßig und flach in die Stirne gesträhnt. Das Schweigen arbeitete für sie. Je länger wir so saßen, desto bedauernswerter mußte sie sich selbst und damit auch mir erscheinen. Sie unterbot meine Rolle. Das Schweigen machte mich zu einem Fatzke, der ihr unrecht tat. Wenn ich mein Schicksal zur Geltung bringen wollte, mußte ich reden. Eine Lücke in meinem Plan. Ich hatte damit gerechnet, daß sie anfangen würde. Sie würde fragen, hatte ich gehofft, oder Vorwürfe machen. Aber Gaby schwieg, listig oder unschuldig, sie schwieg. Sie tat mir nicht den Gefallen, mir Vorwürfe zu machen. Eine alte

Fliege und eine junge Fliege übten Landemanöver auf meinem Handrücken. Ein inniges Vivat dem längst schon mausetoten Pauker, der uns hindern wollte, Formeln auswendig zu lernen: ableiten sollt ihr sie! hat er geknirscht, ableiten sollst Du! knirschte ich jetzt, also her mit den Elementen, her mit Regeln und Erfahrung, aber wohin damit? zu welchem Ende? das Ziel muß auf jeden Fall erfunden werden, keinesfalls darf jetzt passieren, was selbstverständlich wäre, denn für mich wäre etwas anderes selbstverständlich als für Gaby, bei mir langt die Kälte nicht zum Gehen und die Wärme nicht zum Bleiben, es ist Dein Pech, Gaby, daß Du mich mehr brauchst als ich Dich, das gibt mir eine Überlegenheit über Dich, eine niedere Art von Überlegenheit vielleicht, das ändert aber nichts daran, daß ich mir Dir gegenüber fast alles leisten konnte, ich konnte ruhig auf dem Stuhl sitzen und Dich zappeln lassen, konnte zuschauen, wie in Dir Stolz und das andere, es wird schon Liebe gewesen sein, wie sich das stritt in Dir, und mit einer Handbewegung konnte ich diesen Streit entscheiden: manchmal zieht man es vor, daß der Stolz in Dir siegt, man sagt Dir, man wolle kein Geschenk von Dir, das man nicht erwidern könne, Tatsache ist, daß man gerade keine Lust hatte, ein anderes Mal spielt man die Rolle des Züngleins an der Waage so, daß Deine Liebe die Oberhand bekommt, weil einem das gerade in den Kram paßt. Nun mußt Du aber wissen, daß man sich durchaus Vorwürfe macht, wenn man Dich so behandelt. Sogar das Wort *niederträchtig* kommt vor. Schließlich ist ein Mensch kein Unmensch, Gaby! Man sagt sich also zum Beispiel: Du benimmst Dich wieder einmal zum Kotzen! Auf der Bühne, wenn Du einen so handeln sähest, den würdest Du verachten, ganz ekelhaft fändest Du den! Und man entdeckt ein Konstruktionsgeheimnis des Menschen: allein sich selbst kann man sowas verzeihen, denn es gibt keine Grenze der Nachsicht mit sich selbst. Was willst Du machen, Gaby, das ist so! Natürlich tun wir nicht alles, was wir tun möchten, aber was wir tun, verzeihen wir uns auch, und das, was wir nicht tun, rechnen wir uns hoch an. Es kommt schon mal vor, daß wir so handeln, wie wir es von allen anderen verlangen, und wenn uns das gelingt, dann sind wir sehr zufrieden mit uns. Daran siehst Du, daß wir einen guten Kern haben. Wir brauchen sogar von Zeit zu Zeit eine sozusagen edle Aktion, die wir uns gutschreiben können. Nicht bloß aus Sucht nach Abwechslung. Ich selbst habe so an Dir gehandelt, ich habe manchmal gesagt: lassen wir es doch, Gaby! Du hast mir das schwer angekreidet, denn Du wolltest unbedingt. Hätte ich mich da schuldig fühlen sollen Dir gegenüber, oder hätte ich, im Hochgefühl ehelicher Treue, singend heim zu Alissa fahren sollen? Ich bin singend heimgefahren, Gaby, denn man soll doch jeder Sache die beste Seite abgewinnen. Wem zuliebe, wem zuleide auch immer an diesem Tag entschieden worden war, fest steht: es war etwas unterblieben, was nicht sein sollte. Und nun weißt Du, daß ich auf etwas Höheres anspiele. Weil es mir in den Kram paßt. Zugegeben. Aber es bleibt doch etwas Höheres, und ich propagiere das Höhere, Dir gegenüber, obwohl das Höhere doch Sache der Frauen wäre. Schließlich müßt ihr mehr daran interessiert sein als wir. Du selbst bist das Beispiel. Deine irdische Unterlegenheit schreit ziemlich laut nach einem Ausgleich. Religionen werden zwar immer von Männern gestiftet, aber bloß weil es euch an schöpferischer Begabung fehlt, im Religiösen und im Musikalischen, als Verbraucherinnen solltet ihr trotzdem die Hauptrolle spielen. Zu Minderwertigkeitsgefühlen ist das kein Grund. Euer Talent ist Liebe. Da sind wir die Verbraucher. Für uns ist sie ein Fremdwort, das wir fleißig üben. Für euch ist sie Muttersprache! Daß man euch daneben auch noch lehren kann, Zähne vorzüglich zu plombieren, bestreite ich keineswegs. Ich weiß auch, daß Du es noch schwerer hast als Deine Schwestern, Du bist mit Einsichten geschlagen und bist doch keine Zicke geworden, nicht einmal eine Wachtel. Manche haben ja mit ihrer Intelligenz ein tröstendes Zubehör empfangen, eine Haut wie Papier vor achtundvierzig, ein zum Lesen geeignetes Kreuz, die Stirn von Anfang an eine Karteischublade, und nach ihren Beinen und Armen zu urteilen, auch auf dem, was sie als Brust mitbekommen haben, hübsch Haare. Ihre Säfte sind überhaupt so glücklich gemischt (hoffen wir's), daß sie mit Männern stimmgewaltig diskutieren, ohne daran zu denken, daß man uns auf viel einfachere Weise überzeugen kann. Sie sehen uns an als eine Art flegelhafter Brüder, mit denen sie gerne raufen, vorzüglich in Sälen und vor Zuhörern. Du, Gaby, bist nicht so geschützt. Ich weiß nicht einmal sicher, ob Deine stimmstarken Schwestern nicht doch manchmal nachts aufstehen und mit weicher werdenden Fingernägeln an unnachgiebigen Scheiben auf und ab kratzen. Du, Gaby, bist sogar verschrien als ein Ideal, Du bist ausgezeichnet durch die unerquickliche Konstellation von Eigenschaften, die unerbittlich große Männer von euch verlangt haben, unerquicklich für Dich, die damit zu leben hat. Du hast Einsichten. Du weißt, daß wir in der Fähigkeit zu lieben euch gegenüber Zwerge sind, und trotzdem bist Du eine, der nichts so wichtig ist wie das sagenumwobene Fremdwort. Ich weiß nicht, ob das Gefühl, einem besonders edlen Züchtigungsideal zu entsprechen, eine Frau über die Erfahrungen hinwegtrösten kann, die sie dank ihrer vollkommeneren Ausstattung zu machen hat. Nimm unsere Geschichte, Gaby. Du hast mich anfangs dazu verführt, sozusagen ehrlich zu sein, Du schienst ja ohnehin alles zu wissen. Für mich war das eine Entlastung. Ferien schienen zu beginnen. Bei Frauen wie Sophie, die Du eine Kuh nanntest, ich sagte, das sei ungerecht, bei solchen Frauen zieht man was auf, man weiß, daß es keinen Sinn hat, sie mit den schwer zu unterbrechenden Urteilsgewohnheiten unseres bösen Männergehirns zu behelligen, man musiziert lieber über alles hinweg, bis man sich schließlich selbst zu drehen beginnt, die Werbung wird ein kleines Kunstwerk für sich, dessen Wirkung wir mit dem Blick des Schauspielers registrieren, der ganz in seiner Rolle zuhause ist und doch noch genau weiß, wie die Dame in der sechzehnten Reihe reagiert. Und wie der Schauspieler vom Publikum, so bezieht auch unsereiner einen guten Teil seiner Fähigkeiten von ihr. So wird allmählich, was wir mit List und Nüchternheit begannen, was wir mit Kunstfertigkeit nährten, allmählich wird es natürlich und sozusagen wahr. Dir, Gaby, würde man ein solches Theater nie anzubieten wagen. Du bist vom Bau. Die ersten Schritte sind immer lächerlich, sie können sich nur vollziehen, wenn keiner zuschaut. Sophie beobachtet nicht. Man selbst drückt ihr zuliebe beide Augen zu. Aber eine Gaby kann wahrscheinlich nicht anders als mit offenen Augen leben. Das hast du bestritten, Du hast beweisen wollen, daß Du eine Kuh werden kannst, plötzlich wolltest Du angelogen werden, und ich bin sicher, Du hättest alles geglaubt. Aber so ein Virtuose ist man eben auch wieder nicht. Man kann nur lügen, wenn man wenigstens die Hälfte dessen, was man lügt, selber glaubt. Und dann hätte ja unsere Bekanntschaft allen Sinn verloren, Gaby, ich hatte mich doch erholen wollen bei Dir von den Anstrengungen, die auch noch die Routine mit sich bringt, eine paradiesische Abwechslung sollte die junge kluge Studienrätin werden, die Ehrlichkeit nicht nur gestattet, sondern sogar fordert, aber nicht nur, um dann, wie manch andere, unter der Last der Mitteilungen zusammenzubrechen, daß man sie umso zärtlicher wieder aufheben und sie von jetzt an in ein weiches Bett vollkommener Vorspiegelungen legen muß, nein, Gaby hat vorgeschlagen, wir sollten alles tun, was andere auch tun, aber die Erlaubnis dazu sollten wir uns nicht dadurch erschwindeln, daß wir uns etwas vormachten. Das waren doch herrliche Aussichten! Ohne Verstellung, ohne das allmählich in den Ohren kreischende Räderwerk der Lüge. Vielleicht würde das Fremdwort sich jetzt tatsächlich enträtseln. Aber Du hattest Dich bloß auf mich eingestellt, Du hattest mich genauer erkannt. Eine Zeit lang hast Du Opfer gebracht, hast mir zuliebe so getan, als könne man einander in aller Nüchternheit um den Hals fallen, aber im Grunde wolltest Du das gleiche wie alle anderen. Sogar ich sah ein: wenigstens einer von beiden muß lieben, und wenn es nur einer ist, dann schon besser die Frau. Schließlich log ich eben ein bißchen, nicht richtig, nicht mit wirklicher Bewegung, nur soviel als nötig war, um uns vom Stuhl bis zum Bett eine Art Unsichtbarkeit zu verleihen. Ich war enttäuscht. Von Dir. Von der Unmöglichkeit überhaupt, na ja. Damals glaubte ich tatsächlich noch, eine solche Frau darf man nicht hintergehen. Dabei wolltest Du mir bloß noch näher sein als die anderen. Nur deshalb sollte ich alles aussprechen. Besser, ich wäre mir selbst gegenüber mißtrauisch geworden, weil Du mich so wenig anregtest, Dir etwas vorzumachen. Schließlich ist eine Frau einem Mann genau das wert, was sie aus ihm macht. So können wir für Zeiten ernste Männer werden, bloß weil wir es einmal übernommen haben, der und jener Frau als ein ernster Mann zu erscheinen. Wir ziehen den Mantel anders aus, hängen ihn bedächtiger über den Haken, sehen länger nachdenklich in die Teetasse, rauchen weniger hastig als wir es in Gegenwart einer Frau tun, der wir angemerkt hatten, daß sie uns jünger haben will als wir sind. Wenn wir in ihr Zimmer treten, pfeifen wir, werfen den Hut aus drei Metern Entfernung auf den Haken, halten ihr dann rasch die Augen zu und fordern sie auf, sie möge erraten, welche Krawatte wir heute trügen, dann nehmen wir drei Orangen aus der Schale und können, was uns nie zuvor glückte, plötzlich jonglieren. Natürlich sollte man sich nicht gar zu fremde Rollen aufdrängen lassen, weil man sonst unter der Last der Verstellung zusammenbricht. Deshalb machen doch manche Experten, Könige ihres Fachs, erstklassige Tabellenköpfe, Tausendsassas der Finanzierung, Helden der Hochfrequenztechnik, Meister des legalen Steuerbetrugs, Genies der Seelenforschung oder Weise der Menschenausbeutung, deshalb machen sie oft eine recht eigenartige Figur, wenn sie einem kleinen Mädchenhals zuliebe auf dem Jahrmarkt Bälle nach Büchsen werfen. Aber eine Frau, die von einem Mann überhaupt keine Rolle verlangt, hat ihn schon verloren. Und vielleicht hat uns die am längsten, die, ohne es zu wissen, von uns verlangt, daß wir unsere Lieblingsrolle spielen. Ich spielte immer gern die Rolle eines klugen Mannes. Aber Gaby hätte mich, wie ich einsehen mußte, eben doch noch lieber in einer anderen Rolle gesehen, die ich wiederum lieber bei anderen und dann nie für längere Zeit zu spielen liebte.

Gaby hatte das Radio angestellt. Gott sei Dank. Jetzt übers Wetter zu reden, wäre ziemlich listig. Ich konnte doch nicht einfach zu seufzen beginnen und dann gleich meinen Text sagen. Überhaupt kam mir mein Text jetzt schon recht künstlich vor. Daß sie es fertig brachte, sich hinzusetzen, zu schweigen, ohne jeden Ausdruck in die Luft zu schauen, wirklich ohne jeden Ausdruck! Ihr Gesicht war mit großer Vollkommenheit so angeordnet, daß man lesen konnte: ich bin nicht traurig, nicht lustig, ich habe keine Absicht, und daß ich keine Absicht habe, ist auch keine Absicht, sag' was Du willst, ich hör' es mir an. Diese perfekte Neutralität zog mich an. Daß sie mich nicht zu brauchen schien, nahm mich sofort für sie ein. Wahrscheinlich nur eine List. Trotzdem. Auch in einer solchen List steckte Kraft und Entschlossenheit. Überhaupt, was für ein Unterschied, ob ihre Kühle gespielt war oder nicht? Wenn ich darauf einging und mich in einer Viertelstunde höflich verabschiedete, dann mußte sie ihre Rolle, auch wenn es nur eine Rolle war, weiterspielen, und ich würde nie erfahren, ob es mehr gewesen war als eine Rolle. Aber war nicht jede Rolle mehr als eine Rolle?

Ich fand, daß ich auf dem besten Wege war, sie zu bewundern. Ich mußte mich an das vergangene Jahr erinnern, um nicht einfach meine Hand auf die ihre zu legen, an die ganze lächerliche Mathematik, die ich ersonnen hatte, um mir mein Benehmen ihr gegenüber zu erklären. Sie nicht anlügen, weil ich sie zu sehr achte, meine Achtung für sie nicht dadurch zerstören, daß ich sie hintergehe, belügt man nämlich jemanden andauernd und mit Erfolg, so fügt man zu der Ungerechtigkeit, die in der Lüge liegt, noch die Ungerechtigkeit hinzu, daß man dem Belogenen seine Achtung entzieht, aber dafür kann man dann gewissermaßen schon nichts mehr, man hat ja ursprünglich gelogen, um diesen Menschen vor einer unangenehmen Wahrheit zu schützen, und nachträglich sieht man ein, daß man ihn jetzt auch nicht mehr achten kann, und sowas ist fast unwiderruflich. Das war meine Rechnung gewesen. Aber mir war inzwischen auch aufgegangen, daß das nur einer meiner Tricks mir selbst gegenüber gewesen war. Die Grausamkeit, deren wir fähig sind gegenüber einer Frau, die wir nicht wirklich lieben, nennen wir gerne Ehrlichkeit. Wahrscheinlich sind aber die Lügen, die wir ganz von selbst finden, um eine Frau, die wir lieben, für uns zu gewinnen, viel ehrlicher als jene rücksichtslose Offenheit, auf die wir so gerne stolz wären. Und man kann sich nicht damit entschuldigen, daß eine Frau einen dazu aufgefordert habe, ehrlich zu sein. Das tun doch alle, aber man gehorcht darin nur denen, an denen man nicht so arg interessiert ist. Und schließlich war es auch Gaby zuviel geworden. Ich hatte sie dann scheinheilig darauf hingewiesen, daß es ihre eigene Schuld sei, wenn sie alles über Sophie und Anna anhören müsse. Nicht das Anhören sei das Schlimmste, hatte sie dann recht naiv gesagt, sondern die Tatsache, daß ich untreu sei. Gaby verlangte also Treue von mir, obwohl sie doch gleichzeitig Untreue Alissa gegenüber verlangte. Es tat mir gut, sie nun auch in diese vielbödigen Moralen verstrickt zu sehen. Jetzt war sie wie alle anderen, ein Bündel aus Selbstsucht, Ungerechtigkeit und Widerspruch. Natürlich war sie dadurch erst auf meinen normalen Lebenspegel herabgekommen und ich hatte kein Recht, sie zu verachten. Aber da ich mich an mich selbst schon gewöhnt hatte, ihr Sturz aber ganz neu war, sah ich nun doch ein bißchen auf sie hinab. Sie begann sich zu wehren, erinnerte mich immer mehr an die Kühe, die sie so sehr verachtete, sie klagte mich an, schrie und schluchzte, war plötzlich eine Gegnerin geworden, eine Partei, die um ein Recht kämpfte. Das war alles ganz normal, ich erlebte das wirklich nicht zum ersten Mal, aber Gaby gestattete ich es nicht, normal zu sein, und reagierte deshalb auf ihren eigentlich bedauernswerten Zustand nicht mit dem ganzen Betäubungsapparat an Tröstung und Anteilnahme, den ich sonst zu mobilisieren pflegte, sondern empfand eine milde, mich von allen Verpflichtungen entbindende Feindseligkeit. Sie hatte sich immer aufgeführt wie eine Mündige. Ihrem Geiste nach war sie ja eine. Aber sie brauchte mich mehr als ich sie. Im Augenblick schien es allerdings nicht so. Sie war überlegen. Sogar noch, als sie zu sprechen begann.

Ich habe das Getue satt, sagte sie.

Ich auch, sagte ich, um zu verhindern, daß sie sich als die Ehrlichere vorkäme und sich dadurch gar benachteiligt glaubte. Aber dann kam ich längere Zeit nicht mehr zu Wort. Sie sprach zwar langsam, wenigstens am Anfang, aber die Sätze kamen aus ihrem Mund wie ein Band, das seit langer Zeit fertig in ihr war und das sie jetzt einfach abzuspulen hatte. Den Text kannte ich. Wieder einmal bedauerte ich, daß man die Ohren nicht wie die Augen schließen kann, was weit wichtiger wäre, als die Fähigkeit, die Augen schließen zu können, denn bei den Ohren würde es niemand bemerken, man säße da, gewappnet wie ein Siegfried ohne Lindenblatt.

Wenn Sie ihre Wohnung vorbereitet hat, sperrt Sie ihren Vater in sein Zimmer (bei diesem Satz erwachte mein Interesse), geht noch einmal zwischen den Sesseln auf und ab, stellt fest, daß Sie mehr erreicht hat als Sauberkeit, nichts sieht eigentlich aufgeräumt aus, nichts glänzt und blitzt aufdringlich, die Stühle stehen nicht mit angehaltenem Atem da, die Kissen sind nicht vergewaltigt zu Zipfelplastiken nach Art des Hauses, alles hat nur seinen Platz und beansprucht nicht, gesehen zu werden. Mehr kann eine Frau nicht erreichen. Wenn Sie jetzt durch die Wohnung geht, lächelt Sie ihren Gegenständen wie fröhlichen Verschworenen zu und die lächeln zurück, die Luft ist ein Element freundlichster Erwartung, denn noch weiß niemand, daß Er an diesem Abend nicht kommen wird. Wenn es soweit wäre, daß Er jeden Augenblick eintreten könnte, setzt Sie sich, obwohl es jetzt ein bißchen schwierig wird, ungezwungen zu sitzen, Sie weiß nicht mehr, ob Sie gewöhnlich das linke Bein über das rechte, oder das rechte über das linke legt, Sie stützt den Ellbogen auf die Sessellehne und spürt, daß Sie in dieser Haltung innerhalb zweier Minuten verkrampft dasitzen wird, hingesetzt wie von einem Kleinstadtphotographen zum Paßbild, Sie steht auf, eine Zigarette, Sie zittert beim Anzünden und lächelt und denkt, daß Sie ihm das nachher alles erzählen wird und daß sie dann beide darüber lachen werden, zum Spiegel geht Sie, aber es wäre sinnlos an den Haaren herumzunesteln, weil die gar nicht besser liegen können als sie es ohnehin schon tun, Sie ärgert sich, schließlich ist es nicht das erste Mal, daß Er kommt und Er kommt sicher, Er hat doch angerufen, Er kam zwar schon einmal nicht, aber die Zeitung zu lesen, müßte doch noch gelingen, wenigstens die Überschriften und vielleicht hakt einer der Artikel ein, für fünf Minuten auf die Flugplätze in Nordafrika oder zu den Vereinten Nationen, Sie interessiert sich wirklich dafür, es ist nicht bloß ein Vorwand, wenn Sie jetzt den Bericht über die Abstimmung, nein, nein, Sie will es jetzt nicht wissen, warum denn lügen, schließlich kommt Er in ein paar Minuten, da ist es doch nicht nötig, sich über diese paar Minuten hinwegzutäuschen, ein paar Minuten kann man ja warten, ohne sich etwas vorzumachen, man kann sich doch eingestehen, daß man wartet, wenn es bloß ein paar Minuten dauert, aber weiß man das so sicher, warum hat Sie nicht die anderen Klips gewählt; die Amethyste passen besser als dieser grelle Beryll, das ist zu billig, Er würde das bemerken, Sie rennt ins Schlafzimmer, reißt die Schmuckdose auf, plötzlich verlangsamt Sie ihre Bewegungen, warum soll Sie hasten, Er kann ruhig hereinkommen, wenn Sie sich gerade schmückt, warum soll Sie aufgeputzt sein wie eine Schaufensterpuppe, wenn Er kommt, fertig auf dem Präsentierteller sitzen, liegen, denkt Sie und zwinkert sich im Spiegel zu, das findet Sie häßlich, nicht den Gedanken, aber daß Sie sich zuzwinkerte wie eine Prostituierte einem Sechsundfünfzigjährigen, einen Augenblick lang sah Sie ihr Gesicht durch dieses Zwinkern entstellt, es ist, als habe das Zwinkern in ihrem Gesicht Spuren zurückgelassen, unverwischbar, eingebrannt, Sie grimassiert heftig, erschrickt, wie schnell ihr Gesicht bei der geringsten Veränderung der Züge häßlich zu werden beginnt, Sie fährt mit den Händen in das Gesicht, um es zu verbergen, nur die Augen läßt Sie frei, die sind schön, findet Sie, an denen kann man nichts aussetzen, Sie geht ganz nahe an den Spiegel, aber je länger Sie sich in die Augen schaut, desto schwerer ist es auszuhalten, es ist, als schaue eine Fremde aus dem Spiegel zurück, Sie spürt, daß es höchste Zeit ist, sich abzuwenden, Sie muß sich die Stirne kühlen, ihr Make-up auffrischen, das Fenster öffnen, Sie hört sich atmen, warum ist Sie eigentlich nicht mehr fröhlich, seit wann, Sie schwitzt, Sie könnte weinen, aber warum denn, wenn Er jetzt kommt, ist Er noch nicht einmal drei Minuten zu spät, drei Minuten, mein Gott, zweimal Rotlicht, ein dussliger Polizist, kein Parkplatz, aber Sie will sich nichts vormachen, Sie will sich eingestehen, daß diese drei Minuten sehr lange dauerten, Sie ist nicht mehr so gut vorbereitet, ihn zu empfangen, Sie ist häßlicher geworden in diesen drei Minuten, Er wird das bemerken, hoffentlich mache ich ihm keine Vorwürfe, wenn Er kommt, das mag Er nicht, aber schließlich kann Er mich auch nicht einfach warten lassen, Sie trinkt einen Kognak, spürt, daß ihre Augen wässrig werden von diesem zu großen Schluck, hoffentlich kommt Er nicht gerade jetzt, sonst meint Er, ich hätte geweint, sorgfältig wischt Sie ihre Augen trocken, nicht zu stark reiben, sonst ist das Weiße der Augen nachher rot gefleckt, das sieht entzündet und widerlich aus, Sie prüft es vor dem Spiegel nach, lächelt aber dazu, um nicht noch einmal in einen solchen Krampf zu verfallen wie vorher, Sie schluckt zweimal hastig, schüttelt den Kopf und zieht die Brauen hoch, so wie Sie es macht, wenn Sie ironische Überlegenheit demonstrieren will, Sie läßt auch die Zunge für eine Sekunde zwischen die Lippen gleiten, um sie in einer ununterbrochenen Seitwärtsbewegung wieder nach innen rutschen und verschwinden zu lassen, aber Sie ist nicht zufrieden mit dieser Gebärde, Sie bemerkt, daß die Lippen der Zunge nicht rechtzeitig nachgegeben haben, sie waren offenbar wieder aufeinandergepreßt gewesen, ohne daß Sie es bemerkt hatte, deshalb war die Zungenspitze breitgequetscht worden, ein ordinärer roter Lappen, und Sie wußte doch, wie hübsch es aussehen konnte, wenn die Zungenspitze nur eben erschien, schmal, spitz, und wieder wegrutschte in einer winzigen und zärtlichen Kurve, wie mußte das auf ihn wirken, wenn ihr solche Fehler in seiner Gegenwart passierten, und wahrscheinlich passierten ihr diese Fehler auch wenn Er da war, viel eher als wenn Sie allein war, wie viele unschöne, mißglückte Gebärden Er wohl schon an ihr bemerkt hatte, wie oft hatte Er sein Gesicht schon beherrschen müssen, um beim Anblick einer ihrer verunglückten Bewegungen nicht zu verraten, daß Er darunter litt, und vielleicht ist im Unterbewußtsein eines Mannes, zumindest eines Mannes wie Anselm, eine Art Zähler, ein Nerv, der jede gescheiterte Bewegung, jede falsche Redewendung registrierte, der jedesmal, wenn es ihr nicht gelang, schön zu sein, verletzt wurde, bis dann eines Tages aus diesen kleinen und zuerst gar nicht bemerkbaren Verletzungen ganz von selbst ein Entschluß wird, diese Frau nicht mehr zu besuchen, Er fühlt sich zwar verpflichtet, klammert sich an Erinnerungen, aber trotzdem wächst, wenn Er an mich denkt, in ihm ein Widerwille, und schließlich kann Er nicht mehr anders, Er schreibt einen Brief, erfindet eine Lüge, die es mir leichter machen soll, auf ihn zu verzichten, Er sei krank oder homosexuell, ich darf nicht so weiterdenken, das Radio, nein, der Plattenspieler, aber nicht eine seiner Lieblingsplatten, das sähe zu dämlich aus, eine Art Stille und Heilige Nacht für Liebespaare, am besten eine, die Er noch gar nicht kennt, aber sobald die Musik den Raum eingenommen hat, fühlt man sich häßlicher als je zuvor, die Vollkommenheit der Musik macht einen häßlich, Sie weiß, daß Sie nicht schön ist, schöne Frauen sind ja auch wirklich selten, es muß genügen, gut auszusehen, aber wenn man nicht schön ist, dann weiß man nie sicher, ob man eigentlich gut aussieht, oder ob man nicht einfach unscheinbar oder gar häßlich ist, nur ein Mann kann einem da helfen, aber welche Worte müßte er erfinden, daß man's ihm wirklich glaubte, man weiß es ja im Grunde genommen ziemlich genau, daß man bestenfalls manchmal gut aussieht, man muß sich sorgfältig in acht nehmen, man muß wissen, wie weit man den Mund aufmachen darf, man muß wissen, daß es häßlich ist, wenn man zwinkert, daß es gefährlich ist, den Kopf zurücksinken zu lassen, weil dann der etwas lange Hals noch länger wird und noch magerer, die Sehnen treten scharf hervor, Er könnte fürchten, sich zu schneiden, nein, das ist übertrieben, beruhigt Sie sich, aber wissen muß man doch, daß einem nicht alles erlaubt ist, wenn man bloß gut aussieht, es ist eine beschränkte Plattform, auf der man tanzen darf, jeder Schritt darüber hinaus zeigt einem Mann kraß, daß man auch häßlich und lächerlich aussehen kann, und welcher feinfühlige Mann kann einen solchen Augenblick je wieder vergessen, Sie war Gott sei Dank nicht naiv, Sie bildete sich nichts ein, Sie tröstete sich auch nicht mit Bette Davis und der Masina, von denen ihre Freundinnen, die auch nicht gerade schön waren, immerzu schwärmten und noch ihre Männer zwangen, eben von diesen Schauspielerinnen begeistert zu sein, anstatt sich den Hals nach den Lorens zu verrenken; die Freundinnen verkündeten als die tiefste Einsicht in die Gerechtigkeit der Schöpfung, daß die sogenannten schönen Frauen leere dumme Dinger seien, an denen ein intelligenter Mann keine Freude haben könne, sie lasen Bücher, von denen man ihnen sagte, daß sie von hohem literarischem Wert seien, rannten auch an heißen Tagen in Konzerte und machten eineinhalb Stunden lang ein benommenes Gesicht, das jeder andere Konzertbesucher auf die Wirkung der Musik zurückführen mußte, Sie hatte oft genug selbst in den Konzertsälen gesessen und dieses Theater mitgemacht, aber es hatte ihr nicht geholfen, Sie war auch nicht glücklicher geworden, wenn Sie sich sagte, daß Sie bessere Bücher lese als irgendeine dumme Blondine, die jetzt in den Armen eines Fernlastfahrers am Waldrand lag und vor Bewußtlosigkeit stöhnte, ihre Freundinnen sagten, solche Vorstellungen seien kitschig, sie wiesen darauf hin, wie in den Bildern der modernen Kunst Liebespaare dargestellt würden, aber Sie fand darin keinen Trost, Sie hatte alle ihre Möglichkeiten erprobt, hatte die schönen Frauen Kühe genannt, es hatte nichts genützt, Sie hatte es mit Ehrlichkeit probiert, aber wenn Sie einem Mann sagte, Sie wisse, daß Sie nicht schön sei, wenn Sie dann auf die sogenannten höheren Werte anspielte, dann spürte Sie, daß die Männer im Sessel zurücksanken, die gerade noch geöffneten Gesichter wurden streng und nachdenklich, Sie hörte den freundlichen unüberzeugten Widerspruch, Sie sah, daß Sie wieder einmal die Arbeit eines Mannes zerstört hatte, der ein bißchen in Sie verliebt gewesen war, der seine Phantasie darauf verwendet hatte, Sie schön zu finden und der Sie vielleicht sogar schön gefunden hätte, Minderwertigkeitskomplexe, ja, Sie hatte genug darüber gelesen, aber Sie wollte es eben manchmal ohne Pose versuchen, schließlich vermied Sie es überhaupt, darüber zu sprechen, vor allem die Worte Schönheit und schöne Frauen tilgte Sie aus jedem Gespräch, Sie würde bei dem Wort *schön* rot werden, stottern, weil Sie daran denken würde, daß Er nun dieses Wort wie einen Maßstab an Sie legen würde, es half nichts, sich über die böse Ungerechtigkeit der Natur zu beklagen, die gibt, was sie will und soviel sie will, da wird einer Frau ein Gesicht zugeteilt, wie wahrscheinlich die Kammerunteroffiziere die Drilliche ausgeben, in denen die Männer so komisch aussehen, Rechtsweg ausgeschlossen, verzweifeln oder sich daran gewöhnen, ein einziges Leben bloß und dieses einzige Leben ein Fluch, dies ist mein Gesicht, ein Mund, der zu dünne Lippen hat, um den Mund eines Mannes beim Küssen so zu schließen, daß man sich ineinandersaugen kann mit aller Kraft, immer spüre ich seine Bemühung, diesen Mangel auszugleichen, mein Hals, der so dünn aussieht, weil mein Unterkiefer gleich so breit ausschwingt, aber dafür habe ich ein Hirn bekommen, als Ersatz, ich kann denken, bessere Sätze formulieren, daß meine Brüste wie tote Vögel im BH liegen, soll mich nicht kümmern, warum hat denn der Spender dieses Ersatzes nicht auch Männer geschaffen, die diesen Ersatz nicht als Ersatz betrachten, denen dieser Ersatz ebensoviel wert ist wie Wohlgestalt, Fülle und Schönheit, ja da sind ein paar, die angeblich kluge Frauen vorziehen, aber was für Männer sind das, Ersatzmänner, und wer Ersatz ist, gebe sich mit Ersatz zufrieden, aber wer weiß denn, ob diese Männer einen nicht bloß anlügen, ein ganzes Leben lang anlügen, ob sie sich nicht heimlich nach den wahrhaft schönen Frauen sehnen und uns bloß nehmen, weil sie keine Aussicht haben, eine schöne Frau zu bekommen, deshalb werde ich nie heiraten, nie, nie, niemals, ich kann nicht mit Ersatz leben, ich will nicht meine Armut um die Armut eines Mannes vermehren, ich will nicht täglich diesen Trost, den sich zwei Zukurzgekommene spenden, lieber besorg ich mir's ein Leben lang mit der lauwarmen Dusche oder mit sonstwas, warum muß eine Frau widernatürlich schön sein, um schön zu sein, warum haben sie überall die Plakate aufgehängt, die Photographien, daß man keinen Schritt gehen kann, ohne daran erinnert zu werden, wie wenig man ist, man unterbricht das Gespräch fünfzigmal, wenn man mit einem Mann durch die Straßen geht, um ihn nicht zu stören, wenn so ein Bild ihm den Kopf im Vorbeigehen allmählich herumdreht, oder man spricht weiter und weiß, daß er jetzt nichts hört, warum darf denn ein Mann sein wie er ist, er darf schwitzen, dreckig sein, nach Mann riechen, bloß von uns hat man künstliche Bilder angefertigt, uns wird einge- hämmert, es genügt nicht, normal zu sein, wenn Er jetzt läutet, kann ich ihn nicht mehr einlassen, ich bin zu häß- lich geworden, Warten macht häßlich, und Er hat mich zu lange warten lassen, aber Er läutet auch gar nicht, ich würde ja doch hinausrennen und öffnen, aber Er kommt nicht, und ich muß froh sein, daß Er nicht kommt, trotz- dem gelingt es mir nicht, froh zu sein.

Gaby begann, sich zu wiederholen.

Ich stand auf, setzte mich neben sie, drehte ihren Kopf zu mir und bat sie, aufzuhören. Wahrscheinlich hätte sie nie mehr gewagt, von selber aufzuhören. Wir schwiegen wieder. Plötzlich schlugen alle Uhren. Ich erschrak, weil ich den Uhrenreichtum des Hauses Eben-Ezer ganz ver- gessen hatte. Gabys Vater erbte die Uhren aller seiner Schwestern, Tanten und Cousinen, die starben, das hatte sich so eingebürgert. Sein Stolz war es, diese Uhren so gut zu warten, daß sie immer alle gleichmäßig gingen und zusammen schlugen. Ich glaube, es war ihm nicht so wichtig, daß sie mit der mitteleuropäischen Normalzeit übereinstimmten, wenn sie nur im Hause einheitlichen Gang bewiesen.

Die Radiomusik brauchte ein paar Minuten, bis sie das aus dem Flur und aus den anderen Zimmern hereingedrungene Klingeling und Gesumme der Uhren aufgefressen hatte.

Ich dachte an den Samuel-Spruch, den der Studienrat a. D. Gestäcker unten hatte anbringen lassen, nach dem er sein Haus Eben-Ezer genannt hatte, den Dankspruch: *Bis hieher hat uns der Herr geholfen.* Warum sie bloß das – r – weggelassen hatten? Der ganze Spruch wieherte förmlich, weil dieses – r – fehlte. Aber vielleicht ist die Kraft der Bibelsprüche an ihre altmodische Schreibweise gebunden.

O Gaby, sagte ich und seufzte. Aber ich sagte nicht meinen vorbereiteten Text. Unvorstellbar, ihr jetzt ins Gesicht zu sagen, daß ich gekommen war, alles, was sie gesagt hatte, durch einen raschen Abschied zu bestätigen. Also nützte es einer Frau doch, ihren Zustand schildern zu können. Die, die das nicht können, haben es vielleicht nicht nötig. Warum aber gab sie sich so preis, da sie doch wußte und es selbst gesagt hatte, wie ernüchternd das wirkt. Ein Mann, der nicht einfach vernarrt ist in eine Frau – und wie lange ist man das schon –, glaubt immer, daß er sie etwas über Gebühr schätzt, und wenn sie uns nun genau darauf aufmerksam macht, unsere mühevolle Verklärungsarbeit zerstört und uns alles wieder kraß vor Augen führt, was wir gerade mit dem Schleier zärtlichen Vorurteils bedeckt hatten, und wenn sie ihre Entblößung noch so absichtlich betreibt, dann ist das, wie ich jetzt sah, die sicherste Methode, den Widerspruch und die Widerlegung zu verlangen, denn man kann das einfach nicht zulassen, daß ein Mensch (und schon gar nicht eine Frau) wirklich einsieht, wie es um ihn steht. Vor allem ich durfte das nicht zulassen, denn Gabys Zustand war, ich möchte nicht sagen, meine Schuld, aber sie war in diesen Zustand geraten, weil sie mich kennengelernt hatte. Sie hatte mir Briefe von anderen Männern gezeigt, die mir bewiesen, und das tat mir gut, daß sie eine begehrenswerte Frau war. Die Liebe eines Mannes ist immer zum größeren Teil das Ergebnis einer Volksbefragung. Deshalb werden doch Schauspielerinnen geliebt. An ihnen klebt noch der Beifall der Vorstellung, wenn wir sie heimbringen. Das entlastet ungeheuer.

Gaby hatte das alles doch nur sagen können, weil sie selbst hoffte, daß sie besser aussah als sie zugab. Ich konnte mir nicht vorstellen, daß ein Mensch so etwas von sich sagen würde, wenn er selbst daran glaubte.

Ich küßte Gaby. Sie sah mich nur eine Sekunde lang fragend an, dann schmiegte sie ihren Kopf an mich, als habe sie in meiner Brust ein neues Geräusch entdeckt. Wie sachlich Frauen doch Zärtlichkeiten vollbringen. Als ich ihr aus bloßer Gewohnheit über die Haare strich, die Festigkeit des neuen schwarzen Haarturms prüfte, drehte sie ihr Gesicht herauf, küßte mein Kinn, sprang auf und sagte, sie wolle uns etwas zum Essen holen, und kam, ehe ich etwas dagegen sagen konnte, mit einer Platte kleiner, mit Fisch und Eiern und Käse und vielen Wurstsorten belegter Brote wieder herein. In jedem Bissen steckte ein winziger Kunststoffspieß.

Als sie die Platte auf den Tisch stellte, sah ich, daß die Kunststoffspießchen auf der mir zugewandten Hälfte rot waren, die Spießchen auf ihrer Hälfte jedoch waren alle blau, nur in der Mitte war ein Brotstückchen mit knallgelbem Dotter belegt, in dem ein grünes Spießchen steckte. Dieses farbenbunte Vesper, das ich nun doch nicht ein improvisiertes nennen möchte, schmeckte vorzüglich. Trotzdem schob ich die Bissen langsam, gewissermaßen nachdenklich in den Mund.

12

Das Gewimmer und Klingeling des Uhrenarsenals metzelte die Stille. Die rachsüchtigen Seelen aller toten Tanten tobten durch die Räume. Halbvier. Lange hielten sie's Gott sei Dank nicht aus, dann fuhren sie, Gespenster, die ihre Notdurft verrichtet hatten, zurück in ihre dunklen Gehäuse und häkelten ihr Ticketacke weiter, sammelten Kraft, oder Exkremente, wer weiß, zum nächsten Überfall um dreiviertel.

Ich hatte mir von der Platte gefischt, was die Ärzte meinem durch Diätvorschriften ferngesteuerten Körper gestatteten. Gaby hob das Kinn wie ein Pferd, das wiehern will, sah mich an, als wäre ich ihr Spiegel, und fragte, wie ich die neue Frisur fände. Heute abend verlobe sich ja mein Freund Josef-Heinrich wieder einmal. Ich sei doch sicher eingeladen. Zum elften Mal! Sie wenn diese Verlobte wäre, sie würde ihm eine runterhauen und ihn dann hinauswerfen. Melitta wohne jetzt ja auch im Bienenstock, sehr hübsch habe sie's dort. So schlecht wie in dem neuen Anouilh sei Anna nicht einmal in ihren Filmen gewesen, das Silberblond allerdings stehe ihr. Edmund? mit dem geh' es bergab. Eine Nacht sei er hier gewesen. Gaby schaute mich an. Es gelang mir nicht, mein Gesicht schmerzdüster zu stimmen. Ich hätte mit ihm geschlafen, sagte sie, aber er hat nur geseufzt, die ganze Nacht, und Unsinn geredet, gegen halb sechs Uhr hat er gesagt, er sei eben doch anders herum, ich sei sein Zeuge, daß er's wieder einmal probiert habe. Entschuldige, daß ich Dich so frustrieren muß, sagte er und ging, gelbgrün im Gesicht. Ja, sie hätte es getan, wenn er gekonnt hätte, sagte Gaby und sah mich erwartungsvoll an, ließ ihre Finger auf meinem Handrücken stolzieren. Wahrscheinlich wollte sie mir beweisen, daß ich entbehrlich sei und daß ich doch unentbehrlich sei. Ihrem Knie wich ich vorsichtig aus. Sie tat, als sei ich erst gestern das letzte Mal neben ihr gesessen. Justus habe mit Sophie. Das hieß: siehst Du, so ist Deine Sophie, von der Du glaubst, daß sie eine Trennung nicht überleben würde. Ich erinnerte mich des Besuches der beiden im Krankenzimmer. Ich hatte Justus für bloße Anstandsbegleitung gehalten. Trotzdem lächelte ich nachsichtig. Das erregte Gaby. Ihre Redelust wuchs. Sie hatte ihren bitteren Monolog vergessen, ich vergaß ihn dann auch, mein Text war vollends unbrauchbar geworden, ich ärgerte mich über die Uhren, über Gaby, weil sie einen Vater mit so vielen Uhren hatte, was gab es noch, das ich ihr übelnehmen konnte? ich suchte, ärgerte mich, weil ich nichts fand, sah mich übertölpelt, umgeben von Aufgaben, warum sollte auch ausgerechnet ich immer alles klären, Gaby, Justus, Sophie, Anna, Edmund, Josef-Heinrich, ein Frühling, an dem ich nicht teilgenommen hatte, ein welkes Gestrüpp, verfilzt, verwildert, es war zu heiß, von mir aus, von mir aus, ich liebte keinen und keine, und nicht dieses aus Geschwätz gewobene Leben, das so wichtig war, weil es kein anderes gab. Ob ich sie ein Stück mitnehmen könne? Warum nicht! Als ich ihr in die Wildlederjacke half, streckte ich den Zeigefinger der rechten Hand über den Kragen hinaus, daß er ihr mit der Jacke, die ich hielt, über die Schulter hinaufschürfte, bis zum Haaransatz, aber dann ging ich sofort auf die Wohnungstür los und wartete unter der geöffneten Tür.

Als ich Gaby die Autotür aufhielt, bemerkte ich, daß

mein M 12 ein glanzloses altes schrottplatzsüchtiges Blech-
gespenst geworden war. Ich entschuldigte mich für die Luft
im Wageninneren. Die Sonnenstrahlen waren zu Jericho-
posaunen geworden, hatten eine Art jüngsten Tag der Gerüche veranstaltet, Blech, Öl, Schweiß, Kunststoff, Asche,
Gummi, Parfüm, Leder, Zeitungspapier und Schlimmeres,
alles was einmal als Geruch lebendig gewesen und dann in
Polster und Wände eingedrungen war, hatte die Hitze jetzt
aufgerufen und als eine erstickend kompakte Wolke zum
Schweben gebracht, als sollte Zeugnis abgelegt werden über
alles, was in diesem Auto je geschehen war.

Gaby lächelte großzügig, drehte das Fenster aber sehr
hastig herab und hielt dann ihr Gesicht hinaus, als führen
wir nicht durch den ihr von Jugend auf bekannten Stormweg, sondern zum ersten Mal am Gardasee entlang. Ich
hatte sie nicht aufgefordert einzusteigen, aus purer Höflichkeit hatte ich mich noch entschuldigt, hatte aber nicht daran
gedacht, daß sie diese Entschuldigung annehmen würde,
um mir dann damenhaft verzeihen zu können; als sei ich
ihr Chauffeur. Daß sie mich kompromittierte, daran dachte
sie wohl überhaupt nicht. Naiv von mir, zu glauben, alle
Leute müßten einem das ansehen, daß man heute ausnahms-
weise nichts zu verbergen hat. Dabei sollte man sich aber
doch erinnern, wie man selbst schon gerade diesen Anschein
benutzt hat, um etwas zu verbergen. Man hat sich mit ihr
gewaltsam sorglos unter die Leute gemischt und hat darauf
spekuliert, daß nun jeder folgern müßte: wenn die beiden
etwas miteinander hätten, würden sie sich nicht so in aller
Öffentlichkeit miteinander zeigen und sich nicht auch noch
so zweideutig aufführen, das kann bloß Übermut und gutes
Gewissen sein. Aber allzu oft darf man der lieben Umwelt
die Last solcher Folgerungen nicht aufbürden, weil sie dann

eben doch mit Recht ganz einfach das Nächstliegende vermutet. So sicher man sein darf, daß die Leute über einen
reden, so sicher darf man auch sein, daß sie nicht über einen
nachdenken. Zum Glück. Und doch hat man wenig davon.
Wenn man nämlich gerade von ihr kommt und fünf Straßen
weiter einem Bekannten begegnet, dann macht man sich
zwar klar, daß man um diese Zeit diese Straße auch passieren würde, wenn man vom Stadion oder aus dem Filmpalast
käme, es bedarf aber doch einer gewaltigen Konzentration
und einiger Übung, will man mit seinem Bekannten nun
ein beiläufiges Gespräch führen, weil man ihn andauernd
argwöhnisch beobachtet, jedes seiner Worte blitzschnell son-
diert, wägt, abklopft, ob es etwa eine Anspielung enthalte.
Man ist einfach davon überzeugt, daß der andere, als er uns
sah, sofort exakt kombinierte und die Straßen, die Zeit, den
Tag und unsere Eigenschaften zueinander in Beziehung
setzte und deshalb jetzt genau weiß, woher wir kommen.
Wenn man ein Anfänger ist oder ein nervöser Mensch, beginnt man sich dann plötzlich zu verteidigen, indirekt zwar,
man sagt, das Fußballspiel sei heute sehr schwach besucht
gewesen, eine besondere Schauspielerin sei die Loren eben
doch nicht, das sagt man, obwohl der andere gerade erzählt
hatte, daß seine Tochter jetzt als Austausch-Schülerin nach
England dürfe, aber das hielt man schon für eine Anspielung, war diese Tochter vielleicht eine Schülerin von Gaby,
wollte er einen aushorchen, und wenn er sagt, diese Pope-
line-Jacken seien eben doch ein Schwindel, scheine die Sonne,
seien sie zu heiß, regne es, so friere man in ihnen, so wird
auch das, wenn man es nämlich gerade mit einer Modezeich-
nerin hält, zu einer Anspielung, die wir sofort dadurch beantworten, daß wir den Rechtsaußen unseres Clubs kritisie-
ren, der habe sich heute einfach vertrippelt. Das können wir
natürlich nur sagen, weil wir wissen, daß der Rechtsaußen

immer zu spät abgibt, aber wie leicht geschieht es, daß der, dem wir damit einreden wollen, wir kämen gerade vom Stadion, selbst daher kommt und uns nun ehrlich und tief erstaunt fragt, ob wir denn nicht bemerkt hätten, daß jener trippelsüchtige verspielte Rechtsaußen heute durch einen Ersatzmann vertreten worden war. Man kann sich dann nur noch möglichst rasch verabschieden, einen wirren Satz über die Hitze sagen, ihm, wenn wir ihn als passionierten Nichtraucher kennen, noch eine Zigarette aufdrängen, sich von ihm daran erinnern lassen, daß er doch nie rauche, dann vielleicht eine Zigarre, ach so nein, das ist ja auch was zum Rauchen, na ja, wir sehen uns dann morgen beim Eishockey. Mit der Hand an der Stirn hat man sich umzudrehen, sein mundoffenes Staunen darf man nicht mehr bemerken. Wankend und sich immer wieder mit der Hand an den Hauswänden abstützend, hat man bis zur nächsten Ecke zu gehen. Wenn man Glück hat, hält er jetzt alles, auch das mit dem Rechtsaußen, für die Folgen eines Hitzschlags. Mitten im Sommer ein Eishockeyspiel! Vielleicht eilt er uns nach und bietet uns besorgt seine Hilfe an. Wenn er das aber nicht tut, steht uns eine unruhige Stunde bevor. Wir beschäftigen uns mit seinen Gedanken, vollziehen alle logischen Operationen, die er in dieser Sekunde wahrscheinlich auch vollzieht. Und wenn wir mit ihm das ganze Gespräch nach rückwärts abgespielt und alles richtig interpretiert und durchschaut haben, dann ist nur ein Ergebnis möglich: er weiß jetzt wo wir waren, und lächerlich gemacht haben wir uns auch.

Ich fuhr langsam, tat, als fordere selbst das meine ganze Aufmerksamkeit, kein Gespräch bitte, schlimm genug, wenn uns Bekannte zusammen in einem Auto sehen, drei Monate verschwunden, und dann mit ihr wieder auftauchen, als sei ich drei Monate mit ihr in Amerika gewesen, oder in Südspanien, die Passanten bildeten Spaliere, aber so ist es, man zeigt sich zusammen, weil man wieder ein gutes Gewissen hat, und erst jetzt, nachdem für einen selbst alles vorbei ist, werden die Zuschauer aufmerksam, das Gerücht wirft Junge, nachträgliche Gerechtigkeit, mein M 12: die Hölle fahrbar gemacht, die Zuschauer: die Bediensteten der Hölle, die ganze Stadt die Hölle, aus der keine Straße hinausführt, Rotlicht, daß sie uns besser betrachten können, sie müssen sich gründlich überzeugen, wehr' Dich nicht gegen ihre Blicke, Gaby grinst, ihr kann es nur recht sein, jeder Zeuge kettet uns enger zusammen, wir haben die deutlichen Vermutungen aller Gesichter rundum wie ein Programm zu erfüllen, diese Stadt ist seit Jahrhunderten für diesen Augenblick erzogen und geschult worden, schaut die anderen an, laßt keinen aus dem Auge, die wahre Polizei ist jedermann, jeder seines Bruders Hüter, jeder seines Bruders Wächter, jeder seines Bruders Henker, Gaby grinst dem Brautbett-Schaffott fröhlich entgegen. Auf dem Rücksitz saßen Casanova und Augustin und redeten auf mich ein.

Als sie ausstieg, sagte ich hastig: auf Wiedersehen, ich rufe Dich dann an. Die schöne urbane Formel, mit der man sich ebensogut für eine Stunde wie für das ganze Leben verabschieden kann.

13

Am Ende jeder Straße sah ich Moser, immer fuhr ich auf Moser zu, Moser breiter als hoch, Ärmchen vorn überm Bauch wie ein Kängeruh, im roten Viereckgesicht, plan mit Stirne und Wangen, aber weit auseinander, zwei brave, beleidigte, mißtrauische Hundeaugen, Boxer-Augen. So scharf ich auch auf ihn zufuhr, die aus tiefem Gemüt glotzenden Augen zuckten nicht, wurden bloß freundlicher, sangen:

Brihdääää iwerm Schdärnezeld! was kann isch fer Sie duunn, der uns all umschlunge häld! Die Unterlippe hing einladend herab wie immer, gesunde Zähnchen im rosigen Zahnfleisch. Ach seid Sabinsche, die Sibbejährische, das Klavierspiele angefange had, da had es misch aa widdee gebaggt, was hawe wir verseimt, Herr Kristlein, finnf Jahr kaa Klavier merr angeriert, seid meiner Mudder Dood, nach'em Trauerjahr haw isch einfasch de Kurv nimmee gegriescht, awer jetz', Gott sei Dank, isch saach Ihne, das is so wischtisch wie's Bad Gaschtein, am Abend e'Stund aldee Meistää.

Ich erschrak, als ich sah, daß die zwei Schaufenster, die die linke Parterrehälfte des Brool-Hauses einnahmen, so gut wie leer waren. In jedem Schaufenster eine große Schrifttafel, sonst nichts. Ich las:

Die älteren Bewohner unserer Stadt werden sich noch erinnern, daß vor dem alten Brool-Haus drei Linden standen. Die ehrwürdigen Bäume wurden mit dem Haus zerstört, das sie zierten. Die Häuser sind rasch wieder erstanden, oft schöner als sie waren. Aber wer denkt an die Bäume? Wir haben daran gedacht. Wir haben drei Linden von der gleichen Art (Tilia argentea) aus der Türkei kommen lassen und haben ihnen einen Platz vor dem neuen Haus, auf dem neuen Trottoir verschafft. Wir sind keine erfahrenen Gärtner, wir sind erfahrene Heizungsfachleute, aber kommen Sie dann und wann vorbei und beobachten Sie, ob es uns gelingt, die drei jungen Linden durchzubringen. Ratschläge nehmen wir gerne entgegen. Und wenn wir Ihnen dafür auf unserem Gebiet einen Rat geben dürfen, tun wir das ebenso gern.

Ihre Race-System-Verkaufs-G.m.b.H.

Ich drehte mich um und besah mir die drei Lindenschößlinge, die matt in ihren Schutzgittern hingen. Umso besser. Das würde in den Passanten Anteilnahme und Besserwisserei erregen. Als mir Moser erzählt hatte, daß er die drei Linden wieder pflanzen wolle, von denen Rastmann, der Haus-

meister, immer noch schwärmte, da hatte ich gesagt, daraus
könne man public relations machen. Moser hatte zuerst ent-
rüstet abgewehrt, dann hatte er gesagt, er müsse es noch
überdenken. Er sagte immer: ich muß es noch überdenken,
ein paar Wochen später kam er dann, trug den Vorschlag,
den man ihm gemacht hatte, vor und fragte treuherzig und
voll wirklicher Spannung: wie finden Sie diese Idee? Dabei
sah er einen an, wie ein Patient den Professor anschaut,
wenn der mit den Labor-Ergebnissen ins Zimmer tritt und
der Patient fragt: und jetzt? ist es Krebs? Es war, als werde
Moser alles von der Zustimmung oder Kritik dessen abhän-
gig machen, den er gerade gefragt hatte: wie finden Sie
diese Idee? Hoffentlich finden Sie sie nicht zu schlecht, hörte
man aus dieser Frage heraus.

Seine so traurig weit auseinanderliegenden Augen sahen
einen so entsetzlich flehend an, daß es einem in diesem
Augenblick leichter erschien, die eigene Mutter umzubringen als diesem Mann ins Gesicht hineinzusagen, seine Idee
sei ja gar nicht seine Idee. Im Überdenken war es seine Idee
geworden. Wenn man versucht hätte, ihn an die sogenannte
Wahrheit zu erinnern, hätte er einen – und dies von seinem
Standpunkt aus mit vollem Recht – als einen Lügner und
Ehrabschneider ansehen müssen, als einen von jenen üblen
Burschen, die anderer Leute Ideen stehlen. Er hatte mir von
solchen Kerlen erzählt. Das waren wahrscheinlich recht-
haberische Mitarbeiter gewesen, die Mosers große Fähigkeit
des Überdenkens und Aneignens nicht begriffen und die ihn
deshalb für einen Lügner hielten. Man hält so viele Leute
für Lügner, nur weil man sich nicht die Mühe macht, zu
erkennen, welche Verwandlung die Dinge der Welt in ihnen
erfahren. Jeder hat da seinen Brechungskoeffizienten, und
das meiste von dem, was wir für Lüge halten, ist nur das Ergebnis der Verwandlungsarbeit eines Bewußtseins, das eine

andere Art hat, die Dinge zu verwandeln als unser eigenes!

Gab er die Idee ganz als seine inspiratorische Frucht aus, dann war es mir peinlich, wirklich in Begeisterung auszubrechen, weil sogar ich, obwohl ich die Gesetze seiner Ideen-Digestion zu kennen glaubte, ihn manchmal für einen Schurken hielt; wenn ich daran dachte, daß er genau wußte, daß die Idee in Wirklichkeit meine Idee war, konnte ich mir nicht den Mund vor Bewunderung zerreißen, weil ich dann in seinen Augen ein ganz unbescheidener, von Selbstlob stinkender Kumpan gewesen wäre.

O ja, will man mit den Menschen in Frieden leben, so muß man eben doch scharf nachdenken.

Kein Mensch konnte sagen, wie Fräulein Bruhns ausgesehen hatte, als sie noch nicht davon lebte, guddeKraftunddreieeGaistundreschteHand zu sein. Jetzt lagen ihre farblosen Augenkugeln auf erlahmten, allmählich sich nach außen stülpenden Lidern, es war zu fürchten, daß die Lider die Last der Augen nicht mehr lange tragen würden. Zum Glück waren die Oberlider nachgerutscht, sonst hingen sie jetzt wie Vorhangmäntelchen in alten Wohnungen sinnlos ins Leere, nachts deckten sie wahrscheinlich Fräulein Bruhns' Augen nur noch sehr unzureichend. Wenn ihre Finger auf den Buchstabenterrassen herumwateten, dachte man an betrunkene Engerlinge. Elendes Fräulein Du, schließlich verbrachte man sein Leben auch nicht mit Flügen von Beach zu Beach im eigenen Zweimotorigen, jeweils den zuletzt erfundenen Mannequin am Hals, aber sie machte Sonnenkönige aus uns, sie, die Schwester jener Fische, die sich jahrtausendelang in persischen Wasserleitungen fortgepflanzt haben. Blind und farblos, als man sie entdeckte, und vor Erschöpfung wahrscheinlich nicht einmal mehr scheu. Ich fürchtete mich, diesem aufdringlichen Schicksal wieder zu begegnen.

Als ich aber sah, daß man ihr eine Hilfe ins Zimmer gesetzt hatte, eine recht junge Hilfe, atmete ich auf, pries Moser zum ersten Mal als den Feinfühligen. Nun war es wenigstens erlaubt, im Vorzimmer zu lachen, ohne sich deshalb gleich als Zyniker fühlen zu müssen.

Fräulein Bruhns zog ihre Augenbrauen hoch, als sie mich sah. Langsam. Mit Mühe. Ich, ein Kenner ihrer Haut, bemerkte, daß sich im großen Fladengesicht etwas bewegte. Sie hob die Hände, schlug sie langsam zusammen. Dwamp machte es, als träfen zwei halbvolle Mehlsäckchen zusammen. Stäubte es nicht sogar weißlich auf über dem weißen Händekloß? Ach der Herr Kristlein, sagte sie, als könne durch mein Erscheinen auch für sie noch einmal alles gut werden.

Und wie geht's? fragte ich. Sonst vermied ich diese Frage Fräulein Bruhns gegenüber, weil ich sie nicht auch noch herausfordern wollte. Jetzt aber hatte sie eine Hilfe, konnte schon mal ein Stündchen aufs Fensterbrett träumen, jetzt durfte man die Frage eher riskieren. Aber Fräulein Bruhns sagte: you better don't ask, oder soll ich lügen und sagen: just fine.

Ich war nicht überrascht, als Fräulein Bruhns sich so englisch gab. Das Englische spielte die Hauptrolle im Leben dieses Fräuleins. Gebürtig war sie aus Altötting. Sie wird also nicht mit unmäßigen Forderungen ins Leben getreten sein. Wieviel Segen über eine Gemeinde kommen kann, wenn ein einziger sich demütig zeigt, muß ihr durch den immer zwischen Seligkeit und Heiligkeit schwebenden Bruder Konrad frühzeitig aufgegangen sein. Also wäre aus Fräulein Bruhns ein fügsames Mädchen geworden, das sich beizeiten krümmt, um möglichst nicht aufzufallen; wäre, sage ich, denn es kam anders, und daran ist wieder einmal der Krieg schuld, und zwar der, den man in chronistischer Beflissenheit den ersten Weltkrieg nennt, so hat man gleich eine Zahlenreihe aufgetan, die für Fortsetzungen offen steht. In jenem Krieg rettete Vater Bruhns einen englischen Offizier aus einem Tank, den wir heute wie eine schrullige Oma belächeln können, in dem aber der englische Feind ums Haar verbrannt wäre, eingeklemmt wie er war, wenn nicht Vater Bruhns, beseelt von Bruder Konrads Geist, ihn herausgezogen hätte. Und jetzt weiß man schon, was geschehen wird: der Engländer ist ein Gentleman, er erkundigt sich, er erfährt alles, macht sich auf nach Altötting, pilgert zu den Bruhns. Woran wieder deutlich wird, daß Nächstenliebe Leute ins Land bringt. Ach hätten wir doch als ganzes Volk nie etwas anderes getan als eingeklemmte Engländer aus brennenden Tanks gezogen! Die Fremdenverkehrsexperten werden zwar einwenden: wir haben auch so nicht zu klagen. Trotzdem sage ich: der Besuch des englischen Gentleman hatte den sympathischeren Anlaß. Nur die Folgen, die waren schlimmer als der Anlaß: Thea Bruhns durfte mit nach England, ein halbes Jahr, in eine englische Grafschaft mit einem shire hinten dran, und sie lernte die Sprache, den Akzent von shire, kam zurück und vervollkommnete sich und ihr Englisch, und konnte nun nicht einfach auf den Nachbarhof heiraten, was sollte sie da mit ihrem Englisch, da doch die Engländer nach Oberammergau fahren und nicht nach Altötting, also wurde Thea Bruhns eine Sekretärin mit Fremdsprache und damit etwas Besseres. Wer sie umworben hat, weiß ich nicht, aber ich ahne aus ihren Andeutungen, daß die Bewerber nicht einmal englisch konnten, auch nichts wissen wollten von England, den Tower nicht kannten, vom speziellen Pudding jenes shire noch nie gehört hatten, und das scheint Fräulein Bruhns ihren Bewerbern nicht verziehen zu haben, sie, die doch für England glühte, Bücher las über England, sich auskannte auf der Insel wie ein

Rätselrater, die die Iren einen bösen kleinen Rebellenstamm nannte, obwohl dort Bruder Konrads Konfession bei weitem geschätzter war als im Kingdom selbst, aber da war sie tolerant, weltweit und festgelegt, weshalb sie auch lieber trocken Brot gegessen hätte als ihre Kostüme aus einem anderen als einem englischen Stoff machen zu lassen. Und wenn man sich nun vorstellt, wie die engstirnigen Buchhalter, Bürodiener, Chauffeure oder auch Abteilungsleiter, die Fräulein Bruhns ganz nett fanden, wie die über England dachten, wie die, präpariert von einer bösen Propaganda, England das falsche Albion nannten, wie sollte Fräulein Bruhns warm werden mit Männern, die nichts als Skagerrak und den Burenkrieg und die geraubten Kolonien und den brutalen Kitchener im Munde führten! Kurz und gut, Fräulein Bruhns blieb ganz offensichtlich lieber ein Fräulein als daß sie sich einem Mann unterworfen hätte, der lieber Kaffee als Tee trank. Bleibt noch ihr amerikanischer Akzent! Wieder war es der Krieg, der zweite in der nach Fortsetzungen durstigen Zahlenreihe, der Krieg, der ja unser aller Vater ist, der ist auch der Vater dieses Akzents. Herrlich wäre es gewesen, hätte Fräulein Bruhns das Ende in Wilhelmshaven, in Hannover oder sonst irgendwo erlebt, wo der Union Jack flatterte, das hat nicht sollen sein, aber es blieb ihr wenigstens erspart, russischen oder französischen Idiomen ausgesetzt zu sein. Es war immerhin das Star Spangled Banner, das ihr die Erlösung aus der englandfeindlichen Zeit ankündigte. Nun brach ein großer Nachsommer an, eine späte Rehabilitation ihres ganzen Lebens, nun war sie sofort eine wichtige Kraft, den Akzent ihres shire opferte sie, ihre Liebe zum Englischen war noch elastisch genug, sich auf das Angelsächsische schlechthin auszudehnen, die Akzente von New England und Wyoming stritten sich jetzt um die Herrschaft in ihrem Mund, und sie diente den legeren neuen Herren mit einer Hingebung, die manchen Schlacks von drüben, der erwartet hatte, auf ein Volk von zähnefletschenden braunen Vierbeinern zu treffen, nachdenklich gestimmt haben mag. Und als schließlich Moser auftauchte, um die deutsche Wohnung von Ruß und Öfen und dem alten barbarischen Verbrennungskult zu befreien, da war sie mit ihrer Fremdsprache zur Stelle, dem Fortschritt dienend, angelsächsische Zivilisation in Form von Race-Brennern verbreitend. Natürlich ist es schöner, besser, wenn man so eine Idee hat, etwas Höheres, das wie ein Spruchband über der kleinlich klappernden Schreibmaschine hängt, aber leider oxydiert auch die schönste Idee. Das Schreibmaschinenklimbim, dieses zähe Ratatata, zerhämmert im Laufe der Jahre alles, gar alles. Natürlich war der amerikanische Akzent zuerst eine Verjüngungskur sondergleichen für Fräulein Bruhns, ihr Mund erschloß sich eine neue Muskulatur, das Pralle, das andauernde sanfte Explodieren der amerikanischen Sprechweise hat sie noch einmal übermütig gemacht, aber auch wer öfters amerikanisch spricht, auch wer sich keine Gelegenheit entgehen läßt, ein paar Vokale und Konsonanten amerikanisch zusammenzuschmelzen und wieder auseinanderspringen zu lassen in der kräftig tändelnden Art jenes Volkes, auch der wird schließlich älter, und je älter er wird, desto eigenartiger klingt das burschikose Amerikanisch in seinem Mund, es kommt der Tag, da klingt es sogar unanständig, und dieser Tag war für Fräulein Bruhns längst gekommen.

Jetzt demonstrierte sie der Neuen, wie neu sie sei, nicht einmal Herrn Kristlein kenne sie, das muß man sich bieten lassen, mit einem Gör zusammenarbeiten, das nicht einmal Herrn Kristlein kennt, daß einem der Chef sowas noch antut! Was war denn der Moser, als man sich entschloß, für ihn zu arbeiten? Ein Vertreter, der es einmal probieren wollte.

Fräulein Bruhns mußte ihre ganze Klage vorerst in den paar Formeln und Gesten unterbringen, mit denen sie mir die Neue vorstellte. Und ich hatte beim Eintreten eine Sekunde lang gehofft, ich würde das Fräulein zum ersten Mal nicht im Streit gegen die arge Welt antreffen. Törichte Hoffnung. Als könnte sich im Leben dieses Fräuleins noch etwas ändern. Welch ein Irrtum auch, zwischen Leben und Tod eine so scharfe, auf Sekunden beschränkte Grenze zu ziehen und diese Grenzziehung den Ärzten zu überlassen. Das hat natürlich den Vorteil, daß man sanftere Ursachen angeben kann, Krankheiten und Alter, natürliche Tode. Eine winzige Veränderung der Perspektiven genügt, und zumindest die Betroffenen könnten von Mord sprechen. Fräulein Bruhns spürte in der Neuen ihre Mörderin, ihre Todesursache und gleichzeitig ihren Tod. Die Neue gehörte zu jenen Käferarten, die die Aufgabe haben, Kadaver zu beseitigen. Sobald diese Käfer auftauchen, weiß man, daß man zu den Kadavern gehört. Leider ist es schwierig, die sogenannten Gesetze auch dann noch nüchtern anzuerkennen, wenn man selbst betroffen ist, deshalb wehren sich Kadaver gegen die zunehmende Deutlichkeit ihres Zustandes.

Mir lachte die Neue lautlos ins Gesicht. Lächeln konnte man dieses geübte blitzschnelle Entblößen prächtiger Zahnreihen, die dabei mädchenfingerbreit aufklappten, nicht mehr nennen. Der auf Fräulein Bruhns Schreibtisch stehende Dreh-Ventilator surrte, spendete Bahnen wenigstens bloß halbwarmer Luft, wirbelte unseren Atem durcheinander, Fräulein Bruhns stellte sich sofort wieder zwischen die Neue und mich, wendete ihr den großen runden Rücken zu, mir verdeckte sie die Neue durch ihren aller Fassung entglittenen, von vierzigjährigem Sitzen und Postklimakterium aufgeschwemmten Leib, der Neuen machte das nichts aus, ihr machte es nichts aus, daß Fräulein Bruhns mit einer Spur fast sinnlicher Erregung gesagt hatte, die Neue sei nur auf Probe eingestellt, ihr machte es nichts aus, daß Fräulein Bruhns mir einen Stuhl hinrückte, der mich zwang nur noch Fräulein Bruhns anzuschauen, der mich fast zwang, mit meinem Knie das Bruhnssche Knie zu berühren, dieses breite stumpfe Knie, Ende schlimmer Schenkel unterm leichten Sommerkleid, Roquefort, dachte ich, und der Ventilator trieb den Atem und das Parfüm der Neuen wie Gebirgsluft rechtzeitig dazwischen, ich aber mußte Fräulein Bruhns innig und stürmisch aufmerksam in die erloschenen Papieraugen sehen. Sie kann ja nichts dafür. Ganz freiwillig wird niemand vierzig Jahre damit verbringen, vierundzwanzig Buchstaben und ein paar Zahlen mit einer Maschine auf weißes Papier zu verteilen, vierzig Jahre lang die nach rechts rennende Zeile anstarren, rrrtsch, Ruck nach links, ratatatatata nach rechts, dingding warnt das Glöckchen, eine geradezu paradiesische Abwechslung, rrtsch, Ruck nach, ratatatatata, vierzig Jahre, drei Schreibmaschinentypen, immerhin, die Netzhaut freut sich, freut sich nicht mehr, sieht aus wie Kohlepapier, dessen Glanz nach zu häufiger Benützung zerhämmert ist, erloschen ist, dafür sind hunderttausend Buchstaben eingehämmert, eine Netzhaut aus Millionen von Buchstaben, vierundzwanzig Buchstaben vielemillionenmal, eine Grafik des Irrsinns zurücklassend, oder bestenfalls die zu Tode gegerbten Augen von Fräulein Bruhns, in die ich so innig und stürmisch aufmerksam sah, als wolle ich sie bloß noch ihren Satz beenden lassen, um ihr dann einen schlimmschönen Antrag zu machen.

Er telefoniert noch, sagte sie und ließ ihren Mund breit auseinanderfließen, als habe sie etwas gesagt, was eine Frau schon fast nicht mehr in Gegenwart eines Mannes sagen kann. Bei einem älteren Fräulein werden wahrscheinlich auch Gebete bloß noch obszön. Ach Herr Kristlein, sagte sie, und beklagte mein Aussehen und ihr Aussehen, verschmolz unsere Schicksale, als wären wir Zwillinge. Das hat man nun davon, sagte sie und ließ es schon fast nicht mehr offen, ob sie mit dieser schlimmen Bilanz bloß ihr Leben oder auch das meine als ein schließlich doch gescheitertes Unternehmen charakterisieren wolle. Sie erwartete mit Recht, daß ich diese bitteren Präludien jetzt aufnahm und sie mit meiner Schicksals-Melodie ergänzte zu ein paar uns beide einschließenden schön herben Passagen in Moll. Ich hatte mir bei früheren Besuchen ihr gegenüber nie anders zu helfen gewußt, ich hatte immer getan, als sei auch ich achtundfünfzig und von allen Übeln genarbt. Sie hatte mir immer das Recht entzogen, jünger zu sein.

Immer hatte ich mich darüber geärgert, daß ich ihren Klagepartner zu spielen hatte, daß ich ihr die Programm-Musik zu liefern hatte, in der sie ihr eigenes Leben nachbuchstabieren konnte, nachbuchstabieren mit genau den Rechtfertigungen und Verurteilungen, die sie brauchte, um nicht einfach aufstehen zu müssen, zur nächsten Wand zu rennen und sich laut schreiend die Nägel von den Händen zu kratzen. Dabei fand ich längst nicht alles so schlimm. Noch hatte ich keinen Beruf, den ich als den meinen ansah, keinen, den ich endgültig ertragen hätte. Wie hätte ich, als ich noch reiste, die unzähligen sinnlosen Kurven der alten Landstraßen nachfahren können: mit Geduld nicht. Soviel Geduld gibt es gar nicht. An einem Nachmittag zweihundert weder durch Landschaft noch sonstwas notwendige, miserabel gebaute Landstraßenkurven! Nur der Sportler überlebt das. Nur der, der jede Kurve zum Training benützt, sich verbessert von Kurve zu Kurve und Sieger wird über alle Kurven. Wer aber bloß an das Ziel denkt,

an die arme, feindliche Kleinstadt, in der er nur vom Wirt
ein listiges Willkommen erfährt, weil der dann eine Über-
nachtung mehr kassieren kann, der ist verloren und tut besser daran, sich gleich an einem der Chausseebäume aufzu-
hängen, die sich mit schrägen Stämmen und fliehenden
Kronen von der Straße abwenden. Wie hätte ich je mein
auf milden und darum schlecht bezahlten Betrug gegrün-
detes Büro ertragen können, wenn ich nicht jeden Tag den
Kalender abgerissen hätte wie ein Gefangener seine Striche
malt! Fast so genau wie die Astronomen die Hochzeiten
und Scheidungen ihrer monströsen Himmelsungetüme be-
rechnen, fast so genau wußte ich, daß eines Morgens mein
Glück mit Musik und nahezu schon vorstellbarem Getöse
im Hauptbahnhof einlaufen würde. Ein Zug, der zwar
nicht im Fahrplan steht (auch die Astronomen müssen sich
ja manchmal dazu bequemen, einen neuen Stern in ihre
Pläne aufzunehmen, und ihm einen Namen geben), aber
ich würde, durch Ahnung geweckt, rechtzeitig am Bahnhof
sein, um meinen Zug, meinen Stern, mein Glück begrüßen
und heimführen zu können! Ja, ich war alles andere als ein
Miesmacher, ich weigerte mich, meine Hoffnungen täglich
einen Kopf kürzer zu machen. Nur so ein Fräulein Bruhns
schüchterte mich ein. So ein elendes Fragezeichen, aufgehängt zwischen den großen Gestirnen. Seine Bahn zu studieren, war schlimm. Man hütete sich, an solchen Erscheinungen ein Gesetz abzulesen. Man mußte sich hüten. Es
war besser, ihr ein gleichkariertes Schicksal vorzuspielen.
Material zu einem Bruhnsschicksal liefert jedes Leben. Und
so spielte ich ihr auch diesmal wieder den Mann vor, der zu
Besserem berufen gewesen wäre, dessen Talente die in-
stinktlose Welt nicht erkannt hat, der aber, und das war
immer die pädagogische Dosis, der Ungerechtigkeit der
Welt nicht mehr bitter begegnet, allenfalls mit ein bißchen

Verachtung, und auch das nur bei schlechtem Wetter, Verdauungsbeschwerden, Zahnweh oder schlecht verlaufenen Parlamentswahlen, viel lieber sieht er auf die Welt wie auf ein Kind herab, das ohne Einsicht und ohne Absicht handelt, und nicht ohne Lächeln kann er, wenn er vor den Spiegel tritt, die einfach komisch wirkende Deformation betrachten, die die um sich schlagende Welt in seinem Gesicht bewirkte, und die, zusammen mit den unter allen Narben noch sichtbaren eigenen ehemaligen Gesichtszügen, einen wirklich zum Lachen reizen können. Auf jeden Fall scheint ihm das Lachen als dritte mimische Kraft, als der einzige eigene Beitrag zum eigenen Gesicht (denn das Gesicht selbst hat man ja auch gewissermaßen fix und fertig mitbekommen), als schließlich ausschlaggebende mimische Kraft scheint ihm das Lachen jenes Durcheinander von ehemaligem Gesicht und allmählich sich häufenden Blessuren in angemessener Unversöhnlichkeit zu erhalten, während das Weinen unser Gesicht so weitermodelliert wie die Schläge der Welt es vorschreiben, so daß das Weinen eine Art Harmonie herstellt. Es paßt so gut zum geschlagenen Gesicht, daß es weint. Das Weinen krönt die ziellos und von keiner Absicht angerichtete Verwüstung, weil ein einzelner Mensch durch das Weinen zum Ausdruck bringt, es gebe eine gemäße Art, auf die um sich schlagende Welt zu antworten. Das Weinen erfindet den sinnlosen Schlägen einen Sinn. Ein weinendes Gesicht schmilzt zehn Narben, geschlagen von den Soldaten von zehn einander feindlichen Religionen, in einer Gebärde zusammen. Das Lachen aber reißt sie auseinander und läßt die Narben grell im Gesicht tanzen, ohne sie je aufzunehmen, es verhindert, daß sie alle zusammen je ein Gesicht werden können.

Fräulein Bruhns machte ein Gesicht, als stünde sie unter einer angenehmen Dusche, sie merkte nicht, daß ich jetzt nur noch für die Neue sprach. Was nützt es, sich Vorwürfe zu machen, aber achtundfünfzigjährige Ohren sind so machtlos wie der Schein eines Sterns, der zehntausendmal weiter von uns entfernt ist als die Sonne. Die Astronomen können uns noch so genau beweisen, daß dieser Stern viel viel größer und heller ist als die Sonne, wer Wärme will, hält seinen Kopf doch lieber zum Fenster hinaus, die Sonne spürt er auf der Haut, und wenn es sich um die Haut handelt, gibt es keine Gerechtigkeit. Fräulein Bruhns konnte die Neue gar nicht genug hassen, sie war in diesem Vorzimmer nur noch eine Kulisse, vor der man agierte, um von der Neuen bemerkt zu werden. Aber wahrscheinlich hörte mich die Neue gar nicht. Ihr brausten ihre zwanzig Jahre in den Ohren. Ihre Augen hatte sie nur, um Kapitulationen zu registrieren. In das flache Drama, das ich Fräulein Bruhns vorspielte, in das Drama des Verzichts, streute ich Anspielungen, um die Neue zu erschrecken. Wie konnte ich sie anders erreichen? Komplimente mußten sie einschläfern. Deshalb schilderte ich, wie aus einem Mädchen in ihrem Alter allmählich ein Fräulein Bruhns wird: der Anteil der Schreibmaschine, des Papiers (den Anteil des Englischen unterschlug ich), das Verhältnis mit dem ersten Chef, dann willigt angeblich seine Frau doch nicht ein, der zweite Chef ist ganz anders, aber schließlich kommt es doch wieder auf dasselbe heraus, die Burschen in den Lokalen sind ihr nicht mehr gut genug, und über Nacht wird man sechsunddreißig, muß sich im Urlaub von schon recht älteren Herrn hofieren lassen und wenn man die neue Stelle antritt, merkt man, daß die Jüngeren miteinander kichern, den Kaffee trinkt man plötzlich mit den Fünfzigjährigen, mit ihnen geht man am Sonntag ins Konzert und lädt sie ein, um einer neuen Blumenvase willen, und beginnt das böse Gespräch, das man als guteKraftundtreuerGeistundrechteHand zu führen hat bis zum Tag der Pensionierung: was man dann tun wird, ist ganz unvorstellbar.

Die Neue trommelte mit der Schreibmaschine mitten in meine Rede hinein. Man hätte tanzen können. Plötzlich hörte sie auf. Der Ventilator surrte in die Stille. Ein großes Insekt. Fräulein Bruhns atmete hörbar. Die Neue sagte: Herr Gabriel war hier und wollte Sie sprechen. Er wartet drüben im Atlantik auf Sie. Ein Reh aus Metall hatte gesprochen. Ja, ja, ich hätte es ihm schon noch gesagt, lassen Sie ihn doch zuerst einmal verschnaufen, rief Fräulein Bruhns und fuhr mit der Hand übertrieben heftig durch die Luft, als könne sie durch ihren laienspielhaften Zorn darüber hinwegtäuschen, daß sie schon wieder etwas vergessen hatte.

Sie wird mir gefährlich, ich spür's, sie zieht mich ab von allem, was mit mir geschah, nur noch ihr Schicksal soll beschrieben werden, so ist sie, entfaltet einen bösen Sog, aber ich widerstehe. Nicht aus eigener Kraft, das geb' ich zu. Ich habe mir Rat geholt bei Professor Haberding, den traf ich zufällig und erzählte ihm, daß ich nun alles aufzuschreiben begänne, aber da wimmelten in meinem Dasein soviele halbfremde Schicksale herum, als Beispiel nannte ich ihm dieses Fräulein Bruhns. Und der literaturgewohnte Haberding verordnete: Fräulein Bruhns verdiene nicht mehr als ein paar Striche, schließlich sei sie ohne jede Größe, ihr Schicksal Durchschnitt, Nebenperson sei nun einmal Nebenperson, und wie könne einer Aufzeichnung Wahrheit innewohnen, wenn da plötzlich eine große Rolle spiele, wer in der Wirklichkeit überhaupt keine spiele. So befreite der Professor seinen ehemaligen Schüler vom Sog des Bruhnsschen Schicksals. Ich darf also Fräulein Bruhns auf ihrem nachgiebigen Fleisch sitzen lassen, im Schatten der Neuen, von der sie sich übrigens nachmals oft die

Karten schlagen ließ, um danach zu leben, egal, sie ist eine Nebenperson, kauft zwar immer noch Aussteuerwäsche, auch Babyjäckchen in Blau, kofferweise schafft sie das feine Zeug heim nach Altötting, weil sie dort noch ein Zimmer hat auf dem Hof, ein Zimmer voller Schränke, Schränke voller Wäsche, die sie einmal im Monat besieht und streichelt und gegen die Schwägerin verteidigt, die kopfschüttelnd hinter ihr steht und auf den Tag wartet, da Fräulein Bruhns Zimmer, Schränke und Wäsche ausliefern wird, aber das braucht uns nicht zu kümmern, wir fallen nicht herein auf ihren Wäschefimmel, soll sie so zukunftsträchtig tun wie sie will, uns täuscht sie nicht, wir geben der Wahrheit die Ehre und belassen sie, Professor Haberdings Rat folgend, in der zukunftslosen Nebenrolle, die sie im Vorzimmer von Moser spielt, und selbst hier wird ihre Rolle täglich kleiner, weil die Neue dasitzt und einen Träger, der aus der ärmellosen Bluse rutschte, langsam wieder zurückschiebt, langsam, und dabei so lächelnd, als wär's ein Stück von ihr, von mir, von ihr . . .

Moser öffnete die Tür, sein Gesicht schmolz, seine Ärmchen streckten die Hände vor, soweit sie konnten. Ob er darunter litt, daß er nie mehr in seinem Leben jemanden umarmen konnte? Des freit misch awr dasse widdee ufm Damm sin, und er zog mich hinein in das rotbraun getäferte Büro, setzte mich auf einen der blutroten Sessel und hieß mich sagen, daß es mir gut gehe. Ich sagte es vorsichtig. Ich wollte ja später um Vorschuß bitten. Ich durfte in Moser nicht gleich die Lust wecken, mich an die paar hundert Mark zu erinnern, die ich ihm durch Jammerbriefe aus dem Krankenhaus abgenötigt hatte. Er hatte, da er sich selbst immer als ein Mordsfamilienvater gab, nicht Nein sagen können. Alissa und die Kinder verlassen, der Ernährer im teuren Krankenhaus! Gerührt von soviel Unglück, hatte

Moser nachgegeben, allerdings nur gegen kurzfristige Wechsel. Des freit misch awr, sagte Moser und drängte mir Kognak, Zigarren, Zigaretten auf, oder soll die Bruhns en Kaffee macheee, derfee Se das? de Kleene läßt sen ja net machee, da is se ganz scharf hinner her, un dann macht sen schlescht, bloß weil se liwer Tee machee möscht, mit dem englische Fimmel, den wo se hat, o isch saach Ihne, es is e Kreuz mit ihr. Moser ruderte um mich herum, spuckte mit kleinem Mund und dreimal vorschnellender Zungenspitze ein Zigarrenkrümelchen von den Lippen. Er sei auch im Krankenhaus gewesen, Moment, ja, genau heute vor fünf Wochen sei er operiert worden, ob ich mich noch seiner geschwollenen Hände und Knie erinnere, der Knie nicht, wollte ich sagen, und die Schweißausbrüche, nachts vor allem, der Schweißausbrüche auch nicht, wollte ich sagen, und doch sei er immer aufgeschwemmter geworden, eine Nierensache, hätte man zuerst gedacht, richtige Blutstürze aus der Harnröhre, mei Liwer da erschreckee se ganz scheen, endlich sei er zu Professor Anegger gegangen, der habe ihn gleich operiert, faustgroßer Tumor in der Blase, jetzt sei er wieder wie achtzehn, keine geschwollenen Hände mehr, und zum Beweis zeigte er die hügeligen Patschhändchen vor, keine Blutstürze mehr, das zu beweisen unterließ er, das Leben beginne von vorn, Schluß mit dem Brenner-geschäft, Schluß mit dieser wilden Konkurrenz, es gebe keine Branche, in der man sich gegen soviele Selbstmörder, soviele Amateure zu behaupten habe wie in der Ölfeue-rungsbranche, der Markt sei bereits verdorben, zuviel Fa-brikate, zuviel Schwindel, sein Kompagnon habe es auch satt, im ersten Jahr zweiundfünfzig Anlagen verkauft, im zweiten Jahr vierundachtzig, und nur dreiundvierzig An-lagen mit Serviceabonnement, im dritten Jahr einhundert-zwei Anlagen, davon nur fünfundsechzig mit Serviceabonnement, die Verlustvorträge aus dem ersten und zweiten Jahr hätten zwei Drittel des Gewinns aus dem dritten Jahr geschluckt und das Geschäft gehe jetzt schon wieder zurück, obwohl man, solle sich das investierte Kapital auch bloß im Sparkassenausmaß verzinsen, im vierten Jahr mindestens einhundertfünfzig Anlagen verkaufen müßte.

Und ich? Mein lieber Moser, was ist mit mir? Ich schaute Moser an, als sei er der Klassenlehrer, der mir einen Aufsatz zurückgegeben und sich dabei so kritisch geäußert hatte, daß man nun einfach erwarten darf, er werde noch etwas Versöhnliches hinzufügen. Schließlich begann man doch nur dann so negativ, wenn man noch etwas mitzuteilen hatte, was alles Negative wieder ein bißchen auswiegen konnte. Mißtrauisch und ängstlich mußte man doch nur dann sein, wenn einer mild lobend begann, weil dann die vernichtende Mitteilung bis zum Schluß aufbewahrt wurde. Aber Moser hielt sich offensichtlich nicht an diesen Brauch. Er hob die Schultern, ließ sie fallen, lächelte und redete sich gleich in die Begeisterung für sein neues Geschäft hinein. Er kehre zu den medizinischen Geräten zurück, wieder eine amerikanische Firma, Riesenkonzern, Generalvertretung, Kapital dahinter, Großzügigkeit, Weitblick, Solidität, nur feine Kundschaft, Ärzte, Krankenhäuser, kein Pöbel ...

Und ich? Mein lieber Moser, was wird aus mir? Da ich mich genierte, meine Abhängigkeit einzugestehen, fragte ich vorsichtig, was denn nun aus den Racebrennerkunden werden sollte, es seien doch einige hundert Service-Abonnements verkauft. Die werden sich schon zu helfen wissen, sagte Moser und lächelte. Und mir sei doch jetzt auch geholfen, sagte er und strahlte mich glücklich an, Spaß habe mir das Brennergeschäft doch nie gemacht, und er gebe mir jetzt recht, ich sei kein Mann für technische Artikel, wahrscheinlich sei ich, bei meiner Bildung, bei meinen Umgangsformen in einem Jahr ein reicher Mann, wenn ich jetzt nur gleich in die richtige Branche einsteige. Klaviere zum Beispiel, das könne er sich bei mir gut vorstellen, ach wissee Se, said Sabinsche solsche Fordschridde machd, da seh' isch widdee, daß des Klavier e grooße Zukunfd had, e ungeheure Zukunfd ...

Aber meine Vergangenheit, Herr Moser, meine Vergangenheit! Bedenken Sie, Herr Professor Dr. Dannenhaus und Gemahlin beehrten sich, die Vermählung ihrer Tochter Alissa mit Herrn Anselm Kristlein, cand. phil. bekannt zu geben, obwohl ich längst kein cand. phil. mehr war, obwohl ich schon die Grünspanreifen, die Glasspaghetti und Ohrgehänge aus Kreuzzugs-Schrott vertrieb. Alissa, die Unterlippe zerbeißend, zuhause. Jeden Abend telephonierte sie die Gasthöfe ab nach mir, verplemperte die halbe Provision in Ferngesprächen, als ob ich dann zu nichts Bösem mehr fähig gewesen wäre. Na ja, ganz so leicht war es doch nicht mehr, wenn die Bedienung gesagt hatte: Ihre Frau ist am Apparat, und dann das Gespräch im Flur, oder am Büffet, immer vor Zeugen, und Alissa hungrig nach Worten, die ich selbst in dunklen Schlafzimmern nur sagen konnte wie ein Gefolterter etwas gesteht, was er gar nicht begangen hat. Und je weniger ich sagen konnte, destomehr wollte sie hören, gab nicht nach, bis ich einmal *Liebe* gesagt hatte. Die Bedienung grinste den Wirt an, der Wirt grinste die Gäste an, die Gäste hörten zu, als würden im Radio die Fußballergebnisse heute von Marilyn Monroe verlesen. Alissa reiste mir schließlich nach, rannte ins Zimmer, heulte sich aus, ließ sich aber nicht mehr heimschicken. Ich mußte jede Tour zu früh abbrechen. Wenn sie mich dann in irgend einem Kleinstadthotel eingefangen hatte, mich bei allen Bedienungen und Wirten blamierend, da sie immer mit wilden Augen nach mir fragte und, wenn ich in einem

Hotel schon abgereist war, verlangte, die Zimmer zu sehen, als steckten die Wirtsleute und Bedienungen mit mir unter einer Decke und versteckten mich vor ihr, wenn sie dann endlich neben mir im Auto saß und sah, daß die Straßenschilder heimwärts zeigten, legte sie die Hände auf die Knie, ihr Gesicht entzerrte sich, weder Angst noch Interesse bewegten sie jetzt, der Scheibenwischer auf ihrer Seite konnte versagen, Laster konnten wüste Breitseiten Straßendrecks ihr vor's Gesicht klatschen, sie zuckte nicht zusammen, sie wollte auch nicht hinausschauen, die Landschaften waren ihr gleichgültig, ihre Blicke blieben innerhalb des Autos, als wäre dies ein Zimmer. Manchmal sah sie mich vorsichtig an, ihre blauen Augen erinnerten an Madonnenbilder großer Maler, Pietà-Augen: diese Frauen haben zwar viel hinter sich, aber das, was sie da auf den Knien haben, ist eben doch ihr Gott. Das wissen sie sicher.

Wenn sie kein Geld mehr hatte, mir nachzufahren, stellte sie sich an die Straße und hielt Autos an.

Als dann Lissa da war und das Nachfahren schwieriger wurde, tat sie den ersten Kniefall bei ihrem Vater, zehntausend zinslos, um aus mir einen stationären Verkäufer und Teilhaber zu machen, der die Stadt nie mehr verlassen mußte. Moser war gnädig, genoß seine Überlegenheit, ließ sich einladen von uns, lud uns ein und behandelte uns als seine Schützlinge, die er ins Herz geschlossen habe, und Alissa kroch um ihn herum, ohne sich auch nur ein bißchen, wenigstens vor mir, zu genieren. Zu Hause las sie Bücher und wurde immer perfekter in der Verachtung der Welt. Vor allem der Umwelt. Sie trat aus der Krankenkasse aus, meldete auch die Kinder ab, weigerte sich, die Kinder den obligatorischen Schutzimpfungen auszuliefern, nur ich durfte, nach schlimmen Auseinandersetzungen, die damit endeten, daß sie wahrscheinlich auch mich verachtete, in der Krankenkasse bleiben. Ein geradezu prophetischer Instinkt muß mich damals geleitet haben. Mir war es einfach zuwider, die Familie als einen einzigen Körper zu betrachten, den man durch magische Harmonie und Kräuter gesund erhalten könne, wenn man der Welt keine Gewalt über ihn einräume. Wir haben beide recht behalten. Seit ich nicht mehr reiste, waren Lissas Krankheitsserien wie verschwunden, Alissa selbst und Drea und Guido waren geradezu unheimlich gesund, und ich war, wahrscheinlich weil ich mich zuweilen ein bißchen von der Familie amputiert hatte, auch gleich richtig krank geworden. Zuerst ließ sie keinen Arzt in die Wohnung. Sie mischte Tees zusammen. Herba Hyperici, Centauri, Absinthii, Equiseti, Folium Salivae, Cortex Frangulae. Aber die Schmerzanfälle wurden trotz der betörenden Namen immer häufiger.

Schließlich durfte Dr. Sänger doch wieder zu mir. Er kam, lächelte böse und schickte mich ins Krankenhaus. Der Kreuzzug zu meiner endgültigen Eingliederung in die Familie wurde vorerst mit einem Waffenstillstand beendet. Aber schon morgen konnte sie wieder auf den Plan treten, bewaffnet mit Heilkräutern, Heidegger, Orff, van Gogh, Rousseau (dem Zöllner natürlich) und ähnlichen Zauberern des Leides und der Zeitlichkeit, Tanzmeistern der Innigkeit, die dem Irdischen ins Märchen entfliehen. Orff vierhändig, das wenn es gegeben hätte, das wäre Alissas Familienmusik gewesen, scheinbar kompliziertes Remmmtemtem, bis man sich atemlos in die Arme sinkt, berauscht von der Mischung aus Met und Hostienwein. Aber sie behalf sich, mit Beethoven-Symphonien zum Beispiel, sie hämmerte unten mit schönem Gesicht das Fundament, ich patzte oben leichtfertig in den Läufen herum und zog mir ihren Zorn zu, wenn ich eine Fermate nicht bis zum vollen Ende ausempfand. Am liebsten hätte sie für mich wahrscheinlich eine Heimarbeit organisiert. Spitzenklöppelei oder sowas. Sollte ich nicht Moser bitten, ihr mitzuteilen, daß das Büro futsch war? Wenn ich es ihr sagte, glaubte sie sofort, ich hätte Moser angestiftet, den Brennerhandel aufzugeben, bloß um wieder reisen zu dürfen. Sicher würde sie, wenn ich ihr nachher mitteilte, daß ich nun eben wieder reisen müsse, mild leidend und ein bißchen verächtlich sagen: und jetzt freust Du Dich. Und nach einer vielstündigen Diskussion würde sie mir wieder glauben, daß ich mich gar nicht freute. Einmal, als sie mich bis tief in die Nacht hinein beschworen hatte, doch bitte nicht mehr für mehrere Tage wegzufahren, war sie plötzlich aufgestanden und hatte gesagt: ich geh' jetzt ins Bett, ich werde mir mit jedem Wort noch widerlicher. Aber am nächsten Tag hatte sie weitergemacht. Arme Alissa. Es war schwer, mich von der Welt abzubringen. Laß doch Moser seinen Laden zumachen, ein anderer wird einen aufmachen. Natürlich wird in den zweiten dreißig Jahren nichts anderes geschehen als in den ersten dreißig, aber daran denkt man eben nicht in jeder Sekunde, und wenn man noch vor einer Minute dran gedacht hat und dann wieder vor sich hinlebt, dann schießen die Hoffnungen gleich wieder auf wie Fontänen, wenn der Obergärtner um sieben Uhr morgens plötzlich den Haupthahn im Park aufdreht, sofort ist man wieder aufgepumpt mit unberechtigten und ganz unbestimmten Hoffnungen auf Veränderung, auf eine überirdische Wendung. Die Leute, die sich Pessimisten nennen, sind jene, bei denen diese immer halbwache Hoffnung besonders zäh ist, sie müssen sich deshalb öfters als andere eingestehen, daß diese unaustilgbare Hoffnung mit dem Zustand der Welt nicht in Übereinstimmung zu bringen ist. Menschen, die sich für Pessimisten halten, sind also nichts anderes als Menschen mit übertrieben optimistischen Erwartungen. Ich versuchte wenigstens auf der Hut zu sein. Aber daß Moser mir nun mit dieser Nachricht kam, nahm ich doch übel. Nicht Moser, nicht dem ausführenden Organ, aber der nicht vorhandenen Zentrale, der augenlosen, gehör- und herz- und sinnlosen Wahrscheinlichkeit, die anstelle einer Zentrale regierte. Ich hatte doch gerade meinen Zoll im Krankenhaus entrichtet, und, ohne darüber nachzudenken, war ich der Ansicht, jetzt kämen wieder einmal zuerst andere dran. Es wäre mir einfach unsinnig erschienen, wenn ich in vier Wochen wieder hätte im Krankenhaus liegen müssen. Und daß Moser mir am ersten Tag gleich mein Büro in die Luft sprengte, das schien mir auch nicht sehr gerecht zu sein. Ohne sich darüber Rechenschaft zu geben, hält man die Welt in den wichtigsten Fragen doch für gerecht und vernünftig eingerichtet, vor allem, was die Verteilung der kleineren und größeren Katastrophen angeht. Man jammert nicht bei der ersten und zweiten Schramme, man weiß, das gehört dazu, aber man glaubt, sich dadurch für einige Zeit freigekauft zu haben, und wenn man von ganz schlimmen Schicksalen hört, dann fühlt man eine ungeheure Distanz zu den Betroffenen, man sieht sie an wie Vögel auf der Stange, mit denen ein Gesetz der Ausnahme demonstriert wird, Pechvögel sind sie, und zu dieser Sorte gehört man nicht. Eigentlich dürfte Alissa, wenn ich ihr mitteilte, was geschehen war, nicht einmal das Gesicht verziehen, da sie doch die Erde für einen Kopfjägerplaneten hielt, dessen Trophäen sie verachtete.

Als ich eingesehen hatte, daß ich es nicht über mich bringen würde, um einen Vorschuß zu bitten, als ich schon fast an der Tür war, da holte Moser aus einem bereitgelegten Aktendeckel einen schmalen Fetzen Papier, das muß leider auch sein, sagte er feierlich und doch freundlich, und bat mich, den Wechsel zu indossieren. Wieviel sind's denn noch? fragte ich, obwohl das *noch* ganz überflüssig war. Das weiß die Bruhns, sagte Moser, wir fillee's nachher aus, Se brauchee bloß querzuschreiwee. Sechshundert? sagte ich, weil ich wirklich nicht genau wußte, wer von mir sechs- und wer acht- und neunhundert zu bekommen hatte. Isch denk, so um siwe, sagte Moser, zwaihunnerd gehe ab mit däm Wechsel, bleiwe finfhunnerd plus Diskont-Schpese; was iwr finfhunnerd sins dann. Daß Moser annahm, hinter dem Wechsel, den ich ihm unterschrieben zurückreichte, stehe auch nur ein Pfennig Deckung, machte mich fast stolz.

Auf Wiedersehen, sollte ich jetzt rufen, mein Gesicht wurde immer schwerer, die herzliche Visage kenterte rapid, lange konnte ich sein Gerede nicht mehr erwidern, Moser war mir zu sehr überlegen in diesem zärtlichen Clinch, Wange freundlich an Wange, und unten die schmeichelhaften Leber- und Nierenhaken. Aber er ließ mich noch nicht gehen. Privat ändere sich natürlich nichts. Das sagte er wohl, um mir den Verlust meines Jobs zu versüßen. Alissa und ich müßten wieder einmal kommen. Mit Josef-Heinrich Stohr zusammen. Das seien doch reizende Abende gewesen. Seine Frau spreche noch immer davon. Überhaupt ein hochbegabter Geschäftsmann das. Un e dollee Kerl, de elfte Verlowung, isch haw da ä Kart bekommee, alle Aschtung vor däm Selbschbewußtsein, stelle Sie sisch des emohl vor, was er hinner sisch had, elf Verlowunge, und das saacht der so frank un frei raus, beime Gschäftsmann missee Se bedenke, ma isch ja doch abhängisch bis zu em gewisse Grad, un dann elf Verlowunge. Josef-Heinrich schien wirklich verrückt geworden zu sein, an Leute wie Moser, diese Karte! Ja, also, wann es uns passe. Und ich wußte, daß es keinen Sinn hatte, abzulehnen. Moser rief eben solange an, bis man erschöpft sagte: also dann morgen abend.

14

Wir tun, als seufzten wir und gehen hin. Blumen werden abgegeben wie Waffen an der Loge des Bordells. Gastgebers wiederholen, was einem der Spiegel zuhause schon sagte. Das Neue wird vorgestellt: Duchesse. Angenehm. Alpacca. Ganz meinerseits. Mit Händereiben ins Zimmer, als wärens die letzten Schritte vor der Badewanne. Die Möbel hören sofort auf zu flüstern, richten Kellnergesichter auf uns. Wer durchschaut wen. Gastgebers singen das Duett vor uns Fachleuten. Moser ist mit seiner Frau verheiratet. Der Text ist bekannt. Mosers Frau ist blonder als sie beabsichtigt haben kann. Die Friseuse kann griechisch mit den Händen. Gedanken auf die rechte Fahrbahn, Zunge auf die linke. Unfallsicher. Parallelen schneiden sich ja nicht auf dieser Welt.

Ich bin Josef-Heinrichs Freund. Je nachdem. Moser zum Beispiel überschätzt ihn. Die Gläser wissen einander schonend zum Klingen zu bringen. Daß Josef-Heinrich nicht verheiratet ist, müssen wir ihm übelnehmen. Um seinetwillen. Tritt immer mit sechs Freundinnen auf. Dann sieht er aus wie ein Kronleuchter. Der Blick der Frauen wird Mondstahl und beginnt höflich zu morden. Ihre Münder werden klein wie Fächer, die zusammenklappen. Die Männer haben ihre Autos mitgebracht und lassen die reden. Wir sind der Ansicht, daß wir der Ansicht sind. Darum schließen wir uns unserer Meinung an. Wir würden jedesmal alle einladen, aber worüber soll dann gesprochen werden. Moser ließ seiner Frau einen Mantel aus der Haut seiner Geschäftspartner machen. Man bietet ihr immer gleich drei Stühle an. Sie hat Knoten in der Brust. Es erhebt sich die Frage, wer nächstes Jahr den Rechtsaußen finanziert. Mosers Frau öffnet den Mund schon, wenn ihre Hand die Gebäckschale noch gar nicht verlassen hat. Über die Russen weiß man soviel wie über Krankheiten, die man nicht selbst hat. Ach, seit im Waldhotel der Koch gewechselt hat. Wir sehen ein, daß wir einsehen. Unsere Nachbarn, das sind die Tiere mit dem rosaroten Rüssel auf der Stirn, Sie haben sie sicher schon gesehen. Chruschtschow lacht wie Eisenhower vor vier Jahren. Moser zieht einen Schuldner aus der Westentasche und drückt ihn im Aschenbecher aus. Seine Frau atmet tief ein. Stundungsvergleich, Erlaßvergleich, und wo bleiben die Kinder des Gläubigers! Moser zieht sie aus der Brusttasche und badet sie zärtlich im Sektglas. Die Lampen im Zimmer, von feiner Rasse, edelkrumm, sehen einander an. Die Frauen beginnen, ihre Wäsche auf den Tisch zu legen, aber die Männer essen sie, bevor etwas deutlich wird, Stück für Stück sofort auf und lächeln einander kauend zu. Komplicen. Wenn über die Ehe gesprochen wird, bekommt Gott Bauchweh. Die Zungen klöppeln Verzierungen, Verzierungen. Servietten für die Toten. Dieses Zimmer werden wir nie mehr verlassen. Geben Sie sich keine Mühe, das Dienstmädchen morgen früh wird uns alle aufräumen.

15

Die drei Linden machten public relations, Leute lasen die Schrifttafeln, bemitleideten die welken Schößlinge, aus den großen Häusern strömten die Angestellten dem Leben zu, ich forderte eine Änderung aller Verhältnisse: entweder sollten alle Büros geschlossen werden oder alle, also auch mein Büro, sollten offen bleiben und Kunden hatten zu erscheinen, um sich beraten zu lassen. Meine Lage konnte nicht so miserabel sein wie es in diesem Augenblick, zwischen Brool-Haus und Atlantik den Anschein hatte. Aber nach einem erfolglosen Tag ist das Größte, was es auf dieser Erde gibt, der Erfolg. Gott und Ähnliches, hängt alles zu hoch. Die Sehnsucht, erfolgreich zu sein, füllt den Geschlagenen aus wie die Finsternis ein geschlossenes Faß. Ich war wieder der Vertreter, der in der Kleinstadtwirtschaft allein in der Ecke sitzt, der von den Hereinkommenden nur eine Sekunde lang bemerkt wird. Wer einmal bei seinen Freunden und Feinden Platz genommen hat, sieht ihn nicht mehr. Manche erkennen ihn zwar wieder; die grüßen ihn entweder unterwürfig, weil sie ihm nichts abgekauft haben und nun glauben, sie könnten durch ein schmeichelhaftes Benehmen alles wieder gut machen, oder sie grüßen ihn frostig, um die Abfuhr, die sie ihm erteilten, noch einmal zu bekräftigen; sie wollen nicht wankelmütig erscheinen; er soll nur erkennen, daß man ihn nie mehr im Laden sehen will. Dann spielen sie Karten und werden schon nach einer halben Stunde so laut, daß es keinen Sinn hat, ins Bett zu gehen; er schaut also die in raschen, aber ganz unregelmäßigen Rhythmen auf die Tische niederfahrenden Fäuste an, schaut das flaschengrüne Karo des Leinentischtuches an, liest die Werbeverse auf den Bieruntersätzen zum hundertsten Mal, blättert in der Lokalzeitung, liest die Annoncen und sieht immer wieder zur Bedienung hinüber. Ob sie seine Lage begreift? Alissa, denkt er, heim, und Ruhe, seine Verkaufsargumente und die Ausreden der Kunden und die Schaufenster, die er genau untersucht hat, um eventuellen Bedarf festzustellen, der Wunsch, ein Bad zu nehmen, wird wieder der Wunsch, Erfolg zu haben, und der Wunsch, Erfolg zu haben, flüchtet sich zur Bedienung, zu Alissa, nichts kommt ihm so erlaubt vor wie der Wunsch nach der Bedienung, nie sehnt er sich so nach Alissa wie an einem solchen Abend, und sein Wunsch nach der Bedienung und seine Sehnsucht nach Alissa sind gleich stark und nicht im Widerspruch miteinander. Und am Abend dieses Tages, der angefüllt war von fremden Türen, die so abweisend aussahen wie die Gesichter, in die man hineinzusprechen hatte, am Abend eines Tages aus erschöpfter Hoffnung, die Hoffnung bricht am späten Nachmittag endgültig zusammen, sie stürzt, trudelt kraftlos wie eine kranke Schwalbe über dem Mittelmeer, wie ein Greis, wenn es im April noch einmal vier Tage hindurch ununterbrochen schneit, am Abend dieses Allerweltstages, wenn man in der Ecke sitzt, dann ist der Mann, der sich an den gleichen Tisch setzt, obwohl noch fünf andere Tische frei wären, der sich auch nicht bei den Einheimischen anbiedert, die am Stammtisch sitzen, dieser Mann, rothaarig vielleicht, aufgesprungene Lippen im Gesicht, eine zerschundene Aktentasche unterm Arm, dieser Mann, der sogar einen die Vokale unangenehm quetschenden Dialekt spricht, ist doch der Bote einer besseren Welt, alles was heute war, wird zu einer bloßen Häufung böser Zufälle, die Welt ist doch besser eingerichtet als Du dachtest, es setzt sich nämlich ein Mann zu Dir an den Tisch, der mit Dir spricht, weder scheu noch aufdringlich, er klagt nicht, Du klagst nicht, ihr seid von Anfang an einig, jeder lädt den anderen zum Kognak ein, die Bedienung hat an diesem Abend keine Chance mehr.

Er ist Zeitnehmer gewesen bei der AEG, aber dann hat es ihn angekotzt, die Arbeiter mit den Uhren zu belauern. Er ist Einkäufer in der Textilbranche gewesen, versteht was von Tuchen. Korkenzieherartig gedrillt, sagt er, das sei Baumwolle, und bei reiner Wolle seien dreißig Prozent Zellwolle erlaubt. Unter dem Mikroskop sehe er sofort, aus was ein Rapport bestehe. Wir beginnen, alles was Stoff ist im Raum, zu taxieren. Zur Zeit sei er ohne Job, sagt er, als wir gegen Mitternacht die enge Treppe hinaufstapfen.

Ich sah mich auf der Broolstraße nach arbeitslosen Textilingenieuren um, aber an mir vorbei trippelten und rannten nur Angestellte. Wenn der Wind des Schicksals aus einer Richtung wehen würde, hätte die Seele eine Wetterseite wie die Bäume. Aber schau auf die Straße, da ist weder Grund zur Hoffnung, noch zur Verzweiflung.

16

Die Elmsfeuer über den Straßenbahnen bedeuten nichts. Der Betrunkene setzt den Fuß viel zu weit voraus. Die Treppen reden durcheinander schlimmer als ein Baum voller Elstern. An der Wand klebt wie ein Plakat ein Liebespaar. In Telefonzellen nicken Mädchen. Lächeln Mädchen. Duschen sich. Der Polizist auf dem Elefantenpodest dreht sich wie der Wetterhahn. Die Mutter, so weit sie sich vorbeugt, was der Junge vom Hof heraufruft, kann sie nicht hören. Aus hohlen Fässern lärmts ringsum. Auf dem Geländer sitzen zwei Vierzehnjährige und schauen geradeaus. Als wüßten sie. Die Aktentaschen zappeln an den Händen. Unter den Arm geklemmt, können sie dann nur noch leise schaben. Die Sonne wird nicht photographiert. Aber sonst. Ein Kirchturm dreht sich um und richtet das erste Wort an das Hochhaus. Der Briefkasten kotzt den Briefträger an. Einarmige Auskunftsbeamte legen den abgenützten Zeigefinger an den Mund. Die Zeitung in der Straßenbahn liest sich langsam laut vor. Der Bettler nimmt den Fahnenmast und stochert sich im Zahn. Der Empfangschef raucht. Alle Tauben landen auf dem Platz, formieren sich zu Dreierreihn, stimmen das Marschlied an. Alles sieht nach was aus. Eine Einbahnstraße bäumt sich auf, wird von der Putzfrau über die Teppichstange gehängt und geklopft. Zwei Bundeswehrsoldaten auf einer Bank melken ihre Handschuhe, sehnsüchtig. In den Telefonzentralen sitzen die Blinden und schwitzen in den Händen. Quer durchs Lokal schnellt, von ihren Absätzen gestoßen, eine Blondine. Vierzig Augen an der Leine. Auf seinem Plakat beginnt Tarzan zu onanieren. Zwei Brauereipferde sehen ihm aufmerksam zu. Es raucht der Empfangschef. Die Züge kriechen dem Bahnhof rascher in den Mund. Dächer setzen Mast und Segel. Alle schauen auf die Ampeln. Tauben marschieren. Jetzt ist es Zeit. Reden die Treppen. Der Photograph ist eingeschlafen. Eine Puppe brennt. Signale. Aber, wie immer, von Kindern geblasen.

17

Sechs, acht Gäste saßen, bewacht von zwei Bedienungen, soweit als möglich von einander entfernt zwischen zirka fünfzehn Tischen und fünfzig Stühlen. Das viele Grünzeug in diesem Café wurde durch die vollkommene Bewegungslosigkeit des lebenden und toten Inventars zu einem feierlichen Friedhofschmuck; aber vielleicht schon eine Stunde später, wenn die vom Einkaufen durstigen Damen einfallen würden, konnte das gleiche Grünzeug dieses Café zur Krone einer Riesenpalme machen, in deren Wedeln und Ästen die Kolibris und Papageien unerträglich schnatterten.

Edmund saß, von buntem Stuhldickicht beschützt, in der tiefsten Ecke des Cafés, den Kopf zwischen langen Händen. Die vielen Tische und Stühle zwangen mich zu komplizierten

Umwegen. Schon glaubte ich, ich müsse wieder zurück an die Tür, um von dort aus noch einmal alles zu überblikken, um mich dann mehr auf den Weg als auf Edmund zu konzentrieren. Ich würde ja gleich erfahren, was er von mir wollte. Wenn ich mich aber nicht sofort und ernst mit diesem Labyrinth beschäftigte, würde ich nie bis zu Edmund durchdringen.

Er sah erst auf, als ich mich setzte.

Da er nur gehört und gespürt hatte, daß sich jemand an seinen Tisch setzte und da er das von einem Fremden angesichts des leeren Lokals für eine grobe Unflätigkeit gehalten hätte, wollte er diesen vermeintlichen Fremden mit einer einzigen Gebärde feindseligen Abscheus wieder vom Tisch weisen. Als er mich erkannte, grinste er. Auf seinem Stuhl sah ich den anthrazitgrauen Hämorrhoidenring, den er ohne Scheu überall hin mitnahm, wo er zu sitzen gedachte. Er hatte sogar die Hände von den Schläfen genommen und so der ganzen uninteressierten Welt bewiesen, daß sie nicht dort festgewachsen waren. Servus Anselm. Servus Edi. Er trug natürlich trotz der Hitze einen soliden Kammgarnanzug, in Pepita, so nadelfein, daß es schon fast wie Pfeffer und Salz aussah, eine schwarze Weste, wahrscheinlich aus Alpacca, und ein Hemd mit Manschettenknöpfen. Sein seidenüberzogener Schirmstock hing auf der nächsten Stuhllehne. Hoffentlich hatte Gaby ihm versprochen, daß sie mir nichts erzählen würde von seinem Besuch. Ich hatte zwar im engsten Kreis längst freie Fahrt gegeben, aber wenn man seinem besten Freund sagt: mit der und der ist es Schluß, und wenn der dann solche Lizenzen gleich mit quietschenden Auto- oder Matratzenfedern in Wirklichkeit verwandelt, dann sieht man, daß man sich das damals doch nicht so vorgestellt hat. Man kann sich eben nichts vorstellen.

Justus war erst recht kein Vorwurf zu machen, da meine Freunde glaubten, Sophie sei längst durch Gaby abgelöst worden. Und Edmund dachte sicher, seit Anna sei es mit Gaby zu Ende. Halb Othello halb Kandaules, saß ich vor meinem besten Freund und wartete darauf, daß er etwas sagen würde, woraus ich entnehmen könnte, wie ich mich zu verhalten hatte. Ich kannte Edmund, seit Onkel Gallus, nach dem Beschluß des Kristleinschen Familienrates, uns in die Stadt befohlen hatte; wenn man die Witwe des so unglücklich verstorbenen Bruders Anselm schon mit durchbringen mußte, dann konnte sie doch wenigstens dem Junggesellen Gallus den Haushalt führen, der sparte die Haushälterin, und überdies war er der rechte Mann, Anselms Sohn in bessere Bahnen zu lenken.

Edmund grinste mich immer noch an, als sei ich sein heimgekehrter Sohn, den er nicht lang genug freundlich anschauen könne. Er mußte mir Geld leihen. Sechshundert. Sonst platzte der Wechsel. Ein paar Mark zum Leben konnte ich bei meiner Mutter noch holen. Schließlich war er allein und kam im Monat immer auf zweifünf, zweiacht. Natürlich Edmund! Daß ich nicht gleich daran gedacht hatte. So vergißt man seine Freunde in den wichtigsten Augenblicken.

Er bestellte für mich auch Kognak-Soda.

Das Grinsen war verschwunden, die Mundwinkel fielen wieder herunter. Er nahm einen seiner vielen weichen Bleistifte aus der Brusttasche, sagte: paß auf, und begann vor sich hinzustricheln. Lerry darf davon nichts erfahren, sagte er und sah mich ernst an; das sah bei ihm gleich feindselig aus, aber ich kannte sein Gesicht, seine Haut zwischen rosa und grün. Ein Piero della Francesca-Gesicht. Es verdankte seine Farbe nicht einem Mangel an Sonne, nicht einer einseitigen Ernährung oder schlechtem Blut, diese Hautfarbe entsprang direkt seiner Seele und kam von da ohne Verlust und Änderung in die Haut.

Edmund war ein Pedant und wurde ärgerlich, wenn einer von Seele sprach. Das Ergebnis des Apparates sei nichts von diesem Apparat Verschiedenes.

Seine Brillengläser waren so groß, daß sie auch noch die blonden Augenbrauen bedeckten und preßten, als wären die in Gelee gelegt.

Edmunds Lippen versicherten sich ihrer Beweglichkeit wie ein Sprinter vor dem Hundertmeter-Start sich eintrippelt, dann schlossen sie sich wieder. Er nahm den Stift vom Papier, ich sah, daß er Buchstaben mit Gesichtern entworfen hatte. Vielleicht arbeitete er gerade an einem solchen Auftrag, oder er suchte nach der karikaturistischen Lösung eines Einfalls.

Paß auf, sagte er: kleiner Schönheitsfehler gestern im Nordbad. Ich mach doch grad für Südimport so'n Blatt, Sommer im Winter durch frische Orangen oder so, da brauch' ich was Sommerliches, Bewegung, Atmosphäre, Visagen, verstehst Du. Mir war schon fast schlecht von all den feuchten Tuttenengeln ringsum, nichts als zu kurze und zu lange Beine und Protz- und Jammerbusen, und jede glaubt, sie sei von Milo. Ich saß im Bad-Café unterm Schirm, natürlich nicht in Badehose, dazu kriegen die mich nicht, und schaute zu, weil ich mußte, mir fiel von selbst nichts ein. Da kam ein Rotzlöffel, kaufte sich was Kaltes und setzt sich zu mir an den Tisch, rechteckige kleine Kästchenstirn, fingerdicke Brauengirlande, freches neugieriges Geschau, die Nasenflügel ausgebeult wie ein Eskimoschlittenhund, der Mund eine halbzerquetschte aufgeplatzte Pflaume, drin weiße Palisaden, nachher sagte er mir, daß er sich gerade zum zweiten Mal rasiert hatte in seinem Leben, stell Dir vor, eine Haut nach der zweiten Rasur, dabei Lehrling im Telegraphenamt, war gerade zehn Tage lang beim Mastensetzen gewesen, mein lieber Anselm, das gibt Kraft, davon wissen wir nichts mehr, das hat einen Schub, sag' ich Dir! Er natürlich in Badehose, keine gerade Linie am ganzen Körper, alles in nicht zu weit ausschwingenden Kurven, von Muskel zu Muskel, die Brusttrapeze wie aus Schildpatt, wenn ich ihn berührte, mußte ich aufpassen, daß ich mir die Nägel nicht abbrach. Ludwig hieß er, schöner Name, findest Du nicht? Aber ein Verbrecher, glaub mir, der perfekte Verbrecher, setzt sich an meinen Tisch, saugt das Cola aus der Flasche und schaut mich dabei an und grinst, saugt aber weiter, zeigt mir sein Paket in der Badehose, frustriert mich bis in die Kniekehlen, macht mich butterweich, ich warte im Wagen, er weiß auch gleich einen Platz, spielt mit mir Appoll im Mittelgewicht, weißt Du, wenn er sein Bein streckte, fühlte es sich an, als werde er zu Stein, ich kann mich wirklich an keinen ähnlichen Schub erinnern, na ja, und abends kommt er mit seiner Mutter zu mir und sie verlangen Geld. Fünfzig hatte ich ihm freiwillig gegeben. Aber dann mit Jugendgesetz und so, und ich hätte gedrängt, hätte etwas vorgespiegelt, er hätte keine Ahnung gehabt. So ist es eben, wenn man sich nicht ganz aussprechen kann. Aber wahrscheinlich sind das einfach Verbrecher. Er hätte sich nur für meine Zeichnerei interessiert, da er auch zeichne, in Abendkursen. Ich habe beide rausgeworfen. Wir gehen zur Polizei, hat sie geschrieen. Wahrscheinlich war das überhaupt ihr Einfall, obwohl, nüchtern war er ja auch. Ich sah und sah ihn an, als er da in meinem Zimmer vor mir stand, ich hätte ihn dabehalten und Lerry hinausgeworfen, aber er glotzte mich an wie ein Fremdenführer einen alten englischen Touristen, Bakschisch, verstehst Du. Unter der schildpattharten Brust nichts als Muskeln, durch und durch Muskeln, kein Gefühl. Ein toller Kerl. Sowas von Sachlichkeit. Nun wollte ich Dir sagen, daß ich bei Dir war, wenn es Scherereien geben sollte. Vielleicht hat er seiner Alten die Polizei ausgeredet, wenn nicht, dann laß' ich es eben darauf ankommen: ich war also bis fünf im Nordbad und dann bei Dir. Einverstanden?

Ja, ja, natürlich, sagte ich, selbstverständlich. Ich war zwar um fünf noch nicht zuhause, kam doch gestern erst von der Nachkur, aber Du kannst ja mit Alissa auf mich gewartet haben.

Gut, sagte Edmund, ließ sich zur Lehne zurücksinken und bestellte zwei Kognak-Soda.

Von Geld konnte ich jetzt nicht mehr reden. Das sähe aus, als wollte ich mir das Alibi bezahlen lassen.

Wenn Du Lust hast, könnten wir wieder mal was zusammen machen, oder bist Du jetzt gleich wieder dick drin bei Moser?

Bei Moser bin ich ganz raus, sagte ich sehr ruhig, um nicht den Anschein zu erwecken, ich wolle mich gleich anbieten. Gerade unter Freunden ist es nötig, unabhängig zu sein. Man verliert allmählich den Blick dafür, ob ein Freund wirklich etwas kann, oder ob man das bloß glaubt, weil man sein Freund ist. Und wenn dann einer auf den anderen plötzlich unbedingt angewiesen ist, wenn dem Freund niemand mehr was zu verdienen gibt, dann ist man schnell bereit, dies als ein gewissermaßen unvoreingenommenes Urteil anzusehen. Das mindert vielleicht nicht unser Gefühl für ihn, aber es macht uns vorsichtig; wir vermeiden es, mit ihm etwas gemeinsam zu unternehmen; dazu holen wir uns dann lieber einen widerlichen Fremden, dessen Qualitäten keinem Zweifel unterliegen, weil er viel verdient und von allen Seiten begehrt wird.

Edmund meinte jetzt, ich sei aus eigenem Willen bei

Moser ausgestiegen. Daß ich mir das leisten konnte, sprach natürlich für mich. Ich hatte in den vergangenen Jahren ein paar Texte gemacht für Prospekte, Plakate und Postwurfsendungen, Edmund hatte diese Texte mit seinen Grafiken an die Patterson-Agentur, für die er arbeitete, verkauft.

Wir könnten eine Campaign zusammen machen für Frantzke. Was meinst Du? Mensch, mach bloß nicht gleich wieder Dein Apostelgesicht. Glaubst Du, es ist besser, irgend so'n Schiet zu verkaufen als dafür zu werben? Da bist Du weiter weg von der ganzen Chose, alles bleibt auf dem Papier, sieht hübsch aus, besser auf jeden Fall als die Artikel selber, komm, sei kein Christophorus, sag' ja, machen wir zusammen die Frantzke-Campaign, ich spreche mit den Patterson-Leuten, daß sie Dich als Copywriter akzeptieren, Du weißt ja, daß die zahm sind, und an Textern haben sie sowieso bloß ein paar ausgetrocknete Würgeengel, mit denen ich lieber Altartücher besticken möchte als Werbung machen. Einverstanden?

Ich sagte, da ich jetzt sowieso nicht gleich wieder was anfangen wolle, sei das vielleicht ein ganz hübscher Zeitvertreib.

Und hat einen Schub, mein Lieber.

Edmunds neues Wort schien *Schub* zu sein, aber mir war noch nicht ganz klar, ob er es aus der Psychopathologie oder aus der Raketentechnik bezogen hatte.

Morgen stell ich Dich den Patterson-Leuten vor, Pawel kennst Du ja. Noch zwei Kognak-Soda, Fräulein.

Wenn die Hilfe am nötigsten ist, ist der Dank am innigsten, hatte ich in einem Brief des armen Onkel Paul gelesen, in dem er sich bei seinem Vater und bei Onkel Arthur für ein paar hundert Mark bedankte; er hat sich immer zu sehr bedankt, immer hat er sich förmlich auf die Knie geworfen und die unwürdige Stirn auf die Hartholzschwelle zu Onkel Arthurs Kontor geschlagen; nicht von ungefähr hat er, schwer, nachdenklich und einsam in Nampa, Idaho, schuftend, den alten Spruch fortgebildet und hinter Not und Hilfe den Dank gesetzt, als einen Stein, unter dessen Schwere er sich selbst begrub.

Ich hatte aus den Briefen des armen Onkel Paul gelernt, daß man sich nie zu stürmisch bedanken soll, weil sonst der, dem wir danken, mißtrauisch wird und zu überlegen beginnt, was er wohl falsch gemacht habe; und wie schnell wird er dann durch unser Benehmen so unsicher, daß er uns für so unwürdig hält wie wir uns gebärden, und schon zieht er die Hand zurück. Ich hätte Edmund jetzt nur zu gerne die Hand gegeben. Wenn es sich um einen bloß privaten Gefallen gehandelt hätte, dann wäre auch keine Zurückhaltung nötig gewesen, aber da ich sein Vertrauen brauchte, und da auch er sein Vertrauen zu mir brauchte, tat ich, als mache ich mehr ihm zuliebe als aus irgend einem anderen Grund den Ausflug in die Werbebranche mit. Es sollte mehr als ein Ausflug werden. Genau so absichtslos war ich vor rund zehn Jahren mit Fräulein Brettschneider an einem Cafétisch gesessen und hatte mich für ihren von Grünspan, Kreuzzug und Spaghettis inspirierten Modeschmuck anwerben lassen. Weil mir das Gejammere von Onkel Gallus, wenn ich meine Studiengebühren bezahlen mußte, zu dumm geworden war, und weil ich, wenn wir Onkel Arthur in Ramsegg besuchten, immer schon im voraus den Satz hörte: ach, erst im fünften Semester, ich dachte Du seist im letzten Jahr schon im sechsten gewesen (wahrscheinlich unterschob er mir, da er annahm, man könne auf der Universität wie auf der Oberschule durchfallen, daß ich ihm ein wiederholtes Sitzenbleiben betrügerisch verheimlicht habe), ja, deshalb habe ich mich schließlich mit dem Modeschmuck eingelassen, was mir von Onkel Arthur mit verächtlicher Entrüstung vergolten wurde. Meine Mutter hatte gesagt: jetzt wirst Du auch ein Reisender. So traurig es ist, aber man muß sich gar nicht einmal so sehr wundern, hatte Onkel Gallus geschrieen und hatte seinen Kopf zurückgeworfen, daß er jetzt, Unterlippe plus Kinn gewaltig vorgepreßt, und die Hakennase wie einen rotvioletten Blitz im Gesicht, aussah, als habe er eine erregte Diskussion mit Gott selbst zu führen. Diese Hakennase hatte Onkel Gallus in den Jahren zwischen 33 und 45 zuweilen Schwierigkeiten bereitet, weil ganz ungebildete Parteigenossen ihm das als ein semitisches Beimengsel ankreideten. Man hat ihn damals oft und oft lange Beweise führen hören, daß er keine jener häßlich gebogenen Judennasen habe, sondern eine zackige, rein arische Hakennase. Bitte: Hakenkreuz, man überlege einmal! Das sei ja doch schon eine Art Staatsverbrechen, ein verbum compositum, in dem *Haken* vorkomme, als etwas Semitisches zu brandmarken. Darauf sagten selbst die lautesten Angreifer, sie hätten es ja nicht so gemeint; sie suchten dann um gut Wetter an; sie fürchteten, Onkel Gallus, der immerhin SA-Sturmführer war, wolle sie jetzt anzeigen, weil sie das Hakenkreuz für etwas Jüdisches gehalten hätten, das sei aber doch wirklich ein Mißverständnis. Onkel Gallus, der gerne mehr als bloß Sturmführer geworden wäre, zeigte zwar niemanden an, aber er fluchte zuhause oft über den Großvater, von dem er diese Nase geerbt hatte, der ihm zu dieser wenig zeitgemäßen Nase und zum ebenso wenig zeitgemäßen Familiennamen auch noch, was doch wirklich hätte vermieden werden können, diesen penetrant christlichen Vornamen angehängt hatte, den der Onkel allerdings geschickt verkürzte und sich dann Dr. Gall Kristlein nannte, was die oberflächlich gebildeten

Parteigenossen zwar immer noch an Gallier, aber wenigstens nicht mehr an irische, die germanischen Götter bekämpfende Mönche erinnern konnte. Onkel Gallus war überzeugt davon, daß man ihn nur aus solch optischen Gründen nicht in die Kreisleitung aufgenommen hatte, daß er deswegen bei der politischen Infantrie der Bewegung Gepäckmärsche abschwitzen und anstrengende Paraden herunterklopfen mußte, wo er doch bei seiner Bildung und Beredsamkeit in der Kreisleitung hätte als Schulungsredner anfangen und als Kreisleiter, oder – weiß man's denn – als ein bißchen mehr hätte aufhören können. Aber anscheinend hat wirklich fast alles auf der Welt auch sein Gutes, denn die Hakennase und der Vorname und der Familienname kamen Onkel Gallus nach dem Krieg doch sehr zustatten. Er hatte sich tatsächlich benachteiligt gefühlt. Und von dem Gefühl, benachteiligt gewesen zu sein, war es im Sprachgebrauch der Nachkriegszeit nur ein Schrittchen zu dem Gefühl, ein Verfolgter, ein Opfer des Naziregimes zu sein. Und Onkel Gallus sagte es so oft und so laut als möglich, wie schön es doch sei, daß er seinen vollen christlich-katholischen Namen und seine gekrümmte Nase, die er möglicherweise einer semitischen Strähne im Stammbaum zu verdanken habe, wieder frei und offen und ohne Angst, deswegen verfolgt zu werden, tragen dürfe. Zur SA war er doch nur gegangen, um nicht wie andere Studienräte Schulungsreden halten zu müssen; er habe den harmlosen, gewissermaßen unpolitischen und allerdings auch unsinnigen und recht strapaziösen Marsch-Sport-Verein einer ideologischen Betätigung vorgezogen, die ihm vielleicht mehr Bequemlichkeit und Ansehen, aber eben auch seelische Qualen eingetragen hätte. So wurde Onkel Gallus bei der Grundsteinlegung der neuen Ordnung einer der Grundsteine. Nach kurzer beruflicher und politischer Erholungspause trat er in die christlichste aller zur Verfügung stehenden Parteien ein und wurde, kurz vor seiner Pensionierung, sogar noch kommissarischer Rektor der Oberschule, die jetzt wieder Xaverina-Oberschule hieß.

Edmund sagte: jetzt schau Dir bloß diese Herde an. Je leerer das Café ist, desto aufgeregter schnattern sie am Eingang und wissen nicht, wo sie sich hinsetzen sollen. Edmunds Gesicht phosphoreszierte förmlich vor Ärger über die harmlose Schar ältlicher Damen, die sich am Eingang drängte, über den Köpfen und um die Köpfe ein vom Argumentieren geschütteltes Gestrüpp von Armen und Händen und Fingern; jede zeigte in eine andere Richtung, schon dachte man, daß sie jetzt gleich wütend auseinanderrennen würden, um das Café ganz zu verlassen und eines zu suchen, in dem nur noch ein Tisch frei wäre, wodurch ihnen jede Wahl erspart bliebe. Plötzlich jedoch stürmte eine, die Kleinste, mit drahtigem grauem Bubikopf, ihrem eigenen dürren Zeigefinger nach, quer durchs Lokal auf den entferntesten noch freien Tisch zu und zog die anderen durch die Entschlossenheit ihrer Schritte, ihres Zeigefingers hinter sich her; alle folgten ihr wie eine Hochgebirgsmannschaft am Seil, und als sie sich alle gesetzt hatten, waren sie gleich so mit der Bestellung beschäftigt, daß keine mehr an den Streit von vorher zu denken schien.

War ich nicht vorgestern noch mit diesen Damen an einem Tisch gesessen? Im Garten des Kurhotels. Ich hatte den Tisch gewählt, weil er im Übergang vom Schatten zur Sonne stand. Plötzlich waren fünf Damen und ein Herr auf mich zugestürmt, hatten sich Stühle von ungünstiger gelegenen Tischen geholt und hatten mich unter andauernden allerhöflichsten Redensarten auf einen winzigen Anteil zusammengedrängt. Ich bemerkte nach einiger Zeit, daß mein Gesicht sich zu einem Lächeln verzog, wenn die Alten über etwas lachten, daß mein Gesicht ernst wurde, wenn sie etwas Ernstes erzählten. Obwohl ich ihre Worte nicht hörte, beherrschten sie doch mein Gesicht. Als ich das entdeckte, ärgerte ich mich und verschloß mich, dachte weit weg von diesem Tisch, und nach was weiß ich wieviel Minuten spürte ich, daß mein Gesicht wieder mit der Runde der Alten ging, daß es lachte über eine Bemerkung, die ich gar nicht gehört hatte. Da bezahlte ich und rannte hinaus. Natürlich hatten sie bemerkt, daß der Tisch nicht eben stand. Der alte Mann, den die Damen mit sich gebracht hatten, wurde beauftragt, den Tisch zu stabilisieren. Er legte Papier unter. Es nützte nichts. Er suchte Zweige. Dann stand der Tisch fest, aber schief. Jetzt wurden auch unter die anderen Tischfüße Unterlagen geschoben, und schließlich wieder alles entfernt. In der Nacht hatte ich dann von einer deutschen Touristengruppe geträumt, die in einer Gastwirtschaft in Trastevere alle Tische eben stellt, sie sägen Bretter, schlagen Nägel ein, planieren, stützen die Hauswände ab, renovieren einen Albergo von oben bis unten, dann, nach zehn Stunden, trinken sie gemütlich Kaffee und gehen. Patron und Cameriere hatten sich zuerst ängstlich in die Vogelkäfige zurückgezogen, von wo sie, die Madonna anrufend und zitternd, alles beobachteten, erst als sie den Glanz des renovierten Hauses bemerkten und sahen, daß ihnen selbst nichts Böses geschehen würde, waren sie herunter gesprungen und hatten den Touristen danken wollen, da aber saß bloß noch ich am Tisch und neben mir, umgeben von einer Meute schwarzgekleideter Schwätzerinnen, die sie fachsimpelnd ausfragten, meine Gallenblase, auch sie schwarz gekleidet, ihre unterarmlangen Handschuhe vor sich auf dem ebenen Tisch.

He, Anselm, Du schaust aufs Tischtuch wie ein Textil-

ingenieur, der eine Konkursmasse zu prüfen hat, paß endlich auf, jetzt kommt erst der Clou: Frantzke ist seit eh und
je Kunde bei Patterson, aber jetzt möchte Frantzke plötzlich
auch noch Zahnpasta machen, weil er Abfüllmaschinen und
Tuben dafür hat, Patterson aber hat schon die CC-Pasten-
Werbung, hat also Erfahrung, und diese Erfahrung will
Frantzke kaufen. Patterson kann das eigentlich nicht machen, man wirbt nicht für die Konkurrenz eines Kunden,
aber Du hast ein Büro, Du spielst den Strohmann, über
Dich wird alles abgewickelt, und fabriziert wird die Campaign von Patterson, brains-trust und creative staff Du und
ich und Jerzy, abgemacht?

Es würde sich also lediglich das Schild an meiner Bürotür
ändern.

Aber wenn Edmund mich überschätzte? Wenn mir nichts
einfiel? Verkaufen hatte ich zwar gelernt, aber . . .

Du, gleich muß Lerry kommen, bitte kein Wort über
gestern nachmittag, sonst bringt er mich um.

Lerry der Legionär, das Soldatenkind, von einem amerikanischen Offizier im Krieg aufgelesen, und abgerichtet zur
Liebe. Mit kurzärmligen, grell quergestreiften Pullis sei
er immer in die Schule gekommen und habe seine feinen
Lederhandschuhe auch während des Unterrichts nicht ausziehen wollen. Am Hals und an den Oberarmen leuchteten
die Knutschflecken seines Beschützers. Er habe es den Pau-
kern gegeben, prahlte er heute noch. Den gum habe er auch
in der Religionsstunde nicht aus dem Mund genommen.
Nach zwei Jahren war er geflogen. Der väterliche Liebhaber
ging nach Amerika zurück, Lerry trieb sich noch solange
herum, bis er alt genug war für die Fremdenlegion. Wenn
Edmund Lerry mitbrachte, paßte der wie ein Lux auf, ob
man das Gespräch nicht auf die Legion bringen könnte.
Sobald das Gesprächsthema die Landesgrenzen berührte,

man sprach vom Rhein, einer erwähnte, daß er eine Tante in Straßburg habe, schon sprang Lerry hinüber nach Marseille und Sidi bel Abbes. Und wenn man von Rentenreformen, oder auch bloß von alten Leuten sprach, gleich flocht er zum hundertsten Mal ein, daß er mit seinen zweiundzwanzig, dreiundzwanzig Jahren zu den *Anciens Veterans* gehörte, weil er doch in Indochina zu fünfzig Prozent geschädigt worden war, durch die Ruhr, behauptete er; um herauszukommen, die Ölsardinendose eine Stunde in die Sonne gestellt, der alte Trick; zurück mit einer Dakota, der Hinweg aber mit Liberty-Schiffen, glutheiße Kästen das, die Hölle eine Kaltwasserkur dagegen, bei der Einfahrt in Singapur verloren drei die Nerven, sprangen über Bord, um abzuhauen, die Haifische hätten sich natürlich gefreut über diese Sonderzuteilung. War es wieder gelungen, Lerrys Ballade zu unterbrechen, dann achtete jeder sorgfältig darauf, nichts mehr zu sagen, was der Ex-Legionär als Handhabe benutzen konnte. Deshalb wurde in unserem Kreis bedauerlich wenig über Frankreich und kaum über Afrika und überhaupt nicht über Asien gesprochen. Aber es ließ sich natürlich nicht vermeiden, daß einer einmal etwas von einer Frau erzählte, und Lerry war sofort wieder bei seiner Gomotschadenfrau, die er als Beute bekommen habe, sie habe für ihn gewaschen undsoweiter. Wir hörten zu, als sei das nichts Besonderes. Aber daß ich zuweilen von einer Asiatin träumte, schaffte er doch. Gott sei Dank sei er Ambulanz-Fahrer gewesen, habe ein bißchen Zeit für die kleine Dunkelgelbe gehabt. Edmund sah ihn tadelnd an. Von zehn Verwundeten kaum jemals mehr als zwei lebendig ins Hospital. Wenn die Karre mal auf ne Mine fuhr, blieb sie eben mit allen Verwundeten im Dreck stehen. Einem gefangenen Vietminh riß es mal einen Fuß weg, sofort Benzin auf den blutenden Stumpf, nicht einmal das Gesicht verzog der Bursche, bot ihm zu trinken an, der weigerte sich, meistens war nach einer Minenexplosion sowieso gleich Schluß mit den Verwundeten, Schwarzpulverminen, Wundbrand, aus. Die Minen immer in Ananasform. Schön gerippt. Er habe auf jeden Fall die Schnauze voll gehabt, als er den Bambuspallisaden adieu sagen durfte. In Oran dann noch vor die Reformkommission. Die anderen hätten alle gehinkt, hätten getan, als könnten sie kaum noch stehen, er sei aufrecht vor den Arzt getreten und habe es geschafft. Allerdings sei er jeden Morgen in die heilige Messe getippelt, der Arzt sei nämlich auch immer dort gewesen. Wenn Edmund spürte, daß wir wieder genug gehört hatten von Lerrys exotischem Heldenlied, wir hatten ja selbst ein paar Jahre länger in alle Himmelsrichtungen geschossen, aber Indochina, das klang, als müßten wir neidisch sein, weil wir bloß in Rußland gewesen waren, dann sagte Edmund, um Lerry auf die nachsichtsvollste Weise zu stoppen: na ja, Du kannst froh sein, daß Du den Schwindel hinter Dir hast. Und ob das ein Schwindel ist, brauste Lerry jetzt auf, die Legion gehört ja überhaupt nicht Frankreich, sie ist ein Privatunternehmen, drei Leuten gehört sie, drei Gaunern, die damit ihr Geschäft machen! Na ja, sagte Edmund dann, mild wie er nur mit Lerry sprach, Schwindel muß sein, denk doch nur einmal an ... Tatsächlich gelang es keinem so gut wie Edmund, den muskulösen Angeber zum Schweigen zu bringen. Lerry war auch Edmunds Chauffeur. Aber meistens war er nicht da, wenn Edmund das Auto gebraucht hätte. Es war das Auto, das Edmund seiner Frau gekauft hatte, einem virilen Mädchen, mit dem er ein Jahr und zwei Monate verheiratet gewesen war. Sie hatte auch Hämorrhoiden, sagte er danach.

Edmund selbst wollte nichts mit Autos zu tun haben. Er saß immer im Fond, hielt seinen Schirm zwischen den

Knien und schaute stolz und glücklich in Lerrys braunen Nacken, der von ganz hellblonden Haaren überwuchert war. Mir war es unbegreiflich, daß Edmund immer in einem geradezu demütigen Ton mit Lerry sprach. Nur wenn er sehr unter seinen Hämorrhoiden zu leiden hatte, gelang es ihm manchmal nicht, sein überlanges schmales Gesicht ganz von Verdrießlichkeit freizuhalten. Lerry hatte uns erzählt, daß Edmund in den schlimmsten Tagen seines chronischen Leidens richtige Monatsbinden trage. Ob das nun wirklich notwendig war, oder ob die beiden die Binden als ein reizvolles Requisit benutzten, weiß ich nicht.

Wir sehen uns ja heute abend aus traurigem Anlaß noch einmal, sagte Edmund und schaute mich an, daß man hätte glauben können, er hasse mich. Aber das galt Josef-Heinrich. Das Grünrosa seines Gesichtes changierte stärker ins Grünliche.

Ach laß doch, sagte ich.

Weißt Du, die wievielte Verlobung des untersetzten Springbocks wir heute zelebrieren werden?

Ich habe zwar nicht mitgezählt, sagte ich, aber er hat es uns ja freimütig genug mitgeteilt.

Ja richtig, aber Du glaubst doch nicht etwa, daß Josef-Heinrich selbst es war, der diese Anzeige verschickte! Auf sowas habe ich längst gewartet! Es mußte sich doch einmal eine finden, die nicht einfach hinterm Vorhang sitzen bleibt und heult, eine, die den Mut hat, zurückzuschlagen.

Ja, möglich war es. Warum sollte er denn auftrumpfen mit seinen elf Verlobungen? Edmund hatte recht. Aber welche Verlobte war das gewesen? Elvira, Martha, Sigrid, wie hieß doch die Vorgängerin von Sigrid?

Du wirst sehen, das gibt Stunk, sagte Edmund. Vielleicht werden wir heute abend schon einen kleinen Vorgeschmack bekommen. Die elfte in sieben Jahren, die wollen wir uns doch ansehen, Mut muß sie haben, wenn sie ihm jetzt nicht auf und davon läuft, Miß Eleven, und dabei verlobt sich der Margarinehändler nur mit denen, die es sonst nicht tun würden. Wieviele er also noch nebenher vernascht, ohne daß wir es wissen, das ... das ... (Edmund verhedderte sich) ... das wissen wir gar nicht

Und warum sollten wir das wissen? fragte ich, obwohl ich genau wußte, warum Edmund es wissen wollte. Er wollte es nicht wissen, er mußte. Er konnte sich nicht wehren gegen dieses quälende Interesse an den Genüssen, die ihm verwehrt waren, nach denen er sich vielleicht sehnte, ich weiß es nicht. Er beschäftigte sich mehr mit Josef-Heinrichs Liebschaften als dieser selbst, er fragte ihn aus, ließ sich alles so genau als möglich schildern, ließ sich die Photos zeigen und die Schmalfilme, auf denen Josef-Heinrich alles festhielt, was er trieb. Josef-Heinrich hatte seine Wohnung mit großer technischer Finesse für solche Dokumentationen eingerichtet. Zuweilen hatte sich sogar schon Edmund angeboten, die Kamera auf die erotische Bühne zu richten, nur um möglichst nahe dabei zu sein. Josef-Heinrich war immer herzlich gern bereit, Edmund alles zu erzählen, ihm alles zu zeigen, ihn so oft als Edmund es wünschte, zuschauen zu lassen. Ihm machte es einen Heidenspaß, sich vor uns als ein großer Liebhaber zu produzieren. Sah ich am Himmel Wolken in vergleichbaren Formen aufeinander zujagen und übereinander herfallen, dachte ich: der große Bock Josef-Heinrich treibt sein Geschäft. Er hatte einen Drang zum Exemplarischen. Edmund, dessen Haß er wie eine Anregung spüren mochte, war sein bevorzugter Zuschauer. Er nährte Edmunds unglückliche Gier und vergrößerte sie lauthals lachend mit allen seinen Abenteuern. Und Edmund, der einmal unsere

Welt einen mißratenen Scherz eines zynischen Schöpfers nannte und sie ein anderes Mal als den dümmsten kosmischen Zufall in der Geschichtslosigkeit des Alls beschimpfte, Edmund wurde, sobald es sich um Josef-Heinrichs Schlafzimmer-Inszenierungen handelte, zu einer keifenden viktorianischen Gouvernante, manchmal aber auch zu einem weisen Mann, der seinen Ekel nur aus Höflichkeit verbirgt. Er lud übrigens, um sich zu rächen, Josef-Heinrich nie zu sich, wenn er für Pawel oder für andere Geschäftsfreunde, seine Wohnung mit jungen Mädchen ausstaffierte. Edmund entwarf zuweilen Bühnenbilder, er hatte auf jeden Fall Beziehungen, um die er sogar von Josef-Heinrich beneidet wurde. Wenn man mit Edmund auf der Straße ging, durfte man sicher sein, daß jedes zweite Ding, das genau so gut als Titelbild am Kiosk hängen konnte, auf ihn zustürzte, ihn umarmte und küßte. Edmund hielt solchen Überfällen ohne jede Verlegenheit stand. Er hob seine langen Arme, der Schirmstock glitt in die Armbeuge, und dann schloß er die flattrigen, lustigen oder zum Herzerweichen sündhaften Mädchen in seine Arme, als sei er der Erzvater selbst und dies alles seine Enkelinnen. Wo anders als bei Edmund hätte ich Anna kennen lernen können! Wie er selbst zu den Mädchen stand, darüber hatte jeder eine andere Ansicht. Wahrscheinlich seufzte er bei denen nicht, wie er bei Gaby geseufzt hatte. Ich glaube, er unterhielt sich bloß mit ihnen. Und sie waren begeistert darüber, daß ein Mann, dessen kluge Sätze sie nicht verstanden, sich so lange und ausdauernd freundlich mit ihnen unterhielt. Er erklärte ihnen Bilder, über die sie, wäre er nicht dabei gewesen, wahrscheinlich bloß gekichert hätten. Aber sicher bin ich nicht, ob das alles war. Vielleicht wußte er selbst immer noch nicht recht, wo er hingehörte. Und nun versuche einmal, einer Natur nachzudenken, die sich alles vorbehält! Versuche,

Edmund zu verstehen! Du siehst seine Haut und denkst: ich möchte nicht drinstecken.

Wenn man nicht weiß, ob man Bibliothekar oder Chemiker werden soll, bitte! Wenn man nicht weiß, ob man schließlich als Chauffeur am Steuer oder als Chef im Fond sitzen wird, bitte! Wenn man nicht weiß, ob es Gott gibt oder nicht gibt, tja. Aber wenn man nicht einmal weiß, wo man das bißchen Spaß zu ergattern hat, ich danke. In diesem Bereich irritiert zu sein, das muß doch sein, als wüßte man nicht, ob man Rechts- oder Linkshänder ist, die Haut ist unschlüssig und kommt zu keinem Wunsch, eine ganz sinnlose Schwerelosigkeit ergreift den Körper, er wird nirgends mehr hingezogen, der Widerstand, nach dem er sich sehnt, ist unbekannt, die Welt ist ohne Einteilung, nichts unterscheidet sich mehr, also gibt es keine Kraft mehr, die Zellen wirtschaften noch aus Gewohnheit weiter, der Körper ist ins Nichts genagelt. Weltaufhebende Indifferenz. Tiefe, weil im Körper beheimatete Einsicht in die leere Mechanik des Sexual-Karussells. Und das wird als Impotenz diffamiert von den gröhlenden Abonnenten dieses Karussells, die jede Runde aus Mangel an Erinnerungsvermögen für etwas ganz Neues halten und sich deshalb immer wieder ganz kindisch auf die nächste Runde freuen. Ich, zum Beispiel.

Wessen Körper sich aber weigert, wie ein Brunnenesel im Kreise zu gehen und den Zyklus von Füllung und Entleerung als den großen Dreh des Daseins zu feiern, der kommt sich, vergiftet von der frenetischen Geschlechtspropaganda der Umwelt, auch noch minderwertig vor. Dabei ist doch die Weigerung seiner Drüsen, irgend eine Art von Lust zu erzeugen, in wahrhafter Übereinstimmung mit dem Zustand der Welt. Die Weisen haben sich in einer unendlichen Kette von kleinen Selbstmorden bis zu diesem Grad der Lustlosigkeit hinaufgemartert. Wenn es aber einer geschenkt bekommt, muß er sich schämen und ärgern. Hm.

18

Noch während er aufwacht, die Augen reibt, nach der Brille greift und sich vom Zeitdienst die Zeit durchsagen läßt, hat Edmund keine Ahnung. Er schaut durch die Tür hinüber ins Arbeitszimmer, sieht einen halben Zeichentisch, sieht eine Staffelei, ein Stück schwarzer Couch und auf dem Couchtisch überfüllte Aschenbecher; wie bei der Bundesbahn, denkt er, dann fällt ihm ein, daß unter dem Couchtisch seit Tagen drei Fetzen von Orangenschalen liegen; zehnmal ging er vorbei, überlegend, ob er sich bücken sollte, und entschied immer: warte bis es mehr sind; aus dem großen Regal ist die Chagall-Mappe gefallen, ein rosa Pferd trabt in die Luft; gestern abend hätte er den Mülleimer hinunterstellen sollen; er sieht alle Handgriffe und Bewegungen vor sich, die nötig sind, wenn er sich ein Frühstück machen will; Ränder aus den Tassen spülen; Lerry kann leider mit Geschirr nicht umgehen; unfaßbar, wie lange es dauert, wenn man zusieht, bis der Wasserstrahl aus dem Hahn die Teekanne gefüllt hat, riesig werden die Brotflächen, wenn man sie genau und gleichmäßig beschmieren will; über der Staffelei hängt ein Shawl, wer hat den bloß? und das Zeitungsgeld, das Frau Reisiger ausgelegt hat; liegt eigentlich jemand auf der Couch drüben? die sind doch alle gegangen heute nacht; Diskussionsfetzen hängen noch im Raum herum wie zur Unsterblichkeit verdammte Rauchfahnen. Der Film ist die Kunst, die ... das war Anna, natürlich, seit der Film auf sie *aufmerksam geworden ist.* Hemingway ist das Schöne ist der Papst ist die Pointe des Ganzen ist der Kommunismus ist mein Anliegen ist der Tourismus ist Faulkner ist das Tragische heute ist der Kunststoff ist Berlin ist das Dumme ist das Ausland ist Schostakowitsch ist das Merkwürdige ist Kardinal Frings ist der Film möchte ich damit nur sagen was ich nicht gesagt haben möchte ich heute nicht mehr behaupten der Film ist Hemingway ist das Schöne ist der Papst ist heute nur noch der Film ist heute der Film ist heute der Film ...

Pawel anrufen? Vielleicht nachmittags, oder morgen. Mach Dir nichts vor. Du bist wieder herausgerutscht aus diesem Tag und aus dem nächsten Tag, mach Dir nichts vor, es ist wieder soweit, Du kannst die vier Treppen nicht mehr hinunter, Du kannst das Lindgrün nicht mehr sehen, wenn man auch Mietshäuser freundlich anstreichen will, schlimmer als Elefantengrau und Tarnanstrich, aber mach Dir nichts vor, es ist nicht die Hausfarbe, auch nicht die vier Treppen sind es, nicht die Orangenschalen unterm, und die vollen Aschenbecher, mach Dir doch nichts, genau so wenig wie der Shawl, der Chagall, Du weißt es doch, das Frühstück, wenn man mit den Gedanken so weit in den Tag hineinrennt, und mit den Händen muß man, Löffel hier, Unterteller im Sieb, und wo die Butter, so Millimeter um Millimeter sich durcharbeiten, bis man bloß am Tisch sitzen und Tee trinken kann, aber das ist es doch nicht. Edmund hatte Erfahrung. Ein Käfer kann wenigstens noch seine Beine zählen, wenn er auf dem Rücken liegt, sagte Edmund, vielleicht kann er sogar Spiele veranstalten mit seinen Beinen, ob sich Bein eins mit Bein vier und Bein zwei mit Bein sieben und Bein drei mit Bein sechs treffen kann, wobei Bein acht und Bein fünf sich auswärts biegen, daß man sie aus dem Gesicht verliert, oh da gäbe es

Kombinationen, die mich wochenlang faszinieren könnten, glücklicher Gregor, sagte Edmund, glücklicher Gregor, ich aber habe nur den Gedankenfraß, dem ich ausgeliefert bin, der ohne Hast durch mich hindurchzieht, er weiß ja, ich bleib' ihm liegen wie kein anderer Kadaver.

Einmal hatte man ihn sechs Wochen lang nicht mehr gesehen. Er ging dann auch nicht ans Telephon, kam nicht an die Tür, nur Lerry durfte hinein, um ein paar Zwieback-pakete oder zehn Pfund Orangen abzuliefern.

Weißt Du, ich bleib wirklich nicht freiwillig im Bett. Wenn der Bandwurm im Hirn sich einmal geregt hat, es ist schwer zu sagen, Du liegst, und ein Gedanke schiebt den anderen durchs Hirn, langsam, zäh, verstehst Du, und Du kriegst immer den einen Gedanken mit, der gerade in der Mitte ist, aber kaum daß Du ihn hast, verdünnt er sich auch schon wieder, nicht schnell, aber stetig, Du kannst nicht eingreifen, eine Schnecke, die die andere schiebt, was willst Du machen, Du wartest auf den nächsten, und wieder auf den nächsten, aber keiner hält sich so lange, daß er Dich zum Aufstehen veranlassen könnte, natürlich blinkert's zwischendurch wieder von Aufstehen und Telephon, aber dann kommt gleich der nächste zähe Schub, der alles wie-der eben macht. Was Arbeit, was Leben, heißt es dann. Schreiben sich nicht Ernstzunehmende die Finger wund über die Sinnlosigkeit, und rennen sich doch die Hacken ab, um bei jeder Fehlgeburt dabei zu sein; da sage ich mir dann, um mir was Nettes zu sagen: ich praktiziere, was die schreiben. Würde natürlich gerne aufstehen, ich scheiß doch auf die Sinnlosigkeit, es ist einfach angenehmer, etwas zu tun als etwas zu denken, aber was willst Du machen, wenn es nicht zu schaffen ist? wenn Du, mach was Du willst, ums Verrecken nicht hochkommst. Am Abend des dritten, vierten Tages möcht ich ganz gern in die Stadt, da spür' ich was, aber dann sag' ich mir: jetzt gerade nicht, jetzt bleibst Du, wo Du bist, es gibt noch einiges zu überlegen. Dann onanier' ich rasch und ohne Lust, bloß um sicher zu sein, daß es mich nicht plötzlich in der Nacht noch einem Strichjungen in die Arme treibt, danach aber bin ich soweit, daß ich ganz froh bin, allein zu sein.

Edmund sprach von Onans Praktik wie manche Homosexuelle von Frauen. Die glauben, so hat man sie eingeschüchtert, sie müßten immerzu beweisen, daß sie nicht seien, was sie sind. Aber gerade durch ihre kalte, unschuldige Schamlosigkeit, die kein prahlerischer Casanova überbieten kann, bekennen sie sich zu dem, was sie sind.

Früher hatten wir vermutet, Edmund sei, wenn er plötzlich wieder verschwunden war, nach Paris oder nach Rom gefahren, wie andere auch. Aber mir hat er einmal gestanden, daß er die Stadt seit Kriegsende nicht mehr verlassen habe. Ja, während des Krieges hat man ihn in andere Länder transportiert, weil die Verantwortlichen seine Beteuerung, daß er keinen guten Soldaten abgebe, für eine feige Ausflucht gehalten hatten. Hätte es mehr so unrentable Soldaten wie Edmund gegeben, die deutschen Armeen stünden heute noch auf den Kasernenhöfen zwischen Breslau und Köln und versuchten vergeblich, Klarheit in ihre Marschlisten und Fahrpläne zu bringen. Wenn man, nachdem er wieder einmal verschwunden war, Lerry nach Edmund fragte, sagte Lerry: der fault wieder. Nach einigen Wochen tauchte Edmund dann ganz leise auf, verzog sein Gesicht zu einem winzigen Lächeln, zwängte die Augenbrauen im Brillengelee ein bißchen höher und sagte seinen Spruch: es genügt nicht mehr, nicht zu genügen. Das Unvorbildliche ist nicht mehr vorbildlich. Leider. Das waren noch Zeiten, von 1890 bis neulich. Versagen und protestieren, und schon war man gerechtfertigt. Vorbei. Das Dumme ist, daß deshalb nicht das Vorbildliche wieder vorbildlich geworden ist. Also Flaute? Keineswegs. Die verfeinerten Karten erlauben eben keinen Überblick mehr. Bis zum Hals in Genauigkeit, verliert man, selbst wenn es sie gäbe, Ziele aus den Augen. Kreuzungen sind erst zu erkennen, wenn man sie hinter sich hat. Handballspieler können noch wählen. Unsereiner stellt nachträglich fest, daß er gewählt hat. Natürlich rennen immer noch fixe Burschen herum, Entscheidungen wie Kuhglocken um den Hals gehängt. Will ich es denn wissen, daß einer jetzt kein Parteigenosse mehr ist, oder kein Katholik mehr? Wer eines ist, kann auch was anderes sein. Nie mehr zuerst das Maul aufmachen. Ich sage nicht, daß wir deshalb unschuldig sind. Schieße nachts zum Fenster hinaus, weil's Dir gerade danach ist, draußen fällt Dein Bruder tot um, glaubst Du, Dir ist wohler, wenn Du sagen kannst, Du hättest nicht gewußt, daß er schon aus Neapel zurück ist?

Aber andauernd will man was, Anselm, das ist das Gemeine, andauernd bosselt man mit: tu' nichts, und Du bringst zehn Chinesen um, tu etwas, und Du bringst zehn Grönländer um. Schau zum Fenster hinaus, und schon bist Du dafür, daß der Rest der Welt unsere Türklinken aufgebrummt kriegt. Daß immer jeder den anderen für die allgemeine Misere verantwortlich macht, begreifst Du das? Wenn Dein Auto jeden Tag ne andere Panne hat, das wirfst Du doch auch nicht Deiner Frau vor, Du gibst es zurück. O ja, der Ursächer dieser ganzen Chose kann sich freuen. Die Erfindung der Erbsünde war höchst notwendig. Ohne Erbsünde gäbe es keine Möglichkeit, an Gott zu glauben. Diesen ganzen Pfusch einem vollkommenen Schöpfer unterzuschieben, wäre ja wohl die schlimmste Gotteslästerung. Also müssen die Menschen etwas angestellt haben, was aus der vollkommenen Schöpfung diesen irdischen Bruchladen entstehen ließ. Aber lassen wir den kosmischen Alimente-prozeß. Sei ja alles per Christum wieder rückgängig zu machen, wird gesagt. Aber Christus hat nur sich selbst erlöst, nicht uns. Entweder wie er, oder gar nicht. Abstufungen gibt es nicht. Zwischen Gläubigen würde es keine Unterschiede mehr geben. Denn wenn es Gott gäbe, wie könnte es dann noch etwas Wichtigeres geben als Gott? Und doch probiert jeder, ein bißchen zu handeln. Wir rechnen es uns hoch an, daß uns unsere Glaubenslosigkeit dann und wann ein bißchen juckt. Das ist die neueste Tour. Wir treiben uns im Zuschauerraum herum und suchen nach guten Plätzen, um dem Ort nahe zu sein, von dem aus man in den Himmel kommt. Aber für die Irrsinns-Frequenz des Glaubens haben wir alle kein Gehör. Wir glauben, es gebe bessere und schlechtere Plätze. Jeder nach seiner Façon, das ist auch so ein Unsinn, als wäre der Glaube eine Geschmackssache wie Krawatten und Regenmäntel, als gäbe es dem Glauben gegenüber noch Individuen, als bliese dieser höchste Irrsinn nicht alle unsere Lichtchen einfach aus. Nicht einmal Abraham hat geglaubt. Und Kierkegaard war zu milde mit ihm, wenn er ihm ernste Absichten zubilligte. Das ist das Verführerisch-Schlimme an dieser Geschichte, daß es so aussieht, als genüge es, eine gute Absicht zu haben. Uns soll Mut gemacht werden. Es soll uns zwar nicht vorenthalten werden, wieviel verlangt wird von einem Gläubigen, aber gleichzeitig zeigt uns Abraham, daß Gott es ja nicht eigentlich und wirklich hier und heute verlangt, er ruft uns zwar zu, wir sollten die Deckel von den Marmeladetöpfen unserer Vorsorglichkeit reißen und die bürgerlichen Vorräte dem Verderb preisgeben, und wenn er sieht, daß wir guten Willen zeigen und nach den Deckeln greifen, dann fällt er uns schon noch rechtzeitig in den Arm, weil er ein Einsehen hat, weil er doch weiß, daß sich ein bürgerliches Dasein und der Glaube an ihn überhaupt nicht vereinbaren lassen. Und Kierkegaard hat an die Akrobatik der guten Absicht geglaubt, er hat die Tat für ein bloßes Anhängsel des Willens gehalten. Wie leicht aber ist, wenn wir sie nicht praktizieren müssen, in unseren wendigen Hirnen jede gewünschte Absicht herzustellen! Aber welche Kluft trennt die Tat noch von Absicht und Entschlossenheit! Eine Tat kann man sich nicht vorstellen. Wer aber sagt, er sei zu einer Tat entschlossen, gibt vor, sie sich vorstellen zu können. Nur wer sie vollbringt und vollbracht hat, war fähig, sie zu vollbringen. Nur seine Absicht war ernst, nur seine Entschlossenheit hat ausgereicht. Wie leicht, davon zu reden, daß man Vater und Mutter verlassen müsse und den Bausparvertrag kündigen! In Wirklichkeit aber: sonntags ausrücken zur Seelendrainage, Gewinnung jenseitigen Landes, Anlegen von Landeplätzen für Himmelsboten, aber alles hübsch apart, keine Influenz auf die Woche. Es gibt doch immer noch christliche Soldaten. Weil es auch unchristliche Soldaten gebe! Und weil Gott immer mit den besseren Düsenjägern fliegt! Auch wenn sie von Atheisten gesteuert werden. Nein mein Lieber, es hat seit Christus keinen Christen mehr gegeben. Ich habe mich abgestrampelt, ein Gläubiger zu werden, aber jetzt ist Schluß, Schluß, Schluß. Ich erzähl' Dir die Story noch zu Ende, dann wird sie ausradiert. Gott gibt es nicht, das ist jetzt klar, und ich bin nicht der Mann, mir einen zu basteln. Leider habe ich auch sonst nichts anzubieten. Aber ich habe diese ganze Spezies satt, diese geifernden Kreuzzugsspinnen, die seit hunderttausend Jahren ihresgleichen umbringen, um diese Erde mit einer immer noch besseren Idee zu beherrschen. Anstatt sich ein für alle Mal mit diesem Schamott abzufinden, fällt einem Menschen immer noch rechtzeitig ein, daß an allem Elend nur der Nachbar schuld ist, weil der eine andere Art hat, sich die Fingernägel zu schneiden. Anstatt endlich das Gemetzel ad majorem Iks gloriam aufzuhören, anstatt sich endlich einzugestehen, daß der Boden dieses Planeten eben Mordlust ausstrahlt wie ein Misthaufen Gestank, daß das Umbringen auf der Erde daheim ist wie auf der Sonne das Licht, anstatt einzusehen, daß man nichts mehr tun darf, wenn man nichts Schlimmes tun will, anstatt in den Generalstreik gegen die Ideen zu treten, und sich in vollkommener Hygiene allem Weitreichenden gegenüber zu üben, was tut man hier seit hunderttausend Jahren? man ist immer noch überzeugt, Anselm, das betrübt mich am meisten, einer Gattung anzugehören, die nach hunderttausendjährigem Beweismaterial immer noch von etwas überzeugt ist. Manchmal begreife ich wirklich nicht, warum ich die Menschen nicht lieben kann, diese rührend widerlichen Eskimos, die sich auch noch im Iglu, Vergangenheit und Zukunft ein großer Schneesturm, das Paradies erkoitieren wollen. Und diese geniale Erbsündenidee. Alles auf sich nehmen, um ein besseres Allerhöchstes zu fingieren. Wenn das nicht anständig ist. Aber es zieht sich schon zu lange hin. Das hält kein Drama aus. Es wird langweilig. Trotz der andauernden Morde. Der Autor sitzt an der kosmischen Riviera. Wir sollen en suite weiterspielen, bis das neue Stück eintrifft. Aber dem fällt wahrscheinlich gar nichts mehr ein. Oder er denkt gar nicht daran, ein neues zu schreiben. Er vergnügt sich, treibt sich herum. Na ja, da es ihn nicht gibt, ist es müßig, sich Gedanken über ihn zu machen. Aber wie lange sollen wir den Jammerschinken noch spielen, Anselm? Für einen Menschen mit Gedächtnis ist es die Hölle, hunderttausend Jahre lang dem Nebenmann die Pupillen zerkratzen, wirklich, Anselm, das ist zu lang. Aber lassen wir das. Solange auf den Stehplätzen noch gehungert wird, ist die Verfeinerung der Saatzucht immer noch die achtenswerteste Art, dem Schöpfer am Zeug zu flicken.

Ich bewunderte Edmund, wenn er solche Reden hielt und alles Drum und Dran wie einen Schneeball knetete, ihn dann auf den Ofen legte und langsam zergehen ließ. Ich bewunderte alle, die ohne besondere Erregung, ohne Angst oder Entzücken sagen konnten, es gebe einen Gott oder es gebe keinen Gott, und die, die zu sagen wagten, es gebe keinen, bewunderte ich vielleicht noch ein bißchen mehr.

Um Edmund zu beruhigen, erwähnte ich die Vormittage in der Uferstraße, auf der Gerlingbrücke, in der Königsallee, Plaudereien vor der Tür der Metzgerei, Kartenspiele der Rentner im Park, Himbeeren mit Sahne, der Sprung vom Dreimeter-Brett und die Farbe des Sandes unter dem Wasser, die zierlichen Kämme des Sandes, die Wellen parodierend, Waldränder mit leuchtenden Hagebutten, immer wieder ein neuer Zweihundertzwanziger, die italienischen Damenschuhe des vergangenen Sommers, die Vervollkommnung der Anästhesie, Familienbilder von 1912, die neuen Haarfarben, das fahle, fast rauchfarbene Mondsilber zum Beispiel, ich kenne da eine, Arzt ist ihr Mann, ach Edmund, eben das ganze gemütlich verlotterte Menschenleben, das so gar keine Neigung hat, sich kerzengerade aufzurichten, um auf den nächsten Blitz Gottes oder des Nichts zu warten. Man müßte uns dann schon anders erziehen, es müßte einer kommen, der der barbarischen Gemütlichkeit nicht verfällt, der keine Ahnung davon hat, wie es ist, wenn man einhundertsechzig fährt, einer, der einfach schreit, was er weiß, die Säuglinge müßte er anschreien und verhindern, daß sie sich an etwas gewöhnen. Aber wir, wir sind schon an dies und das verkauft.

Aber daß Kunsttheorien idiotisch sind, das gibst Du doch zu? sagte Edmund.

Na ja, es gibt ja auch Haarwuchsmittel, sagte ich.

Aber keiner macht Theorien daraus, sagte er erregt.

Da siehst Du es, und die Haare wachsen trotzdem nicht, sagte ich und lächelte ihn an.

Edmund war dann auch müde und sagte bloß noch: ich würde mich auf jeden Fall schämen, mich mit sowas zu beschäftigen.

Ja, ja, sagte ich in jenem Ton, der bei Radiosprechern sofort verrät, daß dies der letzte Satz der Sendung sein muß: ja, ja, Schneeschimmel, Streifenkrankheit, Weizensteinbrand und Haferflugbrand machen immer noch Schwierigkeiten, aber laß nur, das Hochzuchtsaatgut marschiert, die Beizen werden immer besser.

Edmund hörte wahrscheinlich selten Radio, oder er hat kein Gehör für diesen Ton, oder er war einfach eigensinnig, denn obwohl er keinen Ton fand, der hätte noch abschließender sein können als der, den ich für meinen Satz gewählt hatte, fügte er noch hinzu: und wenn schon nicht Saatzucht, dann doch lieber gleich Theologie.

Nun hätte ja eigentlich unser Gespräch wieder von vorne anfangen können, aber wir wußten beide, daß dazu in einem Jahr und in zehn Jahren auch noch Zeit sein würde, und daß keiner Schaden erlitte, wenn wir nie mehr dazu kommen würden.

19

Lerry sagte Hallo und ließ sich so auf einen Stuhl fallen, daß er schräg zum Tisch saß. Seine langen Beine streckte er bis zum nächsten Tisch hinüber. Er war fett geworden. Mit bekümmertem Gesicht kratzte er sich durch den fast bis zum Nabel reichenden Ausschnitt seiner himbeerroten

Bluse das goldblonde Gekräusel auf der braunen Brust. Die Hitze sei heute schlimmer als in den Katakomben von Marseille, wo ihn die Ratten angefressen hätten. Die Klischees habe er im Wagen, die Photos seien noch nicht vergrößert, bei Patterson sei er gewesen, Edmund müsse sich dort noch diese Woche sehen lassen, die Briefe des Sulpizius Severus an Desiderius, den heiligen Martin betreffend, habe er nicht auftreiben können, die Buchhändler wollten sich aber erkundigen. Lerry las wie ein Kind, das man zum Einkaufen geschickt hat, alles von einem Zettel ab. Edmund sagte: sehr schön, Lerry, sehr schön. Wenn ich Dich nicht hätte . . . Wärst Du am Aaa-bend verkauft, sagte Lerry und grinste mit einem Mundwinkel. Von seinen früher schon kleinen Augen sah man jetzt fast gar nichts mehr, sie wurden durch aufgeschwollene Wülste, die unter den Augenbrauen hingen, fast völlig erdrückt.

Vom Amicale hab' ich einen hübschen Brief bekommen, Edi, das wird Dich interessieren, die planen ein meeting aller *Anciens Vétérans*.

Lerry bestellte einen Whisky *on the rocks,* und als die Bedienung ihn verlegen ansah, langte er, ohne seinen schräg über der Stuhllehne liegenden Oberkörper zu bewegen, mit der rechten Hand nach ihr und reichte, obwohl die Bedienung näher bei mir stand als bei ihm, bis zu der Stelle hinauf, wo ihre ärmellose Bluse kurz vor der Schulterrundung endete, kitzelte sie dort und sagte: mit Eis, mein Schätzchen, vous comprenez.

Pawel hat sich übrigens aufgeregt, weil Du gestern nicht zu der Besprechung über die Südimport-Campaign gekommen bist. Sie hatten mit Deinen Entwürfen gerechnet.

Gestern kam Anselm zurück, das weißt Du ganz genau, sagte Edmund hastig. Ich nickte, als nähme ich gerne die Schuld auf mich.

Ich hab' mich ja auch nicht aufgeregt, sondern die Patterson-Leute, vor allem Pawel, sagte Lerry gemütlich. Jetzt kratzte er sich den braungoldenen Unterarm. Seine himbeerrote Bluse endete in immer enger werdenden Ärmeln kurz unter den Ellbogen.

Ja, wie machen wir das heute abend, sagte Edmund nervös. Willst Du mit zur elften Verlobung des Margarinehändlers und untersetzten Springbocks, fragte er Lerry. Lerry schnurrte wie ein Kater und zuckte mit den Schultern. Seine ganze, geradezu zärtliche Aufmerksamkeit galt immer noch seinem Unterarm, den er hingebungsvoll kratzte.

Sag' doch, ob Du willst oder nicht, bat Edmund, gewissermaßen inständig. Lerrys Schnurren ging für eine Sekunde in ein hohes, wehleidiges Jaulen über, das etwa hieß: quäl mich doch nicht so. Na gut, besprechen wir das zuhause, sagte Edmund sanft. Er stand auf, packte seinen Hämorrhoidenring vorsichtig in seine makellose schwarze Aktentasche, hängte den Schirm über den linken Arm, winkte der Bedienung und sagte zu mir: komm' bei uns vorbei, gegen neun, einverstanden? Dann sagte er: komm' Lerry, wir sollten, glaube ich, jetzt wirklich gehen. Lerry sprang auf, sagte Tschüs, Edmund lächelte, ein Unkundiger hätte gesagt: böse, dann ging er mit seinen immer etwas unsicheren Schritten hinaus. Sein Gesicht war dem Boden zugewandt, wenn er ging. Die Arme hielt er immer bereit, um damit das gefährdete Gleichgewicht, wenn nötig, zu stabilisieren. Es schien, als fordere das Gehen seine ganze Aufmerksamkeit. Lerry schlenderte, die Hände in den Taschen seiner maisgelben Hose, sorglos hinter ihm her.

20

Vor zwanzig Jahren waren wir noch ein Schicksal und entfernen uns seitdem voneinander. Ganz hübsch, wieviel Raum in der Welt ist für Entfernungen. Jetzt ist er Alissa näher als mir. Sehr nahe ist er ihr, aber Rücken an Rücken, entgegengesetzt, sie können einander nicht dulden. *Es haben aber an eigner Unsterblichkeit die Götter genug*, hatte Alissa vorwurfsvoll in ein Buch geschrieben, das wir Edmund geschenkt hatten, zu einer Zeit, als sie noch gehofft hatte, ihm das Neinsagen auf ihre Weise beizubringen. Und Edmund, den Alissa einen anämischen Titanen nannte, hatte scherzhaft zurückgeschrieben und Alissa dadurch beleidigt: *Ich habe aber, Hölderlina teuerste, an eigner Sterblichkeit übergenug, und bedürfte ich Elender eines Dings, so sinds Knaben, unsterbliche, und Antibiotika.*

Ich war nicht besser dran als Edmund, nicht die Spur, und doch hätte ich nicht tauschen wollen, mit niemandem hätte ich getauscht. Kindervorstellung das. Trotzdem. Warum will kein Mensch ein anderer sein? Ein anderer vielleicht schon, eine Fortsetzung, eine Steigerung seiner selbst möchte man gerne sein, aber ganz aus dem eigenen Schicksal wie aus der abgelegten Schlangenhaut schlüpfen, wirklich ganz und gar der andere sein, wo einem doch die fremden Leiden und Mängel so unvergleichlich krasser erscheinen als die eigene Dürftigkeit, nein! Wir sind an diese Identität gekettet wie an nichts sonst. Angesichts der Fadenscheinigkeit unserer Person und der Welt ist das allerdings eine höchst notwendige Kette, sonst wäre des leichtfertigen Schicksalstauschs wahrscheinlich kein Ende, und wenn man gar dem anderen das seine stehlen und abkaufen könnte, da hätte die Besitzgier erst ihr wahres Objekt. Die großen Kapitäne würden sich die erbeuteten und erschacherten Schicksale wie Skalps um die Dickbäuche hängen. Versuchen tun sie es ja wider alles Naturrecht seit eh und je. Wenn man spürt, daß die Verkettung an die Identität auch eine Krankheit ist, wenn man spürt, daß diese einzige Wurzel, die man hat, einen nicht mehr ernährt, daß sie dem Grund, in dem sie sitzt, mehr Gift als Nahrung entnimmt, oder alle Nahrung in Gift verwandelt, nicht in tödliches, nur so, daß man sich des öfteren ankotzen könnte, wenn man der Fesselung an diese immer gleiche Wurzel überdrüssig wird und schwankt und zerrt und sich auflösen will, weil man alle Bewegungen, die einem möglich sind, schon auswendig kennt, dann hat man neben dem stumpfen oder gleichmütigen Aushalten eigentlich nur noch die Wahl, sich umzubringen. Aber mir war das nicht mehr erlaubt. Meine Mutter hatte gerade noch Glück gehabt, daß mein Vater in die sogenannte geweihte Erde aufgenommen wurde; zweimal würde man diese Großmütigkeit wohl nicht der gleichen Familie zuteil werden lassen. Nachträglich würde ich noch den mühsam gebastelten Heldentod meines Vaters in schlechtes Licht setzen. Andererseits hat auch er mir die einzige Rehabilitierungschance weggeschnappt. Vielleicht könnte meine Mutter dann nicht einmal Messen für mich lesen lassen, also würde sie den Rest ihres Lebens in der Vorstellung zubringen, daß sie mich im Jenseits nicht vorfände, daß wir also für die Ewigkeit voneinander getrennt wären. Und für sie hatte das Wort *Ewigkeit* noch das volle brutale Gewicht. Daß sie mir zuliebe dann auch die untersten Ränge jener Ewigkeit ansteuern würde, war wohl weder zu verlangen, noch vorstellbar. Wie einer, der für eine Sekunde wissen möchte, wie es einem Leprakranken zumute ist, und der dafür fünfzig Jahre Siechtum auf sich nimmt, so muß ihr jeder vorgekommen sein, der sich wegen ein paar hübscher Sünden das ewige bessere Jenseits verpfuschte. Wer sich gar selbst hinüberbeförderte, hatte natürlich nichts mehr zu lachen. Es sei denn, er handelte unter mildernden Umständen. Na ja, für mich kam das sowieso nicht in Frage. So gern auch mein Alter in mir an diesem Drücker herumspielte und dann und wann auf Kurzschlüsse spekulierte. Alissa, Lissa, Drea, Guido, die isolierten die betreffenden Leitungen mit Haut und Haaren. Die hätten mir diese Art von Tod übelgenommen. Also seufzte ich vernehmlich vor dem Taschenspiegel: begrüße den Schmerz, der freiwillig wiederkehrt und Dich tröstlich daran erinnert, daß an Deiner Erlösung gearbeitet wird. Einer Krankheit wird man wohl kaum Vorwürfe machen. Einem Unfall wahrscheinlich auch nur milde. Aber es würde sich in den Schmerz über einen Unfall doch noch der Schmerz über Deine Unzuverlässigkeit, Dein Versagen mischen. Nur was die Krankheit zuwegebringt, wird mit einem zum Himmel gewendeten Gesicht beweint. Du darfst Deine Hand nicht im Spiel haben. Auto, Zigaretten und Sonstiges dürfen nur zur indirekten Unterstützung eingesetzt werden. Im endgültigen Befund dürfen sie nicht auftauchen.

Aber wie handelte dieser unter meinem Namen rangierende Zellhaufen in Wirklichkeit! Auf der Fahrt von Budapest nach Osten, im Viehwaggon, mit vierzig anderen, die üblichen Bedingungen, da gehörte ich natürlich auch zu den rettungssüchtigen Neunen, die sich schworen, den Viehwaggon und die einunddreißig Gleichmütigen und den ganzen bösen Transport zu verlassen. Mit Rasiermessern und mit immer blutigeren Fingern lösten wir allmählich, Zeit hat man ja auf einer Fahrt ins tiefe Rußland, zwei Bohlenschrauben, und eines nachts sprang einer nach dem anderen hinaus, so daß die Älteren, die Gleichmütigen, nichts merkten. Aber leider hatte der Zug, als der siebte sprang, einen Tunnel erreicht, der bewacht war, der siebte wurde also sofort erschossen, der Zug wurde gestoppt, und im Morgengrauen gingen unsere Wächter unter Führung des Transportchefs, der ein Unterleutnant war, und neunzehn Jahre alt, am Zug entlang, und wurden auch schon von unseren Gleichmütigen laut schreiend darauf aufmerksam gemacht, daß in unserem Waggon die bösen Buben säßen, beziehungsweise gesessen hätten; aber ein paar seien noch da. Der Unterleutnant erwies sich für diese Zuvorkommenheit zuerst gar nicht dankbar. Für die sechs Geflohenen sollten aus unserem Waggon zwölf erschossen werden, zwei weniger Entschlossene also für einen Mutigen; das war eine für uns arge, aber vom kriegshandwerklichen Standpunkt aus doch ganz vernünftige Rechnung. Wenn in einem Waggon dreiunddreißig Männer sind und man sagt, es sollen zwölf herauskommen und sich im diesigen Morgenlicht fröstelnd oder nicht mehr fröstelnd an die Mauer rechts vom Tunneleingang stellen, um sich erschießen zu lassen, dann bringt man die dreiunddreißig in arge Verlegenheit, jeder wird des anderen Todfeind, und in der Drängelei die jetzt beginnt, wird jeder ein Riese. Als die Wächter dann noch hineinzugreifen begannen in den Wagen wie der Hotel-Koch ins Bassin, als sie rasch ihre Gewehrkolben hinter drei vier Beine schoben und dann herauswuchteten, hatten sie gleich zwei erwischt und sie vorsorglich an die Wand gestellt, ich war der eine, der andere war Simon, ein Cafégeiger aus Berlin, der mir in den letzten Wochen schon eher ein Freund geworden war als ein Kamerad; wir zwei hatten nicht die gleiche moralische Empörung entwickeln können über diesen Befehl, weil wir ja mit zur Ursache gehörten, und die Älteren hatten deshalb verständlicherweise die Kraft ihrer Entrüstung zusammengetan, um zuerst einmal uns hinauszuschubsen. Aber kaum standen wir an der Wand, da konnten wir zusehen, wie nun unter denen, die gerade noch so einig gewesen waren, die allerschlimmste Feindschaft ausbrach. Für einen Augenblick haben wir vielleicht vergessen, zu welchem Ende wir vor diese grobe Mauer gestellt worden waren, denn der Kampf an der Waggontür wurde jetzt, da nur noch Unschuldige in ihn verwickelt waren, ziemlich hart. Aber weil einunddreißig Mann einen solchen Waggon immer noch übervoll machen, und weil jeder von diesen einunddreißig einfach um sich schlug, wurde die Waggontür nicht leer, und die Wächter konnten rasch die noch fehlenden zwanzig Beine herauswuchten und -zerren. Wenn die im Waggon sich ganz still verhalten hätten, alle nach hinten, weg von der Tür, dann hätten die Wächter hinaufklettern und die Kandidaten bestimmen müssen. Vielleicht wäre ihnen das schwerer gefallen, als diese in einer Balgerei gewissermaßen ehrlich zu erbeuten. Aber es wollte eben keiner in der vordersten Reihe stehen, das ist verständlich.

Als wir zwölf vor der Mauer standen — Simon und ich sahen vor uns hin, um keinen der Männer anschauen zu müssen — ließ der Unterleutnant mitteilen, daß alle Unverheirateten und Kinderlosen vortreten sollten. Da atmeten die Älteren wieder auf. Ich spürte, wie mich zwei drei Fäuste in den Rücken und in die Rippen stießen. Nicht daß ich gleich vorgeflogen wäre von diesen Stößen, aber ich fühlte mich, wenn das noch nötig gewesen wäre, nachdrücklich daran erinnert, daß ich weder verheiratet war noch Kinder hatte. Wer konnte mir das beweisen? Ich konnte die Kameraden ja angelogen haben. Bevor ich noch überlegen konnte, war ich schon vorgetreten, einfach unter dem Zwang dieser Aufforderung. Auf komplizierte Fragen kann man wahrscheinlich leicht lügen, aber wenn man gefragt wird: sind Sie Deutscher? oder: haben Sie Physik studiert? oder: waren Sie schon in China? darauf eine unrichtige Antwort zu geben, hat nichts mehr mit Lügen zu tun. Da stand ich also mit vier anderen, die sich, gelähmt vom Gewicht der Erinnerung, zu ihrem Junggesellentum bekannten. Simon fehlte. Ich wagte nicht, zu ihm zurückzusehen, um ihn nicht noch verlegener zu machen als er in diesem Augenblick ohnehin sein mußte. Ich war wütend. Eine Sekunde lang war ich sogar in Versuchung, ihm zuzuschreien, daß er sich auf unsere Kosten aus der Schlinge ziehe, denn wenn wir alle uns als Verheiratete ausgegeben hätten, wären die Papiere geprüft worden, dann wäre auch Simon drangekommen. Wahrscheinlich hätte ich nicht ein einziges Wort herauswürgen können. Nicht einmal mehr schlucken konnte ich. Der Unterleutnant sprach mit dem Dolmetscher, der Dolmetscher machte ein überraschtes Gesicht, grinste, drehte sich zu uns und schrie, die Unverheirateten sollten sofort in den Waggon zurück. Während wir hinaufkletterten und die Tür zugeworfen wurde, hörten wir die Schüsse, denen Simon und die Ehemänner zum Opfer fielen. Als in Noworossisk der Unterleutnant noch einmal an uns vorbeiging, wollte ich ihn dankbar anschauen, aber er sah mich nicht.

21

Ich setzte den Fuß auf die erste Stufe der breiten hellen Holztreppe. Ganz von selbst nahm der zweite Schritt drei Stufen auf einmal, schon wollte ich die weiten Windungen der Treppe hinaufrasen, die Kurven auf den Treppenabsätzen haarscharf an den immer noch unveränderten

Topfpalmen vorbeiziehen, mich mit der Hand, wenn ich durch zuviel Schwung das Geländer nach der Kurve nicht gleich wieder zu fassen kriegte, an der seit Jahrzehnten makellos geweißten Wand abstoßen, um eine Stunde später von Onkel Gallus zu der Stelle geführt zu werden, wo man, falls man mit den Augen des Jüngsten Gerichts hinsah, einen nur im Gefühl, aber nicht auf der Netzhaut sich abzeichnenden Schatten sah, den Onkel Gallus als den Abdruck meiner linken Hand identifizierte. Aber ich verfiel nicht in das Gerenne meiner Jugend. Schon der eine Satz über drei Stufen hätte mich bald zu Fall gebracht.

Die Treppe, ich prägte mir's wieder einmal ein, die Treppe war schmaler als die Treppen in den neuen Häusern. Aber immer wenn ich ein paar Wochen nicht in Onkel Gallus' Haus kam, wuchs die Treppe in meiner Vorstellung, wurde so breit wie sie damals war, vor zwanzig und fünfundzwanzig Jahren. Sobald ich dann die Stufen wieder hinauf stieg, schrumpfte die Treppe zusammen, um sich in den Tagen danach aufs neue zu dehnen bis zu jener Breite von früher.

Wenn die Verwandten aus Ramsegg kamen, sagten sie: Dein Haus hast Du im Schuß, das muß man Dir lassen. Und da sie alle vom Holz, von Scharnieren, Fenstern, Verputz, Blumen, Gittern und Türklinken eine Menge verstanden, schauten sie jedesmal alles genau an, bevor sie Onkel Gallus sagten, daß er sein Haus im Schuß habe. Sie saßen nur den kleineren Teil ihrer Besuchszeit im Wohnzimmer droben, weil sie jedesmal, von Gallus geführt, das ganze Haus vom Keller bis zum Dachboden zu inspizieren hatten und sich über alle Spalte, Luken, Balken, und in alle Ecken und Verschläge bücken mußten, als hätten sie den Auftrag, Schäden nach einer Katastrophe oder Spuren nach einem Verbrechen festzustellen. Onkel Gallus führte die

Kolonne immer mit einem riesigen Schlüsselbund an. Vor den Türen der Mietparteien zuckte er dann die Achseln und sagte verärgert, daß er leider die Wohnungen nicht zeigen könne. Aber wenn er irgendwo ein neues Rohr hatte durchführen oder einen Boiler hatte anbringen lassen, dann jagte er die Mieter aus der Sonntagnachmittagsruhe auf und befahl den demütig oder verdrossen an die Flurwände zurücktretenden Mieterfamilien, ihn und die Ramsegger einzulassen, und marschierte mit denen durch die Wohnung wie ein General durch eine zurückeroberte Stadt, oder auch wie ein Gefängnisdirektor, der einer ausländischen Expertendelegation seine Musterzellen vorführt.

Seinen Triumph sparte sich Onkel Gallus immer bis zum Schluß auf. Sein Triumph waren seine Blumen, seine biologischen Forschungen. Darum riß er die Ramsegger so bald als möglich wieder vom Kaffeetisch hoch, den immer gleichen Streuselkuchen hatten sie jetzt wirklich genug hofiert, und führte sie zu seinen Blumenkästen, die überall standen, wo ein Vorsprung vorragte. Wieder führte er die Gruppe vom Dachboden bis in den Keller, und dann zur Krönung noch hinters Haus, in den winzigen Garten, in dem unter Glas und im Freien das wahre Zentrum seiner Forschungen und Züchtungen zu bewundern war. Jedesmal mußten die Ramsegger Frauen natürlich in Zeitungspapier verpackte Ableger mitnehmen. Und wenn Onkel Arthur seinen Abstand zu dieser Weibergärtnerei spüren ließ, wurde Onkel Gallus wild und hielt einen Vortrag über seine Nelkenforschung, über seine Vermutung, daß der Nelkenduft Kartoffelkäfer abschrecke, eine ungeheure Aussicht für die Volksernährung, eine Spur, die zur Entwicklung einer Wunderwaffe gegen diesen schlimmsten Feind einer autarken Ernährungswirtschaft führen werde. Da mußte dann sogar Onkel Arthur zugeben, daß sein Bruder zwar ein

Stadtmensch geworden, aber doch noch ein Mensch mit gesunden Interessen geblieben sei.

Auf das helle Sonntagstreppenholz sitzen, ausruhen wollte ich, dem Hummelgesumm des ersten Jahrzehnts nachhören. Holz aus Onkel Arthurs riesigem Lager. Dieses helle Gelbbraun, auf dem ich immer noch die dreckgrauen Abdrücke meiner Sohlen sah. Onkel Gallus' Hand im Nacken, die mir das Gesicht bis auf eine Handbreit auf die Spuren meiner Sohlen hinunterpreßte. Als ich schon dachte, ich müsse die milden grauen Schatten weglecken, reichte er mir einen Putzlumpen und blieb stehen, bis ich Stufe für Stufe gesäubert hatte. Es muß in meiner Jugend immerzu geregnet haben. Wahrscheinlich hat er viel leiden müssen unter den grauen Schatten meiner Sohlen. Natürlich mußte dann auch meine Mutter schlimme Vorwürfe einstecken. Sie allein sei schuld, daß ich sein Haus schließlich noch ruinieren werde, weil sie mir immer noch nicht beigebracht habe, die Schuhe am Eisensteg und am Fußgitter vor der Haustür und auf der Matte vor der Treppe abzuputzen. Ich war jedes Mal erstaunt darüber, daß er ihr jetzt noch einmal die ganze Schuld auflud, wo er doch schon, solange er mich auf der Treppe beim Putzen bewachte, die Schuld am zu erwartenden Ruin seines Hauses mir allein aufgeladen hatte. Ich hätte es verstehen können, wenn er die Schuld geteilt hätte, mir die Hälfte oder auch Zweidrittel, und meiner Mutter den Rest. Er aber multiplizierte die Schuld mit zwei, um jedem von uns den vollen Teil zuschieben zu können, das war doch zumindest rechnerisch nicht in Ordnung. Zum Glück beteiligten sich an der Zerstörung des Hauses, wie ich oft genug hören konnte, auch die Mietparteien nach Kräften. Wenn das Haus eines Tages endlich zusammenbrechen würde, was ich nach Onkel Gallus' Reden immer für unmittelbar bevorstehend hielt und sogar nachts davon träumte, würde ich nicht allein den Zusammenbruch dieses schönen Hauses bewirkt haben, durch eine mir selbst unbegreifliche Zerstörungskraft.

Oh ja, der Großvater Kristlein hat seine Söhne zu vollkommenen Hausbesitzern erzogen. Ein Mensch ohne eigene Haustür ist zu allem fähig, habe er immer gesagt.

Ich verschnaufte und starrte das makellose weiße Emailleschild des Dr. Gallus Kristlein an, das wahrscheinlich ebenso makellos hier glänzen würde, auch wenn es nicht ein Jahrzehnt in einer Schublade in eine Serviette gewickelt hätte verbringen müssen, weil der Vorname um eine Silbe zu altmodisch gewesen war. Die Buchstaben verschwammen mir vor den Augen, ich zog mich, mit mehr Anstrengung als Münchhausen sich aus seinem Sumpfe gezogen hat, an meiner Nase aus der düsteren Meditation über das Emailleschild und drehte, auch das war anstrengend, aber das war schon vor zwanzig Jahren anstrengend gewesen, und immer mit Herzklopfen und in den Schläfen trommelnden Pulsen verbunden, drehte an dem kleinen immer noch rostfreien Halbmond der Klingel.

Die Kette rasselte herab, weit ging die Tür auf und Onkel Gallus streckte beide Hände nach meiner Rechten und schüttelte sie, daß meine Narbe unterm Korsett wieder zu wackeln und zu scheuern begann. Seine dicke Oberlippe hatte sich von den schräg vorstehenden und weit auseinanderliegenden großen Zähnen geschoben, er schien sich zu freuen. Daß auch das noch einen grimmigen Eindruck machte, lag wirklich nur an diesem Wolfsgebiß, von dem noch kein Zahn zu versagen gewagt hatte. Na ja, die Gepäckmärsche. Und dann hatte er als Fächer immer so gesunderhaltende Fächer wie Biologie und Tennis, nein, nicht Tennis, wie komme ich jetzt bloß auf Tennis? Biologie und Turnen hatte er gegeben.

natürlich, und im Krieg, wo in Deutschland, mit Ausnahme der Saboteure, immer alle zusammenhelfen, im Krieg auch noch Geographie, Geschichte und Chemie. Wer die eckigen, gewissermaßen manieriert sportlichen Bewegungen seiner kleinen kernigen Figur genau beobachtete, konnte bemerken, daß auch er nicht verschont geblieben war von der Deformation, die jeder lebenslängliche Beruf mit sich bringt, und die die Lehrer schlimmer heimsucht als andere, weil sie bei ihnen zuerst den Geist entstellt, der sich dann den Körper nach seinem Bilde krümmt. Der in der Erfindung von Spitznamen zutiefst korrekte Instinkt der Schüler hatte ihm den Spitznamen Bisteps verliehen, eine naheliegende Kontamination aus Bizeps und Steps. Kein Mensch hat je Onkel Gallus' Hände an den Oberschenkeln lose entlangschlenkern gesehen, immer standen sie straff an den gespannt angewinkelten Armen, eine Armhaltung, die man bei Catchern sieht und bei anderen Leuten, die frontal auf etwas zugehen, was sie gleich unter voller Anwendung ihrer Körperkraft aufheben, umstürzen, oder in die Luft werfen wollen. So war Onkel Gallus auf das Katheder zugegangen, auf die Bank, in der ein Schüler gelacht hatte, so hatte er sich aber auch einem Fensterflügel genähert, wenn der zu klappern begonnen hatte, weil ein Reiber heruntergerutscht war. Der Eindruck, daß er alles mit einer ganz unangemessenen Kraftentfaltung betrieb, mochte vor allem von seinem Gang herrühren. Er hat wohl in den siebzig Jahren seines Lebens weniger Absätze verbraucht als je ein Mensch vor ihm. Und je älter er wurde, desto mehr schien er es zu hassen, sich beim Gehen leger der Absätze zu bedienen. Es war eine Qual, ihm zuzuschauen, wie er jetzt vor mir ins Wohnzimmer ging, die Sohlen jedesmal aufsetzte wie ein Flugzeug, das eine Bauchlandung macht, jeder Schritt ein Abbremsen, das je nach der Bodenbeschaffenheit, ein knirschendes, kratzendes, schabendes oder seufzendes Bremsgeräusch erzeugte. Es ist auch möglich, daß seine Art zu gehen eine entartete Erinnerung an das Stadion war: der Gang der Sportler von den Umkleidekabinen quer über den Rasen zur Aschenbahn, zum Startplatz; wir sollen merken: das Gehen ist bei ihnen so wichtig wie bei uns anderen Menschen die Träume.

Meine Mutter saß am Tisch des Eßzimmers, in das kein irgendwie ästimierter Besucher geführt wurde. Die Bodendielen, auch aus Onkel Arthurs Holzlager, sahen mich unverändert aus ihren Astaugen an. Wie die meisten Wohnungen, die nur noch von älteren Leuten bewohnt werden, hatte auch diese ihren unverwechselbaren, sie von allen anderen Wohnungen unterscheidenden Geruch. Wer den Geruch einer solchen Wohnung in seine Bestandteile zerlegen wollte, müßte das Leben der Bewohner vollkommen erzählen, ihre Jugendträume, Krankheiten, ihren Erstkommunionstag, ihre Wanderungen, ihre Sünden, ihre Lieblingsworte, ihre Gebete und ihre Abneigungen, denn im Laufe der Zeit wird alles zu Geruch. Vor ein paar Jahren hatte Onkel Gallus allerdings der diskreten Versammlung der Lebensgerüche einen schweren Schlag versetzt, damals, als er plötzlich um seine Beweglichkeit zu fürchten begann und Einreibe-Mittel kaufte, wo immer er sie fand, bis er sich dann auf Ponkratzin festgelegt hatte, dessen durchdringend scharfer Geruch seitdem alle anderen Gerüche unterjochte. In diesem Geruch lebten die beiden noch immer.

Im Augenblick schien gerade kein Streit geherrscht zu haben. Meine Mutter saß steif vor der großen Legende, ihrem einzigen Buch, in dem sie seit eh und je las, immer in dieser Haltung, in der ein Richter ernst vor einem Todesurteil sitzt, das er noch einmal überprüft, bevor er es laut vorliest, in jener Haltung eben, in der jemand, der nicht viel liest, vor einem Buch sitzt, und dazu noch vor einem solchen in Schweinsleder gebundenen Heiligenbuch. Vielleicht sollte ich, um die herbe Eintracht, in der die beiden lebten, verständlicher zu machen, noch mitteilen, daß meine Mutter einen halben Kopf größer war als Onkel Gallus.

Onkel Gallus präsentierte mich meiner Mutter, als habe er mich gerade unter Gefährdung seines eigenen Lebens den Ärzten entrissen und aus dem Krankenhaus befreit. Meine Mutter sah mich an, wie mich Edmund angesehen hatte. Dann sagte sie, ich hätte gewiß Hunger und rannte in die Küche.

Onkel Gallus steppte energisch ins Wohnzimmer, in dem sein seit vierzig Jahren neuer Schreibtisch stand, und kam zurück mit einer Flasche Wacholderlikör, der zuhause in Ramsegg schon den durchziehenden Römern angeboten worden war, und dessen Herstellung jetzt meinem Vetter Arthur, Onkel Arthurs Sohn, oblag. Die Verwandten waren verpflichtet, diesen widerlich scharfsüßen Likör zu beziehen. Ich verzog mein Gesicht zu einer Grimasse schmerzlichen Bedauerns und sagte, leider leider sei mir vorerst jeglicher Alkoholkonsum strengstens untersagt.

Über der Seite, die meine Mutter gerade gelesen hatte, stand: *Von Sanct Marina*. Ich blätterte um, überflog ein paar Zeilen. *Es war aber am 18. Juni, da sie starb*, also heute, heute vor neunhundert oder siebzehnhundert oder achtzehnhundert Jahren. Daß dieser Tag vielleicht nur im julianischen Kalender der 18. Juni war und also, genau genommen, Marina gar nicht die Heilige dieses Tages war, hätte meine Mutter, wenn man sie darauf aufmerksam gemacht hätte, sicher beunruhigt, sie wollte an jedem Tag ihre Begegnung mit dem Heiligen haben, der wirklich an diesem Tag dran war. Marina, die Dulderin und Märtyrerin bei Lebzeiten, ja, ich erinnerte mich, sie hat keinen gruseligen christlichen

Heldentod gehabt. Ich spürte, wie mein Zeigefinger wieder trocken und spröde wurde wie früher beim Umblättern der mürben gelbbraunen Seiten der Legenda Aurea des Jacobus de Voragine, des Predigermönchs und achten Erzbischofs der Stadt Genua, in dessen Buch ich länger und aufmerksamer gelesen habe als je in einem anderen Buch nachher, obwohl mir diese dürre Zeigefingerkuppe immer zuwider war. Jedes Mal vor dem Umblättern leckte ich die Kuppe sorgfältig naß, weil ich lieber den leeren und doch schal süßen Papiergeschmack auf der Zunge in Kauf nahm als das Schaben der dürren Fingerkuppe auf dem ebenso dürren Papier. Und von Seite zu Seite waren die Lippen spröder und rissiger geworden vom Papierstaub, der beim Fingerlecken daran hängen blieb.

Die Marina war wahrscheinlich eine Lieblingsheilige meiner Mutter, sie ließ Vergleiche zu, schwebte nicht auf einer Wolke aus Blut und glorreicher Überwindung rasch in den Himmel empor, sondern bot ein Leben an und dar, das genau jenes Übermaß an Selbstverleugnung enthielt, das nötig war, um meine Mutter zu trösten und ihre Unersättlichkeit im Suchen nach einem Sinn für jede alltägliche Kleinigkeit für ein paar Tage zu befriedigen. Marina war nämlich von ihrem Vater, der sie als Mann verkleidet hatte, mit ins Kloster genommen worden und lebte dort als Mönch Marinus. Dem Vater hatte sie, bevor er starb, versprechen müssen, nie zu verraten, daß sie eine Frau sei. Und man kann nicht anders sagen, als daß es sich schließlich begab, daß eine Wirtstochter, die ledig war, aber schwanger, daß die behauptete, ihr sei vom Mönch Marinus Gewalt angetan worden. Marina hatte nämlich, wenn sie mit dem Ochsengespann Holz für das Kloster fuhr, bei dem Wirt, dessen Tochter jetzt schwanger war, des öfteren übernachtet. Der Mönch Marinus wehrte sich nicht gegen die Anklage, wurde aus dem Kloster ausgestoßen, das Kind wurde ihm aufgehalst und die beiden lebten vor den Klosterpforten vom Betteln, bis Marinus starb. Bei der Zurichtung für die Beerdigung stellte es sich dann offensichtlich heraus, daß Marina gar nicht das Zeug hatte, jenes Kindes Vater zu sein. Also Wehklagen, bußfertige Bestürzung und andächtige Bewunderung am Grab der Dulderin, und auch gleich ein ganzes Schock eindrucksvoller Wunder, in denen allerdings die in diesem demütigen Leben gesammelte Kraft doch wieder denen zugutekam, die die Dulderin vorher verachtet und geächtet hatten.

Mir hatten Heilige von Sanct Marinas Art früher nicht so arg imponiert. Ich zog die Geschichte des Sebastian vor, der mit Pfeilen beschossen wurde, daß er bespickt war wie ein Igel, und der doch schon am nächsten Tag wieder heil vor dem Kaiser erschien. Das las ich viel lieber als etwa die sanfte Biographie des frommen Nikolaus, der seinem Nachbarn nachts Goldklumpen in den Garten warf, am Morgen zu früh in die Kirche kam und deshalb Bischof wurde und schließlich eines süßen Todes verstarb, um in einem Grab aus Marmelstein unangefochtene ewige Ruhe zu finden. Da waren doch die Qualen des Hauptmanns Longinus, dem die Heiden die Zähne mit Bleikugeln einschlugen und ihm die Zunge herausschnitten, eine tiefere, wenn auch traurige Ergötzung. Und welch ein Triumph, wenn er dann ohne Zunge zu sprechen begann! Welcher war das bloß, dem sie heißes Pech und siedendes Öl und glühend flüssiges Blei in den Mund gossen, und er hat doch gesungen? Am Ende blieb den armen Heiden dann meistens bloß noch das Schwert, Kopf ab, und selbst dann konnte noch plötzlich etwas ganz Wunderbares geschehen. Die erste Frau, von der ich geträumt hatte, war natürlich auch eine Heilige gewesen. Sanct Maria Aegyptiaca, die mit zwölf Jahren in die von böser Weisheit und schönem Laster glühende Stadt Alexandria kam, in eine Stadt, in der alle Füße nackt und alle Köpfe verhüllt waren. Siebzehn Jahre lang hatte sich die Ägypterin ein schlimmes Leben erlaubt, bis sie dann mit einem Pilgerschiff ins Heilige Land fuhr. Das Fährgeld allerdings bezahlte sie noch mit ihrem Leib, denn sie hatte offensichtlich nichts erspart. Dann aber lebte sie siebenundvierzig Jahre von drei Broten in der Wüste jenseits des Jordans, und es hat mir einen tiefen Eindruck gemacht und mich auch mit schlimmen Vorahnungen erfüllt, daß sie dem Abt Zosima erzählte, siebzehn Jahre sei sie in der Wüste noch von fleischlicher Anfechtung gepeinigt worden. Siebzehn Jahre.

Das darfst Du sicher essen, sagte meine Mutter, als sie einen Teller, ausgelegt mit blasser Wurst, weichem Käse und geschlitzten Radieschen, vor mich hinstellte. Immer noch wie in Ramsegg wurde einem hier ein Vesper serviert, das man nun essen sollte vor den Augen der vor einem sitzenden Gastgeber, die selbst nichts aßen, denn es war noch nicht Essenszeit, und selbst wenn Essenszeit gewesen wäre, so wird bei den Kristleins gewartet, bis der Gast wieder fort ist, oder zumindest, bis er gegessen hat, dann erst setzt man sich selbst zu Tisch und ißt, wenn er noch da ist, vor seinen Augen etwas, was sich sofort und deutlich als etwas Schlechteres erweist.

Onkel Gallus hatte mit dem Wacholder-Likör auch ein paar Briefe gebracht, die ich jetzt lesen mußte, um ihm, wie er sagte, einen Rat zu geben. Aber ich sah schon nach den ersten Zeilen, die ich während des Essens las, daß er mir vor allem zeigen wollte, was ein Hausbesitzer heute durchzumachen habe und welche Mühe es koste, ein Haus trotz der Mieter so im Schuß zu halten.

Betreffs: Beschwerde der Frau Trautwein.

Nehmen Sie mein Schreiben als bare Münze zu Ihrer Kenntnis.

Frau Trautwein hat sich bei Ihnen beschwert, der Waschkessel wäre abgeplatzt und der Übeltäter wäre ich. Jeder Dieb ruft, haltet den Dieb. Trautweins brennen nämlich nur mit Holz. Nun stellen Sie sich die Hitze vor, die das gibt unter dem Kessel und nun wird das Wasser in die Badewanne geschöpft und die Glut ist da noch drunter, was da wohl bei raus kommt, wenn wieder kaltes Wasser kommt. Wir haben einen kleinen Zinkkessel, gleich nach der Austreibung angeschafft, und ist noch gut, wo ich da dauernd Lauge drin habe. Also vom Einweichen kommt es bestimmt nicht. Und dann gleich meinen Mann angeschrieen: jetzt wollen alle was gehabt haben, die von dort kommen. Nicht einmal ein Scheißhaus habt ihr gehabt. Womit sie ihren anmaßenden Charakter wohl gezeigt hat. Ich mußte meinen Mann schön zurückhalten. Ihren Kindern hat sie sogar beigebracht, meine Kinder zu verprügeln. In der Annahme, daß Sie dafür Verständnis haben, grüße ich Sie . . .

Den zweiten, dritten und vierten Brief überlas ich nur flüchtig, weil ich einsah, daß ich den genauen Sachverhalt auch durch noch so sorgfältiges Buchstabieren dieser Streitbriefe nicht begreifen würde. Meine Mutter sagte, man könne keinem Recht geben, aber die Flüchtlinge seien eben doch eine besondere Rasse. Kennst Du den Witz von dem Mond und dem Flüchtling? fragte Onkel Gallus.

Wie konnte ich Onkel Gallus aus dem Zimmer schicken? Meine Mutter mußte mir doch zweihundert Mark leihen. Den Rest konnte ich abends noch bei Josef-Heinrich, Justus, Ludwig oder Erich zusammenpumpen. Anna würde ich nur sehr ungern in Anspruch nehmen. Anna war geizig. Daß er das Geld in drei oder fünf Wochen wieder bekommen wird, ist für einen Geizigen ein Abstraktum, er kann sich das in dem Augenblick, da er Geld aus der Hand gibt, einfach nicht vorstellen, weil er in diesem Augenblick ganz traurig und niedergeschlagen ist, blockiert von dem entsetzlichen Ereignis, daß er soviel Geld auf einmal aus der Hand gibt.

Es ist für ihn, als sagte seine Frau zu ihm, bitte laß mich die nächste Nacht mit Deinem Freund gehen, ich komme morgen zu Dir zurück und wenn ich wieder bei Dir bin, denke ich nicht mehr an ihn. Der Geizige ist dem Geld gegenüber feinfühliger als andere Menschen. Für ihn ist jeder Schein, jede Münze ein von allen anderen Scheinen und Münzen deutlich unterscheidbares Wesen, ein Individuum; und er weiß, daß er diesen Schein und diese Münze nie mehr zurückbekommen wird. Wenn er schon unter der Erde faulen wird, werden dieser Schein und diese Münze treulos von Hand zu Hand kursieren, bloß weil er sie jetzt wegleihen soll.

Mir zuliebe würde Anna ihren Geiz schon überwinden; solange wenigstens als ich bei ihr wäre, um das Geld zu holen. Eine Stunde später allerdings würde sie zu weinen beginnen, oder zu fluchen, zumindest würde sie mich anrufen und mir Vorwürfe machen, Vorwürfe, die nichts mit Geld zu tun hatten; an den Haaren herbeigezogene Geschichten würde sie erzählen; plötzlich würde sie sich ganz genau daran erinnern, daß ich ihr vor einem halben Jahr im Corso nicht in den Mantel geholfen habe, ich sei einfach auf die Tür zugerannt und hätte dort mit abgewandtem Gesicht gewartet, bis sie nachgekommen sei; wie eine Hure habe sie, von allen Blicken verfolgt, mir nachlaufen müssen; und warum ich ihr nicht gesagt hätte, daß ich sie in dem Film mit Horst schlecht fände; sie habe es doch an Edmunds Gesicht genau bemerkt, daß ich sie schlecht gefunden habe ... Man mußte sie dann einfach reden lassen. Sie wußte selbst nicht, daß diese längst vergangenen und wahrscheinlich auch ganz anders verlaufenen Geschichtchen nur deshalb in ihr auftauchten, weil sie mir Geld geliehen hatte und sich nun rächen mußte für den Schmerz, den ihr das bereitet hatte. Selbst der heilige Franziskus hätte diesen Ausbrüchen nur mit immer kälter werdendem Lächeln beiwohnen können.

Noch deutlicher wurde es, daß Onkel Gallus' maniert sportliche Bewegungen, seine eigensinnige Kraftprotzerei nur noch eine greisenhafte Verkrampfung waren, als er mich bat, im derzeit schwelenden Hauskrieg eine Art Hammerskjöld-Rolle zu übernehmen. Ich lehnte vorsichtig ab und sagte, es sei doch sinnlos, in einen Kampf einzugreifen, der nun schon seit Adam und Eva in allen Häusern geführt werde und der für die jeweils Beteiligten erst durch ihren Tod beendet werden könne. Für ganz verkehrt hielte ich es, jeden aufflammenden Konflikt so rasch als möglich zu beenden. Dadurch verbrauchten die Kämpfer zu wenig Kraft, seien also fähig, sofort wieder einen neuen Konflikt zu entfachen, der noch heftiger werde als der vorhergehende, weil er nicht nur die ihm gewissermaßen angemessene Erbitterung auslöse, sondern auch noch die Streit-Kräfte wieder mobilisiere, die beim zu früh abgewürgten vorhergehenden Konflikt nicht zum Einsatz und Verbrauch hatten kommen können. So wenn man verfahre, müßten natürlich die Hauskonflikte von Mal zu Mal schlimmer werden, da durch die verfrühten Schlichtungen immer zuviel Kraft übrig bleibe, immer mehr Zündstoff sich anhäufe. Wenn dann eines Tages das Haus ganz einfach in die Luft fliege, müsse man sich nicht wundern.

Onkel Gallus hatte mir noch nie so zugehört. Sein Mund stand halb offen. Er kam nicht mehr mit. Meine Mutter sah mich stolz an. Für sie muß es ein großer Augenblick gewesen sein. Onkel Gallus fragte mich um Rat und ich gab Onkel Gallus meinen Rat und Onkel Gallus nimmt meinen Rat an und sagt: ja, ja, da hast Du recht. Das ist Wachablösung, Regierungswechsel, ob promoviert oder nicht, spielt jetzt keine Rolle mehr, Gallus ist ausgepunktet.

Frau Runge muß ein schönes Mädchen gewesen sein, irgendwo in Oberschlesien, Dialekt nicht so angenehm, aber doch angenehmer als der der Trautwein; eigentlich hätte ich etwas gegen die sagen sollen. Jetzt wird weitergestritten, weil ich Gallus keinen Schiedsspruch souffliere. Vielleicht rennt er dann, aufflackernd vor Herz-Nervosität, doch hinunter, schreit irgendetwas in die Wohnungen hinein, was die Familien dann wütend und bekümmert abendelang besprechen müssen. Das ist ihr Leben. Schiedssprüche von Onkel Gallus erwarten. Schicksale, durcheinandergerankt wie die blassen Triebe der Winterkartoffeln. Ich liefere eine Pauschaltheorie. Ein strategisches Fresko, das Gallus nicht auf die kleinen Zimmerwände übertragen kann.

Onkel Gallus fühlte sich jetzt verpflichtet, Geständnisse über seine mangelhafte Gesundheit zu machen. Um fünf Uhr morgens wache er auf und könne dann nicht mehr einschlafen. Fünf Uhr, sechs Uhr, sieben Uhr, acht Uhr, die Decke anschauen, die er seit vierzig Jahren kennt? Triumphe der Vergangenheit nachbuchstabieren? was tat er bloß so lang in seinem Bett? Hitlers Gesicht, der Glanz der Stiefel, das Kommandogeheul der Vergangenheit, Sonne auf Sonntagmorgenplätzen, braunes, zackig bewegtes Carré, der Lorbeergeruch ums Rednerpult, Heldengedenkfeiern und Schuljahrsbeginn, noch einmal das Moiragesicht aufsetzen, das er beim Notenkonvent trug, die kurzen Schenkel abfingern, probieren, ob der Unterschenkelstrecker noch funktioniert, die Route des täglichen Spaziergangs revidieren, steilere Wege planen, Inaktivitätsatrophien bekämpfen, sollte man nicht auch die Schultergelenke mit Ponkratzin einreiben? verspeiste Feinde aus dem Vormagen der Vergangenheit heraufwürgen und noch einmal gemütlich kauen, was tut von fünf bis sechs der Onkel Gallus bloß von sechs bis sieben ganz allein von sieben bis acht jeden Morgen in dem ihm seit dem ersten Weltkrieg bekannten Bett? Und Ohrensausen nach dem Treppensteigen. Jetzt konnte endlich meine Mutter wieder mitsprechen. Eitrige Mandelentzündungen, Herzschwächen, die Nerven, ja das ist schwer zu erklären, Juckpulver in den Adern, überall unter der Haut, es will einen, die Nerven, zur Decke, aber man kriegt kaum Luft, es kitzelt heiß überall, es ist schwer zu, die Nerven sind das Schlimmste.

Selbst wenn Gallus hinausgehen würde, vom Geld konnte ich jetzt nicht mehr anfangen. Wie hatte ich auch hoffen können, daß in dieser Wohnung noch von etwas anderem gesprochen werde als vom Haus, von den bösen Mietern und von Krankheiten. Ich würde gleich meine ganze Kraft brauchen, um auf die Klagen meiner Mutter so zu antworten, daß sie in dieser Antwort weder die Bestätigung aller ihrer eigenen Ängste, noch – wozu sie immer argwöhnisch bereit war – herzlose Kälte sehen konnte.

Der Halsnasenohren-Spezialist hatte gesagt, es sei besser, wenn sie in vier Wochen wieder komme, obwohl natürlich eine sofortige Tonsilloto ... schwindelnd verließ sie rasch das sich höher und höher türmende Fremdwort, eine sofortige Mandeloperation, meinte er, das beste wäre. Sie schilderte jede Bewegung des Spezialisten, jeden Satz, den er unvollendet gelassen hatte, wie er dabei die Schultern anhob, dann die Fäuste auf die Schreibtischplatte aufstützte, dann in die Knie ging, um die Augen in eine Ebene mit der spiegelnden Schreibtischplatte zu bringen, dabei habe er doch noch ein Stäubchen entdeckt, habe es weggeblasen, sei wieder in die Knie gegangen, um zu prüfen, ob es auch fortgeflogen sei, habe schließlich nach einem dicken Buch gegriffen (als habe man je von einem Arzt gehört, der in Gegenwart eines Laien nach einem dünnen Buch gegriffen hätte), habe lange lange darin geblättert, aber im Augenblick sei eine Operation vielleicht doch, da hatte er schon wieder einen Satz abgebrochen, und Dr. Sänger, der Hausarzt, habe sie bloß ausgelacht, nicht im Bett bleiben, das sei auch für das Herz das Beste, habe der gesagt, und nicht den ganzen Tag daran denken, das mit dem Herzen sei reine Einbildung, jetzt stell' Dir das vor, aber leider habe sie ihm nicht sagen können, daß Dr. Meer ihr ja ein Herzmittel verschrieben habe, und zwar nach einer gründlichen Untersuchung. Reine Einbildung! Den hätte sie schön blamieren können. Mit dem Herzmittel habe sie sich allerdings den Magen verdorben. Schließlich sei sie wieder zu Pankraz, dem Ramsegger Heilpraktiker gegangen, habe auch ihn gefragt, ob er eine Mandeloperation empfehlen würde, denn die Mandeln seien eben doch der Herd. Pankraz habe gesagt: natürlich, wenn ihr am Verrecken seid, dann kommt ihr zu mir. Man kenne Pankraz ja, er sei eben noch ein Naturmensch. Von der Operation halte er übrigens gar nichts, aber sie könne natürlich tun, was sie für richtig halte. Da siehst Du es, für mich will eben niemand mehr die Verantwortung übernehmen.

Wenn ich ihr rechtgebe, ist sie niedergeschlagen und erwartet in der nächsten Nacht ihren Tod. Widerspreche ich ihr, dann weint sie und sagt, mir sei es eben gleichgültig, wie es um sie stehe. Kaum sechzig, im Leiden geübt, und jetzt mürbe. Meinen Vater hat sie zwar nicht vor dem Schlimmsten bewahrt, aber allem Vernehmen nach hat sie das Schlimmste immer wieder mutig hinausgeschoben. Jetzt ein Genist von Einbildungen. Untröstlich, trotz ihres felsenfesten Glaubens. Unfähig, an das Sterben anders als zitternd und jammernd zu denken, und doch sich sehnend nach der Erlösung von der Misere mit Gallus, den Mietern und den Ärzten. Aber lieber würde sie noch vierzig Jahre in Schmerzen um jeden Happen Luft jappsen als sich morgen vormittag hinlegen und in einem einzigen Augenblick in die ewige Seligkeit eingehen.

Legendenleserin, die sich täglich mindestens einen grauenvollen Tod ernst und intim zu Herzen nimmt.

Onkel Gallus, der gerne von seinen eigenen Krankheiten geplaudert hätte, rächte sich und wiederholte das Urteil Dr. Sängers: alles bloß Einbildungen, im Grunde kerngesund, allenfalls Larynx und Tonsillen als loci minoris resistentiae, na bitte.

Meine Mutter sah mich mädchenhaft an, wie sie vielleicht als Fünfundzwanzigjährige meinen Vater angeschaut hat, wenn sie vorlaut eines der Kristleinschen Familientabus verletzt hatte und nun, von den Schwägern bedrängt, bei meinem Vater Hilfe suchte.

Was sollte ich sagen? An Gemeinplätzen mangelte es mir nicht. Aber eine eingebildete Herzkrankheit war wahrscheinlich nicht angenehmer als eine organische. Überhaupt diese Unterscheidung. Erinnerte an Lüge und Wahrheit. Als wären das nicht bloß zwei recht und schlecht gelungene Wegmarken in der Seelengeographie, wie etwa oben und unten und links und rechts in der räumlichen Welt. Offensichtlich glaubt man, Lüge und Wahrheit seien nicht bloß Benennungen, sondern die Welt selbst zerfalle in ihrem Innersten in Lüge und Wahrheit. Meine Mutter eine mitleidsüchtige Simulantin, der man ins Gewissen reden muß. Als sei einer, der sich Krankheiten einbildet, bloß ein böser oder irregeleiteter Gesunder. Aber recht geben durfte ich ihr auch nicht. Ich mußte gehen. Sie heftete sich wieder an mich mit ihrem ganzen Kram. Dies ist nicht meine Wohnung. Hier ist nichts mehr zu ändern. Das Leben dieser beiden wird jeden Tag noch ein bißchen schlimmer werden, bis sie kraftlos genug sind, einander in Ruhe zu lassen. In ein Sanatorium kann ich sie nicht schicken, das kostet zuviel. Also auch keine Möglichkeit, von Geld zu sprechen. Bloß noch nach einer Formulierung suchen, die meinen Aufbruch notwendig erscheinen läßt.

Onkel Gallus zitierte nicht bloß die ihm aus dem Herzen gesprochenen Urteile des Grobians Dr. Sänger, er gab auch eine pädagogisch wirkungsvolle Kurzfassung von seines Neffen Dietrich Kristlein schlimmem Schicksal. Da mußte meine Mutter ihren Anspruch auf ein schweres Geschick doch zurückziehen. Sie hatte zwar nicht immer Appetit, mußte sich nachts zuweilen für eine Stunde auf die Bettkante setzen, um wieder Luft zu bekommen, wurde alle vier Wochen von einer Mandelentzündung geplagt und durfte sich nur noch vorsichtig bücken, weil sie sonst, wie sie beteuerte, nicht mehr hochkam, aber, aber, wetterte Onkel Gallus, was ist das alles gegen Dietrich, seines Bruders Arthur zweiten Sohn, der seit dreißig Jahren dahinsiecht, der zuerst sechs volle Jahre im Krankenhaus lag, der auch jetzt noch nicht fähig ist, länger als eine Stunde am Tag auf zu sein, der mit Hühnerschritten in einer Stunde einmal quer durchs Zimmer kommt, und all das ohne eigene Schuld, einfach weil er eine Böhmin geheiratet hat, eine Sudetendeutsche, sagt man jetzt wohl, die ihn vergiftete, mit Arsen, bloß ein Gran hat gefehlt. Und Onkel Gallus sagte wie alle in der Familie, es wäre besser, sie und ihr Italiener hätten die Dosis, die sie Dietrich in Amerika verabreichten, in Nampa, Idaho, wohin er von Onkel Paul im Jahre 1921 gerufen worden war, wo ihm Onkel Paul eine Zahnarztpraxis einrichtete, sie hätten die Dosis reichlicher bemessen, dann hätte der arme Dietrich längst seine Ruhe.

Ich hütete mich, jetzt wieder darauf hinzuweisen, es gebe keinen Beweis dafür, daß die Böhmin Dietrich vergiftet habe.

Ich hatte zu oft miterlebt, was denen blühte, die die Böhmin verteidigen wollten. Wenn ein Vetter oder eine Cousine heiratete, bereitete sich die Familie Kristlein vor, den Neuling in den Clan aufzunehmen. Dazu gehörte auch, daß man dem Neuling die bis in den Wortlaut hinein festgelegte Erzählung von Dietrichs abenteuerlich grauenvollem Schicksal vortrug. Ergriff der Neuling Partei für die Böhmin, sagte er etwa: da man den Fall nicht untersucht habe, dürfe man doch nicht einen so schweren Verdacht ... (viel weiter kam er nicht), dann wurde er zuerst höflich verwarnt. Versuchte er aber ein zweites Mal den edlen Unvoreingenommenen zu spielen, brach man das Gespräch mit ihm ab.

Nun scheint es, als sei die Familie ganz versessen darauf, das Opfer eines matrimonialen Giftmordversuchs in ihren Reihen zu haben. Aber wahrscheinlich spielten dabei auch Erbüberlegungen eine Rolle, denn jene Böhmin war, acht Jahre nachdem Dietrich zurückgebracht worden war, auch wieder herübergekommen, mit seinen zwei Söhnen; sie hatte zwar wieder geheiratet, aber sie hatte sich schon, wie es hieß, recht unverschämt nach den Erbaussichten für ihre Söhne erkundigt. Und es war verständlich, daß Onkel Arthur davon nichts wissen wollte, weil er doch im Jahre 1931 eine Krankenschwester hinüberschicken mußte für teures Geld, bloß weil die Schwiegertochter sich damals geweigert hatte, mit dem kranken Dietrich heimzufahren. Und als der sich im Jahre 39 nach Le Havre transportieren ließ, um sie abzuholen, da war sie an seinem

Rollstuhl vorbeigegangen mit ihren Verwandten, die inzwischen Reichsdeutsche geworden waren, und hatte bloß gesagt: was willst denn Du da. Die Söhne, um derentwillen Dietrich sich von Ramsegg bis nach Le Havre gequält hatte, haben nicht erfahren, daß der Mann im Rollstuhl ihr Vater war.

Ich war Onkel Gallus dankbar für den lauten und langatmigen Hinweis auf Vetter Dietrich und stellte auch gleich die in der Familie immer mögliche und erwartete Frage: wie geht es denn Dietrich jetzt? Seit dreißig Jahren ist diese Frage im Schwang. Wahrscheinlich war sie in den Jahren, als sie noch sinnvoll war, als man noch auf Veränderung hoffen konnte, so oft gestellt worden, daß man sie auch danach, als längst bekannt war, wie wenig sich jetzt noch an Dietrichs Zustand ändern würde, einfach beibehalten hat. Sie war bei Verwandtengesprächen schlechterdings unentbehrlich geworden, ganz abgesehen davon, daß in Gegenwart von Neulingen und Fremden jeder gerne die Rolle übernahm, diese Frage zu beantworten, um sie dann als eine Aufforderung zu benutzen, den Fremden Dietrichs ergreifendes Schicksal vorzutragen. Es war sogar schon zu Konflikten zwischen Tante Magda und Agnes, das war Vetter Arthurs Frau, gekommen, weil Tante Magda während eines Neujahrskaffees, der gleichzeitig einer Verlobung den Rahmen gab, dagegen protestierte, daß schon wieder Agnes Dietrichs Ballade darbieten dürfe. Agnes entgegnete, schließlich lebe Dietrich in ihrem Hause, sie habe die ganze Arbeit mit ihm. Eine der Frauen meiner zahlreichen Vettern, wahrscheinlich eine, die diese Rolle weder Agnes noch Tante Magda gönnte, machte den Vorschlag, man solle doch Dietrich selbst fragen, wer sein Leben erzählen dürfe. Dietrich, der im gleichen Zimmer saß, arbeitete sich mit seinem Rollstuhl vom Fenster bis zum Tisch; zuerst mußte man ihm das Brett abnehmen, das man quer vor ihn auf die Armlehnen gelegt hatte, um ihm auch Kaffee und Kuchen zukommen zu lassen, dann fragte er, was los sei, und schließlich entschied er grinsend, daß natürlich Agnes am besten Bescheid wisse. Nun war aber jedem klar, daß Agnes den wichtigsten Teil seines Lebens auch nur vom Hörensagen kannte. Aber wahrscheinlich wollte Dietrich seiner Herrin, deren Stimmungen er Tag für Tag ausgeliefert war, durch diese Entscheidung einen Gefallen tun; das konnte ihm zumindest in der Woche darauf das Leben ein bißchen erleichtern. Während also Agnes triumphierend begann, den Text seiner Vita vorzutragen, lehnte er sich zurück und nickte an den wichtigsten Stellen so heftig als er es vermochte, um den anderen immer wieder zu beweisen, daß dieser Vortrag ganz und gar authentisch sei.

Ich hatte zum ersten Mal Zweifel bekommen an dieser im Schwange befindlichen Darstellung seines Lebens, als ich Onkel Pauls Briefe gelesen hatte. Kaum hatte der arme Onkel Paul seinem Neffen das Plätzchen warm gemacht, da hatte der ihm, um auch etwas für ihn zu tun, alle alle Zähne gezogen. Nun wird den Kristleins in Ramsegg zwar eine blasse Haut nachgesagt, aber Zähne haben wir, daß jeder Zahnarzt alle Hoffnung begraben muß, wenn ein Kristlein seine Lippen von den marmornen Zahnreihen nimmt, die dastehen wie ein Paraderegiment, das noch nie eine Schlacht gesehen hat. Kann sein, daß der arme Onkel Paul da und dort ein kariöses Tüpfchen hatte, weil er doch viele Jahrzehnte alles Familiäre und das heimatliche Obst und Wasser im tiefsten Amerika hat entbehren müssen, aber ritsch-ratsch raus damit, das ist eine dentistische Infamie, die zwar nicht einmalig ist, die man aber einem leibhaftigen Neffen doch übelnehmen muß. Und das Gebiß, das ihm der unfertige Dietrich in den schrecklich gerodeten Mund zwängte, hin-

derte den armen Onkel Paul an allem, außer am Briefe-
schreiben, da legte er es nämlich, wie er mitteilte, ins Glas.
Ich vermute, daß dieses Gebiß eine Rolle gespielt hat bei
der Zerrüttung der Ehe des armen Onkels und bei seiner
eigenen Zerrüttung nicht minder. Aber auf Dietrich selbst
lag so wenig Segen wie auf seinen in Onkel Pauls Mund
herumwütenden Händen. Die Böhmin wurde sein Schicksal. Die Böhmin und ihr Italiener. Der Osten und der
Süden, also auch im fernen Westen Amerikas ein durchaus
deutsches Schicksal. Arsen ist dafür wahrscheinlich bloß
eine Abkürzung. Und jetzt züchtet er Meerschweinchen,
als armer Vetter Dietrich, der sogar dem armen Onkel Paul
seinen Armutsrang streitig machen könnte. Eine Stunde
kann er täglich auf eigenen Füßen stehen, und da steht er
vor den langen Stallfluchten seiner Meerschweinchenzucht,
beobachtet liebevoll ihre Vermehrung, macht sich Gedanken, wo er demnächst, um Inzucht zu vermeiden, neue
Zuchtweibchen kaufen könnte, wartet geduldig den Sommer durch, wenn in den Laboratorien der Anstalt Hellmannsau die Experimentierlust zu erlahmen scheint, wartet und züchtet, weil er aus Erfahrung weiß, nach Weihnachten wollen sie's dann gleich wieder kistenweise, er hat
eben auch ein Stoßgeschäft, seufzt er, und stellt sich darauf
ein. Aber er muß sich seines Auskommens wegen keine
Sorgen machen. Die Ärzte in der Heil- und Pflegeanstalt
Hellmannsau machen ihre Versuche jetzt nicht mehr an
ihren Pfleglingen, zu denen ehedem auch der arme Onkel
Paul gehörte.

Nach jahrelangem Betteln war Onkel Paul endlich vom
State's Oregon Hospital herübergeschafft worden über den
Ozean, quer durch Europa bis in das freundlich im obe-
ren Margental gelegene, Ramsegg so nahe Hellmannsau.
Wie lange er sein schwermütiges Irresein dort noch

getragen hat, ist nie genau zu erfahren gewesen. Offensichtlich hat man ihn schon bald gebraucht zu einem Versuch, der nicht ganz gut ausgegangen sein kann, denn danach gab es den armen Onkel Paul nicht mehr. Nun ist man dort und anderswo wieder zu Fröschen, weißen Mäusen, Kanarienvögeln und Meerschweinchen zurückgekehrt, und wenigstens an den Meerschweinchen soll es nicht fehlen, dafür sorgt mein Vetter Dietrich so gewissenhaft, als sei die Familie Kristlein der Anstalt Hellmannsau Versuchsobjekte schuldig; und da nach Onkel Paul niemand mehr bereit sei, sich zur Verfügung stellen zu lassen, helfe er, daß auch ja die Experimente nicht eingestellt werden müßten, eben vorerst mit seinen Meerschweinchen aus.

Meine Mutter war übrigens durch den Hinweis auf das traurige Paradeschicksal des armen Dietrich mehr als zur Besinnung gekommen. Es war schon das Beste, zu gehen, solange sie noch mit schlechtem Gewissen an Dietrichs Leiden dachte. Wenn in einer halben Stunde ihre eigenen Krankheiten sich wieder auf den Plan wagten, wenn sie wieder Kraft hatte, sich gegen Gallus zu wehren, dann würde ich nicht mehr so billig davonkommen. Also einen weltumspannenden Seufzer, der wird Dir abgenommen, denn schließlich hast Du auch ein paar Kapitel Krankengeschichte hinter Dir, und dann mit *Grüß-Gott* und: es wird schon wieder werden, rasch, aber unmerklich rasch, zur Tür hinaus, und in vorsichtigen Sprüngen die helle breite Treppe hinunter, die weder so hell ist, wie Du glaubst, und schon gar nicht so breit.

22

Rote Wolkenfahnen im gelben Himmel. Jetzt sind alle Frauen auf der Straße. Jeden Augenblick muß die Hitze nachlassen. Ich zerfiel in Richtungen, Teile, Schwere. Mein Hals naß. Vom Kragen nicht mehr zu befreien. Einiges von mir erreichte das Auto. Wie wenig man doch zum Autofahren braucht. Die Narbe, das große schräge Maul an meinem Bauch, jappte: jai-jai-jai-jai. Ich fuhr in glühende Schaufenster hinein. Die Kurve, an die niemand mehr geglaubt hat. Dafür, daß man sie nicht überfährt, beschimpfen einen die Fußgänger auch noch.

Wer liebt schon seine Mutter?

Widerwillig scheuchte ich Fußgänger in die Herde zurück. Wie ein Hund die törichten Schafe.

Man denkt an sie, wenn man etwas tut, was sie erfahren und nicht billigen könnte.

Raste kurz am Rand der Herde entlang. Kläffte verdrossen mit der Hupe.

Man kann ihr viel opfern. Aber deshalb haßt man sie eher als daß man sie liebt.

Unter dem Armbalken des Polizisten tauchte ich trunken hindurch, erinnerte ihn so, es sei Zeit, die Richtung zu ändern.

Sehnt man sich nach ihr?

Hinter mir Pfiffe.

Nimmt man das nächste Flugzeug, um rasch zu ihr zu kommen?

Ich bezahlte die zwei Mark ohne Widerspruch, und fuhr langsam davon.

Man fühlt sich verpflichtet, ihr zu schreiben. Nachrichten, in Geschenkpackungen abgefüllt. Und doch wirft Edmund mir vor, ich pendle immer noch an der Nabelschnur.

Er hat Schluß gemacht mit seinen Eltern. Was haben sie davon, wenn ich sie bloß noch anlüge, sagte er.

Sehr viel, hatte ich gesagt. Unsere Sonntagsbesuche, Zusammenkünfte, in der Atmosphäre eines Krankenzimmers, man ist herzlich, aber man schont einander, meine Mutter zeigt uns, daß sie uns nicht mit allem belästigen will, was sie durchgemacht hat seit dem letzten Besuch, die Krankheiten, Onkel Gallus, kein Mensch, mit dem sie sprechen kann, sie bettelt um pauschale Anteilnahme, sie will, daß wir dankbar sind für ihre tapfer verschwiegenen Kümmernisse, zu deren bloßer Erwähnung sie doch den halben Nachmittag braucht, wir zeigen Anteilnahme, spüren aber, daß wir zu wenig zeigen, wir bemühen uns heftiger, ihre Leiden mitzuempfinden, und wenn das nicht gelingen will, retten wir uns dadurch, daß wir mehr zeigen als wir empfinden, das ist anstrengend, ein Widerstand wächst in uns, ein Ärger gegen die, die zuviel von uns verlangt, wir könnten ihr das übelnehmen, aber wir beherrschen uns, es ist ja bald vorbei, sie will uns zwar nicht gehen lassen, aber schließlich werden wir hart und gehen und atmen auf, wenn wir im Auto sitzen und diesen Besuch auf der Heimfahrt scherzend kommentieren, als wären wir im Zoo oder in der Irrenanstalt gewesen. Wir sind zwar Mann und Frau, aber ganz wagen wir uns doch nicht einzugestehen, daß diese Besuche von Mal zu Mal anstrengender werden.

Die zwei Türme, von St. Georg, glühende Türme, Sekretäre des Himmels, beugten sich herab, um mir zu raten. Ich winkte ab.

Mein Kopf flog hoch, ich muß schon halb geschlafen haben, die Welt richtete sich wieder auf, und gerade noch rechtzeitig riß ich den Wagen an einer fülligen Schwarzen vorbei.

Das Trottoir fließt über, aber ich weigere mich, das

Trottoir mit meinem Kotflügel zu rasieren, lächerlich, das Trottoir einen Bürgersteig zu nennen, das Trottoir ist ein Tier mit tausend Schenkeln, Seidenbeinen, langen braunen Armen, mein Gott, Müdigkeit schützt vor Torheit nicht, Juni ist es schon, und jetzt wird es auch noch Abend, aber ein Bürgersteig ist das Trottoir nicht, die Treppe im Altersheim für Besserbemittelte, das ist ein Bürgersteig, wenn dieses Wort aus dem Klassen-Hühnerstall schon verwendet werden soll, im Cäcilienheim etwa, fragt den Geist meiner toten Tante Martha, die kennt den steilen Bürgersteig im Cäcilienheim, vom tiefen neunzehnten bis ins tiefste zwanzigste Jahrhundert hat sie dort sterbende Ministerialräte gewaschen, als Schwester Maria Veneranda im Namen Christi und um Gottes Lohn, und einer hat ihr, ohne Absicht wahrscheinlich, obwohl hohe Herrn gern Gesinde mitnehmen, seine Tb vererbt, da ist sie sogar noch den Tod ihrer Herrschaften gestorben, nach einem Leben bürgersteigauf – bürgersteigab, aber das Trottoir ist kein Bürgersteig, das Trottoir ist ein Fries des allergrößten Krieges, lange braune Arme, Seidenbeine und Gewippe aller grellen matten grellen hellen aufgezogenen hochgequetschten Brüste, Kinder, Kinder, sagt doch wenigstens, daß ihr schwitzt, nicht jetzt Göttinnen spielen, schließlich weiß ein jeder, wohin das Trottoir führt, ich werde das Trottoir Melitta nennen, zehn Stockwerke hoch im Aufzug am Steinweg allein mit Melitta, die Ewigkeit vergeht wie Zeit und ich habe kein Wort gesagt, sie aber hat wahrscheinlich gesagt: schön, daß es kühl wird, abends! Alissa muß Josef-Heinrichs elfte Verlobung schlucken, sie wird mich anschauen, als hätte ich gesagt, meine Mutter sei aus der Kirche ausgetreten, Alissa, Liebes, ich muß ins Hochhaus am Steinweg zu Josef-Heinrichs elfter Verlobung, das Trottoir ist doch auch unterwegs, schau die Geschlechtskarawane an, wo, meinst Du, zieht's die hin, Schlagzeugstöckelsolo en masse, Männerschuhe schlürfen Zwischenräume unterm Schenkeldickicht ein, Auto-Drum-Gebrumm und weil sich einer, zur Freude anderer, schlecht benimmt, quietschen schrill Reifen, stop, Pferdefrauenköpfe voll Frisuren wippen hoch, vibrieren, äugen, grinsen, wippen weiter, wo – meinst Du – hin, Jugendstil sagt: Busen, handelt sich aber eindeutig um zwei (Feld Gefilde) also Gebuse, allenfalls Gebrüst, auch grammatisch eine Kollektivbildung. Schalt ab, übergib' die Leitung einem Franziskaner, vielleicht leihen sie Dir einen, er wird Dir sagen, und Franziskaner wissen Bescheid: das Trottoir schwitzt. Auch.

23

Herrn Stromeyers Isabella stand schon da. Über der Lehne jammerte immer noch das komische Gehänge. Hoffentlich turnte er nicht gerade auf der Treppe herum mit seinem Stock. Sollte ins Parterre ziehen, wenn das noch lange geht. So einen Blick hat er sich angewöhnt, seit er das mit den Kreuzwirbeln hat. Merkwürdige Krankheit. Nerven klemmen zwischen, oder Bandscheiben schmirgeln Nerven, oder das Rückgrat hat sich verbogen. Auf jeden Fall haben sie ihn ein paar Tage aufgehängt in der Klinik. Wenn er hört, daß jemand hinter ihm die Treppe raufkommt, bleibt er stehen, schaut sich um, macht ein Gesicht, tut ihm wahrscheinlich weh, das Umschauen. Warum schaut er sich dann um? Immer wartet er, bis man ihn eingeholt hat. Sagt auch noch: bitte. Man traut sich kaum, ihn zu überholen. Von oben dann wieder hinunterschauen. Er muß natürlich heraufschauen. Tut ihm wahrscheinlich auch weh. Aber er lächelt. Der macht was mit, heißt es dann im Haus. Das ist angenehm, wenn es das heißt.

Eine Sekunde lang war ich versucht, mit dem Finger an Herrn Paulys ehemals schwarzem VW entlang zu streichen. Wenn Herr Pauly in seinem Wagen saß, glaubte ich immer, er sitze auf dem Boden. Mit Hilfe welch' raffinierten Spiegelsystems er sich einen Überblick über die Straße verschaffte, ist mir unklar, wahrscheinlich hatte er sich U-Booterfahrungen zunutzegemacht. Sobald er aus dem Auto sprang, wuchs er. Das lag an seinem aufwärtsstrebenden, gewissermaßen hüpfenden Gang. Gänge, Treppen, lange Wege mit den Füßen fressend wie eine Stummfilmfigur. Er war immer da, ehe man es für möglich gehalten hätte. Vielleicht turnte er in seinem Geschäft ohne Leiter an hohen Bücherwänden entlang. Über jede Regalnorm vorstehende Bildbände, die er zum Absprung, als Stufen und Rastplätze benutzen konnte, gab es mehr als genug. Wirklich groß, größer als alles andere an ihm, war sein Kopf. Seine beiden Ohren standen fast über den Schulterenden. Allerdings trug er nie gepolsterte Jacken. Herr Pauly polsterte nichts um des bloßen Anscheins willen auf. Manchmal stellte ich mir vor, wenn ich ihn hinter seiner Glastür verschwinden sah, er hänge jetzt die riesige Brille an den eingebogenen Bügeln über ein Wäscheseil, setze sich auf die Gläser und schaukle. Und mit ihm, auf seinen schrägen Schultern hockend, schaukelten Viktor, sein Grünfink, und Peter, der Kanari.

Die Lichtenbergstraße hinaus: links und rechts das gleiche helle Riesenhaus, manchmal rundbogige Durchlässe, einhundertsechsundsiebzig wohnten wir, aber wenn da nicht die Isabella oder der große BMW des Herrn Übelhör, oder der flaschengrüne Hundertachtzig des Herrn Brahms, 180D natürlich, gewesen wären, oder Herrn Bahlsens 190SL, dann hätte ich nie die rechte Tür gefunden. Wenn ich auf der langen Geraden hinausfuhr, den Motor schon abgestellt, um zu sparen, oder weil es mir Spaß machte, lautlos und schnell dahinzurollen, und ich sah hinter mir das geschändete Schwarz von Paulys VW auftauchen, dann drehte ich rasch den Zündschlüssel und gab noch einmal Gas, denn Herr Pauly verwandelte eine Verspätung von zwanzig Minuten im Handumdrehen in eine von vierzig Minuten. Und Alissa ließ die Lieblosigkeit schon bei Verspätungen von fünf Minuten beginnen.

Ich erschrak, als mir einfiel, daß ich mein Auto einfach hinter Herrn Übelhörs BMW gestellt hatte, ohne zu überlegen, ob das auch mein Parkplatz war. Vielleicht war eine neue Parkordnung verabredet worden. Ich mußte mich noch heute erkundigen. Hausgenossen wachen strenger über Bräuche als alte Bäuerinnen. Mein M 12, in Mimikry erfahren wie ich selbst, verschmolz mit Straßenrand und Staub und dreckigem Rasen. Herr Brahms hatte den Vorschlag gemacht, man solle am Rande des Rasens kleine Pfählchen mit Nummernschildern unserer Wagen anbringen, *zur Abschreckung illegaler Fremdparker*. Herr Pauly hatte mit dem Finger an die Schläfe getippt. Aber Herr Pauly und ich waren durch alle fünf Stockwerke hindurch als Bohemiens verschrien. Herr Pauly, der Buchhändler, wahrscheinlich seines Berufes wegen. Da man aber niemandem seinen Beruf zum Vorwurf machen kann, lastete die Nachrede auf Herrn Pauly nicht so schwer. Und dann konnte auch ein seriöser Fünfzigjähriger wie Herr Pauly eher darüber lächeln, wenn man ihn einen Bohemien nannte. Zwei Kinder hatte er im Krieg verloren. Der Sohn war gefallen, die Tochter in einem unsoliden Bunker in Dresden umgekommen. Ich habe oft und gewissenhaft darüber nachgedacht, warum man mir im Hause dieses Wort anhängte, immer fiel mir die Böhmin ein, die meinen Vetter Dietrich so unlieb behandelt haben soll. Vielleicht war mir das Wort deshalb so zuwider. Es kann natürlich sein, daß mein nicht nur glanzloser, sondern auch vielstimmig polternder M 12 die Leute beeinflußt hat. Was zehn oder zwanzig Menschen im Lauf von ein paar Jahren über einen sprechen, und das Ergebnis dieser oft nur mit halbem Bewußtsein geführten Gespräche, das kann man eigentlich nicht untersuchen. Ein Gerücht gibt keine Antwort. Wahrscheinlich sollte man es aber doch aufmerksam anschauen und sich sagen, daß wir darin abgebildet sind wie auf einem Plakat. Dafür müßte man am Ende noch dankbar sein, denn alles, was wir nicht sehen an uns – wir können weder wissen, wie wir gehen, noch wie wir lachen – das würden wir nie erfahren, wenn nicht das Gerücht sich um uns bemühte und uns eine so überlebensgroße, wenn auch grobe Abbildung vorhielte. Auf jeden Fall sagte ich Herrn Pauly, wir zwei sollten unsere Zeigefinger möglichst zurückhalten von unseren Schläfen. Es sei besser, sich nach so anerkannten Herrn wie Übelhör und Bahlsen zu richten, die noch niemand Bohemiens genannt habe, und das sei in einer Diskussion um Parkplatzordnungen doch ausschlaggebend. Herr Bahlsen war Flötist bei den Philharmonikern, oft im Radio, auf den Zeitungsbildern von Festveranstaltungen immer dicht neben den Lorbeerbäumen, und ein Spezialist im Rätselraten. Rätselzeitungen bezog er aus vier Ländern. Englisch und Französisch hatte er in der Schule gelernt, dann lernte er noch extra Spanisch und Russisch, um die Kreuzworträtsel dieser Länder lösen zu können. Spanisch ist viel wichtiger als Sie glauben, sagte Herr Bahlsen. Mit Spanisch habe er sich fast den ganzen südamerikanischen Kontinent als Rätsellieferanten erschlossen. Eine einzige Sprache, und dafür Kreuzworträtsel aus weiß Gott wieviel Ländern! Russisch hat er noch dazugenommen, weil die russischen Rätsel von besonders bestrickendem Reiz für den mitteleuropäischen Rätselfreund sein sollen.

Das wird sich auswirken, hatte er ausgerufen, als die Beschlüsse des XX. Parteikongresses bekannt wurden. Und er behauptete auch in den Monaten danach, daß die Waagrechten und Senkrechten der russischen Rätselzeitungen seit dem Beginn des Tauwetters einfach wie verwandelt seien. Stalin habe das russische Rätsel an den Rand der Stagnation gebracht. Der größte Feldherr aller Zeiten, der größte Fortsetzer Marx', der treuste Nachfolger Lenins, es sei schier zum Verzweifeln gewesen, wo doch in Ermessensfragen das Rätsel in der Fragestellung einfach keinen Superlativ ertrage; das Rätsel sei immer ein Indiz für den Geist eines Landes; der russische Rösselsprung zum Beispiel sei viel viel phantastischer als etwa der französische, der sei wenigstens noch brillant logisch. Wir Deutschen seien allenfalls im Silbenrätsel noch einigermaßen international konkurrenzfähig, obwohl wir auch da zu einer immer engeren Marschroute neigten und uns über Geographie und Literatur kaum hinauswagten. Herr Bahlsen, ein Mann, der sein langes, blasses Gesicht immer vornübergeneigt trug, als gehe er auf Rätselfeldern spazieren, war übrigens ein Bachinterpret, den man auch nach Paris einlud, oder nach Aix en Provence, London, Luzern, und sogar nach Ansbach. Wenn er gerade einmal nicht riet, sei es, daß er tatsächlich einen Abend freiwillig aussetzte, oder daß die neue Lieferung sich wegen eines Streiks in Buenos Aires, oder wegen eines Notenwechsels mit Moskau verzögert hatte, und er also einfach über keine ungelösten Rätsel mehr verfügte, dann lud er schon mal Herrn Pauly, Herrn Übelhör oder mich ein, um uns seine neuesten Platten vorzuspielen, worauf ihn dann Herr Pauly einen Mann von großen Gaben nannte, Herr Übelhör ausrief: ganz großartig, doch doch, ganz große Klasse, während ich sagte: den Lauf am Anfang des zweiten Satzes habe ich noch nie so gehört, oder: das Arioso im Finale kann überhaupt nicht mehr zarter gebracht werden. Ich hätte natürlich auch einfach seufzen können, aber ich dachte, er ist ein Fachmann, Du mußt so sprechen, wie die Zeitungen über ihn schreiben. Herr Bahlsen lachte mich aus und sagte: und wissen Sie, an was ich bei diesem Arioso gedacht habe? Ich gab zu, daß ich das nicht wußte. Sehen Sie, sagte Herr Bahlsen, ich brauchte ein älteres englisches Wort für *Gesicht*, mit vier Buchstaben, face ging nicht, weil in Zwei waagrecht ein von Shakespeare gebrauchtes Wort für *devil* verlangt war, sieben Buchstaben, und der zweite Buchstabe dieses Worts war der dritte des Wortes für *Gesicht*, das Wort für devil hatte ich natürlich gleich, *dickens, what the dickens is he about? Merry Wives of Windsor*, also mußte in der Senkrechten ein − i − vorkommen, vier Buchstaben, für Gesicht, soweit war ich, dann mußte ich ins Studio, und Sie werden es nicht glauben, ich brauchte bis zu diesem Arioso im Finale, bis ich das Wort hatte.

Und das Wort hieß? fragten Herr Pauly und Herr Übelhör und ich fast gleichzeitig.

Na ja, wenn man's einmal hat, klingt es natürlich blöd, daß einem das nicht gleich eingefallen ist. Phiz natürlich, von *physiognomy*, Thackeray, *The King of Brentford*.

And topers, tender-hearted,
Regard his honest phiz.

Dieser Vers half mir drauf, es mußte ja etwas mit *physiognomy* sein, aber es ist komisch, wie lang man oft braucht, bis man das Loch findet. Die Hauptsache, man findet es überhaupt, rief Herr Übelhör aus, der eigentlich immer sehr leicht ins Rufen verfiel.

Da also Herr Bahlsen im Radio genannt wurde, was doch nicht weniger wichtig war als daß er dort auch spielte, und weil er mit seinen langen geraden Haaren und dem weißen Gesicht aussah, als habe er alles, was er spielte, selbst komponiert, und weil schon sein 190SL allein genügt hätte, ihn zu einer angesehenen Persönlichkeit zu machen, hatte ich Herrn Pauly vorgeschlagen, wir sollten in der Frage der Nummernschildchen, die an kleinen Pfählchen am Rasenrand anzubringen wären, doch um Gottes Willen die Herren Bahlsen und Übelhör, die Nicht-Bohemiens, entscheiden lassen. Schließlich war Herr Übelhör schon wieder Generalvertreter, nachdem er gerade für einen neuen Sanitärartikel einen Markt aufgebaut und seine Kundschaft dann für fünfundvierzigtausend Mark an das Werk verkauft hatte. Ein Werk, das sich von ihm einen Markt aufbauen ließ, konnte sorgenlos produzieren. Er hatte ja auch eine viel lautere Stimme als ich. Wenn er sich auf einem Treppenabsatz mit jemandem unterhielt, meinte man, wenn man unten zur Tür hereinkam, Herr Übelhör führe Selbstgespräche mit Pausen, weil man nur ihn hörte und dann wieder nichts. Ich beobachtete ihn, um herauszubringen, warum er einen Artikel nach dem anderen durchbrachte, während ich, und auch andere, oft ein halbes oder ganzes Jahr mit einem Artikel nicht bloß von Pontius zu Pilatus, sondern auch noch zu Hinz und Kunz, Kreti und Pleti, den oberen und den unteren und den mittleren Zehntausend rennen, bis wir eingesehen haben, daß wir mit diesem Artikel wieder nicht zu jenen Markteroberern werden, die wir werden wollten. Heute behaupte ich, mir fehlte Herrn Übelhörs Stimme. Argumente hatte ich sicher so viele wie er. Aber seine Stimme, die auch im kleinsten Raum noch hallte! Dieses helle fröhliche Baritonmaterial! Ohne daß er sich je in seinem Leben räuspern mußte, hatte er eine blinkende und wie aus solidem Stahl gezogene, weder hohe noch tiefe, aber gleichzeitig hohe und tiefe, immer saubere und unüberhörbare Stimme.

Die Sache mit den Schildchen nahm Herr Übelhör, da Herr Bahlsen keine Zeit hatte, ganz allein in die Hand. Er habe Brahms, sagte er uns nachher, ausgelacht und zu ihm gesagt: bevor Brahms aus diesem Haus eine Behörde mache, ziehe er, Übelhör, ins Freudenhaus. Ich verstand nicht gleich, warum Übelhör ausgerechnet auf diese Alternative verfiel, aber so hat er es uns berichtet. Und weil ich es immer unterhaltend fand, herauszubringen, was einer meint, wenn er etwas sagt, dachte ich darüber nach und kam zu dem Schluß, Herr Übelhör habe, erstens, den bei einem Mann, der noch nicht dort wohnt, verständlichen Wunsch, ins Freudenhaus zu ziehen; gleichzeitig aber mochte er gespürt haben, daß gegen einen solchen Wunsch Einwände möglich wären, und da er, zweitens, als ein freier Handelsmann nicht sehr behördenfreundlich war, benützte er Herrn Brahms' Ordnungsvorschlag dazu, in einem einzigen Satz endlich seine Sehnsucht nach dem Freudenhaus auszudrükken, befreite diesen Wunsch aber gleich von jedem unsittlichen Beigeschmack dadurch, daß er – und so traf er auch noch seinen Feind: die Behörde – zu verstehen gab, nichts auf der Welt als die Aussicht, in einer Behörde wohnen zu müssen, könne ihn ins Freudenhaus treiben. So in einem Satz, Traum und Alptraum zu beschwören, und damit noch gleichzeitig eine strittige Frage im Namen von fünf Mietparteien auf das Beste zu lösen: das konnte Herr Übelhör.

Als ich vom Trottoir in den Weg zu unserer Haustüre einbog, sah ich mich noch einmal um, obwohl ich mich an dieser Stelle immer von allen Küchenfenstern beobachtet fühlte. Eigentlich hätte ich rennen oder wenigstens rasch gehen sollen, um den Blickwinkel der Frauen zu unterlaufen wie wir es an russischen Panzern gelernt hatten. Trotzdem sah ich an dieser Stelle immer noch einmal die Lichtenbergstraße hinauf und hinunter, als hoffte ich auf Beistand, auf ein Ereignis, auf ein Wunder, das mir zuhilfekommen könnte; auch heute hätte ich, wie immer, überirdischen Beistand dringend gebraucht, denn Alissa sollte mich ohne Schmerz und Zorn zu Josef-Heinrichs elfter Verlobung gehen lassen. Ich wußte, daß es zu spät war, sich an dieser Stelle, zehn Meter vor der Haustüre, noch nach Hilfe umzusehen. Meistens drehte ich mich sogar an der Türe noch einmal um und sah die Lichtenbergstraße hinauf und die Lichtenbergstraße hinunter, als müßte ich die Welt, wenn ich jetzt durch die Türe träte, für immer verlassen. Drinnen wohnten die Familien. Aber auf der Straße tauchte oft plötzlich eine Frau auf, die dann allerdings auch vorbeiging. Man sieht ihr nach. Alles bloß Schnulze, denkt man. Aber in diesem Augenblick ist wenig Stolz in einem Mann. Schließlich läßt er die Tür doch los, wendet sich weg von ihrem kleinlich-zähen Drang, sich zu schließen, und wenn er den Fuß schon auf der ersten Stufe hat und das Einklinken der Tür hört, das Siegessignal des großen Familienkäfigs, dann zuckt er wehleidig zusammen und geht, da ihn jetzt doch niemand mehr am Heimkommen hindert, schmerzbereit nach oben.

Die Primanerin, die auch in der Zeile wohnte, kam das leere Trottoir herab. Dunkelgrüne Strümpfe. Ein weiter Glockenrock, dessen schlaff übereinanderhängende Bahnen sie, weil sie langsam ging, kaum in Bewegung brachte. Flaute, oder: vor dem Sturm, oder: Pan-Stunde, beruhigender war schon: Flaute. Sie sah geradeaus. Weiter als ihre Augen reichten. Den Kopf hielt sie so sorgsam ruhig, als dürfe er gar nicht wissen, daß sie gehe. Dachte wahrscheinlich über Salamis nach.

Es war wirklich überflüssig, daß Lissa, Drea und Guido am Haus entlang und dann noch quer über den Rasen – das, wenn Frau Strehler sah –, auf mich zurannten und mich disqualifizierten. Aber wahrscheinlich hielt die Primanerin das Geschrei der Kinder für antiken Gefechtslärm, der die riesigen, ächzend und schlürfend auf- und eintauchenden Ruder begleitete und den über den Borden aufgerissenen Mündern Leben verlieh. Und plötzlich bleiben die Ruder eines Schiffes starr in der Luft stehen, starr, Primanerin, eine Sekunde vor dem Rammstoß, splitterndes Holz, Metallgeknirsche, Erol Flynns lange Beine springen noch vor den rotsamtenen Pumphosen hinüber, oh Sir Raleigh, die Masten zittern, aber aus allem Getümmel ragt Erols Degen, Erols, Erols Degen. Vielleicht war Themistokles ein Schurke, aber Erol ist keiner. Er will ja keine Schiffe erobern. Nur Dich. Glaubst Du, ich würde einen Brief an Xerxes schreiben? Nie! Nur an Dich, die unwürdigste Empfängerin! Und weil das nur meine rechte Hand weiß, aber ich nicht – ich halte Dich für die würdigste, so bin ich nun einmal –, deshalb diktiere ich meiner Rechten lange Briefe an Dich, die sie nicht schreibt.

Lissas Kopf und Oberkörper flogen ihren nachflügelnden Beinen weit voraus. Von Fritz, Übelhörs adoptiertem Sohn, den ein rührender, wenn auch wahrscheinlich vergeßlicher Neger einem lieblosen deutschen Mädchen zurückgelassen hatte als ein unerwünschtes, uneinlösbares Pfand, vom oliv-dunklen Fritz wie von einem schönen Hund umsprungen, stolperten Drea und Guido hinterher. Dietlinde, Strehlers nachdenkliche Tochter, stand noch in der Rolle des Spiels, Hände in den Hüften, an der Hauswand drüben, weil sie noch nicht wußte, ob sie allein ihre Tantenrolle aufrechterhalten, oder ob sie klein beigeben und mit dem johlenden Schwarm auf mich zustürzen sollte. Lissa sprang mir an den Hals, und obwohl ich, das vorhersehend, ein Standbein kräftig nach hinten gesetzt hatte, hätte sie mich um's Haar umgeworfen. Und die Narbe. Aber ich sagte nichts. Ich hatte den Vormittag noch im Kopf. Sie offensichtlich nicht mehr. Fritz und Dietlinde wurde angeboten, uns zu folgen, dann führten mich die drei, die ich als meine eigenen anzusehen hatte, wie einen Gefangenen, wie eine Beute, auf die sie stolz sein durften (durften sie das?) nach oben.

24

Alissa gab mir die Hand und sagte: sei gegrüßt. Sie konnte das. Sie hatte auch eine Art, mit Kerzen umzugehen wie andere Leute mit Taschenlampen. Sie war scharf auf Ehrwürdiges. Manchmal sprang sie plötzlich auf und folgte ihrer Nase in Antiquitätengeschäfte und Versteigerungen, schleppte einen unbrauchbaren Zinnteller nach dem anderen heim, und Porzellanmörser, grell blau bemalt, und naive Miniaturen. Einmal hatte sie sogar einen bunten unterarmhohen Porzellanhund mitgebracht. Solche Hunde hätten die Nutten in Matrosenbordellen in ihren Fenstern; wenn der Hund nach innen schaue, sei die Dame besetzt. Das Wort Nutten sprach sie herzhaft aus. Wahrscheinlich hatte sie sich schon am Satzanfang auf dieses Wort konzentriert, war dann entschlossen wie auf ein ganz schwieriges Fremdwort darauf zugegangen und hatte es schließlich ohne jedes Zögern herausgebracht. Nur daran, daß ihr das Wort ein bißchen zu laut geraten war, konnte man die Geschichte seiner Bewältigung ahnen. Krach hatte es bloß ein einziges Mal gegeben, als sie nämlich ein von wirklichen Holzwürmern genarbtes Lese- oder Notenpult aufgetrieben hatte, auf dem sie dann immer eines ihrer düsteren Bücher aufgeschlagen liegen ließ. So deutlich wollte ich denn doch nicht in der altdeutschen Klause wohnen. Mir wurde allmählich bange. *Sei gegrüßt*, bitte, das ließ ich mir noch gefallen, auch manche andere grünspanige Wendung. Liebe zum zeitlichen Hinterland, das mochte ich ganz gern. Ich mochte den Orff auch lieber als ich Alissa gegenüber zugeben durfte, weil ich doch, wenn Edmund da war und Orff einen Musikapotheker nannte, Edmund zustimmte, und Edmund stimmte ich zu, weil er das so heftig sagen konnte, so, als wisse er es ganz gewiß. Edmund sagte: jeder ist wie die Musik, die er gern hört. Und da soll man dann kein schlechtes Gewissen bekommen! Alissa ließ sich von Edmund nicht einschüchtern, obwohl man einen Satz von Edmund noch in der Luft sehen konnte, wenn er schon beendet war. Alissa tat mir leid, wenn Edmund immer unerbittlicher wurde und ihr alles zerfetzte, was sie noch zu ihrer Verteidigung über die Lippen brachte. Ich verstand Alissas Liebe zum alten Zeug, aber manchmal fand ich eben, daß sie sich zu weit einließ mit der Vergangenheit, sie wurde zu perfekt im Umgang mit Historischem. Sie trug zwar die von der Mode vorgeschriebenen Kleider und Farben, aber sie konnte einen Kragen so verändern, daß er ein moderner Kragen blieb und doch ein bißchen elisabethanisch wirkte; das hätte man, wäre es beim Kragen geblieben, nur schön gefunden. Wenn sie dann aber noch die Frisur straffer hoch nahm als andere und sich unter den gerade üblichen Farben auch noch eine besonders dunkelgrüne, dunkelbraune und dunkelrote Auswahl von Stoffen besorgte, und wenn sie schließlich so gekleidet und frisiert an ihrem Lesepult saß vor einem uralten Pflanzenlexikon, und wenn sie dann noch sagte: *sei gegrüßt,* dann wird man, dies vor Augen, vielleicht verstehen, daß ich mir Sorgen machte. Übrigens war sie da nicht auf einen Stil, nicht auf eine Epoche festgelegt. Es ergab sich aus den Temperaturen unserer Breiten, daß sie die Wintermoden nach Elisabethanisch, Empire oder Biedermeier umfärbte, während sie sich im Sommer mit einem Trägerkleid, Korallenschmuck, offenem Haar und Sandalen in eine Griechin oder in eine Römerin verwandeln konnte. Es ging ihr sicher nicht um die Imitation und Verlebendigung eines Stils, sie war da ganz und gar nicht akademisch. Wahrscheinlich war es ihr darum zu tun, nicht nur heute zu leben, nicht bloß dieses winzige Stäubchen unter der Sonne dieses einen einzigen Tages zu sein, sondern sich gleichzeitig noch irgendwo anders eine schüttere Existenz zu ergattern.

Es war der immerhin rührende Versuch, die Zeit, die große Feindin, nach Art des Hauses zu knebeln, in die Hand zu bekommen, denn was Rechtes ist die Zeit ja nicht. Eine luftige Männererfindung, eine böse. Kein Seil, kein Faden, nicht einmal ein Fädchen ist sie, nichts, das sich bloß auf- oder abspulte, und damit hätte es sich. Leider auch kein Karussell oder sonst eine tröstlich zyklische Mühle. Jahreszeit hat mit der großen Feindin gar nichts zu tun, Jahreszeit, das ist ihr krasses Gegenteil. Und was die Männer da erfunden haben, diese Konstruktion eines Verlaufs, aus dem man dann befriedigende Rekorde ebenso wie tröstliches Schicksal und andere vernünftige Karrenlenker ableiten kann, dieses Weltlineal, auf dessen Schneide man vorwärtsgeschubst wird, man weiß nicht wie, das wollte Alissa ein bißchen schartig machen, und dazu nahm sie sich die Freiheit, die Zeit wie den Raum zu behandeln, der einer Frau zugänglicher ist. Ein vergangenes Jahrhundert, das war dann eben für sie keine Kalenderleiche, die an dem unfaßbaren Faden im Nirgendwo hing. So eine Epoche wurde eine Kammer, in die man gehen, ein Land, in das man, wenn man sich nur ein Visum erfand, noch reisen konnte, um gleichzeitig dort und hier zu sein, und dadurch nicht allzu sehr hier, darauf kam es ihr an. Heiliger Einstein bitt' für sie! Denn wer bloß hier ist, bloß das Sonnenstäubchen von heute, der ist, so mag sie gefürchtet haben, schon heute abend wieder ein bißchen weniger hier, der nimmt elend ab von Tag zu Tag, während man sich unter dem Himmel der Vergangenheit ein solideres Dasein einbilden kann.

Sei gegrüßt, sagte sie und schickte die Kinder ins Bad. Fritz und Dietlinde wurden zuckersüß und hart gebeten, von einem Besuch Abstand zu nehmen. Dietlinde, das siebenjährige Strehlermädchen, drehte sich sofort beleidigt um und ging mit übereinandergelegten Armen die Treppe hinunter, obwohl die vor ihrem Körper übereinandergelegten Arme ihr das Gehen schwer und die Sicht auf die Stufen unmöglich machen mußten. Aber wahrscheinlich glaubte sie, ihren säuerlichen Protest am besten durch das Übereinanderschlagen der Arme ausdrücken zu können. Sie war überhaupt ein altjüngferliches Kind. Nicht bloß, weil sie eine Brille mit runden Gläsern trug. Vielleicht weil ihre Eltern schon über fünfzig waren. Dietlindes Spielstunden waren so streng festgelegt wie bei einem Thronfolger. Die übrige Zeit mußte sie mit ihrer Mutter und ihrer Großmutter in der Wohnung verbringen. Und wenn Strehler seinen freien Tag hatte, er war Küchenchef in der Walhalla, dann mußte die Siebenjährige mit Großmutter, Vater und Mutter, die zusammen hundertachtzig Jahre alt waren, eine Tagesfahrt auf dem Fluß mitmachen, oder einen Omnibusausflug aufs Land, der dann vor allem der Besichtigung fortschrittlich angelegter Obst- und Beerenplantagen gewidmet war.

Dietlinde sollte später eine landwirtschaftliche Hochschule besuchen, das stand fest. Aber wenn ich beobachtete, wie ihr Vater versuchte, sie von der Stadtluft möglichst abgeschlossen zu halten und durch streng programmierte Landausflüge Liebe zum Obstbau in ihr zu wecken, dann sah ich Dietlindes Zukunft und Herrn Strehlers alten Tagen mit Sorge entgegen.

Am liebsten hätte ich Dietlinde zurückgerufen. Jetzt hatte sie wahrscheinlich noch eine halbe Stunde Spielerlaubnis und wurde von uns zurückgeschickt in die Wohnung zu den alten Leuten. Und vielleicht mußte sie schon morgen wieder hinaus aufs Land und vier oder sechs Stunden lang durch eine achtzig Meter lange und vierzig Meter breite Baumkultur hinter ihrem Vater herstapfen, während Großmutter und Mutter, die man nicht mehr zu Pomologen erziehen konnte, am Rande der Plantage im Gras sitzen und Hälmchen rupfen durften; wobei sie sich jene um Glück und Wonne bemühten Gesichter abverlangten, mit denen die Städter einander beweisen wollen, daß sich der Ausflug doch gelohnt habe. Aber Alissa hatte wohl recht, wenn sie Fritz und Dietlinde fortschickte. Schließlich hatten sich die Kinder daran zu gewöhnen, daß ihr Leben sich erst in zweiter Linie innerhalb ihrer eigenen Generation abspielte. In erster Linie gehörten sie der Familie. Und wenn sie dieser Familie einmal weniger gehören sollten, dann würden sie sofort einer neuen Familie gehören. Ihrer eigenen. Und dazu noch den Familien ihrer Frauen oder Männer. Also marsch, Kinder, klammert euch nicht aneinander auf euren Spielplätzen! Das Leben findet in Wohnungen statt. Und je älter ihr werdet, desto mehr Familien legen ihre immer mehr als zehnfingrigen Hände auf euch. Der liebe olivene Fritz schien das überhaupt nicht zu begreifen. Er ging nicht gleich die Treppe hinauf. Er schaute Alissa mit runden Augen an und stand noch so, als unsere Tür einklinkte, um ihm und mir zu verkünden: damit hat sich nicht nur eine Tür geschlossen, sondern eine Familie hat sich von der Welt getrennt, mit der Feindseligkeit, die nötig ist, um eine Familie gegen die Angriffe unschuldiger Kinder und böswilliger Erwachsener zu verteidigen. Wahrscheinlich stand Fritz noch eine Weile draußen und schaute die Tür an, dieses böse Werkzeug der Erwachsenen.

Ich brauchte Alissas gute Laune, wenn ich heute abend noch fort wollte, deshalb sagte ich nichts. Sie sah mich an und prüfte, ob mir auch nach einer Umarmung zumute sei. Sie tat immer, als sei ihr nur an den Zärtlichkeiten gelegen, an denen auch mir gelegen sei. Das hieß aber nur: zeig' bitte, daß Du jetzt auch für einen Kuß bist, sonst macht mir der Kuß, den ich Dir jetzt, so oder so, geben muß, keinen Spaß. Und weil ich vom Bett her wußte, wie es einem zumute ist, der nicht sicher weiß, wieviel der andere freiwillig gibt, machte ich gleich das richtige Gesicht. Als es mir dann gelungen war, den Kuß rasch in ein Tète à Tète zu verwandeln, so wie ein geschickter Verteidiger einen Schuß auf das Tor in eine Ecke verwandelt, studierte ich Alissas braunen Hals und das Stück ihres Rückens, das von dem dunkelgrünen leinenen Trägerkleid und den jetzt frei hinunterhängenden Haaren noch freigelassen wurde. Sie führte mich ins Wohnzimmer und rief schon vorher: mein Mann, Mutti, er ist es. Und der, den sie in ironischem Jubel, und doch jubelnd, ihren Mann genannt hatte, mußte der Frau Professor die Hand geben. Lächeln! Alissa beobachtete scharf. Sie hat doch soviel mitgebracht, Spargeln und Wein und Käse. Alissas Stimme schwang sich in wohligen Girlanden von Mitgebrachtem zu Mitgebrachtem. Er aber, weil das doch nicht nötig, und weil es ihm auch wirklich nicht recht war, obwohl, nein, es war ihm nicht recht, von den Professors mit Lebensnotwendigem gepäppelt zu werden, das sieht gleich nach mehr aus als es gekostet hat, Alissa hatte keinen Stolz, die nahm einfach an und trug alles mit ihren großen Zähnen ins Nest, die Brut, nur die Brut im Auge, er aber runzelte die Stirn solange, bis alles Mitgebrachte aufgezählt war. Alissa ging denn doch zu weit, als sie ihn auch noch aufforderte, sich zu freuen. Wie deutlich wollte sie es eigentlich noch werden lassen, daß man im Augenblick fast auf solche Geschenke angewiesen war. Frau Professor hatte sicher nicht über Alissas Mann zu klagen, als sie heimkam. Er dankte zwar nicht für das Mitgebrachte, das brachte er nicht über sich, aber er hinderte sie zweimal am Gehen. Und es fiel mir leichter, je länger ich den bezaubernden Schwiegersohn spielte. Gestern zwei Mark Verwarnungsgebühr. Heute zwei Mark. Ich mußte mich wieder zusammennehmen. Die vier Mark waren durch das Mitgebrachte gut und gerne ausgeglichen. Ist doch so. Sie konnte nichts dafür, daß ich Alissa geheiratet hatte. Im Gegenteil. Ich habe kein Vertrauen zu ihm, hatte sie gesagt. Vielleicht hätte ich mich vor acht oder zehn Jahren scheiden lassen, wenn ich nicht immer an diesen Satz gedacht hätte. Vielleicht war ich bloß geblieben, um ihr zu beweisen, daß sie sich getäuscht hatte. Sie hatte den Satz wahrscheinlich längst vergessen. Und ich hatte mein Leben danach eingerichtet. Nein, ich hätte mich wahrscheinlich doch nicht scheiden lassen, auch wenn ich nichts von diesem Satz gewußt hätte. Aber um etwas gegen sie haben zu können, hatte ich ihr in Gedanken, wenn mir danach zumute war, die Schuld daran zugeschoben, daß ich mich nicht rechtzeitig hatte scheiden lassen. Und warum wollte ich etwas gegen sie haben? Alissa mochte ihre Mutter auch nicht. Warum war denn Alissa so gottesfürchtig und weltfeindlich geworden, obwohl ihre Mutter auch mit zweiundsiebzig am liebsten noch jedem Tanzlehrer nachgerannt wäre, und sich nur widerwillig, aber doch vernünftig und genußsüchtig, jetzt dem Essen und Trinken als ihrer einzigen Religion verschrieben hatte, nein, nicht obwohl ihre Mutter zeit ihres Lebens immer das getan hatte, was gerade den größten Genuß versprach, sondern weil sie von Jahrzehnt zu Jahrzehnt immer wieder eine andere Körperpartie zum Hochaltar gemacht hatte, deshalb war Alissa sozusagen eine Verinnerlichte geworden. Nicht ganz. Sie war doch die Tochter. Hatte einen Zweifrontenkrieg zu kämpfen, und da bist Du schuld, Madame. Sie will jung bleiben, überwacht Haut und Figur wie ein Weltklassesprinter seine Kondition, und doch will sie mir und uns die Welt immer verächtlicher machen, den Familienbunker immer hermetischer verschließen.

Aber wenn ich mir schon mal einen Anzug kaufen kann, dann will ich auf die Straße, in ein Café, erst dann habe ich das Gefühl, daß ich einen neuen Anzug habe. Zu Hause trage ich alte Sachen. Alissa aber kommt plötzlich nach dem Abendessen, wenn sie die Kinder ins Bett gebracht hat, in ihrem Violetten herein, geschminkt und geschmückt, als sei sie zum Filmball geladen. Das finde ich übertrieben. Ich glaube, da verstehen wir uns, Madame. Wie sollte ich das ganze Publikum ersetzen, dessen bewundernde oder neidische, oder doch wenigstens neugierige Blicke man braucht, um nach Mitternacht gesättigt ins Bett gehen zu können? Alissa aber genügt es, wenn ich sie schön finde. Das tue ich denn auch. Aber wenn ich ihr, allein mit ihr im Zimmer, etwas sage, was sozusagen nett ist, ich lerne es in Gedanken auswendig, bereite meinen Mund auf die Worte vor, nehme noch rasch einen großen Schluck Whisky, und wenn ich es dann sage, habe ich doch das Gefühl, ich stünde allein in einem riesigen Theatersaal und oben auf der nicht minder riesigen Bühne verneigte sich Alissa andauernd vor meinem Beifall, den ich zwar mit bestem Willen und weit ausholenden Händen schlage, daß mir die Handflächen brennen, der aber in diesem Raum jämmerlich und fast unheimlich klingt. Wir sind Marionetten, die in Abwesenheit des Spielers und des Publikums einen hilflosen Versuch machen, mit ihren Gelenken zu klappern. Alissa bemerkt es nicht. Entschuldige, Madame, aber ich muß dann an Josef-Heinrich denken, und sogar an Edmund. Ich sehne mich nicht bloß nach Frauen. Ich brauche Lärm, Klatsch, Gerüchte, sowas ernährt mich, verstehst Du, und wenn ich nicht ernährt werde, kann ich Alissa nicht ernähren. Manchmal gehen wir noch rechtzeitig ins Kino und kommen unzufrieden zurück. Wenigstens ich. Alissa lacht über die Filme. Ich kann nach diesen Filmen nicht bloß nach Hause gehen. Ich müßte etwas tun, um der Überlegenheit der im Film geschilderten Welt etwas entgegensetzen zu können. Seit wir den Fernsehapparat haben, sind unsere Abende besser und schlimmer geworden.

Drei von Handtüchern rotgeriebene Gesichter leuchteten zur Türe herein, Lissa ließ ihre kleinen Anhängsel zurück, hob das rechte Bein viel zu hoch, so schickt sich ein dreizehnjähriger Sankt Georg an, den Käfer zu zertreten, den er für den bösen Drachen hält, im Schülertheater hebt der, der den Eigensinnigen zu spielen hat, sein Bein so, um dröhnend aufzustapfen, Lissa aber hob es, um auf die Oma zuzustürzen, die sie sicher vor einer Stunde schon begrüßt hatte. Und es gelang ihr, auf dem kurzen Weg über den Teppich, noch die Arme auseinanderzuwerfen und mindestens dreimal rasch hintereinander mit greller, aber gleichzeitig sentimental schleppender Stimme, ganz und gar elektrische Guitarre: ach, die liebe Oma! zu brüllen. Und

damit produzierte sie auf ihre Weise haargenau den Über-
schwang, den die liebe Oma ohne die geringste Anstrengung
und ohne besonderen Anlaß nun schon seit so vielen Jahrzehnten entfaltete. So müßte sich, wenn mein Leben einen
Zuschauer hätte, auch mein Leben ausnehmen. Neurohor-
monale Steuerung. Der Schmetterling wird ein welkes Blatt.
So nützlich das sein mag, es bleibt doch komisch. Zumindest
für den Zuschauer. Man kann sich nicht genug darüber
wundern, daß die Feinde des Schmetterlings darauf herein-
fallen, daß die Oma diesen amateurhaft gespielten Begeiste-
rungstaumel für pure Enkelliebe nahm. Noch peinlicher
wurde mir der Auftritt von Drea und Guido, die nicht
hinter Lissa zurückstehen wollten; sie imitierten Lissas Ge-
fühlsradau so übertrieben und gleichzeitig mit so mangelhaften Mitteln, daß es aussah, als wollten sie ihre ältere
Schwester und alle Enkel-Omaszenen der Menschheits-
geschichte parodieren, um die Erwachsenen endlich mit der
Nase daraufzustoßen, daß es sich hier um eine Groteske
handle. Aber die Natur macht seit Millionen Jahren in
Mimikry, sie weiß, was ankommt, sie kennt die Oma-
Seelen besser als ich. So warf denn auch die Oma ihre Arme
weit auseinander, um alle drei zu umarmen und an ihr
nachgiebiges Gebuse zu drücken. Ich gönnte ihr diese zärtliche Szene nicht. Grimmig konstatierte ich, daß die Kinder
vor meiner Mutter diese Show nie aufführen würden. Meine
Mutter wartete immer ängstlich und mißtrauisch auf Lie-
besbeweise, verbot sich alles Dirigierte, kam den Kindern
nicht entgegen, weil sie deren unerzwungene Zuneigung
wollte, und erhielt dann, je nach deren Laune, grobe Ab-
fuhren oder kleine, gewissermaßen ehrlich gemeinte, aber
für eine Oma ganz und gar unzureichende Zärtlichkeiten.

Es hupte. Ein Sportwagenhorn. Dreimal. Helga, die
Schwägerin, die jüngere, viel jüngere Schwester. Wahr-

scheinlich war sie bestellt, die Frau Professor abzuholen. Daß sie sich selbst zu einem Besuch heraufbemühte, wäre zuviel verlangt gewesen, da sie von Verhältnis zu Verhältnis huschend, die zwei Stunden Besuchszeit sicher benutzt hatte, Grausamkeiten mit ihren Herren zu treiben.

Ich hörte gierig zu, wenn Alissa über Helga klagte, ich tat, als sei auch ich empört, tat, als glaubte ich das alles nicht, um Alissa zu handfesten Beweisen, zu noch deut- licherem Erzählen der Einzelheiten zu veranlassen. Man hielt mich für Helgas Feind und man rechnete mir meine doch offensichtlich aus moralischer Mißbilligung erwach- sene Gegnerschaft hoch an. Die Frau Professor, die Helga am liebsten auf allen Liebestouren unter Laurins Tarn- kappe begleitet hätte, registrierte jeden Erfolg Helgas, als sei es ihr eigener und gleichzeitig beglückwünschte sie Alissa, weil sie in mir wirklich einen Mann gefunden habe, der für die Ehe geboren sei. Wenn Alissa mir das erzählte, sah sie mich mit glänzenden Augen an und streichelte mich wie einen Sohn, der nur Einser nach Hause gebracht hat. Und ich durfte nicht mucksen.

Alissa war froh, wenn Helga sich nicht bei uns sehen ließ. Die Luft, die sie geatmet hatte, war vergiftet. Direk- tor, Syndikus, Chefarzt, Hundertmeterläufer, Kunstpreis- träger, Fechtlehrer, Dirigent hätte man sein müssen. Alissa hatte sie gestanden, sie habe noch nie etwas davon gehabt. Ach, war das eine angenehme Nachricht. Aber eine be- unruhigende auch. Ich bekam Lust, alle meine Vorgänger an ihr zu rächen. Sie wollte nur angeschaut werden, wollte uns hinweisen mit der Gerte auf alle Partien ihres Körpers. Nicht wahr, diesem Körper nicht zu verfallen, das sei doch wohl eher ein Eingeständnis der Schwäche und des Unver- mögens als ein Beweis von Beherrschung, also bitte, ein bißchen Bewunderung und Raserei. Wer aber aufspringt und sich nähert, dem fällt sie in den Arm und sagt beleidigt, sie habe sich doch hoffentlich nicht getäuscht in ihm, wenn sie ihn nicht für einen halbreifen Buben, sondern für einen Gentleman gehalten habe. Wer sich seiner selbst so sicher ist, daß er sie in diesem Augenblick auslachen oder ohrfeigen kann, den läßt sie traurig seufzend auf sich liegen und stöhnt dann auch, aber mehr über ihr Schicksal als aus irgend einem anderen Grund. Wenn man sie sieht, vergißt man alles, was man von ihr weiß. Ihre Männergeschichten hat man zwar noch im Kopf, alles Fatale. Aber daß mit ihr nichts los ist, das glaubt man nicht mehr. Jeder, dem sie ihre Geschichte erzählt, glaubt wahrscheinlich, er sei der, der ihr zeigen werde, was ihr alles möglich ist, es sei nur noch nicht der Rechte dagewesen, der wahre Prinz, der sie herausschmelzen könne aus ihrem kalten Kristallbett.

Die Frau Professor drückte tatsächlich ihre Wonnezigarette aus, um so rasch als möglich dem zweistimmigen Horn zu gehorchen. Helga will noch fort, girrte sie genußvoll und räumte die Enkel aus dem Weg, aber nicht ohne alle drei noch einmal rasch und mit der Mühelosigkeit einer Stempelmaschine zu küssen, hatte mit der Rechten schon ihre Tasche gegriffen, gleichzeitig die Linke Alissa zum Abschied hinübergestreckt und war, nicht ohne auch noch mich gestreichelt zu haben, schon an der Tür und draußen, ehe einer von uns etwas sagen konnte. Alissa knetete ihre Lippen mit den Zähnen. Von der Wohnungstür her gurrte es belegt — so in Eile, konnte sie sich nicht auch noch räuspern —, wir würden bald miteinander telephonieren.

Da dröhnte und sang noch einmal und noch einmal das Horn, das Horn. O Straßburg auf der Schanz. Klang, gezwirnt aus Schmacht und Boxhandschuh. Riesentonnage im Abendlicht. Ozeanlaut, Luxusyacht gleitet vibrierend vom Quai. Ich springe nach. Ins Wasser. Gelächter von der

Brücke. Kapitänin schwenkt die weiße Mütze in den Himmel. Schluß der Operette.

Ich setzte mein Erziehergesicht zusammen, stapfte auf das Fenster los wie auf den bösen Feind, schmiegte mich dann aber, ganz Kriminalist, an Wand und Vorhang entlang und spähte, Alissas Blickbahn als solide Marionettenfäden spürend, ein bißchen angewidert, ein bißchen verächtlich hinab ins offene Kabrio, wo die Meergöttin gerade die kunstgefärbte Mähne verruchten Weißblonds über die schwarzen Ledersitze nach hinten warf und den kleinen Fuß nervös auf das Gaspedal trampeln ließ: der Motor, den sie gar nicht erst abgestellt hatte, fauchte wie ein Raubtier, das gleich springen wird, in immer kürzeren Abständen auf.

25

Alissa war es gelungen, die Kleinen in die Küche zu locken. Mit Hilfe von betörendem Gerede, von dem durch zwei Wände hindurch nur noch Singsang blieb, wurden sie gefüttert. Sie aßen nur, wenn sie nicht merkten, daß sie aßen.

Alissa steuerte auf einen Eheabend zu. Kinder ins Bett. Traulichkeit unter der Lampe, Hausmacher-Familienglück con sordino.

Eine Hummel, die wohl in unserer grünen Zimmerwildnis den Nachmittag zwischen Gloxinien und Sukkulenten vertrödelt hatte, stieß zur Zimmerdecke hoch, Chitin gegen Gips, fiel, fing sich, raste in erbittert dröhnender Kurve gegen die Scheiben, spickte zurück, setzte mit noch böserem Gebrumm und Gesurre noch einmal und auch diesmal wieder falsch an, gleich mußte sie alle Geduld verlieren, irgend etwas Schreckliches würde geschehen, aber wie sollte ich ihr nur das offene Fenster zeigen! Da stieß sie, nun ganz toll und dumm geworden, noch einmal gegen die Decke, fiel senkrecht herab, drehte aber im letzten Augenblick wieder auf und zog in einer kraftvoll schönen Kurve zum offenen Fenster hinaus, als sei sie auch nicht eine Sekunde darüber im Zweifel gewesen, welcher Weg in die Freiheit führe.

Meine Gegnerin gewann von Sekunde zu Sekunde mehr Vorsprung. Sie hatte den Abend geplant. Sie war verbündet mit dem Selbstverständlichen. Aber für mich war es selbstverständlich, daß ich zu Josef-Heinrichs Verlobung ging, lang entbehrtes Gerede zu hören, die Freunde, die neue Verlobte und im Aufzug zur vierzehnten Etage vielleicht Melitta. Meine Schwäche war, daß ich Alissas Erwartungen verstand, billigte, zu erfüllen wünschte. Ratlosigkeit hat Gewicht. Meine Beine lagen weit draußen auf dem Teppich, meine Arme waren mit den Lehnen des Sessels verwachsen, nie mehr würde ich die Augen aus dem mäandrischen Quadratgeschlinge des Teppichs lösen, undeutlich schwamm das Muster im Augenfeld, zum Hinschauen keine Kraft, vor der linken Hand wuchs die Zigarettenasche, ich konnte meine Augen nicht darauf richten, sah den Aschenrüssel wachsen, sah ihn sich biegen, sah ihn brechen und fallen und auf dem Hosenbein zerbröseln, Alissas Erwartungen und das Hochhaus am Steinweg, und Helga hat noch was vor, und Helga im Sechsquadratmeter-Zimmer mit dem lispelnden Pfleger Szymaniak, und der Käfig, in dem meine Mutter und Onkel Gallus sich unblutig zerfleischten, und der unendliche Kampf der Mietparteien, alles geschieht mit halbwegs erlaubten Mitteln, ich würde mich nie mehr bewegen, Gabys Haarturm, daran lag's, ist zu senkrecht, er macht das breite Gesicht schwer und plump, schräg nach hinten sollte er in die Höhe führen, sich allmählich verjüngen, das würde ihren Kopf in die Länge ziehen, leichter machen, so aber hat sie sich eine sichtbare Last auf den Kopf geladen.

Anselm, sagte mein Denksklave zu mir – ich nannte ihn auch, weil er schon manches Dilemma wieder flott gemacht hatte, Herrn Cleverlein, und wenn er sich seriös gab: Galileo Cleverlein – Anselm, sagte er, Gaby ist weit, denk an Dich, an den Bienenstock, ein schier unlösbares Problem, Alissa wird glauben, Du hast da wieder eine aufgegabelt, sie zwingt Dich zur List, denn Du kannst erst gehen, wenn Du weißt, sie wird nicht heulen, sie wird natürlich heulen, aber Du mußt sie soweit bringen, daß sie's aufschiebt, Du mußt Gründe aufmarschieren lassen, die ihr das Recht zum Heulen nehmen, dann kannst Du gehen und so tun, als glaubtest Du, sie sei einverstanden, wenn Du dann fort bist, wird sie trotzdem heulen, das ist nun mal so, aber nicht vorher, deshalb sage ich: zieh' nicht Deinen besten Anzug an, zieh' Dich überhaupt nicht erst um, das erregt sie bloß, sie glaubt dann, der Abend sei Dir noch wichtiger als er Dir ist, gib nach, sei human, verzichte auf den besten Anzug. Und denke jetzt nicht weiter an diesen Abend. Keine Wünsche buchstabieren. Ein Ehemann muß seine Wünsche auch für sich selbst undurchschaubar machen. Am besten, Du gibst Dich jetzt mit Worten ab, die einen traurig dicken Bauch haben. Selbstmord zum Beispiel, Mord. Selbstmord eignet sich besser. Selbstmordgedanken darfst Du Dich hingeben, denn Du weißt, es hat sein Bewenden damit. Selbstmordgedanken sind eine Krankheit, die nur durch einen Selbstmord geheilt werden kann. Bei manchen führt schon der erste Anfall zur Heilung. Du aber, Ärmster, mußt Dich von Anfall zu Anfall schleppen. Siehst Du, wie Du Dich schleppst? Das wäre das. Jetzt noch ein traurig dickbäuchiges Wort, das Dich für die Verhandlung mit Alissa temperieren kann. Elend, zum Beispiel, ist ein gut genährtes Wort. Elend, der wahre Name der Luft, Anselm, Elend, der verschwiegene Familienname aller Familien, Elend, das Wasserzeichen in jedem Paß, das Pigment jeder Haut, der Psalter jeder Seele, das Brevier, Elend, Kette und Schuß, denk Anselm, Paß, Pigment, Psalter, Brevier und Rapport, ja kann denn ein Mann, der das alles weiß, der kann doch nicht gar zu böse Absichten haben. Wer weiß so gut wie er, daß die Erde kein Wohlfahrtsgelände ist, daß Untauglichkeit keine Auszeichnung mehr ist. Schlechte Reiter müssen abgeworfen werden. Dafür, daß sie sich den Hals brechen, müssen sie in Gottes oder anderer Namen selber sorgen. Fremde Menschen benützen Deine Handtücher, tragen Deinen Namen, das Tischtuch fault, die Wände maulen, der Kreuzweg ein Cartoon, unter Lampen sehen Köpfe einander an, kein kal nur kick nach nacht und umkehrt lich was oh der flen sen ven . . .

Ich versandete, ließ die Silben in einem wohltuenden, fast lyrischen Schiffbruch untergehen und war froh, daß mir nichts Verständliches mehr einfiel. Ich durfte mich nicht verzetteln. Alissa, die schon die Teller auslegte, die Gläser füllte, strahlte vor inniger Erwartung.

Ich stand auf und seufzte. Das Seufzen gelang. Meine Übungen waren also nicht umsonst gewesen. Ich tat, als hätte ich von Alissas Erwartungen nichts bemerkt. Und bevor sie dazukam, den Ton anzuschlagen, nach dem an diesem Abend gesungen werden sollte, bevor sie mich über den Tag befragen konnte, landete ich ein paar Sätze, die Alissa beweisen sollten, daß wir ganz und gar eines Sinnes seien. Heimkommen, zuhause sein, Masken vom Gesicht nehmen, nicht in mißtrauische Gesichter hineinreden müssen, Alissa sank mir zu, und als wir so einig waren, daß sie mir nichts Arges mehr zutraute, da schwenkte ich langsam,

langsam um, wie der Zeiger der Uhr, den man nicht vorwärtsrücken sieht. Ich meldete die Auflösung meines Büros. Weil der Schreck ihr Gesicht zerriß, daß sie aussah wie eine alte Japanerin, fügte ich sofort hinzu, daß ich keinesfalls wieder zu reisen gedächte. Sie dankte es mir, indem sie mich mit ihrer langen Hand halb streichelte, halb segnete. Ich habe schon einen neuen Plan, sagte ich, prahlte ich. Das Beratungsbüro sei schließlich immer bloß eine Notlösung gewesen. Folgten Andeutungen über die Patterson-Agentur, folgte die Mitteilung, daß ich noch an diesem Abend zu Josef-Heinrich müsse, weil Edmund unglücklicherweise dort sei. Die elfte Verlobung Josef-Heinrichs, na ja, geht uns nichts an, aber Edmund sei eben dort und Edmund sei die Brücke zu Patterson. Obwohl Alissa bis zu diesem Satz andauernd zugestimmt hatte, sah sie mich jetzt an, als hätte ich ihr ins Gesicht geschlagen. In einer einzigen Sekunde hatte sie vergessen, daß sie jedes Glied in der Beweiskette anerkannt hatte, daß sie also jetzt auch der Folgerung ihre Anerkennung nicht versagen durfte. Nichts davon. Daß ich zu Josef-Heinrich wollte, daß ich überhaupt die Wohnung verlassen wollte, das bewirkte eine Art Kurzschluß in ihr. Nun begann, was ich hatte vermeiden wollen, nun begann die Diskussion. Ich mußte meine Beweiskette verteidigen. Ach warum hatte sie mich nicht einfach gehen lassen? Wir hätten uns beide mit betrübten Mienen den Notwendigkeiten gefügt, basta. Ja, ich hatte ihr verschwiegen, daß ich mit Edmund schon so gut wie alles verabredet hatte, daß ich ihn also heute gar nicht mehr treffen müßte, aber wie konnte sie gegen meinen Besuch bei Josef-Heinrich sein, wenn sie doch glaubte – und das tat sie –, daß ich noch mit Edmund zu sprechen hatte, um morgen vormittag mit ihm zur Agentur gehen zu können. Sie war einfach dagegen, daß ich heute noch die Wohnung verließ. Ich aber verteidigte meinen mit ihrer Billigung vorgetragenen Plan, der mir nichts anderes übrig ließ, als heute noch auszugehen. Ich vergaß sehr schnell, daß ich eine Fiktion verteidigte. Ich verfiel zuerst in jene erzeugte Heftigkeit, deren man bedarf, wenn man etwas verteidigt, was andere für eine Lüge halten könnten. Aber aus dieser erzeugten Heftigkeit wurde, wie immer, bald eine richtige. Ich bestand auf der Schlüssigkeit meiner Beweisführung, ich bestand darauf, daß Alissa einsehen müsse, wie wichtig es sei, noch an diesem Abend mit Edmund zu sprechen, und schließlich sei es auch nicht meine Schuld, daß sie sich zu gut sei, um mitzugehen. Diese Anspielung war weniger gewagt als es scheint, denn soviel Alissa daran lag, daß ich den Abend in Reichweite ihrer Hände verbrachte, so sehr verachtete sie Josef-Heinrich und alle, die sie dort treffen würde. Aber wieder einmal zwang mich Alissa mit ihrer hartnäckigen Taubheit zur Bewunderung. Sie war klug genug, die Notwendigkeit all dessen, was ich gesagt hatte, einzusehen, und trotzdem weigerte sie sich, mich gehen zu lassen. Es war, als wisse sie ganz genau, daß die Gründe, die ich angegeben hatte, nicht die wahren seien. Und trotzdem zweifelte sie meine Begründungen nicht an. Sie hatte wie alle zur Ehe begabten Frauen jenen Instinkt, der einer Frau einfach befiehlt, dagegen zu sein, auch wenn sie im Augenblick glaubt, sie tue ihrem Mann unrecht, auch wenn sie sich schämt, sie ist doch dagegen und entlarvt uns, ohne daß sie es weiß. Weil sie im Recht war, ertrug sie es, mir offenbar unrecht zu tun. Und gerade das empörte mich, denn schließlich konnte ich von ihrem Instinkt, wenn der schon alles Unausgesprochene so unbarmherzig witterte, auch Anerkennung für den guten Willen verlangen, der diese sozusagen erlogene Beweiskette hervorgebracht hatte. Ich mußte fort an diesem Abend, und ich hatte versucht, Alissa alles auf die sanfteste Weise verständlich zu machen. Sie aber behandelte mich einfach wieder als den Lügner, dem man nicht glaubt, auch wenn man nicht weiß, warum man ihm diesmal nicht glaubt. Die Empörung, in die ich geriet, weil sie meine Lügen nicht glaubte, war nicht nur eine Pose, die ich annahm, um meine Lügen auch jetzt noch glaubhafter zu machen, zweifellos wollte ich das auch, aber in dieser Empörung war auch etwas vom Schmerz eines Künstlers, dessen Werk von einem Kritiker heftiger herabgemacht wird als es der Angegriffene im Augenblick noch für gerechtfertigt hält. Der Lügner erwartet nicht, daß man ihm gar alles glaubt, aber wenn man ihm gar nichts glaubt, ist er mit Recht empört, denn in dem Anteil, den sein Wille an der Lüge hat, ist doch eine gute Portion Wahrheit. Warum lügt er denn überhaupt! Was er sagt, mag Lüge sein, aber daß er es überhaupt sagt, macht sogar das Erlogene zu einer Abart der Wahrheit. Man muß zugeben, daß der Lügner, in dem Augenblick, da er angegriffen wird, die Portion Wahrheit gern überschätzt. Je mehr Fertigkeit einer im Lügen hat, desto leichter verfällt er dem Glauben, er sage die Wahrheit. Der perfekte Lügner glaubt sich alles. Wenn dann später sein Gewissen oder sein Urteilsvermögen wieder aus dem Schlaf erwacht, in den es gewissermaßen automatisch versinkt, wenn er zu lügen anhebt, denn es will ihn nicht stören, will nicht das schöne Aufblühen der Erfindungen durch ätzende Zweifel verkrüppeln, später erkennt er dann, in welchem Grad er gelogen hat. Aber wenn er sich jetzt brav den Folgen seiner Lügen unterwirft, ist ihm fast kein Vorwurf mehr zu machen. Dazu muß er allerdings wiederum lügen, aber es erhöht sich dadurch auch der Wahrheitsgehalt, denn es kann eben keiner reine Lügen hervorbringen. Wenn er, zum Beispiel seiner Frau zuliebe, die andauernde Anstrengung der Lüge auf sich nimmt und auf das verzichtet, was ihm als Wahrheit erscheint, so kann aus dieser Lüge für sie und sogar für ihn doch noch Wahrheit werden. Es ist ein verhängnisvoller Irrtum gerade der Frauen, daß sie glauben, die Lüge sei durch eine mit lauterem Gold gezogene Grenze von der Wahrheit getrennt. Die Lüge kann ebenso gut der Keimling der Wahrheit sein, wie die Wahrheit das Samenkorn sein kann, aus dem in ununterbrochener natürlichster Entwicklung die Kunstblume der Lüge aufwächst. Und man kann nicht gleich den Kopf an die Wand lehnen oder ins Pfarrhaus hinüberrennen, bloß weil nicht alles so brav in gut und böse geschieden ist wie es der Katechismus vermuten ließ. Man verlangt doch auch Verzicht von uns, und das ist jedes Mal Verzicht auf Wahrheit, oder zumindest auf das, was wir im Augenblick dafür halten. Wenn ich an diesem Abend zuhause blieb, dann konnte alles, was Alissa noch von mir erwarten durfte, nur Lüge sein. Ihr zuliebe konnte ich es schließlich noch versuchen, die Stimmung zu erzeugen, die sie erwartete, aber dazu bedurfte ich der Lüge wie der Maurer des Mörtels. Wer keine Wünsche mehr hätte, käme vielleicht ohne Lügen aus, vorausgesetzt, daß auch die, mit denen er lebt, keine Wünsche mehr haben.

Mir blieb nichts übrig, als mich auf meiner Tischseite zu verschanzen und lauter und rascher und länger zu reden als sie, mir blieb nichts übrig, als mich mit all meinem Atem als der Retter der Familie zu preisen, dem die Frau aus purem, lauwarmem, wenn auch gut gemeintem Nestegoismus in der entscheidenden Stunde in den Rücken fällt. Bitte, rief ich aus, und sah ihr dabei edelgrimmig wie ein verletzter Hirsch in ihre ängstlichen, von schlechtem Gewissen geplagten Augen, bitte, dann bleib ich da, meinst Du nicht auch, daß es mir mehr Vergnügen macht, hier zu sitzen, mich bei Dir auszuruhen, bei Dir . . ., ach was, brach ich ab, weil ich es trotz meiner Erregung nicht über mich brachte, ein lieblich-zugkräftiges Ehestilleben als die tiefste Ausgeburt meiner Wünsche in die Luft zu zaubern, ach was, Du weißt es ganz genau, aber Du sollst Deinen Willen haben, mir kann es nur recht sein, ich bin wirklich müde genug, der erste Tag nach dreizehn Wochen, und dann diese Überraschung mit Moser, und ich hatte nicht gleich etwas in der Hand, zuerst einmal mußte ich dastehen, mir sagen lassen, daß man meiner nicht mehr bedürfe, aus, und das will verdaut sein, Du hörtest ja, als ich es mitteilte, schon im nächsten Satz, daß ich die Sache auffangen werde, aber das muß einem auch zuerst einfallen, das mit Edmund und Patterson, dann muß Edmund angerufen werden, er ist nicht zu Hause und nicht bei Patterson, dann rufst Du zehn Nummern an, bis Du ihn erreichst, solange weißt Du aber nicht, was aus Dir und der Familie werden wird, sechzig Mark Vermögen, Du fädelst alles ein, bist geradezu sprachlos, daß es Dir gelingt, so rasch einen Ausweg zu finden, Du kommst heim, bist fast ein bißchen stolz auf diesen Tag, allerdings auch sehr müde, aber darauf kannst Du jetzt keine Rücksicht nehmen, denn schließlich steht jetzt mehr auf dem Spiel als Deine Abendruhe, und dann sagt die Frau: nein. Ich wollte Dir das nur noch einmal schildern, daß Du weißt, wie sich das von meiner Seite aus ansieht, die Sache selbst ist erledigt, ich bleibe hier, aber die Verantwortung trägst Du.

Da blieb ihr nichts anderes übrig als zu sagen: nein, ich sehe es ein, Du mußt gehen. Und um ihr entgegenzukommen, sagte ich: Ja, Du hast recht, ich muß gehen. Und ich gestehe Dir, daß ich unter allen Umständen gegangen wäre: ich könnte natürlich hierbleiben, alles schief gehen lassen, wer weiß denn, ob ich Edmund morgen erreiche, ob die Möglichkeiten, die er mir am Telephon andeutete, noch

Möglichkeiten sind, wenn ich ihn erst in acht Tagen wieder erreiche, ob er sich nicht einen anderen holt, wenn er sieht, daß ich heute abend nicht komme. Es wäre reizvoll, Dir Deinen Willen zu lassen, um Dir dann, wenn sich die Folgen zeigen, beweisen zu können, wer recht hatte. Aber der Preis ist zu hoch, Alissa, wir können uns das im Augenblick nicht leisten, deshalb muß ich, Alissa, muß ich, muß ich gehen.

Ja, ich weiß, sagte sie gewissermaßen tapfer.

Und wie ein Mann, der in einen gerechten, von ihm nicht gewollten Krieg zieht, wie ein Mann, der erst aufsteht, wenn die feindlichen Kugeln schon übers Hausdach pfeifen, stand ich auf und sagte, ganz in meiner Rolle, ganz und gar überzeugt von dem, was ich sagte: es muß sein, Alissa, leider.

Erst auf der Treppe zerfielen die Kleider meiner Rolle. Und als ich den Schlüssel drehte, als der Anlasser heiser aufgurgelte und ich Gas geben sollte und den Gang einkuppeln, da fiel es mir schwer, eines nach dem anderen zu erledigen und dann die Straße entlang zu fahren, weg vom Haus, von den Fenstern, hinter denen Alissa jetzt . . ., wie gehabt, dachte ich, und ließ mich von Beschimpfungen durchfluten, gab mich ganz hin den Verurteilungen meines Benehmens, badete in Schmähungen und Vorwürfen, tat alles, um mir zu beweisen, daß ich nicht mehr in der Lage sei, an diesem Abend auch nur noch ein Quentchen Freude zu empfinden. Alissa hinter den Vorhängen, nein, dieser Abend ist hin, sagte ich mir, um mich zu rechtfertigen, aber gleichzeitig kicherte das Echo meiner Erfahrung, daß sich das noch ändern könne, wenn ich erst unter Menschen sei. Augen und Gelächter rundum. Und hieße es nicht, Alissa sinnlos und nutzlos gequält zu haben, wenn ich nun auch nichts hätte von diesem Abend? Was hat sie davon, wenn ich auch nichts davon habe?

26

Edmund lag in einem riesigen giftgrünen Sessel, in den er so genau hineinpaßte, als habe man das Gefälle der Flächen nach seiner Gestalt modelliert. Lerry, der mich eingelassen hatte, kauerte, bis ich ins Zimmer kam, schon wieder kauend auf der schwarzen italienischen Couch. Edmund hielt in der einen Hand, vom Knie unterstützt, einen Bildband; auf den langen Fingern der anderen schwebte wie ein Blatt im Spinnweb ein Scheibchen Brot. Da können wir noch was lernen, sagte er, von Olivetti, ein Spanzotti-Band, hat mir Codignola geschickt, er will meine Plakate ausstellen in Ivrea.

Schon wollte ich neidisch die Ruhe in diesem Zimmer, den Spanzotti-Band, den farbigen Fruchtsaft auf dem erfundenen Tisch mit meinem Leben vergleichen. Alles schwebend, sah aus wie gezeichnet, ein in der Luft hängendes Baukastenzimmer, nicht düster belagert von historischen Findlingen, kein dunkles Jahrhundert streckte seine schimmlige Zunge herein. Eine Wand war tapeziert mit Pariser Ausstellungsplakaten. Louise Leiris lud ein zu Léger, de Kermadec, Gris und Picasso. Man konnte im Sessel sitzen und die mauschelnden Köpfe der Vernissage einander belehren sehen. Schon vergessend, daß auch dieses Zimmer ein unerbittlicher Verhandlungsort war, sah ich rechtzeitig Lerry, der sein Brot ganz mit den Fingern umklammerte, das Brot so aus der Handmuschel aß, daß man nicht sicher war, ob er nicht doch an den eingekrümmten Fingern herunternagte. Bevor er zubiß, legte er den Kopf schräg, verließ sich beim Beißen nicht bloß auf die Schneidekraft seiner wirklich prächtigen Zähne, sondern riß aus Ungeduld oder Übermut das Stück, das er angebissen hatte, mit den Zähnen und der Kraft seiner Nackenmuskulatur einfach heraus und zerkaute es wild, als fürchte er, es entfalle ihm wieder oder werde ihm gar genommen. Zoo fiel mir ein und Affenkäfig, und ich erinnerte mich, daß Lerry mit einer Leidenschaft, die ihn völlig entrückte, die Fingernägel von den Häuten freibiß und stundenlang seine Fingergelenke mit seinen Zähnen benagte, polierte, man wußte nicht, warum, aber er tat es mit entnervender Ausdauer und hatte, wenn man sich verabschiedete, an den Fingergelenken stets rote Male, die zum Teil blank leuchteten, zum Teil noch von zerbissenen Hautfetzchen gesäumt waren, weil er nicht ganz fertig geworden war. Und Edmund, dem ein Kaffeefleck auf der Schürze einer Kellnerin den Ekel ins Blut trieb, bemerkte das so wenig wie ein Ehemann bemerkt, daß seine Frau mit dem Daumen durch jeden Löffel gleitet, bevor sie ihn auf den Tisch legt. Das bemerkt er höchstens, wenn sie diese von Urgroßmüttern ererbte Geste einmal, was sie bedenkenlos tut, in Anwesenheit von einflußreichen Gästen exekutiert. Und weil ich doch nicht sicher war, ob Edmund nicht seit langem litt unter Lerrys krassen Gewohnheiten, und weil ich auch noch ganz verstrickt war in die Abschiedsszene mit Alissa, seufzte ich, um Edmund zu trösten, um mich zu erleichtern, wehleidig über das Familienleben. Edmund nahm das ernster als ich es gemeint hatte. Vielleicht war es wirkliche Freundschaft, die ihn jetzt veranlaßte, sein feindlichstes Gesicht aufzusetzen. Mit kaum modulierter Stimme entwarf er ein böses Porträt von Alissa. Eine solche Inquisitorin, ein so böses Muttertier, eine so gierig nach dem Matriarchat strebende Tyrannin, die aus ihren Brustwarzen ein immer unzerreißbareres Netz um mich spann, war Alissa sicher nicht. Aber Edmund liebte es, sich auszudrücken, als habe er Bilder zu malen, oder Plakate zu entwerfen. Er spürte nicht den Unterschied zwischen Worten und Farben, strebte vielmehr ganz deutlich in jedem Satz nach einer gewissermaßen bildhaften Ausdrucksweise und merkte nicht, daß man mit den Farben und Formen, die die Sprache anbietet, wie ein Blinder umgehen sollte, daß die größten Worte die kleinsten sind und daß die Genauigkeit hier in den Unterschieden besteht, die man in einer scheinbar einheitlichen Fläche noch nachzuweisen imstande ist. Natürlich war Edmund nicht der dumme Farbencompositeur, der bloß pfiffig und mit Handwerkerinstinkt und von Temperament vernebeltem Gehirn sein Gedärm in halbwegs schönen Portionen auf die Leinwand verteilt, das war Edmund viel zu wenig, um ein erfolgreicher Maler zu werden, er war ein bis zur Unbrauchbarkeit differenziertes Instrument, das auf ein Wesen wie Alissa einfach mit ein paar zerbrochenen Gliedern reagierte. Er hielt sie so wenig aus wie sie ihn. Aber so böse hatte ich ihn noch nie über Alissa sprechen hören. Ich hatte ihn durch meine unvorsichtige Klage über unsere familiäre Rauferei herausgefordert, jetzt mußte ich mich wieder vor Alissa stellen. Es ist etwas anderes, wenn man selbst über seine Frau schimpft, und wenn es ein Freund tut. Freunde, die wenig oder zu wenig von der eigenen Frau halten, versteht man zwar, aber sogar wenn man selbst sie dazu veranlaßt hat, ist man doch sehr in Versuchung, ihnen ihre Geringschätzung übel zu nehmen. Dieses Recht, das spürt man, ist unübertragbar. Schließlich wird man zu einem Ausländer über das sogenannte Vaterland auch immer mit sorgfältig gerunzelter Stirn sprechen, aber wenn der uns dann gleich das Wort aus dem Mund reißt, und in einer fremden oder nur unvollkommen beherrschten Sprache die Wunden verhöhnt, die wir ihm traurigen Herzens wiesen, dann macht er uns zu glühenden Verteidigern sogar dieser Wunden. Nicht zuletzt wollten wir ihn doch durch die sorgenvolle Art, in der wir sprachen, darüber trösten, daß auch er ein Vaterland auf dem Buckel hat. Und das Vaterland, dessen Kinder in keiner Weise Trost brauchen, wenn sie an ihr Vaterland denken, das muß man mir zuerst entdecken. Von Rühmenswertem zu sprechen, von dem, was wir etwa sogar lieben, verbietet, vor Fremden und Freunden, die Scham. Alle Möglichkeiten des Mißverständnisses bedenkend, sollte man es vorziehen, sich unglücklicher darzustellen als man ist, denn wer sich um der groben Deutlichkeit willen glücklicher malt als er ist, weiß doch nie, wie sehr er den anderen verletzt.

Ich fühlte mich beleidigt. Edmund hätte spüren müssen, daß ich es anders gemeint hatte, als ich über Alissa sprach. Er haßte sie. Ob er sie haßte, weil er mich mochte, ob er auch mich haßte wie er Josef-Heinrich haßte, ich hatte ja auch Frauen, nicht soviele, nicht so weithin sichtbare, ich verschonte Edmund mit Liebeslegenden, zu fröhlichen Prahlereien regten mich meine Erfahrungen allerdings auch gar nicht an, aber trotzdem, wenn er Josef-Heinrich haßte und Alissa, verglichen mit denen Taube und Schlange geradezu eineiige Gemüts-Zwillinge genannt werden dürfen, warum sollte Edmund, weil er dazu nun einmal talentiert war, nicht auch mich hassen? Natürlich nicht immer. Hoffentlich war es genau so mühsam und unmöglich, immerzu zu hassen wie immerzu zu lieben. Wer zu beidem wenig Begabung verspürt, kann da schlecht mitreden.

Aber so unvollkommen ist auch Freundschaft: ich konnte Edmund nicht einmal fragen, ob er mich hasse, wie sehr er mich hasse und warum. Das ist nicht üblich. Ich hätte schon einen tollen Sprung in das Dickicht der Umgangsformen wagen müssen, eine Gasse für die Zukunft brechen, aber ich fühlte mich nicht aufgelegt und fähig, das nachzuholen, was die Menschen seit so langer Zeit verschlampt und versäumt hatten. Sollen einander weiterhin Freunde nennen, die einander hassen, und Liebende und Ehegatten und

Brüder, die einander gerade dem Namen nach und an der Haarfarbe kennen. Es besteht offensichtlich ein Bedürfnis danach, daß alles so bleibt wie es ist, sonst hätte doch längst einer den Mund aufgetan und nach einer ausdrücklichen und genau festzulegenden Wort-Entwertung verlangt. Beim Geld bemerkt es jeder, wenn es nicht mehr stimmt. Ein neues Lexikon. *Freund*, müßte es da heißen: einer, der für unseren Haß nicht zu klein und für unsere Liebe nicht zu groß ist. *Ehe*, müßte es da heißen: das Laien-Zölibat.

Eigentlich sprang ich auf aus dem Lilafrotté, ließ die Teakholzlehnen weit unter mir, eigentlich war ich in einem Sprung draußen, in einem zweiten Sprung in der Lichtenbergstraße, und noch ein Sprung, und ich saß im meergrünen Samt, die große Alissa auf den Knien, das Wunder bewirkend, das immer wieder ein Wunder war, die Verwandlung Alissas in ein handliches Mädchen, von dem Edmund nichts wußte, Gaby nichts wußte, Helga nichts wußte, die Frau Professor nichts wußte: Alissa, wenn ich ihr recht gab, Alissa, wenn ich die Nase voll hatte von draußen. Leider blieb ich sitzen vor Edmund und schonte ihn. Ich sagte, daß wir jetzt wohl zur Verlobung aufbrechen müßten. Damit war Alissa vergessen.

Warum hatte ich es ihm so leicht gemacht. Ich hätte ganz einfach sagen sollen: ich liebe Alissa. Ob unsere Freundschaft das ausgehalten hätte? Edmund verachtete alle, die sich rund, gesund und glücklich gaben. Ich hatte mich eingestellt auf ihn, ganz von selbst öffneten sich in mir die Klageventile, wenn ich bei ihm war. Aber Alissas Hände, die den Tisch deckten, und ihre wilde stumme Begeisterung, wenn sie den Kindern zusah, und die wie von Zeus' höchsteigener Berührung bewirkte Bewegung sofortiger und vollkommener Preisgabe, wenn der erste kalte Strahl aus der Dusche sie traf, und ihr Kindergesicht, wenn sie den Saucenfinger aus dem Mund zog und prüfend dem Geschmack nachhörte, und ihr erstauntes und vor gutem Willen sorgenvolles Tiergesicht, wenn sie in einem Buch las, das sie nicht verstand, und die behaglich düstere Benommenheit, wenn sie etwas las, was sie verstand, und der Blick, wenn sie sehen wollte, ob ich ihr zuschaute, wie sie die Strümpfe abstreifte, ach dieser Katalog ist so unendlich wie der der Klagen, wenn man auch den letzteren rascher auswendig kann; aber daß ich, um Edmund wirklich Gesellschaft zu leisten, nur von der täglichen und lebenslänglichen Folter gesprochen hatte, von den nächtelangen Verhören, bei denen man einander das Messer langsam langsam durch die Seele zieht, daß ich ihm nur erzählt hatte von der Unmöglichkeit, eine Frau zu lieben, wie sie wünschen muß, geliebt zu werden, daß ich es ihm immer leicht machen wollte, so zu leben wie er lebte, das hatte unsere Freundschaft gesteigert und den Haß gegen Alissa genährt. Nun wäre es natürlich übertrieben gewesen, aufzuspringen und mit dem Ruf: ich liebe Alissa, das Zimmer und Edmund, vielleicht für immer, zu verlassen. Ich hatte es auch aufgegeben, Edmund bei Alissa wirklich zu verteidigen. Ich spielte ein bißchen den Gerechten, den mit Abstand, verbot ihr, allzuweit zu gehen, so wie ich Alissa auch hier nur ein bißchen in Schutz genommen hatte. Ich war kein so entschiedener Mensch. Ich beschloß, und ich hoffte, ich würde diesen Beschluß nicht gleich wieder vergessen, ich beschloß, nie mehr im Ernst zu klagen. Die Eroika ist schließlich keine Oper.

Lange schauen wir nicht mehr zu, nicht wahr Lerry, sagte Edmund. Wenn der Margarinehändler so weitermacht, platzt die Bombe, und daß ihm dann die fetten Ohren schlitzen, darauf kannst Du Dich verlassen.

Edmund hatte aus seinen schmalen Händen kleine harte Fäustchen gemacht. Sein Gesicht wurde auf eine so einfache

Weise böse wie das der Stiefmutter im Märchenbuch, wie das der Pfarrköchin in Ramsegg, wenn sie uns an den Haselbüschen ertappte und dann nachschrie, der Herr Pfarrer werde es uns schon heimzahlen. Was dem übrigens gar nicht einfiel, weil er, zu seinem Schaden, einem pädagogischen Irrtum anhing, der ihm riet, uns das Stehlen dadurch zu verleiden, daß er es uns erlaubte.

Edmund, hör auf jetzt, wir müssen in den Bienenstock. Ja, die Komödie schreit nach Zuschauern, sagte er, und nach Zeugen, Anselm! Aber, und jetzt lächelte er mich an, daß ich sofort wußte, es konnte nichts Gutes kommen: vorher will Dich Anna noch sprechen, sie hat schon zweimal angerufen und nach Dir gefragt.

Siehst Du, buchstabierte sein Grinsen: und da verteidigst Du Alissa, da machst Du mir was vor, lieber Freund, und dann mußt Du Anna anrufen.

Ja, wenn man natürlich grob und aus der großen Entfernung, aus der Menschen einander beobachten, urteilt, dann konnte ich nicht gleichzeitig Alissa verteidigen und Anna anrufen; auch ein Freund urteilt da wie eine Nachbarin, die uns nur von ihrem Küchenfenster aus kennt.

Schurke, sagte Anna zur Begrüßung, warum kommst Du nicht, rufst nicht einmal an, ich muß Dir nachlaufen, wie geht's Dir denn, Du kommst jetzt sofort zu mir, von Edmund zu mir fährt man zwölf Minuten, Du fährst es in neun, es ist jetzt, Moment, achtuhrzweiunddreißig, also trittst Du um achtuhrzweiundvierzig durch meine Tür, zehn Minuten noch, Anselm, die werden länger sein als das Vierteljahr, also tschüs, beeil Dich, komm! Aber bitte fahr nicht zu schnell. Ja, ja, sagte ich. Aber, aber, sagte ich und wußte doch schon, daß ich hinmußte, wenn auch nur für fünf Minuten, wenn auch nur, um ihr, was am Telephon, und gar noch vor Zeugen, unmöglich war, um ihr zu sagen, ein Vierteljahr sei ein Vierteljahr. Bei Gaby war es halb geglückt, von Trennung war zwar nicht gesprochen worden, aber ich war doch ohne Dienstleistung entkommen. Das Serviceabonnement. Moser wechselt einfach den Artikel. Der könnte was lernen von mir. Kundendienst, Affentheater, Kurzvorstellungen in drei verschiedenen Wohnungen an jedem zweiten dritten Abend, und jede guten Willens Heimgesuchte zetert, weil Du auf dem Sprung bist. Bei ihnen gilt nur die Zeit: mit Dir in den Kahn und dann ohne Ruder hinaus auf den Ozean, schaust Du zum Land zurück, oder nach vorne, sind sie schon sauer. Sie wollen wenigstens Dein Leben. Du hast es ihnen ja angeboten, hättest nie gewagt, eine anzurühren, ohne das sorgfältige Geflüster, mit dem Du immer wieder verkauft hast, was Dir schon längst nicht mehr gehörte. Du hast Dich hineingeredet, hast Dir alles geglaubt, und sie sind in Deinen Worten geschwommen. Andere kommen und sagen als erstes: eigentlich liebe ich nur meine Frau, aber wir können natürlich trotzdem miteinander. Dagegen bist Du ein toller Fang. Aber dann kannst Du die himmlischen Wechsel doch nicht einlösen, Dir fehlt einfach das tägliche Kleingeld, und alles wird ein Zusammenkratzen von Vorschüssen auf eine Zukunft, für deren Beginn Du immer wieder um Aufschub bitten mußt. Du siehst sie immerzu in ihren Wohnungen sitzen und auf Dich und das Luftschiff warten. Das ist nicht Eitelkeit, wie Gaby meint, denn inzwischen hast Du auch gemerkt, daß Du bloß soviel giltst, weil Du soviel versprichst, wenn auch nichts Genaues. Du vermutest sogar, daß die Frauen nicht Deinetwegen alle ihre Eisen aus dem Feuer ziehen. Sie häkeln schön brav an ihren Hoffnungen weiter. Also ist Deine Verpflichtung gar nicht so schrecklich groß. Das kannst Du Dir leider nur ausrechnen, wenn Du weit weg bist. Sitz' erst wieder einer gegenüber, siehe Gaby, und sie beweist Dir, daß alles Gift wird, was sie nicht mit Dir zusammen ißt, dann kannst Du zwar noch grimmig einsehen, daß Du selbst es warst, der ihr diesen Unsinn einblies, aber Du mußt doch beschließen, und wieder versprechen, ihr jetzt noch öfter das Händchen zu halten. Da Du das gerade gestern abend einer anderen, angesichts ihrer heruntergekommenen Gesundheit, mit heißen Schläfen versprochen hast, und weil aus der Vergangenheit noch ein paar solche Posten ungelöscht zu Buche stehen, wird aus dem zufriedenstellenden Service immer bloß ein rasches Händeringen und Seufzen. Deine Umarmungen müssen ganz den Bewegungen eines Mechanikers gleichen, der sich gelenkig in eine Maschine hineinbeugt, ohne zu zögern dahin und dorthin greift, weil er, im Service erfahren, genau weiß, wo es fehlt.

Ja, Anna, ich komme. Wer die Phantasie einer Frau nährt, muß mit Wirklichkeit dafür bezahlen.

Ich habe mir immer ein schönes Sprungbrett gewünscht, um euch alle loszuwerden, obwohl ich nicht wünschte, euch loszuwerden, aber ich mußte es wünschen, bedenkt doch, es wurde zuviel. Die Trennung sollte gewissermaßen gegen meinen Willen stattfinden, ich wollte aus vollem Herzen dagegen protestieren können, wie ihr; wenn sich eine solche Gelegenheit nicht ergeben hätte, aber im letzten Vierteljahr hat sie sich ergeben, dann hätte ich meinen Service, das dürft ihr mir schon glauben, solange als möglich fortgesetzt, so lange eben, bis ich vor Wut und Erschöpfung plötzlich geschrieen hätte: jetzt ist Schluß. Die Tränen, die man dann anscheinend unempfindlich auf ihrem Weg bis etwa auf die Höhe eurer Mundwinkel verfolgen kann, graben sich tiefer in das Gedächtnis eines Mannes ein, als er im Augenblick weiß. Dies würde ich, zu eurem Trost, nachträglich auf einer Karte gestehen.

Ja, dann komme ich wohl ein paar Minuten später, sagte ich und zuckte die Schultern, wie ein Arzt, der vor dem Kino noch rasch an ein Krankenbett muß. Edmund grinste, Lerry grinste, sie grinsten, als gebe es außer mir nichts auf der Welt, worüber man grinsen könnte.

27

Nachts, zusammengekrümmt auf Krankenhausaborten unter dem Magermilchlicht der Sparbeleuchtung im Käfig mond-gekalkter Holzwände, nachts schwört man alles. Ein Ton-band für Gedanken, bitte. Vorzuspielen im Sommer, wenn der Wildlederschuh zur Promenade ansetzt. Am achtund-dreißigsten Tag, am neununddreißigsten Tag ging der Vorrat zu Ende, wurde das Bewußtsein ein leerer Turm aus Stahl, Stahlwände zum Kreis gebogen, hallend von keiner Bewegung, keinen Halt bietend für die letzten wie von Mäusen gejagten Gedanken, die, Fingernägeln gleich, nach oben kratzten, rutschten, Gedanken, die nur noch Ge-räusche waren, allmählich ein einziges Geräusch, das scha-bende Geräusch eines leeren Bewußtseins, das um nichts rotiert. Siebenunddreißig Tage lang hatte der Vorrat ge-reicht, aber am achtunddreißigsten Tag wurde alles faden-scheinig, flatterte, riß, zerstäubte. Das Hundertzimmerhaus segelt ohne Wind ins Leere. Aber man hat noch Anker im Hinterhalt. Alle Frauen werden aufgerufen. Wie war's mit der und mit der. Das Feld bevölkert sich nicht. Nicht eine einzige Erinnerung meldet sich. Fläche, Fläche, Fläche breitet sich aus. Der Apfelbaum vor der Schule weigert sich. Die Milchkanne fällt nicht mehr polternd, sich über-schlagend, sich ausgießend die Treppe hinab. Sogar Melitta am Kastanienstamm wird unsichtbar. Wo ist Dein Haar

Kupferrot? Die schwarze kleine Katze, die man gegen das Scheunentor warf, bis die grünen Augen eitrig trieften, weigert sich, ihre Qual zu wiederholen, und sie drängt sich doch sonst immer vor. Der Beichtstuhl weigert sich. Der Maibaum weigert sich. Sankt Maria Aegyptiaca weigert sich. Dann weigern sich sogar die Namen. Alle Worte weigern sich. Sozusagen voller Scham frägst Du bei Gott an. Und in der achtunddreißigsten Nacht und am neununddreißigsten Tag und am vierzigsten ist alles egal, Gott tut Dienst bei Dir, stellt vier Buchstaben zur Verfügung, daß Du was zum Buchstabieren hast, es sieht ja niemand, niemand hört's, und Du hast etwas zum Buchstabieren, etwas, das Du in den heißen leeren Turm aus Stahl werfen kannst, um das schabende Geräusch zu vertreiben. Du wirst ruhiger, denn Gott ist doch ein angenehmer Lärm, ein tröstliches Brausen. Was hilft es, daß Du Dich genierst. Schließlich hast Du vorher alles probiert, hast alles, gar alles gerufen und angerufen, alles, gar alles, was je eine Rolle spielte, alles, gar alles hat sich geweigert, nicht eine Fratze hatte den achtunddreißigsten Tag überlebt, also bitte. Trotzdem . . .

Am Vormittag trat elastisch, direkt vom Tennisplatz kommend, der Sportler und Narkotiseur Dr. Leonhard ein. Hände auf dem Rücken. Ich sah ein Stück Schlauch. Herkenrath sah nichts. Der war geschmeichelt. Tat tapfer. Beschimpfte bramarbasierend alle Ärzte der Welt. Ach was haben Sie denn da, sagte in schlecht gespielter Harmlosigkeit der Narkotiseur. Herkenrath, der ehemalige Aktive und Generalstäbler, bemerkte nichts, ließ sich ins Auge schauen, klappte auch den Mund auf, und bis er zweimal, dreimal gefaucht und gestöhnt hatte, war der dünne Schlauch schon tief in der Nase und wanderte, vom Doktor lächelnd unterstützt, in den Magen des Aktiven a. D. hinab. Sehen Sie, sagte der Narkotiseur, das hätten wir alles gestern schon machen können, wenn Sie so vernünftig gewesen wären wie jetzt.

Um drei Uhr brachten sie Herkenrath zurück, blutleer und stöhnend wie ein sterbender Opernheld. Ein zweiter Schlauch wurde rasch durchs zweite Nasenloch gesteckt und an die Sauerstoff-Flasche angeschlossen. Schwester Agathe, dürr, fad blond, mitten im Gesicht herrscht ein Bleizahn, wischte den Speichel ab, der mit verquollen blasigem Gelalle aus dem Mund der immer noch fetten Halbleiche troff. Nicht das Bett berühren, zur Seite drehen, bitte, eine ganz kleine Lageveränderung (träumte wohl vom Schmerz der Truppe), wie lange muß ich das Photo noch, laßt mich doch pinkeln, höher, den Nagel, den Nagel aus dem Arm. Agathe sagte: denkste, und streichelte ihn. Um fünf übernimmt eine Anfängerin die Wache. Mankriegtjakeinpersonalmehr, sang Tilly von schräg nach oben. Dem Aktiven muß der Ton gefallen, in dem Tilly von die Neue einweist: wenn die Infusion nicht mehr perlt, der Sauerstoff nicht mehr brodelt, sofort Meldung. Und laß ihn ja nicht die Schläuche aus der Nase ziehn. Die Pflasterhalterung auf den Nasenflügeln wird noch einmal pflichtbewußt überprüft.

Ich habe Angst, daß die Anfängerin etwas falsch macht. Der bullige Pfleger will ihn höher legen, Tillyvon hilft mit. Zuerst saugt sie ihm das Blut aus dem Magen. Franzen stellt ihm die Beine auf, biegt sie auseinander, Herkenrath brüllt, aber Tillyvon hat das Thermometer schon drin. Pinkeln, flüstert er. Der Pfleger legt die Flasche an. Die Neue schaut weg. Ich auch. Gestern abend klagte er, er habe zuhause schon trainiert, aber im Liegen könne er nicht. Schlimmstenfalls können wir Sie ja kathetern, hatte Dr. Braunberg gesagt. Pinkeln, flüstert er. Ja, das wäre gut für Sie, sagt Franzen, ein Katheter ist etwas sehr Unangenehmes. Fast so schön wie ein Magenschlauch.

Ich bin froh, daß ich das Kathetern schon einige Male hinter mir habe, sonst würde ich mir auch diese Prozedur, falls sie jetzt stattfinden sollte, übertrieben vorstellen. Franzen dreht den Wasserhahn auf. Na, kommt's jetzt. Es kommt nicht. Na, dann bleibt nur der Katheter. Franzen setzt an. Der Aktive schreit. Gott sei Dank, jetzt weiß ich, daß alles nicht so schlimm ist, denn zum Schreien ist das wirklich nicht. Das Geschrei beeindruckt mich trotzdem. Dieser Saftsack. Schnapp Dir die Sitzmaschine, hatte er zu seiner kleinen Frau gesagt. Was sollen denn die Witwentröster, hatte er gesagt, als sie rote Nelken brachte, marsch, schlepp sie raus. Dieser Saftsack.

Um sieben schoben sie mir auch eine rostige Stange ans Bett, oben die Blutflasche, aus der es vier Stunden in mich hineintropfte, plus ein Liter Kochsalzlösung. Der Professor kam und schimpfte, weil sie mich den Tag des Saftsacks hatten miterleben lassen. Das sei keine gute Vorbereitung. Mit großer Sorgfalt schoben sie mich und die rostige Stange in ein leeres Zimmer. Das Rad ohne Speichen, das Rad ohne Felgen, das nabenlose Rad beginnt sich zu drehen. Eine Nacht ist doch ziemlich lang, wenn man nichts mehr im Kopf hat. Leider auch keine Spur von Angst. Sorgen, wenn einen wenigstens quälten. Es ist nichts geblieben als die Fläche ohne Saum und Sichtbarkeit, das schabende Geräusch im Kreisrunden. Stillstand. Wahnsinn ist wahrscheinlich, wenn die Vorstellungen nicht mehr im Fluß sind, wenn der Film stehen bleibt und eine einzige Vorstellung zur starren Diktatur kommt.

Um zehn Uhr wollten sie mich holen. Um dreivierteleins stürmten sie herein, als wären sie hinter einem Ball her, griffen das Bett und galoppierten mit mir durch die Gänge wie Lausbuben, die einen Kinderwagen entführt haben. Im Vorraum legten sie mich auf ein schmales Brett, ließen mir noch eine Art Schamtuch, schnallten den rechten Arm auf ein Brettchen hinaus, verpaßten mir eine Spritze, die mich für eine halbe Minute schummrig machte, um fünf vor eins in den OP, gleich in die Mitte unter die riesige Lampe, gefächert, eine Sonnenblume ohne Kerne, an den Wänden entlang vor sich hin hantierende weiße Gestalten, eine Hartgummimaske fährt mich an, nach dem sechsten Atemzug hartberstende Explosion, Lichtstrahlen reißen wie Taue unter zu großer Belastung in der Mitte auseinander, die zerrissenen Strahlenenden gleißen und rasen ins Schwarze.

Nach zehn Jahren oder zehn Minuten spricht Leonhard mit Agathe. Vielleicht ist es ihre Hand, probiere meine Zunge aus, Lippen sind noch, ob sie mir nicht den abgeknickten Mittelfinger geradelegen möchte, Schläuche führen von mir weg, die Hand Agathes mit dem Bleizahn ist der Mittelpunkt der Welt, die Erinnerung an den Saftsack stellt sich so rechtzeitig ein, daß ich Stöhnen, Seufzen und Gelalle vermeiden kann.

Das war der Gründonnerstag, Anna, ich nehme es auch nicht so ernst, aber man bemerkt es trotzdem, wenn der Zufall mit so drolligen Terminen auftritt.

Und jetzt willst Du nur noch vom Krankenhaus sprechen.

Nein, nur um Dir zu ... Ich sah sie an.

Um mir was?

Anna, ich muß zu Josef-Heinrich, leider.

Und von meinen Vorhängen sagst Du nichts. Und die Sesselbezüge!

Ich weiß nicht ...

Anselm, Schuft, Liebster, wenn Du das vergessen hast, bin ich beleidigt. Schwarzgrünrot, grüngrünrot, schwarzgrünrot, grüngrünrot, weißt Du noch?

Anna, ich habe einhundertsechsunddreißig Spritzen, mein Gedächtnis.

Ärmster, das sind doch die Dekorationsstoffe aus den *Anständigen*, der Produzent hat sie mir geschenkt.

Ach.

Ich hatte vom Krankenhaus angefangen, um ihr einen neuen Mann vorzuspielen, einen, den sie nicht kannte und auch nicht mehr kennenlernen sollte. Aber dann hatte ich ihr doch wieder imponieren wollen. Das war ein Fehler.

Mein Bester. Komm jetzt.

Ja, das Leben fordert Helden auf jedem Platz, dachte ich und setzte mich gehorsam neben sie. Wer kümmerte sich von den zwei Milliarden um mich? Wer, außer ein paar Frauen, bestätigte mir, daß ich auch da war? Ich konnte mich der Welt nicht aufdrängen mit Transaktionen, Kanalbauten, pädagogischen Handbüchern, Sprinterlorbeeren oder Vorsitz in holzgetäfelten Sälen, ich war weder Vollkaufmann noch General, mein Platz war im Kinopublikum, zweiter Rang, für wen war ich notwendig? Das ließ sich an einer Hand abzählen. Gut, ich war Konsument, aber sonst? Wer sorgte dafür, daß man nicht verging vor Kläglichkeit, wenn man nach sechsundzwanzig nutzlosen Besuchen unterm feuchtkalten schweren Bettzeug des Kleinstadthotels lag und zur Decke rauchte? Nebenan rauschte ein Bad, auf dem Rand der Wanne saß wer und pfiff und schlug klatschend ins Wasser. Sollte man zur Tür hinaussehen? Aber wenn da lammfellgefütterte schwarze Schnürstiefel standen, oder runde, breitmäulig dumme, elende Männerhalbschuhe? War es nicht besser, liegenzubleiben und sich aus den Geräuschen von nebenan was Hübsches zu basteln? Während Du das noch überlegst, bist Du schon aufgestanden, hast die Türe geöffnet, Dich zum Schein über Deine eigenen häßlichen Schuhe gebückt, braundreckig mault das ausgetretene Leder, ein Blick rasch nach rechts und nach links, überall blinken schwarze Klekse mit matten Löchern, mißratene Haustiere halten die Wacht vor den Schlafzimmern ihrer Herrn. Aber vor der Türe nebenan führen zwei kühne Bögen von hohen Absatzstäbchen auf den Boden herab, so steil und leicht, nach unten sich so sehr verfeinernd, daß man glaubt, die Schuhspitzen erreichten den Boden nicht mehr. Zwei rote Rassetiere, stumm und spöttisch, erleuchten den trüben Gang. Was nützt es, diese Boten einer schöneren Welt anzustarren und die Tür, hinter der? und doch gehst Du fröhlicher in die eigene Zelle zurück, die Luft ist keine Last mehr, unter deren Gewicht man ins Bett ächzt, sie ist voller Versprechungen, die man zwar besser nicht buchstabiert, die sich aber doch als eine aus Phantasie gewobene Hand auf unsere Lider legen und unvermerkt schon unseren Traumzügen die Weichen stellen.

Erzähl' noch ein bißchen vom Krankenhaus, sagte sie und legte ihren Kopf so an mich, daß er abwärts abwärts rutschte und auf den Oberschenkeln liegen blieb. Weißt Du, ich hatte, solange Du weg warst, auch solche Überlegungen mit Gott, das ist komisch, nicht wahr, aber nachdem wir *Fräulein auf Frist* abgedreht hatten, war ich so, ach den hast Du ja noch gar nicht gesehen, bitte Anselm, Du mußt morgen hinein, läuft seit sechs Wochen im *Palast*, nicht schlecht, was? Bodo war diesmal unausstehlich, er hat sich nur mit Horst abgegeben. Glaubst Du, er hätte mir eine Betonung gesagt, aber ich habe ihn nicht ein einziges Mal gefragt, Du mußt hinein, ich muß wissen, wie Du mich findest, ganz in eigener Regie, tut das mein Löwenzahn? Und in dem neuen Anouilh hast Du mich auch noch nicht gesehen, Herzchen, ist die Banda schlecht, aber ich kann es ihr einfach nicht sagen, keiner sagt es ihr, das ist gemein,

ich weiß, aber sie tut mir leid, ehrlich, sie ist ein so feiner
Mensch, übermorgen mußt Du hinein, ich spiele nur noch
bis zum 28., dann geht's nach Riva, drei Wochen ohne Dich,
Liebster, und Marais ist kein Ersatz für Dich wie Du weißt,
trotzdem Jean ist ein feiner Kerl, in der Arbeit, O. W.
übrigens auch, ich war überrascht, dann sagst Du mir, wie
Du mich findest in dem Anouilh, der nicht so gut ist wie
ein neuer Anouilh eigentlich sein sollte, aber schau Dir mal
an, was ich daraus gemacht habe, Franz-Peter und ich
haben meinen ganzen Text umgeschrieben, richtig auf
Schnauze verpaßt, ich bin sehr gespannt auf Dein Urteil,
Pfote Du, Edmund sagt, und Du behauptest, der verstünde
was, intelligent ist er ja, zum Fürchten intelligent, er sagt,
ich sei noch nie so gut gewesen, ich hätte den Anouilh gespielt, als wäre er von Giraudoux, ist doch hübsch, Breit-
maul, findest Du nicht? Warum erzählst Du mir denn nicht
noch ein bißchen vom Krankenhaus, schenk' uns nocheinmal
ein, wir müssen feiern, Deine Auferstehung ist doch auch
ein Erfolg, Tatze Duuuu.

Ohne Kleider redete sie nicht halb soviel, hatte keine
laute Stimme mehr, und ein anderes Vokabular. Aber um
nichts versäumt zu haben, um mir nachher keine Vorwürfe
machen zu müssen, forderte ich mich auf, alles noch einmal
zu überlegen.

Nun, ein Physiker, dem das Ergebnis suggeriert, daß die
Rechnung stimmen muß, wird, wenn er, aus purer Gewohnheit, die Zahlen noch einmal überprüft, nicht mehr
mit der ganzen Schärfe des Kopfes rechnen, er prüft eher,
um sich bestätigt zu finden; und ein Kriminalinspektor, der
das entscheidende Beweisstück gefunden zu haben glaubt
und der trotzdem das Zimmer aus purer Pedanterie noch
einmal durchsucht, der schaut nur noch herum, um nichts
mehr zu finden; vor allem nichts mehr, was das glücklich

gefundene Beweisstück wieder entwerten und dem Zweifel preisgeben könnte.

Zuletzt zog sie die Beine aus den Strümpfen. Die, die damit anfangen, sehen aus, als wollten sie ein Fußbad nehmen. Zumindest wird man abgelenkt. Nackte Beine vom Rocksaum bis zum Boden, Füße flach und lang, das kann bloß ein Reigen werden, im Maigras, Händchen in Hand. Anna, rücksichtslos und sachlich, parkte sich unter mir und tadelte mich, weil ich, anstatt mich vorzubereiten, bloß ihr zugeschaut hatte.

Ich drängelte nie, wenn ich morgens mein Wasser holte, und wurde deshalb von alten Fräuleins oft noch weggeboxt, wenn ich mein Leihglas dem Brunnenmädchen schon fast in die Hand gedrückt und schon den Mund geöffnet hatte zu meinem Rezept- und Morgenspruch: hundert Wilhelm, zweihundert Albert. Sobald ich dann meine Portion hatte, vom Brunnenmädchen mit Lächeln belohnt für die Duldung der altjüngferlichen Trinkgier, zog ich meine Kreise um das Kioskhäuschen und sah sie an. Solange, bis es, ohne Sie anzusprechen, nicht mehr möglich war. Zum Rauchen hatte ich keine Lust mehr. Es winkte die große Chance, aufzuhören. Nur die vielen Sorten und Farben reizten mich. Wieviel Genuß lag da verpackt. Sollte ich Ihr eine Schachtel abkaufen, bloß so. Aber da wir uns seit Tagen kannten und Sie oft sogar noch herschaute, wenn schon ein Herrenfinger zweimal ungeduldig auf eine Packung gewiesen hatte, hätte ich mehr sagen müssen als zum Zigarettenkauf nötig war. Sie mußte mich für lächerlich schüchtern oder für verrückt halten. Steht und gafft und geht. Aber ich war noch nicht wieder aufgelegt zum Lügen. So durchkühlt wie ich war, konnte ich mich noch keinem Menschen nähern. Zwei Tage vor meiner Abreise rannte ich plötzlich in ein Zigarettengeschäft am Marktplatz und kaufte sechs verschiedene Packungen. Das Nikotin, das einen sonst zum Weitermachen zwingt, hatte ich zwar ausgeschwitzt, aber nicht die gewissermaßen abstrakte Lust, Zigaretten zu haben. So fing's wieder an.

Alissa hatte mich zu nichts gezwungen. Gaby versuchte es. Anna tat's. Eigentlich sollte ich Alissa ihre Rücksicht übel nehmen. Das traumatische Mißtrauen, ob sie wirklich wollen. Stammt aus früher Jugend, obwohl es schon damals Gegenbeweise gab, aber nie genug. Und später ist genug schon fast zuviel.

Du spürst, daß Deine Hand sie erreicht hat und wirst ein Wissenschaftler, nein, ein Forscher. Unsereiner hat sonst wenig Gelegenheit, mit Scott um den Südpol zu streiten, oder dem Kohlenstoff einen Ring anzulegen, in den er sich fügen muß. Aber eine Frau, und Du möchtest gleich das Labor-Journal danebenlegen und alles eintragen. Galileo taufst Du Dich. Wenigstens Cleverlein. Ob einer daran denkt oder nicht, spüren tut er's, wenn er die ungeheure Schulter berührt: er fährt einen ungetauften Amazonas hinauf, Urwald, der nach Namen schreit, phantastische Reptile maulen sekundenlang ins Licht, Vogelstimmen stricken ein scharfes Geräuschgestrüpp, man möchte sich doch auskennen.

Und was meinst Du zu den Beiden da, Galileo?

Du mischst Dich besser nicht ein, Anselm, die erfüllen das Programm.

Schätze, so muß es meinem Motor zumute gewesen sein, als da nach elf Wochen plötzlich wieder einer aufs Gas trat. Das hier, sagte mein Wissenschaftler, vollzieht sich eher nach dynamoelektrischem Prinzip. Aufschaukelung, verstehst Du. Da genügt wenig Strom zum Anfang. Der Magnet zahlt sofort mit Zinsen zurück. Dadurch nimmt der Strom zu und speist den Magnetismus, daß der wieder den

Strom speist, daß der Strom wieder ihn, daß der ihn wieder, daß wieder der ihn, daß ihn wieder der, so wird aus nichts, oder aus nicht viel, ein flottes Getobe. Ich halte es nota bene für vermutungswürdig, daß die ganze Elektrizität gar kein Vokabular verdient, könnte man wahrscheinlich wie überhaupt alles, in der Gravitationstheorie unterbringen.

Galileo Cleverlein hielt mir einen Vortrag, ich wohnte nachdenklich meiner Hinrichtung bei. Alle möglichen Sportarten mischten sich da, blitzschnelle Ballwechsel, Tischtennis, geschnittene Bälle, stumpfes Catchergestemme, aber auch medizinische Akribie. Ich genierte mich wieder ein bißchen vor Prinz. Anna bestand darauf, daß er zusehen dürfe. Ich hätte eher gesagt: zuschen müsse. Die rote Zunge hing ihm immer weiter aus dem schwarzmolligen Gesicht. Er keuchte. Eine grüne Lederleine hinderte ihn, mich bei meiner Arbeit zu unterstützen, der ich mich nun, da sie mir weder erlassen noch erleichtert wurde, mit fliegender Sorgfalt zuwandte.

Der ernste junge Masseur, der mir mit einzelnen Fingern in Bauch, Brust, Rücken und sonstwo herumschürfte. Was ihm seine Finger von mir verrieten, trug er in eine Körperschablone ein. Genau wußte er, wo sein Finger zum Messer wurde, aber offensichtlich mußte er gerade da weiterackern. Manchmal schaute er, wenn seine Hand mein Gewebe auftrennte, schräg nach oben, als höre er einem Ton nach, den seine Hand in meinem Fleisch erzeugte. Er war nicht der böse Athlet vom Hören-Sagen, der sich auf mich stürzen, mich kneten, balgen und walzen würde, bis wir beide vor Atemnot und Schweiß ohnmächtig unterm Ledersofa lagen. Ein zarter junger Mann. Immer gekleidet zum Tennisturnier. Nur seine Arme waren kräftiger als er. Ich war das Instrument, das man ihm zur Reparatur übergeben hatte. Zuerst eine Geige. Er spannte die Saiten, immer längere

Striche zog er, immer höher, immer feiner wurde der Ton, er mußte die Augen zukneifen, um ihn noch hören zu können, aber dann hatte er es plötzlich, er war auf etwas gestoßen, jetzt war alles klar: mit beiden Händen griff er quer über mich hin, in mich hinein wie der Klavierstimmer in die Klaviatur. Er sprach so wenig wie ich. War ganz bei der Sache. Auch Anna sprach noch nicht viel. Die beiden tauschten Signale aus. Dompteurs-Stichworte. Stichlaute. Das Vokabular aus der Kleintierzucht schien sich nie abnutzen zu können. Die Unvergänglichkeit seiner Wirkung ist nur ganz wenigen Menschheits-Kunstwerken zuteil geworden. Da der Körper selbst kein gutes Gedächtnis hat, gehen alle Liebeslagen nur als Abstrakta in die Erinnerung ein. Diese Fakten schaffen, wenn man ihrer gedenkt, wenig Sensation. Das Knie hat alles vergessen, die Hüfte kann sich keine Vorstellung mehr machen, keines der beteiligten Glieder vermag es, jene Augenblicke wieder zu beschwören. Und im Bewußtsein bleiben die Lagen leer und abstrakt, da sie nicht aus dem Stoff des Bewußtseins sind. Fremde Besucher sind sie dort und müssen am Rand als Zeichnungen und Schemen ganz und gar lautlos Platz nehmen. Das Vokabular aber, das mehr als Begleitmusik ist, gehört gleichzeitig dem Körper und dem Bewußtsein an, wer sich daran erinnert, dem schlägt das Blut heftiger. Frauen und Männer, die sich sonst ohne viel Unterschied in der Vergangenheit verlören, ein paar Uraufführungen vielleicht ausgenommen, behaupten sich und unterscheiden sich von einander für immer durch das Vokabular, das es uns leicht macht, solang wir gesund sind, uns an alles zu erinnern. Ich hätte mir vom Masseur einen Stoß solcher Schablonen-Drucke schenken lassen sollen. Man vergißt die Stellen, wo die Schätze vergraben sind, wo die Minen liegen, zu schnell. Und es wäre doch nützlich, so eine Topographie des Erogenen zu haben, von allen unseren Frauen. Sagen wir: mit fünf Farben für die Sensibilitätsabstufung, hübsch eingetragene, sauber vermessene Zonen; man könnte immer vorher das in Frage kommende Blatt zu Rate ziehen. Manchmal bedarf man der Hilfsmittel. Bei Anna sowieso. Sie hatte es schwer. Sie bemühte sich, die Sprachen aller Männer zu sprechen, mit denen sie's zu tun gehabt hatte. Man hätte das Vokabular und ihren sonstigen Habitus analysieren können und wäre auf den und den und den Mann gestoßen, und am Ende wäre unschuldig und zu allem bereit, aber nur mühsam fähig, Anna übrig geblieben. Deswegen blieb einem Anna als die mit dem reichsten, aber unglaubwürdigsten Vokabular im Gedächtnis. Erst wenn sie ihr Zeug heruntergesagt hatte, wurde sie stumm wie sie war. Man nahm teil am Kampf gegen ihren zähen Körper, den sie, weil man ihr das wahrscheinlich oft abverlangt hatte, trotzig und fast wütend zwingen wollte, mehr zu geben als er gerne gab. Wir behandelten diesen schönen großen Leib dann wie einen Dritten, dem wir ein Geständnis abzufoltern hatten, wie einen, den wir überfallen hatten und nun nach einem Schatz durchwühlten, den er gar nicht besaß. Wir arbeiteten wie Leute, die einen umbringen oder retten wollen. Und wenn uns Beides gelungen war, nahm Anna glücklich und dankbar lächelnd wieder in ihrem Körper Platz. Wäre es uns nicht gelungen, hätte sie ihn wahrscheinlich vorerst einmal verstoßen und den erfolglosen Komplizen dazu. Dieser Verantwortung war sich ihr Besucher bewußt, deshalb setzte er sich ein. Schließlich war auch der Eifer, mit dem sie bei der Sache war, für ihn eine Verpflichtung, obwohl er keinen Augenblick vergaß, daß ihr Eifer eine Willensleistung war. Auch ihr mit immer knapper werdendem Atem gespendetes Lob, war wahrscheinlich eine Formel, die sich bewährt hatte, die die jeweiligen Bearbeiter jedesmal in Fahrt gebracht hatte wie nur die einhundertelfte Sure des Korans Ri, den Rappen Kara Ben Nemsis. Nun kann man das alles durchschauen, den erzeugten Eifer und die Sprüche, die sich auszahlen sollen, trotzdem wird man mitgenommen.

Wäre sie nicht so eine Schauspielerin gewesen, damals, am ersten Abend bei Edmund, dann hätte ich sicher festgestellt, daß ihr Haar, verglichen mit Alissas Haaren, dünn und schütter sei. Ich hätte mir eingeredet, es sei lächerlich, wenn so eine ihren herrlichen Mund öffnet − man sieht dem Abschied der breiten schweren Lippen zu, es hebt Dich um Millimeter aus dem Sessel − und dann hört man: für mich ist Brecht einfach umwerfend. Das kann man, wenn man's nötig hat, töricht finden. Bei Anna aber sagt man: es ist doch sympathisch, daß sie, auch wenn sie sich sozusagen ins Geistige vorwagt, durchaus bei ihrem Vokabular bleibt. Sie läßt sich von Brecht umwerfen. Mehr kann sie gar nicht tun. Sie sagt: Mensch, Edmund, Dein Zimmer ist ne Wolke; süß, der Chagall, den Du da hast; jetzt mach' bloß nicht so auf innerlich; ich find' den Kommunismus wahnsinnig aufregend; den Hemingway wenn ich lese, nischt zu machen, da muß ich einfach heulen; Karajan schon, aber er sollte im Fernsehen auftreten, auf den Platten spür' ich ja nichts; Berliner OB müßte man sein, das gibt publicity; geht Ihnen das auch so, wenn Edmund loslegt, da wird's einem ganz metaphysisch; Du tust ja intellektüll wie ein Kritiker; was soll's denn, wollen doch alle bloß ins Bett. Ob Anna so das Mekka aller Männer um sie herum beim Namen nannte, oder ob sie das Netz ihrer immer geradlinigen Benennungen weiter auswarf, man kann nicht sagen, daß sie weniger oft recht hatte als wir anderen, die an solchen Abenden herumsitzen und Welt, Leben und alles Drum und Dran hübsch witzig auf unseren Konversationsgäbelchen servieren. Edmund hatte versucht, mir Annas Ruhm madig zu machen. Anna sei doch gar keine Schauspielerin, sie könne nur sich selbst spielen, hatte Edmund gesagt. Von Zeit zu Zeit werfe die Industrie eben ein neues Weibchen auf den Markt, der Vamp ändere sich wie die Rocklänge, und jetzt sei eben gerade Anna dran. Ich widersprach ihm nicht, wenn er feine Unterschiede des Ruhms herauspopelte und Annas Ruhm von dem Ruhm Strawinskis und dem Ruhm Anna Magnanis trennte und Annas Ruhm einen Reklameruhm, einen Rummelruhm nannte. Im Augenblick und bei uns war Annas Ruhm auf jeden Fall so unabstreitbar wie der Ruhm Mozarts (der ja auch der Ruhm eines gewissen Köchel ist). Edmund sah Annas Ruhm nicht auf ihrer Haut, er spürte ihn nicht in ihren Gesten, er hatte einfach keinen Sinn für das Gefühl, in einem Zimmer zu sein mit einer Frau, um derentwillen die Leute sich auch im Regen vor dem Kino die Füße platt treten. Warum ist heutzutage jemand berühmt? sagte Edmund. Die Massen sind verehrungsbereit, sagte Edmund, jeder fügt ein bißchen hinzu, jeder schmeichelt sich, selbst etwas zu sein, wenn er etwas von dem weiß, den andere auch kennen. Mit einem Berühmten allein in der Wüste zu leben, wäre völlig uninteressant, sagte Edmund. Daß jeder sich selbst nicht ganz genüge, das sei die Wurzel des Ruhms der anderen. Sehnsucht und Hoffnung nährten den Ruhm der Berühmten. Wenn man im Leben nichts mehr erwarten würde, gäbe es keine berühmten Leute, dann könnte man überhaupt nicht bewundern. Bewundern kann man nur, weil man insgeheim ganz irrsinnig hofft, auch einmal so zu werden, oder es wenigstens, ganz ohne Hoffnung, wünscht, aber dann noch viel irrsinniger, süchtiger. Der Ruhm sei immer größer als sein Anlaß. Wenn Leistung und Ruf einander entsprechen, entsteht kein Ruhm. Berühmt sein, heißt, mehr gelten als man ist. Deshalb müsse eine Begegnung mit dem Berühmten immer enttäuschend sein. Nur wer trotz seines Ruhms nicht enttäusche, sei zurecht berühmt. Das komme in diesem ruhmfreudigen, weil gottlosen Zeitalter kaum vor. Je größer der Ruhm, eine umso ungedecktere Währung ist er, sagte Edmund.

Ob ihr dieser Ruhm zu Recht oder zu Unrecht anhing, wollte ich gar nicht wissen, aber daß sie sich in ihrem Ruhm bewegte wie ein Vogel in der Luft, daß sie frech war, wenn sie frech sein wollte, wisperte, wenn sie wispern wollte und schrie, wenn sie schreien wollte, das sah man, und man sah auch, daß sie sich so nur benehmen konnte, weil sie ihren Ruhm im Rücken hatte. Nun wird eine Schauspielerin, wahrscheinlich wie ein sehr reicher Mann, nie erfahren, ob man sie auch lieben würde, wenn sie nicht die Berühmte wäre, es sei denn sie gibt ihren Beruf auf, dann allerdings wird sie es sehr schnell erfahren. Ihr Liebhaber und sie sind verwöhnt; er wird nie ihr Bedürfnis nach Beifall befriedigen können, und sie wird nie mehr jene Frau sein, die sie war, als sie jeden Abend angeschaut und bewundert wurde. Es gibt keine Werte der Persönlichkeit oder sonstigen gern zitierten Pi-Pa-Po und Überbau, es gibt nichts, was auf der Haut, in den Gelenken, in den Augen dieser Frau den Beifall von achthundert Zuschauern ersetzen könnte.

Allerdings war ich dann, als wir zum ersten Mal in einem Zimmer waren, überrascht, wie wenig sie zu dem taugte, wozu sie doch ihr ganzes Publikum andauernd zu verführen schien. Aber ich sagte mir, Du hast einfach zu wenig Erfahrung. Sie ist eben doch eine Schauspielerin, auch wenn Edmund das noch so sehr bestritt. Man verlangt von einer vollkommenen Medea-Darstellerin auch nicht, daß sie nach dem Theater zu Hause ihre Kinder umbringt. Zuerst war ich natürlich schon ein bißchen schockiert. Was bleibt jetzt noch, dachte ich. Aber dann fand ich es rührend, daß sogar Anna selbst das von sich verlangte, was ich von ihr erwartet hatte. Wahrscheinlich fühlte sie sich verpflichtet, ihren Rollen in der Wirklichkeit wenigstens ein bißchen nachzukommen. Deshalb erzeugte sie mit Eifer eine Art Lust, die ihrer Natur ziemlich fremd war. Sie hatte gespürt, daß die Männer das von ihr wollten. Ich hatte nicht den Mut, ihr zu sagen, daß sie sich wenigstens bei mir ohne Kompressor geben könnte. Aber selbst wenn alle diese heilig-wilden Busenmädchen, die unsere Filme bevölkern, samt und sonders bettuntüchtige, schwerfällige, bedürfnislose Transusen wären, wenn also ihrem Treiben auf der Leinwand, ihrem verruchten Blick vom Titelbild in der Wirklichkeit nichts entspräche, es würde ihre Wirkung auf mich nicht verkleinern; und ich bin sicher, auch wenn jeder im Publikum aus eigener Erfahrung wüßte, daß das alles nur Mache ist, was die da droben treiben, das würde die knisternden Auftritte dieser Frauen nur noch knisternder machen, denn nun verbände sich mit dem direkt gezielten Wirkungsquantum noch unser Wunsch: ach, wenn sie bloß auch so wären! Und gleichzeitig ginge jeder arme Mann mit dem ungeheuren Trost nach Hause, daß die Betörende niemandem das schenken kann, was sie ihm gerade vorgespielt hat, also hat sie ihm, da sie es ja nur spielen kann, alles geschenkt, was sie hat. Und mehr kann er nicht verlangen. So unheilbar sind wir.

Ich glaube, ich habe Anna an diesem Abend, da ich doch zu einer Verlobung sollte, mit einem geradezu brüderlich innigen Blick angeschaut, denn so sehr hatten wir sicher noch nie zuvor übereingestimmt. Sie hatte keine besondere Lust, ich hatte keine besondere Lust, und doch gaben wir uns beide schreckliche Mühe. Sie, weil sie sich das schuldig zu sein glaubte. Ich, weil ich ihr das schuldig zu sein

glaubte. Leider kann man sowas nicht aussprechen. Schließlich ging es hier um ihren guten Ruf. Ich hatte also zu tun,
als sei ich hingerissen von soviel Leidenschaft. Allerdings
mußte dann der Hingerissene, weil es später geworden war
als es sollte, rasch in seine Kleider zurück. Dadurch störte
er die Feier des Sieges über den wieder einmal zur Raison
gebrachten Prachtsleib beträchtlich. Das empörte Anna so,
daß sie, alle Kausalitäten durcheinander schüttelnd, ihm
vorwarf, jetzt, da er das Seine gehabt habe, renne er taktlos
davon. Nun mochte er natürlich nicht so taktlos sein wie sie
ihn geschimpft hatte, er mußte also eine Hälfte der Begründung ganz unterschlagen, er sagte nicht, daß er des Seinen
wegen schon viel früher hätte gehen können, er sagte nur,
es sei kurz vor elf, und bei Josef-Heinrich erwarte man ihn
seit neun.

Soviel Mühe wie bei Alissa gab ich mir nicht, Anna zum
Lächeln zu bringen. Im Türkensitz, das Kinn gesenkt, blieb
sie, die Augenbrauen böse wie ein Hausherr runzelnd, auf
dem Bett zurück. Durch ein fast unmerkliches Rucken des
Kopfes hatte sie, bevor ich die Tür erreichte, noch ihre
dünnen, zur Zeit schwarzen Haare, vorgeschüttelt, daß die
das Bild verdüstern sollten. Weißt Du, man muß sehen, daß
es Dir an die Nieren geht, aber Du mußt auch drüberstehen,
verstehst Du: scheißegal, hau' doch ab: das muß auch drin-
sein, und rauskommen! Probiers einmal, die Hände nicht
so locker liegen lassen, nimmt einen Bleistift, tu, als ob Du
ihn abbrechen wolltest, nein, eine Haarnadel, ja, das ist
viel besser, gut, gut, die Unterlippe kannst Du ruhig ein-
klemmen, schön, Kamera klar, Ton klar, Klappe bitte.

Als ich schon an der Tür war, ich wollte bloß ins Bad,
rief sie mich zurück. Bitte, laß mir wenigstens ein paar
Zigaretten da. Ich verbeugte mich kellnerhaft, ärgerte mich
darüber, daß in meiner Packung noch mindestens vierzehn,

fünfzehn drin waren, und reichte ihr lächelnd die Packung hin. Sie zählte mit einem einzigen von ihren Lidern nur unzureichend geschützten Blick (das hat sie davon, in einem deutschen Atelier muß eben genau das herauskommen, was in Wirklichkeit verborgen bleiben sollte) die Zigaretten ab. Warum hatte ihr der Ärger nicht etwas anderes souffliert? Aber als sie feststellte, daß sie nun tatsächlich allein zurückbleiben würde – noch hatte sie wahrscheinlich nicht überlegt, wen sie jetzt anrufen konnte, um Gesellschaft zu haben –, hatte sie nicht mehr viel Zeit gehabt. Geld leihen konnte sie sich mit ihren Fünfzig- bis Hunderttausendmarkgagen nicht gut, Schulden hatte ich im Augenblick nicht bei ihr, was blieb da in der Eile anderes zu fordern als Zigaretten, da ihr doch nicht einmal soviel Zeit geblieben war, daran zu denken, daß sie die erste Stunde meines Besuches hindurch bei jeder Zigarette, die ich ihr reiche, gesagt hatte, aber nachher nehmen wir die meinen; dabei hatte sie jedesmal auf ihren hundert Jahre alten Damenschreibtisch hinübergedeutet, auf dem eine Silberdose stand, aus der, anzusehen wie eine Mikroskop-Aufnahme eines Stengeldurchschnitts, zirka fünfzig goldene Mundstücke ragten.

Zum Abschied wasch ich miiir die Hände, summte es mir im Kopf. Annas Seifen konnten einen wirklich glauben machen, man habe sich gereinigt. Fünf Minuten in ihrem Bad waren mehr als fünf Minuten. Ich ließ das schaumig heiße Wasser einbrausen. Sie hatte so einen Zerstäuber in den Hahn einbauen lassen. Überhaupt dieser Reinigungstempel. Eher eine Zahnarztpraxis als ein Bad. Apparate für alles, und ein Salon für alles. Strampeln, Rudern, Boxen, Dehnen, Strecken, Liegen, was war hier eigentlich nicht vorgesehen? Und die ganze Schönheitsapotheke. Im Licht höchst neutraler Neongitter, ohne jede irritierende Tönung, wurde hier aufgetupft und aufgetragen und aufgelegt: Eau Tonique à la Quinine Pinaud Paris, Talc Guerlain Paris, Pasturized Night Cream Helena Rubinstein, hatte Alissa auch, Feather-Light Foundation Cream Elizabeth Arden, hatte Alissa nicht, Special Pore Mask Helena Rubinstein, hatte Alissa nicht, Deep Cleanser, hatte Alissa auch, Murine For your Eyes, hatte Alissa nicht, hatte Alissa auch, hatte sie nicht, nicht, nicht, nicht, nicht, Herbal Mask, auch nicht, Beauty Treatment Rubinstein, hatte sie, Plus Cleanser, auch, Ambre Solaire, nicht, Massage- und Hautfunktionsöl, Trockenkräuter-Shampoo, auch nicht, Fluid Rouge with High Fidelity-Colours, ich glaube schon, Vitamin-Haut-tonikum, kaum, Magriffe, kaum, Mitsouko, kaum, Skin-Life, Régénovateur Cellulaire intraactif, sicher nicht, Dermic onctueux, was? onctu-eux, nein, Parfume-Spray Deodorant Anti-Perspirant, Blue Grass Deodorant, Über-gang zur reinen Pharmazie, Asthénal, und anderes mit -al und -in und -on, was bei uns strengem Boykott unterlag. Fast rückwärtsgehend verließ ich das Allerheiligste und gab mir Mühe mit der Tür, um die in fad vornehmem Farblos-Pastell dösenden Kunststoff-Heerscharen nicht zu erschrek-ken. Ich hatte, wie das Schiff nach der Schleuse, ein ande-res Niveau. Durch das Schlafzimmer schlendernd, nein, das führt irre, denn dieser schrankumstandene, schrank-überladene, mit Spiegeln wieder und wieder multiplizierte Raum, der neben der Unterbringung von Kleidern Kleidern Kleidern auch noch das Hinliegen erlaubte, war kein Schlaf-zimmer, aber ach! was war hier eigentlich kein Schlaf-zimmer? solche Tag- und Nachteinteilungen hatte Anna überwunden, durch diese Kammer kurzlebiger Rüstungen schlendernd, stieß ich auf ein Stück Papier, es klemmte noch mit einer Ecke im Kasettchen neben dem Telephon. Sowas konnte ich nicht sehen, sowas räumte ich unter allen

Umständen auf. Neugierig auf beschriebenes Papier war ich immer und hier, ach Du sorgloses Häschen, lohnte es sich sogar: *An das Labor Siebert Hannover C* (oder hieß es *O? könnte sich bei ihrem Einkommen auch ein besseres Farbband leisten!) Dieterichstr. 15. Anbei übersende ich meinen Urin betr. Schwangerschafts-Frühnachweis. Erbitte in diesem Ausnahmefall das Ergebnis per Eilboten zurück, da ich für längere Zeit verreise: Mit freundlichen Grüßen.* Und das Datum von heute. Wer also heute mit dem Nachtzug nach Hannover fährt, weiß nicht einmal, daß an jeder Weiche mit ihm auch der Urin einer so beliebten Schauspielerin durchgeschüttelt wird. Tja, Anna, komisch, daß ich jetzt erstaunt bin. Und ein bißchen beleidigt. Obwohl ich mir ja denken konnte, daß Du. Aber man denkt eben nicht. Daran. Man meint immer. Wenn sie mir sozusagen treu sind, peinigt es mich, und es ärgert mich, wenn sie mit anderen, na ja.

Wenn Du schon keine Zeit für mich selbst hast, dann gehst Du wenigstens morgen in meinen Film, sagte sie drüben mürrisch zum Abschied, ließ sich nach hinten fallen, drehte ihren Oberkörper um, und lag nun, in Korkzieherkurve, untröstlich, das Zimmer beherrschend, vor mir, der schon wieder zögerte, der dann aber, den Frühnachweis rechtzeitig erinnernd, wie man das Licht ausmacht, noch einmal ihren auf die Arme hingestürzten Kopf berührte und verschwand. Sie seufzte noch. Prinz jaulte parteiisch. Wozu war ich eigentlich hergefahren, wozu hatte ich mich eingesetzt, wenn ich, meiner Zigaretten beraubt, einsfünfzig, fast eine gebührenpflichtige Verwarnung, wenn ich nun doch bloß ein Rohling war, der es fertig bringt, die trostbedürftige Hilflosigkeit selbst ungerührt hinter sich liegen zu lassen? dem man schon bald, so leise er die Tür auch ins Schloß fügt, vorhalten wird, er habe sie in aller herzlosen

Eile einfach zugeschmettert. Und ich mußte, so komisch mir zumute war, noch dankbar sein für diesen Ausgang. Ich hätte mir, folgend meiner Mathematik der Gerechtigkeit, doch wirklich Vorwürfe machen müssen, wenn Anna fröhlicher zurückgeblieben wäre als vorher Alissa.

In zehn Minuten wird sie sich ihrer wahren Leidenschaft hingeben, dem Abzählen von Kleingeld.

Mein Manager sagt immer: wenn sie Dich nach Deinen Hobbies fragen, bitte nichts vom Kleingeld. Begreifst Du das? Wo es doch mein einziges Hobby ist. Aber nein, da muß ich sagen: Frühromanische Kirchen, Hirschfütterung im Hochgebirge, Originalaufnahmen aus Tanganjika, alte Segelschiffmodelle und malaiische Dolche. Aber neulich hab ich von mir aus dazugesetzt: Münzen! Jetzt hat er gesagt, bitte, dann sag wenigstens Numismatik.

Nun hat Annas Manager, ein 1945 gestrandeter Marineoffizier, ihr sicher gut geraten, denn wie Anna Kleingeld zählte, das war schon kein Hobby mehr. In allen ihren Verträgen war die Klausel enthalten, daß jeweils zweitausend Mark der Gage in Ein-, Zwei- und Fünfmarkstücken zu zahlen seien. Und zwar ungerollt. Anna setzte sich dann in ihr Bett, im Sommer nackt, im Winter seidig überworfen, und rollte den silbrigen Fischfang, bis die Steppdecke und ihre Hände schwarzgrau schimmerten und sie selbst erschöpft mit Kreuzschmerzen aufs Kissen sank.

Wahrscheinlich hatte sie jetzt schon die Kiste mit den Gummirädchen neben das Bett geschoben und badete ihre schönen Hände in barer Münze.

2. Kapitel

Die elfte Verlobung

1

Ich atmete am Hochhaus hinauf, verliebt in das Hochhaus, Gänsehäute vor unanbringbarer Zärtlichkeit für das Hochhaus trippelten an mir hinab, ich atmete Juniluft soviel zu kriegen war, Linien stürmten vor mir hoch, versickerten im Himmel, die luftige Riesenschachtel, mit allen Glasgürteln schwarzgelb kariert, wankte, wir sind noch wach, heißt die wilde Rätselschrift, vielleicht ein einziger Buchstabe nur, gewürfelt aus einhundertvierzehn Fenstern, vom Zufall gewürfelt, da käme kein Beleuchtungsplan mit, oder ist es ein Schicksalsmuster: alle, die um elfuhrachtzehn noch nicht schlafen können, dürfen, wollen, müssen, sind hineinverwoben, sie halten dem Himmel das Sternbild hin, daß er sich darum drehe, daß er's prüfe, vielleicht wird es dann aufgenommen wie Venus auch und Castor und andere, Platz ist noch, der Himmel ist nie voll, und das Jahrhundert ist nicht ungünstig für phantastische Sprünge, aus einem solchen Haus muß ein Sternbild zu machen sein. Zum ersten Mal seit wieviel hundert Jahren baut man wieder so gut wie man kann! Anstatt nach hinten zu schielen. Nicht mehr wird Gesimsen und Fialen zuliebe alles verleugnet. Endlich spielt Technik die Hauptrolle, und schon wird es natürlich. Viel viel tiefer atmen möchte man können vor Jahrhundertmitten-Fröhlichkeit. Selbst wenn wir uns alle umbrächten, was wir wohlweislich nie tun werden, liebe Prediger, selbst dann wollte ich nur in diesem Jahrhundert gelebt haben, es sei denn, es kämen noch bessere. Man kann gar nicht spät genug auf die Welt kommen. Schließlich waren's bei meiner Mutter zu Hause noch zwölf, und sie hatten sechs Betten und 1908 eine Diphterieepidemie, fünf starben in einer Woche, fünf Stück, die Schwester, mit der meine Mutter das Bett teilte, war am zweiten Tag weg, einer zweiten Schwester schlug es auf die Augen, die lebte noch zweiundzwanzig Jahre, blind, dem ältesten Bruder schmorte die Zunge zusammen, wie ein brennendes Stück Gummi, sagte meine Mutter, die eigentlich nicht zu Übertreibungen neigte. Der wäre, hätte er's überlebt, stumm geblieben, zum Beispiel. Das regt schon zum Legendenlesen an. Und noch ein bißchen früher, als man in Manchester und andernorts meinesgleichen ohne alle Zutat operierte und dann, im allerbesten Fall, lebenslänglich die Fistel im Bauch, ich danke. Ja, ich weiß, Hiroshima, und gar die Gründlichkeit, mit der meine deutschen Zwillingsbrüder ihre siebenstelligen Morde träumten, ich weiß. Nicht. Und wage nicht mehr, *trotzdem* zu sagen.

2

Ein paar kehrten immer noch heim. Gingen, so winzig sie waren, auf den leichtfüßigen Giganten zu, gingen durch Glas, murmelten in das gerippte Ohr die Parole, die Maschine summte: Willkommen, und schluckte einen mehr.

Melitta, käme sie jetzt über den Plattenweg. Allein. Das zarte Getöse ihrer Schritte wachsend mit dem Crescendo meiner Ratlosigkeit. Draußen, auf dem Trottoir der anderen Seite patrouillierte noch einer. Blieb nur an dunklen Stellen stehen. Drehte sich, wenn ein Auto den Steinweg heraufbrauste, einfach plump zur Wand. Ein Kind also und

Vogel Strauß. Kein Routinier. Zweimal stapfte er, als die Lichtbahnen nach ihm griffen, zielstrebig, eilig davon, kehrte im Dunkel wieder um. Plötzlich nagelte ihn ein Scheinwerfer als ein Prachtsrelief auf die Steinwand. Bevor er aus dem grellen Kreis schwankend ins Dunkel marschierte, hatte ich ihn identifiziert: Flintrop. Er wußte so wenig wie ich, ob sie schon drinnen war, ob sie noch kam. Ich gab auf. Er war wenigstens der Vater. Aber jede Zahl, die der Lift mir rot zusignalisierte, schaute ich hungrig an. Plötzlich pfiff der Lift irgendwohin, irgendwoher und hielt. In mir staute sich Atem. Am Bauch der schräge Strich schmerzte. Die Tür ging auf, ein langer Gang schaute herein mit vielen Türen. Wo war sie? Der Lift seufzte, als sei auch er enttäuscht, leise auf. Weil er seine Vorschriften hatte, schloß er die Tür wieder, die er umsonst und mir zuliebe geöffnet hatte, aber niemand hatte sie benützt, der Gang verengte sich, wurde schließlich von der Lifttür völlig zerquetscht, und mit einem freundlichen Jaulen landeten wir im vierzehnten Stock.

Josef-Heinrich sprang auf und sagte: na endlich, und sagte: wie geht dir? (er unterschlug seit einiger Zeit, weil das in seinen Ohren feiner klang, das -s-) und stellte mich seiner Verlobten vor. Susanne, verstand ich, und einen Namen, in dem es zuerst zischte und dann milder wurde. Eigentlich hätte ich sie noch gerne genauer angeschaut, schwarz, sah ich, Augen weit auseinander, aber ich konnte nicht stehenbleiben vor ihr, Justus war aufgesprungen, Sophie knäulte ihre zu großen und ihrer Kontrolle leicht entgleitenden Lippen zu einem formlosen Haufen, kniff die Augen, daß sie knäuelnd und kneifend aussah wie ein Filmplakat, das darauf hinweisen will: mit den Mädchen in diesem Film kann man zwar Pferde stehlen, aber nicht gut Kirschen essen.

Lauernd, böse, weil es schon so lange ohne mich gegangen war, weil sie nicht ratlos, sondern lachend herumhockten, setzte ich mich neben Lerry auf die gelbe Ledercouch. Ich war erfüllt von meinem Auftritt. Ich kam mir wichtig genug vor, daß man sich nun mit mir beschäftigte. Nach so langer Abwesenheit. Und jetzt, als der Verspätete, doch sichtbarer als jeder andere im Raum. Trotzdem sagte ich: bitte, laßt euch nicht stören. Eine Sekunde Verlegenheit. Dann sagte Josef-Heinrich, das komme gar nicht in Frage, schließlich sei ich jetzt da, und jetzt werde man nicht über etwas weitersprechen, wovon ich den Anfang gar nicht gehört hätte. Nicht schlecht verkauft. Nun opferte man mir zuliebe das Gespräch, das alle vergessen hatten. Aber damit war noch nichts gewonnen. Man konnte doch nicht fortfahren, darüber zu sprechen, worüber man jetzt sprechen oder nicht sprechen wolle. Sowas lähmt. Jeder spürt, je nach seiner Verantwortungsfreude, wie sich die Ratlosigkeit ausbreitet, weil alles, was jetzt gesagt werden wird, ein Anfang zu einem neuen Gespräch sein muß. Und wer wagt es schon, so deutlich von allen angeschaut, ein Thema zu bestimmen? Zu einem Thema muß man unversehens kommen. Wenn man aber das Räuspern und Schweigen zwanzig Sekunden, einundzwanzig Sekunden, zweiundzwanzig, dreiundzwanzig, vierundzwanzig Sekunden lang wachsen läßt, dann wirkt jeder Satz künstlich, der es wagemutig auf sich nimmt, dieses von kleinen Uhren, knacksenden Gelenken, und in resches Gebäck krachenden Zähnen grell unterstrichene Schweigen zu brechen, und jeder Anwesende denkt: aha, der probiert's, und lächelt höhnisch, obwohl er doch dankbar sein müßte, daß sich einer opfert. Sagt mir wenigstens, ich sei blaß, mager, Fettsäcke ihr, Josef-Heinrich und Erich, angefressen wie für eine Varieténummer, ich aber, schaut mich an, alles weg, gesühnt, hager wie ein Frühchrist, meine Herrn, das Leiden Christi abgezapft in ein Haarölflascherl, sagte mein Kompaniechef, als ich mich aus dem Lazarett zurückmeldete, das war noch ein Mensch. In euren Blicken lese ich Geringschätzung, gemischt mit Hochachtung, das ergibt die Art Mitleid, die man jederzeit in einem Gesicht erzeugen kann, weil man sie hundertmal in einer Woche braucht. Ein Freund ist krank geworden. Ab sofort genießt er eine Überlegenheit, die uns nicht mehr gefährlich werden kann.

Unschuldig und brutal wie ein Auto, das ohne Fahrer abwärts rollt und mitten in ein Schaufenster fährt, verließ Sophie ihren Sessel neben Justus, plumpste neben mir auf das Sofa und sagte: ich darf mich neben Anselm setzen. Josef-Heinrich flüsterte seiner Verlobten eine Erklärung ins Ohr. Ich mußte mich wehren.

Ja, sagte ich, komm zu Deinem Onkel.

Das war zu wenig. Keiner glaubte mir.

Ich habe noch immer nicht zur Verlobung gratuliert, also. Das war die Rettung. Alle griffen zu den Gläsern. Zu allem Überfluß klingelte auch noch das Telephon. Wer wollte, konnte hinschauen und so tun, als hätte er jetzt gerade etwas sagen wollen.

Sekretär Erich senkte den Hörer. Moser, sagte er, will Dir gratulieren.

Schon wieder einer, sagte Josef-Heinrich, nahm den Hörer aus Erichs Hand wie eine Waffe, wog sie, scheuchte Erich zu uns herüber, machte ein Opfergang-Gesicht und hob den immer schwerer werdenden Hörer ans Ohr, das sich lieber weggebogen hätte.

Josef-Heinrich kam zurück. Hochspringer, der zum dritten Mal gerissen hat. Die leidige Karte. Wenn der Intrigant sein Opfer sähe. Weinen müßte er vor Mitgefühl. Hörte er bloß, wie sterbensmatt der bullige Josef-Heinrich seinem

Sekretärfreund befiehlt, Moser auch auf die Liste der Adressaten zu setzen. Josef-Heinrich hoffte, daraus den Absender erschließen zu können. Kaum bist du in einen Fall verwickelt, lernst du den Kriminalromaninspektor bewundern. Weit und breit keine Spur. Sechsundsechzig Namen, sagte Josef-Heinrich, stünden auf der Liste. Wer ist der Schnittpunkt dieser sechsundsechzig Namen? Jeder Name kann mit hundert weiteren Namen gekoppelt werden. Und nur einer war es. Ein Geschäftsfeind, behauptete Edmund, oder eine Verflossene. Die Namen zu sammeln sei sinnlos, sagte er grausam. Der Absender sei sicher so schlau gewesen, seine Aktion nicht auf den eigenen Bekanntenkreis zu beschränken. Am besten sei es, Josef-Heinrich forsche überhaupt nicht nach dem Lumpen. Je mehr Staub er aufwirble, desto mehr könne sich der Lump freuen.

Ich lasse mich nicht einfach fertigmachen, sagte Josef-Heinrich.

Und wenn es eine Ehemalige war? fragte Edmund scharf.

Dann ist sie dran.

Willst Du sie verprügeln?

Anzeigen werde ich sie.

Und? Was erreichst Du damit? Gar nichts. Was auf der Karte steht, ist wahr. Du kannst höchstens dagegen protestieren, daß jemand in Deinem Namen behauptet, diese elfte Verlobung werde Deine letzte sein. Und gerade das solltest Du vermeiden. Alles andere ist unanfechtbar.

Traurig sagte Josef-Heinrich: ich bin kein Jurist.

Eben, sagte Edmund, als habe er genau das beweisen wollen.

Josef-Heinrich sah leidend zur Decke. Sein wie zur Kreuzigung hingereichter Arm berührte Susanne. Er erinnerte sich, daß wir da waren und bestimmte mit soviel Entschlossenheit ein anderes Thema, daß keiner lächelte, obwohl sich

Josef-Heinrich nicht einmal bemühte, einen Übergang zu basteln.

Susanne war auch im Krankenhaus, sagte er.

Aber nur drei Wochen, sagte sie rasch.

Ach, sagte ich.

Und Sie?

Elf, sagte ich. Sagte es aber so, als sei das nicht der Rede wert.

Ich danke für Obst und Südfrüchte, sagte sie.

Oh, ich finde das Krankenhaus gar nicht so übel, sagte ich, um zu verhindern, daß mein Thema gleich wieder versandete. Ich widersprach ihren Erfahrungen solange, bis es mir gelungen war, ein paar Formulierungen zu landen, mit denen ich zufrieden sein konnte. Dann ließ ich das Gespräch treiben, wohin es wollte. Edmund hatte schon darauf gelauert, sich einzuschalten. Ich lehnte mich auf die Couch zurück, hörte mit einem Ohr zu Sophie hin, weil die jetzt endlich mit mir flüstern wollte. Wenn Susanne herübersah, machte ich das Gesicht eines Onkels, der zwar zu gutmütig ist, als daß er das Geplapper des Kindes neben ihm unterbrechen könnte, der aber doch allmählich nicht mehr verbergen kann, wie sehr ihn dieses Kind langweilt und peinigt. Auch wenn ich Sophie leise antwortete auf ihre innigen Fragen nach meiner Gesundheit, wenn ich also sagte: nein, von der Operation selbst merkst Du gar nichts, höchstens nachher, auch dann machte ich ein Gesicht, daß Susanne meinen mußte, ich hätte gerade gesagt: Sophie, Du quälst mich, ich will mich jetzt wirklich mit den anderen unterhalten.

Ich war in solchen Manövern geübt wie ein Bachpianist, dessen Spezialität mehrstimmige Inventionen sind.

Wie heißt sie eigentlich, fragte ich Sophie in einem mißbilligenden Ton, der ihr Freude machen sollte.

Susanne, flüsterte Sophie. Dabei senkte sie ihr Gesicht und hob zu allem naiven Überfluß auch noch die Hand vor den Mund, daß Susanne einfach nicht übersehen konnte, worüber wir sprachen.

Wie weiter?

Schmolka, flüsterte Sophie und äugte wieder hinüber, als habe sie gerade etwas Schlimmes über Josef-Heinrichs Verlobte gesagt.

Susanne saß im Sessel, als habe man sie hineingebunden. Gerade, daß sie noch den Kopf bewegen konnte. Den drehte sie immer ganz deutlich zu dem, der sprach. Dadurch will man, wenn man nicht zuhört, beweisen, daß man zuhört. Jetzt spricht schon wieder der da drüben. Sollte sie, nein, sie durfte ihren Kopf nicht in einem deutlichen Ruck herumwerfen, also schwenkte sie langsam, führte die aufmerksam schnuppernde Nase schön das Gesicht, schön und doch zügig, dem mit der Halbglatze zu. Hieß der nicht Justus? Gerade noch rechtzeitig nahm sie im Augenfeld wahr, daß Josef-Heinrich lächelte. Also sagte Justus etwas, worüber man lächelte, also lockerte sie ihren Mund, erlaubte den Mundwinkeln, ein bißchen aufs Geratewohl ins Gesicht zu schwimmen, holte sie aber, jetzt sprach Edmund, gleich wieder zurück, weil sie das ganze Gesicht brauchte, um Edmund zuzuhören. Erich füllte ihr Glas. Kurzes Abfallen zu ihm hin. Rasch und zerstreut danken. Alleraufmerksamste Rückkehr zum sprechenden Edmund, eine zarte Entschuldigung für den Abstecher zu Erich, jetzt bin ich aber wieder ganz da, bitte, fahren Sie fort. Mit uhrzeigerhafter Unmerklichkeit gruppierte sie ihre Beine um, weil sie die Augen der Männer nicht aus dem Gespräch reißen wollte. Das linke war's, das voller Stacheln stak. Sie rieb, ich sah hin, sie erschrak ein bißchen, ich nickte freundlich. Es ist doch Ihre Verlobung.

Ein solches Plakat hängt Dir keiner rein, und mit Recht, ein Konsumladen ist schließlich keine Galerie; das wollt ihr nicht begreifen.

Und ihr, rief Edmund mit seiner durchlöcherten, überhaupt nicht konkurrenzfähigen Stimme, ihr kennt die Volksseele wie eure Steuertabelle! Ihr habt es ja noch gar nicht probiert.

Aber verkauft haben wir, mein Lieber, und nicht vom grünen Tisch aus, verstehst Du! Zehn Jahre im Nahkampf, da lernst Du den Gegner kennen.

Edmund machte aus der Not eine Tugend. Weil er nicht so laut konnte wie Josef-Heinrich, ging er fast auf Null zurück, begann den nächsten Satz unheimlich leise und erhob damit den Anspruch, der Vernünftigere zu sein.

Schau, ich will ja keine Picassos in eure Kramläden hängen, sagte er, aber ...

Das sind keine Kramläden mehr, brüllte Josef-Heinrich.

Gut, sagen wir Einzelhandelsgeschäfte, flüsterte Edmund und zerstäubte das Wort förmlich während er es aussprach. Ich verlange nur eine Andeutung von Geschmack, ich will nicht mehr als daß es ein bißchen hübsch designed ist.

Was ist dissaind, fragte Justus, obwohl er es wahrscheinlich wußte. Aber Justus ließ kein Fremdwort passieren, ohne einzuhaken. Sagte einer: Clo, so fragte Justus: was ist Clo? Er fragte nie: wie heißt das, sondern: was ist das und das. Ich selbst habe ihn außer Omnibus nie ein Fremdwort gebrauchen hören. Ich bewunderte ihn, als ich ihn kennenlernte, weil er so freimütig um die Übersetzung jedes Fremdwortes bat. Er schien sich überhaupt nicht zu genieren. Wenn man aber seine hartnäckigen Fragen einige Jahre lang mitangehört hat, wenn man weiß, daß er, auch wenn vom Telephon die Rede ist, nicht nachgibt, ehe man ihm gestanden hat, das sei ein Fernsprecher, dann könnte man dem Verdacht verfallen, Justus tarne seine Unkenntnis vieler Fremdwörter dadurch, daß er sich auch ein Wort wie Büro als Schreibstube übersetzen läßt. Man kann bei ihm nicht mehr unterscheiden, ist das jetzt wieder sein Tic, oder weiß er es wirklich nicht.

Ach, Justus, sagte Edmund, wir wissen, daß Du an einem frühen Insult leidest.

Was ist Insult, fragte Justus.

Weißt Du was, sagte Edmund, ich werde Dich in Zukunft den Gerechten nennen. Deinen Namen zu hören muß doch eine Qual für Dich sein.

Das kommt darauf an, wer ruft.

Wenn ich es bin, quält's Dich, das gibst Du zu.

Ja.

Aber wenn Sophie Dich ruft, die wir Weisheit nennen werden, dann wackelst Du freundlich mit den Ohren. Das solltest Du überhaupt der Verlobten unseres Freundes vorführen. Das müssen Sie sehen, Susanne, damit könnte er Geld verdienen. Komm' Gerechter, zeig', was Du kannst.

Und Lerry bläst, rief Josef-Heinrich.

Nein, heute mal ohne Musik, sagte Edmund, der seinen Lerry nicht zur Verfügung stellen wollte, weil Lerry dabei die Backen aufblasen mußte und sehr komisch aussah.

Lerry bläst, befahl Josef-Heinrich.

Ich mag nicht, knurrte Justus.

Künstler wollen gebeten sein, schrie Josef-Heinrich und schob Susanne vor Justus hin.

Bitte, Justus, mir zuliebe, schließlich feiert man nicht alle Tage Verlobung, sagte Susanne.

Eben, eben, rief Edmund und grinste.

Lerry begann sein indisches Flötensolo, das er mit Mund und Händen produzierte. Er war froh, wenn er blasen durfte. Josef-Heinrich stieß Justus in die Rippen. Justus kniete auf den Boden, aber nicht vor Susanne, sondern vor Sophie, wackelte mit seinen Ohren, die groß und dünn von den kahl rasierten Seiten seines Kopfes wegstanden. Er wedelte mit dem linken, winkte mit dem rechten, bog beide langsam nach vorn, daß es geradezu sehnsüchtig aussah, machte ein Hundegesicht und legte schließlich seinen Kopf in Sophies Schoß.

Als er wieder aufsah, um unseren Beifall zu quittieren, glaubte ich, in seinen Augen Tränen zu sehen. Man war bei ihm nie sicher. Je später es wurde, desto leichter weinte er. Und wenn er nicht weinte, geriet er leicht in Wut und schlug um sich. Am nächsten Tag war es ihm gleich peinlich, ob er um sich geschlagen, oder ob er geweint hatte. Jeden von uns rief er an und entschuldigte sich: die Malaria, weißt Du. Aber er war noch immer stolz darauf, daß er von sechs Kriegsjahren keine vier Wochen auf deutschem Boden zugebracht hatte, trotz Malaria und Splitter in den Beinen und Lungenschuß. Eine seiner besten Vortragsnummern, dieser Lungenschuß, wenn er lautmalte, wie Luft und Blut unter dem Schulterblatt ins Freie pfiffen. Franzosen, Engländer, Italiener und Holländer bemühten sich nach dem Krieg um ihn, führten ihn zurück zu manchem Schauplatz seiner Taten. Er hat nichts verheimlicht. Er hat nicht begriffen, daß er verantworten sollte, was er mit seinen SS-Kameraden zwischen Scheveningen und Palermo angestellt hatte. Schlimm wurde es erst, als er aus den Bergwerken und Gefängnissen entlassen wurde, als er einen Anzug anziehen mußte. Als Kriegsverbrecher war man doch immer noch eine Art Soldat gewesen, im Stollen wurde gesungen, und in der Zelle auch. Aber im Büro, das ihm sein Onkel schenkte, mit einer hübschen Herde Versicherungskunden, die er melken und mehren sollte, im Büro und auf der Straße konnte Justus nicht singen. Schlug er einem auf

die Schulter, sackte der weg. Justus brauchte Anschluß. Er
war geradezu versessen darauf, jedem von uns Kredite zu
geben, zinslos natürlich. Josef-Heinrich, inzwischen reicher
geworden als wir alle, bot Justus oft genug an, den Zins
nachzuzahlen für jenes Darlehen, ohne das er seinen Mar-
garinefeldzug nicht hätte beginnen können. Aber wenn
Justus das Wort Zins hörte, wurde er böse. Wir hatten
unseren Vorteil. Aber eine Last war Justus auch. Ober-
scharführer, lebenslänglich. Mir war nie ganz wohl, wenn
wir mit ihm ausgingen. Schon im Kino hielt er's nicht aus.
Schmatzte, stöhnte oder pfiff, wenn auf der Leinwand geküßt wurde, und wenn geschossen wurde, rief er: Anfänger,
oder feuerte, falls die Schießenden seinen Ansprüchen
genügten, die Antagonisten mit Kehllauten und grellen
Schreien an. In Lokalen trank er rasch und schwitzte, redete
auf den Kapellmeister ein, ließ den Musikern Sekt servieren,
steckte dem Kapellmeister schließlich einen so hart knisternden Schein zu, daß der ihn dirigieren und am Mikrophon
singen ließ. Wagner und Gershwin und Schubert. Meistens
konnten nur Geiger und Pianist eine Art Begleitung liefern, die Justus nicht hörte, weil er sich zum Lächeln oder
Entsetzen der Gäste immer lauter in seine Verzückung
sang. Mit feuchten Augen vertrieb er dann den Pianisten
vom Stuhl und hämmerte Beethoven, Liszt und jenen
Kasernenhof-Blues in die Tasten, und wollte zum Schluß
immer den Badenweiler dirigieren. Wenn einer der Musiker sein Instrument weglegte, schrie Justus: Scheißkerl,
Feigling, Verräter. Dann war es soweit, daß Erich, Josef-
Heinrich und ich aufsprangen und ihn an unseren Tisch
zerrten, wo er fluchte, bis er schließlich zu seufzen begann.
Hätte ich bloß, als wir einmal die Sansi-Bar verließen, nicht
erwähnt, daß ich meinen Geldbeutel vermißte. Ich konnte
ihn auch verloren haben. Und viel war sowieso nicht drin

gewesen. Aber fünf Wochen später fuhr Justus zufällig nachts die Merkurstraße lang, stoppte plötzlich, ließ seinen schwarzen Porsche stehen trotz Halteverbots, rannte zurück in die Bar, stieß die Türen auf, griff einen Stuhl, fegte die Gläser vom Bartisch, warf den langen Garderoberechen um, hatte, ehe man ihn bändigen konnte, den Stuhl in den wandfüllenden Spiegel geschmettert, und schrie immer noch: ihr habt meinen Kameraden bestohlen, ihr habt meinen Kameraden bestohlen! Dann ließ er sich verhaften und bezahlte alles.

Na, was sagen Sie zu unserer deutschen Prachts-Dogge, sagte Edmund und führte Justus am Ohr zu Susanne hin.

Prima, sagte Susanne und klatschte mit weit ausholenden Händen.

Jetzt machst Du's noch einmal, aber diesmal für Susanne, sagte Edmund.

Justus schüttelte Edmunds Hand vom Ohr, drehte sich in voller Breite auf Edmund zu und sagte mit einer Stimme, die am Ersaufen war: nein.

Feigling, sagte Edmund ganz schnell.

Justus zwinkerte.

Feigling, sagte Edmund noch einmal, und wieder ganz spitz und schnell und grinste, daß sein Gesicht sich quer zerschlitzte. Justus' Grübchen wurde flacher, seine Ohren legten sich langsam an die glattgeschorenen Flächen. Seine Augen waren so starr, als hätten sie sich überhaupt noch nie bewegt. Vom Mund war so gut wie nichts übriggeblieben, aber die Backenknochen und Kinnladen wuchsen. Sein ganzes Gesicht und die kahle Bucht auf seinem Schädel schwitzten. Plötzlich rutschten seine schwarzen Augenbrauen hoch, in der Stirn blieben zwei dicke Querrunzeln stehen, er sah ungeheuer dumm und bekümmert aus. Allmählich drehte er sich um, setzte sich so mühsam in seinen Sessel, als müsse er sich hinabarbeiten, als unterliege er einer Gravitation, die ihn zur Decke zöge, und als er saß, hielt er sich auch sofort und geradezu ängstlich mit beiden Händen an den Sessellehnen fest. Die Sessellehnen zitterten.

Das Telephon schrillte. Alle sahen zu dem bösen kleinen Apparat hinüber. Erich war, schon als Edmund Feigling gesagt hatte, sofort aufgestanden. Seufzend nahm er den Hörer ab, horchte hinein.

Pawel gratuliert Dir zur Verlobung und beneidet Dich um diese großartige Idee. Einen solchen Werbeeinfall würde er in seiner Firma mit tausend Mark honorieren.

Da siehst Du es, am Ende mußt Du dem Intriganten noch dankbar sein, sagte Edmund.

Ist doch pure Ironie, sagte Josef-Heinrich.

Aber was kann ich dafür, Susanne, daß ich Dich jetzt erst kennenlernte. Ich mußte mich doch immer wieder entloben, sonst wäre ich ja nicht frei gewesen für Dich.

Er nahm ihre Hand, streichelte sie und küßte sie so lange, bis sie sagte: meinst Du nicht, daß ich den Kaffee machen sollte?

Das Telephon schrillte.

Wirf den Kasten zum Fenster hinaus, schrie Josef-Heinrich.

Für Dich, sagte Erich und deutete auf mich.

Gott sei Dank, sagte Josef-Heinrich.

Für mich, sagte ich und zögerte, als sei es ganz und gar unmöglich, daß mich jemand anrufe. Das war verkehrt, denn Erich flüsterte jetzt: eine Dame. Sophie sagte laut: aha. Mir blieb nichts anderes übrig, als noch krasseres Staunen zu mimen: bitte, hieß das, kann ja sein, daß mich ein Finnwal aus der Barents-See anruft, um mir mitzuteilen, daß unter den Walen eine große Besorgnis ausgebrochen sei, aber eine Dame? Erich, mit sowas scherzt man nicht! Du sagst, eine Dame?!

Ich bin zwei Etagen unter Dir, sagte Gaby, bei Melitta.

Ich machte natürlich ein Gesicht, das von dieser Nachricht nichts wußte.

Du könntest mich heimfahren, nachher.

Ich würde Melitta sehen. Zwar mit Gaby. In der neunten Etage also.

Jetzt sag' doch, ob Du mich holst?

Alle hörten mir zu. Daran denkt eine Frau nie.

Ja, es wird spät, sagte ich blöde. Da begriff sie und sagte sofort (so klug war Gaby): wenn Du um zwölf noch nicht da bist, gehe ich.

Bitteschön, sagte ich kalt, um zu beweisen, daß mich die Besorgnisse der Wale, so berechtigt sie sein mochten, eben doch überhaupt nicht interessierten.

Es wird doch gar kein Kaffee gewünscht, rief Josef-Heinrich. Zuerst werden die Cocktails geleert. Los, Erich, Service, Service!

Laß mich das tun, sagte Susanne zu Erich.

Du wirst mich noch früh genug um meinen Job bringen, sagte Erich und ließ das Lampiongesicht traurig vornüberhängen. Erich fürchtete bei jeder Verlobung, seinen Job zu verlieren, obwohl es jetzt aussah, als spiele er diese Furcht nur. So sehr Edmund mich auch deswegen auslachte, ich war überzeugt davon, daß Josef-Heinrich sich jedesmal mit der Absicht verlobte, seine Verlobte zu heiraten. Wir halten die vielen Verlobungen für bloße Leichtlebigkeit, für Wiederholungen, für das immer gleiche Mittel zum immer gleichen Zweck, und wenn er uns schwört, diesmal sei es wie noch nie, dann lachen wir ihn aus, halten ihn für einen Lügner. Aber hat er nicht jeder neuen Verlobten zuliebe sein Leben neu eingerichtet. Wie oft ist er umgezogen, weil die eine im Parterre wohnen wollte, die nächste im Einfamilienhäuschen und die dritte im Hochhaus! Hätte er so oft die Last eines Umzugs auf sich genommen, wenn er es nicht ernst gemeint hätte?

Er kann sich in einem Haus nicht öfter als dreimal verloben, dann geniert er sich. So interpretierte Edmund die Umzüge.

Aber, sage ich, warum baut er seine Firma um und um? Zweimal schon hat er mit der Margarine fast aufgehört, weil zwei seiner Verlobten auf einen anderen Artikel scharf waren. Einmal hat er sich einer Verlobten zuliebe um eine Porschevertretung in Skandinavien beworben, einmal hat er den Bruder einer Verlobten als Compagnon aufgenommen. Schön, man kann sagen, er bekommt Routine im Umorganisieren. Aber er paßt sich dabei immerhin jeder neuen Verlobten an, er wiederholt sich nicht, er plant jedesmal sein ganzes Leben neu. Und ich weiß, daß er sich schämt, wenn er in einem sechsstündigen Gespräch mit einer Frau etwas sagt, was ihm früher einmal eingefallen ist, als er mit einer anderen sprach. Er gestattet sich das nicht. Er hält das für eine unerlaubte Taktik. Nur wenn ich mit einer Frau nicht vorwärtskomme, sagte er, setze ich alle bewährten Mittel ein, dann zitiere ich mich selbst, wähle die besten Sätze aus. Das ist ein Notfall, Du hast einen heißen Kopf, es geht um alles, alles ist erlaubt, es hat dann keinen Sinn mehr, sich selbst einen feinen Mann vorzuspielen, und im Grunde spricht es doch nur für eine Frau, daß sie uns zwingt, zurückzugreifen auf das Repertoire. Das sind aber Ausnahmen. Meistens ist Josef-Heinrich sogar überrascht, weil ihm soviel einfällt. Er hat sich mit Chemikerinnen unterhalten, als wäre er ein Chemiker, und wenn er einer Pianistin gegenübersitzt, weiß er plötzlich über Sonaten

Bescheid. Es ist immer wieder ein Pfingstwunder für ihn, wenn eine Frau in ihm nicht nur Interesse weckt für etwas, das ihn nie interessierte, sondern dazu auch noch die Fähigkeit, darüber zu sprechen. Von einer Sekunde auf die andere findet er in sich ein Register von ganz neuen Möglichkeiten gebrauchsfertig vor und er kann es bedienen ohne jede Unsicherheit. Meine größte Stärke aber ist, daß ich nie lüge, sagte Josef-Heinrich. Ich sage gleich, was ich will. Die Frauen haben das Drumherumreden genau so satt wie wir, verstehst Du. Du kannst quer durch das Zimmer direkt auf eine zugehen, sie schaut Dir entgegen, Du darfst bloß nicht nachgeben, nichts vortäuschen, Du mußt mit jedem Schritt zugeben, was Du willst, dann kann sie nicht ausweichen. Wenn Du dann vor ihr stehst, ist sie fix und fertig.

Josef-Heinrich erzählte von seinen Erfahrungen immer im Ton eines Berufsschullehrers. Er schien immer das Gefühl zu haben, er müsse uns Tips geben. Er drängte uns seine Methoden förmlich auf und führte uns seine Filme vor, die Erich aufgenommen hatte. In der Wand war eine Luke, durch Bücher verdeckt. Zwei dicke Bände hatten runde Öffnungen wie Leitzordner. Wahrscheinlich würden wir, wenn es mit Susanne aus war, auch sie noch genauer zu sehen bekommen, neben, über und unter dem rundlichen Josef-Heinrich, der keinen Sinn für die zunehmende Komik seiner Proportionen hatte. Vielleicht braucht er so viele Frauen, weil er klein ist, widderhaft untersetzt. Die Vorführung seiner Filme begleitete er immer mit einem lehrhaften Text: jetzt paßt auf, wie sie sich plötzlich streckt. Auch auf Fehler, die sogar ihm noch unterliefen, wies er uns gewissenhaft hin. Was ich jetzt gleich machen werde, war falsch, seht ihr das Staunen in ihrem Gesicht, ich habe sie überfordert, hätte mir Zeit lassen sollen, dreimal soviel Zeit hätte die gebraucht, aber ich mußte noch weg, dann sollte man besser gar nicht anfangen, das war sehr egoistisch von mir, schön wie sie jetzt den Nacken biegt, nicht wahr? was in denen vorgeht, davon haben wir keine Ahnung, man erschrickt, wenn man daran denkt, da hat Erich gewackelt, der kann sich einfach nicht beherrschen.

Manchmal grinste Josef-Heinrich zur Kamera herüber, dann lachten wir alle.

Die gelbe Couch kommt viel besser als das Bett, das war einfach zu weiß. Jetzt hat es Erich mit der Ausleuchtung viel leichter, nicht wahr Erich?

Ja, wenn die Damen bloß nicht immer an den Lampen herumrücken würden.

Das mußt Du auch verstehen, manche sind es eben nicht gewöhnt, bei so hellem Licht. Weißt Du noch, als Elvira mitten drin einfach die Kopflampen ausdrehte? Erich, leg' doch mal diesen Streifen ein, er ist zwar technisch versaut, aber es sieht ganz lustig aus, wie wir oben plötzlich im Dunkel absaufen und bloß noch, na ihr werdet gleich sehen, was noch übrigbleibt, ein geradezu symbolischer Effekt, den Elvira da erzielte.

Wenn dann das Licht wieder anging und wir unsere Hände aus den Hosentaschen zogen, taten wir, als hätten wir gerade einen Kulturfilm über Glasbläserei im Bayrischen Wald gesehen und wüßten nun, da wir uns weder für Glasbläserei noch für den Bayrischen Wald sonderlich interessierten, nicht recht, was wir dazu sagen sollten. Meistens fing einer von etwas ganz anderem an. Aber Edmund ließ das Thema der Filme nicht fahren. Edmund, der sich sonst so leicht in Eifer und Zorn hineinredete, konnte über Josef-Heinrichs Filme so ruhig sprechen, als handle es sich um Aluminiumguß oder Algen, und weil er einen so vollkommen unbeteiligten Eindruck zu machen verstand, konnte er auch vor allen anderen sagen, er hätte nicht übel Lust, auch einmal den Kameramann zu spielen. Zu mir sagte er dann, lange werde er den Schweinereien Josef-Heinrichs nicht mehr zusehen. Ach, Edmund, warum sollen wir ihn denn hassen, streng' Dich ein bißchen an und Du kannst ihn bewundern, und wenn wir ihn gar zu sehr beneiden müssen, können wir ihn immer noch bedauern. Er klagt doch oft genug. Ich glaub' ihm sein Gejammer. Natürlich stimmt es nicht ganz, daß er jeden Verheirateten beneidet. Er will es uns leichter machen, ihm zuzuschauen, darum preist er die Ehe. Aber er preist sie auch aus wirklicher Sehnsucht, preist sie, weil auch er manchmal müde wird. Gut, er hat Erich, der schreibt die Abschiedsbriefe, der empfängt, vertröstet und tröstet die weinenden Verlobten, wenn Josef-Heinrich nicht mehr will, nicht mehr kann. Man sieht Erich nur mit Frauen, die man vorher mit Josef-Heinrich sah. In den Tagen, in denen wieder eine den Stab einer Nachfolgerin übergeben muß, weil das nun einmal zur Stafette gehört, da ist Josef-Heinrich immer traurig und man kann ihn bedauern. Da sehnt er sich nach der Ehe wie ein anderer, wenn es ihm schlecht geht, am strengen Zeigefinger Gottes lutschen möchte. Und wissen wir denn, Edmund, warum er die Frauenstafette braucht? Wir wissen nicht einmal, wie das angefangen hat. Vielleicht, weil er klein war. Aber nicht nur deshalb. Vielleicht, weil er ein Held war im Krieg, einer der meistdekorierten Flieger, einer, der sich zu allen Einsätzen drängte. Aber nicht nur deshalb. Vielleicht strengt dieses Töten von Mann zu Mann besonders an, Edmund. Wir haben immer nur in den großen Haufen hineingeschossen. Vielleicht haben überhaupt die Frauen angefangen, damals, und er, plötzlich ein Held und ohne genauere Kenntnis davon, wie ein Held sich zu führen habe, dachte vielleicht, die Frauen gehörten nun auch in den Bereich seiner Pflichten, das werde von ihm erwartet, nach jedem Abschuß eine neue Frau. Und als er dann über England tatsächlich aussteigen mußte, da hatte er sicher nicht das Gefühl, daß er zuviel gehabt hatte von seinem Leben. Gut, er kam fast heil auf den Boden und konnte wieder von vorn anfangen, aber ohne Uniform und Dekoration, stell' Dir das vor, das war schon ein Wechsel in den Bedingungen. Waschmaschinen verkaufen und Aussteuerwäsche. Ich bin mit ihm gereist, Edmund, er war nicht gleich wieder so sicher. Er wollte natürlich wissen, ob es wirklich nur an seiner Uniform gelegen hatte, kannst Du das denn nicht verstehen? Zuerst hielt er sich an Ältere, die er daran erinnern konnte, daß sie ihn in der Wochenschau gesehen hatten. Erst, als er dann sicherer war, ging er auf jede zu in seiner vorbildlich direkten Art. Und Du willst ihn ändern? Hast Du schon einmal einen gesehen, der sich geändert hat? Ein bißchen zu spät bist Du ohnehin dran, denn jetzt hat er schon das Gefühl, daß er es gar nicht mehr sich selbst zuliebe tut. Seine Erfahrungen im Kopf, glaubt er, er tue den Frauen einen Gefallen, und vielleicht stimmt das sogar. Er ist doch unangemeldet zu Sophie ins Zimmer gerannt und hat ihr gesagt, wenn sie wolle, stünde ihr die schönste Viertelstunde ihres Lebens bevor. Sophie hat es, so behauptet Sophie, abgelehnt. Vielleicht, weil sie mit ihren zweiundzwanzig Jahren nicht in dem Gefühl weiterleben wollte, die schönste Viertelstunde ihres Lebens schon hinter sich zu haben; vielleicht auch bloß, weil sie gerade mit einer Scherenschnittarbeit beschäftigt war, und Du weißt ja, daß sie sich, ohne vorhergehenden Plan, ganz ihrer Inspiration und der Schere anvertraut. Eine Störung bedeutet da, wenn man gerade im Zug ist, viel. Vielleicht war sie aber auch bloß unpäßlich und das wollte sie ihm nicht zumuten. Aber Du siehst, wie Josef-Heinrich darüber denkt. Sogar Alissa wollte er am Aussteigen hindern.

Wenn Sie noch Durst haben, fahren wir weiter, sagte er. Alissa hatte keinen Durst. Und Hunger, ob sie vielleicht noch Hunger hätte? Auch nicht. Na sowas, ob sie denn heute Abend überhaupt keinen Wunsch mehr hätte? Es habe doch keinen Sinn, jetzt einen Wunsch zu unterdrücken und zu verschweigen und sich nachher zu Hause darüber zu ärgern, und da lag seine Hand schon gütig mahnend auf ihrem Knie, sehr kurz nur, denn Alissa sprang aus dem im Schritt-Tempo rollenden Wagen. Daß sie mir das erzählen würde, wußte er, aber er dachte wahrscheinlich, ich könne seinen Antrag als ein Kompliment verstehen, als eine Auszeichnung für Alissa, und er hatte recht. Ich war ihm nur obenhin böse, nur um ihn nicht spüren zu lassen, daß der Antrag eines so umworbenen und erfahrenen Mannes Alissa in meinen Augen gewissermaßen renovierte. Auf jeden Fall war sein Antrag mehr wert als die eindeutigen Blicke von Vierzehn- oder Zweiundsechzigjährigen. Und selbst in der Verachtung, mit der Alissa seitdem von Josef-Heinrich spricht, in der wilden Weigerung, ihn je wiederzusehen, hörte ich immer eine Spur von Zufriedenheit heraus, Zufriedenheit, weil sie ihn abgewiesen hatte, aber auch Zufriedenheit darüber, daß er ihr diesen Antrag gemacht hatte; daß Josef-Heinrich diesen Antrag jeder Frau machen muß, wenn er mit ihr in einem Zimmer ist oder gar in einem Auto, daß er sich krank fühlen würde, wenn er es nicht probierte, daß er diesen Antrag ganz sicher auch einer Äbtissin machen würde, daran dachte, wenn wir mit sorgfältig vor einander verheimlichter Befriedigung diese Szene kommentierten, weder Alissa noch ich. Wie übrigens soll man sich erklären, daß Josef-Heinrich, wenn er, wie bei Sophie und Alissa, nicht durchdringt, daß er die Frauen dann bittet, sie möchten ihm doch wenigstens mit ihren Händen helfen? Alissa hat natürlich auch das verweigert,

Sophie aber, die ein zu gutes Wesen hat, konnte ihm das nicht auch noch abschlagen. Bis sie aber ihren Scherenschnitt gesichert hatte, mußte Josef-Heinrich auf dem Stuhl sitzen, die Hose voller Not. Wenn unsere Bekannten wüßten, was wir über sie wissen, könnte man vor Peinlichkeit kaum noch miteinander sprechen. Aber ein Kopf ist zu klein, man kann nicht immer an alles denken, deshalb denken auch wir nicht daran, daß unsere Bekannten viel mehr über uns wissen als wir uns einzugestehen wagen.

Erich setzte den Plattenspieler in Bewegung und forderte Susanne auf. Justus ließ seinen Quadratschädel zackig nach vorne knicken, straffte unwillkürlich auch die Arme, die Hände suchten die Hosennaht, Sophie sah mich an, ich machte eine Geste, aber bitte, bitte, hieß das, und sah ihnen wohlwollend zu.

Die Paare schoben verschwörerhaft eng einen langsamen Foxtrott über den riesigen Teppich vor dem zimmerbreiten Fenster. Man hätte meinen können, jeder sei die Last des anderen und es komme nur darauf an, wem es gelinge, den anderen vor sich herzuschieben. Plötzlich schepperte ein Boogie in das anstrengend-verschlafene Geschiebe. Die Paare warfen ihre Füße fort. Es gelang ihnen nicht. Dann trampelten sie sorgfältig unsichtbare Ameisen zu Tode. Susanne und Sophie schauten immer wieder herüber, während Erich und Justus taten, als seien sie ganz und gar an ihre Glieder verloren, und die könnten sich nicht mehr wehren gegen die Musik. An ihren Lippen aber sah man, daß sie sich wie Pistolenschützen konzentrierten.

Will denn heute keiner eine Zigarre, sagte Josef-Heinrich, wahrscheinlich, um den Paaren ein paar unbeobachtete Tanzschritte zu verschaffen.

Lerry, Du rauchst eine Zigarre.

Lerry sah sich plötzlich im Mittelpunkt und war gezwun-

gen, sein heimliches Nasebohren übergangslos in ein ge-
langweiltes Kratzen der Nasenflügel zu verwandeln. Josef-
Heinrich beugte sich zu der dicken roten Kerze, die auf
einem alten Kirchenleuchter schon den ganzen Abend
brannte und darauf wartete, daß Josef-Heinrich eine Zigar-
renspitze in ihrer Flamme solange sorgfältig drehen würde,
bis die Spitze rundum glühte. Ein paar Mal nahm er die
Zigarre aus der Flamme, prüfte sie wie der Scherenschleifer
eine Schneide, schwenkte sie noch einmal über die Flamme
hin wie ein Chemiker den Erlmaierkolben über dem Bun-
senbrenner schwenkt, bis er sie dann endlich Lerry überreichen konnte. Wo er das wohl gesehen hatte? Es war nicht
zu verkennen, daß Josef-Heinrich seit ein, zwei Jahren in
Kreisen verkehrte, zu denen außer Edmund keiner von uns
Zutritt hatte. Jetzt durfte man plötzlich nicht mehr fragen:
sag' mal, was hat denn dieser Anzug gekostet.

Von einer Wand hingen schräg weiße Drahtgestelle,
einer Viehtraufe ähnlich, darin lagen nebeneinander mindestens zwanzig verschiedene Journale. Da jede Woche neue
Nummern erschienen, hatte er mit den wechselnden Titel-
blättern immer eine Galerie wildfarbiger Frauen um sich,
brauchte nur einen Blick hinzuwerfen und schon schwollen
ihm sechs, acht rotgleißende Lippenpaare entgegen, besonders die Unterlippen, feuchtrot und fast aus dem Gesicht
fallend vor Fülle und sündhafter Schwere. Die hochdres-
sierten Wimperngitter erlaubten einen Blick in Verbotenes.
Schau nur her, sagten diese Augen, eigentlich lassen wir
uns nicht gern anschauen, aber Du, Du darfst so tief in
uns hineinschauen wie Du willst. Und wenn sich Josef-
Heinrich, von diesen Augen aus Millionen Betrachtern aus-
gewählt, jetzt wieder dem Mund zuwandte, denn diese Bilder bestanden nur aus Augen und Mund, dann wußte er,
daß auch die Botschaft dieses Mundes nur ihm, ihm ganz

persönlich galt, und er fühlte sich aufgelegt, seinen Hals den weißgleißenden Jackett-Pallisaden anzubieten. Auf manchen Bildern allerdings waren Frauen in voller Figur dargestellt. Mit einem von ihren Brüsten angeführten Schritt traten sie aus ihren Bildern heraus, so daß der Betrachter, im Sessel sitzend, sein Leben in der Erwartung ihrer endgültigen Ankunft verbringen konnte. Vielleicht hatte jede seiner Verlobten, um Individualität zu beweisen, ein neues Journal abonniert und hatte das ihrer Vorgängerin, um selbstsicher zu scheinen, nicht abbestellt.

An der gegenüberliegenden Wand hing ein einziges Bild. Man wunderte sich über die Benommenheit, mit der Menschen und Tiere in dem Bild herumträumten, in das sie Chagall gemalt hat, aber offensichtlich ohne rechten Mut.

Josef-Heinrich, vergiß bitte nicht, diesmal rechtzeitig zu entwarnen! Mann, war das peinlich, weißt Du noch, Lerry, als wir Elvira trafen, im *Atlantik*, wir plaudern darauf los, und wie wir das gerne tun, wenn Du nicht unter uns bist, loben wir Dich. Was können wir Besseres für sie tun, denken wir, als ihren Verlobten ins schönste Himmelblau hinaufzuloben. Ich hätte noch lange so weitergemacht. Plötzlich stieß mich Lerry unterm Tisch, na ja, da merkte ich's auch, die gute Vira war schon seit vierzehn Tagen Witwe, und noch mitten im saftigsten Schmerz. Ich finde, Du solltest uns auf dem Laufenden halten, Giuseppe-Enrico, das gehört dazu.

Du wirst lachen, Edmund, aber ich werde Susanne heiraten, und zwar ... Edmund konnte nicht mehr zuhören und sagte hart: *in absehbarer Zeit*, ich weiß.

Josef-Heinrich sah mich an, als wollte er fragen, was er jetzt schon wieder falsch gemacht habe.

Du kennst doch Edmund, sagte ich.

Das ist auch keine Kunst, sagte Edmund, der wieder

einmal so weit war, daß er keinen anderen mehr sprechen lassen konnte: aber ob Josef-Heinrich Josef-Heinrich kennt, das ist die Frage, die mich nächtens an den Zimmerwänden entlangscheucht. Ich bewundere Dich, Josef-Heinrich, Du hast die Marga-Margarine groß gemacht, hast ein Vermögen verdient und Dich elfmal verlobt und Du bist immer noch zufrieden mit Dir selbst. Und wenn Du Dein Haus hättest vis à vis vom Apollon-Tempel in Delphi, Du würdest es vorziehen, in den Spiegel zu schauen, weil Du Dir sagst, alles, was ich bin, hab ich vor Augen. Aber die Liebe, ihr Helden, die Liebe ist nicht das, was ihr glaubt. Gut, ich bin betrunken, aber ich sehe euch trotzdem noch, ihr Ozeandampfer, brüllend, kurssicher, nie anstoßend die dicken Bäuche. Ihr lebt bloß in eurer eigenen Luxusklasse, zwischen den Spiegeln, und die zeigen euch nur bis zum Hosenbund, Freunde. Macht mir nicht diese befriedigten Gesichter vor. Eure Liebe benebelt euch ganz schön. Vorhänge quer durchs Bewußtsein, das ist euer Glück! Hinter dem Karren herrennen, an nichts als an die kleine Öffnung denken, das ist eure Seligkeit! Vom ungeheuren Horizont bleibt nur noch die kleine Öffnung. Schön, das ist euer Glück. Aber gebt doch wenigstens zu, daß es ein Ersatz ist für eure unsere Unfähigkeit, dauernd die Breite des Horizonts anzustarren. Aber da auch ihr nicht immerfort bloß an euern Weibsbildern herumfingern könnt, braucht ihr noch den Beruf, möglichst einen, der eine einfache Zählung des Erfolges erlaubt. Und weil wir doch nur an uns selbst interessiert sind, müssen wir unser Einkommen steigern. Mehr ist ja auch gar nicht drin in so einem Beruf, der ein Ersatz für die Liebe ist, die ein Ersatz für etwas ist, was es nicht gibt, aber geben sollte. Und was so an Dekoration aufgebaut wird, Ränge, Tribünen, Rathäuser, Sportplätze, Autotypen, feine Geschäfte und primitivere, die ganze bürgerliche Rennbahn, in der Titel, Trophäen und Lebenszensuren verteilt werden, das ist, stimmt ein jetzt im Chor, der Ersatz für den Beruf, weil der, selbst bloß ein Ersatz für einen Ersatz, auch nicht reicht, um den Horizont abzudecken, Religion aber wäre kein Ersatz, denn Religion ist nichts, ist nur das, was man ohne Subventionen zustande bringt.

Die zwei Paare taten, als interessierten sie sich für den immer lauter sprechenden Edmund. Verschämte Entschuldigungen austauschend lösten sie sich aus der Musik, die der Plattenspieler unerbittlich spendete. Mit übertrieben neugierigen Gesichtern kamen sie langsam herüber und standen, als seien sie scheu, eine Schulter noch zur Tanzfläche gewandt, wie Tiere des Waldes, zur Flucht bereit. Sie wollten auch jetzt noch aufrecht erhalten, daß sie nur für einen Augenblick gekommen seien, denn das Tanzen sei ihnen doch wichtiger als alles andere.

Und das ist nicht viel, deshalb laßt uns also den Ersatz preisen, den Horizont mit Spermata vernebeln, aber heiratet nicht, Freunde, behandelt den Ersatz als Ersatz, die Ehe blendet uns nicht genug, ich war verheiratet, ihr wißt es, die Ehe verdirbt den Ersatz, sie schirmt uns nicht ab, sie öffnet die Augen, und das schmerzt, der Tod und Heurat entdecken alle Dinge, Gryphius, Freunde, alt genug, um wahr zu sein, Lerry, schlag diesen Kasten kaputt, ich kann sowas nicht hören, ohne Mordlust zu spüren, und was nützte es schon, sich im Mord zu versuchen, ganz abgesehen davon, daß.

Prost, Edmund, rief Josef-Heinrich, das war eine prächtige Verlobungsrede, bravo, Kinder klatscht doch, sonst vergrämt ihr ihn noch ganz. Beifall ist, wie wir jetzt vermuten dürfen, auch nur ein Ersatz, aber so angenehm. Prost, Edmund, trinken wir auf den Ersatz! Es lebe der Ersatz!

Edmund lächelte alle, die ihm jetzt zutranken, fröhlich an. Er mußte eben immer zuerst eine Rede gehalten haben, sonst war mit ihm nichts anzufangen. Wahrscheinlich spürte er sich erst, wenn er längere Zeit laut geredet hatte. Sein größter Nachteil war, daß er nicht aufhören konnte. Und wenn einer zu lange spricht, kann er sagen, was er will.

Er stand jetzt sogar auf und säbelte mit seinen langen Händen die anderen in ihre Sessel zurück.

Die Ehe ist bei uns, was die KP im Osten ist, das beweise ich euch (keiner von uns zweifelte daran); traut sich jemand etwas gegen die Ehe zu sagen? so wenig wie im Osten gegen die KP! ja, Kabarettscherze, Ehesketche, jede Menge, aber in ihrer verlogenen Harmlosigkeit sind sie genau das, was die kastrierten Satiren auf belanglose Funktionärs-irrtümer im Osten sind, ich will die Ehe nicht abschaffen, Freunde, die Ehe muß sein, die KP muß sein, schließlich ist dies die Erde . . .

Das Telephon schrillte. Edmund hörte sofort zu sprechen auf, ließ die Hände in der Luft stehen. Jeder wäre ihm jetzt dankbar gewesen, wenn er weiter geredet hätte. Gleich mußte das Telephon das zweite Mal schrillen. Man erwartet es für die nächste Zehntelsekunde. Mitten in die Stille hinein. Nichts. Also doch später. Schon entspannt man sich ein bißchen. Aber bevor man sich wieder gewappnet hat, schrillt es, denn Erich ist zu langsam. Man hat ihm zuge-sehen, wird er es schaffen, nein, natürlich nicht, gerade, daß er das zweite Schrillen um eine Vietelsekunde abkürzen kann. Edmund spricht auch jetzt noch nicht weiter, obwohl Josef-Heinrich ihm zuwinkt. Edmund will, daß wir alle hören, wie Erich sagt: so, meinst du, na ja, ich will es ihm gerne ausrichten, tschüs. Dann kommt er zurück und sagt: Inge. Sie findet es lächerlich, gemein und typisch, ihr diese Karte ins Haus zu schicken.

Und so weiter, sagte Josef-Heinrich, ab in die Liste, komm Edmund, ich bin gespannt, was Du noch alles weißt.

Edmund grinste, brachte zuerst die Hände wieder in Bewegung: ... schließlich ist dies die Erde, aber die verlogene Verklärung, das verzückte Lächeln, das die Partner von einander verlangen, der Anspruch auf Glück, die ganze überirdische Ambition, der Affe in Hosen, der Affe im Rock, beide in Harmoniepose vor dem mißtrauischen Nachwuchs, lebenslänglich, das Ehebett das wahre Prokrustesbett, Freunde, da wird gemartert, lebenslänglich, beim Nachttischlämpchen, aber von der Glastüre an herrscht Lächeln, und auf der Straße: Lächeln, und der Nachwuchs wird belogen von der Volksschule an, erst wenn einer in der Falle ist, spürt er die Messerchen, lebenslänglich, denn das Leben, Freunde, ist lebenslänglich ...

Josef-Heinrich streichelte Susannes Schenkel, flüsterte ihr ins Ohr, als seien sie beide in einem Kino und er müsse ihr, daß sie sich nicht zu sehr errege, sagen, es handle sich doch nur um einen Film. In einer Viertelstunde sitze man wieder im Gartencafé, kein Mörder weit und breit. Endlich läutete es. Das ist Ludwig, rief Erich und ging hinaus und auch Josef-Heinrich sprang auf, sagte: bravo, Edmund, einen Augenblick, Edmund. Und als Ludwig ins Zimmer trat, wurde er von allen, außer von Edmund und Lerry, so überschwenglich begrüßt, daß er ganz glücklich schmunzelte.

Ludwig servierte den Kaffee. Aber in seinem Zweireiherjackett, das er jetzt, ohne daß es sich auch nur im geringsten verändert hätte, seit gut und gerne zehn Jahren trug, in diesem rötlich braunen Jackett mit dem weiß-grauen Fischgrätenmuster war der Ludwig aus dem Roxy nicht wiederzuerkennen. Ein anderer hätte in diesem Aufzug lächerlich ausgesehen. Ludwig vollbrachte das Wunder. Er trug die weite blaue Freskohose und diesen ekelhaften Taille-Zweireiher seit zehn Jahren, dazu immer das gleiche dunkelblaue kunstseidene Polohemd mit Reißverschluß. Ludwig konnte alles tragen. Es sah aus, als wolle er einen alten Film parodieren. Man bewunderte seine Naivität in Kleiderfragen. Man sagte zueinander: so gut aussehen, wenn man so schlecht angezogen ist, alle Achtung. Er gewann die Sympathien wie ein Privatfahrer, der mit seiner eigenen Maschine und ohne Stall auf dem Renngelände erscheint und alle Werkmannschaften schlägt. Er erfüllte den Traum vom unabhängigen Dasein, von der eigenen Kuh, deren Milch mehr ist als Milch. Er war der Ansässige, der mit groben, unbiegsamen Lederschuhen in die Wand einsteigt und die Touristen rettet, die mit feinen Seilen, Kletterschuhen, Taschenradio und Leuchtpistolen hilflos im Fels kleben und vom heiligen Nylon Rettung erflehen. Er war der leibhaftige Neoverismus, dessen rührende Schäbigkeit uns wieder zu den Abenteurern nach 45 machte. Und er war der in diese Kleidung verbannte Königssohn, obwohl wir wußten, daß nur phantastische Sparsamkeit und eine vollkommene Abwesenheit jeder Art von Geschmack daran schuld waren, daß er immer noch in diesem Anzug herumlief. Aber wer Ludwigs Gesicht sah und seine feinen Hände, an denen die schwarz behaarten Finger unabhängig voneinander tänzelten, der hielt das für unmöglich, der fühlte sich allenfalls an die geschmacklose Eleganz der Offiziersuniformen erinnert und hielt Ludwig deshalb vielleicht für einen verarmten Adeligen.

Ich hätte Dir eigentlich zu meiner Verlobung einen neuen Anzug schenken müssen, sagte Josef-Heinrich.

Du glaubst doch nicht, daß Ludwig den angezogen hätte, sagte ich, der hätte ihn sofort wieder verkauft.

Stimmt, sagte Ludwig und lächelte fein.

Hat Dir Deine Tante gesagt, daß ich angerufen habe, fragte Justus.

Ludwig, der nicht bloß Kellner, sondern auch gelernter Elektriker war, hatte nebenbei einen Großhandel in Elektrogeräten. Die Tante saß am Telephon und notierte Bestellungen. Aber Ludwig lieferte ebenso gern echten Scotch, Gin, Amizigaretten, Rasierschaum und Old Spice, neuerdings sogar Teppiche und Geschirr, irgendwie aus dem Osten. Zweimal war er kurz verlobt gewesen, aber als er die Mädchen in sein Geschäft einarbeiten wollte, hatten sich beide mit der Tante verkracht. Ludwig hatte die Konsequenzen gezogen und die Verlöbnisse aufgelöst. Die Tante kannte keiner von uns. Sie litt an Hüftgelenkentzündung. Was willst Du machen, sagte Ludwig, sie sitzt den ganzen Tag im Rollstuhl, arbeitet zwanzig Stunden für mich, schlafen kann sie kaum, das tut immer weh, mußt Du Dir vorstellen. Und warum bringst Du sie nicht zum Spezialisten oder in ein Bad? Das können wir uns nicht leisten, sagte Ludwig.

Das Telephon schrillte. Erich rannte rasch hinüber, um zu verhindern, daß es ein zweites Mal schrillte. Josef-Heinrich sprach laut und rasch weiter, wir zeigten ihm mit vorgestreckten Köpfen, daß wir nur ihm zuhörten.

Sigrid, sagte Erich halblaut, als er sich wieder setzte.

Hat sie etwa auch die Karte bekommen?

Ja, und sie gratuliert Dir zur Verlobung und dankt Gott jeden Tag, daß sie mit Dir nichts mehr zu tun hat.

Schreib sie auf die Liste, sagte Josef-Heinrich. Erich malte eine Zahl und einen Namen sorgfältig auf das Blatt. Den Füllhalter legte er, ohne die Kappe überzustülpen, auf das Papier und setzte sich zurück zu Ludwig. Wenn Ludwig und Erich kompakt vor einem sitzen, hat man das Gefühl, man habe, seit man sie das letzte Mal sah, nicht ein einziges Mal daran gedacht, daß es sie überhaupt gibt. Typische Zuhörer. Ohne sie kommt kein Zirkel aus. Der, der gerade spricht, sieht sich in seiner Meinung immer durch ihr Zuhören bestärkt. Erich hatte Schneider gelernt, war sogar Meister. Daß der auf Reisen ging, wo er sich doch so ungern vom Fleck rührte! Und dann auch noch Modeschauen organisieren für Kleider-Prestel. Erich als Ansager. Das runde Trauermondgesicht geht im staubigen, ehemals dunkelgrünen Turnhallenvorhang von Ramsegg auf. Mühsam grinst Erich die Schmollbäckchen zur Seite, meine Damen und Herrn, ich habe,

das weiß gepolsterte Händchen, viel zu klein für den großen Erich, fährt zum ersten Mal fickrig über die rotblonde Bürste,

meine sehr verehrten Damen und Herrn,

das muß eine schlimme Zeit gewesen sein für Erich, der lieber saß als ging und lieber langsam ging als schnell und lieber einen Satz sagte als zwei und am allerliebsten gar keinen. Aber findig war er doch. Postiert sich in der Nähe des Prestel-Hauses, etwa da, wo der Sog der Türen schon spürbar wird auf dem Trottoir, und jedem, der aussieht, als komme er von auswärts, reicht er rasch noch seine Visiten-karte, die sollte drinnen mit einer Empfehlung von ihm abgegeben werden, das gab Prozente. Nur einen besseren Blick hätte er haben sollen. Dem Seniorchef des Hauses, den er nicht kannte, hätte er die Karte nicht anbieten dür-fen, bloß weil der als passionierter Jäger auch in der Stadt einen Jägerhut trug. Der feine Velours, Erich, hätte Dich doch stutzig machen müssen. Endlich ein Kunde, der was einbringt, hatte Erich gedacht. Damit war er diesen Job los. Leider, muß man sagen, denn er hatte sich doch kaum von der Stelle bewegen und auch gar nicht viel reden müssen. Jetzt schau Dich um, ob Du etwas findest, was wieder so zu Dir paßt. Erichs runder Kopf schwankt durch die Straßen, als werde er von einem Buben im Faschingszug getragen. Das Trottoir wuselt, aber kein Blick geht verloren, überall Kimme und Korn und das Schwarze und ein Auftrag dazu. Auf dem Boden zeichnen die Marschierer hunderttausend planvolle Linien durcheinander. Das Muster der Notwendigkeit, in das sich Erich eintragen möchte. Müde des Stöpseldaseins im Strom. Jeden Tag verliert man Gewicht. Hunderttausend gehen vorbei. Stecken unter einer Decke. Wer keinen Job hat, ist ein Ausländer. Schon ist Erich bereit, ins Nebenzimmer der *Harmonia* zu gehen, sich blind und gläubig der *Vorführung unseres konkurrenzlosen Artikels* auszusetzen, als ihm einfällt, angeleitet oder verleitet von Elisabeth, ihm bekannt von der Modenschau-Tournee, da war sie Mannequin, als ihm einfällt, oder ihr, daß es an der Zeit wäre, sich der Wohnungssuchenden und derer, die Wohnraum loswerden wollen, anzunehmen. Natürlich heiratet er Elisabeth. Ein Zimmer wird gemietet, alle drei Tageszeitungen werden abonniert und die Inserate sorgfältig auf zwei Listen verteilt, die Erich mit den klassischen Schicksalstiteln *Angebot und Nachfrage* überschreibt. Und daß es den Listen an nichts fehle, schleppt er sich zweimal die Woche vors Schwarze Brett im Wohnungsamt. Eine Schreibmaschine hat er schon, also kann er sich sofort hinsetzen und allen Unglücklichen, die noch nicht so wohnen wie sie wohnen wollen, einen mutmachenden Brief schreiben: Wir sind in der glücklichen Lage, Ihnen jeden Wohnungswunsch zu äußerst günstigen Bedingungen. Aber Elisabeth, von seinem Eifer angeödet und unstet von Natur, betrügt ihn in mehr als einer Hinsicht, ja sie zeigt ihn, als er sich wehrt, kurzerhand an, und tatsächlich stellt sich heraus, daß fast alles, was Erich getan hat, eigentlich gar nicht erlaubt war. Sie hat sich mit einem Rechtsanwalt eingelassen, behauptete Erich, sonst wäre sie nie auf den Gedanken gekommen, mich anzuzeigen. Der Richter gebrauchte die üblichen schlimmen Worte und jene simplen Konjunktive, die nachträglich jedes Kind formulieren kann: Erichs Auftraggeber, die Wohnungssuchenden, hätten sich die meisten Adressen auch umsonst beschaffen können. Warum haben sie's denn nicht getan, fragte Erich. Und wievieles könnte man umsonst haben auf der Welt und bezahlt doch, um es zu bekommen, sagte Erich mehr zu sich selbst als zum Richter. Der aber rief Erich brüsk zurück zu dem, was er *die Sache* nannte und hielt eine Rede über eine Notlage, die Erich schamlos und selbstsüchtig ausgenutzt habe. Die Abstandssummen, die er ohne Wissen einiger Vermieter kassiert habe, erfüllten den Tatbestand des Betruges. Drei Monate mußte Erich sich von seinem Geschäft zurückziehen, und als er wieder auf den Trottoirs erschien, war er zum zweiten Mal einen Beruf los geworden, der seiner Natur entgegengekommen war. Die Frage, ob es jetzt überhaupt noch einen dritten zu ihm passenden Beruf gebe, beschäftigte ihn Tag und Nacht. Freundlicher stimmte ihn nur der Umstand, daß auch Elisabeth für vier Wochen hatte einsitzen müssen. Erich erklärte sich das so: der Rechtsanwalt hatte seine Geliebte satt, deshalb riet er ihr, als er sich alles hatte schildern lassen, sie solle doch ihren Mann anzeigen, denn er konnte sich das ja ausrechnen, der Jurist, der er war, daß sie auch mit in den Bau wandern würde.

Jeder von uns hat sich auf seine Weise durch die Maschen des Gesetzes hindurchturnen müssen. Die Vorwürfe, die wir einem machen, der dabei mit dem kleinen Finger, oder auch mit zwei Fingern hängenbleibt, sind nicht moralischer Natur. Genoß Erich nicht jene Mischung aus Teilnahme und geringschätzigem Respekt, die ich hier mit meiner

Krankheit erntete? Mit dem Kadi zusammenzugeraten, ist eine Art sportliches Versagen, typisch Erich.

Wir sagten zwar nie: Mensch, der Erich, nicht eine einzige Frau tut der selber auf! Aber eine Rolle spielte das natürlich trotzdem. Edmund behauptete, Erich sei überhaupt nur angestellt, um Josef-Heinrichs Abgetakelten die seidene Schnur, den Schierlingsbecher, die Pistole, den blauen Brief und das Abschiedsgeschenk zu überreichen. Er habe ihnen die verzweifelte Situation seines Freundes so lange zu schildern, bis sie einsähen, daß im Grunde genommen der einzig Bedauernswerte sein armer Freund Josef-Heinrich sei, der sich gerade von dieser Verlobung so viel versprochen habe. Es kann schon sein, daß Erich dann seine Hand auf die Schulter der Schluchzenden, seine Faust in die Hand der Wütenden legte und aus dem Unglück der Verstoßenen einen bescheidenen Profit zapfte. Josef-Heinrich konnte das nur recht sein. Es erleichterte, falls das überhaupt nötig war, sein Gewissen und es vermehrte, falls das noch möglich war, Erichs Ergebenheit. Vor allem machte es ihn immer noch abhängiger von Josef-Heinrich. Hat sich einer einmal an eine bestimmte Art, Frauen zu gewinnen, gewöhnt, so wird diese für ihn bald zur einzig möglichen Art überhaupt. Selbst Manieristen und Eklektiker werden es dabei schwerlich zu mehr als einem Stile bringen.

Ach Kinder, sagte Josef-Heinrich in die Stille hinein, an deren Rand nur Edmunds scharfes Zischen kratzte: wir sind viel zu intellektuell, denkt doch auch an die Frauen. Edmund, he! Lerry, sag' ihm doch endlich, daß er recht hat mit seiner Ersatz-Theorie und basta.

Du täuschst Dich, wir haben über den neuen Anouilh gesprochen, sagte Edmund.

Ich scheiß auf den neuen Anouilh, und den Kaffee verbiet ich jetzt, Erich, weg damit, wir haben noch was Besseres.

Vielleicht überreichst Du uns beim nächsten Mal zuerst eine Liste, daß wir wissen, worüber wir sprechen dürfen, sagte Edmund.

Bitte, rief Josef-Heinrich, wenn es Dir Spaß macht, bitte, von mir aus, also was ist mit Deinem Anouilh, komm', jetzt sag', was ist damit?

Hat doch keinen Sinn, Josef-Heinrich, wenn keiner von euch in der Vorstellung war.

Dann kann Dir wenigstens keiner was beweisen, los, raus damit, was ist mit dem neuen Anouilh?

Gar nichts ist damit, eine stinklahme Inszenierung, und unsere Freundin Anna spielt, als sei der Text von Ganghofer, das ist alles.

Das ist alles, brüllte Josef-Heinrich, habt ihr das gehört, und deswegen belästigt uns unser Genie mit seinem neuen Anouilh, Mensch Edmund, waren das noch Zeiten, als die Nutten noch einen hohen Stellenwert hatten bei Dir! Das weißt Du noch gar nicht, Susanne, Edmund ist Spezialist, war Spezialist, muß ich sagen, warst Du doch, das gibst Du zu?

Was ist da zuzugeben? Ich habe mich für diese Mädchen eine Zeit lang interessiert, wie andere Leute Briefmarken sammeln, oder Votivtäfelchen.

Das kann ich verstehen, sagte Susanne.

Siehst Du, sie versteht Dich sogar. Ich habe das nie verstanden. Na ja, ich bin auch nicht genial.

Allmählich erholte sich Edmund. Josef-Heinrichs Angriff hatte ihn überrascht. Er brauchte noch ein paar Atemzüge, um Josef-Heinrich wieder auf Distanz zu bringen. Der aber, weil Edmund, wie man im Ring sagt, soviel Wirkung gezeigt hatte, wurde unvorsichtig. Edmund tastete ihn noch ein bißchen ab, reizte ihn noch mehr, nahm Maß und begann zurückzuzahlen. Josef-Heinrich machte es ihm leicht, arbeitete ohne jede Deckung, sagte einfach, was er dachte: er brauche keine, wolle keine, die jeden nehme, er ekle sich, und dafür auch noch bezahlen, bitte, wie kann ein Mensch für dieses Gewerbe sein! Edmund aber fädelte ihm seine Sätze hübsch auseinander, beraubte sie dadurch der Glaubwürdigkeit, die sie gehabt hatten, als sie mit aller natürlichen Vehemenz von Josef-Heinrich herausgeschrieen wurden; wozu Josef-Heinrich noch mit beiden Händen immer genau gleichzeitig auf seine breiten Oberschenkel schlug, was jedes seiner Argumente ohnehin auf eine Art Sapperments-Ebene hinabsenkte. Edmund reduzierte das ganze Satzgetöse auf etwas Abstraktes, bot es Josef-Heinrich an, der mußte es unter Edmunds drängender Frage als das anerkennen, was er eigentlich gemeint hatte; verblüfft blinzelnd tat er das auch, er wollte doch nicht den Anschein erwecken, er stehe nicht zu seinen Sätzen; und was Edmund da als seine, also Josef-Heinrichs Ansicht, ihm vorlegte zur Verifizierung, klang doch sehr klug; wenn er das gesagt hatte, konnte er ganz zufrieden sein. Für Edmund aber war die elegante Generalisierung der Josef-Heinrich-Sätze nur eine Brücke, nur ein erster Schritt, dem als zweiter eine Interpretation folgte, die Josef-Heinrichs Sätze in der Luft zerstäubte. Edmund beherrschte diese Eins-Zwei-Kombinationen wie nur ein Weltklasse-Champion. Hatte Josef-Heinrich ausgerufen: schließlich ist es doch ein anderes Gefühl, wenn eine freiwillig mit Dir geht und nicht einem Fünfzigmarkschein zuliebe, so machte Edmund im ersten Zugriff daraus: Du suchst also Bestätigung durch Frauen? Ja, das auch, natürlich, gab Josef-Heinrich zu, und sagte noch rasch: das tut doch jeder. Aber Edmund war schon, wo er hinwollte: gut, sagte er, ich gebe zu, einer, der seiner selbst nicht sicher ist, einer der, sagen wir einmal, um es übertrieben klar zu formulieren, einer der an Minderwertigkeitskomplexen leidet, so einer kann es sich natürlich nicht erlauben, eine Hure aufzusuchen; er kauft seine Frauen besser indirekt, da kann er immer das Gefühl haben, wenn er es gut genug mit sich meint, diese Frau wäre auch mit ihm gegangen, wenn er ihr kein Menü mit vier Gängen plus Chateau Neuf du Pape bieten könnte; vor allem aber muß so einer Huren schon deshalb meiden, weil dort ja alles Geld nicht ausreicht, Sympathie zu wecken; um aus einer Hure noch einen wirklichen Funken zu schlagen, muß einer mehr bieten als Geld, das gebe ich gerne zu.

Josef-Heinrich blockte, stürmte dann gegen solche Ergebnisse an, wollte alles noch einmal von Anfang an aufrollen, aber Edmund voltierte, ließ ihn hinter sich herlaufen und gab sich fatal großzügig: warum denn Josef-Heinrich, Du hast ja recht, wenn Du gegen Huren bist, es ist jetzt doch jedem von uns klar, warum Du dagegen bist. Josef-Heinrich suchte seinen Gegner; er war nicht mehr ganz da, er arbeitete nur noch instinktiv, und Edmund war es, der ihm jedesmal das Handtuch zuwarf und ihn dann, nach kurzer Pause, in einen neuen Gang verwickelte: Du ekelst Dich, sagst Du, und Du glaubst, dieser Ekel sei, sagen wir einmal, im Hygienischen zuhause, ja? Und in ein paar Sätzen paced er Josef-Heinrich wieder zu Boden. Schließlich ist er doch satt und glaubt, er habe nun allen Boden wieder gewonnen, den er durch die flaue Anouilhdebatte verloren zu haben meinte. Allerherzlichst lächelnd sagt er: lassen wir's Josef-Heinrich, was soll es denn? Warum sollen wir einander bekehren? Du hast Deine Meinung und ich – ich kann mir nicht helfen –, wenn mir einer sagt, man könne mit einer Hure nicht schlafen, das kommt mir

vor, als behaupte er, mit einem Pfarrer könne man nicht
beten. Und Josef-Heinrich drosch Susannes Schenkel und
rief: Na, was sagst Du? man muß ihn einfach mögen.

Susanne sagte etwas Heiseres.

Susanne schien alles mit der Nase zu beurteilen. Wenn
sie den Kopf drehte auf dem langen Hals, der allein schon
eine schöne Kurve war, wenn ihr Gesicht erschien: es war
die Nase. Die Nase, die zu schnuppern schien. Sie hob sich
hinaus vor das Gesicht und wäre wahrscheinlich zu weit
hinausgeraten, wenn sie draußen spitz aufgehört hätte,
deshalb bog sie sich rechtzeitig nach unten, nur eine winzige Kurve abwärts, und hörte auch gleich auf.

Sag doch, Susanne, rief Josef-Heinrich, muß man ihn
nicht ganz einfach mögen?

Susanne sagte das Heisere noch einmal und jetzt hieß es:
Bien embestido, bien defendido.

Muchas gracias, sagte Edmund und trank Susanne zu.

Sie war also eine Spanierin. Wo er die bloß wieder aufgetan hatte? Eine Stimme, ein Puma, der im Schlafe spricht,
eine Stimme, in einem gesunkenen Schiff geht eine Tür,
die Stimme eines Singvogels, der sich über dem Fußball-
platz heiser geschrien hat, eines Engels, der einem trunk-
süchtigen Antiquar aus einer Kommodenschublade erscheint, die Stimme einer Bratsche, die von einem Verliebten
zersägt wird, eine Kieselgurstimme, wo hat er bloß dies
Mädchen mit der Kieselgurstimme aufgetan? Wenn sie
sprach, schnippste sie zuweilen zwei-, dreimal mit den Fingern, bis sie das rechte Wort hatte. Aber sie mußte in unserer Sprache aufgewachsen sein, sonst hätte sie jetzt nicht
sagen können: Ihr werft euch ganz schöne Dinger an den
Kopf. Hievte schon wieder den Ellbogen aus, schnippste,
ließ den Peitschenlaut vom Finger springen, als müsse
dann Pegasus selbst vor ihr kuscheln, das Wort, das sie

suchte, auf der Kruppe geflaggt. Aber weil sie das Fingerschnalzen nicht zu sehr verbrauchen wollte, griff sie recht
häufig in die Besenkammer der Sprache, in jenes Lager von
Fertigfabrikaten, in dem die Sätze mundgerecht liegen.
Wenn sie sprach, wimmelte es nur so von Versatzstücken,
solchen, die schon auf den Promenaden des Kaiserreichs
Jubiläen gefeiert haben mochten, solchen, deren man sich
erst seit vergangener Woche bedienen konnte, die aber
trotzdem schon so griffig waren wie die ältesten: da hast
Du den Salat, vielen Dank für die Blumen, Du gehst aber
auch ran wie Blücher, des Menschen Wille ist sein Himmelreich, brechen Sie sich bloß keine Verzierung ab, nun
machen Sie aber einen Punkt, hasteTöne, Sie sind ja ein
ganz Schlimmer, es ist zu schön, um wahr zu sein, ich verstehe immer Bahnhof, hatte auch nicht mehr alle Tassen
im Schrank, ausgerechnet Bananen (ob man sie etwas fragte
oder ihr etwas erklärte, sie reagierte zuerst einmal mit
ausgerechnet Bananen, das konnte dann, wie bei Bert, so
ziemlich alles bedeuten), da hätte ich Manschetten, ich kann
mich bremsen, Du kriegst die Tür nicht zu, danke für Obst
und Südfrüchte, sowas lebt und Schiller mußte sterben,
wer's glaubt wird selig, das ist doch Jacke wie Hose undsoweiter. Erstaunlich war, daß sie soviel erlebt hatte, was
zum Totlachen war, einiges war allerdings auch bloß zum
Piepsen, der Rest hatte sie auf die Palme gebracht, denn
er war, um katholisch zu werden, weil er über die Hut-
schnur ging. Von ihren schlimmsten Erlebnissen sprach sie
immer wie ich vom Krankenhaus.

Sie machte nur Andeutungen, aber man wußte gleich,
daß alles viel ärger gewesen sein mußte, und wenn man das
sagte, wehrte sie bescheiden ab und fügte noch eine Andeutung hinzu, die einen darauf hinwies, daß alles noch entsetzlicher war als man vorher schon vermutet hatte. Von

Budapest, Buenos Aires, New York sprach sie wie wir von unseren Stadtvierteln. Aber sie erzählte nicht, was sie in diesen Weltgegenden getan hatte und warum sie jetzt wieder hier war. Vielleicht weil wir schon zu viel getrunken hatten, um noch gute Zuhörer zu sein. Vielleicht kam sie auch einfach nicht dazu, weil Lerry sich andauernd einmischte, seit sie einmal erwähnt hatte, daß sie einen geizigen Onkel in Genua habe, der jeden Tag an der Tür gewartet habe, wenn sie mit ihrer Mutter vom brasilianischen Konsulat gekommen sei. Und, habt ihr's? Aber sie hatten und hatten das Visum nicht bekommen. Schließlich hatten sie sich ohne Visum eingeschifft, weil der Konsulatsbeamte gesagt hatte, er werde dafür sorgen, daß das Einreisevisum in Buenos Aires liege, wenn das Schiff dort lande. Pustekuchen, sagte Susanne, in Buenos Aires keine Spur von einem Visum, aber der brasilianische Konsul dort schenkte uns wenigstens reinen Wein ein: weil wir Columbierinnen seien, hätten wir zur Zeit keine Aussicht auf ein Permit; da hatten wir die Chose. Das hätte uns, wenn er gewollt hätte, auch der Brasilianer in Berlin sagen können, aber er schickte uns lieber nach München, der in München schickte uns nach Zürich, und der in Zürich nach Genua, und schließlich saßen wir mit Durchreisevisa in Buenos Aires, über zwei Jahre, na ja, illegal war für uns nichts Neues.

Josef-Heinrich nickte, als wäre er dabei gewesen, Lerry wollte das Gespräch nicht zu weit vom Mittelmeer wegtreiben lassen. Im Hafenviertel von Genua, sagte er, als wolle er uns etwas mitteilen, was zum Verständnis der Erzählung Susannes unentbehrlich sei, in einer dieser rauchschwarzen Steinspelunken habe er einmal zugesehen, wie sechs Weiße einen Neger mit Fusel gefüllt hätten, bis der Junge umgekippt sei. Hinterkopf aufs Pflaster. Eine greise Nutte habe ihm den Dreck aus der Wolle gewischt, mit dem Rockzipfel, dann habe sie sich auf den Boden gesetzt und den Kopf des Lallenden in ihren Schoß gelegt.

Pobrecillo, sagte Susanne.

Ja, die Neger, sagte Josef-Heinrich.

Und die Nutten, sagte Edmund und grinste so freundlich er konnte; aber um zu beweisen, daß er nicht noch einmal davon anfangen wolle, sagte er noch rasch: Du hättest es photographieren sollen, Lerry. Pietà im Hafenviertel, Picasso wenn das während seiner blauen Periode gesehen hätte, als er noch nicht Millionärskunstgewerbler war, stell Dir das Bild vor!

Regelmäßig, als hätten die ehemaligen Verlobten einen genauen Plan ausgearbeitet zur Zermürbung Josef-Heinrichs, schrillte das Telephon. Aber Erich war jetzt immer auf dem Sprung. Es war, als hörte er das Telephon schon, bevor der Strom die Klingel auslöste. Und als dann die blonde Berenice angerufen hatte, da fehlte von Josef-Heinrichs Bräute-Schar nur noch Elvira. Was war bloß mit Elvira? War sie krank? Ging ihre Uhr nach? Wir hatten uns inzwischen so an den Stör-Rhythmus gewöhnt, daß wir auf Elviras Anruf warteten. Josef-Heinrich auch. Er fing wieder, was, angesichts seiner Nervosität, keiner von uns gewagt hätte, von den Karten an und von den Verlobten.

Erich, sagte er plötzlich, ich glaube, wir können die Liste zerreißen, ich habe den Absender. Überlegt doch mal: jetzt haben alle angerufen, außer Elvira, das heißt, Elvira hat keine Karte bekommen. Da aber der Absender doch offensichtlich großen Wert darauf legte, daß alle meine Ehemaligen die Karte bekommen, muß Elvira der Absender sein.

Susanne wußte nicht, wo sie hinschauen sollte, wußte nicht, sollte sie lächeln, sollte sie ein beleidigtes, ein trauriges, ein gleichgültiges Gesicht machen. Was sollte sie denken

und was sollte sie von dem, was sie dachte, uns durch
ihr Gesicht zeigen? Bei den ersten Anrufen hatte sie ge-
grinst, hatte getan, als interessiere sie das alles nicht. Wenn
Josef-Heinrich ihr etwas zuflüsterte, während Erich am
Hörer hing und uns durch Grimassen andeutete, was er
wieder alles über sich ergehen lassen mußte, versuchte sie
auf jede mögliche Weise, Josef-Heinrich zu beweisen, daß
sie weder Zuspruch, noch Erklärung, noch Trost brauche;
sie zuckte mit den Achseln, als sei sie achtzig Jahre alt und
habe alles erfahren, sagte: es siempre lo mismo; manchmal
versuchte sie, lustig zu erscheinen, tat, als müsse sie furchtbar lachen über die Anrufe, dann spielte sie wieder die
Geduldige, deren Geduld aber doch arg strapaziert werde,
buckelte die Augenbrauen und schaute zu Erich hinüber, als
wolle sie sagen: mein Gott, nun mach doch endlich Schluß
mit der Zicke. Und ein paar Mal half sie sich dadurch, daß
sie unübersehbar begann, Josef-Heinrich zu trösten, als sei
er der einzige, den man jetzt beruhigen, streicheln, möglichst auch ein bißchen ablenken müsse.

Edmund sagte gerade: Du mußt natürlich tun, was Du
für richtig hältst, da schrillte es wieder. Ich dachte schon,
jetzt weint sie. Da holte sie die Lippen zurück, zündete sich
eine Zigarette an und war jetzt soweit, daß sie uns zeigen
konnte: dieses Theater geht mir allmählich auf die Nerven,
einfach, weil es mich langweilt.

Elvira, sagte Erich, der sich in seine Zeremonienmeister-
rolle hineingelebt hatte und bei jedem Namen mit dem
rechten Fuß dreimal auf den Boden stieß.

Da hast Du Deine Beweiskette, sagte Edmund, also doch,
wie ich vermutete, eine Aktion der Konkurrenz.

Ja, schön, aber erstens weiß ich nicht, ob ich das alles
behalte, wenn Du so schnell sprichst, sagte Erich in den
Hörer, und zweitens . . .

Schon hörten wir wieder die helle fuchtelnde Stimme Elviras. Wenn in einem Cartoon ein kleines Tier ein großes beschimpft, bevor es fortrennt, dann klingt es so.

Erich steckte den Hörer in die Tasche. Das kleine Tier schimpfte weiter, obwohl ihm das große mit einem Tuch das Maul zugebunden hatte. Erich fragte mit Gesten, ob Josef-Heinrich sprechen wolle. Der tippte mit dem Zeigefinger an die Schläfe.

Erich hielt sich die Dusche wieder ans Ohr. Nein, ich kann ihn jetzt wirklich nicht, aber Elvira, bitte Elvira-Schatz, glaubst Du mir ein bißchen, das weiß ich doch, er ist ein Schuft, gut, aber aber, Kind, so laß Dir doch ...

Plötzlich war Susanne bei ihm und riß ihm den Hörer aus der Hand, sagte ihren Namen und sagte dann: ich bin Josef-Heinrichs elfte Verlobte, und bald seine Frau, vielleicht können Sie mir sagen, was Sie ihm sagen wollen. Man hörte noch ein bißchen Gegackse dann einen Knacks, Elvira hatte aufgelegt.

So sind sie, Deine Verlobten, sagte Susanne und kam zurück an den Tisch als eine große Siegerin. Auch Josef-Heinrich wurde jetzt wieder munter. Zuerst hatte er die Hände vors Gesicht geschlagen, passierte doch das Schlimmste, was einem Mann, der die Frauen öfter wechseln muß, passieren kann: die Verflossene und die Neue treffen aufeinander! Wenn überhaupt einmal alles, aber auch gar alles möglich, zu erwarten und zu befürchten ist, dann in diesem Augenblick. Um so fröhlicher wurde Josef-Heinrich, als er sah, wie rasch Susanne ihre Gegnerin erledigt hatte. Aber ein bißchen war es ihm vielleicht doch zumute wie dem, der erst nachher erfuhr, daß es Eis war, über das er ritt; und um nicht noch einmal die Hände vors Gesicht schlagen zu müssen, eine Geste, die ich bei ihm noch nie zuvor gesehen hatte, und um endlich einmal die übrige Welt in ihre

Schranken zu weisen, sprang Josef-Heinrich auf, griff eine Schere und schnitt geradezu feierlich die Leitung durch.

Josef-Heinrich sagte: es muß trotzdem schön sein, so in der Welt herumzugondeln.

Como! rief Susanne: schön sagst Du, no, querido, dazu waren unsere Reisen nicht freiwillig genug.

Glauben Sie, wir sind freiwillig im Dschungel herumgetigert, rief Lerry. Ja, in Port Said Schuhe verscheuern, das macht noch Spaß, aber dann wird's zappenduster.

Das ist nicht das Jahrhundert der freiwilligen Reisen, sagte Edmund, nicht wahr, Anselm, Kaukasus und so. Josef-Heinrich allerdings war ganz wild darauf, jeden Tag eine Luftreise zu machen. Sie wissen doch, daß Sie einen Helden zum Verlobten haben?

Aber Nazi war er nicht, da nehm' ich Gift drauf, sagte Susanne lauter als Edmund gefragt hatte.

Aber ich bitte Sie, sagte Edmund, wer war schon Nazi!

Kinder, jetzt fangt nicht das Politisieren an, rief Josef-Heinrich, bitte, bleib sitzen Justus, wenn Du jetzt gehst, beleidigst Du mich und Susanne.

Justus blieb noch einen langen Augenblick lang stehen und sah Sophie an. Seine Augen waren wieder starr, das Grübchen flach, die Kinnbacken wuchsen. Er schluckte, daß sein Adamsapfel auf und ab wanderte wie der Eisenblock einer Pfahlramme. Sophie sah ihn an. Sah mich an. Justus drehte sich um und ging. Du darfst ihn jetzt nicht allein lassen, sagte ich leise zu ihr. Aber Du kommst noch vorbei, flüsterte sie und sah mich an, als habe sie mir gerade eine Parole anvertraut, die mir noch einmal das Leben retten könnte.

Sturer Bock, sagte Josef-Heinrich.

Ehe der Aufzug im Parterre ist, heult unser braver SS-Mann Rotz und Wasser, sagte Edmund.

Wieso SS-Mann? fragte Susanne.

Das wußten Sie nicht, sagte Edmund und sah Josef-Heinrich an, der zog eine Grimasse, die Edmund bedeuten sollte, kein Wort mehr zu sagen. Aber Edmund verstand die Grimasse falsch. Nachträglich wurde mir klar, daß er sie falsch verstehen wollte. Er redete fröhlich weiter: ja, Justus sei SS-Oberscharführer gewesen, ein tapferer Mann seinerzeit, kein Kriegsschauplatz, auf dem er sich nicht getummelt habe. Da hatte Susanne schon Por Dios gerufen und war aufgesprungen, und Josef-Heinrich auch. Idiot, zischte Josef-Heinrich. Dann redete er auf Susanne ein. Justus sei doch einfach ein armes Schwein, KZ-Wächter sei er nie, wir seien alle mit ihm, daraus könne sie doch, jeder von uns sei, bitte Susanne, setz' Dich, hör Dir, wie das alles, Du weißt doch gar nicht, wie alles, alles ist doch . . .

Entschuldigen Sie, sagte Edmund, es ist mein Fehler, ich dachte, Sie wüßten es längst.

Susanne rührte sich nicht. Erich ging zum Fenster, Josef-Heinrich ging zum Fenster, schließlich ging ich auch zum Fenster. Am liebsten hätte ich Edmund eine runtergehauen. Der hatte wahrscheinlich von Anfang an gewußt, daß sie Jüdin war. Wir standen um sie herum wie Passanten um einen Verkehrsunfall. Passanten, die auf den Arzt warten und auf die Polizei. Dann schickte Josef-Heinrich uns weg, wie man Kinder wegschickt.

Sie wischte Tränen ab, zupfte das grelle gelbe Kleid zurecht und murmelte mit ganz und gar versackter Stimme: mil perdones. Komisch das Spanische jetzt.

Josef-Heinrich forderte energisch zum Trinken auf. Die Gläser mußten geleert werden. Über Susanne wachte er, bis sie den letzten Tropfen geschluckt hatte.

Ich habe nichts gegen . . . gegen Justus, sagte sie. Es ist nur, weil ich noch nie einen gesehen habe. So nah. Basta.

Weißt Du noch, sagte Josef-Heinrich in einem Ton, als hätten wir den ganzen Abend von nichts anderem geredet. Mit einem einzigen Satz war er drin im Weißt-Du-noch-Gesang von der Weißt-Du-noch-Zeit. Freute sich, wenn ihm einfiel, was wir für Gesichter gemacht hatten, als er uns mitteilte, er werde die Waschmaschinen fahren lassen, und zwar wegen Marga. Jeder von den Schurken dachte natürlich sofort an was Weibliches, rief er und rief noch: stimmt's? und sang das Weißt-Du-noch-Lied weiter, sang feuchten Auges vom ehemaligen Kommodore, der jetzt Vertriebsleiter war und zu Josef-Heinrich sagte: Du kannst nen Riesenbezirk kriegen, schau her! Finger auf der Karte. Der Feind steht hier. Marga, ach Marga war unbekannt wie die Rückseite des Mondes. Damals traute man sich noch zu, das zu ändern. Wie haben wir Marga doch groß gemacht. Edmund-weißt-Du-noch Dein erstes Plakat! Marga umarmt zwei Palmen und reitet mit blühenden Schenkeln auf einem Wal. Anselm dichtete den Spruch, entwarf Margas Tip für den Werbefunk, weißt-Du-noch? Die Einladungsserie war Josef-Heinrichs Idee! Zuerst die Einkaufsleiter der Werkskantinen, viel schmatzende Herrn. Hausfrauennachmittage in der Provinz. Angriff auf die Chefs der Konsumgeschäfte. Sieben, denke Dir, sieben Filialen wenn Marga verlangten, dann war der Einkaufschef des Bezirkes erledigt, er mußte, ob er wollte oder nicht, Marga bestellen, Marga führen. Damals schuf Edmund das Marga-Mädchen. Marga war gemacht. Vier Verteiler-Busse in sechs Wochen. Heute laufen dreißig. Aber es ist nicht mehr wie damals. Ist es nicht so? Wo ist die Amputiertenkolonne hin? Georg, der die Krücke schwang, wenn man ihm keinen Auftrag geben wollte. Für Marga taugten die Amputierten leider nicht. Als Josef-Heinrich noch Waschmaschinen unters Volk brachte, Justus seine Kartei füttern

mußte, Anselm mit Lexika und Aussteuerwäsche um Gehör
bat, da waren alle froh, daß Josef-Heinrich, der selbst einen
Unterschenkel zu wenig hatte, immer sechs oder acht Am-
putierte auf Abruf parat hielt. War für die ein hübscher
Nebenverdienst. Nur die Prothesen mußten sie zu Hause
lassen. Wir transportierten sie in besonders hartnäckige
Viertel, ließen sie ausschwärmen, warteten im Café. In
allen Wohnungen vom zweiten Stock aufwärts waren sie
ein sicherer Erfolg. Georg, der die Krücke schwang und sich
auf bayrisch erregte. Er konnte es aber auch auf kölnsch.
Adalbert, der dann nichts mehr sagte, aber im Umdrehen
die Augen wischte mit dem großen gelben Taschentuch, daß
ihn auch die sturste Hausfrau zurückholte, bevor er sich zur
Tür geschleppt hatte. Weißt-Du-noch-Georg, und Adalbert, und wie wir den Kantinenchef von Bergenbreitundko
zum Weinen brachten in der Sansi-Bar, als Froni, die dort
tanzte, die Flüchtlingswaise spielte für uns, auch nachher
noch, als Bergenbreitundko schon längst unser Kunde war.
Ach, ihr seid es wert, meine Freunde zu sein, rief der Kantinenchef und weinte. Weißt-Du-noch?

Josef-Heinrich weinte als Kantinenchef und Josef-Heinrich. Susanne lachte. Zog den Hals ein beim Lachen. Ließ
das Lachen rückwärts, kehlabwärts wandern, daß es dunkler
wurde, daß man glaubte, es versiege, versickere jetzt ganz,
ein Bach unter der Erde, bis der Kopf wieder wuchs und das
Lachen stieg, härter wurde, heller, polternd, ordinär, andauernd zerriß es Steine, explodierte etwas in ihrer Kehle,
solange sie lachte.

Wie man zu einem Mann steht, wird einem erst deutlich,
wenn der so eine Frau hat. Wenn man sich darüber wundert, daß Susanne sich mit Josef-Heinrich verlobt hat, ist
man dann sein Freund?

Der Gesang: wie haben wir Marga doch groß gemacht!

und der Gesang: kannst Du mir morgen einen Krüppel leihn? erzeugten neue Gesänge. Josef-Heinrich konnte keine drei Sätze mehr singen, ohne auf etwas zu stoßen, worauf wir sofort trinken mußten.

Man sollte euch alle kasernieren, rief Edmund, alle Verkäufer, ihr seid Gottes letzte Würgeengel, er erfand den Vertreter und starb. Wär' doch überhaupt besser, wenn alle zusammen leben müßten, die das gleiche tun, alle Verkäufer zusammen, daß einmal die wahre Musik dieses Gewerbes ertönte, denn das Unanständigste auf der Welt ist das Verkaufen, dieses Vergewaltigen auf niederster Ebene. Natürlich würde ich in meinem Staat auch alle Lehrer einweisen in ein Riesenlehrerhaus, da hättest Du dann in allen Fenstern die Gesichter, die hinter sich Klassenarbeiten gewöhnt sind. Alle Frauen ließe ich in einem Haus beglücken! Qué fundamentos, no me gustaría vivir en ésta casa ruidosa! Und in einem Riesenhaus brächte ich alle Fräuleins zusammen, die nicht mehr müssen, können, dürfen, wollen, sagen wir: unter Neonlicht, das zuckt so. In einem Haus alle strickenden Frauen, hoch die Ellbogen zur blitzenden Saalschlacht. Alle Metzger in ein Haus. Sie dürften einander nicht die Nase aus dem Gesicht schneiden. Wer es trotzdem tut, wird in das Haus der alten Krankenschwestern versetzt. Josef-Heinrich rief: wo mir gerade sowas Nettes einfällt. Edmund, bitte, laß mich. Edmund gestattete, machte aber ein Gesicht, dem wir entnehmen sollten, daß es sich ganz sicher nicht lohne, Josef-Heinrich zuzuhören. Das ist mir vor vierzehn Tagen passiert, in Köln, rief Josef-Heinrich. Ich leg' mich ins Bett, Zimmer 420, muß schon um eins herum gewesen sein. Nebenan schnauft eine Frau, sowas von Schnaufen, sag' ich euch, ich zieh die Decke über den Kopf, press' mich ins Kissen, Scheibenhonig, die ächzt und schnauft, ich habe sowas einfach noch nicht gehört. Die zwei werde ich beim Frühstück beobachten, denk ich. Dich hatte ich seit zehn Tagen nicht gesehen, Susanne, verstehst Du, deshalb blieb mir nichts anderes übrig, als ein bißchen Hand an mich zu legen, sonst hätte ich einfach aufspringen und hinüberrennen müssen. Am Morgen geh' ich auf den Portier zu, überleg noch, ob ich eine Anspielung machen soll, da entschuldigt er sich schon und sagt, die alte Dame von 419 sei gegen fünf Uhr morgens gestorben.

Entre dos muelas molares nunc meta tus pulgares, sagte Edmund zu Susanne und grinste schadenfroh.

Al contrario, sagte Susanne, cortar ancho del paño ajeno, und lachte und küßte Josef-Heinrich zu lange. Wir schauten zu. Ich stand als erster auf. Josef-Heinrich wehrte sich nicht mehr so stark. Schließlich saß nur noch Edmund. Susanne solle sich nur einen Augenblick zu ihm in den Sessel setzen, bat er. Sie sah Josef-Heinrich an, der erlaubte es. Als sie auf der Lehne saß, zog Edmund sie, unter dem Vorwand, ihr etwas zuflüstern zu wollen, an sich, flüsterte, wir, wir sahen zu, er flüsterte, sie sagte einige Male: hola, hola, quedo, quedito und sprang auf und sagte: qué no! und lachte und rannte zu Josef-Heinrich zurück. Der begrub sie schmunzelnd an seinem Hals.

3

Es ist schwer, will man in irdischen Entfernungen bleiben, den Standort anzugeben, von dem aus man den vier Herren am besten zusehen kann, wie sie in der himbeerroten Kabine im Bienenstock abwärts sausen. So weit als möglich weg, auf jeden Fall. Winzig muß das Hochhaus sein und ein

Stecknadelknopf die Kabine, in der sie stehen, rasend vor
Angefangenem, vertrieben aus der vierzehnten Etage wie
aus dem Paradies. Die Aussicht, später im Film zu sehen,
daß die Beiden wahrscheinlich keine Zeit mehr hatten, sich
auszuziehen, half im Augenblick nichts. Susanne fuhr mit,
fuhr mit jedem. Melitta, Gaby, dachte er überhaupt an sie,
bewiesen durch die Mühe, die es machte, sich ihrer zu erinnern, nur, welche Veränderungen möglich sind! Melitta,
Gaby gehörten einem faden Jenseits an. Sprach man in
jener Welt mit dem Mund? Gab es Augen dort? Überlaß
das den Archäologen. Was soll die Buddelei, wenn unter
Sonne und Mond die saftige Wildnis dröhnt und alles seinen
Namen haben will? Tag Nummer eins.

Vorerst aber: in Kleidern aufeinander, wahrscheinlich.
Susanne mit gebauschten Nasenflügeln, rostigem Gestöhn,
schwer auseinanderfallendem Übermund undsoweiter unter
einem Freund.

Pelzige Lippen wollten etwas sagen, Edmund anschreien,
Lerry beleidigen, Ludwig beschimpfen: ich gehöre nicht zu
euch, ich werde zwar hinabtransportiert mit euch, betrunken bin ich auch, wir krepieren an den Möglichkeiten, die
keine sind. Susanne fährt mit uns hinab, mit jedem steigt
sie ins Auto, wir lenken mit einer Hand, Ludwig stellt sie
seiner Tante vor, Du legst sie zwischen Lerry und Dich,
Ludwigs Tante und Alissa erwürgen sie, gemeinsam, was
haben wir also für Freiheiten, was also nützt es uns, daß
wir alles dürfen, für Europa kann man sich nicht interessieren, aber man sagt uns: interessiere Dich für Dein Einkommen, und alles ist gut, Edmund, ich möchte einen Staat
erfinden, bloß wegen Susanne, Ludwig könnte seine Tante
umbringen, ich könnte Alissa, könnte ich nicht, das wäre
sowieso bloß ein Anfang, es ist entmutigend, wenn man
daran denkt, wer alles sterben müßte, daß Susanne und ich,

angesichts der dazu nötigen Epidemien oder Mordserien, angesichts der Wichtigkeit dieser Opfer für zweite, dritte, zehnte, beginnt man sich nach dem eigenen Tod zu sehnen. Mach Du mir ein Bild von meinem Gott, Edmund, ich bin zu wenig Kunstgewerbler dazu, und ohne was zum Anschauen geht es nicht. Fesseln an Händen und Füßen, man spürt sie bei jeder Bewegung, aber man sieht sie nicht, also vergißt man sie in der Ruhe, ist doch klar, man muß sich also bewegen, als bewegte man sich nicht, das heißt: so tun, als schnitten sie nicht andauernd tief in Fleisch und Sehnen, und dann verlangt man auch noch Anmut, ach Ilse, schließlich, schließlich hinken wir doch vor Gedächtnis, singen zwar, aber mit welchem Schluckauf, und einfacher, als dadurch, daß man zwei Finger in den Hals steckt, bis alles wieder hochkommt, wird man keinen Rausch los, von der Windrichtung und unserer Routine hängt es ab, ob man dreckig nach Hause kommt, schließlich, sagt man sich, wenn man mit dem Auto in den Nebel rast, hat man die Sache ja in der Hand, nur die Hand hat man nicht in der Hand, schließlich.

Jetzt müssen sie alle wieder heim, siehst Du, Lerry, nur wir, wir müssen nicht heim. Wo sollen wir jetzt hingehen, Lerry? Wir können doch jetzt nicht einfach heimgehen. Heim! Ins Daunengrab! Lerry, wohin gehen wir jetzt?

Heim, sagte Lerry.

Also, Servus Edi, sagte ich und wollte gehen.

Er zischte etwas zwischen den verschwundenen Lippen hervor und sah mich an wie wohl nur die erste Schlange das erste Kaninchen, das sie sah, angesehen haben kann. Vorausgesetzt, daß ein Tier das andere, um es fressen zu können, hassen muß. Aber vielleicht genügt da auch der bloße Hunger.

Ich blieb stehen. Ich wollte nicht heim. Was sollten wir

noch miteinander? Wir konnten nur noch miteinander fluchen. Ludwig winkte von seinem Roller herüber und fuhr im Leerlauf den Steinweg hinab, sparsam, aber gerettet.

Es hat doch keinen Sinn mehr, sagte ich.

Aber Heimgehen, ja? sagte Edmund.

Der Bienenstock schwamm über uns, die Sterne fuhren durcheinander, der schwarze Himmel brandete, wir drei Pünktchen mitten in der Welt waren riesig und leer. An der schwankenden Fassade hinauf in den vierzehnten Stock. Sprach man mit mir? In meinem Kopf herrschte eine ungeheure Geschwindigkeit nach tausend Seiten. Plötzlich wurde die linke Schulter schwerer. Ich gab nach und kam zu meinem Wagen. Edmund stritt mit Lerry weiter, als stünde er seit Stunden allein mit ihm auf dem Plattenweg. Erst als ich am Steuer saß, fiel das Rechteck des Briefs auf. Ich stieg aus, holte ihn unter dem Scheibenwischer hervor, ein Zettel flatterte nach, Gaby grüßte grimmig, und in dem Umschlag knisterte ein harter Schein, einhundert Mark, ein Zettel: *Du wirst knapp sein momentan, Gruß Justus.* Und darunter: *schließe mich Gaby an, Sophie!*

Ich gab viel zu viel Gas, erschrak, ließ die Kupplung zu rasch los und bockte und ruckte und schoß endlich den Steinweg hinab; erst in der Königs-Allee hatte ich den Wagen wieder eingefangen und bediente ihn nun mit jener übertriebenen Sorgfalt, die ich von mir verlangte, wenn ich betrunken Auto fuhr.

Als ich über den Keplerplatz preschte und nicht in die Trabacher Straße einbog, sondern mich einfach am Steuer festhielt und dem Wagen seine Richtung ließ, immer gerade aus, weg über den Platz und hinein in die Bebelstraße, da wußte ich, daß ich so schnell nicht heimfinden würde. Mein M 12, so grau und alt er war, begann zu glühen. Du allein bist das Gefährt, in dem die Gerechtigkeit noch Platz hat,

in dem sie sogar noch am Steuer sitzt und den Kurs bestimmt, murmelte ich und fügte mich, ließ mich von der
Bebelstraße rechtzeitig in den Hardenbergweg hineintragen
und kurvte den Stormweg hinauf, singend gegen die Mieze,
der ich in dieser Nacht einen schlimmen Streich spielen
würde, einen Staatsstreich sogar.

Heute ist mir die Wut fremd, die mich in jener Nacht
noch in zwei Wohnungen trieb, heute zweifle ich an der
Begründung, die mich vor dem Eben-Ezer-Haus anhalten
ließ, aber der Spruch, daß uns der Herr bis *hieher* geholfen
habe, paßt eben immer, und er paßte auch in jener Nacht,
als ich mich zuerst Gaby und dann Sophie zur Verfügung
stellte.

Damals dachte ich: Gaby will Dich, Sophie will Dich,
und Du willst Susanne, aber offensichtlich soll keiner bekommen, was er will. Falls das ein Gesetz ist, so wirst Du
es brechen. Gaby soll ihren Willen haben, Sophie soll ihren
Willen haben, dann wollen wir einmal sehen, ob nicht auch
Du bekommst, was Du willst. Zumindest hast Du kein
Recht, Dich zu beklagen, wenn Du nichts tust, um anderen
zu helfen. Woher soll's denn kommen? Schließlich sind wir
aufeinander angewiesen! Wenn's besser werden soll, muß
jeder tun, was er kann.

Und ich schickte den Amselpfiff zu Gaby hinauf. Stumm
vor Zielstrebigkeit bugsierte sie mich durchs dunkle Eben-
Ezer-Haus. Ich setzte mich ein für sie, voll jener Gefühle,
die nur der ehrenamtliche Bergwachtmann kennt, der ohne
Ansehen der Person rettet, wenn Not am Mann ist. Erfüllt
von der heiligen Sachlichkeit meiner Mission, fuhr ich dann
durch die leeren schwarzen Straßen hinaus zu Sophie in die
Bleibrunnenstraße, grüßte die drei Autos, denen ich be-
gegnete, winkte ihnen zu, weil ich wußte, wer jetzt noch

unterwegs ist, ist unterwegs als Arzt, ein Kollege also, nur, daß die Geld dafür nehmen. Justus' Porsche stand nicht vor dem Haus, also mußte ich rauf. Sophie schloß wie immer zuerst ihre Mutter ein und zog mich dann durch den dunklen Flur ins Zimmer.

3. Kapitel

Innenleben in Wachstuch

1

In meinem taubenblauen Anzug stieg er aus meinem Auto, drückte die Tür, um keinen Krach zu machen, vorsichtig zu, ging auf dem Rasen zur Haustür, weil alle Fenster der unendlich langen Lichtenbergstraße bloß auf das kreischende Knirschen seiner Schuhe auf dem Kiesweg warteten. Hielten nicht alle dreizehnhundert Schläfer den Atem an, um die Stille, die er stören sollte, ins Ungeheure wachsen zu lassen? Er überlistete sie alle, zog die Haustür eng an den Rahmen, ließ sie erst vorsichtig fahren, als er den Schlüssel lautlos gedreht hatte. Ohne im Treppenhaus hochhallendes Klick-Klack kam er hinein, setzte die Sohlen nur auf die Kanten der Stufen und als er im Flur meiner Wohnung stand, hörte er, daß die Schlafenden es aufgegeben hatten, ihren Atem noch länger anzuhalten, da ließ auch er die angestaute Luft aus den immer noch vorsichtig bremsenden Lippen strömen. Er war dankbar für das rasche laute Kindergeschnaufe, das ihn aufnahm und verbarg. An unserer Schlafzimmertür hörte er nichts. Alissa stimmt sie weigert sich einzuschlafen bevor er neben ihr sie neben ihm sicher hat sie ihn gehört trotzdem sollte er ein Geräusch jetzt Lärm machen irgendwie hätte schon an der Wohnungstür mit der Lautlosigkeit Schluß machen sollen lächerlich sich einzuschleichen also laß es sechs Uhr abends sein zum Beispiel pfeife zum Beispiel leise unabsichtlich vor Dich hin mit halb gespitzten Lippen eine Melodie die sie kennt pfeife falsch ein bißchen unregelmäßig pfeife die Tempi verschleppt daß klar wird wer so vor sich hinpfeift ist einer der nichts vorhat stehn bleibt vor jedem zweiten Schaufenster lungert er verliert sich ins Gaffen bis ein Passant ihn versehentlich anstößt der nächste Farbfleck zieht ein anderer Flitter saugt ihn weiß Gott wohin weiß Gott wie weit und wann er heimkommt so ein Bummelant ob überhaupt noch weiß Gott das kann Jahre denke bloß Jahre dauern weil er keine rechte Vorstellung hat verstehst Du von seinem Weg von der Welt so schlendert er durch Straßen Jahre bis an dem Carré von Namenschildern er vor dem er stehenbleibt wie vor irgendeinem andern er einen Namen plötzlich einen liest den er besser kennt als einen andern der Halt befiehlt er tritt ein nicht rasch erregt nicht aber interessiert tritt er und stößt im dritten Stock schon wieder er auf diesen Namen findet in der Tasche einen Schlüssel der paßt zu einer Tür die aufgeht zu seiner Verwunderung Neugier und Trauer was soll denn dieser Unterschied plötzlich erzeugt durch einen Namen einen Schlüssel eine Tür in der bunten Gleichförmigkeit der Welt geht das so weiter stellt sich am Ende noch heraus daß jemand auf ihn wartet seit Jahren und das seit Jahren denke wäre schon ein Grund um nachdenklich wenn nicht sogar traurig zu werden wäre das Schlimmste aber befürchten wir nicht gleich das Schlimmste egal welcher Art seine Beziehungen zu dieser Wohnung sind zu dieser Tür mit Schlüssel noch fürchtet er nicht erwartet zu werden lieber pfeift er während er den Flurspiegel den schwarzen Popelinemantel mustert einer Dame Mantel prüft und verschiedene Türen eine öffnet in ein Zimmer tritt die Hand darüber staunt er will traurig werden findet die Hand doch ganz von selbst den Schalter aber er pfeift noch wehrt sich pfeifend pfeift Aufwiedersehn gibt zu das sei der Schlager der dran war als er hier zum letzten Mal in dieser Wohnung früher einmal war und ging Aufwiedersehn pfeifend summend nichts denkend weil man nicht pfeift und summt um etwas zu denken daraus wird man ihm nicht gleich einen Vorwurf machen können gibt er jetzt doch zu gesteht er sei da klickt sogar dreimal das Feuerzeug das schon beim ersten Daumendruck aufflammte dreimal klickt er möglichst laut und flucht und stößt einen Stuhl hörbar zur Seite und läßt sich murrend daß sie ihn höre in Alissas flaschengrünen Samtsessel fallen in den Lesesamtsessel Alissas daß sie drüben einschlafen kann falls sie nicht noch abrechnen will mit ihm die Standard-Szene spielen zwei neben einander beide sprechen zur dunklen Decke hinauf schön parallel verliert jeder den andern läßt ihn zwar reden dann und wann hört ihn aber nicht bis er gegen seinen Willen vom Schlaf weggewirbelt wird unter Wasser sinkend sie noch hört nach ihrer Stimme greift sie droben hört durch Glas durch Wasser durch Wände hindurch über diesige Entfernungen hinweg aber ihr nicht mehr antworten kann während sie noch lange weiterredet immer zur Decke lange weiter zur Decke hinauf.

Spät spät in der Nacht kann sein wird er plötzlich hell wach hebt ein wenig das Ohr vom Kissen
interessiert lauschend
auf das Schluchzen nebenan.

Sitzen bleiben bis sie ruft und eine Stimmung üben eine unverwechselbare eine Rolle sagen wir den Überraschten wenn sie angreift Übermüdeten auch und bitte leicht betrunken überdreht nervös so plappernd prahlend könnte sein sie lacht dann verschiebt die Abrechnung die ausgebrütete bis morgen und morgen mein Gott morgen Alissa lache ich wieder Vorsicht zu leichtfertig wenn er ansegelt sich seinerseits festfährt und glaubt was er spielt und sie treffen dann auf einander das kennt man ja Wolken so verschiedener Ladung lieber undeutlich weder gutes noch schlechtes Gewissen hoffentlich ruft sie nicht am liebsten im Sessel die Nacht im Sessel darf er schlafen drüben wenn er einschläft wirkt es gleich so roh weil sie noch spricht bloß andererseits im Sessel sitzen sie drüben wach das heißt er traut sich nicht also hat er ist er also also und schon rennt sie sich noch tiefer hinein in ihren sagen wir Schmerz und dann beim Frühstück kein Wort wie soll das morgen Alissa und übermorgen Alissa die Kinder schauen zu wie soll das dann weitergehen?

Er stand auf, ging hinüber in unser Schlafzimmer und knipste auf Alissas Seite die Lampe an. Auf der Glasplatte, neben einem leeren Glas, ein Röhrchen mit Schlaftabletten. Es fehlten nicht mehr als zwei oder drei. Das fand er sehr vernünftig von ihr. Er knipste das Licht aus. Die Zigarette wollte er im Sessel zu Ende rauchen. Beinahe wäre er über die störrisch schräg vorstehenden Holzbeinchen von Alissas zierlichem Schreibtisch gestolpert. Hier machte sie ihre Excerpte, als wäre sie immer noch Studentin kurz vor dem Examen. Er war froh, nicht mehr mit dem Bleistift lesen zu müssen. Abgeschminkt sah sie komisch aus. Daß die Frauen uns täglich diese Demaskierung zumuten. Selbst der innigste Theaterbesucher müßte, wenn man ihm täglich soviel Einblick gewährte, schließlich irre werden. Hat natürlich auch einen Reiz, diese bäuerische Frische eines entschminkten Frauengesichts. Die Nase leuchtet plötzlich rührend fröhlich aus dem von Reinigungscreme sulzig saftigen Gesicht. Überrascht wandert man den Fältchen nach, sucht sich zurechtzufinden in dieser Landschaft, die gerade noch eingeebnet, bedeckt war von einem phantastisch glatten matten Schnee, die nun, nach einer rasanten Schneeschmelze, vor uns liegt, ein unendlich zergliedertes Terrain, daß wir Mühe haben, die Landschaft von vorher wiederzuerkennen. Aber der Ehemann gehört eben letzten Endes doch zur Bühne. Der primitiven Täuschung durch Maschinerie und Maske sollte er nicht mehr bedürfen. Von ihm verlangt man Illusionen auf höherer Ebene. Modernes Theater. Er aber sehnt sich, der Inhalte überdrüssig, mehr als einmal nach dem weichen Sessel im Parkett. Die Beine möchte er ausstrecken und zuschauen, in den Augen echtes Wasser. Was wollte sie bloß mit ihren Excerpten einmal anfangen? *Zitate VIII* stand auf dem Schildchen des Wachstuchheftes, das auf dem Schreibtisch lag. Eher ein Kindersarg auf hohen Beinen als ein Schreibtisch. Nach ihrer eigenen Zeichnung angefertigt. Manchmal las sie ihm aus ihrer Zitatensammlung vor. War ein Zitat zu Ende, schaute sie auf, als habe sie jeden Satz selbst erfunden und bange nun seinem Urteil entgegen. Aber hatte sie jemals eines der Hefte liegen gelassen? Wenn sie vorgelesen oder excerpiert hatte, wurden die Hefte immer sofort wieder in eine der Schubladen eingeschlossen. Nicht hastig wie die Mädchen, die ihre lyrischen Tagebücher kreischend an sich reißen, und aus dem Zimmer rennen, wenn jemand so tut, als interessiere er sich dafür, sondern mit der Ruhe und Würde eines Priesters, der am Ende der Messe die Monstranz wieder in das Tabernakel einschließt.

Für eine Sekunde fielen ihm die Augen zu. Und sofort drehte sich das Zimmer um ihn in wachsender Geschwindigkeit. Die Gegenstände wollten offenbar, ehe er die Augen wieder aufschlüge, ihren neuen Standort erreicht haben. Welcher Gegenstand aber noch in Bewegung angetroffen würde, hätte das Schlimmste zu gewärtigen. Also regelmäßig aufblicken. Die Dinge mustern. Zusammenrottungen verbieten. Sperrzonen für gewisse verdächtige Gegenstände. Topfgewächse, zum Beispiel, planen immer eine Rebellion.

Fliegen, mit Botschaften beauftragt, durchqueren den Raum. Also Maßnahmen gegen Fliegen. Der Schreibtisch ist kein Rollfeld. Racheakte aus Alissas Papierkorb sind zu befürchten. Der Teppich rollt sich zusammen, wirft Stühle um, lautlos, entschuldigt sich nicht. Jetzt noch sitzen zu bleiben, ist Selbstmord. Bloß gut, daß die Wände eines Zimmers einander nicht kennen.

Er riß die Augen auf. Sofort starb jede Bewegung. Nur der Rauch leckte an den Senkrechten. Er wird wachbleiben. Eine Zeitlang zumindest kann er interessiert im Zitatenheft Nummer VIII blättern.

Er schlug das Heft auf, wie er manchmal heimlich Lissas Hefte aufschlug, um nachzusehen, ob sie ihre Aufgaben gemacht hatte.

20.8.

Das letzte Mal, daß ich mit meinen Eltern gefahren bin. Immer noch »Mutti« und »Vati«! Meine Mutter verlangt das so hartnäckig, wie Anselms Mutter verlangt, daß er zum Beichten geht. Vater liest Zeitschriften und fragt den Portier täglich, ob unter den Angekommenen ein Kollege sei. Mutter hat schon einen Schwarm neuer Freundinnen. Sie erklären einander mühsam, wie ihre Theater- und Ballgarderoben beschaffen sind, die sie zu Hause haben. Mutter schlug vor, alle sollten sich Photographien nachschicken lassen.

23.8.

In der Nacht regnete es. Furchige Feldwege gleißen den Vormittag lang in der Farbe der letzten Wolken, die am Himmel zurückgeblieben sind wie Wächter, hoffend, daß sie verstärkt werden, nachmittags, oder spätestens am Abend, von Wolkenherden, jetzt schon unterwegs über anderen

Landstrichen, über Anselm vielleicht, der ihnen, wenn er daran dächte, einen Gruß mitgeben könnte.

25.8.

Er ist doch noch gekommen. Aber seine Gründe. Die Wohnung habe sich gegen ihn empört. Er kann ohne Ordnung nicht leben, kann aber selbst Ordnung nicht aufrecht erhalten. Warum lügt er nicht auch einmal zu meinen Gunsten?

27.8.

Vor zehn Jahren übernachteten wir auch in einem Hotel. Ein junges Paar, das vorgab, verheiratet zu sein und eine Kaffeekanne heißen Wassers verlangte, deren Schnabel dann doch zu kurz war.

28.8.

Geduldig übernimmt die Sonne die Patenschaft für alle Photographien.

14.9.

Edmund. Seine Offenheit ist Schamlosigkeit und seine Schamlosigkeit Schwäche. Anselm bewundert ihn, weil er alles ausspricht. Der Schwächere siegt durch Geständnisse.

16.9.

Kierkegaard: »Was im übrigen meinen inneren Zustand anlangt, sage ich nicht viel, oder richtiger, ich sage nichts, denn ich möchte nicht die Unwahrheit sagen.«

17.9.

Tiere, deren Augen man nicht sieht, kann man leichter töten.

19.9.

Anselm sagte gestern: immer auf dem Neubau arbeiten und gehen, wenn die Familien einziehn, das muß schön sein.

22.9.

Es kommt mir vor, als brauche Anselm von Mal zu Mal länger, bis er sich geschneuzt hat. Und mit welch dröhnender Behaglichkeit er es tut, mit welcher Rücksichtslosigkeit.

23.9.

Wenn ich mit Lissa auf die Kanalbrücke zugehe, glaube ich immer, es müsse sich etwas entscheiden.

24.9.

Herr Stromeyer wenn den Kinderwagen von der Straße hereinschiebt geht voll und breit wie eine Mutter hinter dem Wagen, greift mit beiden Händen zu. Wenn Anselm schnell einmal für mich den Kinderwagen schieben muß, geht er immer an der Seite des Wagens weiter und streckt einen Arm herüber, obwohl das beschwerlicher ist. Er will jedem Passanten zeigen, daß er mit diesem Kinderwagen eigentlich nichts zu tun habe, nur aus Gefälligkeit schiebe er ihn ein bißchen!

26.9.

Ich erzählte ihm von Josef-Heinrichs Antrag. Er hat keinen Instinkt. Seine Liebe ist immer das Ergebnis einer Enquête. Auf einer Insel mit mir allein, und er würde mich hassen. Nachfrage und Angebot entscheiden über meinen Wert.

2.10.

Anselm geniert sich nicht, wenn ich Zeuge aller Rollen werde, die er spielt. Wahrscheinlich, weil er es gar nicht weiß, daß er mit seiner Mutter wie ein eigensinniger Bauernsohn spricht, der vom Priesterseminar zu Besuch gekommen ist, daß er in den Diskussionen mit Edmund sich wie ein gottloser und weltverächterischer Student aufführt, der seinem zynischen Professor imponieren will; und wenn er mit Josef-Heinrich tuschelt und plötzlich mit ihm in ein breites, unendlich lange hinpolterndes Lachen ausbricht, glaubt man, er sei ein Mann, dessen Leben aus Arbeit und Freizeit besteht, wobei letztere ausschließlich Autofahrten mit Frauen, und der prahlerischen Erzählung von diesen Fahrten gewidmet ist. Anselm spricht in fünf, sechs vollkommen verschiedenen Sprachen, ohne je ein Wort aus Versehen in die andere hineinzumischen. Meinem Vater gegenüber steht ihm das Vokabular eines patriotischen Professorenstammtischs zur Verfügung und mit Frau Übelhör scherzt er in dreideutigen Anspielungen. Wenn Joachim zu Besuch da ist und Anselms Mutter kommt dazu, oder Frau Übelhör, dann weiß ich nicht, wie ich alle in einem Gespräch zusammenbringen soll. Joachim hilft mir nicht. Er sagt bedenkenlos Sätze, die nur verstehen kann, wer mindestens zwei Jahre im philosophischen Seminar zugebracht hat. Angesichts dieser Rücksichtslosigkeit sehne ich mich nach Anselm, der es fertig bringt, drei oder vier Menschen völlig verschiedener Herkunft und Neigung in ein laut flatterndes Gerede hineinzuziehen, ohne daß man zu viert um peinliche Pausen herumsitzt. Anselm muß eine Maschine im Kopf haben, die ganz selbsttätig das kleinste gemeinsame Vielfache aller jeweils Anwesenden feststellt und daraus ein Unterhaltungsthema entwickelt. Aber wenn er dann mit mir allein ist, scheint seine Kraft zur Rücksichtnahme vollkommen erschöpft zu sein. Gestern, als wir von Edmund zurückkamen, wo wir Pawel und seine Frau kennengelernt hatten, sagte Anselm: immer, wenn ich einer Frau begegne, mit der ich glücklich verheiratet sein könnte, sehe ich, daß sie einen Mann hat, der auch ohne sie schon glücklich wäre. Eine solche Frau bekommt eben nur, wer sie nicht nötig hat.

4.10.

Man muß nur einmal versuchen, in den Schritt eines vor uns gehenden Mannes zu verfallen, dann sieht man, wie fremd sie uns sind. Ich weiß inzwischen auch, warum Anselm dies oder das tut, aber dieses Warum hat wieder Gründe, denen ich nicht näherkomme als dem Mäusescharren hinter der Wand, das sofort, wenn ich einen Schritt darauf zu tu', in der Ferne verraschelt.

6.10.

Anselm ist wieder unterwegs. Seit drei Tagen. Frau Bahlsen und Frau Übelhör und Frau Pauly bleiben stehen, wenn ich ihnen begegne, sie sprechen mit mir, laden mich ein, als hätte ein Unglück mich betroffen, als bedürfte ich ihres Trostes.

7.10.

Augustin: »es ward mein eigen Ich mir zum Boden der Mühsal, und ich bestelle ihn mit vielem Schweiß.«
Augustin: »ein abgrundtiefes Geheimnis ist sich der Mensch. Selbst noch seine Haare, die Du, Herr, gezählt hast, und deren keines verloren geht bei Dir, sind leichter zu zählen, als was sich regt und wegt in seinem Herzen.«

9.10.

Mit Lissa in der Kirche. Konnte nicht beten. Der Zwang, an Anselm zu denken, ist stärker. Da darf ich in meinen eigenen Worten denken. Die feierliche Amtssprache in der Kirche klang fremd. Kunstgewerbe-Vokabular. Luft aus einem Föhn. Glauben die Frommen, Gott höre sie nur, wenn sie beten, er habe keine Ahnung von den Worten, die sie sonst denken und sagen? Man kann sich nicht vorstellen, daß der Pfarrer erlebt hat, was er in der Predigt erzählt. Mein Leben ist in der Gebetssprache nicht mehr unterzu-

bringen. Ich kann mich nicht mehr so verrenken. Ich habe
Gott mit diesen Formeln geerbt, aber jetzt verliere ich ihn
durch diese Formeln. Man macht einen magischen Geheim-
rat aus ihm, dessen verschrobenen Sprachgebrauch man an-
nimmt, weil Gott ja von Gestern ist. Ich bin stumm, wenn
ich beten will. Immer in Gefahr, abgelenkt zu werden von
inneren Geräuschen. Die leiseste, unhörbarste Stimme in
mir, ist meine Gebetsstimme. Traut sie sich nicht, lauter
zu sein, oder hat sie nicht mehr Kraft?
Catarina: Il dolore e l'amore mi fa abondare di parole.
Augustin: »Wer ist Er dort über meiner Seele Scheitel?«

11.10.
Anselms Mutter war da. Obwohl ich sie liebe, habe ich
immer das Gefühl, ich sei überheblich ihr gegenüber. Sie
drängt einem dieses Gefühl förmlich auf, weil sie sich an-
gewöhnt hat, sich andauernd dafür zu entschuldigen, daß
sie noch auf der Welt ist. Eine Folge vieler Demütigungen,
eingebildeter oder tatsächlicher. Jetzt bemüht sie sich, der
Welt diese Arbeit abzunehmen und demütigt sich, wo sie
auch hinkommt, so auffallend, daß man nicht fertig wird,
sie wieder und wieder aufzurichten und zu beruhigen. Es
ist fast eine Anstrengung. Obwohl sie sich offensichtlich
nur noch um uns sorgt, wagt sie niemals eine Frage nach
unserer Ehe zu stellen, oder einen Rat anzubieten. Sie
spricht dann immer sehr ins Allgemeine und beobachtet,
wie ich reagiere. »Ja, ja«, sagte sie heute, »Heiraten ist
nicht Kappentauschen.«

12.10.
Heute wollte Anselm zurück sein.

13.10.
Direkt ergibt sich aus dem Leben nichts.

14.10.

Meine Tage. Eigentlich bin ich froh, wenn er solange noch fort bleibt. Hündinnen riechen widerlich. Und wenn es bei mir auch so wäre und ich merkte es bloß nicht mehr, weil ich mich schon daran gewöhnt habe? Er würde es mir nie sagen. Ich spielte noch mit Puppen, als ich es zum ersten Mal hatte. Aber seitdem schämte ich mich, wenn mich jemand mit den Puppen sah. Professor Melloch fragte mich, wie alt ich sei, und ich sagte elf. Man lachte mich aus und meine Mutter war stolz, weil sie glaubte, ich sei schon so eitel, daß ich mich zwei Jahre jünger machte als ich war. Dabei hatte ich mich nur geschämt, weil ich noch mit Puppen spielte und doch schon die Tage hatte.

Man sollte sich solange einschließen. Wenn bloß Anselm nicht kommt. Meine Haare werden jedesmal strähnig und glanzlos. Wie Fett, auf dem eine Staubschicht liegt. Die Nasenränder rot vom dauernden Bluten. Ringe, Ketten und Armreifen hinterlassen schwarze Ränder auf der Haut. Wenn ich Blumen berühre, werden sie welk, sterben ab. Und ich weiß nicht, ob Parfum ausreicht, Anselm vor diesem Geruch zu schützen, falls da – nicht einmal das weiß ich – ein Geruch ist.

16.10.

Er ist wieder da. Ich grüße lauter zurück auf der Treppe. Es ist, als wäre ich schadenfroh.

25.10.

Wie stark man einem schlechten Vertreter gegenüber wird.

2.11.

Allerseelen in Ramsegg. Man steht vor den Gräbern und betet sie an und hat keine Vorstellung von der Fäulnis, über der man seine Hände faltet. Wer kein Grab am Ort hat, stellt sich zu Bekannten ans Grab, nur um auch an einem Grab zu stehen. Wahrscheinlich kann man an Tote nur vor einem Grab denken. Die Bekannten von Kristleins beteten ein Vaterunser für Kristleins Tote als Entgelt dafür, daß sie dieses Grab benutzen durften. Die Gräber, an denen niemand steht, werden bedauert. Diese Toten werden schöne Augen machen, wenn von ihren Familien niemand kommt. Alles ist vorgeschrieben, wenn man an ein Grab tritt. Gesicht, Gesten, Gedanken. Man kleidet sich für ein spezielles Ereignis, für das Kleider das ganze Jahr über bereit liegen.

Daß ihr Mann sein Grab auf dem Kriegerfriedhof hat, ist für Anselms Mutter jedes Jahr wieder eine Demütigung. Gleichzeitig ist sie dankbar dafür, daß er überhaupt ein Grab hat. Sie hat die Pflege dem Gärtner übertragen, weil sie in den Tagen vor Allerseelen nicht mit all den Ramsegger Frauen zusammenkommen will, die den Friedhof in dieser Zeit in ein Schrebergartengelände verwandeln. Der Gärtner hat in diesem Jahr ein Kreuz aus isländischem Moos gewählt und einen Waldkranz. Von weitem sah das Grab deshalb zwischen all den Chrysanthemen- und Asterngräbern wie ungeschmückt aus. Anselms Mutter entschuldigte sich bei uns. Und dafür neunundsechzig Mark im Jahr. Dann weinte sie auch gleich. Mit einer Witwe springe man um.

Anschließend Besuch bei Anselms Verwandten, die alle entsetzlich lebhaft und ehrsüchtig sind. Man sprach nur über verschiedene Arten zu sterben. Daraus ergab sich, daß die Kristleins von allen Ramseggern am besten zu sterben wußten. Immer schon. Schockweise wurden letzte Aussprüche von Kristlein-Verwandten zitiert, die das bewiesen. Anselms Mutter widersprach erst auf der Heimfahrt. Weil man weiß, wie schwer es ist zu sterben, sagte sie, trifft man Vorbereitungen, die sich dann aber als ungenügend erweisen.

Aber bis sich das herausstellte, sei derjenige, den es dies-
mal angehe, schon so am Sterben, daß er den anderen nicht
mehr mitteilen könne, wie wenig man vorbereitet sei. Sie
sprach, als sei sie schon ein paar Mal gestorben.

2. 12.
Warum wollen schon die ganz kleinen Kinder nicht schlafen?

3. 12.
Ich wage keine Schublade mehr aufzumachen, ich hüte
mich, beim Reinigen seiner Anzüge aus Versehen in eine
Tasche zu greifen. Früher durchwühlte ich die ganze Woh-
nung nach Beweisen. Jetzt

4. 12.
Allein im Zimmer, plötzlich sprang dröhnend eine Saite
im Klavier.

5. 12.
Er ist wieder unterwegs. Ein Zweig winkt einem Vogel nach.

6. 12.
Ist es ein Zufall, wenn er wiederkommt?

7. 12.
Joachim schickte mir einen Auszug aus Grimm über
»lügen«: »goth. liugan, ahd. liogan. Als eigentliche Bedeu-
tung wird verhüllen, verbergen angenommen, gestützt auf
das im Infinitiv gleichförmige, schwacher Conjugation fol-
gende goth. liugan, heiraten, bei welcher Handlung das
Haupt der Braut verschleiert oder mit einem Tuche verhüllt
wurde.« Joachim unterstrich das Wort »heiraten«. Ich
schäme mich, aber ich werde Anselm von Joachims Brief
erzählen. Mehr als drin steht. Ich muß. Er zwingt mich zu
solchen Mitteln. Vielleicht wäre es besser gewesen, Joachim
zu heiraten. Er ist schwächer. Klüger. Übermorgen will er

mich besuchen. Ob er wieder mit mir? Ich kann nicht. Ich kann das nicht. Das nimmt mir Anselm übel. Er will nicht, daß ichs tue. Wahrscheinlich nicht. Aber er möchte, daß es mir möglich wäre. Es ist mir aber ganz unmöglich. Und das muß ich verheimlichen.

8.12.
Wir sind so alt wie unsere erste unerfüllte Erwartung.

10.12.
Joachim war da. Er ist nicht größer als ich und sieht aus, als sei er kleiner. Trotzdem. Wenn er bloß öfter hier wäre. Als ich ihm sagte, daß Anselm mich dauernd belüge, sagte er ohne Schärfe: »Lügen, das sind Irrtümer, die man absichtlich begeht.« Ich konnte nicht. Es ist mir einfach unmöglich. Nicht einmal küssen. Anselm gegenüber tat ich, als hätte ich mich beherrschen müssen.

12.12.
Eine Frage, auf die es keine Antwort gibt, ist doch keine Frage mehr.

13.12.
Warum will er nicht, daß ich nur ihn liebe? Er ist ein Dompteur, der sein Tier gezähmt hat und der dem nunmehr zahmen Tier wieder ein gefährliches Benehmen beibringen will, weil sonst er (und andere) nichts mehr von der Dressur-Leistung sehen.

14.12.
Herr Übelhör hat die Einladungsserie eröffnet. Wir und Bahlsens und Übelhörs gehören jetzt endgültig zusammen. Eine Ehefrau scheint die Pflicht zu haben, als erste zu lachen, wenn ihr Mann etwas gesagt hat, was auf eine

Pointe zugelaufen ist. Ich will Anselm da nicht enttäuschen. Es fällt mir schwer, weil ich fast alles, was Anselm erzählt, schon kenne. Aber Frau Übelhör lacht immer laut auf, wenn ihr Mann etwas sagt. Sie beginnt schon zu glucksen, wenn er noch gar nicht zu Ende gesprochen hat; an dem, was sie manchmal noch hinzufügt, kann man erkennen, daß auch sie alles schon wußte, was er erzählte. Trotzdem lacht sie lauthals und schüttelt sich mit ganz verzerrtem Gesicht, als höre sie diese Geschichte zum ersten Mal. Aber ein Widerspruch ist nichts, worauf man beim Umgang mit Übelhörs aufmerksam machen dürfte. Frau Bahlsen korrigiert ihren Mann beim Erzählen: nein, Du bist gleich von Hannover aus heimgefahren, Du hast doch noch in der Nacht in Kassel getankt! Ich glaube, auch das ist nicht unsere Aufgabe. Meistens verlängern ihre Korrekturen die Erzählungen ihres Mannes, ohne daß etwas Wissenswertes hinzukäme. Sie will beweisen, wie genau sie Bescheid weiß über jeden Schritt ihres Mannes. Sie schaut bei diesen Korrekturen immer voll Stolz auf Frau Übelhör und mich. So sehr ich mich immer auf solche Augenblicke vorbereite, ich bringe das freundliche Abwehr-Lächeln nicht zustande. Mir wird heiß, ich fürchte, rot zu werden und werde es deshalb auch und sehe dann auf meine Knie oder zünde mir hastig eine Zigarette an. Frau Übelhör dagegen bringt es fertig, nicht bloß zu lächeln, sie lacht laut heraus und sagt: ich bin froh, wenn ich nicht alles so genau weiß, was mein Alter tut. Dabei stößt sie ihre Faust in seinen weichen Bauch, daß man glaubt, es müsse eine Dalle zurückbleiben. Sie ist in Karlsruhe geboren.

Frau Übelhör trinkt rasch und soviel wie ein Mann. Ich bemerkte, daß Anselm sie deshalb bewunderte. Ich trinke ihm zu wenig. Er möchte mich manchmal gerne betrunken machen. Er braucht vielleicht Alkohol dazu. Ich nicht. Das *nimmt er mir auch übel. Herr und Frau Übelhör deuten immer wieder an, daß wir doch einmal eine Nacht in einer Wohnung verbringen könnten. Eigenartig, wie sehr beide gleichermaßen daran interessiert sind. Bahlsens seien ihnen zu fade, sagen sie. Frau Bahlsen verlange ja von ihrem Mann für jeden »Akt« (so nennt man's bei Übelhörs) eine Mark. Sie habe extra eine Kasse für dieses Geld — diese Kasse werde das »Döschen« genannt. Übelhörs fordern die gemeinsame Nacht so unverhüllt und mit einer solchen nachbarlich-freundschaftlichen Selbstverständlichkeit, daß man das Gefühl hat, man benehme sich wirklich schäbig und unfreundlich, wenn man ausweicht und indirekt um Aufschub bittet; dieses Angebot kurz und bündig als eine Zumutung zurückzuweisen, ist gar nicht mehr möglich, da Übelhörs es verstehen, uns spüren zu lassen, daß ihre Aufforderung eine besondere Gunst bedeute. So sicher sind sie ihrer Liebenswürdigkeit. In Anselms Augen sah ich, daß er nicht ganz und gar abgeneigt wäre. Aber er gönnt mich Herrn Übelhör nicht. Und doch muß er immer wieder davon sprechen. Die Möglichkeit beschäftigt ihn. Unbegreiflich. Geldverdienen genügt nicht ganz. Sie wollen, wie große Forscher, Naturgesetze brechen. Sie spürten dann wahrscheinlich den gleichen Kitzel wie der, der das Fliegen erfand.*

15.12.
Hölderlin: »Ich dünk ihnen gestorben, sie mir.«

16.12.
Hölderlin: »Unter dem Strauche saß ein ernster Vogel gesanglos.«

18.12.
Drosselbarts Frau, ja. Aber bei ihr nahm es ein Ende.

19.12.

Mit Übelhörs bei Josef-Heinrich. Ich tat, um ihm jede Peinlichkeit zu ersparen, als hätte ich vergessen, was er damals im Auto von mir wollte. Aber er fing selbst davon an. Beim Tanzen. Ich konnte nicht mehr sprechen. Seine rechte Hand glitt langsam an meinem Rücken abwärts, als habe er Fingerübungen in Legato zu machen. Sein Knie schürfte an meinen Schenkeln herum. Anselm tuschelte mit Elvira. Die wievielte Verlobte ist das eigentlich? So leicht wie die anderen wird er die nicht mehr los. Sie ist mager. Größer als Josef-Heinrich. Wenn sie lacht, läßt sie andauernd ihren Oberkörper kreisen, dabei stellt sie wie ein Hammerwerfer die Beine breit auseinander und stemmt den Unterleib vor. Josef-Heinrich sagte: vielleicht kommen wir an Sylvester zusammen. Dabei schaute er mich an. Es war unmöglich, zu tun, als verstehe man ihn nicht. So hat mich noch niemand angeschaut. Ich war nahe daran, mich zu erbrechen. Aber diese Übelkeit wollte ich nicht gleich wieder loswerden. Er sah mich an, als hätte ich keine Kleider am Leib. Die Wände unserer Wohnung waren plötzlich um mich. Ich sagte, ich müsse etwas trinken. Er sagte: nein, wir tanzen bis zum Ende, und ähnlichen Unsinn, den ich mir jetzt schon gefallen ließ. Anselm bemerkte nichts.

20.12.

Es ist lächerlich, ich weiß, aber ich denke an Josef-Heinrich. Ich stelle ihn mir vor. Er sitzt mir gegenüber. Neben mir. Ich liebe ihn nicht. Wirklich nicht? Das Wort wird mir undeutlich. Ich weiß es nicht. Joachim wenn da wäre. Mit Anselm mag ich nicht darüber sprechen. Er lacht mich aus. Ich bin nicht mehr so alt wie vor acht Tagen. Anselm macht mich alt, weil er mich nicht sieht. Es ist idiotisch, an Josef-Heinrich zu denken. Er ist ein Knirps. Vielleicht kann er

lieben. Ich möchte wissen, wie es mit einem anderen wäre.
Ist es ein Fehler, nur einen einzigen Mann

21.12.

Ob ich's aufschreibe, oder so stundenlang sitze, ich kann
es in jeder Richtung überlegen, es ist so richtig, und das
Gegenteil ist auch richtig, und beides ist falsch und uner-
träglich. Anselm ist vielleicht noch dicker als Josef-Hein-
rich. Aber größer. Er verliert Haare. Als er sich gestern
mit der Stirn ans Fenster lehnte, blieb ein matter Fleck.

26.12.

Wie jedes Jahr an Weihnachten, erzählte Onkel Gallus auch
diesmal wieder vom engen niederen Einlaß der blauen
Grotte in Capri. Er kann nicht mehr vergessen, daß er sich
vor fast dreißig Jahren auf den Boden des Bootes legen
mußte. Drinnen sah er dann bis auf den Grund, sah die
Fische schwimmen. Jedes Jahr bringt er auch das Geld-
stück mit, das der Führer in die mit Lava gefüllte Schapfe
getaucht hat. Anselms Mutter genierte sich für ihn und
machte ihn darauf aufmerksam, daß er das schon zwanzig
Mal erzählt habe. Onkel Gallus sagte: es ist doch bloß ein-
mal Weihnachten im Jahr. Aber mir wäre lieber gewesen,
sie hätten ihn wieder seine Italiengeschichte zu Ende er-
zählen lassen, denn wenn er nicht seine Italiengeschichte
erzählt, imitiert er Dialekte, das ist viel schlimmer. Wie
schön ist das Sächsische gegen das, was Onkel Gallus daraus
macht. Das ist viel schlimmer, als wenn einer Bach falsch
spielt.

27.12.

Thomas von Aquin: »Im Engel ist nichts, das ihn hemmen
könnte.«

2.1.

Bis kurz vor Mitternacht saßen wir verbissen vor dem Fernsehapparat. Wenn auf dem Schirm jemand etwas sagt, was uns Zuschauer erheitern soll, dann verzieht sich Anselms Gesicht, eine Art Lächeln will sich ausbreiten. Aber meistens reicht die Kraft des Schirms nicht aus, das ganze Gesicht zu bewegen. Fragmente von Lächeln entstehen an einem Mundwinkel, an einem Auge. Sieht komisch aus. Geht es traurig zu auf dem Schirm, so hinkt sein Gesicht auch dieser Stimmung in der Art einer Hysteresis-Kurve (ich glaube, so nannte man das in der Physik) hinter dem Bildschirm her. Aber diesmal, am Sylvesterabend, strengte sich Anselm ungeheuer an, ein Schmollgesicht beizubehalten. Er schien entschlossen zu sein, den Jahreswechsel im Zorn zu begehen, weil ich nicht mit zu Josef-Heinrich gegangen war. Kurz vor zwölf kam Edmund. Lerry sei ausgegangen. Edmund sah aus, wie jemand, der keine Wahl mehr hat. Er bettelte. Er, der sonst gelbgrün abbleicht, wenn ein anderer auch einmal etwas sagen will, antwortete nur, wenn man ihn fragte. Er saß auf dem Sesselrand wie ein aus dem Schneesturm Geretteter, der Essen und Trinken ablehnt, weil er meint, ihm geschehe schon genug Gutes, wenn er bloß auch in der Wärme sein dürfe. Er tat mir leid. Ich wollte ihn auftauen, zog ihn auf meine Seite. Eingesperrt in die Käfige seines Unmuts, saß Anselm da. Aus eigener Kraft findet er nie heraus. Man kann ihm aber auch nicht die Hand hineinreichen, oder gar Türen für ihn aufmachen. Das nimmt er als Zeichen der Schwäche. Er tut, als verachte er den, der sich ihm nähert. Manchmal versuche ich es, ihn ganz plötzlich zum Lachen zu bringen. Glückt das, lacht er, bevor er bemerkt, daß er lacht, dann kann ich ihn mit beiden Händen sofort herausziehen aus seinem Grimm, aber jeder Versuch, der nicht glückt, macht alles nur noch schlimmer. Als ich einigermaßen betrunken war, ging ich einfach auf Anselm zu und bat um seine Rückkehr. Wäre ich nüchtern gewesen, hätte ich gefürchtet, er schlüge mir auf die Hand, die ich ihm reichte, ich hätte gefürchtet, er blamiere mich vor Edmund, so aber war ich so unempfindlich, wie andere vielleicht immer sind, und Anselm bewunderte mich, ich spürte es, ich hatte gewonnen. Bloß, daß wir gegen drei Uhr ins Schlafzimmer gingen und Edmund allein auf dem Sofa liegen blieb, spürten wir beide wie einen Schmerz, der im Körper herumwandert und sich immer dann bemerkbar macht, wenn man gerade glaubt, man sei ihn los geworden. Anselm beneidete ihn nicht mehr. Ich war Edmund dankbar und – zu Vorsätzen aufgelegt – nahm ich mir vor, ihm nie mehr etwas übel zu nehmen. Das kommt mir jetzt schon wieder sehr übertrieben vor. Vielleicht hat er uns bedauert wie wir ihn. Vielleicht sollte man die Junggesellen, die an Weihnachten und an Sylvester in die Familien drängen, ruhig draußen frieren lassen. Zum Entgelt dafür, daß sie uns die Männer das Jahr über vergiften. Sowas kann man bloß denken. Und dann hat man ja, wenn man sie hereinläßt, auch seinen Vorteil davon.

3.1.

Ich weiß jetzt sicher, daß ich in der Sylvesternacht Anselm nur umstimmen konnte, weil es mir gelang, so zu tun, als könnte ich auch ohne ihn lustig sein. Ich muß mir also merken: ein Mann tut alles für Dich, wenn er ganz sicher ist, daß es nicht nötig ist.

5.1.

Moser erlaubt sich wirklich alles. Und ich kann Anselm nicht helfen. Unter Fachleuten siegt immer der Schamlosere.

6.1.

Drea kam weinend und sagte: wenn ich jetzt die Augen zumache, seh ich trotzdem eine Schildkröte.

8.1.

Anselm lacht nicht mehr, wenn ich ihm einen Tee mache.

14.1.

Sovielen Paaren wir auch begegnen, Anselm schaut immer die Frau des Anderen an und der Andere schaut mich an. Manchmal verhaken sich die Blicke so ineinander, daß ich einen hastigen Schritt vorwärts machen muß, weil ich das Gefühl habe, Anselm und der Andere würden jetzt gleich über einen Tausch verhandeln, während ich und die Frau des Anderen mit abgewandten Gesichtern auf das Ergebnis zu warten hätten.

15. 1.

Lissa vor sich hingesungen:

Der Sommer und der Winter
Eine Frau hat zwei Kinder
Eine Frau hat viel Kinder
Das hat der Sommer und der Winter gemacht.

18.1.

Er kann auf nichts verzichten. Ich muß auf nichts verzichten. Das nimmt ihn gegen mich ein.

21.1.

Gestern mit A. in der Messe. Kanaan-Sonntag. Der Pfarrer sagte, das sei jetzt der Ehesonntag. A. grinste und flüsterte: hast Du mich deswegen mitgenommen? Der junge Kaplan leierte den Hirtenbrief. Ehe, erstens als Glaubensgemeinschaft, zweitens als Lebensgemeinschaft, drittens als Liebesgemeinschaft. Daß Christus sein erstes Wunder bei einem

Hochzeitsessen wirkte, soll uns christliche Eheleute besonders freuen. Dann das naiv-trompetende Tertullian-Zitat: mit Eifer tun die Eheleute dies, stolz tun sie das, freudig spenden sie die Almosen, einträchtig bringen sie das Opfer dar. Mit Tertullian rechtet man nicht. Aber die knochenlose Inbrunst des Hirtenbriefes betrübt. Jeder Satz löscht den vorhergehenden aus. Kaum vorstellbar, daß sich die Ehepaare beim Mittagessen darüber unterhalten konnten. Die »freie Liebe« habe man zu verabscheuen, las der junge Kaplan mit gläsern entschlossener Stimme. Ich wagte nicht, zu A. hinüberzuschauen. Ich fürchtete mich schon vor dem Heimweg. Am liebsten gehe ich mit ihm in Messen ohne Predigt, weil es mich ärgert, wenn er sich danach, wie irgend ein ehemaliger Ortsgruppenleiter oder ein Halbreifer über einen Pfarrer mokiert, aus dessen Mund anstelle von Worten fromme Luftballons strömen, die über den Köpfen der Gemeinde lautlos zergehen. Edmund hat gesagt: Wenn es Gott gäbe, wie könnte es dann noch etwas Wichtigeres geben als Gott. Und er hat uns bewiesen, daß uns Gott bei weitem nicht das Wichtigste ist. A. hat ein sonderbares Bedürfnis nach Religion. Ich bekomme eine Gänsehaut, wenn er davon spricht. Er sagt, er bewundere meine »Religiosität«. Er sagt das so, wie man einem großen Turner oder einem Musik-Virtuosen ein Kompliment macht. Dabei ist eine Kalkulation im Spiel. Er hat die Vorstellung, Religion wecke und entwickle besondere Kräfte und er wünscht sich diese Kraftentfaltung, um seiner Persönlichkeit willen. Religion hätte für ihn also die Bedeutung, die etwa der Waldlauf oder das Schwimmen für einen fanatischen Skifahrer haben, dem Laufen und Schwimmen zwar keinen rechten Spaß machen, der diese sommerlichen Mühen aber auf sich nimmt. um von Dezember an wieder fit zu sein für seinen wahren Lieblingssport. Alles was A. tut, kann er nur um seinetwillen tun. Kennte er ihn, würde er sich gleich Eckharts Satz zurechtmünzen: »daß Gott Gott ist, dessen bin ich eine Ursache – wäre ich nicht, so wäre Gott nicht Gott.« Anselm würde daraus Rechte ableiten.

26.1.
Wir waren im »Wallenstein«. Auf der Bühne herrschte ein reger Zitatenaustausch. Es muß den Schauspielern einige Mühe bereitet haben, noch Gesichter zu machen, als hörten sie diese Sätze zum ersten Mal. Manche schienen, während sie sprachen, über die Aufsätze nachzudenken, die sie in der Schule über diese Sätze zu schreiben hatten.

30.1.
Anselm ist seit zwei Tagen unterwegs. Ein Brief von Joachim. Es ist, als wüßte Joachim, daß Anselm wieder weggefahren ist. Aber seine Briefe sind immer an mich allein geschrieben. Er tut, als sei ich nicht verheiratet.

2.2.
Ich habe keinen Mut mehr. Daß er solange fortbleiben kann. Man sieht kein Haus. Seit Tagen. Im Sommer kann man zum Himmel hinaufschauen und denken, er schaut auch hinauf. Jetzt sind wir vollkommen getrennt. Weil sich nichts mehr bewegt, kann auch er nicht kommen. Alle warten, ob es die Sonne heute schafft. Gestern hat sie einen gelben Fleck in den Nebel radiert. Plötzlich fuhr ein Auto herein und trug mit großer Geschwindigkeit ein Blinken auf seinem Dach quer durch die enge Szene, wie ein Signal. Die Häuser hatten für zehn Minuten wieder hellere und dunklere Seiten. Schon stellten die Schiffe auf dem Fluß das klägliche Blöken ein. Sie wußten wieder weiter. Nach einer Viertelstunde war es vorbei. Der Nebel zog seine Maschen noch enger und machte sich breit und gefräßig über

alles her. Heute hat die Sonne keine Chance. Ob sie trotz-
dem an unserer Befreiung arbeitet?

3.2.

Er ist nicht gekommen und hat nicht angerufen. Moser
weiß auch nichts, beruhigt mich aber so heftig, als sei ein
großes Unglück geschehen. Ich kann nicht vor mich hin-
sehen. Omas Kochbuch abschreiben, bevor es ganz unleser-
lich geworden ist.

Krebs-Suppe: 25 Edelkrebse werden genommen, von Stein-
krebsen noch so viel, ehe man sie siedet, wird die Galle
davon genommen, Wasser mit ziemlich Kümmel, aber kei-
nem Salz siedent gemacht, die Krebse hinein und nur so
lange gelaßen, bis sie recht roth sind, die Schwänze schällt
man und behält sie auf, die übrigen Schaalen und Scheeren
werden gebutzt und mit ein wenig Butter gestoßen, dann
in 1/2 Vierling Butter gedämpft, eine Handvoll Mehl darauf
gestreut und mit Fleischbrühe abgelöscht, hat es so eine
zeitlang gekocht, so wird es durch ein Haarsieb getrieben,
man nimmt den Butter oben ab, stellt die Brühe wieder auf
die Kohlen, thut Mußkatnuß und Petersill daran. Dieses
über geröstete Schnitten oder Klöse angerichtet, an den ab-
geschöpften Krebsbutter werden 6 Eyergelb gerührt, dieses
nebst den Schwänzen oben auf die Brühe getahn, Mußkat-
nuß darauf gerieben.

Wurzel-Suppe: Pastinatwurzel, Sellerie und

5.2.

Die Bäume haben ihre Zweige wieder. Anselm ist noch fort.
Ich gehe mit den Kindern unruhig im Park herum. Trauer-
weiden und Birken zeichnen sich pedantisch in den Himmel,
feiern Ast und Nebenästchen bis zur Grenze des Erträg-
lichen. Zuviel Sichtbarkeit ist plötzlich allem verliehen. Die
Augen schließen, bis der Nebel wieder hilft.

6.2.

Man soll kein Haus besitzen, ich weiß. Aber Frau Bahlsen auf der Treppe begegnen, ein Leben lang.

10.2.

Er ist da und braucht mich.

14.2.

Seine Instinktarmut macht ihn tablettensüchtig. Er weiß alles mögliche von seinem Körper, aber nur so, wie ein Astronom durch Messungen sich Wissen erworben hat von einem Planeten, dessen Boden er nie betrat.

12.3.

Seit Anselm im Krankenhaus ist. Seit Anselm

15.4.

Die oberen Knospen blühen schon fast, während die unteren noch Winter haben.

22.4.

Die Operation ist gut gegangen.

8.5.

Anselm nimmt zu. Ist überm Berg. Kommt bald heim. Ich möchte mich ausdrücken können. Sagen dürfen, daß es Mai ist. Sagen dürfen: der Frühling streut Schafe über die Wiese. Es stimmt zwar nicht, das tut der Herbst, tut der Spätwinter, aber ich möchte sagen dürfen, was nicht stimmt und doch stimmt. »Sage, wo ist Athen?« Was hilft das Lesen, wenn ich trotzdem wieder so jung sein möchte wie damals, als sich meine Brust noch gegen die Bluse sträubte, die ich ihr überzog! Und jetzt weiß ich nicht einmal mehr, ob dieses Jahr ein Maikäferjahr ist. Wird er begeistert sein, wenn er zurückkommt? Ich brauche ihn. Ich habe an Männer gedacht. Es ist gemein. Er im Krankenhaus. Und ich so.

Wenn er bloß begeistert wäre, mich anschaute, ich brauche.
Ich kann nicht mehr lesen. Wenn mich beim Gehen bloß
meine Wäsche berührt, ist es schon schlimm. Ich werde jetzt
gleich komplizierte Dinge bügeln, das hilft vielleicht.

10. 5.
Das Dröhnen der Mittagsstille in dem großen Haus. Wenn
plötzlich eine Tür zufällt, ist es, als sei ein Engel gelandet.

18. 5.
Eckehart: »Wahrhaftig, ein rechter Mensch, hätte er Wun-
sches Gewalt, er sollte nicht wünschen, daß ihm der Hang
zur Sünde vergehe.« Im Augenblick muß ich diesen Satz
wahrscheinlich mißverstehen.

26. 5.
Alle Fliegen dieses Jahres wurden heute geboren.

29. 5.
Joachim kam plötzlich. Vielleicht weil ich ihm im Brief
schrieb, er dürfe jetzt nicht kommen. Er küßte mich. Gegen
meinen Willen. Ohne mich zu fragen. Ohne meine Schuld?
Er spürte, daß es jetzt möglich war. Ich rief sofort Lissa
herauf.

1. 6.
Augustin: »Gib, was Du verlangst, dann verlange, was Du
willst.« Aber ich will niemandem mehr trauen, auch mir
nicht. Kein Spruch hilft. Ich will mich nicht herausreden.
Das soll Anselm tun. Durch diesen Unterschied bin ich seine
Frau. Es klingt alles nach hinter der Stirnwand und mischt
sich. Aufschauen. Sorgfältig sein. Ich will mich nicht ver-
gleichen. Der Regen, der Vater aller Vergleiche, lockt die
Schnecken in den Tod. Ich will einzigartig sein. Sitzen und

nichts. Die Hände voll laufen lassen mit Blei. Einiges wäre mir mehr recht als anderes. Kommen darf gleichviel nichts. Widersprüche wachsen von selbst. Ich überlasse es dem Mond, sie zu bescheinen, während er über die Dächer rollt und drüben auf die leeren Vorstadtplätze fällt, Pärchen auseinanderschreckt, daß sie einander nie mehr sehen. Unglück, vom Mond verhindert. Ich danke es ihm. Wenn ein Mann dem Mond ins Gesicht spucken könnte, daß er mit leisem Zischen erlischt, dann vielleicht. Aber das wäre meine Bedingung. Und es folgen dann noch ein paar tausend Sterne, die zu löschen wären. Mit Bescheidenheit wehrt man Josef-Heinrichs Hände nicht ab. Ein Auto stottert aus dem Hof, findet seine Stimme und wiederholt deutlich noch einmal alle Möglichkeiten, die das Haus umstellt haben, die wie Tiere eine Schnauze haben, um sie bettelnd und drohend heraufzustrecken, bis sie morgen früh von den Zeitungsfrauen vertrieben werden. Ich werde, alle drei Spiegel vermeidend, mich ins Bett legen und daran glauben, daß Drea mich in eine Birke verwandelt hat.

4.6.

Mein Gott ist zusammengesetzt aus Plänen, die ich mit mir habe. Er ist zwar mehr, aber auch ich bin mehr als meine Pläne. Wie winzig man den Maßstab auch nehmen muß, ich entspreche meinem Gott. Wenn man nicht darüber nachdenkt, bildet sich von selbst die Meinung, daß der ungeheure Unterschied zwischen ihm und uns nur der ungeheuren Ferne zuzuschreiben sei, in der er ist. Wenn es ihn aber gibt, kann es nichts geben, was überall näher ist als er. Ich scheue mich, das zu denken. Ich bin eitel. Ich will keinen zuvorkommenden Gott. Lieber einen, den man kaum rufen kann. Ist doch schon fast eine Sünde, wenn man ihn braucht. Ohne Gott zu leben, als gäbe es Gott. Die offene und nirgends hinreichende Musik, die mich veranlaßt, die Arme auszustrecken, bis die Fingerspitzen brennen. Tanzmusik wölbt Dächer über die Welt. Bis jetzt ist Gott ein Zeichen der Erschöpfung, ein Ausruf vor dem Zusammenbruch, ein Signal, das die Niederlage anzeigt, die es verhindern sollte. Im Augenblick wäre es besser, es gäbe Gott nicht.

6.6.
Musik weckt Erwartungen, die von Musik nicht mehr erfüllt werden können.

8.6.
Will ich denn, daß ich Anselms Rückkehr nicht mehr erwarten kann? Ist dies der Augenblick, um den zweiten Mann zu empfangen, daß diese Ungewißheit ein für alle Mal – aber mit welcher Gewißheit? – überwunden wäre? Auch wenn ich einsehen müßte, daß ich jetzt nur reagiere, daß ich keine Bewegung zehn Minuten voraussagen kann, auch dann wäre es gut, das zu wissen; ich könnte mich ein bißchen sträuben, bloß ein bißchen das Tempo verlangsamen, wenn es schon aussichtslos ist, die Richtung zu ändern. Durch Schwere überstehen. Joachims Brief gar nicht öffnen. Ich kann mich nur wehren, wenn ich mir nicht zuviel zutraue; nur, wenn ich mich zufrieden gebe, die Flügel der wild um sich schlagenden Vorstellungen ein klein wenig anzuknabbern, so, als spielte ich mit ihnen; wollte ich offen und fest nach ihnen greifen, würden sie ihre Gewalt vervielfachen und mich dahin schleudern, wo ich nicht hin darf. Ich kann nur um das Quentchen Kraft beten, das nötig ist, der Welt für zehn Minuten zu entkommen. Mehr darf ich nicht erbitten, weil ich dann die Unerfüllbarkeit meines Gebetes selbst fühlte (oder wünschte?) und mich ganz verlassen sähe.

9.6.

Ich habe keine Kraft mehr. Aber vielleicht noch Stolz. Oder wenigstens eine Fassade des Stolzes, die mich schützen kann wie wirklicher Stolz. Die Fassade wächst nach innen und gibt eine Art Halt.

Die Wirkung der Manieren auf das Bewußtsein.

10.6.

Ich kann mir einbilden, die Kraft, die ich jetzt aufbringe, wirke sich schließlich auch auf Anselm aus. Jede Vorstellung, die mir hilft, ist mir recht. Ich muß zeitweise in den Schritt verfallen, den die Versuchungen diktieren. Man kann nicht entkommen, wenn man einfach davonrennt; ja, ich entkomme Josef-Heinrich und laufe Joachim blindlings ins Netz. Nur listig sein hilft. Die Voraussetzung jeder brauchbaren List ist, daß man sich aussetzt, mit der Versuchung in Tuchfühlung bleibt, ihre Verharmlosung einleitet. Wenn ich meine Schwäche in die Waagschale zu werfen wage, gewinne ich diesen Streit. Es muß eine wohlkalkulierte Schwäche sein, eine abgefeimte Wehrlosigkeit, die ihren Sieg im richtigen Augenblick durch eine an Tapferkeit grenzende Feigheit davonträgt. Oder bin ich schon ein Opfer geworden und meine Gedanken werden schon souffliert von der ihres Triumphes nunmehr sicheren Versuchung? Trotzdem, ich öffne jetzt Joachims Brief. Es ist besser, meine Schwäche zwingt mich, ihn zu öffnen, als daß es noch länger so aussieht, als sei ich schon so schwach, daß ich nicht mehr wagen kann, ihn zu öffnen. Ich werde ihn öffnen, dann werde ich überlegen, wie ich ihn lesen muß.

16.6.

Morgen kommt Anselm heim. Die letzten paar tausend Sekunden müssen jetzt zwar vorwärtsgezerrt werden wie vorher die Tage. Sie geben sich ganz unbarmherzig. Aber das sind Agonien. Der Streit verklärt sich schon und in spürbarer Nähe ist eine andere Zeit. Anselm rief an. Er sehnt sich nach uns. Ich werde endlich nicht mehr bloß an mich denken müssen. Wie widerlich wird man sich dadurch.

17.6.
Heute.

18.6.
Er ist da. Und wieder fort. Halbzeit. Aber er bemerkt es nicht. Wenn er wenigstens eine andere liebte.

Zweiter Teil

1. Kapitel

Auch Wespen bauen Waben
Tertullian

1

Ich trieb in eine Seitenstraße, lenkte das Auto in die Lücke, in die es paßte wie der Dolch in die Scheide, zwängte mich heraus und war auf dem Trottoir, am Ufer des großen Stroms, gleich unter den Frauen. Mein Kanu fest vertäut, und jetzt das Material. Die greift mit der rechten Hand über die linke Schulter, immer weiter kriecht die Hand die Schulter hinab, das Schulterblatt wächst der Hand entgegen, ein neuer Körperteil entsteht, löst sich vom Körper, auch die Hand gehört nirgends mehr hin, zwei Tiere, die nicht zusammenpassen, begegnen einander, man bedauert sie schon, denn was, bei ihrer Verschiedenheit, können sie wohl für einander tun? Aber als sollte dem nie zufriedenen Menschengeschlecht auf kleinster Fläche ein großes Beispiel geliefert werden, beginnt die Hand, drei Finger sendet sie aus, das ihr entgegenschmiegende Schulterblatt zu kratzen, nicht schnell, aber wild und zärtlich, bis es beiden genügt. Die kaut ihren Sonnenbrillenbügel, nachdenklich, ihre Zukunft ist heute abend. Die wird von dreißig Rücksichtslosen gegen die Straßenbahnscheibe gepreßt, bis die abgesteppten Ringe ihres Büstenhalters in der Draufsicht deutlich werden, wie zwei Schießscheiben, an denen keiner vorbeisehen kann. Da jagen Knie sich und Rocksaum, ohne einander je zu erreichen, so heftig auch der von feinsten Gestängen gebauschte Rock auf- und niederschaukelt; die, die ihn durchs Frauendickicht steuert, geht, als steige sie eine unendliche Treppe hinauf. Angelächelt wird man und bemerkt zu spät, daß dieses Lächeln dem Mann gegolten hat, der vor uns geht. Nur das Lächeln, das ein anderer verursacht hat, kann schön sein. Wahrscheinlich war sie überrascht, ihn zu sehen, dann erfreut, aber auch unschlüssig, ob sie ihm das zeigen sollte, und aus Überraschung, Freude und Unschlüssigkeit entfaltete sich ein Lächeln, das in den ersten zwei Sekunden sicher noch nicht recht funktionierte, weil es die Spuren seiner Entstehung noch zu unvermischt sehen ließ. Bis sie dann an mir vorbeiging, war das Lächeln aufgegangen im ganzen Gesicht, hatte alle Züge bewegt und fand seinen vollkommensten Ausdruck kurz bevor es erlosch, in dem Augenblick, als sie vielleicht schon wieder an etwas anderes dachte und das Lächeln sich selbst überlassen war. Diese Sekunde gehörte mir. In der gleichen Sekunde sind schon zehn neue Mädchen mit Zähnen und Augen und Hälsen auf mich zumarschiert. Meine Wünsche, wie schlangenschnell auch immer, kamen nicht nach, und mir, der Oberfläche meiner Wünsche, war zumute wie einem Kreisel, auf den unzählige Kinder gleichzeitig einschlagen, so daß er, nach allen Richtungen getrieben, schließlich widerwillig das Kunststück vollbringt, bewegungslos starr aufrecht zu stehen. Ist es da ein Trost, daß die Zahl der jungen Mädchen jedes Jahr größer wird? Und jedes Jahr werden sie noch jünger. Zumindest nimmt ihre Fähigkeit, zu zeigen, wie jung sie sind, ungeheuer zu. Was wird mit dem unter viel zu vielen Schlägen starren Kreisel noch geschehen? Es kann natürlich sein, daß ich hier in ein gar nicht für mich bestimmtes Gewitter geraten bin. Nur beiläufig und gewissermaßen unabsichtlich zerfetzt mich der Hagel, so wie Splitter von der für das Staatsoberhaupt bestimmten Bombe dem ganz und gar unwürdigen Straßenkehrer zuteil werden können. Wen wundert es, wenn der sich blutend plötzlich für sehr wichtig hält? So raffe ich mich auf und frage: fände das alles statt, wenn ich es nicht sähe? Oder bin ich beteiligt an dem Griff, der den Träger wieder unter die ärmellose Bluse schiebt? Wird das Lachen der Rothaarigen, mit knisternden Brauen, eine Spur lauter, weil ich da bin? Oder gilt das nur dem Kerl, der ihr das Netz tragen und dafür an ihr hochkläffen darf? Feuern wir einander nicht an, zwischen fünf und sechs? Zuschauer vermehren die Schönheit auf dem Trottoir. Aber da die Zuschauer, ob man's ihnen gestattet oder nicht, immer über ihre Rolle hinausdrängen, steigern sie auch die Unruhe im Dickicht der Beziehungen. Das vermag kein Gesetz zu fassen. Jeder ist Forscher und Gegenstand im Gemenge sehr verschiedener Freiheitsgrade. Und wie nur das Auto, nicht aber der Motor vorwärtskommt, so kommt das Gemenge auch in einer Ewigkeit nicht von der Stelle. Soviel gehen zum Bahnhof, soviel kommen vom Bahnhof. Nimm ein Stück Trottoir heraus, so heftig jeder vorwärtsdrängt, die einen bringen die Zeit vom Bahnhof, die anderen tragen sie hin, alle kneten an der großen feurigen Null des augenblicklichen Verbrauchs. Vielleicht wird die Luft schwanger davon. Oder sonst ein unmeßbarer Temperatureffekt. Wir, auf jeden Fall, verbrennen ohne Rauch. Keiner kommt heim. Die Paßbilder können wir natürlich heimtragen und verschweigen, daß wir dabeigewesen sind, als die Oberarme aneinanderrieben, das Lachen sich verstrickte, die Gelenke zu schwingen begannen, die Blicke, als seien sie aus Schnur, sich ineinander verwirrten, daß die Augen aus den Höhlen gezerrt wurden, bis das Gummiband des Willens und ein neuer Zufall sie wieder zurückschnellen ließen. Wir können so tun, als hätten wir nicht diese Art Musik gehört, die eine Veränderung aller Verhältnisse für die nächste Sekunde verhieß. Es wird uns nicht schwerfallen, da ja doch nur die

Paßbilder überleben und denen sieht man nichts an. So gut wird heutzutage fixiert. Es kann natürlich sein, daß dieser oder jener Angehörige eines Tages durch ein besonders dumpfes Echo stutzig wird und bemerkt, daß sein liebes Familienmitglied hohle Stellen, mehr oder weniger, aufweist. Eine Untersuchung folgt und jetzt sieht es aus da drin wie in der Larve, wenn der Schmetterling längst auf und davon ist. Wann aber, seit wann aber ist der liebe Haupt- und Nebenmensch so leicht und leer geworden? Der schüttelt den Kopf, weiß nichts davon, verweist auf die Personalien. Die stimmen, also vertuscht man den Befund und versucht, nicht mehr an die Stellen mit den Echos zu rühren, man weiß eben doch nie ganz genau, wieviel die Nachbarn eigentlich hören.

Unter den heftig zustoßenden Füßen raste das Trottoir gepeinigt oder selig weiter. Ich war, mich meines Freiheitsgrades erinnernd, abgesprungen und schnaufte, als sei ich Verfolgern entronnen, mußte mich aber gleich wieder wehren, um nicht weitergerissen zu werden von dem immer enger werdenden Gang, in dem ich stand, der auch so bemalt war, daß er einen einsaugte, wie ein Trichter, bis man durch die Tür fiel und von drei Obern auf einen Barhocker gesetzt und damit zum Gast des Corso ernannt wurde. Ich stellte mich, um dem Sog zu entgehen, sofort flach an die Wand und tat, als wäre ich selbst nur Malerei. Eigentlich gab ich Susanne die Hand, machte aber ein Gesicht, als bemerkte ich die Elmsfeuer nicht, die ihr von der gewölbten Bluse sprangen. So hätte ich's gerne gehabt. Daß sie sich mit mir im Gang stemmte, daß wir eine ordentliche Verabredung hätten. Da ich nun doch nahe genug am Reisebüro war, mußte ich mir schon eingestehen, daß ich es auf sie abgesehen hatte. Wie sollte ich mir sonst erklären, daß ich zehn Schritte vor der Tür zum Reisebüro vom Trottoir

gesprungen war? Aber wenn ich mir's nun klipp-klar eingestand, daß ich ihretwegen unterwegs war, würde es mir
dann gelingen, auch die rechte Überraschung zu zeigen,
wenn ich sie nachher traf? Mußte ich mir nicht sofort wieder verbieten, mich mit ihr in meinen Gedanken zu unterhalten? Sonst meine ich nachher, sie wisse schon alles, was
ich an sie hingedacht habe, und die Antworten, die ich sie
in meinen Gedanken geben lasse, glaube ich schließlich,
habe sie mir wirklich gegeben. Dabei ist es durchaus möglich, daß sie nicht einmal mehr meinen Namen weiß.
Merkst Du, daß Du Dir jetzt eine Falle stellst? Erstens:
wenn Du fürchten mußt, sie habe Deinen Namen vergessen,
dann kannst Du es gleich aufgeben. Das tust Du aber nicht,
Du sagst: das wollen wir jetzt doch einmal sehen, ob die
noch meinen Namen weiß. Du gibst also nicht auf. Zweitens, und jetzt öffnet die Falle ihr Maul: Du triffst sie, Du
hältst das Schlimmste für möglich, Du tust so, als könne sie
Deinen Namen vergessen haben. Sie aber sieht Dich und
ruft: guten Tag, Anselm, wie geht es Ihnen. Und nun
denkst Du nicht mehr daran, daß sie in den paar Tagen
nicht einmal das Gesicht eines Parkwächters hätte vergessen
können, Du jubelst nur noch: ohne Zögern, ohne jede Mühe
hat sie Anselm gesagt. Du pumpst Dich maikäferhaft mit
Hoffnungen auf und übersiehst, daß Du diese Hoffnungen
nur einer absurden Befürchtung verdankst. War ich nicht
großartig auf dem Posten? Auf alles gefaßt. Ein Scharf-
schütze, der nicht gleich abdrückt und seinen Standort verrät, wenn ein Hälmchen sich regt. Aber gleich liefen die
Räder wieder rückwärts. Welch eine falsche Sicherheit, bloß
weil ich nicht gleich auf die allerdümmste Vorspiegelung
hereingefallen war. Schließlich war damit noch gar nichts
gewonnen. Es war nur bewiesen, daß ich gegen Seifenblasen
wie gegen wirkliche Gegner kämpfte. Ich durfte jetzt nicht

aus dem Sieg über eine Seifenblase auch noch einen Sieg über einen wirklichen Gegner machen. War im Augenblick nicht der gefährlichste Gegner meine Vorstellung, daß ich Susanne ganz sicher in den nächsten zehn Minuten treffen würde? Ich erschrak und schon rasselte in mir zur Abwehr falscher Sicherheit und zur Beschwörung eines guten Ausgangs der Aberglauben-Rosenkranz herunter: ich treffe sie nicht, in zehn Minuten nicht, heute überhaupt nicht mehr, vielleicht treffe ich sie nie mehr, ich treffe sie nicht. Mit großer Willenskraft unterdrückte ich das dazu gehörende Echo: jetzt wollen wir doch einmal sehen, ob ich sie nicht treffe. Ich treffe sie nicht, betete ich so rasch, daß ich nichts anderes mehr denken konnte. Und wenn eine Bewußtseinsetage höher die freche Frage laut wurde, warum ich dann überhaupt noch im Corso-Gang wartete, dann kämpfte ich solchen Defätismus mit allem Terror nieder. Schließlich wird es mir wohl noch erlaubt sein, mich fünf Minuten in einem Gang zu verschnaufen, rief ich in jene obere Etage hinauf. Was man sich da oben einbildete! Als könnte ich hier im Gang stehen, wenn ich nicht ganz sicher wäre, sie nicht zu treffen!

Aber da die spitzfindigen Einwürfe der oberen Etage nicht zum Schweigen zu bringen waren, erzwang ich, denn schließlich war ich auch noch da, einen Kompromiß: ich bleibe hier und warte, aber wenn sie nicht kommt, ist es nicht so schlimm. Ich bastelte mir eine Stimmung, in die ich schlüpfen konnte wie in ein fertiges Kleid, für den Fall, daß ich Susanne wirklich verfehlte. Ich mußte doch nachher ein Auto in die Lichtenbergstraße lenken und, nach links und rechts grüßend, fröhlich heimkommen. Deshalb mußte die Enttäuschung jetzt gleich fix und fertig fabriziert werden. Welch ein böses Wort: *Enttäuschung*. Man befindet sich in einer Täuschung und der Einblick in den wahren

Sachverhalt ist immer eine Enttäuschung. Auf jeden Fall würde ich die Enttäuschung nicht den Grad erreichen lassen, der ihrem Anlaß entspräche. Morgen konnte ich mir dann, Stück für Stück, eingestehen, was mir entgangen sein mochte. Es wird einem doch nicht verboten sein, auch sich selbst gegenüber taktisch zu verfahren. Ich würde also so tun, als bestärkte ich die Tendenzen, die zum Mißlingen führen mußten. Es war durchaus möglich, daß ich dadurch eine Niederlage tatsächlich bewirkte. Und dann? Brauchte ich Susanne?

Hatte ich mich in den vergangenen Tagen nicht sorgfältig gehütet, Erwartungen wachsen zu lassen, oder wenigstens, das Gewoge von Erwartungen zu buchstabieren? Ja, am Vormittag, da sitzt man noch hoch im Sattel des Tages, da hatte ich vielleicht manchmal einen Gedanken zuviel passieren lassen. Aber immer schon am frühen Nachmittag, wenn die Zeit der Verwirklichungen näherkommt, die Blindheit zunimmt, hatte ich regelmäßig mit einer sorgfältigen Ausrottung der noch vom Vormittag überlebenden Erwartungen begonnen. Ohne viel Aufhebens wollte ich den Gedanken an Susanne erwürgen und nicht gleich die letzte Selbstbeherrschungs-Notwehr alarmieren, weil man dadurch mehr verdirbt als gewinnt. Schon das Eingeständnis der Schwäche und Erregung, das darin liegt, daß man Alarm schlägt, fördert die Infektion so sehr, daß man sich gleich überwimmelt vorkommt wie das Mauerwerk einer eroberten Festung. Meine Herrn haben gewechselt, sagt man sich, es wimmelt von neuen Uniformen, neuen Worten, und neue Signale hallen durch die Höfe, mir als Mauerwerk bleibt nichts anderes übrig als diese Feinde, die mich jetzt pflegen, genau so zu schützen wie meine ehemaligen Herrn, denn es ist nun einmal meine Aufgabe, die zu schützen, die in mir Herr sind!

Soweit wollte ich es nicht kommen lassen. Deshalb veranstaltete ich das unauffällige, gewissermaßen zarte Morden unter meinen Erwartungen. Dabei ging ich so vor, daß ich die größten und höchsten, die atemberaubenden, das gegenwärtige Leben vergiftenden Erwartungen immer zuerst erledigte. Meistens hatte ich bis nach Mitternacht zu tun, bis ich auch die kleinsten umgebracht hatte, denn die kleinsten sind die zähesten. Weil sie so bescheiden sind, glaubt man, sie müßten sogar in dieser Welt erfüllbar sein. Erst dann gestattete ich mir einzuschlafen. Erschöpft und fast ein bißchen zufrieden. Vielleicht manchmal auch mürrisch, weil Alissa, da sie nicht wußte, was ich wieder geleistet hatte, mich nicht belohnte. Aber noch während ich mir selbst allerlei Lobendes zuflüsterte, spürte ich, daß die Erwartungen nur betäubt gewesen waren. Sie erlaubten mir gerade noch einzuschlafen, dann fielen sie über mich her und erfüllten sich die Nächte hindurch, wie ich es ihnen nie gestattet hätte. Bis zum Morgen hatten sie sich dann so breit gemacht in mir, daß ich immer Mühe hatte, Alissa nicht mit einem anderen Namen anzusprechen. Ich konnte mir auch nicht vorstellen, daß sie immer noch nichts wußte von Susanne und mir. Jeden Morgen stand ich auf, um meinen Träumen einfach wie einem Befehl zu folgen. Aber bis man bloß zum Frühstücken kommt in einer Wohnung, muß man so viele Ecken und Zeiten passieren, daß jeder Traum zerschlissen wird. Schwer vor Rücksicht und Vergangenheit klebte ich dann am Tisch und lernte bei Alissa wieder Sprechen. Kein reiner Segen, diese Schwere, die uns hindert, zu tun, was einem befohlen wurde in der Nacht! Sie bindet uns zwar an den Tisch, aber sie erleichtert uns diesen Aufenthalt nicht sonderlich. Man kann sich jetzt überhaupt nicht mehr regen. Jetzt sitzen einem nämlich die Träume wie gestorbene und durch ihren Tod unendlich schwer gewordene Vögel auf den Schultern. Natürlich sind diese Traumleichname genau so ohnmächtig gegen Alissa wie Alissa ihnen gegenüber machtlos ist. Ich aber bin der Ort, auf dem die Ohnmachten ihre Schwere lagern. Ich bin also weder hier noch dort, und trotzdem bin ich hier und dort, und das sticht jedem Tag schon am Morgen ein Auge aus.

Meine Sehnsucht war, das Massaker der Erwartungen und Wünsche einmal schon am Nachmittag zu beenden, um dann ein paar Stunden in einer mir wohlgesonnenen Windstille zu sitzen und nicht jeden Abend mit dem Messer in der Hand verbringen zu müssen. Dann hätte ich auf eine gegen Resurrektionen gefeite Nacht und auf ein fröhlicheres Frühstück hoffen dürfen. Vielleicht würde Susanne in dieser einen Nacht in Dornröschen-Gips gebacken werden und ich hätte die nächsten hundert Jahre wieder meine Ruhe.

Daß ich zwischen den grell bemalten Trichterwänden des Eingangs zum Corso stand, zehn Meter vor der Tür des Reisebüros — wann machen die bloß Feierabend? —, ließ nicht vermuten, daß ich gesiegt hatte! Aber wer war ich? Auf welcher Seite kämpfte ich?

Ich streckte den Kopf soweit hinaus, daß ich jeden, der das Reisebüro verließ, sehen konnte. Und wenn sie ihren freien Tag hatte? Vielleicht hatte sie gekündigt, weil sie bald heiraten wollte. Josef-Heinrich. Meinen Freund. Darüber konnte ich nicht auch noch nachdenken.

Susanne trat aus der Tür. In einem Tomatenroten. Ich schlüpfte in die tiefste Ecke des Ganges und pflanzte mein Gesicht vor dem Bild der Corso-Kapelle auf, als müsse sich bei dieser Kapelle ein seit Jahren vermißter Bruder befinden. Am äußersten schon unscharfen Augenfeld vorbei trieb das Tomatenrot, und ich sprang nach, wollte Abstand halten und überholte und drängte doch hastig Passanten zur Seite, die mir dann im nächsten Augenblick, weil ich wegen zu großer Nähe unversehens stoppte, in den Rücken liefen und mich beschimpften. Ich mußte warten, bis ich von neuen, von mir noch nicht beleidigten Passanten umspült war. Dadurch wurde der Abstand gefährlich groß. Das Tomatenrot tanzte weit vorne und verschwand bisweilen ganz. Wieder drängte ich, wand mich aber geschickter durchs Dickicht, bog rasch, als ich wieder zu nah kam und schon hätte überlegen müssen, wie ich sie am unbefangensten begrüßen könnte, bog rasch in eine Schaufensterpassage, umlief die Vitrine leider so schnell, daß ich auf dem Trottoir wieder bei denen ankam, die ich vor der Vitrine verlassen hatte, der lange braune Nacken schwankte vor mir, die hochgeschnittenen Haare hätte ich greifen können, wenn uns jetzt ein Bekannter entgegenkäme, besser doch, er sah mich mit ihr harmlos plaudern, als daß er mich ihr als lächerlich mutlosen Verfolger entdeckte. Drum grüße unbefangen. Außer Atem zwar. Schwitzend wahrscheinlich. In den Augen Jagdfeuer. Jeder Muskel verkrampft vom künstlichen Abstandhalten. Ging ich überhaupt noch? Ich watete, zerrte mich steif vorwärts und war schon durch und durch starr, weil in jeder Sekunde der schwarze Kopf über dem Tomatenrot sich drehen konnte und ich, ich sollte unbefangen, ganz im Trottoir-Parlando, wie im Strandbad, wenn man einander zufällig im Wasser begegnet, den Anfang machen. Plötzlich, als die Angst, entdeckt zu werden, aufs höchste gestiegen war, plötzlich tat ich einen zu großen Schritt nach vorne, so wie einer aus dem dritten Stock eines brennenden Hauses schließlich doch springt, auch wenn das Sprungtuch noch nicht ausgespannt ist, die Brandwunden spürt er schon, aber bis zu den Knochenbrüchen ist noch die kleine Ewigkeit einer halben Sekunde schmerzlosen Falls versprochen.

Ich ging schon neben ihr und sie bemerkte mich nicht.

Also konnte ich wieder zurückfallen, ausscheren, in die nächste Kneipe tauchen und alles kühl hinunterschwenken. Aber da sprach ich schon. Ich hörte es. Kein Zweifel mehr möglich. Der sich da mit Susanne unterhielt, der sie zum Lachen brachte, weil er gestand, daß er sie schon seit fünf Minuten verfolge, beobachte, nur so aus Neugierde, weil es ihn immer interessiere, zu sehen, wie jemand sich bewege, wenn er sich unbeobachtet fühle, der also so das Heft an sich riß und sie gleich auf das Ergebnis seiner Beobachtungen neugierig machte, denn eine Frau kann nie genug über sich erfahren, solange sie vermuten darf, es sei zu ihren Gunsten – wie schamhaft winkte ein Mann da ab! – der also, der sich wie ein Steuermann, wie ein Pilot aufführte und die zwei vorwärtsdirigierte, daß sie jetzt schon wie ein Paar wirkten und auch als solches angeschaut wurden – das spüren beide, sprechen beide aus, als belustige es sie, verschweigen, daß sie's auch beklemmend empfinden, so als erführen sie plötzlich, daß der Horizont, nach dem man sich sehnt, erreichbar sei – der also, der Susanne einholte, ansprach und tief hinein verwickelte in ein laut gegen das ganze Trottoir geführtes Gespräch, obwohl er seinen Worten auch ängstlich nachhörte, ob sie nicht zu deutlich in fremde Ohren fielen, denn das scheute er, der war ich.

2

Edmund stellte seine Linsen auf mich ein, nadelfein feindselig. Entfernungsschätzer-Blick. Das ist eben seine Masche, hätte ich vor acht Tagen gedacht. Gleich wird er etwas Giftiges sagen, und das sieht man bei ihm eben schon vorher. Hätte ich vor acht Tagen gedacht. Vielleicht wußte er

was. Wieviel er wußte, wußte man nie. Am Karsamstag
fädelte er in einen Nebensatz hinein, daß er von dem Herrn,
mit dem er mich am Aschermittwoch im Curio-Hotel gesehen habe, gar nichts halte. Fragte man, warum, bot er
sein fernöstlichstes Magermilchlächeln, schlitzte die Augen
und sagte: mehr darf ich Dir im Augenblick nicht darüber
sagen.

Jahwe-Positur, unabschätzbarer Glanz hinter der Wolke:
ich werde sein, der ich sein werde, basta. Der Schuft hat
mich gesehen, mit Susanne, das will er mir hinreiben.
Schwule Nuß, Du!

Du bist doch eine Zeitlang mit Josef-Heinrich gereist?

Mein Gott, holte der aber weit aus.

Ja. Warum?

Wie hat er sich eigentlich damals benommen?

Nun, gute, glatte List, Göttin derer im Schlamassel, steh'
mir bei! Nicht gleich ausbrechen, das tun Staatsanwälte,
weil sie zeigen müssen, daß ihnen in der Brust ein Rechts-
Herz schlägt, Du aber mußt ohne Eifer in den Erinnerungen
kramen, um nicht merken zu lassen, daß die Geschichte
Josef-Heinrichs Dein eigenes Plädoyer liefern soll.

Josef-Heinrich hatte einen VW, weißt Du das? Das war
damals schon eine Freundschaft wert.

Edmund lächelte genußvoll, ich war auf dem rechten
Wege, obwohl ich, nach meinem Gefühl, schon zu dick aufgetragen hatte.

Ich war schon vor ihm im Schwarzwald gewesen, und im
Allgäu, hatte gegen das irre Gekreisch der Kreissäge und
dann in ihren singenden Leerlauf hinein meinen Vers gesagt, vom Bettuchbiber, rohweiß, gebleicht und bunt, Nessel, Linon, Bettkattun, Flanelle, Haustuchlaken und bestick-
ten Kissenbezügen, die Linke den Saum hochhaltend, die
Rechte die Ware knautschend und knetend und, natürlich

dem versespulenden Mund synchron, rasch wieder glättend,
o Kette und Schuß und Faserlänge, Garn, Gespinst und Gewebe, glaub' mir, Verkaufen ist seliger als Kaufen, auch
wenn Du kein Wort mehr weißt als Du sagst, aber Verkaufen ist Bergaufgehen, besonders wenn Du Frauen vor
Dir hast, und zwischen Dir und ihr ist nichts als Wäsche
für Bett und Tisch. Natürlich stört die Mutter, die Tante,
die Nachbarin. Hast Du die Deine schon fast, gießen die
anderen wieder Wasser ins Feuer. Du mußt die Flanken
absichern. Wendest Dich mit raschen Sätzen schnell zur
Mutter links, zur Nachbarin rechts, aber wenn die Tochter
aufschaut von der Ware, ist Dein Blick schon wieder da, sie
zu empfangen. Nun setze eine Oktave tiefer an. Du siehst
ja, daß sie Dir nicht mehr entgeht. Sei nachlässig. Es muß
nicht sein, sagst Du, zumindest nicht heute. Du kannst alle
schöne weiße Ware wieder mit Dir nehmen. Das soll sie
sich einmal vorstellen. Der dunkle Fleck Öde, der dann
bleibt. Lock' sie nur nach, sie ist weit genug, sie muß jetzt
schon selber mitziehen, und wenn sie's zum ersten Mal, zur
Tante sich wendend, tut: erledigt, gewonnen! Bitte, hier
unterschreiben. Das Ja, das sie sagt, ist wenig verschieden
von größeren Ja's im Leben. Und nach diesem Ja sinkt sie
zusammen. Das immer fiebriger gewordene Glänzen in
ihren Augen wird stumpf, ihre Hände liegen bleischwer
auf der Ware. Es ist, als schlafe sie gleich ein. Vor Erschöpfung. In diesem Augenblick schrumpft die riesige Welt, das
ganze gerade noch unvorstellbare Leben liegt plötzlich vor
ihr auf dem Tisch. Wie einem Sterbenden erscheint ihr die
vergangene Zeit, als Größe vierunddreißig zur Größe sechsunddreißig und Größe sechsunddreißig zur Größe achtunddreißig wurde, und immer war pünktlich der Mond erschienen, um Versprechung auf Versprechung zu häufen, und
nach jeder Beerdigung lachte sie gleich wieder, aber in

diesem Augenblick wird das alles zugedeckt von einem lautlosen Blätterfall, es bleibt nichts als der Bestellzettel mit der Unterschrift: ich habe vier Meter davon bestellt und zwölf Meter davon und zweiundzwanzig Meter für Leintücher, ich habe mich verkauft, ein für alle Mal.

Manchmal konnte ich gar nicht mehr hinschauen, wenn die Mädchen so vor mir standen. Ich hätte kondolieren müssen und war doch zum Gegenteil aufgelegt. Ich stand auf dem Gipfel und sah mich um nach dem nächsten.

Aber ich sollte von Josef-Heinrich erzählen. Der hatte es, glaub ich, noch schwerer. Bettwäsche ist flach, legt sich still in den Schrank und wartet. Aber eine Waschmaschine, stell Dir eine Frau vor, die eine Waschmaschine kauft. Von Anfang an sträubt sie sich, denn eine Waschmaschine kauft man nur einmal im Leben, und deshalb ist keine Waschmaschine so gut, daß sie sie kaufen könnte, und wenn sie tatsächlich eine gekauft hat, spürt sie sofort, daß sie die falsche gekauft hat.

Später legt sich das wieder, wenn die Käuferin lange genug auf die Nachbarinnen eingeredet hat, um die und sich selbst mit dem Kauf zu versöhnen. Aber der Augenblick nach dem Kauf einer Waschmaschine, der ist einfach eine Katastrophe. Alle Winde der Welt haben sich in ihre Richtung zurückgezogen, nichts regt sich mehr. Aussteuerwäsche, da kannst Du dosieren, ein paar Meter gehen immer, aber so eine Maschine, mein Lieber, da mußt Du dran bleiben, entweder oder. Nun wußte Josef-Heinrich Gott sei Dank Bescheid. Verkaufen, das kann der! Wie er die Konkurrenz abschmieren ließ. Ohne Beschimpfung, verstehst Du, nur so nebenbei. Die Amerikaner machte er zu Ausländern, und jenes Fabrikat war vielleicht nicht schlecht, bloß eben noch jung, noch nicht so ausgereift, Tradition ist ja im Maschinenbau wichtiger als beim Kriegerverein, das verstehen Sie, und dieses Fabrikat? ja, das kenn' ich, man sieht sich um, bevor man einen Artikel übernimmt, für Grobwäsche gar nicht so schlecht, ein Hotel, wenn Sie hätten, sofort, ab und in die Küche, würd' ich sagen, robust, nicht umzubringen, bloß eben ein bißchen sehr robust, reißt gern, beim Schleudern, aber bitte, für ein Hotel, warum nicht, bloß, Sie haben kein Hotel, Sie haben Kinder, und wahrscheinlich eben viel viel Feinwäsche, oder täusch' ich mich da? Er täuschte sich nicht und täuschte sich auch beim nächsten und übernächsten Einwand nicht und hatte verkauft und ließ eine weitere Kundin in fröstelnder Lähmung zurück. So einer Kundin muß es wie einem Raubtier zumute sein, wenn der Dompteur nach drei Stunden Arbeit zum Mittagessen geht und das Tier sitzt da, spürt des Bändigers Kraft nicht mehr, hat aber auch noch nicht zurückgefunden zum eigenen Instinkt.

Was wollte ich ihm eigentlich erzählen? Edmund half mir. Er hatte von den Erholungsheimen gehört.

Ja, das war Josef-Heinrichs Idee. Manchmal wimmelten die Wiesen von Mädchen und Fräuleins. Oder an einem Zaun standen drei, vier und sahen dem auf dem Traktor zu. Da muß ein Nest in der Nähe sein, sagte Josef-Heinrich. Und es waren viele Nester in der Nähe. Großbetriebe, Landesversicherungsanstalten, Krankenkassen ließen hier ihre Mitglieder aufmöbeln, Packerinnen, Sekretärinnen, Verkäuferinnen, Fließband-Opfer, und was sonst noch in den Städten en masse verheizt wird. Bergluft kostet nicht viel. Und für uns ein Revier wie noch nie. Die lieferten uns alle paar Wochen ein paar Schnellzüge voll. Die Mädchen hatten Zeit, redeten sowieso Tag und Nacht vom Heiraten, machten einander so richtig weich, daß wir nur aufkreuzen mußten, um abzusahnen. Waren natürlich zig Krücken dabei, die nicht mehr den Schimmer einer Hoffnung hatten, noch einen zu ergattern, und genug, bei denen Du gesagt hättest: die braucht auch mehr Glück als Verstand, wenn's bei der je klappen soll. Aber sowas will keine zugeben, solange die anderen zuhören. Also bestellten sie schon, bloß um gut dazustehen. Das gab natürlich mehr Rückläufer als normal, aber die meisten genieren sich dann doch. Im Nachhinein zeigt es sich ja, ob der Vertreter mehr geboten hat als Geschwätz. Wenn sie sich vor ihm, ganz persönlich vor ihm geniert, dann hat er sie richtig angeschaut, und dann traut sie sich auch nicht mehr, abzubestellen.

Das war also, wie gesagt, Josef-Heinrichs Idee. Leider hat er uns das Geschäft auch wieder selbst verdorben. Sonst hätte ich heute vielleicht ein Haus über Calw oder in Nesselwang. Aber wir waren noch kein Jahr am Honigschlecken, da hagelte es Hausverbote. Josef-Heinrich übertreibt eben alles. Er behauptete zwar, die Heimleiterinnen seien bloß eifersüchtig gewesen. Tatsächlich hat auch eine, mit der er es dann tat, das Hausverbot wieder aufgehoben. Aber nur, bis sie spitz kriegte, daß Josef-Heinrich doch wieder rückfällig geworden war. Josef-Heinrich jammerte ihr vor, daß er nichts dafür könne, wir hätten eben Aussteuer-Wäsche und Waschmaschinen zu verkaufen, das seien nun einmal gefährliche Artikel, sowas lasse sich eben nicht anbieten wie Maggiwürfel und Gartenzwerge, meistens sei es ganz gegen seinen Willen, daß die Verkaufsverhandlungen im Bett endeten. Dann solle er sich eben sein Teil abschneiden lassen, hatte jene Heimleiterin, eine ehemalige Oberschwester wahrscheinlich, gesagt und ihr Verbot noch verschärft.

Sicher waren die Heimleiterinnen nicht ganz im Unrecht, wenn sie sagten, wir gefährdeten die Erholung der Mädchen, weil die eifersüchtig wurden aufeinander, schon wenn eine mehr kaufte als die andere, und dann verliebten sie sich auch noch und saßen weinend herum. Nun waren

einige dieser Heime allerdings so erbärmliche Gruften, daß
es auch nicht bloß an uns liegen konnte, wenn hin und
wieder eine in einen Schreikrampf verfiel, oder sich weigerte, zu essen. Da hatte irgend eine Gesellschaft eine ehemalige Bauernwirtschaft, die sich nicht mehr rentierte, für
ein Drecksgeld gekauft oder gepachtet. Du kommst in die
Gaststube, jetzt Aufenthalts- und Speiseraum, an der Wand
entlang sitzen die Mädchen, wenn es regnet, tagelang auf
Holzbänken. Vier schlecht gekämmte Achtunddreißigjäh-
rige, die seit sechs Jahren keinen mehr hatten, nicht einmal
den Chef, spielen Karten, müssen sich über jede Karte beugen, die fällt, weil es auch bei Tag dunkel ist im Raum. Die
Wirtsleute sparen den Strom und vor den engen Fenstern
balgen sich Wolken. Zwei junge, die Blusen schlampig
überm Rock, stehen am Wandautomaten und opfern ihm
wie einem Gott. Eine schreibt einen Brief mit der Nase.
Und erst die Schlafzimmer! Zwei mörderische Bettgestelle,
überladen mit zementgrauem Bettzeug. Wie schwer das
Bettzeug ist, siehst Du, ohne daß Du es berührst. Die
Schranktüre bringst Du nur auf, wenn Du ein Messer in
den Spalt wuchtest. Eine Zentralheizung ist da. Kalt. Denn
es hat noch nicht zwanzig minus draußen. Und weil man
sie nachträglich eingebaut hat, stehen die eisernen Rippen
nackt und weit in das winzige Zimmer, in dem sich auch
ein Waschbecken verbirgt. Meistens sind in den letzten
freien Ecken dieser Zimmer Stühle aufeinandergetürmt.
Wer, außer einem Sterbenden, der sich den Abschied von
der Erde besonders leicht machen will, möchte hier bleiben?
Wer aber hier seine Erholungszeit absitzen muß, dem ist
es nicht zu verdenken, daß er sich mehr als irgendwo anders
mit Hoffnungen auf eine bessere Zukunft aufbläht und sich
nach sowas wie Liebe sehnt. Das kam uns zugute. Die Mädchen, das weiß ich, waren froh, wenn wir kamen. Bitte, die

Photos von damals kennst Du aus Josef-Heinrichs Alben. Hübsche Dinger drauf, zum Teil, und Du mußt zugeben, sie lachen, strahlen, sind glücklich, sonst hätten sie sich wohl kaum so ohne alles photographieren lassen, auf modrig-moosigen Baumstümpfen, einen Zweig vorne drüber oder, in fast theatralischer Anspielung auf Überliefertes und in Ermangelung des historischen Blättchens, ein dickes deutsches Eichenblatt, das aber an dieser Stelle mindestens so gut wirkt wie an den Schläfen der Gaumeister im Barrenturnen. Ganz Schamhafte taten es nicht unter einem Ahornblatt. Vielleicht auch eine Frage, in welche Art von Gehölz die Seligkeit Josef-Heinrich und seine Jeweilige verschlagen hatte. O ja, die Mädchen hatten auch ihren Spaß! Erinnerst Du Dich an das Bild, auf dem sie gleich zu zweit eine Art Pyramide auf dem Herrenfahrrad aufführen, hübsch anzüglich verrenkt? Komisch übrigens, daß dieser Hang zum Dokumentieren in Josef-Heinrich schon damals so lebendig war. Wenn er kein Bild davon hat, ist es bei ihm, als wäre es nicht gewesen. Schließlich wird er es noch zum Tonfilm bringen, um ja nichts zu verlieren. Ist das nun Geiz oder Angst oder Humor? Was meinst Du?

Endlich hatte ich den rechten Ton gefunden. Edmund wurde rührig.

Du weißt aber auch, was er angerichtet hat?

Ja, es soll Nervenzusammenbrüche gegeben haben, eine will sogar einen Selbstmordversuch unternommen haben, aber Du weißt ja, wie Frauen sind. Solange eine noch am Leben ist, darf man nicht zuviel auf solche Schreckgeschichten geben.

Edmund biß an, fuhr hoch, sagte strahlend: einige sind aber nicht mehr am Leben.

Woher weißt Du das? fragte ich streng. Vierzehn Nervenzusammenbrüche kann ich nachweisen, sagte er, und lächelte freundlich wie seit langem nicht mehr, sieben Selbstmordversuche, drei davon *glückten*.

Hatte ich ihn durch meinen gezielten Bericht wieder ganz in seinen alten Haß gegen Josef-Heinrich gestürzt, daß er jetzt gar nicht mehr daran dachte, den makellosen Allwissenden zu spielen, der mich wieder einmal ertappt hatte? In solchen Fällen nahm er mir ja nicht übel, daß ich irgend eine Weibergeschichte hatte, ihm lag nur daran, mich spüren zu lassen, daß ihm nichts verborgen blieb. Allerdings schien er dann jedes Mal enttäuscht zu sein vor mir. Er stellte es immer so dar, als habe ich ihn hinters Licht geführt. Offenbar war er der Ansicht, daß unter uns eine gewisse Informationspflicht herrsche.

Ich war nicht mehr sicher, ob er unser Gespräch wieder nur benützen wollte, um mich am Ende als den Ertappten zu strafen, wovon ich ihn vorerst einmal abgelenkt hatte, oder ob es sich lediglich um Josef-Heinrich handelte. Vielleicht wollte er mich sogar ermuntern, Susanne dem Don Juan auszuspannen. (Übrigens wies Edmund jeden heftig zurecht, wenn einer einmal Josef-Heinrich einen Don Juan nannte. Davon hat der auch nicht einen Funken. Mit der bloßen Menge ist man noch lange kein Don Juan, sagte Edmund und hielt sofort ein scharfes Kurzreferat.)

Edmund, hingerissen von seiner eiskalten Fröhlichkeit, erlöste mich aus meinen Zweifeln: drei davon *glückten*, sagte er, nachweisbar.

Davon weiß ich nichts, sagte ich. Ich habe Josef-Heinrich eine Zeitlang aus den Augen verloren.

Josef-Heinrich hättest Du auch kaum mehr begegnen können, selbst wenn Du ihn gesucht hättest, es sei denn Du hättest Dich ins Kittchen bemüht. Er saß nämlich, mein Lieber, hinter solidem Mauerwerk. Ja, wenn ich's Dir sage. Schließlich hat er Aufträge fingiert, Provisionen kassiert für Fälschungen. Betrug nennt man das, verstehst Du. Das hat die stolze Karriere ein paar Takte lang unterbrochen. Ja, ja, unser Freund Josef-Heinrich hat ein schön buntes Leben, und im Knast hat er Erich kennengelernt, den braven dummen Ekkehard. So hängt das alles zusammen.

Edmund fehlte es wieder an Luft.

Nun hat es Josef-Heinrich nie so genau genommen, das wißt ihr bloß nicht. Schon im Krieg, abgeschossen über England, was hat er getan? Gibt rasch sein Ehrenwort, der Herr Hauptmann, daß er nie mehr gegen Engelland und seine Verbündeten fliegt. Wird auch prompt nach Schweden entlassen. Göring selbst hatte da die Finger drin. Der Held reist sofort heim ins Reich, bekommt die allerbeste Unterschenkelprothese und setzt sich in eine nagelneue Kiste, schießt noch ein paar Dutzend Tommies vom Himmel und wird sogar Major. Na ja, so naiv können auch nur die Engländer sein, dem Ehrenwort eines deutschen Fliegerhelden zu glauben. Aber er ist unser Freund und wir lieben ihn alle sehr.

Daß ich das alles bloß halb so schlimm fand, wagte ich nicht zu sagen. Betrug, ausgerechnet mir kam er mit Betrug. Wenn der wüßte, was ich vom Paragraphen zweisechsdrei halte und von dem Wort Betrug, das mir noch immer wie Rabenschrei und Marschtritt klingt. Betrug! Bei uns nennt man's Betrug, während man . . .

Höchstens die Selbstmorde. Aber wieviel muß zusammenkommen, bis sowas passiert. Wahrscheinlich ist jeder an Selbstmorden beteiligt, von denen er nie etwas erfährt. Die Mühe, die es macht weiterzuleben und die Mühe, sich umzubringen, sind etwa gleich groß. Es kommt bloß darauf an, welchen Täuschungen man verfällt, denen, die einem das Weitermachen empfehlen oder denen, die einem nahelegen, Schluß zu machen.

Edmund wartete immer noch auf meine Entrüstung. Eigentlich kam mir das doch alles sehr gelegen. Also strengte ich mich ein bißchen an und sagte: Das ist ja allerhand. Woher weißt Du das alles?

O ich weiß noch ein bißchen mehr, sagte er glücklich lächelnd. Das Material nimmt täglich zu.

Er griff nach einem Ordner, klopfte mit einem langen abgewinkelten Hexenfinger auf den Rücken und sagte: da liegt alles bereit.

Wozu?

Das weiß ich noch nicht. Das kann man nie wissen. Ich möchte bloß nicht ganz ungerüstet sein, wenn es los geht. Du kennst Josef-Heinrich nicht. Warum, meinst Du, führt er uns sein pornographisches Kino vor? Nicht bloß, um sich aufzuspielen und anzugeben. Hineinziehen will er uns in seinen Dreck, daß keiner was unternehmen kann gegen ihn. Aber hier ist Material, mein Lieber, tolles Material! Wenn ich den Deckel aufmache, das gibt einen schönen Schub, kannst Du mir glauben.

Edmund fuchtelte durch die Luft. Ich verstand ihn nicht mehr. Er sprach immer von seinem *Material*. Ein paar weit weit zurückliegende Geschichtchen, die zum Teil ordentlicher abgebüßt waren als man verlangen kann. Und doch schien Edmund zu glauben, er habe da ein Pulverfaß in der Hand, an das er nur noch die glimmende Lunte legen müsse, um Josef-Heinrich in die Luft zu sprengen. Nun hörte ich in jenen Tagen gerne etwas Nachteiliges über Susannes Verlobten, aber ich sah nicht, was mit solchem Klatsch anzurichten wäre. So geht es einem immer, wenn man einem begeisterten Intriganten gegenübersitzt, der für eine tödliche Beweiskette hält, was uns nur als unverwendbarer, zusammenhangloser Mischmasch aus Gerücht und Vergangenheit erscheint. Der Intrigant erweckt unser Mitleid viel heftiger als der, gegen den der Angriff sich richten soll. Aber wahrscheinlich unterschätzt man da die Leidenschaft des Intriganten. Sie allein ist es, die die eifrig gesammelten und uns so unverwendbar erscheinenden Fragmente zusammenschweißt zu einer selbst die Unschuld erwürgenden Kette.

Ich verabschiedete mich von Edmund wie von einem Kranken. Wie von einem sehr lieben Kranken allerdings, denn allmählich begriff ich, daß dieser böse Eifer nur eine Folge der Verlobungsfeier war. Edmund liebte Susanne. Und er reagierte auf seine Art. Nach jeder Verlobung Josef-Heinrichs war er wieder heftiger in sein Haß-Fieber verfallen. Daß es diesmal so schlimm ausgebrochen war wie noch nie, verstand ich besonders gut. Dafür war ich ihm sogar dankbar. Ich hatte mich also doch nicht getäuscht. Wenn sogar Edmund so loderte. Ach ja, er war doch mein bester Freund. Und schon stellte ich mir vor, wie ich Susanne von ihrem Erfolg bei Edmund erzählen würde.

3

Man meint es nicht gut mit sich selbst, wenn man sich nicht bei jedem Schritt vorstellt, was alles passieren kann. Auch noch, als ich den Hörer auf die Gabel legte, versuchte ich mir einzureden, ich sei überrascht von der Dringlichkeit, mit der Josef-Heinrich mich gebeten hatte, ihn zu besuchen. Aber man kann entweder wie betäubt hinter Susanne herlaufen, einem Jagdhund gleich, der seiner Nase folgt, und wenn sie ihn mitten hinein in den Waldbrand führt, in dem sein Opfer schon längst umgekommen ist, oder man kann im Sessel sitzen bleiben und sich überlegen, was daraus entsteht, wenn man jetzt gleich die Hände auf die Lehnen stützen und sich hochstemmen, das Zimmer verlassen und ins Revier rennen wird. Wer zu überlegen beginnt, wird wahrscheinlich nicht mehr aufstehen. Und im Augenblick wünschte ich, ich hätte mehr an Josef-Heinrich gedacht.

Erich begrüßte mich leise und ging rasch vor mir her. Erich schlug einen Aktendeckel auf. Beide sahen mich an. Es war, als seien wir Verschwörer und sie hätten mir mitzuteilen, daß unser Chef geschnappt worden sei. Die Fleischlasten ihrer Gesichter sackten rechts und links über die Mundwinkel hinab. Ich konnte immer noch Zufälle vorschützen. Schließlich konnte es nicht verboten sein, mit Susanne, wenn man sie auf der Straße oder in einem Foyer traf, eine Tasse Kaffee zu trinken. Und sollte sie sich selbst beklagt haben, so hatte sie sich einfach getäuscht. Das waren keine Anträge, liebster Josef-Heinrich. Du weißt ja selbst, wie man mit Frauen plaudert. Leider wußte ich jetzt schon, daß ich es nicht über mich bringen würde, ihn an seine Fahrt mit Alissa zu erinnern; es wäre mir zu peinlich gewesen. Hoffentlich ist bei Ihnen zuhause alles so, wie Sie es verdienen, hatte er gesagt und sie dabei so angeschaut. Dagegen war alles, was ich Susanne erzählt hatte, die reine unverfängliche Musik.

Josef-Heinrich gab Erich ein Zeichen und lehnte sich weit zurück. Wie Du Dir denken kannst, sagte Erich, handelt es sich um Edmund. Deine Überraschung beweist, daß Du ihn immer noch nicht kennst. Er ist gemeingefährlich, weißt Du das? Vielleicht ist er auch wahnsinnig.

Laß mal, sagte Josef-Heinrich und beugte sich wieder vor, daß sein Bauch auf die kurzen prallen Oberschenkel zu liegen kam. Er war unzufrieden mit der schaudererregend weihevollen Art, in der Erich zu sprechen begonnen hatte. Er begann nun seinerseits in einem allzu gemütlichen Ton, der aber gefährlicher wirkte als das Femegerichtspathos seines Gehilfen.

Ich könnte mir vorstellen, sagte Josef-Heinrich, daß Edmund Dich zuweilen um ein Alibi gebeten hat. Siehst Du, mich auch. Und da er mein Freund ist, habe ich immer versprochen, ihn zu decken. Aber allmählich wurde ich mißtrauisch. Einen solchen Alibi-Verbrauch hat nicht einmal ein schwerer Gewohnheitsverbrecher. Erich und ich spielten ein bißchen Detektiv und wir kamen darauf, daß Edmund in keinem einzigen Fall ein Alibi gebraucht hätte. Da wollte er, zum Beispiel, es muß an dem Tag gewesen sein, an dem Du zurückkamst, mit einem Lehrling vom Telegraphenbauamt etwas gehabt haben, Ludwig soll der geheißen haben, aber zufällig gibt es nicht einen einzigen Lehrling im Telegraphenbauamt, der Ludwig heißt. Und wenn wir tatsächlich einmal auf so einen Jüngling stießen, der Edmund wenigstens dem Namen nach kannte, dann stellte sich heraus, daß der nicht im Traum daran gedacht hatte, mit Edi ins Bett zu steigen, daß also auch wenig Grund vorhanden war, Edmund anzuzeigen. Du kannst mir glauben, unser Material ist sorgfältig geprüft und zum Teil nicht von uns, sondern von Fachleuten auf diesem Gebiet zusammengestellt worden. Es ist ganz unbestreitbar, daß Edmund sich aufspielt, daß er uns ein gefährliches Leben vorspielt, daß er uns glauben machen will, er sei in unzählige Affären verwickelt und stehe dauernd im Kampf gegen Strichjungen und Zuhälter, die ihn zu erpressen versuchten. Wir kennen inzwischen auch die Geschichte seiner Ehe. Uns hat er oft genug erzählt, diese Ehe sei schiefgegangen, weil seine Frau nicht den kleinen Finger gerührt habe, ihm ein bißchen entgegenzukommen. Du kennst die Geschichte von ihren Hämorrhoiden und so weiter, das Märchen, daß sie ihn getäuscht habe, vorher das virile Mädchen gespielt, das es lange solo getrieben habe, deshalb habe er sie auch nur geheiratet, nachher aber habe sie plötzlich von ihm das Normale verlangt, und das habe er ja auch zähneknirschend geleistet, in der Hoffnung, sie komme dann auch ihm entgegen undsoweiter, nun, diese Geschichte ist erstunken und erlogen: er hat von ihr zwar alles verlangt, sie war zu allem bereit, aber er war zu nichts fähig. Verstehst Du, Anselm! Und jeden, der Zeuge seiner Unfähigkeit geworden ist, haßt er. So hat er auch einen Boy im Roxy solange verfolgt, bis der einmal mit ihm ging, für schweres Geld. Als sie dann in der Wohnung waren, konnte Edmund nicht. Er beschuldigte den Boy. Frag' Ludwig, der kennt die Geschichte. Der Boy lachte Edmund natürlich aus. Edmund ruhte nicht eher, bis der Kleine aus dem Roxy flog. Schließlich ist Edmund dort ein angesehener Gast, schleppt die Pattersonleute hin, da opferten die eben den Boy. Edmund blieb dem Kleinen auf der Spur. Als der sich im Curio-Hotel bewarb, sorgte Edmund dafür, daß man den Kleinen nicht annahm. Der floh aus der Stadt und bewarb sich in Koblenz, Edmund intervenierte auch dort, aber diesmal ohne Erfolg. Ein anderes Mal erzwang er die Entlassung eines Balletteleven, dem er vorher zwei Monate nachgelaufen war. Der Junge war eine Nacht bei Edmund gewesen, Edmund schlapp wie immer, brachte nichts zustande, beschimpfte den Jungen, lief am nächsten Tag ins Theater und da er wußte, daß der Ballettmeister bisher erfolglos um Lerry geworben hatte, nahm er den mit und befahl ihm, nett zu sein. Der Ballettmeister bekam Lerry. Der Eleve flog.

Nun kannst Du sagen: was geht uns das an, laß' ihn doch machen, er ist unglücklich genug. So habe ich auch gedacht, obwohl ich wußte, daß er mich haßt, daß er Dich haßt, uns alle haßt, aber bitte, soll er uns hassen, er kann wahrscheinlich gar nichts dafür. Ich habe Dir auch nie gesagt, wie er über Dich spricht, wenn Du nicht da bist. Er kann nun einmal nicht leben, ohne Gift zu spucken. Er würde ersticken, oder an einer Art Seelenvergiftung sterben, wenn er zwei Tage lang über keinen seiner Freunde schimpfen könnte. Er muß eine Drüse in sich haben, die Haß produziert, und den Saft muß er dann an uns ausschwitzen. Du bist für ihn nichts, als . . ., aber laß mal, sonst glaubst Du, ich hab' mir das ausgedacht, Erich, fahr' ab.

Erich drückte auf eine Taste des Aufnahmegeräts. Edmunds Stimme kam aus dem Radioapparat. Die Stimme, der es an Luft fehlte, man hörte es jetzt, da er die Stimme nicht fuchtelnd unterstützen konnte, ganz deutlich. Daß er so leise sprach, war gar nicht Überlegenheit und effektvolles Unterspielen, er konnte gar nicht lauter. Mitten in einem Satz hatte Erich auf die Aufnahmetaste gedrückt. Also sind sie doch schon bald beim Tonfilm hier. Aber der Text war nicht uninteressant: . . . leider, leider, aber er ist eben auch bloß ein geldsüchtiger Kleinbürger, der den Erfolg will, weil er glaubt, das sei der beste Köder für die Frauen, der ganze Horizont, ein großer Unterrock, Frauen, von denen an seiner Wiege nicht die Rede war, das ist sein Ziel, leider, leider, natürlich hat er Gedanken, aber er hat aus seinem Hirn eine Zwiebel gemacht, eine vielschichtige, daß er ruhigen Gewissens jeden Betrug unterbringen kann, alles hübsch isoliert, daß nichts überspringt.

Ich glaube, Du täuschst Dich, er liebt seine Frau wirklich, sagte die Stimme Josef-Heinrichs freundlich aus dem Radio.

Das kann er Dir erzählen, mir nicht, und ich kann's verstehen, daß er sie betrügt, er hat sich mit bewunderungswürdigem Instinkt eine Frau gesucht, die man betrügen muß, verstehst Du, er würde wahrscheinlich auch jede andere betrügen, bei der seinen ist das geradezu notwendig, er ist ein erotischer Hochspringer, aber seine Frau ist viel schlimmer, eine unbefriedigte Frömmlerin, deren Religion nicht besser ist als ihr Geschmack, und dann dieser ekelhafte Missionseifer, und warum? warum diesen penetranten Weihrauchgestank um sich her verbreiten? weil sie fürchtet, jeder rieche sonst ihre übermäßig sekretierenden Geschlechtsdrüsen, sie ist eben das ganze Jahr läufig, schämt sich deshalb und ist fromm geworden, ach mir tut er leid, der gute Anselm, den ich lieber mag als irgendeinen andern, aber man kann ihm nicht helfen . . . Stop, sagte Josef-Heinrich. Beide sahen mich an. Mir war heiß. Aber ich brachte ein Lächeln zustande, das sich zumindest von innen sehr souverän anfühlte.

Über mich redet er bestimmt nicht anders, sagte Josef-Heinrich, und solange er nur geredet hat, habe ich zugesehen. Aber seit ich weiß, daß er die Verlobungskarten drucken und verschicken ließ, seitdem frage ich mich, ob ich noch länger zuschauen soll. Ich weiß, daß er jetzt in der Stadt herumrennt und predigt, man müsse Susanne vor mir retten. Und deshalb wollte ich Dich fragen, ob Du, wenn es Dich beträfe, auch jetzt noch ruhig zusehen würdest?

4

Unsere Art ist es, unsere Art. Und die vielen Geräusche. Und daß immer nur ein Gedanke in uns Platz hat. Das macht die Gedanken schwach. Es ist ihr Nachteil, daß sie nur nacheinander in uns Platz haben. Edmund hat recht. Deshalb ist es leicht, mit ihnen fertig zu werden, jeden einzeln herankommen zu lassen und ihn dann abzumurksen.

Solange unser Hirn nicht eine ganze Batterie von Einsichten gleichzeitig auffahren lassen kann, zu donnernden Breitseiten fähig, solange wird sich nichts ändern auf der Welt. Lieber Gott vergib mir, wenn ich Dich schon mal graue Mieze genannt habe, aber Du wirkst eben oft wahnsinnig verspielt. Du hast auch so Deine Touren. Jetzt hat Edmund mich fertig gemacht, siehst Du, jetzt neige Deinen Mund und blas' mich wieder an, hauch' mich warm, oder gib mir einen Porsche, daß ich hinauskann, draufdrücken und heulen wie Justus, und singen, ohne es selbst hören zu müssen, weil das Sausen der hundertfünfzig Sachen alles verschluckt, Heulen wie Singen. Justus leiht Dir alles, gibt Dir alles, bloß seinen Porsche nicht.

Eine saubere Figur bin ich jetzt. Was der über mich gesagt hat, habe ich hundertmal über ihn gesagt. Aber daß der das über mich gesagt hat, was ich hundertmal über ihn gesagt habe, zu Josef-Heinrich gesagt, zu Justus gesagt, gesagt, wo es mir gerade paßte, und jetzt sagt er das über mich! Eine Überraschung ist das schon. Kaltblütig verläßt man sich auf den Anstand derer, die man schon längst verkauft hat. Der arme Trottel Edmund. Unser liebes impotentes Bleichgesicht. Du handelst wenigstens bloß Margarine, Josef-Heinrich, aber Edmund sieht so aus. Es ist schon komisch. Wenn ich es bin, der den Anstand eines anderen braucht, dann kann ich mir nicht vorstellen, daß ich an seiner Stelle anders als anständig handeln würde. Generell ist man immer für Handlungen, die einem hübschen Kanon von Anstand und Rechtschaffenheit entsprechen. Aber eine Laune, eine Inklination der Lippen, und schon schauen wir auf diesen viereckigen Kanon wie auf eine Kinderschulregel hinab und verraten drauflos.

Aber was tut man, wenn man plötzlich wieder mit der Nase draufgestoßen wird, daß die anderen nicht besser sind als man selbst? Was, graue Mieze, die Du die Pfoten von mir gezogen hast, was kann ich gegen Edmund tun? Man ist nicht mehr der Allerjüngste. Hat seinen Kreis. Davon lebt man auch. Brichst Du heute mit dem, kannst Du gleich morgen mit dem nächsten brechen, nach drei Wochen ist es leer um Dich, Du hast zwar Ruhe, aber Du kannst nicht mehr leben.

Nein. Du mußt ihn disqualifizieren. Sammle seine Urteile, Du wirst Fehlurteile finden, jede Menge, Du wirst sehen, wie dumm der schon dahergeredet hat, also kann auch das, was er über Dich sagt, nicht wahr ...

Leider waren Edmunds nachweisbare Irrtümer einfach nicht zu verschmelzen mit dem, was er über mich gesagt hatte. Seine Irrtümer vergaß ich immer wieder. Übrig blieb, losgelöst von aller schonenden Einbettung, größer, mächtiger, unwiderlegbarer geworden: sein Urteil über mich. Es nützte nichts, Schmeicheleien anderer aufzufrischen. Sie kamen nicht an gegen das Urteil, gegen die fein herauspräparierte Radiostimme. Edmunds Urteil gewann die Unwiderlegbarkeit von Wasserstandsmeldungen und Zeitansagen. Selbst wenn Deine Uhr Dir eine andere Zeit zeigt, Du mußt sie nach der Stimme richten. Ich mußte den Kampf einfach aufgeben. Sein Urteil wuchs und wuchs durch jede Niederlage, die ich mir beibrachte. Ich mußte versuchen, ihn zu lieben. Ihm unterwerfen mußte ich mich. Hingehen, ihn bitten, mich als seinen Sklaven anzunehmen, um so den natürlichen Unterschieden zu ihrem Ausdruck zu verhelfen. Erst dann würde ich wieder ruhig sein, erst dann konnte eine Entwicklung einsetzen, die wieder Hoffnung erlaubte: denn wenn er die Herrschaft über mich annimmt – und das muß er, seinem Urteil folgend, tun – dann ist er gefährdet, dann steuert, treibt er dem Schicksal entgegen, das ich jetzt erleide.

5

Hatte jemand ein Zeichen gegeben? Plötzlich eine Strömung hierhin und dorthin, Einschwenkungen, Umdrehen unter Verzicht auf Vollendung angefangener Sätze, die Wolke feinerer Herrn teilte sich, die Teilchen rückten zu zwei Zentren hin. Ted Pawel trat einen Meter vor unsere Gruppe und sprach. Herr Frantzke trat einen Meter vor seine Gruppe und sprach. Beide sprachen und begrüßten uns und einander. Jeder, Häuptling eines Negerstammes, seine Würdenträger hinter sich, auf den anderen zutretend, die Friedensformel herzusagen, an die keiner mehr glaubt. Ich wunderte mich über die Zeremonie. Gut eine Viertelstunde schon waren wir herumgestanden im Sitzungssaal der Firma Frantzke, längst hatte jeder jeden begrüßt und jeder war jedem, wenn nötig, vorgestellt worden.

Hübsche Schuhe, die Sie da haben, Edmund, aber die sind Ihnen doch um zwei Nummern zu klein, hatte Pawel gesagt. Edmund, erstaunlich für mich, hatte keine Antwort gefunden.

Morgens machte ich die Tür auf und da hatte ich vor mir mein mare, und dann haben Sie ja in einem Bungalow-Hotel nicht den üblichen Snobismus des Umkleidens, und Sie haben etwas für sich. Hätten Sie aber gern Menschen, haben Sie fünf Minuten Weg und Sie haben soviel als Sie ...

Herr Neeff hatte seinen Satz wegen der beginnenden Zellteilung nicht mehr beenden können. Herr Neeff war Frantzkes Werbechef. Der Gebrauch von Verben schien ihm verhaßt zu sein. Welches persönliche Schicksal ihn bewogen haben mag, dem unscheinbaren Hilfsverbum *haben* all unsere blühenden Wortstämme zu opfern, weiß ich nicht. Aber seine wie auch immer entstandene Rigorosität hatte doch den Vorteil, daß ich mir nach der Vorstellungsprozedur von diesen vielen ähnlichen Anzügen Herrn Neeff deutlich gemerkt hatte.

Herr Frantzke marschierte auf den Kopf der langen Tafel zu. Seine Mitarbeiter schwenkten ein und standen sofort hinter den Stühlen auf der Fensterseite. Wir brauchten länger, obwohl auch uns die Sitzordnung eingetrichtert worden war. Auf einen Wink von Frantzke setzten sich nacheinander wie am Schnürchen gezogen: Ted Pawel, unser Chef, dann Lambert Herchenröder, Account-Exekutive hieß er im merkurisch-apollinisch-amerikanischen Hierarchie-Jargon, dann kamen wir von der Copy, zuerst natürlich Herr Dieckow, als er saß, durfte ich mich setzen, und nach mir die Lay-Outer Edmund und Jerzy Forbert, schließlich Uli Brugger und Fräulein Dr. Zietan vom Research. Die Reihe des Frantzke-Stabes klappte wie von einem Druckknopf bedient zusammen und saß uns, nach kurzem Einknicken der Oberkörper, sofort wieder aufrecht gegenüber. Herr Frantzke genau unter seinem eigenen Bild. Auch auf dem Bild saß Herr Frantzke. Aber die Hände, jetzt schwer als Fäuste auf der spiegelnden Tischplatte, lagen auf dem Ölbild geöffnet in seinem Schoß. Wahrscheinlich hatte der Maler seinem Modell diesen Ausdruck der Gelassenheit in hartem Kampf abgerungen. Oder hatte da ein Pförtner doubeln müssen? Nein. Im bitterernsten Gesicht sah man noch die Spuren dieses Kampfes um Gelassenheit. Das Bild war fast zweimal so groß wie der wirkliche Herr Frantzke. Aber man hatte dafür gesorgt, daß das Bild nicht wie eine Drohung an der Saalwand hing; leicht hatte man's gemacht mit einem Rahmen, schlicht matt weißlich. Die eingelegte winzige Goldspur konnte man, je nach Geschmack, bemerken oder übersehen. Frantzke ist ein Prognath, hatte Edmund gesagt. Ich wußte zwar nicht, was ein Prognath ist, aber als ich den kurzgliedrigen

Mann mit den großen Fäusten, dem kurzen Hals und dem wulstigen und grobknochigen Gesicht sah, schien mir das Wort Prognath schon zu passen. Da Herrn Frantzke absolut keine Haare mehr geblieben waren, hatte es der Maler nicht so schwer gehabt, dem Bild die gewünschte Ähnlichkeit zu verleihen. Jetzt zog sich über Herrn Frantzkes wuchtiges Haupt und über die Stirn ein blutroter Reif. Vielleicht setzte er den Hut jedesmal einfach mit zuviel Kraft auf seinen Kopf; trotzdem dachte ich einen Augenblick lang an einen wilden Indianer, nennen wir ihn: das große Stiergesicht, den lebenslänglich die Narbe einer schon begonnenen und dann gerade noch rechtzeitig abgewendeten Skalpierung ziert. Die Augen hatten jenen Skalpierungsversuch noch nicht vergessen.

Raffiniert, die Burschen, flüsterte Edmund, setzen sich auf die Fensterseite, daß ihre Gesichter im Schatten sind und die unseren hell.

Ich nickte, als hätte ich das längst bemerkt.

Um den kurzen Meinungsaustausch mit Edmund, diese private Eskapade, wieder gutzumachen, sah ich aufmerksam auf das weiße Papier hinab, das vor mir wie vor jedem Teilnehmer dieser Sitzung lag. Gutes Papier ist wie die Haut einer schönen Frau. Man kann nicht aufhören, darüber hinzufahren und die Überraschungen zu bestaunen, die aus der Berührung entstehen. Mit Sorge bemerkte ich, daß ich ganz ungeschult war in den besonderen Fähigkeiten, die man zum unauffälligen Überleben einer solchen Sitzung braucht. Lambert war unser Wortführer. Was er sagte, kannte ich schon, weil wir tagelang durchgekaut hatten, was er hier sagen sollte. Und den Frantzke-Leuten zuzuhören war quälend, weil ich dann immer antworten wollte, und das war mir verboten. Nur Lambert und Pawel sollten sprechen. Wir anderen waren zur Dekoration dabei. Ich nahm mir vor, diese Rolle zu erlernen. Wahrscheinlich würde ich sie jetzt öfters zu spielen haben. Herrn Dieckow, meinen einzigen Kollegen hier, konnte ich mir nicht zum Vorbild nehmen. Er hatte das Gesicht in die Hände gestützt, als schlafe er oder sei sehr unglücklich. Er durfte das, da es eine Art Herablassung seinerseits war, daß er, der, wie man mir gesagt hatte, immerhin berühmte Schriftsteller, sich bereit erklärt hatte, mitzumachen. Edmund behauptete zwar, Pawel habe ihn nur mitmachen lassen, weil Frau Frantzke, eine Gönnerin des Schriftstellers, es gewünscht habe. Dieckow selbst wiederum hatte uns spüren lassen, daß er sich nur Frau Frantzke zuliebe bereit erklärt habe, sich mit Werbetexten zu befassen. Herr Dieckow saß also fast zu Unrecht auf unserer Seite des Tisches, und er führte sich auch auf wie eine Prinzessin, die, hauspolitischen Interessen gehorchend, sich bereit erklärt hat, die Einweihung einer Kegelbahn durch ihre Gegenwart zu veredeln. Nun wird ihr sogar Bier angeboten. Das wenn sie gewußt hätte. Na ja, sie wird es denen im Palast schon sagen.

Und dabei bekam Herr Dieckow für jede Sitzung, gleichgültig, ob er den Mund auftat zum Gähnen oder zur Formulierung einer hochmütig verträumten Albernheit, fünfhundert Mark. Als Pawel zuerst noch gezögert hatte, diesen Preis zu bezahlen, vielleicht weil er an Frau Frantzkes Bedingung dachte, daß nämlich Herr Dieckow an jeder Sitzung teilnehmen müsse, sonst sei der Werbefeldzug von Anfang an verloren, da hatte Herr Dieckow dem zögernden Pawel ins Gesicht gesagt: wenn Sie noch eine Minute so tun, als sei das zu viel, muß ich, schon um meiner Selbstachtung willen, tausend pro Sitzung verlangen. Ich kenne Aufsichtsräte, die sich unter fünftausend auf keinen Stuhl setzen. Sollte ich Ihnen nicht den zehnten Teil eines Aufsichtsrates, der seinen zweiten Schlaganfall hinter sich hat, wert sein, bitte, dann lassen wir's doch lieber. Ich tu's ja sowieso nur der gnädigen Frau zuliebe, die zwar von der Kunst soviel versteht wie das Ei vom Kochen, aber sie ist eben eine lebhafte Person und will etwas Gutes, man muß sich ihr fügen. Herr Dieckow sagte immer mehr, als im Augenblick zur Sache gehörte. Als wir das Werbeprogramm für Frantzke berieten, schwieg er entweder, oder er redete zu lang, zitierte aus seinen Büchern, stellte plötzlich Fangfragen, um herauszubringen, wer von uns diese Bücher gelesen hatte, bestand darauf, daß ein guter Slogan anapästisch oder daktylisch einhergehen müsse. Ich hätte wahrscheinlich schon am ersten Abend, niedergeschmettert vom Gefühl, falsch am Platz zu sein, meine Mitarbeit gekündigt, wenn nicht Edmund und Jerzy Forbert mir eingeredet hätten, daß alles, was Dieckow sage, bloßer Unsinn sei. Edmund und Jerzy sagten, man müsse ihn einfach reden lassen und es ohne ihn machen. Lambert aber litt körperlich unter Dieckows Reden, stöhnte, rülpste, trommelte auf der Tischplatte und rief schließlich mitten in einen der schönen langen Dieckowsätze hinein: Erbarmen, Maestro, Erbarmen. Lambert wand sich, als sei er der Böse selbst und Dieckow fuchtle ihm mit dem Kreuz vor dem Gesicht herum. Dieckow beschwerte sich natürlich bei Pawel, und Pawel versprach, Lambert zu maßregeln, obwohl das schwierig sei, denn Lambert habe nun einmal eine besonders einfache Natur. Ich soll mich bei Ihnen entschuldigen, weil mich Ihre Sabberstriemen bald zum Kotzen gebracht hätten, Herr Dieckow, wenn Sie also meinen, es sei Ihnen Unrecht geschehen, so ... so ...

Dieckow ließ ihm Zeit. Lambert, ein kräftiger Mann mit Tennisspieler-Armen, würgte, besah seine Hände, drehte sich um und sagte: nein, das könnt ihr nicht von mir verlangen, daß ich dem sein Blech nachträglich auch noch vergolde.

Wieder und wieder mußte Pawel kommen und schlichten. Wir verloren viel Zeit.

Edmund sagte, Lambert könne sich leisten, was sich kein anderer leisten könne. Dieckow sei immerhin Träger vieler Preise, gehe beim Oberbürgermeister ein und aus, gehöre zum Curio-Stammtisch, sei gefürchtet, weil er im Funk sprechen könne, wann er wolle, vielleicht sogar, was er wolle; in der Zeitung stünde ihm nicht nur die Feuilletonseite jederzeit offen, sondern auch die Leitartikelspalte, und wenn er noch nicht im PEN-Club sei, stehe seine Aufnahme sicher unmittelbar bevor. Aber Lambert habe auf seinem Gebiet ebensoviel Erfolg. Er kann heute hingehen, wo er will, sagte Edmund. Das schien das Höchste zu sein, was man erreichen konnte. Seit er dem Oberbürgermeister die Wahlschlacht gewonnen habe mit dem Slogan: *Einen bessern findst Du nit*, seitdem werde er auch von den Parteien umworben. Lambert habe ein riskantes Spiel gespielt, aber er habe gewonnen. Von Anfang an sei er als der aufgetreten, der kein Blatt vor den Mund nimmt, der zur Party mit offenem Hemdkragen erscheint und nach einer halben Stunde laut sagt: Kinder, es ist stinklangweilig hier, und geht. Jeder beneidet ihn um diesen Einfall. Die Frauen sind hingerissen. Will einer etwas gegen ihn sagen, so wird ihm vorgeworfen, er sei bloß neidisch, weil er selbst keine so kräftige redliche Art habe. Und dann ist Lambert auch noch ein Maler, der gar nicht soviel Bilder malen kann wie er verkaufen könnte; man muß sie vorbestellen; die Lieferfristen sind größer als beim Volkswagen. Das ist nicht verwunderlich, kann man doch durchaus der Meinung sein, seine Bilder seien abstrakt und trotzdem hat man die Genugtuung, auf jedem Bild mindestens ein Ei auszumachen.

Die Besitzer von Herchenröders gruppieren sich in solche mit einem Ei, mit zwei Eiern, mit drei Eiern. Dr. Pinne, der Leiter der Sozialabteilung bei Frantzke, will sogar ein Jugendwerk Lamberts aufgetrieben haben, auf dem er angeblich sechzehn Eier identifiziert hat. Lambert selbst lacht, wenn man darüber spricht. Ich kann nichts dafür, sagt er, was ich auch male, es wird immer ein Ei. Weil also Lambert ein solcher Kerl ist und auch noch einer, der manchmal einen Tisch zum Fenster hinauswirft oder zwei vollschlanke Damen auf seine Arme nimmt und sie auf der Terrasse herumträgt, und ein Auto mit eigener Kraft aus dem Graben zieht, und sagenhaft gut kochen kann, deshalb gilt er nicht bloß als ein Wortemacher. Das kommt ihm natürlich zugute, da das Leben dieser Kreise sonst nur selten über Gespräche hinausreicht. Und wie es sich für einen richtigen Künstler, der nicht bloß ein intellektueller Stubenhocker ist, gehört, hat Lambert eine Reihe saftiger Berufe hinter sich. Grobschmied war er, Nachtlokalkellner, Masseur, Feuerwerker, Schnellzeichner, Tennislehrer, Dekorateur, Schiffskoch und Straßenbahnschaffner. Ich habe erlebt, daß Frauen diese Berufe herbeteten wie eine Litanei. Grob‧schmied, sagte die Vorbeterin. Grobschmied, summten die anderen. Nachtlokalkellner, sang die Vorbeterin, Nachtlokalkellner, summte der Chor. Masseur, hauchte die Vorbeterin. Masseur hauchte der Chor. So beteten sie sich rasch in eine tiefe Trance hinein, daß von ihnen nur noch das Weiß ihrer Augen übrigblieb.

Mit der einförmigen Präzision einer Varietétruppe drehten die Frantzke-Leute ihre nadelspitzen Firmenbleistifte waagrecht über dem weißen Papier. Der erste mit der sorgfältig gepappten Frisur war wohl Dr. Fuchs, der Verkaufschef, früher ein hoher SD-Mann. Edmund hatte sich eine Fotokopie seiner Dissertation beschafft: *Die Bewegung und die Propaganda* (Edmund hatte wahrscheinlich über jeden seiner Bekannten *Material*). Fuchs ist der wichtigste Mann bei Frantzke, hatte Edmund gesagt, er hat die Frantzke-Farben erfunden, das leuchtende Rot, das fröhliche Grün auf jeder Dose, jeder Schachtel, er hat die Typenbeschränkung durchgesetzt, die Verkaufsorganisation gedrillt, die Verkäuferschule gegründet, Boykottaktionen gegen rebellische Einzelhändler gestartet. In flachen, von riesigen Brauenbogen überwölbten Höhlen wanderten unruhige Vogelaugen. Ein nach unten gebogener kleiner Mundstrich, darüber starr wachend die Nasenspitze. An diesem Mann mit der gepappten Frisur schien sich nie wieder etwas bewegen zu wollen. Selbst die ständig hin- und hergleitenden Augen wirkten nicht als Bewegung. Sie schienen ihr Hin und Her einem sinnlosen Mechanismus zu verdanken. Den wenn wir überzeugen, ist die Schlacht gewonnen, hatte Edmund gesagt. Neben Dr. Fuchs saß Herr Neeff, der Feind der starken Verben, Befehlsempfänger von Dr. Fuchs. Auch Dr. von Ratow, der Justitiar, sei für uns nicht wichtig. Sohn eines Widerstandskämpfers. Vielleicht sei sein Vater am 20. Juli von einem Kommando des Dr. Fuchs exekutiert worden. Aber der Sohn habe nichts zu befürchten, da Dr. Fuchs inzwischen Schüsse nicht mehr hören könne, nicht mal im Kino. Frantzkes Personalchef sei übrigens auch so einer. Früher bei Goebbels.

Irgendwo müßten diese Leute ja auch bleiben, sagte ich.

Denen ist es egal, ob sie ne Judenaushebung in Ungarn, ne Diffamierungskampagne gegen Nonnenklöster oder den Verkauf von Hühnerkonserven managen, sie erledigen alles bestens.

Eben, sagte ich, dann ist es doch besser, man setzt sie auf Hühnerkonserven an. Dachte an Susanne und sagte rasch: oder man hängt sie gleich auf.

Edmund nickte.

Aber mir war nicht wohl bei dieser Lösung, wenn ich den dürren Hals von Dr. Fuchs ansah, an dem der Adamsapfel auf und abzuckte, als habe er jetzt schon Angst. Ein zarter Hals, gelbweiß, ganz feine Haut, sanft umschlossen von einem kirschblütenweißen, gestärkten Kragen.

Ich mußte Dr. von Ratow, den Sohn des Opfers, anschauen, das tat gut, frei durfte die Teilnahme strömen. Dr. von Ratow sah zu Lambert hin, über Lambert hinweg, zur Decke und noch viel weiter, träumte mit wässrigen Augen. Viel Fleisch, rosig, eine Spur von Blau, Fleisch im Überfluß, um den Mund und im Mund investiert, verschwendet, ein willenloser Mund, ein Mund, der schwamm wie die Augen schwammen, schwer von Vergangenheit. Lambert redete immer noch in seiner eingängigen, an Mannschaftsunterkünfte und seine vielen Berufe erinnernden Art.

Herr Dieckow malte eine abstrakte Burg mit einem Mond, der sich die Zähne putzt. Pawel zog ein Gesicht, als sagte sein Sohn ein Gedicht auf. Er verbarg es nicht, daß er auch jetzt sein Bonbon lutschte, und steckte, wenn er eines zu nichts und süßem Saft zerlutscht hatte, sofort ein neues in den Mund. Man sah es dann als kleine Geschwulst überall hin wandern.

Bitte keine neue Antikariesformel, rief Lambert. Dann können Sie genau so gut irgend'n Goethe-Seufzer draufschmieren.

Warum nicht? rief Werbechef Neeff, siebzigmal hat einer die Tube in der Hand, hat er also pro Jahr fünf Goethezitate, die hat er dann intus, find' ich gut.

Entschuldigen Sie, Herr Kollege, sagte Lambert, solchen Menkenkes dürfen Sie von uns nicht verlangen, dann müssen Sie schon zu ner Agentur gehen, die sowieso nur mit

Büchmann-Geflügel hausiert. 'n Zitat, das jeder kennt, is doch nischt mehr wert! Wie schätzen Sie denn den Kunden ein! Nein, nein, wenn Sie schon scharf sind, unbedingt auch noch auf dem Zahnpastenmarkt mitzumischen, was ganz und gar revolutionär ist für einen Food-Konzern, und insofern finde ich Ihren Spleen ganz lustig, also wenn schon weiße Schmiere, dann nur mit neuer, sensationeller Pakkung, das ist unser Vorschlag, dann nur mit der neuen, und jetzt die Ohren auf, jetzt kommt's! mit der neuen Klarsicht-Meßtube!

Lambert sah zu mir her, wohl zur Belohnung, denn die Prägung stammte von mir und war gegen Herrn Dieckows Stimme angenommen worden. Klarsicht-Meßtube, das ist kein Wort, sondern eine Sprachfratze, die ihm Gänsehäute verursache! Also ein Gefühl der Kühle, der Frische, hatte Lambert gerufen, genau das ist beabsichtigt. Herr Dieckow hatte geseufzt und den Raum verlassen, als litte er an Atemnot. Lambert hatte darauf gesagt: Kinder, das braucht was, bis der geht. Alabaster-Creme hatte Dieckow die neue Zahnpasta nennen wollen. Ich hatte *Bianca* vorgeschlagen und *Bianca* wurde Uli Brugger und Fräulein Dr. Zietan zum Publikumstest übergeben. Bianca in der Klarsicht-Meßtube, was fällt Ihnen ein, wenn Sie Bianca hören? Busen, Mexiko, Italien, Casablanca, Weißwein, Titicaca-See, Hündin, Bikini, Weiß, Haut, Weich und Hart, Eleganz, das waren die Ergebnisse. Unsere beiden Psychologen sagten, das seien gute Reaktionen auf ein unbekanntes Produkt. Außer *Hündin* keine einzige negativ zu bewertende Reaktion, und selbst *Hündin* sei nicht ganz und gar negativ. Man war zufrieden mit mir. Edmund sagte: das hab ich euch ja gesagt, dem fällt was ein. Na ja, nach zehn Jahren Verkaufserfahrung, tat ich bescheiden und hörte dem Wort Verkaufserfahrung nach. Zehn Jahre motorisierter Tippel-

bruder. Er kann heute hingehen, wo er will. Von denen hat
nie einer eine Dose Schuhwichse mitten im Winter im Jura
verkauft, kann man auch nicht verlangen. Sollte mir das
jetzt tatsächlich zugutekommen? Ausgezeichnet, hatte Pawel gesagt, wir brauchen Leute mit Fronterfahrung. Seit
dieser Sekunde war ich ein Experte. Man muß also nur das
Gebiet, auf dem man gearbeitet hat, verlassen, dann ist man
ein Experte für dieses Gebiet. Aber Dieckow hatte mich
spüren lassen, daß ich Vertreter gewesen war. Die Trompe-
ter des Wirtschaftswunders, hatte er die Vertreter genannt.
Moser, Josef-Heinrich, Erich, ich fühlte mich euch brüderlich verbunden! Muß aber psychologisch sehr interessant
sein, hatte Dieckow versöhnlich hinzugesetzt, als er sah, daß
ich nichts antwortete. Ich hatte ja auch schon die Idee, mich
einmal für ein paar Wochen in einen Vertreter zu verklei-
den, sagte er dann und streichelte sich die nach vorne ge-
kämmten Haare, als müsse bei denen die Transvestierung
beginnen, aber man kommt zu nichts mehr, obwohl man
müßte! Das Leben, die Realität! Die sogenannte Gesellschaft ist bloß eine Schaumkrone auf der Unendlichkeit des
Wassers, und allzu oft nur gekrönter Abschaum! Und er
sah schwermütig auf seine Nagelhäute, die nicht zu sehen
waren.

Lambert hatte unser Programm *Bianca* und unseren
neuen Verpackungsplan *Totalsichtkonserve* vorgetragen.
Herr Frantzke wartete wie ein Staatspräsident auf die Meinung seines Ministerpräsidenten. Na, Herr Doktor Fuchs,
jetzt sind Sie dran, sagte er. Aber da stand nicht Dr. Fuchs,
sondern Dr. von Ratow auf und begann mit mild singen-
der Stimme, der wie seinen Augen alle Schärfe, ja sogar
alle Bestimmtheit fehlte, einiges zum Lob unserer beiden
Vorschläge zu sagen. Aber ich hatte doch deutlich gehört,
daß Herr Frantzke Herrn Dr. Fuchs aufgerufen hatte. Und

niemand schien sich darüber zu wundern, daß jetzt Dr. von Ratow sprach. Das ist doch von Ratow? flüsterte ich zu Edmund hinüber. Um Gottes willen nein, das ist Dr. Fuchs, flüsterte Edmund zurück, schau Dir doch bloß den Fleischladen von Gesicht an, Lippen wie zwei rohe Steaks und die Augen, als hörte er immerzu Wagnermusik. Und der andere, der dürre Vogelkopf? fragte ich. Das ist Dr. von Ratow, der Justitiar, der es nicht ungern hat, wenn man ihn nach seinem Vater fragt; den Zeitungsausschnitt mit dem Todesurteil trägt er immer bei sich und zeigt ihn unaufgefordert.

Edmund wollte mir noch mehr erzählen, aber ich spürte, daß Dr. Fuchs unser Geflüster bemerkt hatte und sah ihm deshalb sofort mitten ins Gesicht. Das war also nicht der von schwerem Schicksal willenlos gewordene Mund des Herrn Dr. von Ratow. Und der schmale abwärts gebogene kurze Strich war nicht die Befehlsklappe des Herrn Dr. Fuchs. Mühsam mußte ich umdenken. Dr. Fuchs, das war der große Fleischlappenmund, der sich beim Sprechen kaum öffnen mußte; es genügte, im vorderen Drittel eine Piepsöffnung. Das war die Befehlsschleuse, die jetzt gerade rief: es wäre doch lächerlich, wenn wir uns keinen unabhängigen Wissenschaftler leisten könnten, der uns das attestiert. Kam es bloß daher, daß ich jetzt wußte, daß dieser Mann Dr. Fuchs war, oder verändert sich ein Mensch wirklich so, wenn er aufsteht und eine Rede hält? Ich brachte den mit wässrigen Augen Träumenden und den jetzt Redenden nicht mehr in einer Person unter. Von Sekunde zu Sekunde verschwanden die überflüssigen Fleischpartien seines Gesichtes, wurden gebraucht, aufgebraucht, eingesetzt zum immer mächtigeren Reden, zum Lächeln, zum kurzen verächtlichen Blähen der unteren Gesichtshälfte, und da waren immer noch ungenützte Reserven, vielleicht für Zornausbrüche, Kaskaden des Hasses, höhnisches Gelächter, und auch die

Augen, die vorher verschwommene Flächen reglosen Blaus
gewesen waren, hatten jetzt Façon, hatten Schärfe und
konnten sich bezwingend auf jeden beliebigen noch so feinen oder entfernten Punkt des Raumes richten.

Und der, der immer noch wie ein ausgestopfter Vogel da
saß, das war Dr. von Ratow, seinen Hals, seinen Adamsapfel durfte ich also anschauen, ohne an einen Strick denken zu müssen. Aber der Hals des wirklichen Dr. Fuchs war
auch zart, wenn auch nicht so dünn, aber es war ein ge-
pflegter Hals, rosig, eine wahrscheinlich nach Lavendel duf-
tende Haut und ein ebenso weißer, ebenso gestärkter Kragen, ach Herr Dr. Fuchs, ich werde jetzt Dr. von Ratow
anschauen, den reglosen, toten oder bloß aus irgendeinem
Grund erstarrten Vogel.

Erst viel später wurde ich Zeuge auch seiner Verwand-
lungsmöglichkeiten. Bei ihm folgte auf die Erstarrung ein
hastiges, unnatürlich zerhacktes Reden, das er einem immer
in die Brusttasche der Jacke keuchte, dahin, wo man früher
das Tüchlein trug. Es schien, als fürchte er in jeder Sekunde seinen Gesprächspartner zu verlieren, deshalb hielt
er einen am Oberarm fest, beugte sich über jenes Täschchen,
weil er dann von der Ungeduld oder Ermüdung seines Ge-
sprächspartners keine Notiz nehmen mußte. Hätte man sich
ihm vorsichtig entwunden, er wäre mit gebeugtem Vogelkopf, die rechte Hand auf Oberarmhöhe im Klammergriff
erstarrt, stehen geblieben und hätte weitergeredet, bis einer
sich gefunden hätte, der sich freiwillig zu ihm hingestellt
hätte, um ihm den Oberarm und die Brusttasche zur Verfügung zu stellen.

Dr. Fuchs entwickelte Grundsätze: das Ziel sei die Er-
oberung der Massen, jedes Mittel, das dafür tauge, sei gut,
deshalb bloß keine Werbekunst, die sich selbst in den
Schwanz beiße, ob wir da einig seien?

Alle nickten.

Schön, sagte Dr. Fuchs, nachdem da alle mit Dr. Goebbels und mir übereinstimmen, denn es war Goebbels, den ich da zitierte, können wir zu den Details kommen. Ihm fehle noch der zündende Funke in unserem Plan, der Griff ins Unterbewußte. Bianca, Klarsicht-Meßtube, das sei alles hübsch und modern, Antikariesformeln hingen ihm genau so wie uns zum Hals heraus, aber nur solange sie negativ formuliert seien. Warum nicht ein Slogan, der verspricht: diese Zahnpasta härtet Deinen Schmelz? Also nicht die alte Leier von antibakterieller Hygiene, sondern eine neue Rüstung, Präventiv-Angriff, härtere Zähne durch Bianca, und wer wünschte sich nicht härtere Zähne!

Herr Neeff brauchte einen vielgliedrigen Bandwurmsatz, um allerhöflichst zum Ausdruck zu bringen, daß kein Mensch glauben werde, daß er seine Zähne mit Zahnpasta härten könne.

Das ist ja gerade Ihre Aufgabe, diesen Glauben zu verbreiten, rief Dr. Fuchs. Meinen Sie vielleicht, es sei eine Bagatelle gewesen, Liberalismus und Marxismus zu *einem* Gegner zu machen! Ich erinnere nur daran, um Ihnen zu zeigen, was Propaganda vermag, wenn sie sich nur genug vornimmt! Goebbels gelang es. Im Schandwort *System* schmolz er die Erzfeinde Liberalismus und Marxismus zu einem Gegner zusammen und machte daraus den Erzfeind des deutschen Volkes. Bitte, man kann darüber denken wie man will, aber das war schon eine Propagandaleistung, die Ballonmütze des Sozialdemokraten und das Grinsen des kommunistischen Untermenschen mit dem fetten Lächeln des Bonzen ostgalizischer Provenienz zu *einem* Gesicht zu verschmelzen, und da wollen Sie daran verzagen, den Leuten einzureden, daß das, was ohnehin schon jeder wünscht, durch eine neue Zahnpasta Wirklichkeit geworden ist: die harten Zähne, endlich zubeißen können, ein Wolf sein, ein Tiger, nehmen Sie einen Tigerrachen, aufgerissen, grellweiß funkeln die Palisaden, und schreiben Sie drunter: auch er benützt Bianca, ein Wissenschaftler gibt seinen Senf dazu, in Bianca sind die mineralischen Elemente der Tigernahrung enthalten, von mir aus auch der Raubtiernahrung überhaupt, selbst wenn Ihnen keiner glaubt, daß das stimmt, so wird doch jeder wünschen, es wäre so, und diesen Wunsch im Herzen, kauft er Bianca.

Dr. Fuchs setzte sich. Wir schwiegen. Herr Frantzke stemmte sich hoch und reichte dann doch viel weniger weit über die Tischplatte als Dr. Fuchs. Herr Frantzke hielt eine kurze Ansprache. Er war sehr ernst. So ernst war er, daß er nicht mehr auf Einzelheiten eingehen konnte. Er ermahnte uns, seine Mitarbeiter und sich selbst, wir möchten doch alle Dr. Fuchs' Worte beherzigen. Zu guter und immer besserer Zusammenarbeit mahnte er, eine Zeit schärfsten Kampfes breche an, und aus diesem Kampf werde die bessere Mannschaft als Sieger hervorgehen.

Wäre Herr Frantzke hagerer gewesen, ich hätte geglaubt, Friedrich der Große stünde vor uns und wir wären die Zieten, Wedell und Seydlitz im königlichen Zelt zu Parchwitz am Abend vor Leuthen. Noch schwang der schicksalbeschwörende Ton Frantzkes im Raum, als sich Dieckow hastig fuchtelnd das Wort erbat. Pawels Bonbon unterbrach seine Wanderung sofort. Sein nie ganz geschlossener Mund raffte Haut von den weißen Bäckchen herein. Er erinnerte mich an Bert, den entlaufenen Flintropgesellen. Seine Lippen hingen meistens auseinander wie die Lippen eines Säuglings, der die Mutterbrust auf sich zukommen sieht. Eine Erwartung dieser oder ähnlicher Art ließ seine Äuglein immer durstig leuchten. Vielleicht blieb jedes Bonbon ein bißchen hinter seinen Erwartungen zurück. Jetzt sah man allerdings, daß er auch böse werden konnte. Schließlich war es gegen den ergangenen Befehl, daß Dieckow sich zum Wort meldete. Lambert knöpfte sich noch den dritten Hemdknopf auf, zupfte ein Bündel Brusthaare hervor und sah Dieckow an, als sei Dieckow ein Feuerwehrmann, den er gerade bei einer Brandstiftung ertappe. Dieckow aber gebärdete sich unantastbar. Er sah nur zu Herrn Frantzke hin. Der konnte sich der scharf wie eine Stichflamme hochzüngelnden Hand nicht entziehen und sagte: bitte, Herr Dieckow.

Herr Dieckow neigte dankbar den großen Kopf und begann schon in der Aufwärtsbewegung seines Kopfes zu sprechen, so daß sein erster Satz geradezu hochgeschleudert wurde. Nichts läßt sich ohne Weiteres sagen, begann er. Und er sagte das so, daß ich mich verpflichtet fühle, *Weiteres* groß zu schreiben. Andererseits, fuhr er fort, möchte ich nicht den Anschein erwecken, als wollte ich Sie in einer Sache belehren, die Ihre Sache mehr als die meine ist, oder zumindest: zu sein scheint.

Lambert ließ die Luft aus den Lippen strömen wie ein Pferd. Aber, sagte Herr Dieckow, als habe er nichts gehört, ich bin doch wenigstens ein Konsument, und Herr Pawel bezeichnet den Konsumenten, wohl in Anlehnung an amerikanische Fachliteratur, gern als das fliegende Ziel, mit dem die Werbung wie ein Radar-System immer in Kontakt bleiben müsse, um den Abschußrampen, also der Wirtschaft, in jedem Augenblick mitteilen zu können, wie der Konsument zu erreichen sei; so darf ich mir also geradezu schmeicheln, daß es in allen Ihren Beratungen nur um mich geht. Ich habe allerdings den Eindruck, als meinten Sie es zu gut mit mir. Verzeihen Sie mir, wenn ich offen werde. Ich bin ein Mann des Wortes. Und das Wort ist offen oder es ist Phrase. Eine neue Zahnpasta wollen Sie mir anbieten. Ich fühle

mich der von mir hochverehrten Frau unseres Vorsitzenden
zu tiefem Dank verpflichtet für die Aufforderung, mich an
den Beratungen über die neue Zahnpasta zu beteiligen. Jetzt
weiß ich doch endlich, wie so etwas zustandekommt. Und
ich gestehe Ihnen: meine schlimmsten Erwartungen sind
übertroffen. Wo denn, sagen Sie mir das bitte, wo denn ist
ein Bedürfnis? Sie wissen das so gut wie ich. Deshalb die
neue Tube, deren von Ihnen akzeptierten Namen mein
Mund nicht aussprechen mag. Nun sind Sie ein Gremium
von erfolgreichen Fachleuten, erwachsenen Männern, reife
Menschen also, die zwar nicht andauernd an ihren Tod denken können, die sich aber ihrer Vergänglichkeit doch mitunter auch schon bewußt geworden sein dürften. Und Sie
setzen sich zusammen und verschwenden Ihre Lebenszeit wie
Kinder, um etwas ganz und gar Unnützes und Entbehrliches
hervorzubringen. Auch Ihre neue Konserve soll nur eine
neue Verpackung sein! Ihre Orangen-Fontäne, Himbeer-
Fontäne und wie Sie Ihr Fruchtsaft-Sprühwunder sonst
noch benannt haben, alles nur Verpackung, alles nur dumme
List der Oberfläche, Augentrug, Ablenkung vom Eigent-
lichen, Verschwendung des Materials und der Erfindungs-
kraft. Sie haben aufgegeben, oder wurden von schlechten
Ratgebern verführt, aufzugeben, was eigentlich Ihrer Arbeit Ziel sein müßte: die Sauce, der Fisch, das Rindfleisch,
die Tomate, das Hühnerragout. Wenn da nichts mehr zu
verbessern ist, ich bezweifle das, sicher ist das Produkt durch
mancherlei Erfindung noch billiger herzustellen, aber wenn
denn gar nichts mehr zu verbessern wäre, meine Herrn,
dann verkleinern Sie den Stab, lassen Sie die Maschinen
fort und fort das Gleiche produzieren, aber wenden Sie nicht
Ihre und Ihrer Mitarbeiter Kraft an solchen Betrug. Bitte,
ein Konzern wie dieser hat auch eine Verantwortung für
die Gesellschaft, von der er lebt. Sie sind sich offensichtlich

nicht bewußt, daß unsre westliche Gesellschaft in einem Kampf gegen eine Gesellschaft steht, in der buchstäblich jede Ganglie der Produktion des Notwendigen verpflichtet wird, während Sie sich hier, als wären Sie allein auf der Welt, dem Überflüssigen verschreiben. Sie mißbrauchen die Freiheit. Noch leiden sechzehn Millionen Deutsche unter der Knute der Diktatur und Sie spielen im Sand, arbeiten dem Kommunismus in die Hände. Entschuldigen Sie, wenn ich Ihnen das sagen muß.

Lambert murmelte, während Dieckow sprach, zweimal hörbar Arschgeige vor sich hin.

Ich staunte. Ich staune jedes Mal wieder, wenn ich einen Dieckow sprechen höre. Ich staune darüber, wieviel doch, was alles dem Kommunismus nützt. Es kann bei uns kaum einer Pieps machen, ohne daß ihm ein anderer nachweist, genau mit diesem Pieps arbeite er dem Kommunismus in die Hände. Mich bedrückt es allmählich, daß der Kommunismus soviele Handlanger hat. Und wenn ich auch keine genauen Vorstellungen vom Osten habe, so ärgert mich doch das unheimliche Raffinement, womit die ihr System ertüftelt haben müssen, daß alles, was bei uns geschieht, nur denen nützt. Und gerade die ganz alten Leute bei uns, die Weisen, die wissen das offensichtlich am besten. Obwohl die sagen könnten: was kümmert es uns, wir segeln ab in zwei, drei Jahren! Aber nein, ihren letzten Atem opfern sie auf, uns das Leben einzurichten, uns vor dem *Komm'nismus* zu schützen, den sie, wie mein Schwiegervater, nur noch mit größter Anstrengung aussprechen können. Vielleicht ist ihr *Komm'nismus* auch eine Verschleißerscheinung. Zu oft mußten sie das Wort schon aussprechen und immer mit Widerwillen. Das muß zu einer Verunstaltung führen. Gott sei Dank hört man in den Städten mehr auf die Alten als auf dem Land. Ach, wenn ich daran denke, wie man in

Ramsegg mit ihnen umgeht! Aufs Altenteil setzt man sie, läßt sie sabbern, lacht sie aus, wenn sie mit silberner Weisheit gegen die Brutmaschine, den Kunstdünger oder den Heutrockner wettern. So barbarisch und kulturlos geht es immer noch zu auf dem Land. Dabei geben die Städte, die Parlamente, die Regierungen heutzutage doch wirklich Beispiele genug, daß nirgendwo mehr Rat und Hilfe zu erwarten ist als bei denen, die ihre achtzig hinter sich haben und trotzdem noch so freundlich sind und so stark, unser Leben für uns und für alle Zeit einzurichten.

Herr Dieckow setzte sich. Lamberts Hand stand schon in der Luft. Herr Frantzke lächelte und machte eine einladende Handbewegung.

Lambert sprach ruhiger als es seine Art war. Er sagte: ich habe ein Wochenendhäuschen am Tegernsee und eine Menge Luftmatratzen, woll. Liegend, wenn mir die Sonne auf den Pelz scheint, höre ich mir sowas gerne mal an, polygam wie ich durch und durch bin, woll. Aber wo kämen wir hin, wenn jeder hier das eingetrocknete Schmalz aus seinen Arterien kratzte und es aufs blanke Mahagoni stäubte! Mein gelehrter, hochtalentierter Schattenschammes, hier ist kein Seminar, kommen Sie am Wochenende, wir können auch angeln, wenn Sie wollen, aber jetzt bitte zur Sache. Dies ist ein Antrag zur Tagesordnung, woll. Übrigens fällt mir da gerade ein Gedicht ein, vom letzten Samstag, ich lese nämlich das Feuilleton, verehrter Meister, erschrecken Sie bitte, und das Gedicht war von Ihnen, hieß es nicht *Harte Fügung* oder so, die letzte Strophe habe ich behalten:

> es bricht die wolke ab ein stück uranium
> das kind weint schwarz vor tieren
> abbricht uranium das kind
> die wolke weint ein schwarzes stück vor tieren

uraniumtier bricht
schwarz-wolkenstück weint
aber das kind
das kind

Und dann sind ausgerechnet Sie gegen Verpackung. Sie bringen mich noch so weit, daß ich auf den Kothurn klettere und Sie anklage des leberfressenden Neids. Lassen Sie uns doch auch unsere Lyrik. Und unsere Klarsicht-Meßtube, mein Mund mag das Wort aussprechen, sagt, was sie ist, und ist, was sie ist, wir nähren keinen Interpreten.

6

Einer der Chauffeure gab ein Zeichen wie ein Leithirsch, sofort sprangen alle Chauffeure vom Graswasen auf und rannten, ohne sich voneinander zu verabschieden, zu ihren Wagen. Edmund sagte: Lerry ist abgehauen. Kannst Du mich mitnehmen.

Als erster fuhr ein Dreihunderter vor. Wahrscheinlich für Herrn Frantzke. Moment mal, sagte ich und ging auf den Wagen zu. Es war Bert. Du bist Chauffeur bei Frantzke, Mensch, Bert. Der Konzern wurde mir gleich vertrauter. Aber wenn Herr Frantzke sähe, daß ich mit seinem Chauffeur per Du war! Ein Chauffeur hört doch manches. Und was würden die Herrn von mir denken, wenn sie feststellten, daß ich mit einem Chauffeur befreundet war? Aber es war schon zu spät. Bert lächelte und schnarrte: Herrenfahrer, wenn ich bitten darf.

Die Friseurhände hingen im Steuerrad. Bert genoß es, angeschaut zu werden. Behandelte mich, als wäre ich der Photoapparat, nur auf der Welt, ihn aufzunehmen.

Ruf mich an, jetzt, leider, bin ich in Eile, viel passiert inzwischen, wem sag' ich das! Servus Bert! rief ich, um wegzusein, wenn Herr Frantzke aus dem Portal träte.

Nimmst Du mich mit, sonst muß ich mit Jerzy fahren, sagte Edmund.

Edmund stieg ein, seufzte vor sich hin, sagte: fahr langsam, ich komm noch früh genug in meine Zelle. Dann schwieg er, sah gerade aus und fing noch einmal an, umständlich und doch ganz deutlich, wie ein Liebhaber, der sieht, daß seine erste Erklärung nicht verstanden wurde und der dieses Risiko nicht noch einmal eingehen will, obwohl er auch jetzt noch keinen Mut hat, geradeheraus zu sagen, was er sagen will. Man will verstanden werden, obwohl man im Augenblick nichts so sehr fürchtet, wie verstanden zu werden. Man muß es also so sagen, daß es aussieht, als habe der andere uns mutwillig interpretiert, wenn er zeigt, daß er uns verstanden hat. Erst wenn er Ja sagt und mitmacht, kann man zugeben, daß man genau das von ihm wollte. Dann streicht man sogar kräftig die eigene Initiative heraus.

Edmund sagte vor sich hin: dann kommt Lerry zurück, hat auf irgendeinem Kinderspielplatz ein Rätsel aufgeschnappt oder eine Aufgabe, läßt mich nicht in Ruhe, bevor ich die Aufgabe gelöst habe! Wenn ich zu früh sage: ich schaff' es nicht, sagt er: Du willst bloß nicht, probier's doch nochmal, sei nicht gemein, hier liegen acht Streichhölzer, zwei Quadrate, ein Hölzchen übrig, jetzt leg das Hölzchen so, daß ein Wort entsteht, oder daß drei Dreiecke entstehen, lauter solchen Quatsch. Unter einer Stunde darf ich nicht aufgeben. Erst wenn ich mich wirklich angestrengt habe, darf ich kapitulieren. Er will zuerst sehen, daß ich's nicht rausbringe, auch wenn ich mich ganz konzentriere, dann legt er klipp, klapp das Hölzchen so, daß alles stimmt und lacht und sagt, er habe die Lösung in zwei Minuten gehabt. Gestern kam er und sagte: bilde einen Satz, in dem fünfmal hintereinander *und* vorkommt. Ich quälte mich, er gab nicht nach. Erst nach zwei Stunden hatte er ein Einsehen und erklärte mir: ein Schriftenmaler bekommt von seinem Chef den Auftrag, ein Firmenschild für die Firma Mayer und Co zu machen; der Chef sagt zu dem Schriftenmaler: bitte machen Sie die Abstände zwischen Mayer und *und* und *und* und Co. gleich groß, da hast Du Deine fünf *und*.

Was soll ich tun, wenn er jetzt zu Hause wieder mit einer solchen Aufgabe auf mich wartet? Was würdest Du tun?

Schließlich gab ich nach.

Was meinst Du, fragte er ganz unterwürfig, ins Corso oder ins Atlantik?

Dann schon lieber ins Corso, sagte ich laut und rasch, als sei zwischen Corso und Atlantik ein geradezu entsetzlicher Unterschied.

Als wir saßen, sagte Edmund halb höhnisch und halb dankbar: ich hätte Dich unter keinen Umständen gleich heimfahren lassen.

Ich sah zur Tür, er redete. Ich hatte mich natürlich gleich so gesetzt, daß ich den Überblick hatte. Vielleicht hatten die Durst drüben. Es war allerdings kaum zu hoffen, daß sie ihre Getränke in einer Bar holten. Noch weniger durfte ich hoffen, daß von den vielen Angestellten des Reisebüros ausgerechnet Susanne geschickt wurde. Und konnte ich wirklich erwarten, daß denen erst am Spätnachmittag einfallen würde, wie durstig sie doch alle seien? Und dann mußte es in diesem Büro ja längst bekannt sein, daß eine Bar wie das Corso nicht über die Straße verkauft. Gut, man kann ausrechnen, daß auch nicht ein Quentchen Hoffnung besteht. Das ist eine Rechnung. Und die vermag nichts über unseren Kopf, der zur Tür schaut und das Wunder, das auch das Selbstverständliche ist, für die nächste Sekunde erwartet. Aber weil man gesünder als gesund leben will, sagt man sich: warte nicht, schau bloß hin, richte die Augen wie eine Kameraoptik auf die Tür, daß sie Dir einfach alles melden, das genügt. Du, höre inzwischen Edmund zu, als gäbe es auf der Welt nur ihn.

Wenn er einem eng gegenüber sitzt und auf einen einredet, beginnen seine Augen zu rotieren. Gegen den Uhrzeigersinn. Aber nicht, daß er, wie einer, der heftig umherschaut, die Augen kreisen ließ, nein, die Augäpfel standen still, nur die Iris schien sich zu drehen. Räder eines aufgebockten Autos. Gleichzeitig wuchsen die Augen, erreichten fast das Doppelte ihrer bisherigen Größe, traten weiter und weiter heraus, kamen auf einen zu, man wollte etwas tun, schreien oder weglaufen, ein Tuch über ihn werfen, oder ihn streicheln, aber da sanken sie schon wieder zurück, es war, als sei die ganze Bewegung nur ein übermäßiges Einatmen gewesen, die Drehung der Iris stoppte, Edmund sah mich an und grinste. Ob sich eine Frau an so etwas gewöhnen könnte?

Aber Du hast doch den Unterton gehört in Fuchsens Stimme, als er sagte, Dieckows zersetzende Ansichten würden nur durch eine gewisse Sachfremdheit entschuldigt. Zersetzend, hat er gesagt. Ein Wort, das er nicht loswird. Wenn man sein Freund wäre, müßte man ihn einmal darauf aufmerksam machen.

Dieckow sollte mal Gummischürzen an Kornbauern verkaufen oder Küchenwecker im Montafon. Ein Bedürfnis! Und selber schreibt er Bücher.

Das mit dem Bedürfnis stimmt leider, sagte Edmund.

Du machst doch auch mit, sagte Edmund.

Weil mir nichts anderes einfällt. Wäre ich gläubig, oder wenigstens ungläubig, verstehst Du, oder wenigstens KP-

Mitglied gewesen, jetzt ein Märtyrer oder sowas. Arbeiter malen, einer gibt dem anderen die Hand. Gesichter. Nicht das, was wir aufsetzen. Eine Mutter, die ihr Kind zur Jugendweihe führt. Ein Plakat für Sollerfüllung. Wenn das bloß nicht so lächerlich wäre.

Klingt, wie Zurück-zur-Natur, sagte ich.

Nein, im Gegenteil. Weg davon. Die Leute sollen sich für den Staat interessieren. Mir fehlt bloß noch der Staat.

Du möchtest baden, ohne naß zu werden.

Du hast gut reden, Anselm, Dir ist das alles nicht so zuwider, Du hast noch Spaß. Vielleicht liebst Du sogar. Du hast gut reden. Aber male eine Maria, wenn Du nicht an Josef glaubst. Ihr seid mir doch alle zuwider. Es ekelt mich, wenn ich mir vorstelle, wie ihr lebt. Dann verkauf' ich euch, verrate den einen an den andern. Hoffentlich lassen sie sich's jetzt nicht länger gefallen, denk' ich, hoffentlich tun sie sich zusammen, werfen mich raus, brechen mit mir ein für alle Mal. Immer warte ich auf den großen Krach. Aber der kommt nicht. Ich fahre heim, meide Lerry, lege mich hin, dann kommen eure Gesichter, Schub um Schub, einäugig kommen sie auf mich zu, und mir tut leid, was ich gesagt habe, aber jetzt muß ich's mir noch einmal und noch einmal anhören, muß die auf mich zufliegenden Gesichter, die einäugigen, anschauen, Erichs Mondgesicht hat das Auge links, Josef-Heinrichs quer liegendes Pflaumengesicht hat das Auge rechts, Deines kommt linksäugig, das von Alissa mit einem rechten Auge, und jedes blendet auf, rast auf mich zu und genau auf dem Punkt der größten Deutlichkeit öffnet sich das eine Auge und während das Gesicht wieder verschwimmt, schließt sich das Auge, aber so, wie sich ein Mund schließt, der gerade ein Urteil gesprochen hat. Darüber nachdenken kannst Du nicht, denn das nächste Gesicht ist schon unterwegs, diesmal ist das

Auge wieder links. Ein Ende dieser immer schneller auf Dich zuschießenden, augenöffnenden und augenschließenden Gesichter ist nicht abzusehen, es sei denn Du brächtest es fertig, aufzustehen und es käme Dir jemand aus dem Zimmer nebenan entgegen, der Dir, sagen wir einmal, die Hand auf die Schulter legt.

Ich schaute und schaute auf die Tür. Edmund redete, aber Susanne kam nicht.

7

Pawel steckte Geld in mein Büro, diktierte sanft den Pattersonschen Ausstattungsgeschmack. Alles wurde bunt und leicht, wurde eine Art Messestand. Matte rauhe Stoffe, glänzende Kunststoffplatten, gleißende Stuhlfüße, und draußen schwarz auf nur schwach schimmerndem Gelbgold: Anselm Kristlein Bianca-Werbung. Mir hatte der König ein Pferd verliehen, neue Wehr und Waffen. Ich kann da nicht ruhig bleiben und im Untergrund herumdenken und alles mit Spötteln abwarten. Treu bin ich nicht, aber wer mich hält, den halte auch ich. Edmund mahnte mich. Die tun das nicht um Deiner schönen Augen willen, sagte er. Aber sie tun es, sagte ich und unterschrieb.

Wen man nicht ganz genau kennt, dem ist leicht raten. Und Edmund dachte, wenn er mir riet, immer an sich. Vielleicht fürchtete er auch, daß ich dann nicht mehr auf ihn angewiesen sein würde. Wenn er mir schon zur Skepsis riet, wollte ich sie auch ihm gegenüber anwenden dürfen.

Zwei Hemden, ein neuer Anzug, dunkles Lila, und zwei Krawatten lagerten in meinem Schrank. Endlich hatte ich wieder eine Festung wie im Ramsegger Pfarrwald; ich war wieder exterritorial. Riesig, das neue Waschbecken. Und ragte doch nicht heraus über die breite Schrankfront. Ich konnte meine Hände nicht waschen, ohne zu singen. Und gar als ich mich anzog zum ersten richtig und ausführlich verabredeten Abendessen mit Susanne! Um halb sieben. Aber pünktlich. Josef-Heinrich kommt um zehn zurück und ich will ihn noch sehen. Sie können mich hinfahren. Mach' ich, mach' ich alles, Susanne. Die Krawatten würde ich Alissa früher oder später zeigen müssen. Hätte ich längst tun sollen. Jetzt waren sie schon mit Heimlichkeit beladen. Sowas roch Alissa.

Meine Ankleidezeremonie wurde immer gefährlicher. Jeder Handgriff wurde zum Einsatz eines neuen Instruments. Den Hemdkragen schließen, wen hast Du jetzt noch zu fürchten! Den Knoten der Krawatte mit einer Bewegung hochstreifen und straffziehen, Du wächst über Dich hinaus. In die Ärmel der Jacke fährst Du mit einer phantastischen Sicherheit. Was müßte Dich erwarten, das jetzt keine Enttäuschung wäre. Ein kriechendes Moderato, mit zusammengekniffenen Lippen gesummt, wäre besser. Jetzt begreife ich, Gaby, wie es Dir zumute war, als Du Stühle zurechtrücktest, vor dem Spiegel standest und Dir verbieten mußtest, auf die Uhr zu sehen. Aber jetzt weiß ich leider auch, daß Du das alles ganz ohne Vergütung getan hast. Es tut mir leid. Ich habe kaum Platz genug in mir, um Deinen Namen zu behalten. Natürlich ist es mir trotz einer gewissen Benommenheit auch in diesem Augenblick noch möglich, aus Deinen Erfahrungen eine Art Ergebnis zu filtern, ein trauriges Ergebnis. Wenn es möglich ist, daß jemand so ganz ohne Gewinn sich kaputt macht, das läßt vermuten, sowas könne auch noch ein zweites und ein drittes Mal passieren in dieser Welt. Und es könnte mir passieren, zum

Beispiel. Ich glaub' es nicht, aber man muß es immerhin denken.

Und sofort schüttelte mich wieder der Aberglauben. Plötzlich war die Welt ein Schulzimmer und der liebe Gott ein leider allwissender Lehrer, der mich gleich dafür bestrafen würde, weil ich Gaby über die Treppe hinuntergestoßen und dabei noch — wie sie behauptete — gelacht habe.

Ich war vor der Zeit im Grillroom des Curio-Hotels. Ich hatte das Gefühl, im Vorteil zu sein. Aber nicht lange. Als sie fünf nach halb noch nicht da war, schmerzte mein linkes Bein, das ich zur Demonstration äußerster Nachlässigkeit über das rechte gelegt hatte. Das rechte Schulterblatt war eine glühende, stechende Wunde, weil ich es, wohl um den Eindruck eines ganz entspannten, gemütlich nach hinten gelehnten Mannes zu machen, die ganze Zeit über mit viel Kraft gegen die schnitz-schnörkel-ovale Lehne des Stuhls gepreßt hatte. Ich gruppierte um. Aber ich fand keine Stellung, die mir so eindrucksvoll erschienen wäre wie die erste. Schließlich hatte ich doch meine erste Stellung genau überlegt. Jetzt glaubte ich, ich könne sie nicht wiederholen. Es war mir, als habe Susanne mich schon in meiner ausgeklügelten Warte-Haltung gesehen und müsse es lächerlich finden, wenn ich mich noch einmal so hinsetzte. Gott sei Dank fiel mir rechtzeitig ein, daß dies nicht der Fall war. Und gegen die drei Gäste, die mich beobachteten, war ich durch die Wichtigkeit meines Vorhabens gefeit. Sonst, ja sonst tastete ich mich mit aller Bedenklichkeit durch die überfüllte Welt, um nicht zu denen zu gehören, die etwas Komisches, etwas Auffallendes an sich haben, denen man nachschaut auf der Straße. Edmund nannte das eine spießbürgerliche Tarnung. Ich spürte, daß ich, wenn ich also sonst spießbürgerlich getarnt lebte, daß ich jetzt über meine Tarnung hinauswuchs. Susanne machte mich rücksichtslos. Ich baute meine Glieder noch einmal zur ideal-nachlässigen Wartehaltung zusammen. Und zwar sofort. Nicht länger als zwei Sekunden Erholung gestattete ich mir. Ich kannte doch die Welt! Die Zentrale, in der die Bosheiten des Zufalls ausgedacht und verhängt wurden, wartete doch nur darauf, daß ich eine Minute ratlos dasäße, fieberhaft eine neue Stellung suchend, und wenn ich zwei Stunden eindrucksvoll dagesessen, mit inzwischen erstorbenen Gliedern dagesessen hätte, in der zweiten Sekunde nach meiner Erschlaffung käme Susanne durch den weinroten Vorhang und träfe mich an als einen jämmerlich verrenkten Haufen Gebeins. O ja, ich war auf der Hut. Mich würde man nicht so leicht hereinlegen. Ich bemerkte es natürlich sofort, als die vier Ober über mich zu tuscheln begannen. Ich hätte nicht den Grillroom vorschlagen sollen. Da war ich einen Augenblick lang nicht auf Draht gewesen, und schon rächte es sich. Aber sie hatte mich durch ihre prompte Zusage auf meine vorsichtig scherzhaft formulierte Einladung so überrascht. Was tut man da? Man nennt auf ihre Frage: und wo essen wir? einfach das teuerste Lokal. Es ist, als springe man, wenn plötzlich ein Wolkenbruch herabgeht, instinktiv in den nächsten Hauseingang, ob Kirche oder Bordell, ist in diesem Augenblick egal. Edmund hatte mich ein paar Mal mit hier heraufgenommen. Er kannte die vier Ober dieses ganz und gar düster dunkelroten Lokals beim Vornamen. Mehr als fünf Gäste hatte ich hier nie gesehen. An den Wänden standen weiße Statuen in kleinen Nischen. Vor diesen nackten Männern und Frauen brannten winzige Lichtchen. Die vier Ober standen meist zusammen und flüsterten. Sie waren alle jung und fett, trugen schwarze, bis zu ihren runden Hüften reichende Jäckchen, darunter kamen lange weiße fludrige Mantelschürzen hervor, die bis auf die schwarzen

Halbschuhe hinabhingen und die Herrn bestimmt am Gehen gehindert hätten (denn sie öffneten sich kaum), wenn die Herrn je versucht hätten, schneller zu gehen. Man mußte schon Mut haben als Gast, wollte man das trauliche Getuschel dieser vier Brüder stören. Aber wenn man es dann gewagt hatte, watschelte schon recht bald einer her. Obwohl er nicht schnell vorwärts kam mit seinem Watscheln, sah sein Gehen doch so angestrengt und beflissen aus, daß der Gast die Aufwartung so gut genießen konnte wie wenn ein hageres Langbein von einem Ober auf ihn zugefuchtelt wäre. Und der Grillroom-Ober fragte dann so zart und rücksichtsvoll wie kein anderer Ober der Welt nach unseren Wünschen.

Fünf vor sieben kam sie und sagte: Mil perdones, señor, und schimpfte ohne Überleitung gleich auf das Reisebüro und hörte gar nicht mehr auf. Die Kieselgurstimme, ihre Stimme aus verwettertem Material war viel zu laut für den Grillroom, in dem man sonst nur die fast seufzend zarten Stimmchen der vier fetten Ober hörte, daß es klang, als sei man in einer Dorfkirche am Samstagabend und höre die Stimme einer Beichtenden, wenn sie bei einem besonders schwierigen Punkt aus dem Geflüster für zwei Worte herausfällt in einen leisen innigen Brustton. Aber Susanne sprach so, daß es jeder hören mußte. Ach wären wir doch in irgendeiner Bierschwemme, in der Betrunkene gröhlen, Maßkrüge poltern! Ich mußte sie sobald als möglich unterbrechen. Dabei mußte ich allerdings sehr vorsichtig sein in der Wahl des nächsten Gesprächsthemas. Aber so vorsichtig kann man gar nicht sein. Wenn eine Frau so laut spricht, wenn man niemanden hört im Raum als sie, dann wirkt das peinlich, ob sie nun übers Wetter spricht oder über den Fahrplan. Also mußte ich mehr sprechen als sie. Andererseits erfährt man von einer Frau nie mehr soviel wie beim ersten Abendessen. Da weiß sie noch nicht, worauf es uns ankommt. Da zielt sie noch nicht. Sie weiß noch nicht, ob wir krankhaft mißtrauisch oder leichtsinnig oder beides sind. Sie kann sich noch nicht nach unseren Erwartungen richten, da sie die noch nicht kennt. Hat man sich drei Stunden, oder gar vier Stunden mit ihr unterhalten und sich dabei verraten, dann erfährt man gewissermaßen nichts mehr. Man muß das Beobachtungssystem ungeheuer verfeinern, muß hinterhältig fragen, immer listig sein, darf nie merken lassen, was man im Augenblick herausbringen will, die Beziehung gerät in ein heilloses Laborstadium. Später gibt es kein System mehr, das die Gefahr ausschlösse, daß alle Ergebnisse falsch sind, weil man doch nie mehr sicher weiß, ob man sich am Ende nur noch den Echos der eigenen Apparatur gegenübersieht.

Susanne kümmerte sich nicht darum, daß die vier Ober und die drei Gäste an diesem Abend genau so viel über sie und von ihr erfahren sollten wie ich, der ich sie eingeladen hatte. Meine spießbürgerliche Tarnung lag ihr fern. Auch als sie die Ausbeutermanieren, die im Reisebüro herrschten, genugsam gebrandmarkt hatte, so daß jetzt jeder im Raum wußte, wie gemein sich Susannes Chef abends bei der Abrechnung benahm, auch danach, als sie über Edmund zu schimpfen begann, wurde ihre Stimme um kein Phon bürgerlicher. Schöne Freunde, die Sie da haben, querido amigo, ah, gehen Sie, gehen Sie, der ist bei mir unten durch, da ist der andere noch besser, der Nazi, wie heißt der doch, ist ja auch schnuppe.

Hoffentlich hielten die Ober und die Gäste Susanne jetzt für eine vollblütige Spanierin, das würde ihre Ausbrüche doch wenigstens ein bißchen entschuldigen, man würde mich dann nicht bloß für den Freund einer besonders lauten Person halten.

Ich trank so rasch, als es, ohne aufzufallen, möglich war, drei, vier Gläser aus und spürte, daß in mir eine Art von Schamlosigkeit den Zuhörern gegenüber wuchs, die hinter der Susannes nicht mehr so weit zurückstehen mußte. Ohne daß sie eine Absicht spüren durfte, mußte ich mich ihr jetzt als ein Mann zeigen, dem Josef-Heinrich bei all seinen Erfahrungen einfach nicht gewachsen war. Deshalb brachte ich das Gespräch auf den Beruf. Ja, ich bin auch einmal Vertreter gewesen, aber wissen Sie auch warum? Bloß weil ich es nicht über mich brachte, Chirurg, Polizist, Rechtsanwalt, Staatsanwalt, Richter oder Politiker zu werden. Ich wollte keinen Beruf, der mich dazu gezwungen hätte, einem anderen ernstlichen Schaden zuzufügen. Und sagen Sie mir einen Beruf, bei dem das ganz ausgeschlossen ist? Bitte, ein Experte in irgend einer Branche gibt ein Gutachten für das Gericht ab, Folge: ein Todesurteil. Oder ich wäre Lehrer geworden und müßte einen, bloß weil er im vierzehnten Lebensjahr sich nicht für den Subjonctif interessiert, durchfallen lassen. Als ich auf der Universität war, sah ich das Leben auf mich zukommen wie eine Wetterwand, ich wollte ausweichen und wurde Vertreter. Später wird man sehen, dachte ich. Kennen Sie die Geschichte des Ambrosius. Mit dem darf ich mich zwar nicht vergleichen, denn ihm flog, als er noch ein Säugling war, ein Bienenschwarm im Munde aus und ein, ohne ihm zu schaden, während mich schon ein einziger Bienenstich acht Tage lang plagte. Und später, als Ambrosius Richter in Mailand war, und Arianer und Katholiken sich um den Bischofsstuhl stritten, da rief ein Kind: Ambrosius soll Bischof sein! Ambrosius aber erschrak, ging heim und setzte sich auf seinen Richterstuhl und ließ, gegen seine Gewohnheit, ein paar Leute peinigen. Trotzdem wollte man ihn als Bischof haben. Da machte er ganz auf heidnisch, markierte den Läster-Philosophen. Es nützte nichts, die Leute waren ganz wild darauf, ihn zu ihrem Bischof zu machen. Nun ließ er in seiner Not Huren zu sich kommen, so daß es jeder sehen konnte. Das Volk aber schrie wie schon zuvor: Deine Sünde komme über uns, und wollte ihn immer noch zum Bischof machen. In der nächsten Nacht riß er aus und als er gegen Morgen glaubte, am Fluß Ticinus zu sein, sah er, daß er im Kreise gegangen war und jetzt am Römischen Tor in Mailand stand. Da nahm das Volk ihn einfach mit sich und machte ihn zu seinem Bischof. Ich habe diese Geschichte in einem Alter gelesen, in dem man noch, wenn man das Buch zuschlägt, sagt: so wird es Dir gehen, oder: so wird es Dir nicht gehen.

Und bei der Geschichte des Ambrosius haben Sie gesagt: so wird es Dir gehen.

Ja.

Aber Sie sind nicht Bischof geworden.

Das nicht, aber es ist noch viel möglich.

Finden Sie das sehr männlich, so auf den Zufall zu warten?

Man muß es ja nicht gerade Zufall nennen. Und *männlich*, wissen Sie, das ist auch so ein wissenschaftliches Wort, das sich in der Fremde nicht wohlfühlt.

Susanne sagte: Sie können sich gut ausdrücken.

Na endlich, dachte ich. Wäre schon bei der Ambrosius-Story fällig gewesen, sowas hat schließlich nicht jeder auf Lager, heutzutage. Ich sah die langen Fingernägel an, die nur in der Mitte mit einem recht schmalen roten Streifen gefärbt waren. Dann sah ich, ohne es zu verbergen, den ovalförmigen grünen Stein an, der halb so lang wie ihr Ringfinger war, umgeben von einem Kranz silberner Strahlen, die in kleine Kugeln mündeten, eine Olive mit starren silbernen Haaren. Sie ließ sich diese Musterung gern gefallen und ich genoß den Augenblick wie einen illegalen Grenzübertritt. Mehr eigentlich als einen Gang auf der Grenzlinie selbst. Sollten, von welcher Seite auch immer, Vorwürfe, Anschuldigungen laut werden, konnte ich auf meine Füße deuten und beweisen, daß ich noch nicht übergetreten war.

Es muß schön sein, wenn man sich's leisten kann, sich vor einem Beruf zu drücken, sagte Susanne.

Das kann sich jeder leisten, sagte ich großspurig.

Meinen Sie, sagte Susanne und sah mich feindselig an. Sie habe einen Onkel in Breslau gehabt, sagte sie, Onkel Herbert, bei dem konnte man Vogelfutter und Hundekuchen und Wellensittiche kaufen. Der hat 1936 ein großes Käfig ins Schaufenster gestellt. In dem Käfig lebten eine Katze und eine Blaumeise. Onkel Herbert hatte die beiden so aneinander gewöhnt, daß sie aus einem Tiegel fraßen. Aber sein Ladengehilfe, der HJ-Führer war, wechselte eines Morgens die Katze aus, als mein Onkel gerade nicht im Laden war, und als der Onkel zurückkam, war die Blaumeise tot. Außen am Schaufenster klebte ein großer Zettel, auf dem stand: So geht es, Herr Schwedenser, wenn die Rasse sich rührt.

Schon wollte ich einwenden, daß die Idee des Onkels, falls er mit seinem Käfig etwas Symbolisches im Auge hatte, eine sehr unglückliche Idee gewesen sei, aber Susanne, die jetzt Gott sei Dank, viel leiser geworden war, sprach sofort weiter. Um diese Zeit sei sie in Columbien gewesen. Onkel Herbert habe einen Brief um den anderen geschrieben, aber ihre Eltern hätten immer zurückgeschrieben, wovon denn er, der zoologische Händler, in Bogota leben wolle? Onkel Herbert fuhr dann nach Budapest, wurde Lotterieeinnehmer. Ein paar Jahre später brachte man ihn nach Auschwitz, wo er, Sie wissen ja.

Mhm.

Sie hob ihre Stimme an und leierte rasch herunter, was sonst noch passiert war. Sie sprach, als stünde sie unter einem ihr widerlichen Zwang, als erzähle sie gegen ihren Willen die Geschichte eines langweiligen Sonntagsausflugs. Und weil sie so hastig sprach, so, als sei es sinnlos, bei irgendeinem Punkt länger zu verweilen, wirkte alles wie ein Trickfilm, der zu schnell läuft, ein Trickfilm, in dem Bewegungen von Heeren dargestellt werden mit Männchen, Pfeilen und gestrichelten Linien, der Globus drehte sich, Breslau ein roter Punkt, Jahreszahlen schossen auf, begannen zu glimmen, zu brennen. Herr Schmolka griff seine Frau an der Hand, sie hielt es noch für eine alltägliche Zärtlichkeit, er aber zog sie über den Globus hinüber, hinab nach Columbien. Wieviel mal fliegt einem da Ruß ins Auge, daß es tränt? Die Münder der Direktoren in Bogota straffen sich unter den Bärtchen, öffnen sich dann aber wieder, als Herr Schmolka aus der gerade in Hamburg gekauften Offenbacher Mappe die Papiere hervorholt. Dies ist zwar eine Zementfabrik, mein Herr. Aber immerhin, ein deutscher Chemiker. Bereut er alles? oder warum sonst sagt er seiner Frau ins Gesicht, daß sie ohne ihn in Dachau säße? Was jetzt geschieht, hätte auch in Breslau geschehen können. Dann hätte aber Frau Schmolka keine so weite Reise gehabt, bis sie mit der zweijährigen Susanne wieder bei ihrer Mutter war. Die führt sie gleich wieder auf den Breslauer Bahnhof und fährt selbst mit. Vorsichtig über die Perrons des Schlesischen äugend zieht sie Tochter und Enkelin hinter sich in die U-Bahn. Zum Anhalter. Und nach Genua. Das kleine Schiff hastet wieder über das Meer. Herr Schmolka ist überrascht. Er stellt seine Frau vor, Lissi, geborene Spiegel, aus Köln. Die Schwiegermutter bietet ihm allen Schmuck an. Aber was soll er mit zwei

Frauen? Das geht doch nicht. Also kann er auch den Schmuck nicht nehmen. Zurück nach Breslau. Die Großmutter in Gedanken an der Reeling. Die Mutter mit Augen ohne Regung im Liegestuhl, wahrscheinlich hält sie ein Buch vor's Gesicht. Auch ein solches Schiff kommt an. Die Großmutter legt vielleicht sogar Wert darauf. Sie rennt zum Postamt, telegraphiert nach Budapest und schickt Tochter und Enkelin hinter dem Telegramm her, als sollten sie's einholen. Der Onkel Lotterieeinnehmer, der sich zu helfen gewußt hat, empfängt sie und küßt, darf man annehmen, von Susannes kleinem Gesicht die vielen tausend Kilometer.

Oma selbst kann nur in Breslau leben. Mir passiert nichts, schreibt sie in jedem Brief. Schließlich ist er Offizier gewesen, sollen sie nur die Tür aufreißen, sein Eisernes erster Klasse liegt unter Zellophan auf staubfreiem Kissen, und beim Freikorps noch ein Bein verloren. Sorgt euch nicht um mich, schreibt sie, bis sie, nach Bautzen transportiert, das nicht mehr und auch sonst nichts mehr schreiben kann, weil sie, Sie wissen ja.

Ihren Fohlenmantel hat sie denen mit nach Budapest gegeben und den ganzen Schmuck.

Folgt ein kurzes Kapitel, überschrieben: gut, daß die Beiden katholisch sind. Susanne seh' ich im Bergkloster unter Magyarenmädchen sitzen, als wäre sie selbst eins. Die Nonnen lehren zwar die Kleinen, alle Juden seien Menschenfresser, aber Susanne weiß ja nicht, daß sie eine Jüdin ist. Mitten in den Gesang rennt Mutti hinein. Susanne geniert sich. Endlich fährt der Omnibus. Der Onkel bleibt zurück und weint, als wisse er schon, daß ihn einer verraten und nach Auschwitz bringen wird. Der Zuschauer folgert: solang einer Abschied nimmt, weiß er mehr als er selbst ahnt. Insbesondere der, der zurückbleibt. Warum bleibt er dann zurück? Weil er nicht ahnt, was er weiß. Einer Ahnung gehorcht er blind, gegen das, was er weiß, gibt es Argumente.

Vom vereisten Laufsteg, zwischen Rumänien und dem türkischen Schiff, fällt Mutti ins Wasser, wird aber gerettet. In Istanbul ist es eine Zeit lang wie es in Istanbul sein soll. Bis hierher kommen die Landsleute wohl nicht. Ein richtig reicher Mann, der einfach Geld genug hat und Häuser und Diener, ein Landsmann sogar, Susanne darf ihn Onkel nennen, der sorgt für sie. Im Hotel braucht Susanne, wenn die Mutter in der Stadt ist, nur an der grünen Quaste mit den goldenen Troddeln zu ziehen, dann kommt Achmed und fragt, was sie will, sogar ans Bett setzt er sich und erzählt Märchen in einer lustigen Sprache, die sie zur Hälfte versteht. Es geht in Achmeds Märchen ganz anders zu als in ihrem Märchenbuch. Wenn sie starr vor Angst ist, streichelt er sie. Plötzlich prasselt Regen herab und verjagt das Geschrei von der Straße. Susanne erschrickt, und erschrickt gleich noch einmal, denn Achmed legt sich zu ihr. Sie schreit, obwohl sie nicht recht weiß, warum. Wie vom Schutzengel selbst geschickt, es gibt ihn also doch, kommt Mutti. Achmed grinst, erklärt, zieht sein Gesicht in die Breite und in die Länge und Mutti lacht und gibt ihm ein Trinkgeld, da lacht er noch mehr und, immer noch lachend, geht er rückwärts und sich verbeugend hinaus. In der nächsten Szene gehen Beide, die ich, wie es zur Zeit ähnlicher, wenn auch milderer Schicksale üblich war, *unsere Reisenden* nennen dürfte, gehen also jetzt Beide durch eine Istanbuler Straße. Die Szene könnte prächtig sein, verziert mit Gewändern, gebogenem Kupfer, Perlvorhängen, Bilderbuchgesichtern, aber auf dem Marktplatz von Saloniki werden schon Transporte zusammengetrieben, und plötzlich greifen noch vier Hände durch den hellichten

Tag, die Beiden werden wie Fische, die man ins Bassin bringen will, in den steinernen Hof geschleppt, an den Wänden stehen zwanzig schöne Gestalten und lachen. Mutti zahlt in bar, was denen ihr Vergnügen wert wäre, da läßt man sie laufen.

Ein Schiff wird gerüstet, nach Haifa zu fahren. Susanne liegt mit Fieber im Hotel. Der Arzt hat in München studiert und rät ab. Das Schiff fährt ohne die Beiden und geht unter, denn was die Landsleute nicht mit dem Brandstempel versehen und dann sorgfältig vergasen können, das wollen sie wenigstens en gros ersäufen.

Aber in den zweiundzwanzig Omnibussen, die über den Libanon holpern, bis Tel Aviv, da sind sie drin. Landschaft gilt nichts momentan, nichts die Zedern, aus denen Vorfahr Salomo die Sänfte bauen ließ, nichts der Geruch des Libanon, nichts Narde, Safran, Kalmus, Zimt, Myrrhe und Aloë, nur Entfernung gilt und die Frage, ob man am Ende noch Rommel entgegenfährt.

Jetzt beginnt das Kapitel: daß Susanne und ihre Mutter katholisch sind, ist kein Vorteil mehr. Mutti sucht Anschluß bei den Engländern. Bei Leschnitzers wohnen sie. Frau Leschnitzer hat man sich klein vorzustellen. Ihre Sorge ist, Teddy könnte klein bleiben. Wenn man doch bloß einen hat. Susanne wird endlich ausgebildet: Gepäckmärsche, Gänge durch arabische Dörfer, das komische Gefühl im Rücken, plötzlich schaut man um, aber kein Gewehrlauf blinkt, die Gadna legt Wert auf derlei Mutproben. Dazu Hebräisch, Althebräisch, Talmudübungen, Baruch ta adonai, und warum dann Jehováh gesagt werden muß. Eine neue Muttersprache, die die Mutter zwar nicht spricht, soll Susanne bekommen. Wenn jemand am schönen Strand von Tel Aviv — ist das da draußen ein Schnorchel? da, der Strich? — etwas fragt, muß sie antworten: hier spricht man hebräisch. Immer häufiger fällt ihr auf, daß viele Kinder einen Vater haben. Der ist tot, sagt Mutti, gestorben in Bogota. Plötzlich rennt Frau Leschnitzer herein und ruft: die Araber, Krieg. Die Mutter näht Kunstblumen aus Velours. Über den Häusern summt es. Susanne zieht die Mutter vom Fenster weg. Die Bombe krepiert, ein Splitter schlägt durchs Fenster. Susanne wird eine Autorität. Mutti schenkt ihr den Fohlenmantel. Aber sie sind immer noch katholisch und Mutti kann die neue Muttersprache nicht. Überhaupt gehören sie nach Breslau. Leschnitzers sind schon fort. Also fahren sie hinter Leschnitzers her nach Berlin. Breslau haben die Landsleute verscherzt. Ein für alle Mal. Tante Maria ist angeblich nach Moskau geflohen und in Rußland verschwunden, Onkel Herbert und Oma, Sie wissen ja, und wo sind die Brüder des Vaters? Es könnte sein, in Amerika. Muttis Cousine ist in Rio, das weiß man. Und Sophie war immer besorgt. Was soll man auch in Berlin, wenn man doch nicht mehr nach Breslau kann. Also nach Rio. Der Globus läßt sich zwar drehen, die Route ist bekannt, aber im Jahr Fünfzig ist es nicht günstig, Columbierin zu sein, wenn man von Berlin aus nach Brasilien will, auch nicht, wenn man's von München, von Zürich, von Genua – die Tante dort zählt nicht – vom Schiff aus probiert, man landet zwangsläufig mit einer Vierwochengenehmigung in Buenos Aires und sitzt dort in der Barackenvorstadt ohne Clo und wird mit jedem Tag noch illegaler.

Helmut Preiß geht mit Susanne aus. Sein Chef, Herr Kuhn, früher Cohn, sieht das nicht gern, warum denn eine Jüdin, Helmut, sagt Herr Kuhn. Aber Helmut, vom VW-Werk gerade herübergeschickt, ein offener Karosserieschlosser, der weiß, was er wert ist in einem Land ohne viel Karosserieschlosser, aber mit viel Karambolagen, Helmut rast gegen die Intrige wie er es kürzlich im Deutschunterricht gelernt hat, und geht mit Susanne aus. Wolfgang Deutelmoser geht mit Susanne aus. Er fährt sie sogar aus. Sein Vater verkauft deutsche Werkzeugmaschinen und sieht vorerst noch zu.

Franz Hohwein geht mit Susanne aus. Zu Fuß. Franz, ein Kürschner aus Linz. Er schneidert ihr aus dem Fohlenmantel eine Jacke für die paar kühleren Tage.

Wolfgang und Franz und Herr Kuhn machen Helmut ganz nervös. Man sieht ihn mit Susanne in irgendeiner Calle gehen, eine Zeitung kaufen, bloß um sie zu zerreißen. Die Fetzen wirft er in die Luft. Verächtlich, eine Geste gegen Wolfgang wahrscheinlich, streut er alles Kleingeld, das er bei sich trägt, in den Straßendreck. Plötzlich sagt er: ich komme mir vor wie ein Wurm, der die Steilwand von der Straße zum Trottoir hinaufklettern will und immer wieder herunterfällt. Susanne weiß nicht, was Pubertät ist. Sie findet Helmuts Launen abscheulich. Trotzdem ist sie dankbar, daß er nicht zu den Parties geht, zu denen sie nicht eingeladen ist. Das sind die Parties bei Kuhn und bei Dr. Wagner, der ein hoher SS-Arzt war und in Buenos Aires als Frauenarzt rasch großen Zulauf fand. Man erzählt, er habe nicht nur Leute umgebracht, sondern auch die Kinder der Allerhöchsten aus den erlauchten Leibern ans Licht der Welt gezogen. Der Führer selbst habe sich von ihm diesen und jenen gynäkologischen Tip geben lassen, bloß daß er es ein bißchen leichter hätte. Mathilde Wagner ist so alt wie Susanne. Mathilde liebt Wolfgang Deutelmoser, der Susanne liebt, die eigentlich Helmut liebt, der sie eigentlich auch liebt, aber nicht lieben soll, denn er soll Mathilde Wagner lieben, sagt Herr Kuhn. Im Ausland sorgt man für einander. Eine Party nach der anderen gibt Herr Kuhn, um Mathilde und Helmut viel Gelegenheit zu geben.

Helmut nimmt, jetzt schon heimlich, Susanne mit ins

Stadion. Es fällt nicht das richtige Tor. Ein Tumult entsteht, eine Tribüne bricht zusammen und Helmut werden drei Rippen eingedrückt und ein Körperteil, den Susanne vorher noch nicht bei ihm gesehen hat, wird verletzt. Mit dem Judenmädel wenn Du noch einmal gehst, dann fliegst Du, sagt Herr Kuhn. Andererseits hat man also im Ausland auch eine gewisse Macht über die, für die man sorgt.

Mutti näht in der Baracke Kunstblumen aus Velours. Einen Herrn sieht man besonders oft vorbeigehen. Schließlich tritt er ein und stellt sich vor: Schweizer ist er, Kaufmann ist er, und heißt Bruno de Summer. Seine Geschichte ist die Geschichte seiner Methode. Aus Chile ausgewiesen, erfolgreicher Geschäfte wegen. Schlechtes argentinisches Baumwolltuch verkauft er teuer als englischen Stoff. Natürlich kann er andere Verkäufer englischen Stoffs immer noch beliebig unterbieten. Sein Musterballen übrigens ist tatsächlich beste englische Ware. Soviel hat er investiert. Nun mietet er sich ein Taxi, immer gleich für einen ganzen Monat, fährt vor bei Waisenhäusern, Pfarrämtern, Klöstern, gibt sich katholisch, vielleicht ist er es auch, und wenn er abfährt, sind Waisen, Pfarrer und Nonnen wieder für lange Zeit mit schwarzem Tuch versehen. Ihm bleibe, sagt er und weist damit auf das Ausgetüftelte seiner Methode hin, jedesmal gerade noch Zeit genug, bis zum Taxi zu kommen, bevor seine Kunden den Unterschied merkten.

Jetzt also zieht er, auch hier erfolgreich, mit einigen Koffern in die Baracke. Ob er zuerst Susanne haßte, ob Susanne mit dem Haß begann, ist unter diesen Umständen unerheblich. Sicher ist, daß das Zusammenleben in einer solchen argentinischen Vorstadtbaracke das Verheimlichen von Abneigung, das wortlose Hinunterschlucken von immer wieder hochkommendem Ekel nicht befördert. Die Katastrophe wird vorbereitet durch einen Gang Susannes zum Arzt. Natürlich nicht zu Dr. Wagner, sondern zu einem Arzt, der sich nicht nur mangels anderer Gelegenheit aufs Heilen umgestellt hat. Während ihrer Tage soll sie nicht schwer arbeiten, sagt der Arzt, vor allem nicht mit Wasser. Susanne mag das der Mutter nicht sagen. Die erzählt ja doch alles dem Ekel. Der Knoten wird geschürzt durch Frau Schmolkas Anordnung, Susanne solle den Boden wischen. Susanne hat ihre Tage. Also weigert sie sich. Und weil Herr de Summer grinsend dasteht und sich bereit macht, ihr beim Putzen zuzuschauen, weigert sie sich heftig, und sie gibt nicht den wahren Grund an, sondern sagt, daß sie sich nicht mit dem Dreck dieses Schwindlers abgeben werde. Dieser Satz war längst fällig gewesen. Aber auch der Wutschrei des Herrn de Summer war gut und lange vorbereitet. Für ihn war ihr Satz der oft herbeigesehnte Grund, sozusagen den Kopf verlieren zu dürfen, sich spontan zu gebärden, und das tat er denn auch: sprang auf sie zu und schlug und würgte sie. Sie trat ihn, wohin sie ihn treten konnte, entkam, denn ein Kämpfer war er nicht, und lief schreiend auf die Straße. Kam mit einem Polizisten zurück und dachte: jetzt kann ich ihn kriegen, jetzt wird alles aufgedeckt. Aber als sie den Blick ihrer Mutter sah, fiel ihr ein, daß es nichts gab, was sie so sehr zu meiden hatten wie Berührung mit Polizei und Behörden. Also schwieg sie und überließ es Herrn de Summer, dem Polizisten einen Drink anzubieten und eine Zigarette und ihm unterdessen zu erklären, was für ein schwer erziehbares, nervöses, ja leider immer mehr zur Hysterie neigendes Mädchen Susanne sei. Mutti nickte. Da nickte auch der Polizist und ging. Der Polizist aber vergißt Susanne nicht. Mitten auf der Straße sieht man ihn auf Susanne zugehen. Wenn der Kerl wieder was will, sagt er, holst du mich.

Deutelmosers fahren ans Meer. Wolfgang steckt Susanne

Geld zu, daß sie nachfahren kann. Sie wohnt im Hotel nebenan. Wenigstens mit seiner verheirateten Schwester bringt Wolfgang sie zusammen. Wenn die Eltern im Schatten dösen, liegt Susanne mit Inge am Strand und unterhält sich mit ihr über den Orgasmus. Sicher liegen beide auf dem Rücken, daß sie einander nicht sehen. Das Getöse der Brandung erlaubt die Illusion, es handle sich um zwei Selbstgespräche. Wolfgang läßt ihnen Zeit. Es ist möglich, daß die Schwester den Auftrag hat, Susanne kennenzulernen. Vielleicht ist Inges Bericht so gut ausgefallen, daß Wolfgang unvorsichtig wird, zuviel Zeit mit Susanne verbringt und den Vater so reizt, daß der nicht mehr ruhig zusehen kann, sondern ein Verbot erlassen muß. Aber Wolfgang trotzt noch. Wir dürfen uns eben vorerst nicht sehen lassen. Susannes Illegalität ist um eine Nuance bereichert.

Helmut, das war wohl einer, der rasch zu schreien anfing, sich rot färbte, aber es hielt nicht an. Und schließlich kann man nicht leben, wie man's in den Aufsätzen schreiben mußte. Schule und Leben, hat vielleicht Herr Kuhn gesagt und ihm diesen Zahn gezogen. Es ist möglich, daß bei Mathilde Wagner die Überlegung eine Rolle gespielt hat: ich nehme Helmut, um ihn Susanne wegzunehmen. Solche Gedanken hatte sie natürlich erst, als Wolfgang klipp und klar gesagt hatte, daß mit ihm nicht zu rechnen sei. Und hatte Mathilde, als sie nun Helmut heimführte, nicht einen Ersatz für Wolfgang, wie er intimer gar nicht gedacht werden kann? da sie doch Helmut genau von dem Mund zurückholte, an dem Wolfgang noch hing.

Susanne aber, die jetzt nur noch einen halben Freund hatte, denn was ist ein Freund, den man nicht zeigen darf? und Franz Hohwein war nur ein Trabant, Susanne wurde vom Schicksal ein Onkel zurückerstattet, den sie noch nie gesehen hatte; trotzdem sage ich: zurückerstattet, denn man hat ein Anrecht auf einen Onkel. Onkel Bernhard ist plötzlich leibhaftig in der Welt, in Buenos Aires sogar, man kann ihn besuchen, ihm die Hand reichen über den Ladentisch, an dem er Uhren verkauft. Hilf Dir selbst, Gott hat zu tun, sagt Onkel Bernhard. Das Geschäft geht so la la. Es muß ja nicht immer eine echte Schweizer sein, sagt er und lächelt. Die Frau ist ihm allerdings wegen eines Herdenbesitzers von der bolivianischen Grenze sang- und klanglos, und er pfeift mit breiten Lippen zwischen Sch und Ui und macht eine Bewegung, die den raschen Start eines Vogels imitiert. Hatte nicht Flintrop sich dieser Geste bedient, um mir das Verschwinden Melittas mitzuteilen? Männer wissen offensichtlich, daß man den Sachverhalt nur mit dem Wort *futsch* ausdrücken könnte; ihre momentane Stimmung aber verbietet ihnen dieses Wort, also begnügen sie sich mit der Andeutung und beweisen dadurch viel Schamhaftigkeit und Zartgefühl. Frauen würden entweder einen heftigen Satz herausstoßen, der gipfelt in *abgehauen*, oder sie säßen ungekämmt und gäben kaum hörbar von sich: er hat mich verlassen.

Onkel Bernhard steckt Susanne jedes Mal kleine Briefchen zu, die er mit violetten Rosen bemalt hat und mit Gedichten in schlesischer Mundart. Die Gedichte sind sozusagen lustig. Auch so gemeint. Aber Susanne wird rot, wenn sie sie liest. Es gibt da Stellen. Beim nächsten, mit Beklemmung unternommenen Besuch setzt sich Onkel Bernhard ans Klavier und sagt: komm' wir singen. Quien canta sus males espanta. Sie muß sich neben ihn setzen, und dann singt er die Lieder, die sie von Leschnitzers kennt. *Reegentropfen, die ann mein Fennster klopfen* und *Wien, Wien nur Duu alllein*. Onkel Bernhard singt immer lauter, Susanne summt mit soweit sie kann. Dann ruft Onkel Bernhard: ausgerechnet Bananen, und lehnt seinen Kopf gegen ihre Schulter und weint. Susanne wagt kaum mehr zu atmen. Gott sei Dank erholt sich Onkel Bernhard wieder und spielt und singt zum Abschluß: *Klaine Mööve, flieg nach Hellgoland.* Zweistimmig gelingt das nächste Mal: *Du Du liegst mir im Hää-erzen.* Susanne singt, als ginge sie durch den Wald. Sie fragt sogar: kannst Du *O Donna Clara?* Das war Frau Leschnitzers Lieblingslied! So bringt denn Onkel Bernhard Anfang der Fünfziger Jahre seiner Nichte *O Donna Clara* bei, und da wird auch Susanne ganz anders zumute. Onkel Bernhard stürzt zur Schublade hin und sagt: das sind die Photos dazu.

Susanne lernt die ihr vorenthaltene Familie kennen. Auf dem Eisbärenfell, Grübchen links und rechts, später: aufgewölbte Locken, später: linkisch an die Lehne des Sessels gepreßt, auf dem der Opa sitzt, später: aufrecht alle, Armgirlanden über viele Nacken geflochten, das ist Deine Tante Maria, nach Moskau, ja, der arme Herbert, Opa als Einjähriger, schneidig was, Breslau, Blücherstraße, ja, Cousine Berta, Dachau, Moritz, Friedrich, Kanada, Sophie, Emil, Rio, Genua, Olga, Auschwitz, Auschwitz, Auschwitz, Bautzen, Hans, Jakob, Josef, Theresienstadt, Brasilien, wahrscheinlich Warschau, Kattowitz, ja, der auch, nein, nichts mehr gehört. Susanne sucht und sucht in den Gesichtern. Du hast Jakobs Augen, ganz auf Tante Olga kommst Du heraus. Damit hatte sie nie was anfangen können. Jetzt forschte sie nach ihrem Mund, nach ihren Augen in den Photomündern, Photoaugen. War es überhaupt notwendig, daß die Photographie erfunden wurde, dann um dieses Augenblickes willen, in dem Susanne aus zwanzig Stücken vergilbten Photopapiers sich eine Art Heimat zusammensucht, die es aufnehmen soll mit irgend einem grünen Tal, in dem andere jede Weide beim Namen kennen. Und der mit herausforderndem Lächeln das Mädchen umfaßt, frech sogar dieses Lächeln, unsympathisch, das ist Vater?

Ach was, sagt Onkel Bernhard, Eberhard ist doch nicht tot, er lebt, lebt ganz gut in Guayaquil, der Gauner, und hat eine Apotheke. Sie bekommt die Anschrift und schreibt. Ja, sie soll nur kommen. Onkel Bernhard meldet sie an beim Konsul von Ecuador. Für Samstagnachmittag, denn es fehlt ihr an Unterlagen. Der Konsul ist so fett, wie man ihn sich vorzustellen hat, er schließt die Tür und schätzt sie ab. Die Jalousien sind dicht. Schließlich jagt er ihr um alle Sessel nach und schnauft und lacht und quiekst noch dazu, verstellt ihr den Weg hinterm Schreibtisch und lacht jetzt ganz tief. Hinterm Rauchtisch bleibt sie zitternd stehen. Es sei doch nur ein Spaß, sagt er und küßt ihr die Hand. Das Visum bekommt sie. Und als sie dankt, da küßt er ihr noch einmal die Hand und sagt: gracias igualmente.

Bruno de Summer ist wirklich ein gütiger Mensch. Reisegeld gibt er ihr. Wolfgang rechnet nach und sagt: das reicht nicht. Hast Du nicht noch alte Kleider. Sie holt die Jacke, die Franz mit Linzer Händen im Geiste Wiens aus dem Breslauer Fohlenmantel geschneidert hat. Aber mehr als vierzig Pesos bekommt sie nicht auf dem Trödelmarkt. In der letzten Nacht nimmt Wolfgang sie noch mit in seinem Wagen. Am Morgen weckt Mama. Susanne kann sie nicht anschauen. Susanne ist so erstaunt, daß Mama nichts bemerkt. Wolfgang ist nicht am Zug. Er hat es ihr gesagt, daß er nicht kommen kann. Was hätte er seinem Vater sagen sollen. Sie haben sich also gleich danach verabschiedet. Hasta pronto, hat er gesagt. Hasta luego, hat Susanne gesagt und hat die Wagentür leise zugemacht.

Das Geld reicht nur bis Valparaiso. Hat sie nicht aufgepaßt, oder hat auch Wolfgang nicht richtig gerechnet? In einem Reisebüro steht Enrico, ein Spanier, steht zwar nur, um Auskunft zu geben, aber da Susanne damit nicht geholfen ist, gibt er auch Geld. Acht Tage bleibt sie. Aber sie wird erwartet in Guayaquil. Versteh' doch, Enrico, mein Vater.

Am Lächeln erkennt sie ihn. Er schaut sie an und sagt: ta, ta, una taza de plata. Er küßt sie. Mein Gott, sein Mund ist der weich. Die neue Mutter. Eine Kölnerin. Susanne soll sie auch Lissi nennen. Und plötzlich hat Susanne einen Bruder, fast so alt wie sie selbst. Maurice. Die Photos kennt sie fast alle. Die Wohnung kostet 2000 Sucres, aber man sieht über ganz Guayaquil und hat nicht soviel Insekten wie die Chulos drunten. Ja, die Apotheke ist auch drunten. Natürlich.

Kay zeigt ihr die vielen kleinen Töpfe. Der Vater beobachtet. Maurice kommt nie ins Geschäft. Susanne reinigt Gläser und macht Pakete auf. Abends werden die Sucres gezählt. Maurice hat also zeit seines Lebens einen Vater gehabt. Lissi weint zuweilen. Der Vater lächelt wie auf dem Bild und geht zum Hafen hinab. Immer treibe er sich bei den Chulos herum, deshalb sei er bei den Gringos nicht beliebt. Wir könnten eine viel bessere Kundschaft haben. Das also ist eine Familie.

Kay Johns geht mit Susanne aus. Kauft ihr ein Coca auf der Promenade. Er will nach New York zu seiner Mutter, und richtig studieren. Susanne lernt englisch mit ihm. In New York werden sie heiraten. Bei ihm weiß sie sicher, daß er sie braucht.

Mr. Swobe fragt nach den Unterlagen. Einen Geburtsschein, nein, hat sie nicht. Eine Röntgenbescheinigung, o ja, die beschafft sie. Sofort. Einen Taufschein hat sie noch. Gilt der nichts? Solche Papiere, sagt Mr. Swobe, können gefälscht sein. Sie soll wieder kommen, wenn er Marken und Stempel mit den Marken und Stempeln in seinem

Katalog verglichen hat. Und wie ist es mit polizeilichen Führungszeugnissen? Alle Länder, in denen Susanne seit ihrem vierzehnten Jahr war, möchten bitte solche Zeugnisse ausstellen. Aber an wen sich wenden in Israel? wenn Leschnitzers noch dort wären, aber so? Deutschland ist kein Problem. Argentinien, tja, da war ich doch eigentlich gar nicht. Mr. Swobe verspricht, alles auf dem Konsulatsweg zu besorgen. Als Mr. Swobe alles auf dem Konsulatsweg besorgt hat, ist die Röntgenbescheinigung abgelaufen, denn sie gilt nur vier Wochen, also eine neue, und die kostet wieder. Aber Mr. Swobe drückt noch ein Auge zu. Und er will nichts dafür. Amerika ist eine Hoffnung wert. Mr. Swobe, I thank you so much, sagt sie und bemüht sich, die Worte so unbeschädigt als eben möglich über die Lippen zu bringen.

Wenn es um New York geht, kann man eigentlich gar nicht übertreiben. Hat nicht die Heirat geklappt? war nicht gleich die Wohnung in Brooklyn bereit? und auch schon ein Job bei PAA? Zum ersten Mal weiß sie sicher, daß sie dann und dann soundsoviel Geld bekommt. Und während sie die Nummern der Zollscheine einträgt, fliegen draußen die großen Tiere ein, rasen auf das Gebäude zu, fangen sich aber rechtzeitig und stehen nun, als trauten sie sich nicht weiter, als müsse Susanne das Fenster aufkippen und ihnen Mut machen, näher zu kommen. Kay, bitte, auch Kay kann gleich anfangen in der Apotheke, und am Abend studiert er Chemie. Kays Mutter kocht. Kays Mutter schenkt ihr eine Marabujacke, immer schon bestimmt für Kays Frau. Bloß, Kay ist fahrig, zerschlägt leicht etwas und kann einen nicht richtig anschauen. Gäbe er nicht besser das Studieren auf? Man sieht sich ja kaum. In Guayaquil hat er doch überhaupt nicht getrunken. Und jetzt gleich diesen Burban. Sie öffnet Briefe, die aus Ecuador kommen. Man verweigert ihm etwas, weist ihn ab. Nun gesteht er, daß es das Morphium ist, das ihm fehlt. Sie will gehen. Er bettelt, bereut, bessert sich. Bevor er Susanne hatte, glaubte er, bei ihm sei nicht alles in Ordnung. Das hat ihm eine beigebracht. Jetzt hat er Angst. Susanne bleibt. Aber manchmal kommt sie mit einem geschwollenen Auge nach Idlewild. Sie ist unter all den hübschen Dingern die einzige, die mit einem geschwollenen Auge kommt. Der Neuseeländer, der sie eingestellt hat, wird mißtrauisch. Der Personalchef aber verteidigt sie.

Am 7. September 1954 verzögert sie den Abflug einer Maschine um drei Minuten. Sie hat die Papiere am Zollschalter stempeln zu lassen und stellt sich immer rechtzeitig an. Am 7. September 1954 aber hat sie geträumt, hat sich am falschen Zollschalter angestellt, bis der schottische stationofficer hereinlief und brüllte und sie vor allen Leuten herabkanzelte. Sie weint. Er reißt ihr die Papiere aus der Hand. Rennt hinaus. Dann kommt er und schreit: was soll ich jetzt ins Journal schreiben? Drei Minuten Verspätung, weil Missis Johns schlief, ja? soll ich das hineinschreiben? Dann sind Sie dran, das wissen Sie.

Sie geht zum Chef. Gibt alles zu. Beschwert sich aber über den Schotten. Und sie bekommt recht. Man sieht den Schotten hinter ihr herlaufen. Kuchen bringt er ihr jetzt und Blumen. Einmal sogar Whisky.

Doris bekommt ein Kind von Elvis, dem Kanadier, und will sich scheiden lassen. Susanne rät ab. Nicht bevor Du sicher weißt, daß Elvis Dich nimmt.

In Brooklyn tanzen Kay und Susanne. Kay wütend, weil er die südamerikanischen Tänze nicht kann. Schließlich schaut er bloß zu und trinkt. Zuhause schlägt er sie. Nicht ganz zu unrecht, sagt sie, denn sie liebte ihn nicht. Bloß weil sie glaubte, es sei schon alles vorbei, hat sie ihn genommen; aus Mutlosigkeit.

Nachzuholen wäre: Lissi ist mit Maurice nach Peru geflohen. Weiß Gott zu wem. Der Vater gibt die Apotheke auf, kommt nach New York und ergattert einen Job bei der Union Carbide. Wohnt in Bronx.

Kay schlägt wieder. Der Anwalt sagt: 500 Dollar an mich, 200 Dollar an meinen Kollegen in Chauvava, 500 die Reise, und Sie sind geschieden. Kays Mutter ist es nur darum zu tun, daß ihr Sohn ohne finanzielle Verpflichtung davonkommt. Immer wenn Susanne es nicht verstehen soll, spricht sie schwedisch mit Kay. Susanne sitzt solange da und wartet, bis man wieder mit ihr spricht. Ihr Vater gibt die 1200 Dollars. Susanne fliegt nach Mexiko und ist noch vor Weihnachten geschieden. Der Vater, der damit nicht gerechnet hat, ist an Weihnachten schon besetzt. Die Marabujacke hat ihr Mutter Johns wieder abgenommen. Die ist für Kays Frau, sagt sie.

Aber am 26. hat der Vater Zeit. Sie fährt bis Woodlawnstation. Es war ihm wichtig, sie abzuholen. Auf dem Weg in die Oneida Avenue macht er Geständnisse. Man sieht ihn auf sie einreden. Die Hände nimmt er aus den Manteltaschen. Mr. Elliot, bei dem er wohnt, erzählt ihm immer jüdische Witze. Aber Herr Schmolka lacht nicht. Was Jiddisches und Hebräisches vorkommt in den Witzen, verstehe er nicht. Susanne, bitte, wenn er Anspielungen macht, oder Witze erzählt, lach' nicht, so far vermutet der nur, aber wissen tut er gar nichts! Susanne verachtet ihren Vater zum ersten Mal von ganzem Herzen. Und schließlich, sagt Herr Schmolka, als er Susannes Gesicht sieht, sind wir doch tatsächlich Deutsche. Susanne bleibt stehen, es schneit, schneit, schneit, da sagt Herr Schmolka: oder wenigstens Columbier.

Durch einen Brief von Enrico aus Valparaiso erfährt Susanne einen Monat später, daß ein älterer Herr im Reisebüro gewesen sei, den er zuerst für Susannes Vater gehalten habe, er habe sich dann aber als Señor Bürger oder so ähnlich vorgestellt, habe Grüße von Susanne ausgerichtet: er sagt, er kenne Dich seit langem, schrieb Enrico. Susanne hatte ihren Vater, als er in Geschäften nach Valparaiso flog, gebeten, Enrico Grüße zu bestellen. Der Vater aber hat es vorgezogen, nicht ihr Vater zu sein.

Kay ruft jeden Tag in Idlewild an. Ich beobachte Dich, sagt er. Wenn Du einen anderen hast, passiert was. Plötzlich steht er vor der Haustür und heult und verspricht alles und droht gleich wieder.

Ihr Vater sagt: jemand sollte nach Deutschland fahren. Ich kann nicht. Ich fahre da nicht mehr hin. Ich kann einfach nicht. Aber wir müssen uns um unsere Entschädigung kümmern. Du hast Anspruch auf mindestens 1500 Dollar für Ausbildungsverlust und mir werden sie wohl oder übel 20 000 Dollar zahlen müssen. Willst Du?

Susanne landet in Berlin. Große Freude bei Leschnitzers. Teddy ist zwar kein Riese geworden, aber Frau Leschnitzer ist zufrieden. Er hat ein Atelier für Grafik und den Mund voller Projekte. Als er hört, daß Susanne sich hat scheiden lassen, ohne Abfindung, sagt er: Susanne, was hamse bloß mit Dir gemacht? Haste denn gar nischt übrig von Deine Vorfahren? Leschnitzers wollen Susanne nicht mehr gehen lassen. Teddy begleitet sie in den Ostsektor. Sie muß Tante Maria besuchen wegen der Unterlagen. Tante Maria, die dreiunddreißig nach Moskau floh. Sie hat eine Tochter mitgebracht. Anja studiert jetzt Jus, spezialisiert sich auf Jugendkriminalität. Ein alter Mann würde ihr nichts ausmachen, sagt sie. Sonst erfährt man nicht viel. Sehr hilfsbereit seien die Russen gewesen, ja. In Sibirien, ja, da war Tante Maria auch. Jetzt ist sie Redakteurin. Teddy sagt: Sie könnten mit uns in die Internationale Buchhandlung gehen. Am Alex. Da gibt's dolle Platten, Susanne, kosten so gut wie nischt. Die Tante geht mit. Susanne bekommt eine Menge russischer Chöre, herb und schummrig, und ein Beethovenviolinkonzert à la David Oistrach. Die Tante hat eine graue Haut und Augen, die immer zu Boden schauen, wenn sie sich nicht zusammennimmt. Sie haßt Amerika. Sie will mit den Brüdern, die im Westen sind, nichts mehr zu tun haben. Von wem leben die denn? Ein Offizier kommt überraschend zu Besuch und bringt Kognak mit, von dem es Susanne sofort schlecht wird. Die Unterhaltung wird böse, weil die Tante und der Offizier alles besser wissen. Nur was die Neger angeht, da sind sich alle einig. Sie wird wütend, wenn sie daran denkt. Vielleicht weil ich Jüdin bin, sagt sie. Ich mache kein Geheimnis daraus wie mein Vater. Entweder es macht einem Mann nichts aus, oder es macht ihm was aus, dann kommt er sowieso nicht in Frage.

Susanne sah auf das Tischtuch, ackerte mit dem langen Zeigefingernagel eine Furche ins Tischtuch und sah mich dann an, eine Art besänftigendes Lächeln im Gesicht, als sei ich es, den man beruhigen müsse. Ich konnte nichts sagen. Ihr letzter Satz. Als leide sie an einer Krankheit, als sei sie ein Krüppel! Wie lange humanisieren wir eigentlich die Bestie schon? und mit welchem Ergebnis? O Susanne. Wie ist das Leben doch so. Ja, aber, ach so, und dann sind sie hierhergekommen, ins Reisebüro, na ja, bei Ihren Sprachkenntnissen, und Sie bleiben jetzt hier, natürlich, entschuldigen Sie, Sie heiraten im September, aber dann werden Sie doch nicht mehr arbeiten, oder?

Wir müssen gehen, sagte Susanne.

Ja, natürlich.

Ob Josef-Heinrich sie so gut kannte wie ich. Wenn er sie nicht heiràtet, bringe ich ihn um. Und wenn er sie heiratet? Bring ich ihn auch um.

Es machte mir nichts aus, daß die vier Ober nun alles

wußten. Und die paar Gäste auch. Hoffentlich dachten die alle, daß ich heimginge mit ihr. Bestimmt dachten sie das. Ich hatte es doch auch oft genug gedacht, wenn zwei mit einander lachend das Lokal verließen.

8

Als ich in der Lichtenbergstraße aus meinem Wagen stieg, hatte er die Krawatte schon gewechselt. Alissa schlug ihr Heft zu und sah mich an, daß er gleich wieder wußte, wieviel von ihm abhing. Mit diesem auf die nächste Sekunde wartenden Blick hatte sie neulich auf den Schlitz gesehen, aus dem, wenn der Apparat es rasselnd ausgerechnet haben würde, das Kärtchen fallen mußte, worauf gedruckt war, wieviel sie wog.

Hätte er nicht ein Recht gehabt, Arme schwingend einzutreten? Es war nichts geschehen. Er war durchs Feuer gegangen, aber äußerlich, bitte Alissa, kein Haar versengt. Er fiel in den flaschengrünen Sessel. Ich brauchte eine Quarantäne. Eine Schleuse. Ein Intermezzo. Bis auf weiteres ließ ich mein Visier herab, das bemalt war mit der Maske der Nachdenklichkeit. Der Umschwung. Die Turnhalle. Die ungeheuer rasch zunehmende Mutlosigkeit, wenn mir beim ersten und beim zweiten Versuch die Riesenwelle am hohen Reck nicht gelang, man sticht hinaus in die Luft, schwingt, kommt fast bis zur Senkrechten, schon glaubt man den Scheitelpunkt erreicht und überwunden, die letzte Zehntelsekunde zerfasert sich infinitesimal, endlich fällt man zurück und weiß, daß es auch das nächste Mal nicht gelingen wird, zu sehr schmerzen schon die Arme. Eigentlich könnte man den Griff lösen, aber da haben sich die

Bauchmuskeln schon wieder gestrafft, die Beine stechen hinaus, man schwingt zu auf das nächste Mißlingen. Susanne im Bienenstock. Und er sollte meiner Frau die Hand geben. Alissa hatte Auszüge aus dem Seelenleben berühmter Männer gemacht. Was wollte sie da noch von mir. Susanne saß jetzt. Lag jetzt. Er duschte sich im Mitleid mit sich selbst, schmiegte sich in die brennenden Schauer. Wehe Dir, Alissa, wenn Du mich jetzt nicht bedauerst. Aber die bewies natürlich wieder einmal keine Spur von ... von Gehör, Gesicht, Feinfühligkeit. Joachim hat geschrieben, sagte sie, sagte es so, als sage sie: ich bin übrigens heute nachmittag gestorben. Joachim, ach so, der kleine Kluge mit der Brille, Dozent für, Fachmann in, der hätte sie geheiratet, richtig, wenn ich nicht, aber es gibt wenigstens ein gutes Gefühl, wenn man weiß, der und der hätte sie auch geheiratet, sonst wäre man schließlich bloß noch der Dumme. Meistens Vollakademiker, seine Konkurrenten. Joachim schien der Hartnäckigste zu sein. Sprach das für Joachim? Nein. Es erledigte ihn, löschte ihn aus. Wer solange herumbettelt, der kommt doch gar nicht mehr in Frage, der ist nicht einmal mehr fähig, das gute Gefühl zu erzeugen, daß man nicht allein der Dumme war. Liebe Alissa, mit dem würde ich nicht mehr hausieren. Sag', daß Josef-Heinrich was wollte von Dir, das kommt an, verstehst Du. Bloß, im Augenblick müßte man Dir raten: nimm ihn, tauschen wir. Susanne macht vielleicht mit. Das müßte man natürlich zuerst wissen. Aber wie erfährt man das, wenn man so vorsichtig sein muß. Will ihr doch nicht diese Chance mit Josef-Heinrich verpatzen. Könnte sich's natürlich leicht machen, könnte sagen wie Edmund: Susanne muß gerettet werden, und dann los auf sie. Aber diesen Vorwand gestattet man sich nicht. So ein Schuft ist man nicht.

Plötzlich weinte Alissa. Ohne jede Vorbereitung. Typisch, dachte er, das sind so ihre Mittel. Was mit mir ist, interessiert sie nicht. Dieses entsetzliche Schluchzen. Wahrscheinlich wußte sie, daß er das nicht hören konnte. Und wenn sie es ihm selbst sagen würde, daß dieses Schluchzen und Schlürfen und nasse Jappsen nur ein Mittel sei, er kann es einfach nicht hören, es gehörte zu jenen Geräuschen, die ihn körperlich schmerzten, wie Lissas Griffel auf der Tafel, wie der Stein, der sich zwischen Tür und Boden klemmt und dann ganz abscheulich schürft, diese Geräusche schnitten durch ihn hindurch, er mußte, wenn das Geräusch nicht abzustellen war, aufspringen und davonlaufen, aber vor Alissa konnte er nicht davonlaufen, also mußte er aufspringen, hinrennen, ihr die Hand auflegen, die wieder und wieder hochzuckenden Schultern dämmen und dämpfen, und fragen, sanft fragen, erstaunt und nur ein wenig ärgerlich fragen: was ist denn jetzt schon wieder passiert?

Ein Gewitter, das mit Hagel und Sturmböen die Bäume hin- und hergeschüttelt hat, daß man schon glaubte, sie hieltens keine Sekunde mehr aus, löst sich plötzlich in einen ruhigen Regen, dem man gerne zusieht. Soweit brachte er Alissa. Aber sie sprach noch nicht. Er fragte noch einmal. Man kann, ohne zu übertreiben, behaupten: diesmal mit einem Ton der Besorgnis, ja sogar der Güte. Er brachte diese Güte dadurch auf, daß er sich sagte: so ist es eben, mir geht es viel dreckiger, aber ich muß mich um sie kümmern, anstatt daß ich säße und sie beugte sich über mich.

Aber sie schüttelte den Kopf, griff nach seiner Hand und entfernte sie mit soviel Bedacht von seinem Hals, daß man nicht dem Irrtum verfallen konnte, es handle sich um eine kopflose Reaktion. Das war eine Geste der Trennung. Schluß, ein für alle Mal, Schluß. Sie wußte doch gar nichts von Susanne. Hatte Sophie angerufen, oder Anna, oder

Gaby? Sicher Anna. Natürlich. Wahrscheinlich war sie zurück vom Gardasee und brauchte wieder einen Mann, der sich Mühe gab und der sich auskannte bei ihr.

Bloß weil irgendeine dumme Ziege angerufen hat, machst Du dieses Theater.

Alissa schüttelte sofort den Kopf. Also hatte niemand angerufen. Er war ihr dankbar dafür, daß sie jetzt nicht sagte: aha, es hätte also jemand anrufen können. Er war ihr dankbar auch dafür, daß sie so rasch den Kopf geschüttelt hatte. Sie hätte ihn jetzt ganz schön hereinlegen können. Daß sie das nicht einmal probierte, war allerdings auch ein Zeichen dafür, daß etwas passiert sein mußte, was ihr wirklich zu schaffen machte. Aber was in drei Teufels Namen konnte denn passiert sein, wenn keine angerufen hatte? Da wird doch nicht eine gewagt haben, ihm einen Brief ins Haus zu schicken?

Oder ist ein blödsinniger Brief gekommen?

Ihr kaum merkliches Kopfschütteln beruhigte ihn sofort, aber ebensosehr beunruhigte es ihn auch. Er machte Fäuste, biß sich die Lippen. Jetzt triff mit verbundenen Augen ins Schwarze, ohne jemanden zu verletzen. Es wird doch nicht am Ende eine von denen da gewesen sein, persönliche Aufwartung, Trost suchend, Himmelsakrament, er konnte jetzt nicht auch noch danach fragen, er machte sich ja lächerlich. Sophie, ja, natürlich, sowas war nur Sophie zuzutrauen, die fühlte sich Alissa schwesterlich verbunden, animalischer Kontakt, Herdeninstinkte, sie schwärmte von ihr, hatte immer wieder gefragt, warum sie denn nie kommen dürfe, wo sie doch Alissa so verehre, sie glaubte auch, alle ihre Männer müßten einander wie Brüder umarmen, mit der wäre wirklich eine Herde zu gründen, und jetzt hatte sie wahrscheinlich gewittert, daß er endgültig abspringen wollte, da hatte sie sich einen freien Nachmittag genommen und war zu Alissa gerannt, jetzt sind wir Bundesgenossen, wir lieben ihn beide, wir müssen ihn schützen vor diesen Weibsbildern, Sie kennen doch die Schauspielerinnen, und dann hatte sie sich ausgeweint an der immer mehr versteinernden Schulter Alissas, die ein solches Mädchen einfach verachten mußte.

Ganz vorsichtig fragte er: war jemand da?

Sie schüttelte den Kopf. Jetzt war es genug. Jetzt war er gedeckt, hatte den Rücken frei und konnte operieren. Jetzt brauchte er sich dieses Theater nicht mehr gefallen zu lassen. Endlich konnte er es sich gestatten, nervös zu werden und sich als das Opfer ihrer Launen zu feiern. So ließ er also seinen Zorn aufblühen, fühlte, daß er das Terrain, das er vorher durch seine vorsichtigen Fragen eingebüßt haben mochte, nun wiedergewann, hörte seinen lang hinrollenden Sätzen nach und bedauerte es eigentlich ein bißchen, daß er nicht im Stadion stand vor hunderttausend Leuten, denn seine Sätze hätten für eine Massenkundgebung ausgereicht. Hier im Zimmer, vor einer einzigen Zuhörerin, der der Kopf auf den Händen lag, kamen diese Sätze doch nicht ganz zu ihrem Recht. Aber weil er auch jetzt noch vorsichtig sein wollte, obwohl er es doch gar nicht mehr nötig hatte, aber ganz sicher ist man eben nie, zumindest er nicht, er ist kein Schuft, er trumpft nicht auf, auch nicht, wenn er Grund dazu hätte und es sich leisten könnte, er ist vielmehr ein Mensch, der dem anderen die Hand hinstreckt und ihn zurückholt, deshalb bog er seine Rede gegen Schluß zu einem Schwall von Fragen auf. Warum, Alissa, warum das alles? Sein drei- vier- fünfmal wiederholtes *warum* im Finale, sollte ihr zeigen, daß er ihr großmütig verzieh, auch wenn sie ihm jetzt gestehen müsse, sie habe einfach aus Laune geweint. So war er.

Alissa sah nicht auf, aber sie sagte mit einer Stimme, die

gerade noch eine Stimme war: weil Du überhaupt nicht wissen willst, was Joachim mir geschrieben hat.

Noch bevor sie das letzte Wort erreicht hatte, trudelte die Stimme und ersoff in Schluchzen, Schlürfen und Jappsen.

9

Am besten so, daß Du die Tür sehen kannst. Und die Uhr. Nimm' Dir vor, nicht zu oft hinaufzuschauen. Der Platz ist gut, sie muß Dich sehen, wenn sie kommt. Eigenartig, daß Du trotzdem nicht länger als einen Atemzug lang wegsehen kannst von der Tür. Sogar wenn Du der Bedienung die Bestellung aufgibst, schaust Du an ihr vorbei zur Tür. Du bist also Deiner Sache nicht sicher. Eigentlich ist damit schon alles verloren. Denn wenn sie käme, müßte sie Dich sehen, und wenn nur die geringste Hoffnung besteht für Dich, dann wird sie nicht einfach vorbeigehen an Dir, oder gar das Lokal wieder verlassen, also müßtest Du die Tür gar nicht belauern. Daß Du den Blick aber trotzdem nicht wegbringst von der Tür, obwohl Du Dich lächerlich machst, obwohl Dein Nacken schmerzt und die Augen zu flimmern beginnen, das kann doch nur bedeuten, daß Du sie gleich sehen willst, wenn sie eintritt, weil Du ihr keine Möglichkeit lassen willst zur Flucht, weil Du sie an Deinen Tisch zwingen willst. So klar Du das auch einsiehst, und Du siehst es ein, Dein Kopf hat ja all die Ewigkeiten lang nichts anderes zu tun als diese Rechnung immer und immer wieder wie einen Spießrutenlauf zu absolvieren – Du kannst doch nichts ändern, Du mußt sitzen bleiben und die Tür anstarren, bis nach Mitternacht, obwohl Du weißt, daß es, falls Du überhaupt Aussicht hast, ganz sinnlos ist, die Tür anzustarren.

Das Schlimmste ist es, wenn einer mehr Nähe braucht als der andere. Der Bedürftigere hat kein Eigentum mehr, er wird stumm und beleidigend für seine Umwelt, denn er glaubt, er, in seiner Lage, dürfe alles tun. Wem geht es so schlecht wie ihm? Warum sucht sie nicht nach ihm? Warum braucht sie immer eine Verabredung? Noch fünf Minuten, dann wirst Du hinausrennen. Nicht zu schnell. Du mußt alle Menschen sehen, auf beiden Straßenseiten, Du mußt die Lücken zwischen den Passanten beobachten, dann rasch in ein zweites Café schauen, weil es Dir plötzlich einfällt, daß sie eigentlich doch eher in jenes Café kommen könnte, aber kaum bist Du dort, kaum hast Du festgestellt, daß sie nicht dort ist, werden Tapeten, Ober und Gäste Dir widerlich, es ist jetzt ganz klar, in dieses Café wird sie niemals kommen, trotzdem mußt Du der mehr befehlenden als einladenden Hand des Obers gehorchen, einen Kognak trinken, ohne daß Du es weißt. Acht Minuten lang hoffst Du noch, dann rennst Du hinaus, und weil jetzt alle Cafés der Stadt ebenso sehr in Frage kommen wie sie nicht in Frage kommen, rennst Du von einem zum anderen und kontrollierst ein paar hundert Tische, gibst es nach jedem Café, in dem sie nicht war, endgültig auf, verbietest Dir ein für alle Mal, die Lücken zwischen den Passanten zu belauern, wie die Katze das Mausloch, sagst Dir, daß Du Dich verachtest, aber dann bemerkst Du: das nützt nichts, Verachtung, das ist ein Wort, na schön, sagst Du, dann veracht' ich mich eben, aber ins Atlantik schau' ich noch rasch, und nach dem Atlantik sagst Du: wenn sich ein anderer so aufführte, den würd' ich lächerlich finden, also gut, find' ich mich eben lächerlich, aber jetzt schau' ich noch schnell ins Terrassen-Café. Zur Erholung kannst Du auf die Brücke rennen, der Fluß ist ein Partner für solche Augenblicke, denn wenn Du mehrere Leben hättest, würdest Du jetzt eines anbieten, weil das ein wirksames Mittel wäre, ihr Deinen Ernst zu demonstrieren. Du wärst tot, hättest ihr einen Denkzettel verpaßt, könntest hoffen, in ihren Gedanken sofort einen besonders feierlichen Platz einzunehmen. Gleichzeitig müßtest Du aber noch ein Leben übrig haben, um die Früchte Deines Selbstmords zu ernten. Du würdest in ihr Zimmer treten, sie erschüttert vorfinden, die Arme ausbreiten, um ihr Schluchzen an Deinen Revers zu trocknen, sie würde einsehen, daß es so ernst noch niemand mit ihr gemeint hat, noch niemand hat einen solchen Preis bezahlt, also wäre sie besiegt, und zusammen könntet ihr dann des Toten gedenken, der Du warst: ja, das wäre eine Möglichkeit, wenn es eine wäre, aber da Du Armer nur ein einziges kleines Leben hast, und da Du weißt, wie schnell Erschütterungen verebben, wenn sie nicht einen andauernden Anlaß haben, deshalb liegt in einem Selbstmord nicht eben viel Hoffnung, ganz abgesehen davon, daß er Dich um das bringen würde, um dessentwillen Du ihn auf Dich nähmst, es ist schon besser, Du durchsuchst jetzt auch noch die letzten fünfzehn Cafés, und noch ein paar Dutzend wichtiger Straßen, dann hast Du wenigstens das getan, was Dir möglich ist, vielleicht kannst Du dann sogar einschlafen, und morgen triffst Du sie zufällig im Palast-Foyer und erfährst, daß sie gestern gar nicht in der Stadt gewesen ist. Ach so, sagst Du und tust, als sei das eine Nachricht, die für Dich ebenso nebensächlich ist wie für sie.

10

Kann sein, daß in der Zentrale eine Sitzung meinetwegen stattfand, über den Wolkenwüsteneien vor dem Gewitter, oder waren die Berater verteilt auf Mistelknäuel in riesigen Erlen, vielleicht fuhren sie auch zwischen Rinde und Stamm die Käferwege hinab in die Wurzeln, oder lagen im Schatten der tausend Autos auf dem Parkplatz, was weiß ich, wo die graue Mieze heutzutage ihren Hof hält, irgendwo zwischen Thermometer und Sonne werden sie sich schon getroffen haben, um mir manches heimzuzahlen, jetzt, da ich mit aufgerissenen Poren herumlief, leicht zu verwunden: er kriegt sie nicht, wir verhindern das! Sollten sie, im Himmel oder in meinen Kranzgefäßen nistend, solch tantenhafte Beschlüsse gefaßt haben, so muß sie meine Haltung arg enttäuscht haben. Ich saß auf der Bank, aber ich wurde nicht häßlich davon wie Gaby. Auch wenn es eine richtige Verabredung war, und Susanne kam nicht. Nebenan spielten die Rentner um die Verlängerung ihres Lebens, das sie dann wieder zu weiteren Kartenspielen um weitere Verlängerung nutzen konnten. Gaby hätte sich eben auch für etwas interessieren sollen. Den Namen des Erwarteten vor sich in den Staub zu malen, ist keine gute Beschäftigung. Mich zogen die gespannten, triumphierenden oder höhnisch lächelnden Gesichter der Spieler und ihrer Kibitze an, alle auf den winzigen Schicksalsfleck starrend, auf den die nächste Karte fallen muß, schon wird der Sieger deutlich, er zählt mit lauter und immer lauter werdender Stimme Karte um Karte, Zahl nach Zahl auf den Tisch, von allen Bänken schauen sie jetzt auf den Sieger mit dem blauen Gesicht. Aber selbst als ich mich gezwungen sah, an Susanne zu denken: es war nicht zu meinem Nachteil. Ihr wuchs, je länger sie mich warten ließ, ein solcher Strahlenkranz ums Gesicht, die Sekunden schleppten sich zu Tode, um sie mit allem zu schmücken, was mir imponierte, eine Verherrlichungshast brach aus wie Ende April vor dem Marienaltar in Ramsegg, und wäre dort Maria Anfang Mai, als noch alles frisch war, leibhaftig erschienen, ich glaube, keiner hätte sich nach ihr umgedreht, denn mit der Pracht, in der sie auf dem Altar thronte, hätte sie selbst, barfuß und in entsetzlich nivellierender Menschengestalt, einfach nicht konkurrieren können. Deshalb müßte man den Heiligen und Angebeteten, wenn sie es nicht längst selber wüßten, den Rat geben: ihr tut gut daran, nicht zu erscheinen.

Susanne aber trat mit staubigen Schuhen in mein Gesichtsfeld und es zeigte sich, daß die Verklärung, in die ich sie, heftig wartend, erhoben hatte, ihr nicht bekam. Ich sank auf die Lehne zurück. Grüßte fast mürrisch. Ich mußte in den Quartieren meiner Erinnerung herumlaufen, mich in dunkle Verschläge und über durcheinanderliegende Körper beugen, an Schultern rütteln und rufen: jetzt kommt doch, kommt doch, sie ist da, euretwegen, jetzt blamiert mich nicht, kämmt euch, seid nett und, wenn möglich, ein bißchen begeistert. Werft wenigstens Konfetti.

Ich zitiere diese Erfahrung, weil ich, während ich auf Susanne wartete, oft an Gaby dachte und ihr eigentlich gern eine Karte geschrieben hätte, des Inhalts, daß es besser sei, während des Wartens den anderen zu verschönern, als sich selbst häßlich werden zu lassen. Dadurch wird einem das Warten zu einer feurigen Zeit und der, der uns warten läßt, wird bestraft durch das Bild, das wir uns von ihm inzwischen gemacht haben.

Das habe ich, auf Susanne wartend, gelernt, aber so sicher ich war, daß ich jetzt ein gutes Mittel gegen unpünktliche Frauen hatte, so wenig nützte es Susanne gegenüber.

Einfach deshalb, weil sie einen eigentlich gar nicht zum Warten kommen ließ. Ja, am Anfang, auf der Bank der ersten, im Sessel der zweiten Verabredung, da wartete ich noch, da erfand ich mein Mittel, aber anwenden konnte ich es nicht, denn es war bei Susanne nie sicher, ob sie überhaupt kommen würde. Und wenn auch die, wie man selbst glaubt, sicherste Verabredung in eine Atmosphäre des Zweifels gerät, wenn man auch bei sorgfältigster vorheriger Verständigung immer in der Furcht sitzt, daß alles mißlingen könnte, dann kommt man bald nicht mehr dazu, sich in einen feurig verschönenden Warter zu verwandeln. Warten kann man bloß auf etwas, dessen Eintreffen zu erwarten ist. Auf einen Zug kann man in Mitteleuropa warten. Auf den jüngsten Tag und auf Susanne nicht. Was einen beschäftigt, ist dann nicht die Frage wann? sondern: ob überhaupt! Das ist also sozusagen eine Existenz- und keine Gedulds- und Phantasiefrage.

Und auf jeder öffentlichen Bank fängst Du wieder ganz klein und nüchtern und geduldig an und tust doch, als wartetest Du. Wenn Du dies Gefühl stabilisiert hast, daß es Dir nicht von plötzlich aufschießenden Zweifelsfluten einfach weggerissen werden kann, verfeinerst Du Dich ins Ruhige: Du wartest jetzt, als wartetest Du nicht. Mit den Ohren prüfst Du, sozusagen aus Interesse für Gangarten, alle Schritte, die sich nähern. Achtzehn verschiedene Schrittarten ließest Du passieren ohne aufzuschauen, obwohl sich Dir manchmal für den Bruchteil einer Sekunde das Blut staute, weil Du glaubtest, das ist sie! Achtzehnmal hast Du mit immer riesiger werdenden Ohren den Atem angehalten, weil das inwendige Geräusch stört, von Mal zu Mal wird das Hinhören schwieriger, eine Paniksekunde lang fürchtest Du sogar, es sei überhaupt nichts zu unterscheiden, alle Frauen gingen gleich, Du beruhigst Dich noch einmal, hörst das neunzehnte Mal die Schritte schon von weitem mit ungeheuer rasch zunehmender Sicherheit, das ist sie, aber jetzt nicht töricht sein, jetzt muß sich der Ärger der achtzehn vergeblichen Male auch lohnen, jetzt mußt Du tun, als stecktest Du bis weit über die Ohren in Gedanken, ganz ohne Erwartung, ja, das ist sie, welch schöne Sicherheit, die Ohren füllen sich mit diesen Schritten, und es ist noch immer Platz, ein angenehmes Gedränge in den Ohrgängen, Berührung, Dröhnen, so klingt es, wenn die Feile die Gitterstäbe gleich durch hat, Musik in allen Windungen, bis die Ohren voll sind, berstend voll, daß es Dir einfach den Kopf hochreißt, Du mußt ihr, über die letzten zwei Schritte hin, entgegensehen. Einer Fremden siehst Du ins Gesicht. Ein bißchen verletzt und angewidert vom Ausdruck Deiner Augen, beschleunigt sie ihren Gang, der, während Dir der Kopf irgendwohin fällt, schon in der Ferne verebbt.

Das Geräusch ihrer Schritte, als sie ganz nah war, bringst Du nicht mehr aus Deinen Ohren. Es ist jetzt keine Musik mehr. Ein Schiffsbug, der sich bei Nebel in einen Schiffsbauch bohrt, durch alle Schotten durch, bis in die holzverkleideten Messen, der macht wahrscheinlich dieses entsetzliche Geräusch, dem Du, ohne daß Du Dich rühren kannst, in Deiner engen Kabine liegend, entgegenhörst.

Wenn man fünfmal umsonst, oder nicht lange genug ausgeharrt hat und jedes Mal am nächsten Tag erfährt und einsehen muß, daß es wirklich nicht ihre Schuld war, sie ist ja da gewesen, fünf Minuten nachdem man es, um der eigenen Gesundheit willen, hat aufgeben müssen, oder sie war da, als Du gerade in den Buchladen nebenan gegangen warst, um Dir ein noch dickeres oder ein noch leichteres Buch zu kaufen, einen Roman, auf dessen Umschlag Farbspiele wimmelten oder stilisierte Figuren ein gedämpfteres Leben versprachen, nach solchen Erfahrungen also plant

man die nächste Verabredung mit einer Genauigkeit und
vor allem in einer Einfachheit, daß kein Weg mehr ver-
fehlt und kein Zufall mehr mitspielen kann, man verabredet sich gewissermaßen bei ihr, in ihrem Zimmer, was
nicht möglich ist, aber was doch allein Sicherheit verspräche,
sie müßte nur sitzen bleiben, bis man käme. So sicher versucht man es zu machen und setzt sich dann zehn Minuten
vor der Zeit auf den Stuhl, der in der Planskizze, die man
ihr mitgegeben hat, angekreuzt ist, nur zehn Minuten vorher, nicht eine Stunde vorher wie beim letzten Mal, denn
nach vierzig, fünfzig Minuten giftigen Zweifelns neigt
man zu Kurzschlußhandlungen und verdirbt dann selbst
noch den ganzen feinen Plan, zehn Minuten vorher also,
und jetzt kann man sich gehen lassen, diesmal muß man
weder zweifeln noch kontrollieren, man darf die Erwartungen auf die Koppel lassen, daß sie sich tummeln können
wie's ihnen gerade einfällt, denn diesmal kann nichts mehr
dazwischen kommen. Und siehe da: sie kommt nicht. Die Vor-
stellungskraft versagt den Dienst. Kein Grund ist denkbar.
Man versteinert. Rührt sich nicht. Wahrscheinlich fressen
in Ruinen gemästete Riesenameisen die Straßen leer. Oder
die Spatzen, aus Protest gegen den ausbleibenden Pferde-
mist, haben sich in fliegende Drachen verwandelt und tragen schockweise Passanten davon. Man wird es morgen
wohl in der Zeitung lesen. Nach Mitternacht wirst Du,
trotz aller Gegenwehr, von zwei rabiaten Kellnern hinaus
auf die furchtbare Straße getragen.

11

Aber Gott kann doch, als er den Menschen bastelte, nicht schon mit der Erfindung der Photographie gerechnet haben!

Doch, hat er, muß er, schließlich weiß er alles schon im voraus.

Dann sind aber die, die lebten, bevor das große Knipsen begann, ganz schön geprellt worden.

Sind sie, sind sie.

Je früher geboren, desto schlimmer!

Susanne gab mir das Kouvert am Keplerbrunnen. Ich wußte: das ist das Photo. Es sei vielleicht besser, Josef-Heinrich nichts davon zu sagen, sonst denke er gleich Wunder was. Im Wagen konnte ich das Bild nicht lassen. Ich hätte nachts dreimal runterrennen müssen, um es anzuschauen. Zum ersten Mal etwas, was Josef-Heinrich nicht wissen durfte! Aber auf'm Klo. Das Klo, der Freiheit allerletztes Residuum. Vorerst noch. Herr Übelhör behauptet, Frau Bahlsen sei beleidigt, wenn ihr Mann die Tür verriegle. Er sei ein richtiger Narziß, sagt sie, darum habe er auch einen Spiegel hineingehängt, und wenn sie ihn dann braucht, Fehlanzeige. Das hat Herr Übelhör mir, hat Frau Übelhör ihm, und ihr hat es, sagt sie, Frau Bahlsen erzählt. Soweit war's bei uns noch nicht. Alissa brachte es allerdings fertig, mit Guido oder Drea vor der Tür zu stehen, bis ich rauskam, das war schon arg genug, mir schlossen sich sofort sämtliche Muskeln, wenn ich sie bloß herankommen hörte. Aber ein Photo anzuschauen würde mir wohl noch gelingen. Sie waren schlimm, die photolosen Tage, und deshalb tun mir die Milliarden, die ohne Photos vegetierten, wirklich leid. Ein Mensch kann sich doch nichts merken, und nichts vorstellen. Alles vergißt er, entstellt er, sobald er es nicht mehr vor Augen hat. Immer war, wenn ich mir Susanne vorstellen wollte, ihr Gesicht überlagert worden von dem ebenso breiten Gesicht einer Schlagersängerin, Assia, glaub ich, heißt sie, und eine Hamburger Fernsehansagerin mischte sich auch noch hinein. Aber Susanne hatte doch ganz andere Augen. Ja, die Augen allein, die brachte ich noch zustande, die Mandelkern-Augen, weit weit weg von der Nasenwurzel. Aber das ganze Gesicht kriegte ich nicht mehr zusammen. Die Nase noch, die schöne, am Ende gerade noch abwärts sich rundende, dann, hast-Du-nicht-gesehen, blendeten schon wieder die beiden anderen gleichfalls breiten Gesichter durch, grinsten und schmalzten mir eine bloß noch breite, mir ganz und gar gleichgültige Gesichtsmischung entgegen. Sogar Fräulein Bergammer, Alissas frühere Schneiderin, drängte noch, über Jahre hinweg, aus der Vorwährungsreformzeit herüber, Edmund hatte damals jede Sache nach ihrem Paillettenwert taxiert, drängte ihren ausgeschwungenen Unterkiefer herein, von dessen unterer Kante sogar Haare sich ringelnd abwärtsbogen. Ohne Photo war ich wehrlos ausgeliefert diesen Breitgesichtern, die sich mir irgendwann in die Erinnerung eingebrannt hatten wie Scheinwerfer in eine Linse. Ich hatte mich nie an sie erinnert, bis ich mir dann Susanne vorzustellen versuchte, da wachten sie plötzlich auf, um zu stören. Und nur ein Photo und Susanne selbst konnten mich erlösen, da war es sofort Schluß mit aller falschen, groben Ähnlichkeit, und ich sah: Susannes Gesicht war, was mit jenen Gesichtern beabsichtigt gewesen sein mochte.

Ich heftete das Bild zwischen die Seiten, auf denen ich einen kurzen Werbefilm für *Bianca* skizziert hatte. Vor sowas hatte Alissa einen Horror, auf den man sich verlassen konnte.

Meinen vom Aussatz des Rostes, vom Aussatz des Alters gemarterten M 12 stellte ich scham-zerknirscht hinter den vorwurfsvoll spiegelnden Hundertachtzig, der fünf vor sieben eingetroffen war. Übelhörs bulliger Achtzylinder sah mich freundlicher an und flüsterte mir mit dem rechten vorderen Kotflügel zu: wir werden ja alle mal alt, is doch so! Schau mich nicht so blöd an, maulte Paulys irdisch-grau gepuderter VW, ich bin eben ein Zweckfahrzeug, und Abendsonne mag ich schon gar nicht, bin ja schließlich keine Kirche, oder? Nein, das bist Du nicht, sagte ich begütigend und verschaffte dem erstickten schwarzen Lack einen Fingerstrich Luft.

Herr Stromeyer zog noch einen Fuß nach, setzte den anderen aber nicht mehr auf die nächste Stufe, sondern hielt und wandte sich um, schon bevor ich ihn eingeholt hatte. Er war wirklich ein Wegelagerer geworden, der seinen Mitleidszoll unerbittlich forderte. Von mir konnte er eigentlich nichts mehr fordern, denn schließlich hatte ich inzwischen zumindest eine Reservistenübung im Flachliegen hinter mir. Er lächelte mich jetzt auch tatsächlich nicht mehr ganz so gnadenstoßerbittend aus seinem Gramgesicht an. Fast fühlte ich mich zum Kameraden ernannt. Sozusagen: beide vor Verdun gewesen. Es wird schon wieder werden, rief ich und stieg sehr viel langsamer weiter, als sei auch bei mir noch nicht alles so, wie es sein sollte. Stigmatisierte unter sich.

Noch im Treppenhaus, aber schon wieder Susannes Bild feiernd, hörte ich die Stimmen. Es tönte, als wohnten jetzt zwei Familien in unserer Wohnung. Die Tür stand weit offen. Und weil man, heimkommend, immer einer Katastrophe entgegensieht, jeder Peterwagen, der vorbeidudelt, fährt in die Lichtenbergstraße, weil man weiß, wie unmöglich es ist, daß einen ganzen Tag lang nichts Schreckliches

passiert, wußte ich sofort Bescheid: das Vorstellungskaleido-
skop überschüttete mich während der letzten Schritte zur
Wohnzimmertür mit kreischenden Visionen in irrsinnig
rascher Folge, zusammenstürzend zu einer schwarzroten
Simultanversammlung allen brüllenden Unglücks der Welt.

Herr Pauly kratzte mit seiner kleinen Hand in einem
seiner riesigen Ohren. Er hatte gerade wieder einmal vergeblich versucht, seine Frau zu unterbrechen. Alissa nickte.
Drea und Lissa standen halb hinter ihr, hielten sich an ihr,
kuschelten sich, als würden Alissas Hände umso größer und
schützender, je mehr sie sich hineinschmiegten. Und als
hätte ein klassischer Szenenmaler die Gruppe nach allen
Regeln der Kunst gestellt, stand einen Schritt hinter und
zwei Schritte links vom Mittelpunkt, Guido, auf den Herr
Pauly nachdenklich starrte, dem Frau Pauly mit Geschrei
immer näherrückte, was eine Art magnetische Wirkung auf
Alissa auszuüben schien, denn sie rückte im Tempo, in dem
Frau Pauly vorrückte, von der Seite herein. Und so wie
Frau Pauly Herrn Pauly hinter sich hersaugte, so rückte
Alissa mit Lissa und Drea vor. Einen halben Meter vor
Guido mußten alle aufeinandertreffen, und dann, was
würde dann passieren? Guido, der wahre Mittelpunkt, der
drei Erwachsene und zwei Kinder auf sich zusaugte, stand,
schabte mit einer Schuhspitze auf dem Boden und schien
an nichts so sehr interessiert zu sein, als an dem Fleckchen
Teppich, das er betrachtete, beschabte und wieder betrachtete. Aber ich sah, trotz seines gesenkten Gesichts, daß er
geheult hatte. Aber keiner blutete. Also bitte.

Daß es sich um Frau Paulys Vögel handelte, hatte ich
begriffen. Aber ob Guido den Grünfinken Viktor erschreckt,
oder dem Kanarienvogel Peter eine Feder gestohlen hatte,
das war nicht so leicht zu erfahren, da Frau Pauly zeterte
und heulte, Viktor und Peter schrie, Guido einen Rohling

und einen Satan nannte, also zur Information gar nicht mehr fähig war, und doch nicht zuließ, daß ihr Mann, sie unterbrechend, mir sagte, was geschehen war. So blieb mir nichts anderes übrig, als ein bißchen laut in ihr zuckendes Gesichtchen hineinzufragen. Umgebracht hat er ihn, Ihr Sohn, gemordet, aufgemacht und erwürgt. Wissen Sie wie einem Vogel zumute ist, wenn er erwürgt wird? Wissen Sie das? Wo doch für Vögel nichts so furchtbar ist, wie angefaßt zu werden. Im Winter vor sechs Jahren, August, Du erinnerst Dich, als wir die Blaumeise fanden, halb verhungert, halb erfroren, wir wollten sie heimnehmen, August, Du kannst es bezeugen, wir hätten es nicht umgebracht, das arme Tierchen, aber es starb in dem Augenblick, als ich es berührte, vor Schreck. Und Ihr Sohn hat den Viktor im Käfig herumgejagt, und der Arme hat sich nicht wehren können, der linke Flügel wurde ja nichts mehr seit damals, als Strehlers Katze sich eingeschlichen hatte. Mit drei Drahtprothesen haben wir's probiert, aber der Flügel lahmte, und trotzdem hätte der Viktor noch lang leben können, das hätt' er, August, Du kannst es bezeugen, gefehlt hat ihm gar nichts. Ja, das rechte Bein fehlte ihm, weil er nach der Mauserung gestürzt war, aber er hat so gut auf einem Bein stehen gelernt, Sie glauben es nicht! Natürlich haben wir uns auch Vorwürfe gemacht, weil wir nach der Mauserung nicht aufgepaßt haben, aber ich habe das einfach nicht mitgekriegt, daß die Schwungfeder noch nicht ganz da war. Wir hätten ihn damals nicht so früh aus dem Bauer lassen dürfen, August, den Vorwurf müssen wir uns machen, dann wär' er nicht gestürzt, hätt' sein Bein nicht gebrochen, wir hätten's nicht so stark geschient und bandagiert, daß die Zehen ganz schwarz wurden und Viktor vom Samstagabend bis Montagmittag keinen Laut mehr von sich gab, und der Züchter hätt' ihm nicht das Bein abzwicken müssen, ohne

Betäubung, Frau Kristlein, mit der Nagelschere, und vom Krieg her ist man doch nicht mehr zimperlich, ja und dann hätte ihn, wenn er seine beiden gesunden Beine noch gehabt hätte, Strehlers Katze nicht erwischt und er hätte beide Flügel behalten und hätte sich besser wehren können gegen diesen Satan, der kein Mitleid hat mit einem armen Tier. Dabei hat unser Viktor Singen gelernt von unserem Peter, wo doch Grünfinken in Freiheit gar nicht singen können! Alles hat er dem Peter nachgesungen, so gut hat es ihm gefallen bei uns. Sie wissen's ja nicht, vor wem red' ich auch bloß, Sie haben keine Ahnung, wie er gesungen hat, daß man sogar die Worte verstanden hat: warum-sind-die-die-Zigaretten-so-teuer, August, Du mußt es bezeugen, und: hast-Du-mich-hast-Du-mich-bestimmt-nicht-angelogen, das konnte er singen, so gut wie der Peter, und war ein so feinfühliges Tier, sie können sich's nicht denken, wie er gelitten hat, als man ihm das Bein abzwickte, ohne Betäubung, grad überm Knie. Glauben Sie vielleicht, er hätte unser chloriertes Leitungswasser getrunken? Wir gewöhnen uns an sowas, Viktor hat es nicht angerührt, lieber wär' er gestorben. Ich bin gern für ihn, wenn's länger nicht regnete, hinaus auf den Lerchenberg, Quellwasser zu holen für ihn. Aber das war jetzt wohl alles umsonst, und den Peter bringt der Satan da mir auch noch um, das weiß ich, ich kann nicht davor stehen bleiben. Dann haben wir gar nichts mehr, August. Katzen, das geht nicht, mein Mann ist da allergisch gegen, unsere Kinder, ach August, wie gut war Gerhard zu unserer Bella, und Siegrid, die hätten einem Tier kein Härchen nicht krümmen können, deshalb mußten sie auch so bald sterben, nur Mörder werden alt in dieser Welt, ach August, nicht einmal eine Photographie hab' ich jetzt vom armen Viktor, nicht ein einziges Bild, da bist Du dran schuld, August! Hab' ich nicht immer gesagt: bestell' den

Photographen, August, Du mußt bezeugen, daß das immer meine Rede war. Jetzt ist er tot und wir haben kein Bild. Es bleibt uns jetzt rein gar nichts.

12

Weiße Wolken vagabundierten im blanken Julihimmel über den Schulplatz hin. Ich tat, als interessiere ich mich für Wolkenwatte, segelnd im Julihimmel, als hätte ich im Auftrag irgendeiner staatlich subventionierten Neugier zu stoppen, ob die weißen Wolken länger als die grauen brauchten vom Dach der Oberschule bis zum Volksschuldach. Die Passanten zwangen mich zu solchen Beobachtungen, sie ließen es nicht zu, daß ich einfach saß und wartete. Ich hätte schon jedem einzeln zurufen müssen: bitte, verständigen Sie nicht gleich die Polizei, ich warte nämlich auf meine Tochter. Da ich das nicht über mich brachte, röntgte mich jeder mit Amateur-Detektiv-Augen, ließ sich von den verlotterten Polstern meines M 12 alle seine Vermutungen bestätigen, rekapitulierte blitzschnell noch die Artikel über wildernde Bonbon-Onkels im Stadtwald — und wer läßt schon die immer zu oberflächliche Schilderung eines Sittlichkeitsdelikts aus! — fühlte sich zu kommunalem Handeln aufgerufen und handelte kommunal, indem er den Verdächtigen durch und durch durchschaute, daß der bis ins Rückenmark hinein erschauerte und sich eingestand: Du bist erkannt.

Was wäre schwieriger als auf die eigene Tochter zu warten? Denn selbst wenn die Lehrerin drin ein Ende finden würde — sie findet natürlich keines, findet vielmehr immer neue Wörter, die mit *st* beginnen, es beginnen eben auch viel zu viel Wörter mit *st* — aber selbst wenn sie tatsächlich einmal gestehen müßte: Kinder, geht heim, ich geb's auf, es gibt kein Wörtchen mehr, das mit *st* beginnt, selbst dann wäre ich draußen noch nicht gerettet. Wer von meinen Verfolgern glaubte mir denn, daß das schlacksige, aber jeden Tag knuspriger werdende Mädchen, das da mit flügelnden Armen und Beinen wie eine betrunkene Libelle auf mich losstürzt, meine Tochter ist? Hörigkeit im schlimmsten Grad, blitzt es den Amateur-Sittenpolizisten durchs schlußfreudige Hirn. Und dann zieht Lissa noch hinter sich her drei Freundinnen: Irmgard, Doris und Margaret, die leider auch in der Lichtenbergstraße wohnen. Manchmal rennt sogar noch das rothaarige Äffchen Ingeborg hinterher und spekuliert darauf, daß ich sie in die Blasiusstraße bringe, weil das kein großer Umweg ist, oder Lissa hat es ihr schon großmütig zugesagt und befiehlt mir nun, ihr Versprechen einzulösen. Das ist denn doch die Höhe, murmeln meine Verfolger. Eine ist ihm zu wenig, gleich vier nimmt er mit. Darauf notieren sie sich meine Nummer und sehen mir nach mit Blicken, in denen sich Haß und Abscheu und eine verschönende Spur Neids vermischen.

Es gibt Exemplare unter meinen Verfolgern, sechsundvierzigjährige Aktentaschenträger mit Kleppermantel, zweiundfünfzigjährige Familiendonnen in gequälten Strickjäckchen, die mich sofort aus meinem Wagen vertreiben. Ich fliehe zuerst unter die schulplatzsäumenden Kastanienbäume, freue mich der kleinen stachlig-grünen Morgensterne, die der heiße Juliwind den Aufpassern entgegenschwenkt, während ich im Notizbuch die Zeiten der weißen Wattewolken und die Zeiten der grauen Putzlumpenknäuel notiere, vergleiche, notiere. Mein aussätziger M 12, von mir im Stich gelassen, ist, wenn er allein im Rinnstein kauert, bloß noch halb so verdächtig. Und mich entdecken hinterm dicksten Kastanienstamm auch nur noch die Passanten, die auf

Verbrecher nicht nur mit bereitwilliger Nase zufällig stoßen, sondern die, die gewissermaßen vorsätzlich Ausschau halten. Die schauen mich nicht mehr mit bohrenden, verdachtschürfenden Augen an, auf Durchschauen und Unsichermachen legen die es gar nicht mehr an, ihre nach Verbrechen durstigen Augen sind blank vor Triumph, denn sie haben mich ja so gut wie ertappt.

Ich wußte, Du kannst tun, was Du willst, lang hältst Du Dich nicht hinterm Kastanienbaum. Schon war ich bereit, den unvollkommenen Schutz des Kastanienstamms zu opfern und mutig in den Platz hinauszuschreiten, hinüber zu der Bubenschar, zum immer wieder sich bauschenden und wieder enger werdenden Kreis, je nachdem, ob die Beiden, die einander gerade im Hahnenkampf nachhüpften, sich in der Mitte umtanzten, oder ob einer plötzlich den Kopf senkte, den Ellbogenrahmen starr ausscherte und den Gegner vor sich hertrieb, daß der Kreis sich zum Oval dehnen mußte, um die Hahnenkämpfer nicht aus dem Zuschauerring hinaustreiben zu lassen. Aber rechtzeitig fiel mir ein, daß eine so deutliche Anteilnahme an halbwüchsigen Hahnenkämpfern von den ehrenamtlichen Sittenpolizisten auch nicht gerade mit Wohlwollen beobachtet werden würde. Die zwangen mich am Ende noch, so zu tun, als interessierte ich mich für die Werbekolonne der Bundesluftwaffe, die auf Befehl irgendeines Kammhubers in der Mitte des Platzes aufgefahren war mit Rakete, Radar, Düsenjäger und was sonst noch zu einem hübschen Luftkrieg gehört. Public relations, konstatierte ich fachmännisch. Hinübergehen, den Kollegen von der Kriegsreklame guten Tag sagen, gratulieren zu der guten Idee, sowas zwischen Volks- und Oberschule aufzuziehen, fragen, ob die Bürschchen auch auf den Leim gehen, Werbung für Halbwüchsige ist ja noch im Halbdunkel, aber im Kommen, schwer im Kommen, viel-

leicht konnte ich was dazulernen und gleichzeitig meine
Aufpasser ausschmieren, ärgerlich müßten sie abziehen:
wieder keinen Perversen gefangen. Der Stellungswechsel
war schon so gut wie beschlossen, da wehte der Juliwind
plötzlich im Auftrag der allerhöchsten Mieze Frau Möllenbruck auf den Platz herein, ließ sie stehen, schubste sie
weiter, ließ sie wieder stehen, drehte sie zweimal um und
herum und wehte sie dann zaghaft weiter auf die Hahnenkämpfer zu. Ich griff hinter mich in die rauhe Kastanienrinde, Melitta fiel mir ein, die erste leibhaftige Erscheinung
Maria Aegyptiacas, die aus der Rinde gewachsen war, un-
lösbar verbunden mit dem Kastanienstamm vor der Ramsegger Restauration, die mich nicht gesehen hatte, vielleicht weil sie glaubte, ich sehe sie dann auch nicht, also
hatte sie Angst gehabt vor mir, die erste und vielleicht
letzte Frau, die Angst vor mir hatte, kastanienkupferne
Haare und ein kastanienglattes Gesicht, heilige Melitta-
Maria Aegyptiaca steh' mir bei, nimm mich zurück in den
Stamm, daß Frau Möllenbruck mich nicht sieht! Was ist
schwerer, frage ich, als eine Tochter von der Schule abzuholen? Nun hatte ich auch noch mit Frau Möllenbruck
zu rechnen. Und Sophie hatte mir doch erzählt, mit ihrer
Mutter sei es besser geworden, die Anfälle hätten so gut
wie aufgehört. Aber schon schrie die Möllenbruck grell und
krächzend über den Platz: Hans-Jörg, Hans-Jörg, komm
jetzt! Die Buben drehten sich nicht einmal um, sie ließen
das gerade aufeinander zustoßende Paar nicht aus den
Augen. Fast gelangweilt, ein bißchen belustigt, aber sehr
präzise wie eine oft und oft wiederholte Ministrantenant-
wort klang es herüber: is doch lang in der Oberschule!
Wahrscheinlich waren diese Hahnenkämpfer noch in der
Kinderschule, als Frau Möllenbruck zum ersten Mal ihren
Schrei über den Schulplatz geschickt hatte, aber die Ant-

wort, die sie damals bekommen hatte, war Tradition geworden. Als ich Frau Möllenbruck zum ersten Mal auf den Platz rennen sah, gab sie sich mit dieser Antwort nicht zufrieden. Mit ausgestreckten Händen stürzte sie damals auf die Buben zu, erwischte auch gleich einen und rief: komm jetzt, das Essen wird kalt. Die Buben gröhlten, lachten, rannten um sie herum. Der, den sie gefangen hatte, entwischte ihr wieder, rannte mit den anderen um sie herum, sie drehte sich mit, hielt ihre Augen immer auf den Blondschopf gerichtet, den sie als ihren Hans-Jörg mit heimnehmen wollte, und plötzlich stieß sie zu, griff hinein in den lärmenden Bubenreigen, der Blondschopf zappelte und wand sich in ihren hageren Händen. Die Buben gröhlten weiter. Erst als Frau Möllenbruck ihrem Gefangenen ins Gesicht schlug und ihn mit Gewalt hinter sich her aus dem Kreis hinauszerrte, erst als der Blondschopf zu heulen begann, hörte das Gegröhle auf. Die Buben blieben stehen und sahen zu, wie Frau Möllenbruck ihren Genossen, der jetzt Mama Mama schrie, hinter sich her über den riesigen Kiesplatz schleifte. Bevor sie die Straße erreicht hatte, wurde sie von größeren Jungens, Achtklässlern wahrscheinlich, die von den Kleineren verständigt worden waren, eingeholt. Sie geben sofort den Jungen her oder wir holen die Polizei, sagte einer, der so groß war wie Frau Möllenbruck. Einen Augenblick war sie vielleicht ratlos, überlegte, wie die dazukämen, ihr den Hans-Jörg streitig zu machen, lockerte ihren Griff, und schon war er weg, rannte lachend seinen Klassenkameraden entgegen, die im Rücken der Großen vormarschierten. Hans-Jörg rief sie, Hans-Jörg, und wollte dem Kleinen nachlaufen, aber da schlossen die Achtklässler ihren Ring. Frau Möllenbruck weinte laut auf, winselte, heulte, hielt aber weder Taschentuch noch Hände vors Gesicht. Das brachte die Achtklässler in Verlegenheit. Einer winkte zu mir herüber, als befände er sich in höchster Not. Ganz und gar Erwachsener, ging ich ohne Eile hinüber, der Kreis öffnete sich, Frau Möllenbruck fiel mir an die Schulter, als kennten wir uns seit eh und je. Da atmeten die Achtklässler auf, drehten sich um und hatten Mühe, bei ihrem schweigsamen Rückzug nicht ins Laufen zu verfallen. Ich fragte die Frau, wo sie wohne und fuhr sie heim.

So lernte ich Sophie kennen.

Als wir in der Bleibrunnenstraße ausstiegen, lächelte Frau Möllenbruck schon wieder und sagte, es sei komisch, aber manchmal sei sie ganz sicher, daß Hans-Jörg sich bloß irgendwo in der Stadt herumtreibe oder auf dem Schulplatz Fußball spiele. Er ist nämlich ein Herumtreiber, wissen Sie. Aber das kann ja gar nicht sein, sagte sie dann vor sich hin, er ist viel zu weit weggefahren, das dauert schon noch, bis er wiederkommt. Ihre Tochter zwinkerte mir zu und sagte: Du spinnst wieder, Mutti. Frau Möllenbruck schnitt zu mir hin, daß es Sophie nicht sehen konnte, eine Grimasse, die bedeuten sollte: bitte nehmen Sie ihr nichts übel, sie ist noch jung.

Als ich Frau Möllenbruck zum zweiten Mal vom Schulplatz heimschaffte, war Sophie nicht da. Frau Möllenbruck tat es nicht unter allen Photographien. Obwohl Hans-Jörg offensichtlich ein hellblonder, schlanker kleiner Bursche gewesen war, der es auch auf den letzten Photos nicht weit über zwanzig Jahre gebracht haben dürfte, obwohl seine Fliegeruniformen viel enger geschnitten waren als die salopp fallenden Anzüge, die ich damals trug, um meine kummererregende Beleibtheit ein wenig zu kachieren, Frau Möllenbruck behauptete, ich gleiche ihm wie ein Ei dem anderen. Ich wagte nicht zu widersprechen. Sind Sie auch Flieger? fragte Frau Möllenbruck. Nein, sagte ich, als gestände ich diesen Mangel ungern ein. Na ja, sagte sie und streichelte tröstend, aber mit ganz unmütterlichen Katzenpfoten über meinen Arm. Sie sah überhaupt aus, als sei sie seit fünfzehn Jahren nicht mehr älter geworden. Mutter und Tochter in einer Person. Streicheln Sie ruhig noch ein bißchen, Frau Möllenbruck. Sie stopft sich Oropax in die Ohren, wenn ich Besuch habe, erzählte mir später Sophie.

Wissen Sie, Hans-Jörg ist Flieger, sagte sie dann plötzlich. Er fliegt über Rußland. Ich nickte so anerkennend als möglich. Als Sophie vom Geschäft kam, lud sie mich ein, zum Essen zu bleiben. Nach dem Essen sagte sie: jetzt können Sie mich in die Adalbertstraße fahren. Sie schloß ihre Mutter ein. Brasshuber-Lederwaren, das kennen Sie doch, sagte sie und sah mich eine Sekunde zu lang an.

Nach dem dritten Mal war es schon meine Pflicht geworden, Sophies Mutter auf dem Schulplatz einzufangen. Das ist aber ne Überraschung, Frau Möllenbruck, grade war ich auf'm Weg zu Ihnen ... Schwätzend mußte ich mich an ihre Seite spielen, sie unmerklich in Richtung Straße lenken, daß sie die Schulgebäude und die Kinder aus den Augen verlor, dann wurde sie fügsamer. Wenn uns aber noch so ein Blondschopf übern Weg wischte, blieb sie stehen und rief: nicht ohne Hans-Jörg. Wurde sie gar zu laut, dann blieb mir, um noch mehr peinliches Aufsehen zu vermeiden, nichts anderes übrig als zu sagen: aber Hans-Jörg schickt mich doch, Sie zu holen, er wartet zu Hause auf uns. Entweder hastete sie mir dann voraus ins Auto oder sie drückte sich eng an mich und sagte mit Sophie-Schmelz in den Augen: Schwindler, Sie, aber ich geh mit, schließlich dürfen wir ihn nicht warten lassen.

Diesmal schien Frau Möllenbruck tatsächlich auf einen Angriff verzichten zu wollen. Sie wandte sich – oder war es der Juliwind, der sie drehte? – sie wandte sich auf jeden

Fall ab vom Kreis der Hahnenkämpfer und ging hinüber zu Rakete, Radar und Düsenjäger. Sah aus, wie eine Dreißigjährige, die sich für feineres Militär interessiert. Mir blieb nichts anderes übrig als mich solange von gewissen Passantenaugen an den Kastanienstamm nageln zu lassen, bis die Schulglocke mich erlöste. Ich wollte nichts mehr zu tun haben mit Möllenbrucks. Justus war dran, sollte der den Einfänger spielen. Ich konnte der steilragenden Rakete, dem Radarschirm und dem flügellosen Düsentier nur dankbar sein, daß sie Frau Möllenbruck von den Buben und von mir abgelenkt hatten. Da schlenderten von der Oberschule ein paar aus langen Beinen bestehende Primaner herüber, taten, als interessiere sie die martialische Garnitur gar nicht, bloß so im Vorbeigehen warfen sie einen Blick in das Düsentiermaul; dann hatte aber offensichtlich einer etwas behauptet, was ein anderer nicht gelten lassen konnte, schon standen sie und debattierten. Das zog die Hahnenkämpfer an. Frau Möllenbruck geriet mitten hinein in das Buben- und Jungherrengemenge. Und aus dem luftwaffenfarbenen Bus sprangen gelenkig, mit getarntem Eifer, die Werbekollegen. Uniformen, strahlend vor Zukunft und Vergangenheit. Schon hörte ich den Hans-Jörg-Schrei. Aber es blieb still. Sie hat den schlanken Leutnant noch nicht bemerkt, dachte ich. Ich muß hin, noch einmal muß ich sie fangen. Wenn morgen Pionier-Werber aufziehen und übermorgen Trommler für die Infanterie (falls es sowas noch gibt), damit wird sie fertig werden, aber eng angezogene Flieger, das ist zuviel für sie. Ich lief hinüber, drängte mich bis zu ihr, sah, daß sie den Primaner anstarrte, der technische Kenntnisse hatte oder fingierte, der weder Starfighter nach Honest John, noch Nike gelten ließ neben Mig, M 2, T 1 und Konsorten. Gab sich sehr kritisch, der Bursche, wahrscheinlich n' SPD-Vater daheim, aber der Leutnant lächelte, war souverän, überhaupt nicht beleidigt, keine Spur Barras, reiner Fachmann, Sportsmann, Champion, die Maschine hat er selbst geflogen, ob der Herr, fragt er, auch schon mal mit sowas geflogen sei, nicht? schade, sehr schade, mein Herr, da ist Musik drin, und die Nike! Schön, die M 2 schafft fünfundsiebzig Kilometer, unsere Nike sechzig, aber unsere Nike schaffts mit dreisieben pro Stunde, die M 2 mit zwofünf, dabei wiegt die Nike fünf Tonnen, die M 2 bloß einskommaacht . . . Verzaubert hingen die naseweisen Bürschchen an dem Mund, der den ganzen hochpferdigen Firlefanz so sanft beschrieb, als handle es sich um Chinchilla-Arten. Der kritische Primaner war auf die liebenswürdigste Weise ausgepunktet. Ein paar Mal murmelte er noch: das kann ich natürlich nicht nachprüfen, dann gab er auf und war wahrscheinlich dankbar, daß der Leutnant nicht mehr bloß ihn anschaute, sondern alle gleichermaßen mit seinen wahrhaftigen Fliegermärchen bestrickte. Einer der Knirpse durfte im Cockpit schaukeln. Kleine Sondervorstellung für die Volksschüler. Hahnenkampf sei ja ganz hübsch, aber in so'nem Cockpit mache es noch mehr Spaß. So fütterte er charmant die offenen Mäuler der Knirpse, fütterte sie mit dem großen Wal, der da mitten auf dem Schulhof lag, mit der nadelspitzen Riesenrakete, die dem Schulhaus bis ins dritte Stockwerk reichte. Er hatte den richtigen Ton dafür. Den Rest konnte er den Ungetümen selbst überlassen, die würden weiterarbeiten in den Knirpsen, bis die keine Knirpse mehr sein würden am Tag X. Der verkauft aber schon großartig, dachte ich und erinnerte mich, daß ich nur ein einziges Mal einen so gut verkaufen sah. Im Kaufhaus. Könnte ein Bruder sein von diesem Leutnant, der gleiche Charme, bloß hat der Bruder im Kaufhaus n' neuen Sahnebesen verkauft. Aber auf den Artikel kommt es nicht an.

Da ich solche Vorführungen als Experte erlebe, versuche ich natürlich, den Dreh zu erkennen, mit dem meine Kollegen arbeiten. Der Leutnant verdankte das meiste seinem Schwäbisch. Das ist mehr als ein Dialekt. Wenn man einen Schwaben sprechen hört, glaubt man, es müsse ungeheuer schwer sein, in diesem Dialekt auch noch zu lügen, weil dieser Dialekt es doch offensichtlich schon so schwer macht, die Wahrheit herauszubringen. Alle Achtung vor den Kammhubers, Schmückles, oder wer immer diesen Leutnant losgeschickt hatte. Die wußten, daß es heute nicht mehr der Schwätzer macht. Die Zeit, da der flüssige Berliner, der quatschende Rheinländer noch die idealen Verkäufer waren, ist vorbei. Heute ist das Schwäbische dran. Und warum? Bloß weil Heuss solange sonore Weisheiten gemurmelt hat, daß man – die dunklen Sentenzen halb verstehend – schwäbisch und weise jetzt für Synonyme hält? Vielleicht. Mir scheint allerdings, als verdanke das Schwäbische sein Ansehen auch dem verständlichen Wunsch des Düsseldorfers, mehr als ein Düsseldorfer zu sein und doch kein Kölner werden zu müssen, zum Beispiel.

Die Knirpse hatten genug bis zum Tag X, die Primaner stakten auch davon, im Glauben, sie hätten hier lediglich eine Meinungsverschiedenheit geklärt.

Das ist eine Rakete, sagte Frau Möllenbruck leise und schaute an dem starren steilen Ding hinauf.

Das ist eine Rakete, sagte der Leutnant und zündete sich eine Zigarette an. Ich bin sicher, daß er das durfte. Dann sprach er für die Bevölkerung: gar nich' so sensationell wie Sie denken, gab's immer schon, die Dinger, schon 1232 beschossen die Chinesen die Stadt Kaifeng mit Raketen, der Sultan von Misore unterhielt im 18. Jahrhundert 5000 Raketenwerfer, bei der Völkerschlacht von Leipzig kämpfte ein englisches Raketenkorps mit . . .

Aber Frau Möllenbruck hörte ihm nicht zu. Sie griff plötzlich nach seinem Arm und sagte mitten in seinen Text hinein: komm jetzt.

Der Leutnant grinste, sah auch schnell zu mir her, ich starrte auf ein Schaubild, das einen aufgeschnittenen Turbinenmotor zeigte, er sagte: Du haschs aber eilig.

Frau Möllenbruck: Sonst fliegst Du bloß wieder fort.

Der Leutnant: Schnurgrad zum Mond.

Frau Möllenbruck: Oder nach Rußland.

Der Leutnant: Ich kann mich bremsen.

Frau Möllenbruck: Jetzt komm doch.

Der Leutnant (lachend): Früheschtens heut abend.

Frau Möllenbruck: Und warum nicht jetzt?

Der Leutnant: Dienscht ist Dienscht.

Frau Möllenbruck: Sollen doch mal andere Dienst machen.

Der Leutnant: Komm, laß mich jetzt los, das geht nicht.

Frau Möllenbruck: Nicht bevor Du mir versprichst, daß Du kommst.

Der Leutnant (leise): Wenn Du mich abholsch, komm ich.

Frau Möllenbruck: Ich hol Dich. Aber wehe Dir, wenn Du wieder wegfliegst.

Der Leutnant: Jetzt hau aber ab, sonst werd ich ungemütlich.

Frau Möllenbruck: Aber ich komm wieder und hol' Dich.

Der Leutnant: O. K.

Ich wollte mich rasch hinter den Rumpf des Düsenjägers schwindeln, aber Frau Möllenbruck hatte mich schon gesehen. Sie rannte auf mich zu, zog mich über den Platz zum Auto hinüber und flüsterte auf mich ein: ich hab ihn, jetzt hab ich ihn, endlich.

Vor meinem Wagen standen schon Lissa, Irmgard, Doris und Margaret. Ich quetschte sie auf den Rücksitz und fuhr in die Lichtenbergstraße. Lissa sollte zu Hause bestellen, daß ich noch rasch Frau Möllenbruck in die Bleibrunnenstraße bringe. Wenn es um Frau Möllenbruck ging, verzieh mir Alissa jede Verspätung. Und ich nahm den Weg in die Bleibrunnenstraße gern auf mich, wußte ich doch, es war das allerletzte Mal. Schließlich war ich auch froh, daß alles so glimpflich verlaufen war. Zur Vorsicht rief ich Sophie noch an, um ihr zu sagen, daß es ratsam sei, die Frau Mutter heute abend sorgfältig einzusperren.

13

Josef-Heinrichs Thunderbird streckte seine schöne Schnauze aus der ein- bis zweiförmigen Nickelgebißparade vor. Der schlanke ranke Thunderbird, den er gekauft hatte, um auf des jeweiligen Rotkäppchens Frage: und warum hast Du keinen Porsche? antworten zu können: daß Du Dich besser strecken kannst! Der schwarze sprungsichere Thunderbird döste hochmütig aus der ein- bis zweiförmigen Reihe hervor, also war Josef-Heinrich zu Hause. Vorbei an der neunten Etage, der Aufzug jaulte nicht, hielt nicht, wußte Bescheid, daß mir der Sinn nicht nach Melitta stand. Erich wollte bedeutungsvoll nicken, man sah aber lediglich, daß er die Semmelbacken auf- und abschüttelte. Von der Glastür bis zu Josef-Heinrichs Zimmer tat er immer, als komme man, ihn zu besuchen. Josef-Heinrich legte die Illustrierte aufgeschlagen neben sich, drehte sie dabei um, daß er nachher gleich wieder die richtige Seite fände. Noch vierzehn Tage, dann könnt ihr mich alle, sagte er. Mein Gesicht rutschte blitzschnell in die Formation, die anzeigt, daß man sich ungerecht behandelt fühlt. Wir fahren weg, Sanne und ich, nach Süditalien, drei Wochen, vier Wochen, solange wir Spaß haben, dann könnt ihr hier von mir aus die Stadt in die Luft sprengen oder Heiratskarten verschicken oder mir ein Denkmal bauen, das ist mir alles so schnuppe, sooo schnuppe, daß Du Dir das gar nicht vorstellen kannst. Zuvor allerdings werden wir dem Burschen noch ein kleines Knebelchen anlegen, da, lies! Edmund sollte eine nach allen Seiten gespreizte Anwaltsformulierung unterschreiben, sollte zugeben, daß böse und unwahr sei, was er bisher über Josef-Heinrich gesagt habe, sollte sich schuldig bekennen, in schlimmer Absicht jene Karten verschickt zu haben, und versprechen sollte er, hinfort all solch Böses in jedweder Form zu unterlassen, ansonsten er jede vom Gesetz empfohlene, Josef-Heinrich geradezu in die Hand gedrängte strafrechtliche Waffe in eherner Schwere zu spüren bekäme. Das würde, das konnte Edmund nie unterschreiben. So würde er sich nie seinem Feind in die Hand geben. Edmund würde, singend vor Vertrauen auf sein Material, das Papier zerreißen und eine nach noch mehr Seiten gespreizte Anwaltsformel zurückschicken. Dann hatten wir den Salat. Dann war Krieg. Dann war Edmunds Freund automatisch Josef-Heinrichs Feind. Und mit Susanne war es aus. Schlugen die aufeinander ein, konnte ich ja nicht freundliche Schweiz nach allen Seiten spielen. In meinem Kopf raschelte Geheimdiplomatie ganglienauf, ganglienab. Was wird Susanne, wenn Edmund, wenn Josef-Heinrich, was aber muß ich, falls Josef-Heinrich, obwohl Edmund. Ich war doch noch nicht soweit mit Susanne. Offen zum Abfall von Josef-Heinrich durfte ich nicht raten. Und ob mir's, hätt ich's versucht, gelungen wäre, wer weiß? Ich hatte keinen Ring mehr zu vergeben. Das weit herumgeschubste Mädchen reinzulegen, kein schöner Gedanke das. Aber dranbleiben mußte ich. Und deshalb mußte der Krieg verhindert werden. Das ist keine Kleinigkeit, Ende August, wenn der Salat bitterer wird, die Damen seufzend und mit angehaltenem Atem ihre diatonischen Korsettklaviaturen auf- und niederfingern, die Kabinette nervös werden und jeder Vogel, der über die Grenze fliegt, als Angriffshandlung ausgelegt werden kann. Wer, außer Chamberlain, wird mich verstehen? Bloß gut, daß man sowas auch aus eigenem Interesse tut.

Ich flitzte zwischen den Hauptquartieren hin und her, merkte rasch, daß es keinen Sinn hatte, bei dem einen gut über den anderen zu sprechen, das kam nicht mehr an, also schimpfte ich bei dem einen über den anderen, aber so, daß ich Edmund zu einem armen Trottel machte, der nicht einmal Prügel verdient, versprach auch, daß ich ganz unter der Hand, ohne daß es aussähe, als traue sich Josef-Heinrich nicht, loszuschlagen, o nein, nach wie vor stünde er da als der große Zürnende, dem Unrecht geschah, daß ich also ganz unter der Hand Edmund fertig machen würde, ihn dazu bringen würde, sich bei Josef-Heinrich zu entschuldigen, bloß nicht gar so öffentlich, Canossa mag auf einem Felsen gelegen haben, Josef-Heinrich wohnte ja auch in der vierzehnten Etage, aber er sollte doch zustimmen, daß Edmund heimlich im Aufzug heraufkäme, denn je leichter Josef-Heinrich verzeihe, desto größer stehe er da, desto tiefer beschäme er Edmund. Und Edmund mußte von mir hören, daß es lächerlich sei, gegen Josef-Heinrich zu kämpfen, wo er doch in dieser Welt viel größere, würdigere Gegner habe, und zwar in rauher Menge! bist Du nicht gegen das ganze herrschende System, gegen Kapital und Eigentum, Edmund? wäre da nicht ein Ziel, das sich mehr lohnte? denk' doch an Deinen heiligen Marx, der, wie Du mich gelehrt hast, entdeckte, daß sich die Idee immer blamiere, wenn sie vom Interesse verschieden sei, und dann sag' mir, welches Interesse Du an Josef-Heinrich haben kannst? der verdient Dein Interesse doch gar nicht! Du machst Dich kaputt, wenn Du gegen einzelne zu Felde ziehst, Du verlierst das Großeganze aus den Augen.

Die Trabanten unterstützten mich. Sie hätten bloß Arbeit, wenn ihre Herrn sich bekriegten. Lerry sagte: Edmund, Du spinnst. Das nützte mehr als mein ganzes Gequatsche. Erich sagte: es gibt doch bloß Stunk, Jupp, und die Konkurrenz freut sich.

Vielleicht waren die Sommer 1914 und 1939 schwüler als mein Sommer, vielleicht haben meine Kollegen es dümmer angefangen. Während sie nämlich unter dem Donner der ersten Salven heimreisten, sich auf ihre Landsitze in Cornwall, Oberbayern oder sonstwo zurückzogen, um sich bis zu den Friedensverhandlungen durch und durch zu erholen, blieb ich Herr der Lage, konnte weiterhin mit Edmund und das hieß auch mit Pawel, also mit der Agentur verbunden bleiben und trotzdem bei Josef-Heinrich aus- und eingehen, mich über Susanne unterhalten, immer deutlicher durchblicken lassen, daß ich sie über jede andere Verlobte stelle, und konnte hoffen, daß Josef-Heinrich, der meine Bewunderung für Susanne genoß, als sei jedes meiner Komplimente für sie auch ein Kompliment für ihn, daß er Susanne alles erzählen würde, daß er ihr sagen würde: er schwärmt andauernd von Dir.

Ich haßte Josef-Heinrich zum ersten Mal. Ich wollte ihn berühren, wollte in seiner Nähe sein, und er war mir widerlich. Und Erich haßte ich, der lahm dabei saß, ein Geier, der darauf wartete, bis Josef-Heinrich das Täubchen satt hatte. Aber diesmal wird Dir das Maul trocken bleiben, mein Lieber. Diesmal bin ich da. Bloß, wann würde das sein? Wenn ich weiter so von ihr schwärmte, würde Josef-Heinrich, selbstgefällig wie wir Männer sein müssen, nicht noch mehr Lust auf sie bekommen? Am Ende heiratete er sie wirklich noch.

Und weil mir Josef-Heinrich täglich widerlicher wurde, mußte ich auch bei Edmund gegen ihn hetzen, aber doch so vorsichtig, daß Edmund nicht plötzlich aufsprang und zum Telephon rannte, um seinem Anwalt das Angriffssignal zu geben. Mein Gedächtnis wurde lebendig, hundert Geschichten wuselten auf, krasse Geschichten aus der Schwarzwaldzeit, Geschichten, die er sich im Allgäu geleistet hatte. Edmund machte sich Notizen. Ich konnte nicht aufhören. Ich mußte alles sagen, was mir gegen Josef-Heinrich einfiel. Aber wenn ich alles gesagt hatte, mußte ich noch einmal so lang auf Edmund einreden, um ihm zu beweisen, daß es sich nicht lohne, einen solchen Schurken ernst zu nehmen. Meinen Haß mußte ich bei Edmund abladen, meine Liebe bei Josef-Heinrich, obwohl ich gerade dadurch alles in Gefahr brachte, denn eigentlich hätte ich Edmund nur beschwichtigen und bei Josef-Heinrich nur beschwichtigend über Edmund, nicht aber schwärmend von Susanne sprechen sollen. Aber wo hätte ich sonst meinen Haß und meine Liebe (wenn es das war!) hintragen sollen? Und als ich Susanne traf, sagte sie: wissen Sie, ich bilde mir nicht ein, daß er mich heiratet. Da mußte ich auch ihr noch zureden und Hoffnung machen, denn ich wollte einen so armseligen Satz nicht ein zweites Mal hören, nicht von ihr. Er müsse froh sein, sagte ich, wenn sie ihn heirate. Meinen Sie, sagte sie mit der Kieselgurstimme, die jetzt aber klang, als komme sie aus einem engen filzigen Geigenkasten. Dabei lächelte sie sozusagen dankbar. Es war zum Heulen. Zum Kotzen. Warum wehren sich die Frauen gegen die Höhe, in die wir sie hinaufstemmen wollen? Alles machen sie einem kaputt. Schlimmer als Sancho Pansa sind sie, viel schlimmer.

14

Ein Frieden, dessen Vater ein Vermittler ist, hat keine Mutter. Nun ist er sowieso ein Stiefkind hienieden. Mir lag daran, die Mutter zu ersetzen, ich wollte den dünnen bleichsüchtigen Frieden, den ich gebastelt hatte, verhätscheln. Immer wenn ich am Bienenstock vorbeifuhr, schaute ich, ob die Thunderbirdschnauze aus der Reihe döste. Sah ich sie, stieg ich aus und legte wieder ein Pflästerchen auf Josef-Heinrichs gärende Wundkrater. Es war ein Samstag, als ich die Tür meines räudigen M 12, der übrigens seiner Ausmusterung entgegensah, denn Pawel hatte mir ein Darlehen förmlich aufgedrängt, wahrscheinlich, weil er sich vor Frantzke genierte, wenn ich zu den Besprechungen mit meinem M 12 ankratzte, der aussah, als hätte er allein den Krieg verloren, ein Samstag, sage ich, war es, als ich die Klappertür, kaum daß ich sie aufgezwängt hatte, gleich wieder zuzog, weil auf dem Plattenweg zum Bienenstock ein Grüppchen stand, das mich abschreckte, an dem ich zumindest nicht vorbeigehen wollte, ohne mir vorher überlegt zu haben, wie ich mich verhalten sollte. Pawel, Melitta und Bert. Ja, der Herr, der Melitta hinter dem lindgrünen Vorhang herausgelockt hatte, daß Flintrop und der Laden verödeten, der sie im Bienenstock einquartiert hatte, das war Pawel. Kein anderer als unser Boss Pawel. Melitta stand neben ihm, beide standen Bert gegenüber, sie waren das Paar, Melitta lachte und boxte Pawel ein bißchen in den Oberarm. Bert war ihnen wahrscheinlich begegnet, als er Melitta gerade besuchen wollte, um vielleicht über den lindgrünen Vorhang zu plaudern, an das Rasiermesser zu erinnern, mit dem sie bis nach Paris hätte reiten können, das er ihr unter Seufzen, Augenverdrehen und Keuchen wieder scharf gemacht hatte, so scharf, so scharf, Melitta, aber da war sie mit einem Herrn gekommen, blaß wie Bert selbst, fett wie Bert selbst, bloß nicht mit seiner feinen Nase, auch seine verächtlich schnarrende Stimme hatte der nicht, und die grauschwarze Kappenfrisur, Teufelskappe, hauteng, eine Spitze in die Stirn gezogen, na ja, das war keine Frisur, sondern ein Kompromiß mit grassierendem Haarausfall, da tat einer, als lege er auf Haare ohnehin keinen Wert, ließ sie scheren so kurz es ging, das sah immer noch besser aus, als die paar verbliebenen Büschel kunstvoll über die Lichtungen zu biegen, die doch beim schwächsten Sonnenschein durchschimmerten wie Eis durchs karge Winterschilf. Melitta, immer noch kupferrot. Ein unverschämt spinatgrünes Sommerkostüm ließ die Kupferhaare noch krasser leuchten als es der lindgrüne Vorhang vermocht hatte. Melitta hatte die Beine auseinandergestellt, Pawel stand mit einem Fuß im Rasen. Es war Samstag, und Nachmittag war es und noch nicht September, der Bienenstock roch nach Wochenende, in der Luft knisterten die Vorbereitungen für den Abend, für den langschläfrigen Sonntag, und es gab kein Gebäude rundum, von dem man einer Bienenstock-Bewohnerin hätte ins Zimmer schauen können, die waren alle unmittelbar unterm Himmel, und der war blau oder nachtschwarz, und hinter diesem Blau oder Schwarz piepste nicht einmal mehr eine Maus, die eine Bienenstock-Bewohnerin hätte stören können. Feinste Blitzableiter wachten auf der Dachterrasse. Der Himmel war nichts als das Panorama wechselnder Farbe, in dem man die Augen ausruhen ließ. Und Melitta stand auf dem Plattenweg, als gehöre ihr der ganze Bienenstock und der ganze Himmel über dem Bienenstock. Bert und Pawel waren geringer als sie. Wenn sie was zu melden hatten, verdankten sie es nicht dem, was man sah, wenn man sie da stehen sah. Vielleicht konnte Pawel Bemerkungen machen, die Melitta herabzogen zu ihm, vielleicht war es Geld, Bert konnte irgend etwas aus der Vergangenheit geltend machen, aber wer sie da stehen sah, der sah, daß sie dankbar sein mußten, wenn Melitta bei ihnen stehen blieb. Bert, fein blau uniformiert, Pawel in Pepita, als wolle er die Haarkappenfarbe im Anzug fortsetzen, ein Chauffeur und ein Boss und doch bloß zwei Knechte von Melittas Gnaden. Melitta, in Titelbildhaltung, drehte den Oberkörper über den Hüften, schwenkte herum, sah aus wie ein Schiff, das sich drehen muß, um seine Kanonen in Schußrichtung zu bringen, weil die Kanonen selbst nicht beweglich sind, plötzlich knickte sie lachend zusammen, die Kupferhaare schlugen weit vor über den abgestürzten Kopf, der Körper krümmte sich schmal nach vorn, sie schien ihre Knie küssen zu wollen, war aber schon wieder zurückgeschnellt, war wieder mächtig geworden und wurde doch gleich wieder ein wendiges anschmiegsames Ding, das seinen Kopf an Pawels Schulter legte und schräg zu Bert hinübersah. Der ging und ging nicht. Da gab ihm endlich Pawel die Hand, Melitta winkte ihm noch einmal zu, die beiden gingen zum Parkplatz hinüber, ein Engerling watete, eine Antilope trippelte ihm zuliebe seine Gangart mit, man glaubte es nicht, und Bert kam den Plattenweg herab auf die Straße zu, ich winkte ihm und sagte, steig' ein, ich hab Durst und Du auch.

Blöde Schickse, sagte Bert und zog die Brauen fast bis zum Haaransatz hoch. Die Oberlippe behielt den verächtlichen Knick, den sie für diese Bemerkung gebraucht hatte, noch eine Zeit lang bei. Du bist auch hinter ihr her, sagte er und grinste. Das konnte ich fast guten Gewissens verneinen. Aber wann war man eigentlich nicht hinter Melitta her? Und wer durfte von sich behaupten, er sei nicht hinter Melitta her? Schön, seit dem Abend bei Josef-Heinrich hatte mich Susanne abgelenkt. Davor hatte mich Anna abgelenkt. Davor hatte mich Gaby abgelenkt. Davor hatte mich Sophie abgelenkt. Davor hatte mich Greta abgelenkt. Immer wieder, und vielleicht am heftigsten, hatte mich Alissa abgelenkt. Seit jenem Sonntag vor siebenundzwanzig oder achtundzwanzig Jahren. Ich weiß nicht mehr, ob es im Frühling war oder im Herbst. Ganz sicher war es nicht im Winter. Es könnte Ende August gewesen sein. Seit jenem Sonntag, als ich Melitta zum ersten Mal vor der Bahnhofsrestauration in Ramsegg sah, am rechten der zwei Kastanienbäume, vom Bahnhof aus gesehen, sie lehnte am rissigen Stamm, hatte ein Bein angezogen, seit jenem Sonntagnachmittag hatten Beerdigungen, Schuljahre, Umzüge, Rußlandfeldzüge, Gefangenenlager, Hörsäle, Professorenstimmen und Kinderstimmen und blonde braune schwarze Frauen mich immer wieder von Melitta abgelenkt, aber immer nur für kurze Zeit. Ich habe inzwischen auch von der Wissenschaft gehört, die alles möglichst weit ins rosig gleißende Jugenddämmer zurückverlegt. Es soll Mißbrauch getrieben werden mit dieser Theorie, hörte ich von Edmund, Gegenrichtungen, Scharlatane, Geldmacher, alle Sorten von Feinden und Anhängern gebe es, ich will mich da nicht hineinmischen, kann ich auch gar nicht, weil ich nichts verstehe davon, ich muß aber gestehen, daß ich mich eigentlich nur wegen Melitta entschlossen habe, meine freie Zeit dazu zu benutzen, alles aufzuschreiben, was mir noch einfällt von früher.

Eines Tages dachte ich: mit Melitta hast Du immer Pech gehabt. Schon an jenem Sonntag in Ramsegg. Dann in der Stadt, als wir umzogen, als ich plötzlich wieder an sie dachte. Aber die Stadt war so groß, es gab nicht bloß eine Schule, und sie ging natürlich in eine andere. Und dann hast Du sie erst wiedergesehen, als mit Alissa schon alles perfekt war. Immer war etwas anderes. Aber wenn schon alles so dumm gelaufen ist, und ändern läßt sich jetzt auch nichts mehr, dann schreib' es wenigstens auf und sorge dafür, daß sie in die Hände bekommt, was Du geschrieben hast. Vielleicht ruft sie Dich an. Ganz zum Schluß könnten wir dann vielleicht noch zusammen Kaffee trinken. Nun weiß ich nicht, welche Gründe andere Leute haben, Bücher zu schreiben, weiß auch nicht, welche Gründe sie angeben. Sich eine Kaffee-Einladung bei Melitta zu ergattern, ist vielleicht kein Grund, gut, schön und gewaltig genug, ein Buch zu schreiben. Auch Edmund hat mir abgeraten. Frühe Insulte, sagte er, wer hat sie nicht? Wenn da jeder gleich ein Buch schreiben wollte! Eben das begreife ich nicht, sagte ich, warum schreibt nicht jeder ein Buch? Man beherrscht sich, sagte Edmund, wird auf anständige Weise damit fertig. Da sagte ich nichts mehr, ging heim, genierte mich, konnte mich doch nicht beherrschen, genierte mich noch mehr, und jedes Mal, wenn ich mich hinsetze, um weiterzuschreiben, geniere ich mich wieder. Und wäre Melitta nicht, die Scham hätte längst meinen Mut erdrosselt. Edmund gegenüber tu' ich, als hätte ich die Aufschreiberei längst aufgegeben. Wie die Ramsegger, wenn sie sich mal so richtig ausbeichten wollen, ins Kloster nach Hellmannsau oder gar in die Stadt fahren, wie man ein etwas peinliches Leiden lieber einem ganz fremden Arzt und nicht dem Hausarzt anvertraut, so ziehe auch ich jetzt lieber den kalten Experten Professor Haberding zu Rate, falls ich mir nicht zu helfen weiß.

Edmund fragte, was ich mich selbst zu fragen nie aufgehört habe, er fragte: war das überhaupt Melitta, damals, am Sonntag?

Angenommen, der alte Flintrop hätte ein Tagebuch geführt, hätte ein Photoalbum gehegt und gepflegt und könnte mir, falls ich danach zu fragen wagte, ein Photo vorweisen, das er von der Terrasse der Restauration aus aufgenommen hätte, zwischen den Efeuwänden hindurch, und auf dem Photo sähe man mich, den Neunjährigen, Zehnjährigen im Bleyle-Anzug, dessen Hose knapp überm Knie endet, in Strümpfen, die knapp unterm Knie enden, ein Pflaster auf dem rechten Knie, ein Pflaster auf der gebeulten Stirn, weil ich, eines zu schweren Kopfes oder zu dünnen Halses oder hastiger Einfälle wegen, oft stürzte, sähe mich also mit den Sonntagsstiefeln vom backsteinroten Bahnhof her über die Straße kommen, sähe Melitta am rissig-rauhen Kastanienbaum stehen, und Flintrop hätte die Jahreszahl mit Tusche neben dem Bild vermerkt, und das Sonntagsdatum dazu, wenn jener Sonntagnachmittag, falls ich den Mut zur Nachforschung aufbrächte, so klipp und klar zu dokumentieren wäre: meiner Gewißheit, daß es Melitta war, die am Stamm der frisch gestutzten Kastanie lehnte, wäre nichts hinzuzufügen. Sehe ich doch Melitta selbst dort noch deutlich genug, wo sie nie gewesen sein kann. Im Ramsegger Pfarrwald nämlich.

Es waren, glaube ich, nicht Launen, die Alissa manchmal veranlaßten, die ganze Familie von einer Minute zur anderen nach Ramsegg zu führen, zum oberen Pfarrwald. Entschlüsse waren es sicher auch nicht. Die reifen langsamer, ihre Ausführung läßt sich disponieren. Alissa folgte, muß ich annehmen, geheimen Botschaften, die mich nicht erreichten, für die ich, auch wenn sie mich erreicht hätten, taub gewesen wäre. Nicht so Alissa. Wenn sie plötzlich vernahm, daß jetzt, in diesem Augenblick, der Frauenmantel seiner allerhöchsten Heilkraft entgegengereift sei, daß er in den nächsten drei vier Stunden gepflückt werden müsse, sollten sich nicht die wichtigsten Säfte wieder für ein Jahr in die Erde zurückziehen, dann befahl sie uns sofort und heftig den Aufbruch. Widerstand gegen die wahrhaft

Begeisterte gab es nicht. Warum konnte sie es uns nicht wenigstens eine Stunde vorher sagen, schließlich hat man Termine! Die plumpe Zeiteinteilung des Kalenders und der Uhr galt ihr nichts. Es war, als habe sie vom Frauenmantel ein Probepflänzchen in ihrem Inneren, sagen wir, am Rande der Milz oder in einem extragroßen Lebergang, und dieses Frauenmäntelchen sproß und reifte, wie das Jahr es wollte, einmal früher, einmal später, und nur Alissa spürte, wann die Zeit erfüllt war. Alissa kannte den Ramsegger Pfarrwald besser als ich, der ich doch jeden Baumstumpf kannte und sofort stutzte, wenn wieder einer dem Kanonenofen des Bahnwärters zum Opfer gefallen war. Aber ich kannte die Frauenmantelplätze am Waldrand nicht, die Alissa mit geschlossenen Augen gefunden hätte. Übrigens war das Sammeln selbst nur ihr vorbehalten. Dagegen erhob sich kein Widerspruch. Drea stand viel lieber bis zum Hals in den Farnen, hob die Arme und ließ sich kitzeln. Lissa lehnte an Tannen herum, die mit harzigen Fingern nach ihrem Kleid griffen. Sie wußte auf der Wiese, im Wald nichts anzufangen. Mußte immer wieder darauf hingewiesen werden, daß es nichts Schöneres gebe als im Sommer auf den Wiesen vor dem Wald dem Sammeln des Frauenmantels zuschauen zu dürfen. Ein Hinweis, den ich, Alissas Aufforderung folgend, jedes Mal laut und rasch und wörtlich wiederholte. Meine wichtigste Aufgabe bei diesen Ausflügen aber war, Guido in regelmäßigen Abständen aus dem Brombeergestrüpp am Waldrand zu befreien, in das ihn Goldammern, alle Sorten Finke und andere böse Vögel, nach denen er die Hände streckte, hineingelockt hatten, immer tiefer, bis er, blutig zerkratzt, vor der Übermacht der Vögel und der Dornen kapitulierte und jämmerlich nach seinem Vater schrie. Allzu sanft ging ich nicht um mit ihm, wenn ich ihn aus den stacheligen Ranken löste, weil er mir mit seinem Geschrei andauernd Melitta verjagte. Ich lockte sie gleich wieder die Buchenstämme herab, sagte: komm jetzt ins Jungholz hinüber, ich weiß ein Rehlager. Sie rührte sich nicht vom Stamm. Wenn ich's Dir doch sage, zwei Kitze sind drin. Da lösten sich die schweren Lippen soweit voneinander, daß nur noch ein Film Feuchtigkeit sie zusammenhielt, sie bog den Kopf schräg nach hinten und griff eifrig nach den Ästen der Jungtannen, die ich auseinander gebogen hatte für sie. Zuerst zeigte ich ihr den Wurm, der von neunhundertneunundneunzig Ameisen fertig gemacht wurde. Ob sie die schrillen Kommandos aus dem Gewimmel hörte oder das zarte Platzen der gespannten Wurmhaut an vielen Stellen oder gar das letzte Gebet des Wurms selber, sie hielt auf jeden Fall die Ohren zu und rannte weiter, mir voraus. Dann zeigte ich ihr auf einer halbwüchsigen Tanne mein Lager, wollte sie einladen, zu mir hinauf. Steig mir in die Hand, dann erreichst Du den untersten Ast, ich schieb' Dich dann schon rauf. Sie sah hinauf. Sah mich an, griff in die Hüftengegend und zog durch das Kleid hindurch ihre Hose höher, glättete nachher gleich das zu weit nach oben geratene Kleid, indem sie es bis zum Saum hinab streichelte. Ich sah mich schon hinterm Gitter auf die Frage des Pfarrers: wie oft und wo? in arge Verlegenheit geraten. *Einmal*, das machte keine Mühe, das würde ich noch herausbringen, aber daß es im Pfarrwald war, das ihm durch die dunklen Rauten zu flüstern, ich weiß nicht, warum, aber dagegen hatte ich was, obwohl mein Vetter Arthur immer sagte: was Du bloß hast, ich sag' ihm alles, er ist doch selber schuldig, er will es ja so. Aber ich würde das nicht über mich bringen, das wußte ich jetzt schon. Ich war dem alten kleinen Männchen zu oft hier oben begegnet, wenn er im oberen Wald auf der Bank saß, eine Zigarre im Mund und das Brevier auf den Knien;

nein, ich konnte ihm nicht sagen, daß ich vielleicht direkt
hinter seinem Rücken, aber da schrie schon wieder Guido
dazwischen, ich mußte hinaus, Melitta, ich komm' sofort
zurück! Bis ich zurückkam, war sie nicht mehr da und ich
mußte sie wieder hinzaubern, wo sie nie gewesen war, zumindest nicht mit mir. Wahrscheinlich ist sie mit ihrem
Vater immer gleich vom Zweiuhrzug hinüber zum Schwandhof gegangen, denn zum Schwandhof gehörte das Birkenried und dort hingen tagelang die Blechbüchsen an den
weißen Stämmen, für Herrn Flintrop, der am Sonntag kam
und beim Schwandbauern holte, was der die Woche über
den geduldigen Birken abgezapft hatte. Ich nehme an, der
alte Flintrop hat in bar bezahlt. Als Städter mußte er Geld
haben. Wir wenn die Birken anbohrten oder die Büchsen
im Birkenried in unsere eigenen Fläschchen leerten, wir
mußten es abends tun, oder mußten wissen, daß der
Schwandbauer mit seinem Gefolge hinterm Hangnacher
Berg seine Spalieranlage gegen jedwedes Unkraut verteidigte, dann konnten wir uns zu den kleinen Pyramiden
aufbauen, die wir im Turnverein übten und konnten das
zarte Naß erbeuten und gleich auf die Köpfe schmieren,
daß die Haare schwarz und klebrig wurden und glänzten.
Ja, Melitta, Dein Haarwasser, mein Haarwasser sind wahrscheinlich ein Haarwasser, aus der gleichen Birke gezapft.
Und wenn die Büchsen plötzlich nicht mehr an den weißen
Stämmen hingen und die Löcher wieder sorgsam zuge-
pfropft waren, dann begann für Dich, begann für mich die
haarwasserlose Zeit. Überhaupt eine angenehme Vorstellung, daß ich es dem Haarwasser zu danken habe, Dich
kennengelernt zu haben. Sonst wärst Du doch nicht nach
Ramsegg gekommen, Du, eine Städterin! Und dem Sechsuhrzug habe ich auch zu danken. Nicht so sehr wie dem
Haarwasser, denn nachher hat er sich schlecht benommen,

wie man noch sehen wird, aber daß er ein Sechsuhrzug war und nicht ein Fünfuhr- oder gar Vieruhrzug, das hat Herrn Flintrop zum Vespern veranlaßt; ich möchte nicht sagen: gezwungen, denn das Vesper auf der Restaurations-Terrasse war, wie auch andere hochgestellte Auswärtige bezeugt haben, allein schon eine Fahrt nach Ramsegg wert. Mein Großvater, der mehr als jeder andere Ramsegger, Besuch aus der Stadt empfing, hat die Herren immer zu ihrer Zufriedenheit auf die Terrasse der Restauration geführt. Bitte, welche Dorfrestauration, außer der Ramsegger, hat schon eine gemauerte Terrasse? Efeuwände gibt es überall, aber die gemauerte, über mehrere Stufen zu erreichende Terrasse der Ramsegger Bahnhofrestauration, zu deren Einfassung dazu noch genau die Backsteine verwendet worden waren, die man zum Bau des Bahnhofs selbst verwendet hatte, so daß die Restauration, ohne ein bloßes Eingeweide des Bahnhofs oder sein häßliches Anhängsel zu sein, auf der anderen Seite der Straße spielerisch den architektonischen Amtscharakter der Station paraphrasierte, diese gemauerte Terrasse, sage ich, die nicht bloß ein Blechdach auf hölzernen Pforten über sich hatte, sondern ein Blechdach, in das zwei große grünliche Glasquadrate eingelassen waren, und das Holz der Pfosten war übrigens auch noch extra mit Kapitälen und Rinnen und Simsen und Nocken und Leisten und zwei verschiedenen Farben, tiefrot und weiß, verziert, diese gemauerte Terrasse sage ich und sage es bloß, um anzudeuten, daß Herr Flintrop gut aufgehoben war, die gemauerte Terrasse der Bahnhofsrestauration in Ramsegg war – und ist vielleicht immer noch – einmalig, und also, wie sich daraus logisch ergibt, unvergleichbar. Melitta stand vor der Terrasse, am rissig-rauhen Stamm des rechten Kastanienbaumes, vom Bahnhof aus gesehen. Manchmal stand Herr Flintrop auf und schaute, ob sie noch da war.

Damals war seine Sorge ganz und gar überflüssig, denn in Ramsegg wurden keine Mädchen gestohlen. Und selber rührte sich Melitta nicht vom Stamm. Sie stand am Stamm, lehnte am Stamm, als sei sie aus der Rinde gewachsen, ein Baum-Mädchen, eigentlich nur ein Gesicht, ein Mädchen-Breitgesicht, schon ein riesiger Mund, und schaute über uns hinweg in die Zukunft. Plötzlich wußte ich, wie Maria Aegyptiaca ausgesehen hatte. Da stand sie ja. Direkt aus Alexandrien. Nackte Füße in Sandalen. Vom Jordan noch himmelweit entfernt.

Die anderen bemerkten nicht einmal, daß sie uns beobachtete. Es muß doch Sommer oder Spätsommer gewesen sein, denn der Holzplatz neben dem Bahnhof war frei, auch vom letzten Rindenstückchen befreit. Es gibt im Dorf, wie im Tierreich auch, gewisse Arten und Gattungen, die dafür sorgen, daß kein Aas, kein Abfall, daß nichts zu lange liegen bleibt; im Dorf sind es Häusler, Taglöhner, Bahnwärterskinder. Ob Mist, ob Holzspreißel, Hufnägel, Kohlengrieß, Konservendosen, Silberpapier, Wursthäute oder Zündholzschachteln, sie haben immer einen Hund, eine Ziege, einen Hasen, ein Meerschweinchen oder ein Kind zu viel und deshalb immer ein Stückchen Holz, einen bloß halbfaulen Apfel, eine noch fettige Wursthaut zu wenig.

Dreimal hatte ich unserer Mannschaft den Sieg im Barlauf geholt. Das Mädchen klebte immer noch am Kastanienbaum. Sah herüber zu uns. Oder über uns hinweg. Plötzlich hatte ich keine Lust mehr am Barlauf. Wurde zum ersten Mal in meinem Leben nervös. Hastig schlug ich vor, befahl mehr als daß ich vorschlug, wir sollten Kappenball spielen, Kaiser, König, Fürst, Edelmann, Bauersmann, Bettler, befahl es gefährlich laut und streitsüchtig, fürchtete schon, daß die anderen jetzt mit Fleiß auf Barlauf bestünden. Aber ich hatte Glück. Vielleicht hatte der eine oder andere inzwischen auch etwas gespürt von dem Mädchen am Kastanienbaum und hoffte, er könne im Kappenball gutmachen, was er beim Barlauf verloren hatte. Aber mir war an diesem Nachmittag kein Rang mehr abzulaufen. Ich wurde Kaiser, ein ums andere Mal. Plötzlich sagte ich: jetzt hüpfen wir Kästchen. Das war auch was für Mädchen. Vielleicht hüpfte sie mit. Schon sah ich mich in die letzte Runde gehen, in der man blind von Kästchen zu Kästchen kommen mußte, ohne einen Strich zu berühren, und jedesmal, nach dem Schritt, fragte man: bin ich? bin ich nicht? bin ich? bin ich nicht? Du bist! oder: bist nicht! antwortete der von Kästchen zu Kästchen hitzigere Chor der anderen. Du bist! würde sie antworten, vielleicht weil sie sich freuen würde, wenn ich übergetreten wäre. Aber ich hatte meine Macht überzogen. Proteste rundum. Schon wieder wechseln, kam gar nicht in Frage. Dann hau' ich ab, sagte ich, weil ich nicht mehr nachgeben konnte. Feigling, hieß es, jetzt drückt er sich, weil er weiß, daß er im nächsten Spiel abgesetzt wird. Pfiffe und Geschrei hinter mir, als ich auf den Bahnhof zuging. Hoffentlich hatte sie alles genau mitgekriegt. Sonst meinte sie gar, ich sei gegangen, weil ich immer verloren hatte. Ich zwang mir ein höhnisches Grinsen ins Gesicht und löste in der mir angemessenen kaiserlichen Ruhe die vier Knoten in meinem Taschentuch. Wir spielten Kappenball längst nicht mehr mit Kappen. Sollte ich am Bahnhof entlang? an ihr vorbei? hinüberschauen? und dann erst hinter dem Bahnhof die Straße überqueren? bevor ich wußte, was ich wollte, war ich genau auf ihrer Höhe mit einer scharfen Wendung abgebogen und ging jetzt schnurstracks und geradewegs auf sie zu und sah sie an und sah vor mich hin und stoppte plötzlich mitten auf der Straße, um meine verrutschten Kniestrümpfe wieder hochzuziehen, schüttelte dann die vorgefallenen Haare aus der Stirn, mußte aber schließlich doch weitergehen und irgendwann abbiegen, denn was, wenn ich so weiterginge, würde geschehen? ich konnte nicht einfach auf sie zugehen und dann vor ihr stehen bleiben und sie anschauen und streicheln, als wäre sie Hagens Bella, angebunden vom alten Hagen vor der Restauration, um zu warten, bis er zwei, vier, acht oder sechzehn Halbe intus hatte. Warum bewegte sie sich nicht? Sollte sie doch weglaufen. Zu ihrem Vater. Hinter die Efeuwände! Aber sie stand und stand und ich kam näher, da war nichts mehr zu ändern. Als ich fast schon bei ihr war, bog ich doch ein wenig ab. Warum, weiß ich nicht. Nur ein wenig bog ich ab, nur soviel, daß mein Weg mich knapp an ihr vorbeiführen mußte. Während sie noch immer angenagelt stand, stand, klebte, hing, als müsse ich sie vom Stamm befreien. Vielleicht hätte ich irgendetwas Großes getan, oder zumindest versucht, wenn sie mich angesehen hätte. Sie sah hinüber zu den anderen, vielleicht auch über die anderen hinweg. Ihr breites weißes Gesicht vor dem schwarzgrünen zerrissenen Stamm. Ich konnte sie natürlich nicht anschauen, konnte nicht den Kopf deutlich hindrehen zu ihr. Aber ich hätte es sofort bemerkt, wenn sie bloß die Augen ein bißchen herübergedreht hätte. Wenn sie bloß den Mund, den bis unter die Augenwinkel reichenden Mund winzigwenig bewegt hätte, ich hätte es sofort bemerkt und hätte dann wenigstens grinsen können. Hörte sie denn nicht wie ich schrie: bin ich? bin ich nicht? bin ich? bin ich nicht? Ein Blick, und ich hätte gehört: Du bist. Ein Kopfschütteln: und ich hätte gehört: Du bist nicht. So aber, da sie mich schreien ließ: bin ich? bin ich nicht? und tat, als höre sie nichts — oder hörte sie, sah sie mich wirklich nicht? —, so aber, da es aussah, als wüßte sie tatsächlich nicht, daß es mich auch gab in dieser Welt, so aber, da sie nichts tat, um mir mein Dasein zu bestätigen, noch

eine winzige Ewigkeit hatte sie Zeit, Gelegenheit: und ließ
sie verfallen, Zeit wie Gelegenheit, so aber war es mir unmöglich, darauf zu bestehen, daß ich auch sei, im Gegenteil, da es mich, wie sie mich durch und durch spüren ließ,
gar nicht gab, mußte ich mich schleunigst verbergen, ver-
kriechen, ins Gebüsch im Tobelgrund, schon zu weit, in die
dunklen Zementrohre auf dem Baulager, oder in eines der
Fässer hinter der Küferei, Deckel zu, aus! Aber, als hätte
ich selbst für das Jüngste Gericht keine Ohren, als könnte
ich mir durch bloße Hartnäckigkeit doch noch eine Existenz
ergattern, ging ich, als ich die Hoffnungslinie schon über-
schritten hatte und eigentlich nicht mehr in der Welt war,
ging ich, ein brennendes Gespenst, auf den grünen Automaten zu, der neben der Terrasse an der Restaurations-
wand hing, nur Geräusch im Kopf, rumfummeln wollte
ich, Metallschubladen herausziehen und sie laut krachend
wieder hineinschnellen lassen, als hätte ich einen Zehner
gehabt und mir gerade gebrannte Mandeln aus dem grünen
Schubladenmaul gefischt, aber soviel Krach kann ein Gespenst nicht machen, schon die zwei Schritte bis zum Automaten waren zu viel verlangt von dem Gespenst, dem die
Strümpfe tief in die Erde rutschten, der waten mußte und
doch rennen wollte und dann, als er die Terrassenecke erreicht hatte, auch zu rennen begann, zu rennen wie er noch
bei keinem Barlauf gerannt war, hinab ins Dorf, und gleich
abgebogen, durch zwischen Kennerknechts Stadel und Raffaels Mosterei, hinüber in den Schutz von Kennerknechts
Birnenspalier, durch das lange lange Spalier hindurch,
dann zwischen Raffaels Apfelbäumen Zeit und Kraft ver-
lierend, weil die tiefhängenden Äste im Weg waren, und –
welcher Kompaß lenkte ihn da? – wieder hinauf, soviel
Hoffnung wurde noch nie an einem einzigen Nachmittag
zum Leben erweckt und verbrannt, verbraucht und wieder

entzündet, hinauf also, tatsächlich, zum Bahndamm, der auch erreicht wurde, von mir, von dem was übrig war von mir, von dem, der ich war, seit ich nichts mehr war, von dem, der dann schnaufend unter den gelbgrünen Spitzen der Zwergtannenhecke lag, der zwischen den Stämmchen der Zwergtannenhecke hindurch und an den Stämmchen der Zwergtannenhecke entlang eine gute Sicht auf das Gleis und aufs Bahnhofsperron hatte, das, als er vom Schnaufen wieder zum Atmen fand, auch schon von Städtlern wimmelte.

Der Sechsuhrzug fuhr ein. Die Städtler wurden, wie von einem Wind, einen, zwei Meter zurückgeweht. Hatten sich aber gleich wieder gefaßt und kletterten jetzt, einander schiebend, stützend, ziehend die steilen Trittbretter hinauf, drehten sich, kaum daß sie's geschafft hatten, stolz um, jeder meinte, sobald nur er drin sei, müsse der Zug doch fahren, einige rannten gleich in die Wagen hinein, und bevor sie richtig drin waren, quetschten sie ihre Köpfe schon wieder zum Zugfenster heraus und lachten, die Jüngeren vor allem lachten, fingen sogar zu singen an, schwenkten Strohhüte und Halstücher, als beginne jetzt weiß Gott was für eine Reise, die Älteren saßen aufrecht auf den gelben geraden Holzbänken und wehrten sich gegen das Rucken und Schütteln des anfahrenden Zuges und lächelten, wenn es ihnen nicht gelang. An mir vorbei mampfte die Lokomotive, zog an wie noch nie, zerrte mir den ganzen Zug mit allen sechs Wagen plus Packwagen in Nullkomma-nichts aus dem Gesicht, nicht einen einzigen Menschen konnte ich genauer anschauen, und trotzdem hatte ich das Gefühl, ich hätte Melitta gesehen wie sie gerade den Kopf schüttelte und lachte, aber es war nicht sicher. Sonst, wenn man an der Westschranke wartete, kam der Zug nicht vom Fleck, eine Ewigkeit dauerte es, bis bloß die Kolben sich aus den Löchern zogen, die Stangen nach hinten schoben, bis endlich die erste mühsame, kaum noch zu erlebende Drehung geglückt war, immer sah es aus, als schaffe es das alte Fräulein Lokomotive gar nicht mehr, schon überlegte man, ob man nicht einfach unter der Schranke durchschlüpfen sollte, weil die Lok es doch offensichtlich aufgegeben hatte. An jenem Sonntag aber surrte sie ab und davon, riß, als wäre es Spielzeug, die Wagen im Hui mit sich fort, der letzte Wagen wackelte sogar gefährlich und war klappernd und mit tosenden Rädern schon in der Biegung draußen verschwunden: in der Gleisschlucht lag, mitten auf den Schienen, die Sonne, fett und ungeheuer, als habe sie den Zug gefressen, mit Mann und Maus und Melitta, ein für alle Mal.

Diesmal war es Bert, der mich wieder von Melitta ablenkte, der sich damit eingliederte in die nie abreißende Reihe derer, die das, im Auftrag der allerhöchsten Mieze, in der Vergangenheit besorgten, die nie aufhören würden, dies für die Ordnung der Welt so unerläßliche Geschäft auch in aller Zukunft zu besorgen. Bert war es, der mich ablenkte, als ich mich wieder in die große Frage verbissen hatte: hat sie mich gesehen, damals, oder hat sie mich nicht gesehen? Bin ich? Bin ich nicht? Begreift man nun, warum ich so sehr dafür wäre, daß jeder sein Buch schreibt? Läse ich Melitta ihrs, wüßte ich endlich, ob sie mich sah. Das erste Welträtsel wäre gelöst. Die Todesstunde bloß noch halb so bitter. Mut zur Lösung des zweiten Welträtsels bildete sich, undsoweiter.

Im Corso setzte ich mich so, daß ich die Tür bewachen konnte. Es lag nicht an Bert, daß ich zur Tür schaute. Ich brauchte jetzt ganz dringend ein bißchen Hoffnung, Hoffnung auf Susanne, eine Himmelsrichtung brauchte ich, einen Horizont, der nicht verschandelt war von der Panto-

mime, die Pawel und Melitta hartnäckig vor meinen Augen
wiederholten, ob ich die Augen schloß oder offenhielt, der
Engerling watete in Pepita, die Kupferrote, Spinatgrüne
trabte ihm zuliebe die Gangart mit. Eine Tür, durch die
Susanne schon einmal eingetreten war, war eine Hoffnung.
Aber selbst wenn ich nicht hätte Zeuge werden müssen,
wie Pawel Melitta ins Wochenende bugsierte, ich hätte
nicht bloß Berts wegen im Corso sitzen können. Das lag
aber wirklich nicht an Bert. Noch keinen Augenblick lang
hat mich die Gesellschaft eines Mannes ganz ausgefüllt.
Saß ich bei Edmund, um seinen Vorträgen den Zuhörer zu
liefern, hoffte ich immer auf einen plötzlichen Besuch.
Vielleicht kommt Milli, vom Ballett, oder Olga, die Graphi-
kerin, oder sonst eine, dies denkend, überstand ich auch die
schwierigsten Vorträge und hörte doch zu. Wenn ich mit
Alissa den längst fälligen Besuch bei den Schwiegereltern
zu absolvieren hatte und schon unter der Tür erfuhr, daß
Helga seit zwölf Tagen in Nizza sei, spürte ich, wie alle
meine Kräfte schwanden. Lähmung breitete sich aus, sprechen rentierte sich nicht mehr, das Atmen wurde eine
widerliche Gewohnheit, und um überhaupt weiterleben zu
können, sagte ich mir: seit zwölf Tagen, da könnte sie vielleicht zurückkommen! Und sofort wurde ich wach und
prüfte mit geschulten Ohren jeden Motor, der draußen laut
wurde, wartete auf das nervöse Fauchen ihres Spidermotors.
Warum habe ich denn die sakrale Musik so schlecht verkauft? Die Athos-Platte war allererste Klasse, die Fronleichnamsliturgie vom Montserrat ein zum Himmel jauch-
zender Verkaufsschlager, heute, wo wir uns wie Maden
vollfressen im Bauchspeck des Katholizismus, warum aber
war die Tour eine Pleite? Nicht weil die Pfarrer widerspen-
stiger gewesen wären als andere Kunden, o nein! Es fehlten
die Frauen, das war es! Schon die Luft in den pfarrherrlichen

Studierzimmern wirkte auf mich wie DDT auf Insekten. Ich kam nicht hoch, kriegte keine Luft unter die Flügel, meine Brust dehnte sich nicht, die Lungen klebten im Rippengatter, ich spielte die Musterplatten vor, räusperte mich pflichtbewußt, wenn die Stellen kamen, an denen die abgespielten Platten kratzten, machte das mit Musik vor dem Spiegel trainierte Gesicht, in dem überlegenes Verständnis immer wieder von simpler Ergriffenheit bestürmt wurde, aber wenn die Nadel zur letzten Runde ansetzte, das fromme Brausen verebbte und ich im Gesicht des Pfarrherrn die Erlebnispause taxierte, denn auf mein Gefühl konnte ich mich da nicht mehr verlassen, und plump nach der Armbanduhr wollte ich auch nicht verfahren, wenn dann alles vorbei war und Hochwürden durch ein Nicken, ein leichtes Anheben der Hände oder durch einen das Zeitmaß des Irdischen wieder in Kraft setzenden Seufzer bekundete, daß er die Verdauung der heiligen Töne abgeschlossen habe, oder einfach abschließen müsse, obwohl das grausam sei, denn solche Musik, solche Über-Musik könne einen für alle Zeit und Ewigkeit zum reglosen Dasitzer machen, hätte man nicht draußen die Herde, den Acker Gottes, die apostolische Order, wenn er also mir anzeigte, daß er wieder aufgewacht sei, dann war es auch schon aus mit mir, ich hatte einfach keine Lust, ihm etwas zu verkaufen, es sei denn die Köchin hatte auch zugehört und war eine Köchin, die noch nicht mit beiden Beinen im Jenseits stand. Aber meistens sahen er und sie einander an, als seien ihnen während der Vorführung Flügelchen gewachsen, selig lächelten sie, brachten gerade noch ein irdisches Bedauern zustande, wenn ich steril, flach, kalt, interesselos fragte, ob sie die Platte vielleicht haben wollten. Die Armbänder, auf denen der künstliche Grünspan lodernd die gebändigte Vergänglichkeit pries, die unregelmäßig zerhackten Glasspaghettis aschefarbenen Glanzes, als Halsketten zu tragen, Ohrgehänge aus Kreuzzugsschrott, die Fußstützen aus Lindenholz und die Aussteuerwäsche, immer wieder die Aussteuerwäsche, waren das nicht alles Artikel, die der hochheiligen Musik unterlegt waren? Aber ich hatte es mit Kundinnen zu tun, vorwiegend mit Kundinnen, Müttern, Mädchen, Weibchen, die mich nicht gehen ließen, ich hätte ihnen denn etwas verkauft! Auch der Vertreter hat seinen apostolischen Auftrag. Was er von der Kirche hält, die ihn schickt, spielt keine Rolle. Er weiß nur, daß er verkaufen muß wie andere heilen, töten oder tanzen, und hätte er der Liebe nicht, wäre auch er nur ein tönend Erz und eine klingende Schelle. Der große schlimme Unterschied zu anderen Aposteln, und an diesem Unterschied hat er, falls er ein einziges Mal darauf aufmerksam wurde, für alle Zeit zu würgen, dieser Unterschied schluckt sich nicht so leicht, denn es ist der Unterschied zwischen dem, was er zurückläßt und dem, was andere zurücklassen. Das Kind seiner Liebe ist immer ein Gegenstand, der seinen Besitzer ärmer macht als er vorher war. Die Brutalität, mit der ein gekaufter Gegenstand auf seine Beschränktheit aufmerksam macht, die erleidet der gute Vertreter mit dem Kunden! Ein melancholisches Paar sind sie, wenn der Kauf perfekt ist. Ich könnte mich freuen, wenn da nicht der andere wäre, der dem Tod wieder um einen Gegenstand näher ist. Jede Ware ist der Leichnam einer Möglichkeit.

Heute kann ich mir solche Überlegungen leisten, damals unterlagen sie scharfer Zensur. Da ist wieder Dein Alter am Drücker, sagte ich mir, der hat Dir seinen Defätismus vererbt, seine nichtsnutzige Feinsinnigkeit, die Dir die Stimmbänder belegt, daß Du nicht mehr singen kannst.

Warum hast Du eigentlich das Reisen wieder aufgesteckt, fragte ich Bert. Mensch, ich bin doch nicht hier, sagte

Bert und tippte an seine weiße Schläfe. Immer kommste falsch, kannst am Ladentisch stehen und warten bis Dir einer n' halbes Ohr zur Verfügung stellt, nee Du, un' wenn de dann nich von so'ner Fabrik kommst, wirste angeschissen, nee Du, mit mir nich. Un' das meiste beziehn se sowieso übern Friseureinkauf. Iss ja alles Monopol, Mensch. Von freie Wirtschaft keene Spur. Nee Du, da fahr ich doch lieber Onkel Frantzke, schimpf' mich Herrenfahrer, markier den feinen Pinkel und hab mein Festes.

Bert schnarrte verächtlich wie in alten Zeiten, als er noch Melitta das Messer wetzte und dem alten Flintrop den Ministranten spielte mit dem Amen, das bei ihm hieß: ausgerechnet Bananen. Und Susanne kam nicht. Ausgerechnet Bananen. Susanne und am Samstag ins Corso sitzen! Hatte sie nicht nötig, wo ihr doch Josef-Heinrich hoch im Bienenstock unmittelbar unterm Himmel ein Wochenende bastelte, eines der vielen unter dem Himmel segelnden Wochenendnester, die nichts von einander wissen, die sich für nichts interessieren als für das feine Geraschel in ihnen selbst. Nur Bert und ich, wir, das Corsoinventar, wir streckten die Hälse, um über die Nestränder zu schielen. Wenigstens stören wollten wir, die Zukurzgekommenen, eine Partei gründen wollten wir, zur Abschaffung des Wochenendes, neue Baugesetze erlassen, keine Vorhänge mehr und nur noch Glaswände, alles wollten wir kontrollieren können, bis wir die Macht hätten, dann könnte man, falls wir im Nest säßen, lägen undsoweiter, könnte man ja von zarten Stores allmählich wieder zu solideren Blenden übergehen, so langsam natürlich, daß das schwerfällige Volk mitkäme und nichts Arges ahnte. Ach Bert, laß uns doch von Frantzke reden, erzähl ein bißchen, Melitta, die böse Vollfarbe, läuft uns nicht davon, und vielleicht fällt uns zwischendurch noch Susanne ins Körbchen, reden wir von

Frantzke, ich könnte ja mal, als Edmunds guter Schüler, eine kleine Materialsammlung beginnen, man weiß nie, ob man's nicht doch einmal braucht. Was weißt Du denn schon von Frantzke, Bert? Bert blätterte prahlend sein Fahrtenbuch auf und ließ mich, ohne daß ich noch ein einziges Mal hätte nachhelfen müssen, in alle Schmuck-, Schmutz- und Herzkammern der Frantzkes eintreten, in die er selbst schon eingedrungen zu sein glaubte.

Er ist ja mehr Frauenfahrer als Herrenfahrer, denn Frantzke fährt, wenn's nicht zu weit ist, am liebsten noch selbst. Bert schließt daraus, daß Frantzke Fahrten macht, bei denen man nicht einmal einen Chauffeur als Zeugen haben möchte. Aber Bert drückt ein Auge zu. Und mit der Frau fährt es sich sowieso angenehmer. Nicht daß er mit ihr was hätte. Schließlich will er sich nicht wegen sowas die Position versauen. Und zu dick ist sie ihm auch. Schöne weiße Haut zwar, aber wabrig. Und die Haare zu kurz. Herrenschnitt, wenn man nach allen Richtungen auseinanderfließt, keine Augenweide, das! Aber Bert sagt nichts, oder das Gegenteil, schließlich will er sich nicht wegen sowas die Position versauen! Komisch übrigens, daß Frantzke sich von Bert rasieren läßt, seit er weiß, daß Bert Friseur war. Da hast Du es, Millionen im Schrank, aber er freut sich, wenn er achtzig Pfennig sparen kann. Sie ist nicht so. Zehn Pfund Pralinen für Darri und Surri, das macht ihr nichts aus. Daß die zwei Namen haben, wo sie doch aussehen wie ein Pudel, das hält Bert allerdings für eine Verschwendung. Nun ist Bert aber ein Stratege. Seinen Vorgänger warf die Gnädige raus, weil sie ihn ertappte, wie er die Pudel zwang, auf dem Autoboden zu liegen. Zwar ist der mit Teppichen belegt, aber die Gnädige will nun einmal, daß Darri und Surri im Fond residieren, auch wenn die Gnädige nicht mitfährt. Bert ist der Ansicht, daß das

Auto der Gnädigen gehört, daß die Pudel der Gnädigen gehören, daß sie folglich mit Auto und Pudeln tun und lassen kann, was sie will. Bert stellt sich gut mit den Pudeln. Wenn er wieder zehn Pfund Pralinen holen muß, tut er gleich ein paar hundert Gramm auf die Seite und verfuttert sie den schwarzen Prinzen nach und nach. Das hat noch kein Fahrer getan. Die Pudel beteuern also täglich, daß von ihrer Seite gegen Bert nichts einzuwenden sei. Bert, der nie ein Tierfreund war, wer es mit seiner Haut ernst meint, kann sich nicht mit Viechern einlassen, sagt er, Bert findet die Biester also ganz widerlich, besonders weil sie ihm andauernd die Polster verdrecken und er dann abends noch den Wagen von Hundestaub, Hundehaaren und Hundegeruch befreien muß. Aber Bert weiß Bescheid. Er wird sich doch nicht wegen sowas die Position versauen. Denn das muß man sagen, die Gnädige kann, wenn man sie reizt, ganz schön auf die Pauke hauen. Vor Frankfurt hat Bert einen Frantzke-Caravan überholt, leger grüßt er hinüber, da erstarrt ihm die Hand in der Luft, aber die Gnädige hat es schon spitz gekriegt: der Kollege hat eine dabei, die auf den ersten Blick die Autobahn-Veronika verrät. Die Gnädige befiehlt, dem Kollegen vor den Bug zu kreuzen, hält selbst den wabrigen Arm zum Fenster hinaus, stoppen Sie, Bert! und ist schon draußen und sagt: Herr Bogner Sie sind entlassen! Bert Sie übernehmen das Fahrzeug, ich fahre selbst weiter. Und schon braust sie ab. Kollege Bogner ist fünfzig Jahre alt und verdattert, die Veronika flucht. Bert muß die beiden stehen lassen. Wegen sowas will er sich schließlich nicht die Position versauen. Zu Hause erinnert er sich, daß die Gnädige schon gleich am Anfang gesagt hat: Bert, wenn Ihnen mal was nicht paßt, nur raus mit der Sprache, dicke Luft, stillen Gram, sowas mag ich nicht. Bert findet, daß er von diesem Nörgelrecht früher oder später doch Gebrauch machen muß, sonst wird die Gnädige am Ende mißtrauisch und sagt: das gibt es doch nicht, daß dem gar alles paßt, also verheimlicht er etwas, also lügt er. Und da sich Bert deswegen nicht die Position versauen will, runzelt er die Stirne, besieht sie im Rückspiegel, dreht die gerunzelte Stirn zur Gnädigen zurück und sagt: war das nicht ein bißchen hart, den Bogner gleich rauszuwerfen und dann auf der Autobahn...? Da funkt sie schon dazwischen, verbittet sich diesen Ton, und ob er nicht auch den Ukas unterschrieben habe: Mitnehmen von fremden Personen in betriebseigenen Fahrzeugen strengstens verboten, bei Zuwiderhandlung erfolgt Entlassung! hat er das unterschrieben? Na also! Und was das Stehenlassen angeht, bitte, der hatte doch eine professionelle Autostopperin dabei, die wird ihm schon weitergeholfen haben. Bert nickt und nickt, macht ein dankbares Gesicht, zeigt in seinem Gesicht auch noch folgendes: ja, jetzt verstehe ich, natürlich Gnädige, ja-ja, idiotisch von mir, daß ich nicht selbst draufgekommen bin, dem alten Bock ist Gerechtigkeit widerfahren, nichts als Gerechtigkeit, und vielen und innigen Dank auch für die Aufklärung, gnädigste Frau!

Bitte, sagt Bert, eine reiche Frau, warum soll die keine Marotten haben! Schließlich bezahlt sie dafür. Und daneben tut sie noch Gutes. Zweihundert Pakete schickt die Firma Frantzke im Monat in das Land, das Frau Frantzke »die sogenannte DDR« nennt. Und da sind nicht bloß die Konserven drin, die nicht mehr so gut gehen. Bert selbst fährt zweimal im Monat in die Stadt und holt 2000 Astor, 1000 Abdulla und zweihundert Tafeln Vollmilch-Nuß. Seit dem muß Bert keine Zigaretten mehr kaufen, denn die Einzelhändler verwöhnen ihn. Im Wagen darf er allerdings nicht rauchen, das ist so streng verboten wie jenes

Mitnehmen von fremden Personen in betriebseigenen Fahrzeugen. Aber wenn Bert und die Gnädige am Donnerstagabend von Wiesbaden heimfahren, wenn das, was die Gnädige *unser Gespräch* nennt, besonders gut verlaufen ist, die Rhein-Main-Gattin der Gnädigen unterlegen, die Commerz-Gattin ihr um den Hals gefallen ist und die Karosserie-Gattin, die Automaten-Gattin, die Import-Export-Gattin, die Schuh-Gattin, die Wirkmaschinen-Gattin und die Baumaschinen-Gattin ihr beigepflichtet haben, dann kichert sie auf der Heimfahrt lange vor sich hin, Bert prüft immer wieder im Spiegel, ob sie allein weiterkichern wolle, oder ob sie es vorziehe, daß er gleichfalls ein mildes Kichern anstimme, und plötzlich schlägt sie die große weiße Hand neben ihm auf die Lehne, daß die Hand zuerst ganz platt wird, und ruft: Bert, nun stecken Sie sich schon eine an! So kann sie auch sein, die Gnädige. Daß Bert keinen Alkohol trinken darf, solange er mit den Fahrern all der anderen Gattinnen in Wiesbaden herumlungert, daß er seine Spesen mit Coca Cola verbrauchen muß, ja mein Gott, das gehört nun einmal zum Beruf. Pfarrer müssen auch auf allerlei verzichten, sagt Bert. Und ein einziges Glas Bier riechst Du so gut wie zehn, sagt Bert. Ob Du danach einen Korb Salzstangen oder eine Handvoll Zwiebeln frißt, Du riechst das Bier, drei Meter gegen den Wind. Zumindest die Gnädige riecht es. Und Bert beherrscht sich. Höchstens mal ein Coca mit Schuß, aber mehr nicht. Er will sich doch nicht wegen sowas die Position versauen. Denn die Position wirft was ab, wenn man, sagt Bert, Stratege ist. Und Bert ist Stratege. Wenn sie nämlich die Filialen inspiziert, dann sahnt er ab. Die Gnädige hat keinen Rang im Betrieb, versteht auch nichts davon, aber Filialinspektion, das macht ihr Spaß. Nicht die Bücher, nicht die Kasse, was soll sie sich mit den Zahlen plagen, darauf kommt es auch gar nicht an, sagt sie, aber auf Sauberkeit kommt es an. Unsere Filialen müssen schimmern, sagt sie, und die Schürzen müssen weiß sein, froh die Gesichter der Mädchen, nicht daß sie herumsitzen und Kaffee trinken, sich die Nägel putzen und sich vor den Augen der Kundschaft kämmen, das alles will die Gnädige verhindern, dazu fährt sie, plötzlichen Einfällen folgend, oft tagelang von Stadt zu Stadt. Man muß die Filialen überraschen, sagt sie, das ist das ganze Geheimnis meines Erfolgs, Bert. Er nickt und staunt. Und er greift ein. Während sie in Landshut inspiziert, ruft er die Filiale in Passau an und von Passau aus ruft er die Filiale in Regensburg an, dann die in Ingolstadt, dann die in Ulm, in Geislingen, Göppingen, Heilbronn und Heidelberg, immer ist er der Gnädigen eine Filiale voraus. Die Filialleiter merken bald, welch ungeheurer Beistand ihnen da plötzlich erwächst. Sie stecken Bert fünf Mark zu, stecken ihm zehn Mark zu, von dem in Geislingen will er gar nicht zehn Mark, kleine Klitsche, das, wär' ja Hochstapelei, aber in Heidelberg zwanzig, das ist angemessen. Und jedem ist geholfen, meint Bert. Die Gnädige geht mit gesenktem Gesicht an den Schaufenstern entlang, reißt an der Tür ihre ganze mächtige Gestalt herum und stürmt mit bittersüß triumphierendem Lächeln ins Ladenlokal, genießt den sekundenlangen Schreck der herumfahrenden Köpfe, der Filialleiter zeigt am schnellsten, daß der Schreck ein Schreck der Freude war, die Gnädige sagt, listig lächelnd: ich glaube, die Überraschung ist mir wieder einmal gelungen. Das wird ihr auch sofort bestätigt. Aber es ist eine freudige Überraschung gnädige Frau, sagt der Filialchef und küßt ihr, wenn er das gelernt hat und es über sich bringt, die nicht zu verfehlende weiße Hand. Im Rheinland und in Bayern, da können se das noch, sagt die Gnädige, aber im Schwäbischen is es dafür sauberer. Noch sauberer hätte sie sagen müssen, denn seit Bert bei ihr diente, wie schimmerten da die Filialen, makellos waren die Schürzen, kein Mädchen kämmte sich. Kaffeetrinken, Nägelputzen, dazu hatten diese Verkäuferinnen einfach keine Lust mehr, und waren trotzdem immer wie grad aus dem Ei gepellt und frisch-fröhlich, als lebten sie von Coffein. Allmählich hab' ich die doch in Schwung gebracht, sagte die Gnädige dann zu Bert. Es war fast überflüssig, daß sie sich noch Schubladen öffnen ließ und, wieder mit dem Überfall-Gesicht wie beim Eintritt, manchmal noch selbst auf eine Schublade zusprang, möglichst auf eine, vor der eine Verkäuferin stand, möchten Sie mich mal ein bißchen neugierig sein lassen, sagte sie und griff an der ach so bereitwillig zur Seite tretenden Mamsell vorbei, zog die Schublade heraus und siehe da: es war alles in Ordnung. Während sie so noch heruminspiziert, muß Bert rasch mal verschwinden, ins Büro nämlich, wo's die Gnädige nicht hinzieht, wo er aber das Kouvert vorfindet und ein Telephon zur weiteren Wegbereitung. Am Anfang hat er es übertrieben, gesteht Bert. Das hatte zur Folge, daß die Gnädige mürrischer wurde von Filiale zu Filiale. Alles so sauber, alles so fleißig, alles in Ordnung, war sie da nicht jedesmal die Blamierte! Bert ist ein Mensch, der schnell begreift. Und schon bei der nächsten Tour liefert er vier Filialen ungewarnt der Inspektion ans Messer. Weil er nicht blindes Schicksal spielen will, sondern einen Sinn für Gerechtigkeit hat, der auf dieser Welt nur allzu selten zufriedengestellt wird, gibt Bert nur die Filialen preis, deren Leiter beim letzten Mal glaubten, seine Warnung sei mit einer Zwölfer-Schachtel Ernte oder gar mit einem Dankeschön zur Genüge bezahlt. Und sofort ist auch die Gnädige wieder guter Laune. Bert denkt: die zwei Schachteln Ernte und die zwei Dankeschön muß einem verantwortungsbewußten Fahrer die gute

Laune seiner Gnädigen wert sein. Deshalb will Bert von jetzt ab ihretwegen auf jeder Tour solche kleinen Opfer bringen. Bert sagt: Pfarrer müssen noch ganz andere Opfer bringen. Und was kann einer Gnädigen, die sich der Gefahr gegenübersieht, daß ihre allerliebste Beschäftigung, ihre Inspektionsreise, ihre royal journey nennt sie es selbst, was kann einer Gnädigen plötzlich einfallen, wenn man ihr diese Freude nimmt? Schließlich verliert sie noch ihr Selbstvertrauen, zweifelt plötzlich daran, daß es ihrer Arbeit zu danken ist, wenn der Frantzke-Konzern blüht und blüht, und wenn sie daran zu zweifeln beginnt, sagt sie sich am Ende: ich kann mir keinen Chauffeur mehr leisten. Nein, soweit läßt es Bert nicht kommen. Er wird sich doch nicht wegen sowas die Position versauen. Der Stratege, der er ist. Also wird eben dann und wann eine Filiale nicht gewarnt, auf daß die Gnädige endlich wieder einmal ihre Leibspeise bekommt: die Verkäuferin, die sich gerade kämmt! Und zum Nachtisch noch ne ungespülte Kaffeetasse mit nem Fettfleck im Vitrinenglas. Findet sie das Haar nicht, schmeckt ihr die schönste Suppe nicht, was willst Du machen!

Und was er an Warngebühren verliert, kommt, wenn die Gnädige nur immer schön satt wird, leicht wieder herein. Da fährt er sie nach Lindau, weil sie auch einmal spielen will, aber nicht gleich in Baden-Baden, und natürlich in Wiesbaden auch nicht. Was geht das die anderen Gattinnen an? Und sie kennt sich noch gar nicht aus. Also weit weg nach Lindau zuerst. Und Sie, Bert, sollen auch was davon haben, sagt sie. Was wollen Sie unternehmen? Bert, im Hannoverschen geboren, schaut sehnsüchtig hinaus auf den See. Wenn die Motorboote nicht so teuer wären, seufzt er wie ein Kunstenthusiast vor einem Cezanne, den er sich nie wird kaufen können.

Da hamse fünfzig De-Em, machense sich nen schönen Nachmittag. Bert sagt: sie ist abergläubig, mußt Du wissen. Schenkt se mir fünfzig, gewinnt se fünfhundert, hat se gedacht, da nehm ich Gift drauf. Bert geht so sorgsam um mit dem Geld, wie man nur mit einem Geschenk umgehen kann, das muß man sagen. Er chartert nicht gleich ein wildes Rennboot, um seine binnenländische Sehnsucht in gischtsprühender Fahrt sattzutoben, nein, für vierfünfzig reiht er sich bescheiden ein in die Touristengruppe und nimmt teil an der öffentlichen Bootsrundfahrt. Ißt allerdings noch ein Eis zu fünfzig, so daß sein Nachmittagsgewinn nur noch fünfundvierzig Mark ausmacht. Na ja, denkt Bert, wenn ich nächste Woche den neuen Zweihundertzwanzig in Sindelfingen hol', dann bleiben wieder hundert hängen. Wir wissen, daß es bei Frantzke auf die Fahrer ankommt, hat der Mercedes-Mensch gesagt, als Bert den Dreihunderter holte, und hat ihm hundertfünfzig ins Täschchen gesteckt, in dem andere nur ein Tüchlein für einsvierzig tragen. Die Bootsrundfahrt hat Bert übrigens auch nur widerwillig unternommen, denn kaum daß er das viele Wasser sah, da sagte er sich: wenn Du auf dem festen Land bleibst, wo schaust Du hin? Ins Wasser, aufs Wasser hinaus, übers Wasser hin! Siehst also Wasser genug. Wo aber wirst Du vom Boot aus hinschauen? Aufs Land! So ist der Mensch. Also bleibst Du besser auf dem Land und sparst die Moneten. Aber dann fällt ihm rechtzeitig ein, daß die Gnädige immer einen Bericht haben will: nun Bert, wie haben Sie die zehn Mark angelegt? nun Bert, hat Ihnen die Schokolade geschmeckt, erzählen Sie. Und dann muß Bert den Genuß einer Tafel Schokolade schildern, muß mindestens fünf Minuten darüber sprechen können, fünf Minuten dankbar schwärmen. Es war nun einmal die Ansicht der Gnädigen: wer eine Tafel Schokolade ißt, der kann auch was erzählen. Was, um Gottes Willen, wird sie erst für fünfzig Mark verlangen? Soll er sich ein Buch kaufen über Bootsrundfahrten auf dem Bodensee? Aber das kostet auch seine vier, fünf Emme. Auf jeden Fall braucht er Stoff. Phantasie hat er zwar, aber er ist eben doch im Hannoverschen zu Hause und kann sich das Geschaukel auf dem Bodensee nicht recht vorstellen. Also entschließt er sich, die vierfünfzig dranzurücken, er wird schließlich wegen der paar Mark nicht seine Position versauen. Und doch hätte er die vierfünfzig sparen können, denn die Gnädige will heute keinen Bericht, hat sie doch sechshundert gewonnen, sechshundert in bar, Bert, drei Pleins, Bert, das andere mit Rouge und Noir, können Sie französisch, Bert? Haben Sie auch die Waffe dabei, Bert? frägt sie plötzlich ganz rasch. Ja, Bert hat die Waffe dabei, hat er doch unterschreiben müssen, daß die Siebenfünfundsechzig den Handschuhkasten nicht verläßt, es sei denn, er reinige sie, oder trage sie auf den Polizeischießstand zur Übung. Das mit der Waffe, sagt Bert, ist das Schlimmste vom ganzen Job. Du kannst es Dir nicht vorstellen, dieses Geknalle auf der Polizeischießschule, draußen in Fangbach.

Zuerst muß Bert ans Luftgewehr. Sei es, daß das immer zum Kursus gehört, sei es, daß die Schießpädagogen Berts empfindliches Gehör gleich erkannten. Wahrscheinlich ist er, als er seine Personalien zum Besten gab, bei jedem Knall von draußen ängstlich zusammengezuckt. Geboren? Am fünften siebten hat Bert gesagt und dann mit offenem Mund auf den nächsten Knall gewartet. Neunzehnhundertund? fragte der Beamte. Wie bitte? fragt Bert gequält zurück, und natürlich genau in dieser Sekunde, da er sich dem Beamten zuwenden muß, da er sein Gehör, und das ist mehr als ein Paar verschnörkelter Ohren, da er sein tiefreichendes Gehör schutzlos preisgeben muß, da knallt es auch schon zweimal stahlhart, daß Bert sich zweifach getroffen fühlt. Zuerst also ans Luftgewehr. Das geht noch. Wenn bloß nicht alles so flimmern würde! Kaum daß Du ein Auge zudrückst, geht auch das andere mit. Bei Bert hängt eben alles zusammen. Dann ans Kleinkaliber. Das knallt schon ganz schön scharf. Dann an den Polizeikarabiner. Der tut wie eine Kanone und haut Dir noch den Kolben ins Gesicht. Dann bist Du erst würdig, die Pistole in die Hand zu nehmen. Und wozu die ganze Aufrüstung? Meint man vielleicht, Bert dürfe nun, falls er sich oder seine Gnädige bedroht fühlt, gleich mannhaft ins Dunkel schießen. Weit gefehlt. Nur wenn eine hübsch schwarz auf weiß notierte Unzahl von Bedingungen erfüllt ist. Bert hat die Erfüllung all dieser Bedingungen nüchtern zu konstatieren, dann erst darf er sich selbst Feuererlaubnis und danach erst den Feuerbefehl erteilen. Bert sagt: es muß eben ein Verbrecher aus dem Dickicht springen, seine Pistole ziehen und rufen: ich schieße Sie jetzt gleich tot! Dann muß ich genau aufpassen, daß ich sehe, wenn er den Finger durchkrümmt, beim Druckpunkt angelangt, durchdrückt, und jetzt, wenn die Mündungsflamme mir einen unwiderlegbaren Beweis liefert, daß er es nicht gut mit mir und der Gnädigen meint, jetzt muß ich mich beeilen, muß rasch entsichern und durchladen, denn im Ruhezustand darf nie eine Kugel im Lauf sein, und dann muß ich eben noch so rechtzeitig abdrücken, daß meine Kugel zuerst trifft, aber natürlich nicht seinen Kopf, und ja nicht ins rote Herz, und bloß nicht in die Weichteile, nein, die schwankenden Extremitäten muß Bert treffen, das wird von ihm verlangt, und deshalb muß er seine Ohren alle acht Wochen dem Gebuller auf dem Polizeischießplatz in Fangbach aussetzen. Die Gnädige besteht drauf. Und angesichts der Ziele, die ihm erlaubt sind, ist das nicht zuviel verlangt. Und weil Bert wegen sowas nicht seine Position versauen will, geht er eben hin, zuckt zusammen und schießt und zuckt wieder zusammen.

Neulich hat er fast geglaubt: jetzt wird es ernst. Er soll die Gnädige abholen, draußen in der Villa. Heller Vormittag. Und wie er von der Burgstraße in den Forstenweg abbiegt, was sieht er? Die Villa umringt von Polizei. Drei Streifenwagen, zwei Mannschaftswagen und noch ein paar so grüne Bienen. Da wird er auch schon angehalten. Führen Sie Waffen mit sich? hieß es. Ja, eine siebenfünfundsechzig. Man will sie ihm nehmen. Da kommt einer, der kennt ihn. Nun muß man wissen, daß die Firma Frantzke zu nichts auf der Welt, weder zu einer bestimmten Tierart, noch zu einer Ideenrichtung, noch zu irgendeiner Menschengruppe so intimfreundschaftliche Beziehungen unterhält wie zur Polizei. Jeder Polizist, der auch nur zweimal in seinem Leben im Verkehrsdienst war, kennt alle Frantzke-Wagen. Wenn Bert auf eine Kreuzung zufährt, auf der ein Polizist die Hände um sich wirft, dann muß Bert nicht den Fuß vom Gaspedal nehmen. Nur wenn die seelenlosen Automaten mit unpersönlichem Rotlicht den Weg versperren, dann fällt auch der Wagen der Gnädigen der sturen Gleichmacherei zum Opfer, obwohl sie doch gerade auf dem Weg zum Freund Polizeipräsidenten ist, um ihm zu sagen, daß der LKW mit den Weihnachtskonserven für die getreuen Polizeimannen ab morgen abgerufen werden könne. Und weil die Gnädige die letzten Reste gesellig-menschlichen Miteinanders nicht dem Siegeszug fühlloser Automaten ausgeliefert sehen will, hat sie dem Polizeipräsidenten schon oft genug vorgeschlagen, die Lichtautomaten einfach abzuschaffen. Wegen Personalmangel, sagt der, sei das vorerst leider noch nicht möglich. In der Villa allerdings, da hat die Gnädige der Automation doch ein Opfer gebracht. Sie hat nämlich nicht sechs lange Kerle als Leibwächter angestellt, sondern eine Alarmanlage installieren lassen, die direkt mit Polizeipräsidium und Überfallkommando verbunden ist. Auch Bert kann das Tor nicht passieren, bevor nicht Rolf, der Pförtner, die Anlage, soweit sie das Tor bewacht, außer Funktion setzt. Und an diesem Vormittag nun hat die Alarmanlage die Blüte unserer Polizei blitzschnell auf den Plan gerufen. Was war geschehen? Bert darf zwischen Polizeigesichtern hindurch vor das Herrschaftshaus fahren. Einer in Schaftstiefeln stellt sich trotzdem noch aufs Trittbrett. Und Bert erfährt, daß es um Adalbert geht, den siebenjährigen Frantzke-Sohn, der sein Dasein ausgeklügelter gynäkologischer Raffinesse verdankt, weshalb Adalbert nicht bloß der ganze Stolz der Frantzkes, sondern auch ein leibhaftiger Triumph der Wissenschaft genannt werden darf. Ein Triumph gerade noch rechtzeitigen Fortschritts. Wären die Methoden, die Adalbert möglich machten, zwei drei Jahre später zur klinisch anwendbaren Verläßlichkeit entwickelt worden, dann wäre es für Frau Frantzke zu spät gewesen, ihre Natur hätte der Wissenschaft einen Strich durch die Rechnung gemacht, während so die Wissenschaft Frau Frantzkes nicht zur Mutterschaft drängenden Natur ein Schnippchen geschlagen hat, und dieses Schnippchen heißt Adalbert. Bert nimmt dem Frantzke-Prinzen die auf Vornehmes hinweisende Namensüberlegenheit nicht übel. Nicht verstümmelt fühlt er sich, nicht als das vereinsamte Enklitikon, dem die Hauptsache fehlt. Um Adalbert also geht es: Adalbert sollte entführt, geraubt, gekidnappt werden. Die Gnädige hatte ja schon immer was gegen die Amerikaner, nicht bloß, weil die sich soviel auf ihre Konserven zugute taten, o nein, liefert nicht dieser Vormittag wieder einen Beweis, wohin wir kommen, wenn die Amerikanisierung so weiter geht! Adalbert, der arme süße Adalbert, im Sand spielt er, bedient gerade die elektrischen Schleusen, das Wasser stürzt zu Tal, da passiert es: einer, so ein Kidnapper, hält mit seinem Wagen vor der Mauer. Raffiniert wie er ist, hat er sich so'n kleinen Loyd genommen, daß es nicht auffällt, aber mit Schiebedach. Und warum mit Schiebedach? Daß er bloß aufstehen muß, nicht aussteigen, verstehen Sie, kein Aufsehen machen, bloß aufstehen muß er und kann über die Mauer hinweg Adalbert photographieren, zweimal, dreimal, dreht auch noch den Apparat, stellen Sie sich die Kaltblütigkeit vor, aber er braucht natürlich möglichst viel Aufnahmen, sonst fangen sie ja den Falschen, wenn sie dann auf die Jagd gehen, sich vor der Schule postieren, mit einer großen Limousine, grüne Vorhänge rundum, verstehen Sie. Gott sei Dank sieht die Gnädige den Kidnapper gerade noch rechtzeitig und, so versonnen sie diesen Vormittag zugebracht hat, sie ist geistesgegenwärtig genug, sofort auf die Alarmklingel zu drücken, die in jedem Zimmer erreichbar ist, ganz egal, wo man steht oder liegt, so gut ist alles ausgedacht. Die treue Polizei! In zweieinhalb Minuten ist der erste Wagen da. Zehn Minuten später rasen schon drei Wagen hinter dem bösen Loyd her. Und Bert ist noch keine Viertelstunde auf dem Schauplatz der grausigen Veranstaltung, da bringen sie ihn auch schon. Bert darf natürlich nicht mit hinein, aber von der Gnädigen erfährt er alles aus allererstem Mund. Zum ersten Mal ist sie nicht zufrieden mit ihrer Polizei. Lassen die doch den Lotterbuben laufen, bloß weil der, so raffiniert ist der, nachweisen kann, daß er Architekturstudent ist in Hannover. Weil man in Architektenkreisen jetzt viel von der neuen Forstenweg-Villa höre, weil doch ein Niemeyer-Schüler die Villa gebaut hat, da habe er sich eben ein paar Photos geknipst, nur so für sich, zur Anregung. Die Gnädige, die sonst gern von der Niemeyer-Schüler-Villa spricht, war natürlich an diesem Tag nicht für Komplimente zu haben, denn sie wußte zu genau, daß sie nur dazu dienten, den Anschlag auf Adalbertchen zu bemänteln. Sie kriegen ihn nicht, rief sie dem Kidnapper nach. Sein gleichmütiges Achselzucken verstand sie als eine Herausforderung, die sie sofort damit beantwortete, daß sie, falls noch irgendwo Platz war, neue Alarmdrähte ziehen ließ.

Bert sagt, es wäre auch wirklich schade um Adalbert, denn immer wenn Adalbertchen Geburtstag hat, bekommt jeder Arbeiter, jeder Angestellte, wer irgendwo in der weiten Welt bei Frantzke dient, der bekommt am Geburtstag des Kronprinzen eine Tasse Kaffee und ein Stück Torte. Und Adalbert darf jedes Mal bestimmen, ob sein zwölftausendköpfiges Heer Kirschtorte oder Linzertorte oder Ananastorte zu seinen Ehren essen soll. Und wenn die Konjunktur anhält, sagt die Gnädige, stiftet Adalbert vom nächsten Jahr an jedem seiner zwölftausend Schildträger noch fünf Mark dazu. Jetzt stell dir vor, die entführten unseren Adalbert! Oder der Konjunktur stieße was zu!

Heiliger Erhard bitt für uns! Vor Wirtschaftsseuchen schütze uns, dann wollen wir der Kidnapper schon selber Herr werden. Stell' dir vor, Adalbert wär weg, die Gnädige sauer für alle Zeit, weil sie doch keins mehr kriegt, wahrscheinlich hätte sie zu nichts mehr Lust, würde zu Fuß gehen, im Taxi fahren! So könnte am Ende doch noch die ganze Position versaut werden. Was haben die Zwölftausend nicht alles dem Adalbertchen zu verdanken! Sogar die Frühlingsreden der Gnädigen sind milder geworden seit es Adalbert gibt. Früher, wenn sie die Packerinnen, die Besitzerinnen von Fließbandhänden, die ganze weibliche Belegschaft unterm sauber gefegten Aprilhimmel versammelte, immer kurz vor dem 1. Mai, dem gefährlichen Feiertag, wie hat da die Gnädige gegen den Verkehr gewettert.

Kommt mir nicht im Herbst mit dicken Bäuchen, hat sie ins Mikrophon geschrien. Das Mikrophon sirrte, die technische Norm war der moralischen Empörung nicht mehr gewachsen, das Menetekel hallte verzerrt von den Fabrikwänden zurück an die es projiziert werden sollte. Nietzsche beschwor die Gnädige, und Malthus, die böse Brunst und ach die Kaninchennatur der Proletarier, die den fürsorglichen, opferbereiten, fortschrittlichen Unternehmern immer wieder ins soziale Konzept pfusche. Kondome werden sich eure Kerle doch noch leisten können, wenn ihr's schon nicht ganz und gar lassen könnt! Und in den Werkbüchereien fehlten danach für einige Zeit die Brockhaus- und Meyerbände Katastrophe bis Kristall. Ihr vergnügt euch und wir sollen dafür zahlen. Keine leistet mehr deswegen. Im Gegenteil, das Interesse an der Arbeit sinkt. Und wir sind ein Volk ohne Raum. Mehr denn je. Denkt, wenn ihr eure Schlüpfer von euch streift, an die Oder-Neiße, dann vergeht euch der Spaß. Wir können uns vorerst keine Kinder leisten. Daß die Gnädige ihre Standpauken an die weibliche Gefolgschaft, die ihr lediglich als eine Versammlung von einigen tausend kribbeligen Eierstöcken und nassen Schößen erschienen sein muß, daß sie ihre Predigt zur Verlängerung der Fastenzeit aus purem Zufall immer im Hof zwischen K sechs und B zwo hielt, macht mir, der ich die Frantzkefabriken kennengelernt habe, niemand weis. K sechs war Rinderschlachthalle. Von hier wanderten die geteilten und enthäuteten Stücke nach K fünf, K vier, K drei, K zwei, K eins und verließen K eins in hübschen kleinen Döschen. Die Felle aber wurden über den Hof nach B zwo gefahren, auf kleinen Loren. Die Schienen mußten immer frei gehalten werden, auch wenn die Gnädige sprach. Zwischen ihrem Pult und der Versammlung der Mädchen in roten Mantelschürzen führten die Schienen hindurch, fuhren die Loren mit den nassen, noch dampfenden, an den Rändern blutigen Fellstapeln hindurch, hinüber nach B zwo, wo schon unterm breiten Tor Arbeiter in riesigen steifen Schürzen warteten, Arbeiter, die aussahen wie Denkmale des ungeschlacht Bösen, weil ihnen Blutwasser von den Schürzen tropfte, weil sie Messer in den Händen hatten, in kurzen Stiefeln mit hohen Holzsohlen standen, weil sie ohne Zaudern in die einfahrenden Felle griffen, die Häute hochzerrten, mit drei vier Messerhieben Extremitäten und zerfetzte Ränder abschnitten, daß weitere Hände die Felle je nach Größe auf verschiedene Stapel verteilen konnten. War ein Stapel um ein Fell erhöht, stapfte sofort einer darauf herum und streute mit dem abgemessenen Armschwung des säenden Bauern ein farbloses Salz weithin über die glatte Seite des Fells. In kleinen Kanälen floß an den Stapeln entlang das rötlich schmutzige Wasser ab. Was die Mädchen nicht sehen konnten, das rochen sie. Der Hof zwischen K sechs und B zwo stank nach Blut und Kot und Tod. Und die Gnädige mag gedacht haben, daß es für ihre Predigten gegen die proletarische Lust keine bessere Atmosphäre geben könne als diesen Hof. Dr. Pinne, der Direktor der Sozialabteilung, mußte während der Predigt immer neben der Gnädigen stehen und durfte sich kein Taschentuch mit Kölnisch Wasser vor die Nase halten. Jedes zweite Jahr konnte er durch häufiges Niesen vielleicht einen Frühjahrs-Schnupfen vortäuschen und sich wenigstens ab und zu ein bißchen schützen, mehr aber auch nicht. Für Dr. Pinne müssen diese Veranstaltungen zur lästigsten aller seiner Pflichten geworden sein, hatte er doch in regelmäßigen Abständen ernst und feierlich zu nicken, wenn die Gnädigste wie Herodes gegen Kinder vorging, bloß noch rechtzeitiger, feierlich nicken sollte Dr. Pinne dazu, und hatte doch, weil er ehedem in der Deutschen Arbeitsfront ziemlich weit oben gewesen war, selbst sechs Sprößlinge zu Hause, die hatte er nun einmal, unwiderruflich; seinerzeit war eben ganz anders gepredigt worden. Man kann sich vorstellen, daß Dr. Pinne der Gnädigen und auch der Gynäkologie besonders dankbar war für Adalbertchen, denn seitdem waren die Verhütungspredigten der Gnädigen doch viel nachsichtiger geworden. In einem Konditionalsatz hatte sie sogar vom Kind als von einem unversieglichen Freudenquell gesprochen. In einem Konditionalsatz zwar, aber immerhin. Auch Surri und Darri haben es besser seit es Adalbertchen gibt. Das Personal weiß Grauenhaftes zu flüstern aus der voradalbertschen Zeit. Wenn Surri und Darri vor Sehnsucht krank wurden, wenn ihnen die Weibsnatur aus den Hälsen heulte und von den Lefzen troff, dann wurden sie eingesperrt im Gerätehaus und die Gnädige kam einmal im Tag und peitschte ihre Lieblinge solange, bis Surri und Darri bloß noch vor barem Schmerz heulten. Das andere Heulen habe die Gnädige einfach nicht ertragen. Auch habe jenes andere Heulen die Rüden von weit her angelockt, Rüden, die sowieso nicht in Frage gekommen wären, weil sie in Rasse und Klasse Surri und Darri weder Wasser noch sonstwas hätten reichen können. Ein verwilderter Dobermannrüde war sogar einmal eingedrungen und hatte dabei die Alarmanlage in Gang gesetzt. Die Gnädige hatte dem Überfallkommando einen Kasten Bier gespendet. Seit aber Adalbertchen gelungen war, durften auch Surri und Darri sich einmal im Jahr standesgemäß vergnügen, und die kleinen schwarzen Ergebnisse verkaufte die Gnädige teuer im Bekanntenkreis.

Sie ist schon eine patente Frau, sagt Bert. Manchmal sei es zwar ein Kreuz mit ihr. Aber er hat die bessere Position. Die Gnädige ist eben doch sehr naiv. Ein riesiges Gänseblümchen ist sie, sagt Bert.

Immer glaubt sie, sie durchschaut einen jeden, also gibt man ihr was zum Durchschauen. Dann freut sie sich. Insofern hat man es leicht mit ihr.

Berts Oberlippe hatte wieder den verächtlichen Knick. Er spielte an den Würfeln, Kleeblättern und Eicheln, die an dem Kettchen bammelten, das immer noch die Falte zwischen Unterarm und dem Fetthügel des Handrückens kaschierte. Aber er sah nicht mehr aus wie ein Günstling Caligulas, nicht mehr wie ein römischer Thermenbesitzer. Ja, die Stimme war noch die alte Jago-Stimme mit dem Päderastenregister, aber sein Gesicht und seine Hände hätten dringend das tägliche Arbeitstraining in Flintrops Salon gebraucht, fett war er geworden, fett in jener zügellosen Weise, die verrät, daß hier einer mit dem Egoismus ernst macht. Und Frantzke selbst, wie ist der? In Ordnung, sagte Bert. Eisern. Muß er ja sein. Bei so'nem Betrieb. Aber gerecht. Und schlau. Mußt doch bloß die Direktoren anschauen, merschdendeels Nazis, das kommt übrigens von ihr, von Reichswehr schwärmt sie, aber auch einen vom zwanzigsten Juli ham sie oben dran, so'n Verräter, Holzauge, riechste was?

Bert zog mit einem langen Zeigefinger das untere Lid vom rechten Auge. Aus diesem riesengroß gewordenen Auge strahlte die erschütternde Freude des Angestellten, der ein Geheimnis seiner Betriebsobrigkeit durchschaut zu haben glaubt. Komm' trink' noch eins, sagte ich, du bist mein Gast. Da sag' ich nicht nein, sagte er, legte das Glas an die kinnüberwölbende Unterlippe, leerte den Inhalt rasch in die Mundhöhle, atmete aus und sagte: schließlich sind wir Angestellten auch vom Stamme *Nimm!*

2. Kapitel

Ein Festtag zieht sich hin

1

Liebe. Man kommt nicht herum um das Wort, obwohl es
an Übersetzungsversuchen in alle Richtungen nicht fehlt.
Aber wie es sich für ein großes Wort gehört: Liebe ist ein
Fremdwort geblieben. Der heilige Franz, Vögel und Arme
bezaubernd, Magdalena mit den langen Haaren: es scheint
eine alte Verwirrung zu sein. Du machst den Mund auf
und sagst: vorübergehend ein entsetzlicher Mangel an Wahlmöglichkeit. Du machst den Mund auf und sagst: Liebe,
das Licht bei Stromsperre. Oder Du sagst, wenn Dir nach
mehr Volt zumute ist: Gottesbeweis per Gewitter, und
schlidderst hinein in alle Omalegenden. Ich empfahl mir
Folgendes: komponier's! Nicht die blinde blendende Sonne
bringt es an den Tag, aber Musik. Du wirst sehen, mehr als
ein hitzig verschlafener Blues kommt nicht heraus. Oder:
laß dich gehen, dann wird es sich ja zeigen, ob du der
Drachen bist an ihrer Hand. Aber daß ein energisches
Parallelogramm entsteht, dazu bedarf es des Winds, und
den kann niemand erzeugen, der ist unterwegs seit langem.
Gerade hat er einem Greis die Nase geputzt, die und die
Wäsche getrocknet, sich im Weizen gewälzt, den Fluß ge-
bürstet und jetzt greift er dir an den Bauch, dich hochzu-
werfen, noch über die Georgstürme hinaus, aber nur, um
dich spüren zu lassen, wie sehr du hängst, an ihrer Hand,
die dich hinab auf die Erde zieht. Dein Übersetzungsversuch
kann eingestellt werden. Es bleibt dabei: vorübergehend

ein entsetzlicher Mangel an Wahlmöglichkeit. (Tauchte aber so eine österreichische Lerche ihren fürwitzigen Schnabel in die Lava, die ihr nur so zerfließt, und sänge, das Gesicht voller Mondsteinaugen, das Gegenteil, so widersprichst du besser nicht, Gesang bleibt Gesang, schließlich.)

Sanne-Sanne malend, saß ich am Schreibtisch, innere Desertion begehend, Pawel fürchtend, und seine Anrufe. Was macht Bianca, fragte er, und ich wollte schon sagen: die flittert in Italien, aber noch rechtzeitig fing ich mich, ließ Sanne fahren, flittern und was sonst noch mit so fauchendem Halblabial beginnt, und antwortete, mich momentaner Erfindung anbefehlend, wie Bianca im Kino, wie sie in der Zeitung, in der Zeitschrift, wie im Radio und wie im Fernsehen verkauft werden sollte. In drei Wochen, in zwei Wochen, in zehn, in acht, in fünf Tagen bin ich so weit, ich möchte nämlich alle Entwürfe zusammen abliefern, verstehen Sie, alle zusammen sind erst die Armee, die Erkundungsflieger allein wirken ein bißchen lächerlich, verstehen Sie! Und malte weiter Sanne-Sanne aufs Papier, alle Reime abhorchend, ob in ihnen ein tröstlich lullender lallender Hinweis enthalten wäre. Sanne-Wanne, wäre schön, wenn nicht in besseren Hotels in Italien die tollen Duschen wären, mit denen Freund Josef-Heinrich jetzt arbeitet, daß die Gischt von den Kacheln bis über die Alpen gleißt, ein böser Firn, gleich weiter also zu Sanne-Pfanne, viel ist das nicht, denn trautes Heim und zirpt die Grille im Grill vor Pein, das wird wohl nicht, was wird überhaupt? Sanne-Spanne, das ist Ewigkeit, wir alle in die Pfanne gehauen, gebraten zum Jüngsten Pfannengericht, nur Sanne-Panne, das gibt Sinn, weil Sanne-Tanne mir nicht grünen wird, weder zur Sommerszeit noch zur Winterszeitwennesschneit, bleibt also nichts als Sanne-Panne, bleibt mein Sanne-Canne, bei Barletta, am Ofanto, nicht reimwütig von mir frisiert, ja, als der Gegner noch Hannibal hieß, da hieß es noch Cannae, hieß der Bach Aufidus, jetzt fährt Josef-Heinrich mit Thunderbird und Sanne nach Canne, ihm gehört Sanne, gehört Canne, gehört ganz Apulien, wäre nicht Livius, ich wüßt mir nicht zu helfen gegen Josef-Heinrich-Hannibal, so aber ruf ich dir über alle Alpen hinweg zu: vincere scis, Josef-Heinrich-Hannibal, victoria uti nescis, Mitte September sehen wir uns wieder, aber dann!

2

Herr Neeff, der Verbenverächter, hatte mich auf alle Listen des listenreichen Frantzke-Konzerns gesetzt. Seit dem stürzte mir, wenn ich den Briefkasten öffnete, eine Lawine von Zirkularen, Prospekten, Broschüren und Einladungen entgegen. Auf einer Liste stand es sich angenehm, auf der nämlich, auf der die Namen all der Erlauchten standen, die von jedem neuen Frantzke-Artikel eine Probe bekamen. Mühsam aber war es, die vielen Einladungen wegzuwerfen. Täglich wuchs in mir der Bleiblock schlechten Gewissens. Immer mußte eine Karte abgetrennt und zurückgeschickt werden und darauf mußte ich das milde Ja durchstreichen und das schroffe Nein unterstreichen, Platz für eine Begründung war nicht vorgesehen, das war das Schlimmste, dadurch mußten die dauernden Ablehnungen auf den kontrollierenden Herrn einen besonders ungünstigen Eindruck machen. Ich wartete jeden Tag auf die schwarzumrandete, sicher nicht vorgedruckte Mitteilung, denn so ein Fall von kalter Unhöflichkeit war wahrscheinlich noch nicht vorgekommen, die schwarzumrandete Mitteilung, die mir mit beschämender Höflichkeit zu wissen tun würde, daß ich von nun an wegen bedauerlicher Zurückhaltung von allen Listen gestrichen sei, natürlich auch von der Liste, die die Verschickung der schmackhaften Artikelproben regelte.

Wieder war ich dabei, Sanne-Sanne vor mich hinzumalen, diesmal beschäftigt mit dem Austausch des a's gegen alle anderen Vokale, ich war, da es spät am Vormittag war, schon soweit gekommen, daß ich im ersten Sanne alle fünf Vokale, ihre Umlaute und Doppelformen durch hatte und nun gerade dabei war, bei Beibehaltung des a im ersten Sanne, die Vokale ins zweite Sanne einzusetzen, gerade hatte ich Sanne-Sonne gemalt, da rief Herr Neeff an. Morgen werden Sie die Einladung des Jahres in Händen haben, rief Herr Neeff in sprudelnder Frische mir ins Ohr, unser Chef hat seinen sechzigsten und seinen Ehrendoktor dazu. Nicht möglich, rief ich zurück, meinte aber, daß Frantzke sechzig sei. Aber am Telephon spricht man ja immer in einander hinein, weil man doch nicht weiß, ob der andere seinen Satz schon fertig hat. Diese Einladung, das war klar, mußte befolgt werden.

Meinen M 12, dem ich die Auffahrt in der Helmholtzstraße vor den Portalen der TH nicht zumuten wollte, versteckte ich auf dem Angestellten-Parkplatz des Landesversicherungsamtes in der Bebelstraße, er schnitt auch dabei noch schlecht genug ab. Ich stellte mich hinter einen der nackten Männer, die am Fuß der runden Treppe Wache hielten. Sie waren aus Stein. Da ich mich mit Steinen nicht so gut auskenne wie man vielleicht sollte, um glaubwürdig zu erscheinen, vermag ich nicht anzugeben, aus welchen postglazialen oder antediluvianischen Sorten der oder die Bildhauer die beiden Nackten heraushämmerten. Trotzdem bitte ich um Vertrauen: sie waren aus Stein. Ganz sicher weiß ich aber, daß der oder die Bildhauer (ob ein Leben ausreicht, so riesige Männer, selbst wenn man sie dann nackt läßt, dem harten Stein zu entreißen, wage ich, der schon eingestandenen Ignoranz wegen, auch nicht zu sagen), ganz sicher aber weiß ich, daß man bei der Arbeit an diesen zwei Riesen schon wußte, sie würden dereinst und für immer an der TH-Treppe in der Helmholtzstraße stehen; das schloß ich aus dem geometrischen und physikalischen Werkzeug, das sie hielten, als wären es Armbrüste. Die Gesichter dieser beiden Naturwissenschaftsriesen hatten übrigens einen Ausdruck, als wüßten sie, daß sie aus Stein sind.

Während ich, weil ich fast noch vor den Lorbeerbäumchen an Ort und Stelle war, über den Stein nachsann, rannte Frau Frantzke, eine geborene Blomich übrigens (der Wirtschaftsheraldiker horcht jetzt auf, das weiß ich), rannte sie wahrscheinlich noch aufgeregt in der Niemayer-Schüler-Villa am Forstenweg umher, klopfte ihrem Gemahl unsichtbaren Staub von den Schultern, rief nach weißen Handschuhen, die sie selbst in den Händen knüllte, begriff nicht, was Herr Frantzke immer noch vor dem Spiegel zu grimassieren hatte, jetzt reichte er sich auch noch die Hand, und schließlich stürzte sie, einer Brosche wegen, noch einmal ins Boudoir zurück, wäre dabei fast ausgerutscht und hingefallen. Elsa hatte das Gumminetz wieder einmal nicht unter den Vorleger gelegt, also glitt der unter ihrer eilenden Last einfach weg, gerade noch griff sie in die Luft und hinüber zur Kommode, aber neben die Kommode: und hatte in der Hand schon einen der vielen Alarmzüge, mein Gott, dann mußte man die Fahrt inmitten einer heulenden, blinkenden Polizeieskorte zurücklegen und böse Menschen würden das nicht als Ehrengeleit, sondern als Bewachung auslegen. Hoffentlich hat sie sich, falls sie gerutscht sein sollte, an einem solideren Halt gefangen, auf daß sie ruhig mit ihrem Gemahl hinter Bert Platz nehmen konnte.

Zuerst fuhren kleinere Wagen vor, dann fuhren größere

Wagen vor und als keine Steigerung mehr möglich war, kamen bloß noch Dreihunderter. Das sah irgendwie gleichmacherisch aus. Pawel wirkte in seinem schwarzen Anzug jung, krank und fromm. Seine Frau machte ihn auf mich aufmerksam, aber er konnte nicht die Mitte der Treppe verlassen und mir, der ich jetzt schon zutiefst im gaffenden Volke stand, die Hand geben, deshalb winkte er unauffällig, verschwörerhaft rasch herüber, seine Frau aber, der das zu wenig zu sein schien, hielt das Gesicht, gezielt lächelnd, herübergedreht, bis sie es, der Treppe wegen, wieder selber brauchte. Da ich nun sah, daß die Frau, die Pawel die Treppe heraufführte, seine eigene Frau war, schloß ich, einer Neigung zu kühner Verallgemeinerung nachgebend, daß auch alle anderen Frauen, die aus den schwarzen Wagen entlassen wurden, Gattinnen seien. Zuerst war immer der Chauffeur an der Tür, die man in diesem Fall wohl Schlag zu nennen hat. Der Chauffeur war es, der den Schlag öffnete. Der Mann aber stand ganz in der Nähe. Beide schienen gespannt zu sein, was für ein Wesen sich jetzt aus der Öffnung zwänge. Oder deutete das Lächeln des Mannes an, daß er schon ahnte, oder gar wußte, es werde die Gattin sein? Wir Zuschauer waren auf jeden Fall überrascht, daß nach der behutsam vorsichtigen Öffnung des Schlags das auftauchende Wesen kein Raubtier war, das gleich das Weite suchte, sondern ein gutgenährtes, verschwenderisch gekleidetes Weibsbild. Jeder der Herrn schien das ganze Jahr über zu Hause so eine Gattin zu hegen, um sie dann an einem solchen Vormittag der Menge vorzuführen, so wie in Ramsegg die Großbauern am Fronleichnamstag die farbigen Schärpen aus dem Schrank holen, um sie bei der Prozession zu tragen; da stapft dann mancher mit ehrwürdiger Schärpe dahin, dem du das Jahr über nicht ansiehst, daß er sowas zu Hause hat.

Edmund knallte mit seinem hellen Citroën in das Hochplateau der Dreihunderter, machte aber, als er ausstieg und Lerry weiterfuhr, durch seinen Anzug alles wieder gut. Sorgenvoll in der Körpermitte geknickt, schritt er, den seidenen Schirmstock am Arm, nach oben, fand bis zur obersten Stufe die richtige Schrittlänge nicht für diese Treppe, nahm probeweise zwei Stufen auf einmal, das war zuviel, und wenn er wieder bloß eine nahm, spürte man, daß das für ihn viel zu wenig war. Er trug akkurat das Gesicht, das der russische Außenminister trägt, wenn Ostdeutschland auf der Tagesordnung steht, das die westlichen Außenminister tragen, wenn Westdeutschland auf der Tagesordnung steht, das alle Außenminister tragen, wenn das sagenumwobene Gesamtdeutschland auf der Tagesordnung steht, jenes Gesicht, das einen fortschrittsfeindlichen Optimismus so edel gekränkt zum Ausdruck bringt. Daß Edmund mich nicht bemerkte, bedarf wohl keiner Erwähnung. Herr Dieckow, der zu Fuß kam, trug seine Cäsar- und Kleopatrafrisur, diese römisch-ägyptische Brecht-Paraphrase, ein Haar säuberlich neben dem anderen, so erhobenen Hauptes die Treppe hinauf, daß man glaubte, er wolle nach einer Hausnummer Ausschau halten, was allerdings angesichts dieser Rundtreppe und des hinterm Säulenkäfig schimmernden Portals eine Provokation war, nicht zuletzt auch uns, den Gaffern gegenüber. Aber vielleicht wollte er auch bloß noch einmal die Steinschrift lesen im Fries. Ich folgte seinen Augen, konnte aber von meinem Platz aus nur OMUM SCIENTIAE COLENDAM CONDIDIT lesen, und auch für dieses Textfragment könnte ich nicht bürgen, handelt es sich doch wieder um Stein.

Fast zu spät, zumindest, wenn man bedenkt, daß er in einem flatterhaft leichtgeschürzten italienischen Cabrio vorfuhr, das seine Frau weitersteuerte, zu spät für dieses

Auto traf Lambert Herchenröder ein, der aber in seinem schwarzen Anzug so verkleidet aussah, daß er sicher von den wenigsten seiner Bekannten identifiziert worden ist. Habe ich zuerst eine Bewegung gemacht, oder hat er zuerst mich entdeckt, ich wüßte es nicht mehr zu sagen. Er stürzte auf jeden Fall auf mich los, zerrte mich aus der zweiten Reihe heraus und rief so laut, daß die beiden Livree-Männer, die aus blauem Tuch waren, Mühe hatten, es zu überhören: so weit kommt's, Anselmchen drückt sich in der Sankt-Nebenkirche herum und wir können uns drin den Beifall abschwitzen! Junge, du bist auch bloß'n Ei, also rin in die Pfanne.

Wäre Fräulein Ohlenschläger auch eingeladen worden, das ganze Frantzke-Account-Team wäre versammelt gewesen. Dieckow allerdings ließ uns heute spüren, daß er Frantzke nicht nur geschäftlich nahestand. Wahrscheinlich hatte die Gnädige verlangt, daß er in der Reihe der Würdigsten, der Wahlverwandten, in der ersten Reihe placiert werde. Und selbst dort saß er und starrte so hochmütig verloren in die Saalluft, als lese er Botschaften, die niemandem als ihm sich eröffneten. Wir saßen mindestens acht Reihen hinter ihm. Wenn ihn jemand grüßte, nahm er seinen Kopf mit viel Anstrengung zurück aus dem Raum und verbarg nicht, wie sehr er gestört worden sei. Zuletzt wurden Frau Frantzke und Herr Frantzke hereingeführt. Die erste Reihe sprang auf, Köpfe knickten, Bärte schwappten vorne, hinten schwappten Frackschöße, schwappten genau wie die Bärte, tief in den Herrn mußten Bärte und Frackschöße mit einander verbunden sein, Hände griffen ins Leere und mußten warten, bis sie dran waren, wußten nicht, ob es sich noch einmal rentierte, an die Hosennaht zurückzufallen, ganz abgesehen davon, daß es jetzt schwierig sein würde, zwanglos zu baumeln, denn schließlich konnte es schon im nächsten Augenblick so weit sein, besser also, man tat, als sei es gar nicht so schlimm, starr als Hand in die Luft zu stehen und zu warten, bis man ergriffen und geschüttelt wird. Dr. Fuchs war es, der Herrn Frantzkes Hand so lange hielt, als habe er ihn seit zehn Jahren nicht gesehen. Aber wer auch immer Herrn und Frau Frantzke begrüßte, es gelang keinem, die Gesichter des Paars zu bewegen. Das Gesicht, muß ich sagen, denn es war nur ein Gesicht, und es war eines, wie es kaum durch Verabredung zustandekommen kann. Mochten sie geübt haben zu Hause, warum auch nicht, aber es ist ganz sicher, daß nun eine gar nicht vorhersehbare, ganz unkalkulierbare Stimmung ihnen ein einziges Gesicht modelliert hatte, dessen Ausdruck man nur namenlosen Ernst nennen kann.

Seine Magnifizenz begrüßte. Edmund, der lediglich Kunstakademien besucht hat, sagte, als er Anna abends die Feier schildern mußte: ein Tattergreis piepste eine Namensliste herunter. Und daß es Namen gewesen seien, die der Tattergreis gepiepst habe, das vermutete Edmund auch nur deshalb, weil der Alte manchmal so getan habe, als schaue er in eine bestimmte Richtung. Wahr ist allerdings, daß sich die Magnifizenz nicht bemühte, wirklich verstanden zu werden. Aber schließlich wußte die Magnifizenz, daß jeder der Anwesenden diese Einleitungsrede schon des öfteren gehört oder gar selbst gehalten hatte. Die Verständlichkeit litt auch darunter, daß im Altfrauengesicht der Magnifizenz ein Bart mehr hing als wucherte, daß man also die Lippenbewegungen erst wahrnahm, wenn sie sich dem Bart mitgeteilt hatten. Der Bart, oder das, was als Bart herumhing, das schlingerte zwar fleißig mit, war aber doch – wenn ich mich, da es sich um eine TH-Magnifizenz handelt, so ausdrücken darf – war aber doch träger als die Lippen selber, war also mit dem Schlingern, das ein Wort auslöste, noch nicht fertig, als schon der nächste Impuls die Bartwurzeln traf, so daß Frequenzüberlagerungen entstanden, Schwingungssalat, Interferenzen, Rückkopplungen, einander aufhebende Amplituden, deshalb, nur deshalb war es schwer, die Lippenbewegungen, die einem sonst das Hören erleichtern, aus den verformten Barthaarschwingungen zu rekonstruieren. Magnifizenz erweckte den Eindruck, sie redete zu lange, nicht zuletzt deshalb, weil man so gut wie nichts verstand.

Wer rechtzeitig ins Programm geschaut hatte, konnte schon beim ersten Einsatz des Maestoso das Gesicht machen, das man macht, wenn man hört, wie das verstärkte Werkorchester von Frantzke das Concerto grosso spielt. Das wenn man weiß, dann wird das Gesicht noch um ein Erkleckliches expertenhafter: mal sehen, wie die das schaffen. Es sprach dann wieder einer, das verstärkte Orchester spielte auch wieder, es sprach auch wieder einer, das verstärkte Orchester wollte auch diesmal nicht zurückstehen, der Vormittag machte Halt, er sagte: bitte, meinetwegen müßt ihr euch nicht beeilen, wo Lorbeerbäumchen prangen und ein verstärktes Orchester sich ein Festmahl erspielt, da drück ich gern ein Auge zu! Die Veranstalter hatten das mit dem Vormittag offensichtlich abgesprochen. Es hätte ja längst Abend sein müssen. So aber konnten auch wir Zuhörer beruhigt der festlichen Folge beiwohnen, die Zeit stand still, das bemerkte man, wenn man das dritte Mal auf die Uhr geschielt hatte, dann entspannte man sich und wunderte sich nicht mehr.

Einer redete besonders laut. Irgendeinem Crescendo-Instinkt folgend, hielt er das, weil er der vorletzte war, für nötig. Vielleicht sprach er auch deshalb so laut, weil er, wie er selbst zugab, nichts zu vertreten hatte als das, was er *die Sache selbst* nannte. Ich atmete erleichtert auf, als er dann doch *im Namen* von noch etwas sprach; immerhin ein TH-Institut hatte er hinter sich, und Frantzke hatte Gutes getan für das Institut, Institute mußten einander umarmt und durchdrungen und dabei, wie das zu geschehen pflegt, befruchtet haben.

Wieder einmal spürte ich, daß ich gerade noch spät genug geboren worden war. Noch ein paar Jahrzehnte später, wäre allerdings noch besser gewesen, denn wie sind wir doch vergiftet worden. Daß wir noch am Leben sind, ist ein Wunder, auf das man in Rom wahrscheinlich bloß deswegen noch nicht aufmerksam geworden ist, weil man sonst die menschliche Natur selbst heilig sprechen müßte. Edmund mußte zwar abends wieder meckern. Alle Sparten durcheinanderwerfend, sagte er, Frantzke sollte sich weniger um die Entlarvung der Salicylsäureabkömmlinge und dafür mehr um sein von Nazimikroben verseuchtes Betriebsgehirn kümmern. Ich hätte einwenden können, daß er dann bestimmt kein Ehrendoktor geworden wäre, und daß dann die Salicylsäureabkömmlinge weiter ihr Unwesen getrieben und Allergien der tückischsten Art verursacht hätten. Und schließlich muß man sich heute spezialisieren. Und Frantzke hatte nun einmal seinen Sankt-Georgsmut gegen die spezielle Verderbsflora unseres täglichen Brotes gerichtet. Das Mikroskop war das Auge, mit dem er durch seine Institute den Weg in die immer bessere Zukunft ertasten ließ, und wären unterm Okular Nazimikroben aufgetaucht und herumgeschwänzelt, ich bin sicher, Herr Frantzke hätte den Kampf gegen sie nicht weniger energisch geführt als er den Kampf gegen das andere wuselige Kleinzeug führte. Aber sie tauchten nicht auf.

Gott sei Dank, sage ich, hat Frantzke die unterschwelligen Konzentrationen ganz verruchter Substanzen durch-

schaut und gebrandmarkt. Viele viele Mäuse- und Ratten-
generationen hat Frantzke hingeopfert, nur um uns zu
schonen. Aber weil unsere Spezies, würden wir jahrtausendelang nur ratten- und mäusesichere Stoffe zu uns nehmen,
dann vielleicht, in einem Nachtragskapitel zu Darwin, sich
zu einer Spezies mit noch deutlicheren Ratten- und Mäuse-
eigenschaften entwickeln könnte, deshalb haben die Institute die neuen Konservierungsmittel auch Nichtnagern
appliziert, oral und parenteral, um eben doch eine statt-
lichere biologische Entwicklungsbreite zu garantieren. Und
Frantzke hat nicht nachgegeben, bis er seinen Zusatzstoffen
chemisch und physikalisch einwandfreie Zensuren erteilen
konnte. Dabei schnitt eben die Salicylsäure schlecht ab,
wenn sie auch noch so rührend vom Großmütterchen empfohlen wurde; woran man übrigens sieht, daß auch auf
Großmütterchen kein Verlaß mehr ist. Ich würde das Alissa
schon hinreiben. Und die Borsäure fiel durch, da war
nichts mehr zu machen. Bitte, die war ja, als Mitwirkende
in Abmagerungsdrogen, schon längst jeden Verdachts würdig. Frantzke und alle innig zusammenwirkenden Institute
vertrieben sie auch noch von ihrem letzten üblen Thron
und ersetzten sie in der Krabbenkonservierung durch die
Ester der p-Hydroxybenzoesäure. Da hätte Edmund nun
sagen können: typisch, Nazis füttert er, mit neuen Estern
sorgt er dafür, daß die kapitalistischen Krabbenesser ja
recht alt werden, aber dem Volk vermiest er seine Salicylsäure, gibt die Marmelade der werktätigen Massen höhnisch
dem Verderb preis. Das konnte aber nicht einmal Edmund
sagen, denn wurde ein Mittel vom Thron gestoßen, den es
mißbraucht hatte, so war auch schon für einen Nachfolger
gesorgt. Und die Sorbinsäure, eine Säure, die sich angenehm
natürlich verhielt, fast als wäre sie in unseren Stoffwechsel von Anfang an wohlwollend eingeplant – Gott hat den

Augenblick ihrer Entdeckung, Herstellung und Verwendung eben genau vorausgesehen; arm bloß, die im Salicylsäure-Saeculum leben mußten —, die Sorbinsäure also würde in Zukunft den Marmeladeessern die Töpfe schimmelfrei halten.

Wenn ich daran dachte, wie elend die Könige und Kaiser, wie elend doch alle Großen der Vergangenheit dran waren, die einen einzigen Speisenkoster hatten, und was den nicht gleich auf der Stelle umwarf, das mußten sie vertrauensvoll hinabschlingen, während über jeden Bissen, den ich zu mir nahm, eine Milchstraße von feinen Experten wachte. Unser Professor, der auch über das Stillhalte-Abkommen mit dem Vormittag und der Weltzeit informiert sein mußte, las uns vor, wer alles über die *gleichbleibende Reinheit* unserer Speisen wachte, erwähnte auch, daß Frantzke und er mit all diesen Wächtern in Kontakt seien, ja sie fußten sogar zusammen auf jenen Wächtern, auch dieses Aufeinanderfußen, so wenig der Laie sich das vorstellen kann, führte zu Befruchtungen, denn Inzucht sei der Tod der Forschung, rief der Professor; aber schön, murmelte Lambert Herchenröder, der neben mir saß. Und zum Beweis jener vermiedenen Inzucht führte er die auf, mit denen Frantzke und er schwelgerisch fruchtbaren Kontakt pflegten: DFA, JECFA der WHO, FAO der UNO, ELWU der WEU, SEFK SBCTU (ich gebe zu, daß diese Abkürzung von mir stammt, weil ich es dem Leser leichter machen wollte als ich es hatte, aber da der im Lesen von Abkürzungen noch ungeübte Leser vielleicht Schwierigkeiten hat, setze ich doch die offizielle Bezeichnung dazu: Ständiges Europäisches Forschungskomitee für den Schutz der Bevölkerung vor chronisch-toxischen Umweltschädigungen), die Fachausschüsse für Lebensmittelzusatzstoffe der CIIA, das BIPCA, die IUCC, und dann natürlich noch die Fachkommissionen der DFG. Und nun nenne man mir den Khan, den Czar, den Cäsar oder Kaiser, dessen Magen vergleichbare Fürsorge erfuhr! Mir wurde allerdings auch ein bißchen mulmig, wenn ich daran dachte, wie sehr doch heute die Welt von Giftmörderkolonnen und -Konzernen übersät sein muß, daß so viele Wächter nötig sind. Und daß einer dieser Wächter, denn er gehörte doch offensichtlich auf die Seite der Guten, ehrenhalber ein Doktor wurde, erscheint nun nicht nur verständlich, sondern beschämend gering, bedenkt man das Übrige. Das rieb ich auch Edmund unter die böse Nase. Aber da er es nicht lassen kann, alles durcheinanderzubringen, sagte er darauf nur: und wo sind die Institute, die die politischen Antioxydantien, Emulgatoren, Aromastoffe, Konservierungsmittel und Farbstoffe unter die Lupe nehmen?

Was wollen Sie einem solchen Menschen antworten? Schließlich ißt jeder mindestens dreimal im Tag, und wie selten begegnest du einem Nazi, der noch einer ist!

Aber zurück ins Audimax. Herrn Frantzke wurde die Urkunde überreicht. Noch war die Urkunde eine Rolle Pergamentpapier in den Händen der Magnifizenz, noch stand die Magnifizenz mit der Pergamentrolle allein auf dem Podest, und wenn Herr Frantzke seinen Auftritt noch länger hinausgezögert hätte, wäre der Magnifizenz nichts anderes übrig geblieben, als die Rolle wie ein Columbusfernrohr ans Auge zu setzen, um nach Frantzke Ausschau zu halten. Frantzke kam gerade, als es peinlich wurde, die Magnifizenz so alleine und wortlos stehen zu sehen. Der Ablauf solcher Feierlichkeiten wird leider immer nur mit Doubles geprobt, deshalb ist die Aufführung immer in Gefahr, in eine Katastrophe auszuarten. Herr Frantzke kletterte hinauf, wir atmeten wieder, die Magnifizenz entrollte das Pergament – jetzt erst wurde klar, daß ein Bart, wie schütter er auch sei, zu einer Manifizenz gehört, weil eine Magnifizenz, die keinen Bart hat und trotzdem ein Pergament entrollen wollte, ein Anachronismus wäre –, die Magnifizenz sagte etwas, überreichte das Dokument, die Aufführung war gerettet, erleichtert klatschten wir alle in die Hände. Was aber sollten die Magnifizenz und Herr Frantzke tun? Die Magnifizenz hatte mehr Übung in solchen Auftritten. Sie trat einen Schritt von Herrn Frantzke weg und klatschte mit. Noch lächelte Frantzke. Aber er, der Industriepionier, der Konzerngründer und immer eifrige Nahrungsverbesserer, er war nicht der Mann, der untätig dastehen kann, wenn alle rund um ihn die Hände regen. Also klemmte er das Pergament rasch unter die Ellbogen und klatschte mit. Wem zu Ehren jetzt noch geklatscht wurde, war nicht ganz deutlich. Wahrscheinlich wurde etwas Überpersönliches beklatscht, eine Idee vielleicht, wie im Osten, wo ja schließlich auch die auf der Tribüne mitklatschen, daß man meint, jetzt müsse ein noch Höherer von irgendwoher sich herbeilassen, dem dieser Beifall gälte, obwohl man doch weiß, daß der Allerhöchste schon leibhaftig erschienen ist. Es wird hier wie dort etwas Geistiges sein, dem zu Ehren auch der Gefeierte zurücktritt, dem er den Beifall des Publikums und seinen eigenen wie ein Opfer darbringt.

Wer glaubt, Beifall sei gleich Beifall, wer glaubt, es gebe da lediglich Phon-Unterschiede, der hätte im Audimax erleben können, daß es tatsächlich so etwas wie herzlichen Beifall gibt. Diesen von jedem bis dahin gehörten Beifall kraß verschiedenen, diesen herzlichen Beifall, der nicht mit dem dürren Geräusch des Anstandbeifalls und nicht mit dem durchlöcherten Klappern des Routinebeifalls verwechselt werden kann, diesen voll und heiß aufbrausenden herzlichen Beifall erntete Herr Dr. h. c. Frantzke, als er nach drei schlichten, aber vor Empfundenheit vibrierenden Danksätzen das Podium schon wieder verließ. Die Photographen, die gehofft hatten, sich nun eine weitere Stunde am wichtigsten Gesicht des Tages weiden zu können, diejenigen unter ihnen, die noch abwarteten, bis der Geehrte sein wulstig-verschlossenes Gesicht in lang-glühender Rede allmählich würde aufblühen lassen, die hatten das Nachsehen, denn Frantzke saß schon wieder unten, bevor sie recht wußten, was geschehen war. So revolutionär war Frantzkes Entschluß, eine Gelegenheit zu einer lorbeerumstandenen Rede einfach zu verschenken. Es blieb den Photographen nichts anderes übrig, als Herrn Dr. Frantzke den Genuß der dritten Leonore-Ouvertüre durch krasses Blitzlicht zu versauen.

Für uns, denen es nicht in die Augen gezielt war, fügte sich das Wetterleuchten in der ersten Reihe eigentlich recht harmonisch in das Erhabenheitsgefühl ein, das von Leonore III auch in genanten Menschen aufgedonnert wird. Und doch ist Leonore III eine recht demokratische Musik. Obwohl sie jeden Zuhörer zu einem kleinen Beethoven aufbläst, ist sie sich nicht zu fein für den Eintritt in jede Art von Ohr. Zu dem schönen Sturm, der jetzt mit Donner und Wetterleuchten das Audimax über die Gipfel der Erde erhob, gehörte natürlich vor allem der Dirigent des verstärkten Werkorchesters, ein Profi übrigens, der das verstärkte Werkorchester mit heftigen Bewegungen bedrohte, der den Sturm erst entfachte und gleichzeitig der Baum war, der am gewaltigsten von ihm geschüttelt wurde.

Zum Sherry war es, weil die Zeit plötzlich wieder von allen Türmen und Handgelenken rasselnd an sich erinnerte, zu spät geworden, also wurde zum Introitus gleich die Consomée madrilaine zelebriert. Und es war Ludwig, der sich herunterließ, mir und allen Gästen aufzuwarten, denn das Festmahl ereignete sich im Roxy; natürlich nicht unten, wo Tagesgäste mit Berufsgesichtern die Speisekarte durchsahen, als seien es Schulaufgaben, die sie zu korrigieren und mit Zensuren zu versehen hätten; abgeschirmt und festlich tafelten wir droben im Goldenen Saal. Im Audimax hätte man noch Unterschiede heraustüfteln können, jetzt waren wir eine Gesellschaft. Als ich vor dem Porzellanbecken stand im Roxy, als links ein Herr neben mich trat und mit Scheren-Fingern nach den Knöpfen griff, als rechts ein Herr erschien, um die Finger ganz genau so auszuscheren, da wußte ich sofort, der links gehört zu uns, der rechts ist bloß zum Mittagessen ins Roxy gekommen; auch ein feiner Mann, sonst wäre er nicht im Roxy; aber ich spürte, daß er nicht im Audimax gewesen war, daß er keine einzige Rede und nicht das Concerto grosso und nicht Leonore III hinter sich hatte; wahrscheinlich hatte er den ganzen Vormittag lang bloß Briefe diktiert. Nichts Feierliches war um ihn. Mein linker Nebenmann dagegen schien auch noch jetzt, als er doch bloß vor dem eintönig zischenden Porzellanbecken stand, der Leonore III nachzuhören. Ich vermute sogar, daß sein Gesicht jetzt erst ganz die Wirkungen zeigte, die Leonore III in einem Menschen haben kann, denn solange er im Audimax saß, hatte ihn ja das, was ihn nachher ans Porzellanbecken trieb, noch beim Hören belästigt. Die Nieren hatten den Stillstand der Zeit einfach nicht mitgemacht. Aber jetzt, da diese Last sich löste, blühte sein Gesicht in jener Schwerelosigkeit auf, die allem Vernehmen nach eine Wirkung der allerbesten Musik ist. Dies beobachtete ich scheu hinüberschielend und schloß daraus, in ihm komme Leonore III jetzt erst richtig zum Erklingen.

Wer im Audimax noch keine Rede gehalten hatte, hielt jetzt eine. Dr. Fuchs ergriff uns am meisten. Ob er selbst

Tränen vergoß, kann ich nicht sagen, da seine Augen immer feuchter waren als die Augen anderer Menschen; bei ihm hing es nur davon ab, was er anfing mit der Überfülle von Gesichtsfleisch. Bog er die Partien nur ein wenig abwärts, weinte gleich das ganze Gesicht, weil die Augen immer gerade darauf warteten. Dr. Fuchs sprach, als sei er Frantzkes Vater und Frantzkes Sohn zugleich. Frau Frantzke wischte sich die Augen, das sah ich. Bert hatte übrigens ganz recht, wenn er Frau Frantzkes Herrenschnitt kritisierte. Dieser in alle Richtungen fließende Körper, den zusammenzuhalten es wahrscheinlich unendlich vieler Ösen, Haken, Knöpfe, Schnallen und Bänder der solidesten Art bedurfte, dieses Gesicht, das aussah wie ein Mond von Kindern gemalt, weit weit ausgebaucht und nur im innersten Feld das bißchen Gliederung durch Augen-Nase-Mund, wie klein und verloren waren Augen, Nase und Mund in der weißen runden Wüste, keine Bewegung, weder Lachen noch Weinen noch Zorn, nichts würde je über das kleine Gesichtszentrum hinausreichen und das ganze Gesicht bewegen, Lachen und Weinen und Zorn waren immer schon eingesargt von der weichen, alles erstickenden weißen Umgebung, dieses Gesicht und dieser Leib hätten wahrhaftig eine andere Frisur gebraucht, Haare, Haare, Haare wünschte man sich, Überdachung, Bedeckung, Ausgleich der Massen, und dann sah man bloß dies auf das weiße Rund schüchtern schief geklebte Haarbaskenmützchen, arme Gnädige. Ich wunderte mich, daß sie gleich beim ersten Hintupfen im weiten weißen Feld die Augen fand. Aber das mag an der Größe ihrer Hände gelegen haben.

Das Rehsteak führte eine fast beklemmende Redepause herbei. Lambert Herchenröder flüsterte: Scheißsteak das, überhaupt nicht mürb, hat keine vier Tage gehangen. Mir war das nicht aufgefallen, ich spürte nicht, was ich aß, weil ich aufpassen mußte, um Herrn Neeff zuzulächeln, wenn er herübersah, Pawel mußte ich mit einem Augenzwinkern bedienen, das nicht zu kollegial sein durfte und trotzdem deutlich machte, daß ich zu ihm und nicht zur allgemeinen Festversammlung gehörte, Frau Pawel mußte ich ein verschämt verehrendes Lächeln anbieten und all das in einem feierlich ernsten Gesicht, das meiner engeren Umgebung zuliebe auch noch sachliches Interesse für das gerade besprochene Thema zu zeigen hatte. Das ist nicht so schwer wie man meint, da ein leichtes Schrägstellen des Kopfes beim Kauen genügt, um die Richtung anzudeuten, in die man gerade hört, und ein andächtiger Augenaufschlag tut ein übriges, jedem zu beweisen, daß man viel zu festlich ernst sei, viel zu interessiert auch an dem Gespräch, das Dr. von Ratow und Dr. Pinne gerade führten, als daß man zum Genuß der wahrscheinlich herrlichen Speisen fähig wäre. Ich glaube, Gäste wie ich, die bei so einem Fest keinerlei Wichtigkeit beanspruchen können, die sich so entbehrlich fühlen wie sie sind, die ihre Entbehrlichkeit nicht einmal durch eine Tischrede oder wenigstens einen warmherzig heftigen Toast in Frage stellen, solche Gäste tun gut daran, nicht zu zeigen, daß ihnen das Essen schmeckt. Wie leicht hat es dagegen ein Herr Frantzke, der kann an der Spitze einer solchen Tafel sitzen und essen, als säße er zu Hause. Seine vorgewölbten Mundpartien erledigen das Gekaue halb gelangweilt, halb interessiert, manchmal innehaltend, untersucherisch nachkauend, das Gesicht nimmt einen Klavierstimmerausdruck an, war da ein Knöchelchen, ein Gewürzchen, Körnchen, war da etwas, ach lassen wir's, egal, Herr Frantzke kann es sich leisten, etwas zu schlucken, was nicht hineingehört. Und die Gnädige kann ins zarteste Filetstück beißen, als wäre es pures Juchtenleder, sie ist eben verwöhnt. Und wer möchte Herrn von Ratow das zarte Gemetzel verübeln, das er schon auf dem Teller vorbereitet und dann mit unendlicher Geduld im Mund vollendet? Wenn er noch Zähne hat, müssen sie sehr sehr klein und rundlich sein. Um uns darüber im Unklaren zu halten, beschränkte er sich auf winzige aber unheimlich rasche Kaubewegungen. Pawel, hatte ich schon gehört, sei geruchsempfindlich, besonders energisch ging er im Pattersonhaus gegen kalte Asche vor, aber ich hatte ihn noch nie essen gesehen. Und jetzt noch behaupte ich, daß ich niemals mehr einen Menschen so essen sah. Er war bekannt dafür, daß er auch noch beim Autofahren mit Händen und Füßen diskutierte und Reden hielt, obwohl das gefährlich war. Aber alle sechs Gänge hindurch sah ich ihn kein Wort sagen, höchstens daß er sich einmal etwas reichen ließ, dann begleitete er seine Geste mit einem trancehaft-fernen *Bitte*. Hatte er das Gewünschte, beugte er sich wieder über seinen Teller und machte weiter. Er aß, als hätte er Hunger, ein seltener Anblick. Als die Süßigkeiten gereicht wurden, da bemerkte man an ihm nicht den hilfesuchenden Blick zum Ober hinauf, nicht dieses: verschonen-Sie-mich-ich-kann-nicht-mehr-und-möchte-doch-noch, nein, Pawel war frisch wie ein Marathonläufer, der spaßhalber einmal mit Fünftausendmeterläufern trainiert. Er ließ sich, da man bei den Nachspeisen mehr Auswahl hatte, von allem geben, probierte sogar noch vom Teller seiner Frau und stellte dann deren Teller vor sich, um ihn, sobald er soweit sei, noch ganz zu leeren. Jetzt mußte man zugeben: hier ist mehr am Werk als bloßer Hunger. Wer ihm etwas reichte, ob das ein Ober war oder Frau Pawel oder ein Tischnachbar, Pawel nahm nicht eigentlich Notiz von dem Helfenden, auch sein Dank war ganz mechanisch, er ließ sich die Sachen reichen wie der Priester sich Stola, Meßbuch oder Altargerät reichen läßt von Meßbuben, die, wie er weiß, noch gar keinen rechten Sinn für die Messe haben. Bei Pawel bin ich ganz sicher, daß er ganz genau gleich ißt, ob er nun allein im Urwald oder in der neunten Etage im Bienenstock bei Melitta oder zu Hause oder hier ißt, denn Pawel ißt wie Trinker trinken, wie Boxer boxen, wie Anstreicher anstreichen, wie Sophie liebt, es ist zu vermuten, daß Pawel ein Esser ist, wenngleich er die buntesten Speisen zu dem immer gleichen Weiß seiner Haut verarbeitet. Aber wahrscheinlich ist dieses Weiß eine Tarnfarbe, die die Welt von dem Gedanken abbringen soll, das Essen habe für Pawel irgend eine besondere Bedeutung. Es kann natürlich auch sein, daß er nur deshalb so hingebungsvoll ißt, weil er seine Mundhöhle darüber trösten muß, daß sie jetzt für geraume Zeit kein Bonbon bekommt, nichts zum Lutschen, nichts zum Spielen. Arme Mundhöhle. Warum aber, frage ich, warum aber hat er sich, als die Tafel aufgehoben wurde, als man an den Fenstern entlangflanierte, als kleine Grüppchen sich bildeten zu einem letzten Gespräch, warum hat sich Pawel da wie ein hemmungsloser Schwuler an die Ober herangemacht, warum hat er Ludwig in ein Gespräch übers Wetter verwickelt und ihn dabei zielsicher in die Ecke gedrängt, wo die Tortenreste standen, warum hat er dann, während er Unsinn redete, gewissermaßen gedankenlos Tortenbrösel und Tortenstückchen soviel er erwischen konnte in den Mund gesteckt? Da hätte er doch sein Bonbon haben können. Weil es auf solche Fragen in dieser Welt keine Auskunft gibt, wird man sich mit der Annahme begnügen müssen, Pawel sei ein Esser und ein Lutscher, ohne daß man je wissen wird, was er mehr ist: ein Esser oder ein Lutscher.

Frantzkes Festtag war in Gefahr. Es wurde einfach zu viel getrunken im Roxy. Vielleicht hätten sie leichtere Tischweine servieren sollen. Ich nahm mir vor, mit Ludwig gelegentlich ein ernstes Wort zu sprechen. So traurig es ist, so typisch es ist, so peinlich ist es auch zu berichten, daß Arbeitsdirektor Hünlein der erste war, der aus der Rolle fiel. Natürlich! wird man sagen. Und ich kann nicht widersprechen. Er hat der Sache der Arbeiter schlecht gedient an diesem Tag. Blamiert hat er sich und alle, die er zu vertreten hatte. Plötzlich schlug er mit dem Messer gegen sein Glas, hielt das Glas starr vor der Brust, schlug, obwohl längst alle ängstlich oder nachsichtig oder höhnisch zu ihm hinschauten, schlug noch einmal und noch einmal mit dem Käsemesser gegen die zarte Glaswand, schlug dagegen, als falle es ihm gar nicht ein, sich damit die Aufmerksamkeit für eine Rede zu sichern, für einen treuherzigen Toast, vorgebracht im Namen aller Arbeiter und Angestellten des Frantzkekonzerns, was verständlich gewesen wäre, ja sogar rührend hätte man's gefunden, nein der ehemalige Metzgermeister Hünlein, hervorgegangen aus Frantzkes Jagdwurstfabrik, der mitbestimmende Arbeitsdirektor Hünlein schlug mit dem Käsemesser solange gegen sein Glas, bis das Glas zersprang und der schwarzrote Asmannshäuser ihm über die Hände aufs Tischtuch troff und spritzte. Wenn Hünlein jetzt gleich seinen Ergebenheits-Trinkspruch im Namen der Belegschaft vorgebracht hätte, wäre das zerschlagene Glas eine hübsche Erinnerung geworden, hätte auf besonders glückliche Zusammenarbeit der sogenannten Sozialpartner hindeuten können und wäre als Anekdote sicher von allen wohlwollend weitererzählt worden, als ein Symbol für die heftig-herzliche, eben ein bißchen plumpe, aber darum umso liebenswürdigere Anhänglichkeit der Belegschaft. Hünlein zerstörte selbst seine letzte Chance. Er lachte über seinen Unfall, lachte wie ein am hellen Mittag betrunkener Metzgermeister eben lacht, wenn er etwas lustig findet. Mir war das besonders peinlich, weil ich überall, wo ich auf Vorurteile gegen Metzgermeister stieß, den Mund laut auftat und Beispiele erzählte zur Ehrenrettung der Metzgermeister. Ich hätte den Arbeitsdirektor ohrfeigen können. So eine Entgleisung spricht sich herum, überall würde man mir in Zukunft Hünlein vorhalten, Hünlein, der auf ein Glas einschlug bis es kaputt war, der dann laut herauslachte, das Messer mit brutaler Fertigkeit wie ein Messerwerfer in die Mitte des Tischs warf, wo es aber, weil es keine richtige Spitze hatte oder weil der Damast zu dick war, doch nicht stecken blieb, sondern sich noch zweimal überschlug und dann Frau von Ratow in den schmalen Schoß fiel, ausgerechnet Frau von Ratow, deren Mann soviel unter den Nazis gelitten hat, sein Vater ist doch am 20. Juli, natürlich hat sie aufgeschrien, ihr Gatte zitterte, brachte kein Wort hervor, war das nun das Attentat eines bösen Sozialisten oder eines Nazisten? Aber nicht daß Hünlein dann wenigstens den Versuch gemacht hätte, sich zu entschuldigen, nein, er stieß seinen Stuhl um, rannte hinauf, wo Frantzkes saßen, Frantzke erhob sich sofort, das muß man sagen, stellte sich sofort vor seine Frau, wenn es ihm auch, weil er schmäler ist, nicht gelang, sie ganz abzudecken, aber er setzte ein, was er einzusetzen hatte, und doch wäre es umsonst gewesen, wenn der Metzgermeister ganz böse Absichten gehabt hätte. Hünlein sprang um Frantzke herum, war schon auf der anderen Seite der Gnädigen, hatte schon ihre Hand, ihre große weiße Hand ergriffen, und bevor Dr. Fuchs, der links von Frau Frantzke saß, eingreifen konnte – Hünlein hatte geschickt den freien Platz an der Tischecke ausgenutzt –, bevor irgendjemand ihn hindern konnte, hatte er die weiße volle Hand der Gnädigen um und um abgeküßt, daß sie nachher, als Dr. Fuchs und Herr Neeff und Dr. Pinne den Metzgermeister zurückgerissen hatten, mit einer Serviette eine Zeitlang abgetrocknet und abgerieben werden mußte; aber auch dann blieben noch blaurote Male auf der feinen Haut des gewölbten Handrückens sichtbar und auch den Griff auf dem Unterarm sah man noch deutlich genug. Erstaunlich war die Haltung, die Frau Frantzke bewies. Während die allerdings viel kleinere, spinnenhaft dürre Frau von Ratow schrill aufgeschrien hatte, als sie das kleine Käsemesser auf sich zukullern sah, überließ Frau Frantzke dem wilden Metzgermeister ihre Hand zur Vergewaltigung als sei er ein Pair und Kavalier, dem sie nach allen Regeln der Zeremonie einen Handkuß erlaubt habe. Ich glaube, sie seufzte sogar. Auf jeden Fall hatte es Hünlein dem Großmut der Gnädigen zu verdanken, daß er nicht fristlos entlassen wurde. Sie soll für ihn eingetreten sein mit einer Milde, die an die Haltung Christi seinen Peinigern gegenüber erinnert. Man sprach noch lange von dem wüsten, fast perversen Attentat auf die Gnädige, schonte den Metzgermeister nicht, fügte aber immer hinzu, daß die Gnädige sich wahrhaft gnädig erwiesen habe. Die Belegschaft, so hörte man, zeige seitdem eine geradezu fanatische Anhänglichkeit an die Gnädige. Die Belegschaft distanzierte sich in einer Erklärung von Arbeitsdirektor Hünlein, identifizierte sich aber dann so sehr mit der Gnädigen, daß sie Hünlein, nachdem ihm sogar vom Opfer seiner zügellosen Lust verziehen worden war, auch verzieh. Die Milde der Gnädigen stach umso mehr hervor, weil sie doch sonst so schnell im Entlassen war. Man erinnere sich nur an den Chauffeur, den sie mit einer Veronika ertappte.

Die Hälfte aller Arbeitsgerichtsprozesse, in die der Konzern verwickelt war, gingen auf das Konto der Gnädigen. Trotzdem glaube ich nicht, daß sie diesmal bloß deshalb so milde war, weil sie gerade Lust hatte, einmal das Gegenteil von dem zu tun, was man von ihr erwartete.

Über Hünleins Motive herrschte anfangs vollkommene Unklarheit. Werkpsychologen wurden herangezogen, Vertrauensärzte, Dr. Pinne beschaffte Unterlagen über Hünleins Privatleben, und als alles genau untersucht worden war, stand in der Werkzeitung eine Notiz des Inhalts, daß die Motive nicht verwerflich seien. Eine durchaus ehrenwerte Anhänglichkeit an die Gattin des Besitzers, eine langjährige, nie ausgesprochene Verehrung habe sich am Freudentag der Frantzkes in Form eines Gefühlsausbruches Luft gemacht. So wendete sich dank der Großmut und fortschrittlichen Einstellung aller Beteiligten doch noch alles zum Guten. In der besseren Gesellschaft aber hatte die Sache der Metzgermeister wieder eine Niederlage erlitten; denn was dem Vorfall noch Ungutes nachgesagt wurde, das erklärte man damit, daß Hünlein ehedem Metzgermeister gewesen war. Die Frauen zogen am schlimmsten her über den brutalen Hünlein, den sie einen Rowdy nannten, einen fiesen Metzgermeister und einen ekelhaften Kerl; Frau Pinne sagte sogar, sie glaube, sie hätte sich die Hand amputieren lassen, wenn ihr das passiert wäre; soweit hatte sie sich von der Arbeitsfront wegentwickelt. Die Gnädige entrüstete sich natürlich auch über den Mangel an Manieren, aber was wollen Sie machen, sagte sie, er ist eben Metzgermeister und war offensichtlich seit Jahren in mich verliebt, was wollen Sie da machen, so einer explodiert eben dann einmal. Es war Lambert, der sagte: die ganzen Vetteln sind doch bloß neidig, weil der Gnom nicht bei ihnen gelutscht hat.

Daß die jeder Verleumdung schutzlos preisgegebenen Metzgermeister – sie haben ja so gut wie keine Presse, sondern nur Feinde – in der nächsten Zeit noch ärger verleumdet werden würden, war vorauszusehen, unabsehbar war aber der Schaden, der angerichtet wurde, weil sich die Szene auch noch vor dem arbeitenden Volk abspielte. Ich meine die Bauarbeiter, die damals gegenüber vom Roxy den Kaufhof bauten. Heute steht der Kaufhof sechsstöckig da, glänzt und gleißt bei Tag und bei Nacht und im Roxy hat man sich eingestellt auf das populäre Visàvis. Aber damals standen erst die Stahlskelette, das Mauerwerk war drei Stockwerke hoch, und im Roxy hatte man sich noch nicht eingestellt. Die kirchenhohen Fenster des Goldenen Saals waren damals noch nicht aus getöntem Glas, blank und durchsichtig waren sie und am hellen Mittag von keinem Vorhang geschützt. Von Anfang an hatte ich das bemerkt. Ich fühlte mich beobachtet. Ich bemerkte, daß sich drüben immer wieder Grüppchen bildeten, Bauarbeiterklumpen, Baunickel, Hilfsarbeiter ohne Erziehung, Kerle, die sich nicht beherrschen konnten, die nicht einmal einen Hehl daraus machten, daß sie ihre Arbeit vernachlässigten, um die festliche Gesellschaft zu belauern. Daß vielleicht sogar ihr Arbeitgeber im Goldenen Saal sein könnte, daß er sie ertappen könnte, wie sie die teuer bezahlten Arbeitsstunden vertrösselten, daran schienen die nicht zu denken. Mich störte diese Gafferei. Die Baunickel dachten natürlich nicht weiter. Die dachten höchstens: da sieht man es wieder einmal, wir arbeiten und die machen sich einen feinen Tag. Von der Leistung, die hier ihre verdiente Auszeichnung erfahren hatte, davon hatten die keine Ahnung. Daß Frantzke auch ihre Familien vor allergieerregenden Salicylsäureabkömmlingen bewahrte, daß er ihnen, falls sie sich zu Weihnachten etwas Besonderes leisten wollten, das

Krabbenfleisch ohne böse Säuren lieferte und alle seine Konservierungsmittel auch an Nichtnagern ausprobiert hatte, daran dachten die nicht. Und dann noch dieser Vorfall, des Arbeitsdirektors Entgleisung. Das hatten die drüben doch genau soweit mitgekriegt als nötig war, um sie auf falsche Ideen zu bringen. Den Metzgermeister im Stresemann hatten sie natürlich für einen Fabrikanten gehalten, und dieser feine Herr hatte eine dicke fette Dame angefallen und war dann abgeführt worden. So geht es zu bei den Reichen. Und doch hätte gerade ihnen die tragische Entgleisung des Herrn Hünlein zur Warnung dienen können, sie hätten lernen können, wie gefährlich es ist, wenn man aufsteigt in der Welt, wie leicht der Glückliche strauchelt.

Ja, mich störte dieser Rattenschwanz von Mißverständnissen, der sich zweifellos aus diesem Vorfall entringelte und sich fort und fortringeln würde, bis er eines Tages zu einer kopflosen Revolution oder drastisch-ungerechten Gesetzgebungen führte. Dann war es zu spät. Ein Glück bloß, daß Hünlein selbst, das bedauernswerte Opfer einer raschen Karriere, daß er nicht allzuviel Schaden davontrug. Von Bert erfuhr ich, daß er Hünlein eine Woche nach dem Festtag im Trabacher Werk, wo Hünlein sein Büro hatte, abholen und in die Villa am Forstenweg fahren mußte. Zwei Stunden sei Hünlein bei der Gnädigen gewesen. Um die Teezeit. Und als Bert den Hünlein wieder zurückfuhr ins Trabacher Werk, da habe der Bulle sich nicht, wie auf der Herfahrt, neben Bert gesetzt, nein, im Fond habe er sich ausgestreckt und habe gekichert, solange die Fahrt dauerte, immer bloß vor sich hingekichert.

4

Es ist beklemmend, wenn sich im hellen Mittag eine so große Gesellschaft an drei festlichen Tafeln betrinkt. Meistens Leute, die ich nur vom Hörensagen oder aus der Zeitung kannte. Morgen würde man die Namen wieder in der Zeitung lesen, eine Feier voller Klang und Salbe im Auditorium Maximum, danach Geselliges. Behörden, Verbände, Kirche, Fachpresse, Presse, Sport, öffentliches Leben. Ich schloß die Augen. Um mich herum brandete es wie eine Schlacht. In mir brandete es auch. Was sollte aus diesem Tag noch werden? Man konnte doch nicht mit all dem Getöse im Blut wieder ruhig ins Büro zurück. Die Gesichter über allen Silberkrawatten, die Gesichter unter allen Silberscheiteln, alle Gesichter waren von innen rot angemalt, alle Augen waren Äuglein geworden, die Gattinnen, bei weitem in der Minderzahl, wurden umlagert, ganz egal wie sie aussahen, wie alt sie waren, jetzt hatte jede Zulauf; und sie ließen sich das gerne gefallen, wußten sie doch, daß sie dann wieder in den Schrank gesperrt würden, bis zum nächsten Ehrendoktor. So wie Hünlein benahm sich natürlich keiner mehr. Vielleicht war ich der einzige, der nach Hünleins schmählichem Abgang noch zu solchem Benehmen neigte. Bloß das Opfer hätte ich anders gewählt.

Frau Pawel stand vor einem Fenster und lächelte dauerhaft auf einen runden Herrn hinab, der mit kurzen Ärmchen redete. Die ergebenen Blicke, die ich Frau Pawel ins Gesicht brannte, bis sie herschaute, die ich dann, als fühlte ich mich ertappt, rasch wegdrehte und dabei das harmlose Gesicht machte, das der Schuldige nur macht, wenn er erkannt werden will, diese Blicke wurden plötzlich verstellt von dem Herrn, der das Leonore-III-Gesicht erst vor dem Porzellanbecken gefunden hatte. Das sei Ballhuber, sagte

Edmund, der Personaldirektor bei Frantzke, früher bei Goebbels. Na ja, dachte ich, dann hat er Leonore III heute nicht zum ersten Mal gehört. Edmund konnte einem übrigens keinen Namen nennen, ohne dazu zu sagen: früher da und da. Und diese biographischen Zusätze wirkten in Edmunds Mund immer wie Entlarvungen. Ob er sagte: früher im Vatikan, in der Wilhelmstraße oder bei Krupp, er formulierte es so, daß man sagte: wer hätte sowas von dem gedacht.

Mit einer roten Nelke stand jener Herr Ballhuber vor Frau Pawel. Als er sich schon vorbeugte, um ihr die Nelke weiß Gott wohin zu stecken, da griff Dr. Fuchs dazwischen, der auch heute seine Hände überall drin zu haben schien, riß Herrn Ballhuber die Nelke aus der Hand, rief noch: Fritz, die gehört mir, die Nelke meinte er, und nahm Frau Pawel die Hand von der Fensterbank, küßte die Hand und steckte ihr dann die Nelke an den rechten unteren Rand des eckigen Ausschnitts hinter ein Schleifchen. Das ließ sich aber Herr Ballhuber nicht gefallen. Rundherum riefen würdige Herrn zu allem Überfluß noch: Fritz, mach ihn fertig, Fritz, laß' dir die Schneid nicht abkaufen, Fritz, hat Dir der Fuchs die Gans gestohlen, Fritz, Fritz, Fritz. Natürlich war das ein Zweikampf der freundlichsten Art, die Gesichter der beiden Gegner glänzten nur vor Übermut und Freude. Als Herr Ballhuber sich schon bückte, um die Nelke wieder zu holen und sie dann selbst weiß Gott wohin zu placieren, da fiel ihm Dr. Fuchs noch einmal in die Parade und sagte: Fritz, das geht doch nicht, Du kannst doch einer Dame nicht einfach an den Busen greifen. Am Busento finstre Wogen, grillte mit hoher Stimme ein Herr, der aussah wie die Magnifizenz im Audimax. Ballhuber überlegte noch, ob er einer Dame tatsächlich nicht dahin greifen dürfe, schaute Dr. Fuchs an, schaute im Kreis herum, und sah aus wie ein Tanzbär, der aus dem Takt gekommen ist, der sich hilfesuchend nach seinem Musikanten um- und umdreht. Gnädige Frau, Sie gestatten, daß ich meinem Personalchef behilflich bin, sagte Herr Frantzke, der auch plötzlich da war, und schon hatte sich Herr Frantzke vorgebeugt, hatte die Nelke, ohne daneben zu greifen, zurückerobert und reichte sie nun seinem Personaldirektor. Bravo, bravo, da kannst Du noch was lernen, rief es ringsum. Hochverehrter Herr Doktor Ehrenhalber, sagte Dr. Fuchs, das gilt nicht! Und ob das gilt, rief Herr Ballhuber, küßte rasch die glühend rote Nelke und steckte sie der immer noch lächelnden Frau Pawel mitten in den dunklen Schattenstrich, der die von feinster Miederkunst zu einem guten Viertel in den Ausschnitt hochgequetschten Brüste voneinander trennte. Da war des Beifalls kein Ende. Fritz hat den Vogel abgeschossen! Die Nelke hat's gut! Bravo! Bravo! gröhlte es ringsum. Fritz, Du gehst zu weit, Du gehst einfach zu weit, sagte Dr. Fuchs und holte die Nelke mit gespreizten Fingern, als entferne er einen schmerzhaften Spreißel aus der schönen Haut der schönen Frau Pawel, holte die jetzt schon leicht zerzauste Nelke vom dunklen Schattenstrich zurück. Eine Nelke gehört an die Sonne, rief Dr. Fuchs und steckte die Blume Frau Pawel ins Haar, in die schwarze Kurve über der Schläfe. Nein, da mag ich sie nicht, rief jetzt Frau Pawel, holte die Blume zurück und hielt sie, halb schützend, halb anbietend, vor sich hin. Man wußte nicht, würde sie sich die Blume noch einmal entreißen lassen, wenn nun noch einmal eine tadellos manikürte Männerhand aus den Manschetten schoß, um nach der Blume zu greifen. Aber als Frau Pawel ihr Kinn senkte, die Augen nach oben drehte, als sei sie zwanzig und bringe kein Wort hervor, als sie sozusagen ungewollt die Nelke wieder ein Stück weiter in den Männerkreis hineinhielt, da

schossen die Hände vor wie Barsche auf den Wurm, und
Frantzke selbst war der Sieger. Wo steckst Du sie hin, Leo?
rief das magnifizenzhafte Männchen mit der hohen Stimme.
Ja, das war ein Problem. Frantzke konnte jetzt nicht einfach eine Wiederholung anbieten. Und nachdem die Nelke
schon einmal im dunklen Schattenstrich gesteckt hatte,
zweifellos dem allerbesten Platz, den man in diesem Augenblick finden konnte, wie wollte Frantzke seine Vorgänger
da noch übertreffen? Und ein Sieg mußte es werden. Die
Knochen arbeiteten im Frantzkegesicht. Die Wülste ver-
schoben sich. Der kahle Kopf schimmerte. Nur die unein-
gebetteten, weder von Lidern, noch Brauen geschützten
Augen waren bewegungslos starr. Aber nicht länger als
eine Sekunde, dann hatte Frantzke die Lösung. Schon
klemmte die Nelke in seinem vorgewölbten Mund, schon
hatte er sich auf die Schultern von Frau Pawel aufgestützt,
halb auf den Trägern, halb auf der Haut, und mit dem
Mund steckte er nun die Nelke bewundernswert rasch und
sicher der schönen Frau Pawel in ihren scharfen dunklen
Schattenstrich. Da war natürlich des Beifalls kein Ende.
Und Frau Pawel selbst lachte, daß ihr Mund ein reines
Rechteck wurde. Jene Art von Lachen, das kein Geräusch
macht, ich glaube, es kommt aus Amerika. Dr. Fuchs gratulierte seinem Herrn überschwänglich.

Aber noch mitten im Lachen, schrie Frau Pawel auf und
griff an ihren Schattenstrich, klammerte die Hände um die
blutrote Nelke. Er hat sie gebissen, rief einer, Leo, Du
Lump, rief das Zwillingsbrüderlein der Magnifizenz. Aber
Frau Pawel schrie immer noch, zeigte mit der Hand zum
Fenster und begann zu weinen.

War sie von plötzlicher Feinfühligkeit heimgesucht worden, war es ihr jetzt nachträglich peinlich, daß soviele grobe
Bauarbeiter das Nelkenspiel um ihren Brustansatz beobachtet

hatten? Frau Pawel klärte uns schluchzend darüber auf, daß einer der Arbeiter den Halt verloren, das sogenannte Übergewicht bekommen habe, abgestürzt sei. Obwohl Frau Pawel nur noch leise sprechen konnte, fraß sich die Nachricht, eine Art Schweigen im Gefolge, bald durch die sechzig, achtzig, neunzig Gäste hindurch, nur ein paar lachten noch übermütig laut, die hatten die Nachricht wahrscheinlich mißverstanden. Alle drängten jetzt zu den Fenstern. Die Fenster zu öffnen, daß man noch genauer hätte sehen können, was mit dem Verunglückten sei, war des Andrangs wegen nicht möglich. So stand die Festgesellschaft diesseits der Goethestraße und preßte sich die Nasen an den Scheiben platt, und drehte die Augen nach unten, und die Baunickel hingen und klebten etwas höher auf der anderen Seite der Goethestraße und bogen vorsichtig die Köpfe vor und drehten die Augen hinab. Von dem Verunglückten sahen alle gleich wenig, weil den längst ein Knäuel von Passanten und Kollegen verdeckte. Alle warteten darauf, daß die vom Roten Kreuz kämen, sich eine Gasse bahnten, eine Tragbahre in die Gasse schöben, dann würde man den Gestürzten ja sicher noch einen Augenblick sehen. Ich drängte mich an das Fenster vor, an dem Frau Pawel stand, drängte mich vor, bis ich die Nelke im Schattenstrich sah und wußte dann nicht recht, wo ich zuerst hinschauen sollte.

Herr Neeff gab bekannt, daß man sich um halbvier im Garten der Villa am Forstenweg träfe. Hoffentlich kämen alle, selbst die, die im Augenblick glaubten, sie hätten jetzt keinen Appetit mehr, jetzt, so kurz nach dem Mittagessen. Er glaube, die Firma Frantzke habe einige Überraschungen anzubieten, die selbst in einem Toten noch Appetit wecken könnten. Herr Neeff sprach, das merkte man an der Tonart und an dem normalen Verbengebrauch, sprach einen Text, den er vorbereitet hatte. Wahrscheinlich gestern schon. Ich erwähne das nur deshalb, weil sonst vielleicht jemand Herrn Neeff vorwerfen könnte, er sei zu weit gegangen, als er das Unglück des Bauarbeiters dazu benutzte, die totenerweckende Zugkraft der Frantzkekonserven unter Beweis zu stellen. Von den Anwesenden hat auch, außer Edmund, keiner einen solchen Verdacht geäußert.

Unter Gesprächen, die von den mangelhaften gesetzlichen Bestimmungen zur Unfallverhütung handelten, in denen auch von der Unvernunft der Arbeiter, besonders der ungeschulten Arbeiter die Rede war, drängte man langsam aus dem Goldenen Saal hinaus. Nein, wir müssen uns nicht verabschieden, wir sehen uns ja gleich wieder. Wenn mein Fahrer noch da ist. Hoffen wir's. Drunten heulte gerade der Rotekreuzwagen davon. Pawel sagte, wahrscheinlich, weil er fürchtete, ich könnte mich mit meinem räudigen M 12 in die Auffahrt der Wagen vor der Forstenweg-Villa mischen: wenn Sie wollen, können Sie auch mit uns fahren.

5

Unter rotweißroten und grünweißgrünen frantzkefarbenen Sonnenblenden, Baldachinen, geeignet, die Generalstäbe von Wüstenkreuzzügen oder katholische Eisverkäufer zu beschirmen, unter so süßen Baldachinen standen uralte schwere Holztische und uralte schwere Holzbänke und uralte schwere Holzstühle. Über den Baldachinen und um die Baldachine gaukelten, als wären sie abgerichtet, Sommerfrieden verbürgende Schmetterlinge. Über den Schmetterlingen schürften Weltfrieden verbürgende Düsenjäger den Himmel auf.

So um und um beschützt und friedlich bot sich die Forstenweg-Villa der Autokolonne dar, die den Staub, den sich der gewiefte Leser sofort der Kolonne wegen hinzudenkt, nicht aufwirbelte, zumindest nicht mehr seit sie die Bundesstraße verlassen hatte, denn der Forstenweg, den Bert die Frantzke-Avus nannte, über den sich in schönen Kurven stählerne Laternenmaste beugten, war ein steingesäumtes Asphaltband, staubfrei wie ein deutsches Wohnzimmerbüffet. Ach ja, diesen Vergleich hätte ich vielleicht um der herrlichen Straße willen doch vermeiden sollen, denn ich bin nicht sicher, ob andere das deutsche Wohnzimmerbüffet seiner Staublosigkeit wegen so schätzen wie ich. Es gibt ganz sicher schönere Büffets, aber noch sauberer können sie nirgendwo sein. Und Staub ist für mich schlimmer als Schmutz und Dreck. Ich bin zwar nicht imstande, einen Gegenstand staubfrei über die Tage zu bringen, aber ich liebe nichts mehr als ein Zimmer, in dem der Staub gerade eine Schlacht verloren hat. Ich gestehe: ich hasse den Staub.

Wieviel Klöster Frantzke aufgekauft hat, weiß ich nicht. Wieviel Refektorien er bei welchen Säkularisierungen räumen ließ, weiß ich auch nicht, ich weiß nicht einmal, ob die Klöster im Elsaß, in Südtirol oder im Böhmischen liegen, ob die Mönche jetzt auf dem Boden sitzen oder in Stahlrohrsesseln, oder ob sie gestorben sind, aber die uralten schweren Tische, Stühle und Bänke waren sozusagen ein voller Erfolg, das kann ich bezeugen. Viele Gäste schmausten nicht zum ersten Mal an diesen Tischen, aber auch die Habitués hörte ich noch sagen: fabelhaft, ja-ja die Mönche.

Aber ich will nicht die Auffahrt unterschlagen, der Niemeyer-Schüler-Villa allererste Erscheinung. Pawel bog ungenau in den Forstenweg ein und nahm noch seine Rechte vom Steuer, um mit großzügiger Geste, als sei es sein eignes, auf das Schiff hinzuweisen, das in zartestem Wölkchenrosa

drüben, noch etliches vor dem lichten Mischwald, auf einem
Hügel vor Anker lag. Ein Zigarrenschachtelschiff mit Ziga-
rettenschachtelaufbauten, Vorbauten, Terrassen und Terrassen, viel viel feines Geländer, den Löwenanteil aber hatte
Glas. Um wieviel schwerer ist es doch heute, ein Haus, eine
Villa vorzustellen, als zu Gogols Zeiten im Heiligen Rußland. Nicht daß ich, kraß vergleichend, beweisen möchte,
Gogols Gutsbesitzer im gemächlich ratternden neunzehnten Jahrhundert hätten um so und so viel schlechter gewohnt als ein deutscher Fabrikant in den goldenen Fünf-
zigern unseres sausenden Jahrhunderts; aber wenn Selifan
die Chaise über die schlimmen Wege trieb, bis irgendeine
jämmerliche Mulde endlich wieder ein Dorf hergab und
eine Gutsbesitzersvilla dazu, dann mußte Tschitschikow nur
hinschauen und wußte Bescheid! Da gab es noch Vordächer,
die von drei Säulen statt von vieren getragen wurden, und
die Fassade zeigte noch den Kampf, den der pedantische
Architekt gegen den bequemlichen Sobakewitsch gefochten
hatte, und die vielen Hunde, die Nastasja Petrowna Koro-
botschkas Haus bewachten, ließen sofort den zänkisch-miß-
trauischen Charakter der Witwe vermuten, ach und gar die
modrige Ruine des Pljuschkin, umgeben von einem ganz
und gar verfaulten Dorf, wie leicht hatte es doch Tschitschikow, seine Schlüsse zu ziehen. Es klingt hochmütiger
als es ist, wenn ich behaupte, selbst Gogol hätte Frantzkes
Forstenweg-Villa nicht viel mehr ansehen können als daß
Frantzke ein reicher Mann sein müsse. Natürlich wäre
einem Gogol die übermäßige Verwendung von Glas aufgefallen, aber war das nun auf den Niemeyer-Schüler zurück-
zuführen oder auf ein schier unersättliches Bedürfnis der
Gnädigen nach Aussicht? Und was weiß man schon von
jemandem, wenn man weiß, daß er reich ist und ein Bedürfnis nach Aussicht hat? Ich dachte, heute kannst du dir da

kein Urteil mehr bilden, heute sind die Häuser entweder von einem Bauhausenkel oder sie sind von keinem Bauhausenkel, und das ist zu wenig. Und dann das Refektoriumsmobiliar unter den rotweißroten, grünweißgrünen Baldachinen, ja mein Gott, gar zuviel läßt sich daraus auch nicht entnehmen. Natürlich war ich mir bewußt, daß ich doch in eine Art Korobotschkasches Gut einfuhr, bloß waren die Hunderudel hier durch eine absolut geräuschlose und unsichtbare, momentan sicher außer Betrieb gesetzte Alarmanlage ersetzt. Aber hätte ich vorher nicht Bert getroffen, hätte Bert nicht wichtigtuerisch alles ausgeplaudert, dann hätte ich die breite, terrassenfreudige, glasverschwendende Zigarrenschachtelvilla mit den Zigarettenschachtelvor- und Aufbauten und die beiden Pudel und die nichts als zierliche Mauer, die sich wie ein Kindergartenlimes in weitem Bogen um die Villa wand, hätte ich alles für eine empfangsfreudige, allzu sorglose Stätte geselligen Lebens gehalten. Aber die Mauer hatte ihre elektrischen Tücken, die bißfreudigen Rüden der Korobotschka konnten ohne Gefahr durch halbnackte Pudelgeschöpfe ersetzt werden. Alles durfte so wirken, als hielten die Besitzer alle Menschen für so guten Willens wie sie selber waren, denn es führte ein Draht zum Polizeipräsidium, und der war nicht auf Stadtstrom angewiesen, der würde, gespeist vom tief im Gerätehaus gelagerten Notstromaggregat, die Stiefelschäfte und Pistolenträger unter allen Umständen rechtzeitig auf den Plan rufen, falls sich je herausstellen sollte, daß es Menschen gibt, die nicht ganz so guten Willens sind wie es die Besitzer dieser Villa zu sein scheinen. Ja, heute müßte Tschitschikow schon den elektrischen Schaltplan eines Hauses kennen, wollte er wissen, wie hier die Seelen am leichtesten zu ergattern wären. Nun hatte ich ja kein so schwieriges Geschäft zu erledigen, ich war nur zum Genuß geladen.

Inzwischen hat natürlich die Veranstaltung auf dem Edelrasen der wahrhaften Villa am Forstenweg schon begonnen. Aber wir haben noch nichts versäumt, weil Dr. Fuchs noch eine Rede hielt, die sich gegen die Düsenjäger behaupten mußte! Es mag durchaus sein, daß der Kommandant in Fürstenfeldbruck ein Freund von Fuchs und Frantzke war, daß er eingeladen war zur Uraufführung der neuen Frantzkekonserven – vielleicht lieferte Frantzke hochkonzentrierte Düsenjägerpiloten-Nahrung in gewichtslosen Döschen –, und weil der Kommandant nicht kommen konnte, hatte er telegraphiert: ich schick euch ein paar Jets zum Festtag! und dann war irgendein Mißverständnis passiert, wir waren zu früh eingetroffen, oder Dr. Fuchs begann zu früh zu reden, oder die Jets drehten ihre Ehrenkurven länger als sie sollten, auf jeden Fall pflügten sie, während Dr. Fuchs sprach, immer noch den blauen Himmel auf, und aus den weißen Furchen donnerte sofort jener erschütternde Lärm herab, an dem Homer seine Freude gehabt hätte. Auch Dr. Fuchs tat, als fühle er sich sehr wohl. Er zuckte nicht zusammen, wenn das schrill scheppernde Geheul sich wieder näherte und eine Terz tiefer in ein hohles, metallisches Getöse überging. Ganz im Gegenteil! Dr. Fuchs richtete seine Rede allmählich so ein, daß er die Sätze jedes Mal rechtzeitig zu Ende brachte. Ein kleines Crescendo auf die Pointe hin, ein zartes Accelerando, das unterstützt wurde von dem heranbrausenden Geschepper. Dr. Fuchs hatte seine letzten zwei Worte noch mit einer hochgeworfenen Hand begleitet, hatte ein gerade noch hörbares Fingerschnalzen in die Luft geschleudert, und wenn dann das Klirren in Heulen und das Heulen in bloßes weltraumweites Getöse überging und alles begrub, dann lächelte Dr. Fuchs, und man hatte das Gefühl, er habe seine Rede mit der Düsenjäger-Staffel lange geprobt, um dieses wunderbare Zusammenspiel für uns zustandezubringen. Zuerst hatte er die Vertreter der Behörden, der Kirchen, der Verbände, der Fachpresse, der Presse, des Sports, des öffentlichen Lebens sehr höflich gebeten, ein bißchen über den Konzern plaudern zu dürfen. Nach dieser Bitte machte er die erste Pause für die Düsenjäger. Aber wahrscheinlich hätte er auch ohne deren Unterstützung die erbetene Erlaubnis erhalten. Nun war er schon bei den Erfolgen der Jahre angelangt, die er die jüngstvergangenen nannte. Die Picknick-Konserve *Tischlein Komplett* und das Weihnachts-Kriegsgefangenen-Paket beschwor er. Sollten Sie keinen Angehörigen mehr in Gefangenschaft haben, bestellen Sie für Unbekannt. Und die Osthilfeserie: Osthilfepaket I, II und III, zu achtzehn, neununddreißig und achtundsechzig Mark, für Ihre Verwandten und Freunde im Osten liefern wir gegen Vorkasse frei Bestimmungsort Ostzone. Wußten Sie schon, daß ab 1. Mai 1953 einem großen Bevölkerungsteil der Sowjetzone die Lebensmittelkarten entzogen worden sind? Für bestellende Firmen wichtig: Steuerbegünstigung im Sinne des § 33, Einkommensteuergesetz! Ach, wer erinnerte sich nicht gern an jene selige Zeit des Schenkens! *Deutsche helfen Deutschen!* Dr. Fuchs intonierte den ausgezeichneten Slogan trompetenhell, ließ das Schnalzen von der rechten hochgeworfenen Hand springen und, als hörten die Piloten mit, brausten sie auf das Stichwort *Deutsche helfen Deutschen* über uns hinweg, ein Tusch, den so schnell keine Kapelle übertrifft. Und wer keine Verwandten drüben hatte, konnte eine Spende für Unbekannt zeichnen, die wurde dann vom Konzern der Staatlichen Vereinigung für kulturelle Hilfe e. V. ausgehändigt, und diese löbliche Vereinigung sorgte dafür, daß das Hasenragout nach Jägerart, die Jagdwurst, der Seelachs, die Aachener Printen, das Flomenschmalz, Heine's Würstchen, Nestle's Vollmilch und die Südafrikanischen Kap-Langustenschwänze an die rechten armen Brüder in jenem Land kam, das Dr. Fuchs, auch wenn es dreimal auftauchte in einem Satz, in nie erlahmender Umständlichkeit die sogenannte DDR titulierte. (Immer wenn ich dieses volkspädagogische *Sogenannte* höre, ergreift mich ein tiefes Mitgefühl mit den ministeriellen Erfindern dieses Wäffchens; ist es doch unserem Musiklehrer nicht einmal gelungen, einer vierundzwanzigköpfigen Primanerklasse einzubleuen, daß sie gewisse Mozart-Serenaden als Sogenannte Wiener Sonatinen zu bezeichnen habe, und die wollen jetzt einem ganzen Volk, ja sogar der ganzen Welt das überflüssige Wörtchen einpauken! Ich fürchte, daran muß auch deutscher Schulmannseifer schließlich verbluten. Ein Volk ist schließlich kein Primus. Das blanke Vorurteil ergänzt hier: das deutsche schon. Aber selbst wir, lernbegierig und betroffen, haben unsere Schwierigkeit mit dem Wörtchen. Es ist ein öffentliches Wörtchen, aber so billig es auch ist, keiner nimmts mit auf ein Zimmer.) Ein Konzern wie der unsere hat eben nicht nur wirtschaftliche Aufgaben! rief Dr. Fuchs und winkte die Staffel herbei.

Ich saß dicht neben Frau Pawel, konnte die rote Nelke von oben sehen, konnte dem Stiel nachsehen bis dahin, wo die Vase aus Fleisch ihn zerquetschte. Onkel Gallus, der sogar während der Zeit sonntäglicher Aufmärsche, Gepäckmärsche und Trauermärsche den Blumen treu geblieben war, hatte entdeckt, daß Ameisen und Kartoffelkäfer den Duft der Nelken fliehen. Er hat damals, als im ganzen Deutschland die Volksseele für Altpapier und gegen den Kartoffelkäfer glühte, als wir in der Schule die Wildkraft unserer kindlichen Phantasie in Zeichnungen für Altpapier und gegen den Kartoffelkäfer austoben durften, damals, als ich ein besonderes Lob erhielt für den ersten Slogan meines

Lebens, der mein Kampfplakat gegen den Kartoffelkäfer krönte, ein St. Georg in Jungvolkuniform sticht mit seinem Jungvolk-Fahrtenmesser auf den Kartoffelkäferdrachen ein, der die Züge des Ewigen Juden trägt, und das zermarterte deutsche Kartoffelkraut richtet sich wieder auf in den Himmel, in dem mein Slogan brannte: auch das Kartoffelkraut kann nützen, man muß nur viel davon besitzen! damals schon hat Onkel Gallus in Reichsnährstands-Kreisen Vorträge gehalten und gefordert, man möge doch endlich den deutschen Kartoffelacker mit Nelkenzeilen umpflanzen, dann erst sei der deutsche Kartoffelacker der schönste der Welt und die Schlacht gegen den Kartoffelkäfer sei gewonnen. Ich weiß nicht, warum Onkel Gallus nicht durchgedrungen ist mit seinem Vorschlag. Vielleicht war es wirklich seine Nase, die ihn in Reichsnährstands-Kreisen vertrauensunwürdig machte. Dabei hat Onkel Gallus seine biochemischen Forschungen ohne jede staatliche Unterstützung und unter Aufopferung seiner Freizeit vorangetrieben, hatte nichts zur Verfügung als das Gärtchen hinter seinem Haus und die Blumenkistchen, mit denen er jede noch so kleine Waagrechte im Haus und am Haus zierte, und mußte noch gegen den auf ordinäre Petersilie, Schnittlauch, Radieschen, Kohlrabi und Kopfsalat versessenen Unverstand meiner Mutter kämpfen, die das bißchen Boden bloß ausbeuten wollte, während doch Onkel Gallus das Großeganze, den Reichsnährstand und den wissenschaftlichen Fortschritt im Auge hatte. In der Fachwelt keine Anerkenung, zu Hause nur kleinliche Intrige und Anfeindung und erbitterten Kampf um jeden Fingerbreit wissenschaftlich zu nützenden Bodens, das mußte Onkel Gallus zermürben! Meint man. Und irrt. Ach, schöne Frau Pawel mit schöner Haut und roter Nelke, die Kartoffelkäfer verscheucht, feine Herrn anzieht und Baunickel vom dritten Stock abstürzen läßt und mich hindert, Dr. Fuchs und seinen Düsenjägern zuzuhören, die mich hinabzieht in den Schattenstrich, den ersten, der einer Frau über vierzig gehört, ach Frau Pawel, das ist eine bestürzende Breite plötzlich, Sanne ist vierundzwanzig, Sie sind dreiundvierzig oder gar vierundvierzig und kämen trotzdem in Frage, woraus sich ergibt: je älter man wird, desto mehr Frauen kommen in Frage! schlimme Aussicht das, Frau Pawel. Andererseits scheint jener Mangel an Wahlmöglichkeit doch nicht gar so entsetzlich zu sein. Obwohl Sanne, ich darf gar nicht daran denken, Frau Pawel, sonst gibt es Sie vielleicht überhaupt nicht mehr, und das wäre fast ein bißchen schade.

Dr. Fuchs plauderte. Es muß mehrere Dr. Fuchs geben, dachte ich. Der, der jetzt groß und schlank mitten unter uns stand, auf den Zehenspitzen federnd bei jedem Satz, der die Hände hochwarf und mit schnalzenden Fingern den Düsenjägern den Einsatz gab, dieser Dr. Fuchs kann nicht im Goldenen Saal gewesen sein, der hat doch nicht die Teller aller sechs Gänge geleert und die zehn, zwölf Gänge im Audimax überstanden, nachher den Asmannshäuser getrunken, Hünlein erledigt, um die rote Nelke gekämpft, den Absturz des Baunickels registriert, dieser Dr. Fuchs, der die sonst so nachlässigen Fleischpartien seiner unteren Gesichtshälfte jetzt ganz und gar zu verwenden weiß für lange Sätze, kurze Sätze, Ausrufe und Lächeln, der hat bis elf Uhr geschlafen, ist dann schwimmen gegangen, dann zum Masseur, dann zum Friseur und dann hierher.

Gut sieht er aus, flüsterte Frau Pawel zu mir herüber und quetschte dadurch das linke Viertel noch höher in den Ausschnitt herauf. Mir blieb nichts anderes übrig als Dr. Fuchs jetzt noch einmal daraufhin zu prüfen, ob er tatsächlich so gut aussehe. Ich nickte wie ein Experte. Ja, sieht ganz gut aus. Mögen Sie ihn? fragte sie. Fragte so leichthin, als handle es sich um's Wetter, und hatte doch die Schicksalsfrage, die Gretchenfrage gestellt, tückisch oder absichtslos, die allerschwierigste Frage, die einem gestellt werden kann in einer Gesellschaft, in der man sich noch nicht auskennt. Ihr Mann war Emigrant, hatte sie aus England oder Amerika mitgebracht, das war der einzige Anhaltspunkt. Konnte man daraus schließen, daß sie den alten SD-Fuchs nicht mochte? Er war immerhin auf freiem Fuß. Irgendjemand wird seinen Fall geprüft haben. Vielleicht hatte er in Ungarn einmal statt fünftausend Juden nur viertausendneunhundertzweiundzwanzig umgebracht, hatte die restlichen achtundsiebzig entwischen lassen, hatte denen mitteilen lassen, daß sie das ihm zu verdanken hätten, hatte sich die achtundsiebzig gutschreiben lassen für später, was weiß man denn von den Verdiensten der anderen? kann ja sein, daß er gegen Heydrich intrigierte, beißende Witze über Himmler erzählte, einmal bei der Beförderung übergangen wurde. So einfach ist das alles nicht. Und wußte ich denn überhaupt, ob ich ihn mochte? Das Frantzke-Rot hat er erfunden, und das Frantzke-Grün, und die Typenbeschränkung, die Verkäuferschule, die Boykott-Aktionen, immer in Zusammenarbeit mit der Agentur, also mit Pawel, oder gab es da Differenzen? Ich hatte mir von Edmund viel erzählen lassen. Aber hier war eine Lücke. Ich mußte passen. Es blieb gar nichts anderes übrig.

Ich kenne ihn zu wenig, flüsterte ich auf den Schattenstrich mit Nelke zurück. Soll ja sehr tüchtig sein, fügte ich noch listig hinzu.

Sollte ein Leser tatsächlich schon so sehr Anteil nehmen an mir, daß er jetzt befürchtet, mit dem Wort *tüchtig* hätte ich mich doch schon zu deutlich als ein Anhänger des Verkaufsdirektors festgelegt, dann irrt dieser freundliche Leser. Ich kann das beweisen: gehörte Frau Pawel zu jenen feinsinnigen Menschen, die abends, von Thermostaten bewacht, in tadellosen Sesseln, bei einem Schluck Gin-and-Tonic über den letzten Anouilh, Karajans letzte Platte, Marinis neuestes Pferdchen und Fellinis Gott sei Dank noch nicht synchronisierten Film sprechen, die dabei voller Verachtung der deutschen Küche und des derzeitigen deutschen Geistes gedenken, der nichts als ein Wirtschaftswunder und reiche Metzgermeister hervorgebracht hat, gehörte Frau Pawel zu diesen Kreisen, die es nicht ungern hören, wenn man sie intellektuell nennt, gehörte sie dazu, dann war *tüchtig* ein ganz schlimmes Schimpfwort in ihren Ohren. Und Dr. Fuchs war dann nichts als ein Ausbund dieser geradezu peinlichen deutschen Tüchtigkeit. Sie würde, falls sie diese Feinsinnige war, mir nur zustimmen können, würde das Judenblut und das Einzelhändlerblut an seinen Händen wittern und sich vor Abscheu über soviel Tüchtigkeit an-geekelt die Nase rümpfen. Und wenn sie nicht so – scheuen wir uns nicht vor dem Wort – wenn sie nicht so intellektuell veranlagt war, dann bewunderte sie wahrscheinlich den siegreichen Wirtschaftsgeneral mit den grauen Haaren an den braunroten Schläfen, dem jetzt die Düsenjäger folgsam um die Schultern rauschten wie Amsel, Drossel, Fink und Star dem heiligen Franziskus. War sie von dieser einfache-ren Art, dann war das Wort *tüchtig* für sie ohne jeden fata-len Beigeschmack. Ja, es ist heute in Deutschland nicht immer leicht, eine kurze kleine Frage zu beantworten, das sieht man. Unsere, neulich so argen Schwenkungen und Schwankungen unterworfene nationale Geschichte macht auch aus dem einfachsten Menschen ein rechtes Dickicht, in dem er sich nur schwer zurechtfindet, oft weiß er gar nicht mehr, was er eigentlich von sich zu halten hat. Und der liebe Nebenmensch weiß es natürlich dann noch viel weni-ger. Aber durch meine nach allen Seiten gesicherte und ohne allzu langes Überlegen gegebene Antwort habe ich hoffentlich bewiesen, daß man sich dann doch immer noch zu helfen weiß, auch wenn unsere Zeitgenossen nicht gleich an ihren Häusern zu erkennen sind, auch wenn sie nicht wie Tschitschikows Partner so herrlich geradeheraus verraten, ob sie geizig, leichtsinnig oder lasterhaft sind. Frau Pawel bestätigte mir auch sofort, daß ich nichts falsch gemacht hatte. Er ist ein Genie, flüsterte sie ernst zurück. Da konnte ich plötzlich nicht mehr expertenhaft nicken. Daß sie Dr. Fuchs für ein Genie hielt, ärgerte mich. Er wurde mir zum ersten Mal ganz und gar unsympathisch. Meine Geschmeidigkeit war erschöpft. Natürlich kannte ich die jetzt fällige Verhaltensweise. Beifällig loben hätte ich ihn müssen, mich durch lächelnd gezollte Anerkennung noch weit über ihn hinaus heben, das wäre die normale menschliche Verhaltensweise gewesen. Aber dazu war ich leider leider nicht mehr fähig. Er ist einfach brutal genug, flüsterte ich nachsichtig zurück, ohne daran zu denken, daß sie nichts lieber hörte als das. Gerade in der feineren Gesellschaft ist es das höchste Lob, einem Menschen raubtierhafte Eigenschaften zuzuschreiben. Sofort hören sie Gebiß, sind geblendet von Gebiß, Zubeißen, Abwürgen, Tatzenschlag, Nüsternfeuer und Muskelschnellkraft, und winden sich im Abenteuer, endlich überwältigt, vergewaltigt, gepackt und fix und fertig gemacht zu werden. Eine große rousseausche Sehnsucht nach blutig-radikalem Camping ist in allen gewachsen, die viel Zeit in widerstandslosen Sesseln verbracht haben. Männer und Frauen flehen einander an um ein bißchen handfeste Brutalität anstelle der gewohnten seelischen Grausamkeit. O, Frau Pawel, auch du eine Kuh, die den Melkapparat verwünscht, deren Euter sich zurücksehnt nach den schönschwieligen Händen eines rücksichtslosen aber griffsicheren Vollschweizers.

Dr. Fuchs war schon bei dem Dank angelangt, den er, wie er sagte, auf dem Herzen habe, eine Dankeslast war es sogar, und er lud sie auch gleich ab auf die, die Frantzke und, möchte er hinzufügen, ihn selbst unterstützt hätten, all die Behörden, Verbände, Kirchen, die Fachpresse, die Presse, der Sport, das öffentliche Leben. Kaum war Dr. Fuchs seine Last los, lachte er wieder, sagte, nun hätten wir's überstanden, wischte die Düsenjäger vom Himmel, die schwirrten auch sofort ab, wahrscheinlich war auch sonstwo noch ein Festredner, dessen Rede sie mit ein paar Akzenten zu verzieren hatten, es war plötzlich so still, so still, daß man so leise als möglich atmete, bis Dr. Fuchs uns auch noch von dieser Stille erlöste und die Gnädige bat, sie möchte doch nun die Uraufführung, den Stapellauf der neuesten Frantzke-Schöpfungen vollziehen. Die Gnädige sagte, sie wolle keine Reden halten (das sagt jeder, dachte ich), dann begann sie: Delikatessen würdige man am meisten, wenn man sie äße, in diesem Sinne wünsche sie den beiden neuesten Schöpfungen, sowohl den Brathäppchen in Kräutertunke wie auch den Cocktail-Snacks, alles Gute, und uns, den Gästen, wünsche sie jede Art von Appetitlosigkeit, dann erst könnten die Häppchen und Snacks ihre ganze Wunderkraft entfalten. Hungrige zu speisen, sei nicht schwer. Die Frantzke-Konserven seien geschaffen, den Satten, ja sogar den Übersättigten von seiner trägen Interesselosigkeit zu befreien. Häppchen und Snacks würden beweisen, daß Essen erst schön wird, wenn man satt ist, und dann würden sie vielleicht noch beweisen, daß man ihrer überhaupt nie satt werden könne. Bitte, probieren Sie's, rief die Gnädige und stach mit dem Silbergäbelchen in die durchsichtige Kunststoff-Dose und fischte den ersten Bissen heraus und verschlang ihn exemplarisch.

Häppchen und Snacks erblickten das Licht der feinen

Welt, die immer weitere Kreise zieht, erblickten es nur für ganz kurze Zeit, weil sie gleich in die rosigen Mundhöhlen und dunkleren Schlünde der Behörden, der Kirchen, der Verbände, der Fachpresse, der Presse, des Sports und des öffentlichen Lebens hinabgeschlungen wurden, um ein alle Fronten, alle Schlünde einigendes Aah zu bewirken. Die Vertreter der Nahrungskontrolle und die Vertreter der Fachpresse hatten Mühe, ihren Gesichtern noch jenen prüfenden, expertenhaft-mißtrauischen, leicht besserwisserischen und bestechungsabweisenden Zug aufzuprägen, der den anderen Gästen deutlich beweisen sollte, daß sie hier nicht als Schmarotzer und bewußtlose Genießer tafelten, sondern in Ausübung eines Amtes, das Skepsis zur Pflicht mache.

Ich habe selten eine so große Ansammlung von Menschen so einhellig glücklich gesehen. In der Kirche nicht, im Hörsaal nicht, vielleicht im Kino. Ach zögen doch alle daraus die Lehre: gebt dem Menschen, was des Menschen ist. Frantzkes Geschmacksspezialisten hatten es tatsächlich ertüftelt, was uns frommte, was die von weichem Fleisch faltenlos schweren Beamtengesichter in eine Andacht tauchte, die sonst nur Priestern über dem Meßbuch gelingt, was den weltlichen Gesichtern der Sportrepräsentanten einen Schimmer von Innigkeit verlieh, was die vor Unbeeindruckbarkeit strahlenden Gesichter der Journalisten mit dem milden Schmelz überzog, den nur Gewissenserforschung einem Gesicht beschert. Vertreter der Kirchen und Vertreter des Sports, die sich noch gestern hitzig um sportfreie Sonntage stritten, lächelten einander sanft kauend und noch sanfter schlingend zu. Personaldirektor Ballhuber fand sein Leonore-III-Gesicht wieder. Dr. von Ratow zeigte, daß ein kleiner Mundstrich genügt, um einem Gaumen alles Gute dieser Erde zuzuführen. Dr. Fuchs und Frantzke aßen mit jener deutlich auf Untertreibung bedachten Bescheidenheit, mit der ein Schöpferischer von seinem Werk Notiz nimmt. Pawel aber, Pawel weilte sozusagen wieder nicht mehr unter uns und war dadurch, als der wahrhaft Essende, der Inbegriff aller, die jetzt die fromme oder freche oder sündige oder zynische oder gedankenlose Stirne innig vor Brathäppchen und Cocktailsnacks neigten.

Wer das Seine zu sich genommen hatte und sah, daß der Nebenmann noch nicht so weit war, der fing nicht gleich wieder zu plappern an. Eine Rücksicht lag in der Luft, wie ich sie sonst nur noch in Kirchen erlebte; wenn nach der Kommunion der eine noch länger in sich verharrt und der andere ist schon fertig mit sich und dem Empfangenen, dann klettert er nicht dem noch Knienden einfach über die den schmalen Weg versperrenden Beine, sondern überlegt, ob er noch ein Gebet dranhängen soll, bis der andere auch fertig ist. Wenn's der andere gar zu weit treibt, wenn der weltliche Frühstückshunger sich schon meldet, dann hebt er sich mit einer Zartheit und Vorsicht über die wegversperrenden Beine und Füße des Knienden, als sei er aus lauter Luft, und wehe, wenn er den Versunkenen berührt, oder wenn der, ohne daß er berührt worden wäre, zusammenzuckt, das nähme sich der Störende noch den ganzen Heimweg lang übel. Auch unter den Baldachinen an den Refektoriumstischen schonte die Konversation alle, die noch über den Döschen saßen und so versunken waren, daß man schon fürchtete, im nächsten Augenblick müßten ihnen die silbernen Gäbelchen entfallen. Wunderbarerweise passierte das nicht ein einziges Mal.

Zu Häppchen und Snacks war Weißwein geschenkt worden. Allertrockenster Mosel. Nun war die Zeit der Drinks angebrochen. An drei Bartischen konnte man sich alles zusammenschütten lassen, wofür man noch einen Namen anzugeben wußte. Das lockerte die Gesellschaft auf. Ganz neue Paarungen waren möglich geworden. Wer von seinem Tischnachbarn genug hatte, konnte nach neuen Kombinationen Ausschau halten. Frau Pawel tat, als habe sie etwas Wichtiges zu besorgen, entfernte sich und blieb dann, weil sie nicht daran dachte, daß ich ihr nachschaute, oder weil ihr gleichgültig war, was ich dachte, blieb dann unschlüssig in der Nähe der Bar stehen, an der Dr. Fuchs gerade einem Herrn zuprostete, der, wenn nicht von der Fachpresse, dann mindestens von der Presse war. Ich schaute weg. Zu peinlich, wenn sie sähe, daß ich alles sah. Da steuerte Herr Neeff auf mich zu, und wen brachte mir Herr Neeff? Herrn Übelhör brachte er mir. Behörde war der nicht, wo er doch lieber ins Bordell gezogen wäre damals, Verbände? nein, Verbände war der auch nicht, Kirchefachpressesportöffentliches, nein, nein, nein. Herr Übelhör war, ich erfuhr es ja gleich, war Herrn Neeffs Freund, vom Amateurfilmclub her, natürlich Neeff und Josef-Heinrich waren sogar erste oder zweite oder dritte Vorsitzende.

Ja, ja, der gute Josef-Heinrich, der fährt jetzt mit seiner neuen Thusnelda im sündigen Süden herum und wir Dösköppe arbeiten uns krumm.

Eine Thusnelda ist das nicht, meine Herrn, wollte ich sagen, aber ich lächelte so gut es gehen wollte. Alles andere als eine Thusnelda.

Es wäre hübsch, wenn wir Sie auch in unserem Club hätten, sagte verbenfrei Herr Neeff, wo doch der alte Übelhör drin ist, und unser Freund Josef-Heinrich. Hat schon seinen Reiz die Filmerei, hat sie doch, Übelhör, oder hab ich den Mund zu voll? Herr Übelhör sagte: wer's einmal angefangen hat, läßt es nicht mehr. Das Leben geht vorbei, und dann hat man wenigstens noch die Filme.

Schon hatten sie mich vergessen. Sie mußten einander zustimmen. Einer konnte den anderen kaum ausreden lassen vor stürmischer Zustimmungslust. Der neue Achtmillimeter von Perutz, sowas von Sensibilität, ja der U 27, der Kodachrome war vielleicht noch dankbarer, wegen der Farbe, man möchte in zwanzig Jahren doch wenigstens wissen, was man für Vorhänge hatte, und die Kleider der Frauen, sieht doch wahnsinnig komisch aus, später, und Herr Neeff hat sogar durch das Filmen wieder richtig Lust am Familienleben bekommen, ach die Sonntage früher, fortfahren, Kaffee trinken, wieder heimfahren, jetzt aber erfindet er hübsche Szenen, seine Sechsjährige schleicht sich fort vom Familienpicknick, verirrt sich im Wald, die Familie, in großer Angst, bricht auf und sucht, Zwischenschnitte von der Verirrten, die Familie trifft den Förster, der Förster macht ein Gesicht, das sagt: nur keine Aufregung! Schnitt auf die Sechsjährige: sie sieht ein Eichhörnchen, geht ihm nach und kommt zurück zur Familie, der Förster bläst in die Abendsonne, Titel: Ein gefährlicher Ausflug. Herr Neeff will den Film beim Clubwettbewerb einreichen. Herr Übelhör sagt, er werde mit einer kleinen Komödie starten. Zuerst sieht man Herrn Übelhör im BMW sitzen, wartend, hupend, hinaufschauend, Zwischenschnitte auf Frau Übelhör vor dem Spiegel, sie pudert sich, pudert sich mit Hingebung, immer noch pudert sie sich, da kommt die Idee über Herrn Übelhör und sein Gesicht, Herr Übelhör braust los, in die nächste Drogerie. Großaufnahme eines Niespulverpäckchens. Heimlich streut er es in die Puderdose. Fallende Kalenderblätter zeigen, daß Zeit vergeht. Ein Samstag ist erreicht. Die Uhr auf dem Büffet zeigt auf halbsieben, die Lampe am Frisiertisch der Frau Übelhör zeigt, daß es nicht halbsieben morgens, sondern halbsieben abends ist. Herr Übelhör, fix und fertig angezogen, wartet lächelnd im Flur, späht durch den Türspalt. Frau Übelhör will sich gerade wieder hingebungsvoll pudern, da geht auch gleich der Spektakel los. Sie niest und niest. Herr Übelhör lacht, macht sie dann aufmerksam, daß sie Strafe verdient habe, sie nickt und weint und legt ihren Kopf an seine Brust, Großaufnahme vom wiedergefundenen Familienglück, Titel: Wir raufen uns zusammen. Herr Neeff behauptet, mit diesem Film werde Übelhör den ersten Preis holen. Herr Übelhör behauptet, die Waldstory von Herrn Neeff komme bestimmt besser an. Er gebe gerne zu, daß seine Komödie vielleicht zu subjektiv aufgefaßt sei, vor allem von der Kamera her. Herr Neeff gibt zu, daß auch er mit sehr gewagten Schwenks gearbeitet habe. Josef-Heinrich habe ihm eine Karte geschrieben, sagt Herr Neeff, Josef-Heinrich wolle beim Clubwettbewerb mit einem halbstündigen Farbfilm starten: Kirchen in Apulien.

O Susanne, daß ich die Alpen, einem Blitz gleich, überwände, um Josef-Heinrich die Belichtung zu versauen! o Susanne, warum ist überall von dir die Rede? und wenn einmal einer nicht von dir spricht, dann ist gleich Pawel da, oder Frau Pawel, oder die Gnädige, und damit Bert, und dann heißt der Horizont, den andere Autos auf ihren Rücken forttragen, dann heißt er Melitta, die Kastanienstamm-Melitta, Pawel-Geliebte im Bienenstock, ja Frau Pawel, wir hätten schon ein Thema, wir zwei, und Melitta, der Schwarm von der Gnädigen ihrem Chauffeur, aber das wär nicht so schlimm, wenn Apulien nicht so weit wär, aber Apulien ist weit und die Duschen in den feinen Hotels sind stark o Susanne, der Mensch braucht einen Horizont, sozusagen, wo soll er denn sonst hinschauen, während er die Tarifverhandlungen mit dem Schicksal führt, o Susanne, mein Cannae besiegelnd im und am und um den Aufidus.

Die graue Mieze gab mir eine Ohrfeige, benutzte dazu aber
ihre linke Vorderpfote, die mit den samtigen Ballen, die
krallenlose, die sie den Millionären über die Wange führt,
wenn sie leichtes Zahnweh verordnet, auf daß die auch ihr
irdisch Leid tragen sollen; sie weiß ja, daß angesichts der
Lebensmöglichkeiten des Millionärs das leichte Zahnweh
viel entsetzlicher ist als die Nierenkolik, die den Hilfsarbeiter lediglich hindert, im Zementwerk Säcke zu stapeln, sie
schnurrt geradezu vor Gerechtigkeit, meine goldgraue
Mieze, die mir diesmal die Ohrfeige mit dem samtigsten
Ballen gab und mir vorwurfsvoll ins gefeigte Ohr maunzte:
so bist du, sechs Gänge ißt du, fünf Gläser Asmannshäuser
trinkst du und jammerst dann: was soll aus diesem Tag
noch werden? im Grund nur eine unerfüllbare Bitte an
mich! ich soll die Welt in einen rosagelbgrünen Frisiersalon
verwandeln, in dem plötzlich eine böse Freiheit ausbricht,
und weil du weißt, daß ich nicht dir zuliebe alle Menschen
in Friseure und Friseusen oder gar in lauter Friseusen verwandeln kann, deshalb heulst du in dich hinein und weißt
nicht, wie es weitergehen soll! ich aber habe inzwischen
schon die Baldachine aufgestellt, habe dir Pawel zum
Chauffeur bestellt, Frau Pawel neben dich gesetzt, keine
Friseuse, keine Susanne, aber immerhin, aus England, aus
Amerika, ein Stück Horizont verdeckt die auch, und rundherum setze ich eine Menge Leute, lasse Reden halten,
Delikatessen uraufführen, Düsenjäger brausen, Schmetterlinge gaukeln, du mußt zugeben, ich habe für den Nachmittag gesorgt, aber schon wieder stöhnst du, drei Martini
und zwei Orange-Gin im Hirn: was soll aus diesem Tag
noch werden? brandend, tosend vor Spiritus, mit glühenden Ohrläppchen, rotgeäderten Augen, Wasser im Blick,

siedend vor Angefangenem, Alissas naßkalte Lappen fürchtend, ihre lippenkräuselnde Besserwisserei, was mach ich jetzt? frägst du, heimgehen, die Kinder küssen, beißen, prügeln, oder Alissa? so bist du, maulst zu mir herauf und hast keine Ahnung, daß ich schon vorgesorgt habe! an deinem Führer von damals könntest du dir ne Scheibe abschneiden, der hat mich Vorsehung genannt, barhäuptig, mit Musik, du aber bist naseweis und sagst: was jetzt? dabei habe ich dich schon längst auf die richtige Liste gesetzt.

Und Herr Neeff, der eine Unmenge von Listen zu verwalten hatte, der die ganze in Frage kommende Welt auf Listen verteilt hatte, der mit einem Wink immer die zusammenrief, die auf einer Liste standen, die also zusammenpassen mußten, Herr Neeff war es, der mir, flüsternd, als wär er die Mieze selbst, ins Ohr hinein bekanntgab, daß ich auf der Abendliste stünde, daß ich geladen sei zu Frantzkes Künstlerparty, denn Frantzke, der Mäzen, und Frau Frantzke, die Mäzenin, umgäben sich am Abend wieder mit Künstlern, bloß dürfe ich nichts verlauten lassen, solange noch die Banausen und Manager herumwimmelten, da wir doch wenigstens am Abend ganz unter uns sein wollten.

Mich nahm niemand an der Hand, kein Stab wurde dreimal aufs Parkett gestoßen, keiner rief meinen Namen, ganz allein mußte ich eintreten in den Großen Salon der Forstenweg-Villa, und ich war nicht beschützt von zwei Dutzend Schicksalsgenossen wie die feineren Mädchen in New York und London, ganz allein hatte ich meinen Auftritt zu bestehen, denn Edmund, Lambert, Jerzy, Pawel, alle eilten, geheimnisvollen, gewissermaßen chemischen Kräften folgend, zu ihren Gruppen und Grüppchen, und die Valenzen all dieser Gruppen schienen damit gesättigt zu sein, ein Neuzugang konnte nur noch stören. Die Rollen

waren verteilt. Ich mußte mir eine Rolle suchen, die noch
von keinem anderen gespielt wurde, die aber doch angenehm
hineinpaßte in das Stück, das im Großen Salon der Frantzke-
Villa immer wieder gespielt wurde. In den ersten zehn Minuten hatte ich natürlich Lampenfieber, weil ich dachte,
alle müßten spüren, daß ich keinen Text parat hatte, aber
ich hatte den Eifer der Agierenden unterschätzt. Es genügte zuzuhören. Die waren gar nicht so versessen auf
meine Mitwirkung. Wenn ich mich einem Grüppchen
näherte, einen halben Schritt außerhalb dieses Grüppchens
stehenblieb und tat, als sei ich durch den Text, den gerade
einer hersagte, von einem Ziel abgelenkt worden, als könne
ich nicht anders als diesem Redner zuzuhören, dann spürte
ich, wie er seine Stimme ein wenig anhob, mich in seine
Gesten einbezog und mir dadurch eine Aufenthaltsgeneh-
migung erteilte, die mir warm durch alle Glieder strömte.
Man war zu mir sogar freundlicher als zu den alten Zuhörern. Eine Art Glück überfiel mich, als in mir dieses Bewußtsein meiner neuen Notwendigkeit dämmerte. Da ich
nun einmal zur Überheblichkeit neige, dachte ich: diese
Aufführung lebt von Neuzugängen wie du einer bist. Die
Hoffnung, je selbst eine Sprechrolle spielen zu dürfen, gab
ich auf. Die Sprechrollen schienen seit langem vergeben
zu sein. Sprechen durfte nur, wer so formulieren konnte,
daß jeder Satz Lächeln, Gruseln oder Abscheu hervorrief,
auf jeden Fall irgend etwas, das den Gesichtern der Zuhörenden Gelegenheit gab, sich zu verändern. Weil aber
doch in der Welt kaum mehr etwas passiert, was die Gemüter so erfahrener Leute hätte noch wirklich bewegen
können, deshalb war es allein der Fähigkeit des Sprechenden
aufgetragen, aus dem ewig gleichen Weltstoff etwas Komisches oder etwas Erschütterndes zu fabrizieren. Deshalb
hatte sich wohl im Lauf der Jahre eine natürliche Auslese

vollzogen: die die formulieren konnten, hatten die Sprechrolle behalten, die anderen waren zum Chor geworden. Und
die Sprechenden hatten natürlich ihre Fähigkeiten von
Aufführung zu Aufführung verbessert, sie waren andauernd im Training, jeder hatte so zu sprechen, daß das
Grüppchen, das er um sich hatte, nicht abwanderte zu einem
Konkurrenten, der gerade ein brüllendes Gelächter in der
anderen Salonecke zustandegebracht hat; dieses Gelächter
verlockt natürlich seine Zuhörer, schon wenden sie die
Köpfe hinüber, und wenn er nicht in den nächsten zehn
Sekunden eine todsichere Pointe landet, laufen sie ihm gar
weg, also landet er unter allen Umständen, ganz egal, worüber er spricht, in den nächsten zehn Sekunden eine todsichere Pointe und hat jetzt, inmitten des aufbrausenden
Gelächters seiner Gruppe, die Genugtuung, daß die Köpfe
von mindestens drei anderen Grüppchen sich sehnsüchtig
zu seinem kleinen Königreich hindrehen. Nichts Schlimmeres kann ihm passieren, als daß einer aus seinem Chor
plötzlich vorschlägt: gehen wir doch einmal zu Dieckow
hinüber, der ist heute wieder einmal irrsinnig in Form.
Eine Zehntelsekunde der Unschlüssigkeit, des Nachlassens
genügt, und er wird von seinem Chor hinübergezogen zu
Dieckow, er muß mit seinem Chor den Dieckowschen Chor
verstärken, und damit Dieckows Position, denn er kann
nicht allein in seiner Ecke stehenbleiben, seine Niederlage
würde noch viel deutlicher, es ist schon besser, er ergreift
noch einmal die Initiative und führt, als sei es sein Entschluß, seine Gruppe dem Dieckowschen Kreis zu, nur in
dieser Verzweiflungstat liegt noch Hoffnung, nur so kann
er den Sieg über Dieckow vorbereiten; als Dieckow-Zu-
hörer nämlich kann er den Augenblick abpassen, in dem
Dieckow einen Fehler macht. Vielleicht erzählt Dieckow
eine Geschichte, die er schon einmal erzählt hat, vielleicht

überspitzt er die Pointe so sehr, daß man ihm eine Lüge nachweisen kann, dann beginnt der Gegenschlag, dann beginnt die Szene, die für den Chor den wahren Genuß eröffnet: der Zweikampf zwischen zwei Rednern, der dann meistens auch noch andere Gruppen, andere Redner anzieht, zum Dreikampf wird und schließlich zum Streit aller Sprechrollen gegeneinander. Jetzt hat der Chor seine große Stunde, er darf richten über Sieg und Niederlage der Sprechrollen, der Chor kann das Gefühl genießen, um dessentwillen er den ganzen Abend lang zugehört hat, das Gefühl, daß er allein den Ausschlag gibt.

Wenden wir uns den ehrbaren Choristen zu: in ihnen sind, wenn sie je vorhanden gewesen sein sollten, die Fähigkeiten zum gruppenbeherrschenden Auftritt verkümmert. Alle Vierteljahre eine schüchterne Korrektur, mehr Solistisches wagen sie nicht mehr. Auch diese winzigen Bemerkungen bringen sie leise hervor, erschrecken dann selbst über ihren Mut, schauen dem wahren Solisten ergeben ins Gesicht, fürchten, der könne ihren Einwand gehört haben, sich jetzt auf sie stürzen und sie rasch und elegant in den Mittelpunkt zerren, um sie vor aller Augen fix und fertig zu machen. Erst wenn sie festgestellt haben, daß sie ihren Einwand mehr gedacht als ausgesprochen haben, erst dann atmen sie wieder weiter. Ehepaare halten einander zurück, wachen ängstlich darüber, daß der andere sich nicht zu weit vorwagt, sie könnten ihm dann nicht mehr helfen. Auf dem Heimweg allerdings macht sie ihm Vorwürfe, weil er sich den Unsinn, den Edmund oder Dieckow oder sonst einer wieder verzapft hat, so widerspruchslos angehört hat. Er ärgert sich, weil sie nichts gesagt hat, solle sie sich doch ein Beispiel an Frau Pawel nehmen, die bringt es fertig, eine halbe Stunde lang eine Gruppe um sich zu versammeln.

Man kann alle Ehepaare der Welt und insbesondere der

feineren Gesellschaft in drei Kategorien einteilen. Kategorie eins: er gehört dem Chor an, sie gehört dem Chor an, beide machen einander auf dem Heimweg Vorwürfe; sie läßt sich das nicht gefallen, weil er ja auch nichts gesagt hat. Kategorie zwei: er ist Solist, sie im Chor, sie bewundert ihn auf dem Heimweg; das nützt nichts, weil er an diesem Abend schon satt ist, er macht ihr Vorwürfe, weil sie nie etwas sagt, er weist auf Frau XY hin. Sie ist traurig, weil er soviel Wert auf das Reden legt, es gibt noch etwas anderes, sagt sie und weint. Kategorie drei: sie ist Solistin, er im Chor, sie verbietet ihm auf dem Heimweg das Wort; hätte er den Mund früher aufgemacht, nicht jetzt so tun, als ob er alles besser wisse; er sagt, ihm sei die ewige Diskutiererei zu dumm, er wisse, was er wisse, basta, und von ihr lasse er sich das Wort noch lange nicht verbieten; sie schweigt, bläst Luft durch die Nüstern und verachtet ihn; er schweigt schließlich auch, sinniert traurig vor sich hin, trotzdem ist er stolz auf sie, das spürt sie und läßt es ihn büßen. (Daß zwei Solisten verheiratet sind, kommt nicht vor, und wenn es vorkommt, werden sie nicht eingeladen, weil sie widerlich sind in ihrer Vollkommenheit.) Es gibt natürlich auch bei den Mischehen Ausnahmen, Ehepaare mildesten Temperaments zum Beispiel; so ein Ehepaar, könnte man sich vorstellen, geht einträchtig schimpfend nach Hause, verurteilt den ganzen Abend und alle Solisten und Choristen so unisono, daß ihnen aus ihrer Einmütigkeit eine Wärme zufließt, die sie zusammenschweißt gegen die ganze Welt, und das für mindestens eine Nacht.

Diese Schema-Skizze mag erklären, warum ich mit Gram im Herzen an unsere Josef-Heinrich-Abende zurückdachte. Hier war alles prächtiger, gediegener. Ich, der bei Josef-Heinrich durchaus für Solopartien in Frage kam, würde hier wohl kaum mehr als drei Sätze pro Abend anbringen.

Edmund, dem bei Josef-Heinrich keiner gewachsen war, mußte hier hart um seine Zuhörerschaft kämpfen. Ludwig, Erich, Lerry und Justus waren so leicht von ihrer Unzulänglichkeit zu überzeugen, und weder Josef-Heinrich noch ich konnten Edmund wirklich standhalten auf die Dauer, wir konnten ihn allenfalls auslachen, das Thema wechseln, streiken. Halt's Maul jetzt, Hämorrhoiden-Apostel! rief Josef-Heinrich, und wenn Edmund immer noch etwas beweisen wollte, wurde Josef-Heinrich rot im Gesicht und schrie: du hast Pause, wenn ich rede, verstanden! Jawohl, Herr Major, sagte Edmund und redete weiter, aber wir hörten dann einfach bloß noch Josef-Heinrich zu, der genau schilderte, wie Elvira plötzlich die aufgestellten Beine zur Seite klappte, wie das Gefühl auf Sigrids Haut von der Körpermitte sich ausbreitete, bis es die Ohrläppchen und die Häute zwischen den Zehen erreicht hatte, man konnte es sehen wie Tinte auf dem Löschblatt, sagte Josef-Heinrich und bewies es, wenn einer widersprach, mit einem Film, den wir dann diskutierten, als wären wir Ärzte im Urlaub. Ja, Edmund hat es leicht gehabt mit uns, aber doch auch viel schwerer als er es hier je haben kann, schließlich würde es hier niemand wagen, ihm ins Gesicht zu schreien: Dein neuer Anouilh interessiert uns einen Scheißdreck, verstehst du! Hier wird man ihm zuhören und dann wird er, falls sich ein Solist unter seinen Zuhörern befindet, Widerspruch erfahren, aber dieser Widerspruch wird ein Argument sein, und ein Argument ist etwas, was wieder ein Argument hervorbringt, ein unendlicher Zeugungsprozeß ist hier im Gange, Argumentegenerationen werden geboren und leben ihre Abendzeit, nisten sich ein in den bis in die letzten Windungen erschlossenen Gehörgängen dieser gebildeten Menschen, die mitten in diesem Jahrhundert im tiefsten Europa Abend für Abend ihr Dasein zur Verfügung stellen, daß via Gehörwindungen ein paar Argumente Unterschlupf finden, und auch da bleibt immer etwas hängen, so kurzlebig die einander ablösenden Argumente sind, es bleiben doch Ablagerungen, Argumentehalden bilden sich in jedem, ob er nun spricht oder zuhört, und wenn er sich nur lange genug dieser Übung hingibt, so ist zu hoffen, daß er den Tag, beziehungsweise den Abend erleben wird (denn der Abend ist die Zeit und der Ort dafür), den Abend, da er der Argumente nicht nur voll und übervoll ist, sondern da er selbst durch und durch vom Stoff der Argumente und also selbst ganz und gar ein Argument geworden ist. Soweit werden es Ludwig, Erich, Lerry, Justus und Josef-Heinrich nie bringen, auch ich bin nicht sicher, ob ich dieser Art Läuterung fähig bin. Zumindest will ich meinen Wandlungen nicht vorgreifen, noch stehe ich ja in Frantzkes Großem Salon und erlebe die ersten Überraschungen.

Die Gnädige schubst vor sich her ein blasses Büblein, Hose und Weste aus dunklem Samt. Adalbertchen, rief ich als einer der ersten und verwirrte dadurch vielleicht manchen, der mich für einen durchreisenden Schmarotzer oder für einen ganz und gar Uneingeweihten gehalten hatte. Dieckow war der erste bei Adalbertchen und wollte ihm schon die Hand geben, da streckte ihm Adalbertchen die Zunge heraus, stieß einen Schrei aus und rannte um Dieckow herum, stand ihm im Rücken, boxte ihm in die Nieren, wich dem so schnell als möglich herumfahrenden Dieckow aus, hatte plötzlich einen Aschenbecher in der Hand, leerte ihn Dieckow entgegen, aber die Asche war schon auf dem Teppich, bevor Dieckow die ihm entgegengeschüttete Wolke erreichte, Adalbertchen sauste nun zwischen den Grüppchen und Gruppen hindurch, riß eine Stehlampe um, die Solisten konnten nicht mehr mit ihm konkurrieren, sie klatschten wie ihre Chöre in die Hände, lachten auch, feuerten Dieckow an, Adalbertchen zu fangen, Dieckow aber war ratlos, er hatte doch nur guten Abend sagen wollen, und jetzt sollte er plötzlich ein schwieriges Kinderspiel treiben, ein Spiel, das kein gutes Ende haben konnte. Fing er den Prinzen, so biß ihm der wahrscheinlich die Nase aus dem Gesicht, strampelte und schrie, dann war Dieckow der brutale Erwachsene, der das arme Kerlchen seiner Freiheit beraubt hatte, fing er ihn nicht, dann hagelte es Spott von allen Seiten, und diese Art von Spott hat ein Schriftsteller zu fürchten, darüber war sich Dieckow im klaren. Aber stehen bleiben konnte er auch nicht. Und die Mahnrufe der Gnädigen waren nicht ernst gemeint. Adalbertchen, rief sie, Adalbertchen, jetzt ist es genug! Adalbertchen stand inzwischen auf der Sessellehne über Edmund und rief: fang mich doch, du Lahmarsch, fang mich doch! Darüber freuten wir uns natürlich unbändig. Dieckow strich die Haare glatt, aber die waren ja schon glatt, glatt und kurz, sie konnten gar nicht durcheinandergeraten. Edmund machte jetzt einen großen Fehler. Anstatt bewegungslos sitzen zu bleiben und weiterhin Dieckow anzustarren, drehte er, weil er lächerlich schwache Nerven hat, den Kopf hinauf zu Adalbertchen. Das war Dieckows Rettung. Adalbert sah Edmunds Gesicht aufgehen, sah das mühsame Lächeln, denn Edmund hat keine Freude an Kindern, sah die Angst vor Kindern, und Adalbertchen spuckte Edmund ins heraufgedrehte Gesicht. Nicht fest, bloß so mit einer spitzen Zunge, so wie Moser und andere Zigarrenspitzchen von sich spucken. Wahrscheinlich hat Edmund nicht einmal richtiges Naß gespürt, aber er hat eben keine Nerven, weiß nicht zu spielen, gleich sprang er auf, nahm umständlich die Brille vom Gesicht und wischte sich Stirn und Augen mit einem riesigen weißen Taschentuch, als habe man ihm einen Kübel Gülle über den Kopf gegossen. Auch Dieckow stimmte in das fröhliche Gejohle ein, mit dem wir Adalbertchens neuesten Einfall belohnten. Feigling, Feigling, schrie Adalbertchen dem flüchtenden Edmund nach. Die Gnädige mußte jetzt auch lachen, obwohl sie sich das eigentlich nicht gestatten wollte. Vater Frantzke lachte am lautesten. Mach' sie fertig, die Brüder! rief Vater Frantzke, obwohl er vor Lachen kaum die Lippen zusammenbrachte. Adalbertchen stand jetzt allein auf dem Sessel. Ein neuer Streich war fällig. So lustig Kinderstreiche sind, ihre Wirkung verbraucht sich rasch, zumindest wenn es sich nicht um die eigenen Kinder handelt. Irgendjemand mußte Adalbertchen angreifen, mußte ihn reizen. Ich hätte es gerne auf mich genommen, aber vielleicht würde man es dem Neuling übelnehmen, es waren verdientere Anwärter da. Aber als immer noch keiner einen Einfall hatte, wie man Adalbertchen zu einem weiteren Streich inspirieren könnte, auch Adalbertchen selbst fiel nichts anderes mehr ein als Edmund Feigling, Feigling nachzurufen, da sagte die Gnädige: aber Adalbertchen, du solltest doch bloß Gutenacht sagen, komm jetzt, sag' Gutenacht, es ist Zeit für dich.

Für dich ist es auch Zeit, rief Adalbert seiner Mutter zu und alle lachten über diesen vielsinnigen Beweis seiner Schlagfertigkeit.

Mein Gott, seufzte die Gnädige, wer wohl mit dir einmal fertig wird! Und sie schüttelte das weiße Gesicht unter den kurzen Haaren hin und her und zeigte uns den Kummer jener Eltern, deren Kinder große Anlagen, geniale Temperamente ahnen lassen. Diese Eltern seufzen gern und trösten uns so über die Mittelmäßigkeit unserer Kinder. Seien Sie froh, sagen sie uns, daß Ihr Kind nicht so ist, da haben Sie's doch viel leichter. Wir sind, da auch wir außerordentliche Kinder haben, nicht davon überzeugt, sogar ein bißchen verletzt sind wir und erwähnen rasch, daß unsere Älteste einfach nicht vom Klavier wegzubringen sei. Wahrscheinlich würden wir bald keine Wohnung mehr finden, auf dem Camping-Platz werden wir enden, bloß weil wir eine Tochter haben, die man, wäre sie nicht unser eigen, ein Wunderkind nennen müßte. Da allerdings rat ich zur Vorsicht, sagt die Gegenpartei, Wunderkinder sind später eine große Enttäuschung. Nicht das unsere, möchte man sagen, aber man gibt es auf, im Vertrauen auf den besseren Nachwuchs gibt man es auf, man kann es sich leisten, die Zeit abzuwarten, da es offenbar werden wird, wer die Genies hervorgebracht hat und wer den Durchschnitt.

Daß Adalbertchen über ein ganz besonderes Temperament verfügte, hätte der Gnädigen allerdings kein Mutterund kein Vaterneid streitig machen können. Und trotzdem mußte jetzt wieder etwas geschehen zu unserer Unterhaltung. Die Zunge hatte er herausgestreckt, eine lange Nase hatte er gemacht, eine Lampe umgeworfen, einen Aschenbecher ausgeleert, Lahmarsch und Feigling geschrien, und gespuckt hatte er auch schon, ich war gespannt, wie er das überbieten wollte.

Nun sei ein liebes Adalbertchen, flötete die Gnädige, wahrscheinlich weil sie wußte, daß Adalbertchen diesen Satz immer nachplapperte und das hatte natürlich schon seine Wirkung. Aber es war eben doch nur Dialog, und wir waren durch die stürmischen Anfangshandlungen verwöhnt. In einer richtigen Inszenierung würde man diese Folge umdrehen. Alle standen herum und warteten, alle, außer den Eltern, empfanden, daß die Szene an Wirkung verlor. Die Gnädige sagte noch ein paar Sätze, die Adalbertchen mit einer offensichtlich nicht zum ersten Mal vorgetragenen Parodie beantwortete. Wie lange das noch so weiter gegangen wäre, ist angesichts der durch und durch verständlichen Geduld der Eltern nicht zu sagen. Lambert sicherte sich auf jeden Fall wieder einmal mehr den Ruf, ein unerschrockener Mann zu sein, als er plötzlich auf Adalbertchen zutrat, ihn mit einem Griff bewegungsunfähig machte, ihn als ein zuckendes Bündel seiner Mutter zutrug und sagte: los, ab in die Federn mit dir, kleiner Schleimscheißer. Adalbertchen heulte, schluchzte, heulte, versuchte sich ins Brokatkleid der Gnädigen zu krallen, glitt ab, umfaßte sie so gut es ging und preßte seinen vom Schluchzen geschüttelten Kopf in die Gegend, aus der die Ärzte ihn herausgelockt hatten. Die Gnädige beugte sich zu ihm, küßte ihn, sagte: so kommt es, wenn man nicht folgt, warum läßt Du Dich auch immer mit Männern ein, komm jetzt.

Der Abgang war schlechter als der Auftritt, diese Meinung hörte man immer wieder. Der zurückgekehrten Gnädigen und dem Vater scheuchte man die kleinen Unmutsfalten aus dem Gesicht, indem man ihnen sagte, was sie schon längst wußten, daß nämlich Adalbertchen ein ungewöhnlich aufgewecktes Kind sei. Und die Frantzkes antworteten, wie man es erwarten durfte, wie man selbst auch geantwortet hätte, mit jenem auf Bescheidenheit pochenden Refrain antworteten sie, der da lautet: ja, das ist er, aber auch entsprechend schwierig.

Das ist doch besser als wenn sie nicht Piep und nicht Papp sagen können, tröstet man die Eltern des Außerordentlichen, und sie tun so, als seien sie des Trostes bedürftig und danken dafür. Ach ja, das ist ein schöner Wettkampf, den die Eltern da jeden Tag ausfechten um die Palme der Bescheidenheit.

Sie haben doch auch Kinder, sagte die Gnädige zu Frau Pawel.

Ja, zwei, sagte Frau Pawel.

Mädchen oder Buben? fragte die Gnädige.

Mädchen, sagte Frau Pawel etwas leiser.

Na ja, Hauptsache, sie sind gesund, sagte tröstend die Gnädige.

Adalbertchen hatte die Gruppen durcheinandergebracht. Wer wollte, konnte sich verändern. Kreuz und quer über den riesigen Teppich wuselten Damen und Herrn. Die Solisten bildeten neue Zentren. Mich hatte es vor den Gobelin verschlagen. Mir blieb nichts anderes übrig, als ihn anzuschauen. Zweimal maß ich seine Erstreckung. Fünf Schritte brauchte ich, um an all den kartoffeltriebweißen häßlichen Phantasievögeln vorbeizugehen, die in goldgrünen Gestrüppen hockten. Ich wollte abwarten, bis Frau Pawel eine neue Gruppe um sich versammelt hatte. Sie gehörte zu den wenigen Frauen, die den Sprung zur Sprechrolle gewagt hatten. Das war schon eine Leistung. Frau Pawel war nicht berühmt. Da hatte es die Schlagersängerin leichter. Herr Frantzke selbst war immer mit zwei Gläsern um sie herum und reichte ihr eines, sobald sie eine Sekunde zu sprechen aufhörte. Auch Dr. Fuchs prostete ihr zu, aber Frantzke drängte ihn ganz einfach weg, wies hinüber zu Frau Pawel, schließlich war Frantzke der Mäzen der Sängerin, er hatte ein paar hunderttausend Mark investiert, daß sie die Hauptrolle bekam in einem Film, der dann eine Pleite wurde. Herr Frantzke hatte das Geld in aller Stille gespendet. Nur die Eingeweihten wußten davon. Ihm genügte es, als der Stifter des Leo-Frantzke-Preises von allen Sportfreunden verehrt zu werden. Für die Künstler, die ihm vielleicht noch näher standen als die Sportler, sorgte er ohne jedes Schielen auf Reklame; und Künstler zu protegieren, das ist bei Gott ein herbes Geschäft, haben doch die Künstler bekanntlich Launen, die die Geduld des Mäzens auf harte Proben stellen, hat doch die Sängerin einen Nerz zurückgeschickt und sich die Dreißigtausend in bar erbeten; es sind eben zwei verschiedene Welten, die da aufeinandertreffen; aber solange sie im Großen Salon aufeinandertreffen, ist es ein schönes Bild: die genau kalkulierten Gesichter der Mannequins und der Schauspielerinnen, die sorgsam kalkulierenden Gesichter der Geschäftsleute, und die Herren Künstler, die es fast mit den Friseuren aufnehmen könnten! Louis von Bleckmar, der Zeichner, stellte sein dauerhaft feines Lächeln nach allen Seiten zur Verfügung. Ein rosig gealterter Homosexueller sprach mildfeurig auf die Gnädige ein, um einen jungen komponierenden Freund für den Berta-Frantzke-Preis reif zu machen: und er findet zur Tonalität zurück, Gnädigste! hörte man ihn schwören. Drei klavierspielende Ärzte, zwei zur Ruhe gekommene Theaterkritiker, zwei radikale Graphikerinnen, Jerzy, Herr von Ratow, Frau von Ratow und Herr Ballhuber ließen sich von einem verhängnisvollen Lyriker duschen. Der noch knabenhafte Lyriker, von dem es hieß, er habe sich einen Namen gemacht, sprach nicht, sagte nichts, er führte aus, ausführte er, heute gebe es keine Gesellschaft mehr, Gott sei Dank, heute existierten nur noch beziehungslose Individuen, punktuell existierten sie. Und als wolle sie ihm das bestätigen, versuchte Frau von Ratow immer wieder zu beweisen, daß der Anschlag des ruchlosen Metzgermeisters nur ihr gegolten habe. Aber der Lyriker — den Namen, den er sich gemacht hat, habe ich leider vergessen — konnte die Durchleuchtung größerer Zusammenhänge nicht unterbrechen. Frau von Ratow, obwohl älter, reifer, leiderfahren, mußte zuhören. Und sie hörte zu mit dem Gesicht eines Tontaubenschützen, der, das Gewehr im Anschlag, bloß darauf wartet, daß seine Sekunde kommt. Herr Neeff, Pawel, Julia Banda und Carlos Haupt erfuhren von einem Fernsehdirektor, warum er nicht mehr ins Theater gehe. Eine Dame, von der es hieß, sie schreibe, schilderte eine Einladung, die gar keine Einladung gewesen sei, sondern eine Kalkulation.

Herr Dieckow predigte zwei Frantzkedirektoren, einem Parlamentarier und drei Mannequins Gänsehäute unter die allzu nachsichtige Unterwäsche. Ich arbeitete mich vom Gobelin weg, überquerte den Teppich, als hätte ich ein Ziel auf der Terrasse, ließ mich dann aber von einem Stück Rauhverputzes anziehen und studierte mit schräg und wieder gerade und wieder schräg gestelltem Kennerkopf Herring's Fox-Hunting Scenes, die da hingen wie Kreuzwegstationen. *Breaking Cover* hieß Station eins: Herren in roten Fräcken und weißen Hosen ritten durch niedere Latschenvegetation, einer zeigte schon nach vorn auf Bild zwei, den *Full Cry* einleitend, der die Pferdehälse und Beine in die Länge reißt, und die Hunde dazu, alles fliegt waagerecht übers Grünzeug hin, nur die schwarzen Zylinder möchten noch gerne zum Himmel deuten, plötzlich haben sich zwei Blaufräcke eingemischt. Schöne Schmiere das, sagte Lambert, erlöste mich, winkte ein Serviermädchen heran und trank mit mir, während mein Freund Edmund den letzten Anouilh verteidigte und die Unterschiede zum vorletzten Anouilh herausarbeitete. Dann kam Anna. Es war deutlich, daß sie unbemerkt eintreten wollte. Aber weil sie mit ihrem Regisseur kam und weil der auch noch seine Frau mitgebracht hatte, waren sie zu dritt, und das war für die Gnädige nicht zu übersehen, sie löste sich nickend, nachgebend, zusagend aus dem Monolog des warmherzigen Fürsprechers und war die erste, die Anna umarmte, war noch vor Julia Banda da, die die Kollegin auch mit einer Umarmung begrüßte, obwohl Anna ihr nicht gesagt hatte, wie schlecht sie, die Banda, in jenem Anouilh, ich glaube es war im vorletzten, gewesen war, aber was spielte das jetzt für eine Rolle, Kollegen dürfen einander schonen, und eine bewährte Schauspielerin, die gerade mutig ins Charakterfach hineinschreitet, kann es sich leisten, einen Star zu umarmen, der diesen Schritt noch vor sich hat, dadurch beweist sie Größe. Der Dritte, der seine linke Wange an Annas linke Wange und dann seine rechte Wange an Annas rechte Wange hinstreifte, als bestehe die Begrüßung darin, den Hals des zu Begrüßenden auf Sauberkeit zu prüfen, der Dritte war Carlos Haupt, der Vierte war Pawel, man sieht, es waren die Zuhörer des Fernsehdirektors, der nun allein mit Herrn Neeff zurückgeblieben war, dann aber rechtzeitig die Initiative ergriff und Herrn Neeff stehen ließ und sagte, er müsse doch seiner lieben Freundin Anna das Händchen schütteln. Aber Herr Neeff hatte keine Lust, als der angeschaut zu werden, dem die Zuhörer weggelaufen waren, blitzschnell entledigte er sich des Schwarzen Peters, den ihm der Fernsehdirektor zugespielt hatte, ließ den Platz einfach leer zurück und war noch fast vor dem Fernsehdirektor bei Anna, die er allerdings, bürgerlich wie er war, nur mit Handkuß begrüßte, als der Sechste. Der Siebte war ich. Ja, ich verließ Lambert, übte mich zum ersten Mal in dieser Absetzbewegung, verließ den, der mich gerade vor dem weiteren Betrachten der Fox-Hunting-Scenes bewahrt hatte und gab der überraschten Anna ohne Kuß und ohne Umarmung die ihr so gut bekannte Hand.

Ach da ist ja der Schuldige, rief sie, das trifft sich gut, Bursche, mit dir habe ich ein Hühnchen zu rupfen.

Ich war überrascht, war aber noch mehr geschmeichelt, denn nun war ich nicht mehr zu übersehen. Dieckow verlor Zuhörer, Edmund verlor Zuhörer, sogar aus dem Kreis der Schlagersängerin stahlen sich einige weg, denn alle wollten zuhören, wie Anna mit einem Herrn abrechnete, den man bisher überhaupt noch nicht gesehen hatte.

Ich fragte listig, an was ich nun schon wieder schuld sein sollte. Die Zuhörer mußten glauben, es komme zwischen Anna und mir täglich zu solchen Szenen.

Anna kam direkt aus dem Fernsehstudio, in einem Quiz-
programm hatte sie eine Szene aus *Fräulein auf Frist* gespielt und sechzehn Ehepaare aus acht Städten hätten erraten sollen, daß Anna Anna sei und daß der Film *Fräulein
auf Frist* geheißen habe, so ähnlich muß es gewesen sein.
Aber sechzehn Ehepaare aus acht Städten rieten daneben.
Anna war für Maria, für Liselotte, für Romy, für Ruth,
nur für Anna war sie nicht gehalten worden, und deshalb
standen ihr jetzt noch die Tränen des Zorns in den Augen
und sie schwor: nie mehr ins Fernsehen. Hätten sie mich
wenigstens für die Bardot gehalten, aber für die Schell, diese
Quizlinge, wahrscheinlich waren sie gekauft, auf jeden Fall,
das Fernsehen kann mich! Jamais!

Nur noch ins Fernsehen, rief der Fernsehdirektor, dann
kennt man Sie das nächste Mal, Sie sehen ja, sechzehn Ehepaare, wahrscheinlich gleich vom Altar weg vor den Schirm,
seitdem nie mehr im Kino, die können Sie natürlich nicht
kennen!

Und ich hätte ihr geraten, in diesem Programm aufzutreten, behauptete Anna, und sie hätte mir vertraut, weil
sie glaubte, ich verstünde was von Reklame. Das war ein
schlechter Rat, flüsterte ihr Regisseur mir mit ernstem Gesicht zu. Nun war ich ganz sicher, daß ich Anna diesen Rat
nie gegeben hatte, aber ich lächelte bloß; mir kam Annas
Reinfall, ihre Empörung sehr gelegen; sollten die Leute
nur glauben, die berühmte Schauspielerin befolge auch die
törichtesten Ratschläge, die ich ihr gebe. Ich überlegte mir
allerdings, ob ich ihr Geld schuldete, denn das allein konnte
ihr suggeriert haben, daß ich der böse Ratgeber gewesen sei.
Aber ich war ihr seit Monaten keinen Pfennig mehr schuldig. Also genügte bei Anna die vage Erinnerung daran, daß
sie mir überhaupt schon einmal Geld geliehen hatte, um sie
gegen mich einzunehmen.

Julia Banda tröstete Anna schrill, Carlos Haupt tröstete Anna sonor, Anna wurde in die Lutherecke geführt, in die berühmteste Ecke des Frantzkeschen Salons. Von dieser Ecke hatte man schon gehört, bevor man den Salon je betreten hatte, denn diese Ecke hatte ihren Namen von einem Schrank, der auf vier gedrillten Säulchen stand, und die Schrankfront war eine einzige Schnitzerei, ein Relief: Luther in Worms, Luther mitten hineingeschnitzt in die gewaltige Szene aus Hofgesichtern, an denen spanische Spitzbärte hingen, Luther stehend vor Kaiser Karl. Der Schnitzer aus Brügge, der vielleicht selbst dabei gewesen war, hatte Luthers rechte Hand zum Mittelpunkt gemacht, aber so, daß diese Hand gar nicht der Mittelpunkt sein wollte, hinab zeigte sie, auf den Boden, vor Luther hin. Hier stehe ich, sagte die Hand, und jeder folgte der Hand mit den Augen und mußte dann allerdings feststellen, daß Luther gar nicht da stand, wo die Hand hinzeigte, aber so genau soll man's bei einem Kunstwerk nicht nehmen, wahrscheinlich kann man, soll die Geste Entschlossenheit behalten, gar nicht genau auf den Punkt hinweisen, auf dem man tatsächlich steht, dazu müßte man die Hand ja einkrümmen und das ergäbe bloß eine gebrochene, viel weniger energische, weniger mitreißende Geste. In die Ecke also, die Luthers Andenken oder dem Andenken Kaiser Karls gewidmet war, wurde Anna geführt, jeder tat, als sei sie seine Beute. Ich hielt mich im Sog dieses Pulks, ich witterte Anschluß. Die Mädchen mit den Drinks folgten uns wie Schatten. Julia Banda, nun ganz und gar Charakterfach, prostete Anna zu. Der Drink war nicht vergiftet, ihr Spruch dazu klang auch sehr herzlich. Beim richtigen Schauspieler komme es doch gar nicht darauf an, daß er erkannt werde, rief sie, im Gegenteil, so sehr müsse er in der Rolle aufgehen undsoweiter, richtig, richtig, schwoll Carlos Haupts

Stimme dazu, und während Carlos Haupt ausführte, er sei jetzt in die Kommission berufen worden, die die Schauspielerprüfungen abnehme, und er werde streng durchgreifen, während alle Carlos Haupt zuhörten, weil es doch immer prickelnd ist, etwas aus den Kulissengassen zu hören, fiel Annas Kopf, plötzliche Ermüdung mimend, gegen meine Schulter, dann hob sie ihn, und die heiße Luft, die mir ins Ohr kitzelte, sagte: bedank' Dich bei mir für die publicity, Löwenzahn, verdient hast Du's ja nicht!

Da war ich so gerührt von Annas Feinfühligkeit, von ihrer Auffassungsgabe und Anpassungsfähigkeit, daß mir die Augen feucht wurden. Wir sahen einander eine Sekunde lang an: zwei Königskinder, denen kein Wasser zu tief ist. Susanne versank im Ofanto, Melitta gönnte ich den einsamen Abend im Bienenstock, am liebsten hätte ich ein Foto gemacht vom lutschenden Pawel, der auf ein Mannequin hinflüsterte, das sich seiner Kleider wegen nicht regen durfte, obwohl Pawel immer näher kam. Ein Hauch von Sophie hatte mich angeweht aus Annas Mund. Sophie war immer auf innig temperiert, Anna aber verplemperte viel Geld für Schwangerschaftsfrühnachweise und war überhaupt kälter, man erwartete nichts Gutes von ihr.

Plötzlich Geschrei, Gekreisch. Aus tiefstem Korsettinnern geschürftes Frauengekreisch, weiter drüben, aber auch in unserer Ecke. Adalbertchen war wieder aufgetaucht, über die Terrasse vor dem Großen Salon hatte er sich angeschlichen, hatte die Wasserpistole in Stellung gebracht und dann einmal, soweit das Naß reichen wollte, den ganzen Salon abgeschwenkt.

Einfälle hat der Junge, seufzte die Gnädige. Sie wurde aber sofort von allen Seiten darauf aufmerksam gemacht, daß an einem schwülen Spätsommerabend nichts angenehmer sei, als plötzlich aus dem Hinterhalt mit kaltem Wasser bespritzt zu werden. Adalbertchen wurde in unsere Ecke geschleppt und mußte Anna, dem Regisseur und der Frau des Regisseurs Guten Abend sagen. Während er den drei Nachzüglern sein Gutenabend ins Gesicht brüllte, erzählte die Gnädige, was er heute abend schon alles angerichtet habe. Wieder strampelte und schrie Adalbertchen, als er von einem Serviermädchen hinaustransportiert werden sollte. Wir lachten, die Gnädige seufzte und lächelte. Allmählich verhallten die Namen, mit denen Adalbertchen seine Wärterin bedachte, in der Ferne.

Sie sind zu streng mit ihm, sagte Carlos Haupt zur Gnädigen, sagte es mit seiner Bühnenstimme und machte das Gesicht, das wir alle von seinen Richter-, Priester- und Ärzterollen kannten. Mich stach der Haber. Annas Protektion gab mir Sicherheit. Ich mischte mich ein. Vorsichtig natürlich. Zuerst nur so laut, als wolle ich bloß Anna was erzählen, aber da Anna immer noch im Mittelpunkt war, hörten bald alle zu, das sah ich, spürte ich, jetzt entweder verstummen oder die Aufmerksamkeit aller beanspruchen, und ich wagte es und erzählte, wie Guido den Grünfinken Viktor umgebracht hatte. Zuerst erzählte ich den bloßen Vorgang, erzählte ihn so, als hätte ich jeden Schritt Guidos von Anfang an verfolgt: wie er sich aus unserer Wohnung schlich, vielleicht noch ohne Plan, nur träge, und eine gärende Lust im Blut, irgendetwas Großes zu tun, dann, im Treppenhaus, winkt das Verhängnis, die Tür zur Paulyschen Wohnung ist angelehnt, die kleine dürre Frau Pauly, ausgebombt in Dresden, der Sohn im Kessel von Minsk gefallen, die Tochter umgekommen unter Trümmern, die kleine dürre Frau Pauly war schnell nach unten gegangen, in den Keller, ein Glas Essiggurken ins Regal zu stellen, Herr Pauly, Buchhändler von Beruf und allergisch gegen Katzen, liebt doch Essiggurken über alles, noch immer aber weiß Guido nicht, was er tun wird, er läßt sich treiben, stößt die Tür an, die gibt nach, da hört er drin den Kanari krächzen, den will er mal besuchen, im Käfig daneben steht auf seinem letzten Bein, Viktor der Grünfink, dem befiehlt er zu singen, weil doch Frau Pauly immer renommiert, ihr Grünfink habe bei ihr Singen gelernt, aber Viktor singt nicht, also stupft Guido mit dem Finger durch die Käfigstäbe, erreicht aber Viktor nicht, also öffnet er das Türchen, jetzt erreicht er ihn, stupft ihn, Viktor, der Einbeinige, singt nicht, sondern fällt um, flattert wieder hoch, flüchtet in die äußerste Käfigecke, Guido greift nach, Viktor flattert nach oben, da bleibt Guido gar nichts anderes übrig als immer wieder nachzufassen, bis er ihn hat, aber das dauert seine Zeit, Guido ist gerade drei und seiner Hand noch nicht sicher, er wird hitzig, und als er ihn endlich hat, da ist er schon so wütend auf den widerspenstigen Vogel, daß er ihn mit seinen beiden kleinen Händchen einfach erwürgt, und Viktor haucht sein kleines Seelchen aus, ohne noch einmal gesungen zu haben.

So erzählte ich mit allen notwendigen Gesten die kleine Geschichte und fürchtete fast, daß mich nun jemand fragen würde, warum ich denn, da ich doch alles beobachtete, nicht eingegriffen hätte, aber danach fragte niemand. Ich hatte natürlich von Anfang an gewußt, daß das eine Geschichte ist, die genau hierher paßte, aber ich tat so, als habe ich sie bloß erzählt, um mir bei diesen erfahrenen Menschen Rat zu holen. Was soll man da nun tun, als Vater so eines kleinen Mörders? Damit hatte ich auch bewiesen, daß ich mich nicht bloß mit einer Geschichte vordrängen wollte. Einen Beitrag wollte ich beisteuern zum Thema Erziehung, das durch Adalbertchen zum Gesprächsthema geworden war.

Bodo, was sagst du dazu, fragte Anna ihren Regisseur. Sie schien stolz auf mich zu sein.

Ne dolle Stoori, sagte der Regisseur, die müssen wir uns notieren.

Unbedingt, sagte Anna, vergiß es bitte nicht.

Ich wer' so'ne Stoori vergessen, sagte der Regisseur und klopfte ihr nachsichtig auf die Schulter.

Aber wenn dein Sohn schon so'n schönen italienischen Namen hat, sagte Edmund, der sich auch von unserer Ecke hatte anziehen lassen, dann sprich ihn doch ruhig korrekt italienisch aus, dein Sohn heißt nämlich Gwido und nicht Guuido. Einige der Damen, auf die meine Geschichte offensichtlich einen tiefen Eindruck gemacht hatte, nahmen mich in Schutz, übten gerechtigkeitsspendend ihre Chorfunktion aus und murmelten vielstimmig: darauf kommt es jetzt gar nicht an.

Guido, Ramsegger Erbteil. Zwei Guuidos gab es in Ramsegg. Hätte ich doch bloß ein einziges Mal die Aussprache überprüft. Soviel Italienisch kann jeder. Aber nein, du mußt Guuido sagen, weil deine Mutter Guuido gesagt hat. Haben die mir eigentlich irgendetwas eingebleut, das stimmt?

Edmund diskutierte jetzt mit Dieckow darüber, ob man ausländische Worte deutsch oder nach der Regel der jeweiligen Fremdsprache aussprechen soll. Dieser Schuft! Mein Freund! Hundertmal hat der mich schon Guuido sagen hören, hundertmal hat er nichts gesagt, hat mich im Glauben gelassen, ich spräche Guido aus wie Guido ausgesprochen gehört, und jetzt, da ich zum ersten Mal das Maul aufmache in einer feinen Gesellschaft, jetzt, da es scheint, als könne ich auch in Zukunft Sprechrollen übernehmen in Frantzkes Salon, da wird er neidisch, da schlägt er zu und blamiert mich, weist alle darauf hin, daß ich nicht italienisch kann, dabei ist mein Urlaubsitalienisch so gut wie seins, aber die Wirkung meiner haargenau dosierten

Geschichte ist futsch. Wo kriege ich so schnell wieder eine Geschichte her, in der ein Kind vorkommt, ein Tier vorkommt, ein invalides Tier sogar, ein amputierter Vogel, und soviel Grausamkeit, und ich bin nicht nur irgendein Erzähler, sondern der Vater des brutalen Mörders, und dem Mörder kann man nicht einmal böse sein, weil er drei Jahre alt ist, also ein rundes, fettes, lang diskutierbares Problem, wo kriege ich je wieder so eine Geschichte her?!

Heute glaube ich, Edmund hat mich nicht in böser Absicht bloßgestellt, er hat nur ein Stichwort gebraucht, und Deutschtümelei, mangelnde Weltoffenheit der Deutschen, Verdeutschung ausländischer Worte, das war eben eine aufreizende Gelegenheit, die konnte er sich nicht entgehen lassen.

Dieckow allerdings machte es ihm nicht leicht, die Deutschen samt und sonders als Oberschulratsvolk hinzustellen, dessen tiefste Lust darin liege, Lineal mit Strichzieher zu übersetzen, Dieckow wies nach, daß deutsche Namen im Ausland nie deutsch ausgesprochen würden, und das sei recht so, bloß wir Deutschen hätten den Fimmel, jeden Ausländer noch in seiner Muttersprache übertreffen zu wollen. Bitte, rief Dieckow, haben Sie schon einmal einen Franzosen gesehen, der eine Fremdsprache wirklich gut spricht?

Der hat ja auch Französisch als Muttersprache, sagte Edmund fast leise und lächelte.

Damit waren sie unversehens bei einem neuen Thema. Dieckow sagte, alle Sprachen seien gleichrangig, schließlich seien Sprachen Naturprodukte und wer da Unterschiede mache, der lande beim Rassenwahnsinn.

Da landen die Verfechter des Teutschtums lange vor mir, sagte Edmund.

Aber Sie machen doch Unterschiede, rief Dieckow.

Ja, die mache ich, die muß ich machen, weil ich einfach eine Orchidee lieber sehe als diesen und jenen Wegerich.

Inzwischen hatten sich fast alle Solisten dem Sog unserer Ecke ergeben, sogar die Sängerin hatte klein beigegeben und hatte gerade noch rechtzeitig die Reste ihrer Gruppe uns zugeführt; bloß der verhängnisvolle Lyriker stand noch im Salon und redete auf seine zwei letzten Zuhörer ein: auf den Parlamentarier und auf ein Mannequin. Ob der Parlamentarier immer noch stehenblieb, weil er den Lyriker irrtümlicherweise für einen seiner Wähler hielt oder ob er dem Mannequin zuliebe aushielt, weiß ich nicht zu sagen.

Edmund und Dieckow fochten weiter. Edmund warf Dieckow vor, es sei *typisch deutsch*, alles deutsch auszusprechen, Dieckow warf Edmund vor, *typisch deutsch* sei es, alles ausländisch aussprechen zu wollen, jeder wollte dem anderen nachweisen, er sei *typisch deutsch*, jeder wehrte sich dagegen, weil *typisch deutsch* zu sein offensichtlich das Schlimmste war, was einem nachgesagt werden konnte. Je länger ich zuhörte, desto ratloser wurde ich. Wahrscheinlich blieb mir gar nichts anderes übrig als Guido umzutaufen, Georg oder Gustav würde ich ihn nennen, denn wie auch immer ich seinen Namen aussprechen würde, ob Guuido oder Gwido, eine Hälfte der Welt würde mich immer als *typisch deutsch* belächeln. So wird man unversehens im allerreifsten Alter ganz schuldlos in ein Dilemma gestürzt. Aber vielleicht hatte ich mich schuldig gemacht, als ich meinem Sohn einen italienischen Namen gegeben hatte. Wahrscheinlich würde Edmund oder würde Dieckow darin schon einen *typisch deutschen* Zug entdecken. Mein Zahnarzt sagt, es sei *typisch deutsch*, daß unsere Frauen kaum zu seufzen wagten, auch wenn man ihnen die Zahnkanäle bis zum Brustwurzelknochen hinab ausbohre, eine Französin verlange eine schmerzlindernde Spritze, bevor sie sich auch nur einen Zahn abklopfen lasse. Und Susanne hatte behauptet, es sei *typisch deutsch*, daß bei uns alle ausländischen Filme synchronisiert würden. Lambert dagegen behauptet, *typisch deutsch* sei, daß bei uns zu jedem Fleisch die gleiche Sauce gereicht würde. Und Josef-Heinrich ist der Ansicht, es sei *typisch deutsch*, daß man die Helden der Nation, die man gerade noch mit Eichenlaub und Schwertern dekoriert habe, jetzt einfach links liegen lasse, obwohl sie keine Nazis, sondern todesmutige Männer gewesen seien.

Vielleicht ist es sogar typisch deutsch, daß bei uns jeder das, was er nicht mag, *typisch deutsch* nennt. Wie ein Alpdruck lastete es auf mir, daß ich mich typisch deutsch benommen hatte. Edmund und Dieckow beschuldigten einander zwar des gleichen Makels, aber jeder wies das wortreich und klug sofort wieder von sich, sie blieben im Kampf, konnten als zwei keimfreie Weltleute daraus hervorgehen und Versöhnung feiern, schließlich bewegten sie sich auf einer Bühne, während ich mich in aller Wirklichkeit plump entblößt hatte mit meinem Guuido. Aber ich tue den beiden Gladiatoren unrecht. Sie versöhnten sich nicht auf meine Kosten, sie hatten sich ineinander verbissen und zerfleischten einander gewissermaßen mit geschlossenen Augen. Natürlich lächelten sie dabei, jeder schonungsvoll über den anderen, für den anderen beim Chor um Nachsicht bittend, und der Chor ging mit, der und jener wiederholte seiner Frau flüsternd einen besonders gelungenen Satz eines der beiden Kämpen. Manchmal rief Edmund auch den und jenen zum Zeugen an, Dieckow zog nach, hatte Edmund gesagt: Pawel, Sie waren lange genug im Ausland, Sie müssen das wissen! dann beschwor Dieckow im übernächsten Satz die Erfahrung des Herrn von Ratow. Diese Sekundanten durften auch rasch ein paar Worte einfügen, durften solange sprechen, bis der, der sie gerufen hatte, sagte: na bitte, da sehen Sie's! und schon übernahm er wieder den Degen zum nächsten blitzenden Ausfall. Ums deutsche Schicksal ging es, mal ganz allgemein, mal plötzlich bohrend in unseren gräßlichsten Wunden. Dieckow lockte Edmund listig ins Extreme: ob Edmund denn auch Wroclaw sage zu Breslau? Warum denn nicht? sagte Edmund. Er sei für Tatsachen. Wir hätten eben früher aufhören sollen. Gar nicht anzufangen, wäre noch besser gewesen, sagte Dieckow weise wie die Norne selbst. Der Krieg war unvermeidlich, sagte Edmund und saß in der Falle, die Dieckow vorbereitet hatte. Jetzt mußte mein Edmund den Krieg verteidigen oder Dieckow zustimmen. Da es aber offensichtlich das heiligste Gesetz solcher Kämpfe war, nie zuzustimmen, da Zustimmung soviel hieß wie Niederlage, da der Chor diese Niederlage unerbittlich registrieren, dem gesellschaftlichen Gedächtnis anvertrauen und Edmunds Kurs danach bemessen würde, deshalb verteidigte mein Edmund den Krieg. Er konnte auch das. Versailles, der Korridor, zwei Millionen und soundsoviel Deutsche unterm unerträglich phantasievoll-willkürlichen Polenregiment, der Deutsche schindet nach System, und will, wird er geschunden, auch das System spüren in der Schinderei, ach Gott und dann noch die westlichen Vertragsbrüche, man konnte bewundernd feststellen, daß Edmund, wenn er bloß wollte, über ebensoviel Argumente aus dem Lager verfügte, das man bis zu diesem Augenblick für das Dieckowsche gehalten hatte, wie Dieckow selbst. Und Dieckow hatte jetzt nicht weniger gegen den deutschen Anteil am Geschehen vorzubringen als Edmund an seiner Stelle hätte vorbringen können. Bis zum zwanzigsten Juli lief alles glatt, das heißt, bis dahin blieb keiner dem anderen ein Wort schuldig. Edmund hatte uns bewiesen, daß der Krieg kommen mußte, und Dieckow hatte ebenso gut bewiesen, daß er hätte vermieden werden müssen. Der zwanzigste Juli aber hätte das Ende sein müssen, sagte jetzt Edmund, und in jedem anderen Volk wäre er auch das Ende gewesen. Damit hatte Edmund Dieckow wieder in die Rolle dessen gedrängt, der den deutschen Anteil zu verteidigen hatte, der beweisen mußte, daß den Deutschen aus dem 20. Juli kein Vorwurf zu machen sei. Aber Dieckow war geschickt und rief Dr. Fuchs als Zeugen in die Schranken. Der folgte zwar, tat aber, als zögere er, sicherte sich zuerst die Gunst des Chors dadurch, daß er gestand, er sei kein Gelehrter und den zwanzigsten Julei (Dr. Fuchs bewies schon durch diese Aussprache, daß er kein Gelehrter war), den kenne er nur vom Hörensagen und es gehe ihm mit dem zwanzigsten Julei wie mit dem siebzehnten Juni (ich hatte eigentlich erwartet, er würde Juno sagen, aber er sagte Juni), das seien zwei deutsche Unglückstage. Damit gab sich Edmund nicht zufrieden, er wandte sich gegen alle Regel direkt an Dr. Fuchs und fragte, warum der 20. Juli ein Unglückstag sei, er würde ihn eher als einen halben Glückstag ansehen. Edmund hatte so laut gesprochen wie nie zuvor. Schon die Art, wie er Dr. Fuchs angefahren hatte, mit einem messerscharfen Aha beginnend, verriet, daß er ihn herausfordern wollte. Dieckow schien er vergessen zu haben. Grünweiß war sein Gesicht, er phosphoreszierte wieder einmal. Die Gesichter des Chors hatten sich, gemächlicher als Edmunds Gesicht, auch Dr. Fuchs zugedreht, die Luft sirrte wie unter Hochspannungsleitungen, Dr. Fuchs ließ das Lächeln kalt werden, das noch mit seinem Mund spielte, seine Augen suchten Edmund, fanden ihn, als sie ihn schon längst gefunden hatten, immer noch mehr, aber der Verfeinerung und Schärfung dieses Blicks waren offensichtlich keine Grenzen gesetzt. Da fuhr

Pawel dazwischen, wehleidig raunzend, als seien die Lutsch-
bonbons ein für alle Mal ausgegangen, und ließ nicht zu,
daß Dr. Fuchs Antwort gab, ließ es auch nicht zu, als seine
Frau nun ihm ins Wort fuhr, glühend für Dr. Fuchs,
glühend für Meinungs- und Redefreiheit. Dr. Fuchs habe
das Recht zu antworten. So stritt sie gegen ihren Mann,
obwohl der es doch gut gemeint hatte mit Dr. Fuchs, sie
aber wollte es noch besser meinen und konnte nicht zum
Schweigen gebracht werden. Warum diskutieren wir dann
überhaupt noch? rief sie und schaute ihren Mann an. Was
jetzt anbrach, muß man wohl die Stunde des Chores nennen. Jeder durfte jetzt so laut und so lange reden als er
wollte. Zum Zuhören blieb da natürlich keiner mehr übrig.
Aber dafür konnte jetzt wenigstens jeder sagen, was er für
typisch deutsch halte, weshalb auch über dem Stimmenge-
brause als eine Art Signal, als ostinates Element immer
wieder *typisch deutsch, typisch deutsch, typisch deutsch* zu
hören war. Dr. Fuchs sah der Entfesselung des Chors noch
ein paar Augenblicke in vollendet demokratischer Haltung
zu, immer noch bereit zur Antwort, wenn der Chor es wünsche, aber auch ebenso bereit, auf die Fortsetzung der leidi-
gen Diskussion zu verzichten, falls der Chor sich dafür ent-
scheide. Und der Chor entschied sich dafür. Wieder bildeten
sich Grüppchen, ich hörte, wie überall neue Gesprächskerne
geboren wurden und sofort miteinander zu konkurrieren
begannen: die Dame, von der es hieß, daß sie schreibe,
wollte ihrem Grüppchen beweisen, daß man schon einmal
in der gleichen Sitzordnung vor dem Lutherschrank gesessen habe, nur Frau von Ratow sei damals nicht neben Herrn
von Bleckmar gesessen, da Herr von Bleckmar damals neben
ihr gesessen sei; und als ein naseweises Mädchen ihr widersprach, rief sie Herrn von Bleckmar als Zeugen herbei,
lockte seinen schönen Kopf dadurch aus der Gruppe, die die

Gnädige gerade zu bilden bemüht war, verstärkte ihr Grüppchen also um einen weiteren Kopf, um einen Kopf, der jeder Gruppe zur Zierde gereichen konnte, und hatte noch die Genugtuung, daß Herr von Bleckmar ihr auf das Galanteste bestätigte, ja, so sei es gewesen. Edmund fragte die Gnädige, wie das Hornsolo im zweiten Satz ausgefallen sei, die Gnädige fragte laut lachend zurück, woher er denn wisse, daß sie dort gewesen sei. Er habe sie im Curio-Grill gesehen, sagte Edmund, am Zweiertischchen mit der Kerze, nur zwei Schatten habe er gesehen, aber er habe sofort gewußt, das sind Frantzkes, und wenn sie an diesem Tischchen sitzen, dann waren sie auch im Konzert. Sie sind ja ein Detektiv, rief die Gnädige. Die Frage, die man sich stellen müsse, sagte der Fernsehdirektor, sei: ist Peter Groschka nach seiner Blinddarmoperation überhaupt noch der alte? Der Schritt zum Profi sei auf jeden Fall gefährdet. Sie sei sehr glücklich, daß Anna jetzt auch dazugehöre, sagte Julia Banda. Anna wußte aber nicht gleich wozu. Zu den Atomgegnern, sagte Julia vorwurfsvoll. Ach so, sagte Anna, die Atomgegner. Ja, das war so eine Idee von meinem Manager, fügte sie dann rasch hinzu, wahrscheinlich weil sie die Banda in all dem Stimmgewirr nicht richtig verstanden hatte und nun glaubte, man nehme ihr das übel. Aber die Banda klärte sie gleich auf und sagte, sie beneide Anna darum, daß Anna sogar Zeit habe, im Ortskomitee mitzuarbeiten, wie gerne würde sie, die Banda, sich dafür zur Verfügung stellen, aber leider leider habe sie einfach zu viel zu tun. Ach, ich bin im Komitee, sagte Anna, und tat, als habe sie das gar nicht gewußt. Mir ist es schon lieber, du bist im Komitee als daß du dich auf irgendwelchen obskuren Bällen mit dem Strauß photographieren läßt, sagte die Banda, von mir bekäme der einen glatten Korb. Na ja, sagte Anna, du bist eben eine Persönlichkeit. Ann, hör zu, Herr Pawel erzählt da eine dolle Stoori, die wer'mer uns schützen lassen. Pawel klemmte das Bonbon auf die höchste Kieferkante, von wo aus es, die Oberlippe buckelnd, zuschaute, wie er noch einmal den peinlichen Vorfall von heute mittag wiederkäute, diesmal schon mit einigen schmuckhaften Eingriffen, phantasievollen Zutaten, die von diesem Augenblick an zu jenem Vorfall gehörten und aus ihm eine immer besser werdende Partygeschichte machten. Werbechef Neeff und Sozialdirektor Dr. Pinne wurden herausradiert aus der Geschichte, es blieb nur noch der einzige, blitzschnelle Handgriff des Dr. Fuchs, der dem wildgewordenen Metzgermeister beide Hände auf den Rücken riß und drehte, gleichzeitig, natürlich gleichzeitig, schlug der quergestellte Schuh des Dr. Fuchs in die Kniekehlen des Metzgermeisters, daß der einknickte und nun auf dem Saalboden kniete wie der Delinquent vor dem Schafott. So habe ihn Dr. Fuchs gehalten, bis die zwei großen Portiers den Metzgermeister abgeholt hätten. Dr. Fuchs habe sich an einer Serviette die Hände gewischt und sei ohne weiteres auf seinen Platz zurückgegangen. Nun sah allerdings Frau von Ratow ihre Tontaube hochfliegen, endlich schien die Sekunde gekommen, um ein für alle Mal klarzustellen, daß der schlimmere Angriff, nämlich der mit dem Messer, ihr, ganz allein ihr gegolten habe. Aber sie drang nicht durch mit dieser Version. Ein Tag erträgt nur ein Opfer, einen Schurken und einen Helden. Und diese Rollen waren nun schon zu fest in den Händen der Gnädigen, des Metzgermeisters (dem niemand seine Rolle streitig machte) und in den Händen von Dr. Fuchs. Anna lachte, als Pawel sein Schlachtgemälde vollendet hatte und endlich dem schon ungeduldig werdenden Bonbon wieder Wandererlaubnis erteilen konnte. Annas Lachen sprengte die Gruppen mir nichts dir nichts auseinander, diesem steinharten, stahlblanken Lachen, diesem klingenden Gepolter einer schönen Kehle hielt kein Gesprächsthema stand.

Das wer mer noch'n büschen ausbauen, dann isses ne dolle Stoori, sagte der Regisseur und sah in die Ferne, wo schon die gereinigte Stoori auf der Leinwand tobte. Bloß gleich schützen müss mer's uns lassen, murmelte er verklärt.

Anna gratulierte Dr. Fuchs und ernannte ihn zum Kavalier des Tages. Edmund hielt es offensichtlich nicht aus, Dr. Fuchs so gefeiert zu sehen, er sagte, da ist noch ne Geschichte passiert, Bodo, was halten Sie davon: und er erzählte den Kampf um die Nelke und den Sturz des Baunickels. Aber er erzählte es, als sei der bedauerliche Vorfall dem Drama eines Lenin-Preisträgers entnommen: die übersatte feine Gesellschaft träge im Mittagslicht, benommen von guten Weinen, träge und lüstern zugleich, ein Dekolleté und eine Nelke, die Männchen drängen sich, tändeln, geifern, locken dadurch die armen Arbeiter von ihrer Arbeit ab, die, auch bloß Menschen, gieren herüber, einen überwältigt das Dekolleté mit der roten Nelke, er gibt sich auf, verliert den Halt und stürzt ab, mitten hinein in das Durcheinander von Baumaschinen, Stahlstangen und spitzem Werkzeug, die feine Gesellschaft drängt sich interessiert zu den Fenstern, schaut hinaus aus dem Aquarium, erregt über diesen Ausblick ins wirkliche Leben, dann wirft sie sich, die feine Gesellschaft, seufzend in die geräumigen Wagen und fährt ins Freie, um unter schönen Baldachinen, in besserer Luft, Cocktailsnacks uraufzuführen.

Schon wollte Pawel, wollte Dieckow, wollte auch ich protestieren, da drängte uns Edmund zurück mit seiner großen Säbelhand, gleich, rief er, ihr dürft mich gleich korrigieren, ich möchte bloß zuerst hören, was unser großer Regisseur dazu meint.

Der meinte, vielleicht weil eine Nelke im Spiel war, dies

sei ne dufte Stoori. Müss mer natürlich noch ausbauen, aber ne dufte Stori isses, Ann, meinste nich? Sollt mer sich schützen lassen.

Na, das is überhaupt ne Wucht, sagte Anna ganz ergriffen, Bodo, die machen wir, stell Dir vor, die Tragik, das Mädchen müßte den Bauarbeiter gekannt haben, sie sind zusammen aufgewachsen, verstehst Du ...

Ja, unterbrach der Regisseur, jetzt von einem schöpferischen Fieber erfaßt, ja, un' sie hat es leichter gehabt, schön wie se is, is ja auch so in Wirklichkeit, hab' ich doch drüwen gesehn, die Negerinnen kommen hoch, verstehste, ne gute Figur, un weg is die colour-bar, sie is also in bessere Kreise avanciert un er is immer noch der Baunickel, dreckig, aber ehrlich, Hardy, schätz ich, un Du die mit Dekolleté un' Nelke.

Jetzt protestierte Dieckow gegen beide Versionen. In Wirklichkeit sei alles ganz anders gewesen. Edmund habe alles verfälscht, die Folgerungen, die der Regisseur aus Edmunds Darstellung habe ziehen können, bewiesen das zur Genüge. Ein verdienter, ein hochverdienter Mann gibt ein Mittagessen an seinem Ehrentag, ist daran etwas Böses?

Nein, antwortet Dieckow sich selbst. Darf ein Festessen gut sein?

Ja, brüllte Lambert und erntete fröhlichen Beifall.

Darf es reichlich sein?

Muß es sogar, brüllte Lambert.

Darf man nach einem guten reichlichen Essen im Spätsommer am Fenster stehen und plaudern und einer schönen Frau eine Nelke, auch eine rote Nelke anbieten?

Ja, antwortete Dieckow sich selbst.

Dürfen Bauarbeiter ihre Arbeit verlassen und sich am ungeschützten Rand der soundsovielten Etage drängen, bloß weil auf der anderen Straßenseite in einem Hotelsaal sich etwas abspielt, was, soweit sie das sehen können, mit einer Frau zu tun hat?

Nein, rief Herr Ballhuber, und wieder lachten alle, weil Herr Ballhuber so rasch begriffen hatte, daß diese Antwort von einem Personalchef gegeben werden mußte.

Darf der Capo eine solche Ansammlung überhaupt dulden?

Nein, rief Direktor Ballhuber.

Wenn jetzt etwas passiert, steht dann der, dem es passiert, überhaupt noch unter dem Schutz des Betriebsunfallgesetzes?

Wenn der Verunglückte Familie hat, wird man ein Auge zudrücken, sagte Justitiar von Ratow, der begriffen hatte, daß bei diesem Gesellschaftsspiel nun sein Scherflein fällig war.

Man wird ein Auge zudrücken, rief Dieckow, sehr richtig, das heißt, man wird Gnade vor Recht ergehen lassen, denn die Gegenseite hat sich ins Unrecht gesetzt, aber den Capo, der dies alles hat geschehen lassen, den sollte man auf jeden Fall die ganze Schwere des Gesetzes spüren lassen, denn er allein trägt die Verantwortung. So, meine Damen und Herrn, sieht der Fall in Wirklichkeit aus, alles andere ist Klassenkämpferromantik oder Filmoptik.

Das heißt also, sagte Edmund, die Wirklichkeit dieses Unfalls, den ich ein Unglück nennen würde, ist seine Auflösung in juristische Perspektiven.

Un das is leider kein Film, fügte der Regisseur lakonisch hinzu und alle lachten.

Wenn ich auch mal was sagen darf, sagte Herr Frantzke und machte uns dadurch nachträglich darauf aufmerksam, daß er, der Hausherr, bisher noch nichts gesagt hatte; er würde sagen, wenn er sich schon ein Urteil erlaube, die Wahrheit liege hier wahrscheinlich in der Mitte.

Einen Augenblick lang, einen peinlichen Augenblick lang herrschte Schweigen. Es war, als schäme sich jeder für Herrn Frantzke, weil er die Aufmerksamkeit aller für eine so wenig erregende Mitteilung beansprucht hatte. Ich, wenn es gewagt hätte, diesen sensationslosen, pointenlosen Gemeinplatz auf einen Fall anzuwenden, der gerade dreimal in phantasievollen Versionen abgehandelt worden war, ich wäre vielleicht mild belächelt worden, ein Neuer, hätte man gedacht, der weiß noch nicht, daß sich nur äußern darf, wer etwas mit Pfiff zu sagen weiß, aber Herr Frantzke mußte das wissen, und er mußte wissen, daß er unter seinen Künstlern war. Das waren nicht salbadernde Geschäftsleute. Hier war er nicht der unangreifbare Konzernherr, hier galt nur, was einer in Worten nachprüfbar vorweisen konnte. Herr Frantzke muß das sofort verspürt haben, als er seinen faden Satz gesagt hatte. Und gerade noch, bevor irgend einer seiner scharfzüngigen Gäste ihm eine Parodie seines Satzes ins Gesicht schleudern konnte, gerade noch, bevor gar einer seiner Direktoren ihn in beschämender Weise in Schutz nehmen konnte, fügte er hastig und gewissermaßen kopflos hinzu: deshalb überweise er der Witwe des Verunglückten fünftausend Mark. Da brach ein großer Beifall aus. Ein Beifall wie nie zuvor. Offensichtlich hatte die Nennung einer solchen Summe in den Ohren der Künstler einen so herrlichen Klang, daß kein noch so feines Argument damit wetteifern konnte. Und Herrn Frantzke, der vielleicht zwei Minuten vorher überhaupt noch nicht daran gedacht hatte, daß er etwas mit dem Unfall, den Edmund ein Unglück genannt hatte, zu tun habe, Herrn Frantzke mußte die nicht nur glimpfliche, sondern geradezu triumphale Erlösung aus dem peinigenden Schweigen nach seinem Satz gut und gerne fünftausend Mark wert sein. Trotzdem ist es möglich, weiß man's denn, daß Frantzke schon am Nachmittag seinem Prokuristen Ordre gegeben hatte, jener Witwe fünftausend anzuweisen. Als ich Edmund das später vorhielt, sagte er, dem es keiner recht machen kann: und wenn schon, Frantzke ist seit Jahr und Tag schuldig, auch wenn er von jetzt an sein Leben lang im Bett bleibt, und alles verschenkt, was er hat, so einer kann nichts mehr gut machen.

Ich gab zu bedenken, daß Edmund durch soviel Unversöhnlichkeit die vielen Frantzkes auf der Welt nicht gerade ermuntere, sich für immer ins Bett zu legen und ihre Reichtümer zu verschenken.

Das ist es ja, sagte er, sie schenken zwar, aber sie wollen etwas dafür, obwohl ihnen gar nichts gehört, rechtmäßig, nur wenn sie gäben, ohne auch nur etwas zu erwarten, nur dann könnten sie gerettet werden, diese Art Verbrecher ist auf Gnade angewiesen und will es immer noch auf dem Rechtsweg probieren.

Edmund war übrigens der einzige, den Frantzkes Spende für die Witwe nicht zum Beifall hinriß. Das bemerkte Dr. Fuchs, das schien ihn zu interessieren. Herrn Gabriel sind fünf Mille zu wenig, Herr Frantzke, rief Dr. Fuchs.

Wollt ihr mit mir eine Versteigerung machen, bitte, von mir aus sechstausend, rief, in Geberlaune, Herr Frantzke.

Herr Gabriel klatscht immer noch nicht, rief Dr. Fuchs.

Siebentausend, rief Herr Frantzke und lachte kampflustig.

Wir klatschten wieder, aber wir klatschten ohne Hingabe, wir klatschten unaufmerksam, so wie man klatscht, wenn die Schauspieler gerade wieder in der Vorhangspalte verschwunden sind und man überlegt, bevor sie wieder herauskommen, in welcher Tasche man nachher die Suche nach dem Garderobezettel beginnen wird, hier war es Edmund, der uns daran hinderte, die Erhöhung um tausend Mark gebührend zu würdigen; wir waren natürlich gespannt, ob ihm siebentausend genügen würden. Er konnte sich bei Dr. Fuchs bedanken, der ihm so die Rolle eines Schiedsrichters und eines Auktionators, ja sogar die Rolle der Gerechtigkeit selbst zugespielt hatte: von Edmund schien es jetzt abzuhängen, wieviel jene Witwe bekommen würde. Edmund spielte die bisher größte Rolle des Abends. Nicht einmal Frantzke, den sein Auftritt Tausende und Tausende kosten würde, konnte sich mit Edmund messen. Edmund hatte Glück. Aber er saß da und schaute Dr. Fuchs an. Seiner Wichtigkeit schien er sich überhaupt nicht zu freuen. Nicht das dünnste Lächeln zeigte er. Und er klatschte immer noch nicht.

Achttausend, rief Frantzke.

Jetzt schüttelte Edmund den Kopf und sagte: und wenn Sie hunderttausend bieten, mich kaufen Sie nicht.

Er hat offensichtlich nicht mitgekriegt, um was es geht, rief Dr. Fuchs und bemühte sich, ganz laut zu lachen.

Neuntausend, rief Frantzke hitzig. Niemand klatschte. Frantzke hatte sich vorgebeugt. Frantzke stierte Edmund an. Edmund sah aus kleinen Augen zu Dr. Fuchs hinüber. Dr. Fuchs ließ seine Augen schwimmen.

Neunfünf, schrie Frantzke und, als schäme er sich, schrie er gleich noch lauter: zehn!

Das gibt noch ne Stoori, flüsterte der Regisseur Anna zu. Aber weil es so still war, hörten es alle. Gott sei Dank. Jetzt konnte man wenigstens wieder lachen.

Bevor Frantzke gezwungen war, einen weiteren Tausender springen zu lassen, raffte sich Edmund auf, endlich gelang es ihm, seine Augen von Dr. Fuchs zu lösen, er schaute Herrn Frantzke an und sagte: ich will Sie nicht ruinieren, verehrter Gastgeber, aber ich muß passen, mir geht es nicht bloß um diesen Fall, sondern um das Prinzip.

Ein Stöhnen der Enttäuschung von seiten des Chors.

Was für ein Prinzip, Verehrtester? fragte Dr. Fuchs gütig wie ein Vater.

Der Chor raunte die Frage nach.

Edmund konzentrierte sich. Ich wußte, daß er jetzt glücklich war. Man hatte ihn aufgefordert, seine Predigt zu halten. Und er hielt sie. Ich kannte die Predigt, aber in der Lutherecke des Frantzke-Salons, vor diesen Zuhörern, klang sie anders als bei Josef-Heinrich: die Predigt vom Wirtschaftssystem. Listig wie Sokrates fädelte er sein Garn ein. Nehmen wir an, unsere Wirtschaftsordnung sei gut, sagte er. Wer ist schuld an der täglich wachsenden Zahl der Opfer, Opfer nicht von Unfällen, die leberkranken Einzelhändler, denen eine Filiale den Garaus macht, die meine ich, den ganzen nervös erschöpften Mittelstand, die gedemütigten, ihrem Chef die Hosenbeine hochkriechenden Angestellten, die vor Hoffnungslosigkeit lasterhaften Sekretärinnen, die ganze vom Standard vorwärtsgepeitschte Konsumentenmasse, die meine ich. Wenn das System gut ist, dann sind angesichts der Opfer die schuld, die es praktizieren, das sind die Kapitäne, die sind dann ganz böse Lumpen. Die andere Möglichkeit: das Wirtschaftssystem ist schlecht. Dann sind die Kapitäne wirkliche Engel, denn dann ist es ihr engelhaftes Verdienst, daß nicht noch mehr Entnervte und Selbstmörder anfallen. Es ergibt sich: ist das System gut, dann müßte man die Kapitäne wechseln. Ist es schlecht, dann müßte man die Kapitäne dekorieren und das System durch ein besseres ersetzen. Manchmal vermute ich zwar, das System sei nicht ganz so gut wie es aussieht und die Kapitäne seien nicht ganz so schlimm, wie man meint, aber ich weiß es nicht, und solange ich es nicht weiß, kann ich nicht klatschen, wenn einer sich mit zehntausend Mark loskaufen will. Hier sitze ich und kann kaum anders, sagte Edmund und zeigte wie der geschnitzte Luther nicht auf den Platz, auf dem er sich wirklich befand, auch Edmund stach mit starrem Zeigefinger vor sich hin, sich voraus auf die matte Platte eines ehrwürdigen Eichentischchens.

Was jetzt, nach Edmunds letztem Wort, losbrach, kann ich, will ich innerhalb des Salons bleiben, nur als *Full Cry* bezeichnen. Eine Blitzlicht-Aufnahme hätte man machen sollen, um all die aufgerissenen Münder, die nach links und nach rechts geschüttelten Köpfe, die hochgezuckten Schultern und die durcheinanderfahrenden Hände festzuhalten, als Anregung für Regisseure zum Beispiel, die das Volk immer so lahm protestieren lassen, wenn in der Bühnenmitte der wahre Schurke sich entlarvt hat; man sieht es den Schauspielern an, daß sie, wenn sie auf Stichwort *Woge der Empörung* zu spielen haben, an ihren Tipschein, die neuen Hausschuhe und an die Linie achtzehn denken, hier aber, im Frantzke-Salon, raste der Chor, o herrliches Naturereignis, o traurige Begebenheit, für mich traurig, denn Edmund war mein Freund, aber nicht einmal daran dachte ich zunächst, so erfrischend war es, inmitten der Brandung zu sitzen, die über meinen armen Edmund hereinbrach, der sich so töricht benommen hatte, wie es sich kein Fuchs leisten kann, denn leisteten sich Füchse solche Torheiten, sie wären längst ausgestorben. Zieht der sich aus, daß alle seinen roten Pelz sehen! Und der hatte bei Josef-Heinrich immer von den feinen Parties erzählt, hatte getan, als fräßen ihm alle aus der Hand. Den hatten wir für den König der Salons gehalten, hatten ihn beneidet, weil er ein Weltmann war, weil seine Zunge schier unglaublicher Windungen fähig war. Und setzt sich hin, mitten unter die Jäger, zieht den Kittel aus, hier, schaut her, der rote Pelz, ich bin der Fuchs! Da war ja Luther noch schlauer, der hatte sich wenigstens vorher freies Geleit ausgehandelt. Sicher hätte sich der Sturm schneller gelegt, wenn nicht zwei Mannequins, die zwei radikalen Graphikerinnen und der verhängnisvolle Lyriker Edmund verteidigt hätten, ja ihn sogar noch überboten hätten; sie, verteilt in der Menge, reizten den Chor immer wieder aufs neue, weil sie sokratischer List nicht fähig waren, weil sie einfach wilde Enteignungsgesänge, radikale Gleichmacherhymnen, böse Terrordrohungen ausstießen, daß die reiferen Menschen sich plötzlich einer Verschwörergruppe gegenübersahen, unterwandert sahen sie sich, und hatten doch hoffen dürfen, daß Stalins Tod und die Folgen heilsam gewirkt hätten auf die Schwarmgeister, auf die langhaarigen und dann plötzlich kurzhaarigen Linksträumer. Fahrkarten boten sie den Verteidigern Edmunds an, Fahrkarten nach drüben, aber die wollten nicht, lieber ließen sie sich zerfleischen in Frantzkes Salon. Frantzke selbst flüsterte mit Dr. Fuchs, beide lächelten, auch die Gnädige lächelte. Und mit gewaltiger Stimme fuhr schließlich Frantzke ins Getöse, gleichzeitig hob er sein Glas: bravo, bravo, rief er, so lieb ich meine Künstler, Herr Gabriel, auf Ihr Wohl, der böse Kapitalist dankt seinem Propheten für die Lehre, ach Kinder, trinkt mit mir, was wäre der ganze Schwindel, wenn es euch nicht gäbe! Prooost!

Er leerte seinen Drink, wir taten es ihm nach, auch Edmund trank mit. Der Lyriker konnte es sich nicht versagen, auch noch einen Trinkspruch zu brüllen: auf den Untergang des Kapitalismus! Und Frantzke brüllte lachend zurück: auf Ihre Unsterblichkeit!

Und als alle getrunken hatten, wollte keiner gleich wieder sprechen. Wahrscheinlich waren alle ein bißchen ergriffen von dieser Szene, in der Bekennermut und patriarchalische Toleranz einander so schön begegnet waren. Zerknirscht gestand ich mir ein, daß Edmund eben doch ein König war in diesem Salon. Nicht zerrissen, zerfetzt, geächtet und zertrampelt hatte man ihn, sondern gefeiert als den Propheten, und lächelnd hatte er sich vom Gastgeber huldigen lassen, lächelnd hatte er ein Glas gehoben. Was würde ich noch alles lernen müssen, bis ich mich mit solcher Kühnheit und Sicherheit hier bewegen konnte! Aber dies war mein erster Abend, und die Guido-Geschichte war auf dem rechten Weg, das wußte ich, bloß jetzt nicht gleich aufgeben, Frau Pawel sah mich auf jeden Fall freundlicher an, seit sie gehört hatte, daß Anna mich duzte und Ratschläge annahm von mir, ich mußte einfach die nächste Gelegenheit abpassen. Vorerst war Frantzke dran, er schwelgte, hatte einen kurzen Arm um die Sängerin gelegt und pries ihre Kunst. Was wäre das Leben ohne die Kunst? fragte er, obwohl ja sein Job gar nicht so verschieden sei von dem der Künstler, auch er verschöne die Natur, mache sie haltbar. Die Künstler und er täten das Gleiche. Alle vergifteten die Leute, er mit Säuren, die Künstler mit Ideen, er müsse sich vor dem Lebensmittelgesetz in Acht nehmen, die Künstler hätten das Sittengesetz oder die Staatsgesetze zu fürchten, wir sind doch alle illegal, rief Frantzke, darum verstehen wir einander so gut, verstehen wir uns, he, alter Eiermaler!

Nichts gegen meine Eier, sonst hau ich euch alle in die Pfanne, rief Lambert und trank Frantzke zu.

Wollt ihr, daß wir ganz unter uns sind? rief Frantzke.

Ja, brüllte der Chor.

Frantzke nahm den Arm von den Fleischpolstern der Sängerin und drückte mit feierlichem Gesicht auf einen Knopf. Wir hörten ein zartes Brummen. Da, auf die Fenster müßt ihr schauen, schrie Frantzke. Vor den riesig breiten Fenstern wuchsen goldschimmernde Stäbe auf, wuchsen, schoben sich höher, bis sie die Fensterrechtecke ganz

vergittert hatten und einklinkten in irgendetwas Vorher-
gesehenes. Das Brummen starb. Keiner sagte etwas. Keiner
brachte es fertig, die Augen von den schimmernden Stäben
zu lösen. Was hatten wir angestellt? Wer hatte es auf uns
abgesehen? Die Gitterstäbe zogen uns an. Wir drängten zu
den Fenstern und schauten zwischen den schimmernden
Stäben ins Dunkel. Bevor diese Stäbe uns geschützt hatten,
hatte keiner daran gedacht, daß wir in Gefahr waren. Jetzt
schien jeder die Stäbe daraufhin anzuschauen, wie lange sie
uns wohl noch schützen könnten. Die Dunkelheit draußen
wurde lebendig. Und weil es so still geworden war, hörten
wir alle der alten blau und rot bemalten Wanduhr zu, die
so mühsam tickte, als mache sie es nicht mehr lange. Plötzlich wieder das Brummen. Von links und rechts wallten
die Vorhänge auf uns zu. Um nicht von ihnen begraben zu
werden, drängten wir alle zurück. Frantzke, der in der
Lutherecke sitzen geblieben war und von dort aus seine
Anlagen bediente, lachte dröhnend, als er uns auf der
Flucht vor seinen Vorhängen sah. Offensichtlich war die
Forstenweg-Villa erst vor kurzem mit diesen Mechanismen
ausgestattet worden, denn auch die Frantzke-Habitués
waren verblüfft.

Man weiß ja nie, was den jungen Leuten einfällt, rief
Frantzke. Und wenn gar nichts mehr hilft, habe ich immer
noch meinen Namenspatron. Moment!

Frantzke drückte wieder auf einen Knopf. Die indirekte
Beleuchtung schmolz, es wurde düster, bloß in einer Ecke
des Salons blieb ein helles Lichtoval, und in diesem Oval
stand eine Holzfigur. Gotisch.

Und wer sagt Ihnen, daß das der heilige Leo ist? fragte
Edmund, der noch immer nicht satt war.

Der Rüsselsheimer, und der muß es ja wissen, rief
Frantzke.

Edmund sprang auf, rannte auf die Figur zu, brachte den Kopf in drei, vier expertenhafte Schräghaltungen und sagte höhnisch: Und auf diesen alten Trick sind Sie hereingefallen!

Auf welchen Trick? fragte Frantzke, fragte heftig, einen Groll in der Stimme, der bewies, daß er sich ganz gerne mal einen Kapitalisten schimpfen lasse, aber wenn es um seine Kunstschätze gehe, und gar noch um seinen Namenspatron Leo, dann verstehe er keinen Spaß.

Das ist doch der alte Trick der Kunsthändler, dozierte Edmund mit Lust, sie hacken die Hand des Heiligen ab, weil diese Hand das Symbol des Heiligen trägt, dann können sie einem reichen Georg seinen heiligen Georg, einem reichen Florian seinen heiligen Florian und einem reichen Leo seinen heiligen Leo verkaufen, weil Schwert, Wasserkübel und sonstwas weg sind. Herr Frantzke langte wütend nach hinten, drückte einen Knopf, sofort verschwand der heilige Leo und das Licht wurde wieder normal. Schon sah es aus, als wollten die Künstler, grausam wie sie sind, jetzt in ein brüllendes Gelächter über ihren hereingefallenen Mäzen ausbrechen. Frantzke und die Gnädige suchten nach Worten, sahen einander mit angstvoll geweiteten Augen an. Würde das die diesen Tag endgültig besiegelnde Blamage werden? Und morgen würde es die ganze Bekanntschaft erfahren. Wo die Gnädige, wo Herr Frantzke auftauchen würde, vom Dr. h. c. kein Wort, dafür aber teilnahmsvolle Erkundigungen nach dem Namenspatron, und wenn der schon kein Leo war, vielleicht war er dann auch kein Georg, kein Florian, sondern durch und durch eine Fälschung. Ein Konzernherr kann sich zwar einmal verkalkulieren, er kann ein paar hunderttausend Mark falsch investieren, aber er kann es sich nicht leisten, nichts von Kunst zu verstehen. Das kann sich überhaupt niemand leisten. Mir ist das auch erst allmählich aufgegangen, aber jetzt weiß ich es. Warum sich eine Scheibe beschlägt, wie eine Genossenschaft arbeitet, warum der Mond zuweilen einen Hof hat, was die Protonen und Neutronen mit einander treiben, das ist völlig gleichgültig, aber wehe dem, der einen Frühkubisten nicht von einem Spätfuturisten unterscheiden kann. Im gelähmten Katastrophenblick, den die Frantzkes einander boten, ahnte ich zum ersten Mal, was dem blüht, der hinter den Forderungen der kultivierten Gesellschaft zurückbleibt. Da griff ich ein. Vielleicht rettete ich die Frantzkes nur, weil sie mir leid taten, vielleicht aber wollte ich auch Edmund den Schlag heimzahlen, mit dem er mir meine Guido-Geschichte kaputt gemacht hatte. Zum Überlegen war keine Zeit mehr, da die Gäste rundum schon Atem zur Lachsalve holten, sie warteten nur noch darauf, daß einer beginne.

Edmund Gabriel möge mir ja weit überlegen sein in der Kenntnis kunsthändlerischer Tricks, sagte ich, auch in der Kunstgeschichte wolle ich mich ganz gewiß nicht mit ihm messen, aber daß diese Figur ein heiliger Leo sei und nicht irgend ein verstümmelter Florian oder Georg, das sei ganz sicher.

Plötzlich stand ich und bat Herrn Frantzke, uns die Figur noch einmal zu zeigen.

Sofort wurde es dunkel und alle folgten mir hinüber zum heiligen Leo.

Wenn ein Heiliger nicht verdächtigt werden dürfe, bloß weil er eine Hand zu wenig habe, dann sei es der heilige Leo.

Und ich erzählte in schlichtem Legendenton ohne jede Spur von Besserwisserei und Belehrungshochmut die Geschichte, wie Leo der Papst die Osterkommunion in Maria major (ich verzichtete sogar auf das aparte maggiore) ausgeteilt habe, wie dann plötzlich eine kniende Frau die Hand, aus der sie gerade die Hostie empfangen hatte, an ihren Mund riß und mit Küssen bedeckte, wie Papst Leo diese Küsse auf seiner Priesterhand brannten, so sehr brannten, daß er eine Versuchung zur Unkeuschheit nicht von sich abhalten konnte, wie er dann die Hand, die so zum Ärgernis geworden war, einfach abhackte und von sich warf. Und deshalb hatte der Schnitzer mit gutem Grund den heiligen Leo als einen Einhänder dargestellt. Sie haben also, so schloß ich, einen durch und durch echten Leo im Haus.

Edmund sah mich an, daß ich sofort wußte, irgendwann einmal würde er mir das, was ich ihm jetzt angetan hatte, wieder heimzahlen. Diesmal konnte er mir den Erfolg nicht mehr verderben. Meine Geschichte war unangreifbar. Jeder hatte gespürt, daß hier ein Katholik sprach, einer der tief verwachsen war mit dem Legendengut aus bald zweitausend Jahren. Ich glaube sogar sagen zu dürfen, daß der Erfolg meiner Leogeschichte noch größer war als der Erfolg, den die Guidogeschichte hätte haben können. Die Leute finden heutzutage alles Katholische charmant, das riecht nach Tirol, nach Eingeborenen, Bauernschnitzerei, bemalter Truhe, Einödperversion, Messerstecherei und Jodelgesang. Man macht damit einen Eindruck, der dem einer grausamen Geschichte nicht nachsteht. Und dann war meine Leogeschichte eben noch mehr in die Aufführung dieses Abends eingebettet als es die Guidogeschichte gewesen war. Hätte man mir anläßlich der Guidogeschichte noch vorwerfen können, ich wolle nur mich selbst hervortun, so mußte auch der Böswilligste zugeben, daß meine Erzählung vom heiligen Leo einfach notwendig war, sie war die Enthüllung eines Irrtums, war gleichzeitig die Rettung des Hausherrn und sie war auch noch ein Beitrag zur Bildung, denn offensichtlich hatte nicht einmal Leo Frantzke selbst gewußt, wie tadellos sich sein Namenspatron aufgeführt hatte.

Man klopfte mir auf die Schulter und führte mich im Triumphzug in die Lutherecke zurück. Die Sängerin griff Leo Frantzkes Hand, stempelte sie mit Küssen und lachte und schrie, wir sollten Leo beobachten, ob er auch eine Versuchung zur Unkeuschheit spüre. Wenn Sie sich jetzt die Hand nicht abhacken, Leo, dann weiß ich, daß Sie nichts für mich empfinden, rief sie. Ein Beil, bringt mir ein Beil, brüllte Frantzke und alle lachten. Komm, olle Singmaschine, preß mir mal einen druff, gröhlte Lambert, ich wer' mir se deswegen noch nich gleich abhacken, wo käm'mer denn da hin, wenn mer uns alles gleich abhacken möchten!

Lambert, alter Eierpinsel, schäm' Dich, zwitscherte die Sängerin und tat, als sei sie peinlich berührt.

Lambert hatte bis zu diesem Augenblick weniger teilgenommen als alle anderen. Verdrossen hatte er ein Glas nach dem anderen in den Mund geleert. Manchmal murmelte er: Scheißdiskussion. Als der Sturm über Edmunds Predigt hereinbrach, brüllte er nur Buh-buh-buh und strich sich seine Haare mit beiden Händen in die Stirn, als wolle er alle erschrecken. Das war seine Stellungnahme. Jetzt aber war er dran: Spaß beiseite, sagte er und rülpste mit dröhnender Resonanz, Spaß beiseite, Ladies und Gentlemen, nennt mich Eierpinsel, bitte, sei's drum! Aber verachtet mir die Eier nicht, sonst wer'n die Eier euch verachten un' dann is es aus mit euch, woll! Dann könnt ihr nämlich bloß noch diskutieren, woll! (Immer, wenn Lambert *woll* sagte, riß er das Kinn hoch und ließ es einen Augenblick starr in der Luft stehen.) Ihr diskutiert mir ja jetzt schon soviel, daß es mich deucht oder dünkt, oder dünkt und deucht, die Eier verachteten euch schon, das will ich nich hoffen, woll, euch zuliebe, das sagt euch ein Mann, woll,

der sein Leben lang Eier gemalt hat, der jetzt in der fünften Periode Eier malt, meine schwarze Periode, denn ich
wer' alt und die Wurzeln strecken sich nach mir und mein'
Eiern, Trüffelfutter will ich wern, aber vorher mal ich
noch ein paar schwarze Eier in die Welt, daß ihr was zum
Lachen habt, Möpse, Halunken, Spitzbuben, die ein' Frosch-
laich nich von eim Spinnennetz unterscheiden können, aber
Geschmack habt ihr, woll, ich scheiß auf euren Geschmack,
Ladies ausgenommen, Ladies haben keinen Geschmack, sondern, na, was ham wohl Ladies, Edi, komm du Klugscheißer,
Herr Dieckow, Sprachfürst, Versebesitzer, Wortabtreiber,
Schwitzkastenmuse, was haben denn die Ladies, wenn sie
kein' Geschmack haben? ich sag' es Ihnen: n' Geruch haben
sie, und wer ne Nase hat, der rieche, aber ihr geschmäckelt
ja lieber, ich, ein alt werdender Eiermaler, woll, ich sage
euch: eine Frau hat was für sich! und ich bin froh, daß ich
kein' Geschmack habe, ich bin froh, daß ich bloß ein' intak-
ten Zinken habe, woll! Ein Oberpriester, wer Unterschiede
macht zwischen Frau und Frau! Ein Krüppel, wer ne
Blonde braucht oder ne Rote, n Verbrecher, woll, n Gotteslästerer, die Schöpfung schränkt er ein, und es kommt doch
jede in Frage, jede, sage ich, woll, un' darum, Ladies und
Gentlemen, verachtet mir die Eier nich, woll!

Noch so'n Rezept, rief wild die Sängerin in Frantzkes
Arm.

Ach Kinner, ihr lockt es aus mir raus, woll, un' kochen
könnt ihr doch nich, woll! Und ein Mann, der nich kochen
kann, is ein Gotteslästerer, so einer wie der Koch im Roxy,
Old Frantzke, das muß konstatiert wern an so'nem Ehrentag, das Steak war . . .

Ausgezeichnet, rief Dieckow dazwischen.

Lambert drehte die volle Breite seiner Langläuferbrust
auf Dieckow zu und echote grimmig: soso, ausgezeichnet.

Das war der Anfang eines Kochkurses, den der arme Dieckow so schnell nicht vergessen haben dürfte. Dieses Steak war eben auf *raw* gemacht, sagte Dieckow hochmütig. Wenn Lambert *medium* oder *welldone* vorziehe, hätte er das ja nur sagen müssen.

Noch konnte man glauben, Dieckow verbringe sein Leben mit dem Studium der Steakzubereitung. Aber dann donnerte Lambert los. Was raw, was medium, was welldone, nicht abgehangen war's, keine Spur von mürb, keine Spur von Gout, das hat mit raw, mit medium und mit welldone gar nischt zu tun! Wie lange soll es denn hängen nach Ihrer Ansicht? fragte Dieckow, als wisse er schon im voraus, daß die Antwort falsch sein würde. Das möchte er ihn fragen, gab Lambert zurück. Acht Tage, sagte Dieckow und man spürte, daß er Angst hatte, aber es blieb ihm jetzt nichts anderes übrig, er wußte es nicht, aber er hatte sich nun einmal eingelassen mit diesem ordinären Wildling, und da sagte er eben: acht Tage, und dachte, das sei schon hochgegriffen, acht Tage altes Fleisch, ihn schauderte, wenn er daran dachte, acht Tage, schrie Lambert und schlug seine Hände in prasselndem Wirbel auf seine Knie, acht Tage, er war wie besessen, am liebsten wäre er aufgesprungen und hätte irgendeinen Eingeborenentanz aufgeführt, acht Tage, dann essen Sie doch lieber gleich Leberkäse, Herr Dieckow, warum dann ein Steak, Kinner, Kinner, acht Tage, un sowas macht Lyrik, jetzt wird mir manches durchsichtig, wenn Sie Ihre Lyrik auch nich länger abhängen, unabgehangene Lyrik und unabgehangene Steaks, woll, das gibt Leberkäse, sechzig Prozent Bindemittel, Gelatine un so, wo doch das Filet erst nach drei Wochen die richtige Farbe zieht und reif is es achtundzwanzig Tage nach'm Schlachttag, achtundzwanzig, Verehrtester, acht plus zwanzig. Gestern hatte sich Lambert eine Hammelschulter gekauft, eine vierundzwanzigtägige, hatte sie mit Knoblauch gespickt und mit Nelken, wenig Nelken, aber viel Knoblauch, und hatte sie gebacken! Die Sängerin fragte: wie gespickt, wie geht das? Lambert streifte die Ärmel seines Jacketts zurück, daß die weißen Ärmelenden und die haarigen Gelenke allein blieben, man sah das Messer in seinen Tennisspielerhänden, sah wie er die steilen Löcher stieß und schon hatte die andere Hand Knoblauch und Nelken versenkt. Den Abstand der Löcher wollte die gierige Sängerin wissen. Lamberts Daumen und Zeigefinger deuteten eine Spanne von zirka vier Zentimeter an, um aber keinen Fehlschätzungen zu unterliegen, sagte er noch dazu: drei bis fünf Zentimeter, woll! Dieckow, der Unglücksrabe, sagte, ihm sei Knoblauch ebenso zuwider wie Hammelfleisch. Das überrasche niemanden, sagte Lambert grimmig, für Sie werden ja Enten genudelt, rasch angefuttertes, wabbliges Fleisch, und er könne ihm auf den Kopf zusagen, daß Dieckow auch Lunge verabscheue und sicher auch das herrlichste aller Haschees, Nieren, Lunge, Herz und Leber tüchtig mit Zwiebel und einem zarten Schuß Mosel, und wie wär's mit Nieren, Bruder in Apoll, nicht mit gewässerten deutschen Gasthausnieren, sondern mit ungewässerten, der Saich muß drin sein, Bruder in Apoll, Nieren ohne Saich sind wie eine Frau ohne Pickel, un' wenn ich die Wahl hätt', dann noch lieber ne Frau ohne Pickel, aber irgendwo hat ja jede einen, man muß ihr bloß Mut machen, ihn herzuzeigen.

Dieckow, von allen weisemachenden, schützenden und siegspendenden Geistern verlassen, rief: danke! Zu allem Unglück mußte er auch noch niesen. Vielleicht hätte er in diesem Augenblick auch niesen müssen, wenn von Methoden zur Restaurierung antiker Torsen gesprochen worden wäre oder von der neuen Fassade des Statistischen Landesamtes, aber jetzt paßte sein Niesen zum Eindruck fataler Schwäche und Unmännlichkeit so sehr, daß er, als wären wir in einer Volksposse, durch sein bloßes Niesen ein brüllendes Gelächter entfesselte. Welche Fülle der Erfahrung wurde mir doch an diesem Abend zuteil! Da hatte ich immer geglaubt, Kochen sei eine Sache der Frauen, zumindest hatte ich es nicht als einen Makel empfunden, daß ich mich mehr für das Essen als für das Kochen interessierte, und nun erlebte ich, daß ein Mann, der nicht kochen kann, einfach eine lächerliche Figur ist, er ist eigentlich gar kein Mann mehr. Lambert war der Mann, er spickte Hammelschultern, warf Froschschenkel in die Pfanne, daß sie Boogie tanzten, führte das Messer durch die krachende Hummerschale, zerlegte den Hummer bei lebendigem Leib in zwei Teile, ließ das Messer fallen, streifte das blauschwarze Hummerblut, das die gute rote Sauce gibt, rasch in die Pfanne, oder, wenn er den Hummer nicht auf amerikanisch zurichtete, warf ihn ebenso lebendigen Leibes in das siedende Wasser. Und er würzte zart, stäubte mit spitzen Fingern noch ein Gran Pfeffer in den Topf, schmeckte ab, tranchierte, flambierte, passierte, gratinierte, fachierte, parierte, liierte, melierte, panierte, lardierte, blanchierte, dressierte, tournierte und degressierte wie nur irgend eine Frau, und war doch ein Mann, gerade dadurch: ein Mann, und zwar einer, dem die Frauen mit langen Hälsen zuhörten und dabei innig vibrierten, als würden seine Berufe vom Nachtlokalkellner über den Masseur bis zum Kanalarbeiter vorgebetet. Und Dieckow war erledigt. Ob er sich davon je wieder erholen würde, wagte ich nicht zu beurteilen. Noch kannte ich die Gesetze dieser Parties zu wenig. Aber von heute auf morgen würde es ihm keinesfalls gelingen. Zuerst wird er mit Adalbertchen nicht fertig, dann erzielt er ein schwaches Unentschieden gegen Edmund, leistet dann einen auch nicht sehr unterhaltsamen Beitrag, indem er den Unfall lediglich juristisch zerfleddert, während Edmund immerhin einen Sturm auslöste, und schließlich entlarvt er sich als ein dünnblütiger Schöngeist, der nicht einmal den Saich in den Nieren liebt, und dann niest er auch noch dazu, wird immer blasser, während Lambert an Bräune, Frische von Wort zu Wort zunahm und einen ganz und gar durchbluteten Eindruck machte. Das blasse Ovalgesicht Dieckows hätte Lambert eigentlich an seine geliebten Eier erinnern und ihn mitleidig stimmen können, aber vielleicht störten ihn die großen Ohren, er hatte auf jeden Fall kein Mitleid und behandelte Dieckow nur insofern als Ei, als er ihn mit Lust in die Pfanne haute und brotzeln ließ, bis er rösch war.

Warum mischte sich Edmund nicht ein? Das begriff ich nicht. Er war wahrscheinlich der beste Koch von allen, die jetzt mit Lambert übers Kochen diskutierten. Edmund gegenüber war Lambert sicher nicht mehr als ein dilettierender Hummerschlächter, ein bramarbasierender Hammelschulterspicker, dessen Vorliebe für versaichte Nieren zwar bewunderungswürdig war, aber vielleicht doch noch kein Beweis dafür, daß er mit seiner Kochkunst einen Menschen sechs Wochen lang unauffällig und gesund hätte ernähren können. Edmund aber kochte seit Jahr und Tag für sich und Lerry, verbrachte wahrscheinlich mehr Zeit in der Küche als am Arbeitstisch, lud immer wieder zu einem Zander, einer Seezunge oder zu einer Forelle ein, denn Fische waren seine Spezialität. Aber vielleicht war es gut, daß er schwieg. Schließlich konnten seine zarten Fischgerichte, deren Geschmacksvielfalt auf eine kleine Skala beschränkt war − aber welche Abstufungen wußte er in dieser kleinen Skala unterzubringen! −, seine zarten Fischgerichte konnten sich weder mit den blutig vergammelten Steaks noch mit dem Hummer auf amerikanisch, noch mit den versaichten Nieren messen. Wollte man beider Köche Geschmacksskalen in Farben ausdrücken, so durfte Lambert das brutalste Rot und Schwarz für sich in Anspruch nehmen, während für Edmund lediglich ein schütteres Perlmutt bliebe.

Aber ich mischte mich ein, denn es war schon spät, wahrscheinlich war das Kochen das letzte Thema, wenn ich noch einmal ein Solo anbringen wollte, dann jetzt, jetzt waren alle einigermaßen betrunken, das Risiko war nicht mehr so groß. Lambert selbst hat den Anstoß gegeben mit seiner Hummerschlächterei. Plötzlich dachte ich an Alissas Tagebuch. Ich weiß nicht, wem man für solche Eingebungen zu danken hat. Nie mehr seit jener Nacht nach Josef-Heinrichs Verlobung hatte ich an die Tagebucheintragung gedacht, die von der Zubereitung einer Krebssuppe handelt, jene Eintragung, die Alissa aus dem handgeschriebenen Kochbuch ihrer Großmutter abgeschrieben hat, nie hatte es diese Krebssuppe bei uns gegeben, und trotzdem sah ich jetzt Zeile für Zeile dieser Eintragung vor mir, und das empfand ich als einen Beweis, daß in mir ein Talent zum Solisten schlummerte, ein Talent, das nach Anwendung drängte. Was jetzt mit mir geschah, kann ich nur als eine Verwandlung bezeichnen, und auch das ist noch zu wenig, eine Steigerung war es, ein schöpferischer Augenblick, alles geschah von selbst, ich mußte nur den Mund zur Verfügung stellen und dafür Sorge tragen, daß alle Worte und Sätze, die sich in mir hervordrängten, rechtzeitig nach außen kamen. Und ich hörte mir, während ich sprach, mit soviel Ruhe und Genuß zu, als spräche ein anderer, ein bewährter Solist dieses Salons. Es war eine interessante Kombination, die da vorgetragen wurde. Es war nicht eine simple Übersetzung des umständlichen Oma-Kochbuch-Jargons und es war auch

nicht ein Aufsagen dieser Notiz. Vielmehr erzählte da einer
– und der war ich –, daß in seiner Familie eine Krebssuppe
heimisch sei, der er in allen Kochbüchern und auch in den
feinsten Lokalen nie begegne, so daß er fast den Eindruck
habe, allein seine Großmutter habe sich im Besitz dieses
Rezeptes befunden und habe es, geizig wie sie gewesen sei,
nur an ihre Kinder weitergegeben, und auch die hätten der
übrigen Welt diese beste aller Krebssuppen nicht gegönnt.

Nun, er wolle mit dieser Tradition brechen, weil diese
Krebssuppe einfach zu gut sei als daß sie für alle Zeiten nur
den Gaumen einer einzigen Familie zugutekomme, und um
ja nichts falsch zu machen, wolle er die Zubereitung möglichst so schildern, wie die Oma, die man übrigens eher eine
Großmutter als eine Oma nennen sollte, wie diese gütige,
wenn auch geizige Frau die Zubereitung verordnet habe:
fünfundzwanzig Edelkrebse werden genommen, befiehlt
sie, die hatte der Großvater im Krebsbach über dem
Dorf zu fangen, und von Steinkrebsen auch fünfundzwanzig, ehe man sie siedet, wird die Galle davongenommen,
Wasser mit ziemlich Kümmel, aber keinem Salz siedet,
jawohl siedet gemacht, die Krebse hinein und nur solange
gelassen, bis sie recht rot sind, die Schwänze schält man und
behält sie auf, die übrigen Schalen und Scheren werden geputzt und mit ein wenig Butter gestoßen, dann in einem
halben Vierling Butter gedämpft, eine Handvoll Mehl
darauf gestreut und mit Fleischbrühe abgelöscht, hat es so
eine zeitlang gekocht, so wird es durch ein Sparsieb getrieben, die Butter nimmt man oben ab, stellt die Brühe wieder
auf Kohlen, tut Muskatnuß und Petersill daran. Dieses wird
jetzt über geröstete Schnitten oder Klöse angerichtet. An
die abgeschöpfte Krebsbutter werden sechs Eigelb gerührt,
dieses nebst Schwänzen oben auf die Brühe getan und
Muskatnuß darauf gerieben.

Dann spielte ich noch den demütigen Schelm und schloß: und wer diese Suppe zu bereiten versteht, von dem werden auch noch seine Enkel sprechen.

Mir war diesmal kein lauter Triumph beschieden. Das hatte ich auch gar nicht erwartet. Lamberts Art war weder zu imitieren, noch zu übertreffen. Ich wollte mit meinem unaufdringlichen Genrebildchen bloß darauf hinweisen, daß da ein Neuling aufgetaucht sei, von dem man nichts Böses zu befürchten habe, auch keine brutale Konkurrenz, dem aber ein sanftes geselliges Talent nicht abzusprechen sei. Ein Triumph wäre das Schlimmste gewesen, was ich mir hätte bereiten können. Edmund hatte mich nach meiner Guido-Geschichte wahrscheinlich auch deshalb blamiert, weil er fand, mein allererstes Solo sei viel zu gut gewesen. Es hatte die erfolgverbürgenden Elemente einer Partygeschichte so komplett enthalten, daß er mir schon aus erzieherischen Gründen den Erfolg ein wenig vermasseln mußte. Aber meine Krebssuppe konnte jeder schlucken, ohne sich gefährdet zu fühlen. Einige Damen baten mich sogar um eine Niederschrift dieses Rezeptes.

Als es soweit war, daß man die Hände durcheinanderreichte und sich solange wie ein Kreisel drehte, bis man sich von jedem dreimal verabschiedet hatte, da kam sogar noch die Gnädige extra auf mich zu, gab mir ihre große Hand und sagte: Sie müssen öfter kommen. Das war sozusagen der Ritterschlag, den ich natürlich nicht nur meinem geselligen Talent, sondern auch meiner rettenden Leolegende zu verdanken hatte. Wie war doch der Name, fragte die Gnädige noch. Schon wollte ich sagen: Krebssuppe, aber rechtzeitig fiel mir ein, daß sie wahrscheinlich doch nach meinem Namen gefragt hatte, weil sie beweisen wollte, wie ernst sie es meine mit mir.

Kristlein, sagte ich, Anselm Kristlein.

Was'n hübscher Name, sagte sie und lächelte beifällig, als hätte ich gerade einen Handstand auf einer Hand vollbracht oder eine alte Motettenmelodie fehlerfrei gesungen.

Doch, doch, 'n hübscher Name, sagte sie noch einmal, als ich im Gefühl meiner Verdienstlosigkeit die Schultern hob und ein demütig besorgtes Gesicht machte. Ich wußte natürlich, daß sich hier jeder quick und souverän gab. Eine Geste tolpatschiger Hilflosigkeit mußte die Gnädige rühren, und rührte sie umso mehr, als sie hier doch offensichtlich einen Menschen vor sich hatte, der seine Gaben unterschätzte, und das kam in ihren Kreisen gewiß selten genug vor.

Dritter Teil

1. Kapitel

Septemberbahn

1

Erzählen, soviel wie zugeben, dabei aber heiter machende Distanz vorschützen, eosfingrig Blümchen ins melierte Gestrige flechten, dem, der ich gestern war, auf die Schultern klopfen: alles Watte, was Du da drin hattest, aber jetzt, na ja, brauch' die Jacke gar nicht erst ausziehen, man glaubt mir ohnedies, daß ich mich geändert habe, sonst würde ich doch meinen aufgepolsterten Vorläufer nicht so bloßstellen. So tun, als könne man sich ändern. Irgend so einen Trick brauche ich schon, sonst kann ich den September nicht erzählen. Was groß an Historischem je im September passierte, weiß ich nicht. Wer es aber auf mich abgesehen hatte, der suchte sich gern den September aus. Durch und durch bin ich septemberlich. Nicht ausgeschlüpft im Septemberlicht, aber beabsichtigt, angefangen, ins Zeug gesetzt im September, und das ist wohl wichtiger als der viel beschriene Wechsel von innen nach außen, der bloß den lebenslänglichen Irrtum intoniert, man sei erst, wenn man gesehen und mit waschechten Namen beworfen wird; obwohl, gesehen zu werden, von Melitta zum Beispiel, damals am Kastanienbaum, wer weiß, was aus mir hätte werden können.

Der September also. Er macht die Straßen wieder hart. Die überwachsenen Kurven säubert er. Gibt den Blick über die Felder frei, daß man den Kurvenschnitt wieder rechtzeitig anvisieren kann. Belästigung durch argwöhnische

Bauern läßt nach. Das Kindergeschrei schaufelt er in die Schulen zurück. In die dafür bezahlten Lehrkörpersohren. Dem Sylvesterjux stellt er die Quittung aus. Hochzeiten regnet er in Grund und Boden. Beerdigungen malt er ins mildeste Licht. Trotz Trauerkleidung schwitzt man nicht. Er narrt die Statistik, kündigt Dauerverträge. Schleudert das Requiem in Honig. Und den Honig ins Requiem. Waben gehen in sich. Nach Morse heißt er kurz-kurz-süß. Kühe macht er einteilsam. Verschwenderisch die letzte Generation der Fliegen. Frauen reibt er trocken, streichelt er glatt, bestätigt ihre Frisuren, wenn nötig durch Korrektur. Soufliert ihnen, wie er, immer neunundzwanzig zu sein. Schließlich lügt er so gern wie der April, aber mit Lippen, fein von Erfahrung. Und ein Revisionist ist er, ein Bedächtigmacher, Revolutionenbremser, Armleutepriester, vieläugiger Übergangsprediger, Einluller, Parolentöter, walfischig, überall zu Hause, und muß sich doch durchschummeln, um nicht schon am zweiten Vormittag vom Oktober oder einer anderen eindeutigen Company erledigt zu werden. Viel Eigenes kann man ihm nicht nachsagen. Das bringt ihn in Verdacht. Es rentiert sich nicht, maunzt er und zeigt den Armen, wie die Reichen emsig Leichen ernten. Kurz-kurz-süß. Kurz-kurz-herb. Kurz-kurz-kurz. Und träufelt ach der Avantgarde Septembernis ins Blut, daß sie gärt, genießbar wird und verdirbt.

Daß um Septembers willen kein Mißverständnis passiert: er ist durch und durch irdisch. Wasserstand gut. Hochbrücke von den Azoren bis Grönland. Europafreundlich. Klassische, laubpflegende Temperaturen. Kein Blick aus der Unterwäsche ins ebenso gehäkelte Sterngärtchen. Der Zwölferzoo mit seinem Tierkreis-Dudel-Karussell treibt seinen Jahrmarkt ohne meinen September. In aufbruchbereiten Schwalbennestern und saftsammelnden Wurzeln ist er zu

Haus. Ihn gängelt nichts Babylonisches. Allenfalls die Mieze spielt ihm mit. Ein Tier von wohltuender Unbekanntheit. Für Glauben und Aberglauben gleich schwer zu fangen.

Alissa organisiert, wenn es septembert, und solange sie noch keine beheizte Klinkerfensterbank hat, die Lebensräume ihrer Blumen um: Zyperngras, Gloxinien, Sukkulenten, Kakteen und Knollenbegonien werden in allersüdlichste Lagen rangiert. Fingeraralie, Philodendron, Zimmerlinde und Blattbegonien beginnen ihren Marsch aufs Fenster zu, werden es am 21. Dezember erreichen, den milchigen Sonnenkuß empfangen und werden spätestens am 7. Januar, wenn der Tannenbaum den Weg wieder freigibt, den Rückmarsch antreten in die Tiefe der Zimmer, so daß man sich, will man sie nicht einfach zertrampeln, immer sorgfältig auf sie einstellen muß.

Bei uns – und jetzt spreche ich rückfällig von Ramsegg – bei uns kann es auch schneien im September. Mir ist nicht bekannt, daß es je im September in Ramsegg geschneit hat. Das heißt aber nur, daß das bis jetzt noch nicht nötig war. Jeder Ramsegger weiß: in Ramsegg kann es im September auch schneien. Das ist der Grund meiner Septemberei: ein Monat, in dem es schneien könnte, und hat doch noch nie geschneit.

2

Herr Übelhör und Herr Bahlsen kamen fast gleichzeitig heim. Das ist auch September. Merkur und Apollo synchron. Übelhör, ein paar Meter voraus, vertrödelte durch umständliches Abschließen der BMW-Tür soviel Zeit, daß Bahlsen ihn noch vor der Haustür einholen mußte. Bahlsen, das ist sicher, hätte sich, wäre er eine Sekunde vor Übelhör eingetroffen, beeilt um zu entkommen. Ihn zog es hinauf zu den Rätseln. Übelhör aber trug eine Rolle unterm Arm, damit lauerte er Bahlsen auf, streifte sie noch auf der Treppe glatt und erklärte Herrn Bahlsen den Grundriß. Det is die Südterrasse, achtmalfünf, hier det jroße Wohnzimmer. Durch'n Rundbojen durch in's Zimmer für de Feten, noch'n Rundbojen hier, freischwebende Treppe, Jallerie, oben meine Arbeitsecke mit Bücher un so, sehen Se, durch de Rundbojen ham Se drei Räume un doch is allet ein Raum, vaschtehen Se.

Wenn Übelhör außerordentlich gut aufgelegt war, berlinerte er, wie jemand berliniert, der in Karlsruhe geboren ist. Herr Übelhör – das trifft sich gut – ist in Karlsruhe geboren.

Det janze vierzehnfuffzisch mal neunfünfunsiebzisch.

Was ist das? fragte der Flötist höflich.

Das sin die Meter, vierzehnmeterfuffzisch mal neunfünfunsiebzisch, der Grundriß.

Ah ja.

Bahlsen durfte erst gehen, als ich in Sicht war. Die senkrechte, disziplinierte Oberlippe des Flötisten machte seine Grußworte immer strenger als sie gemeint waren. Für Bahlsen – wir werden das noch miterleben müssen – brach ein schlimmer September an.

Aber Du bleibst am Haus, sonst gibts Senge, rief Übelhör dem herab- und vorbeistiebenden olivenen Fritz nach, der den nach zwei Stufen schon wieder tief versonnenen Bahlsen erschreckt, seinen Pflegevater wendig umkreist und mich fast umgeworfen hatte.

Wo se doch den Kerl immer noch nich haben, sagte Übelhör zu mir.

Ich nickte, als komme ich gerade vom Polizeipräsidium. Ja, ja, schlimme Sache. Sehen immer noch nicht klar. Frau Pauly fragte mich: wie stehts? Frau Bahlsen, wenn sie mich sah, wischte allen Leichtsinn aus dem Gesicht, florte rasch den Blick: noch immer nichts? Alle fragten mich, als sei Wilfried mein Sohn, oder als sei ich der Polizeipräsident. Man wußte, daß ich Dr. Fuchs, den bedauernswerten Vater des kleinen Wilfried, kannte. Die Teilnahme, die man Dr. Fuchs nicht zeigen konnte, weil man ihn nicht kannte, brachte man mir entgegen. Dr. Fuchs war sozusagen der Held des Tages, der Held vieler Tage. Kundgebungen herzlicher Zuneigung, innigen Mitgefühls überschwemmten ihn. Das blieb nicht ohne Wirkung. Bei geschäftlichen Besprechungen äußerte er seine Argumente nur noch mit einem Viertel der früheren Lautstärke, sprach nur noch halb so lang, und es genügte. Keiner hatte den Mut, ihm zu widersprechen. Eigenartig, diese Veränderung, die eher unsympathische Menschen durch ein Unglück erfahren. Eine unvermutete Fähigkeit zu empfinden, wird in ihnen geweckt. Zum ersten oder zweiten Mal schmecken sie das Leid, schnuppern, als sei plötzlich Brandgeruch in der Luft.

Awa wenn wer det Häusgen erst ma unner Dach un Fach hawn, dann wird ne Mauer jebaut un ne Alarmanlaje ausjetüftelt, die sich jewaschen hat. Sehnse, dat is de Südterasse, achtmalfünf, det jroße Wohnzimmer, Moment, dat sin fünf auf sechs. Durch'n Rundbojen durch, dann sin Se im Zimmer für de Feten . . .

Plötzlich sackten die Lachmuskeln in Übelhörs Gesicht zusammen. Feuchten Auges starrte er auf seinen Plan. Sein Akzent schwamm der Heimat zu. Das hat man jetzt alles, sagte er, für seine Verhältnisse, flüsternd: un was nützt's eim? Obs mir auch so gehe? Die Diahann Shepherd, hamse das Bild gesehen? Ich glaub, ich geh zum erschten Mal ins

Ballett. Aber ma kommt ja doch nich ran. Sie vielleicht. Mit Ihre Beziehungen. Übelhör komplizte mich an. Hatte ihm Josef-Heinrich was von Anna gesteckt? Ich tat bescheiden wie jemand, dem endlich das Kompliment gemacht wurde, auf das er schon lange gierig war. Sin mer doch mal ehrlich, Kristlein, jeder von uns möcht die doch. Ich glaub, ich nehm den Fritz un spazier mal ums Theater rum. Vielleicht kommt se dann her, wo doch der die gleiche Farb hat. Wenn ich das Haus schon fertig hätt, könnt ich sie einladen, aber die käm ja doch net. Oder glauben Sie, die käm? Die käm sicher net. Un wenn se käm, zwei Meter vis à vis, ich glaub, das wär noch schlimmer. Mein Gott, un was wird das Haus schön. Is der Josef-Heinrich eigentlich schon zurück?

Zart elektrisiert zuckt, wer nichts weiß, die Schultern.

Ja, Alissa, ich komme schon.

Sie entschuldigen mich, Herr Übelhör, Sie wissen ja.

Und ob ich weiß, ho, ho, ho, ho. (Herr Übelhör lachte nie ha, ha, ha, ha.) Hinter seinem eigenen Gelächter her stieg er nach oben.

3

Edmund empfing mich mit unschlüssigem Giftmörder-lächeln. Seine Gesichtshaut phosphoreszierte wie noch nie.

Du siehst aus wie ein toter Fischbauch bei Vollmond, sagte ich. Mußte ihm zeigen, daß ich ihn auch benennen konnte, bannen, klein halten, entmutigen. Ich kann auch, nicht daß Du meinst. Ich bin nicht gekommen, mich kurz und kleinreden zu lassen, um Dir nachher die spitzen schwarzen Schuhe zu küssen.

Lerry ist fort, sagte Edmund.

Pause, Pause, Pause. Also soll ich was meinen.

Sei froh, sagte ich.

Be happy, krächzte der Neger, als er die Trompete von der Mundgeschwulst nahm, weil die Klarinette dran war.

Du hast leicht reden. Ziehst Du zu mir?

Kaum.

Na also.

Das Auto?

Hat er mitgenommen.

Zeig ihn wenigstens an.

Kann ich nicht. Würd ich auch nicht tun. Soll ihm gut tun. Dabei hätt er's nicht nötig, der Idiot. Ist zu einem Millionär, nach Lugano, den hat er kennengelernt auf einer Tour nach Genua. So'n entmündigter Trottel, der sich auszieht, auf zwei Stühle stellt und Lerry muß sich bücken, aber ne Mordsvilla, in jedem Sinn, hat nämlich Munitionsfabriken in Portugal, Belgien und anderswo. Damit hat Lerry ausgesorgt.

Lerry ist doch gar nicht schwul, Edmund.

Natürlich nicht. Aber er hat's gelernt. Hat mit Sessantanove in Nizza viel Geld verdient. Der amerikanische Offizier und die Legion, das war bloß seine Berufsbiographie, so ne Legende gehört zum Gewerbe. In Wirklichkeit kam er neunundvierzig aus Leipzig. Seine Eltern schickten ihn rüber. In so ner evangelischen Fürsorgeanstalt in Bethel hat er angefangen. Alles Burschen um fünfzehn, sechzehn. Was sollten die sonst tun. Damals hat er gemerkt, daß man damit auch Geld machen kann. Saß dann allerdings. Sieben Monate. In Mainz. Als er wieder rauskam, machte er nach Genua und Nizza, ließ sich die Haare vergolden und lernte, was ein Finocchio, was ein Bulicio als Profi braucht. Ich bin nicht verstockt, sagte er immer, aber Spaß macht es trotzdem.

Edmund seufzte.

Er hat ja auch Damen bedient. In Marseille und sonstwo. Alle Schattierungen. Rezepte kannte der, Anselm, davon habt ihr keine Ahnung. Ich habe ihm nichts in den Weg gelegt. Er hat auch hier weitergearbeitet. Zweimal in der Woche ist er abends weggegangen. Mittwochs war die Damenkundschaft dran. Da machte er sich seinen Hackepeter, zwei gehäufte Löffel Paprika, zwei gehäufte Löffel Pfeffer und eine Handvoll Zwiebeln. Aber er trank nichts dazu. Auch danach nicht. Das war sein Berufsethos. Er wollte gute Arbeit leisten, verstehst Du. Verbrannte sich seine Papillen mit dem scharfen Zeug wie sich ein Curie an seinen Strahlen für seine Strahlen verbrannte, hatte allmählich ne Zunge wie Höllenstein und Kraterrand. Manchmal hätte ich ihn gern eingesperrt, besonders am Freitag, wenn die Männer dran waren. Du glaubst es nicht, aber oft genug hatte er Angst. Er ist kein Kämpfer. Und er hatte da ein paar Sadisten in seiner Kundschaft, vor denen er sich fürchtete. Wenn ich um eins nicht zurück bin, rufst Du die Polizei, sagte er. Dabei hätte er die Polizei auch zu fürchten gehabt. Die ist ja immer hinter den Jungs her, bloß um den Männern die Jungs wegzuschnappen. Wahrscheinlich hofft man, die Herren werden dann ums Kittchen herum schleichen wie die Hirsche im Hochwinter ums Futterhäuschen. Schau, das ist seine Kundschaft.

Edmund streichelte zärtlich über einen Karteikasten, der einer mittleren Geschäftskartei nicht nachstand.

Und von jedem Kunden ist genau vermerkt, wie er es haben will. Das ist Material. Ein Schatz ist das. Ist auch alles, was mir von Lerry bleibt. Du schlackerst mit den Ohren, wenn ich Dir die Namen vorlese. Leider habe ich zum Erpresser kein Talent. Ne hübsche Rente steckt in dem Kasten. Aber vielleicht kann man's doch mal gebrauchen, wer weiß.

Edmund schwärmte.

Ich steh nicht drauf, ich bin nicht verstockt, hat er immer gesagt, aber es macht mir Spaß. Er war ein Talent, das war er. Und vielseitig wie Talente sind. Mittwochs, wenn Lerry seinen scharfen Hackepeter machte. Ach ja.

Edmund sprach, als sei Lerry eines schrecklichen Todes gestorben.

Aber Dich interessiert das alles nicht. Be happy, sagst Du, weil Du keine Ahnung hast, weil Du nicht weißt, was mir jetzt bevorsteht. Lerry war der Einzige, der Bescheid wußte. Einen braucht man, Anselm. Weißt Du, ich hol mir jemanden, kaum sind wir zu zweit, klappt es nicht. Manchmal klappt es auch. Aber ich kann nicht drüber verfügen, verstehst Du. Lerry wußte das. Er hat mich nicht ausgelacht. Dann eben ein anderes Mal, hat er gesagt. Bei den anderen fürchte ich von Anfang an, daß es wieder schief gehen könnte. Und dann geht es natürlich schief. Ich muß Tragödien erfinden, um alles zu überspielen. Den anderen anklagen, Gerüchte erfinden, ihm irgendwas vorwerfen, das und das sei der Grund, solange das zwischen uns stehe, sei es mir unmöglich. Frauen werden dann sozusagen verzweifelt, sie beteuern, daß alles, was ich ihnen vorwerfe, erlogen sei. Ich erfinde neue Märchen. Gaby hat es Dir sicher erzählt. Und wenn die Quälerei nicht weiter zu treiben ist, schick ich den andern aus'm Zimmer und tu so, als haßte ich ihn. Manchmal muß ich dann in den folgenden Tagen meinen Haß durch irgend eine Intrige beweisen, weil ich doch annehmen muß, daß er auch herum erzählt, wie's bei mir war. Und wenn ich jetzt nicht beweise, daß ich ihn hasse, dann halten mich alle für impotent, verstehst Du.

Edmund erschrak, als er das Wort ausgesprochen hatte und redete gleich weiter, um mich an einer Antwort zu hindern. Josef-Heinrich interessiert mich nicht mehr, das versprech ich Dir. Wenn er die Sache auf sich beruhen läßt, hat er von mir nichts zu befürchten. Bei Frantzke, bei Pawel und Konsorten wirst Du mich auch nicht mehr sehen. Ich hab' es satt, mich jedes Mal hinterher darüber zu ärgern, daß ich wieder einen ganzen Abend lang nicht ein einziges Mal gesagt habe, was ich wirklich denke. Und wenn Du einmal die Wahrheit sagst, dann zirpen die Damen: oh, das ist aber das geschickteste *fishing*, das ich in den letzten vier Wochen gehört habe. Sage ich: ich hasse Mozart, girren sie: wie originell. Dabei hasse ich Mozart wirklich. Na ja, auf jeden Fall bin ich fertig mit dieser Gesellschaft. Ich hätte Dir gern Deinen Auftritt im Frantzke-Salon noch gründlicher verpatzt, denn dort Erfolge zu haben, ist das Schlimmste, was Dir passieren kann, aber dann hast Du mir leid getan, Du siehst es noch nicht ein. Jetzt winseln sie wieder bei mir rum, ich soll ihnen die Diahann Shepherd verkuppeln. Haben Sie nicht das Bühnenbild für das *Schwarze Schiff* gemacht, Herr Gabriel? Ja, Herr Frantzke, hab ich. Wie steht's denn da mit Karten? Sie gehen wahrscheinlich nicht mehr rein. Wär gern mit Ihnen reingegangen. Bei nem Ballett ist es immer gut nen Fachmann mitzuhaben. Könnten ja danach noch mit der Künstlerin zusammensitzen. Ich glaub, ich habe den Namen schon in Amerika gehört. Trat, wenn ich mich nicht irre, in der Tender Trap auf, war noch blutjung damals. Was halten Sie davon, die Künstlerin zu mir hinauszubitten? Müßte den Kreis natürlich sorgfältig auswählen. Keine Banausen. Sie und. Werde mein Möglichstes tun, Herr Frantzke. Den Deubel werd ich tun. Und Pawel schmiert herum. All diese Möchtegerne. Bloß Lambert brüllt: die läßt mich kalt wie deutsche Sauce. Weil er weiß, daß er nicht rankommt. Und mit sowas verbringt man sein Leben. Ich nicht. Jetzt ist Schluß. Auch mit

Patterson. Aber darüber darf ich noch nicht sprechen. Laß den September noch vorbeigehen, dann siehst Du mehr. Kann sein, daß ich heirate, wenn mich Josef-Heinrich nicht vorher anzeigt.

Warum sollte der Dich anzeigen?

Wart nur, wenn der zurückkommt und vom kleinen Wilfried hört, dann sagt er: das hat Edmund getan. Der traut mir doch alles zu. Von mir aus. Ich bin fertig mit ihm. Und mit Erich, Justus, und der ganzen blöden Bande.

In verläßlicher Regelmäßigkeit verbrannte Edmund die Schiffe hinter sich und prophezeite jedes Mal, die Gesellschaft, seine Freunde, oder gar die ganze Menschheit, müßten von jetzt an ohne ihn auskommen. Und solange er seine Kündigung vortrug, glaubte er sicher daran. Hatte er erst alles herausgesagt, was er gegen uns hatte, wurde ihm wieder wohler. Mit bloß noch ironischem Grimm sagte er dann: und jetzt stauben wir die letzte Flasche ab. Beim letzten Schluck aus dem letzten Glas dieser letzten Flasche fragte er: sollten wir nicht Lambert nächsten Sonntag am Tegernsee überfallen?

4

Die Thunderbird-Schnauze schrie über den blechbuckeligen Bienenstock-Parkplatz herüber: ich bin wieder da, also sind wir wieder da, schau doch mal rauf, vielleicht. Der Lift jaulte zärtlich. Warum hatte ich gleich den Vierzehner-Knopf gedrückt? Einfach vorbei an der neunten Etage. Melitta, endlich sollte ich Dich fragen. Nur noch schnell zu Susanne. Wenn sie da ist. Die ist sicher nicht da, badet im Ofanto oder sonstwo, überall ist sie, bloß nicht in der vierzehnten Etage, wetten!

Erich hängte kummervoll das Mondgesicht im Türspalt auf. Die Vögel sind zurück, es wird Winter, sagte er. Susanne, Josef-Heinrich. Lederbraun, tabakbraun. Josef-Heinrich hat Susanne eingeholt, eine Familienfarbe jetzt, einig wie noch nie, ein Ehepaar, zusammengeglüht, der Blick, das Lächeln, vier Wochen genügen also. Eine Erzählung auf zwei Stimmen verteilt, die eine Stimme ist. Der Portier im Albergo Sowieso hat sie für eine Italienerin gehalten, in Neapel wurden die Schuhe verwechselt, zwei Paar Damenschuhe vor der Tür, Josef-Heinrich ließ sich nicht zurückhalten, ging demonstrativ in Socken zum Frühstück, Italienern einen Denkzettel verpassen, wahnsinnige Schlamper die Katzlmacher, aber dolce, dolce, dolce, endlich einen Ort gefunden, in dem keine Deutschen waren, stell Dir vor, nicht ein einziger Deutscher, das kannst Du Dir nicht vorstellen, nostra nostalgia: Italia, und weit und breit kein Deutscher. Kann jetzt nicht darauf hinweisen, daß doch mindestens einer dort war, Josef-Heinrich, falls man Susanne immer noch als Columbierin gelten lassen will, aber wahrscheinlich gilt da: ein Deutscher ist kein Deutscher, und überhaupt: der Deutsche ist immer der andere.

Susanne streckte das kurze Kinn vor, ich sah den langen immer schon braunen, jetzt noch viel brauneren Hals entlang, hinab, braun so weit das Auge reicht, ohne alles in der Sonne gelegen, auf apulischen Steinen, Eidechse verfluchte, oh Ofanto, oh Canne, Sanne, Josef-Heinrich-Hannibal, vincere scis, der Rest wird sich zeigen, und mich auch noch ausbeuten, ich soll meine Ohren hinhalten, weil euer ganzes Italien keinen Pfifferling wert wäre, wenn ihr's jetzt nicht mir in die Ohren schaufeln könntet, wißt also noch immer nicht, daß es nichts Dümmeres gibt als Reiseschilderungen, vollen Herzens ausgeschüttet über den, der nicht dabei war, ihr gackert aufgeregt, löst euch ab von Satz zu Satz, geübt im Auto wahrscheinlich, diesen Parallel-Dialog, mehrere Sprecher, wie im Radio, wenn's fad wird, soso, ein Abenteuer sogar, ein zweirädriger Karren bog vom Maisfeld auf die Straße, Susanne: von zwei Eseln gezogen, und über und über mit Maispflanzen beladen, *über und über*, typische Reiseberichtsübertreibung, was heißt schon *über und über*, schwärmen wollt ihr, sonst nichts, Josef-Heinrich (sachkundig, italienerfahren): die Italiener holen ja den Mais samt Blättern und Stengeln vom Feld, Susanne: zuoberst auf der grünen Fracht saßen zwei Bauernmädchen und lenkten das Gefährt am Straßenrand lang, um nicht von den Touristenkolonnen überfahren zu werden, *das Gefährt*, ach Sanne, wie hat doch Josef-Heinrich Dein Vokabular verfeinert! Wozu ihr noch siebenunddreißig Minuten braucht, das läßt sich in einer halben Minute sagen: Josef-Heinrich biegt scharf ein, springt raus, zückt die Kamera, 16 mm, Agfa-Color, die indianerhaarigen Mädchen, süß-barfuß-schön-zerlumpt, wollen nicht, schlagen auf die Esel ein, Josef-Heinrich greift in die Räder, Susanne, ganz Gefährtin, ganz Partei und folgsames Weib, springt auch heraus, hält den Karren, bis Josef-Heinrich Schärfe und Belichtung und die nötigen Meter im Kasten hat, leider verstecken die Maisgöttinnen ihre Gesichter hinter den Händen, aber das macht sich vielleicht ganz lustig, wir werden's ja sehen. Natürlich hat Josef-Heinrich seinen Opfern ein paar Hundert-Lire-Fetzen hinaufgereicht. Tante grazie.

Sonst noch was?

Sie hielten es nicht mehr aus, das große Accelerando kam über sie, halbfertig rissen sie einander die Sätze aus den italomanischen Mündern.

Am Steuer, jeder ein Zirkusaffe

   täglich schrie der Ire nach dem Boss

stell n'deutschen Polizisten hin
   ihm zu erklären warum das kein Tee
glatt wahnsinnig wird der
   ja englisch vielleicht aber nicht irisch
die Magnani wenn ich Dir sage
   wovon sprichst Du Giuseppe
stand doch am Tor MAGNANI
   ja meergrün ein Shawl durchs Haar
zwei feine Bürschchen dabei
   daß man nicht wußte was ist Haar was ist Seide
Figuren wildledern biegsam
   ihr Sohn so krank
das Neonkreuz der Gipfel
   ach das wissen Sie nicht
Weiber hat's da
   bei Begräbnissen immer
abends zum Beispiel
   man muß sie mit Gewalt vom offenen Grab
Blick unterm Arm durch ins schulterfreie
   regelmäßig Ohnmachten
rückenfreie
   weinen viel lauter
achselfreie
   richtige Schreie stoßen sie
rippenbogenfreie Kleid
   sogar die Geliebte des Toten
von schräg hinten
   mit der Witwe um die Wette
die eine Brust
   vor allem in besseren Kreisen
liegt rund im Nest.
   schäm Dich Giuseppe.
 Susanne hängte ihn ab.

Aber singen können sie. Giuseppes letzter Versuch: und autofahren. Und immer der Sänger hat den größten Erfolg, der am deutlichsten zum Ausdruck bringt, wie schwer es ihm fällt, trotz seiner Ergriffenheit noch zu singen. Er führt sich auf, die Kehle ist wie zugeschnürt, der ganze Kerl würgt, erstickt am Schmerz, man erwartet nur noch einen Schrei und einen Zusammenbruch. Und dann die tolle Überraschung: er zerreißt die Fessel, die Kehle ist frei: er singt. Bravo, bravissimo, brüllt erlöst das Publikum. Com'è bel da far l'amor, knödelte Josef-Heinrich-Giuseppe-Hannibal. Vecchia Roma soltanto tu, sang Susanne wild dazwischen. Singend, zwei verschiedene Lieder gleichzeitig singend, um mich so in möglichst kurzer Zeit ihres italienischen Überflusses teilhaftig werden zu lassen, gegeneinander singend, und doch Händchen einträchtig in Händchen, so saßen sie vor mir, dem transalpinen Klotz, der immer noch nicht schmelzen wollte, obwohl er doch schon ganz und gar zerschmolzen hergekommen war.

5

Düster brandend. Die Primanerin vom Dienst nicht achtend. Ein Mensch im Strafvollzug. Septembrisierend alle Zeugen, die durch hartnäckig tägliches Zuschaun von mir erwarteten, was sie erwarten durften, die mich mit Küchenfensterblicken abfüllten in Salzdöschen, Maggifläschchen und Brotschubladen. Nur in Gedanken septembrisierte ich sie, weil wir nicht September siebzehnzweiundneunzig hatten, weil dies die Lichtenbergstraße war und ich ein umgänglicher Mensch, der sich begnügte ein bißchen düster, bißchen brandend heimzukommen. Das Engegefühl in den

Schultern kommt von der Jackenmode. Freiübungen auf eigene Gefahr. Die Naht wenn reißt. Ist Deine Schuld. Grüß Gott Frau Strehler. Ja und ein Weinjahr. Hoffentlich hält's. Oh es wird schon halten. Glaub ich auch. Wenn Sie's glauben und ich glaub's und alle anderen glauben's, dann wird es schon halten. Guten Appetit auch. Wünsche dasselbe. Der Herr Kristlein ist ein feiner Mensch, finden Sie nicht auch, Frau *Frau?* Windstill, sonnig, geringe Niederschläge. Es hält. Sie werden sehen, es hält. Falls keine Freiübungen. Aber sogar wenn. Die Naht hält, was der September verspricht.

Im Bad hing gelb Susannes Bikini.

Lustig, mit Tönen bewaffnet, Lissa, Drea, Guido umarmend, als wären es meine eigenen, brach ich in die Wohnung ein. Guido, Gwido. Guuido, la lingua del sud, come si chiama in tedesco, Guido, non c'è, non c'è più, sang Susanne, non c' è più. Ich habe keine Komplexe, ich steh zu Dir und werde Dich weithinhallend Guido nennen, typisch deutsch oder sonstwas, egal, zumindest ist es zu spät, mach' mich ja lächerlich. Allora, mangiamo, Alissa.

Alissa durchwitterte mich. Lenkte mich ab. Ließ Diahann Shepherd über der Tomatensuppe tanzen. Das Tomatenrote. Das Schwarze Schiff. Diahann Shepherd muß demnach genau die Zahl von Lichtjahren entfernt sein, die es Alissa erlaubt, mir sorglos den Kopf hinaufzudrehen. Wange an Wange bewundern wir das schwarze Licht. Schiff. Bug, Wanten, Spriet. Saftige Worte in der Nachbarschaft. Zum Kotzen diese Propaganda. Windstill, sonnig, keine Niederschläge. Alissa, blonde Griechin, drei gelungene Bälge, das ist doch was, das spürt man doch, bei Gott. Aber kaum auf der Straße, foltern sie Dich wieder von oben und unten mit ihren Schnallen. Zum Kotzen. Hat man was vom kleinen Wilfried gehört? Na bitte. Wenn einem sowas passierte.

Guido streicheln, Lissa, Drea küssen. Wenn das nicht zum Wahnsinnigwerden ist. Windsonnig-niederstill. Keine Schläge.

Sorgsam, aller nicht über uns hereingebrochenen Katastrophen eingedenk, aß ich, aßen wir, waren wir eine Familie. Wände aus Appetit, Angst und Ekel hielten uns septemberwarm zusammen. Keine Adriajacht, keine Luxustrireme mit Sklave und Sklavin, kein großes Schiff, kein schwarzes Schiff, aber eine enorme Nußschale. Das Kommando hat Alissa, die steinalte, knabenkrautjunge Homöopathin. Vorübergehend ein Mangel an Wahlmöglichkeit. Wiederkehrend.

Alissa zuliebe hätte ich darauf verzichtet, den Kasten anzudrehen. Wenn Du willst, stell's doch an, sagte sie gönnerisch, ohne jeden Spott, so wie sie manchmal sagte: rauch doch noch eine. Die schmeckte dann doppelt. Meinst Du? fragte ich gleichgültig und sagte noch rasch: ja, wenn Du meinst. Nachlässig im Vorbeigehen drehte ich am Knopf. Aber Du mußt auch zuschauen, sonst mach ich aus. Einsam saßen wir vor dem Schirm. Susanne sagte: Set. Aus dem dunklen Glas rappelten sich Schemen, denen Schenkel wuchsen, aus denen Beine wurden, auf denen Rümpfe wakkelten, am Ende noch ein Flimmerfleck-Gesicht. Es wurde getanzt. Diese Propaganda hört nicht auf.

Sollen wir uns das ansehn, Alissa?

Mildes Nicken, wobei die Augen sich zweimal ganz schlossen.

Alle Beine hatten ihre Rümpfe gefunden, die Rümpfe versuchten nun, die Beine und auch die Arme wieder lozuwerden, wegwerfende Bewegungen, hastiges Abschütteln, aber es gelang nicht, die Glieder waren zu fest angewachsen. Die noch weißeren Zahnschlitze im Flimmerfleck-Gesicht blieben trotzdem lächelnd offen.

Der Fernsehmensch, wenn er zurückschaut, in einer einzigen Sekunde, sagen wir, man weckt ihn nachts und schreit ihn an: – was hast Du bis jetzt gesehen? Beine, wird er murmeln-stöhnen-ächzen-seufzen, nur Beine, Oberschenkel vor allem, die kommen ganz kompakt im Schirmglas, scheinen aus Metallfleisch zu sein. Die Fernsehmenschenaugen rutschen auf den Metallfleischschenkeln in die Spitze des Dreiecks, bleiben hängen, bis sie sehen, daß sie nichts sehen, klettern an den steilen Trikotsäumen hoch zur Hüfte. Auf Nabelhöhe manchmal ne Kummerrüsche, Röckchenrest. Am Anfang hatten die Trikothöschen noch bis zu fünf Millimeter Beinlänge. Dann rutschten sie vom Schritt, wie's die Schneider schamhaft nennen, immer steiler hinauf, erreichten endlich das Hüftgelenk. Dank dieser vollkommenen Exposition steht jede jetzt auf allerhöchsten Beinen. Oben noch ein Rümpfchen drauf mit hochgegipsten Tutten, aber sonst ist alles Bein. Steht auf dem Absatzstift, biegt sich träge, zeigt, daß es knicken kann, fliegt plötzlich hoch vor den Gesichtsfleck, der Schritt schaut uns an, die Wölbung im Spann, der Trikot-Steg gibt sein Bestes, einiges zeichnet sich ab, da fällt das Bein, kreist, winkt, verrenkt sich, wird ausgestreckt, endlos, endlos. Die Besitzerin schaut selbst an ihrem Bein entlang, sehr genau wissend, was sie daran hat, was wir daran haben, nicht haben, Schluß jetzt, ruft sie, und – hast Du nicht gesehen – werden alle Beine rasch fortgeschafft, wird weggeknickt, wegmarschiert, Po's mit Pendelschlag winken uns zu, Applaus, Applaus, und ein Schaumlöscher, als Ansagerin verkleidet, tritt auf, um uns zu beruhigen.

Ihr Oberen, Erfinder, Hersteller, Verwalter der Abbilder, habt Einsicht und Erbarmen! Diese Propaganda erhöht die Temperatur auf der Erde. Ein Artikel ist es ja nicht. It's all propaganda. Anreiz zum Erwerb und Verbrauch. Wir hier unten können uns schon denken, daß ihr gar nicht wißt, was ihr tut. Ihr seid fein, hochgeartet, seht nur Schönheit der Bewegung, das Bein als göttliche Schöpfung, als das Meisterwerk. Den Schritt, den Spann nur als Drehscheibe, Polsterung, Kugelgelenk! Harmonien seht ihr, hört ihr. Und sicher gibts solche wie ihr seid. Seidenhaarige Denker, Villenmenschen mit geschnürtem Charakter. Nicht umsonst sprechen wir viel von den besseren Kreisen. Besser als gut sind die, aber wir sind doch nicht einmal gut. Ich gesteh es frei heraus: vor die Säue werft ihr eure schönen Weibsbilder, und das sollte euch reuen. Ich spreche für Erich, für Justus, für meinesgleichen. Wir mißverstehen eure Absicht. Jeder Kiosk erhöht unsere Temperatur. Schon knistert das Trottoir. Steigt ein einziges Mal aus dem Auto, vielleicht spürt ihr dann was. Wie soll es jetzt weitergehen? Das Bein ist da, wir kennen das Hüftgelenk. Die Corsettage klebt noch knapp unter der Brust. Es ist serviert. Wir hier unten können uns schon vorstellen, daß ihr die Zensur verachtet. Meinungsfreiheit muß ja was Herrliches sein, man hört's jetzt immer wieder. Wir hier unten spüren schon, daß ihr in den Beinen eure Meinung sagt: Ihr seid wahrscheinlich Künstler, oder auf andere Weise durch und durch feinsinnig, aber für uns hier unten hängen die Beine am Schritt, wir fallen immer in das Zwischen hinein, denn wir sind durch und durch vulgär, und ich glaube nicht, daß es euch gelingt, uns zu verfeinern. Wir erzählen uns Witze, euch würden die Ohren schlackern. Unter euch, sagt man, soll es einige geben, die können eine Frau anschauen wie einen Schaltplan, männerfreundliche Männer, ja so wenn das ist, dann ist es natürlich leicht, mit Beinen umzugehen. Aber wir hier unten sind spießig, wir sind entsetzlich normal, wir möchten immer drunterschauen, uns heizt ihr ganz schön ein mit euren Abbildern, und unsere Frauen haben dann nichts zu lachen, das ist doch klar, oder?

Also, überlegt mal, ob das sein muß. Überlegt, ob diese Propaganda gut ist. Oder ob das die besseren Kreise nicht tatsächlich für sich behalten sollten, unbeirrbar wie sie sind.

Also überlegt mal. Und nichts für ungut, Ihr Oberen, denkt an die Temperatur! Wir sind nicht müde, abends, ihr hättet es mit kräftigen Fiebrigen zu tun, wenn wir plötzlich mal nicht mehr anders könnten, als vor lauter hitzigem Kummer alles kurz und klein zu schlagen, denn wo, sagt uns wenigstens das, wo sollen wir's denn lassen?

Alissa, mir tun die Augen weh, machen wir aus.

Mitten hinein in den großen Beinschwall drehte Alissa den Knopf, daß die Beine den Boden nicht mehr erreichten, daß sie Glühränder kriegten, sich krümmten, schmolzen und ohne Zischen ins Dunkel erloschen. Dann küßte Alissa mir sachlich die zertrampelte Netzhaut gesund. Witterte inneren Verletzungen nach. Auf Erste Hilfe versteht sie sich.

6

Am Morgen darauf verließ der Mann das Haus, winkte noch einmal zur Friedhofstatue der Zurückbleibenden hinauf, ein Wink wie ein Schwürchen, klemmte sich hinters Steuer, zur letzten Fahrt, denn er fährt in die Adalbertstraße, nicht zu Brasshuber-Lederwaren, nimm's nicht übel Sophie, er fährt von der Lennartzstraße herein, Brasshubers Glasfronten meidend, fährt der Mercedes-Spinne ins Netz, endlich den Hundertachtzig zu holen. Alissas Hände bleiben betend zurück, obwohl sie gar nicht weiß, was ein Mann auszustehen hat an einem einzigen Stadttag.

Sang- und klanglos stieg er um. Stieg um in sein drittes
Auto, das sich leise vom Platz stahl, mulmig, samtpfotig
über die Straße schwamm, einen räudigen, heiseren, bösen
M 12 zurücklassend, ein Auto wie es keins mehr geben
wird: jeder Farbe traurigste Schattierung zeigtest Du in
Deinem müdgewordenen, von Blicken und Frösten zerrissenen, endlich nachgiebig aufblätternden Lack; nie, sag
ich distanzlos, nie wird dergleichen wieder gesehen werden;
die Gerüche der Fünfziger Jahre sind in Deinen Polstern
begraben für immer; das Spiel Deines Lenkrads werde ich
nicht mehr mitspielen, dieses phantasiefordernde, Entschlüsse verachtende, möglichkeitenreiche Spiel; worauf soll
ich jetzt hören? wer spricht, singt mit mir, wer begleitet
mich, wenn mir der aus allen Materialien aufbrausende
Chor fehlt, jede Stimme ein Altersgesang: rechthaberisch
laut die vier Kolben, von denen jeder eine andere Variation
eigensinniger Unsterblichkeit vortrug, immer gegen das
leichtsinnig klirrende Gelächter der Scheiben ankämpfend,
sich behauptend gegen die bombardonig auf die schlechten
Straßen schimpfenden Kotflügel und das aufgeregt stot-
ternde Knattern der Türen; ach und was Feder war hat
mitgeächzt und mitgeseufzt und mitgestöhnt, viertelzöllig,
oder klaviersaitenhaft fein noch über alles hinwegzwit-
schernd.

Und wie hast Du die unterschiedssüchtige Aufmerksamkeit ertragen, mit der man Dir überall nachsah! Du
hast alles auf Dich genommen. Schaut her, hast Du gerufen:
ich allein habe den Krieg verloren, ihr seid aus dem Schneider. Du allein warst das Gefährt, in dem die Gerechtigkeit
sich wohlfühlte, Liebe den Platz hatte, der ihr zukommt.
Alissa hast Du beschützt und die anderen verraten. Sie
konnten Dich nicht überhören, wenn Du anfingst mit
Federn und losen Blechen und aufmerksamen Scheiben.

Bitte keine Illusionen, hast Du gezirpt, gemurmelt, höhnisch geklappert. Aber Du hast Dich, wenn Alissa schnüffelnd gegen mich vorging, immer auf meine Seite gestellt. Und hat je ein Lebewesen so gebebt wie Deine Karosserie, wenn sie ahnte, daß jetzt gebremst werden sollte! Und wird je wieder ein Auto hupen, wie Du huptest, als ich volltrunken nachts mit Sophie von Trabach hereinfuhr? Von selbst hast Du gehupt in jeder Kurve, und nur in den Kurven, und wolltest, als ich zu Hause war, nicht aufhören zu hupen, wolltest auf und ab die Lichtenbergstraße wecken, bis ich die Räder gerade stellte, da erst, von Deiner fürsorglichen Kurvenfurcht befreit, verstummtest Du sofort. Das ist die reine Wahrheit. Hatte nen Kurzen, die Chaise, sagte kalt der Garagist. Aber warum? Nicht aus böser Laune und Unzuverlässigkeit, sondern aus barer Furcht, ich könnte mir zuviel zutrauen. Mein Ford M 12, mein Ford, mein Ford.

Und ich stieg um. Schaute hin, wo schon von Feinden verächtlich gemustert, dieses Autowesen stand, das ich verlassen hatte. Dreimal verriet ich ihn. Gehört der Ihnen? Nein, ich kenne ihn nicht. Nein, ich habe nichts mit ihm zu schaffen. Nein, *das* ist meiner, der Hundertachtzig. Und mein M 12 rührte sich nicht. Verzichtete auf jede Kundgebung. Die Hupen schwiegen. Kein Kurzer wurde bemüht. Nur mir vernehmlich sang, sirrte in allerhöchster Irrsinns-Frequenz der Engelchor des alten Materials. Sang Trauer, sirrte Verachtung, Verachtung und Trauer, den Goldenen Jahren nach, mir nach, dem Herrn der Fünfziger Jahre. Ich hätte niederknien wollen, sollen, aber da stapften schon drei blaue Antone her, Schlächter, denen die Adern auf den Armen schwollen, die griffen hinein und rissen ihm, ohne mit ihm zu sprechen, ohne ihm etwas zu erklären, ohne ihn wenigstens zu betäuben, rissen sie die Sitze heraus und zeigten einander hohnlachend die mürben Gestänge. Da drehte ich mich um, ließ mich in den blanken funkelnagelneuen Sarg fallen, hörte das Leben aus meinem M 12 entweichen, dachte: hoffentlich machen sie schnell, hörte den schlanken glatten funkelnagelneuen Mercedesmenschen noch sagen: seien Sie froh, daß Sie die Ruine los sind! Gute Fahrt! und gab Gas. Mich zog ein Motor fort, den ich nicht hörte. Im Geräuschlosen saß ich, im Geruchlosen, Widerstandslosen, im Leeren, innen und außen kein Hauch und Laut, fast glücklich, dachte ich: Gott sei Dank, Du bist also mit ihm gestorben.

Vollzwangssynchronisiert, kugelumlaufgelenkt, möglicherweise sogar mit DB-Eingelenkpendelachse in Hypoidverzahnung und mit turbogekühlten Bremsbacken fuhr ich, fuhr mich eine schwerblaue Albtraumwolke und wartete darauf, daß ich das erste Wort an sie richtete. Bitte laß mir Zeit, sagte ich, Du kannst nichts dafür, aber ich, ich habe meinen M 12 ans Messer geliefert, mitten unter die Feinde. Ein greiser Ford schutzlos in Mercedesfäusten. Jetzt machen sie ihn fertig, verstehst Du das? Keine Antwort. Na ja, Du gehörst ja zu denen.

Der König ist tot, es le . . . nein, das schaff ich nicht. Ich geh zu Fuß.

7

Als aber Susanne anrief, die ich nicht mehr Sanne nennen wollte, auch das Abklopfen von Schicksalsreimen verbot ich mir, eisige Zensur verhängte ich über mich, um sie absterben zu lassen in meinem Gedächtnis und Fleisch, als sie aber anrief und kleinlaut listig zögernd fragte, ob ich ihr, da Josef-Heinrich in Emden sei, irgend einen Margarinewal zu empfangen, nicht helfen könnte, das Gepäck vom Bahnhof zu holen, das der Thunderbird nicht hatte aufnehmen können, da sagte ich rasch und schon am Rande der Nüchternheit: ja natürlich, ich komme sofort, und spürte, daß ich wider Willen fröhlich war, den neuen Hundertachtzig zu haben. Susanne taufte ihn mit einem einzigen Blick. Noch einmal seufzte surrend mein M 12 und verschied. Ich öffnete Susanne die schwerblaue Tür, bat sie hinein, setzte mich neben sie und bemerkte, wie der Hundertachtzig mich durchströmte, bemerkte, daß meine Hände und meine Füße schon übergelaufen waren, gereizt vom sanften Widerstand des neuen Getriebes, verlockt von der koketten Weigerung der in träge Unberührtheit gebetteten Schaltung, alles mulmig, verschlafen, dornröschenhaft, alles noch in makellosen Ölfilmen dämmernd, Material, in Herkunftsräume verpackt, Gelenke, die noch nichts mit sich, noch nichts miteinander anzufangen wußten, die darauf warteten, in einem von mir bestimmten Augenblick ihre Geburt zu erleben, tote Teile, die erweckt sein wollten zum Funktionieren jedes Teils mit jedem Teil, eine Hochzeit wurde verlangt von mir, die Braut lockte durch Weigerung, drängte durch Trägheit, ließ alles Mögliche ahnen, vibrierte verheißungsvoll, also sagte ich ja und griff zu. Susanne vollzog die Zeremonie: war Priester, Zeuge, Kupplerin in einer Person und hatte auch noch einen geheimnisvollen Anteil an der Braut selbst. Wir glitten durch die Straßen, als wären wir's selbst.

Vor der Gepäckausgabe bog und krümmte sich eine Schlange braungebrannter nervöser Urlauber. Drei alte Männer, die wie drei alte Schwestern aussahen, schleppten die mit Hotelkokarden ausgezeichneten, feinnarbigen, aber schweren Edelkoffer von den Stellagen herbei.

Sie haben mich einmal gefragt, was Chutzpe sei, flüsterte Susanne (soweit ihre aus gesunkenen Schiffen, träumenden Pumas und zerrissenen Bratschen aufsteigende Kieselgurstimme überhaupt flüstern konnte). Ich zeig Ihnen, was Chutzpe ist.

Sie schob sich aus der Schlange, schnippste zweimal, dreimal mit dem Finger, so wie sie schnippste, wenn ihr ein lang gesuchtes Wort endlich einfiel, schwenkte den grünen Abholschein dem Alten entgegen, der gerade mit einer olivfarbenen Reisegarnitur und dem Gesicht eines gemarterten Heiligen von den Stellagen herwankte. Susanne probierte es ein zweites Mal. Auch der zweite Alte wankte vorbei, seine ergebenen Blicke nur auf den gerichtet, dem er die Last entgegentrug.

Susanne kehrte zurück und knurrte – gurrte – murrte überlaut: Dusslige Idioten.

Ich mußte sie ablenken. Tarnsüchtiger Spießbürger, würde Edmund sagen. Kann schon sein. Ich gebe zu, ich fürchtete das Aufsehen, das Susanne erregte, fürchtete, sie würde gleich einen noch schlimmeren Versuch machen, um mir zu beweisen, was Chutzpe sei. Ich verzichtete. Susanne, bitte, ein anderes Mal. Es muß nicht heute sein. Schau, die Drei sind sehr alt, tragen lange, schlappige Schürzen, sie hinken und wanken sogar, wenn sie, aller Lasten ledig. bloß sich selbst bis zu den Stellagen zu schleppen haben, die Münder vor Atemnot offen; denen reicht die Bahnhofsluft nicht mehr, verstehst Du, eigentlich gehören die in den Schwarzwald, mit denen läßt sich Chutzpe schlecht demonstrieren, schau die Beiden, wie tief sie sich bücken müssen, um die Nummern vergleichen zu können, laß ab von ihnen!

Der Dritte stand am Pult und stempelte das Tagesdatum auf alle Blätter eines Heftchens. Oft mußte er dreimal nach einem Zettel greifen, bis seine fühllosen, vom lebensläng-

lichen Papierleim krustigen Fingerspitzen das Papierchen
zu fassen kriegten. Der hatte gehört, daß Susanne ihn und
seine Brüder-Schwestern dusslige Idioten genannt hatte.
Einen Augenblick ließ er die Hände sinken, langsam suchte
sein Gesicht Susanne. Die bei jeder Stempelbewegung
schwankende Unterlippe hing jetzt ganz still. Ich weiß
nicht, ob er Susanne gefunden hat. Er klopfte schon wieder
seinen Stempel vor sich hin. Aber als seine zwei Kollegen
dann mit vereinter Schwäche einen schwarz glänzenden
Schrankkoffer mit blitzenden Beschlägen herzerrten, sah er
noch einmal auf, sah zu ihnen hin, diesmal unruhig, besorgt, sah seine Kollegen an, als wolle er prüfen, ob sie's
auch gehört hätten. Als er aber sah, daß denen wahrscheinlich die Ohren zugefallen waren vor Plackerei, stempelte
er leichter atmend weiter, ja er beschleunigte seine Stempe-
lei sogar.

Ich hatte Susanne veranlaßt, von Italien zu erzählen.
Das würde sie ablenken. Natürlich mußte ich jetzt in Kauf
nehmen, daß die vier vor uns und die sechs hinter uns alles
mitanhörten. Wenigstens zehn, wenn nicht gar zwölf oder
vierzehn Zuhörern wurde von Susanne bekannt gegeben,
um wieviel die Facchini besser als die deutschen Dienst-
männer seien, wieviel Mangia man gebe, worin das Geheimnis des Sugo bestehe, wo in Italien Habsburger begraben und
Orsini wohnhaft seien und weshalb die Auto-Strada-Tarife
eine Sauerei seien. Hoffentlich, dachte ich voller Angst,
hoffentlich stimmt alles, was sie sagt, denn die vor uns, die
hinter uns, die kamen doch auch alle aus Italien, und wehe,
wenn einer widerspräche, Susanne korrigierte, sie war gereizt, ein Spektakel wäre unvermeidlich und ich müßte
schlichten, müßte Susannes Partei ergreifen, auch wenn sie
unrecht hätte, oh heiliger Josef, der Du ein Meister warst
in der Kunst, Dich zu drücken und im Hintergrund zu

bleiben, heiliger Josef, mit dem nicht einmal die Theologie viel anfangen kann, steh, o steh mir bei!

Er stand mir bei. Alles ging gut. Ich, ein Herkules, griff die in makelloses Leder verschlossenen, zu Schweiß und Schmutz und Souvenir gewordenen Sünden Josef-Heinrichs und Susannes und schwenkte sie durch Bahnhofshallen hinaus in den brausenden Septembertag und versenkte sie in den für solches Gut, für solches Böse eigens konstruierten Kofferraum, der auch gleich seinen vor Diskretion schimmernden Deckel schloß, als wisse er, daß man sowas nicht zu lange anschauen soll. Lieber hätt' ich ihn ja in Weinrot gehabt als in Blau, aber Stromeyer mit seiner Weinrot-Isabella, ich kenn ihn doch, nachgeahmt, plagiiert hätt er sich gefühlt. Nimmt man eim krumm. Gabystimmchen, das plötzlich laut werden wollte, weil Sophie eine laute Stimme hatte. Wirkt komisch. Gaby, das Stimmchen, Sophie die Stimme, Susanne das Organ. Müßte endlich mal neue Wandsprüche verkaufen. Statt: üb immer Treu und Eigner Herd, mal: Wie die Stimme, so die Frau. (Anna kann wie man's braucht, ausgebildet.) Oder: Scheiden nicht meiden. Wer liebt, der stiehlt. Liebe lügt, die Wahrheit sagt Haß. Der rechte Mann sollt sich nit schämen, dem Weib das Blatt vom Leib, doch auch das Blatt vom Mund zu nehmen. Was man nicht sieht, das hat man nicht und was man hat, das sieht man nicht. Scheibe. Dann können auch die alten Sprüche bleiben. Lügen haben schöne lange Beine. Alissas Spruchweisheit: Oberschenkel zehn Jahre älter als die dazugehörige Frau. Stimmt. Nicht. Achselhöhlen, Kniekehlen, wie steht's damit, Susanne, bei Ihnen? Bin nicht mehr so interessiert seit der Italienvorstellung, aber immerhin, Neugier ist der beste Koch, wer im September keine nimmt, der nimmt sich keine mehr, eine Dünne am Abend, non possumus, aufgeben ist seliger denn nehmen, aber Lukas 11, 42:

Dies sollte man tun und jenes nicht lassen, sie hätte Lust, was zu trinken. Ob ich auch?

Oh ja, ich durste. Fast immer.

Ins Kanabuh, sagte ich. Anna hatte mir's gezeigt. Ein Künstlerlokal. Sagt der Name schon. Ein Anathema gegen das bürgerliche Kanapee, bedeutend: wer sein Leben nicht auf sowas geschweift Wohnzimmerlichem versauern lassen will, der flieht ins Kanabuh, in den Innendekoration gewordenen Protestschrei der ewig Unabhängigen und immer Morgigen. Abends, nachts, wenn die Kanabuhgäste, improvisiert gekleidet, in schwelendem Lichte sitzen und die Tür rasselt auf und einer tritt ein, dann wird er gefragt: und, wie stehts draußen? Grimmig gibt er die Parole zurück: immer noch herrscht das Biedermeier. Buh-buh-buh, brüllen dann die Gäste im Kanabuh. Dieses Lokal mußte mich bei Susanne empfehlen. Es würde mich allerdings einiges kosten, denn das Kanabuh verkauft sich und seinen Whisky und Wodka nicht billig, weil das Kanabuh wahrscheinlich die Erfahrung gemacht hat, daß die immer Morgigen auch heute schon gut verdienen, daß der Protest so gut wie das Zukreuzkriechen seinen Mann nähren kann. Maler sind es, die ungeduldig ihre Leinwand mißhandeln, die sich am liebsten selbst mit Haut und Haar draufschmieren möchten, um Existenz ins Unbild zu bringen, ersatzweise wird Alogisches draufgebuttert, nicht Blut, nicht Boden, sondern noch Tieferes, Unterirdisches, Tertiäres, Zeugnis gebend von den Mühsalen des Gesteins. Dichter sind es, elektrolytische, dissozierende Sprachspalter, Zufallsgeneratoren anbetende Zeichensucher, Gedärmebeschauer, verkündend quid portendat prodigium, jede Sorte Mantiker, Teiresiasse, Kalchasse, Haruspexe, die einander ernst ertragen, mirari, mirari, quod non rideret haruspex, und doch sind sie es, die dem Jahrhundert periodisch die Schafsdrüsen einsetzen, daß es wieder tollen und blöken kann und im Erkalten immer wieder einen Klassiker abwirft, der sich meiden läßt und leise seinen Verrat kultiviert.

Edmund sagte, das Kanabuh gehöre einem sozialdemokratischen Millionär, Besitzer mehrerer unabhängiger, protestierender, zukunftsträchtiger Zeitungen.

Am Nachmittag war es im Kanabuh still wie im Grab (falls es dort so still ist wie es im Kanabuh nachmittags war). Die richtigen Kanabuhgäste traten erst nachts auf. Aber es gab Platten, die es mit jeder Kieselgurstimme aufnehmen konnten. Was wollen Sie hören, fragte ich Susanne. Sie können wünschen, was Sie wollen, Sidney Bechet, Alban Berg, Tannhäuser oder Spirituals. Und mit der Nachlässigkeit des Stammgastes bestellte ich zwei Vulcanos. Der Ober, ein toter Mann, dessen letzter Gedanke kein heiterer gewesen zu sein schien, ließ die Kerzenflamme in die Mischung überspringen, drückte gelb aufflammende Zitronentropfen ins bläulich brennende Alkoholmeer, löschte mit Sekt ab und servierte uns die Gläser, als wären auch wir schon längere Zeit tot. Spirituals, sagte ich. Vielleicht Where have you been when Jesus was crucified, nein (heiß fiel mir ein, daß Susanne Jüdin war), noch besser wäre: Go down Moses, way down in Egyptland oder Sometimes I feel like a motherless Chile. Auf jeden Fall: Christliches durchs schöne Raubtier filtriert, das kontrahiert die Schenkelmuskulatur, geht ins Kreuz, gänsehäutet den Rücken auf und ab, wehmütig, barbarisch, motorisch, mal sehen, wie sie reagiert.

So ein Lokal verleiht exterritoriale Gefühle. Fischernetze, rohes Holz, Plastiken aus Ofenrohr und kleinem Werkstattschrott, Binsenwände, Lehmboden, alles wild, primitiv, umstürzlerisch, so richtig das Milieu für Proteste gegen die eloxierte Bürgerlichkeit, gegen hygienischen Kunststoff und Wohlstand. Arm wollen wir sein, schrie das Kanabuh, frei wollen wir sein, wild wollen wir sein, wild und roh und frei und arm, ach wären wir doch ein bißchen wilder, freier, ärmer, was könnten wir tun, um ein kleines bißchen wilder, freier, ärmer zu sein?

Verheiratet konnte man sich hier nicht mehr fühlen. Das schaffte die konsequente Innenarchitektur.

Susanne aber sprach von Josef-Heinrich. Ihr Verlobter war immer noch ihr Verlobter. Wollten doch im September heiraten. Und er sagt immer noch nichts. Sie auch nicht. Kann sie doch gar nicht. Wie sähe das aus. Verstehen Sie das? Sie sind sein Freund. Was meint Josef-Heinrichs Freund dazu? Könnte nicht Josef-Heinrichs Freund einmal fragen? Verstehen Sie mich nicht falsch. Es handelt sich nur darum, daß ich Klarheit habe. Ich zwinge ihn nicht. Nobody knows de troubles I've seen, sang die Platte und ich studierte indes die Flaschenetikettes: OL NESSY DON man kann einen Mann nicht ZANO ein Mann muß IXY meine Erfahrungen sind ICAR RPAN ich kann jeder Zeit zur Pi-ei-ei oder sonst als Stewardess, nein, Reisebüro nicht mehr UNET das hängt mir DRY ich glaube nicht mehr, daß er mich NDEM er ist eben nicht wie Sie, wie bitte? nicht wie ich? ach so, zur Ehe, ja, ja, ich bin ein richtiger Familienvatertrottel, nur so weiter, TREUSE jetzt diese Diahann Shepherd wieder RRY am liebsten ginge er zu Edmund, wenn nicht der Krach REMY bloß irgendeinen Kanal zu ihr LABEL Männer sind T 69 aber Josef-Heinrich ist, verstehen Sie VAT VAT VAT 69 o Lerry.

(Versonnen) Ja, ja.
(Zur Tagesordnung) Und jetzt zwei Martini, ja?
(Ganz Herr) Zwei dry Martini.
(Faux pas witternd) Bitte der Herr?

(Höhnisch) Zwei dry Martini Cocktails (Ohne sie durch Seitenblick zur Anwendung von Englischkenntnissen zu ermuntern).

(Demütig, ganz Sargwurm) Sehr gern, der Herr.

(??) Mögen Sie Oliven? Nehmen Sie meine.

(Schicksalsschwanger) Zum Wohl. (Und sie trägt immer noch den Ring. Olive mit starren silbernen Haaren.)

(Nach innen) Ich belästige Sie mit meinem Kram.

(Nach außen) Nicht im geringsten.

(Nach innen) Sie sind so . . . (Pause)

(Herb) Das liegt an Ihnen.

(Vorwurfsvoll) Sie sind netter als die anderen. (Rasch) Zu mir.

(Prompt) Das liegt an Ihnen.

(Direkt) Was denken Sie eigentlich von mir?

(Prompt) Das liegt an Ihnen.

(Prompt) Jetzt hat's nicht mehr gepaßt.

(Prompt) Aber gestimmt.

(Mit Gefühl) Sind Sie traurig?

(Wegwerfend) Mhm.

(Mich gedanklich herausreißend) Nochmal dasselbe.

(Aus dem Grab) Sehr gern der Herr.

(Vieldeutig) Wir trinken zu schnell.

(Prompt) Das liegt an Ihnen.

(??) Mögen Sie meine Olive nochmal?

(Vorsichtig) Ja.

(Halsnasenohrenhaft) Machen Sie den Mund auf.

(Patientig) Danke.

(Liturgisch leiernd) Zwei Vulcano, vier Martini, dreifünf-zig, sieben, dreizehnsechzig und sieben zwanzigsechzig, dreiundzwanzigzwanzig der Herr.

(Zerstreut) Vierundwanzig.

(Komplizig) Mit Stempel der Herr?

(Gedanken) Tagesstempel, dussliger Idiot, natürlich.

(Worte) Bitte.

(Amen) Bitte der Herr.

Summen Drähte im Kopf Platten drehen Vulcano Martini die Adern entlang frei wird kinetische wird Energie frei fällig ist ein Protest gegen Schwere folglich Kündigung des Gleichgewichts des Bleichgewichts des Bleichgesichts. Was willst Du, Fernando, so trüb und so bleich? Luise Brachmann siebzehnsiebenundsiebzig bis achtzehnhundertzweiundzwanzig schlag nach Binsen Lehm und Zwirn Trübgesicht und Bleichgesicht suchend Kanäle und den Kanal den adeligen: von und zu Diahann Shepherd alias Maria Aegyptiaca barfuß tanzend auf dem Schwarzen Schiff siebzehn Jahre mit drei Broten hinterm Jordan immer noch von Lust geplagt o Moses go down in Egyptland o Joshua fit de Battle of Jericho. O Susanne laß mich scharf überlegen was zu tun ist daß Josef-Heinrich seinen Kanal findet zur schwarzen Störerin Störzerin zum Diagramm Diahann zur diaphoretischen drudenfüßigen Diahann die den Verkehr stört auch den in der Humboldtstraße und den in der Königsallee. Der rote Straßenkreuzer der Diva bog gegen siebzehn Uhr in die Humboldtstraße ein wurde von TH-Studenten und Passanten umringt es gelang der Polizei nicht die Menge zu zerstreuen der Verkehr mußte umgeleitet werden bis Diahann Shepherd alle Autogramm-Wünsche befriedigt hatte. Ach Diahann wie sollte es auch ausgerechnet der Polizei gelingen uns zu zerstreuen wie aber könnte man den Verkehr umleiten schließlich muß man Josef-Heinrich prüfen muß die Verlobung ins Reagenzglas werfen dem Dialysator Diahann aussetzen Josef-Heinrichs Diastole messen Diahanns diathermische Fähigkeiten ablesen inzwischen Susanne einwickeln diaphorisch klug Diahann von ihr von mir distanzieren. Ich diahann-immun. Ich der Einzige. Diahann bloß eine Diaphanie Maria Aegyptiacas eine unter anderen. Susanne ist auch eine und ich nicht der Hochspringer wie Edmund meint. Sanne in meiner Hand dann soll Jupp-Heini ruhig aufs Diahann-Dach klettern und sich den Hals und sonstwas brechen: fit de Battle: Fräulein Bruhns expects every man to do his duty, deshalb haßt sie die Homosexuellen, fordert Todesstrafe. Wenn Männerüberschuß herrschte bitte but so far. Also tu Du Deine duty tu ich meine duty kür ich Sanne vollfüll ich Sanne meine Deine Duti. Cosi fan. Nostra nostalgia. Keinendeutschenkanal.

Jetzt machen Sie sich meinetwegen Sorgen, sagte Susanne.

Sozusagen. Ja.

Ist aber so überflüssig wie'n Kropf. Mir is schon alles schnuppeschnurzegal.

Susannes Nasenflügel sprachen heftig mit.

Sie gab sich einen Ruck, den ich bemerken sollte und schlug vor, wir könnten über den Spiegelmarkt zurück zum Auto, weil's da immer so lustig sei.

Wenn's da immer so lustig ist, gehen wir über den Spiegelmarkt.

Susanne wechselte den Schritt, hüpfte dabei, hüpfte in meinen Schritt hinein, schaute herauf, als beginne jetzt ein mehrtägiger Ausflug, und pfiff taktlos oder gedankenlos: A riiivederci Roma. Die Marktschreier brachten sie endlich zum Schweigen. Wir gerieten in ein Kreuzfeuer, in das marktbeherrschende Kreuzfeuer, das ein Verkäufer von Colapulver und ein Verkäufer von Herzblut der Natur – Kriesana mit einander, gegen einander aufführten.

Und einen Löffel zuviel, liebe Frau, da passens auf, das ist gefährlich, der geht Ihnen durch durch alle Wände, den derhalten Sie nimmer, ob der vierzig oder siebzig, ganz egal, drum tun Sie das Cola selber verwahren, liebe Frau, Sie wissen ja am besten, wieviel er braucht und wieviel Sie brauchen.

Susanne grinste. Ich versuchte es auch. Tat aber gelangweilt. Hören wir uns doch den Kriesana-Rufer an.

Ach wissen Sie, die Märkte in Italien.

Wir können ja gehen, sagte ich so kalt als möglich.

Nein, den Dicken hören wir uns noch an.

Der Dicke gab an Radius seinem Sonnenschirm nichts nach und war doch so wendig wie der wieselschlanke Colaapostel.

. . . denn was natürlich ist, ist echt und recht, zurück zur Natur, gerade Ihr Städter, denen der Dreck von Jahrzehnten in den Darmzotten sitzt! Nie vergeß ich, was mir Sauerbruch 1938 in Karlsruhe sagte: man sollte den Leuten eine Scheibe in den Bauch einsetzen, daß sie täglich in ihren Morast schauen könnten! Das sagte damals Sauerbruch zu mir, liebe Leute, und Kneipp, was sagt Kneipp? Der Tod sitzt im Darm, sagt Kneipp, und drum vertreibt ihn, wenn ihr nicht eingehen wollt in die Seligkeit, von der man noch nix Genaues weiß. Wie aber vertreibt ihr ihn? Mit Knoblauch zum Beispiel, ja lacht nur gleich! Von Tuten und Blasen keine Ahnung, aber lachen! Jetzt möchte das Fräulеinchen wissen, was Tuten ist, kommt alles noch, zuerst aber kommt der Knoblauch, den der Jud immer bei sich hat. Warum, meint ihr, ist der Jud so schlau? Weil er Knoblauch ißt, denn da drin sitzt die Glutaminsäure, von der das Gehirn lebt. Der Jud, der Zigeuner, der Balkanese, ja, die stinken, äußerlich sind sie vielleicht dreckig, aber ihr, ihr seid innerlich dreckig, durch und durch verrottet. Harntreibende Gurkenschalen werft ihr weg, und da ist am meisten Glutaminsäure drin. Trocknet mir die Gurkenschalen, sag ich euch, und zwar im Schatten, denn nur was unter der Erde wächst, soll in der Sonne getrocknet werden, was aber ober der Erde wächst, trocknet man im Schatten. Und da höre ich immer wieder aus den Kreisen der Bevölkerung: Kalbfleisch ist Halbfleisch, ja da wundert mich nichts mehr! Der Jud aber ißt kein Schweinefleisch, der Jud weiß warum. Das Kind kommt in der Schul nicht mit, jammert ihr, jammert über Ohrensausen, Kopfbrummen, Ziehen in den Gliedern, Rheuma, Gicht, aber freßt lustig weiter Schweinefleisch. Das Schwein ist nicht unrein, weil die Sau eine Sau ist, o nein, sondern weil zuviel Harnsäure sitzt im Schweinefleisch. Und von dieser Harnsäure kommen all die Plagen, über die ihr jammert. Aber euch soll geholfen werden, ihr sollt nicht krumm vor Gicht mit sausenden Ohren bleichsüchtig und zitternd eure Pfade gehen, denn es ist gelungen alte Weisheit und moderne Wissenschaft in ein Fläschchen zu gießen. Und was ist da drin? fragt ihr. Da ist drin Öl von Anis, Citronell, Dill, Engelwurz, Eukalyptus, Fenchel, Kamillen, Koriander, Kümmel, Knoblauch, Lavendel, Mandel, Melisse, Muskat, Nelken, Pfefferminz, Pomeranzen, Rosmarin, Salbei, Sassafras, Schafgarbe, Wacholder und Zimt, ferner das unentbehrliche Chlorophyll, ferner 10 000 gamma echter ostasiatischer Ginseng-Extrakt und 1500 gamma Vitamin E, achtzigjährige Witwer heiraten Zwanzigjährige, das ist belegt, das ist bewiesen, es ist ein Wunder, es ist ein Genuß, vierfünfzig die kleine, siebenneunzig die große Flasche, sofort oder nie, bitte der Herr, jawohl die Dame, Herzblut der Natur. Und das ist kein Einwickelpapier, meine Freunde, das ist ein Prospekt, über den ich, weil Jugendliche zuhören, nichts sagen darf, der ist gratis, eine kleine der Herr, eine große die Dame, sofort oder nie, Herzblut der Natur.

Der Dicke kam nicht nach, all die ausgestreckten Hände zu bedienen, obwohl er die Fläschchen blitzschnell in die

Prospekte zu rollen verstand. Ich genierte mich wieder ein bißchen, weil Susanne, obwohl wir zuletzt gekommen waren, jetzt in der vordersten Reihe stand und als eine der ersten ihr Fläschchen in Empfang nahm. Ob Josef-Heinrich das nötig hat?

Als der Dicke von den knoblauchessenden Juden anfing, wollte ich Susanne wieder hinüber ziehen zum Cola-verkäufer, aber sie war schon zu tief drin in der Zuschauermenge, die der Herzblutverkäufer knetete, walkte, buk, daß nachher, als er sie wieder losließ, fast jeder ein Kunde war. Hätte Susanne nicht zugegriffen, dann hätte ich ihm was abgekauft. Als Kollege, augenzwinkernd. Nicht schlecht, wie Du das machst. Von Dir kann man was lernen. Stellt Dieckow unter den Sonnenschirm oder Pawel, die gehen ein. Nicht eine Handvoll Leute bringen die an den Stand. Er schafft dreißig, vierzig, spricht zwanzig Minuten, und hat zweieinhalb Dutzend Herzblut à vier-fünfzig, à siebenneunzig verkauft. Fährt'nen Kapitän. Alle Achtung.

Susanne schaufelte sich aus dem Knäuel heraus und begann sofort den Prospekt zu lesen.

Alles Stuss, sagte sie ärgerlich.

Auch noch frech werden, das hab ich gern! Los, hol einer die Polente, aber sofort, ich halt das Bürschchen solang, schließlich bringst Du mir bare fünftausend Märker, mein Früchtchen!

Sofort spuckten die Cola- und Herzblut-Knäuel Zuhörer aus. Der Dicke, der schon wieder vorne angefangen hatte, der in seinem Text schon wieder bei den Gurkenschalen war, hörte auf zu sprechen, spürte gleich, daß da ein Sog entstanden war, gegen den er mit Herzblut nicht ankämpfen konnte, also verließ er den Stand, ging hinter seinen entlaufenen Zuhörern her, hinüber zu dem Kollegen, dessen Stimme bisher noch nie durchgedrungen war, der höchstens mal zwei Bummelanten, die unvorsichtig nah an seinem Tisch vorbeiliefen, anpöbelte und ihnen mürrisch befahl, sie sollten sich endlich mit seinen Klingen rasieren. Dieser Kollege vertraute auf Tafel und Kreide. Täglich notierte er zweimal den Kurs seiner Klingen. 20 für eine Mark. 40 für eine Mark. 50 für eine Mark. Es gab Tage, da stand in dieser Schrift zu lesen: heute 100 Klingen für eine Mark. Endlich kamen alle, endlich war er umringt wie der Colakollege, der Herzblutkollege. Susanne zog mich hin. Damit sie noch kräftiger zupacken mußte, tat ich zuerst uninteressiert. Wir hatten den Personenknäuel am Klingenstand noch nicht erreicht, da kurvte ich Gesicht und Kopf nach unten, drehte weg, stand in Gegenrichtung und wendete mich, Millimeter um Millimeter sichernd, wieder um. Der Gefangene des Klingenverkäufers war Edmund.

Jetzt laßt doch mal das ist er doch Sie Schwein den Jungen die Beschreibung stimmt laßt jetzt doch groß ist er den Jungen Schwein braunblond schämen Sie sich bloß mal reden Irmgard Du erinnerst Dich er hat doch Gerhard eine Brille Lederweste grün und Reißverschluß und Knickebocker hat er abgelegt ganz raffiniert das nutzt ihm nichts verrät die Brille Haare immer noch nach rechts gescheitelt hat er glatt übersehen fünftausend Märker Bürschchen Pst Pst Pst Gerhard Pst jetzt sag uns wie es war.

Eine sozusagen reine Knabenstimme: ne Tüte mit gebrannte Mandeln hat er mir zugesteckt.

Und Dich mitnehmen Pst Herrgott Pst jetzt lassen Sie doch Gerhard und dann.

Und sagt, gebrannte Mandeln magst Du doch.

Aha, und dann.

Pause.

Und dann, Gerhard?

Dann hat er ihn an der Schulter gepackt, ich seh's schalte sofort und

Jetzt lassen Sie doch Gerhard. Und dann.

Dann ist der Mann gekommen und hat mir die Mandeln aus der Hand gerissen und hat geschrien: jetzt hab ich Dich, das sind fünftausend Märker.

Edmunds Mund bewegte sich über der Faust, die den gestärkten Hemdkragen und die Krawatte rücksichtslos knäulte. Er überragte alle, aber seine Stimme hörte man nicht. Da die Faust des Klingenverkäufers groß war, drückte sie Edmunds Kinn nach oben. Edmund sprach also in die Luft, oder schräg zum Himmel hinauf. Den Kopf wagte er nicht zu bewegen. Vielleicht konnte er ihn auch gar nicht bewegen. Es war nicht zu befürchten, daß er mich entdeckte. Das Tü-ä-ü-ä-ü der Polizeisirene suchte von der Ferne den Platz. Hört sich immer an, als sei die Polizei auf der Flucht. Das violettblaue Licht strudelte in seinem Glas wie das Kurwasser in der glasgefangenen Schauquelle im Kurpark. Uniformierte Männer machten Gesichter, platzabriegelnd, ausschwärmend, allwissend, zuversichtlich, rasch aber ohne Eile, als handle es sich um eine Polizeischul-Vorführung. Edmund, der Klingenverkäufer, der Bub und zwei, drei andere, die gerade nichts anderes vorhatten, wurden von straffer, zielstrebiger Polizeihöflichkeit in die Wagen geschafft und fortgefahren. Enttäuscht, auf die morgige Zeitung hoffend, blieben alle zurück. Ach, es kann einem so richtig nahegehen, wenn man sieht, wie die energieprallen Uniformträger sich die von oben verordnete Polizeihöflichkeit abringen müssen, bloß weil sie verdammt sind, in einem Staat zu arbeiten, der von einer seelsorgerhaft humanen Presse regiert wird. Wo ein Polizist hingreift, kann ein stoffsüchtiger Journalist stehen, der die Polizistenhand kommen sieht, sich ihr in den Griff drängt und innerlich jubelt: ach greif mich doch, knutsch mich, preß mich, schlag mich doch ein bißchen, und dann packt er aus und zeigt am zarten Handgelenk ein lichtblaues Würgemal, läßt es von einem Kollegen photographieren, kontrastreich entwickeln und schreibt den Schmähartikel, der ganze Polizeiregimenter wieder für ein Jahr mit Unmenschlichkeitskomplexen impft und schüchtern macht.

Wenn man allerdings der Ergreifung eines Freundes beiwohnen muß, ist man den humanen Spalten der Lokalseite – Rüstung und sowas spielt sich weiter vorne unabhängig wertfrei ab – dankbar. Man möge Anselm verzeihen, daß er Edmund nicht zu Hilfe kam. Er drehte sich um, weil er mit Susanne allein sein wollte. Susanne plapperte Josef-Heinrichs Urteile nach. Anselm verteidigte seinen Freund vorsichtig.

Aber wenn er tatsächlich diesen Wilfried entführt hat? Verteidigen Sie ihn dann immer noch? Schließlich war das kein Erpresser. Es muß so einer wie Edmund gewesen sein. Und im Fall Kohlmeyer auch. Kein Anruf, kein Drohbrief.

Mag sein, aber Edmund war's nicht. Schließlich ist Dr. Fuchs eine Art Geschäftsfreund von ihm. Und die Familie Kohlmeyer kennt er auch ganz gut. Überhaupt, der Verdacht ist absurd.

Dann hätten Sie ihm helfen sollen.

Das liegt an Ihnen.

Ein schöner Freund sind Sie.

Das liegt, na ja, trinken wir noch n'Whisky auf den Schrecken. Edmund passiert schon nichts. Endlich hat er mal Verwendung für seine gesammelten Alibis.

Bueno. Vamos. Aber ich möchte lieber noch einen Martini.

Er geht die Treppe schlendert er gelenkereich der Deserteur hinab. Es pfeift das Mietergesicht. Leise wie das Gesetz es befiehlt. Der kleine Schmutzkreis um die Klingel winkt adee Du mein. In Einkommensteuergedanken versunken grüßt Brahms zurück. Belege bleiben Tagesstempel dusslige Zeugen. Notwendig zur Lohnsteuerrückerstattung. Läßt sich ja immer noch veranlagen wie'n Freier obwohl er längst nicht mehr auf solchen Füßen. Fest bei Patterson. So unter der Hand. Zumindest dem Staat gegenüber. Hat man noch Eisen im Feuer. Ausgaben also. Im Kanabuh. Vom 9. bis zum 22. Im Corso vierzehn *mit*. Im Atlantik siebenfünfzig. Im Curio sechsundzwanzig. Fünfzehnfünfzig nochmal im Kanabuh. Und da und dort hat man Obern irgendwem zuliebe noch eins und eins macht vier getrunken. Beziehungen die man später oder wer weiß das schon wie alles wird. Das Geringste das Du in einen meiner Brüder investierst hast Du mir getan. Kann Alissa kann sie ruhig durchsehn. Unter Tagesstempeln aufgedonnert wilde Obersignaturen. Kann sie ruhig. Soll sie ruhig. Ruhig ganz ruhig. Mögen Sie meine Olive. Sin wer doch mal ehrlich, Kristlein, jeder von uns möcht die doch. Könnten ja nachher mit der Künstlerin noch. Zum Beispiel Mittwochs wenn Lerry seinen scharfen Hackepeter machte. Richtige Schreie stoßen sie. Mit der Witwe um die Wette. Vor allem in besseren Kreisen. Der Schritt schaut uns an. Nehm ich den Fritz mit. Wo doch der die gleiche Farbe hat. Oliv. O love. Olive.

Hast Du das gelesen Jupp?

Jimmy Butts, her bass-playing partner on advice from the management asked her to tone down her movements. Reason? Too sexy! Wenn Josef-Heinrich Lust hätte, ne Karte oder auch zwei, und Neeff hat durchblicken lassen, es sei gelungen, die Künstlerin, am zweiundzwanzigsten wäre die Party, falls Josef-Heinrich Lust hätte, Anselm könnte ja mal mit Neeff in Verbindung, wozu hat man denn seine, und eine Einladung bei Frantzke, Josef-Heinrich sollte schon längst, denn schließlich trifft man da immer, und'n Abend mit der Shepherd, warum eigentlich nicht. Ist ja gute Propaganda das. Drei-Stern-Idee, sagt Pawel. N'englischen Satz liest jeder, schon um zu zeigen, daß er. Hat Schub, sagt Edmund. Hamse den eigentlich. Ach keine Spur, nach zwei Stunden ham se ihn heimgefahren. Bitten sehr um ihr Verständnis, peinlich, peinlich, andererseits große Unruhe, jedem Fingerzeig nachgehen, jetzt schon das dritte Kind in acht Tagen, Mithilfe der Bevölker, hochachtungsvoll, der Präsident persönlich, also überleg Dir's mal, Josef-Heinrich.

10

Kristlein, ja. Nein, nur wegen Josef-Heinrich, weil doch am zweiundzwanzigsten. Fänd ich schon sehr. Gehört doch dazu. Sicher eine Bereicherung. Soweit ich die Gnädige kenne, Herr Neeff wird sie. Müßte mich sehr täu. Natürlich. Aber versuchen sollte, Ich sage, versuchen sollte, ja, man sollte es versuchen.

Treppauf turnt er, tanzt überlieferte Schritte trauter Heimkehr nach. Der Abendmann, der die familiengewächshaus-
hütende Glastür öffnet und, als wäre das Draußen pures
Gift, sofort wieder sorgfältig schließt. Schon im Auto spürbar gewesene Umorientierung der Zellverbände vollendet
sich. Gravitation kehrt marsch. Umpolung beendet. Wärme
rieselt durch und durch. Alissa zieht den Pergamentfisch
Ex Libris Dannenhaus unter vierzig gelesenen Casanova-
Seiten hervor – soso, wieder mal den Erzfeind studiert –,
legt den Pergamentfisch mitten in den genuesischen Car-
neval, schleppt ihren Blick zu ihm, schärft ihren Blick,
witternd weiten sich die Nüstern: der Ihre wenn auch so
wäre! Ich danke Dir, daß er nicht ist wie jener.

12

Das erste Mal, daß er allein wo hinwill. Sie brauchen ihn
gar nicht in Schutz zu nehmen. Ich kenn mich aus. Ist eben
doch ne Marke. Sie gehen doch auch nicht hin. Nein, das
ist gar nichts anderes. Sie haben bestimmt auch ne Einladung. Na sehen Sie. No querido, basta, ich geh zu Pi-ëi-ëi.
Von wegen überstürzt. Wieviel Wochen korks ich jetzt
schon so rum. Mit mir nicht. Nicht mit mir. Ja, hab ich,
aber n` Martini. Vamos.

Alissas Knie Oberschenkel waren immer einen halben
Schritt voraus. Sie marschierte gegen ihren engen Rock.
Aber der hielt. Ließ sie nicht durch. Anselm hüpfte nach.
Versuchte mal mit langen Schritten dann versuchte er trip-
pelnd in ihr schenkelschwingendes Vorwärts hineinzukom-
men. Flapp der Rock. Klapp der Absatzstift. Flapp Klapp
Flapp Klapp. Susanne sprang in meinen Schritt hinein und
hielt ihn. Alissa marschiert dem Herbstkostüm entgegen
prescht prall daß jeder sieht: da marschiert eine Ehe einem
Herbstkostüm entgegen. Geniert sich für Alissa Anselm
nein das nicht sie zieht Alissa da und da mit prallem Pre-
schen Augenpaare noch und noch an Land er kann das kann
er ganz in dieser Hinsicht ganz beruhigt bloß zappelt im
Getöse ihrer Schritte zappelt er sie schaut herüber sachlich
vorwärts Zähne frei ein jeder sieht das ist ein Ehepaar mit
Ziel und Armbanduhren zwei Gefangene dürfen in die
Stadt bloß müssen sie einander gut bewachen Spuren von
Anstaltskleidung bemüht um Homogenes dadurch deutlich
demonstrierend wie verschieden sie verschieden er ein Hund
ein Schaf ächzend beim Versuch ein drittes Tier darzustellen denn Alissa was Alissa hat er mit Dir Susanne schau
sie schlenderte er schlenderte der Weg kreiste unentschlos-
sen aufwärts abwärts nirgendwohin bloß Bootsgeschaukel
träg besonnt kein Marsch ein Hingeweht und Hergeweht
Ensemble ohne Stück und Text Plakate betrachtend lesend
untersuchend bis zum kleinstgedruckten Druckernamen
hinab was soll man auch es ist mir recht daß Du anders bist
und ihr ist es recht was Drittes ist nicht vorgesehen vielleicht daß der Wind an der nächsten Ecke was Lustiges
Tödliches bringt und ihn nach Ost und sie nach West man
winkt noch schnell vertreibt. Zähneknirschen nasse Augen

oder sonst was Gemäßes und im nächsten Schreibwaren-
laden kauft er für tausend Mark Briefpapier das er ihr zu
Ehren unbeschrieben vergilben läßt wa-il wa-il wa-il
uhund weil man Abbschied nehmänn Schluß. Alissa Du
gehst so scharf wie Deine zwei S. Dein Sog Alissa der saugt
saust segnet saisiert mich sekkiert daß ich hinter Dir her
muß. Stotternd stiefelnd zappelnd. Dein Sog, Dein S Dein
Schritt. Weil Du einem Toaster zulieb stehen bleibst hol
ich Dich ein und schau mit Dir durch die spiegelnde Scheibe
mit Dir den Toaster an und angesichts des durch die spiegelnde Scheibe blinkenden Toasters sehen wir uns in der
Scheibe und sehen daß da wo Deine linke Brust hingehört
der Toaster blinkt angesichts dessen wir uns sehen und die
Köpfe neigen vorstrecken bis die Haare Kontakt herstellen
bis wir lesen können Du noch vor mir ich gleich danach er
kostet sechsunddreißigachtzig. Kaufen wir den? Schließlich
haben wir, Du wirst sehen, wir. Natürlich, wir. Glaub mir,
wir. Ich glaub Dir, wir.

14

Und wenn die Damen noch Änderungswünsche haben, bitte
gnädige Frau, ein Anruf genügt.

Da hab ich keine Bange. Herr Kristlein, der Text sitzt,
einstimmig wird der angenommen, dafür garantiere ich
Ihnen. Sind ein feiner Stilist, Herr Kristlein, wissen Sie
das? Selbst Dieckow hätte das nicht besser hingekriegt.

Sie übertreiben, gnädige Frau.

Ich zeigs ihm, wenn er zurück ist. Falls er überhaupt
wieder kommt. Jedes Mal macht er uns Angst, wenn er
nach Paris fährt, verbietet uns, auf Wiedersehen zu sagen.
Wenn ich nach Paris fahre, gibt es nur ein Adieu, sagt er.

Ich habe nun mal ne Schwäche für Paris und vielleicht geb ich diesmal nach und bleibe dort. Für immer. Darum Adieu, Madame, Adieu. So einen Schrecken jagt er einem ein mit seinem Adieu.

Wenn er bisher wiedergekommen ist, sagte Anselm, um die Gnädige zu trösten.

Hoffen wir's. Wir wären schön aufgeschmissen ohne ihn. Er ist doch einer der ganz Wenigen. Bitte, Sie sehens ja selbst, wären nicht zufällig Sie in Reichweite gewesen, wer hätte mir den Text stilisiert, frage ich Sie. Die Damen im Ausschuß sind ja vom besten Willen beseelt, aber eine Eingabe an den Landtag, das muß doch seine Form haben. Ehrlich gesagt, Neeff ist mir da nicht der Rechte. Jetzt ist bloß noch die Frage, an wen richten wir das? An die Fraktion oder als Große Anfrage, ich kenne mich da nicht so aus. Auf keinen Fall ist das eine Petition. Wir kommen nicht als Bittsteller, wenn wir die Regierung an ihre Pflicht erinnern, endlich Maßnahmen zum Schutz unserer Kinder zu ergreifen. Wir pochen auf ein Recht.

Noch während Frau Frantzke ihrem Stilisten einige Sätze aus dem gemeinsamen Opus in dem Tone vortrug, in dem sie es dem Ausschuß der besorgten Mütter vortragen würde, klopfte es. Bin nicht zu sprechen, rief Frau Frantzke in einem Ton, daß man hätte glauben können, dieser Satz stamme aus der Schrift an den Landtag. Aber Herr Frantzke hatte auch ein unaufschiebbares Problem. Ein Problem, das, wie er gleich sagte, am besten in Herrn Kristleins Gegenwart besprochen werden könne.

Es handelt sich um Deinen Preis, Berta. Ich rede Dir da nicht drein. Soviel versteh' ich gar nicht von Musik. Bin ja froh, wenn ich jedes Jahr einen guten Leichtathleten finde. Aber in Gesprächen mit den Patterson-Leuten, Sie werden sich erinnern, ist der Einwand laut geworden, ein reiner Kammermusikpreis sei eben doch sehr einseitig, weil . . .

Solange keine besseren Opern geschrieben werden, bleibt der Preis ein Kammermusikpreis. Ein Volk, das Wagner hervorgebracht hat, hat eine gewisse Verpflichtung.

Ja, das schon. Ich denk auch gar nicht an eine Oper. Trotzdem fehlt es Deinem Preis an Pöblissiti solange er ein Kammermusikpreis ist.

Es geht mir nicht um Pöblissiti, sondern um gute Musik.

Das wissen wir, Berta.

Und was glaubten denn die Herren mir vorschlagen zu müssen?

Na ja, es gibt außer Oper und Kammermusik auch noch andere Musik.

Soll ich etwa Jodlerwettbewerbe veranstalten?

Obwohl ich Jodler ganz gern höre, nein, Berta. Pawel sagt, und da hat er recht, in den letzten zehn Jahren habe nichts einen solchen Aufschwung genommen wie das Ballett. Würden Sie dem zustimmen, Herr Kristlein?

Soweit ich mir da ein Urteil erlauben darf, durchaus.

Das ist angewandte Musik, Leo.

Ist das so schlimm?

Ich möchte nicht unter ein gewisses Niveau gehen.

Das möchten wir alle nicht, Berta. Ich dachte nur, daß der Zweiundzwanzigste, wo wir doch einige Leute vom Fach bei uns sehen werden, daß das ein guter Tag zur Stiftung eines Ballettpreises wäre.

Und die Kammermusik?

Die wird eben in Gottes Namen ohne Deinen Preis weitervegetieren. Man kann sich nicht so verzetteln, Berta.

Ich werde das mit Dieckow besprechen. Falls er zurückkommt.

Und wenn er nicht zurückkommt.

Ganz ohne Dieckow, das wirst Du begreifen, kann ich eine solche Entscheidung nicht treffen. Und jetzt muß ich zur Schießstunde, Bert wartet schon.

15

Die Gnädige: Sie zittern ja, Bert.

Bert: Das knallt immer so.

Die Gnädige: Sie sind hoffentlich kein Feigling, Bert.

Bert: Natürlich nicht. Sie kennen mich doch, gnädige Frau.

Die Gnädige: Jetzt schießen Sie!

Bert: Gleich. (Bert wiegt die Waffe in der Hand, kneift das Auge.)

Die Gnädige: Sie haben doch Schießen gelernt.

Bert: Türlich, gnädige Frau.

Die Gnädige: Also los, Bert, noch einmal von vorne: der Kerl hüpft bei der Birke über die Mauer, Sie feudeln hier am Wagen, Adalbertchen spielt im Sand, was tun Sie?

Bert: Ich schieße.

Die Gnädige: Und ermorden Adalbertchen. (Vorwurfsvoll) Sie haben keine Kinder, Bert.

Bert: (unbeeindruckt) Nein.

Die Gnädige: Aber eine Mutter.

Bert: (eifrig) Ja, ja.

Die Gnädige: Dann denken Sie an Ihre Mutter, denken Sie an mich. Wenn Sie nämlich vom Auto aus schießen, steht Adalbertchen direkt in der Schußlinie.

Bert: Adalbertchen ist klein.

Die Gnädige: Aber er wächst jeden Tag, und ein so guter Schütze sind Sie auch wieder nicht. Was tun Sie also als erstes? Sie machen ... einen ... (aufreibende Pause)

Bert: (In letzter Sekunde) Stellungswechsel.

Die Gnädige: Na endlich. Und dann?

Bert: Die Alarmanlage hat inzwischen . . .

Die Gnädige: Versagt. Der Kerl hat einen Kurzschluß eingefädelt.

Bert: (Triumphierend) Kann er nicht.

Die Gnädige: Der kann alles.

Bert: Kein Mensch kann einen Kurzschluß einfädeln, gnädige Frau.

Die Gnädige: Mir ist nicht nach Witzen zumute. Bei Kohlmeyers war an dem Tag, als Adolph geraubt wurde, auch ein Kurzschluß.

Bert: Zufall.

Die Gnädige: Wir verplempern die Zeit. In zwanzig Minuten kommen die Damen vom Ausschuß. Was tun Sie nach dem Stellungswechsel, Bert?

Bert: Ich schieße.

Die Gnädige: Und zwar ohne Anruf.

Bert: Ohne Anruf darf ich nicht.

Die Gnädige: Ich befehle es Ihnen.

Bert: In der Vorschrift . . .

Die Gnädige: Ich habe mit dem Polizeipräsidenten gesprochen.

Bert: (Neugierig) Was hat er gesagt?

Die Gnädige: Wenn die Absicht des Täters klar ist, dürfen Sie.

Bert: Wenn ich darf, dann muß ich natürlich. Iss ja klar, dann buller ich los.

Die Gnädige: Na endlich.

16

An solchen Tagen geht die Sonne auf, als wüßte sie. Und wer was vorhat, ist mit ihr im Bund. Hannibal und Scipio, Friedericus Rex und Daun, Hindenburg und Rennenkamp, und wie die Kollegen Anselms alle heißen. Mir liegt daran, ihn unter die Feldherrn einzureihen, um ihn nicht unter die Intriganten geraten zu lassen. Er hätte weder für ein französisches, noch für ein deutsches Drama ausgereicht. Allenfalls noch für ein russisches, weil da ja die Intriganten nicht so tiefgekühlt die Fäden ziehen, sondern selbst an Fäden hängen, zappeln und eher traurig über ihren Part, die vorgeschriebenen Worte abliefern. Ein Feldherr also. Allerdings einer, der im Sandkasten groß ist und eifrig, da schlägt ihn keiner. Sobald er dann die Marne sieht und die masurischen Wässer, sehnt er sich nach Potsdam oder Ulm. Und gar den Aufidus! Da aber marschieren die Leiber schon. Er schneuzt sich und folgt.

Anselm legte seine Uniform an, ärgerte sich über die Sonne, die sich rot wie im Schulbuch anbiederte, subaltern eifrig meldete, sie sei bereit, der Zweiundzwanzigste könne beginnen. Ach wie angenehm, daß Sie auch ein matinaler Mensch sind, hat die Gnädige gesagt. Dieckow sei auch einer. Stimmt ja gar nicht, daß die Künstler am Vormittag schlafen. Die richtigen nicht. Zuverlässig wisse sie das von Dieckow. Übermorgen wird Anselm sie, wenn alles durchgestanden ist, anrufen: konnte nicht mehr absagen, im letzten Augenblick kam etwas dazwischen, eine Stimmung, nicht daß er was gegen Neger hätte, aber der allgemeine Tanz um die schwarze Tänzerin, er wisse nicht warum, aber er habe sich dazu einfach nicht entschließen können. Das wird der Gnädigen munden.

Ach wäre doch schon übermorgen. Das Planen war ganz

lustig, aber jetzt all die Bewegungen, Handgriffe, Blicke, Worte, die nötig sind, daß der Zweiundzwanzigste der Zweiundzwanzigste wird. Die Hände verfehlen Knöpfe, die Lungen müssen sorgfältig beatmet werden, sonst hängen gleich Säcke voller Unentschlossenheit in ihm herum, kühn schnürt er die Schuhe, wimmernd gleitet er, stolpert er die Treppe hinab, die Füße haben alles vergessen, brausend setzt er sich in den Wagen, überhört das klassenkämpferische Murren von Paulys VW, Kriegsgeschrei verlangt er von seinem Mund, kläglich Vulgäres, Ordinäres sabbern seine Lippen vor ihn hin, belustigt, angeekelt hört er zu. September, vielstimmiger Orgelmonat, Rohseidehimmel steh' mir bei, kommen wird Susanne, aber dann? Und bis dahin muß man noch wievielen Stundenschnecken die Köpfe abbeißen und zu Minuten zerkauen und sekundenweis schlucken! Meide Telephone, Blicke, Bekannte. Jede Verbindung zur Umwelt wäre gefährlich. Und kommt eine Nachricht die Treppe herauf und klopft an, atme nicht, Du bist schon im Feld.

Ich schlüpfe in meinen Wissenschaftler und spreche ihm durch die Nase: der Handelnde braucht Aberglauben. Frauen gegenüber werden auch Mathematiker Seeleute. Blonde, Schwarze, Einteilungen, die aller sonst gepflegten Genauigkeit spotten. Da geschieht es in diesem ganz und gar exakten Jahrhundert noch, daß einer nach Indien segelt und in Amerika landet.

Anselm wagte sich nicht ins Büro. Im Café Altstadt krümelte er sich in die dämmerigste Ecke und morste der Tischplatte Botschaften zu, bis. Eine verwetterte Brünette wars. Laut wie ein Staatsanwalt sagte sie's ihrem erblassenden Galan: Du hast mich auf dem Gewissen. Mein ganzes Leben hast Du verpfuscht. Bekümmert pochte der verrauchte Zeigefinger des Galans auf das unschuldige Weiß der

Zigarette. Ein Hinweis, den die Brünette übersah. Kurz vor der Tür fing die Bedienung Anselm ab. Entschuldigen Sie, ich hatte es wirklich bloß vergessen. Fahrt aufs Land. Lieber richtige Raben, echte schwarze Katzen. Auf immer engeren Straßen willkürlich kurvend. Heubündel, liegen gebliebene, wirbelten hinter ihm hoch und fanden nicht mehr zusammen. Alte Weiber retten, was von ihnen noch da ist, in den Straßengraben. Wenig Picknick in der abgerüsteten Natur. Kastanienmonat, alles Kastanien seit Melitta, ungenießbar, ungenossener September, fort das bleistiftspitzende Geschrei der Vögel, Amseln brüsten sich, flöten kann nur jede zehnte, die Felder hängen an unsicheren Rauchseilen und schwanken, Kennerknechts Kartoffelfeuer auf der Bleiche trieb Wespen, Fliegen jeder Art gegen die Scheibe, hinter der er Aufgaben machte, eine große Katastrophe, aber was hätten sie davon, wenn er öffnete, sie müssen schon selbst draufkommen, daß das Buchhalterhäuschen zu überfliegen ist. Geländebesichtigung. Käme alles in Frage. Aber er will nichts mehr ändern jetzt. Es bleibt bei Trabach. Nachtmahl im Hirschen. Heimelig, bieder, genau so rustikal wie man's wünscht. Es bleibt dabei. Weil es schwierig ist, länger als zwei Stunden ziellos herumzukurven wie ein Flugzeug, dem das Fahrgestell klemmt und weil er sich so deutlich abhob von der Landschaft, Hunde, Kinder, Frauenköpfe hinter sich herzog in den Dörfern, fuhr er zurück und dachte voller Neid der Familie nach, die sechsköpfig eine Schneise besetzt hatte. Nicht einer hatte herübergeschaut, so waren sie bei ihrem Ball, den einer dem anderen zuwarf, ohne jede Hast, so zuwarf, daß der nächste den Ball spielend leicht fing und ihn weiterwarf, träg im Kreise, träg ohne Ende im Kreise träg herum. Könnten Götter gewesen sein. Beim Requiem für einen Sommer.

Jetzt ins Büro, Bianca-Texte zum letzten Mal abklopfen, Jerzy herrufen, sachlich über die Schreibtischecke ein Männergespräch, heim zum Mittagessen, als makellos Hungriger, nachmittags Pawel, abends Alissa, Lissa, Drea, Guido, wenn das nicht reicht, es reicht, reicht nicht, es reicht, aber es ist zu spät, schließlich kann man nicht, wenn man, dann hätte man früher, wahrscheinlich jetzt bloß eine List, Dein Lieberzuhause, schließlich muß man sich so'n schönen Tag auch n'bißchen vermasseln, god expects every man, ganz hübsch, wer alles was erwartet von einem, man kommt kaum nach. Ohne Mittagessen, nur mit Brötchen, Tee und dergleichen Wartesaalkonsum schleppte er, hinter einer Zeitungsmauer kauernd, den Vormittag in den Nachmittag hinein und studierte die Möglichkeiten. In der Sportschule Prielebergstraße Tagung der Jäger. Das Radio nicht faul, will es der Zeitung nicht allein überlassen, und bringt, als Anselm schon die Tragödie des vierten entführten Kindes warmherzig zur Kenntnis nimmt, bringt die Antwort auf die vom Reporter mutig gestellte Sinnfrage. *Die Bestrebungen des heutigen Jägers und Tierschutzlers kommen mir identisch vor: das Tier nicht vermenschlichen und den Menschen nicht unter das Tier sinken lassen.* Wie lang noch, und die Welt, die böse, birst vor Güte. Gemein von Dir, heute abend nicht in die Prielebergstraße zu gehen, wo doch Jäger und Tierschutzler auf einem Forum sich umarmen. Du bist kein Jäger, stimmt. Obwohl, Förster haben eine Rolle gespielt in Deinem Leben. Aber wenn alle Menschen, in deren Leben Förster eine Rolle spielten, Jäger wären, ich bitte Dich, längst müßte man das Wild in Wolfsburg in Auftrag geben. Du bist entschuldigt. Dr. Faust, der Entdecker der Null-Schicht, spricht. Der weiß (und sagt es anderen), wo die Horizontalbewegung der Luft ein Ende hat. Jugendlesezirkel gegen Schund und

Schmutz. Auch voller Güte. Die Frau in der Sozialdemokratie. Wer spricht da? Dr. Gaby Gestäcker, Studienrätin am Josef-Philipp-Gymnasium. Ach. Im Gewerkschaftshaus, Saal 9, um zwanziguhrdreißig. Das freut mich aber, weißt Du, Gaby, das steht Dir gut. Sollte Blumen schicken. Wenn sich das schickt. Und so'n wichtiges Thema, Gaby. Ich bin ganz stolz auf Dich. Leider kann ich nicht heute abend. Es kommen sicher viel Frauen. Sozialdemokratische. Viele jüngere wahrscheinlich. Hübscher als CDU-Frauen, müßte man annehmen, als Laie. Auf jeden Fall, Gaby, Anselm freut sich. Politik ist das richtige für Dich, findet er. Und schließlich, meint er, ist es doch wichtig, daß sich jemand um sowas kümmert. Toi, toi, toi, Gaby! Und falls Du Dich aufstellen läßt, meine Stimme hast Du. Wüßt ich doch endlich mal, was ich wählen soll. Nichts Attraktiveres als ne gutgewachsene Sozialistin. Fortschritt, Seide, guter Geruch. Ach Gaby.

Ich neige dazu, Anselm diesen Aufschwall des Gefühls zu verzeihen. Er hat wirklich gelitten am Mangel politischer Attraktionen in seinem Land. Nun wäre er ja gern für das Bestehende gewesen, wenn das Bestehende für ihn gewesen wäre. Natürlich war er dagegen, daß das Bestehende nicht für ihn war, aber er wagte noch nicht, deshalb schon gleich gegen das Bestehende zu sein. So egoistisch war er nicht. Auch wenn Edmund drängte. Er sagte sich: vorerst drohe ich mal, drohe damit, daß ich jetzt bald dagegen sein werde, stelle ein Ultimatum. Falls dann nicht alles geändert wird, werde ich, sagen wir einmal, werde ich, na das wird man dann schon sehen, was ich dann werde. Bislang hatten Anselms Ultimaten nichts bewirkt. Und er war immer wieder abgelenkt worden. Aber jetzt, dachte er, jetzt, Gaby, geht mir ein Licht auf, und das bist Du. Sofort watschelt die Straßenbahn draußen energischer vorbei. Fett vom Gerede. Funkt Botschaften. Häkelt Knoten ins schwingende Leitungsnetz. Erinnert uns Attentäter daran, daß wir im Café vergammeln. Mahnt uns, das Attentat neu zu lackieren. Mennigrot, wetterfest. Nicht länger den Mord unterm Schirm spazierenführen und auf bewaffneten Regen hoffen und darauf warten, daß überm braungerauchten Fingernagel ein Bethlehemstern aufgeht. Schäm Dich, Deiner Uhr Vorwürfe zu machen. Halte Dich an die finster funkende Straßenbahn, die Kolonnen irgendwohin transportiert, wo endlich was geschieht, daß nicht mehr bloß das Ausflugsschiff in der Zeitung steht, zuviel Abfälle seien von seinen Borden geworfen worden, in der Zeitung bloß immer steht, zwei Häftlinge seien nachdenklich entsprungen, Enten hätten eine Rolle gespielt, aber wann haben Enten bei uns keine Rolle gespielt, der Stadtrat gibt in einem Beschluß sein Selbstporträt, oh Liberalluminium. glatt, hygienisch, ein Kommuniqué, füttere Dein Streichholz mit einem Impressum und lodre mit, Juventutellurium, der Zorn ein Invalide, die Lust angeblich groß, doch jeden Tag der gleiche Streik der Kieselsteine, wenn sich David bückt und ächzt, juvenile Gliederverformung, zuviel Harnsäure, zu wenig Glutamin, angiolopathisch, feuchtfingrig, zuviel Möglichkeiten, abgelenkt von den Riesen, die weich im Bauch der schönsten Karosserien liegen, silberne Seriositäten, sabbernd, Krissendumm in Sülze, schuhschuh mein Täubchen, schuh-schuh mein Wetterhahn, wer wird auch gleich, da soviel unterbleibt, eingreifen an so einem Tag, Anselm, rosaroter Caféschlingel, hast Du nicht Edmund ausgelacht, den abgetriebenen Zwillingsbruder, sowas Begrenztes, Beschränktes, Deutliches, Phantasieloses wie'n Programm, Anselm, am Ende gar noch Krankenkassenreform, Kantinenessenkommission, na da siehst Du, woraufs hinausläuft, auf ganz jämmerliches Eselsgrau, schrubbig, schrundig, Rechenschieber, Statutensyntax und sowas, damit blamierst Du Dich noch schlimmer als mit Deim Guido, das mußt Du wissen, frag lieber wie's Fagott-solo im dritten Satz ausfiel und ob sich Strings bewährt und die Picassoteller immer noch so teuer und der letzte Anouilh wieder so apart ist, sowas frag und sag, ich rate Dir gut.

Verhältnismäßig rasch, das wird man zugeben müs-sen, hatte Anselm seine kleine Schwäche überwunden. Um ihn vollends vom Makel politischer Unzuverlässigkeit reinzuwaschen (von dem er sich in zielsicherem Monolog eigentlich selbst schon purgierte) möchte ich aus intimer Kenntnis seines Wesens noch hinzufügen, daß mehr der Schmerz um Gaby diesen harmlosen rosaroten Brechreiz bewirkte. Anhänglich wie er von Natur aus ist (weshalb er auch dem Bestehenden immer treu anhängen wird), hat es ihn schmerzlich berührt, plötzlich Gabys Namen zu be-gegnen, und nur um ihr nahe zu sein, unternahm er rasch diesen Ausflug in eine ihm sonst beruhigend fern liegende Gedankenwelt. Und daß er am Abend nicht ins Gewerk-schaftshaus pilgerte, das beschwöre ich. Er hatte anderes vor. Und das ist ja der beste Schutz vor solchen Irrwegen, daß man immer gerade was anderes vorhat.

Excellenz, hier spricht die Sonne: Gestatte mir, Excellenz zu melden: Wahl der Halskette beendet, schwarz siegte, scheint ne Art Onyx zu sein, das Fräulein, Pardon, die junge Frau an der Tür, schließt schon ab, kann also in zehn Minuten im Corso sein, falls Rosendahls neue Herbst-kostüme kleine Verzögerung bewirken, zwölf Minuten, er-bitte Euer Excellenz Verständnis, erinnere an Euer Excel-lenz Gattin Herbstkostüm, werde mich wahrscheinlich nicht mehr melden, da vorhergesagte leichte Bewölkung mehr als eingetroffen, Randstörungen, Abbau der Hochbrücke, sehe schon so gut wie nichts mehr, Einspruch bereits erhoben, werde aber kaum durchdringen, September, Excellenz verstehen, falls westliche Winde nicht abflauen, werde ich mich nicht vor morgen früh zurückmelden können, wünsche erfolgreiches Äquinoktium, Excellenz, Petri Heil. Ende.

Danke. Blödes Petriheil ganz überflüssig, bin ja kein Fischer. Schicken Sie, wenn irgend möglich, bißchen Mond, n'Viertel genügt. Wünsche gute Reise. Brennen Se denen in Formosa mal eins aufn Pelz, ärgern mich noch zu Tode, korrupten Schleimer die. Ende.

17

Anselm faltete seinen Befehlsstand zusammen, stemmte seine Schwere vom Stuhl, zahlte der Bedienung ihren Sold aus, quittierte den Gruß, den die in der Etappe Bleibende ihm nachrief, musterte das Gewimmel auf der Straße, alles noch beim Stellungswechsel, westliche Winde trieben zur Eile, wirbelten Staub hoch, feuchteten ihn an und ließen ihn fallen, Zeitungsverkäufer fuchtelten nervöser, um ihr Papier bevor's naß würde, noch loszuwerden, Anselm steuerte schwer, langsam und rücksichtslos ins zielstrebige Durcheinander hinein, schaute einfach nicht hin, wenn Fünfe mit den Augen bettelten: Laß uns noch vorbei! Im Corso sein Zweiertisch war frei, Alfons nickte informiert, ein Kostüm trat ein, so genau um fünf, daß Anselm erschrak, fischfarben, perlmutt, türkis, kurze Jacke hängt am Riesenkragen, setzte sich her, war, jawohl, war Susanne, rostiges Gestöhn im Hals, fluchte künstlich übers Wetter: ausgerechnet jetzt! hörte plötzlich auf, schloß den

Übermund, der weit im Gesicht herumreicht, nahm ihn wieder auseinander und sagte mit einer weiß Gott von welchem Internatsschmetterling entliehenen seimigen Stimme: bleiben wir beim Martini?

Die Fingernägel mit den schmalen roten Lackstäbchen fanden die Olive, Petri Heil, waren schon auf dem Weg, Anselm, wartete auf den Spruch: Wollen Sie meine, aber die Finger überlegten es sich anders, sie steckten die Olive ohne Formalitäten in den Übermund, der zu ihrer Aufnahme nur ein Quentchen seines Potentials abkommandierte.

Waren Sie heute nicht im Büro?

Doch, natürlich. Streng zur Zeit.

Ich wollte Sie anrufen, aber es meldete sich niemand.

Wenn er das gewußt hätte! Aber wenn er konzentriert arbeiten will, nimmt er nicht ab.

Toll, daß Sie das schaffen. Bin ich viel zu neugierig zu.

Er auch, braucht sie aber nicht zu wissen. Wollte sie absagen? Besser nicht fragen. Nicht neugierig sein, wirkt wahnsinnig männlich. Überhaupt sie reden lassen. Pausen durchhalten. Souverän. Macht Dir nichts aus. Zigarette ziehn, abklopfen, versonnen, als wärst Du allein. N'Mann kann nachdenken, könnte auch sprechen, Mangel an Stoff, lächerlich, n'Mann kann eben nachdenken, bitte schauen Sie, ob der Finger rascher klopft, ob da auch nur ein Fältchen Unruhe verrät oder sonstwas Verlegenes, der ist doch einfach die Gelassenheit selbst. Sie muß zweimal hintereinander trinken, weil sie sonst nichts zu tun hat. Sie sucht nach was. Sie trinkt, weil sie nicht immer bloß ihn anschauen kann. Spürt, daß das unmöglich ist. Sieht gleich so unterwürfig aus. Und bloß so vor sich hinzuschauen oder in den Aschenbecher, hält sie auch nicht durch.

Noch 'n Martini?

Sie erschrickt. Jetzt hat sie schon leer. Seins ist noch dreiviertelvoll. Und dann fragt er auch noch halb spöttisch. Gerade, daß ihr noch 'n Kopfschütteln gelingt.

Sonst bin ich per.

Er kann es nicht mehr mitansehen. Stellungswechsel. Aufs Land, bevor es dunkel wird. Obwohl es noch zu früh ist. Man sieht noch durch jedes Auto durch im Stadtverkehr.

Den Entspannten setzt er, flegelt er neben sie, halbe Hand am Steuer, liegt im Gras und pfeift verloren pianissimo, ganz Pfingstsonntag irgendwo, hat aber ein Auge links und eins rechts. Man muß wissen, wer einen wo, wann, mit wem gesehen hat.

Sie sind irrsinnig gesprächig heute.

Hat sie gut gemacht. Neutraler kann die Herausforderung gar nicht mehr überbracht werden.

Ja, ist mir auch schon aufgefallen.

Bloß kein Trauerton jetzt, nicht durchsacken, kein böses Paar spielen, das Heimlichkeiten begeht und schwarze Gewissensverse aufsagt mit Josef-Heinrich- und Alissareim, hübsch flott bleiben, gute Unterhaltung liefern, was zum Lachen, Durchblutung fördern, Bewegungen provozieren, geschwiegen ist genug, Vorzüge des Radfahrens erläutern, ne Spur heizen, Zimmergefühle, Kontrast zum Regen, der hinter uns herfliecht, Radio auf Musik, nach Musik fahren, ihr ganz genau sagen, wer da gerade vorbeifuhr, das war der Bürgermeister von Trabach, der flieht, weil er gehört hat, ich käme heut abend, um ihm ne Ölheizung für seinen Sportplatz zu verkaufen, der weiß, daß er unterschreiben würde, wenn ich ihn erwischte, hab ihm doch auch für sein Rathaus ne viel zu große Anlage aufgedreht, was ihn bald seinen Posten, zumindest aber das Vertrauen seiner Gemeinde gekostet hat. Der in dem Hundertachtzig? Das ist Herr Biegebreit, Besitzer der Birkenbacher Webereien, fährt im Hundertachtzig und mit eigenem Gewebe am Leib in die Stadt, Frankentalerstr. 16 hat er ne Villa, da stellt er den Hundertachtzig in die Garage, zieht den Dreihundert raus, hängt die Stoffe seiner Firma an den Nagel, zieht was gut Englisches an und fährt zum Bienenstock, neunte Etage, da wohnt auf 414 Sabine, Starmannequin von Lugashy, an der er fern von Birkenbach sein Mütchen kühlt.

Woher wissen Sie das so genau?

Alles Nase, Kombination. Und der in dem Rekord ist Herr Hörmichan, der Leonhard Goetz Nachfolger, Regensburg, Engelburger Gasse 8, in 14a, 14b, 16, 22b und bei uns vertritt, Sargeinbettung, Sargkissen, Sargdecken, Sterbekleider, Sargverzierung, Sargbeschläge, Bestattungsbedarf, nur erfahrene, gut eingeführte Herrn wollen sich melden, materievertraut. Gute Umgangsformen, Trauerweidengesicht, aschefarbenes Haar, weiße Kartoffeltriebfinger und schwarze Beileidsaugen, Voraussetzung, das alles hat Herr Hörmichan, darüber hinaus ist er der Erfinder des *Letzten Bandes*, verkauft er auf eigene Rechnung, Tonaufnahme bei Lebzeiten, einen letzten Gruß, kann auch n' Gedicht sein oder sonstwas Liebes, Herr Hörmichan nimmt's auf, hat in seine Särge ne Bleikapsel einbauen lassen, patentiert, Bleikapsel enthält n' speziell kleines Tonbandgerät,Grundigentwicklung, wenn ich recht bin, kommt der oder die Trauernde ans Grab, muß nur der Hörer, eingebaut im rechten Kreuzbalken, abgenommen werden, und schon schallt, hallt, wallt die Stimme des lieben Abgeschiedenen dem Zurückgebliebenen ins Ohr, Herr Hörmichan sagt, das macht den Friedhofsbesuch sinnvoll, die schwer zu verbergende Langeweile vor den Gräbern hört auf, die Sippe reicht den Hörer von Hand zu Hand, jeder darf mal, die Oma glaubt an ein Wunder.

Phase zwo lief. Jetzt erst zahlte sich Phase eins aus. Ein Mann, der schweigen kann, wird erst ein Mann, wenn er auch reden kann. Der Verkauf hatte begonnen. Anselm hatte den Geländeschrecken überwunden, der Sprung aus dem Sandkasten war geglückt. *The sale I never forgot,* unsere 39 Gebote, *Wirtschaft und Werbung* 53/6 aus Inker's Print oder Printer's Ink oder so, ja, 39 Gebote hat unser Moses mitgebracht, wesentlich komplizierter, unsere Religion, kann natürlich sein, daß die Printer an die 39 Artikel des Anglikanischen Credos dachten, die unter Elisabeth 1562 aus 42 herausgefiltert wurden: How to sell tradition. Gebot für Gebot wird Anselm abhaken auf seiner strategischen Gesetzestafel. How to sell myself to Susan? *Führen Sie Ihre Ware glaubwürdig vor!* Er war beim dritten Gebot. So bin ich Susanne. Kann Josef-Heinrich, den wir nicht erwähnen wollen, so wenig wie anderes, kann er das auch? Sind seine Brüllspäße besser? Der würde jetzt im nächsten Wäldchen halten, sich froschbreit auf Dich zudrehen, Dich butterweich unerbittlich samten anschauen und was Direktes sagen. Falls Du das lieber magst, paß ich, zieh ich Leine, sage wie Dieckow nur noch Adieu. Ich halte mich ans fünfte Gebot, *Verkaufen Sie den echten Nutzen Ihres Produkts – nicht den Trick.* Cola, Margarine, kann sein, daß man da so vorgeht, ich verachte dergleichen, Susanne, ich sag mein Sprüchlein an Dir vorbei und stelle anheim. Hängen wer vorsichtshalber noch ne Stoori dran. Eine mit noch'm größeren Zacken drin. Hoffentlich kommt mir was.

Der in dem Sportwagen das iss, Moment, ja natürlich, das iss Herr Glotzer, den Herr Biegebreit für 'n Aufpasser hält, den ihm seine Frau nachgeschickt hat, dabei nimmt der Glotzer überhaupt keine Privataufträge an, weil 'n Exklusiv-Vertrag mit der Regierung hat. Sammelt immer vier Jahre lang Material über Kandidaten der Opposition, für den nächsten Wahlkampf, verstehen Sie. Vorwiegend in gefährdeten Bezirken. Übrigens ein Mann ohne politische Leidenschaften, überhaupt nicht verblendet, keine Spur Fanatiker, ein reiner Sammler. Soll mit Briefmarken angefangen haben, dann hätten ihn die Männerköpfe gelangweilt, auf jeden Fall verkaufte er seine in Europa einzigartige Sammlung und sammelte Aktphotos, erwarb die sagenhaft wertvolle Aktbildersammlung von Professor Brochius, Doktor beider Rechte, Mitglied aller erdenklichen pädagogischen Kommissionen, der die Bilder nur gekauft hatte, um sie aus dem Verkehr zu ziehen, sozusagen, um sie nicht in falsche Hände geraten zu lassen, verstehen Sie. Soll dafür so gut wie das ganze Vermögen seiner aus höchsten Rhein-Ruhr-Kreisen stammenden Frau aufgewendet haben, ja, von dem, oder von seiner Witwe, die ihr Geld wieder haben wollte, erwarb Glotzer die Aktbildersammlung und so kam er in die Politik. Ja, ja.

Susanne atmete tüchtig mit.

18

Falls ich vergaß, die Beleuchtung im Kanabuh zu rühmen, hol ich dies, angesichts der Kerzen im Hirschen zu Trabach, rasch nach. Auch wer das Kanabuh nur vom Hörensagen kennt, weiß natürlich, daß zu Fischernetz, Ofenrohr, kleinem Werkstattschrott, Binsenwänden und Lehmboden nur eine einzige Beleuchtungsart paßt. Schließlich hat jeder von uns in der Leibesgegend, die bis Fünfundvierzig der Innere Schweinehund ausfüllte, nach Fünfundvierzig einen stattlichen Innenarchitekten herangemästet. Und dieser unsere Seelen beherrschende Innenarchitekt hat natürlich bei den Mitteilungen über das Kanabuh-Interieur gleich gekrächzt (denn er hat eine hohe Stimme, eine von oben herabkommende): Petroleumfunzel! Und er hat recht. Will man ganz genau sein, so muß man hinzufügen, daß sich die Kanabuh-Gäste außer von einer alle Jahrhunderte repräsentierenden Petroleumfunzelsammlung auch noch von zwei prächtigen Spiritusglühlampen Modell Phoebus erleuchten ließen. An die 140 Kerzen Leuchtkraft lieferten die Glühstrümpfe dieser beiden gelenke-, ketten-, hebel-, wannen- und rohrreichen Prachtslampen. Aber das tonangebende Fiat Lux sprachen schon die Öllampen. Rotflammige, blakende Antiklampen und die ihrer Sparsamkeit wegen ehemals so beliebten Patent-Reichslampen und die wuchtig-schlichte Moderateur-Lampe und als Kronstück: Schülkes dochtlose Regenerativlampe in Pendelausführung, ohne die schattenwerfenden Seitenarme. Die olle Schülke, wie sie zärtlich gerufen wurde, genoß ihre formreiche, vollverzierte Unsterblichkeit über der Kistenbar, an hervorragendem Platz also.

Sozusagen jäh fällt mir ein, daß Professor Haberding, der mir zu einem ganz und gar unentbehrlichen Berater geworden ist, den ich wöchentlich einmal aufsuche, um ihm zentrale Fragen zu stellen, erstens, weil ich mir zentrale Fragen nicht selbst beantworten kann, zweitens, weil Professor Haberding nur zentrale Fragen beantworten kann, wir passen also gut zu einander, das fühlt er auch, sagt er, und mir fällt jetzt jäh und doch viel zu spät ein, daß er mir bei unserer letzten Sitzung verbot, Interieurs zu beschreiben. Um Gottes willen, bloß das nicht, rief er, sprang auf, marschierte vor mir auf und ab wie Marthe Schwerdtlein vor Gretchen. Das ist neunzehntes Jahrhundert, stieß er hervor und focht und fuchtelte hastig mit der Hand durch die Luft, daß es aussah, als mache er – in stilisierter Weise natürlich – ein Kreuzzeichen. Lassen Sie Ihre Menschen handeln! Zu seiner Ehre sei es gesagt, er hat mich gewarnt. An ihm liegt es also nicht, ich, ich bin schuld, ich habe seinen erregten Rat einfach sündhaft vergessen und füge jetzt, bloß um mich zu entschuldigen, hinzu: wer ins Kanabuh geht, der hat gehandelt, sobald er sich auf eine Kiste oder einen Hocker gesetzt hat. Danach handelt der gar nicht mehr, das ist doch die Schwierigkeit, Herr Professor. Der Kanabuh-Stammgast hat seine ganze Aktivität an das Interieur, an den Kanabuh-Geist delegiert, verstehen Sie das? Sitzt er einmal, so handelt nur noch das Kanabuh und es handelt sich auch nur noch um das Kanabuh, denn das Kanabuh ist der Inbegriff aller möglichen Handlungen seiner Gäste. Deshalb ist es schwierig, ganz auf das Kanabuh-Interieur zu verzichten. Und im Hirschen in Trabach ist es kein Jota besser. Meine Schwäche, mein Pech, immer in solche für ihre Gäste handelnden Lokale zu geraten.

Ein noch entschiedeneres Anathema als das Kanabuh schleuderte der Hirsch in Trabach dem kalt vorwärtsstürzenden Jahrhundert nach. Das Kanabuh, kann man sagen, ist die glatte, absolute Divergenz. Ist ein Nein um jeden Preis. In alle Richtungen und Zeiten zersplittert. Die Sandgrube vor Tobruk war besser als das, was jetzt ist, schreit das Kanabuh. Der Negerkraal war besser, schreit es. Moabit war besser. Der Mond ist besser. Robinsons Kannibaleninsel, Soho, der Schuttberg vor 48, das Bordell des Expressionismus, Klaus Störtebecker, Schwarzhändlerarsenale, Autofriedhof, überhaupt Friedhof, überhaupt vor 48, alles ist besser als das, was jetzt ist, denn jetzt ist Biedermeier, Buh-buh-Biedermeier. So radikal ist das Kanabuh. Das ist negative Kritik, wie man zugeben wird. Der Hirsch in Trabach aber ist durch und durch positive Kritik. Setzt euch

in meine alt-eichenen-geraucht-eichenen Nischen vors blauweiß, rotweiß Karierte! Gesimse, als plastische Friese,
führen ruhig den Blick in eine solide Hinterwelt, bewahrt,
bewahrt, es reicht der Henkel vom zinnernen Krug Dein
Auge weiter an den kupfernen Bauch ehrwürdigen Küchen-
geräts, daß er ende und ruhe im Steingut, gebrannt in
einer besseren Zeit. So spricht sonor der Hirsch in Trabach.
Es ist, als trage ein Münchner Kammersänger ernst ein
Volkslied vor. So einer redete einem nichts auf, fuchtelt
nicht und agitiert nicht. Er stellt mit fest gefalteten Händen innig anheim. Wer wunderte sich da noch über Kerzen?
Petroleumlampen wirkten hier als ein albernes Politikum.
Sie nähmen sich aus wie ein Leitartikelsatz in einer Sammlung überkommener Spruchweisheit. Ja, die über die Tische
beliebig herabzuziehenden Lampen haben zwar die Form
von Petroleumlampen, aber (und dieses *aber* kann gar nicht
laut genug gedacht werden) aber in zeitloser Form. Weg-
stilisiert von jedem Epochengeschmack, platonisches Eidos
von Lampe überhaupt, das sind die zarten Kupfergehänge,
in deren milchigen Zylinderchen schlechten Gewissens Elek-
trisches glüht. Der Gäste innere Innenarchitekten spüren,
daß selbst das schon ein *Bruch* ist, deshalb lassen sie diese
zeitlos gefaßte Elektrizität fast immer unbenutzt. Im Hirschen herrscht die Kerze. Sie ringt der Finsternis dieses
Jahrhunderts genau den kleinen Lichtkreis ab, der zwei
Menschen zu einer Dialoginsel macht, die von den Fluten
der Finsternis nicht überwältigt werden kann. Und deshalb
wahrscheinlich kommt man in den Hirschen nur paarweise.
Meistens kommt ein Mann mit einer Frau. Ein Herr mit
einer Dame. Ein Junge mit einem Mädchen. Aber selbst
wenn ein Herr mit einem Herrn oder Jungen kommt, die
Kerzenlichtinsel macht sie zum Paar. Man sieht, auch der
Hirsch handelt für seine Gäste. Deshalb hat Anselm zu

seiner Entlastung beschlossen: das Abendessen findet im Hirschen statt.

Als er die schwere Eichentür aufstemmte und Susanne ins dämmrige Lokal bugsierte, zogen die Herren im Lokal automatisch ihre Köpfe aus den Lichtkreisen zurück, ließen ihre Partnerinnen solange allein auf der Dialoginsel zurück, bis sie in Anselm einen Unbekannten erkannten. So schmelzen Schnecken, wenn Gefahr naht, in ihre Häuschen zurück mit einer fließenden, keinen Schrecken, keine Panik verratenden, wie immer schon beabsichtigten Bewegung. Wer zum ersten Mal in den Hirschen eindringt, glaubt vielleicht, er sei in ein dämmriges Vestalinnen-Heim gekommen. Soviel Kerzen, soviel Frauen. Frauengesichter mild über sanft mitatmenden Kerzen. Dialoge feucht schimmernder Lippen mit ergeben zuhörenden nur dann und wann ungeduldig zuckenden Kerzenflammen. Erst später, wenn man die schwere Tür schon geschlossen und seine Begleiterin auf die fromm hingekreidete Rechnung C + M + B aufmerksam gemacht hat und auf die additionsfördernd dazwischen genagelten Reiser − bitte, habe ich zuviel versprochen, Susanne, als ich sagte, hier sei noch alles echt? − erst wenn man Caspar, Melchior und Balthasar lang genug angeschaut hat und sich nun wieder dem winkel-, ecken- und nischenreichen Lokal zuwendet, erst dann sieht man neben den schönen, über Flammen kauernden Vestalinnen massivere Schatten, weiße Gesichtsflecke, auf Kerzenschein antwortende blanke Schädel, die jetzt wieder langsam in den Lichtkreis zurücksinken, als wäre nichts gewesen. Restitutio ad integrum. Zwei Münder kauen wieder den Dialog, dessen innige Frequenz allein die Kerze mit zartem Ausschlag ins Dunkel zeichnet.

Rehrücken Hirschenart aß unser Paar. Nach einer Stunde Hirsch ist man ein Paar. Anselm hatte sich nicht verrechnet.

Der Hirsch hatte seine Schuldigkeit getan, man konnte gehen. Lambert, versierter Verstümmler klassischer Zitate, hängte da dran: der Mohr kann kaum noch gehen. Ob Lambert hingepilgert, wo Josef-Heinrich mich vermißt, nach mir fragt, mich vergißt, weil die Mohrin Diahann ein Dekolleté vorlegt, daß Baunickel kompanieweise von Gerüstbrettern hechten, Nelken blaß verschrumpfen, Kartoffelkäfer ihre Geburt beschleunigen, Frantzke neue Preise stiftet, der Atonale wild sich zur Schnulze bekehrt und Neeff nach stärksten Verben sucht, Dieckow gereimt im Diagramm ausblutet, polyglott brandet der Salon: Pfingsten-Äquinoktium. Dem heiligen Leo wächst vom Stumpf nochmal die Hand, die Hostie reicht er ihr und erleidet Gedanken. Wie wird sich Josef-Heinrich, wird er sie, driving an American car, too, Thunderbird, could offer a lift, pick you up afterwards, we've had sort of jets, finally, to be sure, your Starfighters are better, got this accent in England, Devonshire, Pi-Dabbelju, just a few months, didn't like it that much, have been to Sweden, Göhring himself managed, back to Germany, couldn't turn lazy, impossible to keep off, broke that promise, to speak frankly, you know those times, a man, a soldier, an officer, sort of hero they made of you, how could I explain, no choice, it troubles me, really it does, but I can't regret, not even now, and your judgement, without consideration, it's awfully important for me. In 'ner Fremdsprache lügt es sich fast so leicht wie am Telephon, isn't it, dear Joe-Henry. The sale you never forgot.

Sind Sie eigentlich scharf drauf, daß ich SIE sage, ich bins einfach nicht gewöhnt, von drüben.

Er findet's auch blöd.

Na also.

Susanne zwinkert mit dem rechten Schrägauge übers Glas. Darauf gehst Du besser nicht ein. Mädchen tun sowas und meinen's gar nicht so. Hackt die Zähne in die Unterlippe, boxt Dich mit kleiner Faust in die Rippen, wird zusehends frecher, sagt zum keuschen Kerzenschein: is doch Jacke wie Hose, was meint sie, was will sie und was will sie nicht, Du mußt sie kommen lassen, sie muß zehn Meter näher kommen bis Du einen Millimeter vorrückst.

Josef-Heinrich is schon ne Marke.

Nicht bitter werden jetzt, fänd ich taktlos, geschmacklos, jetzt klagen, und alles, was noch passieren könnte, gestatten wir uns, um uns zu trösten, um auch ein bißchen auf die Pauke zu hauen, dann lassen wir's doch lieber.

Drum sitz ich jetzt mit Dir in dieser Edelkneipe, wie finds 'n Du das? Ich find's komisch, wo ich doch n' Verlobten habe, der scharf auf ne Negerin is, Kay hatte was gegen Negerinnen, s'gibt nich bloß Antisemitismus, mi querido amigo, nich mal mit einer von den Chulos hätte Kay sich eingelassen, un wie die hinter dem her waren, in Guayaquil gilt so'n Blonder noch was, aber Kay eisern, da hätt ich mir nie was denken müssen, na ja, hat mich eben gebraucht, weil er 'n armer Hund war, Komplexe und so. Franz hatte auch so'n Tick, weißt Du, der Kürschner aus Linz, hab ich Dir nicht erzählt, der mir die Jacke machte aus Muttis Fohlenmantel, die ich dann mit Wolfgang verscheuerte für'n paar Pesos, Geizkragen der, wo die doch Geld hatten noch und noch, er Juniorchef, und hat gesehen, daß es mir hinten und vorne nicht reichte, wahrscheinlich hat er ganz genau gewußt, daß ich mit meinem Taschengeld bloß bis Valparaiso komme, Hauptsache, er war mich los, hatte ja bekommen, was er wollte, Mensch war ich blöd damals, was heißt war, bin ja noch genau so blöd, gib zu, daß ich blöd bin, sonst hätte ich Josef-Heinrich eine runtergehauen, und mit Dir wär ich auch nicht hier rausgefahren, schließlich bist Du, na ja, Cheerio, Honey!

Sieh vorwärts, Werner, und nicht hinter Dich. Schiller,
Susanne!

Das iss der mit Goethe.

Genau der.

Ich hab' noch fünfzehnhundert Dollar zu kriegen für
Ausbildungsverlust. Dann kauf ich mir Bücher und lese
alles, was ihr gelesen habt.

Für fünfzehnhundert Dollar kriegst Du ne ganze Menge.

Glaubst Du, ich lasse mich immer auslachen von euch.
Josef-Heinrich in Italien, er hat mich behandelt, als hätt'
ich nicht alle Tassen, Bernini, Uffizien, Staufer, Kessel-
ring, Barbarossa, Renaissance, das gehört dazu, das mußt
Du wissen, Forum, Badoglio, Michelangelo, ich bin doch
nicht doof, schließlich bin ich fünf Jahre in die Schule in
Tel Aviv, und in die Gadna, die dreitausend Sprüche, die
Salomo redete, davon hat er keine Ahnung. *Mein Kind,
wenn Dich die bösen Buben locken, so folge nicht,* Salomo,
eins-zehn, *Den Spöttern sind Strafen bereitet. Es wird Dir
Deine Armut kommen wie ein Wanderer und Dein Mangel
wie ein gewappneter Mann,* das ist auch nicht nichts, aber
dauernd hackt ihr auf einem rum, der Roman ist viel besser
als der Film, ach den müssen Sie lesen, kein Vergleich! Im
Reisebüro lachen sie, wenn ich frage, warum alle Leute
plötzlich nach Bayreuth fahren. *Wie ein Vogel dahinfährt
und eine Schwalbe fliegt, also ein unverdienter Fluch trifft
nicht,* capito! Brecht euch ja keine Verzierung ab. Sogar
Helmut, weißt Du, der Schuft, der nachher Mathilde heiratete, die Tochter von dem SS-Bonzen, jeder will mir was
beibringen, Josef-Heinrich sagt, geh in die Leihbücherei,
da haben sie alles, Pustekuchen, ich laß mich doch nicht
rumkommandieren, und von Dir auch nicht.

Die Kerze flackerte heftig mit. War ganz Susannes Meinung. Von unten angeflackerte gebauschte Nasenflügel, ein

wütendes Schlittenhundgesicht, nein, Wüstenfuchs, die
Augen schlitzen scharf in die Schläfen hinein, die Nase
bleibt Susannes Nase, sieht gut aus, wenn Du Dich auf-
regst, bloß nicht so laut bitte, Anselm kommandiert nicht,
und Josef-Heinrich will bloß zeigen, daß er es ernst meint,
Susanne, drum striezt er Dich so, seine Frau soll sich nicht
blamieren, ist doch verständlich, n' paar Bücher wirst Du
schon lesen müssen, und Kabale und Liebe anschauen und
Tannhäuser und n' bißchen Goethe und Anouilh, Josef-
Heinrich ist jetzt bald n' feiner Mann und bei den Parties
wird kein Pardon gegeben, Susanne, das kann ich Dir sagen,
wenn da einer mitteilt, er habe sich jetzt in Queen Anne
eingerichtet und Du machst 'n falsches Gesicht, fragst gar:
wo liegt'n das, schon bist Du verkauft und Josef-Heinrich
hat den Schaden, weil se dann doch lachen über ihn, wenn
er ne Frau bringt, die nicht gar alles weiß, schließlich gibt es
Ehepaare, die verlangen voneinander ununterbrochen Benn.
An Deiner Stelle würde ich n' bißchen Neruda anschauen,
Guillén und sowas, im Original, dann hast Du gleich ne
eigene Farbe. Du bist schön, und viel jünger, leicht wirst
Du's nicht haben. Aber so kommen wir nicht vorwärts, es
ist zehn durch und wir reden uns auseinander. The sale,
Susan, the male-sale.

19

Anselm verfügte Stellungswechsel. Nicht zum Schweigen
zu bringende Widerstandsnester machen Generale nervös.
21. Gebot: *Es gibt keinen schlecht aufgelegten Verkäufer.*
26. Gebot: *Geduld, Beharrlichkeit und Begeisterung.* Nach
rettenden Improvisationen suchend, irgend eine neue

Begeisterung vorbereitend, steuerte Anselm in den Regen hinein. Sale in gale. Why not?

Der unabhängige, unsere Subventionen souverän schlukkende, keinerlei Wirkung zeigende Wissenschaftler Galileo bemerkt dazu: Frühlinge sind absehbar. Anfängliche Fröhlichkeit erleidet Beschädigungen. Jede Beziehung ist Bewegung. Ist also einem Gesetz unterworfen.

Die Erde tappt ins Perihelium, feiert die untere Konjunktion, das Herbstäquinoktium. Von wegen Waage! Luftig kardinales Venuszeichen! Von wegen ausgewogenes Schicksal häkelnde Harmonie! Nie schaukelt der Äquator so wie jetzt. Jeder Stein knistert, jeder spürt den Zug, das Gekreise um die Kerne erreicht Höchstgeschwindigkeit. Es wird gefragt: bleiben die Bahnen stabil? Es wird geantwortet: wenn sie stabil sind. Nähe ist nämlich Beschleunigung. Nähe ist Kälte. Das liegt am Neigungswinkel. Nähe ist Beschleunigung. Um in die Sonne zu stürzen? An ihr vorbei? So rasch als möglich wieder von ihr weg? Nähe ist Beschleunigung.

Anselm, der Laie, will den kritischen Punkt, die Konjunktion, in die Länge ziehen. Aber ein Punkt ist ein Punkt, und ein Punkt wird passiert, und wenn er nicht passiert wird, stirbt die Bewegung. Die Beziehung wird krank. Wucherung, Krampf, Heimtücke, Lauern, Taktik, Lüge: die Fratzen des scheinbar gekündigten Gesetzes. Zu einem guten Zweck. Aus Mutlosigkeit. Das Weitere bedenkend. Die Stabilität seiner Bahn, ihrer Bahn zu schonen. Nicht ineinander zu stürzen. Aber auch nachträglich ist kein Anschein von Freiheit zu retten. Angenommen, es gelänge der Marionette zu kündigen, so kann sie trotzdem nicht Kaffee trinken gehen. Sie landet in der Kiste der Häßlichkeit, wo in finsterem Verhau die ungehorsamen Glieder von Ewigkeit zu Ewigkeit gegeneinander streiten.

Beziehung, Anselm, ist Annäherung, also Bewegung zu größerer Nähe, also zur Beschleunigung, also zur Kälte, also zur Feindseligkeit, also zur Rücksichtslosigkeit, also zum Ziel, zum Hinein oder Vorbei, tertium non datur. Ein konserviertes Techtelmechtel gibt es nicht. Die Konjunktion ist erreicht. Die Frage stellt Dich.

Du kannst natürlich auch noch einen Pfarrer fragen, der strickt dann der Gravitation Flügelchen auf den Rücken und schon setzt sie sich flaumleicht auf Deinen Fuß, hat einen Zettel im Schnabel, vom lieben Gott einen Gruß. Dixi.

Bildung is doch 'n alter Hut, Susanne. Wenn man so aussieht wie Du, hat man das nicht nötig.

Wenn alle so wären wie Du, Anselm, but so far.

Das Blei in der Lenkschnecke schmilzt, die Hauptstraßen-Gerade wird lächerlich gerade für einen, der fahren will, für einen, der fahren will, gibt es über Birkenbach, Langenberg, Treuchtelmoos, Atzengrund, Simratshof eine Strecke, kurvengesättigt, aller Aufmerksamkeit würdig, und schließlich, Susanne, kämen wir ja wieder zurück, bei der Alten Brücke wären wir wieder, wo wir sind, also bloß eine Umleitung, Susanne, mal eine freiwillige, mußte in der Humboldt-Straße der Verkehr ja auch Diahanns wegen, der Kurven wegen, Susanne, biegen wir ab, freiwillig ab, rechts ab, bieg Birkenbach zu, nicht in den Dritten zurück, warum denn noch bremsen, Susanne erschrecken, der Hundertachtzig, schwer genug, neue Pneus, schleudert nicht, der haftet, trägt die Kurve, trägt und trägt sie, bloß nicht bremsen, laß Dich tragen, trägt sie, die Kurve, aus, und die Kurve fragt bei Susanne an, ob Susanne so aufrecht, ob sie trotz der aus und hinaustragenden Kurve so aufrecht, ob sie, fragt die Kurve, den Schwerpunkt zum Beispiel über die Unterstützungsfläche zum Beispiel hinaustragen lassen

will, eine rhetorische Frage der Kurve, die den Hundertachtzig hinausträgt, der die Kurve austrägt und sich tragen läßt und Susanne einfach mitträgt über sich selbst
hinaus, bis sie aufbumst auf die Anselmschulter und dort
noch haftet, klebt, als Anselm schon längst das Pedal bis
zum Anschlag drückt, daß der Hundertachtzig sich hinaus-
holt in die Gerade: klingelnd, vibrierend wie ein ganzes
Ministrantengespann bei der Wandlung.

20

Zigarettenpause am Waldrand hinter Atzengrund. Draußen Sturm. Die Bäume werden bestraft für etwas, das sie
nicht begangen haben. Morgen wird man in der Zeitung
lesen, mit wieviel Kilometer Geschwindigkeit der Sturm
die Bäume geohrfeigt hat.

28. Gebot: *Geben Sie dem Interessenten, wenn möglich,
die Ware in die Hand. Er sollte sie ausprobieren.*

Anselms Variation: Der Interessent muß die Ware
verlangen. Auf sein eigenes Risiko. Zehn Meter sie, Du
einen Millimeter. Sie muß sich selbst überreden. Wer zuerst
den Ring betritt, verläßt ihn geschlagen. Alte Boxerregel.
Der Handelnde braucht Regeln.

Nicht daß Du meinst, ich mach mir nichts daraus! Ich
ginge in der Woche dreimal ins Theater, aber Josef-Heinrich ist zu faul. Kenn ich alles schon, sagt er. Wenn ich
Zeit hätte, würde ich den ganzen Tag lesen, nicht daß Du
meinst. Solche Geschichten wie Faust und Gretchen, die
sterben wollten, dabei war's ein Liebestrank, das hat mir
Onkel Bernhard erzählt, weißt Du, der mit dem Uhren-
laden in Buenos Aires, der hat mir überhaupt am meisten

erzählt von hier, hat mir O Donna Clara beigebracht und die blauen Dragoner sie reiten und kleine Möve flieg' nach Helgoland, ich hatte ja keine Ahnung von Helgoland, ich weiß noch, daß ich mir dann immer vorstellte, Faust hat seine Burg auf Helgoland, schwer verwundet liegt er auf roten Steinen, ein Hirte bläst, die Möve kommt und meldet, daß Gretchens Schiff gerade anlegt, sie sterben zusammen, Mephisto kommt zu spät, er verflucht die beiden, aber die Möve flüstert: sind gerettet. Trotz allem, was sie angestellt hatten. Onkel Bernhard heulte auch immer. Nannte mich Gretchen und küßte mich richtig. Das hätte er natürlich nicht tun sollen, aber was willst Du machen, er war so allein. Seit seine Frau abgehauen war, traute er sich nichts mehr zu. Ich konnte es ihm doch nicht verbieten.

Die nur ins Ohr gebauten Radioweltstädte Motala, Hilversum, Athlone, Sundsvall, M. Ceneri und St. Ann und die zugänglicheren Weiber London, Paris, Rom, Kopenhagen u. a. spendeten durch kleine Stationsrechtecke gerade soviel Licht, daß Anselm seinen Wüstenfuchs fragen konnte, ob es erlaubt sei, jene Augen ein bißchen genauer anzuschauen, was ja, bei vollkommener Finsternis, ein ganz und gar sinnloses Begehren gewesen wäre. So nah er diesem Gesicht auch kam, jetzt und später, die beiden Augen verschmolzen nicht zu irgend einem Nasenwurzelpicassozyklopenauge, im Gegenteil, sie flohen zurück in die Schläfen, kauerten in ihren spitzen Aufwärtswinkeln und konnten nicht weiter. Tiere, die ihrer Gefangennahme entgegensahen.

Wird es, sag nichts, ich frage nur, schließlich treiben wir, zumindest kommt näher, trotz Nebenbei-Musik, hörst Du, daß, sag nichts, bloß fragen laß mich, falls, wenn Du, ich, ob es, ich lache ja, bin ja, sage ja, ob es, frag ich, schlimm. Ist. Wird. Gewesen sein. Wird.

Anselm würde jetzt alle ihm vorgelegten, aufgegebenen, zugemuteten Fragen programmieren und sorgfältig lösen, aber so war es doch gar nicht gemeint. Anselm, wann wirst Du endlich den Unterschied zwischen Sandkasten und wirklichem Terrain begreifen. Quousque! Wieder reißt Anselm fröstelnd Maul und Augen auf, – weil er immer noch kein Mann ist? weil er ein Mann ist? – fröstelnd, da er Zeuge wird der raschelnden, fliegend griffsicheren Sachlichkeit, mit der eine Frau so ne Übergabe abwickelt.

In der beiläufigen und verqueren Weise, in der man spricht, wenn man zum Beispiel gleichzeitig die Schuhe schnürt oder zum vierten Mal ansetzt, einen Hemdknopf in das beim Waschen eingegangene Knopfloch zu zwängen, in dieser abgeschwächten, dekonzentrierten, von der Mühe des Hantierens beeinflußten Sprechweise, sagte Susanne, die beschäftigt war: ja, ja, Anselm, Du Antisemit.

21

Dem Handelnden ist weder zu raten, noch zu helfen. Seine Ratlosigkeit und seine Hilflosigkeit sind seine wahre Kraft, sie engen alles auf eine einzige Möglichkeit ein, und da sie die einzige ist, wird sie ergriffen. Gäbe es wirklich zwei, nie würde gehandelt. Nun darf von all dem der Handelnde nichts wissen. Hilfe und Rat müssen ihn als ein dauernd flüsternder, huschender, wichtigtuerisch hin- und herrennender Hofstaat umgeben, Spezialisten für das Größte und Kleinste müssen unablässig wie Maschinen surren, schnurren, brummen und summen, der Handelnde darf sich seiner Verlassenheit nicht bewußt werden. Er tut das einzig Mögliche, aber er tut es, als wähle er das Richtige. Die Berater wissen das, aber sie verzweifeln nicht, denn sie wissen auch, daß sie ebenso notwendig wie unnütz sind. Anselms Wissenschaftler, Galileo Cleverlein, zum Beispiel. Was fragt Anselm ihn nicht alles, und wie wenig kann er damit anfangen! Was aber wäre Anselm, wenn er ihn nicht fragen könnte? Und der Wissenschaftler seinerseits leidet darunter, daß er nie mit darf, wenn gehandelt wird, immer bloß in die Nähe, immer wird rasch noch ein Vorhang entrollt, eine Zeltwand heruntergelassen, irgendetwas geschieht immer in letzter Sekunde, um den Wissenschaftler auszuschließen. Das ärgert ihn. Er spürt nämlich, daß sich das auf sein Vokabular auswirkt, und sein Vokabular ist doch sein Einundalles. Um es aufzufrischen, greift er manchmal willkürlich hinein in die ihm vorenthaltene Sphäre und spricht, wie er sich vorstellt, daß dort, wo gehandelt wird, gesprochen werden müßte. Anselm ist es fast peinlich, wenn sein Wissenschaftler aus Unerfahrenheit so direkt wird, wie diesmal wieder: den Umzug in den Fond, den allerletzten Stellungswechsel hat sie Dir verlegenheitsfrei zugespielt, alle Achtung. Die Hautbanderole zwischen Schlüpfer und Strumpf ist einer Stillhaltekonvention zwischen Strumpffabrikanten und Unterwäschedesignern zu verdanken, man will die Strapps-Stege über die bloße Haut erhalten, schau nach, ob das noch stimmt. Aber bedenke in diesem Augenblick auch, daß Du Dein Türchen geschlossen lassen könntest, denn eigentlich ... Anselm unterbricht ihn und sagt: ich gestatte niemanden, in Anwesenheit von Susanne so zu denken oder zu reden, wir haben es hier mit einem von vielerlei Unbill heimgesuchten Mädchen zu tun, und wollen in gebotenem Ernst darüber beraten, was zu geschehen hat. Bitte, dann muß ich aber weiter zurückgreifen, sagt der Wissenschaftler, der eine Chance wittert, auf die er in dieser Nacht gar nicht mehr zu hoffen wagte. Er stützt sich irgendwo auf, holt einen Atem, der für seine kleinen Lungen lang ausreichen wird, und sagt träumerisch grausam: Der Mann, sagt er, ist das gravierendste Wesen, noch schärfer gefaßt: das am heftigsten gravitierende Wesen, das wir kennen. Er ist massenanfällig wie nichts sonst.

Schon besser, brummt Anselm freundlich.

Ja, ruft Cleverlein und gibt sich einem noch nicht recht begründeten Crescendo hin: der Mann hat den Massenmittelpunkt, also den Schwerpunkt ihrer Masse schon erreicht, bevor seine Masse auch nur die Hälfte des Weges dahin zurückgelegt hat. Er ist seiner Masse voraus. Für den noch unfaßbaren Teil in ihm, für den Teil, der sein Ziel erreicht hat, entfällt die Anziehungskraft ihres Schwerpunktes. Er, der Einzige, kann nun seiner Masse den Weg dahin verbieten, d. h. er kann versuchen, seiner Masse den weiteren Sturz auszureden, dazu müßte er alle in Bewegung befindlichen Atomgesellschaften umorientieren, die Kraft, die seine Masse noch anzieht, muß er verdächtig machen, er kann sagen: ich war schon dort, wohin es euch noch zieht, es rentiert sich nicht, die Hauptsache ist, wir hätten hingefunden, wenn wir gewollt hätten, also kehrt marsch und heim! Ganz einfach ist es nicht, der zunehmenden Beschleunigung seiner Atomgesellschaften Einhalt zu gebieten, denn alles, was der Mann erzählen kann, ist eigentlich keine Kraft, es ist der Versuch, sein Vorausseín abstrakt zu vermitteln, durch Analogie-Beschwörung . . . Schluß jetzt, rief Anselm verärgert, was ich wissen will, ist: wie steh ich besser da vor ihr. Daß ich könnte, weiß ich jetzt, also müßte ich nicht mehr unbedingt, obwohl, ein Verzicht ist es schon, zweimal Schlucken langt da nicht, aber bitte. Bloß, wie wird sie das aufnehmen? Glaubt sie dann erst recht, ich sei ein Antisemit, oder sagt sie: das ist ein Mann, dem bin ich anscheinend wirklich was wert. Das ist die Frage.

Der Wissenschaftler hatte natürlich längst gemerkt, was Anselm hören wollte.

Lieber Anselm, das wenn die Frage ist, dann gibt es keine Frage mehr. Du hast viele Möglichkeiten angeboten in den letzten Wochen und in den letzten Stunden, sie hat eine einzige gewählt, und Du möchtest ihr jetzt das Himmelreich wieder aus den Zähnen reißen, das darfst Du nicht, das kannst Du nicht, volljährig ist sie auch, und Dich – in Deinem Schuldgefühl – muß es trösten, wenn nicht sogar entlasten, daß Du jetzt gar nicht mehr darauf angewiesen wärst. Sollte es für euch zwei von Anfang an nur diese einzige Möglichkeit gegeben haben, die euch im Äquinoktium an den Waldrand hinter Atzengrund verschlagen hat, bitte, es ist vermutenswert, daß es nur diese eine Möglichkeit gegeben hat, so könntest Du es doch bei der Möglichkeit belassen. Sie aber, nicht wahr! Also komme alle Realität über sie. Dixi.

Danke, sagte Anselm, jetzt scher Dich raus, Cleverlein, verkriech' Dich in ne Bremstrommel oder tanze auf der Antennenspitze, aber stör' mir den Empfang nicht, ich lege Wert auf'n bißchen A F N.

Ich geh' ja schon, aber nicht in die Bremstrommel und nicht auf die Antenne, im Atzengrund-Wald ergeh ich mich, um mit diversen Kobolden zu diskutieren, ob Försterspucke auf Pilzen die Aktivierung der Enzyme beeinträchtigt und so vielleicht genmumtierende Wirkungen hat. Ein Problem, das mich nicht losläßt, weil doch angenommen werden kann, daß der Speichel eines Försters auch dann noch Unheil anrichtet, wenn er schon längst vom Förster getrennt ist. Ciau Amsel. Denk daran, fünfzehn Minuten nach Kopulationsbeginn wäre mit den ersten Rekombinanten zu rechnen, falls Du, aber das brauche ich Dir wohl nicht zu sagen, videant consules.

Wohlweislich ließ Anselm dem Wissenschaftler das letzte Wort, wußte er doch, daß darin die einzige Chance lag, ihn loszuwerden.

Auch die Meteorologen hatten jetzt ein Einsehen und nahmen den Regensturm vom Atzengrund-Wald, lockten ihn durch ein noch tieferes Tief nach Süden, wahrscheinlich sogar nach Italien. Sollte er nur hinabfahren über die Alpen, anstatt die vergleichsweise unschuldigen Atzengrundbäume zu traktieren. Dort drunten sollte er den Strand auspeitschen für alles, wofür der sich im Sommer hergegeben hatte.

Ein Wiedergutmachungswind heuchelte schadentrocknend um die Bäume herum. Ruhiger rauschte das Äquinoktium.

Anderntags fanden sie einen toten jungen Fuchs. Der war in ein Auto gerannt. Das überraschte mich auch. Denn mein Hundertachtzig zeigte keine Spuren. The sale I never, the vale, the dale I never, the gale, the hail I never, the male I never, the bale, the wail, the tale I never forgot. Perhaps.

22

Aufwiedersehn, wir telephonieren dann, und bitte nichts zu Josef-Heinrich. Hätte sie gar nicht erst aussprechen müssen, obwohl, so'n kleinen Kratzer hätte er ihm schon ganz gern gegönnt, geht aber nicht, ist klar, also Susanne, Tschüs, Ciau. Aber kaum hatte die Tür sie begraben, kaum saß Anselm allein im Auto, da wurde es ihm eng, er schluckte, schluckte und fuhr heim. Zartes Schnarchen der Brut, wehleidiges Röcheln Alissas, halboffen der Mund, verkorkstes Oval, ein Frauenmund muß breit sein, Alissa, beherrsch

Deinen Schlaf gefälligst, überhaupt dies sulzige Leichengesicht, am besten nicht hinschauen, schlafen, Nachtgebet um einen guten Traum, den man dann, solange das Frühstück, der morgendliche Aufbruch dauert, durchschmuggeln muß, daß Alissa nichts, sie hat es nötig, ihre spitze, überhaupt nicht abgerundete Nase andauernd im Kreis umherschnuppern zu lassen, Flügel bestellen für euch vier, ab mit euch in die ewige Seligkeit, soll doch schön sein dort droben, und falls es mir gelänge, euch von Erdenschwere zu befreien, kämt ihr sicher per Express auf die besten Plätze, anstatt hier rumzusitzen, elend seht ihr aus ohne Mann, vier Waisen in den letzten Kleidern, wo ist denn euer Väterchen? war er bekannt? ach, abkommandiert, und jetzt sitzt ihr da mit bösen spitzen Nasen, komischen Namen, schlürft Kakao, Kaffee, daß einem die Ohren weh tun, durch und durch geht mir das, Lissa, hinaus! sofort! Du brauchst gar nicht erstaunt herüberzubetteln, Alissa, Dein tiefer Hausfrauen-Madonna-Blick trifft mich nicht, geht auch nicht durch mich hindurch, in meinem Kaffee schwimmt ein anderes Gesicht, nicht großporig wie Du, alternder Schnee, Dein Weiß vor Schatten grau, Dein Grau rosabeige überpudert, rosagraubeigegrau, und immer diese großen Hände, diese gedrillten besserwisserischen Klavierhände, Gebetshände in Großaufnahme, stolz auf das, was sie mitgemacht haben, überhaupt Dein Edelbitter-Dasein, ich halte Dich nicht, Joachim ist Professor geworden, bitte, das wäre Dein Platz, in die Elfuhrvorlesung über den Liebesbegriff der Frühromantik, diskret durch die Tür schlüpfen, wenn er schon spricht, hindinnenhaft abgebogen sitzen, Beine schräg, eng parallel, beispielhafte Aufmerksamkeit mimen für die letzten Reihen, Männe spricht nur für Dich, habt ihr ja am Abend zuvor alles durchdiskutiert, Du hast Zitate geliefert, und die fünf hellsten Köpfe aus dem Seminar dürfen zum Tee mit, Joachim genießt es, daß sie Dich verehren, Haushalt würde besorgt, Du könntest endlich wissenschaftlich, vielleicht sogar für Zeitschriften, Deine Mutter dürfte stöhnen vor Stolz, aber Du sitzt am Tisch, Dein breites Becken schluckt uns alle Zeit, Sie geht zum Palmenwald, Du gehst zum Herd, drehst Knopf III, Sie geht zum Tempeltor, Onyx und Sand, Du gehst zum Eisschrank, holst Tube Rot, Sie geht zur Boeing, die Gangway kuschelt sich, Du gehst zum Besenschrank, greifst kräftig nach Wälzern, Sie geht auf Photographien vor jedem Horizont, Du gehst zum Herd, stellst auf, Sie geht auf Photographien, der Fuß sticht vor, flach steil spitz erstarrt, Du blätterst um, Sie geht auf Photographien, auf Photographien, und Du blätterst immer wieder um, ach wir würden Dir Postkarten vom Libanon schicken und Du würdest uns Postkarten von Tübingen schicken, wir würden von Narde, Safran, Kalmus, Zimt und Aloe grüßen, Du würdest uns von Grillparzer bis Wedekind grüßen, wir würden ärmlich in Manhattan hausen, Du würdest mit den hellsten Köpfen Albrecht Goes besuchen, wir würden bestraft, Du würdest gesegnet, Du würdest uns strafen, wir würden Dich segnen.

Versteh ich Anselm noch? Und er selbst, versteht er sich noch? Kreiselt umher, kurvt durch die Stadt, den Führerschein müßte man ihm entziehen. Ist es nicht verdachterregend, daß er wünscht, Gigli zu sein? Vor Sälen will er stehen, eine Stimme im Hals wie ein Bergbach, wie eine Sonnenprotuberanz, ein Ätnaausbruch, und Sanne im Saal, und alle so hin, daß es keine Probleme mehr gibt, daß der Chef der Verkehrspolizei von New York herüberfliegt und ihn zum Ehrenchef der New Yorker Verkehrspolizei ernennt, womit die Erlaubnis verbunden ist, so schnell zu fahren, wie er will, und das will er, das hat Gigli erreicht.

Susannes Haustür bewacht er, bemerkt nicht, daß sie ihm ängstlich entgegensieht. Besseren Deutschunterricht bietet er an, einen Stundenplan hat er schon mitgebracht, denn es geht nicht an, sagt er, daß sie nur Hebräisch schreiben kann, daß sie immer nur von einer Sprache in die andere hineinrennt ohne Grammatik, er hat es doch bemerkt, daß sie plötzlich nicht weiß, daß Tischtuch Tischtuch heißt, gleich kann sie sich nicht mehr helfen, übersetzen kann sie nicht, weil sie nie eine Sprache im Rückhalt hatte, wenn sie eine neue dazulernte, jedesmal hat sie von vorne angefangen wie ein Kind, nachgedacht hat sie auch nicht, das geht nicht mehr so weiter, sagt er, wir werden Beziehungen herstellen, was bei euch in Brooklyn blumig auf dem Tisch lag und für Dich tablecover oder sonstwie hieß, das ist das gleiche wie das karierte hier, und das heißt Tischtuch, verstehst Du. Susanne sagt: also willst Du mich auch herumkommandieren, laßt mich doch in Ruhe, wenn ich euch nicht gut genug bin. Sofort bricht Anselm alle fortbildenden Bemühungen ab, verzichtet auch darauf, Susannes schroffen Ton im Umgang mit Kellnern, Gepäckträgern, Auskunftsbeamten zu korrigieren. Edmund fragt er, ob man nicht doch noch etwas unternehmen sollte gegen Josef-Heinrich. Wie es mit dem Material stünde. Edmund hat keine Lust mehr. Anselm geht am hellen Tag in die Kirche, zählt aber nicht die Goldfransen an der Georgsfahne, sondern geht schnurstracks auf den Marienaltar zu und teilt der heiligen Maria mit, Susanne habe einen süßen Leib, und er beschreibt ihn: bis zur Taille, sagt er, ist sie eine Göttin, von da ab ein schwereres Geschöpf, ein Muttertier, aber liegst Du neben ihr, sagt er, schaust an ihr hinunter, verstehst Du, dann verjüngt sich die schwerere Hälfte und sie ist von oben bis unten eine Göttin, eine mit ausrasierten Achselhöhlen, das ist amerikanisch, weißt Du, die sind

doch so für Hygiene, your armpitch, make it a charme-
pitch, sagen sie drüben, hübscher Slogan, nicht wahr? Ich
sag Dir das bloß, weil ich doch sonst keinen habe, dem ich's
erzählen kann, wenn Du willst, kannst Du es auch als
Beichte nehmen, von euren Stellvertretern ist ja momentan keiner da. Aber nicht, daß Du jetzt glaubst, sie sei
untersetzt, wegen der unteren Hälfte, das ist sie nicht,
dann schon noch eher Alissa, die sich übrigens miserabel
benimmt, das mußt Du zugeben, ich habe wirklich die
Hölle daheim, aber laß nur, Du wirst schon sehen.

Wären die Gedanken Anselms öffentlich bekannt, man
würde ihn verhaften, das ist sicher. Aber noch spricht er
sich nicht aus. Er fährt durch die Straßen, als fahnde er
nach einem Todfeind. Melitta, wenn er zufällig aus dem
Bienenstock herauskommen sieht, grüßt er nicht, sucht
nicht einmal ihren Blick. Als Fräulein Bruhns ihn wieder
zum Sonntagskaffee einlädt, nimmt er an, um ein Alibi zu
haben, hört zehn Minuten kalt ihr Gejammer an, steht
auf, liefert nicht ein Wort des erwarteten Trostes ab, soll
sie sich umbringen, denkt er und geht und fährt zu Susanne. Ein Benehmen ist das. Onkel Gallus und seine Mutter brauchen ganz dringend seinen Rat, denn inzwischen
ist es zu Tätlichkeiten gekommen, Herr Runge hat Frau
Trautwein, oder Frau Trautwein hat Frau Runge einen
Kübel Wasser, weil am Samstag der Boiler, und die Mutter
darf sich, sagt der Professor, keinesfalls aufregen, wie aber
soll dann, wo doch Gallus seines Ohrensausens wegen nicht,
ach werft sie doch alle raus, ich bin kein Rechtsanwalt,
sagt er und weigert sich sogar, den Ableger einer Fingeraralie mitzunehmen. Schroff weist er Moser ab, für Einladungen keine Zeit, nein, ganz unmöglich. Pawel wird
vertröstet, Herr Neeff muß sich gedulden, schließlich
kann er nicht hexen. Sophie ruft an, er hängt ab, sie dringt

ins Büro ein, weil sie, sagt sie, ein Kind bekommt. Das erschreckt ihn zwar, aber nur eine Sekunde, dann lacht er sie aus, sagt, das sei aber mal ne originelle Erpressung, Sophie heult, er schaut zu, empfiehlt ihr, mit Justus, das sei was für Justus, also dann, mach's gut. Und wenn er alle abgewimmelt hat, dann sitzt er und weiß nicht, was er tun soll. Sekundenzeiger rennen um ihn rum.

Es ist das Dreikörperproblem, sagte Galileo Cleverlein.

Dafür kann ich mir nichts kaufen, Idiot, sagte Anselm.

O doch, sagte seine Wissenschaftlichkeit, um dem Traurigen neuen Lebensmut einzuflößen!

Ja? sagt Anselm aus dem Grab seiner Gedanken. Das Gemeinste sind die Kinder, dieses Pack, diese Rotznasen, jetzt hocken sie Dir auf Händen und Füßen, keinen Schritt kannst Du tun, und später hauen sie ab, siehe Flintrop, ich wollte ja nie, aber Alissa, das ist typisch, und ich Trottel bin hereingefallen, jetzt hat sie mich, verstehst Du, das . . .

Anselm, das ist Klage, und Klage gehört ins Feuilleton, laß uns denken.

Denk Du doch.

Tu' ich ja, tu' ich ja, paß auf: Alissa hat Brandgeruch gewittert, is doch klar, exakter: sie hat ne Deviation bemerkt. Was Herrn Galle 1846, veranlaßt von Leverrier, gelang, am 23. September übrigens, mein Lieber, das hat Alissa ohne Teleskop geschafft. Unregelmäßigkeiten in der Uranuslaufbahn, und wer war schuld, der bis dato unbekannte Neptun.

Scheißastronomie.

Moment. In Ermangelung zuverlässiger, den Menschen betreffenden Maßsysteme, bediene ich mich astronomischen Vokabulars, denn die Verhältnisse sind ähnlich, die Unbekanntheit der Größen ist ähnlich, die Entfernungen sind, darf man wirklich sagen, gleich, auf Spektren sind wir hier wie dort angewiesen, nur: die Bewegungsgesetze der Gestirne sind ungleich genauer bekannt. Die Freiheitsgrade sind gleich. Freiheit ist ein summarisches Wort, ein Obenhin-Wort, wie Temperatur oder Helligkeit. Bloß, wer eine Temperatur angibt, könnte auch genauer, sachgerechter formulieren. Bei der Freiheit fehlts da noch weit. Lyrisch verbiesebammelt, ethisch vorwegdirigiert, das ist alles. Kreisvorschriften, Anselm immer um Alissa rum, sphärensängerisch fort und fort, obwohl der Kreis die unnatürlichste Figur ist, tödlich vollkommen, leer, Scheinbewegung, weil keine Änderung des Schweregefühls, kein Wechsel der Gravitation, also eine Bewegung, die man künstlich aufzeichnen muß, daß man sie sieht, weil man sie nicht spürt. So dumm ist Alissa nicht. Alissa erlaubt die Ellipse, erlaubt Dir, dem kalten Planetoiden, ein Perigäum und ein Apogäum, hat, ja viel mehr Kraft so ne Ellipse und Du bist doch lange Zeit zufrieden gesegelt, is ja was, so ne saubere in Schwung und Flucht stabile Kepler-Ellipse, so'n schön temperierter Wechsel zwischen Nah und Fern, aber die Propaganda draußen ist gegen die stabile Bahn, das ist klar, Du steigst aus'm Wagen, plötzlich schieben, trippeln, stürzen aus allen Türen und Seitenstraßen helle bunte Mädchen, kaum sind sie auf der Bildfläche, werden ihre Knie träg, fast schleifen sie die Füße, die Beine schieben sie vor sich her über die Straße, einige drehen sich aber so rasch um, daß sie nicht im Auge zu behalten sind. Frisuren bleiben. Frauenhaare. Du neigst zur Dankbarkeit, deshalb fragst Du, ob je schon einmal irgendwer dankbar genug dafür war, daß sie immer noch soviel Haare haben, wo uns doch soviel abhanden gekommen ist in hunderttausend Jahren. Und da die Mädchen sich jetzt wachsen lassen dürfen wie sie wollen, da man ihnen Kleider, Augen, Schultern, Frisuren, einen Gang und sonstwas erfindet, wird es immer schwieriger, und wenn es so weiter geht, wird man sich ganz anders schulen müssen, bevor man auf die Straße geht, denn die Propaganda, die diese Langhaarigen machen, brennt sich ein, Bahnen neigen sich, Umorientierungen künden sich an, werden überwunden, nicht überwunden, doch überwunden, woher die Kraft, wohin die Kraft, es geht ja nichts verloren, alles bloß Verwandlung, unsichtbare, aber schwerwiegende Resignationsdenkmale häufen sich in Dir, Friedhöfe, die Du mitträgst, Bittersteingebirge in jedem, Stählung der Verzichtmuskulatur, Stolz auf vermiedene säkulare Störungen, Sorge, weil die nächste periodische schon unterwegs ist, und dann trifft sie Dich, die kosmische Ohrfeige, die Dich aus Deiner Ellipse wirft in eine andere Ellipse hinein, und Alissa, die wackere Erde, spürt's, seine Masse nimmt ab, der treibt weg, also aktiviert sie Notballast, wirft alles, was sie hat, ins Gefecht, um das immer leichter werdende Gestirnchen wieder ranzuholen, aber sie hat nicht mehr als sie hat, und wenn das genug wäre, wärst Du ihr erst gar nicht entflohen, und sie weiß ja auch, da ist ein dritter Körper im Spiel, und sie stößt auf das Lagrangesche Problem zweiter Art, wie restauriert sie die kaputt gegangene Keplerellipse wieder, wo doch die Welt strotzt vor Gravitation! Wie holt sie ihn zurück aus dem schrecklichen Feld!

Überläufer, murmelte Anselm, Du wolltest mein Problem lösen und bürdest mir das ihre auf. Und als seine Wissenschaftlichkeit nun entwickelt wollte, daß in einem 60-Gradwinkel, in der Erreichung eines Librationszentrums für Anselm alle Hoffnung beschlossen läge, da hatte Anselm genug, fluchte aller Schwere, sagte sich los davon und sagte: ich mach, was ich will.

Na ja, das ist das, was Du mußt.

O List der Vernunft.

Scheinbewegung bloß?

Und ich bewege mich doch!

Und sie sich auch. Von wegen *Brudersphären, Wett-gesang* und *alte Weise*, hat Der das nie bemerkt, daß nichts an seiner Stelle bleiben will, alles schlüpft aus seinem Namen, ja, die Namen bleiben. Schlangenhäute, Krükken, alte Reime klappernd, bleiben sie zurück, aber was Gewicht hat, schlüpft aus, haut ab, solviert. Benennungsfreudigste Wissenschaftler stehen da, machen naß und drehen Däumchen. Schon hüpft der Oberbürgermeister auf Lyrafüßen in den Knast, schon übergeben Schienen die Züge der Böschung zum Solfeggio, schon desertieren Schwangere vergeßlich zu Kapellen, dreschen auf den Bauch solenne Soli, schon stimmt Staub ab, ob er bleibt, schon drängen Zäune kichernd ins schwere Feld, harren Kaninchen keusch im Solstitium, küssen Oberschwestern Kranke auf die Stirn und keiner stirbt daran, sät auf dem Flugplatz die Stewardess Solanum, singt so la la der Kinderchor Sankt Nukleus Dein Fest mit Apfelbirnenmandelkern feiern wir am 6. 12. gern, sabbern legendäre Kläranlagen Arien in der rostigen Oper, enden Wortwurzeln spitz in den Ohren der Hörsaalleichen, flattern Spatzenschwärme brüderlich um solipsistische Hüte, werden Begräbnisse im Stadion zusammengefaßt, kauft Siebzehnjährige den Rundhorizont Solitude (bleibe bei Zeiten, werde Abonnent von vielem, ein Kunde lebt) schüttelt sich das Delta, träumen sich Wasserfälle in Rohren rückwärts (lieber eins rauf als eins runter), lassen Schuhe Wasser, nässen die Straße, kriecht ein Finger stirneinwärts ins Soliloquium, biegt ums Kap vertraute Vorstellung mit erwünschtem Gott an Bord (denk bloß), sitzen Milchpreise zum erstletzten Mal stumm auf kitzligen Girlanden, krümmt der Lahme Finger in den Sonnenfrost, bleibt den Stillenden bloß noch Käse in der Brust, solamen sole mi, grünt der Gaskessel höflich wie ein Berg, Amselschwarz kommt zur Trauung, wandert Walnußfarbe aus den Tüchern von Turin, malt Picasso damit weiter, rotgeritzt den Brand frei Haus, kontert kunterbunt der Eber kaledonisch, Segelrot den Blick eindrückt (Maler- und Fischerregel, echtes Jahrhundert), läßt der Bahnhof sich blühn, solarisieren im Stadtpanorama Herzjesu, M G M und Deutsche Bank, möchte der Professor, Vokalen ein Jäger, möchte der Professor nolens volens saliens kaledonisch mit sich ergebenden Vokalen, an, sich vergehn, findet, tja, findet der Traum seinen Tag, den Tag Solitär. Solilo – Solipsi – Solala, weh Dir, wenn Du keine Namen hast, die sich auf Aufruhr verstehen, da hilft kein schofler Putz, das müssen Se bereimen. SOL DAT. Sol dedit, Anselm aufert. Anselm abstulit.

23

Sein Schuld und Schicksal durch die Agentenaugen der Mitbewohner tragend, fröstelnd wie vom Sonnenbrand, kam Anselm heim.

Wenn, singt Erfahrung, an solchen Tagen zu Hause etwas geschieht und Du kommst heim und siehst die Bescherung, dann, singt Erfahrung, hast Du es immer schon den ganzen Tag hindurch geahnt. Der Schnakenschleier böser Ahnungen tanzt in solchen Zeiten sechzig Minuten pro Stunde vor Deinem Gesicht. Du bist sogar auf eine traurige Weise erlöst, wenn Du heimkommst und siehst, daß die Katastrophe endlich ein Einsehen gehabt hat und hereingebrochen ist. Susanne, die Gute, des Familienlebens durch Scheidung zu lang entwöhnte, hatte arglos (oder arglistig?) einen Brief in die Lichtenbergstraße geschickt. Nachher, als sie von der im Brief mitgeteilten Berlinreise zurück war, behauptete sie, daß sie nie einen Brief öffnen würde, der an ihren Mann gerichtet wäre. Wirklich nicht? Nie, das sei doch unfair. Aber Susanne, fair, unfair, eine Familie ist kein Sportbericht. Angenommen, Du hättest ein Haar gefunden, jetzt kommt noch ein Brief, fremde Handschrift, recht fraulich das H von Herr, kein tröstender Absender, könntest Du da, obwohl im zerreißbaren Kuvert die Lösung erreichbar in Deiner Hand, könntest Du? Ja, sie könnte. Anselm, zart wie er sein konnte, erinnerte jetzt nicht an den Brief, der von Ecuador nach Brooklyn kam, in Susannes Hände fiel, von Susanne geöffnet wurde und Susanne mitteilte, daß Kay es mit Morphium hielt.

Natürlich sagte Anselm nicht zu Alissa, Du hast recht gehabt, daß Du den Brief, sondern er erinnerte an das *Grundgesetz*, obwohl er nicht wußte, warum. Aber wenn man empört ist, dachte er, erinnert man am besten an's *Grundgesetz*. Zuchthausgitterschraffuren malte er gestenreich kreuz und quer durchs Wohnzimmer. Und, nota bene, es handelt sich gar nicht um diesen Brief, ganz egal von wem da ein Brief kommt, Prinzip, sagte Anselm, rief es mehr als er es sagte, weil sich *Prinzip* nun einmal besser rufen als sagen läßt.

Und jetzt gib ihn her!

Schon der Ton verriet, daß er bereit sei, Alissa, falls sie sich sofort in seine Gnade ergebe, noch einmal zu verzeihen.

Alissa fragte stumpf: Wer ist Sanne?

Sie fragte das so, als habe sie sich das den Tag über

schon einige Male selbst gefragt. Es klang wie: wer oder was ist Sanne?

Anselm, kein Greenhorn, kannte den Seiltanz. Gab er mehr zu als aus dem Brief zu entnehmen war, hieß es einsnull für Alissa. Gab er weniger zu, überführte sie ihn sofort der Lüge und seine Position für den anschließenden Match war versaut.

Also hat er Hunger. Er kommt doch nicht heim, um über Briefe zu quasseln, die irgendwer ins Haus geschickt hat. Und wenn schon, dann bitte nach dem Essen.

Und er wendet sich ab, geht an der Bücherwand entlang, beobachtet Alissa im Fenster und sieht, daß sie herschaut, da läßt er sich vom *Meyer* anziehen, greift nach Band 5, *Differenzgeschäfte bis Erde*, sieht aber im Fenster, daß Alissa den Brief den Beethovensonaten anvertraut. Dann geht sie hinaus, schließlich hat der Angeklagte ein Recht auf Verpflegung. Draußen schreit sie die Kinder an, Geschirr scheppert, klirrt, einiges fällt, es ist, als breche das Haus zusammen, als rase etwas Verrücktes in der Küche herum und finde nicht hinaus, schon blökt Guido, Drea klagt im Sopran, Lissa vermittelt, das muß ein Stuhl gewesen sein, es ist, als jagten sie einander, Anselm hört ängstlich und gleichgültig zu, verbietet sich zuzuhören, denn er hat keine Zeit zu verlieren. Er holt sich den Brief aus der *Pathétique*, schlägt den *Meyer* auf und legt den Brief hinein und will ihn lesen, sieht aber, daß er zwischen den Seiten 398 und 399 schlecht liegt, *Eheanfechtbarkeit — Ehebruch — Ehedelikte — Ehegüterrecht*, oh heilige Stichomantie, er packt ein Quantum mehrerer hundert Seiten, landet bei *Entfuseln — Entgleisungsweichen — Enthusiasmus — Entmündigung*, sieht mit einem Auge noch *Entlassung und Entmannung*, und gibt sich zufrieden.

Das Abendessen findet unter Pistolenmündungen statt.

Die Kugeln schieben sich ungeduldig vor und spitzen neugierig aus den Läufen.

Die Kinder schauen herauf, wie Bauern beim vorletzten Wagen Heu immer wieder zum Himmel schauen. Dann werden sie weggeräumt. Möglichst viele Türen werden geschlossen. Alissa steht am Teppichrand. Nicht ganz frontal. Leicht verquer. Routinierte Sängerin. Kind, das Gedichtaufsagen gewöhnt ist und den Erwachsenen zeigt, daß es sich nicht fürchtet. Pfarrer, der vor der Predigt die Gemeinde durch bloßes Anschauen zum Frieren bringt. Adenauer, der schon die Unterlippe einzieht, um sie gleich beim Wort Sofffjets feucht scharf hinausschnellen zu lassen. Anselm sagt sich: Lächeln dürfte nicht das Richtige sein.

Alissa sagt: so, jetzt, bitte.

Anselm ist vorbereitet. Der Brief ist zwar kurz, aber er läßt Schlüsse zu. Alissa geht zum Klavier, Anselm kürzt ihren Gang ab, schließlich muß Alissa gestraft werden für ihre Neugier. Hier ist der Brief, sagt er. Da dreht sie sich rascher um als je zuvor, schaut ihn, Hände durcheinander, schaut ihn, der Mund will, aber, schaut ihn an, findet einen Stuhl, klappt hin und heult. Tränen gehören bei Frauen zum Stoffwechsel, sagt sich Anselm, um sich zu wappnen. Er begreift Alissa. Der schöne Brief, die herrliche Waffe, und schon in der ersten Runde aus der Hand geschlagen, das ist bitter.

Gib den Brief her, sagt Alissa mit Unterbrechungen. Sie wolle diesen Brief an Fräulein Gestäcker schicken, oder an dieses Ladenmädchen, die sollten wissen, daß Anselm sie betrüge. Kettenbriefe sind doch verboten, Alissa. Aber dann muß Anselm doch ernst werden, muß genau soviel zugeben, wie der Brief durch seine Stimmung verrät. Tatsachen will Alissa. Und es müssen Tatsachen sein, die genau dem Vertraulichkeitsgrad des Briefes entsprechen. Alissa kann ihn

sicher auswendig. Also bitte! Zuerst einmal: sie ist Josef-
Heinrichs Verlobte. Das macht leider überhaupt keinen
Eindruck auf Alissa. Sie tut, als seien Josef-Heinrichs
Verlobte gar keine richtigen Verlobten. Er will sie aber
doch heiraten. Nein, so geht es nicht, Alissa hat kein Vertrauen zu Josef-Heinrichs Verlobungen. SIE ist Jüdin, ein
armes Mädchen, man muß sich um sie kümmern. Rekapi-
tulation biographischer Details, die Alissa schon kannte,
Hinzufügung neuer, besonders schwerwiegender, trauriges
Schicksal verbürgender Details. Aber Alissa bleibt ungerührt. Typisch. Selber nie was mitgemacht, Vater Professor, immer behütet, immer alles glatt verlaufen, nicht einmal ausgebombt, keinen Bruder im Krieg, paar rote Beete
zuviel gegessen und dann gegen Susanne sein und auch
noch ausfällig werden, das ist, leuchtet es plötzlich in Anselm auf, Antisemitismus ist das. Eine Hure, sagt Alissa,
Jüdin sei keine Entschuldigung, dann eben eine jüdische
Hure, da sprang Anselm auf, da stand er bei ihr, da war er
empört. Sagst Du das noch einmal! Ja, sie sagt es kalt noch
einmal. Wenn er mit ihr geschlafen habe, und das habe er,
wenn sie Josef-Heinrichs Verlobte sei, und das sei sie, aber
ich habe nicht, doch Du hast, ich habe nicht, ich weiß daß
Du, und darum ist sie eine, sag das noch einmal, und sie
sagt es noch einmal und setzt dazu, wenn Du mit ihr und
das hast Du, und da spürt Anselm, daß das über den Brief
hinausgeht, das nimmt sie sich einfach heraus, solche Ver-
dächtigungen, und er spürt, daß jetzt eine Empörung gezeigt werden muß, die hinausgeht über jede früher gezeigte
Empörung, *da ward der Kaiser Heinrich vor großer Scham
zornig und schlug Kunigunde auf ihre Wange*, das beruhigt.
Und noch einmal.

Wenn er mich prügelt, muß sie denken, dann habe ich
ihm sicher unrecht getan, sonst würde er mich doch nicht

prügeln, das hat er noch nie getan. Hoffentlich kommt sie auf den Gedanken, sonst wär die ganze Prügelei umsonst. Hat sie den Kopf auf den Tisch geschlagen. Na ja, sie wird sich das merken, er ist sowieso fertig mit ihr, dieses Gekeife, diese lächerliche Aufführung, dieser Hochmut, bloß weil sie nie in Versuchung war, Bücher liest, keine Männer braucht, und dann Sanne eine Hure, das ist noch nicht gebüßt, Alissa.

Anselm ist in Fahrt. Und das macht auch auf Alissa Eindruck. Sie schaut auf, hat Angst.

Na also.

Sie möchte bloß wissen, was war mit Susanne. Bitte, wenn er ihr genau erzählt, Tatsachen, was war, wo getroffen, was getrunken, worüber gesprochen, wo berührt, Kuß oder nicht, und wie lange und wie fest, bloß wissen, dann wird sie ruhig sein, dann ist alles in Ordnung, nur nicht diese Ungewißheit.

Bitte, Anselm ist ja nicht so, gern erzählt er, wo, wann, wie oft und worüber, endlich kann er einmal mit jemanden über Susanne, hält nicht mit Kritik zurück, Sannes Ausdrücke, Frechheiten und dergleichen, interpretiert aber gleich, denk an ihr Schicksal, davon haben wir doch keine Ahnung, wievielmal über den Ozean, nach Bukarest, Istanbul, Tel Aviv, Berlin, Buenos Aires, Guayaquil, New York und wieder herüber, und von Sprache zu Sprache, Ausbildungsverlust ist 1500 Dollar wert, also das, was wir Bildung nennen, begreift Alissa endlich, daß man sich da nicht einfach entziehen kann.

Alissa hat erstaunlicherweise überhaupt keinen Sinn für eine entgangene Bildung. Sie, die Leserin, die Antiquariatsschnüfflerin, sie will wissen, wie groß ist Susanne, wie schwarz, was für ein Mund, hat er sie geküßt, und wenn, wie? Anselm vergißt ganz, wem er erzählt. Ja, er hat. Natürlich nur so, geflirtet mehr als, verstehst Du. Also war mehr. Alissa läßt die Nase nicht mehr von der Spur und hat es gar nicht so schwer, auch noch den Rest herauszubringen. Als es gesagt ist, schweigen beide.

Anselm spricht zuerst wieder. Wieder interpretiert er, schwelgt im Überbau. Alissa, sehr ruhig, möchte ihn aufs Reporterniveau hinabdrängen. Bitte, was soll er da sagen? Weiß sie nicht selber, wie sowas vor sich geht? Unterschiede, Einzelheiten, mein Gott, er kann ihr ja mitteilen, daß Sanne ausrasierte Achselhöhlen hat, wenn Dir das was sagt. Und ob. Alissa fällt mit dem Gesicht über den Tisch. Anselm ist verblüfft, sprachlos. Zehn Minuten vorher hat sie ihm das Geständnis abgerungen, hat ein bißchen gezuckt, aber sie hat sich noch einmal gefangen, bitte, sie wollte es wissen, er hat es ihr nicht aufgedrängt, war doch ihr Wunsch, nichts als Gewißheit, und sie wurde ja auch ruhiger, und jetzt, da er wieder auf ihren Wunsch, als erste greifbare Einzelheit, die doch wirklich harmlosen, wenn auch ausrasierten Achselhöhlen nennt, wobei er eigentlich hätte hinzufügen müssen, daß ihn diese Achselhöhlen an Alissa erinnerten, wenn sie nach Geburten rasiert aus der Klinik zurückkam, die dunkle Furche unverhüllt, daß man erst begriff, wie sehr der Name jener Haare berechtigt ist, ja Alissa, so ist Anselm, an Dich hat er gedacht, aber das verdient sie nicht, fällt über den Tisch, läßt das Gesicht flach liegen, heult los, und warum? weil Sannes Achselhöhlen rasiert sind, na weißt Du.

Alissa war krank vor erbärmlicher Tatsachensucht. Ich werde den banalen Streit auf jene höhere Ebene transskribieren, auf die ein Mensch nach soviel niederträchtiger Wirklichkeit Anspruch hat.

Dialogue sublimé:

Anselm: Wenn ich Dich jetzt erschießen würde, glaubst Du das gäbe Unfrieden im Haus?

Alissa: Aber Anselm, wo Du doch so beliebt bist.

Anselm: Das schon, aber die Nachtruhe, wer läßt sich schon gern durch einen Schuß aus dem Schlaf reißen?

Alissa: Es würde sich ja bald herausstellen, daß nur Du geschossen hast.

Anselm: Sie würden die Polizei verständigen.

Alissa: Du könntest sagen, daß Du das selbst besorgen willst.

Anselm: Und dann über die Grenze.

Alissa: Hat man je genug dafür gedankt, daß es noch Grenzen gibt? Stell Dir vor, es wäre alles eins. Du könntest nie mehr über die Grenze, nie mehr hinüber!

Anselm: Bloß wohin?

Alissa: Man hat doch eine Sehnsucht.

Anselm: Ja, schon. Bloß, wenn man endlich könnte, so plötzlich, wahrscheinlich ist man verwirrt und fährt ins falsche Land.

Alissa: Nach Dänemark.

Anselm: Schrecklich.

Alissa: Du hättest das vorher überlegen sollen.

Anselm: Ich wußte doch nicht, daß ich Dich erschießen würde. Das ist auch eine Mutfrage.

Alissa: Jugoslawien zum Beispiel. Die dalmatinische Küste.

Anselm: Ach, die dicken Zöpfe.

Alissa: Halbstiefelchen.

Anselm: Rote.

Alissa: Reisfleisch, Heiße Knoblauchsauce mit Weißbrot. Dinarische Köpfe.

Anselm: Schon die Anreise durch Österreich.

Alissa: Bloß keinen Aufenthalt.

Anselm: Ach weißt Du, die österreichische Polizei.

Alissa: Aber die Interpol.

Anselm: Das verstehst Du falsch. Das sind dort auch Österreicher.

Alissa: Sicher.

Anselm: Tu' doch nicht so überlegen. Du hast doch Angst.

Alissa: Todesangst.

Anselm: Todesangst ist kein Grund zur Überheblichkeit.

Alissa: Wir wollen uns jetzt nicht mehr streiten.

Anselm: Wir wollen im Guten auseinandergehen.

Alissa: Bist Du soweit?

Anselm: Ja, eigentlich schon.

Alissa: Es bleibt bei Jugoslawien?

Anselm: Soll auch teurer geworden sein. Doktor Pinnes waren dort.

Alissa: Geizig warst Du nie.

Anselm: Nicht wahr, das gibst Du zu! Also Jugoslawien.

Alissa: Vergiß Deinen Paß nicht.

Anselm: Der Paß, den hätt ich, danke Alissa, danke. Aber wo ist der Paß?

Alissa: Linke obere Schreibtischschublade unter der Police.

Anselm: Ach, die Police.

Alissa: Brauchst Du nicht. Ein Versicherungsfall tritt nicht ein.

Anselm: Schade um die Beiträge. Du hättest auch eines natürlichen Todes sterben können. Aber Du hast immer alles mir aufgeladen.

Alissa: Es ist das letzte Mal.

Anselm: Ach, ich weiß nicht. Du hast bestimmt noch irgendwas eingefädelt, womit ich nachträglich noch Scherereien habe.

Alissa: Nichts von Bedeutung.

Anselm: Also doch.

Alissa: Ein paar Kleinigkeiten, die Du auf dem Weg erledigen kannst.

Anselm: Du willst, daß man mich einholt, fängt und einsperrt.

Alissa: Aber nein. Du fährst rasch bei Mutti vorbei und sagst ihr, ich könne mich morgen nicht mit ihr treffen, Du schickst Joachim die beiden Bände Gryphius zurück, die er für mich ausgeliehen hat, Du bezahlst die Wäscherechnung, die Reparaturrechnung für den Gasherd, zahlst das Geld für die Müllabfuhr ein, meldest uns beim Milchmann ab, sonst stauen sich die Flaschen und die Milch wird sauer, Du entschuldigst mich bei Fräulein Bergammer, ich könne nicht mehr zur zweiten Anprobe kommen, gib ihr achtzig Mark, das ist ein Drittel des ausgemachten Preises, dann besorgst Du ein Mädchen für die Kinder, katholisch, nicht unter fünfundzwanzig, legst ein Konto an, oder besser drei Konten, daß jedes, wenn es achtzehn ist, darüber verfügen kann, und die Einladung bei Pawels mußt Du absagen, und vergiß nicht, mich bei Gerhard abzumelden, ich bin für 10.30 bestellt, Du weißt ja, er ist pingelig, und für Waschen, Schneiden und Legen hat er bestimmt eine Stunde reserviert, und dann noch zwei, drei Briefe, aber die kannst Du mitnehmen und unterwegs beantworten.

Anselm: Das ist viel, Alissa.

Alissa: Ich weiß, Anselm, aber es muß sein.

Anselm: Hättest Du das nicht selbst erledigen können?

Alissa: Ich bin so wenig vorbereitet wie Du.

Anselm: Es kam überraschend für Dich.

Alissa: Eigentlich nicht.

Anselm: Ein bißchen schon.

Alissa: Nein, nicht einmal ein bißchen.

Anselm: Und trotzdem hast Du Deine Angelegenheiten nicht geordnet.

Alissa: Ja, ich weiß. Es ist beschämend.

Anselm: Es wirft ein schlechtes Licht auf Dich. Aber was tun wir jetzt? Das ist ein Programm für drei Tage, und da sind Dinge zu erledigen, die meine Kraft übersteigen. Gryphius zurückschicken! Du weißt doch, daß ich nichts verpacken kann. Nie stimmt die Länge der Schnur, das Papier verrutscht, das Kreuz wird schief, der Knopf hält nicht oder wird zu dick, und Fräulein Bergammer, Deine Mutter, Alissa, das ist zuviel.

Alissa: Es muß sein.

Anselm: Es ist zuviel, sage ich.

Alissa: Du willst doch auch nicht, daß man mich als eine unzuverlässige, schlampige Person im Gedächtnis behält.

Anselm: Ach Alissa, Du wirst so schnell vergessen sein.

Alissa: Es genügt, wenn man eine Stunde so an mich denkt.

Anselm: Das spürst Du doch gar nicht mehr.

Alissa: In alle Ewigkeit würde ich das spüren.

Anselm: Entschuldige, Alissa, ich vergaß ganz, daß Du ja daran glaubst, daß Du nachher, natürlich, darum bist Du auch so ruhig.

Alissa: Auch darum.

Anselm: Und warum noch?

Alissa: Weiß nicht. Vielleicht bin ich froh, daß endlich Schluß ist. Es macht mir auf jeden Fall überhaupt nichts aus.

Anselm: Das ist sympathisch. Andererseits möchte ich Dir aber damit nicht auch noch einen Gefallen tun. Das hast Du nicht um mich verdient. Weißt Du was, ich erschieße Dich nicht.

Alissa: Anselm!

Anselm: Nein. Kommt nicht in Frage. Die Nachteile häufen sich.

Alissa: Und wenn ich Dir sage, daß ich am Leben hänge?

Anselm: Lüge.

Alissa: Wenn ich's Dir schwöre.

Anselm: Meineid.

Alissa: Du verurteilst mich, mit Dir weiterzuleben?

Anselm: Ja.

Alissa: Du bist gemein.

Anselm: Du glaubst doch nicht daran, daß ich auch nur eine Sekunde die Absicht hatte, Dich zu erschießen. Ich hatte längst den Verdacht, daß Du darauf wartest. Zum Schein bedrohte ich Dich, um von Dir selbst zu erfahren, ob meine Vermutung stimmt, und sie stimmt, Du möchtest von mir erschossen werden, aber von nun an, mein Täubchen, bist Du bei mir sicher wie in Abrahams Schoß. Leben sollst Du, hundert Jahre alt sollst Du werden. Seh' ich doch gar nicht ein, daß Du's besser haben sollst als ich.

Alissa: Komödiant! Hörst Du wie meine Stimme vor Verachtung klirrt? Durchschauter Komödiant! Nicht eine Sekunde lang habe ich Dir abgenommen, daß Du es ernst meinst, sonst hätt' ich Dir die Pistole aus Deinen Pratzen geschlagen! Aber ich kenne Dich doch . . .

Anselm: Alissa!

Alissa: Du kannst bloß Reden halten! Seit Du auf der Welt bist, suchst Du Gelegenheiten, um Reden zu halten, Du hast noch nie einen Finger gekrümmt für oder gegen etwas . . .

Anselm: Ich warne Dich.

Alissa: Nie einen Finger gekrümmt für oder gegen etwas, sage ich, ich wundere mich selbst darüber, daß mir das Leben noch Spaß macht, aber es macht mir Spaß! Vielleicht, weil Du so komisch bist, eine Non-stop-Nummer, varietéreif, und wenn ich nicht genau wüßte, daß Du es niemals fertig bringst, Deinen Zeigefinger zu krümmen, würde ich nicht sagen, was ich wirklich . . .

(Ein Schuß fällt. Alissa bricht zusammen.)

Alissa (aushauchend): Na endlich. Gott sei Dank. Und . . .
Dir . . . auch.

Anselm: Was, Du dankst, Du hast, ich bin, Du hast mich
reingelegt. Oh.

(Er rauft sich die Haare, zerkratzt sich das Gesicht und
stürzt von dannen!)

Nicht von ungefähr setzt sich auf der höheren Ebene
Alissa durch und Anselm hat das Nachsehen. Das ist der
Ausgleich, ist Gerechtigkeit, je höher die Ebene, desto sieg-
reicher die Frau. In den Niederungen der sechsschrötigen
Wirklichkeit (die als Realität zu bezeichnen schon eine
euphemistische Schmeichelei und friseurhafte Stilisierung
ist) sind die Frauen leicht im Nachteil. Aber da an höheren
Ebenen nie ein Mangel ist — überall laden schwingende
Trapeze zum Aufschwung ein — ist das Schicksal der Frauen
nicht ohne Trost.

Doch nun müssen die Beiden, die ja noch leben, zu Pawels. So ist die Wirklichkeit. Anstatt nach Jugoslawien
oder wenigstens in den Himmel, ist man auf 21 Uhr mit
Pawels verabredet. Auch Alissa begriff, daß ein Waffenstillstand notwendig war. Man muß ihr allerdings den
Vorwurf machen, daß sie sich schon zu sehr hatte gehen
lassen. Eigentlich hätte sie nicht weinen dürfen an diesem
Abend. Wie sieht denn das aus, wenn sie mit geschwolle-
nem Gesicht zu Pawels kommt. Das gegnerische Ehepaar
konstatiert sofort: oha, die hat geheult. Alissa will ihr Versagen wieder gut machen, das sieht man: mit einem phantastischen Einsatz an fliegender, gelenkiger Sachlichkeit
schwirrt sie durch die Zimmer, verschwindet in Schränken,
kriecht durch Schubladen, klebt im Spiegel, bemüht strin-
gierende Essenzen, um das zerlaufene Gesicht zurück-
zurufen in sein Gewohntes, salbt, ölt, tupft ab, pudert,

tupft ab, und es gelingt ihr fast ganz. Lediglich das Augenweiß ist noch von rötlichen Delten und Drudenfüßchen verwüstet. Na ja, sie wird die Konversation aufs Bügeln bringen, das erträgt sie nicht, Anselm sagt immer: laß Dir das Zeug doch auch gleich bügeln! typisch Mann, Spitzen zum Beispiel, oder Naturseidenes, das gibt man doch nicht aus.

Das Schicksal, die Mieze, der liebe Gott, wer auch immer dort am Drücker sitzt, er hat es heutzutage leicht, denn es gibt das Telephon. Und wie mühelos ist es doch, der Frau Professor einzugeben, sie möchte noch rasch Tochter und Schwiegersohn anrufen, um diesem an Aufgaben wahrlich nicht armen Abend noch eine weitere aufzubürden. Anselm, längst zum Pawelbesuch gerüstet, nahm ab, denn Alissa bepuderte immer noch Spuren. Ob sie denn vergessen hätten, was heute für ein Tag sei, gurrte die alte Dame so in Anselms Ohr, daß er gleich wußte, er dürfe das nicht vergessen haben. Warum sie denn nicht kämen. Sie, Helga und Pa (das war der Professor) warteten doch schon den ganzen Abend. Ja, sie kämen doch gleich, sagte Anselm, bloß in letzter Minute sei eine so wichtige Sache, Pawel, Patterson, deshalb, das verstehst Du doch, aber vorbeikommen, ja, das schon, bis gleich. Anselm trägt den Vorwurf zu Alissa, da sie den Festkalender im Auge zu behalten hatte. Alissa erschrak. Aber auch durch atemunterbindendes Nachdenken gelang es ihr nicht, diesem Siebenundzwanzigsten auf seine Festcharakteristik zu kommen. Der Kalender, auf den man sich bisher hatte verlassen können, riet, Kosmas und Damian zu gratulieren, aber die Mutter hieß Eugenie, der Vater Friedrich, Helga war auch nicht, Geburtstage vielleicht, Alissa laß es jetzt, wir holen Tulpen am Bahnhof, basta. Alissa kaufte natürlich keine Tulpen, sondern komplizierte Blumen, so ne Art Astern oder Margueriten, denen man die

Blütenblätter auseinandergezüchtet hatte, daß sie einander kaum mehr berührten. Und statt simplem Weiß hatte man ihnen ein böses Gelb, ein fatales Hellblau und ein desinteressiert mattes Ochsenblutrot anerzogen. Zwei Sträuße kaufte sie. Den größeren für Pawels. Frau Professor grub die makellose Pudernase gleich begeistert in den Strauß und bestäubte, befruchtete die sowieso schon arg stilisierten Blumen noch einmal, daß man fortan mit noch entlegeneren Arten rechnen darf. Anselm mußte in regelmäßigen Abständen auf die Uhr schauen, ein terminkonzentriertes, bis zum Leid geschäftsgeplagtes Gesicht machen. Vorsichtshalber vermied man direkte Gratulationen. Wahrscheinlich irgendein zweiundvierzigster Hochzeitstag, dachte Anselm. Aus dem vom Zeitdruck angeregten Kreuz- und Quergerede war nichts zu entnehmen. Aber Festgesichter müssen glücklicherweise nicht spezifisch sein. Ein Festgesicht genügt für alle Feste. Der Professor wackelte auch heute mit dem Kopf, die Gesichtshaut waberte und schwankte, es ist ein Elend, alt zu sein. Anselm ließ sich aus der Frauenkonversation loseisen und lieh sein Ohr den achtzigjährigen Ansichten über Todesstrafe und komm'nist'sche Gefahr. Einwände unterließ er, weil er nicht daran glaubte, daß der Professor ihn hören würde. Nein, der Tod, das ist kein Augenblick. Von woher ruft der Professor? Zeit scheint ein Weg zu sein, der allmählich hinausführt. Altersweisheit wird auch ihre Grenze haben. In geistiger Frische. Komm'nist'sche Gefahr. Das Kopfschütteln nur Nervenschwäche. Muß man sich dauernd vorsagen, sonst hält man es für Nein-nein-Gebärde. Alissa schlägt sich gut mit Mutter und Schwester, lacht sogar, gibt Ratschläge gegen Rheuma und für Mohairjackenreinigung. Helga, aufgetakelte Yacht, Göttin der Unfruchtbarkeit, Anselm schaut Dich nicht mehr an, hoffentlich merkst Du das. Vielleicht gehört er bald zu den Männern, die für Dich in Frage kommen. Aber er wird Dich Deinem eiskalten Älterwerden überlassen. Wollte sich Anselm um alle Helgas kümmern, denen es schon sehr bald dreckig gehen wird, Anselm müßte eine Organisation sein. Gestatten wir uns, Sie darauf aufmerksam zu machen, daß Sie Ihre Küchenangestellte Helga N. in Zukunft zu behandeln haben, als wäre sie ein Mensch. Durchschriftlich an den Pfleger Szymaniak.

Nun müssen sie aber wirklich, so leid's ihnen tut, wie wär's am Sonntag.

Kopfnicken, -schütteln, auch Hände, von Helga ein Blick, gewisse Achtung, wittert den Mann, das Unglück der Schwester, hätte sie ihm nicht zugetraut, warte nur, es kommt noch ganz anders, also dann, nochmals. Folgt Wiederholung desselben an der Haustüre, dann aber durch al Fine.

Bis ins dunkle Auto trug Alissa ihr tapferes, gut koordiniertes, prächtig kooperierendes Familiengesicht, dann ließ sie es fallen. Schauspieler in der Vorhanggasse, der Magenweh hat. O Bajazzo, Gigli sein. Auch Anselm nährte im Herzen ein düsteres Non canteró più. Aber als Anselm den Finger auf Pawels Klingelknopf legte, stellte sie wieder ein Gesicht zusammen, das sich mit Anselm solidarisch erklärte. Auch Pawels wirkten zutiefst als Ehepaar. Die Blumen waren ein Erfolg. Mal was anderes. Ja, von Blumen versteht sie was. Scherzhafte Kritik an ihrem Wohnzimmergewächshaus. Ein bißchen rüpelige Nörgelei an der Ehefrau wirkt immer gut. Die können sich's leisten, müssen Pawels denken. Nur vor dem Horizont inniger Geschlossenheit kann man sich sowas erlauben. In der ersten halben Stunde ist Pawel viel unterwegs, weil Frau Pawels Wünsche ihren Mund in gemessenen Abständen verlassen. Daß nichts vorbereitet ist, wird von Pawels als ein Beweis legerer

Vertraulichkeit, antibürgerlicher Lebenshaltung interpretiert und von Kristleins neidvoll bewundert. Das wird Alissa nie schaffen. Daß es Herr Pawel ist, der Serviettchen, Schälchen, Gläser und andere Gläser und wieder andere, und nacheinander drei Zigarettensorten und drei Platten bunter Gabelbissen suchen, finden, mit grotesken, um Balance bemühten Verrenkungen hereintragen und servieren muß, das wird in äußerst unauffälligen Nebensätzchen als die fundamentale Pawelsche Eheauffassung zart demonstriert. Frau Pawel ist von kaum zu zähmendem Stolz erfüllt, weil sie keine deutsche Hausfrau ist. Küche, Kinder, Kirche, verächtlich zitiert sie nebenbei den teutonischen Stabreim. Pawel dienert indes, gegen allerlei Ungeschick kämpfend, weiter, um den Gästen zu beweisen, es sei nichts so natürlich wie ein servierender Mann, ja, der Mann erlange erst dann seine entelechial vorgesehene Vollkommenheit und Grazie, wenn er mit Herkulesmut die Platten jongliere, wenn er die von seinen festen Schritten immer wieder hüpfenden Brötchen immer wieder durch Biegungen seines so wendigen Schlankleibes rechtzeitig auffange. Ach ja, das ist schon eine große Befreiung. Wie schön sitzt Frau Pawel, herrlich schimmert eine Erinnerungsnelke im Schwarzhaar, und anmutiger können ihre Hände nicht sein als jetzt, da sie müßig im Schoß liegen, nur dann und wann atavistisch aufzuckend, wenn es wieder eine Sekunde lang so aussieht, als erliege Herr Pawel, der ja auch Fett angesetzt hat, der tückischen Widersetzlichkeit der vielen kleinen Dinge. Aber wenn er dann aus seinen weißen rundlichen Patschhändchen wieder ein Tellerchen auf die schwarze Tischplatte rutschen läßt und es scheppert bloß und zerbricht nicht, dann triumphiert aufs Neue das Hohe Lied dieser Ehe und alle kleinen Dinge klirren es mit. Melitta hätte es gut bei ihm, gesteht Anselm sich voller Beschämung

ein. Viel besser als bei mir. Und Zerknirschung durch-
fröstelt ihn, als er bemerkt, daß er sich des Tages nicht
mehr erinnern kann, da er die häusliche Küche zum letzten
Mal betrat. Lambert kocht, Pawel serviert, Frantzke bevölkert sein Haus mit dienstbaren Mädchen, daß die Gnädige
Kammermusikpreise gerecht verteilen und gegen Kindsent-
führungen protestierende Ausschüsse um sich versammeln
und noch mit Bert kugelsprühende Manöver veranstalten
kann, dazu noch Reden im Frühjahr, monatlich wieviel
tausend Astor, Nestlé und Schokolade in die Sogenannte,
nur Du Alissa, Du allein bist Aschenbrödel, an Küche,
Kinder, Kirche gefesselt und möchtest doch auch lieber
Gryphius, Heidegger und sowas treiben, ja Anselm verspricht es Dir, falls er nicht einfach abhaut und euch sitzen
läßt, wonach ihm der Sinn (und nicht nur einer) momentan
am meisten steht, falls er bleibt, wird er sich im Servieren
üben und im Kochen, Geschirr wird er ins widerlich Lau-
warme tauchen, die schleimige Glätte der Spüllauge und
der Spüllappen nicht scheuen, mit Tellern und Platten wird
er gehen lernen, wie auch immer er anzusehen sein wird,
und Du wirst Dir dann den Hintern schön breitsitzen dürfen und lesen und jenes liebenswürdig sorgenvolle Tiergesicht machen, das Du immer machst, wenn Du etwas liest
und es nicht verstehst, jene behaglich düstere Benommenheit zeigen, die Du zeigst, sobald wieder etwas kommt, das
Du verstehst. Ich aber werde den Saucenfinger aus dem
Mund ziehen und ängstlich dem Geschmack nachhören, bei
Susanne müßte ich ohnehin kochen, Haushalt hat sie nie
so recht getrieben, also werden Sie, Herr Pawel, bald einen
Kollegen haben und Lambert eine Konkurrenz, ach ja, ich
glaube, wir sind unserer schon mehr als wir wissen, die
Frauenbefreiung hat uns ergriffen. Talente wachsen uns
wie Flügel oder Fingernägel. Hoffentlich nehmen sie uns

unsere Begabung nicht eines Tages noch übel. Den Zögling, der ihm über den Kopf wächst, haßt der Förderer später gern. Aber ich glaube, Frauen sind nicht so. Sie sollen durch die neue Umkehrung ja nicht gleich Männer werden. Einfach froh sollen sie sein, da sie nun die Arbeit endlich los sind. Froh wollen wir sie haben, dann ertragen wir gern das Schaben von Stahl auf Porzellan und wackeln, nun ein graziöses Geschlecht, mit Platten auf dem Teppich-Isthmus durch die enge Wohnung.

Als man einander hinlänglich bestätigt hatte, daß man herrlich verheiratet sei, was die Männer durch frivole Nebenbeis und libertinistisches Zwinkern auf das Eindrucksvollste untermalten, als man so der aufgeklärten, Pressefreiheit und Wahlrecht garantierenden Ehe jedweden Tribut entrichtet hatte – auch wir Frauen dürfen mal seitenspringen, und, wartet nur, wir haben gute Lust und tun's auch noch – da lenkte Pawel ins Geschäftliche. Ein bißchen unvermittelt brach er den Vorbeimarsch der beiden Ehen ab. Ein Vorbeimarsch, der sich von den üblichen Vorbeimärschen dadurch unterschied, daß es keine Tribünen gab. Zwei Formationen zelebrierten den Vorbeimarsch, indem sie mit Blickwendung und Stechschritt aneinander mit allen Fahnen, Pauken und Trompeten vorbeimarschierten und zeigten, was sie gelernt hatten. Aber die Frauen, denen Disziplin doch schwerer fällt, begannen aus der Reihe zu tanzen, sie winkten einander zu, wurden heftig im Meinungsaustausch, es kündigte sich eine Umgruppierung an, Worte fielen, die nicht auf den Paradeplatz gehören. Am Ende, so mag Pawel gefürchtet haben, ziehen sie noch die Uniformen aus und ein Palaver beginnt, das gegen jedes Reglement verstößt, das den bisher so schön geglückten Vorbeimarsch gar noch um seine Wirkung bringt. Männer spüren Verstöße gegen die Logik wie Frauen Zahnweh.

Und wenn man nun den ersten Teil des Abends zur sinn-
fälligen Demonstration einer besonders fröhlich-hygieni-
schen Ehe verwendet hatte, dann sollte man sich im weiteren Verlauf des Abends nicht dazu hinreißen lassen, gar
noch das eigene Nest zu beschmutzen. Aber Frauen sind
eigenartig. Auch neigen sie nicht zur Konsequenz. Deshalb
griff, als die zwei Frauen aufeinander zurennen wollten,
als Symptome verrieten, daß sie ohne jede Probe ein Sprech-
chor werden könnten, da griff Pawel ein und sagte gleich
im ersten Satz, was er, unter anderen Umständen, nach
langer Vorbereitung, als letzten Satz gesagt hätte, daß
nämlich der Bianca-Werbefeldzug abgebrochen werde, bevor er überhaupt gestartet worden sei. Das brachte auch
Alissa, deren Solidarität in Gefahr gewesen war, zum
Schweigen. Sie schaute Anselm an. Pawel holte nun alles
Schonende nach. Das sei nicht Anselms Schuld. Beileibe
nicht. Im Gegenteil. Die Campaign, die Anselm ausgearbeitet habe, werde, so wie sie sei, auf Eis gelegt und irgendwann werde man sie an eine einschlägige Firma, vielleicht
schon sehr bald an C C verkaufen. Ein Frantzkechemiker
habe einen neuen Senf erfunden, von dem man sich soviel
verspreche, daß die neue Tubenfabrik damit ausgelastet sei.
Also ist der Sprung zur Zahnpasta, der für einen Food-
Konzern eben doch problematisch ist, gar nicht nötig.

Pawel verzichtete auf die Ausbeutung seines Bonbons,
ungenutzt klemmte es links oben, weil er Anselm so rasch
wie möglich beruhigen wollte. So sehr schätzte Pawel seinen
Mitarbeiter. Alissa spürte das. Pawel überschlug sich. Keine
Rede davon, daß er auf Anselm verzichten wolle. Nein,
Anselm fährt Ende Oktober, Anfang November nach Amerika, nach New York, in die Lexington Avenue Vierhun-
dertzwei, ins Stammhaus, ins Mekka der dreieinhalbtausend
Patterson-Leute in aller Welt, jawohl, Anselm wird einer

der wenigen sein, die aus allen Teilen der Welt für sechs Wochen ins Heiligtum geladen werden, um an einem Spezialkursus teilzunehmen.

Und warum gerade Anselm?

Ja, da müßte ich nun manche Nachmittagsstunde nacherzählen, Unterhaltungen, die Anselm und Pawel zueinanderführten, in denen sie dem immer noch geheimen Sinn ihres Jobs nachspürten, in denen sie sich und einander läuterten, Abschied nahmen vom plumpen Reklamemachen und Verkaufen, wissend, daß nur wenige große Firmen übrigbleiben würden, beherrschende Kolosse, die der Werbung kaum mehr bedurften. Das würde nicht heute sein, nicht morgen früh, vielleicht aber morgen nachmittag. Und darauf mußte man vorbereitet sein. Unentbehrlich zu sein ist alles. Und tatsächlich fanden sie in ihren Grundlagen-Forschungen den Weg zur zukünftigen Unentbehrlichkeit. Es gab da keinen Streit wie mit Moser. Unwichtig war, wer es zuerst gesagt hatte. Beide schöpften aus der USA-Tradition. Aber Anselm durfte zumindest seiner Mit-Urheberschaft sicher sein. Er war es, der mit Pawel zusammen dem Gedanken der psychologischen Verschrottung der Produkte eine organisatorische, praktikable Fassung gab. Wie sehr beide sich als Avantgarde empfinden durften, wurde bestätigt, als der Brief aus New York kam, der Pawel empfahl, einen geeigneten Mann zu schicken, daß der am ersten Kursus für künstliche Produktalterung teilnähme. Nun war Anselm gar nicht der Prophet, für den man ihn jetzt halten könnte. Hellseherisch wach war er, Instinkt hatte er, deshalb war ihm aufgefallen, daß der rücksichtslose Kampf der Slogans die ganze Branche früher oder später ruinieren müsse. Noch schlugen die konkurrierenden Produktbilder einander befriedigend schnell tot, neue Produktbilder waren nötig, die Branche florierte. Aber

die Konzentration der Produktion, der kein Antikartell-
gesetz mehr gewachsen sein würde, mußte die Branche
überflüssig machen, wenn sich die Branche nicht umstellte.
Und was braucht ein Monopolist um zu produzieren? Seine
Produkte müssen rasch altern. Nicht das Material. Das
Material muß gut sein. Aber das Produktbild muß Runzeln
und Falten schlagen, schal muß es werden, aschgrau,
widerlich verbraucht, Sehnsucht weckend nach dem neuen
Produkt. Und dieser Wechsel muß in jedem Tempo mani-
pulierbar sein. Wer dafür vertrauenswürdige Methoden
anzubieten hat, der wird unentbehrlich sein. Und Pawel
spürte wahrscheinlich, daß Anselm die Gabe hatte, die Hin-
fälligkeit der schönsten Dinge kraß zu empfinden und zu
propagieren, deshalb sollte Anselm der erste psychologische
Verschrottungsspezialist der deutschen Filiale werden, deshalb sollte Anselm ins Stammhaus, ins Stammland reisen
und bei denen lernen, die darin schon Meister waren.

Für Alissa war es eine herbe Botschaft. Sie gab sich
unwohl, hatte nicht einmal mehr Geduld und Kraft, dem
Schein einige Glaubhaftigkeit zu verschaffen, weil sie einfach fort, hinaus wollte, erledigt von den scheußlichen
Überraschungen dieses Tages, den sie am Morgen für nicht
besonders beargwöhnenswert gehalten hatte. In Anselm
blitzte es vertikal durch alle Etagen. Er, der psychologische
Verschrotter Nummer Eins, Experte, der heute hingehen
kann, wo er will, Amerika, Susanne, das Ei des Columbus,
geschützt von den Quadraten Manhattans, verborgen in der
neunhundertsiebenundneunzigsten Wabe, Herr der Subway,
alle Verbindungen im Kopf, abends East-River oder New
Jersey, bekannt in Fachkreisen, Anzüge von der Fifth
Avenue, Hummer auf amerikanisch, das blauschwarze
Hummerblut, die gute Sauce, Herr Schmolka bei Union
Carbide, steige aus Woodlawn-Station, biege in die Oneida

Avenue, halte um Hand an, Vergangenheit verliert sich am Broadway, streift sich ab am Times Square, untergetaucht, abgeblieben, ausgeflogen, überwunden, eingetroffen, angekommen, geblieben, gewesen, denn Rückkehr von drüben ist nicht ratsam für einen Kristlein, einer kam lahm zurück, kann eine Stunde auf sein am Tag und Zeuge sein der Vermehrung der Meerschweinchen, der andere war nicht mehr bei Troste vor Schwermut und mußte in Hellmannsau rasch zu Tode experimentiert werden, also wird Anselm sich vorsehn, der dritte Kristlein, der hinüberkommt, der wird es schaffen. Alissa hat das sofort kapiert. Weinend, das Weinen verbergend, sitzt sie neben ihm und kann nichts dagegen tun, daß er die Kurven nimmt, als wären sie verfolgt oder verfolgten jemanden. Will er heute abend noch packen? Nein, nur den *Meyer* greift er sich, *Mittenwald bis Ohmgeld*, wobei *Ohmgeld* ihn zuerst anzieht, bis er weiß, das ist Schanksteuer, von Schankwirten erhobene Verbrauchssteuer für geistige Getränke, dann aber blättert er sich lächelnd über Newton, Newtons Tractatus de motu, Newton's Laws of motion nach New York *(spr. n'ju jork) die größte, volkreichste und im Kultur- und Wirtschaftsleben bedeutendste Stadt der Vereinigten Staaten sowie der gesamten Neuen Welt.* Und während Alissa irgendwo verschwunden ist, badet er den viel zu großen Finger in den schöne Winkel versprechenden Linien eines rosaroten Stadtplans und taucht ihn probeweise mal in den Hudson, mal in den Eastriver, in einen Beach, in eine Bay, Gravesend gefällt ihm, Great Kills gefällt ihm, taucht ihn und zieht seinen Finger wieder heraus, steckt ihn in den Mund und hört dem frischen salzigen Geschmack nach, sieht Windgeräusch, schmeckt einen saftigen Slang, lacht, weil eine Masse Licht ihn kitzelt und betet zum Land, zur Stadt, zum Tag Solitär.

24

Jeden Polizisten sah man innig an. Das wird ihm gut tun, dachte man. Am liebsten hätte Anselm jedem Polizisten die Hand geschüttelt und ihm viel Glück gewünscht. Die Polizei muß jetzt spüren, daß die Bevölkerung trotz allem an sie glaubt, dachte er. Bevor Anselm nach Amerika fuhr, wollte er wenigstens noch wissen, wer die Kinder entführt hatte. Man hatte sich hineingesteigert, jeder hatte sich ein anderes Bild von den Tätern gemacht, die Öffentliche Meinung feierte Feste der Phantasie, denn noch fehlte jede Spur. Als Wilfried Fuchs verschwand, tastete man noch, nuschelte von Erpressung, aber man legte sich noch nicht fest. Am nächsten Tag fehlte Hartmut Kohlmeyer. Da zischelte man schon da und dort von Komm'nisten, wohnte doch Wilfried in der Herzogenallee und Hartmut in der Wolfschlugenstraße, und beide Straßen gehörten zum allerfeinsten Westen.

Und als einen Tag später Helmut Brugger fehlte, der Kronprinz der Brugger-Schickele-AG, da waren's die Juden, weil man doch wußte, daß Brugger damals die AG bei der Arisierung übernommen und die Schickeles nach 45 ziemlich barsch behandelt hatte, als die wieder rein wollten. Wieder einen Tag später trauerten wir um Hans-Jürgen Faistkorn, dessen Vaters Name von jeder Baustelle vertrauenerweckend grüßte und in diesen Tagen von Schritt auf Tritt an die Kidnapper erinnerte und den Zorn nicht einschlafen ließ. Da Herr Faistkorn ein hervorragender Christ war, seine Firma hat nicht eine Kirche gebaut ohne beträchtliche Preisnachlässe von vorneherein zu garantieren, ja da waren es wieder die Kommunisten oder gottlose Halbstarke, die sich unseres besten Nachwuchses bemächtigt hatten, um sich Geiseln zu sichern für irgendeinen bevorstehenden Kampf. Gerhard Bressemer wurde geraubt, Leonhard Zeidel, Uwe Treulich, Curt von dem Claar, Namen, die die Lokalseite ohne Erläuterung mitteilen konnte, zehntausendköpfige Belegschaften waren erschüttert, vergaßen Lohnforderungen, fühlten zum ersten Mal mit dem Sozialpartner. Der Neid zog sich zurück von den Großen, die im feinen Westen wohnten. Wir sind nicht so, daß wir die Herrschenden beneiden solange es ihnen gut geht und nachher lassen wir sie fallen. Wohin auch sollte sich unsere bisher treu nach oben gerichtete Aufmerksamkeit wenden? Sie bleibt nach oben gerichtet! Neid wandelt sich in Mitleid, Teilnahme und Bedauern. Am vierten Tag hieß es: vielleicht rechtsextremistische Kreise, die das alles so anzetteln, daß sie es nachher der SPD in die Schnürschuhe schieben können. Diese Version wurde einen Tag später abgelöst. SPD-Kreise hätten die feinen Söhnchen gefangen, um aus ihnen auf der Folter etwas über das Leben ihrer Väter herauszupressen. Sogar Diahann Shepherd wurde beschuldigt. Frauenverbände konsultierten Universitätsethnologen, um von denen zu erfahren, was tanzende Negerinnen mit feinhäutigen weißen Zwölfjährigen vorhaben könnten.

Der ganze Westen wurde in Belagerungszustand versetzt. Wie von Uhrwerken getrieben, stapften in jeder Straße Polizisten hin und her, begegneten immer wieder sich selbst oder einer schwarz gekleideten Leidtragenden oder den aus Sympathie Schwarz tragenden Nachbarn. In der City blieben die Modelle liegen. Die gerade geborenen Herbstfarben lockten nicht. Nur Schwarz war gefragt. Allenfalls noch ein von Grüntönen mehr herb als freundlich gemildertes Schwarz. Und Schwarz, das durch abgrundtiefes Rot noch schwärzer wurde. Da und dort noch grabfinsteres Goldbraun. Ganz später Rembrandt war dran.

Die auf und abtickenden Polizisten hatten übrigens

Erfolg. In sechs Tagen waren neun hoffnungsvolle Sprößlinge geraubt worden. Am sechsten Tag besetzte die Polizei das Viertel, und aus war es. Daraus schloß die Öffentliche Meinung, daß es sich bei den Kidnappern um ganz feige Gesellen handeln müsse. Gegen Zehn- und Zwölfjährige, da hätten sie Mut gehabt, aber sobald Polizei da sei, schon hätten sie die Hosen voll.

Die Öffentliche hätte sich ihren Folgerungsorgien nicht hingeben können, wenn die Kidnapper sich auch nur ein einziges Mal gemeldet hätten. Immer noch warteten wir auf den erlösenden Anruf, den Zettel auf dem Gartenweg, der endlich die Summe mitteilen würde.

Und wir waren wirklich gespannt, waren bei aller Teilnahme doch auch neugierig, wie hoch die Schufte unseren Elitenachwuchs taxieren würden. Hoffentlich wußten sie, welche Millionenbrut sie geraubt hatten. Beleidigend wäre es gewesen, wenn die Kidnapper bloß von kleinlichen privaten Zahlungsschwierigkeiten zu ihrer Untat gedrängt worden wären und nun, sagen wir einmal, vierzehntausendsechshundertvierzig Mark verlangten, und auch noch eine Abrechnung zustellten, mit Spesenaufstellung, Ernährung der Entführten pro Kopf und Tag und Kilometergeld. Also mit dergleichen durften sie uns nicht kommen, dazu hatten sie uns jetzt schon zu lange hineingesteigert. Irgend eine Millionenforderung oder noch besser: ein saftiges Politikum, sonst wären wir einfach enttäuscht und verärgert über die ganze Geschichte.

Schon begannen die Gerüchte einander aufzufressen, war die Öffentliche Meinung auf Selbstverzehr angewiesen, schon hatte sie aus dem vollkommenen Mangel an Spuren und Hinweisen alle möglichen Schlüsse gezogen und war drauf und dran, nach einem neuen Thema zu suchen, da wurde sie plötzlich auf das wunderbarste erfrischt.

Die Burnusmänner hatten die Kinder entführt, hieß es jetzt. Ein Männerbund also. Sexuelles. Dafür schenkten wir Millionenerpressung und Politika gern her.

Dieser Burnusbund feierte seine Handlungen in der Villa des Seifenfabrikanten Nehls in der Windschlugenstraße. Eine Schar Sehnsüchtiger versammelte sich zweimal in der Woche, entledigte sich der europäischen Straßenanzüge und umgab sich mit allen Arten von Burnussen und Togen, die zwischen Ghana und Kurdistan getragen werden. Mohammed V. von Marokko und Makarios, der Zypriot, waren dieser Sehnsucht Inbegriff und Verkörperung. Seltsam genug, daß Makarios, der doch lediglich das schlicht schwarze Kleid des orthodoxen Bischofs trägt, noch über den feudalen Mohammed gestellt wurde. Edmund, den Josef-Heinrich zuerst auch für einen Burnusbündler hielt, bei der Gerichtsverhandlung stellte sich aber heraus, daß Edmunds Name in der sorgfältig geführten Burnusbund-Kartei nicht verzeichnet war, Edmund erklärte uns, daß es das zarte Mädchengesicht des Makarios sei, das ihn zum Idol des Bundes gemacht habe, sein feines Lächeln und seine schlanke, mehr wehende als schreitende Gestalt. Wie sich aus jener Kartei ergab, war es wegen des Bartes zu Uneinigkeiten gekommen. Sylvio Lackenhorst, der Modephotograph, hatte einen retouchierten Makarios hergestellt. Seitdem waren die Burnusmänner in zwei Gruppen gespalten, was durch den Zulauf, den sie hatten, ohnehin ratsam geworden war. Mittwochs trafen sich die, die ihr Vergnügen lieber unter dem Bild des bartlosen Makarios veranstalteten. Freitags kamen die Bartverehrer zusammen. Antienglische, überhaupt antieuropäische Tendenzen spielten dabei keine Rolle. Im Gegenteil. Die drei Negerstudenten von der TH (Flußbau, Statik und Elektrotechnik), die einzigen körperlich anwesenden Repräsentanten der erwünschten Ferne, wurden

nicht geladen, um Vorträge über das erwachende National-
bewußtsein der farbigen Völker zu halten, nein, die Burnusmänner machten endlich Ernst mit der europäischen Schuld,
sie drückten den schwarzen Freunden allerlei abenteuer-
liche Peitschen in die Fäuste, rissen sich die Burnusse von
den schmächtigen europäischen Leibern und ließen sich von
den mündig gewordenen Kolonialen Europas Schuld vom
Sitzfleisch peitschen. Der Student aus Kenya soll diesen
Wunsch nach Sühne besonders kräftig erfüllt haben.

In der Nehls'schen Villa hatten die Burnusmänner also
ihren Tempel. Und plötzlich war diese Villa, war der ganze
Westen bewacht wie eine Festung. Nun hatte natürlich
jeder der Herrn einen Ausweis, und die meisten von ihnen
hätten nicht einmal einen gebraucht, um von den wacht-
habenden Polizisten durchgelassen zu werden. Unsere Polizei hat Instinkt und Unterscheidungsvermögen. Welcher
Polizist hätte gewagt, Kriminalrat Sartorius nach Papieren
zu fragen, oder Dr. Liberé, den Direktor des Völkerkunde-
museums, oder gar Carlos Haupt, den Bonvivant und Väter-
spieler des Staatstheaters, oder Herrn Volbedinger, den
Direktor der Städtischen Grünanlagen, Herrn Seelschopp
von Seelschopp-Herrenmoden, Herrn Sandelbeck von der
Sandelbeck-Apotheke, Dr. Hubertus, den Patentanwalt, Dr.
Marian vom Finanzamt, den Maler Bob Rieple, Middel-
hamm, den Schuhfabrikanten, Bahlsen, den Philharmo-
niker-Klarinettisten, oder Faistkorn, den Bauunternehmer!
Keiner dieser Herrn war auf seinem Weg in die Wolfschlugenstraße auch nur angehalten worden. Daß ihr Bund
aufflog, daß sie in die Kidnapper-Affäre verwickelt wurden, war ihre eigene Schuld. Sie hatten ihre Veranstaltungen zu gut organisiert.

Fehler Nummer eins: auf Diskretion bedacht und um
ihren Hospes, Herrn Nehls, nicht in Verlegenheit zu bringen,

hatten sie es immer schon so gehalten, daß sie ihre Wagen auf drei, vier Nebenstraßen verteilten und die letzten paar Minuten zu Fuß gingen. Das war sicher immer richtig gewesen. In diesen Tagen aber fiel es einem besonders einfältigen Polizisten auf, daß so viele fein gekleidete Herren im Abstand von fünf Minuten auf die Nehls'sche Villa zugingen. Zu Fuß. Wieso gehen die alle zu Fuß, fragte sich dieser Einfaltspinsel, der sich in ruhigeren Zeiten selbst gesagt hätte: Managerkrankheit, feine Herren, wohnen im Viertel, Abendspaziergang zum Freund. In diesen aufgeregten Tagen aber erregte das seinen absoluten Verdacht. Fehler Nummer zwei: der zeitliche Abstand von genau fünf Minuten. Auch diese Maßnahme schützte die Burnusmänner zu normalen Zeiten vor Aufsehen. Ein Bewohner der Wolfschlugenstraße schaut nicht auf die Uhr, um festzustellen, in welchem Abstand bei Nehls drüben die Gäste eintreffen. Ein Polizist aber, ein Polizist in diesen Tagen, der mißt solche Abstände mit dem Sekundenzeiger. Und dem achten Herrn schon hätte er zurufen können: mein Herr, Sie sind um fünfzehn Sekunden zu spät dran. Das tat er aber nicht. Er ließ lediglich sein polizeiliches Berufsfieber, den Verdacht, hochschnellen. Und als dann in eben solchen Fünfminutenabständen drei Neger hintereinander bei Nehls verschwanden, da hatte des Polizisten Verdacht meldungsreife Grade erreicht. Noch hielt man still. Der Donnerstag schwächte, was der Mittwoch erbracht hatte. Der Freitag aber, der vom Kommissar selbst mit beobachtet wurde, bestätigte alles und erbrachte noch mehr. Noch einmal wurde die Geduld in Uniform auf eine harte Probe gestellt, aber am nächsten Mittwoch stellten sich wieder alle Vögel in entlarvender Ordnung ein. Vollmachten waren da, der Coup wurde gelandet.

O heiliger Zimmermannsbub, rief Kriminalrat Sartorius

aus, als vier Polizisten unter Führung des ehrgeizigen Kommissars auf ihn zukamen und ihn, weil er den Burnus ins Gesicht zog, noch immer nicht erkannten.

So flog der Burnusbund auf, so wurde die Öffentliche zum Kochen gebracht, so kam es zu den Demonstrationen vor dem Untersuchungsgefängnis, so erhielt die Ahnung des Volkes schreckliche Nahrung, so wurde das Gerücht geboren, daß die feinen Leute ihre eigenen Söhne entführten, so wurde die Lokalseite gemästet und gleichzeitig eingeschüchtert, denn noch war alles sub judice, noch war es allein der vielbeneidete Staatsanwalt, der schnüffeln durfte in den schmutzigen Unterlagen. Die Lokalseite deutete lediglich an, daß eine Anzahl offensichtlich verderbter Männer im Schutz der Dunkelheit usw. Daß die Männer den Schutz der Dunkelheit ausgenutzt hatten, wurde ihnen zum Vorwurf gemacht. Aber der Lokalseite kann man es eben nie recht machen. Hätten die ihr Unwesen auf taghellen Maiwiesen getrieben, sofort hätte die Lokalseite gewettert, daß sich diese Verderbten nicht gescheut hätten, am hellichten Tag usw.

Ich hatte auf dem Schulplatz auch schon meine Erfahrungen gemacht mit den Sittenpolizei-Amateuren, aber was jetzt losbrach, übertraf alles, was man an sittlichem Temperamentsausbruch bis dato erlebt hatte. Vor dem Untersuchungsgefängnis zogen Polizeikordone und Bundeswehreinheiten auf, mit Wasserwerfern ausgerüstet, um die Avantgarde der Öffentlichen im Zaum zu halten. Sexuelle also waren's, natürlich! Jetzt donnerte die Entrüstung mit einer Vehemenz los, daß mancher in den Anlagen durchs Brevier streifende Pfarrer getröstet aufgeatmet haben mag. Offensichtlich stand es gar nicht so schlimm mit seiner Gemeinde, wie er fürchten mußte, wenn er am Samstagabend allein im dämmrigen Beichtstuhl saß und sich nach einer Stimme unter siebzig sehnte. Wenn die Unsittlichkeit noch solche Stürme zum Brausen brachte, schlummerte in seinen Schafen tief unter der krausen Wolle doch noch ein guter Kern. Gemischte Sprechchöre brüllten gegen Homosexuelle, Päderasten, Schweinigel, schwule Onkels, warme Brüder und Tanten, Saukerle, Saunickel und Hundertfünfundsiebziger. Da ja alle Schichten ununterbrochen an der Öffentlichen Meinung mitarbeiten, ist das Vokabular nicht rein. Fräulein Bruhns fand sich übrigens durch diese Ereignisse auf das Furchtbarste bestätigt. Hatte sie nicht immer schon die Todesstrafe für Homosexuelle gefordert? Ja, doch, das mußte man ihr lassen, das hatte sie. Und die Gnädige höhnte ihrem Freund Polizeipräsident ins Sorgengesicht: Glauben Sie immer noch, daß das ein Architekturstudent war damals? Und Sie haben ihn laufen lassen! Ein Architekturstudent, daß ich nicht lache! Ich verlange eine Wiederaufnahme. Der Polizeipräsident nickte melancholisch. Wenn er zu der Bande gehört, wird er seiner Strafe nicht entgehen, sagte er. Und wie immer, wenn die Polizei noch nichts weiß, sagte er: Ich darf noch nichts sagen.

Der Öffentlichen Meinung blieb in diesem September keine Enttäuschung erspart. Kaum hatte sie sich so richtig festgefressen im Fleisch der Schuldigen, da entriß man ihr diesen fettesten aller Brocken wieder und gab bekannt, die Burnusmänner hätten nichts mit den Kidnappern zu tun. Herr Faistkorn, der gleichzeitig Burnusmann und Vater eines entführten Kindes war, hatte diesen Nachweis erbracht. Das war ein schlimmer Schlag für uns alle. Die Öffentliche machte Kehrtmarsch, hungerte nach neuen Fakten, war gezwungen, einen ganzen Tag lang aus dem hohlen Bauch zu reden, aber Gottseidank erträgt sie Hunger, ja, bei Unterernährung scheint ihre Agilität sogar noch zuzunehmen. Einen Tag später wurde sie schon wieder gespeist. Der Lehrer, dessen Klasse sechs der Entführten angehörten, hatte die Stirn, zu behaupten, es sei nicht ausgeschlossen, daß die Knaben freiwillig mit ihren Entführern gegangen seien, vielleicht seien sie überhaupt ohne Entführer, sua sponte ausgerissen. Das sua sponte wurde übersetzt und entflammte den Volkszorn und die Entrüstung der trauernden Familien gegen den Lehrer. Er konnte die Schule nicht mehr betreten. Der Rest seiner Schüler trat in Streik gegen ihn. Erst die Meldung, daß er vorläufig suspendiert worden sei, dämpfte den Zorn gegen den Defätisten. Aber als sollte der Öffentlichen ein ganzer Kursus von Lektionen gegeben werden, wurden jetzt grob gepinselte Plakate gefunden, auf denen zu lesen war: Wir haben es satt. Unterzeichnet waren diese Plakate mit den Namen der Entführten. Eine große Frage war zu verdauen: was haben sie satt? Haben die Kidnapper sie gezwungen, diese Plakate zu pinseln? Wenn ja, warum? Vor dem Polizeipräsidium fand sich – niemand wußte, wie es hingekommen war – ein Blatt Din A 4, darauf stand: Wir verhandeln nur mit Diahann! Wieder folgten die Namen der neun Knaben. Am gleichen Tag lieferten zwei Nonnen ein Din A 4-Blatt folgenden Inhalts ab: Zuerst muß alles anders werden.

Die Öffentliche änderte ihren Vortrag sofort. Kein Protest mehr, kein Schrei, keine Demonstration. Ab sofort wurden die Köpfe vorgebeugt. Zischelndes hinter der vorgehaltenen Hand. Pädagogen, Psychologen verrauchten Sitzungssäle. Keine Drohungen, keine Befehle, nur gütiges Zureden, keine Erwähnung der Eltern, nur freundliche, fast scherzhafte Aufforderung, daß es doch ganz nett wäre, wenn sie zurückkämen. Bitte, sie könnten auch bleiben, wo sie seien, aber ebenso gut könnten sie zurückkommen, schließlich würde es Herbst. Das empfahlen die Experten. Reizt sie nicht, empfahlen sie. Die sind zu allem fähig, seid vorsichtig, erklärten sie. Aber wohin sollte man die Schalmei richten?

Ich bin nicht sicher, ob man die endliche Befreiung aus dieser so komplizierten Situation einem Zufall zu danken hat. Das war die öffentliche und amtliche Redensart. Trotzdem frage ich mich, war es ein Zufall, daß Herr Dr. h. c. Brugger mit einer Sekretärin am Nachmittag des 30. Septembers, während die Burnusmänner schon ihrem irdischen Richter gegenübersaßen, in sein Jagdhaus im Oberen Margenwald hinausfuhr, um dort mit einem Geschäftsfreund zu verhandeln, um der Sekretärin die Ergebnisse sofort diktierend anzuvertrauen, was dann nicht möglich war, weil die neun Entführten das Bruggersche Jagdhaus besetzt hielten und der Kronprinz Brugger seinem Vater in die Arme fiel, bevor noch der Geschäftsfreund eintreffen konnte. Brugger senior und junior sollen geweint haben, auch die Sekretärin habe das Taschentuch benützt, und die anderen acht Knaben, die eben noch ihren Kameraden Helmut hatten an der Desertion hindern wollen, stürzten plötzlich auf Herrn Brugger zu und baten, mitgenommen zu werden. Der Geschäftsfreund wurde erst gar nicht mehr abgewartet, alles drängte in den Dreihunderter, das Jagdhaus blieb unaufgeräumt. Später erst kratzte und riß Bruggersches Personal Autogrammphotos von Diahann und andere erregende Bilder von den Wänden. Jetzt ging es zuerst einmal heim in die Wolfschlugenstraße, in die Herzogenallee, in die Kreuzhammstraße, heim in den Westen. Niemals, so teilte Bruggers Pressereferent mit, habe Herr Dr. Brugger soviel Glück in seinem Wagen befördert wie an diesem Tag, da er die mit umschatteten Augen weinenden Knaben in die Arme der weinenden Eltern zurückführen durfte.

Nur leberleidende Buchhalter ohne Aufstiegsmöglich-
keiten murrten in Hauseingängen gegen den Freuden-
rausch, der jetzt alle ergriff. Unmenschen, die von einer
Tracht Prügel redeten und von drastischen Maßnahmen.
Die Lokalseite, die Schulbehörde, die Radioapparate, die
ganze Öffentliche hatte Gottseidank begriffen, daß man die
Heimgekehrten mit Liebe aufnehmen mußte, um sie jetzt
so recht fühlen zu lassen, wie falsch es war, einfach davon
zu laufen. Film und Fernsehen stellten die Wiedersehens-
szenen noch einmal für alle dar, vor Mikrophonen brachen
die vereinten Familien noch einmal in das originale Schluchzen aus. Wir alle nahmen an der Freude teil, wie wir am
Leid teilgenommen hatten.

Indes ließ uns der Burnus-Prozeß nicht zur Ruhe kommen. Der Staatsanwalt und der Untersuchungsrichter hatten Tag und Nacht gearbeitet, jetzt waren wir dran. Ein
schöner Sumpf, der sich da auftat. Wer hätte das gedacht.
Bahlsen war glücklicherweise noch nicht so tief drin gewesen, als der Bund aufflog. Carlos Haupt hatte ihn auf
dem Gewissen. Er solle nur einmal als Gast teilnehmen,
ganz unverbindlich. Bahlsen sagte vor Gericht, er habe
nicht prüde erscheinen wollen. Er konnte nachweisen, daß
er jedes Mal Rätselzeitungen in den Tempel geschmuggelt
hatte. Ja, er hatte sogar schon zwei oder drei Burnusmänner
von den schlimmeren Vergnügungen abspenstig gemacht
und hatte sie zum Rätselraten bekehrt. Als Bahlsens Verteidiger sein Plädoyer beendigte, hatte man den Eindruck, die
Polizei hätte erst gar nicht eingreifen müssen. Hätte sie
Bahlsen weiterwirken lassen, in einem Vierteljahr hätte
er aus dem Burnusbund einen Club von Rätselfreunden
gemacht. Frau Übelhör sagte zwar: wahrscheinlich ist die
Bahlsen'sche mit dem Preis hinaufgegangen und da ist er
dann eben in den Bund geflohen. Frau Bahlsen aber sagte:

das hat er davon, immer muß er für seine Rätsel missionieren. Ich freute mich für Bahlsen. Eine gewisse Einbuße an Ansehen jedoch mußte er in Kauf nehmen. Herr Übelhör sprach von ihm nur noch als von unserem Knittelbisser. Leider wurden all die Namen, die die Burnusmänner im Bund trugen, öffentlich bekannt. Daran war natürlich auch wieder die Pedanterie der Burnusmänner schuld. Dr. Liberé, der Völkerkundler, und Kriminalrat Sartorius, die Beiden waren es, die die Zeremonien entwarfen und leiteten, die Kleidung bestimmten, die Eleven aufnahmen und sie sozusagen umtauften. Diese Beiden wachten auch darüber, daß in der Clubkartei jeder Besuch eingetragen wurde, daß die Funktionen und der Rang jedes Burnusmannes genau verzeichnet wurden. Die Namen für die Männer hat wohl Kriminalrat Sartorius aus seinen Rotwelsch-Kenntnissen beigesteuert, während das Ritual dem Erfahrungsschatz des Völkerkundlers zu verdanken war.

Der Kriminalrat selbst hieß Kohlpink, Dr. Liberé hieß Grillenberger, Dr. Marian hieß Geldmelker, der Anlagendirektor hieß Gurkenmacher, der Sandelbeck-Apotheker hieß Fuscher Doppelscheinling, Herrenmoden-Seelschopp hieß Malbusch Klamottenschmeißer, Carlos Haupt hieß Rose Kipper, Rieple der Maler hieß Nossi von Babel, Faistkorn hieß Barbaus Dreckschwalbe, Schuh-Middelhamm hieß Laatschenbruder Pechhengst, Anwalt Dr. Hubertus hieß Doppelscheinling Rechtschenagler, Bahlsen hieß Knittelbisser. Hinter jedem Namen folgten Rang und Funktion: Liberé war Altstrabanzer, Sartori war Griffelspitzer und Groß-Toches. Carlos Haupt war der weite Schomboos, Dr. Marian fungierte als Glufenmichel, Dr. Hubertus war als Eierschleifer und Dienstkrab eingeteilt, Faistkorn arbeitete mit dem Läuferle, Seelschopp war kleiner Klopper, Rieple diente als Lecker, der Anlagen-Direktor Volbedinger als

Peller, Nehls als Schazmaz und Schlackenschammes, der Neger Thomas als Peitscherlbua, der Neger Badarud als Toppsau, der Neger Adali als Mackelmeister und Topplude. Bahlsen, der Eleve, hatte noch keinen Rang. Das war sein Glück. Jede Nacht war klösterlich streng eingeteilt in Vormitte-Laile, Mitte-Laile und Zefire. Und jede Vigilie hatte ihr eigenes Ritual. Zuerst das Luren und Löten. Dann Butzelmann-Messen, Schnick-Schnack und Griffelspitzen. Dann das Mackeln und Machern. Und schließlich das Lunen. Lerry, der zu meiner Überraschung auch Mitglied war, hieß Große Dotsche und war als Ballonfahrer eingestuft. Edmund schickte ihm die Prozeßberichte täglich nach Lugano. Es zeigte sich übrigens vor Gericht, daß sich auch im Burnusbund selbst eine Opposition gegen die bürokratische Organisation der Herren Sartori und Liberé gebildet hatte. War doch das pedantische Reglement, daß sie in Abständen von fünf Minuten zu erscheinen hatten, ihnen genauso wie die exakt geführte Kartei nur zum Verhängnis geworden. Ihr Organisationstalent hatte ihren Laster-Orgien die Grube gegraben. Oft gerieten die Angeklagten noch vor Gericht in ausartende Wortgefechte, nannten sich bei ihren Bund-Namen. Rieple alias Nossi von Babel und Lecker rief zornrot, daß er sich weigere Gurkenmacher als einzigen Peller anzuerkennen und Dr. Hubertus alias Rechtschenagler, Dienstkrab und Eierschleifer seines Zeichens, grollte, er habe immer gegen Kohlpinks, d. h. gegen Kriminalrat Sartorius' Exklusivanspruch auf den Griffelspitzer gekämpft, auch sei es bezeichnend genug, daß sich Grillenberger (also Dr. Liberé)) und Kohlpink die Titel Altstrabanzer und Groß-Toches gegenseitig zugeschanzt hätten.

Man spürte, daß es im Burnusbund nicht nur die Kluft zwischen den Gruppen Makarios mit oder Makarios ohne Bart gab, nein, innerhalb dieser Gruppen strampelte eine

unterdrückte Minderheit, die für freiere Improvisation gewesen wäre, die sich aber offensichtlich nicht durchsetzen
konnte, gegen die orthodoxen Ritualschöpfer und Zeremo-
nienverwalter Liberé und Sartorius. Carlos Haupt, dessen
kostbare Stimme ein wehender Schal auch im Gerichtssaal
vor Erkältungen schützte, als müsse diese Stimme am Abend
wieder Kothurne ersetzen, Carlos Haupt gehörte seltsamer-
weise zum orthodoxen Flügel. Die drei Neger übrigens
schienen maßlos verwundert zu sein. Auch am letzten Ver-
handlungstag hatten sie immer noch nicht begriffen, warum
sie vor Gericht standen. Sie hatten gearbeitet. Für einhundertfünfzig Mark pro Nacht. Ist Arbeit strafbar? Adali,
Mackelmeister und Topplude, verlangte nach Ghana-Recht
gerichtet zu werden. Er hielt einen ergreifenden Vortrag.
Zum Schluß geißelte er das Hohe Gericht mit scharfen,
schneidenden, drohenden Worten und rief die Geister Afri-
kas auf gegen das böse weiße Europa, das gerade wieder
dabei sei, seinen Schandtaten eine weitere hinzuzufügen.
Diese da, und er streckte den nackten schwarzen Arm so
herrlich weit aus der festlichen, viele Seidenmeter langen
Ghana-Toga, diese da hätten nur ein Beispiel geben wollen,
sie hätten sich peitschen lassen für die Sünden Europas,
peitschen von denen, an denen Europa gesündigt habe, und
sie hätten sogar noch bezahlt dafür! Nur der muffige Geist
des Imperialismus könne da von strafwürdigen Handlungen
faseln.

Die Angeklagten waren hingerissen von Adalis Rede.
Sie applaudierten, warfen ihm Kußhände zu, wischten die
Augen trocken, um ihn noch besser anschauen zu können.
Aber das Hohe Gericht zog sich zurück. Und an dem Tag,
da das Urteil verkündet wurde, da fehlten drei Angeklagte:
Sartorius-Kohlpink, Liberé-Grillenberger und Marian-
Geldmelker. Sie hatten Selbstmord begangen. Es hieß, sie

hätten es getan, um ihren kinderreichen Familien die Pensionen zu erhalten, da sie ja nach der Verurteilung aus dem Staatsdienst ausgestoßen worden wären. Frau Sartorius soll ihren Mann eigens besucht haben, um von ihm den Selbstmord zu verlangen. Die Geschäftsleute und Freiberuflichen unter den Burnusmännern und der verträumte und unverheiratete Anlagendirektor Volbedinger nahmen ihre Urteile seufzend entgegen. Jemand will gehört haben, daß Dr. Hubertus zynisch hervorgestoßen habe: wenigstens kommen wir nicht nach Stelling.

In Stelling war das Frauengefängnis.

Wahrscheinlich hätte die nimmermüde Öffentliche Meinung noch den ganzen Oktober hindurch auf den armen Burnusmännern herumgekaut, wenn sie nicht schon einen Tag später abgelenkt worden, irritiert, erschreckt, auf jeden Fall angezogen, auf unüberbietbare Weise gefüttert worden wäre. Es war ein reines Glück für die Burnusmänner, daß einen Tag später, am 4. Oktober, der Sputnik von seinem Turm zum großen Kepler-Abenteuer hochzwitscherte, seinen Faden rund um die Erde zog und alle Ohren mit seinem Gepieps stopfte und alle Münder auf und zu sich hinaufriß, denn er war doch viel überraschender als das, was in der Wolfschlugenstraße und im übrigen Westen passiert war.

25

Wir waren die einzige Familie, in der kein Wort fiel über die feinen Söhne, in der kein Wort fiel über den Burnusbund und auch über Sputnik kein Wort. Bei uns wurde nicht mehr geredet. Alissa bediente kalt wie eine Hausangestellte während einer Inflation. Die Kinder beschlagnahmte sie. Ich wurde isoliert. Die Couch war mein Bett. Wenn sie drüben schlief, holte ich ihre Tagebücher aus dem Kindersarg-Schreibtisch und informierte mich über ihr Innenleben, das sie mir tagsüber vorenthielt. Eine böse Lektüre. Zum ersten Mal hat sie Schluß gemacht mit ihrem Anselm. Höhnisch schaut sie ihm in den Rücken, wenn er vor dem Kasten sitzt und hineinstiert, bis die Ansagerin ihr allerletztes Lächeln aufsetzt. Er sitzt und stiert noch ins leere Grau, als müsse gleich ein Wunder geschehen. Alissa schrieb sich ihren Anselm von Leib und Seele, bannte ihn ins Wachstuch und tändelte mit der Sehnsucht nach einem Mann, nach einem Anti-Anselm, nach einem, der nicht tat, als gehöre er zu den Vierundzwanzigjährigen, daß sie fürchten mußte, sie allein sei fünfunddreißig vorbei. Ich freute mich über dieses Strampeln nach Autonomie. Versprach mir Erleichterung. Fand sie noch einen, bevor ich verreiste, so könnte ich in Amerika, ach Alissa, beeil' Dich, Joachim, könnte nicht endlich Joachim belohnt werden für seine treue Verehrung. Nein. Joachim wies sie ab. Das las ich betrübt. Schade. Ich hätte euch gern zusammen gesehen. Von wem aber träumte sie da? Wen suchte, traf sie, erregt, Kleiderüberlegungen wie eine Achtzehnjährige, fiebrig, bloß nicht zu pünktlich, wer war dieser Er, der sie einlud, der begeistert sein konnte wie Anselm nie war, der, vermutete sie, lieben konnte, endlich würde für sie das Fremdwort kein Fremdwort mehr, schon an der Übersetzung, beide, es ging auf den Tag, auf den Punkt, der alles, der sie und ihn, ein Ausrufezeichenverbrauch wie noch nie, sie selbst erstaunt, daß das so leicht, so rasch, aber eigentlich, hat sie nicht immer schon, zumindest seit Jahren, gewartet auf den zweiten Mann, den sie aus Anstand, Erziehung, komischer Rücksicht nicht haben durfte, konnte, wollte, jetzt aber darf sie, will sie, tut feurig, rein körperlich, die andere Art will

sie, neugierig auf die andere Art, wie macht er es, Gebärden, Vokabular, wird es anders, ja, es wird, es muß, es ist
neu, sie jung, viel jünger als, und ängstlich, ob sie ihm, auf
jeden Fall will sie alles, will sich ganz, er soll zufrieden.

Ich begreife heute noch, daß mir Alissas Tagebuch nicht
gefiel. Einen richtigen Blutandrang im Kopf verursachte
mir diese Lektüre. Das Schweigen tagsüber und abends
wurde schier unerträglich. Ich hatte gute Lust, Alissa nach-
zuspionieren. Ich wollte diesen großen Zweiten sehen.
K. hieß er, K. schrieb sie, immer nur K. Was gab es schon
für Namen mit K? Kunibert, Kilian, Karl, vielleicht ein
affektierter Kristian, mir fiel einfach kein gescheiter Name
mit K ein. Wie vernagelt stand ich vor diesem K. Wollte
es packen an den Balken, die es in alle Richtungen streckte,
um es aufzureißen, hineinzuschauen. Schließlich stand es
mir zu, neugierig zu sein. Wenigstens wissen wollte ich.
Karsten, nein, das schrieb man doch auch mit C. Kurt, natürlich. Komisch, wie lange ich bloß brauchte, um auf Kurt
zu kommen. Überhaupt schien ich nicht recht auf dem
Damm zu sein. Dieser Blutandrang. Es drehte sich. Stühle
kugelten. Ich redete mir ordinär zu, malte mich in Kari-
katuren vor mich hin, wußte ziemlich genau, wie komisch
ich mich aufführte, ich und eifersüchtig, wenn das nicht
komisch war, dann durfte nichts mehr komisch genannt
werden, Alissa, wenn Du das wüßtest, und dabei sollte ich
doch froh sein, endlich winkt, endlich wäre ich, bloß Dein
verfluchtes Fleisch, das ist das Komische, da hänge ich dran,
bin ein Teil, oder drin, auf jeden Fall beteiligt, wünschend,
es wär' mir egal, wünschend, Du tätest alles, was Du willst,
aber gegen mich selbst wünsche ich das, wünsche es überhaupt nicht mehr, daß ich es je wünschte, ist unbegreiflich,
unbegreiflich, ist so ziemlich das Dümmste, was mir je
passierte, Alissa, aber es ist so.

Ich tarnte mich, pumpte mich voll mit bleierner Gelassenheit und sagte das erste Wort. Nach einer Viertelstunde schrieen wir und nach einer halben Stunde sagte Alissa, sagte die Unglücklichste aller Unglücklichen, wie kann man bloß so etwas sagen, sagte sie mir ins Gesicht, nur ein wenig errötend sagte sie: es ist kein Wort wahr, ich wußte, daß Du mein Tagebuch liest, es ist alles bloß erfunden.

Diastole, Blutleere, Schwäche. Kein Glück, nur Enttäuschung. Wie herrlich war es gewesen, den Berg hinaufzurennen, in Atemnot, aber Gewicht spürend, Widerstand. Und jetzt der allerschlimmste Leerlauf einer auf höchsten Touren rasenden Maschine. Soviel Ehrlichkeit ist einfach vom Übel, Alissa. Das muß Dir schaden. Du hättest das besser jonglieren können. Verzicht heucheln, schwer erkämpfte Treue, reumütige Rückkehr, Konservierung einer kleinen Gefahr, welch eine Nacht hätten wir dann gehabt. Aber Du bist einfach unfähig zum Dialog. Du entledigst Dich Deines Gewichts, wirfst Dich fahrlässig in mich hinein, aber ich soll trotzdem von Dir angezogen werden. Das grenzt an Vergeistigung, was Du von mir verlangst. Ich werde also Rettungsmanöver einleiten. Du appellierst doch offensichtlich an meine Menschlichkeit. Mal sehen, was sich tun läßt. Aus Rührung sozusagen, aus Staunen, denn normalerweise müßte ich jetzt ja abhauen, es hält mich nichts mehr, das begreifst Du doch? Nein, das begreifst Du nicht. Nie.

Alissa zuliebe wendete ich alte Erfahrungen an: eine Rolle ist immer mehr als eine Rolle. Mentiri, ein Verbum deponens, wegen der Nähe zum Subjekt. Sie glaubt zwar, sie erfinde, lüge, sie redet sich ein, daß sie das Ehebruch-Spiel inszeniert, um mich an den Karren zurückzuholen, das ist ein ererbter Trick, und wo noch nicht alles verloren ist, hilft er auch. Aber Taktik ist mehr als Taktik.

Sie will wirklich einen anderen, aber da sie sich das nicht gestattet, fromm wie sie ist, tut sie sich und jetzt auch mir gegenüber, als habe sie das alles bloß erfunden. Gerade, als ob ein Mensch etwas erfinden könnte.

So flickte ich unsere arg zerschundenen Seelen wieder samariterhaft zusammen. Ein bißchen Sog lieferte meine Interpretation doch noch, erstattete Alissa ein Quentchen der Schwere zurück, die sie so leichtsinnig von sich geworfen hatte.

Das mild-menschliche Streicheln, wozu ich mich jetzt durch Überlegung veranlaßt sah, verhielt sich zur Anziehungskraft der den Bruch begehrenden Alissa wie künstliche Beatmung zu einem auf Klippen erlittenen Tornado. Jene Beatmung mag einem vielleicht mehr Sauerstoff zuführen als der atembenehmende Sturm, aber es rührt sich nichts. Nun ja, Eheleute sind verpflichtet, einander alle erdenkliche Hilfe zu leisten. Und dann: wenn ich Alissa jetzt spüren ließ, welch einen Kurssturz dieses Geständnis bewirkte, dann zwang ich sie zurück in ihre Tagebuchspielereien, verlangte die Untreue von ihr, quälte ihr Gewissen, ganz abgesehen davon, daß ich gegen Untreue von ihrer Seite war. War ich das? Jetzt würde ich sagen: nein! soll sie doch! Falls es aber wieder bevorstand, würde ich sie an den Kleiderständer fesseln. Aber man kann sich nur mit viel Mühe vorstellen, was man in Situationen tun wird, in denen man sich gerade nicht befindet. Im Augenblick hätte ich ihre Untreue schon wieder als einen Segen empfunden. So wechselt das. Die Schwere. Jonen. Spannungsfelder. Spannungsverlust. Weiß der Teufel. Der weiß es sicher. Nur wir nicht. Unsereiner folgt. Wenn man wenigstens müde würde. O Zimmermannsbub, führe uns nicht in Versuchung, sondern erlöse uns wenigstens von *dem* Übel. Amen. Alissa. Amen.

2. Kapitel

Befund

1

September vorbei, vorbei Oktober, November vorbei, am 5. Dezember, unterm Nachmittagsmond, der halb geschmolzenen Eishostie, am inneren Bogen erbärmlich zerfranst, im kranken Blau versickernd, bei Ostwind, gegen den Ostwind, der alles westwärts drängen wollte, stapfte ich auf knirschendem Dezemberschnee die Lichtenbergstraße hinaus und beachtete keine der anbiedernden Taxen. Einhundertsechsundsiebzig-dritter-Stock-links wurde ein Gipfel. Es gab Widerstände gegen diese Rückkehr. Wäre überhaupt zu empfehlen: jedem ein Einfamilienhaus auf einem Dreitausender ohne Seilbahn, die Heimkehr jedes Mal eine sportliche Leistung mit Rekord und Medaille und n'bißchen Wochenschau. Aber so ist es, überall wird gestoppt, geklatscht, photographiert, ausgezeichnet, bloß die Ehemänner, die ungeheure Infantrie dieser Erde, die schlagen die schlimmsten Schlachten, kämpfen sich, aus allen Poren blutend, durch hunderttausend Leiber durch, die sich ihnen in den Weg werfen, und wenn sie heimkommen, haben sie nur das getan, was man, ohne davon Aufhebens zu machen, von ihnen erwartet. Indien erobern, im Marnebogen Schlachten anzetteln, vor übervölkerten Tribünen zehnzwei laufen und vor vibrierenden Dekolletés Tannhäuser singen, das ist wirklich keine Kunst.

Ich gebe allerdings zu, daß ich am 5. Dezember kaum hätte zurückkehren können, wenn ich der gewesen wäre, der am 18. Oktober fortgegangen war. Der kam nicht mehr zurück. Über seinen Verbleib ist auch mir nicht viel bekannt. Der am 5. Dezember zurückkam, war ein Heimkehrer, auf den man sich verlassen kann, obwohl er noch nicht ein einziges Mal freiwillig heimgekommen ist. Er räumt alles aus dem Weg, stopft sich die Ohren voll, wenn die Geräusche gefährlich werden, mordet, lügt, nimmt jederlei Gestalt an, bloß um durch –, um heimzukommen, und wird doch von Station zu Station trauriger, verzweifelter über die Heimkehr. Er hat eine Wohnung in Manhattan besorgt, einen Job in der Madison Avenue, hat sich mit Zehnjahresverträgen gepanzert, an achtzig Barhocker gefesselt, in zehn Lifts eingesargt, in die Grundsteine von drei Wolkenkratzern hat er sich einmauern lassen, dem Schrumpfchinesen in der Vierundvierzigsten Ost hat er für immer schmutzige Wäsche versprochen, mit Abonnements hat er sich Hände und Füße gebunden, mit dem Hudson hat er sich verlobt, den East-River hat er geheiratet, von tausend und einem Polizisten ließ er sich adoptieren, ewige Anrechte erwarb er bei der Untergrundbahn, die Augen wurden der Silhouette verschrieben, der Gaumen dem Smothered Steak und dem Burban, Tudorburgen kaufte er und some of those squirrels im Park, Schlupfwinkel baute er in Downtown und Nester in zirka hundert Cabs. Versorgt, gepanzert, gefesselt, eingesargt, eingemauert, verlobt, verheiratet, adoptiert, verkauft und verschrieben war er, aber eine superconstellierte Viermotorige schaffte es, nachts allerdings, ihn vom Boden zu reißen, zitterte zwar, stob eine lange Stunde lang Feuer nach hinten, bis sie alles verbrannt hatte, riß ihn vorsorglich gleich auf 21 000 Fuß hinauf, keimtötendes Minus zweiundzwanzig rundum, und bot, falls er die Uhr wieder der alten Zeit unterwarf, sechs geschenkte Stunden an.

Zwischen Haustür und Boden klemmte ein Steinchen und scherbte, schrie, kreischte, daß ich alles bereute, ein Telephon wünschte, um das Gepäck, das hinter mir her war, wieder hinüberzudirigieren, aber schon hatte ich gesehen, daß die Hintertür zum Wäscheplatz offen stand und draußen nahm Alissa brettharte Wäsche von den Drähten, die vor Kälte sangen. Sie hatte die Beuge des linken Arms schon so voll gestapelt, daß sie schon das Kinn zu Hilfe nehmen mußte, daß sie kaum mehr wagen konnte, mit der Rechten frei hinaufzugreifen nach weiteren weißen Scherenschnitten von allerlei Unterzeug. Schon war ein Drea-Hemdchen am Boden. Bevor sie drauftreten konnte, hob ich es auf, knickte es ab, es krachte, legte sich dann aber gehorsam über meinen Arm. Mit der Rechten knippste ich Klammer um Klammer auf, fing jedes Stück, bevor es fallen konnte und hatte bald einen Stapel gefrorener Gestältchen auf dem Arm, der so hoch war wie der auf Alissas Arm. Allein hätte sie das gar nicht geschafft. Und dann machte Übelhör wieder den Nikolaus. Das ist immer ein Fest für seine Stimme, da darf er so laut als er will. Lissa kennt sich aus inzwischen. Aber Drea und Guido flüchteten zitternd und bibbernd zwischen die Kais meiner auseinandergestellten Beine und bargen ihre Köpfe an meinem Bauch. Was willst Du da machen? Gut, daß ich wieder da sei, hieß es. Was willst Du da machen?

2

Heutzutage ist es viel schwerer, zu beweisen, daß man nicht in Amerika war, als zu beweisen, daß man wirklich drüben gewesen ist. Deshalb vernachlässige ich das außereuropäische

Kapitel meiner Geschichte zugunsten des ersten und des zweiten Kristlein. Der dritte Kristlein, der geschickteste Kristlein, den es bisher gab, landete nicht im State's Oregon Hospital, noch ließ er sich mit Arsen vergiften.

Das Requiem, das bei einer Heimkehr immer fällig ist, genau so, als wäre der, der zurückkommt, *draußen* geblieben, das Requiem soll für den armen Onkel Paul sein, der das Unglück der Reise früh geschmeckt hat, der bald verteilt war auf viele Plätze. Jeden Tag neue Exekutionen. Und doch reisen immer noch soviel Leute und tun, als sei das gar nichts besonderes, morgen wieder weiterzufahren, und hängt doch jedem das Herz in schweren Fetzen in der Brust, aber niemand zerreißt es ganz, nur im Vorbeigehen bohren sich die Fingernägel hinein, so als wollten sie bloß rasch das Blut dessen probieren, der unterwegs ist.

Ein Bereuen des Hierseins ist ausgeschlossen, schrieb vierkantig vom Zelt in Nampa Onkel Paul: der Landkauf ist ein guter (schon hörte man das Englische durch), wenn die Hülfe am nötigsten ist, ist der Dank am größten, die Banken hier nehmen 12%, er könnte einen notarischen Titel seines Landes überweisen, der Güte ist er unwürdig, für 5% wollte er schon aufkommen, wenn tausend zuviel sind, ist er auch mit fünfhundert zufrieden, daß er wenigstens den Drahtzaun kaufen kann, die Bäume vorm Hasenfraß zu schützen, Brunnenbau, Hausbau, Egge und Pflug gibt er dann eben auf, und wenn gar kein Geld kommt, nun, saure Kirschen sind nicht mehr so schlecht, dann wird der Wanderstab erneut ergriffen, aber keine Angst, er kommt nicht zurück, allein muß er sein oder da ist gleich ein Zerwürfnis im Gang, roh und rauh wie er nun einmal ist, 20 acre hat er zwar schon gepflügt, mit geliehenem Gerät, 4 acre in Roggen, 2 als Obstgarten, 140 Pfirsichbäume, 20 Kirschen, 3 Pflaumen, 20 Äpfel, seine zwei kleinen Stuten machen sich, 11 acre Luzerne sind gesät, die wird dreimal geschnitten, das sind 80–100 Ztr. Heu per acre, 6 Dollar die Tonne, macht 24–30 Dollar per acre, 10 Sack Kartoffeln sind ausgelegt, Nachbarn machten 100–200 Mark per acre, ein Haus mit zwei Zimmern, Küche und Keller, ein Herd, ein Zaun, 1 Pferde- und Kuhstall, 2 Hühnerställe, ein Gerätschuppen, 1 Kuh, 200 Hühner, 600 Apfelbäume fürs kommende Jahr, ein Brunnen 80 Fuß tief mit Pumpe, ein Baumgart-Diskpflug, das wären (ohne Arbeitslohn) 1155 Dollar, der Brunnen natürlich muß mit Maschinen gedrillt werden, bis jetzt nimmt er das Wasser aus dem Graben, in dem Pferde und Kühe ihren Durst löschen, seht, 200 Hühner würden ihm ein feines Einkommen versprechen, letzten Januar kostete das Dtz. Eier 40 cts., er müßte nicht mehr auswärts arbeiten, könnte dem Land sich widmen, hätte famose Ernten, außerdem sind Hühner dem Obstgarten vorteilhaft, halten den Boden durch Scharren ständig offen, daß keine Kruste sich bildet, das Klima ist anders in Idaho, ihr habt Regen, er Dürre und Sonnenschein, und vergleicht nur, so gut als eure Drainage-Anlagen Geld kosten, so gut kosten die Bewässerungsanlagen Geld, Heinzen werden hier nur gemacht, daß das Heu nicht zu dürr wird, hier gibt es Sonne und künstlichen Regen, ihr habt Regen, aber ihr habt keinen künstlichen Sonnenschein, sein Roggen ist schon 2 Fuß hoch, lieber Vater, seine Zuckererbsen trachten hervorzuspitzen, 2 acre Mais wird er noch säen, und noch Bohnen zwischen die Bäume, die beste und sicherste Adresse wäre Mr. Walter E. Miller, Cashier, First National Bank, Nampa, Idaho, jeder Depositor erhält einmal im Monat den eigenen Stand, außerdem hinterlegt die Post ihre Spargelder in dieser Bank, wäre nicht die Sicherheit garantiert, würde die Post nicht dort deponieren, die eventuelle Anleihe, deren er unwürdig ist, würde er entsprechend seiner Unwürdigkeit zu schätzen wissen, hat nicht Mathilde auch und Arthur und Gallus und Anselm und Josef und Fritz, haben sie nicht viel mehr bekommen, bei ihm hängen jetzt vor der Nase Erfolg und Mißerfolg, geheimnisvoll, denkt nur an das enorme Desaster der Titanic, er sollte nicht das Glück haben, darauf zu sein, aber einige der größten Millionäre Amerikas, die nicht um Geld heimschreiben müssen, falls aber Deine Nachricht eine völlige Verweigerung wäre, so findet er das nur gerecht, indem er schließt, grüßt er und schreibt Dir, Mutter, ob der Vater den Brief nicht bekommen hat, weil er es wissen muß, er könnte notarische Titel und willig für 5%, und 140 Pfirsichbäume, 20 Kirschen, 3 Pflaumen, 20 Äpfel und müßte eben noch 600 Äpfel dazu und die Bewässerung, Fräulein Ohrenstein hat ihm inzwischen 100 Mark geschickt aus New York, obwohl er sie nicht gebeten hat, das sind 140 Pfirsichbäume, als er die Kiste aufbrach, waren die meisten Bäumchen voller Blüten, die vernichtete er, um die Bäumchen zum Anwachsen zu bringen, einen alten Stall hat er gekauft, abgebrochen, viel gute Bretter erhalten, das Haus gebaut 14 bei 24 Fuß und den Stall 24 bei 26 Fuß, drei Abteilungen, alles zusammen 260 Dollar, ein Bild wird gelegentlich sein Hab und Gut veranschaulichen, eine vollständige Holzliste mit Auslagenverzeichnis wird darbringen, daß er billiger gebaut hat als man's daheim kann, ein Holzhäuschen zwar, aber Doppelleisten als Riegelwände und Sparren, aufrechtgestellte Dielen je 2 Fuß breit auseinander als Balken, kein einziges Loch wurde gestemmt, alles zusammengenagelt, Außenverkleidung mit astlosen Föhrenbrettern, Innenverkleidung mit einem Plattenrost, dick verputzt, den Boden wird er später ölen, das Dach schaut zwei Fuß vor, innen zeigt das selbstgefer-

tigte Büchergestell die reichhaltige Bibliothek, links und
rechts von Frl. Ohrenstein hängen eure Bilder, er wird
doch noch heiraten, es wird wohl die Schwester eines Nachbarn sein, er hat ein Haus gebaut ohne 50 000 Kredit à la
Arthur, das sagt er frei heraus, ohne Rücksicht darauf,
wie es aufgenommen wird, und für Anselm soll Arthur sorgen und für Josef und Fritz, immer wird gleich geschrieen,
das soll Familienvermögen bleiben, wird es ja, aber es wird
eines Bruders Heimat sein, oder soll bloß Arthur was haben,
von sich will er nicht reden, er hat es nicht anders verdient,
Weihnachten steht vor der Tür, seine größten Kartoffeln
hätte er gern als eigenes Produkt gesendet, aber eine Maus
und rascher Frost verdarben solche, für die 200 Dollar
dankt er, dankt er, dankt er, wer geht schon gern in Schulden, wie macht man gutes Sauerkraut (genau!), Josef und
Fritz wünscht er Selbständigkeit, in Stellung verliert man
alles, gewöhnt sich an Befehle, fürchtet sich vor Unter-
nehmung, und Mathilde will immer noch mehr, hat denn
der Kennerknecht nichts? und zu ihm hat sie anno 09 gesagt: Du kommst bloß, um zu holen! er ist wieder gegangen
und muß sich nicht schämen, sein Land ist ein gesundes,
durch den Präsidentenwechsel sind die Landpreise gestiegen, hätte man nur mehr gekauft, aber er spekuliert nicht,
leichter Kleines aufbauen mit Kratzen, denn Großes erhalten mit Schwatzen, schmal genug geht er ins Frühjahr,
deswegen erlaubt er sich zu fragen, ob der Zins nicht nachgelassen werden kann, sein Haus hat sich als sturm- und
wasserfest erwiesen, sein Keller hat eine Betonmauer vier
Zoll dick, das ist nicht üblich hier, was Solidität betrifft, da
läßt er keinen heran, aber die Planierungsarbeiten ver-
schlingen viel Geld, zu einer Kuh reicht es nicht mehr,
Fräulein Ohrenstein hat schon wieder geschickt, sie gibt
schnell, 50 Dollar, Tatsache ist, daß unter den Geschwistern

viel Dreck hin- und hergeworfen wird, kann schon sein, daß seine Einbildungen grundlos sind, dann entschuldigt er sich dafür, an Ostern hat er von Herminia den ersten Kuß erhalten, ihre Familie soll noch nichts erfahren, ein Füllen hat es auch gegeben, eine Erstgeburt, alles ging ohne seine Hülfe von statten, aber die Stute ist mitgenommen, die schwarze mit der weißen Blässe und den weißen Stiefeln, gestern hat er sie eingespannt, sie hat kaum ihren Wind gekriegt, endlich hat er sich getraut, sich ein billiges Rind zuzutun, ab nächsten Monat hat er Milch und später ein Kalb, Josefs Zementpfähle wird er einem seiner zukünftigen Schwäger geben, der ist Architekt, hier ist nichts zu machen damit, da sind Kies und Felsen gut als Fundament, er wird es auch Blau nach New York schicken, der weiß vielleicht jemanden im Staat Mississippi oder in St. Louis, das sind sumpfige Gegenden, ein anderer Schwager ist Advokat, der wird die nötige Vorsicht empfehlen, daß kein anderer dahinterkommt, die Braut sagt, sie fürchtet ihn oft, seines zornigen Charakters wegen, aber sie will ihn, sagt sie, schon bezähmen, sie ist ein wenig älter als er, aber das tut nichts zur Sache, um so verständiger ist sie und nicht so ausschweifend wie die gewöhnliche Amerikanerin, ihre Leute haben ein respektiertes Heim, bares Geld wird sie nicht mitbringen, aber einmal kommt es dann doch, ihr Vater ist 77, die Mutter tot, ein Bruder ist der Architekt, einer Advokat, einer ist Doktor mit eigenem Hospital, die Kristleins müssen sich also nicht schämen, zwei Brüder haben Land neben ihm, einer 40, der andere 160 acre, der Vater hat noch 20, Geld ist auch da, aber es wird nur der Zins geteilt, nicht das Kapital, eine Schwester hat eine Brutmaschine, und da er sehr schöne braune Italiener hat, nimmt sie ihm die Eier ab, sobald sie im Nest sind, natürlich gibt es kein Geld, aber er zeigt sich hin und wieder bei den gekochten Mahlzeiten, zur Hochzeit wird niemand eingeladen, Standesamt, Zeuge und der Herr Pfarrer tun ihre Pflicht gegen Bezahlung, aber nicht vor Herbst, seit er Herminia hat, fühlt er sich, offen gestanden, viel sicherer, nur noch Euren Segen braucht er jetzt, seitdem sie aber vom erlassenen Zins hört, fängt sie an, zu verlangen, obwohl sie zu Hause so eingeschränkt war, das gefällt ihm nicht, da sie doch selbst nichts mitbringt, eine Chaise soll er kaufen, wichtiger wären Mähmaschine und Getreidebinder, er wird Herrn Blau schreiben wegen einer stehenden Hypothek, und Land wäre wieder günstig zu haben, ein Italiener, der wegzieht, 80 acre, 40 acre sind bebaut, darauf ein 112 Fuß tiefer Brunnen mit neuer Pumpe, ein eingezäunter Laufplatz für Pferde, die Wassergräben sind gezogen, alle Geräte, ein Haus und die halbe Ernte dazu, für 2750 Dollar, also 11 550 Mark, das ist so günstig, weil der Italiener heim muß, am 14. Juli müssen 1000 Dollar anbezahlt sein, er baut auf Dein Versprechen, das Heiratsgut betreffend, 1700 werden als erste Hypothek gelassen bis 1. Dezember 13, Blau hat das Land begutachtet, lieber kein Hochzeitsanzug, jetzt ist noch Zeit, letzte Woche fiel er vom Getreidewagen, die Pferde brannten durch, gerade konnte er sich noch vom Hinterrad wegdrehen, man hat eben Glück, trotz der Fehlernte, die Fohlen kommen fein heraus, in sechs Wochen wird geheiratet, die Brüder seiner Braut kommen zu ihm, um sich Gerät zu leihen, er hat sich immer gleich alles gekauft, sobald er nur das Geld hatte, das mag Herminia nicht gern hören, das Hochzeitskleid hat sie selbst gemacht, die zwei älteren Brüder haben ihre Automobile, es wird kein Möbelwagen mit Möbeln und Köffer voll Leinen und Seidenstoff kommen und keine 100 Gäste werden in der Restauration köstlich zur Tafel sitzen, das tut nichts zur Sache, aber er wird mit der Herbstsaat nicht fertig, die Hochzeit kann man verschieben, es kommt ihm sonderbar vor, daß er nichts von daheim hört, gerade, als ob man gar wenig Interesse an seinen Verhältnissen hätte, ja, im Frühjahr hat er Courage, aber ein Tornado ändert in 30 Minuten alles, 138 Bushel hat er gedroschen von 10 acre und im Jahr vorher von nur 4 acre über 200 Bushel, von Bruder Arthur hat er seit 18 Monaten den ersten Brief bekommen, der jammert für was alles er aufzukommen hat, weil er nicht weiß, wieviel er so nebenbei mitbekommen hat, hier muß jeder Nagel bezahlt werden, und wenn vom Vater gar nichts kommt vom versprochenen Heiratsgut, dann wird er eben verkaufen, von Frl. Ohrenstein kamen 50 Dollar Hochzeitsgeschenk, kamen gerade recht, um vor Herminia seine totale Verlegenheit ein wenig zu überdecken, er gab sie ihr für notwendige Dinge im Haus, schöne Geschenke hat Herminia von ihrer Seite erhalten, ein Silberbesteck, chinesisches Porzellan, eine reinsilberne Servierplatte, so blank poliert wie ein Spiegel, und jeden Tag fragt sie: hast Du was von zu Hause gehört, so kommt alles zusammen, hätte er die Heirat nicht angefangen, hätte er auch keine Fehlernte gehabt, eine Woche ist er nun verheiratet, aber der 1. 12. drückt noch, wenn gar kein Geld käme, die Leute gehen hier schnell vor mit Unannehmlichkeiten, er sollte eben bald wissen, womit er rechnen kann, der Verkäufer zog weg und engagierte einen Advokaten, und könnte er nicht bezahlen, fände der Advokat einen großen Brocken zu fischen, sollte das Geld noch nicht abgesandt sein, sende ein Telegramm, daß er weiß, wann es kommt, die Bank schießt dann solange vor, schreibe aber, daß das Telegramm mit Briefträger herausgebracht wird, sonst wird es zu teuer, Herr Blau hat zur Hochzeit 60 Dollar Zins nachgelassen. Familie Briel hat 15 Dollar geschickt, dagegen sind die Geschenke von Herminias Seite ärmlich, unbrauchbare Serviettentücher, Salzbüchsen, ein Rahmgefäß aus geschl. Glas, aber man darf nichts sagen, das Mädchen ist besser als seine Geschenke, endlich ist das Geld da, wenn es auch nicht hinreicht, so wird doch das Schlimmste verhindert, es dauert oft lang, bis ein Sturm sich legt, von Josefs Patent hört er, daß man in Amerika Ähnliches schon hat, man benützt Betonpfähle, das ganze Europa ist ja auf einmal so kriegerisch, es scheint, die östlichen Barbaren müssen einmal gezügelt werden, ob's ein Krieg tut, ist nicht immer gesagt, Herr Blau wird Mitte September nach Hause fahren zu einer Übung und dann noch Hochzeit machen, gedenkt im November zurück zu sein, die Hasen haben den ganzen Roggen abgefressen, aber die ersten Pfirsiche sind schon geerntet, elf Nationen sind also mit hineingezogen, das ist gewiß keine Kleinigkeit, Anselm schickte eine Ostkarte, Kriegschronik und Zeitungen von Landsberg, hoffentlich sind Josef und Fritz noch gesund, die Maschinengewehre sollen soviel Opfer fordern, hier hat man zu leben, ein amerikanischer Zeitungsschreiber, der mit General von Herringen einige Zeit bei Laon war, meint, je weniger man damit zu tun hat, desto besser, er lobte die militärische Organisation der Deutschen, warum schreibt ihr nicht, sendet offene Briefe oder Karten, über Rotterdam kommen sie durch, hoffentlich wissen Anselm, Josef und Fritz sich gut zu ducken, um den Schüssen zu entgehen, für 1000 Mark wurden Schweine verkauft, zwei Rinder wachsen zu Kühen heran, er könnte euch den zuletzt gekauften Platz abtreten, die Ernte war gut, bald wird es Überschuß geben, es ist ein Hartes und Edles, Land urbar zu machen, auf dem früher nichts Brauchbares wuchs, man nennt das die Produktion, wogegen der Krieg ein Vernichten ist, Josef, Anselm und Fritz sind wundervolle Burschen, er wollte, er könnte ihnen helfen, die Engländer brauchen der Hiebe mehr denn unsere

Nachbarn, Amerika hat jetzt auch Schwierigkeiten mit denen, sie hielten Frachtschiffe an, die in neutrale Länder fuhren und durchsuchten sie und brachten welche auf, in ihre Häfen, es würde nicht lange dauern und man würde sich der Revolution von 1812 erinnern, sagen die alten Amerikaner, daß Blau durchkam, begreift er nicht, Amerika läßt doch deutsche und österreichische Reservisten gar nicht ausreisen, er hat den Zins an Blau abgeschickt, diese 1000-Dollarhypothek ist sein einziges Schmerzenskind, er hat eine gute Frau, aber selbstsüchtig ist sie, 1100 Dollar hat sie auf der Sparkasse, das bringt ihr 80 Dollar Zins und davon gibt sie ihm keinen Heller, alles geht gleich an ihre Brüder, will er bei denen Gerät entleihen, heißt es gleich, kauf Dir den halben Anteil daran, wenn sie etwas brauchen, was er hat, da meint man, sie besitzen es und nicht er, er sagt aber nichts, um die Eintracht nicht zu verderben, was dahinter steckt, weiß er nicht, sicher ist, daß sie keine Kinder bekommen werden, deshalb gedenkt seiner nicht mehr, gedenkt Anselms, Josefs und Fritz', er glaubt, euch diese Aufklärung schuldig zu sein, Fräulein Ohrenstein sandte 50 Dollar zu Weihnachten, er schaffte eine Windmühle an, ein 8-Fuß-Rad, die Kriegszeitungen kommen regelmäßig an, er hat 14 Hefte bis jetzt, es ist wunderbar, wie die Deutschen den Feind zurückhalten können, das können die Zeitungen hier nicht ableugnen, obwohl sie immer gleich bereit sind, einen dreckigen Brocken auf Deutschland zu werfen, vielleicht sind die Zeitungen von England bezahlt, um die Sympathien der Amerikaner für England zu gewinnen, aber man hört auch, old Hindenburg is too much for the Russians, von den Wundertaten des englischen Obersten French liest man nicht mehr viel, nur daß die Mongolen oder die Ostinder große Helden sind mit ihren Messern, das kommt ihm lächerlich vor, wo er doch den Vergleich hat mit den genauen deutschen Zeitungen, letzte Woche gab es Zwillinge, beide sind Stierkälber, sie brauchen alle Milch, man sollte ihnen noch Habermehl nebenbei geben, hat er aber nicht, zwei Lämmer und zwei Fohlen sind auch da, das Pferdeaufziehen ist kostspielig, 15 Dollar Zuchtgebühr pro Stück, aber Wasser hat man jetzt solange der Wind weht, Hülfe braucht er nicht mehr, sowie er 20–40 acre verkaufen kann, zahlt er Blau aus, und bald ist er auf den Beinen und denkt an seine vom Krieg betroffenen Geschwister, der Krieg wird ja immer wütender, eine menschliche Einsicht scheint nicht aufzutauchen, er ist zwar amerikanischer Bürger geworden, aber im Herzen bleibt er deutsch, Herminias Eltern kommen aus Schottland, also Engländer, sind aber mehr denn 60 Jahre in Amerika, trotzdem denken sie noch an England, ohne Zweifel hätte er versucht, dabei zu sein, hätte er nicht geheiratet, eine Tatsache ist, daß er oft energisch auftreten muß gegen Herminia und ihre Familie, wenn es sich um Kriegsangelegenheiten handelt, die würden Deutschland gerne schwarz machen und England ins beste Licht stellen, mit dem Geld stimmt es immer noch nicht, darum, sagt er nocheinmal, erhaltet, was ihr habt, es ist daheim nötiger als hier, von Herminia wäre kein Dank zu erwarten, alle geborenen Deutschen halten zur Heimat, es sind 20 Millionen hier, leider können sie den Export von Kriegsmaterial nicht verhindern, dazu sind sie unter 100 Millionen nicht stark genug, und England zeigt einen offenen Geldbeutel, wenigstens hat Amerika den Engländern verboten, 300 000 Japaner zum Kampf nach Europa zu bringen und die Japaner kriegten von Amerika einen tüchtigen Schlag, als sie China an sich reißen wollten, man weiß hier, was die gelbe Plage bedeutet, Blau hat er den Zins überwiesen, ist er gesund? Wo kämpft er? Arthur ist immer am besten heraus, hoffentlich riskieren Anselm, Josef und

Fritz nicht zuviel, man weiß bald nicht mehr, was man schreiben soll, die Engländer gehen jetzt durch neutrale Briefsäcke, für den Weizen bekommt man nur noch 5 Mark, es heißt, die falschen Italiener öffnen den Weg für russischen Weizen, dabei wissen die doch ganz genau, daß die Russen schöne Schläge bekommen haben und die Türken wundervoll standhalten, wer hätte das von denen gedacht, hoffen wir, daß die Engländer auch noch was abbekommen, von Deutschlands Feinden sucht einer nach dem anderen große Staatsanleihen, natürlich, wenn ein Amerikaner zeichnet, kann er nicht mehr neutral sein, sein Interesse ist, wo sein Geld ist, Herminia ist ganz englisch, aber deutsches Geld möchte sie doch, sie ging soweit, vorzuschlagen, man sollte alles auf ihren Namen überschreiben, natürlich wurde nichts daraus, da dürfte man zuletzt ihres Bruders Knecht machen, auf der andren Seite ist sie eine gute Frau und ihr Vater, ein feiner alter Mann, wurde 80, ein Lamm brachte er ihm, seine Lieblingsspeise, der Präsident Wilson ist jetzt verlobt, wo doch seine erste Frau kaum ein Jahr tot war, er hat dadurch viel Ansehen verloren, man munkelt, er sei in der englischen Faust gefangen, wie geht es den Brüdern, er schämt sich, nicht dabei sein zu können, wenigstens nach dem Krieg wird er den Brüdern gleich helfen, nächsten Monat wird er neun junge Hammel verkaufen, denkt ihr, daß Fritz sein Gehör wieder zurückerhält, Herminia geht jeden Sonntag zur Sonntagsschule, er steht daheim und freut sich des Sonntags Stille, oft wundert er sich, wie es Blau geht, der Zins wird jetzt vor der Zeit eingesandt, daß Gallus nun auch noch den Kopf hinhalten soll, ist schlimm genug, aber als Sanitäter ist er hoffentlich geschützt, bloß die großen Granaten, die Staatswahlen erregten jetzt großes Interesse, der Gouverneur ist ein früherer deutscher Jude, ein feiner Mann, seit er da ist, hat er die Steuern um ein

Drittel gesenkt, das merkt man, das Volk drückt sich immer weniger böse gegen die Deutschen aus, die Zeitungen wollen den deutschen Erfolg in Rumänien nicht zugeben, jetzt mußten die 1000 Dollar Anleihe von Blau an den Staat eingezahlt werden, aber Blau soll keinen Schaden haben dadurch, schreibt es ihm, wenn ihr wißt, wo er steht, Herminia sagte, wir haben kein Geld für Deutschland, das ist die schlimmste Nachricht, daß Fritz und Josef nicht mehr kommen sollen, so gering hat er sich noch nie gefühlt, wo soll er sie jetzt suchen, Josef war kein Geschäftsmann, aber doch gut, laut und immer lauter darf man um Gottes Hülfe bitten, daß ein baldiges Ende geschehe, niemals hätte er gedacht, daß ein Krieg so ein Unheil sein könne und er schämt sich, daß er es gut hat, obwohl die Trockenheit groß ist und die Steuern wieder steigen, der Kriegsschulden wegen, das kleinere Anwesen wird er verkaufen, 40 acre, 8 bis 10 000 Dollar wären dafür zu bekommen, das sind dreimal soviel als es gekostet hat, vor 9 Jahren, da es noch Ödland war im großen amerikanischen Desert, daß Anselm jetzt den Angestellten von Arthur machen soll, betrübt ihn sehr, Arthur, der so gut davonkam, tut besser, ihn zum Teilhaber zu machen, insbesondere, wenn Anselm jetzt eine Frau bringt, was er ihm herzlich gönnt, dies ist nicht hinterlistig oder parteiisch, nur der Ansporn zur Selbstbesserung sollte Anselm nicht genommen werden, vier Pakete über die amerikanische Relief-Commission hat er an euch und vier an Fräulein Ohrenstein abgesandt, falls ihr solche richtig erhaltet, schickt er sofort neue, hat er doch alles, was er hat, nur Dir zu verdanken, hat sogar ein Automobil gekauft vom letzten Heugeld, Fordcar geheißen, und einen Überzieher für den Winter, den alten trägt er werktags aus, Mama kaufte ihn 1899 in Zürich, 1905 schickte sie ihn hinterher nach Amerika, gern möchte er noch mehr schicken, aber er muß immer warten, bis Herminia ein paar Tage aus dem Haus ist, sie ist eine richtige Deutschenhasserin geworden und jetzt wären doch 20 Dollar gleich 1000 Mark, es ist wieder um die Zeit, da man an früher denkt und auf das Weinen über das schnelle Ende der Tage folgen die Feste, die Kleinen werden sicherlich die stets gutgemeinten Glückwünsche darzubringen versuchen, mit Stottern, mit Tränen, was macht es aus, wenn es nur immer freudig enden möchte, er hat nicht viel Zeit, denn sechs Kühe sind zu melken, seit zehn Jahren ist er in keinem Eisenbahnzug mehr gefahren, seit den Wahlen ist alles verändert, die Bankiers und großen Spielhasen der Börse tun alles, um Panik zu machen, in einigen Staaten wird der Mais verbrannt, weil die Frachten so hoch sind, habt ihr den Nahrungsmittelanweis erhalten? anbei noch einen Zahlschein über 50 Dollar, möge es nützen, Weihnachten ist hier anders denn in Germany, eine ganz gewöhnliche Affaire, es mangelt der heiligen Stimmung, Frl. Ohrenstein schrieb aus Wien, ach die 40 000 Mark Steuern hätte er Dir so gern geschickt, hätte er dazu doch bloß 600 Dollar gebraucht, aber mit Herminia war keine Einigung möglich, endlich wenigstens Friede mit Deutschland, viel hört man von Elektrizität durch Wasserkraft, da wär von Kaufbeuren bis Innsbruck wohl manche Gelegenheit, kann Arthur sich dafür interessieren, von Amerika erwartet keine Hilfe, die Capitalisten sind selbstsüchtig, heute ist bekannt, daß Amerika in den Krieg ging, daß die New Yorker Capitalisten ihr Geld nicht verloren, das den Alliierten geliehen war, es war nicht Humanity oder ein anderes edles Prinzipel, ein sehr heißer Sommer dies, 108 Fahrenheit, der Weizen wird gut, aber man weiß nicht, was die Wucherer tun, Arthur und Anselm sollten zusammenbleiben, einen Vertrag machen, Anselm ist nicht aufgeweckt genug, um zu spekulieren und größere Riske zu nehmen, aber sein Anteil soll Nutzen tragen für ihn, auch wenn Du nicht mehr dazusehen kannst, für Arthur ist nicht zu sorgen, der würgelt sich immer heraus, daß Gallus ein Beamter wird, entspricht sicher, und Arthurs Sohn soll nur kommen, der Anfang wird ihm garantiert, wenn er sich fügen kann, von dem Guthaben, das noch im Erbe steht, zahle bitte 3000 Mark an Frl. Ohrenstein, sie hat es jetzt nötig in Wien, den Rest verteile an Anselm und Gallus, hier wird nichts mehr gebraucht, er ist im Sanatorium gewesen und jetzt in der Stadt Portland, aber es ist kein ehrlicher Kampf, Herminia ging zu ihrem Vater, als er in Verwahrung war, jetzt kam sie wieder, und er ist erstaunt über ihre Anhänglichkeit, er fürchtet sich davor, das Anwesen bewirtschaften die Brüder, Herminia will bei ihm bleiben, sagte sie, es ist hier nur Taglöhner-Arbeit in Aussicht, und wo Mangel ist, ist Erniedrigung, Zank kommt bald, ihr habt euch nicht um ihn zu sorgen, Herminias Bruder ist Vermögensverwalter, hier regnet es viel, das Gegenteil von Idaho, er wird, sobald es besser geht, nach California oder Oregon ziehen, Hühnerzucht vielleicht, ohne köstliche Fehler, da sind kleine Dinge von großer Wichtigkeit, hat er herausgefunden, wer sie nicht kennt, verliert Geld, in einer gewöhnlichen Farm kann man die Hühner im Winter nicht zum Legen bringen wegen großer Unwissenheit und Vernachlässigung, seit einem Monat ist er in Newberg, mit seinem kleinen Automobil wird er ans Meer fahren und Goethes Lied singen Zieht hin wo die Pomeranzen blühn, gelegentlich wird er euch was zukommen lassen, Herminia und die ihren sind giftige Schlangen, Dietrich hat ihm die Zähne geraubt, weil ihn Herminia beschwatzte, er ist auf ihrer Seite, das hätte man von einem Neffen nicht erwartet, aber er ist Arthurs Sohn, soll er in Idaho mit denen glücklich werden, einmal bricht der Topf und dann läuft die Schmiere zu deren Nachteil, wieder Weihnachten, vieles hat sich nach Gottes Willen geändert, alles ist nicht lobenswert an Herminia, aber er ist nun allein, die haben seine Farmen in ihrer Controlle und er muß zufrieden sein mit dem, was ihre Gnade ihm gibt oder sie werden ihn wieder ins Irrenhaus stecken, er ist in einer Hühnerzüchterei, 18 Hühnerhäuser, 500 Eier am Tag, mitten im Winter, im Februar werden es 3000 sein, mit Herminia hat er es dreimal probiert, aber sie erregt seine Nerven, unterschrieben hat er noch nicht, nächsten Herbst wird geteilt, Herminia bekommt 40 acre, dann macht er hin, wo er will, hier zieht man bei künstlicher Hitze 4000 Hühnlein auf, er wird dabei bleiben, anbei 50 Dollar, er wünscht aber mitgeteilt zu werden, ob solche ankommen, um unnütze Riske zu vermeiden, die Amerika-Nostro-Abt. der Deutschen Bank muß das im Auftrag von Kisch, N. Y. zahlen, in Warrenton ist er euch durch das viele Holz näher, oft wird er tief ergriffen, wenn er sieht, daß schöne, astfreie, etwas dünne Täferbretter, Schwertlinge, Dachlatten, Doppelleisten, Hölzer 2—3 Meter lang, 1 oder 2 Fuß im Quadrat, in einen Feuerhaufen geworfen werden, damit sie aus dem Weg sind, Arthur dürfte das nicht sehen, die Feuer brennen Tag und Nacht, anbei 5 Dollar für eine Sonntagsspeise, sein Schärflein ist gering, nicht aber die Hoffnung, 14 Jahre kein deutsches Weihnachten mehr, was Herminia und die ihren vorhaben, ist ungewiß, die Farmen scheinen für ihn verloren zu sein, aber das macht nicht soviel aus, er ist gesund und die Arbeit in der Sägerei ist eine gute Arbeit, Gallus hat ihm einen Brief geschrieben, aber solchen Anweisungen kann er nicht Folge leisten, da solche ihm einfältig erscheinen, anbei 5 Dollar, hoffentlich meint Herminia es gut mit ihm, nehmt noch einmal 10 Dollar, seid glücklich, Gott gebe, daß kein Schatten seines Elends euch beflecke, um von Herminia und den ihren in Ruhe gelassen zu werden, hat er sein ganzes Anteilrecht, alles Eigentum an Herminia abgetreten, und hat doch 14 Jahre ohne andere Hände als seine eigenen das Meiste gemacht, vielleicht verkauft sie mal ein Stück Land und gibt ihm dann aus eigenem Willen, von euch will er nichts, Amerika ist groß und reich und gibt ihm alles, was er brauchen wird, viel werdet ihr nicht mehr hören, dafür umso mehr von Herminia, die noch alle gegen ihn einnehmen wird, da sie ja alle Zeit in der Welt hat, es zu tun und auszudenken, weil er seine Zeit in der Sägemühle ist oder, nichts Übles denkend, im Zimmer ruht und liest, sein Advokat hat nicht für ihn gearbeitet, oder war Herminia zu gescheit für ihn, wenn er daran denkt, was für ein Spielball er in ihrer Hand war, und muß noch lächeln, wie sie es fertig bringt, Männer und Weiber in ihre Pläne einzuspannen, hundertmal hat er es gesagt, hätte sie ihre Intelligence für ihn anstatt gegen ihn benutzt, sie beide wären hochangesehene Leute anstatt Vagabunden, könntet ihr für ihn Blumen schicken, Rosen, nach Wien, auf Frl. Ohrensteins Grab, ob es ihm noch einmal vergönnt sein wird, euch zu sehen, weiß der Allmächtige, was geschieht doch nicht alles, was tun die Luftflügler nicht heutzutage, das Präsidenten-Wahljahr fängt an zu drücken, ein Nachbar war da und hat einiges gesagt und wollte noch mehr sagen, aber er war nicht neugierig, die Farmen seien nicht mehr gut im Stand, ihr wundert euch, warum kein Lebenszeichen kommt, es ist am besten, wenn man schweigt, weil man ja nicht weiß, ob eure Schreibsachen echt oder verfälscht sind, das Gleiche dürft ihr auch von ihm denken, vielleicht klärt sich diese unheilige Sache noch einmal auf.

Abschließender und ergänzender Bericht über den armen Onkel Paul:

1884: der Sechsjährige geht an der Hand seiner Mutter durch das Birkenried, sie treffen Dr. Haxthausen, den Großvater des heute in Ramsegg residierenden Arztes. Dr. Haxthausen schaut den kleinen Paul an und sagt: mit dem werden Sie noch Ihren Kummer haben.

1907 auf 08: Paul Kristlein ist den strengen Winter über ohne Unterkunft. Als er im März in ein Spital in New Jersey eingeliefert wird, stellt man Erfrierungen fest, die vermutlich seine Unfruchtbarkeit zur Folge hatten.

1922: Er führt seinen Schwager, den Attorney at Law, Logan Carthy an den Zaun, er will ihm zeigen, an welcher Stelle William Farthing hereingestiegen sei, um heimlich seine Frau zu besuchen. Logan bemerkte weder Spuren am Zaun, noch auf der Erde. William Farthing, selbst Vater mehrerer Kinder, hielt die Bewässerungsanlagen verschiedener Farmen in Ordnung. In diesem Sommer blieb Onkel Paul oft nächtelang in der Scheune und wartete mit geladenem Gewehr auf William Farthing. Dr. Vance Scribner untersucht Onkel Paul auf Wunsch von Logan Carthy und überweist ihn nach Portland, Oregon. Seine Frau begleitet ihn. Wieder hat er die Einbildung, daß Männer aus der Nachbarschaft Herminia heimlich besuchen.

1924: Er arbeitet in Newberg in der Hühnerfarm.

1925: Im Sägewerk Warrenton. Auf Briefe, die Vermögensangelegenheiten betreffend, antwortet er nicht.

1926: Logan Carthy gelingt es, ihn zur Unterschrift zu bewegen. Er weigert sich, die Hälfte des Verkaufspreises zu nehmen. Das Geld wird ihm überwiesen. Einen Teil übergibt er der Familie, bei der er wohnt, den Rest der Kirche.

1932: Er verliert seine Stellung, weil er sagt, er könne

nicht für jemanden arbeiten, der kein Christ sei. Die Behörde wird verständigt, er wird vor ein Gericht gestellt und verurteilt, in das Staatshospital für Geisteskranke in Salem, Oregon, aufgenommen zu werden. Er wohnt mit über 50 Mann in einem großen luftigen Raum, der die Form des Buchstabens L hat. Paul ist in der Waschküche beschäftigt. Mangels Sonnenschein ist er etwas bleich. Sein Schwager und seine Frau besuchen ihn. Paul scherzt über Vieles, was die Regierung tut. Der Arzt sagt, wenige Leute haben über wirtschaftliche Fragen ein so gutes Urteil wie er. Plötzlich sagt Paul: Die meiste Zeit kann ich gut lesen, nur wenn gewisse Leute auf mich zukommen, dann kann ich nicht lesen, weil es mir dann vorkommt, als ob alle Buchstaben zusammenlaufen würden. Er fragt: ob es eine Möglichkeit gebe, nach Deutschland zurückzukehren, ohne daß seine deutschen Verwandten etwas erfahren.

Dr. W. W. Looney meint, die einzige Hoffnung auf Besserung läge in einer Rückkehr nach Deutschland, allerdings müßte der Patient im Glauben belassen werden, daß niemand von seiner Rückkehr wisse.

1935: Dr. W. W. Looney: He ist quite religious, spends considerable time reading the Bible. At times he claims he has been tormented all his life, and this tormenting commenced by working on his manhood when he was fourteen years of age. He also complains of people shooting gas into him. He always requests to leave this institution in order to return secretly to Germany.

1937: Onkel Paul wird in die Heil- und Pflegeanstalt Hellmannsau überführt.

1947: Man erfährt, daß es Narkose-Experimente waren, denen Onkel Paul zum Opfer fiel.

Weiß Gott, den Kristleins jener Generation sind keine angenehmen Tode beschert worden. Kaum war ich wieder da,
mußte Onkel Gallus klein beigeben, und dazu noch auf
einem Platz, der zu allem eher als zum Sterben sich eignet. Man kann natürlich sagen: wenn schon, dann ist es
auch egal, wo. Aber daß Onkel Gallus starb, wo er starb,
hatte seine guten Gründe. Herr Trautwein schrieb, daß
Herr Runge das Gerücht verbreite, er, Herr Trautwein,
habe bei Onkel Gallus eine Rechnung kassiert für einen
neuen Klosettdeckel aus Bakelit, obwohl gar kein solcher
Deckel angeschafft worden sei. Nun forderte Herr Trautwein Onkel Gallus auf, zu bestätigen, daß Trautwein niemals eine solche Rechnung kassiert habe, denn er, Trautwein, habe doch längst die Hoffnung aufgegeben, daß sich
die Clo-Verhältnisse noch befriedigend lösen ließen, und
seine Frau setze sich ohnedies längst nicht mehr hin. Onkel
Gallus, von diesem Brief-Wechsel zermürbt, wurde wahrscheinlich bei jedem Gang, den er selbst auf diesen Ort zu
tun hatte, aufs neue an den Streit erinnert, und nimmt
man noch die Anstrengung hinzu, die ihn sein Geschäft gekostet haben mag, so ist der Herzschlag in flagranti durchaus verständlich. Meine Mutter war nicht zu beneiden. Und,
als müßten alle Formen unseres hinfälligen Stoffwechsels
bei Onkel Gallus' Auszug ihr Stelldichein feiern, geschah
es noch, daß meine Mutter und ich, als wir eine halbe
Stunde nach dem Leichenauto in Richtung Ramsegg fuhren, das schwarze Auto kurz vor dem Ramsegger Wald ein-
holten und Zeuge werden mußten, wie Fahrer und Beglei-
ter mit ausgescherten Fingern vor zwei Bäumen standen;
oben und unten wölkte es weißlich in die kalte Winterluft.
Meine Mutter fand das unpassend. Das hatte ihr Schwager,

obwohl er seinen Freesien mehr als ihr zugetan war, nicht verdient.

Niemand weiß, ob Onkel Gallus, als es ihn auf dem Bakelitdeckel überkam, Lust hatte, das Zeitliche zu segnen, aber ich bin sicher, daß Onkel Gallus seinen beiden Styxschiffern, dem Fahrer Hermes und dem Fergen und Beifahrer Charon die Erledigung der kleinen Notdurft am Chausseebaum nicht übel genommen hat. Hat er doch selbst in seiner Umwelt nie Illusionen aufkommen lassen über die menschliche Natur und viel zu gerne selbst mit seinem zärtlich überwachten Stoffwechsel bramarbasiert.

Ich habe allen Grund, Gutes über ihn zu sagen, denn er hat sein Haus nicht meiner Mutter, sondern mir vermacht; hat sich aber dafür, feinfühlig wie er war, im Testament bei meiner Mutter förmlich entschuldigt. Vermache er es ihr, so würde vielleicht schon in Kürze eine weitere Vererbung mit Umschreibungen, Gebühren und Erbschaftssteuer notwendig werden.

Und dann hatte er doch sein Haus immer im Schuß gehabt. Von Frauen aber dachte Onkel Gallus gering. Einer Frau konnte er sein Lebenswerk, all die Boiler, Röhren, Lattenverschläge, Blumenkistchen, Scharniere, Schlösser, Beleuchtungsanlagen und Fußabstreifer nicht anvertrauen.

Onkel Arthurs Sippe wollte er es wahrscheinlich nicht geben, weil Onkel Arthur seinen Landwirtschaftstheorien zu oft widersprochen hatte. Mir konnte er, indem er mir das Haus auflud, gleichsam einen allerletzten Streich spielen, konnte mich bestrafen für meine Teilnahmslosigkeit gegenüber dem hundertjährigen Krieg der Mietparteien. So jetzt, bitte, jetzt kannst Du einmal versuchen, wie weit Du kommst mit Deinen großspurigen Redensarten! Dieser Rache zuliebe lieferte er sein Haus dem aus, dem er viele Jahre hindurch Tag für Tag die Schuld am bald zu erwartenden

Zusammenbruch des Hauses aufgebürdet hatte. Ich, ich war also soweit, daß ich nun für die Erhaltung des Hauses zu sorgen hatte, dessen Zerstörung meine Jugend gewidmet war. Ich war Besitzer. Mußte die feindseligen Blicke von Onkel Arthurs Sippe ertragen. Mußte mitten in einer Besprechung mit Pawel daran denken: was geschieht in diesem Augenblick auf meiner Haustreppe. Mußte Trautweins, Runges, Kellers und Aldingers, mit denen ich früher zum Ruin des Hauses zusammengearbeitet hatte, als Feinde ansehen und behandeln. Und hätte doch wahrhaftig meinen Kopf für den neuen Job gebraucht: Pionierarbeit war zu leisten. Neuland im totgesagten Westen. Zu beweisen war, daß nicht nur im Osten braches Feld die Kräfte steigert! Der Verschrottungspsychologe Nummer Eins mußte zeigen, daß man den Richtigen nach Amerika geschickt hatte, daß er die Kirchenväter seiner Branche studiert hatte. Die mit *einem* Vornamen: Florian Znaniecki, Ernst Kris, Hans Speier, Gordon Allport, Lloyd Warner, Pierre Martineau, Louis Cheskin, Burleigh Gardner, James Vicary, Vance Packard, George Katona, Herta Herzog, Dorothy Jones, David Riesman. Und die mit zwei Vornamen: Harold D. Laswell, George A. Lundberg, William J. Thomas, Robert E. Park, Paul F. Lazarsfeld, Robert K. Merton, Melvin T. Copeland, George H. Smith und William H. Whyte. Ja, der besorgte Mr. Whyte mit dem erschreckten Pferdegesicht, und der feinsinnig unterkühlte Mr. Riesman, der sich in jedem Satz eine Pointe abverlangt. All die leise und sophisticated predigenden Apostel des Verbrauchs. Wertfrei dagegen, oder sehr engagiert. Lehrend, daß schon das Kind zu einem Rekruten des Verbrauchs erzogen werde, lehrend die Manipulation des Image, Konsum: die Fortsetzung der Produktion mit anderen Mitteln, Gruppendynamik, Soziometrie, Human Engineering, und ich war es, der gegen die

Zeit, gegen Chronos' viel zu trägen Appetit angesetzt worden war, ich sollte ihm den Arm aus den Speichen nehmen, weil er zu langsam drehte, ich würde altern lassen, was selbst nicht rasch genug altern wollte, Autos, Uhren, Radios, Kühlschränke, Kinderwagen. Für alles, was Farbe und Form war, würde ich Schimmelpilze züchten, um die Generationen der Produkte nur so hinsiechen zu lassen, ach Onkel Paul, Du hättest in Amerika nicht Lämmer züchten und Luzerne säen sollen, New York ist Amerika, nicht Idaho! Endlich hatte ich wieder einen Traum, der würdig war meines Traumprojekts vom Gerät. Aber diesmal mußte es nicht beim Traum bleiben.

Wieder wurde das Aufwachen schwer. Und ich war wirklich kein Laie im Aufwachen. Die Mühe, die ich mir gab, das Aufwachen zu lernen, hätte ausgereicht, das Straßburger Münster zu bauen. Erwin von Steinbach und wer sonst mit von der Partie war, die haben natürlich mehr Mühe an den Bau des Münsters gewendet als daran, das Aufwachen zu lernen. Ist man mit dem Bau eines Münsters beschäftigt, dann ist das Aufwachen vielleicht kein Problem. Ein bißchen Statik genügt, und man kann gleich weiter machen. Aber wer hat heute schon Gelegenheit, ein Münster zu bauen? In Straßburg, auf jeden Fall, steht schon eins. Ich weiß aber auch sonst keinen Ort, wo noch eins fehlt. Da also alle Münster schon gebaut sind, ist es vielleicht eher verständlich, vielleicht sogar entschuldigt, ja, entschuldigt ist es sicher, der Entschuldigung bedarf das gar nicht, daß mir das Aufwachen solche Mühe machte, denn das Aufwachen ist so wichtig wie das Straßburger Münster. Wie oft muß man aufwachen, und wie selten kommt man ins Straßburger Münster. Einwände, die Leichtfertigkeit dieses Vergleichs rügende Einwände, exorziere ich durch den Hinweis, daß es immerhin möglich war, das Straßburger Münster

und viele andere Münster zu bauen, während das Aufwachen immer noch fast unerlernbar ist. Das sehe ich an
mir und seh' es an den anderen, die herumlaufen, halbzer-
störtes Nacht-Spinnweb im Gesicht, hinkend unter den
Traumleichen, die schwer auf ihren Schultern hängen. Edmund mit seinen unvereinbaren Neigungen, Justus auf der
Suche nach Kameraden, Gaby, die bei Genossen darüber
hinwegkommen will, Strehler, der sich vor glühheiß sprit-
zenden Pfannen duckt, im Herzen das ewig blühende Birnenspalier, Fräulein Bruhns schleppt emsig unverzweifelt
Strampelhöschen nach Altötting und streichelt himmel-
blaue Stapel bis sie duften, Dieckow, der eigentlich in Paris
wohnt, und die Gnädige, ohne Schnaufpause hier und da
und überall das Gute organisierend, alle haben es tagsüber
schwer mit ihren Träumen und machen es einander noch
schwerer.

Edmund sagte gleich: is doch alles Quatsch und Verbrechen. Geh mit in die DDR. Was kannst Du für die hier
noch tun? Möglichst viel Geld verdienen! Jeder verdiente
Tausender eine gewonnene Schlacht für'n Westen. Was anderes haben die doch gar nicht mehr anzubieten.

Edmund wollte mir wieder einmal alles madig machen.
Daß ich in Amerika war, galt überhaupt nichts. Nur von
sich redete er. Und wie! Sophie wird er heiraten, jawohl,
egal ob das Kind von mir, von Josef-Heinrich, von Justus
oder gar von ihm selbst sei. Milieutheorie. Es wird sein
Kind sein, und es wird nicht hier aufwachsen, sondern drüben, egal, wie es drüben ist. Und mir hat er auch etwas zu
bestellen. Von Susanne. Sie hat mir die Platten zurückgelassen, die sie mit ihrer Tante in der Internationalen am
Alex kaufte, damals, mit Teddy Leschnitzer.

Sie war nur ein paar Tage hier, sagte Edmund, sie wohnte bei
mir. Mit dem Margarinehändler war es aus, wahrscheinlich

schon länger. Er geht jetzt mit einer ehemaligen Friseuse, die im Bienenstock wohnt, Du kennst sie doch, Pawels Verflossene, heißt sie nicht Melitta? Verlobung war da offensichtlich nicht nötig. Ich hätte Susanne gern da behalten, aber sie hatte sich schon bei PAA beworben, wurde allerdings abgelehnt. Die nehmen keine divorced women. Dann ne Aufnahmeprüfung bei der Lufthansa. Fiel durch, zuviel Schreibfehler. Als ob ne Stewardeß Orthographie bräuchte. Susanne sagte, die Obermacherin in Hamburg habe sie gleich von Anfang an nicht gemocht, habe gleich angedeutet, daß die Deutsche Lufthansa blonde Mädels brauche, das erwarte man eben im Ausland. Und der Typ war Susanne nun wirklich nicht. Sie war ziemlich down, als sie zurückkam. Paar Tage später war sie weg. Da, den Zettel hat sie hinterlassen: herzlichsten Dank für alles, Susanne. Vielleicht ist sie nach Israel, vielleicht nach New York. Die Platten kannst Du mitnehmen. Hübsch, diese russischen Chöre.

Welch ein Regisseur hatte gearbeitet in diesen sechs Wochen. Sophie und Edmund bündelte er zu einem Paar, legte Melitta vor Josef-Heinrichs Kamera, Susanne schickte er von der Bühne, Pawel und mich stellte er in die Vorhanggassen, jeder sagte seinen neuen Text. Sophie würde nicht mehr tabakbraune Handtaschen verkaufen und den Kundinnen die meergrünen ausreden, weil zuerst die aus der Mode kommenden tabakbraunen verkauft werden mußten. Sie würde nicht mehr einer unbedarften Hausfrau 30 Mark Anzahlung abpressen und triumphieren, wenn ihre Prophezeihung eintraf, die Hausfrau auf die 30 Mark verzichtete, weil sie sich nicht mehr traute, noch einmal zu kommen und zuzugeben, daß weder die für einhundertachtzig, noch die für einhundertneunundfünfzig in Frage kam. Frau Möllenbruck würde endlich den Schulplatz in

Frieden lassen und sich an ihrem Schwiegersohn sättigen. Oropax war nicht mehr nötig. Und Susanne ließ schummrige Chöre zurück, lieferte Melitta Josef-Heinrich ins Bett. O Susanne, das hat sich der große Regisseur gut ausgedacht. Warum nicht gleich Alissa? Warum nicht gleich mich selbst? Hat jemand länger auf Melitta gewartet? Ich will nicht sagen, Melitta, daß ich immer bloß an Dich gedacht hätte, aber immer, wenn ich an einem Schaufenster vorbeikam und mein Gesicht verschwamm in dunkelblauer Unterwäsche, die mit weißen Spitzen besetzt war, dann klickte in mir etwas, rastete etwas ein, wurde Dein Name ausgelöst, Deine Kastanienstamm-Erscheinung. Anno 44, im November, als ich die Handgranate noch wegkickte und dann schoß der Kerl nach, es zerriß mir eine Ader im Oberschenkel, Hubert und Anton banden ab, trugen mich, weil sie froh waren, rauszukommen, zum HV zurück, ich sah zu, wie auf sechs Schragen operiert wurde, bis ich dran kam, im Kübel in der Ecke stand ein amputiertes Bein, da dachte ich an Dein angezogenes, abgewinkeltes, auf die rauhe Kastanienrinde gestelltes Kinderbein, das weiße Knie, das den Rock zurückschob, und das Standbein sah ich auch.

Am 11. Mai 45, als mich die Russen im Lager vor Brünn zum dritten Mal filzten, kullerte die 08-Munition aus der Kartentasche, das Schießzeug hatte ich längst weggeworfen, aber die Russen glauben einem Deutschen nicht, daß er unordentlich ist, daß aus reiner Schlamperei Munition in die Kartentasche gerät und dann viel zu spät hervorkullert, also steckten sie mich in das Erdloch. Standen schon einige drin. Es war dunkel genug, Tage konnte man nicht zählen. Einer kritzelte sich solang am Handgelenk herum, bis er leise auslief, mich warm anfeuchtete, ich mich erkältete, die russische Ärztin ihre Hand auf mich legte – sie hatte Dein Gesicht und Deine Haare –, ohne weiteres ein Wunder wirkte und sagte, ich müsse nicht länger im Loch stehen. Sie ist auch schuld daran, daß ich Dein Gesicht nicht los wurde. Auch nicht auf der langen Fahrt im Waggon, nicht vor der Tunnelmauer im Morgengrauen, als ich es nicht über mich brachte, zu prahlen, anzugeben, ich sei mit Dir verheiratet. Beschämt gestand ich, daß ich nur ein Junggeselle sei. Und der junge Unterleutnant ließ mich laufen. Hau ab, rief er, fang Dir Deine Melitta und laß Dich nie wieder sehen. Und als Birkenwasserkönigin, als Fee vom Birkenried bist Du mir im zweistöckigen Schafstall auf dem Hochplateau in Transkaukasien erschienen, als vor Durst die Zunge so dick wurde, daß wir nicht mehr sprechen konnten. Als wir begriffen, daß ein Mensch gar nicht verdursten kann. Er erstickt vorher an seiner eigenen Zunge. Da hast Du die kleinen Büchschen von den Stämmen im Birkenried geholt, für mich gestohlen, und hast mir Haarwasser zum Trinken gegeben. Teiltest meine Schafstall-Bohle mit mir, bis die Ruhr einsah, daß sie gegen uns zwei machtlos war. Wie zur Erholung auf die Kolchose im Tal. Zwischen Kartoffelberge und Krautpyramiden, in die Stube des Bürgermeisters, der elf Kinder hatte. Du, als Dorflehrerin, warst eine geachtete Person. Dir zuliebe, ließ er mich neben sich und seiner Frau auf dem Ofen schlafen. Unsere schönsten sechs Wochen, Melitta. Gern hätte ich Dir das Lager Sewan am Wan-See erspart, vor allem den Schacht II. Du mußt zugeben, ich habe alle meine hochstaplerischen Fähigkeiten eingesetzt. Als technischer Zeichner zuerst. Bis zur Entlarvung dauerte es immerhin acht Tage. Während ich die Schreiner-Rolle mangels Handfertigkeit nur vier Tage durchhielt. Ich seh noch Dein vorwurfsvolles Gesicht, wenn wir am Morgen rasch die Fenster schlossen, daß die Spatzen, die nachts eingeflogen waren, nicht mehr entkommen konnten. Mir war es auch nicht recht, daß Du zusehen mußtest,

wie wir sie mit Latten und Brettern jagten und endlich tot-
schlugen und in einem Kübel Wasser auf dem Ofen zur
zarten Mahlzeit sotten. Ganz der Vater, würde Frau Pauly
sagen, wüßte sie, wieviel Spatzen ich. Vier Tage, dann
schickte der Natschalnik mich fort. Auf der Stufenleiter
meiner Fähigkeiten war der Schritt vom technischen Zeichner zum Schreiner schon ein zu großer Schritt nach oben.
Und dann erst der Sprung zum Elektroschweißer. Aber ich
hätte mich, falls das vor dem Schacht bewahrt hätte, auch
als ausgebildeter Papst gemeldet, was sicher nicht riskanter
ist, als sich verzweifelten Mutes für einen Elektroschweißer
auszugeben, der dann durch das Schutzschild nichts sieht,
der deshalb mit bloßem Auge kontrolliert, ob er den Bren-
ner richtig angesetzt hat, weil er sich nicht blamieren will
vor Dir und den anderen Russinnen. Drei Tage lang blamiert er sich auch nicht. Schweißt soviel wie Du und die
anderen Russinnen. Aber am vierten Tag waren die Augen
zugeschwollen und der Elektroschweißer Anselm ließ Dich
bei den anderen Russinnen zurück und heilte seine Augen
und sah, als er sie wieder aufmachen konnte, daß er im
Steinbruch gelandet war. Eine Arbeit, die seinen Fähigkeiten entsprochen hätte, mehr als gerade Linien zu ziehen
und Zirkel übers Papier zu führen, viel mehr als Hobeln
und Leimen, und noch viel viel mehr als Schweißnähte
durchs Schutzschild zu kontrollieren, aber leider, Du weißt
es, war der Steinbruch eine Belohnung für die, die schon
im Schacht gewesen waren, und man kam ihm drauf, daß
er noch nicht im Schacht gewesen war. Das war ein Rutsch
nach unten. Da hatte der Hans im Transkaukasischen Unglück seinen schlimmsten Tausch gemacht, obwohl es andererseits eine ehrenvolle Aufgabe war, am großen, schon
anno 28 begonnenen Bändigungswerk mitzuarbeiten, daß
der Wan-See endlich seinen Überfluß in einem 15 km

langen Tunnel von der See-Sohle mitten durch den Fels hinunterstürzen müßte, um Turbinen in nützliche Raserei zu versetzen. Ach, die Aussichten, dereinst als Name auf einer Steinplatte für alle Zeit den Touristen Transkaukasiens als Opfer solchen Fortschritts ergreifend zum Gedächtnis empfohlen zu werden, war groß, wenn man die 160 m lange Leiter einstieg in den Schacht II, und schließlich, um die langwierige Kletterei zu vermeiden, mit der Tonne in die Tiefe geseilt wurde, immer 4 Mann zusammen. Von da an warst Du wieder dabei, Melitta. Von dem Tag an, als es dem planerfüllenden Russen, der mit der Maschinenwinde die vierköpfige Fracht hinabließ, immer noch zu langsam ging, als er die Fuhre beschleunigte, die Tonne ins Schaukeln geriet, sich an Felszacken stieß, kippte und die vier Insassen so schnell hinabgelangten auf die Schachtsohle, daß sie drunten nichts und niemandem mehr nützen konnten. Wie Du weißt, standen des öfteren so ungeduldige Russen an der Winde. Schacht I dagegen erfreute sich schon eines luxuriösen Lifts. Es war auch warm im Stollen von Schacht I. Du hast uns in Höschen gesehen. Einhundert Meter unter der Sohle des Wan-Sees. Aber der dichte Dauerregen, der von der Stollendecke acht Stunden lang auf uns niederging weichte uns ein und auf. Der Wechsel zu den zwanzig Grad minus oben im Licht war sozusagen unangenehm. Da protestiert man dann sinnlos, zerschlägt Birnen, wirft am Ende der Schicht das Werkzeug in die Hunde, daß es oben im Geröll der riesigen Steinhalde verschütt geht und die nächste Schicht Pause hat, bis die besorgten Wächter wieder Schaufeln beschafft haben. Wird auf die Saboteursliste gesetzt, tüftelt ein Nervenleiden aus, Du gibst Ratschläge, überlistet die erste Kommission, wird invalid geschrieben, schwindelt sich durch bis Brest-Litowsk, die Kommissionen werden immer pedantischer, man ist ein allzu leichter Fall, also legt man sich, weil das Einfachste immer das Beste ist, solang die Kommission ihren bösen Kamm durch die Waggons führt, unter den Zug nebenan, hat noch einmal Herzklopfen in Frankfurt an der Oder, aber jetzt spürt man Dich schon, Melitta, jetzt kommt man durch, und bringt außer einiger Freude zehn auswendig gelernte Namen und Adressen von weniger listigen Kameraden mit, von solchen, die auf der Steintafel stehen werden für transkaukasische Touristen. Das mit der Zwiebelschrift auf den Postkarten, die großspurige Texte, Aufrufe an die Welt enthielten, weil man sich unterm Wan-See sehr wichtig vorkommt und meint, das müßte die sogenannte Welt interessieren, das hatte nicht geklappt, weil die Post irgendwo liegenblieb, am Fenster, und die Sonne, die ihren Ruf, daß sie alles an den Tag bringe, nicht verlieren wollte, belichtete die Zwiebelschrift, die wir tränenden Auges mit Amateur-Abenteurer-Instinkten verfertigt hatten. Selbst die Sonne also verriet uns. Deshalb verzichteten wir auf Schriftliches, verbargen alles in der Dunkelheit unter unserer Schädeldecke, und jeder von uns sagte auf der Heimfahrt, als wir eigentlich nur Melitta und sowas vor uns hinsagen wollten, leise, immer wieder zwischen Melitta hinein, die Namen, Adressen von zehn Toten auf. Das wurde ein Gedicht, Melitta, mit Deinem Namen und den Totennamen, das sich zwar reimscheu gab, das sich aber noch schwerer vergessen läßt als Schillers Glocke. Man hat Dich eingebleut, deshalb wurde man Dich nicht los, nachher, als man gegen Dauerregen einen Schirm und gegen Durst alles Mögliche hatte, und Lifts überall hin, nur nicht unter die Sohle des Wan-Sees führten. Es gab Ablenkungen, Umleitungen, aber gewisse Schaufenster, Kastanienstämme, zartbucklig von weißen Knien, Efeu, Bahnhöfe, Zwergtannenhecken, Süßigkeitsautomaten, Uhren, die auf sechs Uhr zeigen, Personenzüge, die um diese Zeit abfahren, Friseurläden, Friseur-Schaufenster mit und ohne kastanienfarbene Haare, alles Lindgrüne, Insektenflügel, Rasiermesser, ach, es gab und gibt immer wieder etwas, das plötzlich Dein Gesicht und dann auch noch Deinen Namen auslöst, den ich wußte, scheint mir, bevor ich ihn je gehört hatte. Aber bitte, ich will nicht schon wieder Josef-Heinrich ins Gehege kommen, schließlich habe ich mich daran gewöhnt, daß Du anderweitig, bloß wäre es mir lieber, ich kennte Deine Herren nicht, schon Pawel war mir zu nah, und Josef-Heinrich, ich kenne die Filme, weiß, wie er es macht, es könnte sein, daß mich das stört, daß er es schafft, Dich fein säuberlich aus mir herauszutranchieren, obwohl Vivisektion doch verboten ist, Melitta.

Wie ein Theaterkritiker, der ein Stück, das er von Jugend auf kennt, in einer neuen Inszenierung sieht, muß ich berichten, daß der große Regisseur, der nie genannt sein will, noch einen Regieeinfall hatte, einen Regieeinfall, der einige unserer Ensuite-Spieler zuerst in Verlegenheit brachte: knallig, unvermittelt, bloß auf Effekt bedacht, ließ er Dr. Fuchs verhaften. Neeff behauptete: das war die Konkurrenz. Der Sohn von Reitler-Konserven, der an der TH studierte, habe Material über Fuchs beschafft, habe künstlich eine Animosität aufgeputscht, bis Aufsehen genug erregt war, daß der Staatsanwalt einschreiten mußte. Pawel sagte: ein ehemaliger Häftling aus Oranienburg hat Fuchs auf dem Bildschirm erkannt, als Fuchs gerade für die Kamera seinen heimgekehrten Sohn Wilfried in die Arme schloß. Frantzke bangte grollend um den unersetzlichen Fuchs. Die allerbesten Anwälte wärmten Fuchsens Vergangenheit auf, kneteten, formten und polierten sie, um daraus die herrlichsten Plädoyers zu gewinnen. Auf Dr. Rüger und Dr. Corti konnte man Hoffnungen bauen, auf Dr. Corti noch mehr als auf Dr. Rüger, denn Corti war ein Künstler. Er dirigierte die Philharmoniker bei Wohltätigkeitskonzerten, Mozart, hieß es, liege ihm besonders, er veranstaltete in seinem Haus Vernissagen für junge Abstrakte, also wenn Dr. Corti für Dr. Fuchs focht, war Dr. Fuchs fast schon gerettet. Wie Corti bloß mit den Belastungszeugen umzugehen wußte! Waren es einfache Menschen, so brachte er sie zum Weinen. Konnten sie formulieren, waren sie mehr von seiner Art, so schmeichelte er ihnen, machte sie zu seinen Freunden, daß man glaubte, es gebe noch während der Verhandlung eine Duz-Brüderschaft.

Edmund sagte: ich kenne das Material, das Material ist ausgezeichnet.

Mir war das schnuppe-schnurz-egal, wie Susanne gesagt hätte, ich war, was war ich im elefantengrauen Dezember? böse Häuser ringsum, zu Fuß auf Schmutzschnee, Du triffst Bekannte, sagst guten Tag, flott entfaltet sich Beziehungslosigkeit, Susanne fort, Melitta hin, ich nicht in Manhattan, jeder, der meinen Namen kannte, glaubte, mich zu kennen, Pläne für Pawel, der Job, allen die Zeit aus den Zähnen zu reißen, die sollen mich kennenlernen, der beste Job, den ich je hatte, fast ein Beruf, aber nicht gleich, um Aufschub bittend begeistere ich mich gern, bloß nicht gleich, am 5ten zurückgekommen, verstehen Sie, wollte eigentlich am 4ten schon, Barbara, feierten Schmolkas sogar in Buenos Aires noch, święty Barbara, war hinter Breslau n' Riesenfest, sagte Susanne, oft ne Woche lang, mit polnischen Würsten und Schnaps, herzlichsten Dank für alles, ausgerechnet Edmund, den Kerl nicht mehr sehen, arme Sophie, wahrscheinlich sagt sie auch: der braucht mich wenigstens, und n' Kind, wenn das kein Witz ist, Edmund und mein Kind, Josef-Heinrichs Kind, der hat also auch, Justus' Kind, macht Edmund jetzt den ganz Edlen oder glaubt der den Unsinn mit dem Milieu? wahrscheinlich sowohl als auch, uns kann es recht sein und billiger kriegt er Sophie nie mehr, wieder eine weg, vielleicht sind die Proktospasmen schlimmer geworden und er muß endgültig umstellen, Sophie wird ihn schon Mores lehren, ich kauf' den Atzengrund und bau' ein Denkmal für ausrasierte Achselhöhlen, the pitch I never, say, Susanne, noch einmal screw, o heilige Maria, wenn man bloß senkrecht aufsteigen und jedem auf den Kopf spucken könnte, weißt Du was, Alissa, wir bleiben nach Onkel Gallus' Beerdigung ein paar Tage in Ramsegg.

Im Radio weihnachtete es sehr. Ich genoß die prickelnde Geschlechtslosigkeit der Knabenchöre, als wär' es Eiskaffee im Sommer. O Du Fröhliche, schenke von Herzen, doch was es auch sei, 47 11 ist immer dabei. Auch bei Gallus' Beerdigung. Tante Mathilde fischte es aus der Tasche, obwohl dazu auf dem windigen Friedhof kein Grund war. Außer den Verwandten. Ich schaute den Amseln zu, die nebenan in den leeren Weihwasserschalen badeten. Ein paar Spinnen-Netze, ausgespannt zwischen Grabkreuzen wenig besuchter Gräber, hatten zu leiden unter dem Ost, der sich sogar an schwarze Hüte wagte und der Andacht ihren Schleier vom Gesicht riß. Ich hätte die silbernen Leitungen von Grabkreuz zu Grabkreuz gern wieder zusammengeflickt, damit die Toten weitertelephonieren könnten. Hochwürden Burgstaller mußte immer noch predigen, weil er seine Sterbesekunde versäumt hatte. Vielleicht war er gerade bei einer Taufe oder bei einer unaufschiebbaren letzten Ölung gewesen, auf jeden Fall hatte er diese gravierende Sekunde versäumt, übersehen, weshalb er jetzt verdammt ist, das ewige Leben diesseits, und zwar zusammen mit Fräulein Berta, zu verbringen. Daß Gott Fräulein Berta nicht

abberuft, sondern ihr für alle Zeit gestattet, was sie seit
60 Jahren tut, nämlich Söhne und Töchter aus der Bam-
berger Gegend nach Ramsegg zu verheiraten, bis auch auf
dem letzten Ramsegger Hof der heimische Dialekt vom
schleifenden Fränkisch verdorben ist, Fräulein Berta ist
selbst von dort, daß Gott sie nicht zu sich nimmt, ist nicht
nur ein Zeichen dafür, daß er sie nicht haben will, das
deutet leider auch darauf hin, Hochwürden Burgstaller
habe nicht so gelebt wie er hätte leben sollen, denn sonst
hätte Gott ihn nicht für alle Ewigkeit an Fräulein Berta
ausgeliefert. Der Gemeinde kam das natürlich zugute, war
der Pfarrer doch in jenem überhohen Alter, in dem man
beginnt, alles ganz sicher zu wissen. Ein Alter, in dem man
so recht handeln könnte, wenn man noch könnte. Aber man
kann, weil man alles ganz sicher weiß, wenigstens den
anderen sagen, was zu tun ist. Daß er einen begraben
durfte, der in der Stadt gelebt hatte, einen Studierten, daß
da Mäntel und Hüte herumstanden, die nach großer gottloser Welt rochen, das regte Hochwürden Burgstaller zu
einer besonderen Predigt an und ließ ihn vergessen, daß
Gott mit steifem Ost-Nordost bedeuten wollte, es sei genug
getrauert. Was hat der menschliche Geist? Was maßt er
sich zu? Wohinaus will er allerdings? So rief er den
Städtern Fragen ins Gesicht, so gut es noch gehen wollte,
und bedachte nicht, daß diese Herrn im Auftrag von Kommissionen, Vereinen und Verbänden herausgefahren waren, um selbst Reden zu halten und dem unvergeßlichen
Mitglied, Schriftführer, Ehrenmitglied, Vorstandsmitglied
und Ehrenpräsidenten seine Unvergeßlichkeit nachzurufen.
Hochwürden schien auch ganz vergessen zu haben, daß die
Herren nur für einen Tag Spesen bekamen. Ihn hatte das
apostolische Feuer erfaßt, das uns nicht wärmte. Das hörbar werdende Frösteln und Zähnegeklapper mag er für die

ersten Effekte seiner Predigt, für beginnende Zerknirschung gehalten haben. Zweifellos hätten wir an einem Septembertag alle gern unsere Ohren und Herzen zur Verfügung gestellt, um von Hochwürden Burgstaller die beruhigende Mitteilung zu vernehmen, daß der russische Sputnik (das -n- so kurz hinterm -t- ist auch eine Zumutung für einen Herrn seines Alters), daß dieser piepsende Firlefanz mitnichten ein Triumph der Gottlosen sei. Da brüsten sie sich, daß sie den Mond und den Mars erobern werden, aber noch haben sie die Rückfahrkarte nicht, ruft Hochwürden höhnisch, die Rückfahrkarte kann nur Gott ausstellen. Und hätten sie auch ein Sternchen eingesackt, meine Lieben, Gott hat den Himmel mit 30 Milliarden Sternen bestückt, und die sind so weit von uns, daß man die Entfernungszahlen nicht auf unsere neue Schultafel schreiben könnte, und wohlgemerkt, meine Lieben, nicht um Kilometer handelt es sich da, sondern um Lichtjahre. Und da hat doch so ein Funktionär der Gottlosigkeit gesagt, mit dem Sputnik habe der Mensch Gott endgültig überwunden. Der dumme Schwätzer weiß offenbar nicht, daß das Material zu seinem Sputnik auch von Gott stammt, denn alles, was ist, ist nur durch Gott, ohne dessen Wissen und Willen kein Sputnik kreist und kein Härchen von unserem Haupte fällt.

Von solch überraschenden Einfällen sprühte Hochwürdens altweiblicher Mund. Und er schloß diese Predigt, die den Städtern gezeigt haben mag, daß ein Dorfpfarrer, so alt er auch sei, durchaus Schritt halten kann mit den in den Städten ersonnenen Aktualitäten, mit dem Ausruf, den Präsident Eisenhower getan haben soll, als ihm seine Stäbe die vertrauliche Mitteilung machten, die Zahl der Atombomben auf der Erde habe gerade die 50 000 erreicht: da kann man nur noch beten, hat der Präsident gerufen, und so, meine Freunde, laßt uns tun, beten wir also zum Herrn, der den Triumph der Gottlosen nicht dauern läßt, wie David im 140. Psalm uns singt vom Gegenschlag des Herrn: *Er wird Strahlen über sie schütten, er wird sie mit Feuer tief in die Erde schlagen, daß sie nie mehr aufstehen.*

Nachdem Hochwürden so die Retaliation-Power der christlichen Streitkräfte beschworen hatte, ließ er es bald genug sein.

Nach dem Totenmahl das große Palaver beim Sippenchef Arthur Kristlein, dessen Augen allmählich gelb wurden. Alle erinnerlichen letzten Aussprüche von Kristleins wurden rekapituliert, einer Vettern-Braut wurde das Dietrich-Lied gesungen, ich teilte mit, was der Amerikaner vorhat, fügte dem durch Onkel Paul überlieferten Bild des Amerikaners noch einige Züge hinzu, beruhigte Onkel Arthur, als er mißtrauisch fragte, ob der Amerikaner immer noch Täferbretter, Schwertlinge und Dachlatten verbrenne. Die Familie Carthy habe ich nicht besucht, gab ich zu. Die tragen keine Schuld, sagte Onkel Arthur finster. Ich sagte, das könne ich nicht beurteilen. Dietrich weiß es, sagte Onkel Arthur und stieß den abgewinkelten Daumen zweimal aufs Fenster zu, an dem Dietrich weiß, hohl und krumm im Rollstuhl saß und immer schon nickte, bevor Onkel Arthur ihn zitierte.

Als man mir keine weitere Nachrichten mehr abverlangte, als Tante Mathilde die Weihnachtszeugnisse ihrer Enkel zu kommentieren begann und Vergleiche mit Arthurs Enkeln provozierte, war es möglich, mit Alissa zu flüstern. Es ist besser, wir fahren noch heute zurück.

Alissa nickte. Auch meine Mutter mimte sofort, aber unauffällig, Einverständnis.

4

Wütend, schwankend vor unbuchstabierbarer Wut, thea-
tralisch auflachend, Luft zerbeißend, Irreguläres im Blut,
chauffierte ich Alissa zur Forstenweg-Villa, legte zu Füßen
des hellerleuchteten Schachtel-Schiffs an, geleitete Alissa
hinauf, hätte gern den schliffigen Viertelsmond angebellt,
den die Mieze in den glückwunschkartenhaft feierlichen
Sylvesterhimmel gehängt hatte, aber ich bellte nicht,
knurrte nicht, sehnte mich nach Degen, Schneeballschlacht,
lauten Gemeinheiten, Sprengstoff und Seide, stellte aber
Alissa in der Halle mit dem heiteren Verschwörergesicht
vor, das man zu Beginn eines Festes zu zeigen hat, so als
wäre von mir, von uns oder von irgendwem noch etwas zu
erwarten, die Nacht die große Tombola, Sie werden schon
sehen, erregend lange Damenfinger greifen knisternd in
die Bonbonnière, fischen knisternd schwarzgrünrot Süßes,
kannte den und jenen Smoking am Kopf, wurde erkannt,
war ein Habitué, Achtung Alissa, der bart-, haar- und
wimpernlose ist Frantzke, das große Stiergesicht, der Prognath, (ich hatte nachgeschlagen, Edmunds Ausdruck paßte),
die Halle spielte Vorhof des Himmels, Drinks zur Verein-
heitlichung der Stimmung, langsam flüsterte ich Alissa zur
hallebeherrschenden Bar durch, fiel zwei-dreimal in Dekol-
leté-Schattenschluchten, arbeitete mich tapfer heraus,
stapfte als Hans-Guck-in-die-Luft weiter, é pericoloso
sporgersi, die wollen alle alle in den Himmel, noch heute
abend, die Band mummelte noch vor sich hin, hatte Auftrag, den konversationsschützenden Geräuschteppich zu
liefern, ich rekapitulierte mein Solo, nur Stichworte, Thema: die Tauben in Manhattan, die armen Viecher, wenn sie
die sims- und schnörkelreiche Library in der Fünften verlieren, plötzlich in der Querstraße, Wolkenkratzerschlucht,

kein Gesims und Fensterbank, Überfliegen unmöglich, allenfalls Lerchen schafften so steile Spiralen, mußte es dem Augenblick überlassen, lediglich die Richtung: allerseits Unschuld, Resultat: die taumelnde Taube, die dem Neger vor den riesigen Pneu stürzt, ein kleines weißes Gestöber und ne Spur Rot, Vortrag: eher gelangweilt, klappte im Sommer ganz gut, also Alissa, wenn Du schon hier bist, mir soll's recht sein, mich störst Du nicht in diesem Familiensportgelände, komisch ist es natürlich, ein Fest und man hat seine Frau dabei, zieht der Sache den Nerv, irgendwas muß schließlich drin sein, höchstens, daß ich Dir mein Solo vorführe, würde ich gerne tun, würde es Dir widmen, Applaus gehört Dir: bitte, meine Damen und Herren, das hätte ich nicht erzählen können, wenn mich nicht diese tapfere Frau blutenden Herzens hätte ziehen lassen, einen Tusch für die Tapfere, also Alissa, sag, was willst Du trinken, es gibt so ziemlich alles, vielleicht, wenn möglich, keinen Martini, aber sonst, bitte.

Die Gnädige machte uns aus, identifizierte mich während sie noch Dr. Pinne zuhörte, ihrem ergebenen Komplizen in allem, was innerbetriebliche Humanität anging, nickte dem Sozialdirektor noch zweimal zu, stellte ihm lediglich noch zwei Ohren zur Verfügung, die nichts mehr weiterleiteten, zeigte uns ihre schmeichelhafte Ungeduld, arbeitete sich dann auch gleich durch die von einem Fuß auf den anderen tretenden Festroben durch, mußte aber immer wieder Halt machen, zuhören, sprechen, uns signalisieren, daß es gleich soweit sei, ihre verschwenderisch sich hochwölbende Samtstola raffen, weiterschwimmen wie ein Riesenschwan im Gras des Sargassomeers, da und dort wieder den Kopf erschöpft an die Schulter eines Freundes lehnen, um endlich erschöpft bei uns an der Bar anzukommen, mit geöffnetem Gesicht, das zu stöhnen schien, aber in Wirklichkeit lächelte inmitten der großen Gesichtsfläche der winzige, von Zügen bewohnte Fleck. Das beginnende Fest scheint für sie eine Passion zu sein, die sie angenehm empfindet. Nicht der geringste Vorwurf gegen ihre Gäste ist in ihrem Benehmen. In einem fort scheint sie mit ihrem ganzen Leib auszurufen: herrlich, diese Anstrengungen der Freundschaft.

Und das ist Ihre liebe Frau?

Diese Frage war wirklich rhetorisch. Nicht, daß jemand glaubt, die Gnädige hätte mir zugetraut, ich betrüge meine Frau. Auch Alissa, die sich jetzt mädchenhaft schüchtern als meine liebe Frau zu erkennen gab, verstand diese Frage so wie sie gemeint war.

Früher bei Moser, dann bei Pawel und jetzt auf der Höhe des Forstenweg-Hügels, ich mußte einfach bewundern, mit welch absoluter, tief rührender Glaubwürdigkeit Alissa sich einzuführen verstand, wie sie, die stöbernde Weltverächterin, zur Gnädigen sagte: ich habe mir immer schon gewünscht, Sie einmal zu sehen. Das sagte sie aber nicht so einfach hin. Sie zögerte innerhalb des Satzes zwei-dreimal, schlug bei jedem Zögern den Blick vor der Gnädigen auf den Boden, schaute gewissermaßen ängstlich wieder der Gnädigen ins Gesicht, als fragte sie an, ob ihr Sympathiebekenntnis auch nicht ungelegen komme, ließ sich von der Huld der Gnädigen Mut machen und stotterte den Satz auf die anmutigste Weise zu Ende; dabei nahm sie dem Satz jede Spur plump anbiedernder Vertraulichkeit, weil sie durch ihren Vortrag unmißverständlich sagte, sie wisse sehr wohl, daß solche Gefühlsaufwallungen heutzutage gar nicht mehr möglich seien, bitte, sie belächle sich ja selbst dabei, aber trotzdem, moderne Sachlichkeit hin oder her, sie wage es, gegen jede modisch-kalte Koketterie, zu sagen, nein, das nicht, aber wenigstens anzudeuten, was sie fühle, basta. Ein backfischhafter, um Strafe bittender Trotz bildete den Schluß dieser mehr pantomimischen als wörtlichen Liebeserklärung.

Die Gnädige faßte mit den beträchtlichen Händen ihre weinrote Samtstola, hob die Arme, Flügel wuchsen dem Schwan, Alissa wurde für längere Zeit in einer großen Umarmung begraben. Um nicht in den Verdacht zu kommen, ich übertriebe Alissas Anziehungskraft, muß ich hinzufügen, daß es damals nicht so schwierig war, Frau Frantzkes Freundschaft zu gewinnen. Sie hatte zuviel Undank erfahren von ihren angestammten Freundinnen. Zuerst hatten sich alle anwerben lassen für den Ausschuß zur Rettung der Kinder, eine Gattin wollte die andere in der Sorge übertreffen, Notstand wurde ausgerufen, die Männer schafften es doch offensichtlich nicht mehr, die Gnädige wurde die Führerin aller Gattinnen, die fühlten, daß jetzt die Stunde der Gattinnen gekommen war. Täglich fuhren sie alle hinaus in die Forstenweg-Villa, um Rat zu halten, Informationen auszutauschen und das Notwendige zu beschließen. Die Forstenweg-Villa wurde das Hauptquartier der Hoffnung und die Gnädige deren umschwärmte Verkörperung.

Und dann dieser Dolchstoß, diese erbärmliche Pointe. Waren doch diese Früchtchen einfach freiwillig ausgerissen. Natürlich schämten sich die Mütter dieser Früchtchen vor der Gnädigen. Hatten ein schlechtes Gewissen, weil sich die Gnädige soviel Arbeit gemacht hatte, die nun nicht nur nicht gekrönt wurde von irgend einem Erfolg, nein, jetzt sah es sogar aus, als habe sich die Gnädige bloß wichtig machen wollen. Lächerlich erschienen plötzlich all die vielen Beratungen, die Petitionen, Zeitungsartikel, Aufrufe, Demonstrationen, und da wollte es natürlich keine mehr gewesen sein, da war es auf einmal nur die Gnädige gewesen, die vorgeprescht war, die auf ihre Erfahrungen mit Kidnappern gepocht hatte. Und es war eben schon damals bloß ein Architekturstudent gewesen, das wurde durch die Rückkehr der Söhnchen aufs neue bewiesen. Man hatte es damals schon vermutet, aber die Gnädige hatte einen überredet und die Ereignisse schienen ihr recht zu geben. Da hat man sich eben täuschen lassen von ihr. Man hätte von Anfang an alles der Polizei überlassen, wenn sie nicht immer von der Mutter-Initiative geredet hätte.

Die Gnädige sah sich verlassen, belächelt, nur von ihr war die Rede, wenn man der Aktion zur Rettung der Kinder und der Landtagseingabe zum Schutz der Kinder gedachte. Natürlich gab es keinen offenen Bruch, dazu war die Sache doch zu delikat. Aber das Nuscheln hinter der vorgehaltenen Hand verletzte die Gnädige viel mehr. Hätte sich diese oder jene Gattin gesellschaftsöffentlich von ihr losgesagt, dann hätte sie sich für ihre gut-gemeinten Anstrengungen rechtfertigen können. Das Nuscheln aber stellt sich nicht.

Und dann noch die Affaire Fuchs. Nicht Dr. h. c. Leo Frantzke schien diese Affaire verantworten zu müssen. Wieder war es die Gnädige, der man, weil sie nun schon das Ziel des Spotts und der Vorwürfe war, auch noch die Verantwortung dafür auflud.

Daß Dr. Fuchs die Gnädige an jenem Festtag vor der unverschämten Zudringlichkeit des Metzgermeisters Hünlein gerettet hatte, wurde plötzlich zu einem Beweis für die engen Bande zwischen der Gnädigen und Dr. Fuchs. Nun hatte ich aber doch selbst erlebt, wie Dr. Fuchs damals alle durch sein ritterliches Eingreifen bezaubert hatte, wie er der Held jenes Tages geworden war, Düsenjäger bändigend, Cocktail-Snacks uraufführend. Auch noch den Abend des Festtags beherrschte er durch sein kluges Benehmen, als Edmund und Dieckow sich um das typisch Deutsche stritten. Jetzt schien es, als wolle sich jeder für die Verzauberung rächen. Ich bin sicher, man hätte sich für diese Verzauberung auf jeden Fall früher oder später an Dr. Fuchs gerächt, auch wenn er nicht verhaftet worden wäre. Diese Art Rache gehört zum Stoffwechsel der Gesellschaft, ohne sie würde der natürliche Wechsel der Idole einer tödlichen Stagnation zum Opfer fallen. Bücher, Rocklängen, Menschen werden eine Saison lang über Gebühr umschwärmt, ein paar Monate später erwacht man und rächt sich. Von einem zum anderen rennt man und redet nun in Grund und Boden, was man eben noch verehrte. Natürlich weiß keiner, daß er jetzt das Gegenteil von dem sagt, was er in der letzten Saison sagte. Er fühlt sich einfach abgestoßen vom Gegenstand seiner Verehrung. Ohne es zu wissen, dient er dadurch einer Art grober Gerechtigkeit, die allerdings der Gegenstand der früheren Verehrung und jetzigen Verachtung besonders grob empfindet. Bei Büchern und Rocklängen gibt ein neues Buch, eine neue Rocklänge das Signal zum Sturz des Idols, bei Dr. Fuchs war die Verhaftung das unüberhörbare Signal. Jeder bewies jetzt, daß er immer schon einen leisen Verdacht gehegt habe, man konnte es bloß nicht begründen. Einfach ein Gefühl war es, eine instinktive Reaktion eben. Nicht daß man direkt Blut an seinen Händen gesehen hätte, aber Schatten, Makel, irgendetwas, das nach Schuld aussah. Seine Augen zum Beispiel, können Sie sich erinnern, daß er immer so weit wegschaute, daß sein Blick immer so schwamm, und der Mund, überhaupt etwas Brutales, etwas Unangenehmes, Frau Pawel, Sie haben es doch auch bemerkt, diese Brutalität, das hat Sie doch, hat Sie das nicht schon im Sommer, sagen wir einmal, gestört, zumindest hatte man doch so ein Gefühl.

Außer Edmund schien kein Mensch gewußt zu haben, daß Dr. Fuchs ein hohes Tier im SD gewesen war. Und wer es wußte, der konnte jetzt glaubhaft nachweisen, er sei der Ansicht gewesen, diese Art Leute hätte damals nur Gänseblümchen gepflückt. Dr. Pinne, der Fernsehdirektor, der Parlamentarier, auch Pawel, sie sparten nicht mit Vorwürfen gegen Dr. Fuchs. Offensichtlich fühlten sie sich getäuscht von ihm, ganz schmählich hinters Licht geführt. Es war, als hörte man jeden sagen: mein lieber Dr. Fuchs, Sie wissen, wie sehr ich Sie schätze, aber gerade deshalb hätten Sie mir doch sagen sollen, um unseres guten Auskommens willen hätten Sie mir sagen müssen, was Sie für einer sind.

Wenn Dr. Fuchs eine ansteckende Krankheit verschwiegen hätte, die Reaktion wäre nicht anders gewesen. Jeder prüfte, wie weit er mit Dr. Fuchs im Zusammenhang genannt werden und welcher Schaden ihm daraus entstehen könnte. Es war, als hätte es im ganzen Land und seit Menschengedenken nur einen einzigen Nazi gegeben und der hat heimtückisch verborgen unter uns gewohnt.

Es soll aber nicht verschwiegen werden, daß man Dr. Fuchs' Haltung bei seiner Verhaftung durchaus zu würdigen wußte. Dr. Pinne, der sich im milden Licht seiner Arbeitsfront-Vergangenheit erst jetzt so richtig sonnen durfte, erzählte, daß Dr. Fuchs die höflichen Polizisten kalt, wenn nicht sogar verächtlich angesehen habe. Den alten Soldatengeist habe er wieder gefunden. Möglicherweise habe er sogar aufgeatmet und: na endlich gesagt, so, als entspreche es seiner Bestimmung, entweder Verhaftender oder Verhafteter zu sein, darüber habe ihm auch sein Erfolg als Wirtschaftsführer nie hinweggeholfen. Das vielzitierte Na-endlich des Dr. Fuchs wurde von den einen als Beweis seiner Bußfertigkeit interpretiert. Er will seine

Schuld loswerden, denn er hat Gewissen, er ist eben doch ein Kerl, wie es heute nicht mehr viele gibt. Andere sagten, Dr. Fuchs hätte doch seit zwölf Jahren Gelegenheit gehabt, sich zur Buße zu melden. Da er das nicht für nötig gehalten habe, sei sein Na-endlich nichts anderes als eine zynische Verhöhnung der heutigen Polizei, der Demokratie überhaupt. Er, als alter SD-Experte, habe sich darüber lustig gemacht, wie lange die Heutigen gebraucht hätten, bis sie ihn verhafteten.

Wer Dr. Fuchs' Haltung verteidigte, fügte natürlich immer hinzu, daß er damit nicht verteidige, was Dr. Fuchs eventuell getan haben könne. Darüber sei vorerst auch noch kein Urteil möglich, schließlich schwebe alles noch sub judice. Ob jener Häftling aus Oranienburg sich nicht doch getäuscht hat? Auf dem Bildschirm will der ihn erkannt haben, ich bitte Sie, man weiß doch, wie da die Gesichter flimmern. Zuletzt, Sie werden sehen, stellt es sich noch heraus, daß die Konkurrenz dahintersteckt. Der Sohn von Reitler-Konserven hetzt ja die ganze TH auf, wie man hört. Haben Sie gehört, was ein ehemaliger Unterscharführer sagte, als er Dr. Fuchs gegenübergestellt wurde? Ich verweigere die Aussage, Hals- und Beinbruch Kamerad, Kehrtwendung und ab. Kerle sind das schon, das muß man zugeben. Andererseits ist es natürlich wichtig, daß der Fall geklärt wird. Das Ausland paßt auf wie ein Luchs, verstehen Sie.

Erstaunlich war, wie der Personaldirektor Ballhuber sich durchschlug. Gott sei Dank wird der Personaldirektor nur gefragt, wenn Bürodiener eingestellt werden, sagte Ballhuber. Allerdings habe er seinem lieben Freund Fuchs immer gesagt: sorge dafür, daß Du das Hinterland in Ordnung bringst. Leider habe sein lieber Freund Fuchs solche Ratschläge mit Hochmut, ja sogar mit Verachtung zurückgewiesen. Aber wozu hatten wir denn die Entnazifizierung, rief Ballhuber. Bitte, ich habe mein Papierchen, und anderthalb Jahre hab ich gleich abgemacht, schon vor 48, als noch nichts los war. Fuchs ging seinen eigenen Weg, er weigerte sich, die Nachkriegsgerechtigkeit anzuerkennen. Hätte er damals den Kopf hingehalten, bitte, jeder Mensch kann irren, aber nein, er ist eben ein Querkopf, jetzt hat er den Salat, und vor 48 ein, zwei Jährchen, das Essen war im Bau auch nicht schlechter und man mußte wenigstens nicht anstehen, aber jetzt noch einmal hinter Schloß und Riegel, ich danke. Der arme Kerl. Er ist eben immer zu eigensinnig gewesen, finden Sie nicht auch, Herr von Ratow.

Herr von Ratow fand das auch. Herr von Ratow war jetzt plötzlich ein gesuchter Gesprächspartner. Und er nützte die Konjunktur aus. Er trug Dr. Fuchs nichts nach. Ich habe ihm längst vergeben, sagte er. Mit dem 20. Juli hatte er nichts zu tun, das weiß ich.

Der angewinkelte rechte Arm des Herrn von Ratow blieb in diesen Tagen nie leer. Immer stand vor seinem kleinen, schnell arbeitenden Mund eine Brusttasche, in die er hineinreden konnte, denn häufiger als je zuvor hörte man mitten im Gespräch einen der Zuhörer vor sich hinsagen: muß doch noch mal zu unserem guten Ratow hinüber, mir fällt da gerade was ein.

Die Gnädige hatte es wohl am schwersten, sich zum Fall Dr. Fuchs zu äußern. Äußern aber mußte sie sich. Das wurde keinem erlassen. Noch bevor man vom Wetter und von der Konjunktur sprach, die man ständig mit der liebenden, aber auch besorgten Begeisterung beobachtete, mit der man ein überaus begabtes Kind während der Pubertätsjahre beobachtet – wird die Begabung hinüberzuretten sein? oder war alles nur ein Aufflackern hormoneller

Unreife? – bevor man einander den Kreislauf abfragte oder den und jenen Herzinfarkt bedauernd kommentierte, forderte man von seinen Bekannten ein Bekenntnis zum Fall Dr. Fuchs. Nicht ohne Wollust fragte man: was Neues von Fuchs? Und der, der antworten mußte, hatte in der Art, in der er die letzten Nachrichten von Fuchs vortrug, ein Bekenntnis abzulegen. Natürlich war der Fragende momentan im Vorteil, denn eine solche Frage kann man ohne jeden persönlichen Anteil stellen. Deshalb versuchte auch jeder der zu sein, der die Frage zuerst stellte. Deshalb wurde auch soviel vom Fall Fuchs gesprochen. Und eben deshalb wurde vom Fall Fuchs immer gleich zu Beginn einer Unterhaltung gesprochen.

Die Gnädige hatte es da schwerer als andere, weil sie nicht gut gegen Dr. Fuchs aussagen konnte. Da war die Erinnerung an jenen Festtag. Was auch immer Dr. Fuchs verbrochen haben mochte, vor dem wild gewordenen Metzgermeister hatte er sie gerettet. Kavalier bleibt Kavalier. Und dann hatte die Gnädige immer gern die Meinung befördert, daß sie in der Betriebsführung ein Reservat für sich beanspruchte: Personalfragen. Es war ein Teil ihres Ansehens, ihrer Macht, daß man nur über sie zu Frantzke kommen konnte. In Wirklichkeit war es wahrscheinlich gar nicht so weit her mit ihrem Einfluß, aber sie war immerhin eine geborene Blomich, viel Vermögen war mit ihrer Person verbunden, da hatte Frantzke ihr dieses Hobby gelassen, hatte lächelnd zugesehen, wenn sie das Gerücht von ihrer Menschenkenntnis verbreitete, hatte vielleicht sogar gedacht, eine Frau hat mehr Instinkt, bitte, warum soll man sie nicht dann und wann fragen, wenn es um eine wichtige Persönlichkeit geht.

Wissen Sie, sagte sie zu mir und Alissa, als wir eine Minute nach der Umarmung beim Thema waren, einer muß es ja gewesen sein, sonst müßte sich doch jeder selbst Vorwürfe machen, und da ich eine Frau bin, die sich nicht so wehren kann, Ellbogen waren nie meine Stärke, also war es eben ich. Ich habe das Gefühl, als lernte ich die Menschen jetzt erst kennen, und dachte doch schon seit zwanzig Jahren, ich sei weiß Gott was für eine Menschenkennerin. Erinnern Sie sich noch an unser Gartenfest und ans Roxy, als Hünlein, der Ärmste, als seine Verliebtheit mit ihm durchging und Dr. Fuchs als Kavalier mir beisprang, waren da nicht alle für Dr. Fuchs? Es ist wie mit Barrabas und Jesus, und jeder ein Pilatus.

Mit diesem Vergleich, den ich nicht ganz verstand, schloß sie und sah fast wehmütig auf ihre Hand, die langsam einen Strohhalm im Sektglas im Kreis herumrührte, in einem Kreis, der immer mehr nach einer Seite hin ausgebaucht wurde, so als ziehe es den Halm immer stärker an diesen Punkt. Alissa und ich sahen der zäh rührenden Hand zu. Als der Strohhalm endlich nicht mehr konnte, erschraken wir.

Was halten denn Sie von Dr. Fuchs?

Gern hätte ich so getan, als sei die Frage an Alissa gerichtet. Hatte nicht Frau Pawel genau so gefragt? Schon damals war es ein Kunststück, diese Frage zu beantworten. Aber von heute aus gesehen, war es damals lächerlich einfach. Damals konnte man sagen, er ist mir sympathisch, und wenn einem das zu riskant erschien, konnte man sagen, er sei tüchtig, sei brutal, aber jetzt, Gnädigste, jetzt, Sie kennen Susanne nicht, gesellschaftlich gesehen, verstehen Sie mich bitte nicht falsch, ich billige nicht alles, was da gesprochen wird, mein Onkel und Erzieher, Dr. Gallus Kristlein, war selbst, allerdings bloß SA, mein Onkel Paul wiederum, in Amerika, complained of people shooting gas into him, trotzdem wollte er heim, in die Anstalt Hell-

mannsau; nicht weil er aus lauter Begeisterung fürs Dritte
Reich Narkoseversuchskarnikel sein wollte; aber wenn Sie
Susanne kennten, Gnädigste, dann würden Sie mich nicht
so fragen, weil ich, gesellschaftlich gesehen, natürlich nichts
gegen Dr. Fuchs sagen kann, er hat mir nichts getan,
andererseits Susanne, verstehen Sie, Ausbildungsverlust
zum Beispiel, Verwandtschaft bloß noch auf Photos
zum Beispiel, Verwandtschaft ist was Schlimmes, sagen
Sie, ja, wenn man Verwandtschaft um sich hat, aber
wenn man keine mehr hat, verstehen Sie, da ist es plötzlich so geräumig auf der Welt, Sie müssen elend weit
fahren, bis Sie einen treffen, und daß Sie Onkel Jakob
gleichsehen, läßt sich nicht mehr richtig beweisen, weil
Onkel Jakob, Sie wissen ja, und so eine Äußerlichkeit ist
das auch wieder nicht, wenn Sie ganz gern wüßten, wie
das aussieht, wenn Sie lachen, dazu brauchen Sie aber Cousine Berta, Cousine Berta aber ist, Sie wissen ja, und das
ist das Dumme, das macht es schwer, auf Ihre Frage zu
antworten, ich möchte es mit Ihnen nicht verderben, schließlich ist damit nichts gewonnen, auch nichts gut gemacht,
sicher ist Dr. Fuchs ein Gentleman, gesellschaftlich gesehen, aber war er immer ein Gentleman, Gnädigste, *würde
ich vorschlagen, bei der nächsten Gelegenheit auch dem
Reichsmarschall, der z. Zt. gerade für das Judenproblem
sehr empfänglich ist, diese Idee nahezubringen. gez. Fuchs,
Berlin SW 11, Prinz-Albrechtstr. 8, den 16. April 1942,
sollte dafür Sorge getragen werden, daß bei der Mitteilung
der Todesfälle möglichst nicht der Eindruck entsteht, die
Todesfälle ereigneten sich jeweils an bestimmten Tagen,* er
war kein Schlächter, sagen Sie, Gnädigste, das ergibt sich
doch aus den Dokumenten, er saß in der Prinz-Albrecht-
straße am Schreibtisch, hat nie jemanden umgebracht, es
gibt Dokumente, heißt es, die beweisen, daß er ungarische

Juden entkommen ließ, ach Gnädigste, wäre es nicht besser, das Thema zu wechseln, wenn ich Susanne nicht kennen würde, sicher hätte ich dann, wie Sie, Mitleid mit ihm, so kurz nach dem Frühstück, gerade hat er noch Wilfried in die Schule gebracht, für seine Frau den Friseur angerufen, seiner Sekretärin was Nettes gesagt, macht den Mund auf zum Diktieren, will das Sozialprodukt erhöhen, da klopft es an, Mittwoch ist es und windstill, Frau Fuchs wird das Mittagessen kalt werden lassen, das ist schon herb, aber Susanne, verstehen Sie, Susanne, da kommt es mir vor, als sei ich auch eine Art Dr. Fuchs und ich bin froh, daß man ihn verhaftet hat und nicht mich, verstehen Sie, schließlich ist man ein bißchen egoistisch, aus der Nähe besehen.

Anselm, die gnädige Frau hat Dich gefragt, was Du von Dr. Fuchs hältst?

Ja, ich weiß. Gnädige Frau, offen gesagt, bitte verstehen Sie das nicht falsch, aber wenn er schuldig ist, wird man ihn wohl oder übel ...

Pause.

Und wem hilft das?

Cui bono, genau das frage ich mich auch, sagte Dr. Pinne, der der Gnädigen nachgelaufen war.

Die Gerechtigkeit ist ein Wert an sich, rief Dieckow aus und trat noch einen Schritt näher.

Wer müßte dann nicht andauernd bestraft werden, sagte die Gnädige und rührte wieder melancholisch im Sektglas herum.

Sehr gut gesagt, rief Dieckow, genau so ist es, auf Ihr Wohl, gnädige Frau, und darauf, daß es uns nie an Frauen gebreche, die soviel natürlichen Sinn für Gerechtigkeit bewahren, à votre santé.

A la vôtre.

An einem anderen Abend wäre daraus ein Dieckow-Solo geworden, aber die Sylvesterstimmung brach alle Partygesetze. Dieckow hatte sein Glas kaum ausgetrunken, da entschuldigte er sich, verzichtete auf das Solo und rannte Frau Dr. Pinne nach, die mit ihrer Tochter gerade im Salon verschwand. Das war kein Abend für Soli. Lag es an den zu weit ausgeschnittenen Abendkleidern, oder an der Musik, oder einfach daran, daß dies ein 31. Dezember war, ich weiß es nicht. Ich begrub meine Hoffnungen, meine Manhattan-Taube würde ihre Federn ein paar Wochen später vor den feuchten Damenaugen stieben lassen. Das Geschiebe der Gäste wurde rascher, die Band drängte sich vor, was Dr. Pinne sagte, hörten wir nicht mehr, seinen Mund bewegte er trotzdem weiter, Herrn Frantzke hörte man aus irgend einem Zimmer lachen, auch Lamberts *Woll* überstand die Musik. Plötzlich tanzten ein paar. Wer nicht tanzen wollte, drängte sich in den Salon und in die anderen Zimmer. Einige stürmten die Treppe hinauf. Im ersten Stock mußte auch etwas vorbereitet sein. Die Gnä-dige, Alissa, Herr Dr. Pinne und ich waren die einzigen, die noch zäh am Gespräch hingen. Ringsum Rufen und Lachen. Lange würden wir nicht mehr wie Taubstumme auf Dr. Pinnes Mund sehen können. Da kam im violetten Smoking Josef-Heinrich auf uns zu. Die Gnädige sah ihm herzlich entgegen. Er hatte sich also gut eingeführt bei der Shepherd-Party, war sogar zu Sylvester eingeladen worden, alle Achtung Josef-Heinrich. Wahrscheinlich die Gnädige bezirzt damals, und jetzt willst Du das Eisen im Feuer halten und n' bißchen nachlegen. Aber nein, Josef-Heinrich, den ich zum ersten Mal wiedersah, tat, als komme er nur, um mich zu grüßen. Zuerst natürlich Handküsse für die Damen, dann aber ganz alter Kumpel. Wie war's in Amerika, schrie er. Ich deutete auf die Band. (Werde mich hüten, mich durch Reiseschilderungen unbeliebt zu machen!) Ja, tolle Stimmung hier, darf ich bitten, gnädige Frau! Er verbeugte sich nicht vor der Gnädigen, sondern vor Alissa. Alissa sah mich an, sah noch länger die Gnädige an und ging erst, als die ihr, wenn auch mit Schmerzen, ihren Segen gab.

Sollen wir nicht eine andere Ecke suchen, schrie schrill Dr. Pinne und deutete auf die Band, die mit Händen und Füßen arbeitete. Die Gnädige nickte. Wir gingen in den Salon. Ich wäre gern ausgerissen, aber die Gnädige ging so energisch vor uns her auf die Lutherecke zu, daß mir nichts anderes übrig blieb, als zu folgen. Mir schwante, daß ich den Abend in der Lutherecke verbringen würde, im bleiernen Gespräch mit Dr. Pinne und der Gnädigen. Von all den Herrn dachte keiner daran, die Gnädige zum Tanz zu führen. Das war auch eine Aufgabe. Allein schon die Vorstellung, ihre riesige Samtstola im Tanze mitführen zu müssen, konnte einen verantwortungsbewußten Mann erschrecken. Nun war Dr. Pinne offensichtlich übervoll von Sozialproblemen, die noch im alten Jahr besprochen werden mußten. Für Stoff war also gesorgt. Aber die Gnädige war nicht in der rechten Stimmung. Sie hörte wahrscheinlich schon zu, aber sie sah dabei treulos in alle Richtungen. Ihr Mund gab in regelmäßigen Abständen Füllworte von sich, die überall hinpaßten. Worte, wie sie Hoteliers und andere im Publikumsverkehr alt Gewordene immer parat haben: das ist es eben, je nachdem, solang es nicht schlimmer wird, müßte man wohl, ach nein, ach ja, tatsächlich, so so. Manchmal sah die Gnädige mich an, dann wußte ich wieder, daß es ganz unmöglich war, mich unter irgend einem Vorwand zu entfernen. Alissa kam nicht zurück, Josef-Heinrich auch nicht. Die Gnädige war unerbittlich. Edmund fehlte. Edmund würde mich befreien. Er hätte auch heute diskutiert. Außer Dr. Pinne wollte heute niemand diskutieren. Die Gnädige wollte ja auch nicht. Ein gestrandeter Schwan, der durch die Kraft seiner schmerzlichen Sehnsuchtsblicke die Wellen herrufen will, aber die Wellen wollen heute nicht, die lassen die Gnädigste auf dem Trockenen sitzen, ich allein war hereingefallen, war verurteilt als Wächter und Gefangener der Gnädigen zuzuschauen, wie die anderen sich amüsieren wollten, die Villa war eben doch ein Schiff, man glaubt, alles sei möglich, aber wo Du hinkommst, stehen schon zweimal zwei andere, die einander stören, auch viel zu viel Familien, alle liefen andauernd durcheinander, tranken rasch, rannten weiter, jeder auf der Suche, ein anschwellendes Geräusch, das hinauswollte, Köpfe gegen die Wand, zunehmende Geschwindigkeiten, Hoffnungen dehnen sich aus wie erwärmte Gase, Gelächter immer noch steigend. Hätten Wünsche Kraft, die Villa segelte schnurstracks in die Stratosphäre. In Ermangelung anderer Ausdrucksmöglichkeiten warfen die Gäste einander Papierschlangen ins Gesicht, um den Hals, verstrickten sich knisternd, rissen sofort wieder auseinander, lachten grell, schauten einander an, schauten einander an, drehten sich im Kreise, der nächste, die nächste, es ist doch Sylvester, das Jahr, rasch, rasch, ist uns noch allerhand schuldig, zeig mir Deinen Saldo, dann zeig ich Dir meinen Saldo, und die Musik spielt dazu.

Hätte ich ein Trübsalgesicht machen sollen, um der Gnädigen zu zeigen, daß ich auch lieber irr von Zimmer zu Zimmer gerannt wäre, um meinen entsetzlichen Saldo, das große Minus dieses Jahres vorzuweisen? Dadurch hätte mein opfervolles Ausharren an ihrer Seite jeden Sinn verloren. Sie hätte mich unter die Verräter eingereiht, die heute ihre Nähe mieden. Entlassen hätte sie mich trotzdem nicht. Also sah ich auf das Publikum hin, als wären es spielende Kinder, und die einzigen Erwachsenen wären die Gnädige und ich. Mit den Mundwinkeln mischte ich noch ein bißchen Verachtung in mein Gesicht. So sind die Menschen, Gnädige, immer hinter schalen Vergnügen her, jeder will sich rasch noch an irgendeinem Busen gesundstreifen, und wird doch bloß noch kranker davon, ach Gott, der Mensch.

Die Gnädige war beglückt über den weisen Spott, den ich präsentierte. Dazu präsentierte ich aber noch für alle Fälle eine anerkennenswerte Sorge um Alissa. Präsentierte eine milde Verachtung für Edmund, der der Gesellschaft demonstrativ fern blieb. Als gehe es darum, die Gesellschaft ins Unrecht zu setzen! Nicht wahr, Gnädige, man muß den Menschen nehmen wie er ist, wenn man sich auch nicht zu ihm bekennt, wenn man auch nicht mitmacht, ist es nicht so? Wir sitzen hier auf der schneidigen Kante des Ideals, und wir sitzen doch ganz gut. Lediglich der vom Schnupfen geplagte kleine Kläffer von der Arbeitsfront stört uns ein bißchen, aber selbst ihn, Gnädige, ertragen wir herzjesuhaft, ist es nicht so? Und die Gnädige war begeistert über den Austausch der Chiffren. Sie umwölkte mich tief gleichgestimmt.

Ja, Anselm, es ist schwindelerregend, wie reich Du ausgestattet bist. Und andere sind keinesfalls ärmer. Da mischst Du Dich unter Deinesgleichen, verbirgst fast alles, und es bleibt doch noch soviel übrig, daß es schwierig ist, sich in der Vielfalt Deiner Züge zurechtzufinden. Das, was Du absichtlich herstellst, das Gemachte also, ist undurchschaubar reich wie die Natur selbst, denn es ist Natur. Aber wie wenig Nutzen hast Du davon. Cui bono! Das ist überhaupt die Entschuldigung. Du bleibst an Ort und Stelle. Zum Segeln reicht es nicht. Du fingerst umsonst an der Schnauze herum. Dir wächst nicht Gottes Bart. Himmelsrichtungen kitzeln Dich. Es geht Dir nicht gut. Du mußt Dich hüten, Deiner Sehnsucht Namen zu buchstabieren. Taube Wolle Wehmut darf sie sein, in sich verkrümmt, Dich nirgends hinbefehlend. Ballast muß sie sein, nicht Segeltuch. Und das Ruderblatt schluckst Du besser jeden Morgen gleich nach dem Aufstehn, sonst fallen Dir bloß wieder Himmelsrichtungen ein. Schmiede das Gerede rundum zu feuerfesten Töpfen, brate alle guten Ratschläge darin, bis sie genießbar sind. Am Gartenzaun turnen schon wieder Affen, Wimpel wachsen auf den Bäumen zu jeder Jahreszeit, das Grundstück wird flott gemacht, erfinde noch schwerere Anker, Seelenseile. Mutproben lieferst Du beim Hausarzt ab. Laß das Lächeln der Verwandten Deine Wände tapezieren. Die Kreuzigung findet in aller Stille statt. Du darfst in die Brusttasche greifen und mit Fahrkarten spielen. Im Ohr dröhnt der kleine Andenken-Ozean. Manhattan teilt Deinen Kopf ein, facettiert Dir die Augen, Leute gehen vorbei, Musik an Henkeln tragend, eine hebt Haare wie eine Last von den Schultern und schürzt sie über dem Kopf.

Susanne.

Perhaps.

Auf dem Libanon. Airlines divorced. Stein das Material Erinnerung. Nach Maßgabe des Sandes. Durch den der Fuchs läuft und als Taube in Manhattan sich verirrt vor Stein und Stein.

Graves – End – Kills – Bay.

Tote Schalentiere rücklings sorgen unter der Sonne für Sand. Sand sorgt für Stein. Stein sorgt für Erinnerung. Erinnerung sorgt für tote Schalentiere. Rücklings. Unter der Sonne. Für Sand.

Kennen Sie, Gnädige, die Attentate der Natur?

Wolken Wetter Mond Sonne und dergleichen häkeln

erfinderisch Verzierungen für Wolkenkratzer die sich der Architekt stilbewußt niemals erlaubt haben würde. Die Enthaltsamkeit der hohen Kuben plötzlich in Stimmungen getaucht daß man ergriffen weinen möchte: lila-abendblau Stimmungsgirlande rosa-rauchblau.

Kennen Sie, Gnädige, die Attentate der Natur? Sogar noch gegen den blanken Stein, Gnädigste, richtet sie ihre Anfechtungen. Und woraus sind wir? Siebzehn Jahre mit drei Broten jenseits des Jordans und die Stilisierung klappte immer noch nicht. Zosima war Zeuge. Und jetzt fit de battle.

Die Natur hat einen schönen Mund, Gnädigste, und damit ruft sie: *we keep our costumers*. Was durchaus höhnisch gemeint ist. Sie kennen die milde Übersetzung. Aus Gemeinem seien wir gemacht. Sie erinnern sich, ja?

Die Gnädige und ich sannen parallel vor uns hin. Schräg hinter uns Luther. Vis-à-vis der Gobelin wo nie geborene Tiere blaß wie Frau Frantzke im goldgrünen Gestrüpp hocken wie wir: Alle anderen im Fall Cry hinter dem Fuchs her den noch keiner gesehen hatte weil er seine Höhle in mich begraben hat und als wäre ich ohne Ende in mir herumgrub um mich immer weiter auzuhöhlen. Himmelsrichtung Höllenrichtung Gravesend SOS. SOF(amilies).

Sie wissen, daß Dieckow uns verläßt, sagte die Gnädige zäh, nach Paris, sagte ich, nein, sagte sie, schlimmer, viel schlimmer, nach Berlin. Ach sie versteht es ja, sie will das Opfer gerne bringen, für Berlin. Verstehen Sie. Wenn er schon nicht bei uns sein kann, dann soll er wenigstens Berlin zugutekommen, denn er zieht beispielhaft hin. Es muß eine Welle werden, sagt er. Sie werden sehen, wer alles folgt. Und um seiner Produktivität willen muß er hin. Aber natürlich auch um Berlins willen. Denn Berlin ist ein Bastion. Es fällt ihr trotzdem schwer. Wo er doch einer der ganz Wenigen ist.

Anna, zum großen Schwof nach Rom geflogen, sich einem erhaltenen Conte zu verloben, hatte gesagt: Berliner OB müßte man sein, das gibt Publicity.

Überhaupt Berliner. Jeder Zweite ein Andreas Hofer. Jeder Dritte ein Winkelried. Jeder Vierte ein Schill. Jeder Fünfte ein Schlesier. Beneidenswerter Dieckow, der sich in die Bastion begibt, um auf ihren luxuriösen Wällen zur Lerche der Freiheit zu werden, die das Lied der großen Ladenstraße singt.

Es wäre mir, da ich selbst ergriffen war, wohl kaum gelungen, die Gnädige aus ihrem vorweggenommenen Abschiedsgram zu reißen, wenn mir nicht der unverwüstliche Lambert zu Hilfe gekommen wäre. Heute hatte er sogar seine Frau dabei. Und wo Lamberts Frau auftaucht, da hat die Trauer keine Chance mehr.

Ilsebill, den Braten kennst Du noch nich, heißt Anselm, frißt auch Pattersonbrot. Das is meine Alte, woll, und wenn Du behauptest, sie sei dick, dann tust Du ihr unrecht, dann springt sie Dir mit ihrem Allerwertesten ins Gesichte, woll, Ilsebill, den trauste Dir noch zu.

Is das'n Süßer? fragte Ilsebill.

Ilsebill, bezähm Dir, der is ganz richtig. Und frantzke-minded bis ins Mark.

Ilsebill und Lambert setzten sich zu uns. Sie war eine rothaarige runde Äffin. Soweit man sehen konnte — und man konnte sehr weit sehen — sommersprossig, als sei sie unter einen Mennige-Platzregen geraten. Das Gesicht war immerfort mit der Erfindung von Grimassen beschäftigt. Wahrscheinlich wußte kein Mensch, wie dieses Gesicht wirklich aussah, jeder kannte nur eine Anzahl Grimassen. Am Halsansatz trug sie eine Kette von Knutschflecken. Unwillkürlich sah man auf Lamberts Mund, der das zuwegegebracht hatte, und dann wieder zurück zum Fleckencollier. Es handelte sich aber um verschiedene Generationen von Flecken. Einige waren schon zu so fahlem Gelb verblaßt, daß man sich versucht fühlte, Lambert darauf aufmerksam zu machen, wie sehr da und dort eine Renovierung nötig war.

Wenn ich recht versteh, wird hier'n Requiem abgespult für Versebesitzer und Wortabtreiber Dieckow.

Es ist ein Verlust, das werden Sie zugeben, Lambert.

Ach wissen Se, gnä Frau, ich bin Patriot, ich gönn' ihn den Berlinern.

Auf jeden Fall hat er seinen Umzug gut verkauft, sagte Ilsebill gefühllos. Ham Se die Radiorede gehört? Hans Helmut Dieckow: *Warum ich Berlin vorziehe!* Na wissen Se.

Und Edmund macht nach Ostberlin, is das nicht fein? Da sind die beiden Göckel wenigstens wieder beinander, woll, un' können durchs Brandenburger Tor durch über *typisch deutsch* disputieren!

So ein intelligenter Mensch, der Herr Gabriel, ich war einfach erschüttert, ich wollte es nicht glauben, als Leo damit heimkam. Aber er hat's mir neulich im Theater selbst ins Gesicht hineingesagt. Man begreift es nicht. Und so schamlos.

Un wir eiern uns hier ab! Is doch Jacke wie Hose, woll! Un ne Geschmackssache ist das, gnä Frau. Ich kann einfach keine Bockwurst vertragen, woll, drum bin ich verdammt, im Westen zu leben. Und mit diesem Luxusdampfer von Frau wär ich im Osten sowieso unmöglich.

Du kannst Dich ja scheiden lassen, Bulle.

Na Ilsebillchen, was möchtest Du ohne mich bloß tun? Sehn Se gnä Frau, der alte Fuchs, den se jetzt endlich eingekastelt haben, der hat mich gefragt: Lambert, wie konnten Se bloß diese Frau heiraten? Da hab ich ihm gesagt: die braucht so einen wie mich.

Da hat er recht, rief Ilsebill. Bevor ich diesen Schmutzfilter hatte, das war kein Leben, dauernd mußte man sich so Bürschchen von der Straße fischen, ich kam reinweg nich mehr zum Pinseln. Aber seit ich den Filter da habe, läufts wie geschmiert.

Un sie malt gut, das wer'n Se zugeben. Besser als ich.

Das is ja nu nich gerade schwierig. Dein Talent liegt anderswo. Eine Kraft hat der Kerl, gnä Frau, das können Sie sich nich klarmachen, wenn Se's nich selbst am Leibe verspürt haben. N' richtiger Sadist iss er.

Da übertreibst Du Ilsebillchen. Es tut mir doch selber am meisten weh, wenn ich Dich prügeln muß. Aber ihr tut es so gut, gnä Frau, verstehen Se, was bleibt eim da anders übrig. Man bezwingt sich und haut zu, woll.

Dr. Pinne, die Gnädige und ich hörten dem altehelichen Süßholzraspeln lächelnd zu. Mir wurde ein weiterer Grund für Lamberts Beliebtheit eröffnet. So eine Frau zu haben, das mußte ihn jedem sympathisch machen.

Gerade als Lambert seine Ilsebill am Handgelenk packte und die Beträchtliche hoch- und zu weiterem Schwof mit sich fortreißen wollte, drängte Gerlinde Pinne durch die Tanzenden, rannte auf ihren Vater zu, fiel an seine nicht eben breite Brust und heulte los. Unser kleiner Kreis erfuhr sofort enormen Zuwachs. Dr. Pinne erblaßte, als er aus der Schluchzenden herausgebracht hatte, was geschehen war. Dieckow hatte die kaum Achtzehnjährige in die zweite Etage gelockt und hatte sich an ihr vergangen, zu vergehen versucht, so genau wußte sie es selber nicht. Dr. Pinne war verwirrt. Fragend, fast ängstlich schaute er die Gnädige an, hatte sie alles gehört, würde sie ihm Vorwürfe machen, sollte er protestieren, Schweinerei rufen, die Bestrafung des Lüstlings verlangen? Dr. Pinne, Vater von mindestens fünf Kindern, war momentan ratlos.

Die Gnädige nagte nur eine Sekunde lang an der Unterlippe, dann flüsterte sie Dr. Pinne scharf zu: Sie bringen das Kind gleich heim. Das war ein Befehl. Dr. Pinne war dankbar. Ohne die Neugierigen zu beachten, ohne auf eine einzige Frage zu antworten, zog er seine Gerlinde hinter sich her, befahl ihr, sofort mit dem Weinen aufzuhören, warf ihr den Mantel um, nahm sich auch selbst nicht die Zeit, in die Ärmel zu schlüpfen, winkte noch seiner Frau, und war draußen, ehe das Gros der Gäste etwas bemerkt hatte. Als seine Frau gleich darauf auch mit umgehängtem Mantel hinausrannte, konnte man den Eindruck haben, bei Pinnes hat es einen internen Krach gegeben. Gott sei Dank hatten sie Takt genug bewiesen, das Fest sofort zu verlassen. Sowas macht man besser zu Hause ab.

Die Gnädige und ich waren den Pinnes bis in die Halle gefolgt, um zu kontrollieren, ob der Befehl der Gnädigen auch ausgeführt wurde. Wenn es mir jetzt nicht gelang, die Gnädige abzuschütteln, würde ich nächstes Jahr noch an ihrer Seite sitzen und Requiems für ihre treulosen Freunde und Freundinnen abspulen helfen. Dieckow kam mir zu Hilfe. Der Gute wankte gerade die Treppe herab und rief: wo ist das Häschen, verflucht nochmal, hat jemand das Häschen gesehen? Die Gnädige verschloß ihm mit ihrer beträchtlichen Hand den Mund. Dieckow hörte ihr zu, lächelte weltfern, wurde traurig, wankte mit der Gnädigen zur Bar und bettete seinen Kopf an ihren weichen Oberarm. Sie rückte die Stola zur Seite und gestattete mit mütterlichem Gesicht, daß er sich an ihr vom Unverständnis der Spießer erhole.

Wären Lambert und Ilsebill nicht gewesen, niemand hätte etwas erfahren. Aber Lambert trompetete unter Ilsebills wildem Gelächter in allen Zimmern der Villa die Geschichte herum, schmückte sie aus, erzählte, als wäre er

Zeuge gewesen, ganz genau, wie der alte Bock und Verseschmied das unschuldige Häschen in den Dachboden gelockt habe, angeblich um Verse aufzusagen, dann aber habe er das Kind plötzlich auf die dort gelagerten Luftmatratzen geworfen undsoweiter. Die Gnädige hat das Lambert noch lange nachgetragen. Sie erwies sich als eine wahrhaft großmütige Protektrice ihres Dichters, der eben weder ein Spießer noch ein Weltkind sei und sich deshalb manchmal in der Wahl seiner Mittel vergreife. So allgemein und doch so richtig drückte sie sich aus. Dr. Pinne hat sich bei der Gnädigen entschuldigt. Er war sich seiner Schuld als Erzieher durchaus bewußt. Das Mädchen hätte natürlich nicht einem Erwachsenen in die oberen Etagen folgen dürfen. Die Gnädige hat ihm verziehen. Allerdings bat sie sich aus, daß jene Gerlinde ihr Haus nicht mehr betrete, bevor sie nicht an Reife und Verstand zugenommen habe.

Kurz vor zwölf erschreckte uns eine gellende Schießerei. Waren das Sylvesterschüsse? Uns irritierte das begleitende Motorengebrumm. Wahrscheinlich lag es auch daran, daß in der Forstenweg-Villa immer so viele sensible Leute auf engem Raum versammelt sind. Da zündet ein Schrecken gleich ungeheuer, springt über, vergrößert sich, in fünf Sekunden ist die ganze Gesellschaft eine starre bleiche Herde mit riesigen Augen und Ohren. Man griff nach der Wand. Das waren Motorräder, die auf die Villa zurasten. Lambert, beherzt wie immer, riß die Haustür auf und da löste sich alles in Jubel auf. Eskortiert von zwölf Polizeimotorrädern fuhren drei Dreihunderter die Frantzke-Avenue herauf. Ein herrliches Bild unter den schön gebogenen Prachtslampen dieser Avenue. Die Standarte kündigte den Faschingsprinzen Carol-Rudolf IV. an, mit Prinzessin und glitzerndem Gefolge. Sie kamen von einer anderen Party, auf der es turbulenter zugegangen sein mußte als bei uns. Sie brachten ein neues Tempo mit, sie impften unsere Stimmung mit der ihren, brachten uns in ein paar Minuten um Stunden vorwärts, verloren natürlich durch die Übertragung einiges von ihrer Vehemenz, eine Mischung entstand, eine neue Party, die ihr eigenes Gesetz fand und nun fröhlich weiterlebte auf Mitternacht zu.

Ich stieß auf Alissa. Josef-Heinrich war immer noch bei ihr. Hatte Susanne ihm erzählt? Oder Alissa? Hatten sie sich gerächt? Der blaue Smoking machte ihn fein. Geradezu leidensfähig fein sah er aus. Er war kleiner als Alissa. Dürfen wir noch einmal tanzen, fragte er. Meine Hand gestattete es. Ich setzte mich so, daß ich sie nicht sehen konnte. Das verlangte ich von mir. Dieses Sylvester war ohnehin verdorben. Es war zu spät, noch irgend etwas zu versuchen. War auch egal. Alles alte Zicken. Und wie gefährlich die paar Töchter waren, hatte Dieckow vorexerziert. War ihm zu Dank verpflichtet. Da meint man immer, wunder was man versäume, wenn man zu Hause bleibt. Sauf Dich voll. Scheißsylvester. So'n Quatsch, als wär das n' anderer Abend als sonst. Und trotzdem iss es n' anderer Abend. Das ham se geschafft mit ihrem Kalender. Du nimmst Deine Finger und zählst Dich aus. Aus dem Nebel die Kuh die ihren Kopf immer deutlicher herstreckt heißt achtundfünfzig neunundfünfzig sechzig neunzehnsechzig is noch 'n bißchen hin aber nicht mehr so weit die Hand wird sich in zwei Jahren den Fünfer mühsam abgewöhnen. Du wirst vierzig scheint ne Mordsmarke Geburtstagsfeuerwerk zum ersten Mal in gerade noch sportlichem Rosa-Grau 61 Fünfzimmerwohnung im Westend Herzogenallee 62 is das neue Mobiliar komplett 63 noch Teppiche 64 der neue 220 endlich mit Hydropneumatik und stufenlosem Getriebe 65 Taormina Alissa beruhigt sich Kinder sind Gesprächspartner 66 wir haben Mama beerdigt atmen traurig auf 67 der Platz am

Staffelsee ist unser 68 die Röcke so kurz wie noch nie 69 Alissa schlägt Trennung vor nach sechs Wochen komm ich reumütig zurück weil die Kleine zuviel verlangt 70 die Hand gewöhnt sich kaum mehr an den Siebener Geburtstag in Edelbitter Lissa schafft's Abitur gerade noch 71 Alissa beruhigt sich waren in Taormina schon mal ganz glücklich 72 der Pobjeda mit Turbine Lissa heiratet den kahlgeschorenen Grafiker 73 der Enkel kommt 'n Monat eher Edmund schreibt aus Moskau Alissas Tage bleiben aus 74 Mädchen gehen jetzt ohne Röcke Alissa sagt das Trottoir ist eine Sünde 75 sieben Zimmer hat das Haus am Staffelsee Josef-Heinrich kommt mit seiner jungen Frau die in 'ner Art Schlüpfer geht und lauter lacht als Alissa Josef-Heinrich und ich zusammen 76 Drea hat beim dritten Mal das Abitur geschafft Guido studiert Orientalistik 77 das Haus ist komplett bestückt Edmund hat sich als Bühnenbildner in Warschau etabliert 78 endlich der Daimler-Turbo 79 Drea bringt 'n jungen Pastor ins Haus Alissa ist dagegen 80 meine Lebensversicherung wird ausbezahlt und ist nichts mehr wert Geburtstag in rüstigem Ziergrau 81 Edmund ist gestorben hat uns noch einen Brief geschrieben in dem er vieles zugibt 82 Josef-Heinrich bittet um Quartier und weint weil seine junge Frau ihn schlägt und im Zimmer nebenan mit zwei Piloten schläft er soll es ruhig filmen ruft sie rüber 83 die mir von der Lebensversicherung II zugebilligten Jahre sind um weiterzuleben wäre eine Sünde gegen den Geist der Statistik der der Geist der Zeit ist mit dem ich mich wenigstens jetzt noch versöhnen will Eratosthenes hat sich auch erst sehr spät dazu entschlossen gesorgt ist für alle also plötzlich von uns gegangen oder vielleicht doch gerufen worden der teure Gatte immerbesorgte Vater Schwiegervater Großvater ja und damit hat sich's dann wohl und wieviel Finger hast Du gebraucht einundzwanzig zweiundzwanzig an dreiundzwanzig Fingern kannst Du Dich auszählen falls alles gut geht aber die Stewardeß sagt doch auch mit kühlster Sicherheit um 13/45 werden wir in Orly landen.

Plötzlich Kommandos. Das glitzernde Gefolge des Prinzen stöberte jeden auf, der noch irgendwo herumsaß. Sofort in den Großen Salon, hieß es. Im Großen Salon mußten wir uns so aufstellen, daß wir alle mit dem Gesicht zum Fenster standen. Die goldenen Stäbe klinkten gerade ein, die Vorhänge wallten herbei, der Raum wurde eng, immer noch trieb die Prinzengarde Nachzügler herein, packte sie notfalls an den Schultern, bis alle versammelt waren wie eine Kompanie. Rasch wurden noch Gläser nachgefüllt. Vor uns stand der Prinz auf hohen weißen Beinen, in goldenen Schnallenschühchen, sehr kurzen grüngoldenen Pumphosen. Über allem ein rotgoldener Prinzenhut mit einem Strauß von Federn, der immerzu wippte und dadurch jeder Bewegung des Prinzen, jeder befehlenden Geste zustimmte. Der Sinn dieser plötzlichen Organisation begann durchzuschimmern. Er stand vor uns, er allein sah auf der mühsam tikkenden alten Wanduhr den Zeiger vorrücken, er würde das Glas heben, aus seinem Munde sollten wir erfahren, wann die letzte Stunde ausgeschlagen haben würde. Nicht einmal die immer lächelnde Prinzessin durfte hinsehen. Er stellte sie dicht vor sich hin, legte seine Rechte mit dem Glas ausruhend auf ihre Schulter. Mit ein paar gut gemeinten Worten erklärte er uns, was er vorhabe. Wir gestatteten es ihm, weil wir sofort spürten, daß er unter unserem Niveau war. Irgend so ein ehrgeiziger Bonbon-Fabrikant, der drei Tonnen minderwertiger Bonbons gestiftet hatte, um Faschingsprinz zu werden. Seine Augen strahlten vor geschäftiger Beschränktheit. Die Gesellschaft bewies Takt und ließ ihn gewähren. Aber wahrscheinlich hatte er sich die Verwirklichung seines Einfalls doch leichter vorgestellt. Wir standen, die Gläser parat, die Augen auf ihn gerichtet, er stand vor uns, hatte in der Aufregung den Befehl zum Antreten zu früh gegeben, oder hatte die Unteroffiziersqualitäten seiner Garde unterschätzt, auf jeden Fall standen wir jetzt da, waren geradezu andächtig still, hörten dem asthmatischen Ticken der Wanduhr zu, Carol-Rudolf IV. wurde nervös, beging den Fehler, auf seine eigene lächerliche Armbanduhr zu sehen, wodurch er die ganze Zeremonie in Frage stellte, denn schließlich hatte jeder von uns so ein Ding am Handgelenk, und wenn er uns aufmunterte, uns selbst wieder der Zeit zu bemächtigen, die wir gerade so großmütig an ihn abgetreten hatten, dann fiel seine ganze Jahreswechselzeremonie ins Wasser, schon gluckste Lachen auf, sofort flogen die Köpfe der Gardisten in Richtung des Lachens, das Lachen verstummte, Carol-Rudolf IV. sagte: meine Freunde, der Augenblick naht, die Prinzessin sah ergeben zu ihm hinauf, Carol-Rudolf sprach nicht weiter, wir durften hoffen, es sei gleich so weit, aber die Wanduhr tickte, als versiege sie gleich für immer, sie preßte, stöhnte, ächzte sich Sekunde für Sekunde ab, es war eine Qual ihr zuzuhören, weil sie es einfach als unwahrscheinlich erscheinen ließ, daß irgendeiner von uns je den Jahreswechsel erleben werde, sie tickte, als gehe es bergauf, als werde der Weg immer steiler, als verschnaufe sie es gleich nicht mehr, und ihre Atemnot teilte sich uns mit, klemmte uns die Luftröhre ab, jeder dachte, so jetzt, jetzt gleich, jetzt muß es ja, Carol-Rudolf stand schon auf den Zehenspitzen, sein Mund lächelte zwar, aber seine Augen machten nicht mit, er hob, um uns Hoffnung zu machen, die Rechte mit dem Glas von der schneeweißen Schulter der Prinzessin, aber er sah jetzt mit waagrecht starrendem Arm, angestrengt lächelndem Mund und nervös verkniffenen Augen, in Schnallenschuhen auf Zehenspitzen stehend sah er nicht ermunternd aus, da öffnete er auch noch den Mund, aber nicht zu einem erlösenden Ruf, bloß daß jetzt auch noch der Mund sinnlos offenstand, oder so, als habe der Prinz Schmerzen, und das Schlimmste war, daß plötzlich draußen von der Stadt ein Tumult herdrang, Böllerschüsse, wildes schweres Glockengeläut, draußen, in der Stadt, bei den Leuten, hatte das neue Jahr begonnen und wir standen starr wie Schaufensterpuppen und schauten Carol-Rudolf IV. in den blöde aufgerissenen Mund, der viel reparierte Zähne zeigte, die wahrscheinlich vom vielen Bonbonlutschen schadhaft geworden waren, standen, und wußten nicht, sollten wir das neue Jahr mit den Leuten beginnen, einfach losbrechen jetzt, aber das wäre eine Kapitulation gewesen, wir bewiesen Disziplin, standen im Getöse des draußen losgebrochenen neuen Jahres, rangen nach Atem und Autonomie und hielten durch, bis seine Durchlaucht uns plötzlich grell und fast böse ins Gesicht schrie: Prosit Neujahr! und die Prinzessin ihm an die kordelgeschmückte Brust fiel und sich in den goldenen Kordeln vorerst erhängte.

Später erfuhr man, der Prinz habe den Fehler gemacht, seine Uhr nach der Wanduhr zu stellen, anstatt die Wanduhr nach seiner absolut zuverlässigen stoßfesten Automatic-Waterproof. So kam es, daß wir versäumten, wozu wir uns mit soviel Mühe eingefunden hatten. Und das neue Jahr hatte einen Vorsprung, den wir nicht mehr aufholen konnten.

Anscheinend durfte oder mußte jetzt jeder jeden küssen. Josef-Heinrich fiel über Alissa her. Ich sah mich suchend um. Überall knäulten sich Arme und Köpfe. Lediglich die Gnädige ragte auch jetzt noch einsam über den Umarmungen. Aber sie war Gott sei Dank weit genug weg. Um ganz sicher zu sein, drehte ich mich um, beugte den Kopf vor,

als küßte ich eine etwas kleinere Frau, sah zwischen Kleidern auf den Teppich hinab, den persischen und küßte das
braune Schrägaugengesicht, das mit den gebauschten
Nüstern, das am langen Hals aus den Ranken wuchs und
kieselgurig knurrte. Was in Kieselgur auch Seufzen sein
konnte.

5

Teig in wessen Hand, zusammengebacken von wem, zu
schwach, um uns zu trennen, sagen wir, weil ein neues
Jahr, seht, es steht, ein Stier, die Hörner gesenkt, ohne
Biographie, kommt Kinder, laßt uns beinander,
solche Vorwände hörte man, denn wir hatten noch nicht
genug, uns jetzt zu verkrümeln, zu beerdigen uns in weit
auseinanderliegenden Wohnungen, die Wände tapeziert mit
triumphierenden Kalendern, Kinder, wir streiken, komm,
sagte Lambert, kommt, sagte er, ich weiß ne Kontrastkneipe,
vamos,
das war ich, gehorsam hoffend, hängte ich mich hinter
Lamberts Alfa Romeo, außerdem hofften noch Josef-Heinrich, Dieckow, auch die Standarte, und sonst noch Wagen,
nicht aber die Gnädige, die blieb im verwüsteten Schiff mit
Leo und Personal, winkte mit der weinroten Stola von der
Treppe uns nach, wir, schon mit Lenkkunststücken beschäftigt, winkten zurück, als hülfe das Leo, der Gnädigen
und dem Personal zurückzubleiben in weit auseinanderliegenden Zimmern, wo wir doch noch hofften und hoffend
stadteinwärts heulten, in die Sansi-Bar, hoffend,
Mensch, Justus, Du hier, ja, zu Fuß, die Schufte, Justus
sträubte die Ohren, war aber, sagte die blonde Begleiterin,

selber schuld, fährt der Idiot doch, besoffen wie wir nun mal sind, bei der Polizeiwache vor und brüllt: Kameraden, bitte eine Blutprobe, bis die kommen, müssen sie doch, den Wagen behalten sie, uns lassen sie laufen, die Schufte, verstehst Du, wo ich mich den Kameraden freiwillig, mein Lieber, freiwillig, und dann, sind das noch Kameraden? nehmen sie Dir die Karre ab, und sowas schimpft sich, danke für Obst und Südfrüchte, Kameraden schimpft sich das, schrie Justus voller Not, rannte zur Kapelle, die feilschten zuerst und spielten dann so schön wie noch nie: Ich hatt einen Kameraden, einen besseren findst Du nit, der Text ist von mir, jubelte Lambert, Tantiemen, rief Ilsebill, lüg nicht, sagte Justus gefährlich, der Text ist nicht von Dir, Du lügst, aber Lambert schwor, der Text sei von ihm, Justus sah mich traurig an, zog seine Blondine hoch und sagte: mit sowas verkehrst Du, pfui Teufel, und ging zur Kapelle, um die zweite Strophe zu bezahlen, die er sogar dirigieren durfte, ich sah ihm nach, Hals-und-Beinbruch, Kamerad, Kehrtwendung, ab, es war einmal, Durchlaucht Prinzessin, volllippig wie Sie, aber die Prinzessin konnte Gedanken nicht lesen, meine Hirnschale war viel zu dick, sie nippte am Sektglas, nippte Kaffee, schaut mit dem Köpfchen, das sie hat, vor sich hin, erst bei der Hühnersuppe gegen vier wird sie lebendig, hört dem Prinzen zu, dem Gebieter, dem doppelt so alten, der, oh Mißverständnis, sitzt und ißt und trinkt wie nach getaner Arbeit, kein Zuruf, Lieder nicht, schlürfend gibt er den zwei Gehilfen die Einsatzbefehle für die kommende Woche, ne Menge Termine hat er unter dem Federhut, wendet sich mitten aus der Befehlsausgabe zur Prinzessin, dreht sie wie ein Ding an den Schultern, spitzt den Mund, fährt auf ihren zu, saugt sich an, zieht sein Gesicht wieder soweit zurück, daß wir alle seine Zunge sehen, daß wir alle sehen, er kann machen mit der Kleinen, was er will, hat er doch, sagt er, die und die weggeschickt, als die Prinzessin werden wollte, weil sie Menkenkes, stellt euch das vor, dem Prinzen gegenüber Menkenkes, die da scheint einfacher Herkunft zu sein, die nimmt in Kauf, denkt an die Photos, die bleiben, an den Ruhm in ihrer Straße, den Neid der Kolleginnen, überhaupt, hat sie gehört, man sei nur einmal achtzehn, so ist das also, wenn man achtzehn, ein Prinz, der gar nicht so fett ist wie er aussieht, kommt mit seinem Mund, während wir noch hofften, nicht mehr hofften, uns krümelten zwischen drei Dutzend, die auch zugelaufen waren, die streikten, dem Prinzen zuschauten, der Befehle ausgab, seine Zunge, vom Bonbonlutschen geschmeidig, als Brücke hinüberspielen ließ, das, Lambert, war nicht, was wir wollten, aber schließlich blieb nichts anderes übrig, als auch von den Terminen der kommenden Woche zu reden und den hereinstakenden Bedienungen zuzusehen, die das Lokal überfüllten, Feierabend hatten und einen Mordshunger, reglos hockten, bis das Schweinskotelette mit Mount Kartoffelsalat kam, darüber machten sie sich her, fraßen, und soffen Bier aus großen Gläsern, Dieckow fraß als erster mit, verriet den Durst an den Hunger, setzte sich zu einer zügellosen Vierzigerin, kitzelte sie, bestellte zwei weitere Kotelettes, kitzelte und küßte, als wär er der Prinz und sie die Prinzessin, sie gab mehr her, als Gerlinde und die Prinzessin zusammen, das piekte Josef-Heinrich, die Ehepaare Herchenröder und Kristlein saßen allein, bestellten auch Kotelettes, Alissa nicht mehr so munter wie Ilsebill, Lambert sang sogar noch ein Lied vom Kartoffelsalat, Alissa und ich musterten den Kartoffelsalat, stocherten darin, hoben Scheibchen, als kauerten auf der Kehrseite Asseln, ließen uns anregen, mitreißen von vier Dutzend Kartoffelsalatessern, aßen Kartoffelsalat. Das neue Jahr. Seht. Es steht. Kein Stier mehr ohne Biographie. Ober brachten Tagesstempel dusslige Zeugen brachten Belege. In Einkommensteuergedanken versunken fuhren wir heim.

6

Ich lasse Dich nicht, Du taufst mich denn, bohrte der Schmerz, bis ich zu ihm wieder Sensenrad sagte, und: Miezes Bleifaust, Filiale der allerhöchsten Hand in meinem Bauch, Vorschuß auf Anwesenheit, Zins für unerbetenes Darlehen. Aber wer das Sensenrädchen wieder angekurbelt hatte, sollte ich nicht fragen, da schnitt gleich das Schweigen seine Rätselgrimasse, Rechtsweg ausgeschlossen. Durfte mich nennen: Vogel auf der Stange, mit dem was demonstriert werden soll, das er selbst nicht versteht. Causae, da laß die Finger von, Namen genügen, und Schmerz will wie alles seinen Namen haben. Die Stempelmaschine wird schier nicht fertig mit dem Andrang, und alles droht gleich mit unabsehbarem Aufstand, falls ihm der Name verweigert wird, aber getauft, kuschelt es sich, verhält sich danach, ruft: Hier! wenn das Wort fällt, wuselt bloß noch im Untergrund.

Mich ärgerte die allerhöchste Maßnahme. Erst in siebeneinviertel Jahren wäre ich wieder dran gewesen. Aber irgend jemand im Himmel ist gegen Statistik. Noch versuchten wir die Ehre der Statistik zu retten.

Warten wir noch mit der Einlieferung, Herr Doktor.

Alissa rückte mit ihren Herbae an, Hyperici, Centauri, Absinthii, Equiseti, Folium Salivae, Cortex Frangulae wurden angerufen und erhörten uns nicht. Frecher ritten am Fenster die Mannschaften vom Lerchenberg vorbei. Helga mit auf- und abblühenden Pusteln, Szymaniak mit der Zunge, die die falschen Stellen peitscht im luftzerkauenden Lispelmund, Agathe mit dem Bleizahn, Tillyvon, die hygienische Hexe, führte die Kolonne, ritt singend auf Ampullen, denen sie kreischend die Glashälse absägte, voran, dirigierte den Chorus vom blitzblanken Boden und die weiße Litanei der Visitenprozession, die mit sich führte die gläserne Ente, die Klistierspritze, den Holzlöffel, das elektrische Messer und dergleichen Embleme. Aber ich war weder Hänsel noch Gretel, mich lockte sie nicht so leicht ins geißblattverwachsene Haus, das auf dem Lerchenberg lag und tat, als träume es. Stell Dir bloß den Triumphschrei vor, den Tillyvon zwar nicht ausstößt, dazu ist sie zu sehr Geheimrat, der ihr aber um so heftiger die Augen poliert, wenn sie Dir die Hand gibt wie man einem wieder eingefangenen Verbrecher die Handschellen umlegt. Uns entgeht keiner. Die Mühlen Gottes. Der Arm der Gerechtigkeit. Für dessen stärksten Muskel Tillyvon sich hält. Nein, lieber Dr. Sänger, wir warten noch. Und heimlich riefen wir Ponkraz herbei. Auch er triumphierte. Aber es war ein Triumph, der sich auf Allgemeines bezog. Er wurde doch offensichtlich in die Stadt gerufen, weil sie hier nicht mehr fertig wurden ohne ihn.

Seine Finger sind so breit wie lang. Andauernd wechselte er zwischen zwei Brillen und sah mit keiner. Ach hätte er wenigstens einen Hals gehabt, so hätte er mit dessen Hilfe den Kopf dahin bringen können, wo die Augen hinwollten. Aber sein Kopf saß zwischen hohen Epauletten, die er, um seinen wahren Rang zu verbergen, unter der Joppe trug. Meine Hand hochzuhieven gelang ihm. Aufmerksam las er darin. Sein Atem hat es schwer. Rede und Schweigen sind mit unzähligen Ah's und Aha's durchsetzt. Ein völlig vokalfrei hechelndes H ist seine persönlichste Verlautbarung,

egal, ob er nun gerade selbst spricht, also den eigenen Rede-
fluß stört, oder ob er zuhört und die Rede seines Patienten
damit zersetzt (hier ist das Wort von Dr. Fuchs einfach
nicht zu vermeiden).

Aus meiner Hand liest er fließend wie ein Fünftklässler:
Niere, ah, Niere, h, Milz, Leber, h, und Blinddarm, h, h, h,
und einen schönen Lungenschaden hatten Sie auch schon,
h, h, h. Ich verneinte. Aber nicht so scharf, daß sein Irrtum
hätte peinlich werden können. Eine Spur Erstaunen und
ein wenig Schrecken in meinem Gesicht sollten ihn ermuntern, freiweg weiterzudiagnostizieren. H, h, h, das Gastru-
lum ist auch, ah, und der Zwölffingerdarm, ahhhh (eine
weitere Kombination aus ah und seinem H), ein Ulcus
Duodeni, ja und die Bauchspeicheldrüse, h, h, h, h. Er wechselte die Untersuchungsmethode. Klemmte ein Vergröße-
rungsglas ins rechte Auge. Leider funktionierte seine Ta-
schenlampe nicht. Wir hatten auch keine. Es ging aber auch
so. Mein Auge war nicht weniger ergiebig als meine Hand-
fläche. Mit der gleichen Freude stieß er in der Topographie
meiner Iris auf die gleichen Krankheiten, die er jetzt schon
wie alte Bekannte mit herzlichem Zuruf begrüßte, nicht
ohne hinzuzufügen, daß die Einteilung der iridologischen
Reflexe nach Jos. Angerer sich wieder einmal prächtig be-
währe. Aber er wollte seinen beiden Methoden noch eine
dritte hinzufügen, die ordinärste, die von jedem Menschen-
arzt geübte, die des plumpen Abtastens. Neid und Bewunderung wurden in mir wach. Ich beschloß, von Ponkraz zu
lernen. Man untersucht mit Methode A. Aber man ist ein
Skeptiker und obendrein gründlich, also zieht man alle Ergebnisse noch einmal in Zweifel, verwirft sie, verabschiedet
sie, vergißt sie. Wir fangen völlig neu an.

Mal sehen, was Methode B erbringt. Und siehe da, was
zeigt sich, man muß es, wenn auch widerstrebend, zugeben,

daß sich die Symptome der Methode A, eins ums andere, wieder einstellen. Aber noch erlaubt man sich keine Sicherheit. Noch einmal vergessen wir alles. Methode C soll auch noch eine Chance haben. Und was sieht man? Wieder die gleichen Symptome. Es ist zu dumm. Man ist Skeptiker, ist mißtrauisch, Natur und Beruf haben einen dazu gemacht, aber was soll man tun, dreimal verschieden untersucht, dreimal die gleichen Resultate. Natürlich betete Ponkraz nicht dreimal die gleichen Worte herunter. Die drei Methoden erwiesen sich ganz deutlich als drei Standpunkte, und von jedem Standpunkt aus bot sich das Symptom in anderer Perspektive, aber es war das gleiche Symptom.

Moment noch, sagte Ponkraz, als ich die Decke über meinen blanken Bauch ziehen wollte. Seine Finger fuhren auf mich zu, mit aller, ihm fast den Atem benehmenden Gewalt drückte er seine Finger in meinen Bauch, daß sogar diese stumpfen Finger die Schärfe von Rasiermessern erhielten. Dann warf er plötzlich beide Hände in die Höhe, ließ den eingedrückten Bauch, so gut der dazu noch im Stande war, zurückspringen – nach meinem Gefühl mußte eine große Dalle bleiben –, und voller Spannung fragte er mich, ob ich in dem Augenblick, da er seine Hände hochgeworfen habe, ob ich in diesem Augenblick an der eingedrückten Stelle einen stechenden Schmerz empfunden habe.

Nun war aber eben dieser Augenblick für mich die Erlösung selbst gewesen, denn der rasiermesserscharfe Schmerz hatte in diesem Augenblick nachgelassen. Um seine Diagnose nicht auf falsche Fährten zu lenken, mußte ich sagen: nein, ganz im Gegenteil. Ich sagte das natürlich wieder so mild und höflich, daß keine Peinlichkeit aufkam zwischen uns. Hhhhhhhh, machte Ponkraz. Jetzt erst begriff ich, welche Funktion das vokalfreie H im Leben des Heil-Praktikers Ponkraz hatte. Mit diesem Hhhh konnte er dereinst dem lieben Gott antworten, wenn der ihm Sünden vorhalten wollte, und er konnte dem Teufel begegnen, wenn der ihm den Vorwurf machte, er habe zu wenig gesündigt.

In der Apotheke wurde meine Treue zu Ponkraz auf eine schwere Probe gestellt. Die Mädchen lächelten, zeigten einander, was er alles aufgeschrieben hatte. Ich schaute weg. Sie würden mich nicht dazu bewegen, gemeinsame Sache mit ihnen zu machen. Ponkraz hatte mich – so umsichtig war er –, gleich darauf aufmerksam gemacht, daß die Firmen, die die von ihm verordneten Mittel herstellten, leider noch keine guten Flaschenverschlüsse zu fabrizieren wüßten. Ich sollte mir ein Ledertäschchen anschaffen, in das ich alle Fläschchen aufrecht stellen könnte. Das hatte ich nicht beherzigt und wurde sofort dafür bestraft. Ein Beweis, daß es sich lohnte, Ponkraz zu gehorchen. Jetzt stand ich mit elf Fläschchen vor der Apotheke, ja, elf Fläschchen waren es und eine große Flasche und eine Tube und ein Röhrchen mit Dragees. Die elf Fläschchen teilte ich, divide, dachte ich, und steckte fünf in die linke und sechs in die rechte Rocktasche, weil ich Rechtshänder bin und hoffen durfte, ich würde mit der Rechten mehr von den kleinen Zappelwesen bändigen als mit der Linken. Gott sei Dank hatte ich Klavierspielen gelernt und war von Alissa immer wieder zum fingerübenden Spiel gezwungen worden.

Bis ich außer Sichtweite der lächerlichen Apothekerinnen war, ließ ich den Fläschchen noch ihren Willen. Dann hielt ich an und begann die Unterwerfung. Der erste Versuch: jeweils ein Fläschchen zwischen zwei Finger klemmen. Aber damit errang ich die Herrschaft nur über acht Fläschchen. Also mußten Daumen und Zeigefinger als die gewandtesten Finger die Verantwortung für zwei Fläschchen übernehmen. Das elfte steckte ich – Not macht listig – in das enge Brusttäschchen, in dem es sich nicht mehr rühren konnte.

Klopfenden Herzens tat ich den ersten Schritt. Sechs Fläschchen entkamen mir. Ich fing sie wieder ein. Ich spürte, daß meine Fingerspitzen feucht und klebrig wurden. Trauerte schon um Allium fallax, Nasturtium, Veronica, Juniperus communis, Carduus benedictus, Fragria vesca, Digitalis lanata, Arnica montana, Actaea racemosa, Dulcamara und Rubia tinctoria. Hielt wieder an, holte die Hände vorsichtig aus den Taschen, um wenigstens die Finger gleich ablecken zu können, aber so ist der Mensch, Einbildungen hat er: meine Finger waren noch makellos und trocken. Das spornte mich an, noch sorgfältiger zuzufassen, den gläsernen Aufrührern keine Bewegung mehr zu gestatten.

Erschöpft kam ich heim, setzte mich aber sofort über die graphische Darstellung, die ich zusammen mit Ponkraz entworfen hatte, die mir verraten sollte, zu welcher Stunde ich welche Medikamente einnehmen sollte. Wir hatten uns Mühe gegeben, die Stunden des Tages und die verschiedenen Mittel durch Linien, Flächen und Farben übersichtlich miteinander in Beziehung zu setzen. Wir hatten den Medikamenten einzelne Farben zugeordnet. Leider hatten die Grundfarben nicht ausgereicht. Also mußten wir Farbengruppierungen zu Hilfe nehmen. Die aber hätte ich lieber für die Tagesstunden reserviert, in denen ich eine Komposition von mehreren Mitteln zu nehmen hatte.

Es macht immer Mühe, ein Zeichensystem zu entwerfen und der Gebrauch dieses Systems ist am Anfang oft so schwierig, daß man sich wünscht, man hätte sich alle verkürzende, abbildende Arbeit erspart und wäre plump aufzählend, ohne jede Repräsentation verfahren. Ich begann, unser System zu erobern und schluckte jedes Tröpfchen, wann dieses Tröpfchen geschluckt sein wollte. Alissa hatte ihre Freude. Und ich konnte, als ich mich drei Wochen später auf dem Lerchenberg einlieferte, sagen: ich habe alles versucht. Aber zuerst machte Ponkraz noch einen letzten Versuch. Er machte ihn nachts. Ponkraz wollte beweisen, daß er das Sensenrad zum Stehen bringen würde. Spritzen in Hülle und Fülle hatte er mitgebracht. Und bei jeder Spritze versicherte er, daß sie absolut unschädlich sei und daß sie in dem und dem Fall in weniger als fünf, als sechs, als neun Minuten gewirkt habe. Länger als zehn Minuten hatte unter Ponkraz' Händen offensichtlich noch niemand leiden müssen. Und was hatte er schon alles abgewendet mit seinen Spritzen! Eine Zweiundachtzigjährige lag im Sterben, Asthmaanfälle schlimmsten Grades, nach zehn Minuten hatte sie geschlafen und am nächsten Tag hatte sie Spaziergänge auf die Hügel der Umgebung gemacht. Und der Vierundsiebzigjährige mit Speiseröhrenkrebs, von allen Ärzten aufgegeben, hatte am Tag nach Ponkraz' Spritzenbehandlung zwei heiße Pfannkuchen mit Kirschenkompott gegessen. Ach, es war schön, Ponkraz' Bericht von seinen Heilungen zuzuhören, während er die Kölbchen abfeilte, die Zylinder füllte, irgendwo in seiner Joppe auch noch ein vergilbtes Wattebäuschchen fand, das er in Weingeist tauchte, um mich damit zu betupfen. Mir ist, soweit ich mich erinnern kann, niemals etwas so schwer gefallen, wie jenes Geständnis, das ich Ponkraz machen mußte, daß nämlich mein Bauch unhöflich genug sei, sich von den wunderbaren Spritzen überhaupt nicht beeindrucken zu lassen. Ponkraz sah mich vorwurfsvoll an. Ich deutete, um Verständnis bittend, auf meinen Bauch. Da setzte er sich auf den Bettrand, drückte ihn tief hinab und holte zur feierlichsten Bemühung aus, die meinem Körper jemals widerfuhr. Dann bleibt nur noch die chinesische Akupunktur, sagte Ponkraz. Zuerst zählte er die Rippen von oben nach unten, linksseitig, stoppte bei der fünften Rippe, sagte ganz glücklich: das ist sie. Für seine doch sehr breiten Finger war das schon ein Erfolg, die fünfte Rippe auszumachen. Dann lotete er von der Achselhöhle aus einen Punkt auf dieser Rippe an, in diesen Punkt stach er mit der trockenen Nadel. Dann benutzte er seine Hand als Zirkel, schlug einen Kreis, legte Finger an Finger, tastete, arbeitete sich in die rechte Bauchhälfte hinüber und ermaß so den Zenith des rechten untersten Rippenbogens. Hier stieß er das zweite Mal zu. Ich war sicher, daß er die der Akupunktur zu Grunde liegende Geometrie in Einklang gebracht hatte mit seiner besonderen Fingerbreite und Handlänge. Der dritte Punkt verbarg sich in der linken Leistengegend. Selbst ein so erfahrener Akupunkteur wie Ponkraz mußte seinen Fingern immer wieder nachhören, um diesen Punkt zu entdecken. Er schaute dabei zur Zimmerdecke. Die Araber, sagte er, kennen diese drei Punkte auch. Sie legen auf diese drei Punkte glühende Schwefelkörner und erzielen damit die gleiche Wirkung. Ich war froh, daß Ponkraz kein Araber, sondern ein deutscher Heilpraktiker war, der es mit den Chinesen hielt und sich mit drei Stichen begnügte.

Sein Abschied war fröhlich. Er wußte, daß er mich unter dem magischen Dreieck, das er in mich eingestochen hatte, ruhig liegen lassen konnte. Kollegial plauderte er mit Alissa über Kräuterkompositionen, die gerade in ihm umgingen, und ließ uns noch einen Tee zurück, den er selbst erfunden hatte. Die Kräuter, sagte er zu Alissa, weil er annahm, nur sie wisse das als Expertin wirklich zu würdigen, die Kräuter stammen aus dem Atzengrund. Er hob den dicken, amputiert aussehenden Zeigefinger, krümmte die anderen Finger ein, um dem Zeigefinger eine aufmerksamkeiterregende Sonderstellung zu verschaffen, aber der

Zeigefinger brachte es nicht über sich, sich von seinen kurzen dicken Brüdern zu trennen. Wir wußten trotzdem, wie es gemeint war: aus dem Atzengrund, Frau Kristlein, selbst gepflückt! Und Alissas Augen füllten sich wieder mit Hoffnung. Die meinen trübten sich, als habe ein Förster hineingespuckt, als hätten sie einen toten Fuchs gesehen, einen jungen, verkleidet im Fohlenfell, flatternd als Taube via Helgoland-Manhattan-Libanon, Tristan-Airlines, trudelnd vor Stein und Stein, eine Stoori zuviel, storniert, bis wir uns wieder mal, falls die Konjunktion, das Äquinoktium, die Bahnen, sing perihel, non canteró più, bis, bis, bis, aber dem steht entgegen, daß sich alles, wie man hört, sobald es sich selbst überlassen ist, größerer Unordnung zu bewegt. Wahrscheinlich geschieht, weil das Wahrscheinliche zunimmt, das Wahrscheinliche. Der Kältetod. Mephisto zieht nach Ostberlin, um einer Anämie zuvorzukommen. Gretchen macht nach Tel Aviv züchtet eßbare Dahlien im Kibuz jenseits des Jordans viele siebzehn Jahre. Tristan, ÖTV, Fahrstuhlführer auf Helgoland, senkrecht rauf, senkrecht runter, die Möve sieht er, aber bei all dem Krach versteht er nicht, was sie schreit. Vielleicht heißt es: gerättättättätt.

Nach einer angemessenen Anstandsfrist, schrieb ich, unter andauernden Schmerzen, Herrn Ponkraz einen vor Dank vibrierenden, referenzreifen Brief, bat ihn, mir die Rechnung zu schicken, sagte zu Alissa, sie solle ihm, falls er noch einmal persönlich aufkreuze, mitteilen, ich sei, meiner durch ihn gewonnenen Gesundheit überfroh, gleich zu einer längeren Reise ausgeflogen; damit hatte ich meine Angelegenheiten geordnet, hatte dem treuen Ponkraz gegenüber jede Peinlichkeit vermieden und konnte mich, der Experimente müde, denen auf dem Lerchenberg in die Hände liefern.

Aber Tillyvon empfing mich nicht wie den wieder

eingefangenen Sträfling, das muß gesagt werden, sie schloß mich in ihre blauweiß gestreiften Oberschwesterarme, als wäre ich der verlorene Sohn, der reuige Sünder, der zurückkehrt, weil er eingesehen hat, daß Heil nur an Tillys Brustbrosche zu finden ist. Helga stand an der Küchentür und war sicher, daß ich sie nicht mehr kannte. So wenig weiß sie von ihren Pusteln. Sie errötete, als ich sie gleich mit dem Namen grüßte. Szymaniak führte eine klapprige Greisin den Gang entlang wie ein Kind, riß den Mund auf und winkte. Agathe benützte die Gelegenheit, mich abzutasten. Lachte und bewies mit lauter weißen Zähnen, daß sich auch im Krankenhaus etwas ändern kann. Der Bleizahn war fort. Gratuliere, wollte ich sagen, sagte aber bloß: hier hat sich wahrscheinlich auch mancherlei getan. Drei Zimmer stellte man mir zur Auswahl. Als Stammgast behandelte man mich. Tillyvon führte mich selbst von Zimmer zu Zimmer, eins davon Südseite. Es kommt darauf an, wer der Zweite ist. Keinen Aktiven a. D. bitte. Wie hieß er noch? Ach, der Herr Herkenrath, ja, der ist leider. Wurde noch bestrahlt, war aber schon zu weit. Ach. 152, Herr Inspektor Stegmüller. Herr Stegmüller leidet an einer Darmfistel. 137, Herr Bittkorf, Rechnungsrat a. D., Blasensache. 149, Herr Flintrop, ein Friseur, Herzschwäche. Hm. Darmfistel, Rechnungsrat, Blasensache, nein, Oberschwester, Blasensache nicht, dann schon zu Flintrop, Ehrensache, Herzenssache, den kenne ich nämlich. Da wird sich unser Opa freuen. Ihm fehlt sowieso die Ansprache. Den ganzen Tag spinnt er vor sich hin. Also bleibt es bei 149. Suse, 149 überziehen, aber dalli.

Wer?

Suse, unsere Lernschwester. Darfichvorstellen, Schwester Suse, Herr Kristlein.

Grüß Gott Schwester Suse.

7

Am hellen Tag zog ich die Schuhe unter Herrn Flintrops
sachverständigen Augen, zog ich, mitten im Tag, die Socken
vor seinen Zollbeamtenblicken, während der ungeduldig vor-
preschende Frühling sein Licht gleißend durch das riesige
Südfenster drosch, zog ich vor dem mißtrauischen Beobach-
ter die Hose, das Hemd vor ihm, weil dies sein Reich war,
weil ich seine Grenze passierte, das Unterhemd vor ihm,
dem der grelle Tag Licht noch und noch lieferte, und die
Unterhosen zog ich vor dem gnadenlosen Fachmann aus.
Sich am hellen Tag ausziehen zu müssen, stimmt ohnehin
nachdenklich. Die Erinnerung veranstaltete Wetterleuchten. Es roch nach Militär. Im Bett aber plötzlich wieder bei
Deinem Handrücken zu Gast, das Infinitesimale auslaufend
im kontinentweiten Fältchennetz, Grabensystem, das die
Poren verbindet. Endlich im Kloster. O Bruder Flintrop,
wäre ich nicht gern, doch, gern wäre ich Dir ein hülfreicher
Bettnachbar geworden, wenn Du nicht sobald Dein zartes
sopraniges Schnarchen und auch gleich noch das Atmen
aufgehört hättest.

Zuerst hielt er mich für einen Besucher, der herein-
kommt, sich ein halbes Stündchen demonstrativ seiner Gesundheit erfreut, um dann, unter Zurücklassung eines
Sträußchens und schwer verdaulichen Teekuchens, mit Mitleid heuchelndem Gesicht wieder abzuziehen und draußen
auf dem Gang gleich so aufzuatmen, daß man auch das
noch mitanhören muß. Einen Augenblick lang freute er
sich wirklich, als er hörte, ich bleibe. Da schwenkte der
lange Stangenhals das Gesicht vom Kissen hoch, gierig
fragte Flintrop: wie lang? Ich bin keine Stewardeß, kein
orthographiesicheres Mädel, Du lieber Himmel! Da lauerte
Herr Flintrop schon, wurde böse. Natürlich, mir könne man

noch helfen, aber sein Herz sei alt und müde. An unüber-
zeugtem Zuspruch, überzeugt vorgetragen, ließ ich es nicht
fehlen. Dankbar muß ich dabei der Besucher gedenken, die
mir halfen, Flintrops mürrische Klagen zu bändigen. Und
wenn Besucher ein Segen sind für ein Krankenzimmer,
dann war 149 wahrhaftig ein gesegnetes Zimmer. Fräulein
Bruhns pilgerte herauf, Josef-Heinrich trat leise herein,
Pawel und Frau Pawel gaben eine aufmunternde Vorstellung bei uns, Bert quittierte das Jammern seines alten
Chefs auch hier mit: ausgerechnet Bananen, Melitta, ja,
Melitta erschien, mir und ihm, Edmund und Sophie traten
verlegen näher, Alissa führte die Kinder fast täglich herein,
um mich daran zu erinnern, aber das ausfüllende, wach-
haltende, die Stundenschnecken zuverlässig zertrampelnde
Getrappel lieferten Flintrops Kollegen und Kolleginnen aus
dem Josefs-Spital, und das waren erfahrene Krankenhaus-
besucher, weil da doch immer wieder einer ausscherte und
plötzlich am Mittagstisch fehlte. Altersheim-Insassen bewachen einander, das lernte ich, einer ist des anderen
Schutzengel. Mit Flintrop hatten sie es allerdings nicht
leicht. Jedem zitierte er die Aussprüche des Professors. Und
wie er sie aus dem Zusammenhang herauszureißen wußte,
um sie zu entstellen! Wenn Fräulein Kranzler, die sich als
Flintrops Schutzgeist Nummer Eins, als treueste, aber auch
heftigste Besucherin erwies, wenn sie behauptete, er sehe
heute besser aus als gestern, dann fuhr er sie an, als sei sie
ein Lehrmädchen, das einen Spiegel zerbrochen hat, und
wiederholte noch einmal, daß der Professor gesagt hatte:
Ihr Appetit dürfte besser sein, Herr Flintrop, und fügte
hinzu, daß der Professor damit das wahre Übel übersehe,
denn das wahre Übel sei der Speiseröhrenkrampf, nicht das
Herz, ach das Herz, wissen Sie, das können die hier wieder
aufbauen, aber wenn die Speiseröhre den Dienst aufsagt,

was wollen Sie da tun? Nur spastisch, habe der Röntgenfacharzt gesagt, ganz sicher kein Krebs, aber was hilft das
Herrn Flintrop, wenn er schon vor dem Essen Angst hat,
daß die Speiseröhre gleich wieder rebellisch werden wird,
daß die bloß darauf wartet, bis man ihr den ersten Bissen
anbietet, um ihn dann in die Zange zu nehmen, hinauf
damit oder hinunter, Herr Flintrop weiß sich nicht mehr
zu helfen, das, Fräulein Kranzler, ist sein wahres Übel, das,
sagt er, wird ihn unter die Erde bringen, nicht das Herz,
ach, das Herz, wissen Sie, da gibt es Mittel. Sie haben doch
hoffentlich nichts mitgebracht, Fräulein Kranzler. O kaum
der Rede wert, ein paar Äpfel, Eier, zwei Bananen. Jedes
Mal stöhnt dann Herr Flintrop und sagt: nein, nein, es hat
doch keinen Sinn. Fräulein Kranzler sagt kalt: dann nehm'
ichs wieder mit. Grob befiehlt Flintrop: jetzt haben Sie's
schon heraufgeschleppt, dann lassen Sie's in Gottes Namen
da. Und am nächsten Tag hüpft Fräulein Kranzler wieder
herein, frech wie ein Spatz, überhaupt eine Spatzennatur,
lacht, schwätzt, schilpt, wirft Herrn Flintrop vor, er sehe
prächtig aus, er sagt, aber die Spasmen, kein Krebs, aber
Spasmen, der Röntgenfacharzt, funktionelle Störungen,
dann nehm' ichs wieder mit, und nimmt es nicht mit und
leert noch rasch ihren Kropf, triumphiert über die zerfal-
lenen, verbrauchten Witwen, ist bei den Altersheimjung-
gesellen die begehrteste Frau, endlich kann sie's denen, den
Witwen und Witwern und Junggesellen, einmal zeigen.
Stellt drunten Flintrops Blumenstöcke auf den Balkon,
wenn sie Regen spürt. Einer bekommt allerdings, muß sie
gestehen, schon gelbe Spitzen. Aber sie wirft ihn nicht, wie
Flintrop schwermütig befiehlt, auf den Komposthaufen. Sie
will ihn retten, erhalten, bis Flintrop wieder kommt. Er
kommt nicht mehr, sagt Flintrop, nie mehr. So sehen Sie
aus, schilpt sie. Ohne ihn langweilt sie sich steinemäßig. Da

lächelt er, will noch mehr hören. Amtmann Gamshofer sei doch so ein guter Gesellschafter, sagt er, weil er weiß, daß Amtmann Gamshofer ein trockener gesprächsfeindlicher Mann ist, und sie bestätigt ihm das. Er fehlt ihr wirklich. Mit wem kann sie sich denn sonst über Shakespeare unterhalten? Wer hat Interesse für Pilze und Berge über 3000 Meter? Doch nur Herr Flintrop. Ach wenn der Vikar nicht manchmal käme, es wäre nicht zum Aushalten. Gestern habe er wieder Meerstern ich Dich grüße verlangt, aber sie wollten einfach nicht, und der Vikar, der Lausbub, nichts da, das wird gesungen, hat er gesagt, ja, aber jetzt muß sie gehen, sie muß noch in die Gärtnerei, einen Blumentopf holen und in die Leihbücherei, weil ihr die Hausbibliothek zu brav ist. Was bleibt mir anderes übrig, sagt sie, auf seine alten Tage muß man noch zur Schmugglerin werden, wenn man was Deftiges lesen will, da klemmt sie schon in der Tür, schrillt noch, daß sie sich gräßlich auf Flintrops Rückkehr freue, und fort ist sie, ein paar graubraune Federn taumeln zu Boden.

Keine der Alten bleibt länger als zehn, fünfzehn Minuten, dann ist ihr Kopf leer. Mehr können sie nicht mehr halten und mit sich führen. Darum müssen sie verhältnismäßig oft den Gesprächsort wechseln.

Die Herren sind da ganz anders. Amtmann Gamshofer zum Beispiel, ein Mann, der sein Leben schon von Anfang an auf eine Dauer von 90 Jahren kalkuliert und eingeteilt hat, – und er täuschte sich nicht; sich zu täuschen, paßt nicht zu Amtmann Gamshofer –, er braucht, bis er eingetreten ist, bis er sich gesetzt hat, bis er sitzt, bis er den Mund aufmacht, so lange wie die alten Damen für ihren ganzen Besuch. Nicht etwa, weil Amtmann Gamshofer sich nur noch vorsichtig bewegen könnte vor Gebrechlichkeit, oder weil er eine langsame Art hätte, weil er etwa, was

Fräulein Kranzler, die Quicke, ganz zu unrecht von sich selbst behauptet, eine lahme Amsel wäre; Fräulein Kranzler sagt das, weil ihr kleiner Körper wahrscheinlich immer schon zu träge, zu schwer, zu knochenreich und flügelarm war für ihr Vogeltemperament und ihren zum Hüpfen veranlagten Geist; Amtmann Gamshofer ist weder gebrechlich noch eine lahme Amsel, er legt durch seine Lebensart lediglich den Gedanken nahe, daß alles seine Zeit braucht. Auf diesen Gedanken nicht zu kommen, macht er allerdings unmöglich.

So wie jeder bei der ersten Erwähnung des Kanabuh die Petroleum-Funzeln dazudenkt, so stiftet er die Knickerbokker für den Herrn Amtmann. Auch das schillernde, blickverwirrende, musterlose, Pfeffer und Salz grob mischende Tweed-Sakko ist aus jener Zeit. Der Amtmann trug, wie alle richtigen Greise, die Mode der Jahre, in denen er sich zum letzten Mal etwas Neues anschaffte. Wie diese Kleider dann noch Jahrzehnte lang getragen werden, ohne daß sich an ihnen etwas ändert, wie sie sich halten, solang sich ihr Besitzer hält – was natürlich nur für die mageren Alten gilt, für die ordentlichen Bürger, nicht aber für sabbernde Säufer –, so scheinen sich auch die Alten selbst zwischen 65 und 85 kaum noch zu verändern. Es ist, als weigerten sie sich, noch einen Schritt weiter nach vorne zu tun. So dachte ich, bevor ich Flintrops Kollegen und Kolleginnen kennenlernte. Onkel Gallus war mir zwanzig, dreißig Jahre lang immer gleich erschienen. Die Altersheimkollegen jedoch entdeckten aneinander jeden Tag neue Veränderungen. Offensichtlich hatte ich keinen Blick für die feinen Eingriffe, die das höhere Alter täglich an einem Menschen vornimmt, um aus ihm immer genauer das endgültige Gesicht herauszumodellieren. Mir waren sie fremd wie die Chinesen, die wir ja auch nicht voneinander unterscheiden können und deshalb meinen, sie trügen alle ein einziges Gesicht.

Nehmen wir, weil wir nicht soviel Zeit haben wie der achtundachtzigjährige Gamshofer, nehmen wir an, er habe sich schon gesetzt, sitze sogar schon, dann erfahren wir von ihm, wie tief das Baggerloch für den Sparkassenbau neben der Markuskirche inzwischen ist. Flintrop hat reichlich Zeit, aus dieser Mitteilung seine Folgerungen zu ziehen. Eine davon ist, daß diese Tiefe mit geplanten unterirdischen Stahlschränken zusammenhänge. Ob Amtmann Gamshofer anderer Ansicht ist, verrät er nicht. Sein Schweigen kann aber auch nicht als Zustimmung aufgefaßt werden. So leicht darf man es sich mit einem Achtundachtzigjährigen nicht machen. Die Frage, die man in Gedanken an Amtmann Gamshofer stellte, um zu erfahren, was er selbst von dieser offensichtlich auf den Erdkern zielenden Baugrube halte, beantwortet er durch den nächsten Satz — die Zeit dazwischen überspringen wir —, in dem er mitteilt, daß jetzt die Krokusse rauskommen. Wer da verblüfft fragt: in der Baugrube? der beweist dadurch nur, daß er sich noch nie mit Amtmann Gamshofer unterhalten hat. Flintrop fragte nicht so, er fragte: die gelben? Der Amtmann sagte: nein, die blauen. Auf dem Hardenbergplatz steht jetzt auch ein Polizist, sagte der Amtmann später. Noch später sagte er: die Brücke über den Kanal ist auf dem dritten Pfeiler angelangt. Ich glaube nicht, daß je ein Zuhörer Gamshofers einen seiner Sätze wieder vergessen kann. Die Pausen, in denen diese Sätze stattfanden, sich ereigneten, als niemand mehr auf sie gehofft hätte, die wurden zu Felsplateaus, auf denen, in Stein gehauen, Wort für Wort unsterblich wurde.

Die Bergbrauerei fährt jetzt nur noch mit Motorwagen, sagte er. Der Kalterer-See in der Walhalla ist jetzt auf einsvierzig.

Mein Gott, dachte ich, und da geben sich die Chefs der Geheimdienste immer noch mit flatterhaften Jugendlichen ab. Warum beschäftigen sie nicht diese Herrn von äußerster Zuverlässigkeit. Flintrops Kollegen erschienen mir als eine neue Rasse, als ein unentdeckter Stamm, ein Völkchen, das unerkannt in der Stadt herumläuft, unauffällig aufgesplittert in winzige Grüppchen, alles bemerken sie, alles tragen sie ins Altersheim oder ans Krankenbett, da kommt ein Fundus von Nachrichten zustande, der seinesgleichen nicht hat.

Und, wenn ich fragen darf, wie geht es Ihnen heute?

Das war immer des Amtmanns letzter Satz. Danach wollte er oder konnte er nichts mehr sagen, denn jetzt war Flintrop dran, mit dem Herzen, das nicht das wahre Übel ist.

Obwohl nicht eine einzige dieser Klagen der Wahrheit entsprach, denn Flintrop aß trotz seiner widerspenstigen Speiseröhre dreimal soviel wie ich, so fand ich seine Klagen insgesamt doch höchst berechtigt. Nichts von dem, was er sagte, stimmte, und trotzdem log er nicht ein einziges Mal, wenn er jammerte, wie schlecht es ihm gehe. Er hat wahrscheinlich nur die falschen Worte gewählt für sein Lied, aber die Melodie, die vierzehn Tage später zur letzten Note fand, hatte schon den richtigen Ton. Wenn ich von einer 13/18-Aufnahme oder von der noch kostspieligeren und trotzdem keine freundlichere Diagnose liefernden 18/24 zurückkam, oder wenn ich auch bloß mein Wasser in den Glaskrug geschüttet hatte, der auf dem Fenstersims im Clo stand und meine Farbe süßmostbraun vertrat gegen die Glaskrüge von Schnack Aug. und Frau Roser — Frau Rosers stand links, der von Schnack Aug. rechts, zwei Herrschaften, die ich lediglich durch ihren Urin kennengelernt habe, die auch von mir nichts als eine allmählich heller werdende

Farbe erfahren haben, die, wie ich, jedesmal an der Clotür gedacht haben mögen: lächerlich, diese schülerhaften Namensschildchen, als kennten wir nicht unsere eigene Farbe, das prahlerisch brilliante Rostrot von Schnack Aug., gelbbraun, recht trüb und immer trüber werdend das Exkrement von Frau Roser –, wenn ich von solchen Stationen meiner Untersuchungs-Passion zurückkehrte und Herr Flintrop sein Rätsel sinken ließ – immer häufiger legte er den Shakespeare oder *Nepal, ein Sommer am Rande der Welt* aufs Nachttischchen und grub sich in die Rätselwaben, als müsse er sein erlöschendes Leben dazu verwenden, noch möglichst viele Rätsel zu lösen, als habe er Angst, er könne in einer anderen Welt bestraft werden, wenn er *deutscher Fabeldichter gest.* ohne Gellert gelassen habe –, dann schaute er mich so böse an wie mich selbst Edmund nie angeschaut hat: seine Augen lagen auf den Unterlidern wie zwei völlig selbständige Tiere, die zwar nicht auf einen zuspringen werden, die einen aber durch bloßes Anschauen viel schlimmer zurichten; und seine Haut, die ihren berufsbedingten Kardinalschimmer in Beige-Rosa verloren hatte, wurde deutlich blauer; es war eine Art Wut, die ich ihm nicht auszureden vermochte, auch wenn ich die Ergebnisse der letzten Röntgenaufnahmen, der fraktionellen Magenaushebrung und der Urinuntersuchungen so schilderte, als sei jetzt an meiner Unheilbarkeit kaum mehr zu zweifeln.

Ihnen kann man noch helfen, in zwei Monaten liegen Sie wieder im Nordbad, geben Sie's doch zu.

Verlegen tappte ich an sein Bett, tat, als sei ich Bahlsen selbst, scheuchte ihn wieder in den Kreuzworträtselkäfig, *tiefe Kniegeige*, könnte das nicht …

Das wirkte immer. Nicht, schrie er mit viel mehr Kraft als er hatte, nicht sagen! Das gilt nicht!

Und schon bohrte er den Bleistift in die blaue Unterlippe, denn er hatte sämtliche Celli der Welt längst vergessen und sann ihnen vergeblich nach. Bis er wieder einschlief.

Sein Schlaf beunruhigte mich mehr als alle seine Klagen. Dabei rühmte er nichts so sehr wie seinen Schlaf. Damit prahlte er. Sein Schlaf, in den er zu jeder Zeit verfallen könne, das sei seine einzige Hoffnung, nicht einmal Amtmann Gamshofer habe einen solchen Schlaf, obwohl der Amtmann noch ohne Mühe einen zweistündigen Fußmarsch schaffe, aber in der Fähigkeit zu schlafen, wann er wolle, übertreffe er, Flintrop, das ganze Josefs-Spital.

Als ich ihn zum ersten Mal so abgrundtief schlafen sah, glaubte ich ihm seine Klagen, weil ich mir zum ersten Mal vorstellen konnte, wie er danach aussehen würde. Hier holte sich das, was man Tod nennt, einen Vorschuß. Eine Kostümprobe oder vielleicht schon eine Generalprobe wurde hier veranstaltet. Eigentlich saß alles. Manches wirkte sogar schon überprobt. Wenn ich noch wissen wollte, ob er beim Schwandbauer das Birkenwasser abgeholt hatte, ob er es war, der von der Restaurationsterrasse aus seine Tochter Melitta beobachtet hatte, viel Zeit, diese Frage zu stellen, blieb nicht mehr. Aber ich war doch sicher, daß er es war, daß sie es war, warum also diese Sicherheit noch auf's Spiel setzen? Die Antwort einem schwindenden Hirn überlassen, das alle Celli seines Lebens vergessen hatte und nicht einmal durch *tiefe Kniegeige* daran erinnert wurde? Andererseits, eine Sicherheit, die man nicht auf's Spiel setzen kann, ist nichts wert. Soll er antworten, was er will. Josef-Heinrich hat Melitta den Rest gegeben, und falls ich noch einmal ins Erdloch vor Brünn gesteckt und im Morgengrauen an eine Tunnelmauer gestellt und in einen transkaukasischen Schafstall gesperrt und unter die Sohle des Wan-Sees in einen Dauer-Trief-Regen kommandiert werden sollte, dann würde ich mir eben eine Kopie aus Susanne und Alissa als Licht, Vexierbild und letzte Ölung erscheinen lassen, obwohl ich nicht sicher bin, ob Susanne und Alissa aus dem Stoff sind, aus dem Erscheinungen sind. Sei's drum, dann krepieren wir eben ohne Erscheinung. Ich war neugierig. Ich mußte ihn fragen. Der Krankenhausfriseur, der aus Angst vor der gestrengen Tillyvon, nie wagte seine werkzeughaltige Tasche auch nur auf den Stuhl zu stellen, der jedes Härchen, das er uns abschnitt, kniend mit Mund und Nase vom spiegelnden Boden saugte, weil Tillyvon immer hinter ihm her war, ihrerseits kniete, wo er gekniet hatte, ihrerseits saugte, wo er gesaugt hatte, und wehe dem Friseur, wenn ihr in Mund oder Nase ein Härchen hängen blieb, der Krankenhausfriseur, der von Zimmer zu Zimmer zog, auf daß jeder, falls es passierte, mit gutem Haarschnitt vor seinen ewigen Richter träte – es sollen drüben ja strenge Maßstäbe angelegt werden –, der schüchterne, im Umgang mit robusten oder bösartigen Todeskandidaten mutlos gewordene Krankenhausfriseur lieferte mir einen günstigen Übergang zu einem Gespräch über Haarpflege. Als Flintrop dem fünfzigjährigen Männlein bescheinigt hatte, daß es gut daran tue, sein Handwerk konkurrenzlos an hilflosen Kranken zu treiben, in seinem Salon hätte er so einen Stufenschneider nie geduldet, als Herr Flintrop das Männlein, das lächelte, als würden ihm Komplimente gemacht, so verabschiedet hatte, fragte ich, ob Birkenhaarwasser immer noch empfehlenswert sei. Er hielt mir einen Vortrag, der mir zeigte, daß ich genauer zielen mußte. Ob er sein Haarwasser selbst bereite, Birken gebe es doch genug. Auch früher nicht? Das komme mir komisch vor, weil ich doch aus Ramsegg sei, eine Ortschaft, die er wahrscheinlich gar nicht kenne, und in Ramsegg der Friseur habe immer selbst die Birken angezapft. Flintrop zeigte, daß er jenen Friseur verachte. Mein Bett sackte durch alle Stockwerke hindurch mindestens bis in die Tiefe der Baugrube neben der Markuskirche. Egal, egal, Melitta vorbei, Trugbild schon immer. Sie hat ihren Dienst trotzdem getan. Hättest Du nicht gefragt, siehst Du! War auf jeden Fall ne Art Melitta, damals. Wäre natürlich schöner gewesen, ein und dieselbe, eine einzige Melitta. Und als ich mich schon auf einen lebenslänglichen Revisionsprozeß vorbereitete, sagte Flintrop: ach, aus Ramsegg sind Sie, da bin ich früher auch hingekommen, bin ja viel gewandert, den Oberen Murrwald entlang, Hangnach zu, über den Hangnacher Berg, besonders in Steinpilzjahren, als meine Frau noch, lange her, es gab Sonntage, da schleppten wir zwanzig Kilo heim, Melitta machte sich eine Tasche aus ihrem Schal, Champignons haben wir gar nicht mehr angeschaut, aber Steinpilze, im Hangnacher Wald, im September, das ist der Monat der Steinpilze, schöne September hatten wir, zwanzig Kilo keine Seltenheit, und dann sind wir in Ramsegg wieder in den Zug, so um sechs fuhr da einer, Melitta schenkte einmal ihre ganze Ladung einem kleinen Jungen, das hätte der Vater von dem Jungen nicht dulden dürfen, finden Sie nicht? Ich konnte mich natürlich nicht einmischen, aber geärgert hat's mich doch, wenn man den ganzen Tag gesammelt hat, verstehen Sie. Aber wir konnten sie ja doch nicht alle selber essen. Älter als einen Tag darf man sie nicht werden lassen. Melitta ist einfach zu gut. Gott sei Dank hat sie jetzt mit dem Verheirateten Schluß gemacht. Mein Gott, was haben wir Steinpilze heimtransportiert.

Lerne einen Menschen kennen! Die mir zurückgegebene, sogar als Septembergabe zurückgegebene Melitta — hatte also auch sie den September ausgesucht, um mich, in einem

Steinpilzjahr, für immer zu impfen –, sie war mir nicht willkommen. Lieber den lebenslänglichen Revisionsprozeß, dachte ich jetzt, lieber ein Gespinst aus mir selbst, sonst muß ich nämlich Josef-Heinrich doch noch umbringen, weil es einfach zuviel ist, diese Melitta mit weißer Haut und Kupferhaaren im 14. Stockwerk unter den aus Leitzordnern glotzenden Objektiven zu wissen, da liegt zuviel von mir auf dem gelben Ledersofa, und auch noch Erich, nein, sag, daß ihr eure Steinpilze in Grönland oder in der Sahara gepflückt habt, ich glaube alles, aber sag, daß ihr niemals in Ramsegg gewesen seid.

Und da hatte ich immer geglaubt, ich sei sicher, daß das am Kastanienbaum Melitta gewesen sei. Jetzt wußte ich erst, wie das ist, wenn man etwas sicher weiß. Es ist eine Verhaftung, Einkerkerung, eine Lähmung ist es, Bleiplatten regnen auf jemanden, der sich für einen Vogel halten durfte, alles Wasser der Welt verdunstet im Nu und übrig bleibt auf steinhartem Sand ein einziger Fisch, ein Plakat auf dem glanzlosen Bauch: und ich war ein fliegender Sänger, hütet euch vor mir und vor Nachrichten. Hat Eratosthenes sich umgebracht, als er wußte, daß man alles vermessen konnte? Cleverlein, wie ist das mit den Ahnungen? Warum blieb Onkel Herbert in Budapest? Weil er nichts ahnte. Er wußte bloß. Und Alissa wußte nie was und war immer ganz sicher. Cleverlein, ab mit Dir ins Josefs-Spital, Du darfst Dich als emeritiert betrachten.

Fräulein Bruhns schleppte auf schweren Beinen ihr trostreiches Schicksal ins Zimmer und hinderte mich vorerst daran, noch weiter in die agnostische Dunkelkammer hineinzuturnen. Herr Flintrop ließ nichts unversucht, um meine Besucher zu seinen Besuchern zu machen. Seine Rätsel ließ er ungelöst und lauerte auf eine Gelegenheit, um einzuhaken, tat dabei, als sei er an unserem Gespräch interessiert, aber sobald man ihn zugelassen hatte, wurde er unverschämt wie jenes Tier, das beim anderen ein Winterlager gefunden hatte und nachher den Gastgeber verdrängte. Letzten Endes kam es ihm nur darauf an, sein Klagelied einmal vor ganz neuen Ohren zu singen. Ein Entjungferungsinstinkt, dem er da folgte.

Aber in Fräulein Bruhns geriet er an die Falsche. Fräulein Bruhns schleppt sich nicht in ein Zimmer, um Klagen anzuhören, sondern um selbst zu klagen. Sie gestattete zwar Herrn Flintrop, sich in unser Gespräch zu mischen, aber nur, um einen Zuhörer mehr zu haben. Da war Herr Flintrop schön hereingefallen. Zuhören mußte er wie ich. Ich hatte nichts anderes erwartet, aber der arme Flintrop machte ein jämmerliches Gesicht, als Fräulein Bruhns mit überlegenem Atem loslegte und uns schilderte, wie ihr am letzten Wochenende mitgespielt worden war. Pschygode, die Neue, ihre zähneentblößende Mörderin, hatte ihr am Samstagvormittag die Karten gelegt. Nachträglich ist es Fräulein Bruhns klar geworden, daß das ein Trick war, um übers Wochenende in den Besitz der Bruhns'schen Wohnung zu gelangen. Eine kleine Reise lag in den Karten, eine Reise, die Fräulein Bruhns schon öfters getan habe, Herzkönig flatterte über dem Zug, Pik-Bube kündigte eine große Veränderung an und Karo versprach Geld, nicht sehr viel Geld, aber viel Geld, Voraussetzung sei allerdings die kleine Reise. Kurzum, nach Altötting schickte Pschygode die Bruhns. Und das Fräulein glühte auf, rannte zwanzigjährig aus dem Brool-Haus, kaufte an blauen Kittelchen und Strampelhöschen, was sie gerade verkraften konnte, weil sie immer, wenn sie sich aufregt, Babywäsche kaufen muß, da kann sie nun mal nichts machen, und fuhr nach Altötting, hatte der Pschygode, die das Gespräch nachträglich noch darauf gebracht hatte, rasch noch den Wohnungsschlüssel ausgehändigt und viel Vergnügen gewünscht, danke gleichfalls, hatte die Kartenlegerin zwinkernd zurückgerufen. Im Zug musterte die Bruhns jeden Eintredenden, ob er der Herzkönig sei. Einer hatte so einen Kopf. Keine Krone zwar, aber die Gesichtsform. Der stieg schon zwei Stationen später wieder aus. Nun, sagte sich Fräulein Bruhns, man darf es nicht zu direkt verstehen, eine große Veränderung, das will seine Zeit haben, es muß sich zuerst vorbereiten, vielleicht kommt es jetzt lediglich zu einem Blickwechsel, der sich später auszahlt. Nervös kam sie an, noch nervöser wurde sie, als die Schwägerin gleich zu Anfang sagte, bei ihr sei wieder etwas unterwegs. Als wäre die Erde noch nicht genug übervölkert, dachte Fräulein Bruhns. Sie hatte keine Lust, sich lange mit der Schwägerin zu unterhalten, rannte gleich hinauf, um die gekauften Kittelchen und Strampelhöschen auf die einzelnen Stapel zu verteilen, und das süße kleine Wäschezeug glattzustreichen und zu streicheln, bis es atmete und nach der Flasche schrie, dabei würde sie überlegen, wie sie der Verheißung am besten in die Hände arbeiten könnte. Gehe hin, hatte die Pschygode, die vielleicht doch ein Engel war, gesagt. Aber welch ein Anblick bot sich Fräulein Bruhns in ihrem seit Jahrzehnten gehüteten Zimmer, das ihre wahre Schatzkammer war? Leer war die Schatzkammer, ausgeraubt. Und schon hörte sie hinter sich die Schwägerin. Um drehte sich Fräulein Bruhns. Die Schwägerin lächelte und sagte, man habe das Zeug auf den Dachboden geschafft, denn wenn das, was unterwegs sei, eintreffe, und ihr Bauch maulte mit, das sei schon bald, dann müsse Christine aus dem elterlichen Schlafzimmer hinaus ins Kinderzimmer und Erna, die jetzt doch vierzehn sei, müsse herauf in dieses Zimmer. Es hat doch keinen Sinn, dieses Zimmer für alle Zeit zu einem Lagerplatz für Wäsche zu machen, die sowieso nie gebraucht wird. Das hätte die Schwägerin mit ihrem dicken Bauch nicht sagen sollen, das empörte Fräulein Bruhns, das wußte sie selbst, das mußte ihr niemand vorhalten. Noch beherrschte sie sich, rannte, als schrieen droben ihre Kinder, die enge Dachbodentreppe hinauf, hörte die Schwägerin wieder hinter sich, sah die Wäschestapel aufgebeugt unter den groben schrägen Dachplatten, wenn der Bruder wenigstens den Schrank heraufgeschafft hätte, fragte nach dem Schrank, erhielt wieder so eine freche Antwort, sah allen Staub der Zukunft und Kälte und Hitze und Feuchtigkeit über ihren Schatz herfallen, da verschwamm es ihr vor den Augen und sie schlug ihre Schwägerin. Das gibt sie zu. Sie hat zuerst geschlagen. Der Bruder trennte die beiden, als es immer noch unentschieden war. Die Schwägerin war zwar jünger, aber sie wagte, ihres Bauches wegen, nicht allzuviel. Mit zwei Kratzwunden im Gesicht fuhr Fräulein Bruhns weinend und, wie sie sagte, für immer aus Altötting fort. Nur Bruder Konrads Geist begleitete sie. Kein Herzkönig erbot sich, ihn abzulösen. Nicht einmal ein Pik-Bube. Aber noch hatte sie nicht alles hinter sich. Als sie mit ihrem zweiten Schlüssel leise öffnet, sie hatte alles vergessen vor Schreck und Enttäuschung, wen trifft sie da in schamlosem Zustand an: Pschygode und den dicken Moser. Nein, wissen Sie.

Ich weiß nicht, ob Herr Flintrop, der sich zuletzt doch in die Zuhörerrolle fügte, so empört sein konnte wie Fräulein Bruhns und ich. Diese Pschygode, die ihren Träger langsam unter die ärmellose Bluse zurückschob, die einen bloß anschaute, um eine Kapitulation entgegenzunehmen! Für einen Engel habe ich sie nie gehalten, sagte Fräulein Bruhns, ich auch nicht, pflichtete ich sofort bei, aber das hätte ich doch nicht gedacht, ich auch nicht, pflichtete ich noch einmal bei. Ich wußte es, sagte Fräulein Bruhns feierlich, daß Sie darüber auch nicht anders denken können als ich. Und stellen Sie sich vor, Moser, Moser himself, sagte Fräulein Bruhns und verfiel in die Sprache ihrer Träume. Ja, sagte ich, Moser, man kann sich das kaum vorstellen.

Man muß es gesehen haben, sagte Fräulein Bruhns.

Wahrscheinlich, sagte ich.

Aber welch eine Kartenlegerin, dachte ich. Hat sie nicht große Veränderungen prophezeit! Und Fräulein Bruhns will jetzt auch noch kündigen. Keine Stunde bleibt sie da, Sie überlegt sich bloß noch, ob sie nicht Frau Moser verständigen soll, um der Kleinen die Suppe noch zu versalzen. Also, wenn sie nicht wüßte, daß Frau Moser Knoten in der Brust hat, wüßte sie sofort, was sie zu tun hätte. Aber so. Man weiß eben doch nie, wie sie das dann aufnehmen wird.

Ein trübes mehliges Wölkchen sank zu Boden, als Fräulein Bruhns die Tür schloß, nachdem sie einen letzten, unsere Schicksalsgenossenschaft endgültig besiegelnden Schwereblick auf mich geladen hatte. Sie atmete draußen nicht beleidigend auf wie die anderen Gesunden. Man spürte förmlich, daß sie uns noch tagelang seufzend treu sein würde.

Herr Flintrop, der es mir übel nahm, daß Fräulein Bruhns ihn seine funktionellen Störungen nicht hatte vortragen lassen, rächte sich am nächsten Morgen. Er löste keine Rätsel, ließ Nepal am Rande der Welt liegen, Shakespeare mußte den Märzmorgen in der engen Schublade verdämmern, nicht einmal seine Morgenpredigt hielt mir Herr Flintrop. Jene Predigt, die er mir schon in seinem Salon gehalten, die sich inzwischen, weil keine Kunden mehr drängten, keine Tochter ihn unterbrach, ausgewachsen hatte zu einem medizinisch durchsetzten Klagegesang, der so lang war wie das Buch Hiob und Lears Tragödie zusammen, der aber immer noch dem Satz huldigte, das einzige Vorrecht des Menschen sei es, schon bessere Tage gesehen zu haben. Flintrop kämmte seine paar Haare in alle möglichen Richtungen über das vortretende Gebein, sie reichten nicht aus. Zu mir schaute er nicht herüber. Das war eine Absage. Das hieß: ich brauche Sie nicht. Ich genüge mir selbst. Nur kurz vor dem Mittagessen sagte er: heute kommt sie. Er nahm doppelt soviel Atropin wie sonst, obwohl die geschmähte Speiseröhre seit Tagen alles, was er ihr anbot, geduldig hinunterschlang. Jede Bewegung, jeden Blick benutzte er, um mir einzutrichtern: mein Besuch ist mein Besuch, Sie werden nicht so taktlos sein, sich da hineinzumischen. Seine Feindseligkeit ging soweit wie am ersten Tag, als ihn die Visite des Professors belehrt hatte, daß die Zeit, die der Professor einem Zimmer zur Verfügung stellen kann, immer gleich bleibt, daß Flintrop also in Zukunft die dem Zimmer 149 zugemessene Visitenzeit mit mir zu teilen haben würde. Ich weiß nicht, ob er dann nachrechnete und feststellte, daß er von jetzt an die Hälfte des Visitenhonorars bezahlen würde, ohne dafür etwas zu bekommen, oder ob er einfach ärgerlich, verstimmt und traurig war, weil nun die hohe Zeit des Kranken, die Zeit, in der der Professor nur ihm gehört, durch meine Schuld auf die Hälfte zusammenschrumpfte. Er eroberte sich von meiner Hälfte zwar täglich wieder eine Hälfte zurück. Aber daß der Professor auch vor meinem Bett kurz stehen blieb, um einen Blick in den vom Assistenten gewandt entrollten, vielfarbigen, mein Wohl und Wehe demonstrierenden Behandlungs-Schlachtplan zu werfen, auf dem sich die Äskulapnattern in farbigen Kurven einem unbekannten Ziel zuwanden, das, und den Satz des Professors: gehen wir mit Megaphen zurück, konnte Flintrop doch nicht verhindern. Um ihn nicht ganz zu verstimmen,

belästigte ich den Professor nicht auch noch mit Fragen,
fand mich damit ab, mein krankenübliches Mitteilungs-
bedürfnis an Assistentenohren zu sättigen. Das war schon
ein Verzicht, lieber Flintrop. Aber ein bescheidener Ausgleich für diesen Verzicht auf die Ohren des Allerhöchsten
wurde mir doch zuteil. Den Assistenten, die noch jünger
und kleiner, also uns Menschen noch viel näher sind – ihre
Ohren machten einen geradezu erreichbaren Eindruck –
ihnen war noch erlaubt, was dem Professor längst verboten
war, sie durften dem mitteilungssüchtigen Kranken noch
die Illusion vermitteln, sie hörten ihm zu. Nun gebe ich
gerne zu, daß es trotzdem heilsamer ist, fünf Worte in ferne
und nur noch zum Schein vorhandene Ohrmuscheln eines
Professors hinaufzurufen, als fünfzig Worte lang auf einen
Assistenten einzureden, der uns immerzu beweisen will,
daß er auch bloß ein Mensch sei, was er sich selbst so wenig
glaubt wie wir ihm.

Die Ärzte werden vom Kranken dafür honoriert, daß sie
ihm ihr Ohr hinhalten und dann wieder in einer Sprache,
die das Volk für Latein hält, weiterreden – eine Ausnahme
sind die Chirurgen, die weder Worte brauchen noch welche
machen, und die Hausärzte, die in ihren bescheidenen kleinen Taschen Jahr um Jahr so viele Krankheiten aus den
Häusern tragen und oft und oft laufen müssen, bis sie eine
größere Krankheit draußen haben –, ich aber habe Herrn
Flintrop ohne Honorar und länger zugehört als je ein Arzt
einem Kranken; eine Übersetzung in jene für Latein ge-
haltene Sprache erübrigte sich, weil diese Sprache dem ge-
übten Kranken heute längst zur Muttersprache geworden
ist; ich habe, an Tante Martha denkend, die als Maria
Veneranda ihren Tariflohn im Jenseits gutschreiben ließ,
Herrn Flintrop die Tochter, die sich bisher immer wieder
entschuldigen ließ und sogar unentschuldigt ausgeblieben

war, immer wieder ersetzt, als hätte ich kupferrote Haare, Insektenflügel als Augenwimpern, eine Friseurstochterhaut und sonst noch so Zutaten; ich war aufgeregt wie er an diesem Morgen und ich rüstete mich, kämmte Haare mit mehr Erfolg, ich würde zum ersten Mal schamlos wie er um einen Besuch kämpfen, keine List würde ich scheuen, Melitta von ihm abzuziehen, denn dies war eine unüberbietbare Gelegenheit, auf die ich runde dreißig Jahre gewartet hatte. Was alles geschehen war, hatte ich vergessen, sobald ich hörte, daß sie noch heute in dies Zimmer treten würde, in dem ich im Bett lag.

Es klopfte. Ihr dünner Knöchel. Flintrop, vom Essen faul, döste. Welche Gelegenheit. Schlief vielleicht. Gesegnet sei sein Schlaf. Sein sopraniges Röcheln. Mein Herein mußte leise sein. Es klopfte wieder. Ich verlieh mir Engelsstimme und hauchte Herein. Zu leise. Noch einmal: mit zwei Engelsstimmen. Sie klopfte nervös. Also Erzengelsstimme. Aber mild. Frohbotschaftig. War das Geflüster? Die Himmelstür ging auf. Veilchenblau stakte ein Frühjahrskostüm. Kupfern ging sie auf. Aber.

Aber

hinter

ihr

kumpelhaft verbogen

leger haltungslos

ein böser Schatten

unwürdig grinsend

grinsend als dürfe man grinsen

fehl am Platz

fehl auf der Welt

fehl fehl fehl

kam

der Rasiermesserschleifer, der Keucher, der Schnarrer, der

Schnorrer, der Sackträger, Friseur, Herrenfahrer, Filialen-
warner, Frantzkesklave, Pistolenfeigling, Absahner, Drauf-
steher, Schmarotzer, Positionenbauer, Geizkragen, Fau-
lenzer, Pudelfeind, Oberheuchler, Scheißkerl, Saukerl,
Engerling, Teufeling, Rotzlöffel, Fatzke, Fatzke, Fatzke,
kam, ach kam
der böse Bert.
Vom Stamme Nimm.

Prahlte gleich. Weckte den Alten. Ihm nahm er die Tochter. Mir nahm er Melitta. Gleich prahlte, nahm und nahm
und nahm er. An Ostern Verlobung. Eine Sekunde hielt
ich ihre Hand, von oben herab reichte die Hand bis zu mir,
aber er nahm sie mir, nahm meine Hand, schüttelte, als
wäre es wunder was, von ihm geschüttelt zu werden, ich
sah ihn nicht, sie stand noch droben, auf was stand die
eigentlich, Märzlicht polterte im Kupfer herum, der Alte
krakelte sich wach und hoch und zog die Kinder, Bert paro-
dierte Ehrfurcht und Sohn, zu sich ans Bett, ein Kreis fand
sich, klickte ein, ich schaute von der Ferne zu und hörte den
sich entringelnden, von Datum zu Datum eifrig sich strek-
kenden, Festkerzen anzündenden, Markisen hochziehenden,
Inserate entwerfenden, Pachtverträge kündenden, wacker
zupackenden, die Zukunft mit Kassengeklingel besingenden,
branchenüblichen Familienplan, den Melitta vortrug, von
Bert dann und wann mit souveränem Geschnarre assistiert.
Melitta klappte die Mundbreite kaum auf dazu. Sie stickte
mit viel H- und S-Lauten hastig und ihren Proportionen
zuwider einen Grundriß für eine gegen alle Fährnisse gesicherte Familienfestung dem blaurosig blühenden Vater
aufs zitternde Bett-Tuch. Nessel, Linon, Bettkattun, Flanelle, Haustuchlaken, Kissenbzüge, ich hätte guten Rat
geben können. Aber sie wußte alles selber.

Sie schien nie etwas anderes getan zu haben, als ihre

Aussteuer zu vervollkommnen. Mit den Händen gab sie Maße, zukünftige Richtungen und Verbote bekannt. Dabei rührten sich ihre Ellbogen nicht von den Hüften. Sie saß sehr aufrecht. Ich will nicht zuviel über ihr Gesicht verraten, sonst meint man, ich wolle mich rächen oder mich trösten. Das volle Märzlicht bekommt keinem Frauengesicht. Selbst einer Neunzehnjährigen blättert die Märzsonne das Gesicht auf, daß man mehr darin lesen kann als man wissen will. In den weichen Häuten um die Augen findet das Märzlicht gramvoll weise Elefantenfältelung. Auch was erst zwanzig Jahre später ein Schatten werden will, das Märzlicht markiert die Stellen taktlos schon jetzt. Ein winziger Leberfleck, zwei große Poren auf der anderen Gesichtshälfte, zwei mehr der Ahnung als der Sichtbarkeit anvertraute Pigmentstellen, ein Härchen am Kinn, eine selbst der Zunge entgehende Unebenheit an der Schläfe, und all die Zeichnungen, die das Jahr über in Zimmern und Autos einem Gesicht Fassung, Erkennbarkeit, winzige, angenehme Spannungen verleihen, Abweichungen von leerer Vollkommenheit, ohne die kein Gesicht entstünde, all das legt die schamlose Märzsonne bloß, zerreißt die Verbindung zwischen diesen Markierungen, zerreißt also das Gesicht selbst, präsentiert alles, was sichtbar ist und selbst noch das, was man nie sah, für sich, stellt es bloß, und da wird alles zum Makel, das Gesicht ist nur noch eine Fläche Haut, auf der Störungen willkürlich verteilt sind.

Nicht schadenfroh, sondern traurig wie einer, der die Wege seiner Jugend zugeschüttet oder verwahrlost findet, wanderte ich auf der blauweiß schimmernden Haut Melittas von Makel zu Makel, fluchend gegen die Sonne, die ihr auch noch den Puder durchleuchtete, daß es da und dort feucht aufglänzte. Eine Friseuse darf den lindgrünen Vorhang und den von grünrosa Scheiben beschützten Salon nie, es sei denn bei Dunkelheit, verlassen. Aber sie würde wieder zurückkehren, ich wüßte wieder, ich mußte mir nur die Haare schneiden lassen, mit allem Drum und Dran, Messerschnitt, Waschen mit Ei, Kopfmassage, Haarwasser, Föhnen, flüssiges Haarnetz, und jenseits des Vorhangs, hinter den schwankenden Falten, vielleicht sogar dann und wann herüberhuschend, den Klaps von ihrem, daran wird man sich gewöhnen müssen, nicht mehr vom vortragslüsternen, in immer höhere Tonarten kletternden Vater, sondern, schier unvorstellbar, von dem da wird sie, ob man sich daran gewöhnen kann, ob mir die Haare so schnell wachsen würden wie früher, ob ich nicht doch zu Gerhard überlaufen sollte, in den Salon im ersten Stock des Curio, in dem man nicht zahlen, sondern blechen mußte, durfte, ob ich unter Berts weißen, ihre Fetthügelchen in der Arbeit wieder senkenden Händen sitzen konnte, denkend, was er mit diesen Händen getan, genommen, der vom Stamme Nimm, der sie nie bekommen hätte, wenn er Straßenbahnschaffner, Geldkassierer geworden wäre, ach ja, von Anfang an, Friseur hätte man werden müssen, schon beim Militär hatten es die besser. Ich beschloß, Melittas Aussteuerrede, ihren emsigen Vortrag über die Familienplanung und das Märzlicht auf ihrem Gesicht so scharf als möglich im Gedächtnis zu behalten, um irgendetwas zur Hand zu haben, wenn meine Friseurrechnungen ins Unerträgliche stiegen.

Fröstelnd, heiß frierend hörte ich Melitta erzählen, daß Bert nicht freiwillig gegangen war bei Frantzke. Nicht er, sie trug die Ballade vom großen Unrecht vor, das Bert geschehen war. Bitte, was hatte ihr Bert getan? Der alte Flintrop wußte es nicht, aber er verzieh schon jetzt, was immer sein Bert getan haben mochte. Haben die doch vor Weihnachten Hochsaison. Bert nickte. Die Filialen telephonieren, die Einzelhändler ringen die Hände, und da klappt so'n junger Chauffeur, taufrischen Führerschein hat der, klappt der zusammen, das erfährt Bert zufällig, ging ihn ja nichts an, Herrenfahrer, der er war, aber was tut Bert, der ein gutes Herz hat, er sagt, Kinder, da spring ich ein, nur her mit der Karre, Lkw ist für mich ne Kleinigkeit, und fährt los, daß der Versand nur so staunt, nach Hamburg fährt er und ohne zu schlafen fährt er zurück und auch gleich noch nach München und wieder zurück und dann noch nach Wiesbaden und nochmal zurück. Bravo, heißt es. Bert schläft sich aus. Plötzlich heißt es, Direktor Ballhuber, der ist Personaldirektor, Pa, mußt Du wissen, der will Bert sprechen. Bert denkt, na bitte, die Sache zahlt sich aus, zumindest ne Belobigung oder sowas. Und was hört er? Entlassen. Fristlos entlassen wegen Zuwiderhandlung, fahrlässiger Gefährdung von Betriebsvermögen und all so'n Kram. Er hätte wissen müssen, wieviel Stunden ein Fahrer darf, und wenn was passiert wäre, dann hätte die Versicherung nischt bezahlt. Aber ihm ist doch nichts passiert, schließlich kann er fahren, ist kein Anfänger! Aber wenn, sagen die, wenn, wenn, wenn. Nu stell Dir das vor, Pa, wie Bert zumute war. Armer Kerl. (Und sie küßte ihn rasch mal.) Das läßt er sich natürlich nicht gefallen.

Die ha' ich ganz schön zur Sau gemacht, sagte Bert genießerisch.

Dieser Ballhuber oder wie er heißt,

typischer SD-Bonze, verstehste, alter Nazi, sagt Bert, der stellt sich stur, eine Ausnahme, sagt der, und alles ist hin,

Bert, Du gehst zur Gnädigen, die macht doch immer so'n Zirkus mit Dir, jetzt soll se mal zeigen, ob was dahinter steckt,

nischt los mit der,

aber nein, die tut auch, als hätt' er wunder was verbrochen, versuchen will sie's, sagt sie, aber ne Degradierung, drei Monate Packer oder die Weihnachtsgratifikation in die Kasse für'n Betriebsausflug,

daß se selber nischt schpendieren müssen, Holzauge, sagt Bert und zieht am Lid,

irgend ne Strafe muß sein, sagt die Alte, und vorher hat se hinten und vorne probiert, ob se Bert mal schnell berühren kann,

daß de die Engel singen hörst, brrr,

wir werden ja sehen, was das Arbeitsgericht sagt.

Melitta sah Bert an und hatte einen Zorn in den Augen wie eine Jungfrau von Orleans, die der Rüstung nicht bedarf. Mit karierter Schürze und Stricknadel wird sie ihrem Bert sein Recht erkämpfen.

Flintrops Lippen regten sich, suchten einen Text und fanden ihn nicht. Sollte ich helfen? Sicher suchte er die Kurfürstenstelle: *Wenn er den Spruch für ungerecht kann halten, kassier' ich die Artikel: er ist frei!*

Laß mich doch von denen nich verscheißern, sagt Bert und gähnt. Bloß ein Beispiel, wie die vorgehen: kommt die Gnädige, hat irgendwas in der Krone. Bert, der Dreihunderter ist aber nicht sauber, so können wir nicht fahren, Bert, da müssen Sie noch einmal ran, Bert. Nu, ich fahr'n in die Garage, rauche drei Zigaretten, fahr'n wieder vor und sage: hätten Gnä Frau die Güte, zu prüfen, ob der Wagen jetzt sauber genug ist. So, sagt sie, sehen Sie Bert, Sie können es doch, warum denn nicht gleich das erste Mal, bravo, so sauber war er lange nicht.

Da lachten sie alle drei recht herzlich zusammen. Und als Bert und Melitta gingen, gab mir Melitta noch einmal die Hand, als wäre ich die ganze Zeit nicht im Zimmer gewesen.

Mir Melitta werden nie mehr Haare nie mehr werden mir Melitta wieder meine Haare nie mehr wieder wachsen

meine sieben Locken dem Philister hast Du meine sieben
Locken hast Du dem Philister mich verkauft.

8

Oculi, da kommen sie, sagte der Altfriseur und meinte die
Vögel oder die Besucher, oder, an Fräulein Kranzler denkend, die Vögel und die Besucher. Und wirklich, welcher
Sonntag lockt mehr Besucher ins Krankenhaus als so ein
Fastensonntag, der schon am frühen Vormittag mit dem
letzten dreckigen Schnee aufgeräumt hat und jedem, der
sich rühren kann, versichert, jetzt sei es endgültig Schluß
mit den weißen Zufällen. Wer Schweinebraten gegessen
hat, will sühnen und macht einen Krankenbesuch auf dem
Lerchenberg, denn Schweinebraten soll der Christ nicht
essen in der Fastenzeit, der Jude überhaupt nie, niemand
sollte eigentlich, nicht wahr, Susanne, die Gratis-Lektion
zum Herzblut der Natur, denn das Schwein ist nicht deshalb eine Sau, weil das Schwein eine Sau ist, sondern der
Harnsäure wegen, wo sitzt denn der Tod? im Darm, sagt
Kneipp, aber der junge Pfarrer, der sich an Oculi schüchtern zur Tür hereinquetschte, sagte, der Tod sitze gar nicht,
der Tod stehe, sagte er leise, noch bevor er Flintrops Bett
erreicht hatte, vor uns stehe der Tod als ein Tor, und an
uns liege es, wohin das Tor führe. Von Gurkenschalen, im
Schatten getrocknet, denn was die Sonne reifte, das flieht
die Sonne, davon sagte er nichts, obwohl daraus auch ein
Spruch zu destillieren wäre. Und Sprüche mochte er. Man
wußte gar nicht, wo der eine aufhörte und der nächste begann. Ein Spruch zog den anderen aus dem ängstlichen
Mund. Was hatten wir dem jungen Pfarrer getan, daß er

nicht ein einziges Wort wagte, das nicht in einen Spruch verpackt war? Aber vielleicht waren auch eigene Sätze dabei und ich habe es bloß nicht bemerkt, weil er alles so aufsagte. Mit einer Stimme, die klang wie Schritte auf Glatteis, wenn kein Wasser mehr darunter ist. Auch ein Gesunder hätte ihm nur mit immer beklommenerem Herzen zuhören können. Ich weiß nicht, ob ich ihn den idealen Krankenhauspfarrer nennen darf. Es ist ein gut Ding, ein festes Herz zu haben, sagte er, als er den herzschwachen Flintrop erreicht hatte, eine Schulter immer voraus, die andere nachziehend. Der Pirschgang eines Albträumers.

Aber wie ein Wasser ausläuft aus dem See und wie ein Strom versiegt und vertrocknet, so ist ein Mensch, wenn er sich legt, wie teuer ist Deine Güte, Gott, so sprechen wir und verlangen danach wie der Dürstende nach dem Wasser verlangt, aber uns wird Salz gereicht, doch siehe, selig ist der Mensch, den Gott straft, was seine Seele widerte anzurühren, das ist seine Speise, ihm zum Ekel, und der Mensch erkennet die Prüfung nicht und spricht wie Hiob im Unverstand: warum tust Du Dich nicht von mir und läßt mich nicht, bis ich nur meinen Speichel schlinge?

Unvorbereitet war er nicht gekommen, das muß man ihm lassen. Er hatte sich wahrscheinlich von Tillyvon die Gebrechen von 149 sagen lassen wie der Nikolaus, den man am 5. Dezember heuert, sich von den Eltern die Unarten der Kinder mitteilen läßt.

Ach wie gar nichts sind doch alle Menschen, sprechen wir mit David, aber haben wir Gutes empfangen von Gott und sollten das Böse nicht auch annehmen? Laßt uns nicht aufstehen wider Gott, denn Du, gerechter Gott, prüfest Herz und Nieren, heile mich Herr, denn meine Gebeine sind erschrocken, es ist mir ganz anders denn zuvor, und bin sehr zerstoßen, ich heule vor Unruhe meines Herzens.

Und mit einer liebenswürdig zarten, mich nicht erreichenwollenden Wendung von Kopf und Schulter, ungefähr zu mir:

Also klagt Jeremia's Klage: Du hast aus dem Köcher in meine Niere schießen lassen, Du hast mich mit Galle und Mühe umgeben, aber nur dem Gottlosen wirst Du die Güter, die er verschlungen, wieder aus seinem Bauch stoßen und sie inwendig im Leib ihm in Otterngalle verwandeln, aber wen Du willst, den erlösest Du, darum singe mit dem Psalmisten: alles, was Odem hat, lobe den Herrn. Halleluja.

Ein Mädchen im bösesten Finsterwald hätte das Halleluja nicht leiser, nicht inniger und zerbrechlicher hervorhauchen können. Rückwärts gehend, mit den Händen sich nach hinten tastend, um irdische Widerstände rechtzeitig wegräumen zu können, verschiedene Male in der Körpermitte einknickend, erreichte er mit rötlichem Antlitz – was er zeigte, war Antlitz –, die Tür, klemmte sich, weil er sich noch immer verbeugte und seine Hand davon nichts wußte, um ein Haar noch den Kopf ein, entkam, war draußen, aufatmend, nicht aufatmend, ich weiß es nicht, gelacht hat er sicher nicht, wahrscheinlich hat er sich eine Zeit lang an die Wand gelehnt, um Kraft zu sammeln für den nächsten Angriff auf die nächste Tür, deren Klinke so kalt herstarrte, daß er schon wußte, mit Menschenkräften ist da nichts zu machen. Er wird Gott angerufen haben.

Gemütlich lächelnd, zwei Daumen in die Hosentaschen gegabelt, schlenderte Kaplan Neuber herein, scheuchte die protestantische Beklemmung aus dem Zimmer, stellte sich zuerst dem andersgläubigen Flintrop vor, das nenne ich katholische Lebensart, war viel kleiner, hatte es nicht so weit hinab zu uns Betten, schwankte nicht droben mit viel zuviel Gliedern herum, ging entweder oder stand, redete oder schwieg, lächelte oder war ernst, wie er wollte, das war ein Geistlicher für uns Kranke, gefäßerweiternd, zirkulationsfördernd. Den kenne ich seit hundert Jahren, dachte man, wenn er einem die Hand gab. Dabei keine Spur von Anbiederung und Aufdringlichkeit. Seine rundliche Zufriedenheit soufflierte mir den Gedanken: wahrscheinlich ist es besser keine Frau zu haben als nur eine.

In unserem Zimmer hatte seine Einleitung dann allerdings nicht die Wirkung, die sie verdiente, aber das war nicht seine Schuld; er konnte ja nicht wissen, daß wir durch Amtmann Gamshofer über jeden Krokus, der im Umkreis von zehn Kilometern seine Blüte entfaltete, unterrichtet waren. Objektiv gesehen, Amtmann Gamshofers Berichte außer Acht lassend, war Kaplan Neubers erträglich-lyrische Reportage über die Krokusse im Stadtgarten, die Märzenbecher auf der Lerchenbergwiese und die Schneeglöckchen und Palmkätzchen da und dort ein dankenswerter Service für den Kranken, der immer nur den Himmel sieht. Sogar Veilchen wollte er schon gesehen haben und das zu allem bereite Kraut von Schlüsselblumen.

Über eine kleine Indiskretion kam er zur Folgerung: im dritten Stock hat er einen Herrn, sagt er, der behauptet, die Schneeglöckchen seien seine Feinde. Der Arme liegt seit drei Monaten mit Gehirnhautentzündung, aber er wird noch vor Ostern entlassen werden. Trotzdem sind die Schneeglöckchen seine Feinde, weil er nicht sehen will, wie schnell das neue Jahr vorwärtsgekommen ist, weil er nur auf die Erde schaut und auf der Erde nur dieses immer raschere Aufblühen und Verblühen sieht. Kein Wunder, daß die Schneeglöckchen einem dann böse Signale ins Gesicht läuten, für Schönheit hat man da kein Auge mehr, wie sagt der Evangelist des heutigen Fastensonntags: die letzten Dinge dieses Menschen werden ärger sein als die ersten. Oculi heißt dieser Sonntag im Kirchenjahr, wissen

Sie warum Oculi? Ich machte ein beschämtes Gesicht und sagte heiter: Vielleicht weil uns die Augen aufgehen sollen wie die Krokusblüten. Nicht schlecht, nicht schlecht, sagte mein Kaplan und lachte. Aber wohin sollen unsere Augen aufgehen? Bloß zu den Schneeglöckchen und Palmkätzchen? Oculi mei semper ad Dominum, verstehen Sie. Nicht dieses wehleidige Betrachten des eilenden Jahres. Wir sind alle zu wehleidig geworden, sagte der rundliche Kaplan und starrte mich an. Tut Ihnen was weh?

Momentan nicht, sagte ich.

Sankt Laurentius, sagte der Kaplan, kennen Sie Sankt Laurentius? Da hatte ich Glück gehabt. Jetzt konnte ich ihm endlich eine Freude machen. Da ich doch die Heiligen früher danach bewertete, wie schrecklich sie gemartert worden waren, stand Laurentius bei mir mit Stephan an der Spitze, er hielt den Rekord, weil ihn doch Decius zuerst mit Skorpionen und dann mit Knütteln schlagen ließ, dann hielt man glühende Bleche an seine Seite, dann schlug man ihn mit Bleiklötzen, Decius wurde rasend vor Wut und ich toll vor Freude, weil Laurentius sich fröhlich mit einer Stimme von oben unterhielt, Decius verordnete wieder Skorpione und verordnete endlich den eisernen Rost, darunter glühende Kohlen, und rundum Knechte, die Laurentius mit eisernen Gabeln auf den Rost drücken mußten, und dann erst kam der Satz, der Laurentius zu meinem Lieblingsmärtyrer machte: siehe, Elender, die eine Seite hast Du gebraten, brate auch die andere und iß! Manchmal bedaure ich die heutige Jugend, die sich in ihren Groschenlegenden mit Pistolenschüssen und Kinnhaken begnügen muß, und alles geht so hoppdihopp, daß der, der unterliegt, gar nicht mehr die Zeit hat zu so einem Satz, wie ihn Laurentius auf dem römischen Grill seinem ohnmächtigen Peiniger mit überlegener Anmut hinsagte und auf das Schönste verstarb.

Wir kamen in eine heftige Unterhaltung über Laurentius. Ich hatte die Genugtuung, dem Kaplan Einzelheiten über die Marterung des Laurentius mitteilen zu können, Werkzeuge, Techniken und Reaktionen, die ihm noch unbekannt waren. Leider stieß ich da auf einen unsympathischen Zug in seiner sonst so gemütlichen Natur. Er wollte mich immer auf Interpretationen abdrängen, wollte das Tatsächliche, weil ich ihm da überlegen war, rasch übergehen, tat, als sei das unwichtig, beleidigte mir fast noch meinen Lieblingsheiligen, denn schließlich kann man Laurentius nicht mit irgend einem rasch Enthaupteten oder ohne weiteres Ertränkten auf eine Stufe stellen und dann bloß noch vom Sinn sprechen. Aber gerade das wollte er. Zitieren wollte er, was Augustin über Laurentius' Aushalten in Widerwärtigkeit geschrieben hat, herabsetzen wollte er mit einem Ambrosiuszitat die Leistung des Laurentius, der immer mehr mein Laurentius wurde. Ich bitte Sie, hielt ich dem nun doch recht eigensinnigen Kaplan entgegen, Ambrosius tat sich leicht, zu behaupten, Laurentius habe die Feuerqualen in seinen Eingeweiden nicht gespürt, weil in seinen Sinnen die Kühle des Paradieses gewesen sei, auf die Kohlen kommt es an, auf den glühenden Rost und die gebratenen Schenkel des Laurentius und auf die eisernen Gabeln der Knechte. Kaplan Neuber überlächelte mich. Ich sei in irdischer Selbstbemitleidung befangen, sagte er. Dabei hatte ich kein Wort von den Feuerqualen in meinen Eingeweiden gesagt, hatte Miezes Bleifaust verschwiegen. Er lenkte ab, zeigte, daß er mich schonen müsse, beleidigte mich durch Nachsicht, versetzte mir den schlimmsten Schlag, den man einem Diskussionsgegner versetzen kann, indem er supermild sagte: ich werde für Sie beten. Und ich für Sie, hatte ich auf der Zunge, aber ich überwand mich, ließ den zufriedenen Kaplan zufrieden ziehen und dachte an Laurentius, an die große Bitternis seiner Marter.

Schade eigentlich. Mit den Schneeglöckchen hatte alles so sympathisch begonnen.

Um die durch zweifache geistliche Aufwartung offenbar gewordene Konfessionskluft wieder zu schließen, bot ich Herrn Flintrop an, er möge mit mir zusammen das mikrige Goldbarschfilet, das Helga uns anbot, verschmähen, bot ihm an, sich der I a-Fastenkonserve von Frantzke zu bedienen, *Tiefsee-Hummer, ein Meeresbewohner aus dem Skagerrak, Illustrierte Filets in delikater Mixed-Pickles-Tunke* drei Dosen hatte Neeff mir geschickt, garniert mit persönlichen Wünschen. Und die Prospekte dazu. Einverstanden? Hatte er auf einen Prospekt gekritzelt, wahrscheinlich weil er so stolz war auf seinen Slogan: *Fasten mit Frantzkekonserven: ein Genuß.*

Flintrop winkte ab. Vor lauter geistlichem Zuspruch hatte er vergessen, sein Atropin zu nehmen. Ohne Atropin wagte er seiner Speiseröhre nichts anzubieten.

Sie haben Appetit, sagte er unverhohlen neidisch und vorwurfsvoll.

Plötzlich ein Getrampel auf dem Gang, ein Ssst, und Bremsen, kein Getrampel mehr, ein wimmernder Ton, vielfaches Aufatmen, dann brauste mit Inbrunst ein Männerchor auf. Das ist der Tag des Herrn, behaupteten sie aus vollem Hals, der die nötige Luft nicht mehr aus den Lungen, sondern aus der Seele selbst bezog. Heimat, Heimat ewig liie-éébe Haaaiematt. Ich mußte Fingernägel putzen dagegen. Lachende Rosen der Träume. Plötzlich die Zeile, die uns zeigte, daß die Sänger keine Ahnung hatten: da soll es immer nur Sonntag sein. Keine Ahnung hatten die. Sonntag, der Tag ohne Visite, kein Professor, der gottväterlich einzieht, um seine Ohrattrappe herzuhalten, keine Post, keine Zeitung, nur Personal, das Sonntagsdienst hat. Dann glaubte ich zu verstehen: 1000 Jahre müßte man leben an diesem deutschen Rhein. Danach wieder Getrampel und drei Minuten später echote es von II West: Das ist der Tag des Herrn.

Flintrop sagte in sein sopraniges Röcheln hinein: das ist schon etwas Schönes, wenn man singen kann.

Ich aß, so unauffällig als möglich, um mir nicht noch einmal seinen Neid auf den Hals zu laden.

Die Nachmittagsprozession wurde von Josef-Heinrich und Erich eröffnet. Flintrop schlief. Josef-Heinrich und Erich tänzelten rücksichtsvoll auf Zehenspitzen herein, rangen um Gleichgewicht, sahen aus, als hätten sie ein schlechtes Gewissen, zergrinsten das schlechte Gewissen kumpelhaft, flüsterten anstatt zu sprechen, wollten bloß mal vorbeischauen.

Wie geht es Dir, sagte Josef-Heinrich, der seinem Rang entsprechend, weniger leise sprach als Erich.

Ich schaute auf seine Linke, daß er es sah. Er nahm die Linke in die Rechte, besah sie wie einen Gegenstand, konnte auch keinen Verlobungsring entdecken.

Er wird sich nie mehr verloben, flüsterte Erich als Herold seines Herrn.

Du hast auch nichts mehr von Susanne gehört, fragte Josef-Heinrich.

Ich, wieso ich?

Na, ich dachte bloß.

Ich hätte sie geheiratet, sagte Josef-Heinrich und sah die Wand an, als hätte die das Gegenteil behauptet.

Vielleicht kommt sie wieder.

Josef-Heinrich schüttelte den Kopf.

So leicht hat es ihm noch keine gemacht mit der nachträglichen Trauer. Mir auch nicht. Haut einfach ab und läßt uns sitzen. Bauscht Nüstern irgendwo im Sand. Kiesel-gurecho.

Servus, Anselm.

Servus, Servus.

Sie hätten noch eine kleine Spritztour vor, sagten sie. Bloß so'n bißchen raus, frische Luft, nach Treuchtelmoos, Langenberg, Trabach, Atzengrund, Simratshof, Bewegung, sagten sie, sie bräuchten Bewegung. Tschüs.

Vor lauter Rücksicht hätte Erich beim Hinausschleichen bald noch einen Stuhl umgeworfen. Flintrop sah ihnen nach.

Halt, rief er.

Erich und Josef-Heinrich erstarrten komisch.

Ach nichts, näselte Flintrop, ich dachte, Sie wollten zu mir.

Erich und Josef-Heinrich wackelten mit den Köpfen, lächelten und atmeten draußen auf, zeigten, daß sie gang-beherrschende Männerstimmen hatten, deren sie sich sofort versichern mußten, um sie nicht für immer zu verlieren.

Das waren Freunde von Ihnen, sagte Flintrop in die Luft.

Ja.

Zu mir kommt heute niemand. Ich bin froh, wenn nie-mand kommt. Sie wissen doch alles besser, dann sollen sie doch gleich fortbleiben. Flintrop griff nach seiner Illustrier-ten, um einem angefangenen Rätsel den Rest zu geben. Ich sah ihn kauen, den Bleistift drehen, sah, wie er hinter den Worten herlief, richtete mich auf, zeigte, daß ich bereit sei zu helfen, er konnte von mir jede griechische Göttin er-fahren, aber er wollte nichts von mir wissen, er nagelte sich in die Waagrechten und Senkrechten, gab sein letztes Blut für eine Stadt in Niederschlesien, aber die Stadt ergab sich ihm nicht.

Er sah nicht einmal auf, als die nächsten Besucher kamen. Edmund mit Sophie. Ich sah beide fröhlich an, um ihnen zu zeigen, daß sie meinen Segen hätten. Sophie war mindestens im achten Monat. Edmund der Gesprächige wußte nicht, was er sagen sollte. Er gab sich viel Mühe, bis Sophie richtig saß. Wollte wissen, ob ihr die Sonne zu stark ins Gesicht scheine, oder ob er die Sonne ein bißchen nach rechts oder nach oben rücken solle, oder wenigstens den Vorhang vorziehen, vielleicht wäre es besser, den Sessel, der Stuhl ist zu hart, oder auf den Bettrand, den Shawl erbat er sich und die quadratische Tasche und wußte, als Sophie installiert war, nicht, was er jetzt mit sich selbst anfangen sollte. Sophie ließ sich seine Bemühungen damenhaft gefallen und kommandierte ihn, als es ihr zuviel wurde, auf einen Stuhl schräg hinter sich, wo er auch gehorsam sitzen blieb und wartete, bis Sophie kundgab, worüber gesprochen werden sollte.

Ich fragte: wie geht es Deiner Mutter.

Ach, danke, sagte sie, seit Edmund sich um uns kümmert, geht es ihr wieder besser. Sie hält ihn für Hans-Jörg und läßt ihn nie ohne Handschuhe ausgehen. Wenn er bloß vom Sofa aufsteht, rennt sie schon, um ihm Handschuhe nachzutragen. Aber sonst geht es ihr gut.

Und wann wird geheiratet?

Wir sind verheiratet, sagte Sophie streng.

Entschuldigt, sagte ich und holte meine Gratulation herzlich nach.

Was hört man von Lerry?

Nur Gutes. Er kann seinen Eltern jeden Monat vierhundert Franken schicken.

Und ihr?

Wir warten noch, bis Sophie soweit ist, bis man reisen kann mit dem Kleinen.

Hm.

Wir wollen jetzt nicht darüber streiten, sagte Edmund.

Nein, das hätte keinen Sinn, sagte ich.

Später, sagte Edmund, wenn Du uns mal besuchst. Vielleicht denkst Du auch einmal anders über die Spekulanten, dann werden Dir die Funktionäre wieder sympathisch.

Sophie schaltete sich ein, heftig sogar.

Was sich unser Freund Ludwig geleistet hat, sowas ist drüben auf jeden Fall undenkbar.

Das weißt Du nicht, na hör mal! Du weißt nicht, daß der in der Sylvesternacht, als er Dienst hatte im Roxy, daß er da seine Küche für zweihundert Mark an einen Selbstmörder vermietet hat, und Ludwig hat gewußt, was der vorhatte, einer, der bankrott war und Schluß machen wollte, und die Tante war auch informiert, aber dann war die Küchentür nicht dicht genug, da hat sie's mit der Angst gekriegt, weil sie sich doch nicht rühren kann mit ihrem Hüftgelenk, aber das Telephon hatte sie neben dem Bett, rief das Rote Kreuz an, so kam alles heraus, der Mann wurde gerettet.

Zweihundert Mark, verstehst Du, sagte Edmund.

Ich nickte. Wieder ein verlorener Abend, sagte Ludwig, wenn er Scotch, Gin, Amizigaretten, Old Spice, Teppiche, Geschirr, Radioapparate und Tauchsieder vergeblich angeboten hatte, der schwanenhaft zwischen Roxy-Tischen gleitende Ludwig, aus dessen schwarzbehaarten Fingern das Geld perlte, ohne daß er hinsah, der einen Mordsdurst hatte, wenn er sein Fahrrad, später sein Moped aus dem Lieferanteneingang schob und den Kleppermantel zuknöpfte. Wahrscheinlich hatte er ein schlechtes Jahr gehabt, Preisbindungen der zweiten Hand waren aufgeweicht worden, er hatte nicht mehr konkurrieren können, da wollte er eben in der Sylvesternacht noch etwas gut machen.

So ist das hier, daß Du's weißt, schnauzte Sophie mich an.

Edmund sagte zu seinen Händen: ich hätte der hiesigen Demokratie einen Vorschlag zu machen: da man doch offensichtlich traditionssüchtig ist, gerne was Heiliges hätte, bitte, sollen sie doch ehrlich sein, sollen zum wahren völkisch-nationalen Traditionsverband, der ihr Heiligstes pflegt, ihre wahre Repräsentation ist, den Bund der Steuerzahler machen, das fände ich anständig.

Sophie sagte: psst, und wies zu Flintrop hinüber.

Wir müssen uns in acht nehmen, erklärte sie mir flüsternd. Edmund ist zu ehrlich für hier.

Ich beruhigte Sophie, sagte so leise als möglich, von jenem Herrn sei nichts zu fürchten, der leide an Herzschwäche.

Das weiß man nie, sagte Sophie. Ich glaube, er hört zu. Schau doch, er will etwas von Dir.

Tatsächlich, Flintrop sprach. Zuerst glaubte ich, er habe es wieder auf meinen Besuch abgesehen, dann glaubte ich zu verstehen: Nebenfluß der Ems, der Ems. Er wurde deutlicher, unsere Ohren stellten sich genauer ein. Nebenfluß, sagte er, und drehte den Kopf, ohne ihn anzuheben, zu uns herüber, das sind jetzt, wieviel Jahre sind das jetzt, genau vierzig Jahre, Scarpe heißt der Fluß, nicht Ems, vier 15 cm-Haubitzen hatte ich, wissen Sie, als Batterieführer 120 Pferde, möchte ich nicht herschenken, diese Erinnerung, bitte, Hindenburg hat wenigstens erreicht, daß wir heimmarschieren durften, im geschlossenen Verband, erst 12 km hinter uns durften die anderen, wir sind anders heimgekommen damals.

Ich stimmte ihm zu, um ihn zum Schweigen zu bringen. Er schien ausgedöst zu haben. Rücksichtslos wie noch nie mischte er sich ein. Fragte nicht einmal zum Schein, wie der

Nebenfluß der Ems heiße, sondern redete einfach darauf los.

Am 12. April befahl Sir Douglas den Angriff, sagte Flintrop ... aus 4000 Mündungen spuckten die Tommies auf die Scarpe, Neuville-Vitasse legten sie in Trümmer, das feste Athies in Asche, die Höhe von Thélus pflügten sie um, zermalmten die Ferme La Folie, die Kuppe 145 und die Gehölze am Souchez-Bach, ein Feuerbogen bis zum Hügel von Monchy, dem Flankenhalt der Siegfried-Stellung, bis Roeux, bis Gravelle, Bailleul, Farbus, Vimy, Liévin (Herr Flintrop sah uns nicht mehr an, er genügte sich selbst, seit ihm sein Gedächtnis so strahlend aufgegangen war, das sollten sie im Kreuzworträtsel von ihm verlangen, da könnte er Waagrechte und Senkrechte mit Buchstaben pflastern), plötzlich sogar die Balkonstellung von Bullecourt im Feuer, ein hoher, klarer Frühlingshimmel, was Besseres gibt es nicht für uns Artilleristen, Zoll um Zoll pflügen sie um, Giftschwaden in den Scarpeniederungen, kein Stollen hielt, ich hatte noch zwei Geschütze, als Sir Douglas den Angriff befahl, Altengländer, Schotten, Kanadier, Australier, bis Héniel kommen sie, bis Athies, Thélus, umfassen unsere Höhe, auf der Straße Arras–Cambrai nur noch englische Kavallerie, wir auf Monchy und die auf der Höhe 145 halten noch aus, das IX. Reservekorps kommt zu Hilfe, Allemby will es jetzt wissen, dies wird ein schwarzer Tag für jemand werden, Ratcliff, ihr müßt zu Nacht mit dem Herrn Christus speisen, Allemby hält uns für umgepflügt, zermalmt, Englands schönste Regimenter schickt er, jedes Pferd ein Name, jeder Helm ein Herzog, und wir mit frischer Munition, 15 cm, mitten hinein, daß die Gäule in den Himmel stiegen und ihre Reiter auch, wie, ist Euer Gnaden tot, Mylord von Somerset, und, Bruder, hier ist Graf von Wiltshires Blut, zwei Cliffords, so den Vater wie den Sohn, und zwei Northumberlands, so brave Ritter, das war der aus Berlin, der kam, als Sie, den Prinzen er, und nachts führt Douglas Haig Verstärkung, haut den Hügel von Monchy zusammen, daß uns nicht ein einziges Rohr bleibt, Rawlinson greift ein, Tanks und Australier, Rawlinson stürmt, überschreitet, ersteigt, umfaßt, dringt ein, siebzehn Monate beherrschten wir Arras von Monchy aus bis Rawlinson des Jüngsten Tags vorausgesandte Boten Schießt daß Allemby o Brabantino lügt die Schrulle Schießt Schießt den Nebenfluß der steigt ein schöner Tag für uns Artilleristen Schießt doch Schießt.

Edmund war hinausgerannt, einen Arzt zu holen. Sophie sah mich mit Abschiedsaugen an und griff, weil sie sich nicht für die Schlacht in der Scarpeniederung und Flintrops großen Tag interessierte, mir unter die Decke, suchte, während Flintrop englische Adelsgeschlechter von Monchy und vom zweiten Rang aus sterben sah, suchte mich ein letztes Mal auf, mußte sich aber, wie das IX. Reservekorps, doch zurückziehen, hastig sogar, weil Edmund mit Dr. Breuer kam, sogar fliehen mußte sie mit ihrer Hand und, wie wir alle, zum ruhig gewordenen Flintrop hinüberschauen, bis Dr. Breuer uns mitteilte, daß der Artillerist, Altfriseur, Theaterabonnent, Steinpilzsucher, und Melitta-Vater das Zeitliche gesegnet habe, kurz nach drei, kurz nachdem er den Hügel von Monchy zum zweiten Mal hatte dem zähen Rawlinson überlassen müssen.

Lernschwester Suse half Herrn Dr. Breuer, das Bett hinauszurollen. Zuerst nahmen sie aber die Illustrierte mit dem dürftig gelösten Rätsel vom Bett und deckten den Friseur ganz zu, denn es ist nicht gut, wenn Besucher oder Kranke auf dem Gang einem begegnen, der, bevor er noch den Nebenfluß der Ems gefunden hatte, das Zeitliche segnet, nicht segnet, denn leider starb er tötend, starb an der 15 cm-Haubitze auf Monchy.

Sophie sagte: das gibt es doch gar nicht, das habe ich nicht gewußt, das hat man ihm nicht angesehen.

Sie war Herrn Flintrop böse, weil er es nicht deutlicher angekündigt hatte, daß es jetzt soweit sei bei ihm. Man hätte sich dann doch ganz anders eingestellt.

Edmund sagte: Du verstehst, es ist zuviel für sie.

Ich verstand.

Sophie grüßte kaum, Edmund war noch vor ihr an der Tür, hatte Tasche und Shawl, führte sie hinaus, als führe er sie über einen schmalen Steg ohne Geländer, die Tür zu schließen gelang ihm nicht mehr, weil er Sophie nicht mehr loslassen konnte.

Ohne Flintrops Bett war das Zimmer leer. Der blanke dunkelgrüne Boden spiegelte, als ginge es da grundlos tief hinab. Man mußte schwindelfrei sein, wenn man hinschauen wollte. Aber bevor ich mich daran gewöhnt hatte, brachten Lernschwester Suse und Szymaniak ein Bett, sein Bett, ich weiß es nicht, dalli frisch überzogen, zurück.

9

Alissa atmete lang durch. Ein Pendel, das am Punkt äußersten Ausschlags zögert, zurückzukehren. Ein Meisterruderer nachlässig im Einer. Rücklage macht ihm soviel Spaß, daß er jedesmal überlegt, ob er sich noch einmal aufrichten soll. Dann holt er sich doch wieder vor. Alissas Atem hob das Zimmer leise, hob das Haus, und senkte uns, kein Lift sinkt so sanft, schien nie mehr wiederzukommen, hatte in ihrem Körper zu tun, hatte uns vergessen, und kam doch wieder, hob uns, hob und hob uns, ich bin sicher, daß die Dünung vor Bordeaux und Rio und der ganze Wasserbauch der

Ozeane sich auf die Zehntelsekunde im Zeitmaß von Alissas Atem hob und hob und senkte. Plötzlich jappste sie, stöhnte fahrig auf, zerriß das gewaltig leise Moderato Sostenuto ihres Bogenstrichs, morgen würde ich in der Zeitung von einem Beben im Azorengraben lesen, und wob weiter ihren Atem zwischen Rio und hier.

Die Regenerations-Sülze auf ihrem Gesicht glänzte. Vorsorglich hatte sie die blassen Vorhänge zugezogen. Taktlos, und weil ich von meinem Bett aus Sterne sehen wollte, hatte ich die Fenster wieder entblößt.

Soll sie sich an den Stadtrat alle dreizehnhundert Schläfer der Lichtbergstraße sollten sich nicht mehr gefallen lassen das billige Laternenlicht nachts auf den Gesichtern bloß daß zwei drei die sich sowieso auskennen die viel lieber im Dunkel heimschlichen angeleuchtet werden ausgesetzt werden den Wachlaternen weil sie den familiären Zapfenstreich versäumten jeder soll sehen wie sie zugehn auf die schadenfroh hellen Haustüren schutzlos so will es die amateurpolizeiliche Maßnahme denn jeder soll jeden alles zur äußersten Sichtbarkeit schließlich ist Dunkelheit das Gegenteil von Licht ja vielleicht ist Dunkelheit sogar Finsternis.

Alissas Atem hob mich aus dem Bett. Neugier half nach. Ich tastete mich hinüber. Griff den Kindersargschreibtisch. Die Schublade war geschlossen. Den Schlüssel hatte sie abgezogen. Womit also die schlaflose Zeit in den Wecker zurückscheuchen, aus dem sie, immer lauter polternd meine Ohren beschoß? Und ich hätte so gerne gewußt, was Alissa dem diensttuenden Wachstuchheft IX inzwischen wieder gebeichtet hatte.

Wahrscheinlich hätte ich längst einschlafen können, wenn mir nicht Alissa ihren Musterschlaf vorgeatmet hätte. So gut kannst Du's nie. Das entmutigt.

Und der Wecker, als hätte er mit mir in dieser Nacht noch was vor, strengte sich an zu rasen, auf mich einzutrommeln. Lauter und rascher knallte er mir, je länger ich horchte, die Sekunden ins Ohr. Variierte sein Tick und Tack zu Ticke-Tacke, steigerte sich zu Teng und Beng und Tengtengteng. Ein Wecker, der sich aufspielen will. Seinem Namen Ehre machen. Die Weckerzeit verkündete er, die blecherne Zeit, von gläsernem Schlagzeug klirrend unterstützt. Ich tastete mich hinüber. Hob ihn von der Glasplatte des Nachttisches. Opferte das Nackenkissen. Bettete ihn daunenweich. Stopfte ihm das Blechmaul. Setzte matt das gläserne Schlagzeug. Freute mich am erstickten plemplem, plem-plem. Feierte das sanfte Sordino in der Gedankendrift.

Nachts wird man älter
falls nicht einer wacht und Wecker erwürgt und treuen Ekkehard spielt Alissa einen treuern findst Du nit so sorgend daß die Sülze auf Deinem Gesicht von keinem prasselnden Tick-Tack-Beschuß gestört ihre heilsame Arbeit porenlüftend mit allerlei Cleansing verrichten kann während Du schläfst den Schlaf besetzt hältst daß ich nicht hineinkann in den Schlaf den Du mir verdankst Du willst ja angeblich nicht geschlafen haben solange ich weg war solange ich auf 149 ganz gut schlief woraus sich ergäbe daß ein Ehepaar zwei Menschen sind von denen immer nur einer schlafen kann der andere läßt sich das Laternenlicht gefallen hat Angst hinüberzuschauen auf die andere Seite der Ellipse der Olive des Ovals zirka 299 Millionen Kilometer hinüber ins andere Äquinoktium ins septemberliche genau visàvis tappt jetzt die Erde sich um und um drehend wo dreht sie mich hin ich mache mit mitmach ich das Frühlingsäquinoktium drehe mich mit und um und weg von den 299 Millionen Kilometern drüben am Ellip-

senpfad Olivenpfad wächst die Olive das ernste Immergrün schwarzaufweiß ruft mein Kalender mit Zins- und Namenstagen mich zum Rechnen zum Beten dies ist der 21. hast Du Geld dann hast Du jetzt um soundsoviel mehr hast den Beistand des heiligen Sowieso und über Dir den sanften Aufwand von 30 Milliarden Beleuchtungen Miezes Schaufensterdekoration die himmlische Vitrine zu der die große Ladenglocke ruft komm gleich so wird ein hübsches Skonto manches Dir noch nachgelassen überhaupt was stemmst Du Dich schaust 299 Millionen Kilometer hinüber als hätte sich nicht alles um- und umgedreht seit damals und drehst Du Dich weg von Alissa so dreht die Erde Dich ihr schön brav wieder hin daß Alissa Dich bloß noch pflücken muß und der Professor den Befund unterm Arm sagt psychisch psychisch psychisch treibt die Sau aus dem Leib ins schwärzeste Wasser auf daß Dein Urin hell sei und leuchte bis ans Ende Deiner Tage überhaupt sagt er vasomotorisch labil ist keine Entschuldigung denn man kann sich hüten und immer wieder ein Stück Innerei heraus ist auf die Dauer sagt er keine Lösung überhaupt die Grenze zwischen Sünde und Entzündung ist fließend und Gedächtnis ein Entzündungsherd Erinnerung eine Geschwulst die Du am Wuchern hindern mußt Diät ist gut aber Diät ist nicht alles alles ist Fertigwerden mit psychologisch verschrotten heißt das bin ich doch Fachmann in Experte für bastle Laxative fürs Bewußtsein Herr Professor haben Sie eine Mutter zu verdauen zum Beispiel die den Kopf erst aus der Legende nimmt nachdem sie den Finger aufs zuletzt gelesene Wort gelegt hat eine Liste Herr Professor dessen was ich verdaute ist eine milchstraßenlange Liste und die Milchstraße selbst steht auch darauf auch ein Brocken wenn man so unter ihr liegt der Lichtschlange unterm Bauch ganz schöne Brocken das selbst Edmund wuchs sich aus wenn er auch angeblich eine süße Speise sein will für seine Freunde die er hassen muß denen er seine Gefährlichkeit unterschlägt und sagt

Ich bin Don Quixote, nachdem er gelesen hat, was Cervantes über ihn schrieb

so Redensarten streuen alle umher die einem im Magen liegen und Miezes glühende Faust herlocken einladen auch noch Platz zu nehmen denn in meinem Magen hat die Welt Platz den Frauen liegt sie am Herzen Tränen gehören bei ihnen zum Stoffwechsel deshalb werden die Frauen doch älter sie verdauen exemplarisch *mich züchtigen meine Nieren des Nachts* und unser ansehnlicher Gedächtniskompost in dem die Sterne Maden Drachen wimmeln flügellos fruchtbar interne Seuchen sendend bauchringreich speisend verspeisend einander und alles und einander verdauend denn die Erde die um und um sich drehende ist für Verdauung für Rollkuren noch und noch von einem Noktium zum anderen hält tröstlich warm das wuselnde Kleinzeug und liefert ihm eine großmächtige Raubtiergattung um die andere hinab ich mache ja mit ich mache ja mit drehe mich mit und um von Wollen wollen wir nicht reden mit mach ich ich mache mit werfe zu diversen Requien den Ball im Kreise träg im Kreis den Ball die Schneise herum laß uns die Bälle die sicher sind vor Traurigkeit auch im verregneten Gras wenn die Vögel mit Sintflutaugen im Tropfnassen kauern

laß uns die Bälle die einfach alles überstehen

laß uns die Bälle nehmen über den Kopf halten

wirf Du mir Deinen zu dann werf ich Dir meinen zu komm nein anfangen mußt Du

die mit magischer Festigkeit Besteck und Teller zum ersten Abendessen auf den Tisch gezwungen hat Mieze schlürfte mit drei Mündern Suppe mit Du schaufelst

Daunengräber in Dir und im Daunengrab macht kein Wekker plem-plem im Bauch so vieler Vögel warm der Erde zum Liegen entschlossen entgegenatmend dem Wasserbauch zwischen Rio und hier und allen Schlafinfusorien daß sie sich meiner durch alle strömenden Gänge hin bemächtigen öffnend schließend mich verspeisen mich mache ich mit Ich Machemit Machemit mache mit daß alles Licht sich totsäuft auf meinem Gesicht und im Gehör zerkrümelt plemplem.

Senkrecht bohrt sich keiner in die Schlafzwiebel hinein. Zu zäh ist ihre äußerste, ihre dickste Haut. Asymptotische Annäherung empfehle ich. So tun, als wolle man nur in die Nähe. Allenfalls streifen. Und streift man einmal, so streift man vorbei, tut, als habe man die zwischen Venus und Neptun kreisende Schlafzwiebel vergessen, fliegt noch einmal geduldig durchs Planetarium, Abstecher nicht scheuend, kreist riesig ausholend zurück, visiert sie wieder nur asymptotisch an, streift aber heftiger im nächsten Vorbeiflug, hoffend, es rissen eine, zwei Schichten im äußersten Häutewerk, kreist fort, kehrt riesig ausholend zurück, sieht schon das Mal, die ein wenig wehenden zerrissenen Häute von vorher und visiert, streift schon mit ziemlicher Absicht, fliegt noch einmal vorbei und das noch zwanzigmal oder hundertmal und schlüpft beim hundert und siebten Mal ohne Widerstand hinein, ist drinnen und hat es leicht.

Von Haut zu Haut der Schlafzwiebel glitt ich, nicht senkrecht mich durchnagend, sondern kreisend, das Elektron, Schale für Schale tiefer kreisend, angezogen vom Kern, von der Mitte der Schlafzwiebel kosmischen Ausmaßes, beschleunigt von Windung zu Windung glitt ich, auf gut eingefahrenen Traumkufen Fortschritte machend, nahm ich, was sich bot, ließ mich ziehen von irgendeinem Zwiebelfaden ins Überall. Aber im Überall sitzt eine Mieze oder eine Maus oder eine Miezemaus oder Mausemiez, die beißt den Faden ab, daß der Kern nicht mehr zieht, daß ich rückwärts rollte, glitt, sauste, abwärts, dem himmlischen Dienstmädchen, dem Sonnenvieh im Visier, abwärts, Ikarus ohne Bremse, Traumgesellschaften mordete ich, nach Wänden griff ich, alle sieben Locken ließ ich zurück, der Atzengrundwald brannte, Pilzsprechchöre loderten, Onkel Gallus umarmte die Freiheitsstatue, daß sie schmolz und in Frantzkes Suppenterrine versulzte, Edmund schnitt sich Unter den Linden was ab und aß es, Petri Heil schrie Alissa, nahm die Zappelseele vom Haken und lispelte Paati, Feete donnerte Übelhör durch das Treppenhaus, entschwand im Romanischen, ich fiel hinterher, nicht einmal Bremsen lehrt Not, die Zwiebel riß, die Häute flatterten, Fahnen zwischen pünktlichen Planeten, Tempeltore spuckten Tomaten in den Sand, Susanne nahm sich der Schalentiere an, ich drehte mich auf den Rücken, ließ mir Wimpern entflechten, lieferte Steinpilzchören löschende Responsorien, schleppte im Sturz die schwere Mutter durch den harten Horizont, trieb auf Kastanienstämmen, mädchenkniebuckligen, rauchende Ströme hinab, kaufte die Bundesbahn und den Frühling, schleifte Lambert mit dem Auto über spitzen Schotter, bis er keine Eier-Ellipsen-Oliven-Ovale mehr malte, Dieckow verging sich in der U-Bahn an einem O, ich schoß, aß noch rasch die knusprige Narbe von Suses explodierendem Hals, nahm mit, ließ fallen, fiel, fiel schneller als die ruinierte Zwiebel, Erzengel Tillyvon lenkte mich singend hinab, Josef-Heinrich blies pausbäckig den Wolkenweg frei, der Atlantikbauch wölbte sich, wölbte sich bloß noch, sank nicht mehr, ich griff nach Luft, aber überall war bloß Licht, leider bloß Licht, das griff mich, zerrte mich durch den letzten Tunnel dem grellen Ende Tag zu, griff mir spitzfingrig unter die Lider, meine Lider kippten, die Gardinen kicherten, Sichtbarkeit spielte sich auf, Beschränktheit maßte sich an, Märzmorgenlicht blökte, ich ergab mich, ein Gefangener der Sonne für einen weiteren Tag.

Über mir saßen Drea, Lissa und Guido und sangen, weil ich wieder da war, drei verschiedene Lieder zur gleichen Zeit, und Drea fuhr mit ihrem Kinderfinger in meinem Gesicht herum, als sei er der Zeigefinger des Schöpfers selbst, der gerade letzte Hand anlegte bei der Modellierung meiner Nasenflügel, und ich sei ihm nur um eine Sekunde zu früh zum Leben erwacht. Der mattgesetzte Wecker machte – die Sonne machte ihm die Zeiger fett und schwarz – machte fett und schwarz plemplem. Alissas Hand, ein Wesen sondergleichen, stieg drüben auf, ließ sich, des Ziels ganz sicher, auf mir nieder, beteiligte sich, an der Nasenwurzel ansetzend, am familiären Schöpfungswerk, bügelte die Falten von der Nasenwurzel an aufwärts, bis die endlich nachgaben und sich glätten ließen, glättete, ohne herzusehen, die Stirn mir mit sicheren Fingern, glättete sie, bis sie, ganz glatt, genügend glatt war.

Inhalt

Zeittafel

1927   Geboren in Wasserburg/Bodensee, am 24. März

1938–1943 Oberschule in Lindau

1944–1945 Arbeitsdienst, Militär

1946   Abitur

1946–1948 Studium an der Theologisch-Philosophischen Hochschule Regensburg, Studentenbühne

1948–1951 Studium an der Universität Tübingen (Literatur, Geschichte, Philosophie)

1951   Promotion bei Prof. Friedrich Beißner mit einer Arbeit über Franz Kafka

1949–1957 Mitarbeit beim Süddeutschen Rundfunk (Politik und Zeitgeschehen) und Fernsehen
In dieser Zeit Reisen für Funk und Fernsehen nach Italien, Frankreich, England, ČSSR und Polen

1955   *Ein Flugzeug über dem Haus und andere Geschichten*
Preis der »Gruppe 47« (für die Erzählung *Templones Ende*)

1957   *Ehen in Philippsburg.* Roman
Hermann-Hesse-Preis (für den Roman *Ehen in Philippsburg)*
Umzug von Stuttgart nach Friedrichshafen

1958   Drei Monate USA-Aufenthalt, Harvard-International-Seminar

1960   *Halbzeit.* Roman

1961   *Beschreibung einer Form* (Druck der Dissertation)

1962   *Eiche und Angora.* Eine deutsche Chronik
Gerhart-Hauptmann-Preis

1964   *Überlebensgroß Herr Krott.* Requiem für einen Unsterblichen
Lügengeschichten
Der Schwarze Schwan (geschrieben 1961/64)

1965   *Erfahrungen und Leseerfahrungen.* Essays
Schiller-Gedächtnis-Förderpreis des Landes Baden-Württemberg

1966   *Das Einhorn.* Roman

1967   *Der Abstecher* (geschrieben 1961)
Die Zimmerschlacht (geschrieben 1962/63 und 1967)
Bodensee-Literaturpreis der Stadt Überlingen

1968   *Heimatkunde.* Aufsätze und Reden
Umzug nach Nußdorf